Hock/Bohner/Christ/Steffen

Immobiliarvollstreckung

AnwaltsPraxis

Immobiliarvollstreckung

Zwangsversteigerung,
Teilungsversteigerung, Zwangsverwaltung,
Insolvenzverwalterversteigerung,
Zwangshypothek, Arresthypothek

6. Auflage 2018

von

Dipl.-Rechtspfleger (FH) **Rainer Hock**,
Landau in der Pfalz

Dipl.-Rechtspflegerin (FH) **Daniela Bohner**,
Kressbronn am Bodensee

Dipl.-Rechtspflegerin (FH) **Ann-Kathrin Christ**,
Emmelshausen

Dipl.-Rechtspfleger (FH) **Manfred Steffen**,
Bad Münstereifel

DeutscherAnwaltVerlag

Zitiervorschlag:
Hock/*Bearbeiter*, Immobiliarvollstreckung, § 1 Rn 1

Hinweis
Die Ausführungen in diesem Werk wurden mit Sorgfalt und nach bestem Wissen erstellt. Sie stellen jedoch lediglich Arbeitshilfen und Anregungen für die Lösung typischer Fallgestaltungen dar. Die Eigenverantwortung für die Formulierung von Verträgen, Verfügungen und Schriftsätzen trägt der Benutzer. Autoren und Verlag übernehmen keinerlei Haftung für die Richtigkeit und Vollständigkeit der in diesem Buch enthaltenen Ausführungen.

Anregungen und Kritik zu diesem Werk senden Sie bitte an
kontakt@anwaltverlag.de
Autoren und Verlag freuen sich auf Ihre Rückmeldung.

Copyright 2018 by Deutscher Anwaltverlag, Bonn
Satz: Reemers Publishing Services GmbH, Krefeld
Druck: Hans Soldan Druck GmbH, Essen
Umschlaggestaltung: gentura, Holger Neumann, Bochum
ISBN 978-3-8240-1310-4

Bibliografische Information der Deutschen Nationalbibliothek
Die Deutsche Nationalbibliothek verzeichnet diese Publikation in der Deutschen Nationalbibliografie; detaillierte bibliografische Daten sind im Internet über http://dnb.d-nb.de abrufbar.

Vorwort

Dieses Buch wendet sich an alle, die sich Kenntnisse auf dem schwierigen Rechtsgebiet der Immobiliarvollstreckung, somit der Zwangsversteigerung, Zwangsverwaltung sowie Zwangshypothek und Arresthypothek, verschaffen oder bereits vorhandene Kenntnisse auffrischen und vertiefen wollen. Der Adressatenkreis umfasst damit insbesondere Rechtsanwälte, die sich in die komplizierte Materie der Immobiliarvollstreckung einarbeiten wollen, weshalb das Buch auch praktische Tipps enthält und das anwaltliche Kostenrecht Beachtung findet.

Das Buch richtet sich weiter an Bürovorsteher und Rechtsanwaltsfachangestellte, welche mit der Bearbeitung von Zwangsversteigerungs- und Zwangsverwaltungsangelegenheiten sowie der Beantragung und weiteren Bearbeitung von Zwangshypotheken und Arresthypotheken betraut sind, und nicht zuletzt an die Mitarbeiter der Kreditinstitute, kommunalen Kassen und Finanzämter, die auf Gläubigerseite Immobiliarvollstreckungsverfahren betreiben und betreuen müssen.

Ganz besonders wendet sich das Buch an die Studierenden der Hochschulen und Universitäten, da es sowohl vorlesungsbegleitend als auch im Rahmen des Selbststudiums Verwendung finden kann. Es will auf seinem Gebiet jene Kenntnisse vermitteln, welche für das grundlegende Erlernen der Immobiliarvollstreckung und zum sachgemäßen Gebrauch der einschlägigen Kommentare erforderlich sind. Dabei werden Grundkenntnisse im allgemeinen Vollstreckungsrecht und des Immobiliarsachenrechts vorausgesetzt.

Schließlich soll es Rechtspflegern dienen, welche auf dem Gebiet der Immobiliarvollstreckung arbeiten oder erst Jahre nach ihrem Studium als Entscheidungsträger im Bereich der Immobiliarvollstreckung tätig werden und ihre früher erworbenen Kenntnisse rasch aktualisieren wollen.

Das Buch erfasst **alle** wichtigen **Verfahren der Immobiliarvollstreckung**, nämlich die Zwangsversteigerung zum Zwecke der Zwangsvollstreckung (Vollstreckungsversteigerung), die Zwangsversteigerung zur Aufhebung einer Gemeinschaft (Teilungsversteigerung), die Zwangsverwaltung sowie die Eintragung einer Zwangshypothek und einer Arresthypothek. Weiter wird die Zwangsversteigerung auf Antrag des Insolvenzverwalters dargestellt.

In seinem Aufbau folgt das Buch in den einzelnen Teilen dem Ablauf des jeweiligen Verfahrens. Am Beispiel der Vollstreckungsversteigerung erklärt, führt das Buch also von der Verfahrensanordnung über die Möglichkeiten der einstweiligen Einstellung und den Versteigerungstermin bis zur Entscheidung über den Zuschlag, der anschließenden Erlösverteilung und der Schlussabwicklung.

Besondere Schwierigkeiten bei der Anwendung des Zwangsversteigerungsgesetzes entstehen, wenn mehrere Grundstücke in demselben Verfahren versteigert werden. Die Verfasser haben daher zur besseren Übersicht im 1. Teil (Vollstreckungsversteigerung) zunächst die Versteigerung nur **eines** Grundstücks dargestellt (1. Abschnitt). Im 2. Abschnitt des 1. Teils werden dann die Besonderheiten erklärt, welche durch die Versteigerung **mehrerer** Grundstücke in demselben Verfahren entstehen.

Mit Rücksicht auf ihre besondere Bedeutung wurden die Berührungspunkte zwischen dem Immobiliarvollstreckungsrecht und dem Insolvenzrecht besonders herausgearbeitet.

In der aktuellen Auflage wurde das Buch vollständig überarbeitet. Gesetzgebung, Rechtsprechung und Schrifttum sind bis Ende 2017, vereinzelt auch darüber hinaus berücksichtigt.

Im Mai 2018

Landau in der Pfalz	*Rainer Hock*
Kressbronn am Bodensee	*Daniela Bohner*
Emmelshausen	*Ann-Kathrin Christ*
Bad Münstereifel	*Manfred Steffen*

Inhaltsverzeichnis

Vorwort V
Abkürzungsverzeichnis XXXI
Literaturverzeichnis XXXVII
Einführung 1
    A. Definition 1
    B. Arten der Immobiliarvollstreckung 1
    C. Gegenstände der Immobiliarvollstreckung 1
    D. Gesetzliche Grundlagen 2
1. Teil Zwangsversteigerung zum Zwecke der Zwangsvollstreckung (Vollstreckungsversteigerung) 3
1. Abschnitt Versteigerung eines Grundstücks 3
§ 1 Verfahren über die Anordnung der Vollstreckungsversteigerung 3
    A. Versteigerungsobjekte 3
    B. Versteigerungsantrag 4
        I. Zuständigkeit 4
            1. Sachliche Zuständigkeit 4
            2. Örtliche Zuständigkeit 4
            3. Funktionelle Zuständigkeit 4
        II. Inhalt des Antrags und Voraussetzungen der Anordnung . . . 4
            1. Übersicht 4
            2. Schuldner 6
            3. Bezeichnung des Grundstücks 6
            4. Die zu vollstreckende Forderung des Gläubigers 7
                a) Rechtsnatur 7
                b) Hauptforderung 7
                c) Zinsen 7
                d) Kosten der Rechtsverfolgung 8
                    aa) Grundsatz 8
                    bb) Ausnahme 8
            5. Vollstreckungsvoraussetzungen 9
                a) Allgemeine Vollstreckungsvoraussetzungen 9
                    aa) Dinglicher Titel 9
                    bb) Vollstreckungsklausel 10
                    cc) Zustellung 10
                b) Besondere Vollstreckungsvoraussetzungen 11
                    aa) Kalendermäßige Befristung 11
                    bb) Sicherheitsleistung 11
                    cc) Wartefrist 11
            6. Verwaltungszwangsverfahren 11
    C. Entscheidung über den Antrag 13
        I. Tätigkeit der Geschäftsstelle 13
        II. Prüfung durch das Vollstreckungsgericht 13
            1. Allgemeine Prozessvoraussetzungen 13

	2. Allgemeine und besondere Vollstreckungsvoraussetzungen	14
	3. Entgegenstehende Rechte und Verfügungsbeschränkungen (§ 28 ZVG)	14
III.	Entscheidung des Vollstreckungsgerichts	15
	1. Keine Anhörung des Schuldners	15
	2. Beanstandung des Antrags	15
	a) Aufklärungsverfügung	15
	b) Zurückweisung des Antrags	15
	3. Anordnungsbeschluss	16
	4. Bekanntmachung der Anordnung und Grundbuchersuchen	16
	5. Beitritt weiterer Gläubiger zum Verfahren	17

D. Rechtsbehelfe im Verfahren über Anordnung und Beitritt ... 18
   I. Rechtsbehelf des Schuldners ... 18
   II. Rechtsbehelfe des Gläubigers ... 19

E. Kosten im Verfahren über Anordnung und Beitritt ... 19
   I. Kosten des Gerichts ... 19
   II. Rechtsanwaltskosten ... 20

F. Beschlagnahme ... 20
   I. Allgemeines ... 20
   II. Eintritt der Beschlagnahme ... 21
   III. Wirkung der Beschlagnahme ... 21
      1. Relatives Veräußerungsverbot ... 21
      2. Gläubiger mit Grundpfandrecht (Haftungsverband) ... 23
      3. Gläubiger ohne Haftungsverband ... 23
   IV. „Mithaftende Gegenstände" (Haftungsverband) ... 23
      1. Vorbemerkung ... 23
      2. Haftungsverband der Hypothek ... 24
      3. Beschlagnahmeumfang in der Zwangsversteigerung ... 24
      4. Haftungsverband, Beschlagnahme und Mobiliarvollstreckung ... 27

§ 2 Einstweilige Einstellung und Aufhebung ... 29

A. Das System und seine Anwendung ... 29
B. Aufhebung und einstweilige Einstellung aufgrund einer Verfahrenshandlung ... 29
   I. Antragsrücknahme (§ 29 ZVG) ... 29
   II. Bewilligung der einstweiligen Einstellung (§ 30 ZVG) ... 30
   III. Antrag des Schuldners nach § 30a ZVG ... 32
      1. Schuldnervortrag ... 33
      2. Gläubigervortrag ... 33
      3. Verfahren ... 33
   IV. Antrag des Schuldners nach § 765a ZPO ... 35
   V. Antrag des Insolvenzverwalters auf einstweilige Einstellung ... 36
   VI. Entscheidung des Prozessgerichts ... 36
   VII. Sonstige Einstellungsfälle ... 36

C. Gegenrechte und Verfügungsbeschränkungen (§ 28 ZVG) ... 37
   I. Vorbemerkung ... 37
   II. Neues Eigentum ... 37
   III. Auflassungsvormerkung ... 39
   IV. Testamentsvollstreckung ... 39

V. Vor- und Nacherbschaft	40
VI. Nachlassverwaltung	41
VII. Rechtsnachfolge auf Gläubigerseite	41
D. Zwangsversteigerung und Insolvenz	41
I. Insolvenzverfahren als Vollstreckungshindernis	41
1. Die vollstreckenden Gläubiger	41
a) Insolvenzgläubiger	41
b) Gläubiger mit Absonderungsrecht	41
c) Massegläubiger	42
d) Berechtigter einer Zwangshypothek	42
2. Beschlagnahme vor Eröffnung	42
3. Beschlagnahme zwischen Sicherung und Eröffnung	42
4. Beschlagnahme nach Eröffnung	42
a) Insolvenzgläubiger	42
b) Neugläubiger	43
c) Absonderungsberechtigte	43
d) Massegläubiger	43
5. Vollstreckung aus einer Zwangshypothek	44
II. Einstweilige Einstellung auf Antrag des Insolvenzverwalters	44
1. Antrag	44
2. Einstellungsgründe und Auflagen	45
a) Einstellungsgründe	45
b) Einstellung bei vorläufigem Verwalter	45
c) Auflagen	45
3. Aufhebung der einstweiligen Einstellung	46
E. Rechtsbehelfe bei einstweiliger Einstellung und Aufhebung	47
F. Kosten bei einstweiliger Einstellung und Aufhebung	47
I. Kosten des Gerichts	47
II. Rechtsanwaltskosten	47

§ 3 Verfahren bis zum Versteigerungstermin ... 49

A. Was jetzt zu erledigen ist	49
B. Wertfestsetzung	49
I. Allgemeines	49
II. Vorüberlegung	50
III. Verfahren bis zum Gutachten	50
IV. Entscheidung	52
C. Bestimmung des Versteigerungstermins	54
I. Voraussetzungen und Terminstag	54
II. Terminsbestimmung	56
III. Bekanntmachung	57
IV. Zustellungsformen	57
V. Die Zeit bis zum Versteigerungstermin	58
D. Grundsätze für das weitere Verfahren	59
I. Einführung einer Forderung in das Verfahren	59
II. Wiederkehrende Leistungen	59

Inhaltsverzeichnis

E. Rangklassen des § 10 Abs. 1 ZVG	61
I. Rangklasse 1	62
II. Rangklasse 1a	62
III. Rangklasse 2	62
IV. Rangklasse 3	63
1. Einmalige Leistungen	63
2. Wiederkehrende Leistungen	64
V. Rangklasse 4	64
VI. Rangklasse 5	66
VII. Rangklasse 6	66
VIII. Rangklassen 7 und 8	67
IX. „Inoffizielle" Rangklasse 9	67
F. Das geringste Gebot (gG)	67
I. Begriffsbestimmung	67
II. Bestbetreibender Gläubiger	68
III. Aufbau	69
IV. Bestehen bleibende Rechte	71
V. Mindestbargebot	72
1. Kosten des Verfahrens	72
2. Weitere Beträge	73
§ 4 Versteigerungstermin	**77**
A. Vom Aufruf der Sache bis zur Aufforderung, Gebote abzugeben	77
I. Gliederung, Öffentlichkeit, Sitzungsleitung und Protokoll	77
II. Feststellung der Beteiligten	78
III. Bekanntmachungen	78
IV. Feststellung des geringsten Gebots	78
V. Anmeldungen und Anträge zum Versteigerungstermin	79
1. Schuldübernahme und Kündigung eines Grundpfandrechts	79
2. Miet- und Pachtverhältnisse	79
3. Abweichende Versteigerungsbedingungen	80
4. Schuldnerfremdes Zubehör	81
5. Zuzahlungsbetrag	82
VI. Feststellung der Versteigerungsbedingungen und sonstige Hinweise	83
1. Gesetzliche Versteigerungsbedingungen	83
2. Hinweise für Bietinteressierte	85
VII. Aufforderung zur Abgabe von Geboten	85
B. Die Bietezeit	86
I. Abgabe von Geboten	86
II. Zulassung, Zurückweisung, Widerspruch	88
III. Sicherheitsleistung	89
1. Grundsätze	89
2. Darf der Beteiligte Sicherheit verlangen?	90
3. Muss der Bieter Sicherheit leisten?	90
4. Wie hoch ist die Sicherheit?	90
5. Welches Sicherungsmittel ist tauglich?	91

	6.	Sicherheitsverlangen; Verfahren	92
	7.	Behandlung der Sicherheit	94
	IV. Vorzeitige Beendigung des Termins		94
	1.	Aufhebung oder einstweilige Einstellung	94
	2.	Zahlung an das Gericht	95
	3.	Ablösung	95
C.	Schlussverhandlung		96
	I. Schluss der Versteigerung		96
	II. Ergebnisloser Termin		97
	III. Verhandlung über den Zuschlag		97

§ 5 Zuschlag . . . 99

A. Entscheidung über den Zuschlag . . . 99
　I. Versagung des Zuschlags . . . 99
　　1. Grundlagen . . . 99
　　2. Versagungsgründe . . . 99
　　　a) Unzulässiges Gebot . . . 99
　　　b) Fehlende Identität von Versteigerungs- und Zuschlagsobjekt . . . 100
　　　c) Handlungen nach Schluss der Versteigerung . . . 100
　　　d) Nicht ausreichendes Meistgebot . . . 101
　　　e) Versagungsgründe nach § 83 ZVG . . . 105
　　3. Entscheidung . . . 107
　　4. Fortsetzung des Verfahrens . . . 107
　II. Erteilung des Zuschlags . . . 107
B. Inhalt, Bekanntmachung, Wirkungen . . . 108
　I. Inhalt des Zuschlagsbeschlusses . . . 108
　II. Bekanntmachung des Zuschlagsbeschlusses . . . 109
　III. Wirkungen des Zuschlagsbeschlusses . . . 110
　　1. Eigentumserwerb . . . 110
　　2. Erlöschen der Rechte . . . 110
　　3. Vollstreckungstitel . . . 111
C. Rechtsbehelfe bei der Entscheidung über den Zuschlag . . . 112
D. Kosten für den Versteigerungstermin und die Entscheidung über den Zuschlag . . . 113
　I. Kosten des Gerichts . . . 113
　II. Rechtsanwaltskosten . . . 114

§ 6 Verteilung des Erlöses . . . 115

A. Vorbereitung des Verteilungstermins . . . 115
　I. Terminsbestimmung . . . 115
　II. Bekanntmachung des Verteilungstermins . . . 115
　III. Vorläufiger Teilungsplan . . . 116
　　1. Begriff . . . 116
　　2. Grundlagen für die Aufstellung des Plans . . . 116
　　　a) Grundbuch . . . 116
　　　b) Anmeldungen . . . 116
　　　c) Grundlagen für die Berechnung . . . 117

B. Teilungsplan 118
   I. Zweck und Form. 118
   II. Einzelteile des Teilungsplans. 119
      1. Vorbericht 119
      2. Bestehen bleibende Rechte 120
      3. Teilungsmasse 120
      4. Schuldenmasse 120
         a) Kosten des Verfahrens 120
         b) Kostenvorschuss des Gläubigers. 121
         c) Ansprüche der Rangklassen des § 10 Abs. 1 ZVG 121
      5. Zuteilung 121
   III. Bewertung der nicht auf Kapital gerichteten Rechte 122
      1. Einteilung 122
      2. Wertersatz durch Einmalzahlung. 122
      3. Wertersatz durch Zahlung einer Geldrente. 123
      4. Auszahlung des Wertersatzes 125
C. Verteilungstermin 125
   I. Verfahren im Termin 125
      1. Terminsverlauf ohne Notwendigkeit einer Planänderung 125
      2. Erklärungen im Termin, die zur Planänderung führen 126
         a) Anmeldungen. 126
         b) Anfechtung des Teilungsplans 126
         c) Vereinbarung über das Bestehenbleiben erloschener Rechte 128
         d) Aussetzung mangels Rechtskraft des Zuschlagsbeschlusses 130
      3. Beträge, die nicht ohne Weiteres auszahlbar sind 130
         a) Briefrechte 130
         b) Rechte unbestimmten Betrages 131
   II. Eigentümerrechte und Erlösverteilung 132
      1. Offene und verdeckte Eigentümergrundschuld 132
      2. Die Eigentümergrundschuld im Verteilungstermin 133
         a) Bestehen gebliebene Eigentümergrundschuld 133
         b) Erloschene Eigentümergrundschuld 134
      3. Sicherungsgrundschuld 136
         a) Grundsätze 136
         b) Bestehen gebliebene Sicherungsgrundschuld. 137
         c) Erloschene Sicherungsgrundschuld 138
   III. Außergerichtliche Erlösverteilung 140
      1. Allgemeines 140
      2. Außergerichtliche Einigung 140
      3. Außergerichtliche Befriedigung 140
D. Rechtsbehelfe im Verteilungsverfahren 142
E. Kosten im Verteilungsverfahren 143
   I. Kosten des Gerichts. 143
   II. Rechtsanwaltskosten 143
F. Pfändungen im Verteilungsverfahren 143
   I. Erloschenes Grundpfandrecht 143
   II. Erloschene Eigentümergrundschuld 145

III. Hinterlegung und Pfändung 145
IV. Pfändung des Rückgewähranspruchs bei erloschener Sicherungsgrundschuld 145
   1. Vornahme. 145
   2. Wirkung der Pfändung. 146
V. Pfändung des Erlösüberschusses 147

§ 7 Schlussabwicklung. 149
A. Auszahlung des Erlöses. 149
B. Grundbuchersuchen 149
  I. Umfang des Ersuchens 149
  II. Form des Ersuchens 150
  III. Prüfungspflicht des Grundbuchamts. 151
  IV. Kosten. 151
C. Sonstige Tätigkeiten 152

§ 8 Nichtzahlung des Bargebots. 153
A. Allgemeines 153
B. Forderungsübertragung 153
  I. Allgemeines 153
  II. Übertragungsgegenstand 153
  III. Begünstigter der Übertragung. 153
  IV. Besonderheiten 155
  V. Rechtsfolgen der Forderungsübertragung 155
  VI. Wegfall der Befriedigungswirkung 155
    1. Verzicht 155
    2. Wiederversteigerung 155
C. Sicherungshypotheken 156
  I. Allgemeines 156
  II. Besonderheiten 156
  III. Rangverhältnis 157
D. Zwangsvollstreckung aus übertragener Forderung 158
  I. Zwangsvollstreckung in das sonstige Vermögen 158
  II. Zwangsvollstreckung in das versteigerte Grundstück (Wiederversteigerung). 158
    1. Allgemeines 158
    2. Besonderheiten der Wiederversteigerung 158

§ 9 Erbbaurecht und Wohnungseigentum. 161
A. Erbbaurecht 161
  I. Allgemeines. 161
  II. Gemeinsame Regeln für die Zwangsversteigerung des Erbbaurechts. 161
    1. Anordnung der Zwangsversteigerung 161
    2. Einzelfragen 162
    3. Grundsätze zum Erbbauzins 162
    4. Zuschlag in der Zwangsversteigerung 163
    5. Heimfall 164
  III. Erbbauzins beim „alten" Erbbaurecht 164
  IV. Erbbauzins beim „neuen" Erbbaurecht 166

B. Wohnungs- und Teileigentum 167
    I. Allgemeines.. 167
    II. Wohnungseigentum als Objekt der Zwangsversteigerung. 168
        1. Zustimmung.. 168
        2. Geld der Wohnungseigentümer............................ 169
        3. Vermietung vor Aufteilung 169
    III. Forderungen der Wohnungseigentümergemeinschaft in der Zwangsversteigerung 170
        1. Vorbemerkung 170
        2. Vorrecht der Eigentümergemeinschaft 170
        3. Verfolgung des Vorrechts 171
        4. Bestehen bleibende Rechte 172
        5. Übergangsrecht....................................... 172

2. Abschnitt Versteigerung mehrerer Grundstücke 173

§ 10 Grundsatz, Allgemeine Voraussetzungen und Auswirkungen 173

    A. Grundsatz der Einzelversteigerung 173
    B. Voraussetzungen für die gemeinsame Versteigerung................. 173
        I. Mehrheit von Grundstücken (Versteigerungsgegenständen) 173
        II. Zuständigkeit.. 173
        III. Identität 174
    C. Allgemeine Auswirkungen 174
        I. Beschlagnahmezeitpunkt 174
        II. Grundstückswert (Verkehrswert) 175

§ 11 Ausgebotsarten, Geringstes Gebot, Zuschlag 177

    A. Ausgebotsarten und Verfahren 177
        I. Einzelausgebot.. 177
        II. Gesamtausgebot 177
        III. Gruppenausgebot 177
        IV. Verfahren 178
        V. Verhältnis der einzelnen Ausgebotsarten zueinander. 179
            1. Wegfall der Einzelausgebote 179
            2. Reihenfolge der Ausgebotsarten 180
    B. Das geringste Gebot (gG) 180
        I. Allgemeines.. 180
        II. Grundsätze 181
        III. Einzelausgebot... 181
            1. Verfahrenskosten...................................... 181
                a) Gebühren 181
                b) Auslagen.. 181
            2. Ansprüche der Rangklassen 1 bis 3 181
            3. Ansprüche der Rangklasse 4............................. 182
            4. Ansprüche der Rangklasse 5............................. 182
        IV. Gesamtausgebot 182
        V. Gruppenausgebot 184
        VI. Erhöhung des geringsten Gebots............................. 184
    C. Zuschlagsentscheidung 185

§ 12 Verteilung von Gesamtgrundpfandrechten ... 189
A. Voraussetzungen ... 189
    I. Bestehen bleibendes Gesamtgrundpfandrecht ... 189
    II. Einzel- oder Gruppenausgebot ... 189
    III. Antrag ... 189
B. Durchführung der Verteilung ... 190
C. Gegenantrag ... 192
D. Erhöhung nach § 63 Abs. 3 S. 1 ZVG ... 193
E. Zuschlagsentscheidung ... 194
    I. Gesamtsummenvergleich ... 194
    II. Einzelerlösvergleich ... 195

§ 13 Zuschlagsversagung und Einstellung ... 197
A. Zuschlagsversagung nach §§ 74a, 85a ZVG ... 197
    I. Zuschlagsversagung nach § 74a ZVG ... 197
    II. Zuschlagsversagung nach § 85a ZVG ... 198
B. Aufhebung und einstweilige Einstellung ... 198
C. Einstellung nach § 76 ZVG ... 199
    I. Allgemeines ... 199
    II. Voraussetzungen ... 199
    III. Verfahren ... 199
    IV. Rechtsbehelfe ... 200

§ 14 Erlösverteilung ... 201
A. Erlösverteilung nach § 112 ZVG ... 201
    I. Allgemeines ... 201
    II. Voraussetzungen ... 201
    III. Verfahren ... 202
    IV. Fehlbetrag ... 202
B. Erlösverteilung bei Gesamtrechten ... 205
    I. Wesen des Gesamtrechts ... 205
    II. Das Gesamtrecht in der Zwangsversteigerung ... 205
    III. Voraussetzungen für die Verteilung ... 206
        1. Gesamtrecht (Gesamtanspruch) ... 206
        2. Anspruch auf Barzahlung ... 206
        3. Einzelmassen ... 206
        4. Ein Versteigerungsverfahren ... 206
        5. Keine Verteilung nach § 1132 BGB ... 206
    IV. Durchführung der Verteilung ... 207
        1. Verteilung bei bezahltem Bargebot ... 207
        2. Verteilung bei Nichtzahlung des Bargebots ... 207

§ 15 Fallbeispiel zum 1. Teil (Vollstreckungsversteigerung) ... 209
A. Geringstes Gebot (§ 3 Rdn. 110 ff.) ... 209
B. Zuschlagsentscheidung ... 219
C. Teilungsplan ... 221
D. Grundbuch ... 228

2. Teil Zwangsversteigerung zum Zwecke der Aufhebung einer Gemeinschaft (Teilungsversteigerung) ... 231

§ 16 Verfahrenszweck und systematische Einordnung ... 231

A. Verfahrenszweck ... 231
B. Der Begriff „Teilungsversteigerung" ... 231
C. Gesetzessystematik ... 231
D. Teilungsversteigerung als Zwangsvollstreckung? ... 232
E. Verhältnis von Teilungsversteigerung zur Vollstreckungsversteigerung ... 232

§ 17 Dem Verfahren zugängliche Gemeinschaften und der Versteigerung entgegenstehende Rechte ... 235

A. Einleitung ... 235
B. Bruchteilsgemeinschaft ... 235
  I. Allgemeines zur Bruchteilsgemeinschaft ... 235
  II. Entgegenstehende Rechte ... 236
    1. Naturalteilung (gesetzlicher Ausschluss) ... 236
    2. Treu und Glauben (gesetzlicher Ausschluss) ... 237
    3. Anderweitige Auseinandersetzung vereinbart ... 237
    4. Ausschlussvereinbarung ... 237
  III. Sonderfall: Zugewinngemeinschaft ... 238
    1. Zeitpunkt der Anwendung von § 1365 BGB ... 238
    2. Berücksichtigung durch das Vollstreckungsgericht ... 239
    3. Verfahren der Geltendmachung von § 1365 BGB ... 239
    4. Geltungsdauer von § 1365 BGB ... 239
  IV. Sonderfall: Lebenspartnerschaft ... 239
  V. Sonderfall: Wohnungseigentümergemeinschaft ... 239
C. Gesamthandsgemeinschaft ... 240
  I. Allgemeines zur Gesamthandsgemeinschaft ... 240
  II. Erbengemeinschaft ... 240
    1. Allgemeines zur Erbengemeinschaft ... 240
    2. Entgegenstehende Rechte ... 240
      a) Naturalteilung/Treu und Glauben/Anderweitige Vereinbarung ... 240
      b) Ausschlussvereinbarung ... 240
      c) Besondere Gegenrechte bei der Erbengemeinschaft ... 241
      d) Nacherbenvermerk ... 241
  III. Gütergemeinschaft ... 242
    1. Eheliche Gütergemeinschaft ... 242
    2. Fortgesetzte Gütergemeinschaft ... 242
  IV. Gesellschaft bürgerlichen Rechts (GbR) ... 243
  V. Handelsrechtliche Personengesellschaft (OHG, KG) ... 243
  VI. Partnerschaft und Europäische Wirtschaftliche Interessenvereinigung ... 243

§ 18 Verfahren über die Anordnung der Teilungsversteigerung ... 245

A. Versteigerungsobjekte ... 245
B. Versteigerungsantrag ... 245

	I.	Zuständigkeit	245
	II.	Antragsrecht und Antragsteller	245
		1. Antragsrecht der Teilhaber	245
		a) Bruchteilsgemeinschaft	245
		b) Erbengemeinschaft	245
		2. Sonderfälle beim Antragsrecht der Teilhaber	246

Table of Contents

I. Zuständigkeit 245
II. Antragsrecht und Antragsteller 245
  1. Antragsrecht der Teilhaber 245
    a) Bruchteilsgemeinschaft 245
    b) Erbengemeinschaft 245
  2. Sonderfälle beim Antragsrecht der Teilhaber 246
    a) Testamentsvollstreckung 246
    b) Vor-/Nacherbschaft 246
    c) Insolvenzeröffnung 246
    d) Vormund/Betreuer 247
    e) Eltern 247
    f) Nachlasspfleger/Nachlassverwalter 247
    g) Nießbrauch 247
  3. Antragsrecht eines Gläubigers 248
III. Antragsgegner 248
IV. Antragsinhalt und Nachweisungen 248
  1. Antragsinhalt 248
  2. Nachweisungen 249

C. Entscheidung über den Antrag 249
  I. Gewährung rechtlichen Gehörs 249
  II. Entgegenstehende Rechte 249
  III. Beanstandung des Antrags 249
  IV. Anordnungsbeschluss 250
    1. Inhalt des Anordnungsbeschlusses 250
    2. Bekanntmachung der Anordnung und Grundbuchersuchen ... 250

D. Beitritt zum Verfahren 250
E. Beteiligte 251
F. Beschlagnahme 252
G. Rechtsbehelfe im Verfahren über Anordnung und Beitritt ... 253
  I. Rechtsbehelf des Antragsgegners 253
  II. Rechtsbehelf des Antragstellers 254
H. Kosten im Verfahren über Anordnung und Beitritt 254

§ 19 Einstweilige Einstellung und Aufhebung des Verfahrens ... 255

A. Das System und seine Anwendung 255
B. Gegenrechte (§ 28 ZVG) 255
  I. Ausschlussvereinbarung bei Bruchteilsgemeinschaften ... 255
  II. Eigentumswechsel nach Verfahrensanordnung 255
C. Teilungsversteigerung und Insolvenz 256
D. Einstweilige Einstellung und Aufhebung aufgrund einer Verfahrenshandlung ... 256
  I. Antragsrücknahme 256
  II. Bewilligung der einstweiligen Einstellung durch den Antragsteller ... 256
  III. Einstweilige Einstellung nach § 180 ZVG 256
    1. Der allgemeine Schutz (§ 180 Abs. 2 ZVG) 257
      a) Antragsberechtigung 257
      b) Antragsfrist 257

        c) Selbstständigkeit der Einzelverfahren 257
        d) Materielle Voraussetzungen 257
    2. Der Kinderschutz (§ 180 Abs. 3 ZVG) 258
        a) Antragsberechtigung 258
        b) Antragsfrist 258
        c) Materielle Voraussetzungen 259
  IV. Einstweilige Einstellung nach § 765a ZPO 261
E. Einstellung durch das Prozessgericht 262
F. Sonstige Einstellungsfälle 262
G. Rechtsbehelfe bei einstweiliger Einstellung und Aufhebung 262
H. Kosten bei einstweiliger Einstellung und Aufhebung. 262

§ 20 Verfahren bis zum Versteigerungstermin 263
A. Die nächsten Schritte (Überblick) 263
B. Wertfestsetzung 263
C. Beurkundung eines Vergleichs zur Verfahrensbeendigung 263
D. Bestimmung des Versteigerungstermins 264
E. Das geringste Gebot. 264
  I. Der Deckungsgrundsatz in der Teilungsversteigerung 264
  II. Sonderfall: Bruchteilsgemeinschaft............................ 265
    1. Bestehen bleibende Rechte 265
    2. Ausgleichsbetrag..................................... 267
        a) Begründung..................................... 267
        b) Berechnung.................................... 268
    3. Mehrere Antragsteller................................. 269
F. Grundsätze für das weitere Verfahren 270
G. Rangklassen... 270

§ 21 Der Versteigerungstermin 273
A. Vom Aufruf der Sache bis zur Aufforderung, Gebote abzugeben 273
  I. Erste Schritte 273
  II. Ausgebotsarten.. 273
  III. Miet- und Pachtverhältnisse 273
  IV. Begrenzung des Bieterkreises 274
  V. Weiterer Ablauf und Aufforderung zur Abgabe von Geboten 274
B. Die Bietezeit 274
  I. Abgabe von Geboten, Zulassung, Zurückweisung, Widerspruch 274
  II. Sicherheitsleistung 275
  III. Vorzeitige Beendigung des Termins 275
    1. Aufhebung oder einstweilige Einstellung 275
    2. Zahlung.. 275
    3. Ablösung... 275
C. Schlussverhandlung 276

§ 22 Zuschlag 277
A. Entscheidung über den Zuschlag............................... 277
  I. Versagung des Zuschlags 277
  II. Erteilung des Zuschlags 277

- B. Inhalt, Bekanntmachung, Wirkungen 277
- C. Rechtsbehelfe bei der Entscheidung über den Zuschlag 277
  - I. Allgemeines 277
  - II. Gesamthandsgemeinschaften 278
  - III. Antragsgegner gegen Zuschlagsversagung 278
- D. Kosten für den Versteigerungstermin und die Entscheidung über den Zuschlag .. 278
  - I. Allgemeines 278
  - II. Reduzierung des Geschäftswerts bei Zuschlagsgebühr 278

§ 23 Verteilung des Erlöses und Schlussabwicklung 279
- A. Allgemeines 279
- B. Teilungsmasse 279
- C. Einzelmassenbildung bei Bruchteilseigentum 279
- D. Erlösüberschuss 279
- E. Schlussabwicklung 281

§ 24 Nichtzahlung des Bargebots 283
- A. Allgemeines 283
- B. Ehemaliger Miteigentümer als Ersteher 283
- C. Zuweisung des Erlösüberschusses 283
- D. Wiederversteigerung 283

§ 25 Teilungsversteigerung auf Antrag eines Gläubigers 285
- A. Allgemeines 285
- B. Schuldner ist Miteigentümer in Bruchteilsgemeinschaft 285
  - I. Pfändung 285
  - II. Das Problem mangelnder Erfolgsaussicht 286
  - III. Hindernisse für die Teilungsversteigerung 288
- C. Schuldner ist Miteigentümer in Gesamthandsgemeinschaft 288
  - I. Pfändung 288
  - II. Das geringste Gebot 289
  - III. Hindernisse für die Teilungsversteigerung 289
- D. Gemeinsame Verfahrensregeln 290
  - I. Anordnung und Beitritt 290
  - II. Einstweilige Einstellung des Verfahrens 291
  - III. Verfahren bis zum Verteilungstermin 292
  - IV. Verteilungstermin 292

§ 26 Fallbeispiel zum 2. Teil (Teilungsversteigerung) 295
- A. Geringstes Gebot 295
- B. Teilungsplan 299
- C. Grundbuch 303

§ 27 Muster Gerichtlich protokollierter Vergleich zur Abwendung einer Teilungsversteigerung 307

3. Teil Zwangsverwaltung 309
§ 28 Systematische Einordnung und Allgemeines 309
- A. Zwangsverwaltung als Maßnahme der Immobiliarvollstreckung 309
- B. Verfahrenszweck... 309
- C. Verhältnis der Zwangsverwaltung zur Zwangsversteigerung............. 310
  - I. Bestimmte Zwangsverwaltungsvorschüsse 310
  - II. Tag der ersten Beschlagnahme i.S.d. § 13 ZVG.................... 310
  - III. Zwangsverwaltung zur Sicherung............................... 310
  - IV. Überleitung einer ergebnislosen Zwangsversteigerung 310
  - V. Zwangsverwaltung und Zuschlag................................ 310
  - VI. Gerichtliche Verwaltung gem. § 94 ZVG......................... 311

§ 29 Dingliche Mietpfändung – Alternative zur Zwangsverwaltung? 313
- A. Miete als Vollstreckungsobjekt.................................... 313
- B. Dingliche Beschlagnahme bricht „einfache Pfändung" 313
- C. Prozessökonomisches Gläubigerverhalten........................... 315

§ 30 Verfahren über die Anordnung der Zwangsverwaltung 317
- A. Objekte der Zwangsverwaltung 317
- B. Antrag auf Zwangsverwaltung 317
  - I. Zuständigkeit... 318
  - II. Antragsvoraussetzungen....................................... 318
    1. Vollstreckungstitel... 318
    2. Zwangsverwaltung gegen den Eigentümer...................... 318
    3. Zwangsverwaltung gegen den Eigenbesitzer 318
       - a) Eigenbesitz 318
       - b) Voraussetzungen....................................... 319
    4. Sonderfälle.. 320
       - a) Nießbrauch 320
         - aa) Vorrangiger Grundpfandrechtsgläubiger 320
         - bb) Nachrangiger Grundpfandrechtsgläubiger/Persönlicher Gläubiger 321
       - b) Altenteil (Leibgeding) und Wohnungsrecht................. 321
       - c) Verfügungsbeschränkungen.............................. 322
         - aa) Eröffnung des Insolvenzverfahrens gegen den Eigentümer ... 322
         - bb) Testamentsvollstreckung............................. 322
         - cc) Vor- und Nacherbschaft.............................. 322
       - d) Auflassungsvormerkung................................. 322
  - III. Inhalt des Antrags und Anlagen 322
- C. Entscheidung über den Antrag 324
  - I. Tätigkeit der Geschäftsstelle 324
  - II. Prüfung durch das Vollstreckungsgericht......................... 324
    1. Zuständigkeit... 324
    2. Allgemeine Prozessvoraussetzungen 324
    3. Allgemeine und besondere Vollstreckungsvoraussetzungen 325
    4. Besondere Voraussetzungen der Zwangsverwaltung 325
       - a) Voreintragung nach § 17 ZVG........................... 325
       - b) Entgegenstehende Rechte und Verfügungsbeschränkungen (§ 28 ZVG) 325

	III. Entscheidung des Vollstreckungsgerichts		325
	1. Keine Anhörung des Schuldners		325
	2. Beanstandung des Antrags		325
	3. Anordnungsbeschluss		326
	4. Bekanntmachung der Anordnung und Grundbuchersuchen		326
	5. Beitritt weiterer Gläubiger zum Verfahren		327
D.	Beschlagnahme		327
	I. Eintritt der Beschlagnahme		327
	II. Wirkung der Beschlagnahme		328
	1. Relatives Veräußerungsverbot		328
	2. Aktivierung des Haftungsverbandes/Befriedigungsrecht		328
	3. Grundstücksverwaltung und -benutzung		328
	4. Wirkung gegenüber Drittschuldnern		328
	III. Umfang der Beschlagnahme		329
	1. Grundsätzliches		329
	2. Erweiterter Umfang in der Zwangsverwaltung		329
	3. Exkurs: Räume des Schuldners		329
	a) Privaträume		329
	b) Geschäftsräume		330
	c) Zwangsräumung wegen Gefährdung		330
E.	Rechtsbehelfe im Verfahren über Anordnung und Beitritt		332
	I. Rechtsbehelf des Schuldners		332
	II. Rechtsbehelfe des Gläubigers		332
F.	Kosten im Verfahren über Anordnung und Beitritt		332
	I. Kosten des Gerichts		332
	II. Rechtsanwaltskosten		332

§ 31 Der Zwangsverwalter ... 333

A.	Bedeutung für das Verfahren		333
B.	Theorien der Amtsführung		333
C.	Bestellung		333
	I. Bestellung durch das Vollstreckungsgericht		333
	II. Person und Qualifikation		333
	III. Zeitpunkt der Bestellung		334
	IV. Ausweis		334
	V. Rechtsbehelf gegen die Auswahl		334
D.	Aufgaben		334
	I. Allgemeines		334
	II. Rechnungslegung		335
	1. Pflicht zur Rechnungslegung		335
	2. Inhalt der Rechnungslegung		335
	3. Prüfung und Einwendungen		336
E.	Haftung		336
	I. Allgemeines		336
	II. Haftung nach § 154 ZVG		336
	III. Haftung nach dem BGB		337
	IV. Geltendmachung der Ansprüche und Verjährung		337

F.	Besondere Verwalter	337
	I. Institutsverwalter	337
	1. Vorschlagsrecht und Bestellung	337
	2. Rechtsstellung	338
	II. Schuldner als Verwalter	339
	1. Zweck der Regelung	339
	2. Aufsichtsperson	340
G.	Vergütung	340
	I. Allgemeines	340
	II. Regelvergütung	341
	III. Verminderung/Erhöhung der Regelvergütung	341
	IV. Vergütung nach Zeitaufwand	342
	1. Voraussetzungen	342
	2. Berechnung	342
	V. Mindestvergütung	343
	1. Bei erlangtem Besitz	343
	2. Ohne Besitzerlangung	344
	VI. Auslagen	344
	VII. Besonderheiten	344
	1. Fertigstellung von Bauvorhaben	344
	2. Besondere Sachkunde	345
	VIII. Vorschuss	345
	IX. Festsetzung durch das Gericht	345
	X. Durchsetzung des Anspruchs	345

§ 32 Einstweilige Einstellung und Aufhebung 347

A.	Das System und seine Anwendung	347
B.	Aufhebung und einstweilige Einstellung aufgrund einer Verfahrenshandlung	347
	I. Antragsrücknahme (§ 29 ZVG)	347
	II. Bewilligung der einstweiligen Einstellung (§ 30 ZVG)	348
	III. Antrag des Schuldners nach § 30a ZVG	349
	IV. Antrag des Schuldners nach § 765a ZPO	349
	V. Entscheidung des Prozessgerichts und sonstige Einstellungsfälle	349
C.	Gegenrechte und Verfügungsbeschränkungen (§ 28 ZVG)	350
	I. Vorbemerkung	350
	II. Neues Eigentum	350
	III. Auflassungsvormerkung	350
	IV. Eigenbesitz	350
	V. Testamentsvollstreckung	350
	VI. Vor- und Nacherbschaft	351
	VII. Nachlassverwaltung	351
D.	Zwangsverwaltung und Insolvenz	351
	I. Insolvenzeröffnung als Vollstreckungshindernis	351
	II. Einstweilige Einstellung auf Antrag des Insolvenzverwalters	352
	1. Materielle Voraussetzungen	352
	2. Verfahren	352
	3. Entscheidung	353

		4. Folgen der (einstweiligen) Einstellung	353
		5. Rechtsbehelfe	354
	III.	Fortsetzung der Zwangsverwaltung	354
		1. Materielle Voraussetzungen	354
		2. Verfahren	354
E.	Aufhebung der Zwangsverwaltung nach § 161 ZVG		354
	I.	Befriedigung des Gläubigers (§ 161 Abs. 2 ZVG)	354
		1. Befriedigung durch Zahlung des Zwangsverwalters	354
		2. Befriedigung durch Zahlung außerhalb des Verfahrens	355
		3. Befriedigung aus dem Erlös der Zwangsversteigerung	355
	II.	Aufhebung mangels Vorschusszahlung (§ 161 Abs. 3 ZVG)	355
F.	Zuschlag in der Zwangsversteigerung		355
	I.	Allgemeines	355
	II.	Wirkung des Zuschlagsbeschlusses	356
	III.	Verwaltungsbefugnis zwischen Zuschlag und Aufhebung	356
	IV.	Nicht versteigerte Gegenstände	356

§ 33 Verfahren bis zum Verteilungstermin ... 359

A.	Inbesitznahme des Grundstücks		359
	I.	Allgemeines	359
	II.	Schuldner ist unmittelbarer Besitzer	359
		1. Freiwillige Besitzübergabe	359
		2. Zwangsweise Besitzeinweisung	359
	III.	Schuldner ist mittelbarer Besitzer	360
	IV.	Bericht über die Besitzerlangung	360
B.	Erhaltung und Verbesserung des Grundstücks		360
C.	Ordnungsgemäße Nutzung des Grundstücks		361
D.	Geltendmachung beschlagnahmter Ansprüche		361
	I.	Miete und Pacht	361
	II.	Mietverträge des Zwangsverwalters	364
	III.	Zubehör	365
	IV.	Weitere beschlagnahmte Gegenstände	365
	V.	Prozessführung	366
		1. Übergang der Prozessführungsbefugnis	366
		2. Neue Prozesse	366
		3. Laufende Prozesse	367
		4. Ende der Prozessführungsbefugnis	367
		a) Aufhebung nach Antragsrücknahme	367
		b) Aufhebung nach Befriedigung des Gläubigers oder mangelnder Vorschussleistung	367
		c) Aufhebung nach Zuschlag in der Zwangsversteigerung	368
E.	Verwaltung des beschlagnahmten Objekts		368
	I.	Einzelheiten zur Verwaltung	368
	II.	Fortführung eines Gewerbebetriebs	369
F.	Zahlungen aus dem Erlös		370
	I.	Allgemeines	370
	II.	Allgemeines zu § 155 Abs. 1 ZVG	370

III. Einzelheiten zu § 155 Abs. 1 ZVG 371
    1. Die Kosten des Verfahrens............................ 371
    2. Ausgaben der Verwaltung 371
IV. Öffentliche Lasten... 372
V. Überschüsse... 372
G. Bestimmung des Verteilungstermins 373
H. Anmeldungen zum Verteilungstermin 373
   I. Allgemeines.. 373
   II. Anzumeldende Ansprüche 374
   III. Rechtsanwaltskosten für die Anmeldung 374

§ 34 Verteilung der Überschüsse 375
A. Die Rangklassen in der Zwangsverwaltung 375
   I. Rangklassen 1 und 1a................................... 375
   II. Rangklasse 2 375
   III. Rangklasse 3 375
   IV. Rangklasse 4 376
   V. Rangklasse 5 376
   VI. Weitere Rangklassen 377
B. Aufstellung des Teilungsplans 377
   I. Allgemeines.. 377
   II. Verhandlung über den Teilungsplan 380
   III. Rechtsbehelfe... 381
       1. Sofortige Beschwerde................................ 381
       2. Widerspruch.. 382
       3. Klage auf Änderung des Teilungsplans................. 382
C. Zahlungen auf das Kapital..................................... 382

§ 35 Bericht/Rechnungslegung 385
A. Bericht/Rechnungslegung 385
B. Prüfung durch das Gericht..................................... 386

§ 36 Wohnungseigentum 387
A. Allgemeines... 387
B. Verfahren 387
   I. Zustimmung 387
   II. Verfahrensverbindung.................................. 387
C. Beschlagnahme.. 387
D. Forderungen der Wohnungseigentümergemeinschaft in der Zwangsverwaltung . 388
E. Grundsteuer und Nebenkosten 389
F. Vergütung des Zwangsverwalters 390

4. Teil Zwangsversteigerung auf Antrag des Insolvenzverwalters 391

§ 37 Einordnung, Gesetzessystematik, Zweck........................ 391
A. Einordnung des Verfahrens 391
B. Gesetzliche Systematik.. 391
C. Zweck des Verfahrens – Insolvenzrechtliches 391

	I. Aufgaben eines Insolvenzverwalters	391
	II. Verwertung nach Wahl des Insolvenzverwalters	392
D.	Verhältnis zu anderen Versteigerungsverfahren	392

§ 38 Verfahren über die Anordnung der Insolvenzverwalterversteigerung 393

A.	Versteigerungsobjekte	393
B.	Versteigerungsantrag	393
	I. Zuständigkeit	393
	II. Antragsberechtigung	393
	III. Voraussetzungen und Inhalt des Antrags	393
C.	Entscheidung über den Antrag	394
	I. Anordnungsbeschluss	394
	II. Bekanntmachung der Anordnung und Grundbuchersuchen	395
	III. Beitritt zum Verfahren	395
D.	Beschlagnahme	395
	I. Kein Veräußerungsverbot	395
	II. Wirkungen	396
E.	Rechtsbehelfe im Verfahren über die Anordnung	396

§ 39 Einstweilige Einstellung und Aufhebung . 397

A.	Aufhebung und einstweilige Einstellung aufgrund einer Verfahrenshandlung ...	397
	I. Antragsrücknahme	397
	II. Bewilligung der einstweiligen Einstellung	397
	III. Einstweilige Einstellung auf Antrag nach § 30a ZVG	397
B.	Besondere Beendigungsgründe	397
	I. Freigabe des Grundbesitzes	397
	II. Aufhebung des Insolvenzverfahrens	397

§ 40 Weiteres Verfahren . 399

A.	Wertfestsetzung	399
B.	Bestimmung des Versteigerungstermins	399
C.	Das geringste Gebot	399
	I. Umsetzung des Deckungsgrundsatzes	399
	II. Abweichende Feststellung auf Antrag eines Gläubigers (§ 174 ZVG)	400
	1. Zweck der Regelung	400
	2. Voraussetzungen und Verfahren	401
	a) Antrag und Antragsberechtigung	401
	b) Zeitpunkt der Antragstellung	401
	c) Antragsrücknahme	402
	d) Rechtsfolge der Antragstellung	402
	e) Antragstellung durch mehrere Gläubiger	402
	f) Zuschlagsentscheidung	402
	III. Abweichende Feststellung auf Antrag des Insolvenzverwalters (§ 174a ZVG)	403
	1. Zweck der Regelung und Kritik	403
	2. Voraussetzungen und Verfahren	403
	a) Antrag und Antragsberechtigung	403
	b) Zeitpunkt der Antragstellung	403
	c) Anspruch nach § 10 Abs. 1 Nr. 1a ZVG	404

	d)	Antragsrücknahme	404
	e)	Rechtsfolge	404
	f)	Antrag nach § 174a ZVG neben Antrag nach § 174 ZVG	404
	g)	Zuschlagsentscheidung	404

5. Teil Zwangshypothek 405

§ 41 Rechtsnatur, Zweck 405

    A. Rechtsnatur 405
    B. Zweck 405

§ 42 Eintragungsvoraussetzungen 407

    A. Allgemeines 407
    B. Vollstreckungsantrag 407
        I. Zuständigkeit 407
            1. Sachliche Zuständigkeit 407
            2. Örtliche Zuständigkeit 407
            3. Funktionelle Zuständigkeit 407
        II. Form und Inhalt des Antrags 408
            1. Form 408
            2. Inhalt 408
            3. Antragstellung bei mehreren Gläubigern 409
        III. Vollmacht 409
    C. Allgemeine Prozessvoraussetzungen 410
    D. Allgemeine Vollstreckungsvoraussetzungen 410
        I. Vollstreckungstitel 411
            1. Zustand und Inhalt 411
            2. Vollstreckungskosten 411
                a) Bisherige Vollstreckungskosten 411
                b) Kosten der Eintragung 412
        II. Vollstreckungsklausel 412
            1. Allgemeines 412
            2. Parteienidentität 412
                a) Allgemeines 412
                b) Einzelkaufmann 412
                c) Gesellschaft bürgerlichen Rechts (GbR) 413
                d) Wohnungseigentümergemeinschaft 415
                e) Änderung der Parteienbezeichnung 415
                f) Rechtsnachfolgeklausel 416
        III. Zustellung 416
    E. Besondere Vollstreckungsvoraussetzungen 416
        I. Eintritt eines Kalendertages 416
        II. Wartefrist 417
        III. Sicherheitsleistung/Sicherungsvollstreckung 417
        IV. Zug um Zug zu bewirkende Leistungen 418
    F. Keine Vollstreckungshindernisse 418
        I. Allgemeines 418
        II. Einzelne Vollstreckungshindernisse 418

	1. Insolvenzeröffnung	418
	2. Nachlassverwaltung	420
	3. Vollstreckungsverbote nach § 775 ZPO	421
G.	Besondere Voraussetzungen für Zwangshypothek	421
	I. Mindestbetrag	421
	II. Belastungsgegenstand	423
	III. Belastung mehrerer Grundstücke	424
	1. Verteilungsgebot	424
	2. Belastung von Gebäudeeigentum im Beitrittsgebiet	426
	3. Nachträgliche Grundstücksteilung	426
	4. Gesamtschuldner/Gesamtzwangshypothek	427
	5. Erstreckung auf Miteigentumsanteil	427
	6. Besonderes Rechtsschutzinteresse	428
	IV. Minderjähriger Schuldner	429
	V. Vormundschaft/Betreuung/Pflegschaft	429
	VI. Erbbaurecht	430
	VII. Wohnungs-/Teileigentum	430
	VIII. Umlegung, Sanierung, Entwicklungsbereich	430
	IX. Weitere Sonderfälle	430
	X. Relative Verfügungsbeschränkungen	431
	XI. Auflassungsvormerkung	432
	XII. Vor- und Nacherbschaft	433
	XIII. Vollstreckung gegen Ehegatten	433
	1. Zugewinngemeinschaft und Gütertrennung	433
	2. Gütergemeinschaft	433
	XIV. Zwangsvollstreckung in den Nachlass/das Eigenvermögen der Erben	434
	XV. Testamentsvollstreckung	434
H.	Grundbuchrechtliche Voraussetzungen	434
	I. Antrag	434
	II. Bewilligung	434
	III. Grundstücksbezeichnung	435
	IV. Voreintragung des Schuldners/Eigentümers	435
	V. Berechtigter und Bezeichnung des Gläubigers	436
	1. Allgemeines	436
	2. Einzelkaufmann	436
	3. Gesellschaft bürgerlichen Rechts (GbR)	437
	4. Wohnungseigentümergemeinschaft	437
	5. Partei kraft Amtes	439
	6. Vorerbe/Nacherbe	439
	7. Nicht eingetragener Verein	440
	8. Politische Parteien	440
	9. Zahlung an Dritten	440
	10. Gläubigerwechsel vor Eintragung	440
	VI. Mehrheit von Gläubigern	441
	VII. Materiell-rechtliche Einwendungen	443

I. Verfahren bei Eintragungshindernissen ... 443
    I. Grundbuchrechtliche Hindernisse ... 443
        1. Erlass einer Zwischenverfügung ... 443
        2. Vormerkung nach § 18 Abs. 2 GBO ... 444
    II. Vollstreckungsrechtliche Hindernisse ... 446
        1. Nicht behebbare Mängel ... 446
        2. Behebbare Mängel ... 447
    III. Grundbuchrechtliche und vollstreckungsrechtliche Mängel ... 448

§ 43 Eintragung, Rechtsbehelfe, Umschreibung, Löschung ... 451

A. Eintragung im Grundbuch ... 451
    I. Keine Anhörung des Schuldners ... 451
    II. Inhalt ... 451
    III. Vermerk auf dem Vollstreckungstitel ... 453
    IV. Eintragung eines unrichtigen Geldbetrages ... 454
    V. Kosten im Eintragungsverfahren ... 454
        1. Kosten des Grundbuchamts ... 454
            a) Eintragung ... 454
            b) Zurückweisung des Antrags ... 455
            c) Antragsrücknahme ... 455
        2. Rechtsanwaltskosten ... 455
        3. Keine Grundbucheintragung ... 455
B. Rechtsbehelfe ... 456
    I. Rechtsbehelf des Gläubigers ... 456
    II. Rechtsbehelf des Schuldners ... 456
    III. Rechtsbehelf eines Dritten ... 457
C. Mängel bei Grundbucheintragung ... 457
    I. Verletzung grundbuchrechtlicher Vorschriften ... 457
    II. Verletzung vollstreckungsrechtlicher Vorschriften ... 457
        1. Löschung wegen inhaltlicher Unzulässigkeit ... 457
        2. Eintragung eines Amtswiderspruchs ... 458
D. Erwerb der Zwangshypothek durch den Eigentümer ... 459
    I. Nicht entstandene Forderung ... 459
    II. Erloschene Forderung ... 459
    III. Verzicht des Gläubigers ... 460
    IV. Umwandlung nach § 868 ZPO ... 460
        1. Voraussetzungen ... 460
        2. Folgen des Rechtserwerbs ... 463
        3. Grundbuchberichtigung ... 463
        4. Gesamtzwangshypothek und § 868 ZPO ... 464
E. Aufhebung/Löschung der Zwangshypothek ... 465
    I. Materielle Aufhebungsvoraussetzungen ... 465
    II. Formelle Löschungsvoraussetzungen ... 465
    III. Löschungsfähige Quittung ... 465
    IV. Löschung bei Gesamtgläubigerschaft ... 466
    V. Löschung bei Hypothek für Wohnungseigentümergemeinschaft ... 466

	1. Löschungsfähige Quittung	466
	2. Löschungsbewilligung	467

§ 44 Verwaltungsvollstreckung (Verwaltungszwangsverfahren) durch Finanzamt 469

- A. Ersuchen 469
  - I. Allgemeines 469
  - II. Form 469
  - III. Inhalt 469
- B. Anwendbare Vorschriften 470
- C. Erbgangsähnliche Gesamtrechtsnachfolge 471
- D. Eintragung im Grundbuch 471
- E. Kosten der Eintragung 472
- F. Mängel des Ersuchens 472
- G. Rechtsbehelfe 472
  - I. Rechtsbehelf des Finanzamts 472
  - II. Rechtsbehelf des Eigentümers (Schuldners) 472
- H. Wechsel der örtlichen Zuständigkeit (anderes Bundesland) 472
- I. Beitreibung anderer öffentlicher Zahlungsansprüche 473

6. Teil Arresthypothek 475

§ 45 Allgemeines, Rechtsnatur 475
- A. Allgemeines 475
- B. Rechtsnatur 475

§ 46 Eintragungsvoraussetzungen 477
- A. Allgemeines 477
- B. Verweisung auf Zwangshypothek 477
- C. Besonderheiten 477
  - I. Vollstreckungstitel (Arrestbefehl) 477
  - II. Vollziehungsfrist 478
  - III. Vollstreckungsklausel 480
  - IV. Zustellung 480

§ 47 Eintragung, Umwandlung, Löschung 483
- A. Eintragung im Grundbuch 483
- B. Aufhebung des Arrestbefehls 483
- C. Umwandlung der Arresthypothek in eine Zwangshypothek 484
  - I. Allgemeines 484
  - II. Vorteile 484
  - III. Voraussetzungen 485

§ 48 Eintragung der Arresthypothek im Verwaltungszwangsverfahren 489
- A. Ersuchen des Finanzamts 489
- B. Andere öffentliche Zahlungsansprüche 490
- C. Vermögensabschöpfung nach der StPO 490

§ 49 Die Arresthypothek in der Zwangsversteigerung 493

Anhang: Zwangsverwalterverordnung (ZwVwV) 495

Stichwortverzeichnis. 501

Abkürzungsverzeichnis

a.A.	anderer Ansicht
a.a.O.	am angegebenen Ort
abl.	ablehnend
Abs.	Absatz
Abt.	Abteilung
a.F.	alte Fassung
AG	Aktiengesellschaft, Amtsgericht
Alt.	Alternative
a.M.	anderer Meinung
Anh.	Anhang
Anm.	Anmerkung
AO	Abgabenordnung
ArbG	Arbeitsgericht
arg.	argumentum aus
Art.	Artikel
AZ.	Aktenzeichen
BArbG	Bundesarbeitsgericht
BauGB	Baugesetzbuch
BayObLG	Bayerisches Oberstes Landesgericht
BB	Der Betriebsberater
BbR	Bestehen bleibende Rechte
BFH	Bundesfinanzhof
BGB	Bürgerliches Gesetzbuch
BGBl	Bundesgesetzblatt
BGH	Bundesgerichtshof
BGHZ	Entscheidungen des BGH in Zivilsachen
BRAO	Bundesrechtsanwaltsordnung
BRD	Bundesrepublik Deutschland
BVerfG	Bundesverfassungsgericht
BWNotZ	Zeitschrift für das Notariat in Baden-Württemberg
bzw.	beziehungsweise
DDR	Deutsche Demokratische Republik
d.h.	das heißt
DM	Deutsche Mark

Abkürzungsverzeichnis

EGBGB	Einführungsgesetz zum BGB
EGInsO	Einführungsgesetz zur Insolvenzordnung
EGZPO	Gesetz betreffend die Einführung der Zivilprozessordnung
EGZVG	Einführungsgesetz zum Gesetz über die Zwangsversteigerung und Zwangsverwaltung
Einl.	Einleitung
ErbbauRG	Gesetz über das Erbbaurecht
EU	Europäische Union
evtl.	eventuell
EWIV-AusfG	Gesetz zur Ausführung der EWG-Verordnung über die Europäische wirtschaftliche Interessenvereinigung (EWIV-Ausführungsgesetz), BGBl I 1988, 514
f., ff.	folgende
FamFG	Gesetz über das Verfahren in Familiensachen und in den Angelegenheiten der freiwilligen Gerichtsbarkeit
FamRZ	Zeitschrift für das gesamte Familienrecht
FGPrax	Praxis der freiwilligen Gerichtsbarkeit
FlSt.	Flurstück
FlSt.Nr.	Flurstücksnummer
GBA	Grundbuchamt
GbR	Gesellschaft bürgerlichen Rechts
GBV	Grundbuchverfügung
gem.	gemäß
GesO	Gesamtvollstreckungsordnung
gG	Geringstes Gebot
ggf.	gegebenenfalls
GKG	Gerichtskostengesetz
GmbH	Gesellschaft mit beschränkter Haftung
GNotKG	Gesetz über Kosten der freiwilligen Gerichtsbarkeit für Gerichte und Notare
GrEStG	Grunderwerbsteuergesetz
GrStG	Grundsteuergesetz
HGB	Handelsgesetzbuch
HinterlO	Hinterlegungsordnung
h.M.	herrschende Meinung
HRR	Höchstrichterliche Rechtsprechung
HRV	Handelsregisterverordnung

InsO	Insolvenzordnung
i.S.d./v.	im Sinne des/der/von
i.V.m.	in Verbindung mit
JFG	Jahrbuch für Entscheidungen in Angelegenheiten der freiwilligen Gerichtsbarkeit und des Grundbuchrechts
JurBüro	Das Juristische Büro
JVEG	Gesetz über die Vergütung von Sachverständigen, Dolmetscherinnen, Dolmetschern, Übersetzerinnen und Übersetzern sowie die Entschädigung von ehrenamtlichen Richterinnen, ehrenamtlichen Richtern, Zeuginnen, Zeugen und Dritten (Justizvergütungs- und Entschädigungsgesetz)
JW	Juristische Wochenschrift
KAG	Kommunalabgabengesetz
KG	Kammergericht, Kommanditgesellschaft
KGJ	Jahrbuch für Entscheidungen des Kammergerichts
KKZ	Kommunal-Kassen-Zeitschrift
KO	Konkursordnung
KostRMoG	Gesetz zur Modernisierung des Kostenrechts (Kostenrechtsmodernisierungsgesetz) vom 5.5.2004, BGBl I 2004, 718
KostVfg	Kostenverfügung
KTS	Konkurs, Treuhand und Sanierung
KVGKG	Kostenverzeichnis zum Gerichtskostengesetz
KVGNotKG	Kostenverzeichnis zum GNotKG
lfd.	laufende
lit.	Buchstabe
LG	Landgericht
LPartG	Gesetz zur Beendigung der Diskriminierung gleichgeschlechtlicher Gemeinschaften: Lebenspartnerschaften
LZB	Landeszentralbank
MBG	Mindestbargebot
MDR	Monatsschrift für Deutsches Recht
MittBayNot	Mitteilungen des Bayerischen Notarvereins, der Notarkasse und der Landesnotarkammer
mtl.	monatlich
m.w.H.	mit weiteren Hinweisen
m.w.N.	mit weiteren Nachweisen

XXXIII

Abkürzungsverzeichnis

NdsRpfl	Niedersächsische Rechtspflege
NJW	Neue Juristische Wochenschrift
NJW-RR	NJW-Rechtsprechungs-Report, Zivilrecht
NotBZ	Zeitschrift für die notarielle Beratungs- und Beurkundungspraxis
Nr.	Nummer
NV	Nachlassverwaltung
NZI	Neue Zeitschrift für Insolvenz- und Sanierungsrecht
NZM	Neue Zeitschrift für Mietrecht
o.Ä.	oder Ähnliche(s)
OFD	Oberfinanzdirektion
o.g.	oben genannt(e)
OHG	Offene Handelsgesellschaft
OLG	Oberlandesgericht
OLG-NL	OLG-Rechtsprechung Neue Länder
PartGG	Gesetz über Partnerschaftsgesellschaften Angehöriger Freier Berufe (Partnerschaftsgesellschaftsgesetz)
Pos.	Position
RDG	Rechtsdienstleistungsgesetz
Rdn	Randnummer
RDGEG	Einführungsgesetz zum Rechtsdienstleistungsgesetz
RG	Reichsgericht
RGZ	Entscheidungen des Reichsgerichts in Zivilsachen, Band 1–171 (1880–1943)
RK	Rangklasse(n) (§ 10 ZVG)
Rn	Randnummer
Rpfleger	Der Deutsche Rechtspfleger
RPflG	Rechtspflegergesetz
RpflJahrbuch	Rechtspfleger-Jahrbuch
RpflStud.	Rechtspfleger Studienhefte
RVG	Gesetz über die Vergütung der Rechtsanwältinnen und Rechtsanwälte (Rechtsanwaltsvergütungsgesetz)
S.	Satz, Seite
SchuMoG	Gesetz zur Modernisierung des Schuldrechts vom 26.11.2001, BGBl I 2001, 3138
sog.	sogenannte
str.	streitig

TV	Testamentsvollstreckung
u.Ä.	und Ähnliche(s)
u.a.	unter anderem
UB	Unbedenklichkeitsbescheinigung (§ 22 Grunderwerbsteuergesetz)
u.U.	unter Umständen
vgl.	vergleiche
v.u.g.	vorgelesen und genehmigt
VerglO	Vergleichsordnung
VVG	Gesetz über den Versicherungsvertrag (Versicherungsvertragsgesetz)
VVRVG	Vergütungsverzeichnis zum Rechtsanwaltsvergütungsgesetz
WEG	Gesetz über das Wohnungseigentum und das Dauerwohnrecht (Wohnungseigentumsgesetz)
WM	Wertpapier-Mitteilungen
z.B.	zum Beispiel
ZfIR	Zeitschrift für Immobilienrecht
Ziff.	Ziffer
ZInsO	Zeitschrift für das gesamte Insolvenzrecht
ZIP	Zeitschrift für Wirtschaftsrecht
ZMR	Zeitschrift für Miet- und Raumrecht
ZPO	Zivilprozessordnung
ZSEG	Gesetz über die Entschädigung von Zeugen und Sachverständigen
ZVG	Gesetz über die Zwangsversteigerung und Zwangsverwaltung
ZwVwV	Zwangsverwalterverordnung
zzgl.	zuzüglich

Literaturverzeichnis

Bauer/von Oefele, GBO, 3. Auflage 2013; hier zitiert: Bauer/von Oefele/*(Bearbeiter)*

Böttcher, Kommentar zum ZVG, 6. Auflage 2016; hier zitiert: *Böttcher* (ZVG)

Dassler/Schiffhauer/Hintzen/Engels/Rellermeyer, Gesetz über die Zwangsversteigerung und die Zwangsverwaltung, 15. Auflage 2016

Demharter, Grundbuchordnung, 30. Auflage 2016

Depré/Mayer, Die Praxis der Zwangsverwaltung, 7. Auflage 2013

Eickmann, Die Teilungsversteigerung, 5. Auflage 2001; hier zitiert: *Eickmann* (TLV)

Eickmann/Böttcher, Zwangsversteigerungs- und Zwangsverwaltungsrecht, 2. Auflage 2004; hier zitiert: *Eickmann/Böttcher* (ZVG)

Glotzbach/Goldbach, Immobiliarvollstreckung aus Sicht der kommunalen Vollstreckungsbehörden. Handbuch für Praxis und Ausbildung, 6. Auflage 2014

Haarmeyer/Hintzen, Zwangsverwaltung, 6. Auflage 2016

Hartmann, Kostengesetze, 47. Auflage 2016

Hintzen/Wolf, Zwangsvollstreckung/Zwangsversteigerung/Zwangsverwaltung, 2006; hier zitiert: *Hintzen* in Hintzen/Wolf

Keller/Munzig, Grundbuchrecht, 7. Auflage 2015; hier zitiert: KEHE/*(Bearbeiter)*

Meikel (Hrsg.), Grundbuchordnung, 11. Auflage 2015; hier zitiert: Meikel/*(Bearbeiter)*

Münchener Kommentar zum Bürgerlichen Gesetzbuch, 7. Auflage 2016; hier zitiert: MüKo-BGB/*(Bearbeiter)*

Münchener Kommentar zur Zivilprozessordnung, 5. Auflage 2016; hier zitiert: MüKo-ZPO/*(Bearbeiter)*

Musielak/Voit, Zivilprozessordnung, 14. Auflage 2017; hier zitiert: Musielak/*(Bearbeiter)*

Palandt, Bürgerliches Gesetzbuch, 76. Auflage 2017; hier zitiert: Palandt/*(Bearbeiter)*

Schönfelder, Textsammlung Deutsche Gesetze

Schöner/Stöber, Grundbuchrecht, 15. Auflage 2012

Stein/Jonas, Kommentar zur Zivilprozessordnung, Band 7, 22. Auflage 2002 und Band 8, 22. Auflage 2004; hier zitiert: *Stein/Jonas*/(Bearbeiter)

Steiner/Eickmann/Hagemann/Storz/Teufel, Kommentar zum Zwangsversteigerungs- und Zwangsverwaltungsrecht, 9. Auflage 1984 (Band 1) und 1986 (Band 2); hier zitiert: Steiner/*(Bearbeiter)*

Stöber, Forderungspfändung, 16. Auflage 2013; hier zitiert: *Stöber* (Fpf.)

Stöber, Kommentar zum Zwangsversteigerungsgesetz, 21. Auflage 2016; hier zitiert: *Stöber* (ZVG)

Storz/Kiderlen, Praxis der Teilungsversteigerung, 6. Auflage 2016; hier zitiert: *Storz* (TLV)

Thomas/Putzo, ZPO, 38. Auflage 2017

Zöller, ZPO, 32. Auflage 2018; hier zitiert: Zöller/*(Bearbeiter)*

Einführung

A. Definition

Bei der Immobiliarvollstreckung (auch Immobiliarzwangsvollstreckung genannt) handelt es sich um die Zwangsvollstreckung in das **unbewegliche Vermögen** eines Schuldners.

B. Arten der Immobiliarvollstreckung

Der Gesetzgeber unterscheidet **drei Arten** der Immobiliarvollstreckung (§ 866 Abs. 1 ZPO), nämlich
- die Eintragung einer **Sicherungshypothek** für die Forderung (sog. **Zwangshypothek**),
- die **Zwangsversteigerung** und
- die **Zwangsverwaltung**.

Während die Eintragung einer Zwangshypothek für den Gläubiger nur eine Sicherung bedeutet und damit nicht direkt zur Forderungsbefriedigung führt, wird mit der Zwangsverwaltung auf die Nutzungen des Grundstücks (z.B. Mieterträge) zugegriffen und diese unter den „Berechtigten" verteilt.

Den aus Sicht des Schuldners bedeutsamsten Eingriff stellt die Zwangsversteigerung dar, da mit diesem Verfahren die Substanz des Grundstücks verwertet wird, wodurch der Schuldner letztlich das Eigentum am Grundstück verliert.

Obwohl also zwischen den einzelnen Arten der Immobiliarvollstreckung hinsichtlich der Schwere des Eingriffs in die Rechte des Schuldners eine klare Abstufung besteht, schreibt der Gesetzgeber dem Gläubiger keine Reihenfolge des Vorgehens vor. Der Gläubiger ist auch bei der Immobiliarvollstreckung Herr des Verfahrens und kann zwischen den einzelnen Arten wählen, ja sogar verlangen, dass „eine dieser Maßregeln neben den übrigen ausgeführt werde" (§ 866 Abs. 2 ZPO). Lediglich für die Eintragung der Zwangshypothek formuliert der Gesetzgeber die Einschränkung, dass die Forderung des Gläubigers mehr als 750,00 EUR betragen muss (§ 866 Abs. 3 ZPO).

C. Gegenstände der Immobiliarvollstreckung

Im Gegensatz zur Mobiliarvollstreckung (Mobiliarzwangsvollstreckung), bei der auf bewegliches Vermögen des Schuldners, also körperliche Sachen oder Forderungen zugegriffen wird, erfolgt die Immobiliarvollstreckung nach § 864 ZPO in
- Grundstücke,
- ideelle Miteigentumsanteile (§ 864 Abs. 2 ZPO),
- grundstücksgleiche Rechte (z.B. Erbbaurecht),
- im Schiffsregister eingetragene Schiffe,
- Schiffsbauwerke, die im Schiffsbauregister eingetragen sind oder in dieses Register eingetragen werden können.

Der Immobiliarvollstreckung unterliegen unter bestimmten Voraussetzungen auch die Gegenstände, auf die sich bei Grundstücken und Berechtigungen die Hypothek, bei Schiffen oder Schiffsbauwerken die Schiffshypothek erstreckt (§ 865 ZPO). So kann z.B. auf Grundstückszubehör (§§ 97, 98 BGB), obwohl es sich dabei um bewegliche Sachen handelt, nicht im Wege der Mobiliar-, sondern nur durch Immobiliarvollstreckung zugegriffen werden (§ 865 Abs. 2 S. 1 ZPO).

Schließlich findet die Immobiliarvollstreckung auch Anwendung auf Luftfahrzeuge, welche in der Luftfahrzeugrolle eingetragen sind (§§ 171a bis 171n ZVG).

D. Gesetzliche Grundlagen

8 Soweit wegen privatrechtlicher Ansprüche vollstreckt werden soll, ist das hierbei zu beachtende Verfahren direkt in der Zivilprozessordnung (ZPO), dort im 8. Buch ab § 704 geregelt. Aber auch für die Immobiliarvollstreckung wegen öffentlich-rechtlicher Ansprüche wird vielerorts auf die Bestimmungen der ZPO verwiesen (z.B. § 322 AO).

9 Die Zwangsversteigerung und die Zwangsverwaltung (beides Arten der Immobiliarvollstreckung) werden darüber hinaus durch ein besonderes Gesetz, das **Zwangsversteigerungsgesetz (ZVG)**, geregelt. Über § 869 ZPO ist dieses Gesetz Bestandteil der ZPO. Deshalb gelten für die allgemeinen und besonderen Vollstreckungsvoraussetzungen (z.B. Titel, Klausel, Zustellung) auch bei der Zwangsversteigerung und Zwangsverwaltung die Bestimmungen der ZPO; lediglich die Besonderheiten der beiden genannten Verfahren finden sich dann im ZVG.

1. Teil Zwangsversteigerung zum Zwecke der Zwangsvollstreckung (Vollstreckungsversteigerung)

1. Abschnitt Versteigerung eines Grundstücks

§ 1 Verfahren über die Anordnung der Vollstreckungsversteigerung

A. Versteigerungsobjekte

Nach den Regeln des Zwangsversteigerungsgesetzes (ZVG)[1] werden folgende Gegenstände zwangsversteigert:

- **Grundstücke**,
  zusammen mit ihren wesentlichen Bestandteilen (§ 94 BGB, z.B. Gebäuden) sowie weiteren Gegenständen des Haftungsverbandes (Rdn 90 ff.);
- **Grundstücksbruchteile**,
  welche nach § 864 Abs. 2 ZPO wie ein Grundstück zu versteigern sind. Nur Grundstücksbruchteile, die als Bruchteilseigentum eingetragen sind (ideelle Miteigentumsanteile), können nach den allgemeinen Regeln versteigert werden. Steht das Grundstück im Gesamthandseigentum, kann der Anteil eines Miteigentümers nicht versteigert werden.
  Im Grundbuch lässt sich der Unterschied leicht erkennen:
  - Steht beim Namen der/des Eigentümer(s) ein Bruchteil (z.B. „zur Hälfte"), kann der Bruchteil versteigert werden.
  - Steht beim Namen nur die Bezeichnung einer Gemeinschaft (z.B. „in Erbengemeinschaft"), ist die Versteigerung des Anteils eines Miteigentümers nicht möglich, obwohl die Gemeinschaft durchaus Bruchteile kennt. Hier kommt nur eine Zwangsversteigerung zum Zwecke der Aufhebung einer Gemeinschaft (sog. Teilungsversteigerung) in Betracht (siehe ab § 16).
- **Grundstücksgleiche Rechte, insbesondere das Erbbaurecht**
  Sie werden wie Grundstücke versteigert (§ 9 Rdn 1–42).
  Zu den grundstücksgleichen Rechte gehören u.a. auch das **Bergwerkseigentum** (§ 9 Abs. 1 BBergG) und das **Stockwerkseigentum nach Landesrecht.** Die Versteigerung der beiden letztgenannten Gegenstände wird im Rahmen dieses Buches nicht dargestellt.
- **Wohnungs- und Teileigentum**
  Auch dieses wird wie ein Grundstück versteigert (§ 9 Rdn 43–74).
- **Schiffe, Schiffsbauwerke** und **Luftfahrzeuge** (§§ 162 ff. ZVG) sowie **Bahneinheiten** (§ 871 ZPO). Die Versteigerung dieser Gegenstände wird im Rahmen dieses Buches nicht dargestellt.
- Im **Beitrittsgebiet** (ehemalige DDR) galten sachenrechtliche Besonderheiten, welche mit dem Sachenrecht des BGB nicht zu vereinbaren sind und daher seit 1990 nicht mehr neu begründet werden können, so z.B. Gebäudeeigentum ohne Grundstückseigentum oder dingliches Nutzungsrecht. Obwohl die Abwicklung dieser Rechte im Beitrittsgebiet noch zum Gerichtsalltag gehört, wird von einer Darstellung abgesehen und auf die Spezialliteratur verwiesen;[2] hierzu auch § 9a EGZVG.

Auch für die Immobiliarvollstreckung gelten die Grundsätze der ZPO (§ 869 ZPO), soweit nicht das ZVG besondere Regeln aufstellt.

---

[1] Gesetz über die Zwangsversteigerung und Zwangsverwaltung vom 24.3.1897; im *Schönfelder* abgedr. unter Nr. 108.
[2] Z.B. *Stöber* (ZVG), Einl. Rn 14.

§ 1 Verfahren über die Anordnung der Vollstreckungsversteigerung

B. Versteigerungsantrag

4 Eine Zwangsversteigerung wird nicht von Amts wegen eingeleitet, sondern es bedarf stets eines Antrags (§ 15 ZVG) an das zuständige Gericht. Bei der in diesem Abschnitt dargestellten Vollstreckungsversteigerung ist Antragsteller ein Gläubiger des Grundstückseigentümers (Schuldners). Dieser kann die Versteigerung seines eigenen Grundstücks nicht beantragen.

I. Zuständigkeit

1. Sachliche Zuständigkeit

5 Die sachliche Zuständigkeit liegt beim Amtsgericht als Vollstreckungsgericht (§ 1 Abs. 1 ZVG).

2. Örtliche Zuständigkeit

6 Für die Durchführung der Zwangsversteigerung örtlich zuständig ist grundsätzlich jenes **Amtsgericht**, in dessen Bezirk das Grundstück liegt („belegen ist") (§ 1 Abs. 1 ZVG). Die Landesregierungen können aber durch Rechtsverordnung bestimmen, dass die Zwangsversteigerungssachen von einem Amtsgericht für den Bezirk mehrerer Amtsgerichte erledigt werden (Zentralisierung), um hierdurch eine effektivere Bearbeitung zu ermöglichen (§ 1 Abs. 2 ZVG).

7 Besteht mit Rücksicht auf die Bezirksgrenzen des Amtsgerichts Ungewissheit oder ist das Grundstück in verschiedenen Gerichtsbezirken belegen, entscheidet das gemeinsame obere Gericht (§ 2 Abs. 1 ZVG). Wäre dies der **BGH**, entscheidet das OLG des Bezirks, in dem das zuerst angegangene Gericht liegt (§ 36 Abs. 2 ZPO i.V.m. § 2 Abs. 1 ZVG). Eine Entscheidung über die Zuständigkeit ist nicht anfechtbar (§ 37 ZPO). Zur örtlichen Zuständigkeit bei der Zwangsversteigerung mehrerer Grundstücke siehe § 10 Rdn 6. Es handelt sich um eine **ausschließliche Zuständigkeit** (§ 802 ZPO), die sich somit einer Vereinbarung der Beteiligten entzieht (§ 40 Abs. 2 ZPO).

3. Funktionelle Zuständigkeit

8 Funktionell zuständig ist der **Rechtspfleger** (§ 3 Nr. 1i RPflG; voll übertragenes Geschäft). Seine Tätigkeit ist Gerichtsbarkeit, keine Verwaltung. Deshalb können seine Entscheidungen nur mit den von der Verfahrensordnung vorgesehenen Rechtsbehelfen (hierzu Rdn 61 ff.), nicht jedoch mit der Dienstaufsichtsbeschwerde angefochten werden.[3] Der Rechtspfleger kann – wie ein Richter – abgelehnt werden (§ 10 RPflG, §§ 41 ff. ZPO).[4]

II. Inhalt des Antrags und Voraussetzungen der Anordnung

1. Übersicht

9 Ein Gläubiger kann die Zwangsversteigerung eines Grundstücks beantragen, wenn folgende Voraussetzungen vorliegen:
- Er muss einen vollstreckbaren **Titel** haben.
- Der in diesem Titel genannte **Schuldner** muss als **Eigentümer** des Grundstücks im Grundbuch eingetragen sein. Zu den Ausnahmen siehe Rdn 12 und 41.

Der Gläubiger kann sich bei der Antragstellung gem. § 79 ZPO vertreten lassen.

---

3 Diese wäre allenfalls zulässig, um unkorrektes Benehmen oder grundlose Verzögerungen zu rügen.
4 BGH v. 14.3.2003 – IXa ZB 27/03.

B. Versteigerungsantrag §1

Im **Versteigerungsantrag** sind folgende **Angaben** erforderlich (§§ 16 ZVG, 253, 130 ZPO):   10
- Bezeichnung des angerufenen **Gerichts** (Rdn 6 und 7);
- **Name** und zustellungsfähige **Anschrift** des Gläubigers;
- **Name** und zustellungsfähige[5] **Anschrift** des Schuldners (Rdn 12 und 13);
- Bezeichnung des **Grundstücks** (Rdn 14);
- Bezeichnung der zu vollstreckenden **Forderung** des Gläubigers;
- Bezeichnung des vollstreckbaren **Titels**;
- bestimmter **Antrag** (auf Anordnung der Zwangsversteigerung). An den Umfang des Antrags ist das Vollstreckungsgericht gebunden (§ 308 ZPO).

Eine Begründung des Antrags ist nicht erforderlich.

Dem Antrag sind folgende **Unterlagen** beizufügen: 11

- Die für den Beginn der Zwangsvollstreckung erforderlichen Urkunden (§ 16 Abs. 2 ZVG), also insbesondere der Vollstreckungstitel und ggf. Belege für die nach § 788 ZPO mit zu vollstreckenden Kosten (Rdn 21 und 22), sofern über diese kein eigener Vollstreckungstitel (Kostenfestsetzungsbeschluss) vorliegt, der dann beizufügen wäre.
  Wird die Zwangsversteigerung angeordnet, verbleiben die Vollstreckungsunterlagen grundsätzlich bei der Gerichtsakte, können dem Gläubiger auf dessen Wunsch aber auch zurückgegeben werden. Titelausfertigung nebst Zustellungsnachweis müssen dem Vollstreckungsgericht aber spätestens bei der Versteigerung und bei der Erteilung des Zuschlags (wieder) vorliegen. Das Vollstreckungsgericht muss in der Lage sein, zu prüfen, ob die Vollstreckungsvoraussetzungen auch bei der Versteigerung und der Zuschlagserteilung noch gegeben sind.[6]
- Ein Grundbuchzeugnis (§ 17 Abs. 2 S. 1 ZVG) oder ein beglaubigter Grundbuchauszug (§ 12 GBO) bzw. ein amtlicher Ausdruck (§ 131 GBO) als Nachweis der Eigentümerstellung des Schuldners. Gehört das Grundbuchamt dem gleichen Gericht wie das Vollstreckungsgericht an, so genügt im Antrag die Bezugnahme auf das Grundbuch (§ 17 Abs. 2 S. 2 ZVG). Umstritten ist, ob bei Zentralisierung der vollstreckungsgerichtlichen Zuständigkeit (Rdn 6) eine Bezugnahme auf ein nicht am Sitz des Zentralgerichts befindliches Grundbuch möglich ist.[7]
  Der Nachweis der Eigentümerstellung des Schuldners muss möglichst aktuell sein, so dass den Umständen nach unwahrscheinlich ist, dass zwischen Anfertigung des Nachweises und dessen Nutzung beim Vollstreckungsgericht aus zeitlichen Gründen eine Änderung ins Grundbuch eingetragen werden konnte. Es gibt keine gesetzliche Regelung hinsichtlich des Alters des Nachweises; das Vollstreckungsgericht entscheidet nach pflichtgemäßem Ermessen.
  Die Vorlage einer Flurkarte kann nur unter besonderen Umständen verlangt werden, auch wenn sie nach Landesrecht beigefügt werden soll.[8]

> *Tipp*
> Nachdem das früher kostenfreie Grundbuchzeugnis (§ 17 Abs. 2 ZVG) gem. Nr. 17004 KVGNotKG nunmehr eine Gebühr von 20,00 EUR und damit genau so viel wie ein amtlicher Ausdruck (Nr. 17001 KVGNotKG) kostet, empfiehlt sich für den Gläubiger, gleich einen amtlichen Ausdruck einzuholen, da dieser einen wesentlich höheren Informationsgehalt aufweist.

---

[5] Kann der Gläubiger die zustellungsfähige Anschrift des Schuldners nicht zu ermitteln, kommt evtl. die Bestellung eines Abwesenheitspflegers nach § 1911 BGB durch das Familiengericht in Betracht. Die Bestellung eines Zustellungsvertreters nach § 6 ZVG scheidet für die Zustellung des Anordnungsbeschlusses wegen § 8 ZVG aus. Nach Ansicht des BGH (v. 14.6.2012 – V ZB 182/11) ist auch eine Zustellung an ein Postfach möglich, wenn dem Vollstreckungsgericht eine Wohnanschrift des Zustellungsempfängers unbekannt oder eine solche nicht vorhanden ist.
[6] BGH v. 18.3.2010 – V ZB 124/09.
[7] Bejahend *Stöber* (ZVG), § 17 Rn 5.5, verneinend *Böttcher* (ZVG), § 17 Rn 6.
[8] LG Frankfurt v. 4.11.2002 – 2-09 T 529/02 zu Art. 3 des Hessischen Ausführungsgesetzes zur Zivilprozessordnung und zum Gesetz über die Zwangsversteigerung und die Zwangsverwaltung.

- Ggf. Erbnachweis (§ 17 Abs. 3 ZVG) (Rdn 12).
- Ggf. Vertretungsnachweis. Gesetzliche Vertreter juristischer Personen oder Körperschaften des öffentlichen Rechts müssen sich bei der Antragstellung (nur) legitimieren, wenn konkrete Anhaltspunkte Anlass geben, die Vertretungsbefugnis in Zweifel zu ziehen (sog. „Anscheinsvollmacht").[9]

Da das Vollstreckungsgericht nicht das materielle Recht prüft, ist bei Vollstreckung aus einem Briefrecht die Vorlage des Grundpfandrechtsbriefes im Rahmen der Verfahrensanordnung nicht erforderlich.

Checkliste: Zwangsversteigerungsantrag

Inhalt	Anlagen
Gericht	Vollstreckungsunterlagen
Gläubiger	ggf. Belege über die Vollstreckungskosten (§ 788 ZPO)
Schuldner (Eigentümer)	Grundbuchzeugnis oder beglaubigter Grundbuchauszug/amtlicher Ausdruck (nicht erforderlich, wenn Bezugnahme erfolgt)
Grundstück	
Titel	
Anspruch des Gläubigers	ggf. Erbnachweis
Bestimmter Antrag (auf Anordnung der Zwangsversteigerung)	ggf. Vertretungsnachweis

2. Schuldner

12 Der im Titel bezeichnete Schuldner muss grundsätzlich als **Eigentümer** im Grundbuch eingetragen sein (§ 17 Abs. 1 ZVG). Ist der im Vollstreckungstitel bezeichnete Schuldner der **Erbe** des eingetragenen Eigentümers, so bedarf es zur Anordnung des Zwangsversteigerungsverfahrens ausnahmsweise keiner vorherigen Eintragung des Schuldners im Grundbuch. Jedoch muss die Erbfolge durch die bereits o.g. Urkunden glaubhaft gemacht werden (§ 35 GBO analog), soweit sie nicht offenkundig ist (§ 17 Abs. 3 ZVG).

13 Sind mehrere Personen als **Miteigentümer** eingetragen und soll bzw. muss das ganze Grundstück versteigert werden, ist regelmäßig ein Titel gegen alle Miteigentümer erforderlich. Nur bei Bruchteilseigentum (ideelles Miteigentum) kann ein einzelner Bruchteil versteigert und daher der Antrag auf den Bruchteil des Schuldners beschränkt werden (Rdn 2).

3. Bezeichnung des Grundstücks

14 Das Grundstück ist so bestimmt zu bezeichnen, dass unzweifelhaft festgestellt werden kann, welches Objekt zwangsversteigert werden soll. Dies ist gewährleistet, wenn das Grundstück in gänzlicher Übereinstimmung mit dem Grundbuchinhalt i.S.d. § 28 GBO bezeichnet ist, d.h. Grundbuchblatt, Bestandsverzeichnisnummer, Gemarkung, Flur, Flurstück, Lage und Größe angegeben sind. Unbedingt erforderlich ist dies aber nicht. Es genügt eine Bezeichnung, die unzweifelhaft erkennen lässt, welches Grundstück versteigert werden soll.

Demnach müsste z.B. genügen:

> *das im Grundbuch von Mannheim Blatt 1166 auf den Namen des Schuldners eingetragene Grundstück ...*

(falls dort nur ein Grundstück eingetragen ist).

---

[9] *Stöber* (ZVG), § 16 Rn 2.1.

Soll nur ein Bruchteil versteigert werden, ist dies ausdrücklich anzugeben, wobei der Anteil durch einen „gemeinen Bruch" („Hälfteanteil", „Anteil zu einem Viertel" etc.) zu bezeichnen ist.

4. Die zu vollstreckende Forderung des Gläubigers

Der Gläubiger hat in seinem Antrag die Geldforderung, wegen der die Zwangsversteigerung angeordnet werden soll, in Übereinstimmung mit dem Titel genau zu bezeichnen. Hierbei hat er die Rechtsnatur des zu vollstreckenden Anspruchs sowie den konkreten Geldbetrag (aufgeschlüsselt nach Hauptforderung, Zinsen und anderen Nebenleistungen sowie Kosten) anzugeben.

a) Rechtsnatur

Die Rechtsnatur des zu vollstreckenden Anspruchs hängt mit den in der Zwangsversteigerung geltenden besonderen Vorschriften für die Reihenfolge der Befriedigung der am Grundstück allgemein Befriedigungsberechtigten zusammen (§ 10 Abs. 1 ZVG). Die Befriedigungsberechtigten werden je nach Art ihres Anspruchs in verschiedene Rangklassen (RK) eingeteilt, die letztlich die Reihenfolge für deren Befriedigung bestimmen. Daher sind die RK des § 10 ZVG von großer Bedeutung für das Verfahren und werden an anderer Stelle (§ 3 Rdn 74 ff.) ausführlich dargestellt. Für den Versteigerungsantrag genügt zunächst eine kurze Darstellung der RK, aus denen die Zwangsversteigerung betrieben werden kann:

- In die zweite RK fällt u.a. das „Hausgeld" bei Vollstreckung in ein Wohnungseigentum nach WEG.[10] Dazu § 9 Rdn 65 ff.
- Die dritte RK umfasst besonders privilegierte öffentlich-rechtliche Ansprüche.[11]
- In der vierten RK werden u.a. die im Grundbuch eingetragenen Sicherungsrechte für Geldforderungen (z.B. Grundschuld, Hypothek, Reallast) befriedigt, für welche das Grundstück haftet.
- In der fünften RK stehen alle anderen Forderungen, wegen denen die Zwangsversteigerung betrieben wird.

Wegen der Einzelheiten zu diesen und den weiteren RK siehe § 3 Rdn 74 ff. bzw. § 3 Rdn 100 ff.

Der Gläubiger muss in seinem Antrag angeben, welche Rechtsnatur seine zu vollstreckende Geldforderung hat. Die zusätzliche Angabe der RK ist regemäßig nicht erforderlich, da bei ausreichender Bezeichnung der Art des Anspruchs das Vollstreckungsgericht die jeweils zutreffende RK erkennen kann. Eine Bezugnahme auf den beigefügten Vollstreckungstitel, aus dem sich die Rechtsnatur des Anspruchs ergibt, wäre zur ordnungsgemäßen Bezeichnung ebenfalls ausreichend.

b) Hauptforderung

Der Gläubiger kann die Versteigerung auch wegen eines Teils der titulierten Hauptforderung beantragen, sollte diese dann aber ausdrücklich als „Teil der Hauptforderung" bezeichnen.

c) Zinsen

Neben der Hauptforderung können auch titulierte Zinsen geltend gemacht werden. Einer Berechnung der Zinsen durch den Gläubiger im Antrag bedarf es nicht. Ausreichend ist vielmehr die Bezeichnung der geforderten Zinsen in berechenbarer Weise (insbesondere Zinssatz und Zinsbeginn).

Die Zinsen teilen grundsätzlich den Rang der Hauptforderung. Zinsen, welche nach diesem Grundsatz in eine bessere Rangklasse als RK 5 fallen würden, können diesen Vorrang jedoch durch „Zeitablauf" verlieren. Bestimmte „ältere Zinsrückstände" fallen dann in RK 5 zurück (Einzelheiten siehe § 3 Rdn 106).

---

10 Gesetz über das Wohnungseigentum und das Dauerwohnrecht (Wohnungseigentumsgesetz) vom 15.3.1951; im Schönfelder abgedr. unter Nr. 37.
11 Hierzu ausführlich *Glotzbach/Goldbach*, Rn 206 ff.

d) Kosten der Rechtsverfolgung
aa) Grundsatz

21 Der Gläubiger kann auch die Kosten der Rechtsverfolgung fordern. Für ihre Geltendmachung im Wege der Zwangsvollstreckung sind diese Kosten zunächst in **drei Gruppen** einzuteilen:
1. Die **vorgerichtlichen Kosten** (z.B. Rechtsanwaltskosten für eine außergerichtliche Vertretung) müssen tituliert sein. Diese Kosten werden regelmäßig zusammen mit der Hauptforderung und den anderen Nebenleistungen im gerichtlichen Erkenntnisverfahren geltend gemacht und im Hauptsachetitel tituliert (§ 704 ZPO).
2. Die **Kosten der Titelbeschaffung** (z.B. Gerichts- und Rechtsanwaltskosten für das gerichtliche Erkenntnisverfahren) müssen tituliert sein. Die Titulierung dieser Kosten erfolgt im Anschluss an das Erkenntnisverfahren durch einen Kostenfestsetzungsbeschluss (§§ 794 Abs. 1 Nr. 2, 103 Abs. 1 ZPO).
3. Die notwendigen **Kosten einer Vollstreckung** (z.B. Mobiliarvollstreckung) müssen nicht tituliert sein. Sie fallen nach § 788 ZPO dem Schuldner kraft Gesetzes zu Last und können ohne „eigenen" Titel zusammen mit der Hauptforderung vollstreckt werden. Der Hauptsachetitel dient in diesem Fall zugleich als Titel für die aus dessen Vollstreckung entstandenen notwendigen Kosten. Der Gläubiger hat lediglich durch Vorlage einer Einzelaufstellung nebst geeigneten Belegen nachzuweisen, dass es sich bei den geltend gemachten Kosten um notwendige Kosten der Vollstreckung handelt und sie dem Grund sowie der Höhe nach entstanden sind.

Daneben besteht für den Gläubiger die Möglichkeit, sich die Kosten der Vollstreckung im Rahmen eines Kostenfestsetzungsverfahrens titulieren zu lassen (§ 788 Abs. 2 ZPO). In diesem Fall wäre lediglich die Vorlage des vollstreckbaren Kostenfestsetzungsbeschlusses erforderlich.

Zur Realisierung der Kosten der Rechtsverfolgung im Zwangsversteigerungsverfahren ist grundsätzlich erforderlich, dass diese Kosten bereits im Versteigerungsantrag genau beziffert werden und der entsprechende vollstreckbare Titel (bzw. im Falle des § 788 Abs. 1 ZPO die Einzelaufstellung nebst Belegen) vorgelegt wird.

Die Kosten der Rechtsverfolgung fallen grundsätzlich in RK 5.

bb) Ausnahme

22 Eine Besonderheit gilt für die **Kosten der dinglichen Rechtsverfolgung** nach § 10 Abs. 2 ZVG. Diese Kosten bilden an sich keine eigene Kategorie, da sie auch in die vorgenannten Kategorien eingeordnet werden können. Sie werden hier jedoch gesondert ausgewiesen, weil sie im Zwangsversteigerungsverfahren **besondere Privilegien** genießen.

Kosten der dinglichen Rechtsverfolgung sind die Kosten „der die Kündigung und der Befriedigung aus dem Grundstück bezweckenden Rechtsverfolgung". Damit sind alle Kosten gemeint, die dem Gläubiger bei der Realisierung der dinglichen Haftung des Grundstücks entstanden sind. Im Wesentlichen handelt es sich um Kosten, die zur Vorbereitung bzw. Durchführung des Zwangsversteigerungsverfahrens angefallen sind. Dies sind z.B.

- Kosten der Anfertigung, Beglaubigung und Zustellung des Kündigungsschreibens;
- Kosten der dinglichen Klage (Duldungstitel);
- Kosten der Zustellung des dinglichen Titels;
- Rechtsanwaltskosten für dieses Verfahren sowie die Gerichtskosten für die Entscheidung über den Versteigerungsantrag;
- künftige Kosten des Gläubigers für die Teilnahme am Versteigerungs- und Verteilungstermin (§ 3 Rdn 94);
- Gerichts- und Rechtsanwaltskosten für die Eintragung einer Zwangshypothek.

Diese Kosten sind privilegiert, da sie noch nicht im Versteigerungsantrag durch den Gläubiger beziffert werden müssen. Sie können noch bis zur Aufforderung zur Abgabe von Geboten im Versteigerungstermin formlos angemeldet werden (§ 37 Nr. 4 ZVG). Eine Glaubhaftmachung der angemeldeten Kosten ist nur erforderlich, falls der Gläubiger widerspricht (§ 45 Abs. 1 ZVG). Ratsam ist es allerdings, die bereits bezifferbaren Kosten der dinglichen Rechtsverfolgung schon im Versteigerungsantrag zu nennen, da diese dann für das gesamte Verfahren als angemeldet gelten (§ 114 Abs. 1 S. 2 ZVG).

Die Kosten der dinglichen Rechtsverfolgung genießen zudem ein Rangprivileg, da sie nach § 12 Nr. 1 ZVG in der Rangklasse der Hauptforderung zu befriedigen sind.

5. Vollstreckungsvoraussetzungen

Für den Vollstreckungstitel, die Vollstreckungsklausel, die Zustellung und die übrigen Voraussetzungen für den Beginn der Zwangsvollstreckung gelten zunächst die Regeln des 8. Buchs der ZPO. Einzelne Hinweise zu den allgemeinen und besonderen Vollstreckungsvoraussetzungen erfolgen an dieser Stelle deshalb nur, soweit für das Zwangsversteigerungsverfahren Besonderheiten zu beachten sind.

a) Allgemeine Vollstreckungsvoraussetzungen
aa) Dinglicher Titel

Die Zwangsversteigerung erfolgt meist nicht wegen eines persönlichen Anspruchs gegen den Schuldner, sondern aus einem im Grundbuch eingetragenen Sicherungsrecht für eine Geldforderung (meist eine Grundschuld oder Hypothek). Der Berechtigte aus einem solchen Sicherungsrecht darf aus der bevorzugten RK 4 vollstrecken. Das Sicherungsrecht gewährt dem Berechtigten ein Recht auf Zahlung einer bestimmten Geldsumme aus dem Grundstück. Um diesen in § 1147 BGB normierten Anspruch durchzusetzen, bedarf es eines speziellen Titels – nämlich eines sog. **dinglichen Titels** (auch Duldungstitel genannt). Der dingliche Titel verpflichtet den Schuldner nicht zur Zahlung der Geldforderung, sondern vielmehr zur Duldung der Zwangsvollstreckung in das Grundstück zur Erfüllung des Anspruchs auf Zahlung einer bestimmten Geldsumme aus dem belasteten Grundstück.

Es gibt für den Berechtigten des Rechts zwei Wege, einen solchen Titel zu erlangen:

- **Notarielle Urkunde**, in der der Eigentümer den Haftungsgegenstand (= Grundstück) wegen des dinglichen Anspruchs der sofortigen Zwangsvollstreckung unterwirft (§ 794 Abs. 1 Nr. 5 ZPO).
  Der Eigentümer kann den Grundbesitz dabei auch in der Weise der Vollstreckung unterwerfen, dass die Zwangsvollstreckung auch gegen den jeweiligen Eigentümer und damit auch gegen alle späteren Eigentümer des Grundstücks zulässig sein soll (§ 800 Abs. 1 S. 1 ZPO). Diese Unterwerfung bedarf wegen ihrer weitergehenden dinglichen Wirkung der Eintragung in das Grundbuch (§ 800 Abs. 1 S. 2 ZPO).
- **Urteil** nach Klage auf Duldung der Zwangsvollstreckung in das Grundstück (§ 704 ZPO) z.B. bei Grundpfandrechten ohne Unterwerfungsklausel.[12]

Ein dinglicher Titel ermöglicht außerhalb des Haftungsverbandes (Rdn 89 ff.) keine Mobiliarvollstreckung. Meist hat aber der Gläubiger sowohl einen dinglichen als auch einen persönlichen Titel. In diesem Fall kann der Gläubiger wählen, ob er aus dem dinglichen Titel die Zwangsversteigerung aus RK 4 oder aus dem persönlichen Titel die Zwangsversteigerung aus RK 5 bzw. die Zwangsvollstreckung in das sonstige Vermögen des Schuldners betreiben möchte. Hat ein Gläubiger bereits eine Mobiliarvollstreckung (= eine Vollstreckung mit dem persönlichen Titel) versucht und will er wegen dieser Kosten jetzt die Zwangsversteigerung betreiben, fallen diese nur in die RK 5, da es sich hierbei nicht um Kosten der dinglichen Rechtsverfolgung nach § 10 Abs. 2 ZVG handelt. Dies gilt selbst dann, wenn der Gläubiger neben den Kosten der früheren Mobiliarvollstreckung auch aus dem dinglichen Titel das Kapital eines Grundpfandrechts in der RK 4 vollstreckt. Dies sollte das Vollstreckungsgericht im Anordnungsbeschluss klarstellen.

---

12 Unterwirft der Grundstückseigentümer bei der Bestellung eines Grundpfandrechts den Haftungsgegenstand der sofortigen Zwangsvollstreckung, erfordert dies notarielle Beurkundung (§ 794 Abs. 1 Nr. 5 ZPO). Soll das Grundpfandrecht ohne Unterwerfung bestellt werden, genügt für die Eintragung des Grundpfandrechts in das Grundbuch öffentliche Beglaubigung. Aus Kostengründen gibt es daher auch Grundpfandrechte ohne Unterwerfung.

27 Zur (dinglichen) Zwangsvollstreckung aus einer **Zwangshypothek** genügt der vollstreckbare (persönliche) Titel, auf welchem die Eintragung der Zwangshypothek vermerkt ist (§ 867 Abs. 3 ZPO).

Tipp
Aus einer Zwangshypothek kann ohne dinglichen Titel vollstreckt werden. Vollstreckbarer Titel mit Eintragungsvermerk genügt.

bb) Vollstreckungsklausel

28 Ob und welcher Vollstreckungsklausel es zur Zwangsvollstreckung bedarf, bestimmt sich nach den Regeln des 8. Buchs der ZPO.

In der Praxis der Kreditsicherung und folglich auch in der Zwangsversteigerung sind Grundschulden, die der Sicherung eines Anspruchs dienen (Sicherungsgrundschulden, § 1192 Abs. 1a S. 1 BGB), von hoher Relevanz. Die Zwangsvollstreckung wegen des Kapitals einer solchen **Sicherungsgrundschuld** setzt dessen Fälligkeit voraus, die erst nach vorausgehender Kündigung und Ablauf der sechsmonatigen Kündigungsfrist eintritt (§ 1193 Abs. 2 S. 2, Abs. 1 BGB). Nach Ansicht des BGH[13] darf die Zwangsvollstreckung in den Grundbesitz auch wegen der (rückständigen) Grundschuldzinsen erst sechs Monate nach Zugang der Kündigung beginnen. Die vorangegangene Kündigung ist damit Bedingung für die Vollstreckbarkeit des Anspruchs i.S.d. § 726 ZPO. Mithin darf dem Gläubiger eine vollstreckbare Ausfertigung des Titels nur dann erteilt werden, wenn dem für die Klauselerteilung zuständigen Organ (i.d.R. der Notar; § 797 Abs. 2 ZPO) der **Zugang** der Kündigung bei dem Grundstückseigentümer durch öffentliche Urkunde nachgewiesen ist.

Ob eine auf der Grundlage eines Nachweisverzichts ohne Nachweis der Fälligkeit des Grundschuldkapitals bzw. der Grundschuldzinsen erteilte Vollstreckungsklausel wirksam und damit beachtlich ist, ist in der Literatur und Rechtsprechung umstritten.[14]

Beantragt der Gläubiger wegen des Kapitals und/oder der rückständigen Zinsen einer Sicherungsgrundschuld unter Vorlage eines Titels versehen mit einer einfachen Vollstreckungsklausel i.S.d. §§ 724, 725 ZPO die Anordnung der Zwangsversteigerung, war fraglich, ob das Vollstreckungsgericht berechtigt ist, die beantragte Vollstreckungsmaßnahme aufgrund der Unrichtigkeit der erteilten Vollstreckungsklausel abzulehnen. Nach Ansicht des BGH[15] hat das Vollstreckungsgericht bei einer erteilten und vorgelegten einfachen Vollstreckungsklausel nicht zu überprüfen, ob eine qualifizierte Klausel nach § 726 ZPO erforderlich ist. Die Prüfungskompetenz des Vollstreckungsgerichts umfasst lediglich, ob eine Klausel vorhanden ist und ob sie inhaltlich ordnungsgemäß erteilt wurde, nicht hingegen, ob sie erteilt werden durfte. Einwendungen des Schuldners, welche die materielle Zulässigkeit der erteilten Klausel betreffen, sind vielmehr im Wege der Klauselerinnerung (§ 732 ZPO) geltend zu machen.

cc) Zustellung

29 Bei der Zustellung ergeben sich im Rahmen des Versteigerungsverfahrens folgende Besonderheiten:

Wurde die Unterwerfungserklärung von einem Vertreter des Schuldners abgegeben, meint der BGH,[16] dass die Vollmacht vor Beginn der Vollstreckung dem Schuldner in Form einer öffentlichen oder öffentlich beglaubigten Urkunde zugestellt sein muss, da nur dann der Schuldner in der Lage sei, die Voraussetzungen der Vollstreckung zu prüfen (§ 750 ZPO; der BGH wendet hier wohl stillschweigend § 726 ZPO an). Allerdings kann, so der BGH[17] in einer weiteren Entscheidung, die Zustellung der Vollmacht für die Vollstreckungsunterwerfung noch nachgeholt und so ein Verfahrensfehler, der zur Zuschlagsver-

---

13 BGH v. 30.3.2017 – V ZB 84/16.
14 Bejahend: BGH v. 25.6.1981 – III ZR 179/79; BGH v. 4.10.2005 – VII ZB 54/05; verneinend: *Stöber* (ZVG), § 15 Rn 40.14.
15 BGH v. 25.10.2012 – VII ZB 57/11; BGH. v. 12.1.2012 – VII ZB 71/09; a.A.: *Stöber* (ZVG), § 15 Rn 40.13.
16 BGH v. 21.9.2006 – V ZB 76/06 m. (abl.) Anm. *Alff*.
17 BGH v. 10.4.2008 – V ZB 114/07.

sagung nach § 83 Nr. 6 ZVG führen würde, geheilt werden. Eine Zustellung der Vollmacht ist jedoch entbehrlich, wenn der Bevollmächtigte selbst der spätere Eigentümer des Grundstücks ist, gegen den vollstreckt werden soll.[18]

Hat der Eigentümer das Grundstück nach Maßgabe des § 800 ZPO der sofortigen Zwangsvollstreckung unterworfen und wurde dies im Grundbuch eingetragen, bedarf es bei der Zwangsvollstreckung gegen einen späteren Eigentümer, der im Grundbuch eingetragen ist, nicht der Zustellung der den Erwerb des Eigentums nachweisenden öffentlichen oder öffentlich beglaubigten Urkunde (§ 800 Abs. 2 ZPO). Die Zustellung des Titels und der Rechtsnachfolgeklausel werden dadurch allerdings nicht entbehrlich (§§ 795, 727, 750 ZPO).

b) Besondere Vollstreckungsvoraussetzungen
aa) Kalendermäßige Befristung

Ist die Geltendmachung des Anspruchs von dem Eintritt eines Kalendertages abhängig, so darf die Zwangsvollstreckung nur beginnen, wenn der Kalendertag abgelaufen ist (§ 751 Abs. 1 ZPO). In seiner Entscheidung vom 30.3.2017[19] wendet der BGH diese Norm auf die Zwangsvollstreckung aus einer gekündigten Sicherungsgrundschuld (siehe dazu auch Rdn 28) an. Danach habe das Vollstreckungsgericht zu beachten und zu prüfen, dass diese Zwangsvollstreckung erst nach Ablauf der Kündigungsfrist beginnen dürfe.

30

bb) Sicherheitsleistung

Eine Zwangsversteigerung im Wege der Sicherungsvollstreckung (§ 720a Abs. 1 lit. b ZPO i.U.) ist nicht zulässig.

31

cc) Wartefrist

Insbesondere bei der in der Zwangsversteigerung als Vollstreckungstitel häufig vorkommenden notariellen Urkunde (§ 794 Abs. 1 Nr. 5 ZPO) ist die zweiwöchige Wartefrist des § 798 ZPO zu beachten. Im Falle einer Titelumschreibung muss die Wartefrist nach der Zustellung der Rechtsnachfolgeklausel mit etwaigen Nachweisurkunden (§§ 750 Abs. 2, 727 ZPO) erneut eingehalten werden.

32

6. Verwaltungszwangsverfahren

Wollen der **Bund, die Länder und Gemeinden** wegen öffentlich-rechtlicher Geldforderungen die Zwangsvollstreckung in unbewegliches Vermögen betreiben, bleibt es bei der Zuständigkeit des Vollstreckungsgerichts. In diesem sog. **Verwaltungszwangsverfahren** sind jedoch Besonderheiten[20] zu beachten. Diese finden sich je nach Vollstreckungsgläubiger bzw. Vollstreckungsbehörde in unterschiedlichen Gesetzen, z.B. für das Finanzamt und das Hauptzollamt in der Abgabenordnung, für Länder und Kommunen in den Verwaltungsvollstreckungsgesetzen der Länder, für den Justizfiskus in der Justizbeitreibungsordnung.

33

So muss die zuständige Vollstreckungsbehörde „lediglich" bestätigen, dass die gesetzlichen Voraussetzungen für die Vollstreckung vorliegen (siehe z.B. § 322 Abs. 3 AO). Diese Bestätigung ersetzt die Prüfung der allgemeinen und besonderen Vollstreckungsvoraussetzungen nach der ZPO durch das Vollstreckungsgericht; Titel, Klausel und Zustellung sind daher zur Zwangsversteigerung nicht erforderlich. Diese Fragen unterliegen nicht der Beurteilung des Vollstreckungsgerichts (z.B. § 322 Abs. 3 S. 3 AO).

Das Vollstreckungsgericht muss jedoch prüfen, ob

- der Antragsteller Vollstreckungsbehörde ist,
- die Forderung ihrer Art nach dem Verwaltungszwangsverfahren unterliegt,

---

18 BGH v. 14.4.2005 – V ZB 9/05; LG Cottbus v. 27.4.2007 – 7 T 144/07.
19 BGH v. 30.3.2017 – V ZB 84/16.
20 Hierzu ausführlich *Glotzbach/Goldbach*, Rn 275 ff. sowie *Glotzbach*, Rpfleger 2015, 383.

§ 1 Verfahren über die Anordnung der Vollstreckungsversteigerung

- die besonderen Voraussetzungen der Zwangsversteigerung (§§ 17, 28 ZVG) gegeben sind und
- ein formgerechter Antrag vorliegt, d.h. mit Bestätigung über das Vorliegen der gesetzlichen Voraussetzungen für die Vollstreckung nebst Siegel der Vollstreckungsbehörde und Unterschrift.

Das weitere Verfahren läuft wie bei einem Gläubiger mit privatrechtlicher Forderung ab.

▼

34 Muster: Antrag auf Anordnung der Zwangsversteigerung (Vollstreckungsversteigerung)

Stadtsparkasse Musterstadt Musterstadt, 23.1.2018
Sparkassenplatz 1
66666 Musterstadt

An das
Amtsgericht
66666 Musterstadt

Antrag auf Anordnung der Zwangsversteigerung

In der Zwangsvollstreckungssache

Stadtsparkasse Musterstadt, vertreten durch den Vorstand
Sparkassenplatz 1
66666 Musterstadt

– Gläubigerin –

gegen

Matthias Müller
Bebelstraße 1
66666 Musterstadt

– Schuldner –

Der Schuldner ist Eigentümer des Grundstücks der Gemarkung Musterstadt,

eingetragen im Grundbuch von Musterstadt Blatt 1000 unter lfd. Nr. 1 des Bestandsverzeichnisses FlSt.Nr. 444

Gebäude- und Freifläche, Bebelstraße 1, 500 m^2

Unter lfd. Nr. 1 der dritten Abteilung ist an diesem Grundstück zu unseren Gunsten eine Grundschuld ohne Brief zu 100.000,00 EUR mit 14 % Jahreszinsen eingetragen.

Unter Bezugnahme auf die beigefügte vollstreckbare Ausfertigung der Urkunde des Notars Dr. Schlau in Musterstadt vom 27.2.2015 (Urk. Nr. 32/15) beantragen wir wegen nachstehend genannter Forderung die Zwangsversteigerung des vorgenannten Grundstücks anzuordnen:

1. Hauptforderung (Grundschuldkapital) 100.000,00 EUR
2. 14 % Zinsen hieraus seit dem 1.3.2016
3. Bisherige Vollstreckungskosten (Aufstellung anliegend) 350,50 EUR
4. Kosten dieser Rechtsverfolgung

Die Eintragung des Schuldners als Eigentümer des genannten Grundstücks weisen wir durch Vorlage eines amtlichen Grundbuchausdrucks vom 18.1.2018 nach.

Stadtsparkasse Musterstadt

(Unterschrift) (Unterschrift)

Anlagen:

- Vollstreckbare Ausfertigung der Urkunde des Notars Dr. Schlau vom 27.2.2015 mit Zustellungsnachweis,
- Aufstellung über die bisherigen Vollstreckungskosten mit drei Belegen,
- Amtlicher Grundbuchausdruck vom 18.1.2018.

▲

Anmerkung zu vorstehendem Muster: Die Hauptforderung hat RK 4. Die Zinsen haben diese RK teilweise durch Zeitablauf verloren (dazu § 3 Rdn 93) und fallen insoweit nur noch in RK 5.[21] Die bisherigen Vollstreckungskosten könnten der RK 4 angehören, wenn es sich um Kosten der dinglichen Rechtsverfolgung (Rdn 21 und 22) handelt. Soweit es sich um andere Vollstreckungskosten handelt, gehören sie in RK 5. 35

C. Entscheidung über den Antrag

I. Tätigkeit der Geschäftsstelle

Die Geschäftsstelle trägt den Antrag ins Vollstreckungsregister Abteilung I und dort unter K ein. Das Aktenzeichen wird durch das Registerzeichen (K) und die laufende Nummer der Registrierung unter Beifügung der Jahreszahl gebildet (z.B. K 12/17). Soweit im Antrag für die Eintragung des Schuldners im Grundbuch auf die Grundakten Bezug genommen ist, werden diese beigezogen. 36

II. Prüfung durch das Vollstreckungsgericht

1. Allgemeine Prozessvoraussetzungen

Auch vor Beginn einer Zwangsvollstreckung sind die allgemeinen Prozessvoraussetzungen zu prüfen, nämlich z.B. 37

- Parteifähigkeit (§ 50 ZPO);
- Prozessfähigkeit (§§ 51 bis 53 ZPO);[22]
- Rechtsschutzbedürfnis.[23]

Das Verbot zweckloser Pfändung (§ 803 Abs. 2 ZPO) findet im Zwangsversteigerungsverfahren keine Anwendung. Das Vollstreckungsgericht darf die Verfahrensanordnung daher nicht mit dem Argument ablehnen, ein Versteigerungserlös zugunsten des antragstellenden Gläubigers sei nicht zu erwarten. 38

---

21 Wegen der Verjährung von Zinsen aus Sicherungsgrundschulden siehe BGH v. 28.9.1999 – XI ZR 90/98.
22 Dazu auch BGH v. 5.11.2004 – IXa ZB 76/04.
23 Gelegentlich wurde das Rechtsschutzbedürfnis für eine Zwangsversteigerung wegen einer Bagatellforderung in Frage gestellt. Dessen Vorliegen ist jedoch zu bejahen. Hierzu BGH v. 26.3.1973 – III ZR 43/71.

2. Allgemeine und besondere Vollstreckungsvoraussetzungen

39 Weiter hat das Vollstreckungsgericht das Vorliegen der allgemeinen und soweit einschlägig auch der besonderen Vollstreckungsvoraussetzungen zu beachten.

40 Auch hat das Vollstreckungsgericht zu prüfen, ob der vorgelegte Titel gegen den im Grundbuch eingetragenen Eigentümer vollstreckbar ist (§ 17 ZVG). Ausnahme: Schuldner ist Erbe des eingetragenen Eigentümers; hierzu Rdn 12.

41 Die weiteren Ausnahmen vom Eintragungsgrundsatz, nämlich bei der

- Zwangsversteigerung gegen den Insolvenzverwalter (§ 2 Rdn 81 und 82),
- Zwangsversteigerung gegen den Testamentsvollstrecker (§ 2 Rdn 63–65),
- Wiederversteigerung (§ 133 Abs. 1 ZVG, § 8 Rdn 23),

werden an anderer Stelle erörtert.

42 Die Zwangsversteigerung in herrenlose Grundstücke (§ 928 BGB) erfolgt gegen einen nach § 787 ZPO vom Vollstreckungsgericht zu bestimmenden Vertreter, der nicht im Grundbuch eingetragen wird.[24]

3. Entgegenstehende Rechte und Verfügungsbeschränkungen (§ 28 ZVG)

43 Während die Prüfung der allgemeinen und besonderen Vollstreckungsvoraussetzungen der Feststellung diente, ob der Eigentümer die Zwangsvollstreckung dieses Gläubigers in das Grundstück dulden muss, wird jetzt geprüft, ob der Zwangsversteigerung dieses Grundstücks die **Rechte Dritter entgegenstehen**. An sich sieht § 28 ZVG nach seinem Wortlaut diese Prüfung erst **nach Anordnung des Verfahrens** vor. Entgegenstehende Rechte Dritter sind jedoch von Amts wegen **bereits bei der Entscheidung über die Verfahrensanordnung** zu beachten (arg. § 28 Abs. 2 ZVG).

Das Vollstreckungsgericht hat also **von Amts wegen zu prüfen**, ob durch die Anordnung der Zwangsversteigerung dieses Grundstücks die Rechte Dritter verletzt würden, wenn das entgegenstehende Recht entweder

- **grundbuchersichtlich** (§ 28 **Abs. 1** ZVG) oder
- als Verfügungsbeschränkung (§ 28 **Abs. 2** ZVG) dem Vollstreckungsgericht **bekannt** ist.

Die praxisrelevantesten Gegenrechte und Verfügungsbeschränkungen werden ab § 2 Rdn 53 dargestellt. Es gelten folgende Zusammenhänge:

- Muss der Dritte die Vollstreckung dulden, besteht kein Hindernis.
- Kann der Gläubiger das Hindernis überwinden, ist er unter Fristsetzung durch Aufklärungsverfügung hierzu aufzufordern.
- Ist das Hindernis unüberwindlich, wird der Antrag zurückgewiesen. Eine formelle Aufklärungsverfügung, welche nur durch Antragsrücknahme erledigt werden kann, sollte unterbleiben.[25] Allerdings soll das Vollstreckungsgericht dem Gläubiger unter kurzem Hinweis auf die Rechtslage Gelegenheit geben, einen aussichtslosen Antrag zurückzunehmen, da die Zurückweisung des Antrags eine Gebühr auslösen würde (Rdn 67).

44 Wenngleich, wie ausgeführt, die in § 28 ZVG genannten Hindernisse **bereits bei der Entscheidung über die Verfahrensanordnung** zu beachten sind, kann es zur Verfahrensanordnung kommen, obwohl ein Hindernis nach § 28 ZVG objektiv besteht.

Verlässt sich das Vollstreckungsgericht nämlich (zulässigerweise) bei der Prüfung der Eigentümerstellung des Schuldners (Rdn 11 und 40) allein auf das von dem antragstellenden Gläubiger vorgelegte

---

24 Hierzu ausführlich *Stöber* (ZVG), § 15 Rn 22.
25 Zuletzt OLG Hamm v. 17.5.1990 – 15 W 206/90 für einen „Register-Fall".

Grundbuchzeugnis nach § 17 Abs. 2 ZVG, kann es selbst zu diesem Zeitpunkt schon grundbuchersichtliche Hindernisse nicht erkennen, da das Grundbuchzeugnis nach seinem originären Inhalt zu den Eintragungen in der zweiten Abteilung keine Angaben enthält. In solchen Fällen kann es dann **nachträglich**, sobald nämlich das Vollstreckungsgericht vom Grundbuchamt die Unterlagen nach § 19 Abs. 2 ZVG übersandt erhalten hat, wegen § 28 ZVG zu einer Aufhebung oder einstweiligen Einstellung des bereits angeordneten Verfahrens kommen. Um dies zu vermeiden, ist den Rechtspflegerinnen und Rechtspflegern des Vollstreckungsgerichts zu raten, sich möglichst vor jeder Verfahrensanordnung über den vollständigen Inhalt des Grundbuchs zu informieren.

III. Entscheidung des Vollstreckungsgerichts

1. Keine Anhörung des Schuldners

Entgegen der sonst üblichen Grundsätze findet eine vorherige Anhörung des Schuldners nicht statt, damit dieser nicht noch rasch vor der Beschlagnahme (Rdn 75 ff.) das Grundstück veräußert oder belastet. 45

2. Beanstandung des Antrags

Kommt das Vollstreckungsgericht zur Auffassung, dass ein **Mangel** vorliegt, kann es keinen Anordnungsbeschluss erlassen. 46

Das konkrete Vorgehen des Vollstreckungsgerichts hängt in diesem Fall davon ab, ob der bestehende Mangel von dem Gläubiger **zeitnah** behoben werden kann. Bejahendenfalls erlässt das Vollstreckungsgericht eine Aufklärungsverfügung (Rdn 47), sonst einen Zurückweisungsbeschluss (Rdn 48).

Keine (zeitnahe) Behebungsmöglichkeit besteht für den Gläubiger z.B., wenn

- er gegen den Schuldner keinen bzw. keinen für diese Zwangsvollstreckung geeigneten Vollstreckungstitel hat;
- der im Vollstreckungstitel ausgewiesene Schuldner nicht als Eigentümer im Grundbuch eingetragen ist und auch nicht die Ausnahme Rdn 12 bzw. Rdn 41 vorliegt;
- eine Verfügungsbeschränkung grundbuchersichtlich oder dem Vollstreckungsgericht bekannt ist (§ 28 ZVG), welche der Gläubiger nicht überwinden kann. Die **wichtigsten** dieser **Verfügungsbeschränkungen** werden ab § 2 Rdn 55 näher dargestellt.

a) Aufklärungsverfügung

Liegt ein zeitnah behebbarer Mangel vor, muss das Vollstreckungsgericht eine Aufklärungsverfügung erlassen, dort den Mangel (alle Mängel) und die Behebungsmöglichkeiten aufzeigen und dem Gläubiger eine Erledigungsfrist setzen. 47

Die Aufklärungsverfügung wird, da eine Frist in Lauf gesetzt wird, dem Gläubiger zugestellt (§ 329 Abs. 2 ZPO).

b) Zurückweisung des Antrags

Liegt ein nicht zeitnah behebbarer Mangel vor oder wird ein behebbarer Mangel auch nach Aufklärungsverfügung nicht behoben, ist der Anordnungsantrag durch zu begründenden Beschluss zurückzuweisen. Dieser Beschluss muss eine Rechtsbehelfsbelehrung (§ 232 ZPO) tragen und ist dem Gläubiger zuzustellen. Hierfür gelten die allgemeinen Regeln der ZPO[26] und die §§ 4 und 5 ZVG. Der Schuldner wird von der Zurückweisung nicht benachrichtigt. 48

---

[26] Sofern der Gläubiger durch einen Prozessbevollmächtigten vertreten ist, müssen alle Zustellungen an diesen erfolgen (§ 172 ZPO).

§ 1 Verfahren über die Anordnung der Vollstreckungsversteigerung

3. Anordnungsbeschluss

49 Die Zwangsversteigerung wird durch Beschluss des Gerichts angeordnet (Anordnungsbeschluss; § 15 ZVG).

50 Der **Mindestinhalt** des Anordnungsbeschlusses entspricht der Vorgabe des **§ 16 ZVG** für den Versteigerungsantrag. Daneben ist der Ausspruch konstitutiv, dass die Zwangsversteigerung angeordnet wird.

Die meist enthaltene Aussage, der Beschluss gelte zugunsten des Gläubigers als Beschlagnahme des Grundstücks, gibt lediglich die gesetzliche Folge des § 20 Abs. 1 ZVG wieder und ist daher deklaratorisch.

Eine **Begründung** des Beschlusses ist regelmäßig nicht erforderlich. Sie sollte allerdings erfolgen, wenn der Anordnung eine besondere Prüfung – z.B. nach Rdn 12 ff. – vorausgegangen ist, die kein Hindernis ergeben hat. So sieht der Schuldner, dass das Vollstreckungsgericht ein mögliches Bedenken erwogen und als nicht hinderlich angesehen hat. Eine Rechtsbehelfsbelehrung ist nicht vorgeschrieben, da es sich bei dem Anordnungsbeschluss (aus Sicht des nicht angehörten Schuldners) um eine Vollstreckungsmaßnahme und nicht um eine Entscheidung (siehe § 232 ZPO) handelt.

Checkliste: Inhalt des Anordnungsbeschlusses
- Aktenzeichen
- Vollstreckungsgericht
- Rubrum
- Eigentümer
- Grundstück
- Titel
- Anspruch des Gläubigers
- Ausspruch: Anordnung der Zwangsversteigerung (konstitutiv)
- Ausspruch: „Beschlagnahme" (deklaratorisch)
- Unterschrift und Amtsbezeichnung (Rechtspfleger)

4. Bekanntmachung der Anordnung und Grundbuchersuchen

51 Das Vollstreckungsgericht (bzw. die Geschäftsstelle) veranlasst jetzt die notwendigen weiteren Maßnahmen. Zunächst muss der Anordnungsbeschluss natürlich dem **Schuldner** (Eigentümer) **zugestellt**[27] werden. Förmliche Zustellung ist erforderlich. Die §§ 4 bis 7 ZVG finden wegen § 8 ZVG keine Anwendung. Im Normalfall erfolgt die Zustellung durch Zustellungsauftrag (§§ 176 ff. ZPO). Die ebenfalls mögliche Zustellung durch Einschreiben mit Rückschein (§ 3 ZVG i.V.m. § 175 ZPO) empfiehlt sich wegen der fehlenden Anwendbarkeit der §§ 178 bis 181 ZPO nur für die Zustellung an einen im Ausland wohnenden Schuldner (§ 183 Abs. 1 S. 1 ZPO). Nach Ansicht des BGH[28] ist auch eine Zustellung an ein **Postfach** möglich, wenn dem Vollstreckungsgericht eine Wohnanschrift des Zustellungsempfängers unbekannt oder eine solche nicht vorhanden ist.

Richtet sich der Versteigerungsantrag gegen mehrere Personen, die als Miteigentümer im Grundbuch eingetragen sind, erfolgt die Zustellung an alle. Wird gegen einen Insolvenzverwalter oder Testamentsvollstrecker vollstreckt, erfolgt die Zustellung an diesen.

52 Zusammen mit dem Anordnungsbeschluss ist **eine Belehrung** nach § 30b Abs. 1 ZVG (Möglichkeit der einstweiligen Einstellung nach § 30a ZVG) zuzustellen. Der Testamentsvollstrecker erhält eine Belehrung nach § 30b Abs. 1 ZVG; der Insolvenzverwalter erhält keine Belehrung (dazu § 2 Rdn 86 ff.).

---

27 Wegen der Zustellung an den Betreuer des Schuldners siehe LG Rostock v. 4.10.2002 – 2 T 313/02.
28 BGH v. 14.6.2012 – V ZB 182/11.

Der **Gläubiger** erhält den Beschluss **formlos**, wenn seinem Antrag vollumfänglich stattgegeben wurde. Erfolgte eine teilweise Ablehnung (z.B. wegen nicht nachgewiesener Kosten), wird der Beschluss (mit Rechtsbehelfsbelehrung nach § 232 ZPO) an ihn zugestellt (§ 329 Abs. 3 ZPO). 53

Schließlich muss das Vollstreckungsgericht noch das Grundbuchamt um Eintragung des **Zwangsversteigerungsvermerks ersuchen** (§ 19 Abs. 1 ZVG), der in der zweiten Abteilung des Grundbuchs einzutragen ist. Dies erfolgt üblicherweise zusammen mit der Übersendung einer Abschrift des Anordnungsbeschlusses und unter Rückgabe der Grundakten, soweit diese beigezogen waren. 54

Das Grundbuchamt hat nach § 19 Abs. 2 ZVG nach der Eintragung des Versteigerungsvermerks dem Gericht 55
- eine beglaubigte Abschrift des Grundbuchblatts zu erteilen,
- die bei ihm evtl. bestellten Zustellungsbevollmächtigten zu bezeichnen und
- mitzuteilen, was ihm über die Anschriften der eingetragenen Beteiligten und deren Vertreter bekannt ist.

Eintragungen im Grundbuch, die nach dem Zwangsversteigerungsvermerk erfolgen, soll es dem Vollstreckungsgericht mitteilen (§ 19 Abs. 3 ZVG).

Die aus dem Grundbuch ersichtlichen übrigen Beteiligten (§ 9 S. 1 ZVG) werden jetzt noch nicht verständigt. Es ist aber zweckmäßig, vor Rückgabe der Grundakten die ladungsfähigen Anschriften dieser Beteiligten zu vermerken, soweit sie aus diesen Akten ersichtlich sind. 56

5. Beitritt weiterer Gläubiger zum Verfahren

Beantragen weitere Gläubiger die Anordnung der Versteigerung eines Grundstücks, für welches die Zwangsversteigerung bereits angeordnet ist, ergeht zu deren Gunsten ein Beitrittsbeschluss (§ 27 ZVG). 57

Der Unterschied ist rein verbal. Tatsächlich erlangt der **Gläubiger** durch den auf seinen Antrag ergangenen Beitrittsbeschluss die **gleichen Rechte und Pflichten** wie jener, zu dessen Gunsten die Anordnung erfolgte (§ 27 Abs. 2 ZVG). Und es sind auch die gleichen Voraussetzungen für den Antrag erforderlich (Rdn 9 ff.). Einen Nachweis der Eigentümerstellung des Schuldners (§ 17 Abs. 2 ZVG) muss der Gläubiger jedoch nur vorlegen, wenn der Eigentümer seit der Anordnung gewechselt hat. Die unter Rdn 43 und 44 genannte besondere Prüfung muss erneut und für jeden Gläubiger gesondert erfolgen, da ein und dasselbe Hindernis für einen Gläubiger bestehen kann und für einen anderen nicht (dazu § 2 Rdn 3). Auch der Inhalt des Beitrittsbeschlusses bestimmt sich nach § 16 ZVG. Statt „wird die Zwangsversteigerung angeordnet" heißt es jetzt „... wird der Beitritt zugelassen". Ohne Rückfrage bzw. Aufklärungsverfügung kann ein Beitrittsbeschluss ergehen, wenn der Gläubiger – weil er von der bereits erfolgten Anordnung keine Kenntnis hatte – einen Antrag auf Anordnung stellte. 58

Es wird **kein neuer (weiterer) Zwangsversteigerungsvermerk** im Grundbuch eingetragen (§ 27 Abs. 1 S. 2 ZVG); somit ist kein weiteres Ersuchen erforderlich. 59

Für die Zustellung gelten die Ausführungen zum Anordnungsbeschluss. Eine erneute Belehrung nach § 30b Abs. 1 ZVG ist erforderlich, da der Schuldner einen entsprechenden Antrag „für jeden Gläubiger getrennt" stellen kann (und muss); hierzu § 2 Rdn 30. Wegen der Beschlagnahme siehe Rdn 78. 60

D. Rechtsbehelfe im Verfahren über Anordnung und Beitritt

61 Übersicht: Rechtsbehelfe im Verfahren über Anordnung und Beitritt

Schuldner	Gläubiger	
Antrag des Gläubigers wurde entsprochen	Antrag des Gläubigers wurde **nicht** entsprochen	
	nicht nur wegen Kosten im Betrag von 200,00 EUR und weniger	nur wegen Kosten im Betrag von 200,00 EUR und weniger
Unbefristete Vollstreckungserinnerung § 766 ZPO	Sofortige Beschwerde §§ 793, 567 f. ZPO	Sofortige Erinnerung § 11 Abs. 2 S. 1 RPflG
Abhilfe durch den Rechtspfleger möglich	Abhilfe durch den Rechtspfleger möglich § 572 Abs. 1 ZPO	Abhilfe durch den Rechtspfleger möglich § 11 Abs. 2 S. 2 RPflG
Im Fall der Nichtabhilfe: Abschließende Entscheidung durch den Richter	Im Fall der Nichtabhilfe: Abschließende Entscheidung durch das Beschwerdegericht	Im Fall der Nichtabhilfe: Abschließende Entscheidung durch den Richter

I. Rechtsbehelf des Schuldners

62 Der **Schuldner** wird vor der Anordnung der Zwangsversteigerung **nicht gehört**. Somit können die Anordnung des Verfahrens und der Beitritt ihm gegenüber keine gerichtliche Entscheidung im engeren Sinne sein, da einer solchen zwingend rechtliches Gehör vorauszugehen hat. Selbst wenn man, für die Verfasser unverständlich,[29] Art. 103 GG auf die Tätigkeit des Rechtspflegers nicht unmittelbar anwenden will, so erfordert dies doch mittelbar der verfassungsrechtlich geschützte Grundsatz eines fairen Verfahrens. Die Anordnung der Zwangsversteigerung stellt sich somit dem Schuldner gegenüber als **Vollstreckungsmaßnahme** dar, etwa vergleichbar mit einer Pfändung durch den Gerichtsvollzieher. Somit hat der Schuldner gegen die Anordnung der Zwangsversteigerung oder gegen die Zulassung eines Beitritts den Rechtsbehelf der unbefristeten Vollstreckungserinnerung § 766 ZPO, über welche nach §§ 3 Nr. 3a, 20 Nr. 17 RPflG der Richter (Vollstreckungsgericht) entscheidet. Der Rechtspfleger kann der Erinnerung abhelfen.

63 Gegen die richterliche Entscheidung findet die **sofortige Beschwerde** (§ 793 ZPO) statt, auf welche die hierfür geltenden allgemeinen Vorschriften (§§ 567 ff. ZPO) anzuwenden sind. Es entscheidet das Landgericht. Die sofortige Beschwerde ist innerhalb einer Notfrist von zwei Wochen (§ 569 Abs. 1 ZPO) ab Zustellung (§ 329 Abs. 3 ZPO) der richterlichen Entscheidung über die Vollstreckungserinnerung einzulegen. Sie kann schriftlich oder zu Protokoll der Geschäftsstelle des Amtsgerichts oder Landgerichts (§ 569 Abs. 1 und 3 ZPO), jedoch nicht telefonisch,[30] eingelegt werden. Es besteht kein Anwaltszwang (§ 569 Abs. 3 ZPO). Wird sie zu Protokoll irgendeines Amtsgerichts (§§ 129a, 496 ZPO) eingelegt, ist die Frist erst bei Zugang beim zuständigen Amts- oder Landgericht gewahrt. Der Richter kann der sofortigen Beschwerde abhelfen (§ 572 Abs. 1 ZPO).

64 Gegen die Entscheidung des Landgerichts ist die **Rechtsbeschwerde** (§§ 574 ff. ZPO) nur gegeben, wenn sie vom Landgericht zugelassen wurde. Es entscheidet dann (§ 133 GVG) der BGH; jedoch ist auch § 7 EGZPO zu beachten. Die Frist zur Einlegung beträgt einen Monat (§ 575 ZPO); sie kann nur von einem

---

[29] So aber BVerfG v. 18.1.2000 – 1 BvR 321/96; hierzu Anm. *Gottwald*, Rechtspflegerblatt 2001, 4.
[30] BGH v. 12.3.2009 – V ZB 71/08.

beim BGH zugelassenen Anwalt eingelegt werden.[31] Ein Rechtsbehelf gegen die Nichtzulassung ist nicht vorgesehen. Mangels Zulassung der Rechtsbeschwerde ist die Entscheidung des Landgerichts rechtskräftig. Verletzt die Entscheidung des Landgerichts ein Verfahrensgrundrecht eines Beteiligten oder ist sie „greifbar gesetzeswidrig", käme in entsprechender Anwendung von § 321a ZPO eine Gegenvorstellung zum Landgericht (innerhalb von zwei Wochen nach Zustellung der Entscheidung) in Betracht. Darüber hinaus bleibt dann nur noch Verfassungsbeschwerde.[32]

II. Rechtsbehelfe des Gläubigers

Da der Gläubiger in seinem Antrag und ggf. auf Aufklärungsverfügung des Gerichts die Möglichkeit hatte, alles vorzutragen, was er für die Begründung seines Antrags als rechtserheblich ansieht, wurde er i.S.d. Rdn 62 „gehört". Ihm gegenüber ist die Zurückweisung nicht „nur" Vollstreckungsmaßnahme, sondern **Entscheidung** des Gerichts. Wird seinem Antrag nicht oder nicht vollumfänglich stattgegeben, kann er sich mit dem Rechtsmittel der **sofortigen Beschwerde** wehren, wie sich aus § 11 Abs. 1 RPflG i.V.m. § 793 Abs. 1 ZPO ergibt. Hierüber ist er in der Entscheidung zu belehren (§ 232 ZPO). Eine Abhilfe durch den Rechtspfleger ist möglich (§ 572 Abs. 1 ZPO). Es entscheidet das Landgericht (Beschwerdegericht). Für Frist und Form gilt Rdn 63. Wegen der Rechtsbeschwerde gegen diese Entscheidung siehe Rdn 64. 65

Wurde der Antrag des Gläubigers nur wegen der Kosten ganz oder teilweise abgelehnt (insbesondere, weil die mitzuvollstreckenden „bisherigen Vollstreckungskosten" (Rdn 21) als nicht belegt oder nicht notwendig erachtet wurden), ist § 567 Abs. 2 S. 2 ZPO zu beachten. Die sofortige Beschwerde ist dann nur zulässig, wenn der Antrag des Gläubigers wegen eines Betrages von mehr als 200,00 EUR abgewiesen wurde. Anderenfalls hat der Gläubiger den besonderen Rechtsbehelf des § 11 Abs. 2 RPflG, also **sofortige Erinnerung** (Frist ebenfalls zwei Wochen). Der Rechtspfleger kann der Erinnerung abhelfen. Hilft er der Erinnerung nicht oder nicht vollumfänglich ab, entscheidet der Richter (Vollstreckungsgericht) über die Erinnerung; dessen Entscheidung ist unanfechtbar. 66

E. Kosten im Verfahren über Anordnung und Beitritt

I. Kosten des Gerichts

Für die Entscheidung über den Antrag auf Anordnung der Zwangsversteigerung fällt eine **Pauschalgebühr** von 100,00 EUR (Nr. 2210 KVGKG) an, ohne dass es auf den Wert des Grundstücks oder die Höhe der Forderung ankäme.[33] Die Gebühr **entsteht mit der Entscheidung**, mithin sowohl für die Anordnung als auch für die Zurückweisung des Antrags. Wird der Antrag vor Entscheidung zurückgenommen, fällt keine Gebühr an. 67

Hierzu kommen die Auslagen für die Zustellung des Beschlusses (Nr. 9002 KVGKG). 68

Für die Entscheidung über jedes Beitrittsgesuch fällt die vorgenannte Gebühr erneut an. Dies gilt auch für den Gläubiger, der die Versteigerung bereits betreibt und jetzt wegen einer weiteren Forderung beitritt. Häufig erfolgt dies wegen der Kosten einer Mobiliarvollstreckung (Rdn 21), die beim Antrag vergessen wurden oder wegen derer die Zurückweisung erfolgte, da sie nicht ordnungsgemäß belegt waren. Für Kosten, die „nachgemeldet" werden können (Rdn 22), ist kein neuer Beitritt erforderlich. 69

Kostenschuldner ist der Gläubiger (§ 26 Abs. 1 GKG). Vorschuss wird nicht erhoben (§§ 10, 15 GKG). Die Kosten können vom Gläubiger angemeldet werden (§ 3 Rdn 94) und werden dann im Rang der Haupt- 70

---

31 BGH v. 31.3.2002 – IX ZB 18/02.
32 BGH v. 7.3.2002 – IX ZB 11/02.
33 Gesamtgläubiger und Gesamthandsgläubiger, die den Antrag gemeinsam stellen, gelten kostenrechtlich als ein Antragsteller (Vorbemerkung 2.2. KVGKG).

forderung befriedigt, also nicht vorweg dem Erlös entnommen. Ist der Gläubiger gebühren- oder kostenbefreit (z.B. § 2 GKG), werden die angefallenen Beträge beim Schuldner erhoben[34] (§ 29 Nr. 4 GKG), falls vom Kostenansatz nicht unter den Voraussetzungen des § 10 KostVfg abgesehen werden darf.

II. Rechtsanwaltskosten

71 Der Rechtsanwalt erhält für die Vertretung **eines Gläubigers** im Verfahren über die Anordnung oder den Beitritt eine Verfahrensgebühr in Höhe von 4/10 der vollen Gebühr (Nr. 3311 Ziff. 1 VVRVG). Gegenstandswert ist die gesamte Forderung des Gläubigers, einschließlich Nebenforderungen (§ 26 S. 1 RVG). Wird nur wegen einer Teilforderung betrieben, ist diese maßgebend, wenn es sich um eine Forderung der RK 5 handelt. Anderenfalls ist die Gesamtforderung maßgeblich, welche mit diesem Titel beitreibbar gewesen wäre. Obergrenze ist der Gegenstandswert, insbesondere also der Wert des Grundstücks, den das Vollstreckungsgericht nach den §§ 66 Abs. 1, 74a Abs. 5 ZVG festgesetzt hat.

Der Rechtsanwalt hat Anspruch auf Auslagenersatz und Umsatzsteuer gem. Nr. 7000 ff. VVRVG.

72 Besonders zu vergüten sind
- die Teilnahme an einem Versteigerungstermin (Nr. 3312 VVRVG), dazu § 5 Rdn 94 ff.,
- die Mitwirkung bei der Erlösverteilung (Nr. 3311 Ziff. 2 VVRVG), dazu § 6 Rdn 190 f.,
- oder die Mitwirkung bei Anträgen auf einstweilige Einstellung des Verfahrens (dazu § 2 Rdn 101) oder bei Verhandlungen zwischen Gläubiger und Schuldner mit dem Ziel der Aufhebung des Verfahrens (Nr. 3311 Ziff. 6 VVRVG).

73 Für die **Vertretung des Schuldners** erhält der Rechtsanwalt die gleichen Gebühren und Auslagen wie für die Vertretung des Gläubigers (Nr. 3311, 3312 VVRVG). Der Gegenstandswert richtet sich nach § 26 S. 2 RVG nach dem Grundstückswert (Rdn 71).

74 Wegen der Grundsätze der Prozesskostenhilfe-Bewilligung und Beiordnung eines Rechtsanwaltes für den Schuldner vgl. BGH.[35]

F. Beschlagnahme

I. Allgemeines

75 Die Anordnung der Zwangsversteigerung (ebenso ein Beitritt) bewirkt in der Folge die Beschlagnahme des Grundstücks zugunsten des jeweiligen Gläubigers (§ 20 Abs. 1 ZVG). Diese Beschlagnahme schafft ihm zwar kein Pfandrecht i.S.d. ZPO; wegen bestehender Ähnlichkeit kann jedoch in gewissem Umfang auf die für das Pfandrecht entwickelte Lehre zurückgegriffen werden.[36] Es handelt sich um ein Bündel verschiedener Wirkungen, welche unter diesem Begriff zusammengefasst sind. Einzelheiten dazu unter Rdn 79, 87 und 88.

---

[34] Im Falle eines Versteigerungsantrags durch die Gerichtskasse ist § 4 Abs. 3 KostVfg zu beachten.
[35] BGH v. 31.10.2003 – IXa ZB 197/03.
[36] So *Eickmann/Böttcher* (ZVG), der in § 9 eine ausgezeichnete Darstellung zum Wesen der Beschlagnahme bietet.

II. Eintritt der Beschlagnahme

Zugunsten des Gläubigers, der einen Anordnungsbeschluss erwirkt hat, erfolgt die Beschlagnahme (§ 22 Abs. 1 ZVG)

- durch **Eingang des Ersuchens** auf Eintragung des Zwangsversteigerungsvermerks (Rdn 54) beim Grundbuchamt (§ 22 Abs. 1 S. 2 ZVG), vorausgesetzt, die Eintragung[37] erfolgt demnächst, oder
- durch **Zustellung des Anordnungsbeschlusses** an den Schuldner (§ 22 Abs. 1 S. 1 ZVG); bei mehreren Schuldnern, die in Gesamthandsgemeinschaft[38] eingetragen sind, an den letzten von ihnen.

Erfolgen (letzte) Zustellung und Eingang des Ersuchens zu verschiedener Zeit, entscheidet der **frühere Zeitpunkt**.

Ist für den Eintritt der Beschlagnahme die Zustellung des Anordnungsbeschlusses maßgeblich, darf allein auf das Zustellungsdatum abgestellt werden. Eine Rückwirkung nach § 167 ZPO hat der BGH[39] wegen des Fehlens einer Gesetzeslücke ausgeschlossen.

Hat der Gläubiger einen **Beitrittsbeschluss** erwirkt, erfolgt zu seinen Gunsten die Beschlagnahme nur durch die Zustellung des Beitrittsbeschlusses an den/die Schuldner, da kein neuer Zwangsversteigerungsvermerk eingetragen wird und deshalb auch kein neues Ersuchen ergeht.

Zugunsten eines **jeden Gläubigers** erfolgt also eine **eigene Beschlagnahme**.

III. Wirkung der Beschlagnahme

1. Relatives Veräußerungsverbot

Zur Sicherstellung des Gläubigeranspruchs auf Befriedigung aus dem Grundstück bewirkt die Beschlagnahme nach § 23 Abs. 1 S. 1 ZVG ein relatives Veräußerungsverbot. Eine nach der Beschlagnahme erfolgte Eigentumsübertragung wäre zwar möglich (also kann ein Grundstück auch noch nach der Beschlagnahme veräußert werden), aber dem Gläubiger gegenüber unwirksam. Dies gilt auch etwa für die Belastung des Grundstücks sowie dessen Teilung[40] oder Vereinigung.

Ein Dritter, der die Beschlagnahme nicht kennt, kann aber **gutgläubig** beschlagnahmefreies Eigentum an einem bereits beschlagnahmten Grundstück erwerben, da wegen § 135 Abs. 2 BGB die im § 892 Abs. 1 S. 2 BGB getroffene Regelung auch für Verstöße gegen eine Verfügungsbeschränkung Anwendung findet. Gleiches gilt für den Erwerb eines Rechtes am Grundstück (z.B. Grundschuld, Reallast o.Ä.), das also zugunsten eines gutgläubigen Berechtigten noch mit Wirkung gegen den oder die Beschlagnahmegläubiger eingetragen werden konnte. Für den Zeitpunkt, zu welchem der gute Glaube noch bestehen muss, gilt zunächst § 892 Abs. 2 BGB (Antragstellung). Ist zu diesem Zeitpunkt bereits der Zwangsversteigerungsvermerk im Grundbuch eingetragen, kommt ein gutgläubiger Erwerb nicht mehr in Betracht (§ 892 Abs. 1 S. 2 BGB). Ist dies nicht der Fall, gilt Folgendes:

Nicht mehr gutgläubig ist,

- wer zum Zeitpunkt des § 892 Abs. 2 BGB die **Beschlagnahme** kannte (§§ 135 Abs. 2, 892 Abs. 1 S. 2 BGB) oder
- wer zum vorgenannten Zeitpunkt den **Versteigerungsantrag** kannte (§ 23 Abs. 2 S. 1 ZVG).

---

[37] Der Zeitpunkt der Eintragung des Zwangsversteigerungsvermerks ist somit für den Zeitpunkt der Beschlagnahme ohne Belang, falls die Eintragung „demnächst" erfolgte. Das Eintragungsdatum kann daher den Beginn der Beschlagnahme nicht verlauten.

[38] Da Bruchteile als Miteigentumsanteile getrennt zu sehen sind und wie einzelne Grundstücke behandelt werden, erfolgt ihre Beschlagnahme zu unterschiedlichen Zeiten, wenn die Zustellung an die Eigentümer unterschiedlich erfolgte und nicht durch vorherigen Eingang des Grundbuchersuchens ein zeitgleicher Beschlagnahmetermin entstand.

[39] BGH v. 22.7.2010 – V ZB 178/09.

[40] BGH v. 5.6.2014 – V ZB 16/14.

§ 1 Verfahren über die Anordnung der Vollstreckungsversteigerung

81 Die Wirkungen des relativen Veräußerungsverbotes seien nun anhand der nachfolgenden **Beispiele** erklärt, für welche die folgenden Abkürzungen gelten:

E = Grundstückseigentümer, gegen den vollstreckt wird;
K = Käufer, welcher das Grundstück von E erwerben will;
Urkunde = der notarielle Kaufvertrag, der die Auflassung und den Eintragungsantrag enthält;
G = Gläubiger, der den Zwangsversteigerungsantrag gestellt hat;
GBA = Grundbuchamt;
B = Beitrittsgläubiger;
Ersuchen = Ersuchen nach § 19 Abs. 1 ZVG.

82 *Beispiel*

Am 9.7. stellt G den Versteigerungsantrag;
10.7. wird der Kaufvertrag zwischen E und K notariell beurkundet;
11.7. geht die Urkunde beim GBA ein; der Eigentumswechsel wird am gleichen Tag eingetragen;
12.7. geht das Ersuchen beim GBA ein; am gleichen Tag wird der Anordnungsbeschluss dem E zugestellt.

Ergebnis: Eintragung des neuen Eigentümers erfolgte vor der Beschlagnahme. Damit hat K gegenüber G wirksam das Eigentum erworben, ohne dass es auf § 878 BGB oder den guten Glauben des K ankäme.

83 *Beispiel*

Am 9.7. stellt G den Versteigerungsantrag;
10.7. wird der Kaufvertrag zwischen E und K notariell beurkundet;
11.7. geht die Urkunde beim GBA ein; am gleichen Tag wird die Versteigerung angeordnet;
12.7. wird der Anordnungsbeschluss dem E zugestellt;
13.7. wird der Eigentumswechsel eingetragen;
14.7. geht das Ersuchen beim GBA ein und wird sofort vollzogen.

Ergebnis: Zum Zeitpunkt der Eintragung der Auflassung war bereits Beschlagnahme erfolgt. Da aber die Urkunde vor der Beschlagnahme beim GBA einging, hat K gegenüber G wirksam das Eigentum erworben (§ 878 BGB). Auch hier kommt es nicht auf den guten Glauben des K an.

84 *Beispiel*

Am 9.7. stellt G den Versteigerungsantrag;
10.7. wird die Versteigerung angeordnet;
11.7. wird der Anordnungsbeschluss dem E zugestellt; am gleichen Tag wird der Kaufvertrag zwischen E und K notariell beurkundet;
12.7. geht die Urkunde beim GBA ein, der Eigentumswechsel wird sofort eingetragen;
13.7. geht das Ersuchen beim GBA ein und wird sofort vollzogen.

Ergebnis: Durch die Zustellung am 11.7. war das Grundstück zum Zeitpunkt des § 892 BGB, also am 12.7., bereits beschlagnahmt. Diese Beschlagnahme wirkt dann nicht gegen K, wenn er weder die Beschlagnahme noch den Versteigerungsantrag kannte (= wirksamer, weil gutgläubiger Eigentumserwerb). Anderenfalls hat K gegenüber G nicht wirksam Eigentum erworben.

Beispiel 85

Am 9.7.   stellt G den Versteigerungsantrag;
    10.7. wird der Kaufvertrag zwischen E und K notariell beurkundet;
    11.7. wird die Versteigerung angeordnet;
    12.7. wird der Anordnungsbeschluss dem E zugestellt;
    13.7. geht vormittags die Urkunde ein; der Eigentumswechsel wird sofort eingetragen;
    13.7. geht nachmittags das Ersuchen beim GBA ein;
    14.7. wird der Zwangsversteigerungsvermerk eingetragen;
    15.7. wird dem E der Beitrittsbeschluss zugunsten B zugestellt.

Ergebnis: Durch die vorherige Zustellung war das Grundstück zugunsten G am 13.7. bereits beschlagnahmt. Kannte K aber weder diese Beschlagnahme noch den Antrag vom 9.7., hilft ihm der gute Glaube. Die Beschlagnahme zugunsten B ist jedoch nach dem Zeitpunkt des § 878 BGB erfolgt. Das relative Veräußerungsverbot (Rdn 79) wirkt nicht gegen K. Auf einen „guten Glauben" kommt es nicht an, weshalb dem B auch der inzwischen eingetragene Zwangsversteigerungsvermerk nicht hilft. K hat gegenüber B wirksam Eigentum erworben.

Es muss unbedingt beachtet werden, dass sich die vorstehenden Ausführungen nur auf den Rang zwischen 86
Drittrechten und der Beschlagnahme beziehen, also auf die **materielle Rechtslage**. Damit ist noch nicht gesagt, wie die Beteiligten zu ihrem Recht kommen und sich das Vollstreckungsgericht zu diesen Fragen verhalten muss. Dies wird ab § 2 Rdn 55 erörtert.

2. Gläubiger mit Grundpfandrecht (Haftungsverband)

Bezüglich des Grundstücks und der mithaftenden Gegenstände (Rdn 90 ff.) bedeutet „Hypothekenhaftung" 87
(§§ 1113 ff. BGB), dass eine künftige Beschlagnahme auf den Beginn dieser Haftung (= Eintragung des Grundpfandrechtes) zurückwirkt, wenn sie mit dem Rang einer anderen Beschlagnahme konkurriert. Diese **Beschlagnahme aktiviert** jetzt den **Haftungsverband**, wenn der Gläubiger aus einem Grundpfandrecht die Versteigerung betreibt.

3. Gläubiger ohne Haftungsverband

Gläubiger, die bisher noch kein Recht am Grundstück (also z.B. ein Grundpfandrecht) haben, sondern aus 88
einem Zahlungstitel (persönlichen Titel) die Zwangsversteigerung betreiben (RK 5), erhalten erst durch die Beschlagnahme ein Befriedigungsrecht aus dem Erlös, das mit anderen Befriedigungsrechten in einem Rangverhältnis steht. Natürlich bewirkt die Beschlagnahme auch zu ihren Gunsten das unter Rdn 79 und 80 genannte Veräußerungsverbot. Wegen des für sie nicht vorhandenen Haftungsverbandes siehe Rdn 98.

IV. „Mithaftende Gegenstände" (Haftungsverband)

1. Vorbemerkung

Die **Beschlagnahme umfasst** zunächst einmal das **Grundstück** als solches (§ 20 Abs. 1 ZVG). Da **we-** 89
sentliche Bestandteile des Grundstücks nicht Gegenstand besonderer Rechte sein können (§ 93 BGB), werden auch sie von der Beschlagnahme und damit von der Versteigerung erfasst. Dies sind vor allem

die Gebäude auf dem Grundstück und deren wesentliche Bestandteile[41] (§ 94 BGB). Die Versteigerung richtet sich daher stets gegen das Grundstück; die darauf (fest) errichteten Gebäude werden als wesentliche Bestandteile mitversteigert.

Darüber hinaus kann die Beschlagnahme und damit die Versteigerung (§ 55 Abs. 1 ZVG) auch noch **weitere Gegenstände** erfassen, nämlich solche, auf welche sich bei einem Grundstück die Hypothek erstreckt (§ 20 Abs. 2 ZVG). Man nennt dies den Haftungsverband der Hypothek.

2. Haftungsverband der Hypothek

90 Unter dem Haftungsverband der Hypothek[42] versteht man Sachen und Rechte, welche neben dem Grundstück und den wesentlichen Bestandteilen **den Grundpfandrechten haften** (§ 1120 BGB). Dies sind insbesondere:

- die bereits getrennten (d.h. geernteten) **Erzeugnisse** (nicht geerntete Erzeugnisse wären wesentliche Bestandteile!), soweit sie nicht durch die Ernte Eigentum eines Dritten (Pächter) geworden sind (§§ 1120, 99 BGB);
- das **Zubehör**[43] (§§ 1120, 97, 98 BGB), wenn es im Eigentum des Schuldners steht;
- **Miet- und Pachtforderungen** (§§ 1123 ff. BGB), **wiederkehrende Leistungen** (§ 1126 BGB) und **Versicherungsforderungen** (§§ 1127 ff. BGB).

91 Diesen Gegenständen „droht" also grundsätzlich eine **Beschlagnahme** zugunsten eines Grundpfandrechtes (§ 20 Abs. 2 ZVG). Eine solche Beschlagnahme (§ 865 Abs. 1 ZPO) könnte erfolgen

- durch die Anordnung der Zwangsversteigerung oder den Beitritt hierzu;
- durch die Anordnung der Zwangsverwaltung (§§ 146 ff. ZVG);
- durch Pfändung mit dem dinglichen Titel (§ 29 Rdn 1 f.), da § 1147 BGB nur allgemein von der Zwangsvollstreckung spricht. Wegen § 865 Abs. 2 ZPO gilt dies aber nicht für Zubehör.

3. Beschlagnahmeumfang in der Zwangsversteigerung

92 Die Beschlagnahme **in der Zwangsversteigerung** erreicht aber wegen § 21 ZVG nicht alle zum Haftungsverband gehörigen Gegenstände, sondern lediglich die land- und forstwirtschaftlichen Erzeugnisse, die Zubehör sind (z.B. Saatgut) oder erst nach der Beschlagnahme des Grundstücks geerntet wurden, sofern sie nicht durch die Ernte Eigentum eines Dritten (Pächter) werden (§ 21 Abs. 3 ZVG).

Miet- und Pachtforderungen werden in der Zwangsversteigerung nicht beschlagnahmt (§ 21 Abs. 2 ZVG), aber in der Zwangsverwaltung (§ 148 Abs. 1 ZVG). Wegen der weitergehenden Beschlagnahme in der Zwangsverwaltung siehe ab § 30 Rdn 69.

> *Tipp*
> Hat der Gläubiger einen Titel gegen den Pächter, kann er ohne Rücksicht auf die angeordnete Zwangsversteigerung vollstrecken, z.B. die gerade geernteten Früchte pfänden. § 865 ZPO steht dem nicht entgegen.

---

41 Für die Abgrenzung zwischen Bestandteilen (§§ 93, 94 BGB), Scheinbestandteilen (§ 95 BGB) und Zubehör (§§ 97, 98 BGB) wird auf die Kommentarliteratur verwiesen. Eine gute Übersicht bringt *Stöber* (ZVG), § 20 Rn 3.
42 Die Ausführungen finden für die Grundschuld und die Rentenschuld entsprechend Anwendung (§§ 1192, 1199 BGB).
43 Wegen der Einzelheiten zum Zubehör beim Gewerbebetrieb siehe BGH v. 14.12.2005 – IV ZR 45/05.

Übersicht

93

Haftungsverband der Hypothek	Beschlagnahmeumfang in der Zwangsversteigerung
Das Grundstück und seine wesentlichen Bestandteile	
Zubehör im Eigentum des Schuldners	
Bereits getrennte Erzeugnisse, soweit sie nicht mit der Trennung in das Eigentum eines Dritten gelangt sind	
	Land- und forstwirtschaftliche Erzeugnisse nur, wenn sie noch mit dem Boden verbunden oder Zubehör geworden sind. Auf die dem Pächter zustehenden Früchte erstreckt sich die Beschlagnahme nicht (§ 21 Abs. 3 ZVG)
Miet- und Pachtforderungen (§ 1123 BGB)	
Wiederkehrende Leistungen (§ 1126 BGB)	
Versicherungsforderungen	
	Wegen der Versicherungsforderungen aus land- und forstwirtschaftlichen Erzeugnissen siehe § 21 Abs. 1 ZVG

Die vorgenannten Gegenstände müssen nicht für immer im Haftungsverband bleiben. Falls noch keine Beschlagnahme erfolgt ist, können Zubehörstücke den **Haftungsverband** wie folgt **verlassen**: 94

a) Durch **Veräußerung und Entfernung** vom Grundstück (§ 1121 Abs. 1 BGB), also Eigentumsübertragung und Abtransport. Erfolgt die Beschlagnahme zwischen Eigentumsübertragung und Abtransport, kommt gutgläubiger beschlagnahmefreier Erwerb in Betracht (§ 1121 Abs. 2 BGB).

b) Durch **Aufhebung der Zubehöreigenschaft** im Rahmen der ordnungsgemäßen Wirtschaft (§ 1122 Abs. 2 BGB). So würde z.B. ein Traktor im Schuppen des landwirtschaftlichen Betriebes haftungsfrei, wenn er aufgrund Abnutzung nicht mehr fahrbereit und auch nicht mehr wirtschaftlich sinnvoll reparaturfähig wäre.

Beschafft der Eigentümer neues Zubehör und bringt dies auf das Grundstück, unterstellt er es dem Haftungsverband auch für die bereits eingetragenen Grundpfandrechte. 95

Zu beachten: Sachen können auch Zubehör sein, wenn sie nicht im Eigentum des Grundstückseigentümers stehen, z.B. sicherungsübereignete oder unter Eigentumsvorbehalt gekaufte Sachen.[44] Diese gehören, obwohl Zubehör, nicht zum Haftungsverband, der nur das Eigentum des Grundstückseigentümers umfasst. Somit können diese Gegenstände auch **nicht beschlagnahmt** werden. Wegen möglicher Mitversteigerung ohne Beschlagnahme: § 4 Rdn 27. 96

Die Anordnung der Zwangsversteigerung bewirkt also in den unter Rdn 92 genannten Grenzen die Beschlagnahme der in § 21 ZVG genannten Gegenstände. Nach der Beschlagnahme des Grundstücks geerntete Früchte bleiben beschlagnahmt; neues Zubehör, das als solches auf das Grundstück verbracht wird, unterliegt der Beschlagnahme, wenn es im Eigentum des Grundstückseigentümers steht. 97

Für die spätere Versteigerung gilt der Grundsatz: Was zum Zeitpunkt des Zuschlags noch beschlagnahmt ist, wird auch mitversteigert (§ 90 ZVG).

---

44 Eigentum von Mietern, Pächtern oder sonst schuldrechtlich Berechtigten wird regelmäßig nicht als Zubehör angesehen, da die Benutzung der Gegenstände nur vorübergehend ist (§ 97 Abs. 2 BGB). Auch vom Schuldner geliehene/gemietete Sachen sind kein Zubehör, wenn man ihren Verbleib auf dem Grundstück als „vorübergehend" ansieht oder die Verkehrsauffassung (§ 97 Abs. 1 S. 2 BGB) sie nicht als Zubehör einordnet. Hierzu *Stöber* (ZVG), § 55 Rn 3.2.

§ 1 Verfahren über die Anordnung der Vollstreckungsversteigerung

98 Wie unter Rdn 87, 90 und 91 dargelegt, besteht der Haftungsverband in der Zeit vor der Beschlagnahme nur zugunsten von Grundpfandrechten, nicht aber für Gläubiger, welche nur aus einem persönlichen Titel die Versteigerung betreiben. Aber auch für diese muss die Beschlagnahme die vorgenannten Gegenstände umfassen, da nur so Befriedigungsrecht am anteiligen Erlös begründet wird. Für diese Gläubiger wird der Beschlagnahmeumfang wie folgt abgegrenzt: Für einen Gläubiger der RK 5 sind (in den unter Rdn 92 gezogenen Grenzen) jene Gegenstände beschlagnahmt, welche zum Haftungsverband gehören würden, wenn zum Zeitpunkt der Beschlagnahme zu seinen Gunsten ein Grundpfandrecht eingetragen werden würde.

99 Allerdings müssen beschlagnahmte Sachen nicht dauernd beschlagnahmt bleiben. Ebenso wie sie sich unter bestimmten Bedingungen aus dem Haftungsverband lösen konnten (Rdn 94), gibt es auch die Möglichkeit, sie aus der **Beschlagnahme zu lösen**. Dem Eigentümer bleibt nämlich nach § 24 ZVG im Interesse aller Beteiligten das Recht, das beschlagnahmte Grundstück im Rahmen einer ordnungsgemäßen Wirtschaft zu verwalten. Damit er dies kann, muss ihm auch das Recht bleiben, im Rahmen dieser ordnungsgemäßen Verwaltung beschlagnahmte Sachen zu veräußern.[45] Er kann also (§ 23 Abs. 1 S. 2 ZVG) z.B.

- nach der Beschlagnahme ordnungsgemäß **ernten** und die Ernte veräußern;
- für die ordnungsgemäße Bewirtschaftung nicht mehr erforderliches **Zubehör veräußern**.

100 Die Erwerber erlangen beschlagnahmefreies Eigentum, ohne dass es auf ihren guten Glauben ankäme, da ja der Eigentümer als Berechtigter verfügt. Der Erlös steht dem Eigentümer beschlagnahmefrei zu. Da die Beschlagnahme durch die Veräußerung erloschen ist, erfolgt hier keine dingliche Surrogation.

> *Tipp*
> Der Erlös aus der im Rahmen des § 24 ZVG möglichen Veräußerung beschlagnahmter Sachen steht dem Eigentümer beschlagnahmefrei zu und könnte daher von einem seiner Gläubiger gepfändet werden.

101 Obwohl der Eigentümer die vorgenannten Sachen veräußern könnte, kann sie ein Gläubiger nicht pfänden, da sie bis zur Veräußerung beschlagnahmt sind (§ 865 Abs. 2 S. 2 ZPO). Der Schuldner, die Gläubiger (und auch die Berechtigten eines nicht die Versteigerung betreibenden Grundpfandrechtes) könnten sich gegen die Sachpfändung mit Erinnerung (§ 766 ZPO) wehren.

102 Betreiben **mehrere Gläubiger** die Zwangsversteigerung, so ist die **Beschlagnahme** für jeden Gläubiger **individuell** zu prüfen. Dabei kann es möglich sein, dass ein Gegenstand für einen Gläubiger beschlagnahmt ist, für einen anderen nicht (dazu Beispiel Rdn 106).

Dies soll durch die nachfolgenden **Beispiele** vertieft werden:

103 *Beispiel*
Die Grundstücksbeschlagnahme erfolgte am 23.7. Bereits am 20.7. hatte Bauer E seinen alten Traktor veräußert, obwohl er ohne diesen das Grundstück nicht mehr ordnungsgemäß bewirtschaften kann. Am 25.7. erntet er die reifen Tomaten und am 30.7. die noch unreifen Frühkartoffeln, um sie als Viehfutter billig zu verkaufen. Beides veräußert er am 31.7. an H, der die Beschlagnahme nicht kannte.
Ergebnis: Beide „landwirtschaftlichen Erzeugnisse" (hier: Früchte) waren beschlagnahmt. Die Veräußerung der reifen Tomaten erfolgte im Rahmen der ordnungsgemäßen Wirtschaft. H erwirb beschlagnahmefreies Eigentum und E erlangt freies Eigentum am Erlös. Die Ernte der unreifen Frühkartoffeln erfolgte nicht im Rahmen ordnungsgemäßer Wirtschaft. Obwohl H die Beschlagnahme nicht

---

[45] Gefährdet er durch seine Verwaltung das Grundstück, kommen Maßnahmen nach § 25 ZVG in Betracht.

kannte, setzt sie sich an den Kartoffeln fort, da – wovon auszugehen ist – inzwischen der Zwangsversteigerungsvermerk eingetragen wurde, was jeden gutgläubigen Erwerb vereitelt (§ 23 Abs. 2 S. 2 ZVG). Der Traktor war Zubehör. Seine Veräußerung erfolgte nicht im Rahmen ordnungsgemäßer Wirtschaft. Aber: Die Veräußerung erfolgte vor der Beschlagnahme. Jetzt muss man unterscheiden: Erfolgte die Beschlagnahme für einen Gläubiger der RK 5, ist der Traktor auf jeden Fall von der Beschlagnahme frei. Betreibt der Gläubiger aus einem Grundpfandrecht (RK 4), kommt es darauf an, ob der Traktor durch die Veräußerung aus dem Haftungsverband ausgeschieden ist. Ein Zubehörstück wird (§ 1121 Abs. 1 BGB) durch Veräußerung und Entfernung vor der Beschlagnahme von der Haftung frei (und wird deshalb auch von der Beschlagnahme nicht mehr erreicht), ohne dass es auf die ordnungsgemäße Wirtschaft ankäme. Bei Veräußerung nach Beschlagnahme wäre der Traktor mangels ordnungsgemäßer Wirtschaft nicht frei geworden!

Beispiel 104
Bauer E betreibt eine Schweinezucht. Dazu hat er einen Eber, fünf Zuchtsäue und am 23.7., zur Zeit der Beschlagnahme des Grundstücks, 20 Ferkel. Er möchte die Ferkel verkaufen, obwohl sie dazu eigentlich noch zu jung sind. Darf er das?
Ergebnis: Eber und Zuchtsäue sind Zubehör und damit beschlagnahmt. Die Ferkel sind „Sachfrüchte" (§ 99 BGB) und gehören als solche zum Haftungsverband, werden aber wegen § 21 ZVG nicht beschlagnahmt, da sie nicht „mit dem Boden verbunden" sind. Somit kann E sie verkaufen. Auf die Frage, ob dies im Rahmen einer ordnungsgemäßen Wirtschaft erfolgt, kommt es nicht an.

Beispiel 105
Kann der zwölfjährige Sohn des E die Zubehöreigenschaft des Ebers (Beispiel Rdn 104) ohne Zustimmung des gesetzlichen Vertreters aufheben?
Ergebnis: Ja, kann er, indem er ihn so verletzt, dass er zur Zucht und damit als Zubehör untauglich wird. Zubehörstücke verlieren die Zubehöreigenschaft, wenn sie zu ihrem Dienst am Grundstück tatsächlich nicht mehr tauglich sind. Bitte immer beachten: Verlust der Zubehöreigenschaft und Ausscheiden aus dem Haftungsverband müssen nicht zusammenfallen!

Weiterführung Beispiel Rdn 105 106
Angenommen, der Sohn tut dies am 20.7. Am 23.7. erfolgt die Beschlagnahme seitens eines Gläubigers der RK 5 und am 26.7. seitens eines Grundpfandgläubigers. Ist der Eber, der ja immerhin noch als Schlachtvieh einen Wert hat, beschlagnahmt?
Ergebnis: Der Eber gehörte zum Haftungsverband. Durch die Verletzung ist er seit dem 20.7. mangels Tauglichkeit kein Zubehör mehr. Seit diesem Tag kann er nicht mehr neu einem Haftungsverband unterstellt werden. Somit konnte er am 23.7. für einen Gläubiger der RK 5 auch nicht mehr beschlagnahmt werden (siehe dazu Rdn 98). Aus dem bereits vorhandenen Haftungsverband wäre er aber nach § 1122 Abs. 2 BGB nur ausgeschieden, wenn er die Zubehöreigenschaft im Rahmen der ordnungsgemäßen Wirtschaft verloren hätte. Da dies nicht der Fall ist, gehört der Eber immer noch zum alten Haftungsverband, wird deshalb zugunsten des Grundpfandgläubigers beschlagnahmt und mitversteigert.

4. Haftungsverband, Beschlagnahme und Mobiliarvollstreckung

Ein Grundstück kann im Wege der Mobiliarvollstreckung nicht gepfändet werden. Ein solcher Versuch 107 wäre ohne jede rechtliche Wirkung. Gleiches gilt grundsätzlich für die wesentlichen Bestandteile eines Grundstücks, die ja wegen § 93 BGB nicht Gegenstand besonderer Rechte sein können. Hiervon allerdings macht § 810 ZPO eine Ausnahme. Die Pfändung von nicht geernteten Früchten ist zulässig, wenn

- noch keine Beschlagnahme des Grundstücks erfolgt ist und
- die Pfändung nicht früher als einen Monat vor der üblichen Reife stattfindet.

Erfolgt die Pfändung zu früh oder nach Beschlagnahme, ist sie unzulässig. Schuldner und Grundpfandgläubiger können ihre Beseitigung durch Erinnerung (§ 766 ZPO) verlangen. Letzterer muss auch eine an sich zulässige Pfändung vor Beschlagnahme nicht hinnehmen. Er kann

- sich nach § 810 Abs. 2 ZPO durch Drittwiderspruchsklage (§ 771 ZPO) wehren oder
- sich aber auch darauf beschränken, nach § 805 ZPO den Versteigerungserlös zu fordern („vorzugsweise Befriedigung").

108 Zubehör kann grundsätzlich nicht gepfändet werden, auch nicht mit dem „dinglichen Titel" zugunsten des Gläubigers eines Grundpfandrechtes (§ 865 Abs. 2 S. 1 ZPO). Dies gilt jedoch nur für Zubehör, das im Eigentum des Grundstückseigentümers steht. Fremdes Zubehör (Rdn 96) wird von § 865 Abs. 2 S. 1 ZPO nicht geschützt und könnte also unter der Voraussetzung des § 809 ZPO mit einem Titel gegen den Eigentümer des Zubehörs gepfändet werden.

Ehemaliges Zubehör, das im Rahmen ordnungsgemäßer Wirtschaft die Zubehöreigenschaft verloren hat, sich aber noch auf dem Grundstück befindet und einen gewissen Wert hat, kann jetzt gepfändet werden.

Tipp
Ein Gläubiger sollte im Verfahren auf Abgabe der Vermögensauskunft des Schuldners (§§ 802c ff. ZPO) darauf hinwirken, dass der Gerichtsvollzieher gezielt nach den vorgenannten Gegenständen (ehemaliges Zubehör) fragt.

109 Erzeugnisse können gepfändet werden, solange sie noch nicht beschlagnahmt sind (§ 865 Abs. 2 S. 2 ZPO). Ist also (nur) die Zwangsversteigerung angeordnet,[46] könnte ein Gläubiger z.B. die vor der Beschlagnahme geernteten Früchte (die sich noch im Besitz des Schuldners befinden) und vor allem die „Sachfrüchte", die nicht mit dem Boden verbunden und deshalb auch nicht beschlagnahmt sind, pfänden lassen.

---

[46] Anders als in der Zwangsverwaltung (§ 148 Abs. 1 ZVG) werden getrennte Erzeugnisse von der Beschlagnahme in der Zwangsversteigerung grundsätzlich (siehe § 21 Abs. 1 ZVG) nicht erfasst.

§ 2 Einstweilige Einstellung und Aufhebung

A. Das System und seine Anwendung

Die Möglichkeiten, ein bereits angeordnetes Verfahren wieder aufzuheben oder einstweilen einzustellen, sind vielfältig. Dies ergibt sich einmal daraus, dass die Grundsätze der ZPO und somit auch die im dortigen 8. Buch vorgesehenen Rechtsbehelfe etc. Anwendung finden. Außerdem kennt das ZVG eigene Regelungen für die Aufhebung und Einstellung des Verfahrens. Einige dieser Vorschriften sind von Amts wegen zu beachten, andere erfordern eine Verfahrenshandlung eines Beteiligten. Die nachfolgende Zusammenstellung ist daher notwendig kurz und auf die wesentlichen Konstellationen beschränkt. Sie umfasst zunächst auch nur jene Fälle, die sich bereits unmittelbar nach der Anordnung bzw. einem Verfahrensbeitritt ereignen können, dann aber (soweit keine Fristen zu beachten sind) bis zum Zuschlag möglich sind. Weitere Fälle werden in Zusammenhang mit dem Versteigerungstermin erörtert. Im Übrigen wird auf die ausführlichen Darstellungen in der Kommentarliteratur verwiesen. 1

Es ist möglich, dass das zur Entscheidung führende Hindernis materieller Natur ist (was dann im Ergebnis zur Aufhebung führt) oder aber nur formeller Art, so dass etwa der Titel der neuen Situation angepasst werden muss (wofür dann nur eine einstweilige Einstellung erfolgt). 2

Sind **mehrere Gläubiger** vorhanden, ist zu beachten, dass jede gerichtliche **Entscheidung nur für und gegen den Gläubiger wirkt, der betroffen ist**. Es ist möglich, dass ein und derselbe Sachverhalt bezüglich eines Gläubigers zur einstweiligen Einstellung, bezüglich des zweiten Gläubigers zur Aufhebung führt und bezüglich eines dritten Gläubigers keine Wirkung erzeugt. Jeder Gläubiger muss für sich allein gesehen werden. Daher ist unverzichtbar, im jeweiligen Beschluss den bzw. die Gläubiger genau zu bezeichnen, zu dessen (deren) Gunsten oder Lasten der Beschluss wirken soll. 3

Weist das Vollstreckungsgericht einen Versteigerungsantrag zurück und erweist sich diese Entscheidung später als unrichtig, ist meist kein besonderer Schaden entstanden. Wird aber ein bereits angeordnetes **Verfahren aufgehoben**, ist die **Beschlagnahme endgültig erloschen** und kann nicht rückwirkend wiederhergestellt werden. Da die Beschlagnahme, wie wir noch sehen werden, den Befriedigungsrang bestimmen kann, ist hier unüberschaubarer Schaden möglich. Zunächst einmal ist vor jeder Entscheidung der Gläubiger zu hören. Außerdem wird das Vollstreckungsgericht im Zweifel nur einstweilen einstellen. 4

> *Tipp*
> Zur Sicherheit sollte das Vollstreckungsgericht, falls seine Aufhebungsentscheidung irgendwie zweifelhaft sein könnte, anordnen, dass die Wirkungen dieser Entscheidung erst mit Rechtskraft eintreten. Die Beschlagnahme bleibt erhalten, wenn das Rechtsmittelgericht die Entscheidung des Vollstreckungsgerichts aufheben sollte.

B. Aufhebung und einstweilige Einstellung aufgrund einer Verfahrenshandlung

I. Antragsrücknahme (§ 29 ZVG)

Der Gläubiger ist „Herr des Verfahrens", d.h. er bestimmt Art, Umfang und Dauer einer Zwangsvollstreckungsmaßnahme. Die Anordnung der Zwangsversteigerung erfolgt nur aufgrund seines Antrags und dient der Verwirklichung seiner Interessen. Jeder Gläubiger kann daher seinen Versteigerungsantrag jederzeit bis zum Zuschlag zurücknehmen (§ 29 ZVG). Danach ist eine Antragsrücknahme nicht mehr möglich, da das Versteigerungsobjekt mit dem Zuschlag der Verfügung des Schuldners und damit auch des 5

§ 2 Einstweilige Einstellung und Aufhebung

Gläubigers entzogen ist.[1] Die Antragsrücknahme eines Gläubigers berührt die Weiterführung des Verfahrens durch den (die) anderen nicht.

Die Antragsrücknahme kann schriftlich, durch Erklärung zu Protokoll der Geschäftsstelle und – im Versteigerungstermin – durch Erklärung zu Protokoll des Gerichts erfolgen. Die Erklärung ist bedingungsfeindlich und unwiderruflich. Ist die Erklärung des Gläubigers fragwürdig, sollte das Vollstreckungsgericht unbedingt Rücksprache halten.

Eine Begründung der Antragsrücknahme ist nicht erforderlich.

6 Eine **Teilrücknahme** bzgl. einzelner **Versteigerungsobjekte** oder **Zubehörstücke** ist möglich.

Anders als im Zivilprozess erfordert eine **Teilzahlung** des Schuldners **keine formelle Beschränkung des Antrags**. Allerdings sollte sie dem Vollstreckungsgericht unter Verrechnung auf die im Anordnungs- bzw. Beitrittsbeschluss genannten Beträge mitgeteilt werden.

> *Tipp*
> Zahlt der Schuldner die Hauptforderung, sollte der Gläubiger keinesfalls „die Hauptsache für erledigt" erklären. Das soll als Antragsrücknahme ausgelegt werden können,[2] denn der Antrag auf Zwangsversteigerung ist ja „die Hauptsache".

7 Das Vollstreckungsgericht erlässt einen Aufhebungsbeschluss und stellt ihn dem Schuldner und dem Gläubiger zu (§ 32 ZVG).

Bei Antragsrücknahme nach dem Schluss der Bietezeit im Versteigerungstermin sind die Besonderheiten des § 33 ZVG zu beachten (hierzu § 5 Rdn 9 ff.).

8 Mit Erlass des Aufhebungsbeschlusses – und nicht bereits mit Eingang der Rücknahmeerklärung beim Vollstreckungsgericht – endet das Verfahren[3] dieses Gläubigers und entfällt seine Beschlagnahme. Diese Rechtslage sei an einem **Beispiel** erklärt:

9 > *Beispiel*
> 1.3. Erlass Anordnungsbeschluss für Gläubiger A
> 1.4. Eingang der **Antragsrücknahme** des einzig betreibenden Gläubigers A
> 2.4. Eingang Antrag Gläubiger B auf Zulassung des Beitritts
> Bis zum Erlass des Aufhebungsbeschlusses nach § 29 ZVG kann ein Beitrittsbeschluss für B ergehen, da das Verfahren erst mit Erlass des Aufhebungsbeschlusses nach § 29 ZVG beendet ist.

10 Für das Schicksal des Zwangsversteigerungsverfahrens ist die Frage entscheidend, ob mindestens ein weiterer Gläubiger vorhanden ist.

Ist dies der Fall, bleibt dessen Verfahren von der Aufhebung des anderen Verfahrens unberührt und die Zwangsversteigerung läuft fort.

Gibt es **keinen weiteren Gläubiger**, muss die Löschung des Zwangsversteigerungsvermerks und ggf. auch die Beendigung der Verkehrswertermittlung durch den Gutachter oder die Aufhebung des bereits bestimmten Versteigerungstermins veranlasst werden.

II. Bewilligung der einstweiligen Einstellung (§ 30 ZVG)

11 Der Gläubiger als „Herr des Verfahrens" kann **jederzeit bis zum Zuschlag** (Rdn 5) die einstweilige Einstellung (§ 30 ZVG) bewilligen.

---

1 *Stöber* (ZVG), § 29 Rn 2.7.
2 *Stöber* (ZVG), § 29 Rn 2.2.
3 BGH v. 10.7.2008 – V ZB 130/07.

B. Aufhebung und einstweilige Einstellung aufgrund einer Verfahrenshandlung § 2

Diese Bewilligung kann schriftlich, durch Erklärung zu Protokoll der Geschäftsstelle und – im Versteigerungstermin – durch Erklärung zu Protokoll des Gerichts erfolgen. Die Erklärung ist bedingungsfeindlich und unwiderruflich. Ist die Erklärung des Gläubigers fragwürdig, sollte das Vollstreckungsgericht unbedingt Rücksprache halten.

Beantragt der Gläubiger die **Aufhebung eines bereits bestimmten Versteigerungstermins**, gilt dies kraft Gesetzes als Bewilligung der einstweiligen Einstellung (§ 30 Abs. 2 ZVG). Achtung: Etwas anderes gilt aber, wenn der Gläubiger eine Verlegung aus verfahrenstechnischen Gründen wünscht, z.B., weil er an der Terminswahrnehmung verhindert ist. 12

Eine Begründung der Einstellungsbewilligung ist nicht erforderlich. 13

Eine **teilweise Einstellungsbewilligung** bzgl. einzelner **Versteigerungsobjekte** oder **Zubehörstücke** ist möglich. 14

Selbstverständlich ist auch hier zu beachten, dass eine Einstellungsbewilligung nur das Verfahren **dieses Gläubigers** stoppt, während das Verfahren für die anderen Gläubiger weitergeführt wird.

Das Vollstreckungsgericht erlässt einen Einstellungsbeschluss und stellt ihn dem Schuldner und dem Gläubiger zu (§ 32 ZVG). 15

Bei Einstellungsbewilligung nach dem Schluss der Bietezeit im Versteigerungstermin sind die Besonderheiten des § 33 ZVG zu beachten (hierzu § 5 Rdn 9 ff.).

Im Einstellungsbeschluss müssen der „betroffene" Gläubiger und der Grund der einstweiligen Einstellung (hier: § 30 ZVG) angegeben werden, damit unmissverständlich klar wird, wessen Verfahren betroffen ist und welche Rechtsfolgen eintreten.

Mit Erlass des Einstellungsbeschlusses ruht das Verfahren des Gläubigers, dessen Verfahren einstweilen eingestellt wurde. Wird das Verfahren nur von diesem Gläubiger betrieben, ruht die gesamte Versteigerung. Gibt es noch weitere Gläubiger, wird für diese das Zwangsversteigerungsverfahren fortgesetzt. 16

Das Grundstück bleibt auch für den „betroffenen" Gläubiger beschlagnahmt. Allein für ihn könnte jedoch kein Versteigerungstermin abgehalten werden und er könnte auch nicht bestbetreibender Gläubiger (§ 3 Rdn 115 ff.) sein. 17

Während der einstweiligen Einstellung ist die Zulassung eines Beitritts (§ 1 Rdn 57 ff.) möglich. 18

Das nach § 30 ZVG einstweilen eingestellte Verfahren wird nur auf Antrag des Gläubigers fortgesetzt. Es ist aufzuheben, wenn der Gläubiger nicht innerhalb von sechs Monaten die Fortsetzung beantragt (§ 31 ZVG). Hierüber ist der Gläubiger zu belehren (§ 31 Abs. 3 ZVG), am besten zusammen mit dem Einstellungsbeschluss. Die Sechs-Monats-Frist beginnt letztlich mit der Zustellung dieser Belehrung (§ 31 Abs. 3 ZVG). 19

Da es sich bei der Frist des § 31 Abs. 1 ZVG nicht um eine Notfrist handelt, ist Wiedereinsetzung in den vorherigen Stand nicht möglich (§ 233 ZPO).

Der Gläubiger kann jederzeit (sogar noch zwischen Verkündung des Zuschlags und Eintritt seiner Rechtskraft) die Fortsetzung beantragen. Eine Begründung ist nicht erforderlich.

Tipp
Unbedingt Sechs-Monats-Frist des § 31 ZVG beachten!

Ein formeller **Fortsetzungsbeschluss** ist im Gesetz zwar nicht ausdrücklich vorgesehen, im Hinblick auf die §§ 43 und 44 ZVG jedoch unverzichtbar. Der Fortsetzungsbeschluss wird dem Schuldner zugestellt (arg. §§ 43, 44 ZVG), dem Gläubiger formlos übersandt. 20

Zur Entscheidung über den Fortsetzungsantrag muss dem Vollstreckungsgericht der Vollstreckungstitel vorliegen.[4]

---

4 BGH v. 30.1.2004 – IXa ZB 285/03.

§ 2 Einstweilige Einstellung und Aufhebung

Binnen der Frist des § 31 Abs. 1 ZVG muss nur der Fortsetzungsantrag gestellt sein, die Vollstreckungsunterlagen können auch noch nachgereicht und der Fortsetzungsbeschluss kann auch nach Fristablauf erlassen werden.[5]

Nach anderer Ansicht des LG Detmold muss bei einer Abtretung des vollstreckbaren Anspruchs zur Wahrung der Frist des § 31 Abs. 1 ZVG nicht nur der Fortsetzungsantrag vorliegen, sondern es müssen auch die Vollstreckungsvoraussetzungen erfüllt sein.[6]

21 Es ist zulässig, z.B. kurz vor Ablauf der Frist des § 31 Abs. 1 ZVG die Fortsetzung des Verfahrens zu beantragen und **sogleich** erneut die einstweilige Einstellung zu bewilligen. Das Vollstreckungsgericht kann in diesem Fall Fortsetzung und einstweilige Einstellung in **einem** Beschluss treffen. Der Gläubiger ist erneut nach § 31 Abs. 3 ZVG zu belehren.

22 Ein Gläubiger kann nur zweimal[7] innerhalb des gesamten Verfahrens die einstweilige Einstellung bewilligen (§ 31 Abs. 1 S. 2 ZVG). Eine dritte Bewilligung gilt als Rücknahme des Versteigerungsantrags und führt daher zur Aufhebung des Verfahrens (§ 30 Abs. 1 S. 3 ZVG). Es zählen aber nur die vom **Gläubiger bewilligten** einstweiligen Einstellungen.

23 Lässt der Gläubiger die sechsmonatige Frist des § 31 Abs. 1 ZVG verstreichen, ohne einen Fortsetzungsantrag zu stellen, ist sein Verfahren durch (konstitutiven) Beschluss aufzuheben. Dieser wird dem Gläubiger und dem Schuldner zugestellt.

Es empfiehlt sich, die Wirksamkeit des Aufhebungsbeschlusses durch entsprechende Anordnung im Beschluss bis zum Eintritt seiner Rechtskraft auszusetzen. War der Fortsetzungsantrag fristgerecht bei Gericht eingegangen, wurde dieser dem Rechtspfleger aber versehentlich noch nicht vorgelegt, was zur Verfahrensaufhebung führte, so hat der Gläubiger noch die Möglichkeit, die Aufhebung des Aufhebungsbeschlusses im Rechtsmittelweg zu erreichen.

Die Beschlagnahme für diesen Gläubiger bliebe so erhalten.

Mit Eintritt der Wirksamkeit des Aufhebungsbeschlusses erlischt die Beschlagnahme für den betroffenen Gläubiger.

III. Antrag des Schuldners nach § 30a ZVG

24 Übersicht: Sachliche Voraussetzungen § 30a ZVG

auf Schuldnerseite	auf Gläubigerseite
Sanierungsfähigkeit	Zumutbarkeit
und	und
Billigkeit (= persönliche Verhältnisse, wirtschaftliche Verhältnisse, Art der Schuld)	kein „Erlösverfall"

25 Unter besonders geregelten Voraussetzungen kann nach § 30a ZVG das Verfahren **auf Antrag des Schuldners** auf die Dauer von höchstens sechs Monaten einstweilen eingestellt werden. Hierbei hat das Vollstreckungsgericht folgende Abwägung zu treffen:

---

5 *Stöber* (ZVG), § 31 Rn 5.1.
6 LG Detmold v. 28.11.2007 – 3 T 320/07; hierzu abl. Anm. *Alff*, Rpfleger 2008, 148.
7 Zur Frage, ob ein Gläubiger durch das Betreiben des Verfahrens aus mehreren (Beitritts-)Beschlüssen die Zahl der möglichen Einstellungsbewilligungen erhöhen kann, siehe BGH v. 26.1.2012 – V ZB 220/11 und LG Erfurt v. 28.1.2005 – 7 T 90/02.

B. Aufhebung und einstweilige Einstellung aufgrund einer Verfahrenshandlung § 2

1. Schuldnervortrag

Der Schuldner muss darlegen, dass er die **Zwangsversteigerung** innerhalb der gesetzten Frist **vermeiden** kann (Sanierungsfähigkeit). Dem Schuldner muss es voraussichtlich möglich sein, in der Zeit der Einstellung die Zwangsversteigerung endgültig abzuwenden. 26

Die einstweilige Einstellung muss unter Berücksichtigung seiner persönlichen (z.B. Zuverlässigkeit, Ernsthaftigkeit, Krankheit des Schuldners, Tod eines Ehegatten) und wirtschaftlichen Verhältnisse (z.B. bisheriges Zahlungsverhalten, unverschuldeter und nur vorübergehender finanzieller Engpass, allgemeine wirtschaftliche Umstände) und der Art der Schuld (z.B. Forderung aus unerlaubter Handlung) der **Billigkeit** entsprechen.

2. Gläubigervortrag

Für den Gläubiger muss die Verzögerung unter Berücksichtigung seiner wirtschaftlichen Verhältnisse zumutbar sein; sie darf ihm insbesondere keinen unverhältnismäßigen Nachteil bringen. 27

Es dürfen keine Erkenntnisse dahingehend vorliegen, dass das Grundstück zu einem späteren Zeitpunkt einen wesentlich geringeren Erlös bringen wird.

3. Verfahren

Wegen der vorgeschriebenen Belehrung des Schuldners (§ 30b Abs. 1 ZVG) werden Anträge nach § 30a ZVG häufig gestellt, obwohl die strengen Voraussetzungen so gut wie nie eine einstweilige Einstellung ermöglichen. 28

Der Antrag kann schriftlich oder zu Protokoll der Geschäftsstelle und nur innerhalb einer **Notfrist von zwei Wochen** nach Zustellung der in § 30b Abs. 1 ZVG vorgesehenen Belehrung gestellt werden. 29

Der Schuldner muss gegenüber **jedem Gläubiger** einen **neuen Antrag** stellen. Wenn also ein Beitritt zugelassen wird, kann der Schuldner gegen diesen Beitrittsgläubiger mit spezieller Begründung einen Einstellungsantrag stellen, gleichgültig ob er bezüglich des Anordnungsgläubigers einen Antrag gestellt hatte und ob diesem Antrag entsprochen worden ist oder nicht. 30

Die Einstellungsvoraussetzungen sind jeweils separat zu betrachten, so dass deren Vorliegen gegenüber einem Gläubiger bejaht und gegenüber einem anderen Gläubiger verneint werden kann.

Der Schuldner erreicht keinen vollständigen Verfahrensstillstand, wenn auch nur bezüglich eines Gläubigers keine einstweilige Einstellung erfolgt.

Das Vollstreckungsgericht muss den Gläubiger vor der Entscheidung hören.[8] 31

Es kann verlangen, dass Gläubiger und Schuldner ihre tatsächlichen Angaben glaubhaft machen (§ 30b Abs. 2 ZVG i.V.m. § 294 Abs. 2 ZPO), falls diese Angaben streitig geblieben sind. Es kann auch mündliche Verhandlung anordnen.

Es gilt der Beibringungsgrundsatz, d.h. Entscheidungsgrundlage sind die Tatsachenvorträge von Schuldner und Gläubiger, wenn sie zugestanden (§ 288 ZPO), bei Gericht offenkundig (§ 291 ZPO) oder nicht bestritten (§ 138 Abs. 3 ZPO) sind.

Ist der Antrag des Schuldners nicht zulässig (etwa nicht fristgerecht gestellt) und/oder nicht begründet, erfolgt Zurückweisung. Dieser Beschluss muss eine Rechtsbehelfsbelehrung enthalten (§ 232 ZPO). Er wird dem Schuldner zugestellt, dem Gläubiger formlos übersandt. 32

Die einstweilige Einstellung ergeht ebenfalls durch Beschluss. 33

---

8 Einzelheiten zum Verfahren: *Stöber* (ZVG), § 30b Rn 4.

Die Dauer der einstweiligen Einstellung ist im Beschluss anzugeben, wobei sechs Monate nicht überschritten werden dürfen (§ 30a ZVG), kürzere Einstellungsfristen aber zulässig sind. Die Einstellungsfrist beginnt mit Erlass des Einstellungsbeschlusses.[9] Deshalb und im Hinblick auf die notwendige Belehrung des Gläubigers nach § 31 Abs. 3 ZVG (Rdn 19) ist die Angabe eines genauen Datums als Endtermin der Einstellung zweckmäßig.

Tipp
Unzweckmäßig: „auf die Dauer von sechs Monaten"; zweckmäßig: „bis zum 15.9.2018".

34 Beantragt der Schuldner die Einstellung für weniger als sechs Monate, kann das Verfahren auch nur für max. die beantragte Zeit eingestellt werden (§ 308 ZPO).

35 Der Einstellungsbeschluss ist dem Schuldner und dem Gläubiger zuzustellen (§ 32 ZVG).

36 Hatte der Schuldner, wie meist üblich, die einstweilige Einstellung des Verfahrens auf die Dauer von sechs Monaten beantragt, gewährt das Vollstreckungsgericht jedoch nur eine zeitliche kürzere Einstellung, so liegt in dieser Entscheidung eine **teilweise Zurückweisung** des Schuldnerantrags. Dies muss in der Entscheidung wörtlich zum Ausdruck kommen; die verfahrensrechtlichen Konsequenzen (Rechtsbehelfsbelehrung erforderlich, Zustellung) sind zu beachten.

37 Das Vollstreckungsgericht kann (§ 30a Abs. 3 bis 5 ZVG) die einstweilige Einstellung **unter Auflagen** beschließen. Die sachlichen Voraussetzungen für die einstweilige Einstellung (Rdn 24) müssen jedoch auch hier vorliegen. Dabei kann es anordnen, dass die einstweilige Einstellung außer Kraft tritt, wenn die Auflagen nicht eingehalten werden. Wird die Zwangsversteigerung von einem Gläubiger betrieben, dessen Hypothek oder Grundschuld innerhalb der ersten sieben Zehnteile des Grundstückswertes steht, so darf das Vollstreckungsgericht von einer solchen Anordnung nur unter engen Voraussetzungen (§ 30a Abs. 3 S. 2 ZVG) absehen.

Tipp
Als Gläubiger immer hilfsweise konkret bezeichnete Auflagen fordern, falls das Vollstreckungsgericht eine einstweilige Einstellung in Erwägung zieht.

38 Das Verfahren wird **nur auf Gläubigerantrag fortgesetzt** (§ 31 ZVG). Insbesondere wird das Verfahren auch nicht nach Ablauf der vom Vollstreckungsgericht bei der Einstellung bestimmten Frist oder wegen Nichterfüllung der Auflagen von Amts wegen fortgesetzt.

Jeder Gläubiger muss für sein eingestelltes Verfahren den Antrag selbst stellen; der Fortsetzungsantrag eines anderen wirkt nicht für ihn.

Die sechsmonatige Frist, binnen der der Gläubiger den Fortsetzungsantrag stellen muss, beginnt gem. § 31 Abs. 2 lit. b ZVG mit dem Zeitpunkt, bis zu dem die Einstellung angeordnet war. Sie beginnt jedoch frühestens mit der Zustellung der Belehrung nach § 31 Abs. 3 ZVG. Bereits mit der Zustellung des Einstellungsbeschlusses kann der Gläubiger über die Frist belehrt werden.

Tipp
Fortsetzungsfrist beachten!

39 Wurde auf Schuldnerantrag die einstweilige Einstellung bewilligt, so kann der Schuldner gegenüber diesem Gläubiger noch einmal einen Antrag auf einstweilige Einstellung stellen (§ 30c ZVG). Ist auf Antrag des Gläubigers die Fortsetzung beschlossen worden, kann der Schuldner – wieder innerhalb einer Frist von zwei Wochen, denn § 30b ZVG ist entsprechend anwendbar – noch einmal eine einstweilige Einstellung beantragen. Hierüber ist er zu belehren (§§ 30c S. 2, 30b ZVG). Für die Gründe, die Auflagen und die Höchstfrist gilt § 30a ZVG, wobei die Zumutbarkeit für den Gläubiger jetzt enger zu sehen ist.

---

9 BGH v. 25.6.2004 – IXa ZB 267/03; *Stöber* (ZVG), § 30a Rn 4.2.

B. Aufhebung und einstweilige Einstellung aufgrund einer Verfahrenshandlung § 2

Einen Antrag nach § 30c ZVG kann der Schuldner nicht mehr stellen, wenn gegenüber diesem Gläubiger **40**
- die Frist für den Antrag nach § 30a ZVG versäumt worden ist oder
- ein Antrag nach § 30a ZVG bereits abgelehnt worden ist.

Ist der Antrag aber nach Rdn 39 zulässig, bleibt er dies auch dann, wenn die Einstellung nach § 30a ZVG vorzeitig aufgehoben wurde, z.B. wegen nicht erfüllter Auflage. Es ist eine Frage der Begründetheit, nicht der Zulässigkeit, ob in einem solchen Fall dem Antrag stattzugeben ist.

Kann der Schuldner nach Rdn 39 einen Antrag nach § 30c ZVG stellen, muss er bei der Zustellung des **41** Fortsetzungsbeschlusses belehrt werden. Für die Fortsetzung des Verfahrens (wieder nur auf Gläubigerantrag) gilt Rdn 38.

Hat der Schuldner einen zulässigen Antrag nach § 30a oder § 30c ZVG rechtzeitig gestellt und bewilligt **42** der Gläubiger vor Entscheidung die einstweilige Einstellung nach § 30 ZVG, wird auf Gläubigerantrag einstweilen eingestellt. Zu beachten ist aber, dass der Antrag des Schuldners damit nicht erledigt ist. Über ihn muss entschieden werden, sobald der Gläubiger die Fortsetzung beantragt.

IV. Antrag des Schuldners nach § 765a ZPO

Unter den ganz besonderen Gründen des § 765a ZPO kann das Vollstreckungsgericht jede der dort vor- **43** gesehenen Entscheidungen auch im Zwangsversteigerungsverfahren treffen. Hierzu wird auf die Kommentarliteratur (ZPO) Bezug genommen.

Da es sich bei § 765a ZPO um eine **eng auszulegende Ausnahmevorschrift**[10] handelt, kommen nur **44** schwerwiegende Gründe in Betracht, z.B. akute **Lebens- oder Suizidgefahr** des Schuldners oder eines nahen Angehörigen, der im Haus wohnt. Aber auch dann ist eine Abwägung der (gewichtigen) Belange des Betroffenen und des ebenfalls grundgesetzlich (Art. 14 GG) geschützten Interesses des Gläubigers erforderlich. Hierbei ist sorgfältig zu prüfen, ob der Gefahr nicht auch auf andere Weise als durch Einstellung begegnet werden kann.[11] Erachtet das Vollstreckungsgericht dennoch eine Einstellung für erforderlich, geschieht diese in der Regel auf Zeit und unter Auflagen. In besonderen Ausnahmefällen ist jedoch auch eine befristete Einstellung ohne Auflagen,[12] in absoluten Ausnahmefällen auch eine Einstellung auf unbestimmte Zeit denkbar.[13]

Handelt es sich bei dem in der Versteigerung befindlichen Grundstück nicht um ein selbstgenutztes Grundstück und soll das Grundstück auch künftig nicht selbst genutzt werden, ist für eine Einstellung grundsätzlich kein Raum.[14]

Das BVerfG[15] hat (in einem Räumungsstreit) diese Güterabwägung und die Verpflichtung des Betroffe- **45** nen zur Mitwirkung gebilligt, aber gefordert, dass das Vollstreckungsgericht nach Beweiserhebung die Auflagen für den Einzelfall ausdrücklich anzuordnen hat.

Das grundgesetzlich garantierte Recht auf Leben und körperliche Unversehrtheit verpflichtet die Vollstreckungsgerichte, bei der Prüfung der Voraussetzungen des § 765a ZPO auch die Wertentscheidungen des Grundgesetzes und die dem Schuldner in der Zwangsvollstreckung gewährleisteten Grundrechte zu berücksichtigen. Die Vollstreckungsgerichte haben in ihrer Verfahrensgestaltung die erforderlichen Vorkehrungen zu treffen, damit Verfassungsverletzungen durch Zwangsvollstreckungsmaßnahmen ausgeschlossen werden. Ein Verweis etwa auf das Betreuungsgericht kann allenfalls dann verfassungsrecht-

---

10 BGH v. 25.6.2004 – IXa ZB 267/03.
11 BGH v. 12.11.2014 – V ZB 99/14; hierzu auch Anm. *Seifert*, Rpfleger 2015, 572.
12 BGH v. 12.11.2014 – V ZB 99/14.
13 BGH v. 21.1.2016 – I ZB 12/15.
14 BGH v. 18.9.2008 – V ZB 22/08.
15 BVerfG v. 27.6.2005 – 1 BvR 224/05.

§ 2 Einstweilige Einstellung und Aufhebung

46 lich tragfähig sein, wenn dieses entweder Maßnahmen zum Schutz des Betroffenen getroffen oder eine erhebliche Suizidgefahr nach sorgfältiger Prüfung abschließend verneint hat.[16]
Wegen Suizidgefahr zwischen Zuschlagsverkündung und Rechtskraft siehe § 5 Rdn 88.

V. Antrag des Insolvenzverwalters auf einstweilige Einstellung

47 Unter besonderen Voraussetzungen kann auch der Insolvenzverwalter des Schuldners die einstweilige Einstellung des Verfahrens erreichen. Hierzu Rdn 86 ff.

VI. Entscheidung des Prozessgerichts

48 Das zuständige Prozessgericht kann jederzeit die Aufhebung des Versteigerungsverfahrens (z.B. §§ 767, 771 ZPO) durch Urteil anordnen und durch Beschluss nach § 769 Abs. 1 ZPO bis zu seiner Entscheidung die einstweilige Einstellung anordnen. Geschieht dies, bewirkt die prozessgerichtliche Entscheidung **nicht unmittelbar** die Aufhebung/einstweilige Einstellung des Verfahrens. Vielmehr hat das **Vollstreckungsgericht** gem. den §§ 775 Nr. 1 und 2, 776 ZPO die prozessgerichtliche Entscheidung zu **vollziehen**, indem es sein Verfahren aufhebt oder einstweilen einstellt.
Wegen der Verfahrensfortsetzung in solchen Fällen siehe Rdn 52.

49 Wird dem Vollstreckungsgericht ein Tatbestand glaubhaft gemacht, der eine solche prozessgerichtliche Maßnahme zur Folge haben könnte, kann es **in dringenden Fällen** unter Fristsetzung selbst einstweilen einstellen (§ 769 Abs. 2 ZPO). Innerhalb der Frist wäre **beizubringen**:

- das Urteil des Prozessgerichts (kaum denkbar!) oder
- die Einstellungsentscheidung des Prozessgerichts nach § 769 Abs. 1 ZPO oder
- die Einstellungsbewilligung (§ 30 ZVG) oder Antragsrücknahme (§ 29 ZVG) durch den Gläubiger.

Die **Fortsetzung erfolgt von Amts wegen** nach Fristablauf, wenn keine der vorgenannten Unterlagen beigebracht wird.

VII. Sonstige Einstellungsfälle

50 Eine einstweilige Einstellung oder Aufhebung des Verfahrens nach §§ 775, 776 ZPO könnte z.B. auch in folgenden Fällen in Betracht kommen:

a) Dem Schuldner ist Abwendung der Zwangsvollstreckung durch **Sicherheitsleistung** nachgelassen und deren Leistung wird jetzt nachgewiesen. Es erfolgt Aufhebung des Verfahrens (§ 775 Nr. 3 mit § 776 ZPO).

b) Der Schuldner legt eine Urkunde vor, aus welcher sich ergibt, dass die **Forderung** nach Urteilserlass **gezahlt oder gestundet** ist. Es erfolgt einstweilige Einstellung des Verfahrens (§ 775 Nr. 4 mit § 776 ZPO).

c) Der Schuldner legt Überweisungsbeleg einer Bank oder Sparkasse vor, wonach die **Beschlagnahmeforderung** nach Urteilserlass **bezahlt** ist.[17] Es erfolgt einstweilige Einstellung des Verfahrens (§ 775 Nr. 5 mit § 776 ZPO).

---

16 BVerfG v. 29.7.2014 – 2 BvR 1400/14.
17 Der häufig auf den vorgelegten Überweisungsdurchschriften vorzufindende Vermerk des Kreditinstituts „Zur Überweisung angenommen" ist für sich allein wertlos. Nur zusammen mit einem unzweifelhaften Überweisungsvermerk auf einem Kontoauszug kann von einem Nachweis gesprochen werden. Als Nachweis denkbar wäre auch ein Vermerk mit dem Inhalt: „Überweisung wird ausgeführt". Neuerdings werden solche Bescheinigungen überwiegend nicht mehr ausgestellt.

Tipp

Das Vollstreckungsgericht sollte sorgfältig prüfen, ob auf dem Überweisungsbeleg das Konto des Empfängers richtig angegeben ist. Schuldner überweisen manchmal unter falscher Kontoangabe und erhalten dann kurz darauf ihr Geld wieder zurück – für den nächsten Gläubiger!

Hat das Vollstreckungsgericht nach § 775 Nr. 3 ZPO das Verfahren aufgehoben, kann der betroffene Gläubiger die Entscheidung (nur) im Rechtsmittelweg anfechten, weshalb Rdn 4 beachtet werden sollte. In den anderen Fällen erfolgt die Fortsetzung auf Gläubigerantrag, der nicht begründet werden muss. Der Schuldner kann sich hiergegen nur nach § 767 ZPO wehren. 51

Nach erfolgter **einstweiliger Einstellung**, gleichgültig ob seitens des Prozess- oder des Vollstreckungsgerichts,[18] erfolgt die **Fortsetzung nur auf Antrag des betroffenen Gläubigers**. Auch hier gilt § 31 ZVG, d.h. 52

- der Antrag muss innerhalb einer Frist von **sechs Monaten** gestellt werden;
- die **Frist beginnt** im Falle § 31 Abs. 2 lit. d ZVG mit Wegfall der Einstellung, im Falle § 775 Nr. 4 und Nr. 5 ZPO mit der Anordnung der einstweiligen Einstellung;
- in jedem Falle beginnt die Frist jedoch erst mit der Zustellung der **Belehrung** nach § 31 Abs. 3 ZVG.

Nach Fristablauf ohne Fortsetzungsantrag wird das Verfahren **aufgehoben**.

C. Gegenrechte und Verfügungsbeschränkungen (§ 28 ZVG)

I. Vorbemerkung

§ 28 ZVG regelt die amtswegige Aufhebung oder Einstellung des Verfahrens, falls dem Vollstreckungsgericht nach dessen Anordnung **grundbuchersichtliche Gegenrechte** oder **Verfügungsbeschränkungen** oder **Vollstreckungsmängel** bekannt werden. 53

Bei Gegenrechten und Verfügungsbeschränkungen handelt es sich um Rechte Dritter, welche der Zwangsversteigerung entgegenstehen, denn auch die gegen den eingetragenen Eigentümer bestehenden Verfügungsbeschränkungen schützen stets die besseren Rechte Dritter. Gegenrechte müssen grundbuchersichtlich sein, bei Verfügungsbeschränkungen und Vollstreckungsmängeln genügt es, dass sie dem Vollstreckungsgericht bekannt werden (§ 28 Abs. 2 ZVG).

Da die Anordnung der Zwangsversteigerung bzw. die Zulassung eines Beitritts auch dann als Entscheidung wirksam ist, wenn sie aus materiellen Gründen nicht hätte ergehen dürfen,[19] wäre ihre Beseitigung nach dem System der ZPO eigentlich (§ 771 ZPO) außerhalb des Vollstreckungsverfahrens zu bewirken. Nachdem aber die Eintragung des Eigentümers Vollstreckungsvoraussetzung ist, erschien es dem Gesetzgeber angebracht, die Folgen grundbuchersichtlicher Hindernisse im Verfahren selbst zu bereinigen. Für gerichtsbekannte Verfügungsbeschränkungen wurde dies ausdrücklich in § 28 Abs. 2 ZVG bestimmt. 54

Nachstehend werden nur die praxisrelevantesten Gegenrechte und Verfügungsbeschränkungen dargestellt. Die wichtigen Zusammenhänge zwischen Zwangsversteigerung und Insolvenz werden in einem gesonderten Abschnitt (Rdn 69 ff.) erläutert.

II. Neues Eigentum

Schon früher (§ 1 Rdn 79) wurde festgestellt, dass sich zwischen Anordnung und Beschlagnahme die Eigentumsverhältnisse ändern können und somit das Grundstück zwar immer noch „verstrickt", nicht aber beschlagnahmt ist. In diesem Fall kann der Gläubiger kein Befriedigungsrecht am (fremden) Eigentum 55

---

18 Ausgenommen § 769 Abs. 2 ZPO.
19 Vergleichbar also mit der „Verstrickung" bei der Pfändung.

erwerben; die Rechtsordnung muss dem neuen Eigentümer die Möglichkeit geben, diese „Verstrickung" zu beseitigen. Dies sei nun erörtert anhand der **Beispiele** § 1 Rdn 82–85:

56 *Zu Beispiel § 1 Rdn 82*

Die dort getroffene Feststellung, dass K beschlagnahmefreies Eigentum erworben hat, muss jetzt relativiert werden. Sie trifft nur uneingeschränkt zu, wenn G ein „persönlicher" Gläubiger der RK 5 ist. Die Voreintragung des K ist grundbuchersichtlich. Das Verfahren muss aufgehoben werden. Auch hier empfiehlt es sich, die Wirksamkeit des Aufhebungsbeschlusses auf die Rechtskraft zu ziehen (Rdn 23).

57 Da sich aber ein aus RK 4 betreibender Gläubiger[20] auf die Rückwirkung der Hypothekenhaftung (§ 1 Rdn 87) berufen kann, wirkt seine Beschlagnahme materiell gegen K. Da die Eintragung des K vor der Beschlagnahme erfolgt ist, bedarf es in diesem Fall eines Titels gegen K, den sich der Gläubiger durch Titelumschreibung nach § 727 ZPO verschaffen kann. Zum Zwecke der Titelumschreibung und Zustellung nach § 750 Abs. 2 ZPO ist das Verfahren von Amts wegen unter Fristsetzung einstweilen einzustellen. Nach Vorlage des umgeschriebenen Titels und des Zustellungsnachweises wird das Verfahren ohne besonderen Antrag fortgesetzt. Dem K, der nun „Schuldner" ist, sollte ein formeller Fortsetzungsbeschluss zugestellt werden. Seine Belehrung nach § 30b ZVG ist in jedem Fall erforderlich. Nach der hier vertretenen Auffassung kann in diesem Fall § 26 ZVG (Rdn 58) zugunsten des G (mit der Folge, dass keine neue Klausel benötigt würde) keine Anwendung finden.

58 *Zu Beispiel § 1 Rdn 83*

Der durch § 878 BGB bewirkte Vorrang des K vor dem aus RK 5 betreibenden G kann begrifflich nie grundbuchersichtlich sein. Deshalb wird überwiegend angenommen, es bestehe kein Handlungsbedarf nach § 28 ZVG.[21] Vielmehr habe K sein besseres Recht gegenüber G prozessual (§ 771 ZPO) durchzusetzen und das Vollstreckungsgericht vollziehe (§§ 775, 776 ZPO) lediglich die Entscheidung des Prozessgerichts; allenfalls käme eine einstweilige Einstellung nach § 769 Abs. 2 ZPO in Betracht. Auch hier hat der aus RK 4 betreibende Gläubiger materiell ein besseres Recht als K, der sich gegen die Beschlagnahme zugunsten G nicht nach § 771 ZPO wehren kann. Wegen § 26 ZVG benötigt er auch keinen neuen Titel.[22] E bleibt Schuldner des Verfahrens, das ohne besonderen Fortsetzungsbeschluss weitergeführt wird. Da K vor dem Zwangsversteigerungsvermerk eingetragen wurde, ist er ohne Anmeldung Verfahrensbeteiligter nach § 9 ZVG.

59 *Zu Beispiel § 1 Rdn 84*

Da die Urkunde nach Beschlagnahme beim GBA eingegangen ist, findet § 878 BGB keine Anwendung. K könnte die Beschlagnahme zugunsten des aus RK 5 betreibenden G nur aufgrund seines guten Glaubens überwinden. Dieser gute Glaube des K wird zwar vermutet, kann aber nicht grundbuchersichtlich sein, weshalb Rdn 58 anzuwenden ist.[23]

60 *Zu Beispiel § 1 Rdn 85*

Wegen des Verhältnisses zwischen K und G kann auf die vorstehenden Feststellungen verwiesen werden. Ist B aber ein Gläubiger der RK 5, wäre der Beitrittsbeschluss aufzuheben, da der im Titel aus-

---

20 Ähnliches gilt für Gläubiger der RK 2 und 3, die aber in jedem Fall einen Titel gegen K brauchen. Bei Verwaltungsvollstreckung aus RK 3 würde von Duldungsbescheid gegen K ergehen.
21 Von der neueren Literatur will nur *Eickmann/Böttcher* (ZVG), § 9 IV Nr. 2b, über § 28 ZVG das Verfahren einstweilen einstellen. Dort finden sich auch Hinweise auf die auch hier vertretene Gegenmeinung.
22 Zur Problematik des § 26 ZVG: *Stöber* (ZVG), § 26 Rn 2.
23 Besonders für diesen Fall fordert *Eickmann/Böttcher* (ZVG), § 9 IV Nr. 2b, eine einstweilige Einstellung nach § 28 ZVG, da die Eintragungen (Urkunde/Zwangsversteigerungsvermerk) die Möglichkeit eines gutgläubigen Erwerbs grundbuchersichtlich ausweisen.

gewiesene Schuldner zum Zeitpunkt der Beschlagnahme nicht mehr Eigentümer des Grundstücks war. Ist B Gläubiger der RK 4 benötigt er nach der hier vertretenen Auffassung eine neue Klausel und deren Zustellung (§§ 727, 750 Abs. 2 ZPO). Das Vollstreckungsgericht kann das Verfahren nach § 28 ZVG einstweilen einstellen und ihm aufgeben, diese Klausel beizubringen.

III. Auflassungsvormerkung

Eine eingetragene Auflassungsvormerkung ist **kein der Anordnung** der Zwangsversteigerung **entgegenstehendes Recht**. Wird jedoch nach Beschlagnahme der neue Eigentümer aufgrund einer vor Beschlagnahme eingetragenen Auflassungsvormerkung eingetragen, gilt er nach **§ 883 BGB** als vor der Beschlagnahme eingetragen. Für das Vollstreckungsgericht bedeutet dies: 61

- Wurde der neue Eigentümer zur Überzeugung des Gerichts aufgrund der Vormerkung eingetragen, muss das Verfahren nach § 28 Abs. 1 ZVG aufgehoben werden, wenn es aus RK 5 betrieben wurde. 62
- Bestehen (ausnahmsweise) insoweit Zweifel, wird das Verfahren einstweilen eingestellt und dem neuen Eigentümer eine Frist gesetzt, innerhalb der er die Zustimmung des Gläubigers zur Aufhebung oder eine entsprechende Gerichtsentscheidung (§§ 771, 769 Abs. 1 ZPO) beibringen muss.
- Gläubiger der RK 4 **mit Rang vor** der Auflassungsvormerkung können die Zwangsvollstreckung gegen den neuen Eigentümer fortsetzen. Eine Umschreibung des Titels ist nicht erforderlich, wenn die Beschlagnahme vor der Eintragung der Auflassungsvormerkung erfolgt ist. Das Verfahren wird ohne besonderen Beschluss gegen den Erwerber weitergeführt (§ 26 ZVG).[24] Bisherige Maßnahmen behalten Gültigkeit, insbesondere der Ablauf der Frist des § 30b ZVG (Rdn 29).
  Geht das Recht des Gläubigers der RK 4 der Auflassungsvormerkung nach, ist das Verfahren nach § 28 Abs. 1 ZVG aufzuheben, sobald die Eintragung des neuen Eigentümers erfolgt, da das Recht dem Berechtigten der Auflassungsvormerkung gegenüber nach § 883 Abs. 2 BGB unwirksam ist.
- Wird der neue Eigentümer nicht bis zum Zuschlag eingetragen, muss die Auflassungsvormerkung wie jedes andere eingetragene Recht behandelt werden.[25]

IV. Testamentsvollstreckung

Übersicht: Zwangsversteigerung und Testamentsvollstreckung 63

Zwangsversteigerung bereits angeordnet?							
ja				nein			
nur Leistungstitel gegen Erben	Titel gegen Erblasser			nur Leistungstitel gegen Erben	Titel gegen Erblasser		
	Hatte Zwangsvollstreckung gegen den Erblasser bereits begonnen?				Hatte Zwangsvollstreckung gegen den Erblasser bereits begonnen?		
	ja		nein		ja		nein
Verfahren wird aufgehoben	Verfahren nimmt ohne Titelumschreibung Fortgang		Verfahren wird einstweilen eingestellt zur Titelumschreibung	keine Anordnung möglich	Anordnung ohne Titelumschreibung möglich		Titelumschreibung erforderlich

---

24 BGH v. 25.1.2007 – V ZB 125/05.
25 Hierzu ausführlich *Stöber* (ZVG), § 28 Rn 5.1b und 5.1c.

64 Hatte irgendeine Vollstreckung gegen den Erblasser bereits begonnen, hindert die von ihm angeordnete Testamentsvollstreckung die Anordnung und Weiterführung der Zwangsversteigerung nicht (§ 779 ZPO). Somit ist keine Titelumschreibung erforderlich.

> *Tipp*
> Auch bei angeordneter Testamentsvollstreckung gilt § 779 ZPO.

In allen anderen Fällen bedurfte es eines Titels gegen den Testamentsvollstrecker. Erfolgte die Anordnung (der Beitritt) ohne diesen Titel, gilt Folgendes:

65 Wurde mit einem (nur) gegen den Erben lautenden Titel angeordnet, ist das Verfahren nach § 28 ZVG aufzuheben.[26]

Lautet der Titel gegen den Erblasser, ohne dass die Vollstreckung bereits begonnen hatte, ist das Verfahren einstweilen einzustellen, da eine Umschreibung des Titels nach §§ 727, 749 ZPO erforderlich und möglich ist. Dies gilt für alle RK.

Hinsichtlich des Titels gegen den Testamentsvollstrecker muss unterschieden werden (§ 748 ZPO):

- Verwaltet der Testamentsvollstrecker den gesamten Nachlass, bedarf es eines Leistungstitels (Titel auf Zahlung) gegen ihn. Ein Titel gegen den Erben ist daneben nicht erforderlich. Liegt jedoch gegen den Erben bereits ein Leistungstitel vor, genügt gegen den Testamentsvollstrecker ein Duldungstitel.
- Verwaltet der Testamentsvollstrecker nur einzelne Gegenstände, darunter aber das Grundstück, muss der Erbe auf Zahlung und der Testamentsvollstrecker auf Duldung verurteilt sein.
- Soll wegen eines Pflichtteilsanspruchs vollstreckt werden, ist ein Leistungstitel gegen den Erben und ein Duldungstitel gegen den Testamentsvollstrecker erforderlich.

V. Vor- und Nacherbschaft

66 Gem. § 2115 S. 1 BGB wird die im Wege der Zwangsvollstreckung vorgenommene Veräußerung des Grundstücks nach Eintritt der Nacherbfolge unwirksam, wenn es sich nicht um die Vollstreckung

- einer Nachlassverbindlichkeit (alle RK) oder
- eines gegenüber dem Nacherben wirksamen (z.B. mit seiner Zustimmung eingetragenen) dinglichen Rechtes

handelt (§ 2115 S. 2 BGB).

Der Nacherbe wird durch § 773 ZPO vor einer Vollstreckung geschützt, die er nicht hinnehmen muss. Ergibt sich aus dem Titel, dass es sich um eine Nachlassverbindlichkeit handelt oder der Nacherbe aus sonstigen Gründen die Vollstreckung dulden muss, kann die Anordnung erfolgen. In anderen Fällen wäre dem Gläubiger unter Fristsetzung aufzugeben, einen Duldungstitel gegen den Nacherben oder dessen Zustimmung beizubringen, anderenfalls wird der Antrag zurückgewiesen.[27]

Wurde das Verfahren bereits angeordnet und ergibt sich aus dem Titel, dass es sich um eine Nachlassverbindlichkeit handelt oder der Nacherbe aus sonstigen Gründen die Vollstreckung dulden muss, wird das Verfahren ohne Duldungstitel gegen den Nacherben fortgesetzt.

Anderenfalls erfolgt die einstweilige Einstellung nach § 28 Abs. 2 ZVG. Dem Gläubiger ist unter Fristsetzung aufzugeben, einen Duldungstitel gegen den Nacherben oder dessen Zustimmung beizubringen. Denkbar wäre auch Klage des Nacherben (§§ 773, 771 ZPO) und einstweilige Einstellung durch das Prozessgericht.[28]

All dies gilt auch für die befreite Vorerbschaft.

---

26 *Stöber* (ZVG), § 15 Rn 30.7e.
27 Die Behandlung dieses Falles ist sehr streitig. Hierzu *Stöber* (ZVG), § 15 Rn 30.8 ff.
28 Wegen des Meinungsstreites: *Steiner/Eickmann*, § 28 Rn 37–40 und *Stöber* (ZVG), § 15 Rn 30.8–30.10., § 28 Rn 8.3.

VI. Nachlassverwaltung

Nach Anordnung der Nachlassverwaltung dürfen in das zum Nachlass gehörende Grundstück nur noch Nachlassgläubiger vollstrecken (§ 1984 Abs. 2 BGB). Vollstrecken andere Gläubiger des Erben, kann sich der Verwalter nach § 784 ZPO wehren. Erfolgte die Anordnung (Beitritt) mit einem Titel gegen den (die) Erben vor Anordnung der Nachlassverwaltung, ist das Verfahren nach § 28 Abs. 2 ZVG einstweilen einzustellen, wenn das Vollstreckungsgericht nicht erkennen kann, dass es sich um eine Nachlassverbindlichkeit handelt. Eine Fortsetzung erfolgt nur, wenn der Gläubiger innerhalb der gesetzten Frist die Zustimmung des Verwalters oder einen Duldungstitel gegen diesen beibringt. Der Verwalter kann aber auch nach §§ 771, 769 Abs. 1 ZPO vorgehen. Nach Anordnung der Nachlassverwaltung kann mit einem Titel gegen den Erben die Anordnung (der Beitritt) nur noch erfolgen, wenn der Gläubiger zur Überzeugung des Gerichts Nachlassgläubiger ist.[29]

67

VII. Rechtsnachfolge auf Gläubigerseite

Bei einer **Rechtsnachfolge** – auch Gesamtrechtsnachfolge – auf Gläubigerseite (z.B. Erbfall, Verschmelzung) hat der neue Gläubiger einen auf ihn umgeschriebenen Titel vorzulegen sowie die erforderliche Zustellung nachzuweisen (§ 750 ZPO).

68

Tritt die Rechtsnachfolge erst nach der Anordnung des Verfahrens für diesen Gläubiger ein, hat das Vollstreckungsgericht das Verfahren von Amts wegen gem. § 28 ZVG unter Fristsetzung einstweilen einzustellen, bis Titelumschreibung und Zustellungsnachweis erbracht sind. Eine Titelumschreibung ist jedoch nicht erforderlich, wenn der Gläubiger (lediglich) die einstweilige Einstellung bewilligt oder den Versteigerungsantrag zurücknimmt.[30]

D. Zwangsversteigerung und Insolvenz

I. Insolvenzverfahren als Vollstreckungshindernis

1. Die vollstreckenden Gläubiger

Zur Beantwortung der Frage, ob und wie sich ein Insolvenzverfahren[31] als Vollstreckungshindernis bei der Zwangsvollstreckung in ein Grundstück darstellt, müssen die **Gläubiger** nach der Art ihres Anspruchs wie folgt **unterschieden** werden:

69

a) Insolvenzgläubiger

Sie haben eine bereits bei Eröffnung des Insolvenzverfahren begründete (nicht notwendig fällige) Forderung gegen den Insolvenzschuldner (§ 38 InsO), aber keine Sicherheit; sie fallen daher in RK 5. Für die hier stattfindenden Erörterungen stehen ihnen die nachrangigen Insolvenzgläubiger (§ 39 InsO) gleich.

70

b) Gläubiger mit Absonderungsrecht

Absonderungsberechtigte, also Gläubiger, welche ein Recht auf Befriedigung aus unbeweglichen Gegenständen haben (§ 49 InsO), sind zunächst einmal die Gläubiger der RK 2 bis 4. Aber auch Gläubiger der RK 5 erlangen durch die Beschlagnahme vor Insolvenzeröffnung ein Absonderungsrecht.

71

---

29 *Steiner/Eickmann*, § 28 Rn 43.
30 BGH v. 25.1.2007 – V ZB 47/06.
31 Dargestellt wird nur die seit Inkrafttreten der Insolvenzordnung am 1.1.1999 geltende Rechtslage. Die für Altverfahren noch anwendbaren Vorschriften der KO, VerglO und der GesO bleiben hier unbeachtet.

c) Massegläubiger

72 Massegläubiger (§ 55 InsO) haben einen Anspruch gegen die Insolvenzmasse, der entweder durch das Handeln des Verwalters entstanden ist oder kraft Gesetzes als Masseschuld bestimmt wurde (Rdn 82).

d) Berechtigter einer Zwangshypothek

73 Wegen einiger Besonderheiten wird die Vollstreckung aus einer Zwangshypothek, soweit sie in Zusammenhang mit der Insolvenzeröffnung steht, gesondert behandelt (Rdn 83–85).

2. Beschlagnahme vor Eröffnung

74 Wurde die Beschlagnahme in der Zwangsversteigerung (Zeitpunkt § 1 Rdn 76–78) bereits vor der Eröffnung des Insolvenzverfahrens (Zeitpunkt: § 27 InsO) bewirkt, wird das Verfahren der Insolvenzgläubiger und Gläubiger mit Absonderungsrecht (Rdn 70 und 71) gegen den Insolvenzverwalter **ohne Titelumschreibung** fortgesetzt (arg. § 80 Abs. 2 InsO[32]). Für Gläubiger der RK 2 bis 4 ergeben sich in diesem Fall keine Besonderheiten.

75 Das Absonderungsrecht der Gläubiger RK 5 entfällt jedoch nach § 88 InsO, wenn die Beschlagnahme für diese innerhalb der Monatsfrist[33] (Berechnung § 139 InsO) erfolgt ist. Das Zwangsversteigerungsverfahren muss dann, soweit es von den Gläubigern betrieben wird, nach § 28 Abs. 2 ZVG aufgehoben werden.

3. Beschlagnahme zwischen Sicherung und Eröffnung

76 Auch nach der Anordnung von Sicherungsmaßnahmen (§ 21 InsO) können die Insolvenzgläubiger und Gläubiger mit Absonderungsrecht (Rdn 70 und 71) eine Beschlagnahme bewirken (§ 21 Nr. 2 S. 3 InsO). Für beide gilt jedoch folgende Besonderheit:

Zur Vollstreckung gegen einen vorläufigen Insolvenzverwalter, welchem die Verwaltungs- und Verfügungsbefugnis zusteht,[34] bedarf es eines gegen diesen gerichteten Vollstreckungstitels;[35] ein bereits vorhandener Titel muss umgeschrieben werden (§§ 727, 749 ZPO). Erlässt das Insolvenzgericht kein allgemeines Verfügungsverbot, so richtet sich die Zwangsvollstreckung, selbst wenn ein vorläufiger Insolvenzverwalter bestellt wurde, weiterhin gegen den Schuldner und kann daher aus dem „alten" Titel erfolgen. Für Gläubiger der RK 5 findet § 88 InsO (Rdn 75) Anwendung.

4. Beschlagnahme nach Eröffnung

a) Insolvenzgläubiger

77 Insolvenzgläubiger (Rdn 70) können nach Insolvenzeröffnung nicht mehr vollstrecken (§ 89 InsO, Vollstreckungsverbot).

Ein entsprechender Zwangsversteigerungsantrag ist daher zurückzuweisen. Dies gilt auch für einen Antrag, der vor der Eröffnung gestellt, aber noch nicht entschieden ist.

---

[32] BGH v. 14.4.2005 – V ZB 25/05.

[33] In der auf Antrag des Schuldners eröffneten Verbraucherinsolvenz beträgt die Frist drei Monate (§ 312 Abs. 1 S. 3 InsO).

[34] Erlässt das Insolvenzgericht als vorläufige Sicherungsmaßnahme ein allgemeines Verfügungsverbot gegen den Schuldner (§ 21 Abs. 2 Nr. 2 InsO), so geht die Verwaltungs- und Verfügungsbefugnis über das Vermögen des Schuldners auf den vorläufigen Insolvenzverwalter über (§ 22 Abs. 1 InsO). Die Praxis spricht hier von einem „starken" vorläufigen Insolvenzverwalter. Entsprechend werden Verwalter ohne Verwaltungs- und Verfügungsbefugnis „schwache" vorläufige Insolvenzverwalter genannt.

[35] LG Cottbus v. 20.1.2000 – 7 T 549/99; MüKo-ZPO/*Wolfsteiner*, § 727 Rn 18, 28; *Hintzen*, Rpfleger 1999, 256; *Deimann*, RpflStud. 2005, 145. A.A. *Böttcher* (ZVG), § 28 Rn 20, *Stöber* (ZVG), § 15 Rn 23.1 und LG Halle v. 20.9.2001 – 2 T 151/01; hierzu abl. Anm. *Alff*, Rpfleger 2002, 89.

D. Zwangsversteigerung und Insolvenz §2

78 Wurde für einen Insolvenzgläubiger in Unkenntnis der Eröffnung des Insolvenzverfahrens die Zwangsversteigerung angeordnet oder ein Beitritt zugelassen, muss, sobald das Vollstreckungsgericht Kenntnis von der Insolvenzeröffnung erhält, **Aufhebung** nach § 28 Abs. 2 ZVG erfolgen. Geschieht dies nicht, kann sich der Insolvenzverwalter[36] mit Erinnerung nach § 766 ZPO wehren, über welche im Falle der Nichtabhilfe durch das Vollstreckungsgericht das Insolvenzgericht (§ 89 Abs. 3 InsO) entscheidet. Dieses erklärt die Vollstreckung für unzulässig; das Vollstreckungsgericht vollzieht den Beschluss durch Aufhebung des Verfahrens (§§ 775, 776 ZPO).[37]

Sollte das Grundstück aus der Masse durch den Verwalter freigegeben worden sein, so wäre eine Vollstreckung durch die Insolvenzgläubiger trotzdem nicht zulässig, da sie auch nicht in insolvenzfreies Vermögen vollstrecken dürfen. In diesem Falle läge die Erinnerungsbefugnis (§ 766 ZPO) beim Schuldner, da er hinsichtlich freigegebener Gegenstände das Verwaltungs- und Verfügungsrecht zurückerlangt.

79 Wird auf Antrag einer Wohnungseigentümergemeinschaft wegen einer Forderung der RK 2 (§ 9 Rdn 65 ff.) mit einem Titel gegen den Insolvenzverwalter vollstreckt, bevor der Verkehrswert des Wohnungseigentums festgesetzt ist (und somit die Grenze des § 10 Abs. 1 Nr. 2 S. 3 ZVG nicht bekannt ist), muss zunächst wegen der Gesamtforderung angeordnet werden. Die Wohnungseigentümergemeinschaft wird als absonderungsberechtigte Gläubigerin behandelt. Ergibt sich später, dass diese Grenze überschritten wurde und der Anordnungsbeschluss insoweit wegen § 89 InsO unwirksam ist, da die Wohnungseigentümergemeinschaft wegen des Überschusses nur Insolvenzgläubigerin ist, begrenzt das Vollstreckungsgericht den Anordnungsbeschluss durch Teilaufhebung gem. § 28 Abs. 2 ZVG auf den zulässigen Betrag. Rechtsbehelf wie Rdn 78. Für Hausgeldforderungen, die erst nach der Insolvenzeröffnung fällig wurden, verneint der BGH[38] das Absonderungsrecht und hält lediglich eine Vollstreckung aus RK 5 für zulässig, da die Wohnungseigentümergemeinschaft insoweit Massegläubigerin (Rdn 82) sei.

b) Neugläubiger

80 Dies sind Gläubiger, deren Anspruch erst nach Eröffnung begründet wurde, ohne Massegläubiger (Rdn 72) zu sein. Auch sie können in die Insolvenzmasse nicht vollstrecken (arg. § 91 InsO). Die für Neugläubiger theoretisch bestehende Vollstreckungsmöglichkeit in vom Insolvenzverwalter aus der Masse freigegebenen Grundbesitz dürfte wirtschaftlich ohne Bedeutung sein, da der Insolvenzverwalter wohl kaum für die Masse werthaltige Gegenstände freigeben wird.

c) Absonderungsberechtigte

81 Sie können zwar auch jetzt noch eine Beschlagnahme bewirken, benötigen dafür aber einen **Duldungstitel gegen den Verwalter**, den sie durch Umschreibung (§§ 727, 749 ZPO) eines bereits vorhandenen dinglichen Titels, dingliche Klage (Duldungsklage) gegen den Verwalter oder dessen freiwillige Vollstreckungsunterwerfung[39] erlangen können. Wurde das dingliche Recht erst nach der Eröffnung eingetragen, finden nach § 91 Abs. 2 InsO die §§ 878 und 892 BGB entsprechend Anwendung.

d) Massegläubiger

82 Masseforderungen (Rdn 72) können erstmals nach Eröffnung vorhanden sein. Diese Gläubiger benötigen einen Leistungstitel gegen den Verwalter und können mit diesem die Anordnung der Zwangsversteigerung bewirken. Soweit sie nicht nach § 90 InsO begünstigt sind, darf aber die Zwangsvollstreckung erst nach Ablauf einer Frist von sechs Monaten nach Eröffnung des Verfahrens beginnen (§ 90 Abs. 1 InsO). Ein vorheriger Antrag wäre zurückzuweisen. Wurde dennoch angeordnet oder ein Beitritt zugelassen, hat der Verwalter den unter Rdn 78 genannten Rechtsbehelf. Sobald der Insolvenzverwalter die Masseunzulänglichkeit angezeigt hat, ist die Vollstreckung wegen einer Masseverbindlichkeit nicht mehr möglich (§ 210 InsO).

---

36 Dem Schuldner fehlt die Verwaltungs- und Verfügungsbefugnis bezüglich der Insolvenzmasse (§ 80 InsO).
37 *Stöber* (ZVG), § 15 Rn 23.8.
38 BGH v. 21.7.2011 – IX ZR 120/10.
39 Wegen § 794 Abs. 1 Nr. 5 ZPO ist im Rahmen der Zwangsvollstreckung hier notarielle Beurkundung erforderlich.

5. Vollstreckung aus einer Zwangshypothek

83 Einerseits bewirkt die Zwangshypothek als Grundpfandrecht ein Absonderungsrecht, andererseits ist sie im Vollstreckungswege entstanden und schließlich fehlt noch (§ 1 Rdn 27) der dingliche Titel. Daraus ergeben sich folgende Besonderheiten:[40]

84
- Wurde sie **vor der Frist des § 88 InsO** eingetragen **und** daraus die **Beschlagnahme vor der Eröffnung bewirkt**, wird die Versteigerung ohne Titelumschreibung gegen den Verwalter weitergeführt.
- Wurde sie **innerhalb** der Frist des **§ 88 InsO** eingetragen und die **Beschlagnahme erfolgte vor Eröffnung**, muss das Verfahren nach § 28 Abs. 2 ZVG aufgehoben werden, sonst Rechtsbehelf nach § 89 Abs. 3 InsO (Rdn 78). Die Zwangshypothek wird, entgegen einer früher weit verbreiteten Ansicht, nicht zur Eigentümergrundschuld, sondern absolut unwirksam und erlischt.[41]
- Wurde sie **vor** der Frist des **§ 88 InsO** eingetragen, die **Versteigerung** soll aber **erst nach der Eröffnung** betrieben werden, fehlt es am dinglichen Titel gegen den Verwalter. Ein solcher ist aber erforderlich, da nicht die persönliche Forderung, sondern nur das dingliche Recht vollstreckt wird. Man wird hier dem Gläubiger zugestehen müssen, dass sein persönlicher Titel zusammen mit dem Eintragungsvermerk im Umfang der Eintragung nach §§ 727, 749 ZPO in einen Titel auf Duldung der Zwangsvollstreckung gegen den Verwalter umgeschrieben werden kann. Anderenfalls wäre dingliche Klage erforderlich, welche durch die Rechtsänderung (§ 1 Rdn 27) gerade vermieden werden sollte.

85 Eine Besonderheit bildet die Regelung des § 321 InsO. Danach gewährt im Nachlassinsolvenzverfahren eine nach dem Erbfall – und außerhalb der Rückschlagsperre des § 88 InsO – eingetragene Zwangshypothek dem Gläubiger kein Recht zur abgesonderten Befriedigung nach § 49 InsO. Diese Hypothek wird vielmehr „relativ unwirksam". Nimmt der Insolvenzverwalter das ihm zustehende Recht der Verwertung des belasteten Grundstücks wahr, wird die relative Unwirksamkeit zu einem „endgültigen Zustand". Daraus folgt, dass der Insolvenzverwalter vom Gläubiger der Zwangshypothek deren Löschung verlangen kann. Wird jedoch das belastete Grundstück nicht veräußert, sei es aufgrund Freigabe durch den Insolvenzverwalter wegen übermäßiger Belastung oder weil es aus einem sonstigen Grund unverwertbar ist, so entfällt „ex nunc" die einschränkende Wirkung des § 321 InsO. Eine Löschung kann somit nicht mehr verlangt werden. Ist die Zwangshypothek bereits in Anwendung des § 321 InsO gelöscht, hat der Verwalter ihre berichtigende (§ 894 BGB, § 22 GBO) Wiedereintragung zu veranlassen. Gleiches gilt, wenn das Insolvenzverfahren vorzeitig beendet wird.[42]

II. Einstweilige Einstellung auf Antrag des Insolvenzverwalters

1. Antrag

86 Um zu verhindern, dass durch eine Zwangsversteigerung zur Unzeit ein gleichzeitig durchgeführtes Insolvenzverfahren erheblich behindert wird, sieht § 30d ZVG die Möglichkeit einer einstweiligen Einstellung auf Antrag des Insolvenzverwalters vor.[43] Der Antrag ist nicht an eine Frist gebunden. Eingestellt werden kann ein bereits zur Zeit der Insolvenzeröffnung anhängiges Verfahren wie auch ein auf Antrag eines hierzu Berechtigten nach Eröffnung angeordnetes Verfahren. Die Einstellung kann noch bis zum Zuschlag erfolgen.

---

40 Für die Verwaltungsvollstreckung: *Glotzbach/Goldbach*, Rn 717–722e.
41 BGH v. 19.1.2006 – IX ZR 232/04. So auch *Kayser* in HK-InsO, § 88 Rn 35 ff.
42 *Hess/Weis/Wienberg*, § 321 Rn 15, 16, 17.
43 Auch hier musste eine Beschränkung auf eine Kurzfassung erfolgen. Für Einzelheiten siehe z.B. *Stöber* (ZVG), Anm. zu §§ 30d bis 30f.

D. Zwangsversteigerung und Insolvenz §2

Um das Verfahren wirklich „anzuhalten", muss die **einstweilige Einstellung gegenüber jedem Gläubiger** erfolgen. Somit muss ein neuer Antrag gestellt werden, wenn nach erfolgter einstweiliger Einstellung ein weiterer Gläubiger beitritt oder ein bislang aus anderen Gründen eingestelltes Verfahren fortsetzt. 87

Antragsberechtigt sind: 88

- der Insolvenzverwalter;
- der vorläufige Insolvenzverwalter, unabhängig davon, ob ihm die Verwaltungs- und Verfügungsbefugnis zusteht (§ 30d Abs. 4 ZVG);
- der Schuldner nach Vorlage eines Insolvenzplans (§ 30d Abs. 2 ZVG).

2. Einstellungsgründe und Auflagen

a) Einstellungsgründe

Diese ergeben sich aus § 30d Abs. 1 ZVG. Das Vollstreckungsgericht hat in jedem Fall abzuwägen, ob die einstweilige Einstellung dem Gläubiger unter Berücksichtigung 89

- der ggf. erforderlichen Auflagen (Rdn 91) und
- seiner wirtschaftlichen Lage

zuzumuten ist.

Die Kosten des Einstellungsverfahrens trägt in jedem Fall die Insolvenzmasse, also auch wenn das Verfahren einstweilen eingestellt wird.[44]

b) Einstellung bei vorläufigem Verwalter

Für den Antrag des vorläufigen Verwalters ergeben sich die Gründe aus § 30d Abs. 4 ZVG. Im Ergebnis handelt es sich um eine Verlagerung der Entscheidung nach § 21 Abs. 2 S. 3 InsO aus der Kompetenz des Insolvenzgerichts in jene des Vollstreckungsgerichts. Obwohl unerwähnt, muss auch hier eine Abwägung der Interessen des Insolvenzverfahrens gegen die Belange des betreibenden Gläubigers (wie Rdn 89) erfolgen. 90

c) Auflagen

Die vorgenannten **Einstellungen** haben gem. den in § 30e ZVG genannten Voraussetzungen **unter Zahlungsauflagen** seitens des Insolvenzverwalters an die Gläubiger zu erfolgen. Hierbei müssen die nachgenannten Voraussetzungen für jeden Gläubiger getrennt geprüft und die entsprechenden Auflagen getrennt angeordnet oder auch nicht angeordnet werden. 91

Allgemeine Voraussetzung ist die Prognose des Vollstreckungsgerichts, dass der jeweilige Gläubiger angesichts des Wertes des Grundstücks und seinem Befriedigungsrang **Aussicht auf eine Zuteilung** aus dem Erlös hat (§ 30e Abs. 3 ZVG). 92

> *Tipp*
> Der Gläubiger sollte stets behaupten, mit einer Befriedigung aus dem Versteigerungserlös rechnen zu können, und hinsichtlich des Wertverlustes hohe Zahlungen einfordern.

Trifft dies zu, erhält der Gläubiger nach § 30e ZVG Ausgleichszahlungen für Zinsverluste (Abs. 1)[45] sowie für Wertverlust (Abs. 2) bei Nutzung des Grundstücks für die Insolvenzmasse. Nach der hier vertretenen 93

---

[44] LG Mühlhausen v. 22.10.2001 – 2 T 127/01.
[45] Fraglich ist, ob Säumniszuschläge zinsloser Forderungen der öffentlichen Hand gleichzustellen sind; hierzu *Glotzbach/Goldbach*, Rn 722.

§ 2 Einstweilige Einstellung und Aufhebung

Auffassung sind beim Ausgleich des Zinsverlustes die dinglichen Zinsen maßgeblich.[46] Der Gläubiger muss jene Zinsen erhalten, wegen denen er die dingliche Zwangsvollstreckung betreibt.

3. Aufhebung der einstweiligen Einstellung

94 Systemgerecht[47] kann das einstweilen eingestellte Verfahren nicht von Amts wegen fortgesetzt werden. Es ist immer ein Gläubigerantrag erforderlich, wobei wiederum jeder Gläubiger bezüglich **seines** Verfahrens einen gesonderten Antrag stellen muss. Der Antrag eines Gläubigers wirkt nicht zugleich auch für die anderen.

Dieser Antrag kann (§ 30f ZVG) gestellt werden
- nach Beendigung des Insolvenzverfahrens;
- bei Nichterfüllung der Auflagen;
- mit Zustimmung des Insolvenzverwalters; im Falle des § 30d Abs. 2 ZVG mit Zustimmung des Schuldners;
- bei Wegfall aller Voraussetzungen des § 30d Abs. 1 ZVG.

Zu den letztgenannten Voraussetzungen gehört auch die Zumutbarkeit für den Gläubiger. Die Verschlechterung seiner wirtschaftlichen Verhältnisse kann daher Aufhebungsgrund sein.

95 Hatte bereits der vorläufige Verwalter die Einstellung bewirkt, erfolgt auf Gläubigerantrag die Aufhebung auch nach Rücknahme oder Abweisung des Insolvenzantrags (§ 30f Abs. 2 ZVG).

96 Das Vollstreckungsgericht hört vor der Entscheidung den Insolvenzverwalter, im Falle des § 30d Abs. 2 ZVG den Schuldner, an (§ 30f Abs. 3 ZVG). Der Aufhebungsbeschluss wird dem Verwalter bzw. ausnahmsweise dem Schuldner (ggf. mit Belehrung nach § 30b ZVG) zugestellt, dem Gläubiger formlos übersandt. Zwar wird ein Verfahren nach Beendigung der einstweiligen Einstellung grundsätzlich nur auf fristgebundenen Gläubigerantrag fortgesetzt (§ 31 ZVG). Da hier aber der Antrag auf Aufhebung der einstweiligen Einstellung wegen Wegfalls der Voraussetzungen, wegen Nichterfüllung der Auflagen oder mit Zustimmung des Insolvenzverwalters (bzw. ausnahmsweise des Schuldners) inhaltlich stets den Fortsetzungswillen des Gläubigers zum Ausdruck bringt, muss das Vollstreckungsgericht in diesem Fall das Verfahren fortsetzen, ohne einen gesonderten Fortsetzungsbeschluss zu erlassen. Klarstellend sollte der Umstand der Verfahrensfortsetzung im Aufhebungsbeschluss Erwähnung finden. Die Frist des § 43 Abs. 2 ZVG beginnt mit der Zustellung des Aufhebungsbeschlusses.

97 Auch nach Beendigung des Insolvenzverfahrens oder nach Rücknahme des Insolvenzantrags (Rdn 95) wird ein einstweilen eingestelltes Verfahren nur auf Antrag des Gläubigers fortgesetzt. Das Vollstreckungsgericht hat den Gläubiger über die nach § 31 Abs. 1 und Abs. 2 lit. c ZVG bestehende Einstellungsfrist nach § 31 Abs. 3 ZVG zu belehren. Stellt der Gläubiger nicht fristgerecht einen entsprechenden Antrag, wird das Verfahren nach Ablauf von sechs Monaten ab Zustellung der Belehrung aufgehoben. Streng formal könnte verlangt werden, dass der Gläubiger die Aufhebung der Einstellung (§ 30f ZVG) und die Fortsetzung (§ 31 ZVG) beantragen muss. Entsprechend den Ausführungen zu Rdn 96 wird man jedoch sowohl das eine (Antrag auf Aufhebung) als auch das andere (Antrag auf Fortsetzung) genügen lassen, da beide Handlungen den Willen des Gläubigers, das Verfahren fortsetzen zu wollen, hinreichend zum Ausdruck bringen.

---

[46] A.A. LG Göttingen v. 27.1.2000 – 10 T 1/00; hierzu abl. Anm. *Alff*, Rpfleger 2000, 228 sowie LG Stade v. 19.3.2002 – 7 T 47/02.

[47] Das Zwangsversteigerungsverfahren kennt im Grunde nur zwei Fälle einer Fortsetzung von Amts wegen: § 28 ZVG, nach (nachgewiesener) Behebung des Mangels und § 769 Abs. 2 ZPO mit Fristablauf ohne vorherige prozessgerichtliche Einstellung.

Ein Fortsetzungsbeschluss ist erforderlich, der dem Schuldner zuzustellen ist. Falls für diesen die Frist für eine einstweilige Einstellung (Rdn 29) noch nicht abgelaufen ist, muss eine Belehrung nach § 30b ZVG erfolgen.

Tipp
Der Gläubiger sollte mit dem Antrag auf Aufhebung der einstweiligen Einstellung stets vorsorglich ausdrücklich die Fortsetzung des Verfahrens beantragen.

E. Rechtsbehelfe bei einstweiliger Einstellung und Aufhebung

Betrifft die Entscheidung des Vollstreckungsgerichts die **einstweilige Einstellung, Aufhebung** oder **Fortsetzung** des Verfahrens, ist sie separat anfechtbar (§ 95 ZVG). Soweit ein Antrag erforderlich war, ist die Entscheidung dem Antragsteller gegenüber nicht nur „Maßnahme" und deshalb von ihm mit sofortiger Beschwerde anfechtbar (Rechtsbehelfsbelehrung erforderlich), während sich der Antragsgegner, falls er nicht angehört wurde, mit Erinnerung nach § 766 ZPO wehren kann. Diesen Rechtsbehelf haben Gläubiger und Schuldner, wenn das Vollstreckungsgericht von Amts wegen ohne Anhörung entschieden hat. 98

F. Kosten bei einstweiliger Einstellung und Aufhebung

I. Kosten des Gerichts

Die vorgenannten Einstellungsverfahren lösen keine eigene Gerichtsgebühr aus, auch nicht das Verfahren nach § 765a ZPO (Vorbemerkung 2.2. KVGKG). 99

Für die Beschwerde, wenn verworfen oder zurückgewiesen: § 765a ZPO = Festgebühr 100,00 EUR (Vorbemerkung 2.2. KVGKG, Nr. 2240 KVGKG), andere Verfahren: eine volle Gebühr (Nr. 2241 KVGKG).

Welche Gerichtskosten (ohne die Kosten für Anordnung und Beitritt (§ 1 Rdn 67 ff.)) im Rahmen eines Zwangsversteigerungsverfahrens, welches **ohne Zuschlagserteilung** endet, anfallen, hängt vom Zeitpunkt der Verfahrensbeendigung ab. Denkbar sind: 100
- die Verfahrensgebühr (§ 3 Rdn 128); sie fällt bereits mit der Hinausgabe des Anordnungsbeschlusses an den Gläubiger an und ermäßigt sich auf die Hälfte (Nr. 2212 KVGKG), wenn das Verfahren vor Ablauf des Tages endet, an welchem der Rechtspfleger die Verfügung mit der Bestimmung des ersten Versteigerungstermins unterschreibt;
- die Terminsgebühr (§ 3 Rdn 128), wenn in einem Versteigerungstermin zur Abgabe von Geboten aufgefordert war und dieser Termin anders als durch Versagung des Zuschlags aus in den §§ 74a, 85a ZVG genannten Gründen endete;
- die Auslagen (§ 3 Rdn 129).

II. Rechtsanwaltskosten

Der Rechtsanwalt erhält für seine Tätigkeit im Verfahren über die einstweilige Einstellung (oder Beschränkung) der Zwangsversteigerung eine weitere Verfahrensgebühr von $^{4}/_{10}$ der vollen Gebühr (Nr. 3311 Ziff. 6 VVRVG). Auch für diese Gebühr richtet sich der Gegenstandswert nach § 26 Nr. 1 oder 2 RVG. Dazu § 1 Rdn 71 und 73. 101

§ 3 Verfahren bis zum Versteigerungstermin

A. Was jetzt zu erledigen ist

Nach Zustellung des Anordnungsbeschlusses ist es allgemein üblich, zunächst einmal die dem Schuldner in § 30b ZVG gewährte Frist für einen Antrag nach § 30a ZVG verstreichen zu lassen, bis weitere Maßnahmen getroffen werden. Wie sich aus § 30b Abs. 4 ZVG ergibt, ist dies zwar nicht zwingend notwendig, aber wohl ratsam, wenn schutzwürdige Belange des Schuldners beeinträchtigt werden könnten.[1] Im Übrigen könnte sofort mit der Vorbereitung des Versteigerungstermins begonnen werden. Versucht der Schuldner durch immer neue Eingaben die Versteigerung zu verzögern, könnte zumindest nach der Ablehnung des Vollstreckungsschutzes bereits die Wertfestsetzung eingeleitet werden.

Das Vollstreckungsgericht muss jetzt – und zwar in dieser Reihenfolge –

1. den **Grundstückswert** (Verkehrswert) ermitteln und **festsetzen**,
2. den **Versteigerungstermin bestimmen** und bekannt machen und
3. den **Versteigerungstermin vorbereiten**.

Als weitere vorbereitende Handlung empfiehlt es sich, parallel zur Ermittlung des Grundstückswerts bei der zuständigen Stelle einen Auszug aus dem Baulastverzeichnis anzufordern. Bei einer Baulast handelt es sich um eine öffentlich-rechtliche Verpflichtung des Grundstückeigentümers, etwas zu tun, zu dulden oder zu unterlassen. In manchen Bundesländern kann diese Verpflichtung in ein kommunales, von der Bauaufsichtsbehörde geführtes Verzeichnis (Baulastverzeichnis) eingetragen werden.

Die vorgenannten Maßnahmen dürfen nur ergriffen werden, wenn das Verfahren nicht insgesamt einstweilen eingestellt ist.

Sind mehrere Gläubiger vorhanden, ist es ausreichend, dass das Verfahren gegenüber wenigstens einem von ihnen nicht einstweilen eingestellt ist. Da jeder Gläubiger sein eigenes Verfahren hat (§ 27 Abs. 2 ZVG), muss es sich dabei weder um den zeitlich Ersten (also den Anordnungsgläubiger) noch um jenen mit dem besten Rang handeln.

B. Wertfestsetzung

I. Allgemeines

Gem. § 74a Abs. 5 ZVG hat das Vollstreckungsgericht den Grundstückswert (**Verkehrswert**) festzusetzen. Im ZVG findet sich keine **Definition** des Verkehrswerts eines Grundstücks, wohl aber in § 194 BauGB:

> *„Der Verkehrswert (Marktwert) wird durch den Preis bestimmt, der in dem Zeitpunkt, auf den sich die Ermittlung bezieht, im gewöhnlichen Geschäftsverkehr nach den rechtlichen Gegebenheiten und tatsächlichen Eigenschaften, der sonstigen Beschaffenheit und der Lage des Grundstücks oder des sonstigen Gegenstands der Wertermittlung ohne Rücksicht auf ungewöhnliche oder persönliche Verhältnisse zu erzielen wäre."*

Diese Wertfestsetzung **wird benötigt** für

- die Festlegung der Höhe der regelmäßigen Sicherheit (§ 4 Rdn 78),
- die Berechnung der Wertgrenzen im Rahmen der Entscheidung über den Zuschlag nach §§ 74a und 85a ZVG (§ 5 Rdn 15 ff.),
- die Verteilung von Grundpfandrechten nach § 64 ZVG (§ 12 Rdn 1 ff.),

---

[1] BGH v. 19.2.2009 – V ZB 118/08.

- die Bildung von Einzelmassen nach § 112 ZVG (§ 14 Rdn 1 ff.) und
- die Kostenberechnung (Rdn 118 ff.).

Daneben stellt sie eine wichtige Orientierung für die Beteiligten und Bietinteressierten dar.

II. Vorüberlegung

7 Der Wertfestsetzung geht „nötigenfalls" (§ 74a Abs. 5 S. 1 ZVG) die Anhörung eines Sachverständigen voraus.

Obwohl dessen Tätigkeit einen erheblichen Teil der entstehenden Gerichtskosten verursacht, ist ein Gutachten über den Grundstückswert stets notwendig, wenn der mutmaßliche Wert des Grundstücks einen solchen Aufwand rechtfertigt und nicht anderweitig eine gesicherte Erkenntnis erlangt werden kann. Landesrechtlich kann eine Begutachtung ohne Rücksicht auf den Wert zwingend vorgeschrieben sein.

Das Vollstreckungsgericht wird demnach zunächst folgende Überlegungen anstellen:
- Ist eine Begutachtung landesrechtlich zwingend vorgeschrieben?
- Sind bereits irgendwo Unterlagen über den Wert des Grundstücks vorhanden? In Betracht kommen etwa die Akten eines zeitnahen früheren Versteigerungsverfahrens und die Akten des Insolvenzverwalters.
- Kann ich mir leicht einen Überblick über den Wert verschaffen, z.B. durch eine „Richtwert-Auskunft" der Geschäftsstelle des Gutachterausschusses?[2]
- Lohnt der mutmaßliche Grundstückswert ein formelles Gutachten?
- Falls parallel eine Zwangsverwaltung läuft, können (besonders bei kleineren Eigentumswohnungen) evtl. die Angaben des Zwangsverwalters zusammen mit den Richtwerten ein Gutachten überflüssig machen.[3]

III. Verfahren bis zum Gutachten

8 Das Vollstreckungsgericht wählt den Sachverständigen aus. Es greift dabei in der Regel auf einen amtlich zugelassenen oder allgemein vereidigten Sachverständigen für Grundstücke zurück. Meist existiert bei den Amtsgerichten eine Liste von Sachverständigen, die für eine Wertermittlung zur Verfügung stehen. Keinesfalls sollte sich das Vollstreckungsgericht jedoch von einem einzigen Sachverständigen abhängig machen.

9 Soweit das Landesrecht dies nicht ausdrücklich vorschreibt, ist es nicht ratsam, als Sachverständigen stets den Gutachterausschuss (§ 192 BauGB) zu ernennen.[4]

10 Die Ernennung des Sachverständigen erfolgt nach den Regeln der §§ 402 ff. ZPO. Gläubiger und Schuldner haben ein **Ablehnungsrecht** (§ 406 ZPO), weshalb es ratsam ist, (alle) Gläubiger und den Schuldner, nicht aber die übrigen Beteiligten, von der Auswahl des Sachverständigen zu verständigen.

11 Das Vollstreckungsgericht sollte einen angemessenen **Auslagenvorschuss** (§ 17 Abs. 3 GKG) bei einem Gläubiger erheben. Da die Festsetzung des Verkehrswerts von Amt wegen zu erfolgen hat, kann die Beauftragung des Sachverständigen jedoch nicht von der Einzahlung des Auslagenvorschusses abhängig gemacht werden.

---

2 Bei allen Stadt- und Kreisverwaltungen befinden sich Gutachterausschüsse, die aus einer Sammlung von Kaufurkunden einen Richtwert berechnen können.
3 BGH v. 2.7.2004 – V ZR 213/03.
4 Es kann fraglich sein, ob Gutachterausschüsse überhaupt Sachverständige i.S.d. ZPO sein können. Hierzu OLG Düsseldorf v. 16.2.1968 – 7 U 166/67 sowie LG Berlin NJW 1964, 672.

B. Wertfestsetzung §3

Das **Vollstreckungsgericht ernennt (bestellt) den Sachverständigen** durch Beschluss. Dieser Beschluss wird dem Sachverständigen, dem Schuldner sowie allen Gläubigern, deren Verfahren nicht einstweilen eingestellt ist, formlos zugeleitet. Soweit vorhanden, sollte auch dem Zwangsverwalter und dem Insolvenzverwalter unbedingt eine Abschrift zugeleitet werden. Eine Anfechtung der Ernennung findet nicht statt, da es sich „lediglich" um eine verfahrensleitende Maßnahme handelt.[5]

Dem Sachverständigen ist aufgeben (§ 411 Abs. 1 ZPO), bis wann er das schriftliche Gutachten dem Vollstreckungsgericht zu übermitteln hat.

Der Wert der mitzuversteigernden beweglichen Gegenstände des Haftungsverbandes (§ 1 Rdn 90 ff.) ist von dem Vollstreckungsgericht frei zu schätzen (§ 74a Abs. 5 S. 2 ZVG). Dem Sachverständigen sollte daher aufgeben werden, festzustellen, ob solche Gegenstände vorhanden sind, ggf. diese Gegenstände aufzulisten und für jeden Gegenstand einen Wertvorschlag zu machen.

Der Sachverständige sollte vom Vollstreckungsgericht, wenigstens bei seiner ersten Ernennung, ein Merkblatt erhalten, in welchem die Besonderheiten der Bewertung zum Zwecke der Zwangsversteigerung erklärt sind.[6]

Es ist üblich und sinnvoll, dass der Sachverständige Fotos vom Versteigerungsobjekt beifügt. Abhängig von der Zahl der Gläubiger sollte das Gutachten mit einigen Mehrfertigungen eingereicht werden. Der Sachverständige soll auch nach Möglichkeit einen Aufteilungsplan der Wohnräume fertigen, was später für die Bietinteressierten sehr wichtig ist.

Der Sachverständige wird dem Schuldner mitteilen, wann die **Ortsbesichtigung** stattfinden soll. Dieser ist nicht verpflichtet, dem Sachverständigen das Betreten des Grundstücks zu gestatten.[7] In diesem Fall muss der Sachverständige die Bewertung nach dem äußeren Eindruck sowie den Plänen des Bauamtes unter Berücksichtigung der allgemeinen Bewertungskriterien (Lage, Grundstücksmarkt etc.) vornehmen.[8] Dass hierbei wahrscheinlich wegen der nicht stattgefundenen Innenbesichtigung ein erheblicher Abschlag erfolgen wird, hat der Schuldner hinzunehmen.[9]

Das Vollstreckungsgericht kann sich der Ortsbesichtigung anschließen. Aber auch ihm muss der Schuldner das Betreten nicht gestatten. Es kann erforderlichenfalls auch einen Ortstermin bestimmen.

Der Verkehrswert eines Grundstücks wird nach der sog. „Immobilienwertermittlungsverordnung" bestimmt. Danach gibt es drei Verfahren für die Ermittlung des Verkehrswerts, das **Vergleichswertverfahren**, das **Ertragswertverfahren** und das **Sachwertverfahren**. Das ZVG schreibt eine bestimmte Berechnungsmethode nicht vor. Der Sachverständige wählt das zutreffende Verfahren je nach Lage des Einzelfalls. Das Sachwertverfahren findet in der Regel bei eigengenutzten, bebauten Grundstücken (z.B. Einfamilienhäusern) Anwendung, das Ertragswertverfahren bei bebauten Grundstücken, die auf Erträge ausgerichtet sind (z.B. Mietshäuser, gewerbliche Objekte usw.), das Vergleichswertverfahren bei Grundstücken mit sozialen Mietverhältnissen.

Auf die Einzelheiten der Verkehrswertermittlung kann in diesem Buch nicht eingegangen werden. Insoweit wird auf die Spezialliteratur verwiesen.

Der Sachverständige muss wissen, dass er beim Vollstreckungsgericht gem. JVEG entschädigt wird und damit ein Honorar für seine Leistung und Ersatz seiner Aufwendungen erhält (§ 8 Abs. 1 JVEG). Das Honorar bemisst sich nach dem Zeitaufwand (§ 9 Abs. 1 JVEG). Der Stundensatz berechnet sich (§ 9 JVEG

---

5 *Stöber* (ZVG), § 74a Rn 10.9.
6 Stichwortartig sei erwähnt: Einzelbewertung bei mehreren Grundstücken! Wirtschaftliche Einheit? Eingetragene Belastungen bleiben außer Ansatz! Eintrag im Baulastverzeichnis? Wenn möglich, die Namen der Bewohner (Mieter, Eigentümer) feststellen!
7 Der Gesetzgeber sollte sich dazu entschließen, durch eine Rechtsänderung § 197 BauGB für anwendbar zu erklären.
8 Soweit vorhanden, können der Zwangsverwalter oder der Insolvenzverwalter mit Informationen weiterhelfen.
9 Hierzu LG Göttingen v. 13.1.1998 – 10 T 4/98.

mit Anlage 1) nach der Honorargruppe 6 und beläuft sich damit auf 90,00 EUR, falls nicht eine Vereinbarung nach § 14 JVEG getroffen ist.

19 Der Sachverständige haftet – auch dem Ersteher gegenüber[10] – für Vorsatz oder grobe Fahrlässigkeit bei der Erstellung des Gutachtens (§ 839a BGB). Maßgebend ist dabei allerdings nicht der Sorgfaltsmaßstab eines Bauschadensachverständigen, sondern der eines Verkehrswertgutachters.[11] Der Gutachterausschuss haftet auch für normale Fahrlässigkeit.[12]

IV. Entscheidung

20 Vereinzelt verzichten Rechtspfleger des Vollstreckungsgerichts darauf, das ihnen vom Sachverständigen vorgelegte Gutachten eingehend zu prüfen, und übernehmen nur den am Schluss festgestellten Wert in das gerichtliche Anhörungsverfahren. Sachdienlich ist dies aber nicht. Vielmehr soll der Rechtspfleger das Gutachten genau lesen, um sich, zusammen mit den ihm sonst noch vorliegenden Erkenntnissen, darüber schlüssig zu werden, ob er sich nach freier Würdigung des Gutachtens dem Wertvorschlag anschließen will. Ergeben sich Zweifel, soll er diese ausräumen, bevor er die Beteiligten hört.

21 Besteht ein ernstzunehmender Altlastverdacht, muss das Vollstreckungsgericht diesem Verdachtsmoment nachgehen und hierbei alle in Betracht kommenden Erkenntnisquellen nutzen. Ein Bodengutachten kann erforderlich werden, wenn die Kosten in einem angemessenen Verhältnis zu den mutmaßlichen Auswirkungen auf den Verkehrswert stehen.[13]

22 Erst dann soll er die notwendige **Anhörung** vornehmen. Angehört werden alle Beteiligten (§ 9 ZVG), also
- die **Gläubiger** (auch jene, deren Verfahren derzeit einstweilen eingestellt ist); zum Gläubigerbegriff i.S.d. § 9 ZVG siehe Rdn 60;
- der **Schuldner**;
- die **Berechtigten der Rechte in der zweiten und dritten Abteilung des Grundbuchs**; diese erfahren jetzt erstmals offiziell von der Anordnung der Zwangsversteigerung;
- die in § 9 Nr. 2 ZVG genannten Personen, sofern sie ihr Recht bei dem Vollstreckungsgericht anmelden und auf Verlangen des Gerichts[14] oder eines Beteiligten glaubhaft machen.

Nach Eröffnung des Insolvenzverfahrens ist der Schuldner nicht mehr „beteiligt" i.S.d. § 9 ZVG.[15] Dementsprechend ist eine sofortige Beschwerde des Schuldners gegen die Verkehrswertfestsetzung in diesem Fall unzulässig.[16]

23 Den Beteiligten wird das Ergebnis der Schätzung und auch die evtl. geplante Abweichung von dieser Bewertung unter Angabe der hierfür maßgebenden Gründe mitgeteilt. Die Beteiligten haben einen Anspruch (§ 299 Abs. 1 ZPO) auf eine Abschrift des Gutachtens, müssen aber die hierfür anfallenden Schreibauslagen (Nr. 9000 KVGKG) erstatten. Ansonsten können sie kostenlos die Akten einsehen (§ 42 ZVG). Wer, ohne am Verfahren beteiligt zu sein, Akteneinsicht nach § 42 ZVG nimmt, kann sich zwar Aufzeichnungen und Abschriften selbst herstellen, hat aber keinen Anspruch auf Ablichtungen durch das Vollstreckungsgericht.[17]

---

10 Hierzu BGH v. 9.3.2006 – III ZR 143/05, Rpfleger 2006, 3551 m. Anm. *Alff*, der die Entscheidung des BGH im Ergebnis begrüßt, jedoch bezweifelt, ob § 839a BGB eine ausreichende Rechtsgrundlage hierfür bietet.
11 BGH v. 10.10.2013 – III ZR 345/12.
12 BGH v. 6.2.2003 – III ZR 44/02.
13 BGH v. 18.5.2006 – V ZB 142/05.
14 Ob das Vollstreckungsgericht eine Glaubhaftmachung verlangt, seht in seinem pflichtgemäßen Ermessen (BGH v. 6.6.2013 – V ZB 7/12).
15 LG Lübeck v. 10.11.2003 – 3 T 469/03; so auch *Böttcher* (ZVG), § 9 Rn 6 m.w.N.
16 BGH v. 19.6.2008 – V ZB 129/07.
17 LG Berlin v. 14.12.2005 – 81 T 1056/05.

Werden Einwendungen erhoben, kann das Vollstreckungsgericht nach freiem Ermessen entscheiden, ob und welche Erkenntnisse es noch benötigt. In Betracht kommt z.B. eine Rückfrage beim Sachverständigen oder eine gerichtliche Ortsbesichtigung. Die Einwendungen eines Beteiligten sollen auch den übrigen Beteiligten zur Stellungnahme zugeleitet werden. Soweit das Vollstreckungsgericht neue Erkenntnisse gewonnen hat, sollen diese (mit kurzer Frist zur Stellungnahme) zumindest demjenigen mitgeteilt werden, der Einwendungen erhoben hat. 24

Sodann setzt das Vollstreckungsgericht den Grundstückswert durch Beschluss fest. 25

Den Wert bestehen bleibender Rechte, insbesondere jener der zweiten Abteilung, darf es hierbei nicht in Abzug bringen, auch nicht in Form einer „alternativen Wertfestsetzung".[18] Die gegenteilige Auffassung des LG Heilbronn[19] ist abzulehnen. 26

Jeder Wert der einzelnen mitzuversteigernden beweglichen Gegenstände des Haftungsverbandes (§ 1 Rdn 90 ff.) ist getrennt festzusetzen (§ 74a Abs. 5 S. 2 ZVG). Nur dann ist eine einfache Korrektur des Wertes möglich, wenn später solche Gegenstände vorzeitig ausscheiden. Einen weiteren Grund für diese Verfahrensweise liefert ein eröffnetes Insolvenzverfahren (hierzu § 2 Rdn 77). 27

Der Beschluss ist zu begründen, insbesondere, wenn Einwendungen erhoben worden sind. Die Begründung soll erkennen lassen, dass sich das Vollstreckungsgericht mit dem Gutachten und den Einwendungen auseinandergesetzt und nicht einfach nur den Wert aus dem Gutachten übernommen hat. 28

Der Beschluss ist allen Beteiligten förmlich zuzustellen. Er ist von diesen mit sofortiger Beschwerde anfechtbar und muss deshalb eine Rechtsbehelfsbelehrung enthalten (§ 232 ZPO). 29

Der Schuldner kann die sofortige Beschwerde grundsätzlich auch mit dem Ziel einer Herabsetzung des Verkehrswertes einlegen, wenn daran im Einzelfall ein Rechtsschutzinteresse besteht.[20] Das LG Lüneburg[21] hat seine begrüßenswerte Ansicht, wonach es bei einer sofortigen Beschwerde des Schuldners am Rechtsschutzbedürfnis mangelt, wenn er dem Sachverständigen den Zutritt zum Versteigerungsobjekt verweigert hat, leider zwischenzeitlich wieder aufgegeben.[22] Auch der BGH lässt im Falle einer Zutrittsverweigerung die sofortige Beschwerde des Schuldners nicht am Rechtsschutzbedürfnis scheitern.[23] 30

Nach fruchtlosem Ablauf der Beschwerdefrist ist der Beschluss den bisher bekannten Beteiligten gegenüber formell rechtskräftig. Später hinzukommende Beteiligte können ihn aber noch anfechten. Der **Beschluss erwächst nicht in materielle Rechtskraft**; das Vollstreckungsgericht kann ihn daher von Amts wegen oder auf Anregung eines Beteiligten jederzeit ändern, wenn **neue Tatsachen** eine Anpassung erfordern, die durch eine Beschwerde gegen die Wertfestsetzung nicht mehr geltend gemacht werden konnten.[24] Dies gilt sowohl für neu hinzukommende Gründe (Beschädigungen, Reparaturen) als auch für bereits vorhandene Mängel (und Verbesserungen), die erst nachträglich bekannt wurden. Der Beschluss über die neue Festsetzung muss die Gründe erkennen lassen und ist wieder allen Beteiligten zuzustellen. Er ist ebenfalls mit sofortiger Beschwerde anfechtbar, falls noch kein Zuschlag erteilt wurde.[25] 31

Die Wertfestsetzung gilt grundsätzlich für das gesamte Verfahren, auch wenn mehrere Versteigerungstermine stattfinden. Allerdings sollte das Vollstreckungsgericht bei gegebenem Anlass und nach einiger Zeit (ca. zwei Jahre) den festgesetzten Wert überprüfen und bei einer wesentlichen Veränderung des Ver- 32

---

18 *Alff*, Rpfleger 2003, 113.
19 LG Heilbronn v. 10.5.2004 – 1 T 160/04; hierzu abl. Anm. *Hintzen*, Rpfleger 2004, 513.
20 BGH v. 27.2.2004 – IXa ZB 185/03.
21 LG Lüneburg v. 5.7.2007 – 4 T 92/07.
22 LG Lüneburg v. 16.7.2012 – 4 T 12/12.
23 BGH v. 7.12.2017 – V ZB 86/16.
24 BGH v. 7.12.2017 – V ZB 109/17.
25 LG Rostock v. 9.10.2002 – 2 T 272/02.

kehrswerts neu festsetzen.[26] Bei einer Neufestsetzung des Verkehrswerts ist darauf zu achten, dass der geänderte Wert rechtzeitig vor dem Versteigerungstermin bekannt zu machen ist (§ 43 Abs. 1 ZVG; Rdn 39).[27]

Sind die Zuschlagsgrenzen der §§ 74a, 85a ZVG inzwischen entfallen (§ 5 Rdn 15 f., 22), besteht kein Rechtsschutzinteresse mehr für eine solche Anpassung an die veränderten Umstände.[28] Allerdings ist diese objektiv nicht mehr zutreffende Wertfestsetzung bei der Berechnung der „fiktiven Befriedigung" (§ 114a ZVG) nicht mehr bindend.[29]

C. Bestimmung des Versteigerungstermins

I. Voraussetzungen und Terminstag

33 Den Zeitrahmen für die Bestimmung des Versteigerungstermins steckt das ZVG nur durch die (für die Praxis bedeutungslosen) §§ 30b Abs. 4 und 36 Abs. 2 ZVG ab. Insbesondere ist nicht bestimmt, dass die Rechtskraft des Beschlusses über die Wertfestsetzung abgewartet werden muss. Die zahlreichen und sich widersprechenden Ausführungen hierzu in der Literatur lassen erkennen, dass es nur eine am Einzelfall orientierte pragmatische Lösung geben kann. Wenn nach Sachlage kaum eine Beschwerde zu erwarten ist, könnte man (um Arbeit und Kosten zu sparen) die Terminsbestimmung zusammen mit dem Wertfestsetzungsbeschluss zustellen. Hatte sich das Vollstreckungsgericht über Einwendungen hinweggesetzt, wird man besser die Rechtskraft des Wertfestsetzungsbeschlusses abwarten. Im Übrigen kann wegen Rdn 39 ohnehin der Termin nicht alsbald stattfinden, so dass ein zügig arbeitendes LG stets in der Lage wäre, vor dem Termin über eine evtl. Beschwerde zu entscheiden.

34 Jetzt muss das Vollstreckungsgericht noch einmal prüfen, ob die in Rdn 4 genannten Voraussetzungen immer noch vorliegen. Anderenfalls darf kein Termin bestimmt werden.

35 Bei der Terminsbestimmung ist zu beachten, dass zwischen Zustellung der Terminsbestimmung und dem Versteigerungstermin **zwei Fristen** (§ 43 Abs. 2 ZVG) gewahrt sein müssen, nämlich:

1. Allen Beteiligten i.S.d. § 9 ZVG muss die **Terminsbestimmung mindestens vier Wochen vor dem Termin zugestellt** sein. Dies gilt für den Schuldner, alle Gläubiger (auch diejenigen, deren Verfahren einstweilen eingestellt ist) und alle jetzt schon bekannten sonstigen Beteiligten.
2. Dem **Schuldner** muss innerhalb der gleichen Frist zumindest ein **Beschluss zugestellt** sein, „**aufgrund dessen die Versteigerung erfolgen kann**". Dies ist ein Anordnungs-, Beitritts- oder Fortsetzungsbeschluss.

36 Wegen der unter Rdn 39 dargestellten Notwendigkeiten wird die unter **Nr. 1** genannte Frist in der Praxis kaum Probleme machen.

Dagegen kann die Einhaltung der unter **Nr. 2** genannten Beschlusszustellungsfrist Schwierigkeiten bereiten. Fällt etwa ein Gläubiger, für den diese Frist bei Terminsbestimmung gewahrt war, nachträglich weg (z.B. durch Verfahrensaufhebung nach Antragsrücknahme), so kann der bereits bestimmte Versteigerungstermin nur gehalten werden, wenn (zwischenzeitlich) ein weiterer Gläubiger vorhanden ist, für den die Beschlusszustellungsfrist erfüllt ist.

---

[26] In einem sehr ärgerlichen Fall war das Grundstück zutreffend als Bauland bewertet. Nach zwei Jahren hatte die Gemeinde den damaligen Bebauungsplan geändert. Jetzt konnte keine Bebauung mehr erfolgen. Dem Vollstreckungsgericht und den Beteiligten ist dies nicht rechtzeitig bekannt geworden.
[27] BGH v. 19.6.2008 – V ZB 129/07.
[28] BGH v. 10.10.2003 – IXa ZB 128/03 und BGH v. 14.4.2005 – V ZB 9/05.
[29] BGH v. 27.2.2004 – IXa ZB 298/03.

Es ist nämlich für die Durchführung des Versteigerungstermins genügend, dass **irgendein Gläubige**r die Voraussetzung des § 43 Abs. 2 ZVG erfüllt. Dies muss nicht der gleiche Gläubiger sein, für den der Termin ursprünglich bestimmt worden ist.

Für Gläubiger, für welche die Beschlusszustellungsfrist nicht gewahrt ist, **wird der Versteigerungstermin nicht gehalten**. Man sagt auch, für diese findet der Versteigerungstermin nicht statt.

Bei Verstoß gegen die in § 43 Abs. 2 ZVG genannten Zustellungsfristen ist Heilung durch Genehmigung des Betroffenen möglich (§ 43 Abs. 2 letzter Hs. ZVG).

Beispiel 37

Anmerkung: Bei den angegebenen Daten handelt es sich jeweils um das Datum der **Zustellung** des entsprechenden Beschlusses an den Schuldner.

Gläubiger A   Anordnung am 12.3.
              Einstellung (§ 30 ZVG) am 5.4.
Gläubiger B   Beitritt am 23.3.
Gläubiger C   Beitritt am 30.3.
              Einstellung (§ 30 ZVG) am 18.4.

Am 27.4. bestimmt das Vollstreckungsgericht Versteigerungstermin auf 29.6. Dies war möglich, weil das Verfahren für Gläubiger B nicht einstweilen eingestellt ist. Allein für A und C hätte kein Versteigerungstermin bestimmt werden dürfen (Rdn 35 und 36).

Weiterführung Sachverhalt (Veränderungen in Fettdruck):

Gläubiger A   Anordnung am 12.3.
              Einstellung (§ 30 ZVG) am 5.4.
              Fortsetzung am 3.5.
Gläubiger B   Beitritt am 23.3.
              Einstellung (§ 30 ZVG) am 4.5.
Gläubiger C   Beitritt am 30.3.
              Einstellung (§ 30 ZVG) am 18.4.

Ohne die Fortsetzung durch Gläubiger A hätte das Vollstreckungsgericht nach der Einstellung für B den Versteigerungstermin vom 29.6. aufheben müssen. So aber kann es ihn bestehen lassen.

Weiterführung Sachverhalt (Veränderungen in Fettdruck):

Gläubiger A   Anordnung am 12.3.
              Einstellung (§ 30 ZVG) am 5.4.
              Fortsetzung am 3.5.
              Einstellung (§ 30 ZVG) am 20.6.
Gläubiger B   Beitritt am 23.3.
              Einstellung (§ 30 ZVG) am 4.5.
Gläubiger C   Beitritt am 30.3.
              Einstellung (§ 30 ZVG) am 18.4.
              Fortsetzung am 19.6.

Jetzt muss der Versteigerungstermin aufgehoben werden, obwohl C das Verfahren betreibt. Sein Fortsetzungsbeschluss ist jedoch nicht innerhalb der Frist des § 43 Abs. 2 ZVG zugestellt worden. Gegenüber den Gläubigern A und B ist das Verfahren einstweilen eingestellt. Somit ist kein Gläubiger mehr vorhanden, für welchen der Versteigerungstermin vom 29.6. gehalten werden darf. Es muss ein neuer Versteigerungstermin bestimmt werden.

38 Das Vollstreckungsgericht muss den Versteigerungstermin entweder im Amtsblatt oder im „elektronischen Informations- und Kommunikationssystem"[30] öffentlich bekannt machen (§ 39 Abs. 1 ZVG). Nur bei Grundstücken mit geringem Wert genügt die Bekanntmachung durch Aushang an der Gemeindetafel (§ 39 Abs. 2 ZVG), falls die Gemeinde noch eine solche Tafel für ihre öffentlichen Bekanntmachungen hat. Das Vollstreckungsgericht entscheidet nach pflichtgemäßem Ermessen (Abwägung Kosten der Veröffentlichung gegen Wert des Grundstücks), ob die Voraussetzung „geringer Wert" vorliegt. Die in Rdn 39 und 40 genannten Fristen beginnen dann mit der Anheftung der Terminsbestimmung, was die Gemeinde bescheinigen sollte.

39 Der Versteigerungstermin muss so geplant werden, dass die vorgenannte Veröffentlichung spätestens **sechs Wochen vor dem Termin** erfolgen kann (§ 43 Abs. 1 S. 1 ZVG). Die Frist beginnt mit dem Erscheinen des Amtsblattes bzw. der Zugriffsmöglichkeit Dritter auf das elektronische Informations- und Kommunikationssystem.[31] Wurde die Frist nicht eingehalten und gibt es auch keine „Rettung" nach § 43 Abs. 1 S. 2 ZVG, muss der Termin aufgehoben und neu bestimmt werden.

40 Ausnahmsweise beträgt die Bekanntmachungsfrist nur zwei Wochen, wenn das Verfahren bezüglich des nach Rdn 115 ff. ermittelten bestbetreibenden Gläubigers bereits einmal einstweilen eingestellt war (§ 43 Abs. 1 S. 2 ZVG). Die Durchführung des Termins hängt dann aber davon ab, dass dieser Gläubiger im Verfahren verbleibt. Deshalb sollte die Veröffentlichung mit verkürzter Frist nur als „Rettungsanker" geprüft werden, wenn die Sechs-Wochen-Frist des § 43 Abs. 1 S. 1 ZVG „versehentlich" nicht gewahrt wurde.

41 Nunmehr muss noch festgelegt werden, ob der Termin im Gerichtsgebäude oder (§ 36 Abs. 3 ZVG) außerhalb[32] stattfinden soll. Dies kann das Vollstreckungsgericht nach pflichtgemäßem Ermessen[33] entscheiden. Die Justizverwaltung darf ihm insoweit keine Vorschriften machen.

II. Terminsbestimmung

42 Nun erfolgt die Terminsbestimmung. Deren **Inhalt** ergibt sich aus den §§ 37, 38[34] ZVG. Bei der Beschreibung des zu versteigernden Grundstücks darf sich das Vollstreckungsgericht keinesfalls auf die Angaben im Grundbuch beschränken. Vielmehr muss es das **Grundstück so beschreiben, dass Interessenten erkennen können, was versteigert wird**. Die räumlich vorgegebene Nutzung (z.B. Hotel) muss ersichtlich sein.[35] Die Angaben hierzu wird es dem Wertgutachten oder den Angaben der Gemeinde entnehmen. Es ist nicht verboten, die Quelle anzugeben; also z.B. *„laut Gutachten Gastwirtschaft mit zwei Wohnungen"*. Stellt sich zu einem späteren Zeitpunkt im Verfahren heraus, dass die Angaben in der Terminsbestimmung zum Grundstück fehlerhaft sind und deshalb von einer Irreführung des Bieterkreises auszugehen ist, muss die Terminsbestimmung von Amts wegen korrigiert und neu bekannt gemacht werden.[36] Ist eine frist-

---

30 Das Landesrecht bestimmt, welche Zeitung „Amtsblatt" ist, und regelt auch das elektronische Informations- und Kommunikationssystem. Zum Zeitpunkt des Wirksamwerdens der Bekanntmachung im elektronischen Informations- und Kommunikationssystem BGH v. 16.10.2008 – V ZB 94/08.
31 Das Vollstreckungsgericht muss daher den Annahmeschluss des Amtsblattes kennen und beachten und wissen, ab wann dorthin mitgeteilte Daten im elektronischen Informations- und Kommunikationssystem Dritten zugänglich sind. Auch hierzu BGH v. 16.10.2008 – V ZB 94/08.
32 Z.B. in Räumen der Gemeinde, der Kirchengemeinde oder einer Gastwirtschaft.
33 Für wertvolle Grundstücke kommen die Bieter auch zum Gericht. Für landwirtschaftliche Grundstücke erzielt man in der Gemeinde meist höhere Gebote. Bitte das oft sehr restriktive Landesrecht beachten!
34 Trotz des Wortes „soll" in § 38 ZVG sind die dort genannten Anforderungen unbedingt zu beachten! Hierzu BGH v. 16.9.2008 – V ZB 129/07.
35 OLG Nürnberg v. 9.11.2005 – 4 U 920/05; hierzu Anm. *Storz* und *Kinderlen*, Rpfleger 2006, 615.
36 BGH v. 30.9.2010 – V ZB 160/09.

gerechte Bekanntmachung (Rdn 39) nicht möglich, muss eine Aufhebung des bereits bestimmten Versteigerungstermins und die Bestimmung eines neuen Versteigerungstermins erfolgen.

Die früher in § 38 ZVG vorgesehene Nennung des Schuldnernamens ist aus Gründen des Datenschutzes weggefallen und darf daher nicht erfolgen. 43

Die Angabe des Verkehrswertes (§ 38 S. 1 ZVG) ist wegen § 68 Abs. 1 S. 1 ZVG erforderlich. Leider wurde für die nach § 38 S. 2 ZVG vorgeschriebene Angabe kein Wortlaut bestimmt. Es muss beachtet werden, dass sich dieser Hinweis an Laien richtet. Am besten wäre wohl (§ 5 Rdn 22): *„Der halbe Verkehrswert muss nicht mehr erreicht werden"*. Das versteht jeder! 44

III. Bekanntmachung

Der Versteigerungstermin wird wie folgt bekannt gemacht: 45

- **Zustellung** (§ 41 Abs. 1 ZVG) an den Schuldner, den (die) Gläubiger und alle anderen Beteiligten i.S.d. § 9 ZVG. Für die Form der Zustellung siehe Rdn 48–51.
- **Öffentliche Bekanntmachung** (§ 39 Abs. 1 ZVG) im Amtsblatt bzw. elektronischen Informations- und Kommunikationssystem (Rdn 38 ff.).
- **Anheftung an die Gerichtstafel** (§ 40 Abs. 1 ZVG); bei Zentralisierung (§ 1 Rdn 6) an der jeweiligen Tafel des zuständigen Gerichts und des Gerichts, in dessen Bezirk das Grundstück liegt.
- **Andere Veröffentlichungen** nach § 40 Abs. 2 ZVG. In Betracht kommen z.B. Anzeigen in der Tageszeitung,[37] in einer Fachzeitung oder zusätzlich zu § 39 Abs. 1 ZVG in der Gemeinde. In diesem Fall muss die Tafel nicht den Wert einer „Amtstafel" haben.[38] Häufig erfolgt auch eine Veröffentlichung im Internet, sofern dieses nicht schon das Medium der öffentlichen Bekanntmachung nach § 39 Abs. 1 ZVG ist.

Die Anordnung der Justizverwaltung über Mitteilungspflichten in Zivilsachen (kurz: MiZi) bestimmt unter VII, wem die Terminsbestimmung noch formlos zu übersenden ist. Danach sind insbesondere an die Gemeindeverwaltung und an die Stellen, die öffentliche Lasten einziehen, Mitteilungen zu richten. Die Mitteilungen müssen den Namen und die Anschrift des Schuldners enthalten. 46

Das Vollstreckungsgericht hatte spätestens bei der Bestimmung des Zwangsversteigerungstermins bei einem Gläubiger einen **Gebührenvorschuss** in Höhe des Doppelten einer Gebühr nach Nr. 2213 KVGKG (§ 15 Abs. 1 GKG) zu erheben. 47

IV. Zustellungsformen

Ergänzend zur ZPO sieht das ZVG Erleichterungen für die vorgeschriebenen Zustellungen vor. Diese Erleichterungen gelten nicht (§ 8 ZVG) für die Zustellung des Anordnungsbeschlusses oder eines Beitrittsbeschlusses an den Schuldner (§ 1 Rdn 12) und werden deshalb erst hier erörtert. 48

Hat ein Beteiligter beim Grundbuchamt eine Vollmacht hinterlegt, gilt sie auch für das Versteigerungsverfahren (§ 5 ZVG). Neben der grundsätzlich zulässigen Zustellung durch Einschreiben mit Rückschein (§ 3 ZVG, § 175 ZPO) kann (§ 4 ZVG) das Vollstreckungsgericht einem nicht im Gerichtsbezirk wohnhaften Beteiligten, der keinen daselbst wohnhaften Prozessbevollmächtigten oder Zustellungsvertreter bestellt hat, durch „Aufgabe zur Post" (§ 184 ZPO) zustellen,[39] jedoch nur mit Einschreibebrief (ohne Rückschein). Diese Zustellung gilt auch dann als bewirkt, wenn der Brief unzustellbar zurückkommt 49

---

37 Unverzichtbar, insbesondere, wenn als Amtsblatt eine Zeitung bestimmt wurde, die ohnehin kaum jemand liest!
38 Diese Veröffentlichung bewirkt in kleinen Gemeinden häufig Zahlungsbereitschaft beim Schuldner, da dort die Bürger eifrig die Tafel studieren.
39 In den Akten ist zu vermerken, zu welcher Zeit und unter welcher Anschrift der Brief zur Post gegeben wurde (§ 184 Abs. 2 ZPO).

(§ 184 Abs. 2 ZPO). In diesem Fall hat das Vollstreckungsgericht dem Beteiligten dann aber einen Zustellungsvertreter zu bestellen (§ 6 Abs. 2 ZVG).

50 Ist ein Beteiligter nach Name und/oder Anschrift unbekannt, kann ihm ein Zustellungsvertreter nach § 6 ZVG bestellt werden, dem nach § 7 ZVG dann wirksam zugestellt wird. Dies hat insbesondere Bedeutung für unbekannte Erben oder verschwundene Berechtigte aus uralten Grundbucheinträgen. Nach Ansicht des BGH[40] scheidet jedoch die Bestellung eines Zustellungsbevollmächtigten aus, wenn dem Vollstreckungsgericht bekannt ist, dass der Zustellungsempfänger ein **Postfach** unterhält.

51 Für eine Person, die es nicht gibt (Beispiel: gelöschte GmbH), darf kein Zustellungsvertreter bestellt werden. Wegen der Einzelheiten zur Bestellung, zu den Pflichten des Zustellungsvertreters und seiner Entschädigung wird auf die Kommentarliteratur verwiesen. § 6 Abs. 3 ZVG ist ohne praktische Bedeutung, zumal das Registergericht nicht Aufsichtsbehörde im Sinne dieser Vorschrift ist.

V. Die Zeit bis zum Versteigerungstermin

52 Kommen nachträglich durch Anmeldung (§ 9 Nr. 2 ZVG) noch weitere Beteiligte hinzu, ist ihnen die Terminsbestimmung samt Wertfestsetzung zuzustellen. Ihnen gegenüber muss die Frist des § 43 Abs. 2 ZVG jedoch nicht mehr gewahrt sein.

53 Erfährt das Vollstreckungsgericht (z.B. vom Sachverständigen), dass Mieter vorhanden sind, könnte man wegen § 566 BGB i.V.m. § 57 ZVG (dazu § 4 Rdn 19) bei diesen anfragen, ob und welche Mietsicherheit (Kaution) geleistet wurde.

54 Im Laufe der vierten Woche vor dem Versteigerungstermin (also vom 28. bis 22. Tag vor dem Termin) hat das Vollstreckungsgericht allen Beteiligten (§§ 9, 41 Abs. 3 ZVG) mitzuteilen, welche Gläubiger das Verfahren betreiben. In dieser **Mitteilung nach § 41 Abs. 2 ZVG** sind alle Gläubiger anzugeben,

- die einen Anordnungs- oder Beitrittsbeschluss erwirkt haben,
- deren Verfahren nicht (mehr) einstweilen eingestellt ist und
- deren Anordnungs-, Beitritts- oder Fortsetzungsbeschluss dem Schuldner mindestens vier Wochen vor dem Termin zugestellt worden ist (§ 43 Abs. 2 ZVG).

Ist ein solcher Gläubiger nicht mehr vorhanden, ist der Termin spätestens jetzt aufzuheben.

Die Mitteilung soll neben dem Namen des Gläubigers die Forderung und die Rangklasse bezeichnen, aus welcher dieser betreibt (§ 41 Abs. 2 ZVG).

55 Nunmehr werden hoffentlich zahlreiche Bietinteressierte bei der Geschäftsstelle des Vollstreckungsgerichts vorsprechen, um sich Informationen zu holen. Sie dürfen die Akten im Umfang des § 42 ZVG einsehen. Das Vollstreckungsgericht kann das Wertgutachten in das elektronische Informations- und Kommunikationssystem einstellen (§ 38 Abs. 2 ZVG). Gegen Schreibgebühr kann eine Kopie des Gutachtens überlassen werden. Ob man aber auch gestatten muss – wie das LG Berlin[41] meint –, das Gutachten selbst zu kopieren (und es hierzu den Interessenten wohl auch mitzugeben!?), erscheint fraglich. Oft stellen Banken den Interessenten eine kostenlose Kopie des Gutachtens zur Verfügung, wogegen nichts einzuwenden ist.

56 Es ist ein Erfordernis des Anstandes, den Interessenten Auskünfte zum aktuellen Verfahren zu geben. Ob dies die Geschäftsstelle oder der Rechtspfleger erledigt, ist eine Frage der Fähigkeit bzw. der Organisation. Manche Vollstreckungsgerichte verfassen Merkblätter mit den wesentlichen Angaben und stellen diese im Internet zum Download bereit. Grundwissen über den Ablauf eines Zwangsversteigerungsverfahrens müssen sich aber die Bietinteressierten selbst verschaffen. Hierzu kann auf die leicht zu beschaf-

---

40 BGH v. 14.6.2012 – V ZB 182/11.
41 LG Berlin v. 14.12.2005 – 81 T 1056/05.

fende und preiswerte Literatur und die Internetauftritte der Amtsgerichte (mit Versteigerungsabteilung) verwiesen werden. Eine eingehende Erörterung dieser Grundzüge kann man weder der Geschäftsstelle noch dem Rechtspfleger zumuten.

D. Grundsätze für das weitere Verfahren

I. Einführung einer Forderung in das Verfahren

Damit die Forderung eines Beteiligten gegen den Schuldner im Verfahren berücksichtigt werden kann, muss sie ins Verfahren „eingeführt" werden. Hierfür gibt es grundsätzlich **drei Möglichkeiten**: 57

- Der Gläubiger bewirkt einen **Anordnungs- oder Beitrittsbeschluss**.
- Die Forderung wird zum Verfahren formlos **angemeldet** (§ 45 Abs. 1 ZVG) oder gilt als angemeldet (§ 114 Abs. 1 S. 2 ZVG).
- Die Forderung wird vom Vollstreckungsgericht **von Amts wegen berücksichtigt** (z.B. § 45 Abs. 2 ZVG).

Es ist den Beteiligten keineswegs freigestellt, wie sie ihre Forderung ins Verfahren einführen. Anmeldung oder gar Berücksichtigung von Amts wegen ist nur wenigen besonders privilegierten Forderungen vorbehalten. Bei der Erörterung der Rangklassen (Rdn 74–109) wird dies ausdrücklich erklärt werden. Alle anderen Forderungen können nur über einen Anordnungs- oder Beitrittsbeschluss eingeführt werden. 58

Umgekehrt können aber Beteiligte, die eine vollstreckbare Forderung haben, welche eigentlich angemeldet werden könnte oder sogar von Amts wegen berücksichtigt würde, auch einen Beitrittsbeschluss erwirken. 59

Hierdurch wird dieser Beteiligte zum Gläubiger und kann Einfluss auf den Verlauf des Verfahrens nehmen. In Einzelfällen ist damit auch eine Rangverbesserung verbunden (Rdn 106).

„Gläubiger" i.S.d. ZVG ist demnach nur, wer einen Anordnungs- oder Beitrittsbeschluss bewirkt hat, deshalb manchmal auch „betreibender Gläubiger" genannt. Alle anderen sind (nur) „Beteiligte" (§ 9 ZVG). 60

II. Wiederkehrende Leistungen

Für die Aufstellung des geringsten Gebots und später für die Verteilung des Versteigerungserlöses wird zwischen „wiederkehrenden Leistungen" und „einmaligen Leistungen" unterschieden, wobei die richtige Berechnung der wiederkehrenden Leistungen (also z.B. Zinsen, Grundsteuer) speziellen Regeln unterliegt, die jetzt erörtert werden müssen. 61

Zunächst einmal muss zwischen **„laufenden"** und **„rückständigen"** wiederkehrenden Leistungen **unterschieden** werden, wobei diese Begriffe in § 13 Abs. 1 ZVG von den Regelungen des bürgerlichen Rechts abweichend definiert werden. 62

Für diese Unterscheidung ist ein für die gesamte Verfahrensdauer und für alle stattfindenden Termine einheitlicher Trennpunkt zwischen „laufenden" und „rückständigen" Leistungen festgelegt. Es ist dies (§ 13 Abs. 4 ZVG) der **zeitlich erste Beschlagnahmetag** (Tag der ersten Beschlagnahme), der sich also (§ 1 Rdn 76) zugunsten des Anordnungsgläubigers ergeben hat. Dabei ist es gleichgültig, ob dieser Gläubiger 63

- überhaupt noch das Verfahren betreibt oder schon aus dem Verfahren ausgeschieden ist oder
- ob für ihn der Termin gehalten werden darf (Rdn 4 und 36) oder
- ob er den besten Rang unter allen Gläubigern hat (Rdn 115).

Ist das Grundstück im Wege der **Zwangsverwaltung** zum Zeitpunkt des Eintritts der Beschlagnahme in der Zwangsversteigerung bereits beschlagnahmt, gilt diese Beschlagnahme auch für die Berechnungen im Zwangsversteigerungsverfahren als „Trennpunkt", wenn die Zwangsverwaltung bis zur Beschlagnahme in der Zwangsversteigerung fortgedauert hat (§ 13 Abs. 4 ZVG). 64

65 „Laufend" i.S.d. ZVG sind alle Beträge wiederkehrender Leistungen, die letztmals vor der ersten Beschlagnahme fällig geworden sind, sowie sämtliche nachträglich fällig werdenden Beträge bis zum Zuschlag. „Rückständig" sind die älteren Leistungen (§ 13 Abs. 1 ZVG).

Wann eine wiederkehrende Leistung fällig wird und welcher Leistungszeitraum von diesem Fälligkeitstermin umfasst ist, hängt von der Art der wiederkehrenden Leistung ab.

Fälligkeit und des Leistungszeitraum bestimmen sich bei Ansprüchen der

- RK 2 (§ 9 Rdn 65 ff.) nach dem Beschluss der Miteigentümer;
- RK 3 (Rdn 79 ff.) nach Gesetz oder kommunaler Satzung, ggf. auch aus dem Leistungsbescheid;
- RK 4 (Rdn 87 ff.) nach dem Grundbuchinhalt (Eintragungstext und Bewilligung).

66 **Grundsteuer**, die wichtigste wiederkehrende Leistung der RK 3, ist, von wenigen Ausnahmen abgesehen, regelmäßig jeweils zur Quartalsmitte fällig, also am 15.2., 15.5., 15.8. und 15.11. des Jahres (§ 28 GrStG).

Findet sich bei **Grundschuldzinsen** im Grundbuch (Eintragungstext und Bewilligung) keine Fälligkeitsbestimmung, gilt § 488 Abs. 2 BGB entsprechend.[42] Sie werden demnach nach dem Ablauf jeden Jahres (nicht Kalenderjahres!) fällig.

Fehlt im Grundbuch die Angabe eines Zinsbeginns, wird hierfür das Datum der Eintragung des Rechts angenommen.

Zinsen einer **Zwangshypothek** haben keine Fälligkeit (sie laufen täglich weiter). Für sie gilt § 13 Abs. 3 ZVG. Demnach ist zur Abgrenzung der laufenden und rückständigen Zinsen einer Zwangshypothek der Tag der ersten Beschlagnahme maßgeblich.

67 Übersicht: Abgrenzung von laufenden und rückständigen wiederkehrenden Leistungen

68 Die Abgrenzung von laufenden und rückständigen wiederkehrenden Leistungen sei an Beispielen erklärt:

69 *Beispiel*

Grundsteuer, regelfällig jeweils zur Quartalsmitte, also am 15.2., 15.5., 15.8. und 15.11. des Jahres. Erste Beschlagnahme war am 25.5.2017.

Berechnung:

Letzte Fälligkeit vor der ersten Beschlagnahme 15.5.2017

Fällig wurde an diesem Tag die Grundsteuer für das zweite Quartal, also für den Zeitraum 1.4.2017 bis 30.6.2017; also ist die Grundsteuer ab dem 1.4.2017 laufend.

Die ältere Grundsteuer ist rückständig.

---

[42] BGH v. 30.3.2017 – V ZB 84/16.

Beispiel 70

Die Zinsen einer Grundschuld sind vereinbarungsgemäß kalenderjährlich nachträglich fällig.

Erste Beschlagnahme war am 25.5.2017.

Berechnung:

Letzte Fälligkeit vor der ersten Beschlagnahme: 31.12.2016

Fällig wurden an diesem Tag die Zinsen für das ganze Jahr 2016; also sind die Zinsen ab dem 1.1.2016 laufend.

Rückständig sind die Zinsen des Jahres 2015 und alle älteren Zinsen.

Beispiel 71

Für die Zinsen einer am 24.7.2014 eingetragenen Grundschuld fehlen im Grundbuch Angaben zum Zinsbeginn und zur Zinsfälligkeit.

Erste Beschlagnahme war am 25.5.2017.

Für die Fälligkeit der Grundschuldzinsen gilt § 488 Abs. 2 BGB entsprechend. Als Zinsbeginn wird das Datum der Eintragung angenommen:

Letzte Fälligkeit vor der ersten Beschlagnahme: 23.7.2016

Fällig wurden am diesem Tag die Zinsen für die Zeit vom 24.7.2015 bis 23.7.2016. Laufend sind die Zinsen demnach ab dem 24.7.2015; die älteren Zinsen sind rückständig.

Beispiel 72

Die Zinsen einer Grundschuld sind vereinbarungsgemäß alle vier Jahre im Voraus fällig seit dem 1.1.2014.

Erste Beschlagnahme war am 25.5.2017.

Die letzte Fälligkeit vor der Beschlagnahme war am 1.1.2014. Damit der letzte Fälligkeitstag vor der ersten Beschlagnahme jedoch zur Berechnung der wiederkehrenden Leistungen maßgeblich sein kann, muss er innerhalb der letzten zwei Jahre vor der ersten Beschlagnahme liegen. Dies ist vorliegend nicht der Fall, so dass zur Abgrenzung der laufenden und rückständigen wiederkehrenden Leistungen der Tag der ersten Beschlagnahme (25.5.2017) maßgeblich ist (§ 13 Abs. 3 ZVG).

Berechnung:

Die Zinsen ab dem 25.5.2017 sind laufend. Die älteren Zinsen sind rückständig.

Für die Aufstellung des geringsten Gebots und für die spätere Verteilung des Erlöses wird aber nicht nur die Unterscheidung der Begriffe „wiederkehrend" und „einmalig" sowie „laufend" und „rückständig", sondern besonders auch die Unterscheidung der „Rangklassen" benötigt. 73

E. Rangklassen des § 10 Abs. 1 ZVG

Wie schon früher (§ 1 Rdn 17 und 18) kurz erwähnt, werden nicht alle Ansprüche bei der **Verteilung des Versteigerungserlöses** gleichmäßig berücksichtigt, sondern es wird nach § 10 ZVG eine **Einteilung in Rangklassen**[43] **(RK)** vorgenommen, wobei Ansprüche besserer RK vor jenen mit schlechterer RK befriedigt werden. 74

In der Literatur werden manchmal jene **Kosten**, die dem Versteigerungserlös vorweg zu entnehmen sind (§ 109 ZVG; Rdn 128) und damit faktisch Rang vor der RK 1 haben, als RK 0 bezeichnet. 75

---

43 Wegen der Einzelheiten wird auf die Kommentarliteratur verwiesen.

§ 3 Verfahren bis zum Versteigerungstermin

I. Rangklasse 1

76 In diese RK fallen bestimmte Vorschüsse, die in einem **Zwangsverwaltungsverfahren** des Grundstücks, das jetzt auch zur Versteigerung heransteht, geleistet wurden. Es müssen folgende Voraussetzungen erfüllt sein:

- Derjenige, der die Vorschüsse geleistet hat, muss das Zwangsverwaltungsverfahren betreiben, also dort den Anordnungs- oder einen Beitrittsbeschluss erwirkt haben.
- Diese Zwangsverwaltung muss noch bis zum Zuschlag in der Zwangsversteigerung fortdauern.
- Die Vorschüsse müssen im Zwangsverwaltungsverfahren tatsächlich zur Erhaltung oder notwendigen Verbesserung des Grundstücks Verwendung gefunden haben. Andere Vorschüsse in der Zwangsverwaltung fallen nicht in die RK 1.[44] So sind aus einem Gläubigervorschuss erbrachte Zahlungen an die Wohnungseigentümergemeinschaft in RK 1 nur insoweit zu berücksichtigen, als sie objekterhaltend oder -verbessernd verwandt worden sind; dies muss der die Zwangsverwaltung betreibende Gläubiger darlegen und beweisen.[45]

Der Anspruch muss (rechtzeitig) angemeldet werden.

Eine Berücksichtigung von Amts wegen kann nicht erfolgen, da die Ansprüche der RK 1 nicht grundbuchersichtlich sind (§ 45 Abs. 2 ZVG).

Innerhalb der RK 1 haben mehrere Ansprüche untereinander Gleichrang (arg. aus § 10 Abs. 1 S. 1 ZVG).

Sind die Voraussetzungen für eine Berücksichtigung in RK 1 nicht erfüllt, werden die geleisteten und im Zwangsversteigerungsverfahren rechtzeitig angemeldeten Vorschüsse als Kosten der dinglichen Rechtsverfolgung (§ 10 Abs. 2 ZVG) im Range des Hauptanspruchs des Beteiligten berücksichtigt.

Ein die Zwangsversteigerung betreibender Gläubiger sollte den Vorschuss immer nach § 10 Abs. 2 ZVG anmelden, um im Falle einer Ablösung auch insoweit Befriedigung zu erfahren.

Aus RK 1 kann das Zwangsversteigerungsverfahren nicht betrieben werden.[46]

II. Rangklasse 1a

77 Sie kommt nur in Betracht, wenn über das Vermögen des Grundstückseigentümers (Schuldner) ein Insolvenzverfahren eröffnet und der Insolvenzverwalter bestellt ist. Der Insolvenzverwalter muss die zum Haftungsverband gehörenden „beweglichen Gegenstände" feststellen und bewerten, obwohl sie der abgesonderten Befriedigung dienen. Für diesen Aufwand erhält er für die Masse 4 % des vom Vollstreckungsgericht für diese Gegenstände festgesetzten (Rdn 13) Wertes (vgl. § 171 Abs. 1 InsO).

Der Anspruch muss (rechtzeitig) angemeldet werden.

Eine Berücksichtigung von Amts wegen kann nicht erfolgen, da die Ansprüche der RK 1a nicht grundbuchersichtlich sind (§ 45 Abs. 2 ZVG).

Aus RK 1a kann das Zwangsversteigerungsverfahren nicht betrieben werden.

III. Rangklasse 2

78 In dieser RK stehen Forderungen einer WEG-Gemeinschaft („Hausgeld"). Sie kommt also nur in Betracht, wenn Wohnungseigentum/Teileigentum versteigert wird. Dazu ausführlich § 9 Rdn 65 ff.

---

44 BGH v. 10.4.2003 – IX ZR 106/02; auch OLG Braunschweig v. 15.4.2002 – 7 U 113/01 für Hausgeld (Wohngeld) nach WEG.
45 BGH v. 10.4.2003 – IX ZR 106/02.
46 *Stöber* (ZVG), § 10 Rn 2.9.

IV. Rangklasse 3

Diese RK ist für die Praxis von großer Bedeutung. Es handelt sich um Ansprüche, die als „**öffentliche Lasten" auf dem Grundstück** ruhen, meist (§ 54 GBO) ohne im Grundbuch eingetragen zu sein. Eine Forderung kann nur **durch** ein **Gesetz** zur öffentlichen Grundstückslast erklärt werden.[47] Dies kann geschehen durch 79

- **Bundesrecht** (wichtigste Beispiele: Grundsteuer, Leistungen bei der Flurbereinigung, Erschließungsbeiträge);[48]
- **Landesrecht**;[49]
- **Kommunale Satzung**, aber nur, wenn das Landesrecht (meist im KAG) dies erlaubt. Nahezu alle Bundesländer versuchen, über möglichst allgemein gehaltene Formulierungen wie „grundstücksbezogene Nutzungsgebühren" den Gemeinden eine Möglichkeit zu geben, durch Satzung verschiedenste Gebühren als öffentliche Grundstückslast zu definieren. Für den wichtigen Fall der Wasserversorgung hat der BGH[50] dieses Vorgehen grundsätzlich legitimiert, jedoch klargestellt, dass aus der notwendigen Satzung eindeutig hervorgehen muss, dass die Abgabenverpflichtung auf dem Grundstück lastet und nicht nur eine persönliche Haftung des Nutzers begründet. Wegen der weiteren praxisrelevanten Probleme der Gebühren für Abfallentsorgung, Abwasserentsorgung und Oberflächenwasser als öffentliche Grundstückslasten wird auf die Kommentarliteratur verwiesen.[51]

Die Ansprüche der RK 3 können durch (rechtzeitige) Anmeldung oder durch ein Betreiben aus dieser RK in das Zwangsversteigerungsverfahren eingeführt werden. 80

Eine Berücksichtigung von Amts wegen kann nicht erfolgen, da die Ansprüche der RK 3 nicht grundbuchersichtlich sind (§ 45 Abs. 2 ZVG).

Innerhalb der RK 3 haben alle Forderungen den **gleichen Rang** (§ 10 Abs. 1 Nr. 3 ZVG), gleichgültig, auf welchem Recht sie beruhen. 81

Die öffentlichen Grundstückslasten verlieren das Privileg der RK 3 durch Zeitablauf (siehe § 10 Abs. 1 Nr. 3 ZVG). Auch um die notwendigen Berechnungen anstellen zu können, muss zwischen „einmaligen" und „wiederkehrenden" Leistungen unterschieden werden. 82

1. Einmalige Leistungen

Es handelt sich um Beträge, die nicht immer wieder anfallen, sondern durch **einmalige Zahlung** getilgt werden (z.B. Erschließungskostenbeiträge). Diese Leistungen bleiben auch dann „einmalig", wenn sie in Teilbeträgen zahlbar sind. Dann handelt es sich für die hier anstehende Berechnung um getrennte einmalige Leistungen, jeweils ausgehend von ihrem Fälligkeitstermin. 83

Die einmaligen Leistungen **verlieren** das **Privileg** der RK 3, wenn sie **älter sind als vier Jahre**. Die Frist wird vom Eintritt der Fälligkeit des Anspruchs an vorwärts gerechnet.[52] War also die Fälligkeit des Anspruchs am 15.5.2017, muss der Anspruch bis zum 15.5.2021 im Zwangsversteigerungsverfahren geltend gemacht werden, um das Privileg nicht zu verlieren. Hierbei spielt es keine Rolle, ob die Geltendmachung durch Anmeldung oder eigenes Betreiben erfolgt.[53] 84

---

47 Eine gute Zusammenstellung öffentlicher Grundstückslasten findet sich bei *Dassler/Schiffhauer/Hintzen/Engels/Rellermeyer*, § 10 Rn 32 ff.
48 Hierzu ausführlich *Glotzbach/Goldbach*, Rn 9 ff.
49 Beispiele hierzu *Glotzbach/Goldbach*, Rn 16. Je nach landesrechtlicher Regelung können aber auch beispielsweise Beiträge zur Landwirtschafts- und Weinbauförderung öffentliche Last sein.
50 BGH v. 30.3.2012 – V ZB 185/11.
51 *Stöber* (ZVG), § 10 Rn 6.7.; *Glotzbach/Goldbach*, Rn 37a-d.
52 BGH v. 20.12.2007 – V ZB 89/07.
53 BGH v. 20.12.2007 – V ZB 89/07; a.A. für die Geltendmachung durch Anmeldung *Stöber* (ZVG), § 10 Rn 6.17b.

Ansprüche, die ihr Privileg verloren haben, fallen in die RK 7 und verbessern sich in die RK 5, wenn wegen dieser Ansprüche das Verfahren betrieben wird (Rdn 106).

2. Wiederkehrende Leistungen

85 Es handelt sich um jene **Beträge, die immer wieder anfallen**, insbesondere also die Grundsteuer. Auch die auf eine Abgabenforderung entfallenden Säumniszuschläge sind wiederkehrende Leistungen.[54] Bei den **wiederkehrenden** Leistungen muss man zwischen den **laufenden** und den **rückständigen** Beträgen unterscheiden, wie dies in Rdn 62 ff. dargestellt wurde. Es ist also jeweils die letzte Fälligkeit vor der ersten Beschlagnahme festzustellen. Die dort fällig gewordene Grundsteuer und alle später fällig werdenden Beträge sind laufend und behalten das Privileg der RK 3. Ältere Beträge sind rückständig und verlieren ihr Privileg nach zwei Jahren. Für Beträge mit verlorenem Privileg gilt Rdn 106.[55]

86 Für die Berechnung ist immer die erste Fälligkeit maßgebend; eine evtl. Stundung bleibt unbeachtet.

V. Rangklasse 4

87 In die RK 4 gehören sämtliche **Rechte, die im Grundbuch eingetragen** sind. Soweit für diese Rechte Nebenleistungen geschuldet werden, also insbesondere Zinsen, gehören auch diese nach Maßgabe der Rdn 93 in die RK 4.

88 Auch für Rechte, die in der **zweiten Abteilung** des Grundbuchs eingetragen sind, können Nebenleistungen anfallen. In Betracht kommen z.B. Geldleistungen aus Reallasten (z.B. Erbbauzins, § 9 Rdn 16) oder Altenteilen. Denkbar sind auch Naturalleistungen.

89 Soweit aus einer Reallast Nebenleistungen als wiederkehrende Leistungen gefordert werden können, werden diese – was das Zeitprivileg, den Endtermin und die Anmeldepflicht anbelangt – wie Zinsen behandelt (§ 1107 BGB).

90 Die Stammrechte, also z.B. die in der dritten Abteilung des Grundbuchs eingetragenen Hypotheken, Grundschulden und Rentenschulden, sowie die in der zweiten Abteilung des Grundbuchs eingetragenen Rechte (z.B. Nießbrauch, beschränkte persönliche Dienstbarkeiten, Grunddienstbarkeiten, Reallasten etc.) werden **von Amts wegen berücksichtigt, wenn sie vor dem Zwangsversteigerungsvermerk im Grundbuch eingetragen** sind (§ 45 Abs. 1 ZVG), bei späterem Eintrag siehe Rdn 100 f.

91 Soweit diese Rechte auf Geldzahlung gerichtet sind (insbesondere also Grundschulden, Hypotheken und Reallasten), kann aus ihnen mit einem „dinglichen Titel" (§ 1 Rdn 24 f.) die Versteigerung betrieben werden. Die RK ändert sich hierdurch nicht.

92 Für die daraus zu entrichtenden wiederkehrenden Leistungen (Rdn 61) gelten die in Rdn 62–67 genannten Grundsätze. Auch hier wird in gleicher Weise zwischen laufend und rückständig unterschieden. Dazu Beispiele Rdn 68–72 und Beispiel Rdn 98.

93 Soweit die **wiederkehrenden Leistungen „laufend"** sind, werden sie **von Amts wegen berücksichtigt** (§ 45 Abs. 2 ZVG), müssen also nicht angemeldet werden. Die **rückständigen** Beträge **müssen angemeldet** werden. Alle laufenden Beträge sowie die Rückstände für zwei Jahre fallen in die RK 4, ältere Rückstände die RK 8. Durch Betreiben erfolgt eine Verbesserung nach RK 5.

Tipp
Rangverbesserung durch Betreiben möglich.

---

54 BGH v. 19.11.2009 – IX ZR 24/09.
55 Für Einzelfragen wie „Nebenleistungen", „Nacherhebung", „Verrentung", „Ansprüche ohne Privileg" siehe *Glotzbach/Goldbach*, Rn 42–47 und Rn 206–216; Rechenbeispiel Rn 41.

E. Rangklassen des § 10 Abs. 1 ZVG §3

Die entstandenen Kosten der dinglichen Rechtsverfolgung (§ 1 Rdn 22), also z.B. Rechtsanwaltskosten für die Anmeldung, müssen **angemeldet** werden. 94

Für die Anmeldung zum gG können Kosten der Terminswahrnehmung pauschalisiert werden; im Verteilungstermin ist deren Spezifizierung jedoch unerlässlich.

Bei der **Tilgungshypothek**,[56] auch Amortisationshypothek genannt, (Schuldner zahlt gleichbleibende Leistungen) und bei der **Abzahlungshypothek**[57] (Schuldner zahlt immer geringer werdende Leistungen) muss zwischen Zins- und Tilgungsbeträgen unterschieden werden, wenn es um den Verlust der RK 4 geht. Nur Zinsen, nicht Tilgungsbeträge können die RK 4 verlieren, denn „Zinsen altern, Kapital nicht". 95

Innerhalb der RK 4 bestimmt sich der Rang verschiedener Rechte (§ 11 Abs. 1 ZVG) nach § 879 BGB, also nach dem Rang des Stammrechtes im Grundbuch. 96

Innerhalb einer einheitlichen Forderung bestimmt § 12 ZVG die Rangfolge „Kosten – Zinsen und andere Nebenleistungen – Hauptanspruch". Hierbei handelt es sich jedoch nur um eine Befriedigungsreihenfolge. Diese kann zwar durch Vereinbarung geändert werden, eine solche Änderung hat jedoch nur in der Erlösverteilung Bedeutung. Die Vereinbarung lässt insbesondere keinen Anspruch mit rangverschiedenen Teilen entstehen.[58] 97

Beispiel 98

An dem zu versteigernden Grundstück ist eine Grundschuld zu 100.000,00 EUR nebst 12 % Zinsen eingetragen. Die Zinsen werden kalenderjährlich nachträglich fällig. Die erste Beschlagnahme war am 18.8.2017. Die Gemeinde meldet Grundsteuer mit 120,00 EUR pro Quartal seit dem 1.1.2013 an. Der Grundschuldberechtigte meldet zum Versteigerungstermin nichts an.

Es empfiehlt sich, nach folgendem Schema vorzugehen:
- Wann war die letzte Fälligkeit der jeweiligen Forderung vor der ersten Beschlagnahme?
- Welcher Betrag für welchen Zeitraum wurde dort fällig?
- Einmalige oder wiederkehrende Leistung?
- Einmalige Leistung? Siehe Rdn 83 und 84.
- Wiederkehrende Leistung: Der zuletzt vor der Beschlagnahme fällig gewordene Betrag und alle später fällig werdenden Beträge sind „laufend", alle älteren Beträge sind „rückständig". Hiernach rückständige Beträge für mehr als zwei Jahre haben das Privileg der RK 3 bzw. der RK 4 verloren.

Somit **Ergebnis** unseres Beispiels:
- Grundsteuer: Letzte Fälligkeit vor Beschlagnahme: 15.8.2017; dort fällig wurde das dritte Quartal; „laufend" ist die Grundsteuer damit ab dem 1.7.2017. Ältere Leistungen sind rückständig. Hiervon privilegiert sind nur zwei Jahre, mithin Grundsteuer vom 1.7.2015 bis 30.6.2017. Somit fallen 960,00 EUR des Rückstandes noch in RK 3. Der Rest der angemeldeten Grundsteuer (1.1.2013 bis 30.6.2015) fällt in RK 7.
- Grundschuldzinsen: Letzte Fälligkeit vor Beschlagnahme: 31.12.2016. Dort fällig wurden die Zinsen für das Jahr 2016. Die Zinsen sind demnach ab dem 1.1.2016 laufend. Ohne Anmeldung (Rdn 93) berücksichtigt das Vollstreckungsgericht die Zinsen ab dem 1.1.2016. Der Grundschuldberechtigte hätte in der RK 4 noch weitere Zinsen für die Zeit vom 1.1.2014 bis 31.12.2015 anmelden können (rückständig, aber privilegiert). Zinsen vor dem 1.1.2014 hätten nur noch die RK 8.

---

56 *Stöber* (ZVG), § 10 Rn 8.6.
57 *Stöber* (ZVG), § 10 Rn 8.7.
58 *Böttcher* (ZVG), § 12 Rn 4.

VI. Rangklasse 5

99 In dieser RK stehen alle Forderungen, wegen denen das Verfahren betrieben wird (also der Anordnungsbeschluss oder ein Beitrittsbeschluss erwirkt worden ist), ohne dass ihre Forderung in einer besseren Rangklasse stünde. **Innerhalb der RK 5** bestimmt der Tag der **Beschlagnahme** (§ 1 Rdn 76–78) den Rang (§ 11 Abs. 2 ZVG). Hierbei ist es gleichgültig, ob es sich um einen persönlichen Anspruch handelt oder beispielsweise um dingliche Zinsen, wegen denen das Verfahren (auch) betrieben wird, die aber das Privileg der RK 4 durch Zeitablauf verloren haben. Innerhalb der Forderung gilt die Reihenfolge des § 12 ZVG.

VII. Rangklasse 6

100 Hierher gehören alle im Grundbuch eingetragenen Rechte, welche aufgrund der Beschlagnahme dem **bestbetreibenden** Gläubiger (Rdn 115 f.) gegenüber unwirksam sind. Ob sie von Amts wegen oder nur auf Anmeldung Berücksichtigung finden, hängt davon ab, ob sie vor oder nach dem Zwangsversteigerungsvermerk eingetragen wurden (§§ 45 Abs. 1, 37 Nr. 4 ZVG).

101 Rechte, die nach dem Zwangsversteigerungsvermerk eingetragen wurden, müssen zu ihrer Berücksichtigung formlos angemeldet werden, falls aus ihnen kein Beitrittsbeschluss bewirkt wurde (§ 9 Nr. 2 ZVG); siehe auch § 45 Abs. 1 ZVG.

Tipp
Anmeldeerfordernis beachten!

102 Stehen mehrere Rechte in der RK 6, haben sie untereinander den Grundbuchrang (§ 11 Abs. 1 ZVG).

103 Sind mehrere Gläubiger vorhanden, kann es, da jeder Gläubiger seine eigene Beschlagnahme hat, vorkommen, dass ein Recht nach dem ZV-Vermerk, aber vor der Beschlagnahme durch den Beitrittsgläubiger eingetragen wurde. In diesem Fall hat das Recht – Anmeldung vorausgesetzt – gegenüber dem Anordnungsgläubiger die RK 6, gegenüber dem Beitrittsgläubiger die RK 4. Man spricht dann von einem „relativen Rang".

104 *Beispiel*

1.2. Beschlagnahme für den persönlichen Gläubiger G1 (Anordnung)
3.2. Eintragung des Zwangsversteigerungsvermerks
20.3. Eintragung einer Zwangshypothek (Abt. III Nr. 4)
15.4. Beschlagnahme für den persönlichen Gläubiger G2 (Beitritt)

Gegenüber dem Gläubiger G1 ist das Recht Abt. III Nr. 4 (beschlagnahme-)unwirksam und fällt daher in RK 6. Da die Beschlagnahme für Gläubiger G2 erst nach der Eintragung des Rechtes Abt. III Nr. 4 liegt, ist das Recht ihm gegenüber wirksam (= RK 4).
Was mit dem Recht in der Zwangsversteigerung letztlich wirklich geschieht, hängt davon ab,
- ob es **rechtzeitig angemeldet** wird (§ 37 Nr. 4 ZVG) (Rdn 101) und
- welcher Gläubiger als **bestbetreibend** das gG bestimmt (Rdn 115).

Fehlt es an einer Anmeldung, wird das Recht nicht berücksichtigt. Im Falle einer rechtzeitigen Anmeldung gilt:
Richtet sich das gG nach G1, bleibt das Recht Abt. III Nr. 4 nicht bestehen; es ist aus dem vorhandenen Erlös (soweit dieser ausreicht) im Rang nach G1 und vor G2 zu befriedigen.
Bestimmt G2 das gG, bleibt das Recht Abt. III Nr. 4 bestehen.

VIII. Rangklassen 7 und 8

In diesen Rangklassen stehen – in dieser Reihenfolge – die Forderungen, welche zwar rechtzeitig angemeldet wurden, aber durch **Zeitablauf** ihren Rang verloren haben. Dadurch rücken 105

- Forderungen aus ursprünglich RK 3 in die RK 7[59] und
- solche aus ursprünglich RK 4 in die RK 8.

Ein Betreiben wegen dieser Forderung verbessert den Rang von RK 7 oder RK 8 in RK 5. Untereinander haben mehrere Forderungen in RK 7 Gleichrang (§ 10 Abs. 1 Nr. 3 ZVG), mehrere in RK 8 den Rang, den sie in RK 4 hätten. 106

In der Vollstreckungsversteigerung sind diese Rangklassen nahezu bedeutungslos, da hierauf nur sehr selten eine Zuteilung erfolgen kann. In der Zwangsversteigerung zum Zwecke der Aufhebung einer Gemeinschaft können sie dagegen mit einer Zuteilung rechnen (§ 20 Rdn 31). 107

> *Tipp*
> Gläubiger von Forderungen der RK 7 oder RK 8 können eine Verbesserung ihres Ranges erreichen, wenn sie das Verfahren wegen dieser Ansprüche betreiben. Die Beträge fallen dann in RK 5.

IX. „Inoffizielle" Rangklasse 9

Ganz am Ende (aber noch vor einem evtl. Erlösüberschuss für den Eigentümer), manchmal RK 9 genannt, stehen alle Ansprüche, die eigentlich einer besseren Rangklasse zuzuordnen gewesen wären, aber **nicht rechtzeitig** (§ 37 Nr. 4 ZVG) zum Versteigerungstermin (§ 4 Rdn 50 und 51) **angemeldet** worden sind und deshalb Rangverlust (§ 110 ZVG) erlitten haben. Untereinander haben sie wieder ihren ursprünglichen Rang. 108

Voraussetzung für eine Berücksichtigung ist, dass sie wenigstens noch im Verteilungstermin bis zur Feststellung des Teilungsplans angemeldet wurden. Eine spätere Anmeldung bewirkt nichts mehr. 109

F. Das geringste Gebot (gG)

> *Hinweis* 110
> Eine ausführliche Darstellung und Berechnung eines geringsten Gebots anhand konkreter Daten findet sich im Fallbeispiel § 15 unter A. Geringstes Gebot (§ 15 Rdn 1).

I. Begriffsbestimmung

Beim geringsten Gebot (gG) handelt es sich um den Betrag, welcher von einem Bieter **mindestens** geboten werden muss. Ein geringeres Gebot würde das Vollstreckungsgericht nicht zulassen, sondern als unzulässig zurückweisen. Das gG darf nicht mit den Zuschlagsgrenzen der §§ 74a und 85a ZVG verwechselt werden (§ 5 Rdn 15 ff.). Zu „niedrige" Gebote im Sinne **dieser** Bestimmungen werden im Versteigerungstermin zunächst angenommen (zugelassen), erhalten aber, wenn die weiteren Voraussetzungen der genannten Vorschriften vorliegen, keinen Zuschlag. 111

> *Tipp*
> Nicht jedes zulässige Gebot ist auch zuschlagsfähig.

---

[59] Landesrechtliche Regelungen und Verjährung können dies verhindern; hierzu *Glotzbach/Goldbach*, Rn 5 und 30.

§ 3 Verfahren bis zum Versteigerungstermin

112 Das gG wird nach § 66 Abs. 1 ZVG endgültig erst zu Beginn des Versteigerungstermins festgestellt (§ 4 Rdn 9). Da aber umfangreiche und manchmal schwierige Überlegungen und Berechnungen anzustellen sind, muss das Vollstreckungsgericht[60] bereits vor dem Termin eine vorläufige Berechnung aufstellen (sog. vorläufiges geringstes Gebot).

113 Gem. § 44 ZVG umfasst das gG die Kosten (Rdn 128 f.) des Verfahrens und alle Ansprüche, welche einen besseren Rang haben als der Anspruch des bestbetreibenden Gläubigers (sog. **Deckungsgrundsatz**). Der Anspruch des bestbetreibenden Gläubigers selbst steht also **nicht** im gG, nur die ihm vorgehenden Ansprüche. Somit ist die Höhe des gG vom Rang des bestbetreibenden Gläubigers abhängig. Hat er einen „guten Rang", z.B. RK 3, wird das gG sehr niedrig sein. Hat er einen schlechteren Rang, z.B. RK 5, kann es sehr hoch werden.

114 Daraus ergibt sich auch, dass das gG vom Verkehrswert des Grundstücks unabhängig ist. Es ist denkbar, dass es den Wert des Grundstücks übersteigt (dann wird kaum jemand bieten) oder so niedrig ist, dass das Grundstück für ein Gebot nur in Höhe des gG nicht zugeschlagen werden wird.

II. Bestbetreibender Gläubiger

115 Sind mehrere Gläubiger vorhanden, richtet sich das gG nach dem Gläubiger **mit dem besten Rang**, dem sog. bestbetreibenden Gläubiger (§ 44 Abs. 2 ZVG). Um bestbetreibender Gläubiger zu sein, muss ein Gläubiger folgende **Voraussetzungen** erfüllen:

1. Er muss einen **Anordnungs- oder Beitrittsbeschluss** bewirkt haben, mithin das Verfahren **betreiben**, da er sonst kein „Gläubiger i.S.d. ZVG" ist.
2. Sein Verfahren darf **nicht** (mehr) **einstweilen eingestellt** sein.
3. **Sein** Anordnungs- bzw. Beitrittsbeschluss muss dem Schuldner wenigstens **vier Wochen** vor dem Termin zugestellt sein (§ 44 Abs. 2 ZVG). Falls das Verfahren dem Gläubiger gegenüber einstweilen eingestellt war, muss diese Frist für die Zustellung des **Fortsetzungsbeschlusses** eingehalten sein.

Erfüllt **kein Gläubiger** alle diese Voraussetzungen, darf der Termin nicht gehalten werden.

Erfüllen **mehrere Gläubiger** alle Voraussetzungen, ist derjenige mit dem besten Rang (§§ 10, 11 ZVG) bestbetreibender Gläubiger.

116 *Beispiel*

Der Anordnungsbeschluss für den dinglichen Gläubiger A wurde dem Schuldner am 8.1. zugestellt. Auf Bewilligung dieses Gläubigers wurde das Verfahren am 31.7. einstweilen eingestellt und dann wieder fortgesetzt. Dieser Fortsetzungsbeschluss wurde dem Schuldner am 19.11. zugestellt. Der Beitrittsbeschluss für den dinglichen Gläubiger B wurde dem Schuldner am 20.4. zugestellt. Der Beitrittsbeschluss für den persönlichen Gläubiger C wurde dem Schuldner am 22.4. zugestellt. Zum Termin vom 5.12. hat die Gemeinde ihre Grundsteuerforderung angemeldet.

Prüfung: Wer ist für den Termin am 5.12. bestbetreibender Gläubiger?

1. *Das Verfahren wird betrieben von A, B und C. Die Gemeinde betreibt das Verfahren nicht. Sie scheidet als bestbetreibende Gläubigerin aus.*
2. *Das Verfahren ist aktuell weder für A noch für B oder C einstweilen eingestellt. Die Frist des § 44 Abs. 2 ZVG ist für A nicht gewahrt. Sein Fortsetzungsbeschluss wurde dem Schuldner nicht vier Wochen vor Termin zugestellt. Für A wird der Versteigerungstermin vom 5.12. nicht gehalten (Rdn 36).*
3. *Für B und C ist die Frist des § 44 Abs. 2 ZVG gewahrt.*

B und C erfüllen alle der in Rdn 115 genannten Voraussetzungen. Zwischen diesen beiden Gläubigern entscheidet der Rang (§§ 10, 11 ZVG). Damit ist B der bestbetreibende Gläubiger.

---

[60] Notfalls mit Hilfe eines Rechnungsverständigen (§ 66 Abs. 1 ZVG), soweit das Landesrecht dies noch zulässt.

Checkliste: Ermittlung des bestbetreibenden Gläubigers 117
(anhand des vorgenannten Beispiels)

	A	B	C	Gemeinde
Betreiben? (Anordnungs- oder Beitrittsbeschluss bewirkt?)	OK	OK	OK	–
Keine einstweilige Einstellung?	OK	OK	OK	
Frist § 44 Abs. 2 ZVG gewahrt?	–	OK	OK	
Rang (§§ 10, 11 ZVG)?		RK 4	RK 5	
Bestbetreibender Gläubiger:		X		

Die Vier-Wochen-Frist des § 44 Abs. 2 ZVG gilt nach h.M. auch in einem bestimmten Zusammenhang mit **Rangänderungen** der im Grundbuch eingetragenen Rechte: 118

Würde die Rangänderung zur **Verringerung** des gG führen (der bestbetreibende Gläubiger aus RK 4 tritt mit seinem Recht im Rang vor), muss die Rangänderung spätestens vier Wochen vor dem Versteigerungstermin in das Grundbuch eingetragen sein. Anderenfalls bleibt sie unbeachtet. Daneben muss diese Rangänderung, da nach dem Zwangsversteigerungsvermerk im Grundbuch eingetragen, rechtzeitig angemeldet werden (§ 37 Nr. 4 ZVG).

Tipp
Bei bestimmten Rangänderungen § 44 Abs. 2 ZVG beachten.

III. Aufbau

Das gG kann aus **zwei Teilen** bestehen, nämlich: 119
1. **Bestehen bleibende Rechte** (im Grundbuch eingetragene Rechte, die vom Ersteher übernommen werden müssen). Unter welchen Voraussetzungen Rechte bestehen bleiben, wird ab Rdn 121 erklärt. Nicht in jedem gG gibt es besteh enbleibende Rechte.
2. **Mindestbargebot** (ein bestimmter Geldbetrag, der mindestens geboten werden muss). Wie sich das Mindestbargebot berechnet, wird ab Rdn 127 erklärt. In jedem gG gibt es ein Mindestbargebot.

▼

Muster: Schema eines (vorläufigen) geringsten Gebots 120

Amtsgericht

Vollstreckungsgericht

Aktenzeichen: K/

Vorläufiges geringstes Gebot

berechnet für den Versteigerungstermin am

In dem Zwangsversteigerungsverfahren

zum Zwecke der Zwangsvollstreckung

betreffend das Grundstück   *(genaue Bezeichnung)*

§ 3 Verfahren bis zum Versteigerungstermin

I. Vorbericht:

1. Die **erste Beschlagnahme** des Grundbesitzes erfolgte am ▯

☐ durch Eingang des Ersuchens um Eintragung des Zwangsversteigerungsvermerks beim Grundbuchamt. Der Vermerk wurde am ▯ in das Grundbuch eingetragen.

☐ durch Zustellung des Anordnungsbeschlusses an den Schuldner (bei mehreren Schuldnern ist die letzte Zustellung maßgeblich)

☐ Maßgeblich ist die in dem noch fortdauernden Zwangsverwaltungsverfahren (Aktenzeichen.: L ▯ / ▯) erfolgte Beschlagnahme.

2. Endzeitpunkt nach § 47 ZVG: ▯

3. Durch Beschluss vom ▯ (Blatt: ▯) wurde der

Verkehrswert des Grundbesitzes festgesetzt auf: ▯ EUR
Der ⁵/₁₀ Wert nach § 85a ZVG beträgt demnach: ▯ EUR
Der ⁷/₁₀ Wert nach § 74a ZVG beträgt demnach: ▯ EUR

4. Der Versteigerungstermin wurde ordnungsgemäß **bekannt gemacht** durch Veröffentlichung nach § 39 Abs. 1 ZVG am ▯

5. **Bestbetreibender Gläubiger**:

Dieser Gläubiger betreibt das Verfahren aus der Rangklasse ▯ , ☐ aus dem Recht III/ ▯

6. An **Anmeldungen** liegen dem Vollstreckungsgericht vor: ▯

II. Bestehen bleibende Rechte:

Abteilung II: ▯

Abteilung III: ▯

Summe der bestehen bleibenden Rechte: ▯

III. Mindestbargebot:

1. Kosten des Verfahrens (§ 109 ZVG):

Wert: ▯ EUR (bei Nr. 2215 KVGKG Wertangabe vorläufig)

0,5 Gebühr Nr. 2211 KVGKG: ▯ EUR
0,5 Gebühr Nr. 2213 KVGKG: ▯ EUR
0,5 Gebühr Nr. 2215 KVGKG: ▯ EUR
Auslagen (einschl. geschätzter künftiger Auslagen): ▯ EUR
Gesamtkosten: ▯ EUR

2. Ansprüche der Rangklassen des § 10 Abs. 1 ZVG:

Rangklasse 1: ▯

Rangklasse 1a: ▯

Rangklasse 2: ▯

Rangklasse 3:

Rangklasse 4:

Rangklasse 5:

▲

IV. Bestehen bleibende Rechte

121 Nicht alle Rechte, die im Grundbuch eingetragen sind, erlöschen in der Zwangsversteigerung. Vielmehr bleiben alle eingetragenen Rechte bestehen, die einen **besseren Rang** haben als der nach Rdn 115 festgestellte bestbetreibende Gläubiger (§ 52 Abs. 1 ZVG). Hat dieser also RK 5, dann werden meist alle eingetragenen Rechte bestehen bleiben; hat er RK 2 oder RK 3, werden grundsätzlich alle erlöschen (§ 52 Abs. 1 S. 2 ZVG). Betreibt z.B. der bestbetreibende Gläubiger aus der zweitrangigen Grundschuld (= RK 4), so wird die erstrangige Grundschuld (auch RK 4, aber besserer Rang!) bestehen bleiben, die drittrangige erlöschen. Die bestehen bleibenden Rechte sind vom Ersteher zu übernehmen (**Übernahmegrundsatz**).

122 Soweit aus dem bestehen bleibenden Recht Geldbeträge, insbesondere als Nebenleistungen, zahlbar sind, bleiben diese nicht bestehen, sondern sind bar zu zahlen und stehen daher nach § 49 Abs. 1 ZVG im bar zu zahlenden Teil des gG (Rdn 127 ff.). Dies gilt insbesondere für Zinsen, Tilgungsraten, einmalige Nebenleistungen, Kosten nach § 10 Abs. 2 ZVG und fällige Zahlungen aus Reallasten (z.B. Erbbauzins). Somit erscheinen die bestehen bleibenden Rechte meist zweimal im gG, einmal als „bestehen bleibendes Recht" und dann noch mit ihren bar zu zahlenden Leistungen im Mindestbargebot.

123 Das Erlöschen oder Bestehenbleiben gilt sowohl für die Rechte in der dritten als auch für jene in der **zweiten Abteilung** des Grundbuchs wie z.B. Wohnungsrechte, Nießbrauch, Wegerechte, Reallasten.

124 **Nichtige** Rechte (etwa eine Zwangshypothek unter dem zur Zeit der Eintragung geltenden Mindestbetrag oder eine nicht unterzeichnete Grundbucheintragung) werden im gG nicht berücksichtigt. Gleiches gilt für **erloschene Rechte**, wenn deren Erlöschen zweifelsfrei feststeht. Handelt es sich hierbei um ein Recht, bei dem Rückstände denkbar sind, wird es nur dann nicht berücksichtigt, wenn ein Löschungserleichterungsvermerk im Grundbuch eingetragen ist oder das Sperrjahr vorüber ist und der Berechtigte oder dessen Rechtsnachfolger der Nichtberücksichtigung nicht widerspricht.[61]

Verfügungsbeschränkungen (z.B. Nacherbenvermerk, Insolvenzvermerk) sind keine Rechte i.S.d. § 52 ZVG, da sie keinen wirtschaftlichen Wert haben, der sicherzustellen wäre. Somit werden sie im gG nicht berücksichtigt und bleiben nicht bestehen.

Vermerke über Verfahren nach dem Baugesetzbuch (z.B. Sanierungs-, Enteignungs-, Umlegungsvermerke) sind ebenfalls keine Rechte i.S.d. § 52 ZVG und daher nicht im gG aufzunehmen.

§ 48 ZVG regelt für die Berücksichtigung bestimmter Rechte im gG Besonderheiten. Danach sind **bedingte** Rechte wie unbedingte Rechte, **vormerkungsgesicherte**[62] oder **widerspruchsgesicherte** Rechte wie eingetragene Rechte zu behandeln. Wegen der Behandlung bedingter Rechte im Teilungsplan siehe § 6 Rdn 112.

Dies gilt nur für Vormerkungen und Widersprüche, die eine Belastungserweiterung sichern (Neubestellung/Erhöhung eines Rechts), nicht Vormerkungen, die auf Übertragung, Aufhebung oder Rangänderung

---

61 *Böttcher* (ZVG), §§ 44, 45 Rn 54; a.A. *Stöber* (ZVG), § 45 Rn 6.4, der auch bei denkbaren Rückständen keine Aufnahme in das gG für notwendig hält, da der Ersteher für diese Rückstände nicht haftet.

62 Dies gilt nur für Vormerkungen, die eine Belastungserweiterung (z.B. Neubestellung eines Rechts) sichern, nicht jedoch für Vormerkungen, die auf Übertragung, Aufhebung oder Rangänderung gerichtet sind. Letztere bleiben als Nebenrechte mit der Aufnahme des betroffenen Rechts in das gG mit bestehen.

gerichtet sind. Da eine **Auflassungsvormerkung** auf Übertragung des Eigentums gerichtet ist, gilt § 48 ZVG insoweit nicht. Es wird also nicht so getan, als sei der Vormerkungsberechtigte bereits als Eigentümer eingetragen. Bleibt eine Auflassungsvormerkung bestehen, muss der Ersteher das Grundstück unter den dort vereinbarten Bedingungen an den Berechtigten der Vormerkung herausgeben.

125 Nicht eintragungspflichtige altrechtliche[63] Dienstbarkeiten sowie die Renten nach §§ 912 bis 917 BGB (Überbau und Notweg) bleiben auf jeden Fall bestehen (§ 52 Abs. 2 ZVG). Wegen des Erbbauzinses siehe § 9 Rdn 35; wegen der Gesamtbelastung bei Wohnungseigentum siehe § 9 Rdn 36 und 73. Für die nach § 9 EGZVG und Landesrecht bestehen bleibenden „Altenteile" etc. wird auf § 4 Rdn 24 und die Kommentarliteratur verwiesen.[64]

126 Eine Sonderregelung gilt für den Versteigerungsantrag einer Gemeinschaft nach dem WEG, wenn dieser wegen Gemeinschaftsforderungen (z.B. „Hausgeld") aus RK 2 gestellt wird. Dazu ausführlich § 9 Rdn 73.

V. Mindestbargebot

127 Es handelt sich um den Betrag, welchen der Bieter mindestens bieten muss, wenn sein Gebot überhaupt zugelassen werden soll. Während die unter Rdn 121–125 genannten bestehen bleibenden Rechte nicht immer vorhanden sind, enthält das gG stets einen bar zu zahlenden Betrag.

1. Kosten des Verfahrens

128 Gem. § 44 Abs. 1 ZVG umfasst das gG zuerst die Kosten des Verfahrens. Dies sind aber keineswegs alle Kosten, welche im Verfahren anfallen können, sondern nur die nach § 109 ZVG dem Erlös zu entnehmenden Kosten. Dies sind zunächst zum einen folgende **Gerichtsgebühren:**[65]

- Nr. 2211 KVGKG: eine 0,5 Gebühr für das Verfahren im Allgemeinen;
- Nr. 2213 KVGKG: eine 0,5 Gebühr für die Abhaltung (mindestens) eines Versteigerungstermins;
- Nr. 2215 KVGKG: eine 0,5 Gebühr für die Erlösverteilung.

Die beiden erstgenannten Gebühren berechnen sich aus dem nach § 74a Abs. 5 ZVG festgesetzten Wert (Verkehrswert) (§ 54 Abs. 1 GKG), die letztgenannte aus dem – jetzt noch nicht bekannten – Versteigerungsergebnis (§ 54 Abs. 3 GKG), weshalb sie im gG **vorläufig** ebenfalls aus dem Verkehrswert berechnet wird.

129 Dazu kommen noch die Auslagen des Gerichts, also z.B. für die im Rahmen der Verkehrswertfestsetzung angefallenen Kosten eines Sachverständigen (Nr. 9005 KVGKG), für die öffentliche Bekanntmachung (Nr. 9004 KVGKG) und die Reisekosten des Gerichts (Nr. 9006 KVGKG) zur Ortsbesichtigung (Rdn 16) oder zum auswärtigen Versteigerungstermin (Rdn 41) sowie für Zustellungen (Nr. 9002 KVGKG), außer jenen für die Zustellung des Anordnungsbeschlusses und der Beitrittsbeschlüsse. Zustellungsauslagen werden nur erhoben, wenn im Gesamtverfahren mehr als zehn Zustellungen angefallen sind (Nr. 9002 KVGKG), wobei jene für die Anordnung oder einen Beitritt nicht mitzählen.

130 **Nicht hierher** gehören die Kosten (einschl. Zustellungsauslagen) für die Anordnung und evtl. Beitritte (§ 1 Rdn 67 ff.) sowie die Gebühr für den Zuschlag (§ 5 Rdn 90). Auch die außergerichtlichen Kosten der Beteiligten fallen nicht darunter; diese stehen, sofern rechtzeitig angemeldet (Rdn 94), jeweils bei der Hauptforderung unter deren Rang.

---

63 Altrechtliche Dienstbarkeiten = vor Anlage des Grundbuchs, also vor ca. 1900 nach damaligem Recht entstanden.
64 Z.B. *Stöber* (ZVG), § 9 EGZVG Rn 1–4. Diese Regelungen sind von erheblicher praktischer Bedeutung. Hierzu auch *Alff*, RpflStud 2009, 65 ff., Rpfleger 2010, 467 ff.
65 Für alle Gebührenfragen wird von einem durchgeführten Verfahren ausgegangen.

2. Weitere Beträge

Nunmehr folgen alle bar zu zahlenden Beträge, die einen **besseren Rang** haben als der bestbetreibende Gläubiger. Wenn vorhanden, RK 1, 1a und 2, meist auch RK 3 und ggf. RK 4. Es kann sogar vorkommen, dass eine Forderung der RK 5 im gG steht. Richtet sich das gG nach einem Beitrittsgläubiger aus der RK 5, weil kein anderer Gläubiger alle in Rdn 115 genannten Voraussetzungen erfüllt, so kommt z.B. auch ein besserrangiger (Rdn 99) persönlicher Gläubiger (RK 5) in das gG (dort in das Mindestbargebot). Zur Berechnung der wiederkehrenden Leistungen dieses Gläubigers siehe Rdn 132.

Bisher wurde nur erörtert, mit welchem Anfangstermin die wiederkehrenden Leistungen in das gG einzustellen sind. **Endtermin** wäre eigentlich der Tag vor dem Zuschlag, da ab dem Zuschlag der Ersteher die (öffentlichen und privaten) Lasten zu übernehmen hat (§ 56 S. 2 ZVG). Da aber der Zuschlag nicht immer im Versteigerungstermin erteilt wird (§ 4 Rdn 120), sieht **§ 47 ZVG** vor, dass die wiederkehrenden Leistungen nicht nur bis zum Tag vor dem Versteigerungstermin, sondern darüber hinaus bis zum Ablauf von zwei Wochen nach dem Versteigerungstermin berechnet werden.[66] Fällt ausnahmsweise ein Gläubiger der RK 5 in das gG, sind die wiederkehrenden Leistungen dieses Anspruchs dort bis einen Tag vor dem mutmaßlichen Verteilungstermin zu berechnen (Anhaltspunkt: zwei Monate nach Versteigerungstermin).

Es ist wichtig zu wissen, dass die Regelung des § 47 ZVG **nur für das gG**, nicht aber für die Erlösverteilung gilt. Im Rahmen der Erlösverteilung wird auf den Tag genau bis zum Tag vor dem Zuschlag abgerechnet.

Einmalige Leistungen kommen auch dann ins gG, wenn sie nach dem Versteigerungstermin, aber innerhalb der Frist des § 47 ZVG fällig werden. Auch dies gilt nur für das gG, nicht für die Erlösverteilung! Erfolgt der Zuschlag tatsächlich vor ihrer Fälligkeit, zahlt der **Ersteher** die einmalige Leistung; wird erst nach ihrer Fälligkeit zugeschlagen, muss sie noch aus dem Erlös befriedigt werden.

Bestehen die wiederkehrenden Leistungen ausnahmsweise nicht in Geld, sondern – wie dies z.B. bei Reallasten vorkommt – in Naturalien („täglich ein Liter Milch"), und steht das Recht im gG, wird hierfür ein Geldbetrag eingesetzt (§ 46 ZVG). Meldet der Berechtigte den Geldbetrag nicht an, setzt ihn das Vollstreckungsgericht fest.

Wegen der besonderen Bedeutung der Vorschriften über das gG werden diese jetzt nochmals an einem Beispiel vertieft.

> *Beispiel*
>
> Drei Gläubiger betreiben das Verfahren, nämlich
>
> Gläubiger A   Anordnungsbeschluss, dem Schuldner zugestellt am 18.4.2017, aus der erstrangigen Grundschuld wegen 100.000,00 EUR und 12 % kalenderjährlich nachträglich fälliger Zinsen seit 1.1.2013.
> Nach bewilligter einstweiliger Einstellung (§ 30 ZVG) erfolgte Fortsetzung; Zustellung des Fortsetzungsbeschlusses an den Schuldner am 3.7.2017.
>
> Gläubiger B   Beitrittsbeschluss aus RK 5, dem Schuldner zugestellt am 16.5.2017.
>
> Gläubiger C   Beitrittsbeschluss, dem Schuldner zugestellt am 22.5.2017, aus der zweitrangigen Grundschuld wegen 60.000,00 EUR und 6 % kalenderjährlich nachträglich fällig werdender Zinsen seit 1.1.2015.

---

66 Die laufenden Beträge der wiederkehrenden Leistungen sind also bis einschließlich des vierzehnten Tages nach dem Versteigerungstermin kalendertäglich exakt (nicht bankmäßig) zu berechnen. Dass dieser Tag konkret z.B. auf einen Sonntag fällt, ist dabei ohne Bedeutung, da § 47 ZVG nicht die Wahrung etwa einer Rechtsmittelfrist regelt und demnach kein Schutzbedürfnis für Verfahrensbeteiligte besteht.

§ 3 Verfahren bis zum Versteigerungstermin

Die erste Beschlagnahme war am 18.4.2017. Das Vollstreckungsgericht hat den Verkehrswert auf 150.000,00 EUR festgesetzt und den Versteigerungstermin auf den 10.7.2017 bestimmt. Die gesamten gerichtlichen Auslagen betragen 1.300,00 EUR.

Zum Termin gehen folgende Anmeldungen ein:
- Gemeinde: Grundsteuer pro Quartal 120,00 EUR, rückständig seit dem 1.7.2013 und 10.000,00 EUR am 1.2.2016 fälliger Erschließungsbeitrag.
- A meldet 103,50 EUR[67] Gerichtskosten für den Anordnungsbeschluss an.
- B meldet 103,50 EUR Gerichtskosten für den Beitrittsbeschluss an.
- C meldet 103,50 EUR Gerichtskosten für den Beitrittsbeschluss und 200,00 EUR Kostenpauschale für die Terminswahrnehmung (hierzu Rdn 94) an.

Frage: Wie hoch ist das geringste Gebot?

Zunächst ist festzustellen, wer als bestbetreibender Gläubiger das gG bestimmt. Die Prüfung gem. Rdn 115 ergibt, dass A dies nicht sein kann, da sein Fortsetzungsbeschluss dem Schuldner zu spät zugestellt wurde (Rdn 115). B und C dagegen könnten das gG bestimmen. C betreibt aus RK 4, B aus RK 5. C den besseren Rang und bestimmt das gG. Nur die Ansprüche, welche Rang vor C haben, kommen ins gG.

Dies sind:
a) die Gerichtskosten (Rdn 128–130);
b) die öffentlichen Lasten RK 3, welche die Gemeinde angemeldet hat;
c) die Ansprüche des A als Gläubiger RK 4 mit Rang vor C.

Nunmehr ist festzustellen, welche Beträge berücksichtigt werden können und ob die Berücksichtigung durch „Bestehen bleiben" oder durch „Zahlung" zu erfolgen hat.

Das Stammrecht des A, also die Grundschuld über 100.000,00 EUR, bleibt nach § 52 ZVG bestehen und muss vom Ersteher übernommen werden.

Alle anderen Beträge sind bar zu zahlen (fallen ins Mindestbargebot).
a) Gerichtskosten:
   Sie werden mit 3 × 0,5, also mit 1,5 der vollen Gebühr aus 150.000,00 EUR (= Verkehrswert), angesetzt, dazu kommen die Auslagen.
b) Erschließungsbeitrag der Gemeinde:
   Er ist innerhalb der Frist des § 10 Abs. 1 Nr. 3 ZVG fällig geworden und wird angesetzt.
   Letzte Fälligkeit der Grundsteuer vor dem 18.4.2017 war der 15.2.2017. Fällig wurde an diesem Tag die Grundsteuer ab 1.1.2017. Ab hier ist sie laufend und wird nach § 47 ZVG als solche bis zum 24.7.2017 taggenau (= 204 Tage) eingesetzt, das dritte Quartal also nur anteilig! Privilegierter Rückstand vom 1.1.2015 bis 31.12.2016 (= 720 Tage). Die angemeldeten älteren Rückstände fallen in RK 7 und damit nicht in das gG.
c) Forderung des A:
   Die angemeldeten Kosten sind voll anzusetzen. Die im Antrag auf Anordnung der Versteigerung stehenden Zinsen gelten nach § 114 Abs. 1 S. 2 ZVG als angemeldet (Rdn 57). Die letzte Fälligkeit vor Beschlagnahme war am 31.12.2016 für das Jahr 2016. Somit sind laufend die Zinsen ab 1.1.2016 bis zum 24.7.2017 (= 564 Tage). Rückständig privilegiert sind die Zinsen vom 1.1.2014 bis 31.12.2015 (= 720 Tage). Die angemeldeten älteren Rückstände (1.1.2013 bis 31.12.2013) fallen in RK 8 und damit nicht in das gG.

---

[67] Gerichtskosten = Gebühr (Nr. 2210 KVGKG) 100,00 EUR zzgl. 3,50 EUR Zustellungsauslagen (Nr. 9002 KVGKG).

F. Das geringste Gebot (gG) § 3

Dies ergibt nun folgendes geringstes Gebot:

Bestehen bleibendes Recht:
Grundschuld des A über 100.000,00 EUR mit 12 % Zinsen ab Zuschlag.

Mindestbargebot:

Gerichtskosten:	1,5 Gebühr aus 150.000,00 EUR	2.079,00 EUR	
	Auslagen (lt. Sachverhalt)	1.300,00 EUR	
	Summe		**3.379,00 EUR**
Gemeinde:	Grundsteuer		
	laufend vom 1.1.2017 bis 24.7.2017 (204 Tage)	272,00 EUR	
	rückständig vom 1.1.2015 bis 31.12.2016 (720 Tage)	960,00 EUR	
	Erschließungsbeitrag	10.000,00 EUR	
	Summe		**11.232,00 EUR**
Gläubiger A:	Kosten (lt. Anmeldung)	103,50 EUR	
	Zinsen		
	laufend vom 1.1.2016 bis 24.7.2017 (564 Tage[68])	18.800,00 EUR	
	rückständig vom 1.1.2014 bis 31.12.2015 (720 Tage)	24.000,00 EUR	
	Summe		**42.903,50 EUR**
Mindestbargebot			**57.514,50 EUR**

Ein Bieter müsste also das Recht von 100.000,00 EUR übernehmen und dazu noch mindestens 57.514,50 EUR an das Gericht bezahlen. Wirtschaftlich gesehen muss er also mindestens 157.514,50 EUR aufwenden, wenn er das Grundstück erwerben will; hier also mehr als den Verkehrswert.

---

68 Obwohl die Zinsen des Jahres 2017 noch nicht fällig sind.

§ 4 Versteigerungstermin

A. Vom Aufruf der Sache bis zur Aufforderung, Gebote abzugeben

I. Gliederung, Öffentlichkeit, Sitzungsleitung und Protokoll

Der Versteigerungstermin gliedert sich in **drei Abschnitte**: 1

Bekanntmachungsteil (§ 66 ZVG)	Bietezeit (§ 73 ZVG)	Zuschlagsverhandlung (§ 74 ZVG)
■ Aufruf der Sache ■ Feststellung der Beteiligten ■ Bekanntmachungen ■ Feststellung des geringsten Gebots und der Versteigerungsbedingungen ■ Hinweis auf Ausschließung (Rangverlust) verspäteter Anmeldungen ■ Aufforderung zur Gebotsabgabe	■ Mindestens 30 Minuten Gebotsabgaben etc. ■ Dreimaliger Aufruf des letzten Gebots ■ Kein weiteres Gebot ■ Verkündung des Schlusses der Versteigerung	■ Anhörung der anwesenden Beteiligten über den Zuschlag ■ Evtl. Versagungsanträge, Zahlung, Antragsrücknahme, Bewilligung der einstweiligen Einstellung etc. ■ Zuschlagsentscheidung oder Bestimmung eines Verkündungstermins

Der Versteigerungstermin ist natürlich **öffentlich**. Das Vollstreckungsgericht muss unbedingt durch geeignete Maßnahmen dafür sorgen, dass jeder, der am Termin teilnehmen will, den Ort der Versteigerung leicht findet. Sollte – was nach Möglichkeit zu vermeiden ist – die Versteigerung in einen anderen als den ursprünglich angegebenen Raum verlegt werden, ist darüber nicht nur sorgfältig zu informieren, sondern es ist auch im Terminsprotokoll festzuhalten, was insoweit veranlasst[1] worden ist. 2

Der für das Verfahren zuständige Rechtspfleger leitet die Sitzung. Ihm obliegt die Aufrechterhaltung der Ordnung in der Sitzung (§ 176 GVG), wofür ihm die in den §§ 175 bis 183 GVG genannten sitzungspolizeilichen Maßnahmen zur Verfügung stehen. Insbesondere kann er gegen Parteien oder bei der Verhandlung nicht beteiligte Personen, die sich in der Sitzung einer Ungebühr schuldig machen, ein Ordnungsgeld bis zu 1.000,00 EUR (nicht jedoch Ordnungshaft, siehe § 4 Abs. 2 RPflG) festsetzen (§ 178 Abs. 1 GVG). Ein wiederholt grob ungebührliches Verhalten gegenüber dem Vollstreckungsgericht kann im Einzelfall auch die mehrfache Ausschöpfung des Ordnungsmittelrechtsrahmens rechtfertigen.[2] 3

Zwar gilt die zivilprozessuale **Hinweispflicht** nach § 139 ZPO auch im Zwangsversteigerungsverfahren, sie erfordert aber nicht allgemeine Ausführungen über die Rechte der Beteiligten. In erster Linie kommt die Hinweispflicht zum Tragen, wenn das Vollstreckungsgericht Anlass zu der Annahme hat, dass ein Beteiligter die Rechtslage falsch einschätzt und ihm deshalb ein Rechtsnachteil droht.[3]

Vor allem wegen §§ 78, 80 ZVG ist das Terminsprotokoll von größter Bedeutung. Der sitzungsleitende Rechtspfleger führt das Protokoll. Er kann in den in § 159 Abs. 1 ZPO genannten Fällen hierfür einen Urkundsbeamten der Geschäftsstelle zuziehen. 4

Für den Inhalt des Protokolls gilt § 160 ZPO.

---

[1] Einzelheiten hierzu LG Essen v. 20.1.2006 – 7 T 574/05.
[2] OLG Koblenz v. 28.1.2013 – 4 W 669/12.
[3] BGH v. 10.10.2013 – V ZB 181/12.

II. Feststellung der Beteiligten

5 Der Termin beginnt mit dem Aufruf der Sache und der Feststellung, welche Beteiligten (§ 9 ZVG) erschienen sind. Diese werden im Protokoll vermerkt. Insbesondere wegen der vorgeschriebenen Anhörung der anwesenden Beteiligten im Rahmen der Feststellung des geringsten Gebots und der Feststellung der Ausgebotsarten nach § 63 ZVG, sollte sich das Vollstreckungsgericht **unmittelbar vor der Aufforderung zur Abgabe von Geboten** durch Nachfrage vergewissern, ob zwischenzeitlich weitere Beteiligte erschienen sind und das Protokoll mindestens um diese Nachfrage ergänzen.[4]

Vertretung ist zulässig. Soll der Vertreter[5] nur Prozesshandlungen vornehmen, also z.B. Anträge stellen oder Anmeldungen vornehmen, genügt eine darauf gerichtete schriftliche Vollmacht. Dieser Prozessbevollmächtigte muss aus dem in § 79 ZPO genannten Personenkreis stammen. Damit können „professionelle Versteigerungsverhinderer" nicht als Vertreter des Schuldners im Termin auftreten. Zunehmend versuchen diese „Berater" des Schuldners eine Zulassung als Beistand zu erreichen (§ 90 Abs. 1 S. 3 ZPO). Diese dürfte jedoch regelmäßig sowohl am objektiven Tatbestand der Sachdienlichkeit als auch am subjektiven Tatbestand des Bedürfnisses scheitern.[6]

6 Besonders die fast immer beteiligten Kreditinstitute ermächtigen ihre Vertreter aber meist auch zur Abgabe von Geboten und statten sie deshalb mit einer nicht auf diesen speziellen Termin beschränkten **Bietvollmacht** aus, welche (falls nicht bei Gericht offenkundig) nach § 71 Abs. 2 ZVG **öffentlich beglaubigt** sein muss. Es ist üblich, dem Vollstreckungsgericht das Original vorzulegen und eine Kopie zum Verbleib in den Akten zu übergeben. Da ein Bieter grundsätzlich kein Beteiligter ist, ist ein von ihm zur Abgabe von Geboten bevollmächtigter Vertreter kein Prozessbevollmächtigter. § 79 ZPO gilt daher für die Vertretung des Bieters nicht.[7]

> **Tipp**
> Soll ein Rechtsanwalt für seinen Mandanten bieten, benötigt er eine öffentlich beglaubigte Bietvollmacht.

7 Jeder Gläubiger, dem der Vollstreckungstitel zwischenzeitlich zurückgegeben worden war, hat diesen spätestens jetzt wieder vorzulegen.[8] Dazu auch § 5 Rdn 35.

III. Bekanntmachungen

8 Nunmehr erfolgen die nach § 66 Abs. 1 ZVG erforderlichen Bekanntmachungen. Bekannt zu machen sind
- die das zu versteigernde **Grundstück betreffenden Nachweisungen**,
- die das Verfahren betreibenden **Gläubiger** und ihre Ansprüche,
- der Tag der ersten **Beschlagnahme**,
- der für das Grundstück festgesetzte **Verkehrswert**
- und die bereits erfolgten **Anmeldungen**.

IV. Feststellung des geringsten Gebots

9 Anschließend werden das **geringste Gebot** (dazu § 3 Rdn 110 f.) und die **Versteigerungsbedingungen** (dazu Rdn 40 ff.) nach Anhörung der anwesenden Beteiligten festgestellt und die erfolgten Feststellungen

---

[4] BGH v. 2.2.2012 – V ZB 6/11 für Verzichtserklärung nach § 63 Abs. 4 ZVG.
[5] Wegen der Vertretung einer Gemeinde im Termin: *Glotzbach/Goldbach*, Rn 358–367.
[6] OLG Koblenz v. 28.1.2013 – 4 W 669/12; hierzu Anm. *Traub*, Rpfleger 2013, 566.
[7] *Stöber* (ZVG), § 71 Rn 6.3.; a.A. *Klawikowski*, Rpfleger 2008, 404, 407.
[8] BGH v. 30.1.2004 – IXa ZB 285/03; BGH v. 18.3.2010 – V ZB 124/09.

A. Vom Aufruf der Sache bis zur Aufforderung, Gebote abzugeben § 4

verlesen. Falls nicht jetzt noch Anmeldungen erfolgen (was bis zur Aufforderung zur Gebotsabgabe rangwahrend möglich ist), wird das vorbereitete „vorläufige geringste Gebot" verlesen und als endgültiges gG festgestellt.

Soweit erforderlich, wird bei der Feststellung des gG der Zuzahlungsbetrag nach § 51 ZVG (Rdn 36) bestimmt.

Das festgestellte **gG ist selbstständig nicht anfechtbar**, jedoch kann die Zuschlagsbeschwerde auf die Verletzung einer Vorschrift über die Feststellung des geringsten Gebots gestützt werden (§ 83 Nr. 1 ZVG). 10

V. Anmeldungen und Anträge zum Versteigerungstermin

Neben Anmeldungen zur Einführung einer Forderung in das Verfahren (hierzu § 3 Rdn 57 ff.) können auch andere Anmeldungen (hierzu Rdn 12 ff.) erfolgen und Anträge gestellt werden (hierzu Rdn 21 ff.), welche vom Rechtspfleger bekannt zu geben und abzuhandeln sind. 11

Wegen der Anträge im Zusammenhang mit der Versteigerung mehrerer Grundstücke wird auf die §§ 11 und 12 verwiesen.

Tipp
Erst im Termin abgegebene Anmeldungen können diesen verzögern. Anmeldungen sollten beim Vollstreckungsgericht daher stets vorher schriftlich eingereicht werden.

1. Schuldübernahme und Kündigung eines Grundpfandrechts

Bleibt eine Grundschuld bestehen (§ 3 Rdn 121), welche eine Forderung sichert, für die der Schuldner persönlich haftet, sollte er die gegen ihn bestehende Forderung vor der Aufforderung zur Abgabe von Geboten anmelden (§ 53 Abs. 2 ZVG), um so evtl. später aus der persönlichen Haftung freizukommen (**Schuldübernahme** des Erstehers). Auch diese Anmeldung wird bekannt gemacht. 12

Damit eine bereits erfolgte **Kündigung** eines Grundpfandrechts (= Fälligstellung des Grundpfandrechts) gegenüber dem Ersteher wirksam ist, hat der Grundpfandrechtsberechtigte diese vor der Aufforderung zur Abgabe von Geboten anzumelden (§ 54 ZVG). Die erfolgte Kündigung und Anmeldung ändert jedoch nichts daran, dass das Recht, soweit es dem bestbetreibenden Gläubiger im Rang vorgeht, als bestehend bleibend (und nicht etwa im Mindestbargebot) in das gG aufzunehmen ist. 13

2. Miet- und Pachtverhältnisse

Ist das Grundstück vermietet oder verpachtet und dem Mieter/Pächter überlassen, tritt der Ersteher in den **bestehenden Vertrag ein** (§ 57 ZVG – „Zuschlag bricht nicht Miete"). Er ist damit u.a. auch verpflichtet, die Nebenkosten für den bei Zuschlag laufenden[9] Zeitraum abzurechnen. 14

Allerdings hat der Ersteher neben dem allgemeinen vertraglichen Kündigungsrecht unter den nachgenannten Bedingungen ein **Sonderkündigungsrecht** (§ 57a ZVG). 15

Danach kann der Ersteher zum nächsten **gesetzlichen Kündigungstermin** kündigen (§ 57a S. 1 ZVG), allerdings nur zum ersten möglichen Termin nach dem Zuschlag (§ 57a S. 2 ZVG). Dabei ist eine Überlegungsfrist von bis zu einer Woche wohl regelmäßig ausreichend.[10] 16

---

9 Bereits abgelaufene Zeiträume muss noch der Schuldner abrechnen.
10 OLG Oldenburg v. 17.12.2001 – 11 U 63/01; hierzu auch BGH v. 9.11.2001 – LwZR 4/01. Ist die Zeitspanne zwischen Zuschlag (Verkündung bzw. ausnahmsweise (§ 104 ZVG) Zustellung) in diesem Sinne zu kurz, gilt der nächste mögliche Termin.

§ 4 Versteigerungstermin

Die Kündigung muss unter Einhaltung der **gesetzlichen Frist** ausgeübt werden, demnach:
- bei Wohnraum: spätestens am dritten Werktag[11] eines Kalendermonats zum Ende des übernächsten Monats, ohne Rücksicht auf eine evtl. Verlängerung nach § 573c Abs. 1 S. 2 BGB (siehe § 573d BGB);
- bei Wohnraum i.S.d. § 549 Abs. 2 S. 2 BGB (untervermieteter Wohnraum): spätestens am 15. eines Monats zum Ablauf dieses Monats (siehe § 573d BGB);
- bei Geschäftsräumen und gewerblich genutzten unbebauten Grundstücken: spätestens am dritten Werktag eines Kalendervierteljahres (§ 580a Abs. 1 Nr. 3 und Abs. 2 sowie Abs. 4 BGB) zum Ablauf des Kalendervierteljahres;
- bei sonstigen Grundstücken und Räumen: wie bei Wohnraum (§ 580a Abs. 1 Nr. 3 sowie Abs. 4 BGB).

17 Das Sonderkündigungsrecht des Erstehers ist durch die für den Mieter bestehenden **Kündigungsschutzbestimmungen** beschränkt. Der Ersteher kann Wohnraum daher nur kündigen, wenn er ein berechtigtes Interesse an der Beendigung des Mietverhältnisses hat (§§ 573d Abs. 1, 573 BGB). Wichtigster Kündigungsgrund dürfte Eigenbedarf (§ 573 Abs. 2 Nr. 2 BGB) sein. Der Ersteher muss den Kündigungsgrund im Kündigungsschreiben (siehe § 568 BGB) angeben (§ 573 Abs. 3 S. 1 BGB).

18 Über § 57 ZVG gelten auch für Vorausverfügungen des Vermieters über die Miete (§ 566b Abs. 1 BGB) und Rechtsgeschäfte zwischen Vermieter und Mieter über die Miete (§ 566c BGB) die Regelungen des BGB, soweit jedoch nicht § 57b ZVG Besonderheiten vorschreibt.

Hatte der Mieter z.B. eine Mietvorauszahlung geleistet, so ist dieses Rechtsgeschäft zwischen Vermieter und Mieter dem Ersteher für die Zeit nach dem Zuschlag gegenüber nur wirksam, soweit es sich auf die Miete für den Kalendermonat bezieht, in welchem der Mieter von der Beschlagnahme Kenntnis erlangt hat. War dies nach dem 15. des Monates, ist die Vorausverfügung auch noch für den folgenden Monat wirksam. Im Übrigen wird auf die Kommentarliteratur Bezug genommen.

19 Hatte der bisherige Eigentümer vom Mieter eine **Mietsicherheit (Kaution)** erhalten, haftet der Ersteher diesem Mieter nach Beendigung des Mietverhältnisses auch dann auf Rückzahlung der Kaution, wenn er sie vom bisherigen Eigentümer nicht erlangen konnte (§ 566a BGB i.V.m. § 57 ZVG).[12] Dem Wortlaut nach gilt diese Regelung nur für vermieteten Wohnraum. Ob wegen § 578 BGB eine entsprechende Anwendung bei der Versteigerung von Geschäfts- oder Gewerberäumen zu erfolgen hat, ist ungeklärt.[13] Das Vollstreckungsgericht sollte vorhandene Möglichkeiten (Anfrage bei Mieter; Sachverständiger erkundigt sich; Zwangsverwalter) nutzen, um zu erfahren, ob und wie die Kaution geleistet wurde. Auf das Haftungsrisiko des Erstehers sollten die Bietinteressierten hingewiesen werden.

20 Der Ersteher hat weder die Kaution zu erstatten noch die Nebenkostenabrechnung vorzunehmen, wenn das Mietverhältnis vor dem Zuschlag beendet wurde und der Mieter bereits ausgezogen ist.[14]

3. Abweichende Versteigerungsbedingungen

21 Auf Verlangen eines Beteiligten muss das Vollstreckungsgericht eine abweichende Feststellung des gG und der Versteigerungsbedingungen zulassen, wenn folgende Voraussetzungen vorliegen (§ 59 ZVG):
- Das Verlangen muss **spätestens im Versteigerungstermin** vor der Aufforderung zur Abgabe von Geboten gestellt werden.
- Die verlangte Abweichung darf nicht den **Grundsätzen des Verfahrens** nach dem ZVG widersprechen. Demnach wäre z.B. die Abweichung, dass der Zuschlag demjenigen erteilt wird, der zuerst eine bestimmte Summe bietet, nicht möglich.

---

11 Der Samstag ist hierbei als Werktag mitzuzählen, wenn nicht der letzte Tag der Karenzfrist auf diesen Tag fällt (BGH v. 27.4.2005 – VIII ZR 206/04).
12 BGH v. 7.3.2012 – XII ZR 13/10.
13 Für eine entsprechende Anwendung: *Stöber* (ZVG), § 57 Rn 4.1.
14 BGH v. 4.4.2007 – VIII ZR 219/06.

A. Vom Aufruf der Sache bis zur Aufforderung, Gebote abzugeben § 4

- Alle Beteiligten, welche von der Abweichung **beeinträchtigt** sind, müssen **zustimmen**, § 59 Abs. 1 ZVG. Soll jedoch bestimmt werden, dass ein Recht bestehen bleiben soll, das eigentlich erlöschen müsste (wichtiger Praxisfall: „Altes" Erbbaurecht), bedarf es nicht der Zustimmung der nachrangigen Beteiligten, § 59 Abs. 3 ZVG. Nach der hier vertretenen Auffassung ist auch die Zustimmung des Schuldners nicht erforderlich (str.).[15]

Fehlt die Zustimmung eines beeinträchtigten Beteiligten, ist das Verlangen zurückzuweisen. So kann z.B. nicht ohne Zustimmung des Hypothekengläubigers angeordnet werden, dass die Hypothek, die eigentlich bestehen bleiben müsste, jetzt erlöschen und bar abgegolten werden soll. 22

Steht nicht fest, ob ein Dritter überhaupt beeinträchtigt ist (weil dies von der Höhe des späteren Meistgebotes abhängt), muss das Vollstreckungsgericht das Grundstück sowohl mit der verlangten Abweichung als auch nach der gesetzlichen Regel ausbieten, sog. **Doppelausgebot** (§ 59 Abs. 2 ZVG). Beide Ausgebotsarten haben gleichzeitig zu erfolgen.[16] Für den Zuschlag gilt folgender Grundsatz: Ergibt dieses Doppelausgebot, dass der betroffene Beteiligte nicht beeinträchtigt ist, wird auf die Abweichung zugeschlagen, anderenfalls auf das gesetzliche Ausgebot, sofern nicht alle Beeinträchtigten dem Zuschlag auf die Abweichung zustimmen. Wird nur auf die abweichenden Bedingungen geboten, so kann der Zuschlag erteilt werden, wenn keine konkreten Anhaltspunkte für eine Beeinträchtigung des Schuldners bestehen.[17] Wegen der weiteren Einzelheiten wird auf die Kommentarliteratur verwiesen.[18] 23

§ 9 Abs. 2 EGZVG zusammen mit dem Landesrecht[19] bestimmt, dass **Altenteile** etc. entgegen der Regel des § 52 ZVG auch dann bestehen bleiben, wenn der bestbetreibende Gläubiger einen besseren Rang hat als das Altenteil. Allerdings werden dann dessen Rechte auf sein Verlangen durch ein Doppelausgebot (Ausgebot des Grundstücks mit und ohne Altenteil) gewahrt. Ergibt sich, dass der Gläubiger durch das Altenteil nicht beeinträchtigt wird, bleibt es erhalten. Anderenfalls erlischt es. Dazu auch § 3 Rdn 125. 24

Für Rechte (auch Altenteile etc.), die nach § 52 ZVG bestehen bleiben, gibt es keine Besonderheit. Sie könnten nur mit ausdrücklicher Zustimmung des Berechtigten abweichend nach § 59 ZVG erlöschen; ein Doppelausgebot findet nicht statt, da die Beeinträchtigung des Berechtigten feststeht. 25

4. Schuldnerfremdes Zubehör

Sachen können Zubehör des Grundstücks sein, ohne dass sie im Eigentum des Grundstückseigentümers stehen. Dies gilt z.B. für Gegenstände, die sicherungsübereignet[20] sind oder gemietet/geliehen wurden. Bei gemieteten oder geliehenen Gegenständen wird allerdings die Zubehöreigenschaft meist dadurch ausgeschlossen sein, dass sich diese Gegenstände nur **vorübergehend** auf dem Grundstück befinden (§ 1 Rdn 96) oder die Verkehrsauffassung[21] sie nicht als Zubehör ansieht. 26

Zubehör, das dem Grundstückseigentümer **nicht gehört**, sich aber in seinem Besitz befindet, ist **zwar nicht beschlagnahmt** (§ 1 Rdn 90), da es nicht zum Haftungsverband gehört, wird aber nach § 55 Abs. 2 ZVG **mitversteigert**. Geschieht dies, verliert der Eigentümer sein Eigentum (§ 90 Abs. 2 ZVG). 27

Das Problem besteht darin, dass nicht das Vollstreckungsgericht, sondern das Prozessgericht (der Eigentümer des Zubehörstücks klagt gegen Ersteher) entscheidet, ob der Gegenstand Zubehör war, also mitver- 28

---

15 Hierzu ausführlich *Mayer*, Rpfleger 2003, 281 und *Stöber* (ZVG), § 59 Rn 7.
16 BGH v. 1.12.2011 – V ZB 186/11.
17 BGH v. 8.12.2011 – V ZB 197/11.
18 *Alff*, Rpfleger 2010, 467 und *Stöber* (ZVG), § 59 Rn 6.2.
19 Z.B. für Baden-Württemberg: § 33 GVG-Ausführungsgesetz, für Rheinland-Pfalz: § 5 ZVG-Ausführungsgesetz, für das Saarland: § 43 Saarl. Gesetz zur Ausführung bundesrechtlicher Justizgesetze.
20 Dies gilt auch für Zubehör, das unter Eigentumsvorbehalt steht. Wegen der Besonderheit: *Stöber* (ZVG), § 55 Rn 3.11. und 3.12.
21 In vielen Gegenden Deutschlands gehört das Gaststätteninventar regelmäßig nicht dem Gastwirt, sondern der Brauerei. Dort gilt dieses Inventar schon nach der Verkehrsauffassung nicht als Zubehör.

steigert wurde, oder kein Zubehör war, also nicht mitversteigert wurde. Diese Ungewissheit führt dazu, dass die nachstehend genannte Intervention des Eigentümers auch dann notwendig (und üblich) ist, wenn es zweifelhaft erscheint, ob der Gegenstand überhaupt Zubehör ist.

29 Um die Mitversteigerung seines Zubehörstücks zu vermeiden, muss der Eigentümer insoweit die Aufhebung oder einstweilige Einstellung der Versteigerung „herbeiführen" (§ 37 Nr. 5 ZVG). „Herbeiführen" bedeutet, dass Anmeldung allein nicht genügt. Vielmehr muss sich der Eigentümer die **Freigabe** des Zubehörstücks erreichen. Dies kann dadurch geschehen, dass alle Gläubiger für die der Versteigerungstermin stattfindet (§ 3 Rdn 115), ihren Versteigerungsantrag hinsichtlich des Zubehörstücks zurücknehmen (§ 29 ZVG) oder insoweit die einstweilige Einstellung bewilligen (§ 30 ZVG). Diese Erklärung muss dem Vollstreckungsgericht vorliegen. Kann der Eigentümer des Zubehörstücks eine solche Erklärung nicht beibringen, muss er gegen die/den entsprechenden Gläubiger im Wege der Drittwiderspruchsklage vorgehen.

> *Tipp*
> Der Eigentümer solcher Zubehörstücke sollte stets so früh wie möglich alle Gläubiger zur „Freigabe" der Sache auffordern. Er muss sein Eigentum beweisen und sein Recht notfalls durch Drittwiderspruchsklage verfolgen.

30 Hat dies der Eigentümer bislang versäumt, bleibt ihm im Versteigerungstermin eine letzte Möglichkeit. Erklärt der anwesende Gläubiger jetzt die selektive Antragsrücknahme bzw. einstweilige Einstellung, ergeht insoweit Aufhebungsbeschluss bzw. Einstellungsbeschluss. Ist der Gläubiger hierzu nicht willens oder nicht anwesend, kann der Eigentümer einen Antrag nach § 769 Abs. 2 ZPO auf **einstweilige Einstellung** durch das Vollstreckungsgericht stellen. Hierzu muss er jetzt
- die Sache so genau bezeichnen, dass sie ein Gerichtsvollzieher finden könnte;
- glaubhaft machen (§ 294 ZPO, anwaltliche Versicherung genügt nicht!), dass die Sache in seinem Eigentum steht;
- auf Verlangen des Gerichts erklären, warum er jetzt erst tätig wird.

31 Gibt das Vollstreckungsgericht dem Antrag statt, so beschließt es für diese Sache die einstweilige Einstellung des Verfahrens und setzt gleichzeitig dem Antragsteller eine Frist, innerhalb der eines der in Rdn 29 genannten Ergebnisse vorzulegen ist.

32 Das Vollstreckungsgericht könnte den Tenor wie folgt formulieren: *„Unter der Voraussetzung, dass es sich hierbei um Zubehör handelt, wird die Zwangsversteigerung in ... (genaue Bezeichnung der Sache) mit der Maßgabe einstweilen eingestellt, dass (der Eigentümer) bis zum ... die Entscheidung des Prozessgerichts beizubringen hat".* Dazu Rdn 29.

33 Die Sache wird nicht mitversteigert, auch wenn sie Zubehör ist.

5. Zuzahlungsbetrag

34 Es wird zwar nur sehr selten vorkommen, ist aber theoretisch denkbar, dass ein Recht, welches im gG als „bestehen bleibend" bezeichnet wurde, in Wirklichkeit **nicht besteht,** das Grundbuch also insoweit unrichtig ist. Da aber der Ersteher bei der Kalkulation seines Gebotes damit gerechnet hat, dieses Recht übernehmen bzw. dulden zu müssen, wäre es nicht rechtens, wenn nun ein ersatzloser Wegfall zu seinen Gunsten ginge. Daher ist vorgesehen (§§ 50, 51 ZVG), dass der Ersteher in einem solchen Fall entsprechenden Ersatz durch eine Zuzahlung[22] zu leisten hat.

---

[22] Es ist leider praxisüblich, aber unsachgemäß, hierfür den Ausdruck „Ersatzbetrag" zu benutzen, da dieses Wort eine andere Zahlung (§ 92 ZVG) bezeichnet.

Die Höhe des Zuzahlungsbetrags steht fest, wenn es sich um ein Grundpfandrecht handelt (dann ist es dessen Nennbetrag) oder aber, wenn (ganz selten) für andere Rechte nach § 882 BGB ein Betrag im Grundbuch eingetragen ist.

Bleibt in der zweiten Abteilung ein Recht bestehen, ohne dass ein Eintrag nach § 882 BGB vorliegt, muss das Vollstreckungsgericht nach § 51 ZVG den Zuzahlungsbetrag bestimmen. Die Höhe des Zuzahlungsbetrages ergibt sich aus dem **Wert des Vorteils**, welchen der Ersteher dadurch hat, dass das Recht entgegen der Annahme im Termin nicht besteht. Nach Anhörung der Beteiligten entscheidet das Vollstreckungsgericht nach pflichtgemäßem Ermessen. An eine Anmeldung ist das Vollstreckungsgericht nicht gebunden.[23] Auch für ein außerhalb des gG bestehen bleibendes Altenteil (§ 3 Rdn 125 und oben Rdn 24) ist ein Zuzahlungsbetrag festzusetzen.[24]

Eine Zuzahlung muss nur erfolgen, wenn

- das Recht bereits zum Zeitpunkt des Zuschlags nicht besteht oder
- der Wegfall nach § 50 Abs. 2 ZVG erfolgt.

Fällt das Recht erst nach dem Zuschlag weg und beruht dieser Wegfall nicht ausnahmsweise auf den Gründen des § 50 Abs. 2 ZVG, ist **keine** Zuzahlung geschuldet.

Neben dem seltenen Fall der Zuzahlung, für welchen der Wert nach § 51 ZVG eigentlich bestimmt wird, liegt die praktische Bedeutung der Bestimmung darin, dass sie den Wert des „Nichthypothekenrechts" für die Fälle §§ 74a, 85a ZVG[25] und für die Kostenberechnung festlegt. Es ist zweckmäßig, die Bieter ausdrücklich darauf hinzuweisen, dass sie nicht etwa durch Zahlung des nach § 51 ZVG bestimmten Betrages das bestehen bleibende Recht ablösen können.

Beispiel

Wohnungsrecht für die O bleibt bestehen. Bestimmt wurde ein Zuzahlungsbetrag von 5.000,00 EUR.

- O lebt zum Zeitpunkt des Zuschlags noch:
  Ersteher muss das Wohnungsrecht dulden. Er kann O nicht gegen Zahlung von 5.000,00 EUR „auf die Straße setzen".
- O ist eine Stunde vor Zuschlag gestorben, was im Termin niemand weiß:
  Ersteher muss 5.000,00 EUR zuzahlen. Diesen Betrag erhalten die im Versteigerungsverfahren Zuteilungsberechtigten, nicht etwa die Erben der O.
- O stirbt am Tag nach dem Zuschlag:
  Ersteher muss keine Zuzahlung leisten. Er hat Glück gehabt. Ebenso gut hätte O ja auch 100 Jahre alt werden können!

VI. Feststellung der Versteigerungsbedingungen und sonstige Hinweise

1. Gesetzliche Versteigerungsbedingungen

Als Versteigerungsbedingungen bezeichnet man die Vorschriften, die die Bedingungen der Veräußerung des Grundstücks und die Wirkungen dieser Veräußerung regeln. Sie sind im Wesentlichen in den §§ 44 bis 58 und 63 bis 65 ZVG zu finden.

Im Versteigerungstermin sind diese Bedingungen festzustellen und zu verlesen. Erforderlich sind folgende Angaben:

---

23 Berechnung für den Wert der Erbbauzins-Reallast siehe *Glotzbach/Goldbach*, Rn 617 ff.
24 So *Alff*, RpflStud 2009, 65, 67; a.A. *Stöber* (ZVG), § 51 Rn 4.1.
25 LG Hamburg v. 26.11.2002 – 328 T 107/02.

- genaue Bezeichnung der **Rechte**, welche als Teil des gG bestehen bleiben (§ 3 Rdn 121);
- genaue Bezeichnung der **Gegenstände**, welche infolge Freigabe oder gem. Rdn 29–33 nicht mitversteigert werden; sind keine Gegenstände ausgenommen, ist folgende Angabe üblich: *„Von der Versteigerung sind keine Gegenstände ausgenommen."*;
- Hinweis auf die **Zahlungs- und Zinspflicht** (§ 49 ZVG) des Erstehers (dazu Rdn 41–43);
- Hinweis auf die Kostentragungspflicht für die Zuschlagkosten (dazu Rdn 44);
- Hinweis auf den **Gewährleistungsausschluss** (dazu Rdn 45);
- Hinweis auf den **Gefahrübergang** (dazu Rdn 46);
- Hinweis auf **Nutzungen** und **Lasten** des Grundstücks nach Zuschlag (dazu Rdn 48).

41 Das **Bargebot** ist mit 4 % (§ 246 BGB) vom Tag des Zuschlags (mitgerechnet) bis zum Tag vor dem Verteilungstermin zu **verzinsen** (§ 49 Abs. 2 ZVG).

Der Ersteher hat das Bargebot so rechtzeitig an die Gerichtskasse zu **überweisen** oder dort **einzuzahlen**, dass im Verteilungstermin bereits ein Nachweis hierüber vorliegt (§§ 49 Abs. 3, 107 Abs. 2 ZVG). Barzahlung im Verteilungstermin an das Vollstreckungsgericht ist nicht zulässig.

42 Der Ersteher kann sich von dieser Verzinsungspflicht befreien, indem er das Bargebot unter Verzicht auf das Recht der Rücknahme bei einer Hinterlegungsstelle hinterlegt und diese Hinterlegung spätestens im Verteilungstermin dem Vollstreckungsgericht anzeigt (§ 49 Abs. 4 ZVG).

Wegen des Wegfalls der Verzinsungspflicht im Falle der Sicherheitsleistung durch Überweisung eines Betrages auf ein Konto der Gerichtskasse (§ 69 Abs. 4 ZVG) siehe Rdn 103.

43 Zusammengefasst könnte der Hinweis demnach wie folgt lauten:

Das Bargebot ist so rechtzeitig vor dem Verteilungstermin an die Gerichtskasse zu überweisen oder auf ein Konto der Gerichtskasse einzuzahlen, dass dem Vollstreckungsgericht der Nachweis bereits im Verteilungstermin vorliegt. Barzahlung im Verteilungstermin ist nicht zulässig. Das Bargebot ist vom Zuschlag bis einen Tag vor Verteilungstermin mit 4 % zu verzinsen, falls keine Hinterlegung unter Verzicht auf das Recht der Rücknahme erfolgt.

Einzelheiten können dann mit dem Ersteher nach dem Versteigerungstermin erörtert werden.

44 Der Ersteher hat die **Kosten des Zuschlags** zu tragen. Dies folgt aus § 58 ZVG. Dazu auch § 5 Rdn 90.

45 Nach § 56 S. 3 ZVG findet eine **Gewährleistung** – selbst bei einem Irrtum über die Lage des Grundstücks[26] – nicht statt. Der Ersteher hat das Grundstück so zu übernehmen, wie er es vorfindet. Auch wenn der Sachverständige grobe Mängel übersehen haben sollte, die dem Ersteher unbekannt geblieben sind, wird er kaum eine Chance haben, das Gebot erfolgreich anzufechten. Wegen der Haftung des Sachverständigen siehe § 839a BGB und § 3 Rdn 19.

> **Tipp**
> Ein vorsichtiger Bieter sollte gegenüber dem sonst als angemessen angesehenen Kaufpreis einen Risikoabschlag von ungefähr 30 % vorsehen.

46 Der **Gefahrübergang** ist in § 56 ZVG dergestalt geregelt, dass bezüglich des Grundstücks der Ersteher das Risiko ab dem Zuschlag übernimmt, anschließende Schäden also zu seinen Lasten gehen. Ist allerdings das Grundstück z.B. gegen Feuer versichert, kann er evtl. wegen § 99 VVG[27] auf Ersatz hoffen.

> **Tipp**
> Bietinteressierte sollten sich immer erkundigen, ob eine Feuerversicherung besteht. Meistens weiß dies einer der Gläubiger, manchmal auch das Gericht.

---

[26] LG Neuruppin v. 8.8.2001 – 5 T 17/01.
[27] Gesetz über den Versicherungsvertrag vom 30.5.1908; im *Schönfelder* abgedr. unter Nr. 62.

Bezüglich der mitversteigerten Gegenstände (§ 1 Rdn 90 und oben Rdn 27) geht die Gefahr bereits mit dem Schluss der mündlichen Verhandlung auf den Ersteher über. Wenn also der Zuschlag nicht sofort erteilt wird (Rdn 120), trägt der künftige Ersteher bereits vorher das Risiko.[28]

Dem Ersteher gebühren vom Zuschlag an die **Nutzungen** und er trägt, ebenfalls ab dem Zuschlag, die **Lasten** (§ 56 S. 2 ZVG).[29]

2. Hinweise für Bietinteressierte

Obwohl gesetzlich nicht vorgeschrieben, ist es unbedingt erforderlich, den meist rechtsunkundigen Bietinteressierten noch einige Hinweise zu geben. Üblicherweise werden u.a. folgende Punkte angesprochen:

- **Identifikation**
  Bieter haben sich durch Vorlage eines gültigen amtlichen Ausweises zu identifizieren.
- **Vollmacht und Vertretungsnachweis**
  Hinweise auf die Form der Bietvollmacht (Rdn 56) und die Notwendigkeit der Vorlage ordnungsgemäßer Vertretungsnachweise (Rdn 57).
- **Sicherheitsleistung**
  Hinweise auf die mögliche Pflicht der Sicherheitsleistung (Rdn 68 ff.).
- **Grunderwerbsteuer**
  Für den Erwerb in der Zwangsversteigerung wird Grunderwerbsteuer geschuldet. Sie berechnet sich aus dem Erwerbspreis, also barem Meistgebot und Wert der bestehen bleibenden Rechte[30] (§ 3 Rdn 121). Ihre Höhe wird durch die einzelnen Bundesländer festgelegt und reicht derzeit von 3,5 % bis 6,5 %.
- **Eintragung des Erstehers im Grundbuch**
  Der Ersteher darf erst in das Grundbuch als Eigentümer eingetragen werden, wenn er die Unbedenklichkeitsbescheinigung (§ 22 GrEStG) des Finanzamtes vorlegt.
- **Mietsicherheit**
  Ist das Objekt vermietet und hat der Mieter eine Mietsicherheit (Kaution) geleistet, ist der Ersteher bei Beendigung des Mietverhältnisses verpflichtet, dem Mieter die Mietsicherheit zu erstatten, auch wenn er diese vom Schuldner nicht erlangt hat (§ 57 ZVG i.V.m. §§ 566a, 578 BGB). Hierzu Rdn 19.

VII. Aufforderung zur Abgabe von Geboten

Nachdem dies alles erledigt ist, hat das Vollstreckungsgericht jetzt „auf die Ausschließung weiterer Anmeldungen" hinzuweisen (§ 66 Abs. 2 ZVG). Die Formulierung ist ungenau, denn es können durchaus noch Anmeldungen vorgenommen werden, allerdings mit **Rangverlust** (§ 110 ZVG). Besser ist daher, nochmals zu fragen, ob noch Anmeldungen beabsichtigt sind, und dann darauf hinzuweisen, dass ab jetzt nur noch mit Rangverlust angemeldet werden kann. Wegen der Anmeldungen, die ohne Rangverlust noch im Verteilungstermin möglich sind, siehe § 6 Rdn 58.

Nunmehr fordert das Gericht zur Abgabe von Geboten auf. Da mit dieser Aufforderung die Bietezeit (§ 73 Abs. 1 ZVG) von mindestens 30 Minuten beginnt, muss die genaue Uhrzeit im Protokoll festgehalten werden.

---

28 Rechtspfleger, welche ausschließlich auf Gläubigerwunsch die Zuschlagsentscheidung vertagen, gehen ein hohes Haftungsrisiko ein. Die Amtspflicht des Rechtspflegers umfasst auch den Schutz des Meistbietenden (BGH v. 13.9.2001 – III ZR 228/00).
29 Wegen der Besonderheit bei der Grundsteuer: *Mayer*, Rpfleger 2000, 260.
30 Es gilt eine „Freigrenze", also kein „Freibetrag", bis 2.500,00 EUR pro Bieter. In gesetzlich vorgesehenen Fällen ist Befreiung von der Grunderwerbsteuer möglich.

B. Die Bietezeit

I. Abgabe von Geboten

52 Ab Beginn der Bietezeit können Gebote abgegeben werden. Das Gericht soll noch einmal ausdrücklich darauf hinweisen, dass beim Bieten nur der Geldbetrag genannt wird, welchen der Bieter an das Vollstreckungsgericht „bar" zahlen will. Die daneben bestehen bleibenden Rechte (§ 3 Rdn 121) werden nicht erwähnt, sondern „stillschweigend" übernommen. Sehen also z.B. die Versteigerungsbedingungen vor, dass eine Grundschuld in Höhe von 100.000,00 EUR bestehen bleibt, und bietet der Bieter 250.000,00 EUR, so hat er, wirtschaftlich gesehen, für das Grundstück 350.000,00 EUR „geboten".

53 Der Bieter muss – und auch das sollte in Zweifelsfällen klargestellt werden – das bestehen bleibende Recht auch dann im vollen Nennbetrag übernehmen (und ab dem Zuschlag mit den im Grundbuch eingetragenen Zinsen verzinsen), wenn der Schuldner dem Kreditinstitut (hier als Berechtigter des Rechts) wesentlich weniger schuldet. Ob eine bestehen gebliebene Grundschuld oder Hypothek sofort nach dem Zuschlag abgelöst werden kann, ergibt sich aus den Bedingungen, unter welchen sie bestellt wurde. Die Versteigerung als solche gibt dem Ersteher kein Recht auf vorzeitige Tilgung.

54 Die Rechtsnatur des Gebotes ist immer noch umstritten, auch wenn die h.M. zunehmend davon ausgeht, es handele sich um eine Prozesshandlung.[31] Es wird angenommen[32] (aber str.), dass dennoch die Anfechtungsvorschriften (z.B. wegen eines Willensmangels) analog anwendbar sind. Die Anfechtung eines Gebots wegen einer Fehlvorstellung über den Umfang der bestehen bleibenden Rechte ist nicht möglich.[33] Ebenso ist aufgrund des Haftungsausschlusses nach § 56 S. 3 ZVG eine spätere Anfechtung des Zuschlags im Beschwerdeweg (§ 5 Rdn 76 ff.) wegen Irrtums über eine verkehrswesentliche Eigenschaft ausgeschlossen.[34]

55 Für ein wirksames Gebot müssen die folgenden Voraussetzungen erfüllt sein:
- Partei- und Prozessfähigkeit des Bieters (§§ 50 ff. ZPO).
- Das Gebot muss unbedingt und unbefristet abgegeben werden.
- Die Gebotsabgabe muss mündlich[35] im Termin[36] unter Angabe der Personalien erfolgen. Jeder Bieter muss einen gültigen amtlichen Ausweis vorlegen, anhand dessen das Vollstreckungsgericht seine Personalien feststellt.
- Ein Bieter muss sich auf Verlangen des Gerichts ausweisen.
- Das Gebot muss in inländischer Währung (EUR) abgegeben werden.
- Das Gebot muss mindestens das Mindestbargebot erreichen bzw., falls bereits ein Gebot zugelassen wurde, dieses übersteigen (mindestens 1 ct mehr).

56 Ebenso wie bei dem rechtsgeschäftlichen Erwerb eines Grundstücks ist auch bei der Gebotsabgabe eine **Stellvertretung** zulässig. Voraussetzung dafür ist, dass der im Termin anwesende Vertreter im Namen des Vertretenen und mit Vertretungsmacht handelt. Sofern die **Vertretungsmacht** nicht offenkundig ist, muss sie von dem Vertreter **sofort** durch Vorlage einer **öffentlich beglaubigten Urkunde** nachgewiesen werden (§ 71 Abs. 2 ZVG). Anderenfalls ist das Gebot unwirksam und sofort zurückzuweisen. Die Nachreichung eines ordnungsgemäßen Vertretungsnachweises ist nicht möglich.

---

31 Hierzu ausführlich *Eickmann*, ZfIR 2006, 654 m. zahlreichen Nachweisen. Dass der BGH ohne jeden Hinweis auf den Streit in seiner Entscheidung vom 24.11.2005 – V ZB 98/05 von der Gegenansicht ausgeht, ist zumindest erstaunlich, zumal der BGH früher die Auffassung „Prozesshandlung" vertreten hatte.
32 Dazu *Stöber* (ZVG), § 71 Rn 3.
33 BGH v. 5.6.2008 – V ZB 150/07.
34 BGH v. 18.10.2007 – V ZB 44/07.
35 Stumme dürfen schriftlich bieten.
36 Telefonisches Mitbieten (wie bei manchen Auktionen) ist nicht zulässig.

B. Die Bietezeit § 4

Die Vertretungsmacht kann auf Rechtsgeschäft, Organschaft oder Gesetz beruhen. **57**

Ein Bieter kann jeder natürlichen oder juristischen Person eine **rechtsgeschäftliche Vollmacht** zur Gebotsabgabe erteilen. Die Beschränkungen des § 79 ZPO gelten im vorliegenden Fall nicht, da ein Bieter kein Beteiligter des Zwangsversteigerungsverfahrens ist. Der Stellvertreter muss bei der Gebotsabgabe die schriftlich abgefasste und mit der Unterschrift des Vertretenen versehene Vollmachtsurkunde vorlegen, die durch einen Notar oder eine andere berechtigte Stelle öffentlich beglaubigt wurde. Das Vollstreckungsgericht hat neben der ordnungsgemäßen Form der Bietvollmacht auch den **Umfang der Vertretungsmacht** zu prüfen. Mithin ist insbesondere zu beachten, ob die Abgabe eines Gebots in einem Zwangsversteigerungsverfahren von der Vertretungsmacht gedeckt/umfasst ist. Angesichts der Tragweite der Gebotsabgabe muss absolute Klarheit über den Umfang der Vertretungsmacht herrschen. Ungeeignet sind daher Vollmachtsurkunden, die den Vertreter (nur) bevollmächtigen „rechtsgeschäftliche Erklärungen abzugeben" oder andere Formulierungen, bei denen nicht sicher ist, ob der Vollmachtgeber wirklich Gebote abgeben lassen wollte. Sofern die Bietvollmacht Beschränkungen enthält (wie z.B. eine Höchstgrenze für das abzugebende Gebot), muss das Vollstreckungsgericht diese beachten.

Die **organschaftliche Vertretung** bei der Gebotsabgabe wird durch die entsprechenden öffentlichen Urkunden bzw. aktuellen Bescheinigungen des Gerichts/der Behörde nachgewiesen. Für juristische Personen, Handelsgesellschaften und eingetragene Vereine bietet der jeweils zur Vertretung Berechtigte unter sofortiger Vorlage eines aktuellen amtlichen Registerauszuges (§ 9 Abs. 4 HGB, § 30a HRV). Ein Prokurist darf ebenfalls nach sofortigem, formgerechten Nachweis seiner Vertretungsmacht für das Unternehmen bieten; ein Fall des § 49 Abs. 2 HGB liegt nicht vor. Das Gebot einer (Außen-)Gesellschaft bürgerlichen Rechts ist durch sämtliche Gesellschafter abzugeben. Als Nachweis des Gesellschaftsbestands und deren Gesellschafterstellung haben sie (wie bei einem rechtsgeschäftlichen Erwerb[37]) bei der Gebotsabgabe zu erklären, dass sie die einzigen Gesellschafter sind.[38] Eines weiteren Nachweises bedarf es nicht. Wird das Gebot nur durch einen bzw. einige vertretungsberechtigte Gesellschafter abgegeben, ist deren Vertretungsmacht durch sofortige Vorlage einer öffentlich beglaubigten Vollmachtsurkunde nachzuweisen (§ 71 Abs. 2 ZVG).

Minderjährige Kinder werden bei der Gebotsabgabe im Rahmen der **gesetzlichen Vertretung** durch ihre Eltern gemeinsam (§§ 1626 Abs. 1, 1629 Abs. 1 S. 2 BGB), im Falle des § 1626a Abs. 3 BGB von der Mutter allein vertreten. Bietet ein Vormund für seinen Mündel bzw. ein Betreuer für seinen Betreuten, muss die gesetzliche Vertretungsmacht durch Vorlage der Bestallungs- bzw. Bestellungsurkunde nachgewiesen werden. Im Falle der Betreuung hat das Vollstreckungsgericht insbesondere den Umfang der Vertretungsmacht zu prüfen, mithin zu beachten, ob die beabsichtigte Gebotsabgabe von dem Aufgabenkreis des Betreuers erfasst ist.

Eltern und Vormund bedürfen für die Gebotsabgabe einer familiengerichtlichen Genehmigung (§§ 1643 Abs. 1, 1821 Abs. 1 Nr. 5 analog BGB). Ein Betreuer bedarf einer betreuungsgerichtlichen Genehmigung (§§ 1908i, 1821 Abs. 1 Nr. 5 analog BGB). Alle Genehmigungen müssen einen Rechtskraftvermerk (§ 40 Abs. 2 FamFG) tragen.

Es ist **nicht zulässig**, die in Rdn 56 und 57 bezeichneten **Unterlagen nachzureichen**. Liegen sie bei Abgabe des Gebotes nicht vor, wird dieses zurückgewiesen (§ 71 Abs. 2 ZVG). **58**

Tipp
Erforderliche Unterlagen unbedingt vor dem Versteigerungstermin besorgen.

Mehrere natürliche oder juristische Personen können auch gemeinsam bieten. Sofern nicht alle selbst anwesend sind (bei juristischen Personen ihre gesetzlichen Vertreter), ist auf ordnungsgemäße Vertretung (Rdn 6) zu achten. Bei Gebotsabgabe mehrerer Personen muss angegeben werden, in welchem **Gemein- 59**

---
[37] BGH v. 28.4.2011 – V ZB 194/10.
[38] *Stöber* (ZVG), § 71 Rn 7.13 g).

schaftsverhältnis die Personen erwerben wollen. Handelt es sich um eine Bruchteilsgemeinschaft, müssen die exakten Bruchteile für jede Person benannt werden. Ehegatten können nur dann als Bruchteilsgemeinschaft erwerben, wenn sie im Güterstand der Zugewinngemeinschaft oder Gütertrennung leben. Beim Gebot einer Gesamthandsgemeinschaft (z.B. Gütergemeinschaft, Erbengemeinschaft) muss das maßgebende Rechtsverhältnis bezeichnet werden. Fehlen die Angaben zum Gemeinschaftsverhältnis, muss das Gebot zurückgewiesen werden (§ 71 Abs. 1 ZVG).

60 Ausländer, auch außerhalb der EU, dürfen in Deutschland unbeschränkt Grundbesitz erwerben.[39] Bei ausländischen Ehegatten, die gemeinsam bieten, stellt sich mitunter die Frage, ob sie im angegebenen Verhältnis (§ 47 GBO) erwerben können. Das Vollstreckungsgericht darf das Gebot nur zurückweisen, wenn es sicher weiß, dass die Bieter im angegebenen Erwerbsverhältnis nicht erwerben können.[40]

61 Das ZVG enthält (leider) keine Regelung, um welchen Betrag ein bereits abgegebenes Gebot überboten werden muss. Es ist also zulässig, 1 ct mehr zu bieten. Die Frage, ob die Festlegung von „Gebotssprüngen" als abweichende Versteigerungsbedingung im Rahmen des § 59 ZVG möglich ist, wird in der Literatur ganz überwiegend verneint.[41] Es muss daher dem Geschick des Vollstreckungsgerichts überlassen werden, durch gute Verhandlungsführung die Beteiligten zu bewegen, sinnlos niedrige Übergebote zu unterlassen.

II. Zulassung, Zurückweisung, Widerspruch

62 Das Gericht hat – wie sich aus § 72 Abs. 1 S. 2 ZVG ergibt – **sofort** darüber zu entscheiden, ob ein abgegebenes Gebot zugelassen oder zurückgewiesen wird. Die Zulassung erfolgt meist formlos durch Ausruf des Gebotes. Eine **Zurückweisung** erfolgt, wenn das Gebot unzulässig ist. In Betracht käme (außer Rdn 89) z.B.:

- Das Gebot ist **geringer als das gG**.
- Die in Rdn 56 und 57 genannten **Unterlagen** liegen nicht oder nicht in gehöriger Form vor.
- Der Bieter ist **nicht voll geschäftsfähig** bzw. **nicht ordnungsgemäß vertreten**.
- Das Gebot wird an eine **Bedingung** geknüpft.
- Das Gebot ist nicht höher als ein bereits zugelassenes Gebot (kein **Übergebot**).

In engen Grenzen (wenn dies durch offenkundige oder nachprüfbare Tatsachen eindeutig zu erkennen ist) kommt die Zurückweisung eines Gebotes auch dann in Betracht, wenn es der Meistbietende mit dem Wissen, hierauf keine Zahlungen leisten zu können oder zu wollen, abgegeben hat.[42]

Die wesentlichen Gründe für die Zurückweisung eines Gebotes sind im Protokoll festzuhalten.

63 Wird ein Gebot zurückgewiesen, **erlischt** es, wenn nicht der **Bieter oder ein Beteiligter sofort** der Zurückweisung widerspricht (§ 72 Abs. 2 ZVG).

64 Erlöschen eines Gebotes bedeutet, dass dieses Gebot unter keinen Umständen mehr für den Zuschlag in Betracht kommt. Dies gilt auch dann, wenn die Zurückweisung rechtswidrig erfolgte. Weder das Vollstreckungsgericht noch das Rechtsmittelgericht können auf das Gebot einen Zuschlag erteilen.

65 Der Widerspruch gegen die Zurückweisung verhindert das Erlöschen des Gebotes und ermöglicht dem Vollstreckungsgericht (und ggf. auch noch dem Beschwerdegericht), bei der Zuschlagsentscheidung dem zurückgewiesenen Gebot doch noch den Zuschlag zu erteilen, wenn die Zurückweisung zu Unrecht

---

39 Derzeit gibt es auch noch keine Beschränkung nach Art. 86 S. 2 EGBGB.
40 *Stöber* (ZVG), § 71 Rn 7.1. m.w.N.
41 *Stöber* (ZVG), § 59 Rn 5.14, *Böttcher* (ZVG), § 59 Rn 8. Hielte man einen Antrag nach § 59 ZVG für zulässig, wäre zu beachten, dass eine Festlegung von Gebotssprüngen die Abgabe eines Gebots verhindern könnte und somit die Zustimmung **aller** (!) nicht im gG stehenden Beteiligten, also auch des Schuldners und der **nicht** im Termin anwesenden Beteiligten notwendig wäre. In der Praxis wäre dies deshalb kaum zu erreichen.
42 OLG Nürnberg v. 23.9.1998 – 4 W 1810/98; AG Dortmund v. 27.4.1993 – 147 K 190/92.

erfolgt ist. Nach § 79 ZVG ist das Vollstreckungsgericht nicht an Vorentscheidungen gebunden. Allerdings kann durch Widerspruch keine Frist für das Nachreichen erforderlicher Unterlagen geschaffen werden.

Tipp
Nur sofortiger Widerspruch verhindert Erlöschen des Gebotes.

Ein Gebot erlischt mit der vorgenannten Folge auch dann, wenn ein höheres Gebot (Übergebot) zugelassen wird und kein Beteiligter dieser Zulassung **sofort** widerspricht (§ 72 Abs. 1 ZVG). Der Bieter des früheren Gebotes (wenn er nicht zufällig Beteiligter ist) kann der Zulassung des Übergebotes nicht widersprechen. 66

Beispiel 67
A bietet 20.000,00 EUR, das Gebot wird zugelassen. B bietet 25.000,00 EUR. Kein Beteiligter widerspricht der Zulassung des Gebotes. Das Gebot des A ist damit erloschen. Stellt sich später heraus, dass B geschäftsunfähig war, kann er keinen Zuschlag bekommen (Zuschlagsversagung, § 5 Rdn 5). Da das Gebot des A durch die widerspruchsfreie Zulassung des Übergebotes des B erloschen ist, kann auch dem A kein Zuschlag erteilt werden.
Variation: Der Gläubiger G widerspricht der Zulassung des Gebotes B, weil B minderjährig sei. Es stellt sich später heraus, dass das stimmt. Nun kann dem A der Zuschlag erteilt werden, weil sein Gebot durch den Widerspruch des G nicht erloschen ist.
Variation: A weiß, dass B minderjährig ist. Der Rechtspfleger glaubt aber, der B sei volljährig und lässt das Gebot zu. A, der kein Beteiligter ist, kann nicht widersprechen. Sein Gebot erlischt. So bekäme niemand den Zuschlag, wenn vor dem Zuschlag feststeht, dass B minderjährig ist. A kann aber erneut 20.000,00 EUR bieten. Nun muss der Rechtspfleger sein Gebot (als Untergebot) zurückweisen. Dem kann A widersprechen; sein Gebot erlischt nicht. Wird dann später nachgewiesen, dass der B minderjährig ist, kann dem A wegen § 79 ZVG der Zuschlag erteilt werden.

III. Sicherheitsleistung

1. Grundsätze

Sicherheit für ein abgegebenes Gebot muss nur auf Verlangen eines hierzu berechtigten Beteiligten (§ 9 ZVG) geleistet werden. Bietkonkurrenten, die nicht Beteiligte sind, können keine Sicherheit verlangen. Auch das Vollstreckungsgericht kann keine Sicherheitsleistung von Amts wegen fordern. Ist Sicherheitsleistung erforderlich, sind die zulässigen Sicherungsmittel vorgeschrieben. 68

Tipp
Da die Verpflichtung zur Sicherheitsleistung keine Frage der Bonität des Bieters ist, kann das Verlangen taktisch eingesetzt werden.

Es hat sich bewährt, die nach einem Sicherheitsverlangen (Rdn 84) erforderliche **Prüfung nach folgendem Schema** vorzunehmen: 69

- Darf der Beteiligte Sicherheitsleistung verlangen? (Rdn 70 und 71)
- Muss der Bieter Sicherheit leisten? (Rdn 72–77)
- Wie hoch ist die Sicherheit? (Rdn 78–80)
- Ist das angebotene Sicherungsmittel tauglich? (Rdn 81–83)

2. Darf der Beteiligte Sicherheit verlangen?

70 Sicherheit verlangen dürfen nur jene Beteiligte, welche bei dem gerade abgegebenen Gebot bereits mit einer Zuteilung aus dem gebotenen Betrag rechnen können und deshalb **„beeinträchtigt"** wären, wenn später der Bieter das Gebot nicht bezahlen würde (§ 67 Abs. 1 ZVG). Das Vollstreckungsgericht muss also summarisch berechnen, welcher der Beteiligten bei welchem Gebot Sicherheit verlangen kann. Daraus ergibt sich, dass sich die Zahl der hiernach Berechtigten von Gebot zu Gebot erhöhen kann. Auch der Schuldner kann grundsätzlich Sicherheit verlangen, es sei denn, er haftet (ausnahmsweise) für eine der vorgenannten Forderungen (die schon befriedigt würde) nicht persönlich.[43]

71 Beteiligte, denen ein bestehen bleibendes Recht (§ 3 Rdn 121) zusteht, können immer Sicherheit verlangen. Ihre Beeinträchtigung (§ 67 Abs. 1 ZVG) folgt meist aus dem Umstand, dass für sie ein Geldbetrag, z.B. Zinsen oder Kosten, im Mindestbargebot steht. Sollte dies ausnahmsweise nicht der Fall sein, resultiert eine Beeinträchtigung aus der Tatsache, dass ihren bestehen bleibenden Rechten im Falle einer Wiederversteigerung bestimmte Sicherungshypotheken vorgehen (§ 8 Rdn 18 ff.).

3. Muss der Bieter Sicherheit leisten?

72 Man kann zwischen absoluter und eingeschränkter Privilegierung (Freiheit von der Verpflichtung zur Sicherheitsleistung) unterscheiden. Die **absolute** Privilegierung muss sich aus einem Gesetz ergeben, aus Bundesrecht oder wegen § 10 EGZVG aus dem Landesrecht. Die **eingeschränkte** Privilegierung ergibt sich aus § 67 Abs. 2 ZVG.

73 Für ein Gebot eines **absolut** privilegierten Bieters kann **niemand** Sicherheit verlangen.

74 Der Bund, die Länder und die weiteren in § 67 Abs. 3 ZVG genannten Institutionen sind nach Bundesrecht absolut privilegiert.

75 Das Landesrecht[44] sieht überwiegend vor, dass für Gebote einer Gemeinde und der Sparkassen, die Anstalten des öffentlichen Rechtes sind, keine Sicherheit verlangt werden darf.

76 Die Verpflichtung zur Sicherheitsleistung ist für einen Bieter, dem ein Grundpfandrecht zusteht, unter bestimmten Voraussetzungen (§ 67 Abs. 2 ZVG) eingeschränkt (**eingeschränkte oder bedingte Privilegierung**):

- Er muss einen **Anspruch auf eine bare Zahlung** aus dem Versteigerungserlös haben, also z.B. für Zinsen und Kosten (wenn sein Recht bestehen bleibt) oder auch auf das Kapital (wenn sein Recht erlischt). Bleibt sein Recht bestehen, ohne dass eine Barzahlung im gG vorgesehen ist, findet die Einschränkung für ihn keine Anwendung.[45]
- Sein Gebot muss so hoch sein, dass er aus diesem Gebot bereits selbst eine (wenn auch noch so kleine) **Zuteilung** erwarten kann.

77 Liegen diese Voraussetzungen vor, muss der Bieter **nur auf Verlangen eines Gläubigers** Sicherheit leisten. „Gläubiger" i.S.d. § 67 Abs. 2 ZVG sind alle, für welche nach § 3 Rdn 36 der derzeitige Versteigerungstermin gehalten wird, also auch solche, die einen schlechteren Rang haben als das Grundpfandrecht des Bieters. Voraussetzung ist auch hier, dass dieser Gläubiger überhaupt Sicherheit verlangen darf.

4. Wie hoch ist die Sicherheit?

78 Die zu leistende Sicherheit beträgt **grundsätzlich 10 %** des in der Terminsbestimmung veröffentlichen **Verkehrswertes** (§ 68 Abs. 1 S. 1 ZVG). Dies gilt auch dann, wenn nachträglich (§ 3 Rdn 32) die Wert-

---

43 *Stöber* (ZVG), § 67 Rn 2.2. m.w.N.
44 Übersicht bei *Böttcher* (ZVG), §§ 67–70 Rn 19.
45 Str., aber h.M.; so auch *Stöber* (ZVG), § 67 Rn 3.4.

festsetzung geändert wurde. Hatte das Vollstreckungsgericht den Verkehrswert entgegen § 38 ZVG nicht veröffentlicht, gilt der tatsächlich festgesetzte Wert.

Ist das bare Meistgebot niedriger als der vorgenannte Betrag, wird der Überschuss zurückgezahlt bzw. freigegeben (§ 68 Abs. 1 S. 2 ZVG). Es wäre in diesem Fall auch zu vertreten, von dem Bieter nur Sicherheit in Höhe seines Gebotes zu verlangen. Dann müsste jedoch die Sicherheit bei weiteren Geboten dieses Bieters bis zur Höhe der Regelsicherheit aufgestockt werden.

Von der Regelsicherheit (Rdn 78) wird in zwei Fällen abgewichen:

- Auf das ausdrückliche Verlangen eines Beteiligten, dessen Recht bestehen bleibt, muss Sicherheit mindestens in Höhe des im gG stehenden Betrages geleistet werden, welcher im Range dem Beteiligten vorgeht (§ 68 Abs. 2 ZVG).
- Bietet der Schuldner oder ein neuer Eigentümer, der dies erst nach der Beschlagnahme geworden ist, so hat er auf besonderes Verlangen eines jeden beeinträchtigten (§ 67 Abs. 1 ZVG) Gläubigers, für den der Versteigerungstermin gehalten wird (§ 3 Rdn 36), Sicherheit bis zur Deckung der Gläubigerforderung zu leisten (§ 68 Abs. 3 ZVG). Dies gilt aber nur maximal in Höhe des Gebotes.

Beide Verlangen können nur zu einer **höheren** Sicherheit, nicht zu einer Ermäßigung führen.

Tipp
Erhöhte Sicherheit muss ausdrücklich verlangt werden.

5. Welches Sicherungsmittel ist tauglich?

Eine erforderliche Sicherheit kann nur mit folgenden Mitteln geleistet werden:
1. Bundesbankscheck oder Bankverrechnungsscheck;
2. Bankbürgschaft;
3. Überweisung von Geld vor dem Termin.

Die früher in der Literatur vertretene Möglichkeit, mit Zustimmung des Beteiligten, der die Sicherheit verlangt hat, auch ein an sich nicht taugliches Sicherungsmittel (z.B. Aktien, Bargeld) zuzulassen, besteht nicht mehr.[46]

Einzelheiten zu den zulässigen Sicherungsmitteln:

1. Zugelassen sind **Bundesbankschecks** oder im Inland zahlbare **Verrechnungsschecks** eines in der EU-Liste[47] stehenden Kreditinstituts. Eine „Bestätigung" ist nicht mehr erforderlich. Dagegen darf die Ausstellung des Schecks nicht länger als drei Tage vor dem Versteigerungstermin erfolgt sein.[48] Damit ist scheckrechtlich gewährleistet, dass dem Vollstreckungsgericht noch vier Tage bleiben, den Scheck einzulösen. Ein unverbrauchter Scheck, der weiterhin den gesetzlichen Anforderungen entspricht, kann auch in einem anderen Versteigerungsverfahren als Sicherheit verwendet werden.[49]
2. Zulässig ist auch eine **Bürgschaftserklärung** eines der vorgenannten (EU-Liste) Kreditinstitute. Diese Bürgschaft muss neben der Schriftform[50] folgende Voraussetzungen erfüllen (§ 69 Abs. 2 ZVG):

---

46 BGH v. 12.1.2006 – V ZB 147/05.
47 Hierzu § 69 Abs. 2 S. 3 ZVG. Inzwischen stehen wohl alle deutschen Banken und Sparkassen in dieser Liste. Bei ausländischen Banken muss nachgefragt werden.
48 Nach wie vor bleiben also dem Vollstreckungsgericht vier Tage Zeit, den Scheck einzulösen. Die Änderung fordert keine „anderen Schecks", sondern erleichtert dem Vollstreckungsgericht die Prüfung. Nach der hier vertretenen Auffassung kann das Vollstreckungsgericht deshalb auch noch „bestätigte" Schecks mit vier Tagen Einlösezeit annehmen. Wird ein solcher Scheck dann tatsächlich eingelöst, darf der Zuschlag wegen des formalen Mangels nicht versagt werden (BGH v. 20.7.2006 – V ZB 168/05).
49 BGH v. 5.6.2008 – V ZB 150/07.
50 Wegen § 350 HGB käme theoretisch auch eine mündliche Bürgschaftserklärung durch den zur Vertretung der Bank Berechtigten im Termin (Protokoll!) in Betracht.

- Sie muss selbstschuldnerisch sein. Dies ist wegen § 349 HGB bei deutschen Banken immer der Fall.
- Sie darf keine Bedingung enthalten, wohl aber auf einen Höchstbetrag ausgestellt sein.
- Sie darf nicht befristet sein, aber bei Rückgabe der Urkunde enden.
- Sie muss im Inland zahlbar sein.

> *Tipp*
> Der Bietinteressierte sollte immer mit dem Kreditinstitut absprechen, welche Kosten anfallen, wenn er die Bürgschaftsurkunde unbenutzt am gleichen Tag zurückbringt. Manche Kreditinstitute langen kräftig zu, andere begnügen sich mit einer Ausstellungsgebühr.

Der Schuldner und der neu eingetretene Eigentümer dürfen nicht mit einer Bürgschaft Sicherheit leisten (§ 69 Abs. 3 S. 2 ZVG).

3. Die Sicherheitsleistung kann vor (!) dem Termin an die **Gerichtskasse** überwiesen werden. Möglich ist auch eine Bareinzahlung auf ein Konto der Gerichtskasse.[51] In jedem Fall muss der Betrag der Gerichtskasse vor dem Versteigerungstermin gutgeschrieben sein und ein Nachweis hierüber im Termin vorliegen (§§ 69 Abs. 4, 70 Abs. 2 ZVG). Nach Ansicht des LG Berlin soll auch eine Quittung der Gerichtszahlstelle über eine bare Einzahlung der Sicherheitsleistung ausreichen.[52]

6. Sicherheitsverlangen; Verfahren

84   Ein hierzu Berechtigter (Rdn 70 und 71) kann nur **sofort** nach Abgabe des Gebotes Sicherheit verlangen (§ 67 Abs. 1 ZVG). Das Verlangen muss also der Abgabe des Gebotes unmittelbar folgen, sobald der Berechtigte hierzu Gelegenheit hatte.[53] Nachdem das Vollstreckungsgericht ein Gebot sicherheitsfrei zugelassen hat, kann das Verlangen nicht mehr gestellt werden. Die Sicherheit muss nicht bereits beim ersten Gebot eines Bieters verlangt werden; ein einmal gestelltes Verlangen gilt dann aber für alle weiteren Gebote dieses Bieters (§ 67 Abs. 1 S. 2 ZVG).

> *Tipp*
> Sicherheit sofort nach Gebotsabgabe verlangen.

85   Sicherheit wird immer von einem **bestimmten Bieter** verlangt. Wer von allen Bietern Sicherheit verlangen will, muss dies gegenüber jedem Bieter erklären. Mehrere Berechtigte können für das gleiche Gebot Sicherheit verlangen, die dann aber nur einmal für alle zu leisten ist. Wegen möglicher Rücknahmen etc. sind jedoch **alle** Sicherheitsverlangen zu protokollieren.

86   Das Verlangen muss mündlich im Termin gestellt werden und zwar (§ 67 Abs. 1 S. 1 ZVG) **nach** Abgabe des Gebotes, also nicht im Voraus. Es kann nur bis zur Leistung der Sicherheit zurückgenommen[54] werden. Wegen der Sonderregelung des § 68 Abs. 4 ZVG kann das Verlangen nach erhöhter Sicherheit (Rdn 80) bis zur Entscheidung über den Zuschlag zurückgenommen werden.

87   Das Vollstreckungsgericht muss sofort (§ 70 Abs. 1 ZVG) über das Sicherheitsverlangen entscheiden. Es hat zwei Möglichkeiten:
- Es lässt das Gebot sicherheitsfrei zu (weil es das Verlangen als unzulässig ansieht).
- Es ordnet Sicherheitsleistung an, wobei es die Höhe der Sicherheit (Rdn 78–80) zu bestimmen hat.

88   Lässt das Vollstreckungsgericht das Gebot sicherheitsfrei zu, gilt das Verlangen als zurückgenommen, wenn der Beteiligte, der Sicherheit verlangt hat, nicht **sofort** widerspricht (§ 70 Abs. 3 ZVG). Wurde wi-

---

51 BGH v. 28.2.2013 – V ZB 164/12.
52 LG Berlin v. 5.8.2008 – 82 T 567/08.
53 *Steiner/Storz*, § 67 Rn 19.
54 *Stöber* (ZVG), § 67 Rn 2.7; str., aber h.M.

dersprochen, muss dem Bieter bei der Entscheidung über den Zuschlag (§ 79 ZVG) oder sogar noch vom Beschwerdegericht der Zuschlag versagt werden, wenn Sicherheitsleistung erforderlich gewesen wäre. Andererseits kann der Bieter die evtl. erforderliche Sicherheit später nicht mehr wirksam leisten. Es ist daher zulässig, dass der Bieter – obwohl sein Gebot sicherheitsfrei zugelassen wurde – im Widerspruchsfall eine freiwillige „Notsicherheit" leistet, damit das Gebot auch dann zuschlagsfähig bleibt, wenn der Rechtspfleger es zu Unrecht sicherheitsfrei zugelassen hatte.

Ordnet das Vollstreckungsgericht Sicherheitsleistung an, ist die Regelsicherheit (10 % des Verkehrswertes) sofort[55] (§ 70 Abs. 2 S. 1 ZVG) zu leisten. Geschieht dies nicht, wird das Gebot zurückgewiesen (Satz 3). Zwar kann der Bieter dieser Zurückweisung widersprechen, er kann sich damit aber keine Zeit verschaffen, die Sicherheit zu holen und nachzureichen. Auch nach § 79 ZVG wäre ihm auf das zurückgewiesene Gebot kein Zuschlag zu erteilen. Kommt er noch innerhalb der Bietezeit mit zwischenzeitlich besorgter Sicherheit zurück, kann er erneut bieten. Ein Widerspruch hilft dem Bieter also nur, wenn es sich später ergeben sollte, dass das Sicherheitsverlangen unzulässig war (Rdn 70–77). Wegen der erhöhten Sicherheit (§ 68 Abs. 2 und 3 ZVG) siehe Rdn 92 ff. 89

Ein Gebot ist auch zurückzuweisen, wenn der Bieter ein untaugliches Sicherungsmittel anbietet. 90

Wegen §§ 78, 80 ZVG ist es unverzichtbar, jedes Verlangen und jede Entscheidung genau zu protokollieren, insbesondere auch die Gründe für die sicherheitsfreie Zulassung des Gebotes trotz Sicherheitsverlangen. 91

Von der Sorge getrieben, ein Bieter könnte durch das erhöhte Sicherheitsverlangen (§ 68 Abs. 2 und 3 ZVG) überrascht werden, hat der Gesetzgeber eine ebenso überflüssige wie schlampig durchdachte Regelung eingeführt und hierbei bedenkenlos Grundsätze des ZVG durchlöchert.[56] 92

Wer zur erhöhten Sicherheit aufgefordert wird, muss zunächst die Regelsicherheit sofort leisten (sonst Rdn 89 f.). Sodann wird ihm nachgelassen, bis zum Zuschlag die Differenz nachzubringen (§ 68 Abs. 4 ZVG). Das Gebot darf somit nicht zurückgewiesen werden, wenn die Regelsicherheit erbracht ist. 93

Das „schwache", weil noch nicht vollständig besicherte Gebot, hat nicht die Wirkung, bereits zugelassene Untergebote zum Erlöschen zu bringen (§ 72 Abs. 4 ZVG), bis die Gesamtsicherheit geleistet ist. Das „schwache" Gebot wird hier als „schwebend unwirksam" angesehen, da es seine Wirkungen erst entfalten kann, wenn die erhöhte Sicherheit geleistet ist, dann aber rückwirkend.[57] 94

Schlicht übersehen hat der Gesetzgeber, dass es möglich bleiben muss, auch nach Abgabe des „schwachen" Gebotes weitere „starke" Gebote abzugeben und zuzulassen, die niedriger sind als das „schwache" Gebot und die ihrerseits frühere „starke" Gebote zum Erlöschen bringen, das „schwache" Gebot aber erst, wenn sie es übersteigen. Auch ein höheres „schwaches" Gebot kann ein niedrigeres „schwaches" Gebot nicht zum Erlöschen bringen, da sich erst nach vollständiger Sicherheitsleistung entscheidet, welches von beiden zuschlagsfähig wird.[58] 95

Tipp

Werden weitere „starke" Gebote, die niedriger sind als das „schwache" Gebot, nicht zugelassen, unbedingt Widerspruch gegen die Zurückweisung einlegen. Das Gebot erlischt dann nicht und kann bei Wegfall des „schwachen" Gebotes den Zuschlag erhalten.

Damit die erhöhte Sicherheit nachgereicht und die Regelung des § 68 Abs. 4 ZVG damit überhaupt einen Sinn haben kann, muss das Vollstreckungsgericht zwischen dem Schluss der Versteigerung und der Ver- 96

---

55 BGH v. 12.1.2006 – V ZB 147/05.
56 Hierzu *Hock*, RpflStud 2007, 97 und *Hintzen/Alff*, Rpfleger 2007, 233.
57 Hierzu *Hock*, RpflStud 2007, 97.
58 So auch *Stöber* (ZVG), § 72 Rn 6.2, *Hock*, RpflStud 2007, 97 und *Alff*, Rpfleger 2007, 233. Die abweichende Meinung von *Hintzen* (Rpfleger 2007, 233) verkürzt die Bedeutung des § 72 Abs. 4 ZVG auf den Wortlaut.

kündung einer Entscheidung über den Zuschlag eine Frist (die von Stunden bis Tage reichen kann) lassen, also einen Verkündungstermin bestimmen.

97 Das „schwache" Gebot entfaltet normale Wirkungen nicht erst mit dem Zuschlag, sondern mit der erbrachten Sicherheitsleistung. Hierdurch erlöschen alle – also auch die „starken" – Untergebote.
Zugeschlagen wird wie folgt (§ 83 Nr. 8 ZVG):

- Bleibt das „schwache" Gebot das Meistgebot und wird die erhöhte Sicherheit geleistet, ist ihm der Zuschlag zu erteilen.
- Wird die erhöhte Sicherheit nicht geleistet, wird dem höchsten zugelassenen „starken" Gebot der Zuschlag erteilt.
- Sind zwei (mehrere) „schwache" Gebote vorhanden, erhält das Höchste den Zuschlag, für welches die erhöhte Sicherheit geleistet wurde.

7. Behandlung der Sicherheit

98 Wurde für Gebote Sicherheit geleistet, welche erloschen sind, gibt das Vollstreckungsgericht diese Sicherheiten, die ihm im Termin übergeben worden sind (also Schecks und Bürgschaftsurkunden), nach Schluss der Versteigerung zurück. Ist das Gebot eines Bieters erloschen und will er sich vorher entfernen, ist ihm seine Sicherheit sofort zurückzugeben.

99 Die Rückgabe der Sicherheit ist im Terminsprotokoll festzuhalten. Der Bieter soll ausdrücklich den Empfang bestätigen (v.u.g.).

100 Hatte ein Bieter von der in § 69 Abs. 4 ZVG vorgesehenen Möglichkeit Gebrauch gemacht, die Sicherheitsleistung durch Überweisung eines Betrages vor dem Termin an die Gerichtskasse zu erbringen, muss jetzt auf Anweisung des Gerichts die unbare Rückzahlung dieses Geldes erfolgen.

101 Soweit die Sicherheit für ein Gebot geleistet wurde, das nicht erloschen ist, wird sie zunächst nicht zurückgegeben. Schecks sind vom Vollstreckungsgericht über die Gerichtskasse einzulösen.

102 Hebt das Beschwerdegericht den Zuschlag auf, erfolgt nach Rechtskraft die Rückgabe bzw. Rückzahlung.

103 Zwar führt nach dem Wortlaut des Gesetzes (§ 49 Abs. 4 ZVG) nur die Hinterlegung unter Verzicht auf das Recht der Rücknahme zum Wegfall der Verzinsungspflicht. Dies im Falle der Sicherheitsleistung durch Überweisung auf ein Konto der Gerichtskasse (§ 69 Abs. 4 ZVG) zu verlangen, wäre aber übertriebene Förmelei. Vielmehr ist davon auszugehen, dass die durch eine Überweisung auf ein Konto der Gerichtskasse bewirkte Sicherheitsleistung von der Verpflichtung zur Verzinsung des Meistbargebots befreit.[59]

IV. Vorzeitige Beendigung des Termins

1. Aufhebung oder einstweilige Einstellung

104 Aus einer Reihe von Gründen kann der Termin ohne Entscheidung über den Zuschlag enden. So kann z.B. ein Gläubiger noch im Termin (bis zur vollständigen Verkündung des Zuschlags[60]) die einstweilige Einstellung bewilligen (§ 2 Rdn 11 ff.) oder den Versteigerungsantrag zurücknehmen (§ 2 Rdn 5) oder es kann eine einstweilige Einstellung/Aufhebung nach den Regeln der ZPO erfolgen, z.B. §§ 765a, 775, 769 Abs. 2 ZPO.

105 Ist nur ein **Gläubiger** vorhanden, für welchen der Termin gehalten werden durfte (§ 3 Rdn 36), wird dessen Verfahren aufgehoben bzw. einstweilen eingestellt und der Versteigerungstermin aufgehoben (be-

---

59 *Stöber* (ZVG), § 49 Rn 5.2; *Böttcher* (ZVG), § 49 Rn 9.
60 BGH v. 15.3.2007 – V ZB 95/06.

achte aber unten Rdn 107). Hierdurch erlöschen (Rdn 64) alle bisher bereits abgegebenen Gebote (§ 72 Abs. 3 ZVG). Wegen geleisteter Sicherheit siehe Rdn 98.

Sind mehrere **Gläubiger** vorhanden und ist nur einer vom Einstellungs- bzw. Aufhebungsgrund nach Rdn 104 betroffen, ist zu unterscheiden: 106

- Ist dieser Gläubiger nicht bestbetreibender Gläubiger (§ 3 Rdn 115), ist sein Ausscheiden für den Fortgang des Termins ohne Bedeutung.
- Hat dieser Gläubiger als bestbetreibender Gläubiger das gG bestimmt (§ 3 Rdn 115), muss das Vollstreckungsgericht nun, vom nächstbetreibenden Gläubiger ausgehend, ein neues gG berechnen, dieses und die Versteigerungsbedingungen nach Anhörung der anwesenden Beteiligten feststellen, die erfolgten Feststellungen verlesen[61] und die Bietezeit für das neue Ausgebot neu beginnen lassen. Alle bisher abgegebenen Gebote sind erloschen (§ 72 Abs. 3 ZVG). Ist die Neuberechnung zu schwierig, um sie innerhalb angemessener Zeit zu erledigen, kann das Vollstreckungsgericht nach pflichtgemäßem Ermessen den Termin aufheben.

Beachte 107

Bei Antragsrücknahme oder Einstellungsbewilligung **nach** Schluss der Versteigerung (§ 73 Abs. 2 ZVG) findet **§ 33 ZVG** Anwendung. Die Entscheidung muss dann, falls der bestbetreibende Gläubiger von der Antragsrücknahme oder Einstellungsbewilligung betroffen ist und mindestens ein nicht erloschenes Gebot vorliegt, auf **Zuschlagsversagung** lauten (§ 5 Rdn 9 und 10).

2. Zahlung an das Gericht

§ 75 ZVG bietet dem Schuldner die Möglichkeit, die Einstellung des Zwangsversteigerungsverfahrens durch Nachweis der Befriedigung des Gläubigers zu erreichen. Hierzu muss er die Gläubigerforderung und die Gerichtskosten vor dem Versteigerungstermin unbar an die Gerichtskasse zahlen und einen entsprechenden Nachweis im Versteigerungstermin vorlegen. 108

Erscheint der Schuldner im Versteigerungstermin mit Bargeld in für die o.g. Zahlung ausreichender Höhe, hätte er nach dem Wortlaut des § 75 ZVG keine Möglichkeit, eine Einstellung nach dieser Norm zu erreichen. Angesichts des Verfassungsranges des Eigentums sollte § 75 ZVG in diesem Fall verfassungskonform ausgelegt werden. Denkbar wäre insbesondere die Bestimmung eines Verkündungstermins, was dem Schuldner die Nachweismöglichkeit des § 75 ZVG eröffnen würde.

Der Schuldner muss den Zahlungsnachweis bis zur vollständigen Verkündung des Zuschlags vorlegen.[62] 109

Sind mehrere Gläubiger vorhanden, wird der Schuldner die Aufhebung des Termins meist nur erreichen, wenn er **alle** bezahlt, für die der Termin stattfindet. Zahlt er erst nach Schluss der Versteigerung, wird es meist (aber nicht immer[63]) genügen, wenn er jenen Gläubiger befriedigt, der das geringste Gebot bestimmt hat (Zuschlagsversagung, wenn ein wirksames Gebot vorhanden ist; § 33 ZVG) 110

3. Ablösung

Ein Beteiligter, welcher durch die Versteigerung ein Recht am Grundstück verlieren würde, kann nach §§ 268, 1150 BGB den Gläubiger ablösen. Auch hier gilt, wenn mehrere Gläubiger vorhanden sind, Rdn 106. Die Ablösung bewirkt den Übergang der Forderung vom Gläubiger auf den Ablösenden und zwar mit allen Neben- und Sicherungsrechten (§ 268 Abs. 3 BGB). Wird z.B. ein Gläubiger abgelöst, 111

---

61 BGH v. 18.7.2013 – V ZB 13/13.
62 BGH v. 15.3.2007 – V ZB 95/06.
63 OLG Köln v. 16.6.1989 – 2 W 47/89. In diesem Fall einer Wiederversteigerung war allerdings von einem rechtsmissbräuchlichen Verhalten des Schuldners auszugehen.

der aus einer Grundschuld betrieben hat, geht diese kraft Gesetzes auf den Ablösenden über. Das Grundbuch wird unrichtig.

112 Ist der Gläubiger im Termin nicht anwesend oder nicht empfangsbereit, gilt Rdn 108 entsprechend. Entgegen dem Gesetzeswortlaut kann auch der Ablösende selbst (nicht nur der Schuldner) den Nachweis über die Zahlung des erforderlichen Betrages vorlegen.[64]

113 Abzulösen ist stets die Gesamtsumme, wegen welcher der Gläubiger das Verfahren betreibt, also Hauptsumme, Zinsen und Kosten einschließlich der Kosten dieses Zwangsversteigerungsverfahrens;[65] bei Grundschulden ohne Rücksicht auf die gesicherte persönliche Forderung das dingliche Recht (also Hauptsumme, Zinsen und Kosten).[66]

114 Ablösung erfordert immer Zahlung! Eine Ablöseerklärung für sich allein bewirkt nichts. Erfolgt die Ablösung durch **Zahlung** direkt an den Gläubiger und wird dies dem Vollstreckungsgericht nachgewiesen,[67] kann der Ablösende ohne Titelumschreibung die einstweilige Einstellung bzw. die Aufhebung des Verfahrens bewilligen. Will er aber selbst die Zwangsversteigerung wegen der durch Ablösung erworbenen Forderung fortsetzen, bedarf es einer Titelumschreibung (§ 727 ZPO). Wegen der Einzelheiten zur Ablösung und deren Folgen wird auf die Literatur und Rechtsprechung verwiesen.[68]

C. Schlussverhandlung

I. Schluss der Versteigerung

115 Ist die Bietezeit von **30 Minuten** (§ 73 Abs. 1 S. 1 ZVG) abgelaufen, kann das Vollstreckungsgericht die Versteigerung schließen. Es ist dies jedoch eine **Mindestzeit**. Die Versteigerung darf also nicht geschlossen werden, solange noch zügig weiter geboten wird (§ 73 Abs. 1 S. 2 ZVG). Auch liegt es im pflichtgemäßen Ermessen des Vollstreckungsgerichts, mit dem Schluss der Versteigerung aus anderen Gründen noch etwas zu warten, etwa wenn es zu außergewöhnlichen Vorgängen (z.B. Verhandlungsstörungen) kam, welche ein Bieten während dieser Phase nicht möglich machten. Eine sinnlose Verlängerung der Bietezeit wäre aber nicht rechtens.

116 Werden keine Gebote mehr abgegeben, fordert das Vollstreckungsgericht noch einmal ausdrücklich zur Abgabe weiterer Gebote auf und ruft dann (§ 73 Abs. 2 ZVG) das letzte zugelassene Gebot dreimal auf, etwa mit den Worten:

Herr Y bot für das Grundstück 100.000,00 EUR

Dieses Gebot wird aufgerufen:

100.000,00 EUR zum Ersten,

100.000,00 EUR zum Zweiten,

100.000,00 EUR zum Dritten.

Es ist üblich, nach jedem Aufruf zur Abgabe weiterer Gebote aufzufordern. Insbesondere muss dies nach dem dritten Aufruf geschehen, denn anders als bei Auktionen und der Versteigerung durch einen Gerichtsvollzieher kann auch **nach** dem dritten Aufruf noch geboten werden. Erst wenn ungeachtet dieser Auffor-

---

64 BGH v. 16.10.2008 – V ZB 48/08.
65 Der Gläubiger vollstreckt auch wegen der Kosten des anhängigen Zwangsversteigerungsverfahrens (Kosten der dinglichen Rechtsverfolgung), für welche auch als dortiger Antragsteller haftet. Befriedigung i.S.d. § 268 BGB erfordert deshalb auch deren Zahlung an den Abzulösenden durch den Ablösenden.
66 BGH v. 11.5.2005 – IV ZR 279/04, auch zur Frage der Ausgleichspflicht zwischen Abgelöstem und Ablösendem.
67 BGH 5.10.2006 – V ZB 2/06. Es ist ein Nachweis erforderlich. Entsprechende Urkunden können per Telefax übermittelt werden.
68 *Stöber* (ZVG), § 15 Rn 20; *Glotzbach/Goldbach*, Rn 344–357a; BGH v. 10.6.2010 – V ZB 192/09.

II. Ergebnisloser Termin

Wurde kein Gebot abgegeben oder sind sämtliche abgegebenen Gebote erloschen, beschließt das Vollstreckungsgericht nach § 77 ZVG die einstweilige Einstellung des Verfahrens. Dieser Beschluss bewirkt gegenüber **allen** (also nicht nur gegenüber dem bestbetreibenden) Gläubigern, für die der Termin gehalten wurde (§ 3 Rdn 36), die einstweilige Einstellung des Verfahrens. Wegen der Fortsetzung gelten die allgemeinen Regeln (§ 2 Rdn 19 ff.). Es ist daher die Zustellung einer Belehrung erforderlich, um die Frist des § 31 Abs. 3 ZVG in Lauf zu setzen.[70]

117

War das Verfahren gegenüber einem der von der Einstellung betroffenen Gläubiger bereits aus dem **gleichen** Grund in einem früheren Termin schon einmal einstweilen eingestellt worden, ist ihm gegenüber die Aufhebung des Verfahrens (§ 77 Abs. 2 S. 1 ZVG) zu beschließen. Der Beschluss ist konstitutiv.

118

Diese Folge tritt auch ein, wenn in beiden Terminen verschiedene geringste Gebote oder verschiedene Ausgebotsarten zugrunde gelegt worden waren; entscheidend ist, dass das gleiche Objekt ausgeboten wurde.[71]

III. Verhandlung über den Zuschlag

Ist zumindest ein Gebot vorhanden, das nicht erloschen ist, muss das Vollstreckungsgericht nun die Beteiligten zur Entscheidung über den Zuschlag hören (§ 74 ZVG). Es ist dies die letzte Möglichkeit, einen Antrag nach § 74a ZVG (dort Abs. 2) zu stellen (§ 5 Rdn 17); dies gilt selbst dann, wenn ein Verkündungstermin (Rdn 120) bestimmt wird. Wegen aller anderen Anträge siehe § 5 Rdn 7.

119

Das Vollstreckungsgericht kann seine Entscheidung sofort verkünden (was die gesetzliche Regel ist) oder einen Verkündungstermin bestimmen (§ 87 ZVG), den es nicht länger als eine Woche aufschieben soll.[72]

120

Ob die Grundsätze eines fairen Verfahrens einen Verkündungstermin erfordern, weil der Schuldner nicht anwesend ist, muss nach den Besonderheiten des Einzelfalles entschieden werden. Die Abwesenheit des Schuldners ist für sich allein regelmäßig kein Hindernis, den Zuschlag sofort zu erteilen.[73] Dazu auch Rdn 123.

Wurde ein Verkündungstermin bestimmt, darf dieser nur aus zwingenden Gründen verlegt oder vertagt werden; erhebliche Gründe i.S.v. § 227 Abs. 1 ZPO genügen nicht.[74]

Bestimmt das Vollstreckungsgericht einen **Verkündungstermin**, kann bis dahin oder dort (§ 87 Abs. 3 ZVG) noch in folgender Weise Einfluss auf die Entscheidung über den Zuschlag genommen werden:[75]

121

---

69 In Anlehnung an die Entscheidung des BGH v. 15.3.2007 – V ZB 95/06 und die von ihm bestätigte, nicht veröffentlichte Entscheidung des LG Dresden ist kein Gebot mehr möglich, wenn der Rechtspfleger das Wort „geschlossen" gesprochen hat.
70 Auch wenn dies de lege ferenda evtl. zweckmäßig wäre: Eine einstweilige Einstellung nach § 77 ZVG bewirkt nicht, dass künftig die Zuschlagsgrenzen der §§ 74a, 85a ZVG entfallen, BGH v. 18.10.2007 – V ZB 141/06.
71 LG Chemnitz v. 28.11.2002 – 11 T 4183/02.
72 Es gibt beachtliche Gründe, diese Frist zu verlängern, besonders wenn zum Zuschlag eine noch nicht vorhandene Zustimmung eines Dritten erforderlich ist. Grundlose Verlängerung ist dagegen rechtswidrig. Ein freies Ermessen hat das Vollstreckungsgericht nicht. Wegen evtl. Haftung siehe BGH v. 13.9.2001 – III ZR 228/00.
73 BGH v. 30.1.2004 – IX ZB 196/03.
74 BGH v. 12.5.2016 – V ZB 141/15. Zustimmend *Ertle*, Rpfleger 2017, 46.
75 Alle Erklärungen/Handlungen sind möglich, bis der Rechtspfleger den gesamten Tenor des Zuschlagsbeschlusses gesprochen hat. Er kann also z.B. für die Bewilligung der einstweiligen Einstellung hierbei unterbrochen werden (BGH v. 15.3.2007 – V ZB 95/06 und die von ihm bestätigte, nicht veröffentlichte Entscheidung des LG Dresden).

§ 4 Versteigerungstermin

- Antrag des Schuldners nach §§ 765a, 775, 769 Abs. 2 ZPO;
- Bewilligung der einstweiligen Einstellung oder Antragsrücknahme durch den Gläubiger;
- Ablösung des Gläubigers, vor diesem Termin, die im Verkündungstermin anzumelden und nachzuweisen wäre; dazu Rdn 112–114;
- Vorlage eines Nachweises nach § 75 ZVG (Rdn 108).

All dies ist für die Zuschlagsentscheidung jedoch nur von Bedeutung, wenn hiervon der **bestbetreibende** Gläubiger betroffen ist.

122 Im Falle erhöhter Sicherheit (Rdn 92) kann jetzt noch die Leistung dieser Sicherheit durch vorherige Einzahlung auf ein Konto der Gerichtskasse nachgewiesen oder diese Sicherheit durch Übergabe eines Schecks (Rdn 83) oder einer Bürgschaftsurkunde (Rdn 83) geleistet werden.

123 Bestimmt das Vollstreckungsgericht keinen Verkündungstermin, müssen alle diese Anträge, Handlungen und Erklärungen vor der Verkündung der Zuschlagsentscheidung erfolgen. Auch wenn der Schuldner im Versteigerungstermin nicht anwesend oder vertreten war, besteht keine grundsätzliche Verpflichtung, einen Verkündungstermin zu bestimmen.[76] Dies mag anders sein, wenn das zuschlagsfähige Meistgebot sehr niedrig ist.[77] Droht eine Verschleuderung des Grundstücks, ist immer ein Verkündungstermin zu bestimmen.[78] Jedoch kann der Schuldner selbst bei einem krassen Missverhältnis zwischen dem Versteigerungserlös (hier ca. 3 % des Verkehrswertes) und dem tatsächlichen Grundstückswert Vollstreckungsschutz (§ 765a ZPO) nicht erhalten, wenn keine Umstände vorliegen, die ein wesentlich höheres Gebot in einem neuen Termin erwarten lassen.[79]

124 Leider ist die Unsitte weit verbreitet, auf einseitigen Wunsch der Gläubigerbank ohne triftigen Grund die Zuschlagsentscheidung zu vertagen. Dies ist definitiv rechtswidrig und kann zu Schadensersatzforderungen[80] gegen den Rechtspfleger führen, wenn der Meistbietende dieser Vertagung ausdrücklich widersprochen hat. Eine solche Vertagung bringt dem Meistbietenden, der ja an sein Gebot gebunden ist, eine Reihe von Nachteilen (z.B. Rdn 47).[81] Erfährt das Gericht, dass ein Kreditinstitut diese Vertagung dazu benutzte, den Meistbietenden mit der Drohung, anderenfalls (Rdn 104 und 107) den Zuschlag zu verhindern, zu einer Zahlung außerhalb des Versteigerungsverfahrens zu nötigen, ist der Zuschlag zu versagen.[82]

> **Tipp**
> Als Meistbietender immer dem Vertagungswunsch des Gläubigers widersprechen, darauf dringen, dass dieser Widerspruch protokolliert wird und sich der Forderung des Kreditinstitutes auf eine Zahlung außerhalb des Versteigerungsverfahrens unter Hinweis auf die Rechtsprechung widersetzen.

125 Nach Abschluss der Verhandlung oder aber im Verkündungstermin verkündet das Vollstreckungsgericht seine Entscheidung. Sie lautet entweder auf Erteilung oder auf Versagung des Zuschlags.

---

[76] BGH v. 30.1.2004 – IXa ZB 196/03.
[77] LG Mönchengladbach v. 25.2.2004 – 5 T 40/04.
[78] BGH v. 5.11.2004 – IXa ZB 27/04.
[79] BGH v. 9.3.2006 – V ZB 178/05.
[80] Zur Stellung des Meistbietenden: BGH v. 13.9.2001 – III ZR 228/00.
[81] Weitere Nachteile, Schilderung aus der Praxis: *Mayer*, Rechtspflegerblatt 2000, 40.
[82] BGH v. 31.5.2012 – V ZB 207/11.

§ 5 Zuschlag

A. Entscheidung über den Zuschlag

I. Versagung des Zuschlags

1. Grundlagen

Der Meistbietende hat einen Anspruch auf Erteilung des Zuschlags (§ 81 Abs. 1 ZVG). Der Zuschlag ist jedoch zu versagen, wenn

- sich keines der nicht erloschenen Gebote als zuschlagsfähig erweist (Rdn 5–8);
- Vorgänge zwischen dem Schluss der Versteigerung und der Verkündung der Entscheidung den Zuschlag verhindern (§ 4 Rdn 104–114);
- die Höhe des an sich zulässigen Meistgebotes aufgrund Gesetzes keinen Zuschlag erlaubt (Rdn 5–24);
- ein anderer der in § 83 ZVG genannten Versagungsgründe vorliegt (Rdn 28–38).

Es gibt

- zwar nicht erloschene, aber dennoch nicht zuschlagsfähige Gebote (§ 4 Rdn 92 f. und unten Rdn 5 und 8). Auf sie wird der Zuschlag versagt.
- zuschlagsfähige Gebote, auf welche der Zuschlag zu erteilen ist, falls keines der unter Rdn 1 genannten Hindernisse vorliegt.

Sind alle Gebote erloschen, ist nach § 77 ZVG (§ 4 Rdn 117) zu verfahren.

Vorgänge im Versteigerungstermin[1] können zur Begründung einer Zuschlagsentscheidung nur herangezogen werden, wenn sie sich aus dem Protokoll ergeben (§§ 78, 80 ZVG).

Eine vom Vollstreckungsgericht im Versteigerungstermin getroffene Entscheidung ist für die Entscheidung über den Zuschlag **nicht bindend** (§ 79 ZVG). Dies gilt auch dann, wenn die Entscheidung anfechtbar war, aber nicht angefochten wurde.[2] Der Rechtspfleger kann daher z.B. den Zuschlag versagen, obwohl er (zu Unrecht) im Termin das Gebot zugelassen hatte. Ist allerdings das Gebot erloschen (§ 4 Rdn 64), steht es für eine Entscheidung über den Zuschlag nicht mehr zur Verfügung. Es wird so angesehen, als wäre es nie abgegeben worden. Es ist daher unzulässig, auf ein erloschenes Gebot den Zuschlag zu versagen oder gar zu erteilen.

2. Versagungsgründe

a) Unzulässiges Gebot

Das Vollstreckungsgericht muss den Zuschlag versagen, wenn sich anlässlich der Prüfung bei der Entscheidung herausstellt, dass das Gebot zurückzuweisen gewesen wäre. In Betracht käme z.B. das Gebot einer nicht voll geschäftsfähigen Person, das Gebot eines gesetzlichen Vertreters ohne familiengerichtliche/betreuungsgerichtliche Genehmigung oder eines Bevollmächtigten ohne ausreichende Vollmacht. Auch ein Gebot, welches zu Unrecht ohne Sicherheitsleistung zugelassen wurde, kann keinen Zuschlag erhalten, wenn das Sicherheitsverlangen nicht als zurückgenommen gilt (§ 70 Abs. 3 ZVG) und der Bieter keine „Notsicherheit" (§ 4 Rdn 88) geleistet hat.

Wurde (versehentlich) ein Scheck als Sicherheitsleistung angenommen, welcher zwar den Bedingungen des § 69 ZVG nicht entsprach, aber tatsächlich eingelöst wurde, darf der Zuschlag nicht versagt werden.[3]

---

1 Auch der Verkündungstermin ist ein Teil des Versteigerungstermins!
2 BGH v. 26.10.2006 – V ZB 188/05.
3 BGH v. 20.7.2006 – V ZB 168/05.

7 Der Zuschlag wäre auch auf ein Meistgebot zu versagen, welches das Vollstreckungsgericht zurückgewiesen hatte, das aber infolge Widerspruchs nicht erloschen ist, vorausgesetzt natürlich, dass das Vollstreckungsgericht den Zurückweisungsgrund auch jetzt noch als gegeben ansieht.

b) Fehlende Identität von Versteigerungs- und Zuschlagsobjekt

8 Durch Zuschlagsversagung ist auch zu entscheiden, wenn sich herausstellt, dass das versteigerte Objekt mit jenem, das zum Zuschlag ansteht, nicht oder nicht mehr übereinstimmt. Hierher gehört nicht nur die **Verwechslung** des Objektes[4] (§ 83 Nr. 5 ZVG), sondern auch dessen **wesentliche Veränderung** zwischen Schluss der Versteigerung und Zuschlag, z.b. ein schwerwiegender Brandschaden,[5] oder die Geltendmachung des entgegenstehenden Rechts eines Dritten an einem nach § 55 Abs. 2 ZVG mitversteigerten Zubehörstück. Im letztgenannten Fall ist aber der Zuschlag zu erteilen, wenn der Meistbietende zustimmt. Es ist jedoch nicht möglich, den Zuschlag in einem solchen Fall zu einem geringeren Betrag als dem Meistgebot zu erteilen. Werden mitversteigerte Gegenstände (§ 1 Rdn 90 und § 4 Rdn 27) zwischen Schluss der Versteigerung und Zuschlag beschädigt, trifft dies den Ersteher (§ 56 ZVG). Dazu auch § 4 Rdn 47 und 124.

c) Handlungen nach Schluss der Versteigerung

9 Ergibt sich nach Schluss der Versteigerung die Notwendigkeit (z.B. § 4 Rdn 104–114), das Verfahren gegenüber dem bestbetreibenden Gläubiger einstweilen einzustellen oder aufzuheben, so erfolgt dies nicht durch einen Einstellungs- oder Aufhebungsbeschluss, sondern durch **Versagung des Zuschlags** (§ 33 ZVG). Zuschlagsversagungsgrund ist hier § 83 Nr. 6 ZVG. Diese Entscheidung bewirkt erst mit ihrer Rechtskraft (§ 86 ZVG) die einstweilige Einstellung oder Aufhebung des Verfahrens gegenüber dem betroffenen Gläubiger.

10 Die Regelung des § 33 ZVG hat den Sinn, den unmittelbaren Eintritt der Wirkung des § 72 Abs. 3 ZVG zu verhindern. Nach § 72 Abs. 3 ZVG führt eine einstweilige Einstellung oder Aufhebung des Verfahrens ohne Weiteres zum Erlöschen aller noch wirksamen Gebote. Erließe das Vollstreckungsgericht fälschlicherweise einen Einstellungs- bzw. Aufhebungsbeschluss, könnte (§ 4 Rdn 64) das Beschwerdegericht eine falsche Einstellungs- bzw. Aufhebungsentscheidung nicht mehr durch Zuschlagserteilung korrigieren. Da aber bei einer Versagung des Zuschlags das Erlöschen der Gebote erst mit Rechtskraft eintritt (§§ 86, 72 Abs. 3 ZVG), bleibt eine solche Korrektur möglich. Daher ist grundsätzlich im Falle eines nach dem Schluss der Bietezeit auftretenden Einstellungs- oder Aufhebungsgrundes, der das Verfahren des bestbetreibenden Gläubigers betrifft, durch Zuschlagsversagung zu entscheiden.

11 Eine Besonderheit ergibt sich jedoch, wenn neben dem bestbetreibenden Gläubiger noch mindestens ein weiterer Gläubiger vorhanden ist, für den auch der Termin abgehalten wurde. In diesem Fall muss nicht zwingend durch Zuschlagsversagung nach §§ 83 Nr. 6, 33 ZVG entschieden werden. Für den nachrangig Betreibenden liegt ein Zuschlagsversagungsgrund nach § 83 Nr. 1 ZVG vor, da das auf der Grundlage des bestbetreibenden Gläubigers festgestellte gG durch dessen Wegfall im Nachhinein unrichtig geworden ist. Hierbei handelt es sich jedoch (im Gegensatz zu § 83 Nr. 6 ZVG, der aber nur beim bestbetreibenden Gläubiger vorliegt) um einen nach § 84 ZVG heilbaren Zuschlagsversagungsgrund. Dies bedeutet, der Zuschlag kann ausnahmsweise doch erteilt werden, wenn weder der bestbetreibende Gläubiger noch ein Zwischenrecht beeinträchtigt ist oder aber die Zustimmung des Beeinträchtigten vorliegt. Eine Beeinträchtigung ist in diesem Fall immer gegeben, wenn das abgegebene Meistgebot niedriger ist als das fiktive neue gG. Weiterhin liegt eine Beeinträchtigung immer vor, wenn Beteiligte, deren Rechte nach dem fiktiven neuen gG bestehen bleiben würden, jetzt nur eine Barzahlung erhielten.[6]

---

4 Besonders in ländlicher Flur sind solche Verwechslungen denkbar und auch schon vorgekommen.
5 Hierzu sehr ausführlich *Eickmann/Böttcher* (ZVG), § 18 III 1.
6 Wegen weiterer Einzelheiten zur Beeinträchtigung siehe *Stöber* (ZVG), § 33 Rn 3.4 f.; *Böttcher* (ZVG), § 33 Rn 12.

Beispiel 12

Das Verfahren wird von der Gemeinde aus RK 3 und von dem Gläubiger der erstrangigen Grundschuld aus RK 4 betrieben. Die Gemeinde bewilligt nach Schluss der Versteigerung die einstweilige Einstellung, der Gläubiger aber nicht. Das Gebot reicht aus, um die Forderung der Gemeinde zu decken. Zuschlag ist möglich.

Variation: Zwei Grundschuldgläubiger betreiben die Versteigerung. Der Bestbetreibende bewilligt nach Schluss der Versteigerung die einstweilige Einstellung, der zweitrangige Gläubiger nicht. Der Zuschlag ist zu versagen, weil die erstrangige Grundschuld nicht erloschen wäre, wenn von Anfang an nur der Gläubiger der zweiten Grundschuld das Verfahren betrieben hätte. Stimmt der Bestbetreibende zu, wäre trotz seiner Beeinträchtigung eine Zuschlagserteilung möglich.

Ist nur ein anderer (nicht der bestbetreibende) Gläubiger von dem Einstellungs- bzw. Aufhebungsgrund betroffen, ergeht diesem gegenüber eine Entscheidung über die Einstellung oder Aufhebung seines Verfahrens, ohne dass dies die Entscheidung über den Zuschlag beeinflusst. 13

Die Wirkung der Zuschlagsversagung bzw. der Einstellung/Aufhebung bezieht sich immer nur auf das jeweils konkrete Einzelverfahren des betroffenen Gläubigers, in dessen Verfahren die gerichtliche Entscheidung ergeht. Dies muss bei der Beschlussfassung deutlich zum Ausdruck gebracht werden. 14

d) Nicht ausreichendes Meistgebot

Beträgt das Meistgebot, also das bare Meistgebot **zusammen** mit der Summe der bestehen bleibenden Rechte,[7] nicht **mindestens die Hälfte** des festgesetzten Grundstückswertes, muss das Vollstreckungsgericht den Zuschlag von Amts wegen versagen (§ 85a Abs. 1 ZVG).[8] Das Gebot musste also zunächst zugelassen werden, sofern es nicht aus anderen Gründen unzulässig war, erhält aber dann keinen Zuschlag. 15

Diese Zuschlagsversagung findet **nicht** statt (§ 85a Abs. 3 ZVG), wenn 16

- der Bieter einen Anspruch auf Befriedigung aus dem Grundstück hat,
- mit diesem Anspruch bei dem vorhandenen Gebot ganz oder teilweise ausfällt[9]
- und die Summe des Meistgebots und seines Ausfalls die Hälfte des festgesetzten Grundstückswertes erreicht.

Den Schutz des Schuldners bewirkt dann § 114a ZVG (siehe hierzu Beispiel § 4 Rdn 18 Bieter B).[10]

Tipp

Bei Meistgeboten unter 50 % des Verkehrswertes, § 85a Abs. 3 ZVG beachten.

Ist das Meistgebot höher als 50 %, aber **niedriger als 70 %** des festgesetzten Grundstückswertes, kommt eine Zuschlagsversagung nach § 74a ZVG in Betracht. Diese Entscheidung erfolgt aber nicht von Amts wegen. Vielmehr ist der **Antrag** eines Berechtigten[11] **erforderlich**. Diesen Antrag kann nur stellen, wer ein Recht auf Befriedigung aus dem Grundstück i.S.d. § 10 ZVG hat und bei einem (fiktiven) Meistgebot 17

---

7 Hierbei ist für Rechte der zweiten Abteilung der nach § 51 ZVG festgesetzte Wert (LG Hamburg v. 26.11.2002 – 328 T 107/02) und für Grundschulden ihr Nominalbetrag, also Kapital nebst Zinsen und anderen Nebenleistungen (BGH v. 27.2.2004 – IXa ZB 135/03) maßgeblich.
8 Hierbei ist das Gericht an den von ihm festgesetzten Verkehrswert gebunden, auch wenn sich dieser mittlerweile geändert hat (BGH v. 11.10.2007 – V ZB 178/06).
9 Berechnet sich dieser Ausfall unter Einbeziehung einer nicht mehr in dieser Höhe valutierten Grundschuld, liegt eine ungerechtfertigte Bereicherung vor, welche den Ersteher zur Herausgabe des ungerechtfertigt Erlangten verpflichtet (BGH v. 22.9.2011 – IX ZR 197/10).
10 Zur Anwendung des § 114a ZVG, wenn ein Gläubiger, um die Folgen dieser Norm zu umgehen, einen Dritten bieten lässt, siehe BGH v. 14.5.2005 – V ZB 9/05.
11 Nach Auffassung des BVerfG (v. 26.10.2011 – 2 BvR 1856/10) muss es sich hierbei nicht um einen Beteiligten i.S.d. § 9 ZVG handeln.

in Höhe von 70 % des Verkehrswertes eine Zuteilung erwarten könnte, die er bei dem abgegebenen Gebot nicht oder nicht in dieser Höhe erwarten kann.

Für diese Entscheidung muss das Vollstreckungsgericht einen „fiktiven Teilungsplan" (= Teilungsplan mit einem Meistgebot von 70 % des Verkehrswertes) aufstellen und hierbei Grundschulden mit dem Nominalbetrag[12] (Kapital, Zinsen, Nebenleistungen) einsetzen.

Das sei an zwei Beispielen erklärt:

18 *Beispiel*

Im Grundbuch des Versteigerungsobjekts sind folgende Rechte eingetragen:

III/1 Zinslose[13] Grundschuld für A über	70.000,00 EUR
III/2 Zinslose Grundschuld für B über	150.000,00 EUR

Das Zwangsversteigerungsverfahren wird von der Gemeinde wegen einer Forderung aus RK 3 in Höhe von 2.000,00 EUR betrieben.

Es bleiben keine Rechte bestehen.

Die A und B machen im Verfahren keine Kosten geltend.

Der Verkehrswert des Grundstücks wurde auf 200.000,00 EUR festgesetzt.

Der $5/10$-Wert beträgt somit 100.000,00 EUR, der $7/10$-Wert 140.000,00 EUR.

Die Gerichtskosten belaufen sich auf 5.000,00 EUR.

Gebot	Rechtsfolge
X bietet 79.000,00 EUR	Der Zuschlag wäre wegen § 85a ZVG von Amts wegen zu versagen.
B bietet 80.000,00 EUR	B gehen 77.000,00 EUR vor; bei einer Erlösverteilung bekäme er 3.000,00 EUR und würde damit mit einem Betrag von 147.000,00 EUR ausfallen. Gem. § 114a ZVG gilt B in Höhe von weiteren 60.000,00 EUR als befriedigt, da er diesen Betrag erhalten würde, wenn $7/10$ des Verkehrswertes erreicht würden. Addiert man Gebot und anzurechnenden Ausfall, ergeben sich 140.000,00 EUR, mithin mehr als 50 % des Verkehrswertes. Wegen § 85a Abs. 3 ZVG könnte das Grundstück dem B zugeschlagen werden. A kann bei diesem Gebot keinen Antrag nach § 74a ZVG stellen, da 80.000,00 EUR zu seiner Befriedigung reichen. Mehr als seine gesamte Forderung kann er nicht bekommen. (B muss nicht nur 80.000,00 EUR zahlen, sondern seine Forderung gegen den Schuldner ermäßigt sich nach § 114a ZVG um weitere 60.000,00 EUR, also der Differenz zwischen Gebot (80.000,00 EUR) und $7/10$ des Verkehrswertes (140.000,00 EUR)).
X bietet 100.000,00 EUR	Eine Zuschlagsversagung von Amts wegen erfolgt nicht mehr, da 50 % des Verkehrswertes erreicht sind. B kann aber einen Antrag nach § 74a ZVG stellen, da er bei einem Gebot von 70 % des Verkehrswertes, also 140.000,00 EUR, mehr bekommen würde als bei dem abgegebenen Gebot von 100.000,00 EUR.

---

12 BGH v. 27.2.2004 – IXa ZB 135/03.
13 Diese wenig realistische Annahme dient der Vermeidung einer für die Darstellung der Problematik des § 85a Abs. 3 ZVG nicht notwendigen Verkomplizierung der „Rechentätigkeit".

A. Entscheidung über den Zuschlag § 5

Beispiel 19

Im Grundbuch des Versteigerungsobjekts sind folgende Rechte eingetragen:

III/1 Zinslose Grundschuld für A-Bank über 20.000,00 EUR
III/2 Zinslose Grundschuld für B-Bank über 120.000,00 EUR
III/3 Zinslose Grundschuld für C-Bank über 130.000,00 EUR

Das Zwangsversteigerungsverfahren wird von der B-Bank wegen ihrer dinglichen Forderung aus RK 4 in Höhe von 120.000,00 EUR betrieben. Die erstrangige Grundschuld bleibt bestehen.

A, B und C machen im Verfahren keine Kosten geltend.

Der Verkehrswert des Grundstücks wurde auf 300.000,00 EUR festgesetzt. Der $5/10$-Wert beträgt somit 150.000,00 EUR, der $7/10$-Wert 210.000,00 EUR.

Die Gerichtskosten belaufen sich auf 5.000,00 EUR. Öffentliche Lasten wurden nicht angemeldet.

Das Mindestbargebot beläuft sich demnach auf 5.000,00 EUR. Die B-Bank bleibt in der Annahme, dass im anstehenden ersten Termin wegen § 85a ZVG ihre Grundschuld ausgeboten werden muss, damit der Zuschlag erteilt werden kann, dem Versteigerungstermin fern.

Gebot	**Rechtsfolge**
Die C-Bank bietet 5.000,00 EUR	Der C-Bank gehen 125.000,00 EUR vor; bei einem Gebot in der abgegebenen Höhe würde sie demnach in voller Höhe (130.000,00 EUR) ausfallen. Gem. § 114a ZVG gilt die C-Bank in Höhe ihrer gesamten Forderung als befriedigt, da sie diesen Betrag erhalten würde, wenn 7/10 des Verkehrswertes erreicht würden (Zwischenrechte bleiben nach § 114a S. 2 ZVG unberücksichtigt). Addiert man Gebot, bestehen bleibendes Recht und anzurechnenden Ausfall, ergibt sich so ein Betrag von 155.000,00 EUR, mithin mehr als 50 % des Verkehrswertes. Wegen § 85a Abs. 3 ZVG könnte das Grundstück der C-Bank zugeschlagen werden. Die B-Bank ginge leer aus, da zur Verteilung lediglich 5.000,00 EUR kämen. Wäre die B-Bank im Termin anwesend, könnte sie sich durch einen Antrag nach § 74a ZVG oder die Bewilligung der einstweiligen Einstellung nach Schluss der Bietezeit gegen die Erteilung des Zuschlags wehren.

Tipp

Gläubiger sollten bei ihrer Vorbereitung des Versteigerungstermins und der Entscheidung über eine Terminswahrnehmung § 85a Abs. 3 ZVG in die Überlegungen einbeziehen.

Auch der **Gläubiger** kann den Antrag nach § 74a ZVG stellen, wenn er die Voraussetzungen (Rdn 17) 20
erfüllt. Der **Schuldner** ist grundsätzlich nicht antragsberechtigt, da ihm kein Recht auf Befriedigung aus dem Grundstück i.S.d. § 10 ZVG zusteht. Dies gilt selbst dann, wenn bei einem Meistgebot i.H.v. 70 % des Verkehrswertes ein Übererlös entstehen würde. Das Antragsrecht des Schuldners besteht nur dann, wenn ihm ein Eigentümerrecht zusteht und er bei einem Gebot in der vorgenannten Höhe eine (höhere) Zuteilung hierauf erhalten würde. Dem **Meistbietenden** steht ein Antragsrecht nicht zu.

Jeder Gläubiger, der glaubhaft machen kann, dass ihm durch die Zuschlagsversagung nach § 74a ZVG ein 21
„unverhältnismäßiger Nachteil" entstehen würde, kann verlangen, dass der Zuschlag erteilt wird, obwohl das Gebot unter 70 % des Verkehrswertes liegt. Die 50 % nach § 85a ZVG müssen aber erreicht sein! Die Entscheidung trifft das Gericht, indem es den Zuschlag erteilt, wenn es das Verlangen als begründet ansieht oder versagt, wenn es keine solche Beeinträchtigung erkennen kann. Dieses Verlangen kann, ebenso

§ 5 Zuschlag

22 wie der Antrag nach § 74a ZVG selbst, nur in der Verhandlung über den Zuschlag (§ 4 Rdn 119) geltend gemacht werden.

22 Die Versagung des Zuschlags nach § 85a ZVG oder § 74a ZVG kann insgesamt nur **einmal** erfolgen. Wurde also während des Verfahrens einmal der Zuschlag nach § 85a ZVG **oder** nach § 74a ZVG versagt, kommen diese **beiden** Versagungsgründe in diesem Verfahren nicht mehr in Betracht (§ 74a Abs. 4 i.V.m. § 85a Abs. 2 ZVG). Auf den Umstand, dass der Zuschlag aus den Gründen des § 74a Abs. 1 ZVG oder § 85a Abs. 1 ZVG versagt wurde, muss das Vollstreckungsgericht in jeder neuen Terminsbestimmung hinweisen (§ 38 ZVG, dazu auch § 3 Rdn 44).

23 Gelegentlich hat der Gläubiger ein Interesse daran, die unter Rdn 15 dargestellten Rechtsfolgen auszulösen, um in einem weiteren Termin die Versteigerung ohne Wertgrenzen zu ermöglichen. Oft ist der Gläubiger wegen § 85a Abs. 3 ZVG jedoch nicht selbst in der Lage, durch ein eigenes zu geringes Gebot die Zuschlagsversagung zu erreichen. In solchen Fällen wurde „früher" von dem Terminsvertreter des Gläubigers im eigenen Namen („als Privatperson") ein niedriges Gebot abgegeben (auch „Eigengebot" genannt).

24 Nach der Auffassung des BGH sind Gebote unter 50 % des Verkehrswertes auch grundsätzlich mit dem Ziel zulässig, „nur" die Wertgrenze für den nächsten Termin zu beseitigen. Eigengebote der Terminsvertreter sah der BGH zunächst deshalb als unwirksam an, weil einem Terminsvertreter regelmäßig das Erwerbsinteresse fehle.[14] Nachdem – unabhängig von der Frage, ob das Ergebnis rechtspolitisch wünschenswert wäre – nahezu die gesamte Literatur[15] diese Begründung als nicht tragfähig abgelehnt hat, wurde sie in einer späteren Entscheidung[16] unter Beibehaltung des Ergebnisses aufgegeben.

Dort stützt der BGH sein Wunschergebnis auf „Rechtsmissbrauch". Nach der hier vertretenen Auffassung kann aber Rechtsmissbrauch nur im Einzelfall festgestellt werden. Andererseits kann das Vollstreckungsgericht bei Abgabe des Gebotes keine Beweiserhebung durchführen, weshalb ihm zugemutet wird, sämtliche Bankenvertreter unter den Generalverdacht zu stellen, rechtsmissbräuchlich zu handeln. Darüber hinaus stuft der BGH auch das Gebot eines **Beauftragten** des Gläubigers als rechtsmissbräuchlich und damit unwirksam ein.[17] Da die Beauftragung einer Person nicht offensichtlich ist, sei dahingestellt, wie das Vollstreckungsgericht eine solche Beauftragung feststellen soll, wenn nicht etwa immer dieselben Personen in Verbindung mit denselben Gläubigern erscheinen.

25 Hat das Vollstreckungsgericht die Missbrauchsabsicht nicht erkannt und den Zuschlag nach § 85a Abs. 1 ZVG versagt – und wurde dieser Beschluss rechtskräftig (in diesem Fall wäre ausnahmsweise entgegen des Wortlautes des § 97 Abs. 1 ZVG der Schuldner beschwerdeberechtigt[18]) –, ist von Amts wegen neuer Termin zu bestimmen, wie dies § 85a ZVG verlangt.[19] In diesem Termin aber darf die Versagungsfolge (Wegfall der Grenze) nicht beachtet werden. Vielmehr darf in diesem Termin wiederum nicht unter 50 % zugeschlagen werden.[20]

Wird der Zuschlag fälschlicherweise nach § 85a Abs. 1 ZVG versagt, obwohl gem. § 85a Abs. 3 ZVG Zuschlag hätte erteilt werden können, gelten die Zuschlagsgrenzen im nächsten Termin nicht mehr.[21]

> *Tipp*
> Insbesondere Bankvertreter müssen damit rechnen, dass ihr „Eigengebot" und auch das eines offensichtlich Beauftragten unter Bezug auf die Rechtsprechung des BGH zurückgewiesen wird.

---

14 BGH v. 24.11.2005 – V ZB 98/05; hierzu abl. Anm. *Hintzen*, Rpfleger 2006, 144.
15 Statt vieler die überzeugenden Ausführungen von *Eickmann*, ZfIR 2006, 652.
16 BGH v. 10.5.2007 – V ZB 83/06.
17 BGH v. 17.7.2008 – V ZB 1/08.
18 BGH v. 18.10.2007 – V ZB 75/07; hierzu kritisch *Groß*, Rpfleger 2008, 545.
19 BGH v. 21.6.2007 – V ZB 3/07; hierzu Anm. *Alff*, Rpfleger 2007, 619.
20 So BGH v. 10.5.2007 – V ZB 83/06; hierzu auch *Mayer*, RpflStud 2007, 146.
21 BGH v. 9.10.2008 – V ZB 21/08.

Die Versagung des Zuschlags nach § 74a ZVG oder § 85a ZVG hat entgegen Rdn 9 nicht die Wirkung der einstweiligen Einstellung des Verfahrens (§ 74a Abs. 3 i.V.m. § 85a Abs. 2 ZVG). Vielmehr ist **von Amts wegen** innerhalb der dort genannten Frist ein **neuer Termin** zu bestimmen, falls hierfür die allgemeinen Voraussetzungen (§ 3 Rdn 35 ff.) vorliegen. 26

Tipp
Fortsetzungsantrag ist nicht erforderlich.

Der neue Termin muss innerhalb von sechs Monaten nach dem gescheiterten Termin stattfinden; das Vollstreckungsgericht hat kein Ermessen. Der rechtzeitige Ansatz kann durch Vollstreckungserinnerung erzwungen werden.[22] Auch sind Schadensersatzansprüche denkbar. 27

e) Versagungsgründe nach § 83 ZVG

Das Vollstreckungsgericht hat vor der Zuschlagsentscheidung von Amts wegen zu überprüfen, ob allgemeine Versagungsgründe nach § 83 ZVG vorliegen. Hiermit wird die Gesetzmäßigkeit des bisher durchgeführten Zwangsversteigerungsverfahrens sichergestellt. Sofern es zu dem Ergebnis kommt, dass ein Zuschlagsversagungsgrund gegeben ist und dieser nicht geheilt wurde bzw. werden kann, muss zwingend durch Zuschlagsversagung entschieden werden. Ein Ermessensspielraum steht dem Vollstreckungsgericht nicht zu. 28

Die in § 83 Nr. 1 bis 5 ZVG aufgelisteten Zuschlagsversagungsgründe nennt man auch **relative** Versagungsgründe, weil bei ihnen eine Heilung (§ 84 ZVG) möglich ist (dazu Rdn 34), während die unheilbaren Versagungsgründe § 83 Nr. 6 bis 8 ZVG auch **absolute** Versagungsgründe genannt werden. 29

§ 83 Nr. 1 ZVG: 30

- Keine rechtzeitige/formgerechte Zustellung des entscheidenden Beschlusses i.S.d. § 43 Abs. 2 ZVG (Anordnungs-, Beitritts- oder Fortsetzungsbeschluss, § 3 Rdn 35) an den Schuldner
- Keine rechtzeitige/formgerechte Zustellung der Terminsbestimmung an alle bekannten Beteiligten (§ 43 Abs. 2 ZVG)
- Verletzung der Vorschriften über die Feststellung des geringsten Gebotes und die Versteigerungsbedingungen (§§ 44 bis 65 ZVG)

§ 83 Nr. 2 ZVG: siehe § 11 Rdn 10 31

§ 83 Nr. 3 ZVG: siehe § 12 Rdn 34 f.

§ 83 Nr. 4 ZVG: 32

Der Hinweis, dass weitere Anmeldungen nach der Aufforderung zur Abgabe von Geboten Rangverlust erleiden (§ 66 Abs. 2 ZVG, § 4 Rdn 51), ist unterblieben und eine „verspätete" Anmeldung wurde trotzdem nur mit Rangverlust zugelassen.

Wurde der Hinweis gem. § 66 Abs. 2 ZVG vergessen, erfolgte aber keine weitere Anmeldung nach Eröffnung der Bietezeit ist, stellt dies keinen Zuschlagsversagungsgrund dar.

§ 83 Nr. 5 ZVG: 33

Ein von Amts wegen zu berücksichtigendes (§ 28 ZVG) oder ein angemeldetes (§ 37 Nr. 5 ZVG) Gegenrecht eines Beteiligten muss noch vor der Zuschlagsentscheidung berücksichtigt werden.

Beispielhaft sei hier genannt, dass der Eigentümer eines „mitversteigerten" Zubehörstücks nach Schluss der Versteigerung, aber vor der Erteilung des Zuschlags dem Vollstreckungsgericht die Ausfertigung eines Einstellungs- oder Aufhebungsbeschlusses des Prozessgerichts bezüglich dieses Fremdzubehörs vorlegt (§§ 55 Abs. 2, 37 Nr. 5 ZVG).

---

22 AG Neuruppin v. 12.11.2004 – 7 K 76/03; so auch *Stöber* (ZVG), § 74a Rn 6.2.

34 Die Versagungsgründe des § 83 Nr. 1 bis 5 ZVG stehen einer Erteilung des Zuschlags nicht entgegen, wenn positiv feststeht, dass trotz des Verstoßes kein Beteiligter (§ 9 ZVG) durch den Zuschlag beeinträchtigt wird. Im Einzelfall ist zu prüfen, welche Rechte durch den Zuschlagsversagungsgrund berührt werden und ob diese Rechte durch eine Zuschlagserteilung beeinträchtigt sind.

Liegt die Beeinträchtigung eines Beteiligten vor oder kann eine solche nicht positiv ausgeschlossen werden, kann der Zuschlag nur erteilt werden, wenn der betroffene Beteiligte das Verfahren genehmigt. Diese Genehmigung bedarf der öffentlich beglaubigten Form (§ 84 Abs. 2 ZVG). Ausreichend ist auch die Aufnahme der Genehmigung zu Protokoll des Gerichts. Die Genehmigung kann nur bis zur Verkündung der Zuschlagsversagung erklärt werden. Eine Nachholung im Rechtsmittelverfahren nicht möglich.

35 **§ 83 Nr. 6 ZVG:**

Es liegt eine Gesetzesverletzung vor, bei der jedoch (im Unterschied zu § 83 Nr. 5 ZVG) ungewiss ist, wie weit sich ihre Wirkung erstreckt und welche Beteiligten von ihr betroffen sind. Es handelt sich um einen Auffangtatbestand für sämtliche Fälle, in denen die Zwangsversteigerung oder die Fortsetzung aus einem anderen Grund als den in § 83 Nr. 1 bis 5 ZVG benannten unzulässig ist.

Beispielhaft seien genannt:

- Es liegt nach Schluss der Bietezeit ein Grund für die Aufhebung (z.B. § 29 ZVG) oder die einstweilige Einstellung (z.B. §§ 30, 75 ZVG, §§ 775, 776 ZPO) betreffend das Verfahren des bestbetreibenden Gläubigers vor. Dieser Zuschlagsversagungsgrund gilt nur für das Verfahren des bestbetreibenden Gläubigers. Wurde der Versteigerungstermin für weitere Gläubiger gehalten, gilt diesen gegenüber der Versagungsgrund § 83 Nr. 1 ZVG (= falsches gG), welcher jedoch heilbar ist.
- Fehlen der Prozessvoraussetzungen, z.B. mangelnde Partei-/Prozessfähigkeit des Schuldners.
- Fehlen der Vollstreckungsvoraussetzungen, z.B. Fehlen eines Vollstreckungstitels oder Mängel bei Titel, Klausel, Zustellung oder den besonderen Vollstreckungsvoraussetzungen, Vorliegen von Vollstreckungshindernissen.
- Das mangelnde Vorliegen des Titels des bestbetreibenden Gläubigers im Versteigerungstermin. Allerdings kann ein Verstoß gegen dieses Verfahrensgebot noch im Verfahren der sofortigen Beschwerde durch Vorlage des Titels geheilt werden, wenn sich ergibt, dass der Titel während des gesamten Verfahrens unverändert bestand.[23] Nicht mehr heilbar ist dagegen ein Mangel des Titels an sich (etwa eine fehlende Rechtsnachfolgeklausel).[24]

36 **§ 83 Nr. 7 ZVG:**

- Der Termin wurde nicht rechtzeitig oder nicht richtig veröffentlicht (Verstoß gegen § 43 Abs. 1 ZVG). Eine in diesem Sinne nicht richtige Veröffentlichung der Terminsbestimmung ist auch dann gegeben, wenn gegen § 37 ZVG oder § 38 ZVG verstoßen wurde. Dass es sich bei § 38 ZVG um eine Sollvorschrift handelt, ist nach Auffassung des BGH[25] dabei unerheblich.
- Die Bietezeit wurde nicht eingehalten. Die Versteigerung wurde geschlossen, obwohl noch geboten wurde.
Während der gesamten Mindestbietezeit von 30 Minuten muss immer eine Gebotsabgabe möglich sein. Ist dies aufgrund ungewöhnlicher Vorkommnisse im Versteigerungstermin nicht gewährleistet, etwa weil der Schuldner oder ein Dritter die Anwesenden vom Bieten abhalten oder eine längere Unterredung des Gerichts mit einem Beteiligten oder einem Dritten erforderlich wurde, ist die Bietezeit entsprechend zu verlängern.

Es ist keine Heilung möglich. Zuschlag muss versagt werden.

---

23 BGH v. 27.2.2004 – IXa ZB 269/03; BGH v. 18.3.2010 – V ZB 124/09.
24 BGH v. 19.6.2008 – V ZB 129/07.
25 BGH v. 18.3.2010 – V ZB 124/09.

§ 83 Nr. 8 ZVG:
Für ein „schwaches" Gebot (§ 4 Rdn 93) wurde die zusätzliche Sicherheit nicht bis zum Zuschlag geleistet und es ist kein weiteres „starkes" Gebot vorhanden.

37

Für die in Rdn 30–36 genannten Fälle gilt: Der Beschluss bewirkt nach § 86 ZVG für alle Gläubiger, für welche der Termin gehalten wurde, die einstweilige Einstellung des Verfahrens. Im Falle der Rdn 37 gilt dies nur, wenn keinem anderen Gebot der Zuschlag erteilt werden konnte. Das „schwache" Gebot ist mangels Sicherheitsleistung nicht „erloschen", sondern „schwebend unwirksam", weshalb nicht nach § 77 ZVG zu verfahren ist.

38

3. Entscheidung

Die Entscheidung über die Versagung des Zuschlags ergeht durch **Beschluss**, der zu verkünden ist (§ 87 ZVG). Der Beschluss hat eine Rechtsbehelfsbelehrung zu enthalten (§ 232 ZPO). Eine Zustellung des Beschlusses ist nicht erforderlich (Arg. aus § 98 ZVG), auch nicht an die Beteiligten, welche den Termin nicht wahrgenommen haben, und auch nicht an die Gläubiger, für welche er die einstweilige Einstellung oder Aufhebung des Verfahrens bewirkt. Daran ändert auch die Notwendigkeit der Rechtsmittelbelehrung nichts, da diese Bestandteil des Beschlusses ist (§ 232 ZPO „enthalten") und daher mitverkündet wird.

39

Der Beschluss ist immer zu **begründen**. Es ist darauf zu achten, dass § 33 ZVG kein Versagungsgrund, sondern eine Vorschrift für das Verfahren ist. Wenn also zu lesen wäre: „Die Versagung erfolgt nach § 33 ZVG", zeigt dies Lücken im Verständnis. Hat z.B. der bestbetreibende Gläubiger die einstweilige Einstellung bewilligt, lautet die Begründung: „§§ 30, 83 Nr. 6, 33 ZVG" und der Zusatz: „Dieser Beschluss bewirkt mit dem Eintritt seiner Rechtskraft die einstweilige Einstellung des Verfahrens gegenüber dem Gläubiger X (§ 86 ZVG)".

40

4. Fortsetzung des Verfahrens

Soweit die Versagung des Zuschlags mit dem Eintritt der Rechtskraft die einstweilige Einstellung des Verfahrens bewirkt hat, erfolgt auch hier die **Fortsetzung nur auf Antrag** der betroffenen Gläubiger. Auch dieser Antrag muss innerhalb der Frist des § 31 ZVG gestellt werden. Damit diese Frist in Lauf gesetzt wird, ist die Zustellung einer Belehrung erforderlich. Es ist zu beachten, dass diese Zustellung nicht vor der Rechtskraft des Versagungsbeschlusses erfolgt, damit eine eindeutige Angabe des Endtermins möglich ist.

41

War ein Gläubiger vorhanden, für welchen der gescheiterte Termin nicht gehalten werden konnte (§ 3 Rdn 36), so muss jetzt – falls die Voraussetzungen nunmehr vorliegen – für diesen Termin bestimmt werden.

42

Wegen der Weiterführung nach Zuschlagsversagung aus den Gründen der §§ 74a und 85a ZVG siehe Rdn 26.

43

II. Erteilung des Zuschlags

Ist ein nicht erloschenes Meistgebot vorhanden und liegen keine Gründe vor, den Zuschlag zu versagen, erteilt das Vollstreckungsgericht dem **Meistbietenden** den Zuschlag (§ 81 ZVG).

44

Der Meistbietende kann vor dem Zuschlag erklären, dass er die Rechte aus dem Meistgebot an einen Dritten abtritt. Dieser Dritte muss die **Abtretung** annehmen und die Verpflichtungen aus dem Meistgebot übernehmen. In diesem Fall ist der Zuschlag nicht dem Meistbietenden, sondern dem Dritten zu erteilen (§ 81 Abs. 2 ZVG).

45

Der Zuschlag ist ebenfalls nicht dem Meistbietenden, sondern einem **Dritten** zu erteilen, wenn der Meistbietende nach Schluss der Versteigerung unter Vorlage einer öffentlich beglaubigten, ausreichenden Vollmacht erklärt, dass er nicht für sich, sondern für den Dritten geboten hat (sog. **Strohmanngebot**; § 81 Abs. 3 ZVG).

46 Die vorgenannten Erklärungen können nach Schluss der Versteigerung im Versteigerungstermin, im Verkündungstermin oder vor dem Verkündungstermin schriftlich in einer öffentlich beglaubigten Urkunde erklärt werden.

47 In beiden Fällen gilt Folgendes:
- Meistbietender und Dritter haften als **Gesamtschuldner** für die Verpflichtungen aus dem baren Meistgebot (§ 81 Abs. 4 ZVG) und die Kosten der Zuschlagserteilung Rdn 90 (§ 26 Abs. 2 GKG), welches im Zuschlagsbeschluss auszusprechen ist (§ 82 ZVG).
- Die **Grunderwerbsteuer** fällt doppelt an.

Tipp
Will ein Vater für sein volljähriges Kind bieten, hat aber in den Versteigerungstermin keine Vollmacht mitgebracht, kann er für sich bieten und um einen Verkündungstermin bitten.[26] In diesem kommt er mit dem Kind und überträgt ihm die Rechte aus dem Meistgebot; das Kind erhält den Zuschlag.[27]

B. Inhalt, Bekanntmachung, Wirkungen

I. Inhalt des Zuschlagsbeschlusses

48 *Hinweis*
Eine ausführliche Darstellung eines Zuschlagsbeschlusses anhand konkreter Daten findet sich in § 15 unter B. „2. Abschnitt Zuschlagsentscheidung" (§ 15 Rdn 2 f.).

49 Es wird dringend abgeraten, sich an dem gerade noch ausreichenden (§ 82 ZVG) Mindestinhalt zu orientieren, welcher den Zuschlag noch wirksam machen würde. Ein ordentlicher Zuschlagsbeschluss enthält mindestens
- die genaue Bezeichnung des Grundstücks;
- die genaue Bezeichnung des Erstehers; bei mehreren auch das Rechtsverhältnis, in welchem sie erworben haben, also z.B. „als Miteigentümer je zur Hälfte" oder „in Gütergemeinschaft". Wegen der Bezeichnung einer GbR als Ersteherin siehe § 42 Rdn 186 f. In Anlehnung an § 15 GBV sollte bei natürlichen Personen der Vor- und Familienname, Anschrift und Geburtsdatum und bei juristischen Personen, Handels- und Partnerschaftsgesellschaften der Name oder die Firma und der Sitz angegeben werden;
- eine genaue Aufzählung der Gegenstände, die nicht mitversteigert wurden (§ 4 Rdn 40), oder aber die Feststellung, dass keine Gegenstände von der Versteigerung ausgenommen waren;
- die genaue Bezeichnung der Rechte, die als Teil des gG bestehen geblieben sind;
- die Höhe des Bargebots und die Aussage, dass dieses rechtzeitig auf ein Konto der Gerichtskasse zu überweisen ist, damit im Verteilungstermin bereits der Nachweis vorliegt, und dass das Bargebot vom Zuschlag bis zum Verteilungstermin mit 4 % zu verzinsen ist;
- die Feststellung, dass der Ersteher die Kosten des Zuschlags zu tragen hat;
- eine Rechtsbehelfsbelehrung (§ 232 ZPO).

---

26 Einer solchen Bitte sollte das Vollstreckungsgericht nachkommen, sofern das Vorhaben glaubhaft vorgetragen wurde.
27 Erwerb Vater – Kind ist grunderwerbsteuerfrei. Somit fällt die Steuer nur einmal an!

Es ist allgemein üblich und richtig, die Aussage anzuschließen, dass im Übrigen die gesetzlichen Versteigerungsbedingungen gelten. Dass eine Gewährleistung nicht stattfindet, kann wegen der besonderen Bedeutung dieses Umstandes ausdrücklich erwähnt werden. 50

Haben mehrere Personen gemeinsam das Grundstück ersteigert, gleichgültig in welchem Rechtsverhältnis, ist weiter auszusprechen, dass die Ersteher für die Verpflichtungen aus dem Zuschlag (Meistgebot, Zinsen, Kosten) als **Gesamtschuldner** haften. 51

Wurde der Zuschlag nicht dem Meistbietenden, sondern einem Dritten erteilt (Rdn 45–47), ist zunächst der Grund (Abtretung/Vollmacht) festzuhalten und weiter die gesamtschuldnerische Haftung auszusprechen (§ 82 ZVG). 52

Wurde mit einer **Bürgschaft** Sicherheit geleistet, ist festzustellen, dass der Bürge (das Kreditinstitut) in Höhe der Bürgschaft als Gesamtschuldner mithaftet (§ 82 ZVG). Da die Verpflichtung aus der Bürgschaft hiermit realisiert ist, muss die Bürgschaftsurkunde bis zur Zahlung aufbewahrt werden. 53

Erlischt ein Altenteil (§ 4 Rdn 24) durch Doppelausgebot, ist dies ebenfalls im Beschluss festzuhalten. 54

II. Bekanntmachung des Zuschlagsbeschlusses

Der Zuschlagsbeschluss muss verkündet werden (§ 87 ZVG) und wird mit der **Verkündung** wirksam (§ 89 ZVG). Erteilt das Beschwerdegericht den Zuschlag, wird er nicht verkündet und erst mit der Zustellung an den Ersteher wirksam (§ 104 ZVG). 55

Neben der Verkündung hat die **Zustellung** des Beschlusses zu erfolgen (§ 88 ZVG), und zwar an 56

- alle Beteiligten (§ 9 ZVG), welche **weder** im Versteigerungstermin **noch** im Verkündungstermin erschienen sind. Kurzfristige Anwesenheit in einem der beiden Termine reicht; sie kann nur durch das Protokoll bewiesen werden (§ 78 ZVG);
- den Ersteher, also demjenigen, welchem zugeschlagen wurde. Bei Zuschlag an mehrere Personen muss Zustellung an alle erfolgen;
- den Meistbietenden, der nicht Ersteher wurde, aber mithaftet (Rdn 45–47);
- das Kreditinstitut, mit dessen Bürgschaft für das Meistgebot Sicherheit geleistet wurde.

Die Zustellung des Zuschlagsbeschlusses an Beteiligte, welche im Versteigerungstermin **oder** Verkündungstermin anwesend waren, ist entbehrlich (arg. § 88 ZVG). Ein Zustellungserfordernis ergibt sich auch nicht aus der notwendigerweise enthaltenen Rechtsbehelfsbelehrung, da diese als Bestandteil des Zuschlagsbeschlusses verkündet wird (Rdn 39). Die Einhaltung des § 232 ZPO muss sich in diesen Fällen zwingend aus dem Sitzungsprotokoll ergeben, entweder durch vollständige Protokollierung des verkündeten Beschlusses (§ 160 Abs. 3 Nr. 6 ZPO) oder Bezugnahme auf eine dem Protokoll als Anlage beigefügte schriftliche Belehrung (§ 160 Abs. 5 ZPO). 57

Neben der Verkündung und der Zustellung des Zuschlagsbeschlusses (§§ 87, 88 ZVG) sieht die Anordnung über Mitteilungen in Zivilsachen (MiZi) eine formlose Übersendung des Zuschlagsbeschlusses an den Gutachterausschuss (§ 3 Rdn 7) und an das Finanzamt mit der Bitte um Erteilung der „Unbedenklichkeitsbescheinigung"[28] vor. Darüber hinaus empfiehlt sich eine formlose Mitteilung des Zuschlagsbeschlusses an die kommunale Steuerstelle, falls diese nicht am Versteigerungsverfahren beteiligt war. 58

Falls viele Zustellungen anfallen würden und mit einer Anfechtung des Zuschlagsbeschlusses nicht gerechnet wird, können Kosten und Arbeit erspart werden, wenn die Zustellung des Zuschlagsbeschlusses zusammen mit der Ladung zum Verteilungstermin erfolgt. 59

---

28 Diese Unbedenklichkeitsbescheinigung wird erteilt, wenn die Frage der Grunderwerbsteuer erledigt ist (kein Anfall, Zahlung, Stundung), und ist für die Grundbuchberichtigung erforderlich.

III. Wirkungen des Zuschlagsbeschlusses

1. Eigentumserwerb

60 Der Ersteher wird **mit** der **Verkündung** des Zuschlags Eigentümer des Grundstücks und der Gegenstände, auf welche sich die Versteigerung erstreckt hat (§ 90 ZVG). Der **Eigentumserwerb** findet **außerhalb des Grundbuchs** statt; das Grundbuch wird also unrichtig.

61 Der Eigentumserwerb und das unter Rdn 63 ff. dargestellte Erlöschen von Rechten entfallen nicht, wenn später der Ersteher das Meistgebot nicht bezahlt. Dazu ab § 8 Rdn 1.

62 Auch schon vor Eintritt der Rechtskraft des Zuschlagsbeschlusses ist der Ersteher bereits Eigentümer, sein Eigentum ist aber bis zur Rechtskraft „temporär in der Schwebe".[29] Wird der Zuschlagsbeschluss vom Rechtsmittelgericht rechtskräftig aufgehoben, gelten die mit ihm verbundenen Wirkungen als nie eingetreten. Der Ersteher wird so behandelt, als sei er nie Eigentümer gewesen. Seine Handlungen zwischen Verkündung des Zuschlags und Rechtskraft der Aufhebung sind als Handlungen eines Nichtberechtigten anzusehen. Gläubiger und Schuldner könnten sich nur nach § 94 ZVG schützen.

2. Erlöschen der Rechte

63 Mit der Verkündung des Zuschlags erlöschen alle im Grundbuch eingetragenen Rechte der zweiten und dritten Abteilung, soweit sie nicht nach den Versteigerungsbedingungen vom Ersteher als bestehen bleibend (§ 3 Rdn 121 ff.) übernommen worden sind (§ 91 Abs. 1 ZVG). Auch die eingetragenen Verfügungsbeschränkungen (z.B. Insolvenz-, Nacherbenvermerk) erlöschen aufgrund des Zuschlags. Das Grundbuch wird insoweit unrichtig.

Dies gilt nicht für in der zweiten Abteilung des Grundbuchs eingetragene Vermerke über Verfahren nach dem Baugesetzbuch (z.B. Sanierungs-, Entwicklungs- oder Umlegungsvermerke). Diese Vermerke wurden zwar nicht im geringsten Gebot berücksichtigt, allerdings beziehen sie sich nicht auf die Person des Eigentümers, sondern auf das Grundstück. Daher berührt die Erteilung des Zuschlags die weitere Durchführung dieser Verfahren nicht, an denen der Ersteher als neuer Eigentümer zu beteiligen ist.

Eine weitere Besonderheit besteht für Lasten, die nicht im Grundbuch, sondern im „Baulastverzeichnis" eingetragen sind. Inwieweit der Ersteher die dort eingetragenen Pflichten übernehmen muss, ist noch sehr umstritten.[30]

> *Tipp*
> Bevor man ein Grundstück ersteigert, sollte man sich bei der Gemeinde erkundigen, ob und ggf. welche Eintragungen im Baulastverzeichnis bestehen.

64 Die in § 52 Abs. 2 ZVG bezeichneten Rechte erlöschen nicht. Die in § 9 EGZVG bezeichneten und nach Maßgabe des einschlägigen Landesrechts eigentlich bestehen bleibenden Rechte erlöschen nur, wenn dies durch ein Doppelausgebot bewirkt und das Erlöschen im Zuschlagsbeschluss ausgesprochen war (§ 4 Rdn 24 und oben Rdn 54).

65 Im Wege der dinglichen Surrogation setzen sich die erloschenen Rechte am Erlös fort, soweit dieser hierzu reicht (**Surrogationsgrundsatz**). Rechte, die nicht auf Geldzahlung gerichtet sind, erhalten Wertersatz nach § 92 ZVG. Dazu § 6 Rdn 49.

66 Der Schuldner wird von seinen schuldrechtlichen Verpflichtungen auch dann nicht frei, wenn die dingliche Sicherheit erloschen ist und der Erlös für eine Zuteilung auf das erloschene Recht nicht reicht.

---

29 *Steiner/Eickmann*, § 90 Rn 22.
30 Hierzu *Glotzbach/Goldbach*, Rn 158–161b.

3. Vollstreckungstitel

Der Zuschlagsbeschluss ist Vollstreckungstitel zur Vollstreckung auf **Räumung und Herausgabe des** 67
Grundstücks gegenüber allen Personen, deren Recht zum Besitz nach dem Zuschlag nicht mehr besteht
(§ 93 ZVG). Dies sind insbesondere:
- der bisherige Eigentümer (der sein Besitzrecht vom verlorenen Eigentum ableitete) und alle Personen (Angehörige), die ihr Besitzrecht vom bisherigen Eigentümer ableiteten;
- Berechtigte eines Wohnungsrechtes, Nießbrauchs o.Ä., deren Besitzrecht aus einem jetzt erloschenen Recht resultierte;
- Personen, welche überhaupt kein Besitzrecht haben (Hausbesetzer).

Der Zuschlagsbeschluss erlaubt **keine Räumung** gegenüber Personen, die ein **fortbestehendes Besitz-** 68
recht[31] haben. Insbesondere kann also gegen Mieter nicht aus dem Zuschlag vollstreckt werden. Dies
gilt auch für Mieter, denen gegenüber der Ersteher ein außerordentliches Kündigungsrecht (§ 4
Rdn 14 ff.) hat. Diesen Personen gegenüber ist der Ersteher auf Kündigung und ggf. Räumungsklage
und Zwangsvollstreckung nach den allgemeinen Vorschriften angewiesen.

Zur Zwangsvollstreckung aus dem Zuschlagsbeschluss auf **Räumung und Herausgabe** bedarf es einer 69
Vollstreckungsklausel auf dem Zuschlagsbeschluss, in welcher die Personen, gegen die vollstreckt werden soll, so genau wie möglich zu bezeichnen sind. Die Vollstreckung erfolgt durch den Gerichtsvollzieher aufgrund Auftrages des Erstehers nach den allgemeinen Regeln der Zwangsvollstreckung (insbesondere § 885 ZPO).

> *Tipp*
> Im Antrag auf Klauselerteilung alle Personen nennen, gegen die sich die Vollstreckung richtet.

Obwohl der Herausgabetitel (Zuschlagsbeschluss) vom Rechtspfleger erlassen wurde, bedarf es wegen 70
§ 758a Abs. 2 ZPO keiner richterlichen Genehmigung für die Zwangsräumung.[32]

Mit dem Zuschlagsbeschluss kann auch auf **Herausgabe mitversteigerter Gegenstände** vollstreckt werden, 71
welche der Schuldner oder Dritte vom Grundstück entfernt haben. Auch hierzu bedarf es einer Klausel, in welcher die herauszugebenden Gegenstände so zu bezeichnen sind, dass sie der Gerichtsvollzieher identifizieren kann.

Die Klausel gegen den Schuldner erteilt der Urkundsbeamte der Geschäftsstelle. Ist der Zuschlags- 72
beschluss bereits zugestellt (§ 88 ZVG), bedarf es keiner erneuten Zustellung vor Beginn der Vollstreckung; die Bescheinigung nach § 169 Abs. 1 ZPO genügt.

Richtet sich die Vollstreckung Rdn 69 und 71 gegen Dritte (hierzu zählen auch Angehörige, die ihr Be- 73
sitzrecht vom Schuldner ableiten, mit Ausnahme der minderjährigen Kinder), müssen diese in der Klausel genannt werden. Ob es sich dabei um eine Klausel entsprechend § 726 Abs. 1 ZPO oder entsprechend § 727 ZPO handelt, ist umstritten; in jedem Falle ist für deren Erteilung der Rechtspfleger zuständig (§§ 3 Nr. 3a, 20 Nr. 12 RPflG) und die Klausel nach § 750 Abs. 2 ZPO vor dem Beginn der Vollstreckung zuzustellen. Falls in der Klausel nicht die Offenkundigkeit des Besitzes bestätigt ist, müssen die Urkunden, welche den Besitz bewiesen haben, mit zugestellt werden.

Hat der Schuldner vor oder nach dem Zuschlag den Besitz des Grundstücks unzweifelhaft aufgegeben,[33] 74
kann der Ersteher den Besitz ergreifen, soweit er dadurch kein Besitzrecht eines Dritten verletzt. Im Zwei-

---

31 Wer sich etwa im Klauselerteilungsverfahren auf ein fortbestehendes Besitzrecht beruft, muss Anhaltspunkte für das Bestehen eines solchen Besitzrechts dartun (BGH v. 27.2.2004 – IXa ZB 269/03).
32 So *Stöber* (ZVG), § 93 Rn 2.4 und MüKo-ZPO/*Heßler*, § 758a Rn 42.
33 Fall aus der Praxis: Schuldner hat das Haus ausgeräumt, die Tür vernagelt und ist nach Brasilien verzogen, von wo aus er der Gläubigerbank schrieb, dass sie ihn nie mehr sehen würde.

felsfalle sollte sich der Ersteher aber mit einer vollstreckbaren Ausfertigung des Zuschlagsbeschlusses durch einen Gerichtsvollzieher in den Besitz einweisen lassen.

75 Beruft sich ein Besitzer gegen die Vollstreckung auf ein **Besitzrecht**, muss er gegen den Ersteher nach § 771 ZPO klagen (§ 93 Abs. 1 S. 3 ZVG). Das allgemeine Vollstreckungsgericht[34] kann dann nach § 769 Abs. 2 ZPO evtl. die Zwangsvollstreckung einstweilen einstellen.[35]

C. Rechtsbehelfe bei der Entscheidung über den Zuschlag

76 Gegen den Zuschlag und die Versagung des Zuschlags ist das Rechtsmittel der **sofortigen Beschwerde** gegeben (§ 96 ZVG i.V.m. § 11 Abs. 1 RPflG); auf diese finden die Vorschriften der ZPO über die sofortige Beschwerde Anwendung, soweit das ZVG keine besondere Regelung enthält.

77 Die Beschwerdefrist beträgt zwei Wochen (§ 569 Abs. 1 ZPO). Auch die Vorschriften über die Einlegung (§ 569 Abs. 2 und 3 ZPO) finden Anwendung.

78 **Beschwerdeberechtigt** sind (§ 97 ZVG), wenn der Zuschlag **erteilt** wurde,

- der Schuldner;
- alle anderen Beteiligten nach § 9 ZVG;
- alle Bieter, deren Gebot zwar nicht erloschen ist (§ 4 Rdn 63 und 66), die jedoch keinen Zuschlag erhalten haben;
- der Ersteher (z.B. Rdn 45);
- Dritte, die für zahlungspflichtig erklärt wurden (Rdn 52).

79 Wurde der Zuschlag **versagt**, sind beschwerdeberechtigt (§ 97 ZVG)

- alle Gläubiger, für welche der Termin gehalten wurde (§ 3 Rdn 36);[36]
- der Meistbietende und alle anderen Bieter, deren Gebot nicht erloschen ist;
- Personen, die nach § 81 Abs. 2 und 3 ZVG (Rdn 45) an Stelle des Meistbietenden Eigentümer werden sollten.

Nach h.M. ist der Schuldner nicht berechtigt, allein aus dieser Position heraus die Versagung des Zuschlags anzufechten.[37] Ausnahme Rdn 25.

80 Wurde der Zuschlag versagt, beginnt die Beschwerdefrist gegenüber allen mit der Verkündung des Beschlusses (§ 98 ZVG). Der Beschluss hat eine Rechtsbehelfsbelehrung zu enthalten (§ 232 ZPO).

81 Wurde der Zuschlag erteilt, beginnt die Beschwerdefrist gegenüber allen Personen, denen nach § 88 ZVG nicht zuzustellen war, weil sie entweder im Versteigerungstermin oder im Verkündungstermin wenigstens zeitweise anwesend oder durch einen Vertreter mit uneingeschränkter Verfahrensvollmacht vertreten[38] waren (Rdn 57), mit der Verkündung (§ 98 ZVG). Für alle anderen, insbesondere also für den Ersteher, den Meistbietenden und den Bürgen beginnt die Frist mit der Zustellung des Zuschlagsbeschlusses.

82 Gegenüber allen Personen, denen der Zuschlagsbeschluss nach § 88 ZVG nicht zuzustellen war, ergibt sich ein Zustellungserfordernis auch nicht aus der notwendigen Rechtsbehelfsbelehrung, da diese als **Bestandteil** des Zuschlagsbeschlusses verkündet wird (Rdn 39 und 57).[39]

---

34 Besonders bei Zentralisierung nach § 1 Abs. 2 ZVG ist nicht nur die funktionelle, sondern auch die örtliche Zuständigkeit zu beachten.
35 Hierzu *Steiner/Eickmann*, § 93 Rn 43 ff.
36 A.A. *Stöber* (ZVG), § 97 Rn 2.12 und *Böttcher* (ZVG), § 97 Rn 6, die beide alle betreibenden Gläubiger für beschwerdeberechtigt halten, mithin auch solche, für die die Frist des § 43 Abs. 2 nicht gewahrt ist.
37 *Stöber* (ZVG), § 97 Rn 2.11 m.w.N.
38 BGH v. 28.2.2008 – V ZB 107/07.
39 A.A. *Böttcher* (ZVG), § 100 Rn 3.

Zusammenfassung: 83

1. Ersteher, mithaftenden Bürgen (§ 69 Abs. 2 ZVG) und Meistbietenden (§ 81 Abs. 4 ZVG) wird der Zuschlagsbeschluss (mit Rechtsbehelfsbelehrung) zugestellt. Die Beschwerdefrist beginnt mit Zustellung.
2. Beteiligten, die weder im Versteigerungs- noch im Verkündungstermin erschienen sind, wird der Zuschlagsbeschluss (mit Rechtsbehelfsbelehrung) zugestellt. Die Beschwerdefrist beginnt mit Zustellung.
3. Beteiligten, die entweder im Versteigerungs- oder im Verkündungstermin erschienen sind, wird der Zuschlagsbeschluss (mit Rechtsbehelfsbelehrung) nicht zugestellt. Die Beschwerdefrist beginnt mit Verkündung.

Rechtsbeschwerde gegen die Entscheidung des Beschwerdegerichts ist nur bei Zulassung gegeben (§ 1 Rdn 64). 84

Die **Beschwerdegründe** sind nach § 100 ZVG **beschränkt**, wobei besonders zu berücksichtigen ist, dass das Beschwerdegericht die in § 83 Nr. 6 und 7 ZVG genannten Versagungsgründe von Amts wegen beachten muss, wenn Beschwerde eingelegt wurde (§ 100 Abs. 3 ZVG). 85

Der BGH[40] hat einen weiteren pauschalen Beschwerdegrund eingeführt: „Ein Verstoß des Vollstreckungsgerichts gegen die ihm im Zwangsversteigerungsverfahren obliegende Pflicht zur umfassenden tatsächlichen und rechtlichen Klärung aller für die Zuschlagsentscheidung erheblichen Gesichtspunkte" berechtigt das Beschwerdegericht, den Zuschlag zu versagen. Die bisher aus Gründen der Rechtssicherheit streng formal geregelten Beschwerdegründe sind damit zugunsten einer „Generalklausel", die irgendwie jede Aufhebung ermöglicht, überholt. 86

Lag der Vollstreckungstitel dem Vollstreckungsgericht im Versteigerungstermin nicht vor, ist dies Beschwerdegrund nach § 83 Nr. 6 ZVG, der jedoch durch Nachreichen des Titels geheilt werden kann, wenn der Titel zwischen Anordnung und Zuschlag ohne Einschränkung beim Gläubiger vorhanden war.[41] 87

Beruft sich der Schuldner auf seine oder seiner Angehörigen Suizidgefahr, siehe hierzu zunächst § 3 Rdn 43 ff. Entgegen der Regelung des § 100 ZVG muss das Beschwerdegericht auch eine nach dem Zuschlag neu aufgetretene bzw. „verstärkte" Suizidgefahr beachten und – falls die Versteigerung deren Ursache ist – den Zuschlag versagen, sofern die Gefahr nicht anders abzuwenden ist.[42] Eine Aufhebung des Zuschlags nach dessen Rechtskraft ist nicht mehr möglich.[43] 88

D. Kosten für den Versteigerungstermin und die Entscheidung über den Zuschlag

I. Kosten des Gerichts

Für die Abhaltung von mindestens einem Versteigerungstermin fällt die Hälfte der vollen Gebühr an (Nr. 2213 KVGKG). Der Geschäftswert berechnet sich nach § 54 Abs. 1 GKG grundsätzlich (dort auch zu den Ausnahmen) nach dem festgesetzten Verkehrswert. 89

Die Gebühr entsteht mit der Aufforderung zur Abgabe von Geboten; sie wird im Verteilungstermin fällig (§ 7 Abs. 1 S. 3 GKG) und ist dem Versteigerungserlös vorweg zu entnehmen (§ 109 Abs. 1 ZVG, § 26 Abs. 1 GKG).

---

40 BGH v. 5.10.2006 – V ZB 2/06.
41 BGH v. 27.2.2004 – IXa ZB 269/03; BGH v. 18.3.2010 – V ZB 124/09.
42 BGH v. 24.11.2005 – V ZB 99/05.
43 BGH v. 1.10.2009 – V ZB 37/09.

§ 5 Zuschlag

Wird das Verfahren vor der Abhaltung des Verteilungstermins aufgehoben, wird die Gebühr mit der Aufhebung fällig wird (§ 7 Abs. 1 S. 3 GKG) und ist vom Antragsteller als Kostenschuldner einzufordern (§ 26 Abs. 1 GKG).

90 Für die Erteilung des Zuschlags fällt die Hälfte der vollen Gebühr an (Nr. 2214 KVGKG). Der Geschäftswert berechnet sich nach § 54 Abs. 2 GKG aus der Summe von barem Meistgebot (ohne die Zinsen aus § 49 Abs. 2 ZVG) und dem Wert der bestehen gebliebenen Rechte, wobei der nach § 51 ZVG bestimmte Zuzahlungsbetrag den Wert der nicht auf Geld lautenden Rechte bestimmt. Wurde der Zuschlag zu weniger als 70 % des Verkehrswertes einem nach § 114a ZVG Verpflichteten erteilt, ist der Betrag, in dessen Höhe der Ersteher nach Maßgabe des § 114a ZVG als befriedigt gilt, hinzuzurechnen. Regelmäßig wird man dann den Wert mit 70 % des Verkehrswertes annehmen können. Dies gilt jedoch nicht bei nur „analoger Anwendung"[44] des § 114a ZVG, also z.B. nach Abtretung der Rechte aus dem Meistgebot.[45] Die Gebühr wird mit dem Zuschlag fällig (§ 7 Abs. 1 S. 2 GKG) und ist nur vom Ersteher geschuldet (§ 26 Abs. 2 GKG), wird also nicht nach § 109 ZVG dem Erlös entnommen. Wegen der Mithaft: Rdn 47.

91 Die Gebühr entfällt, wenn der Zuschlag aufgehoben wird (Nr. 2214 KVGKG).

92 Die Versagung des Zuschlags löst keine besondere Gebühr aus.

93 Die Auslagen für die Zustellung des Zuschlagsbeschlusses gehören zu den allgemeinen Kosten (§ 109 ZVG) und sind daher nicht vom Ersteher zu tragen.

II. Rechtsanwaltskosten

94 Der Rechtsanwalt erhält für seine Tätigkeit im Rahmen der Zuschlagsentscheidung keine besondere Gebühr. Hat er einen Beteiligten vertreten, ist dies mit den hierfür vorgesehenen (Nr. 3311 Ziff. 1 und Nr. 3312 VVRVG) Gebühren abgegolten, also der Verfahrensgebühr ($4/10$) und der Gebühr für die Wahrnehmung des Termins ($4/10$). Die letztgenannte Gebühr fällt nur einmal an, auch wenn mehrere Termine stattfinden und wahrgenommen werden. Der Gegenstandswert bestimmt sich nach § 26 RVG.

95 Hat der Rechtsanwalt einen Bieter vertreten, der nicht Beteiligter ist, erhält er gem. Nr. 3311 Ziff. 1 VVRVG eine Gebühr von $4/10$ für das gesamte Verfahren, gleichgültig, ob er den Bieter in einem oder mehreren Terminen vertreten hatte. Die Gebühr fällt auch an, wenn der Zuschlag einem anderen als dem Mandanten erteilt oder versagt wird. Eine Terminsgebühr erhält er nicht.

96 Der **Gegenstandswert** bestimmt sich im Falle der Rdn 95 nach § 26 Abs. 3 RVG wie folgt:
- Hat der Rechtsanwalt für seinen Mandanten Gebote abgegeben, ist das höchste abgegebene Gebot (Bargebot zzgl. bestehen bleibender Rechte) Gegenstandswert.
- Hat er kein Gebot abgegeben, ist Gegenstandswert der festgesetzte Grundstückswert (= Wert des Gegenstands der Zwangsversteigerung).

97 Hat der Rechtsanwalt einen Bieter vertreten, der auch Beteiligter ist, erhält er die Gebühr nach Nr. 3311 Ziff. 1 VVRVG nur einmal und zwar nach dem jeweils höheren Wert und dazu die $4/10$ Terminsgebühr Nr. 3312 VVRVG.

98 Vertritt der Rechtsanwalt einen Beteiligten oder einen Bieter im Beschwerdeverfahren, erhält er die $5/10$ Gebühr nach Nr. 3500 VVRVG. Der Gegenstandswert entspricht dem für die Gerichtsgebühren festgesetzten Wert (§ 23 RVG).

---

44 *Stöber* (ZVG), § 114a ZVG Rn 2.7.
45 LG Mönchengladbach v. 9.10.2002 – 5 T 143/02.

§ 6 Verteilung des Erlöses

A. Vorbereitung des Verteilungstermins

I. Terminsbestimmung

Alsbald nach der Erteilung des Zuschlags (§ 105 Abs. 1 ZVG) bestimmt das Vollstreckungsgericht einen Termin zur Verteilung des Versteigerungserlöses (Verteilungstermin). Fristen sind hierfür nicht vorgesehen, es muss nur die rechtzeitige Zustellung der Terminsbestimmung (Rdn 5) möglich sein. Praxisüblich sind vier bis sechs Wochen nach dem Zuschlag.

Der Inhalt der Terminsbestimmung zum Verteilungstermin ist nicht gesetzlich geregelt. Dem Zweck entsprechend sind folgende Angaben erforderlich:

- Bezeichnung des Gerichts,
- Angabe des Verfahren,
- Terminsart,
- Ort und Zeit,
- ggf. einige Hinweise zu Vertretung/Geldempfangsvollmacht, Anmeldungen/amtswegige Berücksichtigung nach § 114 ZVG, Vorlage von Grundpfandrechtsbriefen nach § 126 ZVG usw.

Wie sich aus § 116 ZVG ergibt, kann der Verteilungstermin auch stattfinden, wenn der Zuschlagsbeschluss noch nicht rechtskräftig ist. Dazu Rdn 103–105.

Wird der Zuschlag rechtskräftig aufgehoben, muss der Verteilungstermin ebenfalls aufgehoben werden.

II. Bekanntmachung des Verteilungstermins

Die Terminsbestimmung ist allen Beteiligten (§ 9 ZVG), dem Ersteher und den weiter in § 105 Abs. 2 ZVG Genannten zuzustellen. Dabei ist gegenüber dem Ersteher und den weiter in § 105 Abs. 2 ZVG Genannten eine Ladungsfrist von zwei Wochen zu beachten (§ 105 Abs. 4 ZVG). Ersteher und mithaftende Personen sollen so genügend Zeit haben, rechtzeitig vor Termin die Überweisung des Bargebots auf ein Konto der Gerichtskasse zu veranlassen, damit der Nachweis im Termin vorliegt.

Alle diese Zustellungen erfolgen von Amts wegen (§ 3 ZVG) nach den allgemeinen Regeln (§§ 166 ff. ZPO) unter Beachtung der §§ 4 bis 7 ZVG.

Neben der Zustellung soll die Terminsbestimmung auch an die Gerichtstafel angeheftet werden (§ 105 Abs. 3 ZVG). Der Termin könnte zwar auch stattfinden, wenn dies unterblieben ist, dennoch sollte der Aushang nicht unterlassen werden. Die darin enthaltene Aufforderung zur Anmeldung richtet sich nämlich auch an Personen, die bisher noch nicht beteiligt waren.[1] Der Aushang wird später – versehen mit den Daten über Aushang und Abnahme – zu den Akten genommen.

An Personen, die erst nach dem Zuschlag durch Anmeldung Beteiligte werden, ist die Terminsbestimmung ebenfalls zuzustellen, falls dies zeitlich noch möglich ist. Sie können allerdings auf diese Zustellung verzichten.

---

1 Beispiel: Eigentümer eines Zubehörstücks, das mitversteigert wurde.

III. Vorläufiger Teilungsplan

1. Begriff

9 Ebenso wie das gG (§ 3 Rdn 112) wird auch der Teilungsplan endgültig erst im Verteilungstermin festgestellt. Grundsätzlich besteht keine Verpflichtung des Gerichts, bereits vor dem Termin einen vorläufigen Teilungsplan zu fertigen. In der Praxis wird man kaum jemals darauf verzichten können.

10 Wurde jedoch in der Terminsbestimmung zum Verteilungstermin eine formelle Aufforderung an die Beteiligten erlassen, ihre Forderungen innerhalb von zwei Wochen anzumelden, muss ein vorläufiger Teilungsplan gefertigt und wenigstens drei Tage vor dem Termin in der Geschäftsstelle zur Einsicht der Beteiligten ausgelegt werden (§ 106 ZVG). Da diese formelle Aufforderung keine Ausschlusswirkung hat, das Vollstreckungsgericht aber unter Zeitdruck setzt, sollte hiervon abgesehen werden. Es genügt ein unverbindlicher Hinweis, dass unverzügliche Anmeldung der Forderungen sachdienlich und wünschenswert ist.

Tipp
Keine Aufforderung nach § 106 ZVG erlassen.

2. Grundlagen für die Aufstellung des Plans

a) Grundbuch

11 Bei der Aufstellung des Teilungsplans geht das Vollstreckungsgericht vom **Inhalt des Grundbuchs** aus, wie er der Versteigerung zugrunde lag (§ 114 Abs. 1 ZVG i.V.m. § 891 BGB), und setzt die Rechte in der Reihenfolge ihres Ranges und zugunsten der dort ausgewiesenen Berechtigten in den Teilungsplan ein.

12 Rechtsänderungen, die sich außerhalb des Grundbuchs vollzogen haben (das Grundbuch wurde unrichtig), müssen aber beachtet werden, wenn sie angemeldet[2] und zur Überzeugung des Vollstreckungsgerichts nachgewiesen werden. Dies gilt insbesondere für den Rechtsübergang bei Briefrechten (§§ 1154, 1155 BGB), auch z.B. für das Erlöschen eines Rechtes durch den Tod des Berechtigten oder für den Übergang (§ 1173 BGB) bzw. das Erlöschen (§§ 1174, 1181 BGB) eines Grundpfandrechtes nach den Vorschriften über die Gesamtrechte. Solche Rechtsänderungen sind im Teilungsplan zu berücksichtigen, auch wenn das Grundbuch noch nicht berichtigt ist.

b) Anmeldungen

13 **Ohne Anmeldung** werden in den Teilungsplan aufgenommen
- Ansprüche, soweit ihr Betrag oder Höchstbetrag zur Zeit der Eintragung des Versteigerungsvermerks grundbuchersichtlich war, insbesondere also die „rechtzeitig" eingetragenen Grundpfandrechte (§ 114 Abs. 1 S. 1 ZVG);
- laufende wiederkehrende Leistungen (§ 114 Abs. 2 ZVG), die sich aus dem Grundbuch berechnen lassen. Dies sind vor allem die laufenden Zinsen der Grundpfandrechte. Rückständige Leistungen müssen angemeldet werden;
- Forderungen, die bereits im Versteigerungsantrag oder einem Beitrittsgesuch beziffert sind (§ 114 Abs. 1 S. 2 ZVG);
- der nach § 46 ZVG festgesetzte Geldbetrag.

14 Alle übrigen **Forderungen** werden **nur auf Anmeldung** in den Teilungsplan aufgenommen. Soweit diese bereits zum Versteigerungstermin angemeldet werden mussten (§ 37 Nr. 4 ZVG), haben sie ihren Rang verloren, wenn diese Anmeldung unterblieben ist (§ 110 ZVG). Sie werden jetzt an die letzte Stelle (manchmal RK 9 genannt) gesetzt. Einzelne Anmeldungen, die nicht unter § 37 Nr. 4 ZVG fallen, können

---

2 § 110 ZVG findet auf diese Anmeldung keine Anwendung.

auch noch im Verteilungstermin ohne Rangverlust erfolgen. Dies gilt z.B. für den Wertersatz für nicht auf Geldzahlung gerichtete Rechte (§ 92 ZVG), da das Recht als solches grundbuchersichtlich ist (§ 114 Abs. 1 S. 1 ZVG) und nur dessen Wert angemeldet werden muss. Darauf wird später eingegangen werden.

Innerhalb eines Rechtes sind die Forderungen in der Reihenfolge Kosten – Zinsen – Hauptanspruch (§ 12 ZVG) getrennt im Teilungsplan auszuweisen. Kosten und **rückständige** Zinsen waren bereits zum Versteigerungstermin anzumelden. 15

Die Anmeldung zum **Versteigerungstermin** genügt auch für die Aufnahme der dort genannten Ansprüche in den Teilungsplan. Erforderlich ist eine neue Anmeldung, wenn zum Versteigerungstermin Terminswahrungskosten lediglich mit einer Pauschale angemeldet waren, da diese Kosten jetzt konkretisiert werden müssen. Auch kann ein Beteiligter seine zum Versteigerungstermin angemeldete Forderung durch neue Anmeldung zum Verteilungstermin reduzieren. 16

> *Tipp*
> Man sollte immer zum Verteilungstermin erneut anmelden und dabei auf den richtigen Endtermin bei wiederkehrenden Leistungen achten. Terminswahrungskosten müssen jetzt spezifiziert werden; Pauschalen genügen nicht mehr.

Auch Abtretungen, Pfändungen oder der Rechtsübergang nach Ablösung (§ 4 Rdn 111 und 113) sind zu beachten, falls Anmeldung und genügender Nachweis erfolgt. 17

c) Grundlagen für die Berechnung

Die bereits für das gG erklärte Unterscheidung zwischen „einmaligen" und „wiederkehrenden" sowie „laufenden" und „rückständigen" (§ 3 Rdn 61 ff.) Leistungen gilt auch für die Aufstellung des Teilungsplans. 18

Für die Berechnung der **laufenden wiederkehrenden Leistungen** findet § 47 ZVG keine Anwendung. Diese Norm gilt nur für das gG. 19

Die wiederkehrenden Leistungen sind bis zu folgenden **Endterminen** in den Teilungsplan einzustellen:
- Soweit der Ersteher diese Leistungen künftig übernehmen muss, werden sie bis zum Tag vor dem Zuschlag berücksichtigt (Rdn 20).
- Trifft den Ersteher keine Zahlungspflicht für die Zukunft, werden sie bis zum Tag vor dem Verteilungstermin in den Teilungsplan eingestellt (Rdn 22).

Der Ersteher ist für die künftigen Leistungen zahlungspflichtig, wenn es sich um 20
- wiederkehrende öffentlich-rechtliche Leistungen (z.B. Grundsteuer[3]) oder um
- Nebenleistungen bestehen gebliebener Rechte handelt.

In diesem Fall muss nach Tagen **genau** bis zum Tag vor dem Zuschlag abgerechnet werden, da der Ersteher ab dem Tag des Zuschlags zahlungspflichtig wird (§ 56 S. 2 ZVG). Dabei wird auf die Fälligkeit **keine Rücksicht** genommen. Es müssen also u.U. auch noch nicht fällige Beträge in den Teilungsplan aufgenommen werden.

> *Beispiel* 21
> Verkündung Zuschlagsbeschluss am 13.8.
> Regelfällige Grundsteuer (Fälligkeit: § 3 Rdn 66) pro Quartal 90,00 EUR.
> Für eine bestehen gebliebene Grundschuld werden jeweils 3.600,00 EUR Jahreszinsen, kalenderjährlich nachträglich fällig.

---

[3] Wegen der Unterscheidung zwischen dinglicher und persönlicher Leistungspflicht des Erstehers bei der Grundsteuer siehe *Mayer*, Rpfleger 2000, 260.

§ 6 Verteilung des Erlöses

Grundsteuer: Das dritte Quartal der Grundsteuer (1.7. bis 30.9.) wird zwar erst am 15.8. fällig, dennoch wird für das dritte Quartal ein Teilbetrag für 42 Tage (1.7. bis 12.8.) = 42,00 EUR in den Teilungsplan aufgenommen.

Zinsen: Für das Jahr des Zuschlags werden die Zinsen zwar erst am 31.12. fällig, dennoch wird ein Teilbetrag für 222 Tage (1.1. bis 12.8.) = 2.220,00 EUR in den Teilungsplan eingestellt.

22 Den Ersteher treffen keine künftigen Leistungen aus den Rechten, die nach den Versteigerungsbedingungen erloschen sind. Für diese Rechte werden also die Nebenleistungen bis zum Tag vor dem Verteilungstermin in den Teilungsplan eingestellt.

23 Einmalige Leistungen (z.B. Erschließungsbeitrag) treffen den Ersteher, wenn sie am Zuschlagstag oder später fällig werden. Früher fällig gewordene Beträge stehen im Teilungsplan.

B. Teilungsplan

I. Zweck und Form

24 *Hinweis*
Eine ausführliche Darstellung und Berechnung eines Teilungsplans anhand konkreter Daten findet sich im Fallbeispiel § 15 unter C. Teilungsplan (§ 15 Rdn 4).

25 Im Teilungsplan wird ausgewiesen, wie der Erlös der Versteigerung auf die einzelnen Forderungen verteilt werden soll. Zusammen mit dem Terminsprotokoll ist er die **Grundlage für die Auszahlung** an die Berechtigten durch das Gericht.

26 Eine bestimmte Form ist nicht vorgeschrieben. Folgende Gliederung hat sich in der Praxis bewährt:
  I. Vorbericht
  II. Bestehen bleibende Rechte
  III. Aufstellung der Teilungsmasse
  IV. Aufstellung der Schuldenmasse
  V. Zusammenstellung der Zuteilung

▼

27 **Muster: Schema eines Teilungsplans**

Amtsgericht

Vollstreckungsgericht

Aktenzeichen:

Teilungsplan

für den Verteilungstermin am

I. Vorbericht:

1. Tag der ersten Beschlagnahme:

2. Tag des Zuschlags:

3. Ersteher:

4. An Anmeldungen zum Verteilungstermin liegen dem Vollstreckungsgericht vor:

B. Teilungsplan **§ 6**

II. Bestehen bleibende Rechte:

Abteilung II:

Abteilung III:

III. Teilungsmasse:

Bares Meistgebot:

4 % Zinsen aus   vom   bis   :

IV. Schuldenmasse:

1. Kosten des Verfahrens (§ 109 ZVG):

0,5 Gebühr Nr. 2211 KVGKG Wert: Betrag:
0,5 Gebühr Nr. 2213 KVGKG Wert: Betrag:
0,5 Gebühr Nr. 2215 KVGKG Wert: Betrag:
Auslagen:

Gesamtkosten:

abzgl. Vorschuss:

Restbetrag:

2. Vorschuss des Gläubigers:

3. Weitere Ansprüche (in Befriedigungsrangfolge):

a)

b)

c)

…

V. Zuteilung:

1.

2.

3.

…

▲

II. Einzelteile des Teilungsplans

1. Vorbericht

Damit der Teilungsplan aus sich selbst heraus verständlich wird, ist es üblich, eingangs die Grundlagen für die Berechnung kurz anzugeben. Beteiligte, welche eine Abschrift erhalten, können dann die einzelnen Ansätze leichter nachvollziehen. In Betracht kommen die Angaben der **wichtigsten Daten** (Tag der ersten Beschlagnahme, Tag des Zuschlags, Tag des Verteilungstermins) sowie die Zusammenstellung der zum Termin eingegangenen Anmeldungen.

28

2. Bestehen bleibende Rechte

29 Zur besseren Übersicht **müssen** die bestehen bleibenden Rechte (§ 52 ZVG) aufgezählt werden (§ 113 Abs. 2 ZVG). Ihre Nebenleistungen, die bar zu zahlen sind, stehen aber im Abschnitt „Schuldenmasse".

3. Teilungsmasse

30 Die Teilungsmasse besteht aus dem **Bargebot** (§ 49 Abs. 1 ZVG) und den 4 % **Zinsen**, welche der Ersteher für die Zeit vom Zuschlag bis einen Tag vor dem Verteilungstermin zu zahlen hat (§ 49 Abs. 2 ZVG i.V.m. § 246 BGB), falls die Verzinsungspflicht nicht entfallen ist (§ 4 Rdn 42). Da die Zinsen von einem gesetzlich genau festgelegten Tag (Tag des Zuschlags) bis zu einem anderen bestimmten Tag (einen Tag vor Verteilungstermin) laufen, sind sie exakt nach der Zahl der verstrichenen Tage zu berechnen (keine bankmäßige Berechnung).[4]

31 Hinzu kommen in sehr seltenen Fällen Erlöse aus einer Sonderversteigerung (§§ 65, 107 Abs. 1 S. 2 ZVG) und bereits fällige Zuzahlungen (§ 4 Rdn 34 ff.).

Ob die nach Hinterlegung des Bargebots abhängig von den landesrechtlichen Hinterlegungsvorschriften evtl. angefallenen Hinterlegungszinsen zur Teilungsmasse gehören oder dem Ersteher (Hinterleger) zustehen, ist umstritten.[5]

4. Schuldenmasse

32 Ein formal korrekter Teilungsplan enthält **sämtliche Ansprüche**, welche aus der Teilungsmasse zu befriedigen wären, wenn diese ausreichen würde. Da die Masse aber so gut wie nie ausreicht, beschränkt sich die Praxis häufig auf die Berechnung jener Beträge, die auch befriedigt werden können. Dies ist nicht unbedenklich, da die Feststellungen im Verteilungstermin später nicht mehr ergänzt werden können.

a) Kosten des Verfahrens

33 Das Vollstreckungsgericht berechnet zunächst jene Kosten des Verfahrens, welche vorweg aus dem Erlös zu entnehmen sind (§ 109 ZVG).

34 Die Gebühren des Gerichts berechnen sich wie folgt:

- für das Verfahren im Allgemeinen eine 0,5 Gebühr (Nr. 2211 KVGKG);
- für den Versteigerungstermin[6] eine 0,5 Gebühr (Nr. 2213 KVGKG);
- für das Verteilungsverfahren eine 0,5 Gebühr (Nr. 2215 KVGKG).

Die beiden erstgenannten Gebühren werden aus dem festgesetzten Grundstückswert berechnet (§ 54 Abs. 1 S. 1 GKG). Die Gebühr für das Verteilungsverfahren berechnet sich grundsätzlich[7] nach dem Bargebot (ohne die Zinsen des § 49 Abs. 2 ZVG) zzgl. des Wertes der bestehen gebliebenen Rechte (§ 54 Abs. 3 GKG).

35 Hinzu kommen die Auslagen, die im Laufe des Verfahrens angefallen sind. Es sind dies insbesondere

- die Zustellungskosten (Nr. 9002 KVGKG), außer für Anordnung und Beitritt;
- die Kosten des im Rahmen der Verkehrswertermittlung eingesetzten Sachverständigen (Nr. 9005 KVGKG);
- die Kosten der öffentlichen Bekanntmachung (Nr. 9004 KVGKG);
- die Reisekosten des Gerichts und die Miete eines Raumes bei auswärtiger Versteigerung (Nr. 9006 KVGKG).

---

4 *Stöber* (ZVG), § 49 Rn 3.4.
5 Zum Meinungsstand siehe *Steffen*, Rpfleger 2011, 360 und *Rellermeyer/Hintzen*, Rpfleger 2011, 473.
6 Die Gebühr fällt nur einmal an, auch wenn mehrere Versteigerungstermine stattgefunden haben.
7 Besonderheit: § 53 Abs. 3 S. 2 GKG.

Dazu kommen auch die Kosten eines Rechnungsverständigen (§ 66 Abs. 1 ZVG und § 70 GKG), soweit dessen Einschaltung landesrechtlich noch möglich ist.

Nicht zu den vorweg aus dem Erlös zu entnehmenden Kosten (§ 109 ZVG) gehören die Kosten für Anordnung und Beitritt. Sie erscheinen im Teilungsplan im Range des Gläubigers, für welchen sie angefallen sind. Die Kosten des Zuschlags (§ 5 Rdn 90 f.) stehen nicht im Teilungsplan, da sie der Ersteher zu tragen hat (§ 58 ZVG). 36

b) Kostenvorschuss des Gläubigers

Vorschüsse der Gläubiger (§ 3 Rdn 11 und 47) werden von den Gerichtskosten abgezogen und sofort an gleicher Rangstelle (Rang der Gerichtskosten) als Anspruch des jeweiligen Gläubigers ausgewiesen. Hierzu ist keine besondere Anmeldung seitens der Gläubiger erforderlich. 37

c) Ansprüche der Rangklassen des § 10 Abs. 1 ZVG

Sodann werden die Ansprüche, die durch Zahlung zu decken sind, in der Rangfolge des § 10 ZVG aufgezählt. 38

Für die Berechnung der Ansprüche auf **laufende wiederkehrende Leistungen** siehe Rdn 19. 39

Zu beachten ist, dass mehrere Ansprüche in RK 3 immer Gleichrang haben, auch wenn sie von verschiedenen Berechtigten angemeldet wurden und auf unterschiedlichen Rechtsgrundlagen beruhen. Dieser Gleichrang ist im Teilungsplan kenntlich zu machen. 40

Unmittelbar nach den Ansprüchen, die sich grundsätzlich schon im Mindestbargebot fanden, sind die Ansprüche des bestbetreibenden Gläubigers zu berücksichtigen. Hierbei handelt es sich regelmäßig um Ansprüche aus einem durch Zuschlag erloschenen Recht (RK 4), die sich im Wege der **dinglichen Surrogation** am Versteigerungserlös fortsetzen. 41

Dann folgen die dem bestbetreibenden Gläubiger nachgehenden Ansprüche in der Rangfolge des § 10 ZVG. 42

Einmalige Nebenleistungen (z.B. Vorfälligkeitsentschädigungen) werden in den Teilungsplan zur Zahlung eingestellt, wenn sie vor dem Zuschlag fällig geworden sind. 43

Für die Rangfolge innerhalb der RK 4, 6 und 8 sind die Rangverhältnisse im Grundbuch maßgeblich (§ 11 Abs. 1 ZVG, § 879 BGB). Für die Rangfolge innerhalb der RK 5 ist die frühere Beschlagnahme entscheidend (§ 11 Abs. 2 ZVG). 44

Nach allen Ansprüchen der Rangklassen des § 10 ZVG werden die Ansprüche mit Rangverlust nach § 110 ZVG (Rdn 14) berücksichtigt, sofern sie wenigstens bis zur Feststellung des Teilungsplans angemeldet wurden. Diese Ansprüche haben untereinander die Rangfolge entsprechend § 10 ZVG. 45

5. Zuteilung

Durch eine Gegenüberstellung von Teilungsmasse und Schuldenmasse wird nun festgestellt, wer befriedigt werden kann und wer einen Ausfall erleidet. 46

Dieser Teil (Abschnitt V; siehe Muster Rdn 27) kann also z.B. folgendermaßen aussehen: 47

V. Zuteilung:

1.	Landesjustizkasse		3.500,00 EUR
2.	Stadt Y Grundsteuer		600,00 EUR
3.	Rheinische Sandbank AG		
	a) Gerichtskostenvorschuss	2.000,00 EUR	
	b) Grundschuld III/1		
	aa) Zinsen	6.400,00 EUR	
	bb) Teil der Hauptforderung	50.000,00 EUR	
	zusammen:		58.400,00 EUR

§ 6 Verteilung des Erlöses

Damit ist die Teilungsmasse von 62.500,00 EUR erschöpft.

Ausgefallen sind
- Rheinische Sandbank AG mit 12.000,00 EUR
- Gläubiger Müller mit 4.300,00 EUR

48 Ein nach Zuteilung auf die gesamte Schuldenmasse noch vorhandener Betrag (Erlösüberschuss) gebührt dem letzten Grundstückseigentümer, meist also dem Schuldner.

III. Bewertung der nicht auf Kapital gerichteten Rechte

1. Einteilung

49 Für die nach § 91 Abs. 1 ZVG erloschenen Rechte, welche nicht auf Kapitalzahlung gerichtet sind, wird in die Schuldenmasse des Teilungsplans ein **Wertersatz** eingestellt, für dessen Berechnung man diese Rechte wie folgt unterscheiden muss:

50 Grundsätzlich wird für diese Rechte nach § 92 Abs. 1 ZVG eine einmalige Zahlung in den Teilungsplan eingestellt, der ihrem Wert entspricht.

51 Für die drei in § 92 Abs. 2 ZVG genannten Rechte, also
- Nießbrauch,[8]
- beschränkte persönliche Dienstbarkeit (Beispiel: Wohnungsrecht),
- Reallast auf unbestimmte Dauer (z.B. Recht auf Lebenszeit des Berechtigten),

wird der Wertersatz durch wiederkehrende Zahlungen (Rente) geleistet.

52 Übersicht: Einteilung der Rechte des § 92 ZVG

Rechte mit Anspruch auf Wertersatz durch		
Einmalzahlung (§ 92 Abs. 1, 3 ZVG)		**Zahlung einer Geldrente** (§ 92 Abs. 2 ZVG)
Rechte, die nicht auf wiederkehrende Leistungen gerichtet sind	Rechte, die zwar auf wiederkehrende Leistungen gerichtet, aber nicht in § 92 Abs. 2 ZVG genannt sind	Rechte, die in § 92 Abs. 2 ZVG genannt sind
z.B. Grunddienstbarkeit	z.B. Reallast von bestimmter Dauer	z.B. Nießbrauch, beschränkte persönliche Dienstbarkeit

2. Wertersatz durch Einmalzahlung

53 Ein Wertersatz durch Einmalzahlung wird zunächst für jene Rechte festgesetzt, welche keine wiederkehrenden Leistungen haben, also insbesondere
- Grunddienstbarkeiten;
- dingliche Vorkaufsrechte, die nicht ersatzlos wegfallen.[9]

---

[8] Umfasst ein Nießbrauch Miet- oder Pachterträge, ist bei seiner Bewertung auf den tatsächlich erzielbaren künftigen Betrag abzustellen (OLG Karlsruhe v. 28.6.2005 – 17 U 201/04).
[9] Hierzu *Stöber* (ZVG), § 81 Rn 10.

Gleiche Behandlung erfahren jene Rechte mit wiederkehrenden Leistungen, die in § 92 Abs. 2 ZVG **nicht** 54
genannt sind, also insbesondere:
- der Erbbauzins (dazu § 9 Rdn 12 ff.);
- Reallasten von bestimmter Dauer.

Für ihre **Bewertung** muss wiederum unterschieden werden: 55
- Ist im Grundbuch ein **Höchstbetrag** nach § 882 BGB eingetragen, wird mangels einer Anmeldung dieser Höchstbetrag in den Teilungsplan eingesetzt.
- Lässt sich der **Wert aus dem Grundbuch berechnen**, bedarf es hierzu keiner Anmeldung. Die Berechnung erfolgt durch das Vollstreckungsgericht (Rdn 57).
- In allen **anderen Fällen** hat der Berechtigte den **Wert anzumelden** (§ 114 ZVG). Dazu Rdn 58 ff.

Ersatzbeträge für Rechte, die nicht auf wiederkehrende Leistungen gerichtet sind, gelten im Verteilungstermin als fällig, wenn sich aus dem Inhalt des Rechtes nichts anderes ergibt. 56

Wiederkehrende Leistungen mit bestimmter künftiger Fälligkeit sind „betagt"[10] i.S.d. § 111 ZVG und gelten somit im Verteilungstermin als fällig, d.h. der Berechtigte erhält den Ersatzbetrag sofort. Sind zwischen Zuschlag und Fälligkeit keine Zinsen geschuldet (unverzinsliche Rechte), muss sich der Empfänger einen Abzug dafür gefallen lassen, dass er den Ersatzbetrag sofort erhält, während die wiederkehrenden Leistungen erst künftig fällig geworden wären. Die Berechnung der **Abzinsung** erfolgt mit Formeln (z.B. Hoffmann'sche Methode) und Tabellen.[11] Beispiel für Erbbauzins § 9 Rdn 32. 57

Ist der Wert nicht aus dem Grundbuch ersichtlich oder berechenbar, muss der Berechtigte einen Wert anmelden (§ 114 Abs. 1 S. 1 ZVG). Diese Anmeldung kann noch **ohne Rangverlust** im **Verteilungstermin** erfolgen. Unterbleibt diese Anmeldung, wird für das Recht kein Ersatzbetrag in den Teilungsplan eingestellt. 58

> *Tipp*
> Ausnahmsweise ist „späte" Anmeldung rangwahrend möglich.

Das Vollstreckungsgericht hat den angemeldeten Betrag auf Angemessenheit zu überprüfen und eine zu hohe[12] Anmeldung auf eine geringere Summe zu reduzieren. Nimmt der Berechtigte seine Anmeldung bezüglich der Differenz nicht zurück, gilt dies kraft Gesetzes als Widerspruch gegen den Teilungsplan (§ 115 Abs. 2 ZVG). Dazu Rdn 85. 59

Ablösbare Rechte (§ 92 Abs. 3 ZVG) sind in der Praxis bedeutungslos. Es sind dies jene Rechte, die auf der Rechtsgrundlage Art. 113 EGBGB nach Landesrecht ablösbar sind. § 882 BGB bestimmt keine Ablösesumme! Auch die Rentenschuld fällt nicht unter § 92 Abs. 3 ZVG. Da auf die dortige Ablösesumme die Vorschriften über das Grundschuldkapital anzuwenden sind (§ 1200 Abs. 1 BGB), ist sie im Teilungsplan wie eine Grundschuld zu behandeln. 60

3. Wertersatz durch Zahlung einer Geldrente

Erlischt eines der in **§ 92 Abs. 2 ZVG** bezeichneten Rechte, erhält der Berechtigte keine Einmalzahlung, sondern eine **Rente**. 61

---

10 Ein Betrag ist „betagt" (also nicht bedingt), wenn die künftige Fälligkeit sicher ist.
11 Solche Formeln und Tabellen finden sich in den gängigen Kommentaren.
12 Ist die Summe zu niedrig, erfolgt allenfalls Hinweis, jedoch keine Erhöhung von Amts wegen.

§ 6 Verteilung des Erlöses

62 Hierzu muss ein **Deckungskapital** gebildet werden (§ 121 ZVG), welches aus der Summe aller künftigen Leistungen besteht, höchstens jedoch auf der Basis von 25 Jahren berechnet wird.[13] Auch ein nach § 882 BGB eingetragener Betrag darf nicht überschritten werden.

63 Ergeben sich die künftigen Leistungen aus dem Grundbuch, bedarf es keiner Anmeldung. Anderenfalls muss der Wert der Leistung angemeldet werden, sonst erfolgt **keine** Berücksichtigung! Auch diese Anmeldung kann noch ohne Rangverlust im Verteilungstermin erfolgen. Wegen der gerichtlichen Prüfung siehe Rdn 59.

64 *Beispiel*

Ein Altenteil ist durch Zuschlag vom 17.5. erloschen. Die Berechtigte des Altenteils hatte ein Wohnungsrecht und einen Anspruch (Reallast) auf mtl. 100,00 EUR und täglich einen Liter Milch. Anmeldepflichtig sind der Wert des Wohnungsrechts und der Wert der Milch. Angenommen, die Berechtigte meldet zum Verteilungstermin am 4.7. mtl. 600,00 EUR für das Wohnungsrecht und täglich 1,00 EUR für die Milch an. Da die Lebensdauer der Berechtigten unbestimmt ist, wird ein statistischer Wert aus der Tabelle[14] zugrunde gelegt. Es gilt die statistische Lebenserwartung zum Zeitpunkt des Zuschlags, angenommen 14,25 Jahre.

Das Deckungskapital berechnet sich dann wie folgt:

Geldrente (Jahresbetrag):	100,00 EUR × 12 =	1.200,00 EUR
Wohnungsrecht (Jahresbetrag):	600,00 EUR × 12 =	7.200,00 EUR
Milch (Jahresbetrag):	1,00 EUR × 365 =	365,00 EUR
Jahresbetrag gesamt:	=	8.765,00 EUR
Deckungskapital:	8.765,00 EUR × 14,25 =	124.901,25 EUR

65 Aus dem Deckungskapital erhält der Berechtigte (§ 92 Abs. 2 ZVG) gegen **Lebensnachweis** eine jeweils auf drei Monate vorauszahlbare Rente in Höhe von einem Viertel des Jahresbetrages. Die Rente läuft ab Zuschlag, ist aber erstmals im Verteilungstermin fällig. Hatte die Teilungsmasse nicht ausgereicht, um das gesamte errechnete Deckungskapital zu hinterlegen, erhält der Berechtigte dennoch die volle errechnete Rente so lange, wie das Deckungskapital hierzu reicht.

66 *Beispiel (Weiterführung von Beispiel Rdn 64)*

Zuschlag: 17.5., Verteilungstermin 4.7.

Jahresbetrag der Rente: 8.765,00 EUR, Rentenhöhe ¼ = 2.191,25 EUR.

Zahlung: Im Verteilungstermin ist die erste Rate (17.5. bis 16.8.) bereits fällig. Also erhält die Berechtigte im Termin 2.191,25 EUR; der Rest des Deckungskapitals wird hinterlegt. Die nächste Zahlung, wiederum 2.191,25 EUR, erhält sie am 17.8. Für die Auszahlung ist Lebensnachweis erforderlich.

67 Es ist denkbar, dass der Berechtigte (und damit der Anspruch) wegfällt (insbesondere durch den Tod des Berechtigten), bevor das Deckungskapital aufgebraucht ist. Das dann noch vorhandene Deckungskapital fällt an den/die **bestrangig ausgefallenen Beteiligten**, was das Vollstreckungsgericht bereits im Teilungsplan festlegen muss (Hilfszuteilung §§ 119, 121 Abs. 2 ZVG). Der vor dem Erlöschen des Anspruchs zuletzt zur Auszahlung gelangte Betrag verbleibt dem Berechtigten bzw. seinen Erben (§ 92 Abs. 2 S. 3 ZVG).

---

13 Wenn man den 25-fachen Jahresbetrag mit 4 % verzinslich anlegt, wovon der Gesetzgeber ausgeht, kann theoretisch das Deckungskapital nie verbraucht werden. Somit bedarf es keines höheren Betrages.

14 Solche „Lebenserwartungstabellen" finden sich im Internet und in allen gängigen ZVG-Kommentaren. Die dortigen Werte ergeben sich aus den vom Statistischen Bundesamt herausgegebenen Sterbetafeln. Es ist stets allein von der statistischen Lebenserwartung auszugehen. Hierzu *Böttcher*, RpflStud 2009, 98, 112.

Das Vollstreckungsgericht hinterlegt das Deckungskapital. Die **weitere Abwicklung** obliegt der **Hinter-** 68
legungsstelle. Der Berechtigte hat gegenüber dem in Rdn 67 genannten Beteiligten einen Anspruch auf
eine andere (verzinsliche) Anlage des Deckungskapitals (§ 121 Abs. 2 i.V.m. § 120 Abs. 2 ZVG), da die
Zinsen diesem zugeschlagen werden. Dieser Anspruch ist aber außerhalb des Versteigerungsverfahrens
zu verfolgen. Vermittlung durch das Vollstreckungsgericht ist nicht ausgeschlossen.

Die Konditionen für eine solche Anlage, welche das Kreditinstitut akzeptieren müsste, könnten im Bei- 69
spiel Rdn 64 und 66 lauten:

Auf das Konto werden 122.710,00 EUR eingezahlt. Von Kapital und Zinsen darf die Berechtigte ...
gegen Lebensnachweis alle drei Monate, erstmals am 17.8.XXXX, einen Betrag von 2.191,25 EUR
erheben. Wird der Tod der Berechtigten nachgewiesen, steht das Restguthaben der X-Bank zu.

(Die X-Bank ist als bestrangig ausgefallene Beteiligte Hilfsberechtigte, Rdn 67.)

4. Auszahlung des Wertersatzes

Es versteht sich von selbst, dass ein Ersatzbetrag oder eine Rente nur zur Auszahlung gelangen kann, wenn 70
an der entsprechenden Rangstelle eine Zuteilung aus dem Erlös möglich ist.

Aber auch dann folgt allein aus der Einstellung in den Teilungsplan noch nicht der Anspruch auf Auszah- 71
lung. Ob die eingestellten Beträge auch tatsächlich ausgezahlt werden können, ergibt sich erst im Verteilungstermin. Oft handelt es sich nämlich um Rechte unbestimmten Betrages, für welche § 14 ZVG zu beachten ist; dazu Rdn 110 ff.

C. Verteilungstermin

I. Verfahren im Termin

1. Terminsverlauf ohne Notwendigkeit einer Planänderung

Nach Feststellung der erschienenen Beteiligten (denn der Termin ist nicht öffentlich) verliest das Vollstre- 72
ckungsgericht den vorläufigen Teilungsplan. Sodann wird festgestellt, ob gegen diesen Plan
- schriftliche Widersprüche vorliegen oder
- einer der erschienenen Beteiligten jetzt dem Teilungsplan widerspricht (Rdn 80 ff.).

Ist dies nicht der Fall und liegt auch kein Widerspruch nach § 115 Abs. 2 ZVG vor (dazu Rdn 85), erklärt
das Vollstreckungsgericht den vorläufigen Teilungsplan zum endgültigen Plan.

Nunmehr wird der Verbleib des Bargebots (ggf. zzgl. Zinsen) festgestellt. Dieses kann 73
- hinterlegt sein (§ 49 Abs. 4 ZVG);
- bei der Gerichtskasse eingezahlt oder an diese überwiesen sein.

Der Ersteher war verpflichtet, die Einzahlung/Überweisung so rechtzeitig vorzunehmen, dass im Verteilungstermin ein entsprechender Nachweis der Gerichtskasse vorliegt (§ 49 Abs. 3 ZVG). Ist dies nicht der
Fall, gilt er als „Nichtzahler" i.S.d. § 8 Rdn 1 ff. Ist der Ersteher selbst Beteiligter und sieht der Teilungsplan eine Zuteilung an ihn vor, kann er sich im Verteilungstermin für den auf ihn entfallenden Betrag für
befriedigt erklären. Er musste also diesen Teil des Bargebots nicht zahlen.

Ein als Sicherheit eingezahlter Geldbetrag (§ 69 Abs. 4 ZVG) gilt gem. § 107 Abs. 3 ZVG als Anzahlung 74
auf das Bargebot. Gleiches muss für jene Beträge gelten, welche durch Gutschrift eines eingelösten
Schecks (§ 69 Abs. 2 ZVG) vorhanden sind. Zur Frage, ob diese Beträge als „hinterlegt" i.S.d. § 49
Abs. 4 ZVG gelten, siehe § 4 Rdn 103.

75 Nunmehr ordnet das Vollstreckungsgericht die Auszahlung an die Beteiligten an. Hierbei geht es von der im Teilungsplan festgestellten Zuteilung aus.

76 Anschließend muss das Vollstreckungsgericht (§ 117 ZVG)
- die **Gerichtskasse** zur Auszahlung anweisen, wenn das Bargebot ohne formelle Hinterlegung bei dieser als Verwahrgeld verbucht ist;
- die **Hinterlegungsstelle** zur Auszahlung anweisen, wenn das Geld hinterlegt ist. Die Hinterlegungsstelle weist dann die Gerichtskasse an. Dieser „Umweg" ist unvermeidlich.

77 Liegt ein Vollstreckungstitel vor, auf welchen eine Zuteilung entfallen ist, wird dies auf dem Titel vermerkt (§ 127 Abs. 2 ZVG) und der Wortlaut des Vermerks im Protokoll festgestellt (§ 127 Abs. 3 ZVG).

78 Liegt der Brief eines ganz oder teilweise erloschenen Grundpfandrechtes vor, wird nach § 127 Abs. 1 ZVG verfahren. Das Vollstreckungsgericht kann einen solchen Brief vom Besitzer anfordern, aber die Vorlage nicht erzwingen. Zur Zuteilung ohne Brief siehe Rdn 109.

2. Erklärungen im Termin, die zur Planänderung führen

a) Anmeldungen

79 Soweit im Termin dem Grunde nach berücksichtigungsfähige Ansprüche **erstmals** angemeldet werden, müssen diese unter Berücksichtigung des eingetretenen absoluten Rangverlustes (§ 110 ZVG) in den Teilungsplan aufgenommen werden.

Ansprüche, welche ohne Anmeldung (§ 114 Abs. 2 ZVG) in den Teilungsplan aufzunehmen waren, können jetzt noch reduziert werden („Minderanmeldung"). Soweit es sich um Ansprüche aus einer erloschenen Sicherungsgrundschuld handelt, siehe Rdn 159 ff.

b) Anfechtung des Teilungsplans

80 Beteiligte, welche mit der vom Vollstreckungsgericht vorgesehenen Erlösverteilung nicht einverstanden sind, haben grundsätzlich **zwei Rechtsbehelfe**:
- **Widerspruch** (Rdn 83 ff.);
- **sofortige Beschwerde** (Rdn 185 ff.).

81 Beide Rechtsbehelfe stehen nicht wahlweise zur Verfügung. Die Abgrenzung ist oft schwierig. Allgemein kann man wie folgt unterscheiden:
- Wer der Auffassung ist, er habe ein besseres **materielles Recht** als der Zuteilungsempfänger, wehrt sich mit **Widerspruch**.
- Wer einen **Verfahrensfehler** des Gerichts bei der Aufstellung des Teilungsplans rügen will, muss **sofortige Beschwerde** einlegen (Rdn 185 ff.).

82 Zur Verdeutlichung seien zwei Beispiele genannt:

Beispiel 1
Für die Gemeinde stehen 1.000,00 EUR Ausbaubeitrag in RK 3 im Teilungsplan.
Die Rüge, das Zeitprivileg (§ 3 Rdn 83 und 84) dieser Forderung sei abgelaufen und der Betrag habe daher nur noch RK 7, wäre mit sofortiger Beschwerde zu verfolgen. Soll der Anspruch als solcher bestritten werden (die Beitragssatzung sei unwirksam), müsste dies durch Widerspruch erfolgen.

Beispiel 2
Im Teilungsplan stehen 10.000,00 EUR Zinsen für die X-Bank.
Die Rüge, diese Zinsen seien falsch berechnet (richtig nur 8.000,00 EUR), wäre mit sofortiger Beschwerde zu verfolgen. Die Behauptung, ein Teilbetrag von 2.000,00 EUR sei ihm abgetreten, müsste der Beteiligte durch Widerspruch geltend machen.

C. Verteilungstermin §6

Der Widerspruch kann wie folgt erhoben werden: 83
- vor dem Termin schriftlich oder zu Protokoll der Geschäftsstelle;
- im Termin mündlich.

Der Widerspruch muss erkennen lassen, gegen welche Zuteilung und in welchem Umfang er erhoben wird.[15] Anderenfalls bleibt er unberücksichtigt. 84

Eine Anmeldung, die nicht oder nicht vollständig in den Teilungsplan aufgenommen wurde, gilt, soweit es sich überhaupt um einen „anmeldefähigen" Anspruch[16] handelt, **kraft Gesetzes als Widerspruch** (§ 115 Abs. 2 ZVG). 85

Zum Widerspruch ist nur berechtigt, wer statt des im Teilungsplan ausgewiesenen Berechtigten den betroffenen Betrag bekäme, wenn der Widerspruch Erfolg hätte. Um diese Berechtigung beurteilen zu können, muss also eine fiktive Verteilung unter Berücksichtigung der vom Widersprechenden behaupteten Rechtslage vorgenommen werden. Nur wenn der Widersprechende bei dieser Verteilung von dem Widerspruch profitieren würde, liegt Widerspruchsberechtigung vor. Bei der tatsächlichen späteren Zuteilung (nicht bereits bei der fiktiven Verteilung) ist zu beachten, dass Zwischenrechte, die sich am Widerspruch nicht beteiligt haben, durch den Widerspruch weder begünstigt noch benachteiligt werden dürfen. 86

Beispiel
Es steht eine Teilungsmasse von 40.000,00 EUR zur Verfügung.

Schuldenmasse:

1. Gerichtskosten:	5.000,00 EUR
2. Grundsteuern:	2.000,00 EUR
3. Zinsen III/1 für Bank A:	20.000,00 EUR
4. Zinsen III/2 für Bank B:	30.000,00 EUR
5. Zinsen III/3 für Bank C:	40.000,00 EUR
6. Persönlicher Gläubiger D:	20.000,00 EUR

1. Variante:

Bank B erhebt Widerspruch gegen Bank A mit der Begründung, dass Bank A keine Zinsen zustehen.

Widerspruchsberechtigung der Bank B ist gegeben, da die 20.000,00 EUR der Bank B als nächstausfallender Berechtigter zustehen würden, wenn Bank A nicht zu berücksichtigen wäre. Bank B würde also von dem Widerspruch profitieren.

Bei der tatsächlichen Zuteilung ist Folgendes zu beachten: Ohne Widerspruch, also bei voller Berücksichtigung der Bank A, hätte Bank B bereits eine Zuteilung von 13.000,00 EUR erhalten. Dies bedeutet, dass Bank B aus den 20.000,00 EUR maximal noch 17.000,00 EUR zuständen, wenn der Widerspruch sich als begründet erweisen würde. Dann wäre die Bank B voll befriedigt und hätte keine weiteren Ansprüche mehr. Die restlichen 3.000,00 EUR dürften aber nicht Bank C zugeteilt werden. Da Bank C selbst keinen Widerspruch eingelegt hat, darf sie nicht begünstigt werden. Es muss für Bank C bei dem Ergebnis der Zuteilung ohne Widerspruch bleiben. Somit erhält Bank C nichts und die restlichen 3.000,00 EUR stehen nach wie vor Bank A zu.

2. Variante:

Gläubiger D erhebt Widerspruch gegen die Bank B mit der Begründung, dass Bank B nur 10.000,00 EUR Zinsen zustehen und nicht 30.000,00 EUR.

---

15 *Stöber* (ZVG), § 115 Rn 3.6b.
16 *Stöber* (ZVG), § 115 Rn 4.

Hier fehlt es an der Widerspruchsberechtigung des Gläubigers D. Selbst wenn die Rechtslage tatsächlich so wäre, dass Bank B nur 10.000,00 EUR Zinsen zustehen würden, würde D bei einer Zuteilung nichts bekommen. D würde also keinen Vorteil erlangen. Der Widerspruch ist unzulässig.

3. Variante:

Gläubiger D erhebt Widerspruch gegen die Bank A mit der Begründung, ihm sei der Anspruch der Bank A von dieser abgetreten worden.

Hier liegt eine Widerspruchsberechtigung des Gläubigers D vor, da er in diesem Fall an die Stelle der Bank A treten würde und ihm die 20.000,00 EUR zustehen würden.

87 Ist der Widersprechende kein Beteiligter, hat er keine Zuteilung nach Rdn 64 zu erwarten oder hat er auch sonst kein (zumindest mittelbares) Interesse an einer anderweitigen Verteilung des Erlöses, weist das Vollstreckungsgericht den Widerspruch zurück.

88 In allen anderen Fällen muss über den Widerspruch verhandelt werden. Für diese Verhandlung, die Erledigung des Widerspruchs und für die Auszahlung finden nach § 115 Abs. 1 ZVG die §§ 876 bis 882 ZPO, also die Vorschriften über das Teilungsverfahren nach der ZPO, Anwendung.

89 Kann der Widerspruch nicht durch Verhandlung ausgeräumt werden, muss das Vollstreckungsgericht den **streitigen Betrag hinterlegen** (§§ 124 Abs. 2, 120 Abs. 1 ZVG). Dabei muss es einen der Beteiligten als den Berechtigten und den anderen als Widersprechenden bestimmen. Als Berechtigter wird bestimmt, wem nach den Grundsätzen für die Aufstellung des Teilungsplans (Rdn 11) der Betrag gebührt. Eine entsprechende Hilfszuteilung ist in den Teilungsplan aufzunehmen, § 124 Abs. 1 ZVG.

90 Wird der nach § 878 Abs. 1 ZPO erforderliche Nachweis[17] nicht innerhalb der Frist von einem Monat geführt, ordnet das Vollstreckungsgericht die Auszahlung des hinterlegten Betrages an den Berechtigten an. Wird die Klage durchgeführt, erfolgt die Auszahlungsanordnung gem. dem Prozessurteil. Wegen des weiteren Verfahrens wird auf die Kommentarliteratur, auch zu den §§ 876 bis 882 ZPO, Bezug genommen.

91 Der Schuldner kann einer titulierten Forderung nicht nach diesen Regeln widersprechen (§ 115 Abs. 3 ZVG). Er ist auf die Vollstreckungsgegenklage (§ 767 ZPO) angewiesen.

92 Einer nicht titulierten Forderung kann auch der Schuldner widersprechen. Ihm wird man immer ein „mittelbares Interesse an einer anderen Verteilung" (Rdn 87) zugestehen müssen.

c) Vereinbarung über das Bestehenbleiben erloschener Rechte

93 Ersteher und Berechtigter eines Rechtes, das nach den Versteigerungsbedingungen erloschen ist, können jetzt noch vereinbaren, dass dieses Recht (ganz oder teilweise) als nicht erloschen behandelt werden soll (sog. **Liegenbelassungsvereinbarung**; § 91 Abs. 2 ZVG).

Tipp

Finanziert der Ersteher über ein verfahrensbeteiligtes Kreditinstitut, an Liegenbelassung denken.

94 Diese Vereinbarung kann im Verteilungstermin mündlich zu Protokoll erklärt werden oder vorher getroffen und dem Vollstreckungsgericht in einer öffentlich beglaubigten Urkunde nachgewiesen werden. Sie könnte so auch noch nach dem Termin (bis zur Absendung des Grundbuchersuchens § 7 Rdn 7 ff.) getroffen werden. Dann wäre aber der nachgenannte Ausgleich durch das Vollstreckungsgericht nicht mehr möglich.

---

17 Wegen §§ 167, 495 ZPO genügt der Nachweis der fristgerechten Einreichung der Klage, wenn die Amtszustellung (§ 166 Abs. 2 ZPO) der Klageschrift demnächst erfolgt, wozu der Kläger entweder ein Gesuch um Prozesskostenhilfe einreichen oder den vom Gericht angeforderten Kostenvorschuss unverzüglich zahlen muss. Zum Nachweis der Einreichung der Klage siehe BGH v. 11.6.2015 – V ZB 160/14.

Eine solche Vereinbarung hat **Folgen für die Verteilung des Erlöses**. Der Teilungsplan muss also geändert werden. Es war streitig,[18] wie dieser Ausgleich zu erfolgen hat. Die Darstellung (Rdn 96–98) entspricht der heute allgemeinen Meinung:

Für die Berechnung der **Teilungsmasse** ergibt sich **keine Veränderung**. Der Ersteher muss also das **gesamte** Bargebot, falls nicht zinsbefreiend hinterlegt, bis zum Verteilungstermin verzinsen.

Durch die Vereinbarung übernimmt der Ersteher **zwei zusätzliche Pflichten**, für welche ihm Ausgleich zusteht:

- Er schuldet das übernommene Recht, das anderenfalls, ausreichender Erlös vorausgesetzt, aus dem Bargebot bezahlt worden wäre.
- Er muss dem Berechtigten des Rechtes ab dem Zuschlag Zinsen zahlen, die sonst, ausreichender Erlös vorausgesetzt, vom Zuschlag bis zum Verteilungstermin aus dem Bargebot bezahlt worden wären.

Also kann er das Bargebot um diese beiden Positionen kürzen. Dies gilt selbstverständlich **nur insoweit**, als der Berechtigte des liegen belassenen Rechtes hierauf überhaupt eine **Zuteilung** erhalten hätte (§ 91 Abs. 3 S. 1 ZVG).

> *Beispiel*
>
> Die Grundschuld über 100.000,00 EUR nebst 12 % Jahreszinsen, geschuldet ab dem 1.1., ist durch Zuschlag erloschen.
>
> Zuschlag am: 1.6.
> Verteilungstermin am: 1.8.
>
> Ohne die Vereinbarung nach § 91 Abs. 2 ZVG wäre auf die Grundschuld, da die Teilungsmasse ausgereicht hätte, folgender Betrag zuzuteilen gewesen:
>
> Zinsen vom 1.1. bis 31.7.: 7.000,00 EUR
> Kapital: 100.000,00 EUR
> Summe: 107.000,00 EUR
>
> Nach der Liegenbelassungsvereinbarung erhält der Berechtigte der Grundschuld aus dem Bargebot nur noch die Zinsen vom 1.1. bis zum 31.5., also 5.000,00 EUR. Der Ersteher schuldet ihm 2.000,00 EUR Zinsen (1.6. bis 31.7.) und 100.000,00 EUR Kapital. Dafür ermäßigt sich seine Zahlungspflicht im Verteilungstermin um diese 102.000,00 EUR.

Da der Ersteher das bare Meistgebot bereits vor dem Teilungstermin einzahlen muss (§ 49 Abs. 3 ZVG), wird es nur noch selten vorkommen, dass diese Vereinbarung erst im Termin abgeschlossen wird. Geschieht dies und hat der Ersteher bereits die gesamte Summe eingezahlt, ist ihm der von ihm nun nicht mehr geschuldete Teil zurückzuzahlen.

Sollten die Beteiligten dem Vollstreckungsgericht anzeigen, dass eine solche Vereinbarung beabsichtigt ist, dürfte es sachdienlich sein, wenn der Rechtspfleger rechtzeitig vor dem Termin dem Ersteher ausrechnet, was er noch gem. § 49 Abs. 3 ZVG einzuzahlen hat, wenn die Vereinbarung zustande kommt.

Eine persönliche Forderung des Grundpfandgläubigers gegen den Ersteher entsteht nur durch Vereinbarung; § 53 ZVG ist nicht anwendbar.[19] Die in der Literatur früher vertretene Auffassung, die Vereinbarung begründe stets auch eine persönliche Haftung, ist abzulehnen.[20] Dem Ersteher stehen aus dem ur-

---

18 Zum früheren Meinungsstreit (und der wenig sachdienlichen Beteiligung des BGH) siehe *Eickmann/Böttcher* (ZVG), § 12 3b.
19 BGH v. 26.11.1980 – V ZR 153/79; dazu auch BGH v. 4.6.1996 – IX ZR 291/95.
20 *Eickmann/Böttcher* (ZVG), § 12 III 3e; wohl auch *Stöber* (ZVG), § 91 Rn 3.12.

sprünglichen Schuldverhältnis keine Einreden zu.[21] Wegen der Einzelheiten wird auf die Kommentarliteratur verwiesen.[22]

102 Ist der Grundpfandgläubiger gleichzeitig Ersteher oder wäre das (insgesamt) durch Vereinbarung bestehen gebliebene Recht bei der Erlösverteilung teilweise ausgefallen, so verliert der Grundpfandgläubiger trotz § 91 Abs. 3 S. 2 ZVG seine persönliche Forderung gegen den bisherigen Eigentümer nur in Höhe des Betrages, der bei barer Abwicklung zugeteilt worden wäre. Str. ist, ob sich dies schon aus einer sinnvollen Auslegung der Norm[23] ergibt oder der Umweg über einen Bereicherungsanspruch notwendig ist.[24]

d) Aussetzung mangels Rechtskraft des Zuschlagsbeschlusses

103 Wie bereits früher dargelegt (Rdn 3), kann das Vollstreckungsgericht den Verteilungstermin schon vor der Rechtskraft des Zuschlagsbeschlusses abhalten, obwohl dies nicht ratsam ist.

104 Ist der Zuschlagsbeschluss im Termin noch nicht rechtskräftig, kann **auf Antrag** die Ausführung des Teilungsplans bis zur Rechtskraft des Zuschlags ausgesetzt werden (§ 116 ZVG). Das Vollstreckungsgericht muss dem Antrag nicht stattgeben, sollte die Aussetzung aber nur verweigern, wenn die Geldempfänger absolute Gewähr für die Rückzahlung der empfangenen Beträge bieten.[25] Die Ablehnung der Aussetzung ist mit sofortiger Beschwerde anfechtbar (Rdn 184 ff.).

Ist der Zuschlag angefochten, können sowohl das Vollstreckungsgericht (§ 570 Abs. 2 ZPO) als auch das Beschwerdegericht (§ 570 Abs. 3 ZPO) von Amts wegen die Aussetzung der Verteilung anordnen.

105 Wurde ausgesetzt, muss nach Rechtskraft des Zuschlags ein neuer Verteilungstermin bestimmt werden, in welchem die Auszahlungsanordnung nachgeholt wird. Alle anderen Verhandlungen konnten im früheren Termin stattfinden. Allerdings sind im neuen Termin auch noch Anmeldungen möglich, die zur Planänderung führen können.

3. Beträge, die nicht ohne Weiteres auszahlbar sind

a) Briefrechte

106 Bei **Briefrechten** kann das Grundbuch wegen § 1154 BGB den Berechtigten für das Kapital nicht ausweisen. Auf das Kapital eines **Briefrechtes** kann daher nur zugeteilt werden, wenn der Brief im Verteilungstermin vorgelegt wird. Wegen der Nebenleistungen siehe Rdn 109.

Wird der Brief von einem **anderen** als dem eingetragenen Berechtigten vorgelegt, hat dieser auch eine auf ihn lautende beglaubigte (§ 1155 BGB) Abtretungserklärung vorzulegen. Erst dann kann ausgezahlt und der Brief unbrauchbar gemacht werden (§ 7 Rdn 18).

Tipp
An rechtzeitige Briefvorlage denken!

107 Wird der Brief **nicht vorgelegt**, gilt der **Berechtigte** als **unbekannt** (§ 126 Abs. 1 ZVG). Das Vollstreckungsgericht verfährt wie folgt:

---

21 *Eickmann/Böttcher* (ZVG), § 12 III 3e.
22 Eine gute Übersicht bietet *Böttcher* (ZVG), § 91 Rn 17–21.
23 *Eickmann/Böttcher* (ZVG), § 12 III 3c, der zutreffend darauf hinweist, dass früher „im Übrigen" synonym für „insoweit" verwendet wurde und sich daher auf den in Abs. 3 S. 1 genannten Betrag beziehen kann.
24 So BGH v. 26.11.1980 – V ZR 153/79, wobei der BGH zur Vollstreckung dieses Bereicherungsanspruchs den früheren Titel genügen lässt.
25 Beispiel: Empfänger nur Gerichtskasse und ein Kreditinstitut, wenn sich Letzteres ausdrücklich zur Rückzahlung im Falle der Aufhebung des Zuschlags verpflichtet.

- Es hinterlegt den auf das Grundpfandrecht entfallenden Betrag zugunsten des unbekannten Berechtigten. Der Inhaber des Briefes kann dann immer noch bei der Hinterlegungsstelle Zahlung an sich fordern.
- Es leitet ein Verfahren nach §§ 135 ff. ZVG ein und bestellt zur Ermittlung des Berechtigten einen Vertreter. Wegen des weiteren Verfahrensgangs wird auf die Kommentarliteratur verwiesen.
- Es stellt fest, an wen die Auszahlung erfolgen soll, wenn im vorgenannten Verfahren der unbekannte Beteiligte mit seinen Rechten ausgeschlossen wird.

In gleicher Weise verfährt das Gericht, wenn der Berechtigte aus anderen Gründen unbekannt ist. 108

Werden nur fällige **Nebenleistungen** (Kosten, Zinsen) zugeteilt, ist nach h.M.[26] die Vorlage des Briefes nicht erforderlich, da § 1159 BGB die Rückstände dem Schuldrecht zuweist und somit auch der Eigentümer im Falle beabsichtigter Zahlung der fälligen Nebenleistungen vom Hypothekar die Briefvorlage nicht verlangen könnte. Hierbei ist allerdings besonders darauf zu achten, dass nur solche Nebenleistungen, die i.S.d. BGB bereits fällig (also rückständig) sind, erfasst werden. Nach den besonderen Bestimmungen des ZVG werden in vielen Fällen auch Nebenleistungen zugeteilt, die nach den Regelungen des BGB noch nicht fällig sind. 109

Dies sei an dem folgenden Beispiel verdeutlicht:

Beispiel
Die Zinsen einer durch Zuschlag erloschenen Briefgrundschuld sind vereinbarungsgemäß kalenderjährlich nachträglich und somit immer am 31.12. eines Jahres fällig. Tag der ersten Beschlagnahme war am 20.8.2017. Zuschlag wird am 13.7.2018 erteilt; Verteilungstermin ist auf den 10.9.2018 bestimmt.

Nach den Regelungen des § 13 ZVG sind die Zinsen für die Zeit vom 1.1.2016 bis 9.9.2018 laufende Zinsen und gem. § 114 Abs. 2 ZVG von Amts wegen im Teilungsplan zu berücksichtigen. Bei ausreichender Teilungsmasse erfolgt eine Zuteilung auf diese Beträge, obwohl die Zinsen für die Zeit vom 1.1.2018 bis 9.9.2018 nach bürgerlich-rechtlichen Maßstäben noch nicht fällig und damit nicht rückständig i.S.d. § 1159 BGB sind.

Die Vorlage des Briefes wäre für die Zuteilung dieser Zinsen also nicht entbehrlich, da der Gläubiger auch unter normalen Umständen, also ohne Versteigerung, keine Zahlung durch den Eigentümer ohne Briefvorlage verlangen könnte.

b) Rechte unbestimmten Betrages

Wie in Rdn 55–59 dargestellt, wurde bei der Aufstellung der Schuldenmasse unterschieden zwischen Rechten, deren Betrag sich aus dem Grundbuch ergab oder sich aus dem Grundbuch berechnen ließ, und solchen Rechten, deren Betrag (nur) aufgrund einer Anmeldung in den Teilungsplan aufzunehmen war. 110

Die aus dem Grundbuch ersichtlichen bzw. berechenbaren Beträge können an ihrer Rangstelle ohne Weiteres ausgezahlt werden, denn sie gelten als „festgestellt". Ein nachstehender Beteiligter, der gegen die Berücksichtigung des Betrages vorgehen will, müsste Widerspruch (Rdn 80 ff.) einlegen und damit den Streit vor das Prozessgericht bringen. Wird nur um einen angeblichen Rechenfehler des Gerichts gestritten, wäre sofortige Beschwerde (Rdn 185) einzulegen. 111

Die nur auf Anmeldung für die **Rechte unbestimmten Betrages** in den Teilungsplan aufgenommenen Summen sind aber dem Schuldner gegenüber noch **nicht festgestellt** und gelten daher nach § 14 ZVG bis zu dieser Feststellung als **aufschiebend bedingt**. 112

---

26 *Stöber* (ZVG), § 126 Rn 2.1 m.w.N.; a.A. *Steiner/Teufel*, § 126 Rn 12 m.w.N.

§ 6 Verteilung des Erlöses

113 In Betracht kommen die Ersatzbeträge für Rechte, welche durch Einmalzahlung abgegolten werden, ebenso wie das Deckungskapital für jene Rechte, deren Berechtigte eine Rente (Rdn 61 ff.) bekommen werden.

114 Eine **Feststellung** nach § 14 ZVG **kann erfolgen**
- durch **Anerkenntnis** des Grundstückseigentümers (Schuldners) oder
- durch **Prozessurteil**.

Wird eine dieser Voraussetzungen spätestens im Verteilungstermin nachgewiesen, kann die Auszahlung erfolgen.

115 Ist ein Betrag aber nicht spätestens im Verteilungstermin festgestellt, kann er nicht ausgezahlt werden. Das Vollstreckungsgericht hat zu bestimmen, wer den Betrag zu bekommen hat, wenn die aufschiebende Bedingung (Feststellung) nicht eintritt (Hilfszuteilung, § 119 ZVG). Sodann hinterlegt es den Betrag zugunsten dieser beiden Berechtigten unter Angabe der Bedingung (§ 120 Abs. 1 ZVG).

116 *Beispiel*

Dies sei in Fortführung des Beispiels Rdn 64 und 66 dargestellt:

Die Geldrente aus der Reallast in Höhe von 100,00 EUR mtl. ist nach dem Inhalt des Grundbuchs berechnet und damit festgestellt. Die angenommene Lebensdauer von 12 Jahren ist nicht feststellungsbedürftig. Somit steht das Deckungskapital in Höhe eines Teilbetrages von 1.200,00 EUR × 14,25 = 17.100,00 EUR und die sich ergebende Rente in Höhe eines Teilbetrages von 356,25 EUR für drei Monate fest.

Feststellungsbedürftig sind die beiden anderen Beträge (für Wohnung und Milch). Werden sie spätestens im Verteilungstermin anerkannt,[27] wird nach Rdn 66 verfahren. Anderenfalls muss der nicht festgestellte Teil des Deckungskapitals zugunsten der Rentenberechtigten und zugunsten des bestberechtigten ausfallenden Beteiligten hinterlegt werden. Die Berechtigte des erloschenen Altenteilsrechts muss nun die Feststellung gegen den früheren Grundstückseigentümer (Schuldner) erzwingen (Rdn 12 und 114). Erst dann wird ihr die Rentendifferenz nachgezahlt. Erscheinen die beiden anderen Beträge (600,00 EUR für Wohnungsrecht bzw. 1,00 EUR für Milch) einem nachstehenden Beteiligten, der nicht voll befriedigt wurde, zu hoch, kann er (gleichgültig, ob die Beträge festgestellt wurden oder nicht) hiergegen nach den Regeln und mit den Folgen nach Rdn 80 ff. Widerspruch einlegen. Er gilt dann als „Widersprechender" und muss gegen die Berechtigte klagen. In diesem Fall sind für einen Betrag bis zu drei Hilfszuteilungen denkbar (§§ 119, 120, 121 Abs. 2, 124 ZVG).

117 Feststellung des Hilfsberechtigten (§ 119 ZVG) und Hinterlegung (§ 120 Abs. 1 ZVG) erfolgen auch für die äußerst seltenen anderen Ansprüche, welche aufschiebend bedingt oder mit zeitlich unbestimmter Fälligkeit betagt sind (§ 111 ZVG).

II. Eigentümerrechte und Erlösverteilung

1. Offene und verdeckte Eigentümergrundschuld

118 Im Grundbuch kann eine Grundschuld zugunsten des Eigentümers eingetragen sein (offene Eigentümergrundschuld).

119 Ein Grundpfandrecht ist auch dann „offene Eigentümergrundschuld", wenn der Verzicht des bisherigen Berechtigten (§ 1168 BGB) im Grundbuch eingetragen ist.

---

27 Die Anerkennung kann auch schriftlich erfolgen und im Verteilungstermin nachgewiesen werden. Der Annahme von *Eickmann/Böttcher* (ZVG), § 20 2b, es bedürfe mindestens beglaubigter Urkunden, wird nicht gefolgt. Das Vollstreckungsgericht hat zu entscheiden, ob ihm die vorgelegten schriftlichen Erklärungen als Nachweis genügen.

Allerdings kann ein Grundpfandrecht auch außerhalb des Grundbuchs zur Eigentümergrundschuld werden, so dass das Grundbuch unrichtig wird (verdeckte Eigentümergrundschuld).[28] Die Vermutung des § 891 BGB kann für die Verteilung des Erlöses bei erloschenen Rechten durch geeignete Beweismittel (nicht zwingend öffentlich beglaubigte Urkunden) widerlegt werden. Geschieht dies, ist an den richtigen Berechtigten zuzuteilen. Bis dahin erfolgt die Zuteilung an den eingetragenen Beteiligten (bei Briefrechten siehe Rdn 106 ff.).

120

Aus dem Eigentümerrecht stehen dem Eigentümer in der Zwangsversteigerung, anders als in der Zwangsverwaltung, keine Zinsen zu (§ 1197 Abs. 2 BGB). Dies ist auch bei der Erlösverteilung zu beachten.[29]

121

2. Die Eigentümergrundschuld im Verteilungstermin

a) Bestehen gebliebene Eigentümergrundschuld

Ist eine Eigentümergrundschuld – gleichgültig, ob offen oder verdeckt – nach § 52 ZVG bestehen geblieben, ist sie jetzt Fremdrecht am Grundstück des Erstehers mit dem bisherigen Grundstückseigentümer (Schuldner) als Berechtigten.

122

Ein Eigentümer ist den Berechtigten gleichrangiger und nachstehender Rechte gegenüber im Umfang des § 1179a BGB verpflichtet, auf deren Verlangen sein Eigentümerrecht löschen zu lassen („gesetzlicher Löschungsanspruch"[30]). Deshalb gilt ein solches löschungspflichtiges Eigentümerrecht als „auflösend bedingt" durch die Durchsetzung des Löschungsanspruchs. Ein gesetzlicher Löschungsanspruch besteht jedoch gegenüber einem originären Eigentümerrecht nicht (§ 1196 Abs. 3 BGB).

123

Der Zuschlag im Zwangsversteigerungsverfahren ändert an dieser Rechtslage nichts. Die Durchsetzung des Löschungsanspruchs kann sich jedoch problematisch gestalten. Grundsätzlich sind zwei Fallkonstellationen zu unterscheiden:

124

- Alle Rechte, zu deren Gunsten ein Löschungsanspruch besteht, sind im Zwangsversteigerungsverfahren bestehen geblieben.
- Rechte, zu deren Gunsten ein Löschungsanspruch besteht, sind durch den Zuschlag erloschen und wurden aus dem Erlös nicht voll befriedigt.

Tipp
Zuschlag lässt Löschungsanspruch nicht wegfallen.

Sind alle Rechte mit Löschungsanspruch bestehen geblieben, ergeben sich keine Besonderheiten.

125

Sind jedoch solche Rechte durch den Zuschlag erloschen und aus dem Erlös nicht voll befriedigt worden, ist der Löschungsanspruch nicht erloschen (§ 91 Abs. 4 ZVG). Sobald allerdings die Grundbuchberichtigung erfolgt (§ 7 Rdn 8), ist der Löschungsanspruch nicht mehr **grundbuchersichtlich**. Damit ist der Anspruch zwar schuldrechtlich nicht erloschen, aber dem Untergang durch gutgläubigen Erwerb ausgesetzt (§ 130a Abs. 1 ZVG), wenn der frühere Eigentümer seine Grundschuld an einen gutgläubigen Dritten abtritt, der den Löschungsanspruch nicht kennt.

126

Der Berechtigte des Löschungsanspruchs (= Berechtigter eines erloschenen Rechtes) kann deshalb im Verteilungstermin verlangen, dass sein Löschungsanspruch durch eine **Vormerkung** gesichert wird (§ 130a Abs. 2 ZVG). Diesen Anspruch hat er auch dann, wenn die angebliche Eigentümergrundschuld „verdeckt" (= nicht grundbuchersichtlich) ist.

127

---

28 Eine Aufzählung der hierzu führenden Möglichkeiten findet sich bei *Eickmann/Böttcher* (ZVG), § 20 V Nr. 3.
29 Ob dem Pfand- bzw. Pfändungsgläubiger Zinsen zustehen, ist streitig. Hierzu *Eickmann/Böttcher* (ZVG), § 20 V.3. m.w.N. auch für die Gegenmeinung.
30 Zugunsten von vor dem 1.1.1978 eingetragenen Grundpfandrechten musste dieser Anspruch vereinbart und vorgemerkt werden (Löschungsvormerkung). Die Wirkungen waren vergleichbar. Sie werden daher nicht besonders erwähnt.

§ 6 Verteilung des Erlöses

128 Der Löschungsanspruch ist noch werthaltig: Gem. § 50 Abs. 2 Nr. 1 ZVG bewirkt die Durchsetzung des Anspruchs eine **Zuzahlungspflicht** des Erstehers. Kann also der Berechtigte des Löschungsanspruchs anschließend den früheren Eigentümer zwingen,[31] die Eigentümergrundschuld zum Erlöschen zu bringen, muss ihm der Ersteher die Zuzahlung, in Höhe des Betrages, der ihm aus dem Löschungsanspruch zusteht, leisten.

129 Das Vollstreckungsgericht hat um die Eintragung der verlangten Vormerkung (Rdn 127) zu ersuchen, wenn das nicht voll befriedigte Recht des Antragstellers einen Löschungsanspruch gegen ein bestehen bleibendes Recht haben kann. Es hat also weder nachzuprüfen, ob dieses Recht wirklich eine Eigentümergrundschuld war, noch, ob der gesicherte Anspruch durchsetzbar ist. Wer eine solche Vormerkung für einen tatsächlich nicht bestehenden Anspruch verlangt, hat später die Kosten der Löschung der Vormerkung zu tragen (§ 130a Abs. 2 S. 3 ZVG).

130 Der Antrag nach Rdn 127 erfordert zugleich eine **bedingte Zuteilung** und **Übertragung** des sich aus § 50 ZVG ergebenden Zuzahlungsanspruchs (§ 125 Abs. 1 und 2 ZVG) und eine entsprechende (bedingte) Sicherungshypothek (§ 128 ZVG).[32]

b) Erloschene Eigentümergrundschuld

131 Der nachfolgende Abschnitt (Rdn 131–144) befasst sich mit Grundpfandrechten, welche **bereits zum Zeitpunkt des Zuschlags** Eigentümergrundschulden waren, neben den originären Eigentümergrundschulden also auch jene Rechte, die ursprünglich Fremdrechte waren und sich gem. Rdn 119 ff. in Eigentümergrundschulden verwandelt haben. Nicht erforderlich ist, dass diese Rechtsänderung zum Zeitpunkt des Zuschlags bereits grundbuchersichtlich war. Es genügt, dass die dingliche Rechtsänderung vorher eingetreten ist, auch wenn das Grundbuch hierdurch unrichtig wurde.

Auch eine durch den Zuschlag erloschene offene Eigentümergrundschuld setzt sich infolge dinglicher Surrogation am Erlös fort. Somit gebührt der auf diese Grundschuld entfallende Geldbetrag dem früheren Eigentümer.

132 Wird im Verteilungstermin nachgewiesen, dass das noch als Fremdrecht eingetragene (Rdn 120) erloschene Grundpfandrecht zum Zeitpunkt des Zuschlags bereits dem früheren Eigentümer zustand (das Grundbuch ist unrichtig), ist in gleicher Weise zu verfahren. Da keine Eintragung im Grundbuch mehr zu erfolgen hat, findet § 29 GBO auf die Form des Nachweises keine Anwendung.

133 Soweit nachstehenden, nicht befriedigten Rechten ein **Löschungsanspruch** nach §§ 1179, 1179a BGB zusteht, ist dieser nicht erloschen (Rdn 126). Vielmehr hat er sich in einen Anspruch gegen den früheren Eigentümer auf Herausgabe des auf die Eigentümergrundschuld entfallenden Erlöses **verwandelt**. Der Anspruch des Eigentümers (Rdn 123) ist somit auflösend bedingt durch die Durchsetzung des verwandelten Löschungsanspruchs.

134 Obwohl der schuldrechtliche „verwandelte Löschungsanspruch" mit Vormerkungswirkung gesichert ist (§ 1179a Abs. 1 S. 3 BGB), wird er nicht von Amts wegen in den Teilungsplan eingesetzt. Letztlich muss der Berechtigte des Löschungsanspruchs diesen durch **Widerspruch** nach § 115 ZVG gegen den Teilungsplan verfolgen. Die in der Praxis häufige **Anmeldung** des Löschungsanspruchs ist als Widerspruch zu behandeln.[33] Aus der Anmeldung des Löschungsanspruchs muss sich ergeben, gegen welches Recht er sich richtet. In der Praxis häufig zu findende pauschale Anmeldungen „von (evtl.) Löschungsansprüchen" sind nicht ausreichend und daher unbeachtlich.

135 Nach der konkreten Anmeldung des Löschungsanspruchs, welche als Widerspruch behandelt wird, bzw. nach Erhebung eines ausdrücklichen Widerspruchs, muss das Vollstreckungsgericht zunächst die Widerspruchsberechtigung (Rdn 86 und 87) prüfen.

---

31 Klage auf Zustimmung, wenn dieser nicht freiwillig die Löschung bewilligt.
32 Einzelheiten hierzu z.B. bei *Stöber* (ZVG), § 125 und § 130a Rn 5.
33 *Stöber* (ZVG), § 114 Rn 9.16a.

C. Verteilungstermin §6

An der Widerspruchsberechtigung fehlt es, wenn **136**
- das Recht des Widersprechenden auch ohne Geltendmachung des Löschungsanspruchs gedeckt wird;
- der Widersprechende auch im Falle der Begründetheit des Widerspruchs keine Zuteilung aus dem Erlös erhalten würde.

An der letztgenannten Voraussetzung wird es nicht fehlen, wenn das Eigentümerrecht und das Recht des Widersprechenden bis zum Zuschlag im Grundbuch unmittelbar hintereinander oder nebeneinander (Gleichrang) gestanden haben. **137**

Probleme ergeben sich aber, wenn ein **„Zwischenrecht"** vorhanden ist, das keinen Löschungsanspruch hat oder ihn nicht geltend macht. Dieses Zwischenrecht darf zwar selbst durch den Löschungsanspruch des hinter ihm stehenden Rechtes weder begünstigt noch benachteiligt werden, kann aber durch seine Existenz den Löschungsanspruch vereiteln, was dann zu ganz ungewöhnlichen Ergebnissen führen kann. Es müssen immer **zwei Berechnungen** miteinander verglichen werden, nämlich **138**
- Verteilung, wie sie ohne den Löschungsanspruch erfolgen müsste;
- fiktive Verteilung, wie sie erfolgen müsste, wenn das Eigentümerrecht bereits vor dem Zuschlag gelöscht worden wäre.

Der Vergleich ergibt dann die Verteilung mit durchgesetztem Löschungsanspruch.

Beispiel **139**

Drei durch den Zuschlag erloschene Grundschulden mit den nachgenannten Beträgen stehen wie folgt im Grundbuch:

1. Rang: Eigentümergrundschuld des früheren Eigentümers (E) über 10.000,00 EUR
2. Rang: Grundschuld zugunsten A über 15.000,00 EUR
3. Rang: Grundschuld zugunsten B über 20.000,00 EUR

A (Zwischenrecht) macht keinen Löschungsanspruch geltend.

Erlös: 12.000,00 EUR

Verteilung ohne Löschungsanspruch	Fiktive Verteilung (wenn Eigentümerrecht vor Zuschlag erloschen wäre)	Verteilung mit durchgesetztem Löschungsanspruch
(1)	(2)	(3)
E erhält 10.000,00 EUR	E wäre bereits gelöscht	E erhält 10.000,00 EUR
A erhält 2.000,00 EUR	A würde 12.000,00 EUR erhalten	A erhält 2.000,00 EUR
B erhält nichts	B würde nichts erhalten	B erhält nichts

Erklärung: Der Löschungsanspruch hilft dem B nichts, da er auch bei früherer Löschung nichts erhalten hätte. E erhält 10.000,00 EUR, A die restlichen 2.000,00 EUR.

1. Variante: Erlös 18.000,00 EUR

Verteilung ohne Löschungsanspruch	Fiktive Verteilung (wenn Eigentümerrecht vor Zuschlag erloschen wäre)	Verteilung mit durchgesetztem Löschungsanspruch
(1)	(2)	(3)
E erhält 10.000,00 EUR	E wäre bereits gelöscht	E erhält 10.000,00 EUR
A erhält 8.000,00 EUR	A würde 15.000,00 EUR erhalten	A erhält 8.000,00 EUR
B erhält nichts	B würde 3.000,00 EUR erhalten	B erhält 3.000,00 EUR

§ 6 Verteilung des Erlöses

Erklärung: A darf (Rdn 138) nicht mehr als die 8.000,00 EUR erhalten, da ihm der Löschungsanspruch des B keinen Vorteil bringen darf. B darf nicht mehr erhalten, als er im Fall (2) erhalten hätte, also 3.000,00 EUR. Die bekommt er auch, wenn er den Löschungsanspruch gegen E durchgesetzt hat. A erhält 8.000,00 EUR und E den Rest von 7.000,00 EUR.

2. Variante: Erlös 30.000,00 EUR

Verteilung ohne Löschungsanspruch	Fiktive Verteilung (wenn Eigentümerrecht vor Zuschlag erloschen wäre)	Verteilung mit durchgesetztem Löschungsanspruch
(1)	(2)	(3)
E erhält 10.000,00 EUR	E wäre bereits gelöscht	E erhält nichts
A erhält 15.000,00 EUR	A würde 15.000,00 EUR erhalten	A erhält 15.000,00 EUR
B erhält 5.000,00 EUR	B würde 15.000,00 EUR erhalten	B erhält 15.000,00 EUR

Erklärung: A muss die 15.000,00 EUR auch bekommen. B bekommt die 5.000,00 EUR, die er auch ohne Löschungsanspruch erhalten hätte ((1)) und außerdem (falls sein Löschungsanspruch durchgesetzt ist) aus (2) die dann noch übrigen 10.000,00 EUR. E bekommt nichts.

140 Sobald also der Erlös für das Zwischenrecht (A) reicht, kann E erst wieder etwas bekommen, wenn B befriedigt ist.

141 Fehlt es an der Widerspruchsberechtigung, ist der Widerspruch zurückzuweisen.

142 Ist der Widersprechende widerspruchsberechtigt und kommt es nicht zu einer Einigung, hat das Vollstreckungsgericht den streitigen Betrag zugunsten des früheren Eigentümers als Berechtigten und des Berechtigten des Löschungsanspruchs (als Widersprechenden) zu hinterlegen. Die Abwicklung erfolgt gem. Rdn 88–90.

143 Eine erloschene Grundschuld setzt sich am Surrogat des Grundstücks (= Versteigerungserlös) fort. Deshalb können **zwischen Zuschlag und Verteilungstermin** bezüglich dieses Surrogat-Anteils Rechtsänderungen eintreten; insbesondere kann jetzt das anteilige Surrogat nicht mehr dem Berechtigten der Grundschuld, sondern dem bisherigen Eigentümer zustehen.

144 In der Praxis geschieht dies meist dadurch, dass der Inhaber der Grundschuld auf diese (also auf das anteilige Surrogat) verzichtet (§ 1168 BGB). Da das Recht ja erloschen ist, kommt eine konstitutive Eintragung im Grundbuch nicht mehr in Betracht. Um die Rechtsfolge des § 1168 BGB herbeizuführen, genügt eine formlose Erklärung des Inhabers der Grundschuld, die auch noch im Verteilungstermin abgegeben werden kann. Das hierdurch entstehende Eigentümer-Surrogat ist dem gesetzlichen Löschungsanspruch der nachstehenden Rechte ausgesetzt.

3. Sicherungsgrundschuld

a) Grundsätze

145 Theoretisch sind Grundschulden „ohne Grund" denkbar. In der Praxis sichern sie aber stets eine **schuldrechtliche Forderung**, ohne dass jedoch die Existenz des dinglichen Rechtes als Fremdrecht mit dieser Forderung verknüpft wäre. Anderseits muss das Schicksal der Forderung irgendwie auf die Grundschuld einwirken. Solche Grundschulden nennt man Sicherungsgrundschulden.

146 Steht dem Berechtigten der Grundschuld gegen den Eigentümer die gesicherte Forderung zu, ergeben sich keine Besonderheiten. Bleibt die Grundschuld bestehen, konnte sich der Eigentümer über § 53 Abs. 2 ZVG durch rechtzeitige Anmeldung aus der Haftung für die Forderung befreien (§ 4 Rdn 11).

Probleme entstehen, wenn die **gesicherte Forderung nicht mehr** (oder nicht mehr in voller Höhe) besteht. Dann gelten folgende Grundsätze:

- Die Grundschuld als dingliches Recht steht nach wie vor dem Berechtigten zu, wird also **nicht kraft Gesetzes zum Eigentümerrecht**.[34]
- Der Berechtigte ist aber dem Besteller der Grundschuld (meist also dem früheren Eigentümer) gegenüber verpflichtet, sich von der Grundschuld zu trennen (**Rückgewähranspruch**[35]).

Hierzu stehen dem Berechtigten der nicht mehr benötigten Grundschuld (nur) **drei Möglichkeiten** zur Verfügung, nämlich

- die **Aufhebung** (Löschung) des Rechtes (§§ 875, 1183, 1192 BGB);
- die **Übertragung** (Abtretung) des Rechtes auf den Besteller der Grundschuld (§§ 1154, 1192 BGB);
- der **Verzicht** auf das Recht (§§ 1168, 1192 BGB).

Ist nichts anderes vereinbart, kann der Eigentümer wählen,[36] auf welche Weise der Berechtigte den Rückgewähranspruch erfüllen soll. Da aber nur der Verzicht dem Berechtigten ermöglicht, sich ohne Mitwirkung des Eigentümers von der Grundschuld zu trennen, wird häufig im Voraus diese Alternative verbindlich festgelegt (Konkretisierung der Wahlschuld).

b) Bestehen gebliebene Sicherungsgrundschuld

Der Ersteher, der nicht nach § 53 Abs. 2 ZVG die persönliche Forderung übernehmen musste, übernimmt nur die Grundschuld. Zwar haftet er nicht persönlich, wohl aber dinglich mit dem ersteigerten Grundstück für den Nennwert der Grundschuld. Die tatsächliche Höhe der zum Zeitpunkt des Zuschlags geschuldeten persönlichen Forderung ist für ihn ohne Bedeutung.

Der Ersteher, der aus einer bestehen gebliebenen Grundschuld dinglich in Anspruch genommen wird, kann dem Grundschuldgläubiger grundsätzlich keine Einreden entgegensetzen, die sich aus dem zwischen dem früheren Eigentümer (Sicherungsgeber) und dem Gläubiger (Sicherungsnehmer) abgeschlossenen Sicherungsvertrag ergeben.[37]

Da er somit nicht persönlich haftet, zahlt er nicht auf die gesicherte Forderung, sondern auf das dingliche Recht, mit der Folge, dass die Grundschuld zur Eigentümergrundschuld wird (§ 1143 BGB analog). Auch eine Grundschuld wird durch Zahlung zur Eigentümergrundschuld, wenn der Eigentümer berechtigt ist, Zahlung auf das dingliche Recht zu leisten. Dies ist z.B. der Fall, wenn der Eigentümer – wie hier – nicht der persönliche Schuldner ist oder wenn der Gläubiger aus dem dinglichen Recht vollstreckt.

War zum Zeitpunkt des Zuschlags die Forderung geringer als der Nennbetrag der Grundschuld und war somit bereits ein Rückgewähranspruch (Rdn 147) entstanden, ist dieser nicht auf den Ersteher übergegangen, sondern verbleibt beim Besteller der Grundschuld (= meist früherer Eigentümer).

Dies hat Folgen für das Verhalten des Berechtigten der Grundschuld. Er darf sich in der unter Rdn 48 geschilderten Weise von der Grundschuld nur trennen, wenn ihm der Ersteher (!) die volle Valuta zahlt,[38] wodurch dann Ansprüche zwischen Berechtigtem und Besteller der Grundschuld entstehen können, wenn zum Zeitpunkt des Zuschlags die gesicherte Forderung geringer war als der vom Ersteher gezahlte Nennbetrag.

---

34 Eine Grundschuld kann auch durch Bezahlen zur Eigentümergrundschuld werden, wenn der Schuldner berechtigterweise die Zahlung nicht auf die Forderung, sondern auf das dingliche Recht leistet.
35 Exakt wäre die Bezeichnung „Rückübertragungsanspruch". Die Praxis hat sich aber derart auf „Rückgewähranspruch" festgelegt, dass hier kein Anlass besteht, hiervon Ausnahmen zu machen ist.
36 Nach h.M. handelt es sich um eine Wahlschuld § 262 BGB, bei welcher jedoch der Gläubiger der Leistung, also der Schuldner der Grundschuld, wählen darf (BGH v. 6.7.1989 – IX ZR 277/88).
37 BGH v. 21.5.2003 – IV ZR 452/02.
38 BGH v. 29.1.2016 – V ZR 285/14.

§ 6 Verteilung des Erlöses

155 War die gesicherte Forderung zum Zeitpunkt des Zuschlags niedriger als der Nennbetrag der Grundschuld, darf der Berechtigte bezüglich dieser Differenz auch dann nicht ganz oder teilweise auf die Grundschuld verzichten, wenn dies (Rdn 149) ursprünglich so vereinbart war. Da hierdurch die Grundschuld Eigentümerrecht des Erstehers würde, der keinen Rückgewähranspruch hat, wäre dieser Verzicht keine Erfüllung des Rückgewähranspruchs.[39]

156 Musste der Ersteher infolge der Anmeldung § 53 Abs. 2 ZVG die persönliche Forderung übernehmen, schuldet er die Valuta nicht nur dinglich, sondern auch persönlich. Somit steht ihm insoweit auch der Rückgewähranspruch zu.[40]

c) Erloschene Sicherungsgrundschuld

157 Reicht der Erlös aus, wird dem Berechtigten der Nennbetrag zugeteilt, wobei es zunächst für das Vollstreckungsgericht unbeachtlich ist, ob die gesicherte Forderung noch ganz oder teilweise besteht. Der Berechtigte kann ohne Weiteres die volle Valuta fordern und in Empfang nehmen, auch wenn ihm schuldrechtlich weniger zusteht.[41] Dadurch entstehen Ausgleichsansprüche zwischen ihm und dem Inhaber des Rückgewähranspruchs.

158 Der Berechtigte kann hierbei neben dem Kapital alle dinglichen Zinsen anmelden, auch wenn die **gesicherte Forderung** unverzinslich oder geringer verzinslich ist.[42] Die Summe von Kapital und dinglichen Zinsen deckt die Summe der Forderung und ihrer Nebenkosten.

159 Benötigt der Berechtigte zur Deckung der gesicherten Forderung keine oder nicht alle **Zinsen**, kann er durch Anmeldung eines geringeren Betrages noch im Verteilungstermin auf die Zuteilung von Zinsen ganz oder teilweise **verzichten**, auch auf solche, die (Rdn 13) ohne Anmeldung in den Teilungsplan aufzunehmen waren. Diese Zinsen werden dann aus der Schuldenmasse gestrichen.

160 War die Sicherungsgrundschuld bereits **vor dem Zuschlag** zur Eigentümergrundschuld geworden, ohne dass dies grundbuchersichtlich war, kann der Erlösanteil dem Eigentümer zugeteilt werden, sobald der entsprechende Nachweis vorgelegt wird. In der Praxis wird dies nur selten vorkommen, z.B. wenn der bisherige Eigentümer nachweisen kann, dass er – hierzu berechtigt (Rdn 152) – Zahlungen auf die Grundschuld als solche geleistet hat. Da die Grundschuld erloschen ist und somit ein Grundbucheintrag nicht mehr erfolgt, bedarf es für den Nachweis nicht der Form des § 29 GBO.

161 Benötigt der Inhaber der Grundschuld nicht das volle Kapital und will er nicht nach Rdn 158 verfahren, sondern sich jetzt – **also nach dem Zuschlag** – von der Grundschuld (= vom Anteil am Erlös) trennen, steht ihm, entgegen einer weit verbreiteten, aber falschen Praxis, eine Minderanmeldung nicht zur Verfügung.[43] Die Grundschuld hat sich am Erlös fortgesetzt. Zur Erfüllung des Rückgewähranspruchs müssen also die gleichen Erklärungen abgegeben werden, welche erforderlich gewesen wären, wenn die Grundschuld nicht erloschen wäre. Nur das Eintragungserfordernis (und damit auch die Formvorschrift des § 29 GBO) entfällt, da eine Eintragung beim erloschenen Recht nicht mehr erfolgen kann.

> *Tipp*
> Wegen des Grundschuldkapitals ist eine Minderanmeldung nicht möglich.

---

39 BGH v. 9.2.1989 – IX ZR 145/87.
40 BGH v. 25.3.1986 – IX ZR 104/85.
41 BGH v. 27.2.1981 – V ZR 9/80.
42 Ob er gegenüber dem Inhaber des Rückgewähranspruchs zu einer solchen Anmeldung verpflichtet ist, ist streitig. Wenigstens wenn eine solche „Mehranmeldung" für den Berechtigten mit Risiken behaftet ist, hält ihn der BGH (3.2.2012 – V ZR 133/11) für hierzu nicht verpflichtet.
43 Die richtige Abwicklung des Rückgewähranspruchs obliegt dem Berechtigten der Grundschuld. Sie ist mit Risiken verbunden und damit eine Art „Sondermüllproblem", das man über eine „Minderanmeldung" gerne auf das Vollstreckungsgericht übertragen würde.

Somit hat der Berechtigte der Grundschuld, wenn er nicht (Rdn 158) voll kassieren und mit dem Rückgewährberechtigten abrechnen will, **nur folgende Möglichkeiten**: 162

- Er kann auf den nicht in Anspruch genommenen Erlös **ausdrücklich verzichten**. Die Erklärung ist bedingungsfeindlich und unwiderruflich. Damit steht kraft Gesetzes der betroffene Anteil am Erlös[44] dem früheren Eigentümer zu und ist dem gesetzlichen Löschungsanspruch nachstehender Rechte ausgesetzt. Seine gegenteilige Auffassung,[45] wonach nicht eine Eigentümergrundschuld, sondern ein „Eigentümer-Erlöspfandrecht" entstehe, welches dem gesetzlichen Löschungsanspruch nachstehender Rechte nicht ausgesetzt sei, hat der BGH zwischenzeitlich aufgegeben.[46] 163
- Er kann den Anspruch auf den Erlös **abtreten**, sowohl an den Rückgewährberechtigten als auch im Einvernehmen mit diesem an einen Dritten. Die Abtretung erfolgt nach den Grundsätzen der §§ 398 ff. BGB; sie ist dem Vollstreckungsgericht nachzuweisen. Erfolgt die Abtretung an einen Dritten, entsteht kein Eigentümerrecht, so dass für einen Löschungsanspruch begrifflich kein Raum ist. Schon bisher ist vertreten worden,[47] dass weder der Inhaber der Grundschuld noch der Eigentümer daran gehindert sind, den Rückgewähranspruch auf diese Weise zu erfüllen.
- Er kann im Einvernehmen mit dem Inhaber des Rückgewähranspruchs das Recht **aufheben**. Dies entspräche einer Löschung. Bei der Verteilung des Erlöses wird das aufgehobene Recht so behandelt, als wäre es **vor dem Zuschlag gelöscht** worden. Damit ist der Rückgewähranspruch erfüllt. Die nachstehenden Rechte rücken auf, weshalb es auf die Existenz eines Löschungsanspruchs nicht mehr ankommt.

Nimmt aber der Berechtigte entgegen Rdn 161 eine „Minderanmeldung" vor, ohne ausdrücklich auf den frei gewordenen Teil des Erlöses zu verzichten, liegt darin die **Weigerung**, den zugeteilten Erlös anzunehmen. Die Folgen einer solchen Weigerung sind im ZVG nicht ausdrücklich geregelt. Allgemein wird angenommen, dass der Erlösteil, welchen der Berechtigte nicht annehmen will, (nur) für diesen zu hinterlegen ist. Der Rückgewähranspruch ist dann auf dem Prozessweg auszutragen. Der Berechtigte ist durch sein Verhalten mit der Erfüllung dieses Anspruchs im Verzug. 164

Der Rückgewähranspruch steht als schuldrechtlicher Anspruch stets demjenigen zu, welcher die Grundschuld bestellt hat, und kann abgetreten und gepfändet werden. Er ist kein „Nebenrecht" des Eigentums. Bei Eigentumswechsel muss er ausdrücklich oder stillschweigend übertragen werden, sonst verbleibt er beim Besteller. 165

Da es sich also um einen nur schuldrechtlichen Anspruch handelt, kann eine einfache Anmeldung nicht dazu führen, dass er bei der Erlösverteilung berücksichtigt[48] wird. Immer ist hierzu die „Feststellung" durch eine der vorgenannten (Rdn 148) Handlungen des Berechtigten der Grundschuld erforderlich. 166

Weigert sich der Berechtigte der Grundschuld, einen vorhandenen Rückgewähranspruch in der vorgenannten Weise zu erfüllen, kann der Inhaber des Anspruchs nach dessen Anmeldung gegen die Zuteilung an die Grundschuld Widerspruch einlegen[49] und muss dann als Widersprechender gegen den Berechtigten der Grundschuld seinen Anspruch klageweise verfolgen (Rdn 90). 167

---

44 Dies betrifft nur das Kapital; Zinsansprüche an den Erlös erlöschen nach §§ 1178, 1192 Abs. 2 BGB.
45 BGH v. 22.7.2004 – IX ZR 131/03.
46 BGH v. 27.4.2012 – V ZR 270/10. Hierzu auch *Alff*, Rpfleger 2012, 417 ff.
47 BGH v. 6.7.1989 – IX ZR 277/88.
48 Die gegenteilige Ansicht des BGH (v. 20.3.1986 – IX ZR 118/85) hat keine Beachtung gefunden. Hierzu auch *Mayer*, Rpfleger 1986, 443.
49 BGH v. 20.12.2001 – IX ZR 419/98.

III. Außergerichtliche Erlösverteilung

1. Allgemeines

168 Das ZVG eröffnet in den §§ 143 und 144 ZVG den Beteiligten zwei Möglichkeiten, ohne gerichtliche Mitwirkung den Versteigerungserlös zu verteilen. Hiervon würde wahrscheinlich kaum jemals Gebrauch gemacht werden, wenn nicht (Nr. 2216 KVGKG) eine Ermäßigung der Gebühr für das Verteilungsverfahren von 0,5 auf 0,25 einer vollen Gebühr vorgesehen wäre, was bei hohen Erlösen finanziell durchaus von Interesse sein kann.[50]

> *Tipp*
> Außergerichtliche Erlösverteilung bringt Gebührenersparnis.

169 In beiden Fällen gilt:

- Wird eine der beiden Möglichkeiten angekündigt, sollte mit der Bestimmung des Verteilungstermins einige Tage abgewartet werden, um die Vorlage der erforderlichen Erklärungen zu ermöglichen.
- Die erforderlichen Erklärungen müssen in zumindest öffentlich beglaubigten Urkunden vorgelegt werden.
- Werden die Erklärungen vorgelegt, nachdem bereits der Verteilungstermin bestimmt ist, muss dieser aufgehoben werden.
- Die Erklärungen können noch zu Beginn des Verteilungstermins vorgelegt und auch in diesem Termin mündlich abgegeben werden.

170 Ist der Ersteher selbst Beteiligter, der eine Zuteilung erhält, kann er sich im Verteilungstermin für den auf ihn entfallenden Betrag für befriedigt erklären. Er muss diesen Teil des Bargebots nicht an das Vollstreckungsgericht zahlen. Dies ist aber Teil eines gerichtlichen Verteilungsverfahrens (Rdn 73) und fällt nicht unter §§ 143, 144 ZVG; somit tritt auch keine Ermäßigung der Gebühr (Nr. 2216 KVGKG) oder der Bargebotszinsen ein.

2. Außergerichtliche Einigung

171 Sämtliche Beteiligte, die grundsätzlich einen Anspruch auf Befriedigung aus dem Erlös haben könnten, können zusammen mit dem Ersteher übereinstimmend erklären, dass sie sich über die Verteilung des Erlöses geeinigt haben, wobei sie den Inhalt der Einigung mitteilen müssen (§ 143 ZVG).

172 Diese Erklärung ist von **allen Beteiligten** (§ 9 ZVG) übereinstimmend abzugeben, also auch vom Schuldner und von jenen Beteiligten, welche mangels Masse aus dem Erlös nichts zu erwarten haben. Nicht erforderlich ist die Mitwirkung des Berechtigten eines bestehen gebliebenen Rechtes, der keinerlei Ansprüche an den Erlös hat. Da diese Form der außergerichtlichen Verteilung keine praktische Bedeutung erlangt hat, wird von einer weiteren Darstellung abgesehen.

3. Außergerichtliche Befriedigung

173 Mit Rücksicht auf die Kostenersparnis (Rdn 168) hat diese in § 144 ZVG geregelte Form der Erlösverteilung eine gewisse praktische Bedeutung gefunden. Dies allerdings nur, weil insbesondere Kreditinstitute als Ersteher die sie bei der außergerichtlichen Befriedigung treffende Verantwortung auf die Vollstreckungsgerichte abwälzen und diese hierbei leider auch mitwirken.

---

50 Bei einem Erlös (bestehen bleibende Rechte einbezogen) von 500.000,00 EUR spart man immerhin 884,00 EUR.

Gesetzlich vorgesehen ist, dass der Ersteher alle jene Beteiligten befriedigt, welche etwas aus dem Erlös zu erhalten haben. Sodann legt er die Befriedigungserklärungen dem Vollstreckungsgericht vor. Wenn er selbst Zuteilungsempfänger ist, bedarf seine Erklärung, befriedigt zu sein (Rdn 170), nicht der öffentlichen Beglaubigung. 174

Nun prüft das Vollstreckungsgericht nach, ob ihm Erklärungen aller Beteiligten vorliegen, welche im Falle der Durchführung eines „normalen Verteilungsverfahrens" eine Zuteilung erhalten hätten. Die Höhe der empfangenen Beträge müssen die Beteiligten nicht angeben; das Vollstreckungsgericht prüft sie auch nicht nach. 175

Das Vollstreckungsgericht legt nun alle Erklärungen (die des Erstehers[51] und jene der Empfänger) auf der Geschäftsstelle zur Einsicht nieder und informiert alle Beteiligten[52] über die Niederlegung. Gleichzeitig fordert es die Beteiligten auf, evtl. beabsichtigte Einwendungen innerhalb einer Ausschlussfrist von zwei Wochen dem Vollstreckungsgericht mitzuteilen. Zustellung ist erforderlich; die §§ 4 bis 7 ZVG finden Anwendung. 176

Werden keine Einwendungen erhoben, ist das Verteilungsverfahren beendet. 177

Widerspricht auch nur ein Beteiligter der außergerichtlichen Befriedigung, muss das Vollstreckungsgericht Verteilungstermin bestimmen. Eine Begründung des Widerspruchs ist nicht erforderlich; eine Entscheidung über seine Zulassung erfolgt nicht. Die außergerichtliche Befriedigung ist gescheitert; es findet das gerichtliche Verteilungsverfahren statt. 178

War bereits Verteilungstermin bestimmt, muss er aufgehoben werden, wenn die in Rdn 175 genannten Unterlagen vorgelegt werden. Es bestehen aber keine Bedenken, die Aufhebung des Termins aufzuschieben, um zunächst den Ablauf der Ausschlussfrist abzuwarten. Dies erspart im Falle eines Widerspruchs eine neue Terminsbestimmung. 179

Leider wird in der Literatur immer wieder betont, dass das Vollstreckungsgericht einen **„Kontrollteilungsplan"** aufzustellen habe. Dies missbrauchen besonders die Kreditinstitute dahingehend, dass sie eine Abschrift anfordern und anhand der gerichtlichen Berechnung befriedigen, während sie doch die Gebührenermäßigung dafür erhalten, dass sie auf eigene Verantwortung handeln. 180

Ein Kontrollteilungsplan ist weder gesetzlich vorgesehen noch allgemein erforderlich. Das Vollstreckungsgericht muss nur feststellen, welche Beteiligten etwas aus dem Erlös zu erhalten haben, nicht aber, wie viel sie zu bekommen haben. Nur in ganz seltenen Fällen wird es zu dieser Abgrenzung einer genauen Berechnung bedürfen.[53] Aber selbst dann ist diese Berechnung nur eine interne Notiz, die nicht hinausgabefähig ist. Die Verantwortung bleibt beim Ersteher. 181

Daraus ergibt sich auch, dass die streitige Frage, wie die Zinsen des § 49 Abs. 2 ZVG zu berechnen sind, das Vollstreckungsgericht nur in den ganz seltenen Fällen interessiert, in denen die Höhe dieser Zinsen darüber entscheidet, ob noch ein weiterer Berechtigter eine Erklärung abgeben muss oder nicht. Richtig ist, dass die Zinsen vom Zuschlag bis zum Datum der Befriedigungserklärung (notfalls gestaffelt) zu berechnen sind. 182

Von der Vorlage einer Befriedigungserklärung ausgenommen sind die Gerichtskosten (Rdn 33 ff.), da diese vom Kostenbeamten des Gerichts zu berechnen und dem Ersteher mitzuteilen sind. Die Zahlungsanzeige der Gerichtskasse genügt als deren Erklärung[54] i.S.d. § 144 ZVG. 183

---

51 Die Erklärung des Erstehers, dass er die Beteiligten befriedigt habe, bedarf keiner Beglaubigung.
52 Alle Beteiligte, denen es die Terminsbestimmung zugeleitet hatte oder zuzuleiten hätte.
53 Kreditinstitute als Ersteher stellen den Antrag ohnehin nur in klaren Fällen: Zuteilung nur auf Gerichtskosten, öffentliche Lasten und die eigene Forderung des Kreditinstitutes.
54 Das Ansinnen, eine formelle Befriedigungserklärung abzugeben, wird nach aller praktischen Erfahrung das Reaktionsvermögen einer Gerichtskasse übersteigen.

D. Rechtsbehelfe im Verteilungsverfahren

184 Da der Teilungsplan im Verteilungstermin festgestellt wird, ist er Inhalt einer gerichtlichen Entscheidung und kann – ebenso wie die anderen Entscheidungen des Gerichts im Termin – angefochten werden. Auf diese Weise kann aber nur der Verstoß gegen formelle Vorschriften gerügt werden. Wer eine andere Verteilung will, sich also auf ein besseres materielles Recht beruft, muss seinen Anspruch durch Widerspruch (Rdn 80–92) verfolgen.

185 Gegen die Entscheidungen des Gerichts im Verteilungstermin, also auch gegen den Teilungsplan, steht jedem Beteiligten (ggf. auch dem Ersteher), der durch den gerügten Mangel beeinträchtigt wäre, **sofortige Beschwerde** zu.[55] Nach einer Entscheidung des BGH[56] sind die Beschlüsse über die Aufstellung oder die Ausführung des Teilungsplans daher den Beteiligten zuzustellen. Diese Beschlüsse müssen eine Rechtsbehelfsbelehrung enthalten (§ 232 ZPO). Die Beschwerdefrist beginnt mit der Zustellung.

Zu der Frage, ob die Beschwerdemöglichkeit dennoch mit der Planausführung durch Zahlung (nicht durch Forderungsübertragung) endet, da die Zwangsvollstreckung dann beendet ist,[57] hat sich der BGH in seiner Entscheidung nicht geäußert. Damit hat er offengelassen, ob der Ablauf der Rechtsmittelfrist vor Planausführung abgewartet werden sollte. Nach der hier vertretenen Auffassung ist dies nicht angezeigt, da hiermit einige weitreichende Probleme verbunden sind. Es ist zu bedenken, dass der Endzeitpunkt für die laufenden wiederkehrenden Leistungen der erloschenen Rechte deshalb einen Tag vor Verteilungstermin angesetzt wird, weil davon ausgegangen wird, dass im Verteilungstermin eine Auszahlung veranlasst wird. Würde man die Rechtskraft abwarten, stünde fest, dass die Auszahlung erst zu einem viel späteren Termin veranlasst würde. Es wäre dann einerseits nicht mehr vertretbar, den Endzeitpunkt einen Tag vor dem Verteilungstermin zu wählen, andererseits wäre es nahezu unmöglich einen „richtigen" Endzeitpunkt zu ermitteln, da der Zeitpunkt des Eintritts der Rechtskraft ungewiss ist. Für den Fall, dass Zustellungen an einzelne Beteiligte zunächst fehlschlagen, könnte sich der Beginn der Rechtsmittelfrist und somit der Eintritt der Rechtskraft erheblich verzögern. In diesem Fall würde sich zudem ein Kostenproblem ergeben. Die Kosten für die Zustellung des Teilungsplans müssten in die Berechnung der Gerichtskosten im Teilungsplan einbezogen werden. Schlägt auch nur eine Zustellung fehl (und muss neu vorgenommen werden), wäre die Berechnung falsch. Eine „Berichtigung" des Teilungsplans sieht das ZVG jedoch nicht vor. Daher sollte der Teilungsplan nach wie vor sofort ausgeführt werden. Die Sinnhaftigkeit der Zustellung des Teilungsplans sei dahingestellt.

186 Rechen- oder Schreibfehler könnte das Vollstreckungsgericht nach § 319 Abs. 1 ZPO berichtigen, nicht aber z.B. eine aus sachlichen Gründen (falsch) vorgenommene Berechnung. Weigert sich das Gericht, einen Rechenfehler zu berichtigen, kann dies mit befristeter Erinnerung angefochten werden (§ 319 Abs. 3 ZPO, § 11 Abs. 2 RPflG).

187 Wird die Höhe der nach Rdn 33 ff. vorweg zu entnehmenden Gerichtskosten gerügt, erfolgt dies nach den Bestimmungen des GKG.

188 Wenn sofortige Beschwerde eingelegt ist, könnte das Vollstreckungsgericht im Termin nach § 570 Abs. 2 ZPO die Vollziehung des Teilungsplans aussetzen. Notfalls könnte man den Termin unterbrechen, um dem Beschwerdeführer Gelegenheit zu geben, die angekündigte sofortige Beschwerde zu Protokoll der Geschäftsstelle einzulegen, und sodann nach § 570 Abs. 2 ZPO verfahren. Zwischen dem Verteilungstermin und der unbaren Auszahlung (§ 7 Rdn 2 ff.) könnte ebenfalls noch § 570 Abs. 2 ZPO zur Anwendung kommen.

---

55 A.A. *Stöber* (ZVG), § 115 Rn 3.2. Zur Anfechtung des Teilungsplans siehe auch *Hintzen*, Rpfleger 2016, 258.
56 BGH v. 19.2.2009 – V ZB 54/08.
57 Zöller/*Seibel*, Vor § 704 Rn 33.

E. Kosten im Verteilungsverfahren

I. Kosten des Gerichts

Die Kosten des Gerichts für ein durchgeführtes Verfahren wurden unter Rdn 33 erörtert. Sie werden dem Versteigerungserlös vorweg entnommen (§ 109 ZVG). 189

II. Rechtsanwaltskosten

Der Rechtsanwalt erhält für seine Tätigkeit im Verteilungsverfahren einschließlich Verteilungstermin (auch bei Verteilung nach Rdn 168 ff.) eine $4/10$ Gebühr nach Nr. 3311 Ziff. 2 VVRVG. Ist er erstmals im Verteilungsverfahren tätig geworden, erhält er keine zusätzliche Verfahrensgebühr nach Nr. 3311 Ziff. 1 VVRVG mehr und auch keine Terminsgebühr für die Wahrnehmung des Verteilungstermins nach Nr. 3312 VVRVG. 190

Die Gebühr für das Verteilungsverfahren berechnet sich 191

- bei Vertretung eines Gläubigers aus der Forderung (wie § 1 Rdn 71) oder aus dem gesamten zur Verteilung kommenden Erlös, wenn dieser geringer ist (§ 26 Nr. 1 letzter Hs. RVG);
- bei Vertretung des Schuldners oder eines anderen Beteiligten (außer Gläubiger) aus dem zur Verteilung kommenden Erlös (§ 26 Nr. 2 RVG).

Bei der Vertretung eines nicht beteiligten Bieters erhält der Rechtsanwalt, falls sein Mandant Meistbietender bleibt, für dessen Vertretung im Verteilungsverfahren eine weitere $4/10$ Gebühr (Nr. 3311 Ziff. 2 VVRVG), ebenfalls (§ 26 Nr. 2 RVG) aus dem zur Verteilung kommenden Erlös. Ist der Bieter nicht Meistbietender geblieben, kommt seine Beteiligung am Verteilungsverfahren nicht in Betracht. 192

F. Pfändungen im Verteilungsverfahren

Eine rechtswirksame Pfändung ist im Verteilungstermin durch das Vollstreckungsgericht zu berücksichtigen, sofern sie zu dessen Kenntnis gelangt. Die Beurteilung der Wirksamkeit der Pfändung und deren Auswirkungen auf das Verteilungsverfahren obliegen dem Vollstreckungsgericht, da es den materiellrechtlich Berechtigten der im Teilungsplan aufgenommenen Ansprüche von Amts wegen festzustellen hat. 193

Ist die Wirksamkeit der **Pfändung** im Verteilungstermin nachgewiesen, so steht der Erlös dem (ursprünglichen) Empfangsberechtigten und dem Pfändungsgläubiger gemeinsam zu. Im Falle einer mangelnden Einigung über die Auszahlung ist der Betrag zugunsten beider Empfangsberechtigten zu hinterlegen (siehe Rdn 107 und 108). Bei zusätzlichem Nachweis der Wirksamkeit der **Überweisung** ist der Betrag allein dem Pfändungsgläubiger auszuzahlen.

Welche Nachweise im Verteilungstermin vorliegen müssen, hängt davon ab, was (Gegenstand der Pfändung) zu welchem Zeitpunkt gepfändet wurde.

I. Erloschenes Grundpfandrecht

Wurde die Pfändung eines nach § 91 Abs. 1 ZVG später erloschenen Grundpfandrechts noch **vor** dem **Zuschlag** bewirkt, muss für die Frage der Wirksamkeit und der erforderlichen Nachweise wie folgt differenziert werden: 194

- Die **Pfändung eines Buchrechts** wird mit Erlass des Pfändungsbeschlusses und dessen Eintragung im Grundbuch wirksam (§§ 830 Abs. 1 S. 1 und 3, 857 Abs. 6 ZPO). Das Vollstreckungsgericht hat die Pfändung demnach zu berücksichtigen, wenn im Verteilungstermin der Pfändungsbeschluss vorliegt und die Eintragung der Pfändung im Grundbuch nachgewiesen ist.

§ 6 Verteilung des Erlöses

- Die **Pfändung eines Briefrechts** wird mit Erlass des Pfändungsbeschlusses und der Übergabe des Briefs an den Pfändungsgläubiger bewirkt (§§ 830 Abs. 1 S. 1 und 2, 857 Abs. 6 ZPO). Mithin ist zum Nachweis der Wirksamkeit der Pfändung die Vorlage des Pfändungsbeschlusses und des Briefs erforderlich.
- Die **Pfändung von rückständigen Zinsen i.S.d. § 1159 BGB** wird mit Erlass des Pfändungsbeschlusses und dessen Zustellung an den Drittschuldner wirksam (§§ 830 Abs. 3, 829 Abs. 3, 857 Abs. 6 ZPO). Die Pfändung ist demnach zu berücksichtigen, wenn im Verteilungstermin der Pfändungsbeschluss nebst Zustellungsnachweis an den Drittschuldner vorliegt.
- Zur Auszahlung des zugeteilten Betrags an den Pfändungsgläubiger ist jeweils zusätzlich der Nachweis der wirksamen Überweisung erforderlich (§§ 837, 857 Abs. 6 ZPO).

195 Eine vor dem Zuschlag auf den **künftigen Erlösanteil des Grundpfandrechtes** gerichtete Pfändung nach § 829 ZPO wäre unwirksam (Umgehung der Rechtspfändung).[58]

196 Konnte die Pfändung vor dem Zuschlag und damit vor dem Erlöschen des Rechts in der vorgenannten Weise (Eintragung bzw. Briefbesitz) nicht zur Wirksamkeit gelangen,[59] bezieht sich der Pfändungsbeschluss auf den Erlös. Der Gegenstand der Pfändung ist nicht falsch bezeichnet, da das Surrogat (Erlösanteil) nur eine andere Erscheinungsform des Grundpfandrechtes ist.

197 Allerdings ist in diesem Fall die Zustellung des Pfändungsbeschlusses an den Drittschuldner zur Wirksamkeit der Pfändung erforderlich, da insoweit § 829 Abs. 3 ZPO Anwendung findet. Eine bereits vor dem Zuschlag erfolgte – bis dahin nicht erforderlich gewesene[60] – Zustellung genügt nicht.[61] Bei mehreren Pfändungen (auch in Konkurrenz zu Rdn 196) entscheidet die Reihenfolge der nach dem Zuschlag erfolgten Zustellungen (§ 804 Abs. 3 ZPO).

198 Drittschuldner ist bei Grundschulden immer der letzte Eigentümer des Grundstücks; bei Hypotheken könnte es auch der Schuldner der Hypothekenforderung sein, wenn dies nicht der Eigentümer ist. In diesem Falle sollte zur Sicherheit an beide zugestellt werden.[62]

199 Nach dem **Zuschlag** erfolgt die Pfändung nicht mehr nach §§ 830, 857 Abs. 6 ZPO, sondern nach den allgemeinen Regeln (§ 829 ZPO). Gepfändet wird jetzt das Surrogat des Grundpfandrechtes. Drittschuldner ist immer noch der Schuldner des Grundpfandrechtes, also Rdn 198. Vollstreckungsgericht und Ersteher sind nicht Drittschuldner. Eine Zustellung an diese wäre ohne Wirkung. Der Pfändungs- und Überweisungsbeschluss ermöglicht die Auszahlung des anteiligen Erlöses (Surrogat) an den Pfandgläubiger.

200 Briefbesitz ist für die Wirksamkeit der Pfändung nicht erforderlich. Dennoch kann wegen § 126 ZVG (Rdn 106 ff.) ohne Brief keine Auszahlung an den Pfandgläubiger erfolgen. Seine Wegnahme kann nach § 836 Abs. 3 ZPO erfolgen.

201 Problematisch ist die Pfändung zwischen Verkündung des Zuschlags und dem Eintritt seiner Rechtskraft. Wird der Zuschlagsbeschluss aufgehoben, hätte die Pfändung nach Rdn 194 erfolgen müssen, im anderen Fall nach Rdn 197. In dieser Situation ist daher eine Doppelpfändung (Eventualpfändung) sowohl nach §§ 830, 857 Abs. 6 ZPO als auch nach § 829 ZPO zulässig und ratsam.

Tipp
Ausnahmsweise Doppelpfändung durchführen.

---

58 *Stöber* (Fpf), Rn 1989.
59 Die Pfändung kann nach dem Zuschlag nicht mehr wirksam werden.
60 Die Entbehrlichkeit der Zustellung bezieht sich nur auf das Kapital; bezüglich der rückständigen Zinsen war diese erforderlich (§§ 830 Abs. 3, 829 ZPO).
61 *Stöber* (Fpf), Rn 1986.
62 *Stöber* (Fpf), Rn 1982.

II. Erloschene Eigentümergrundschuld

202 Wurde eine später erloschene Eigentümergrundschuld vor dem Zuschlag nach Rdn 194 gepfändet, stehen dem Pfandgläubiger die Zinsen als „Bestandteil" der Eigentümergrundschuld wie eingetragen (und nicht erst ab Wirksamkeit der Pfändung) zu. § 1197 Abs. 2 BGB ist nicht mehr anwendbar.[63] Wird allerdings die Pfändung erst nach dem Zuschlag wirksam (Surrogatspfändung), stehen auch dem Pfandgläubiger keine Zinsen zu.

203 Wurde die Pfändung der Eigentümergrundschuld vor deren Erlöschen durch Zuschlag nicht mehr wirksam, bedarf es für die Pfändung des auf die ehemalige Eigentümergrundschuld entfallenden Erlösanteils (Surrogat) nur der Zustellung des Pfändungsbeschlusses (§ 857 Abs. 2 ZPO) an den Schuldner (drittschuldnerloses Recht). Allerdings muss diese Zustellung nach der Verkündung des Zuschlags erfolgen, also ggf. wiederholt werden, da eine früher erfolgte Zustellung die Pfändung nicht wirksam werden lässt.[64] Dagegen ist unschädlich, dass im Beschluss noch das Grundpfandrecht und nicht das Surrogat als gepfändet bezeichnet ist.

204 Auch die nach dem Zuschlag vorgenommene Pfändung des auf ein Eigentümerrecht entfallenden Erlöses wird mit der Zustellung an den Schuldner wirksam (drittschuldnerloses Recht). Somit sind weder das Vollstreckungsgericht noch der Ersteher Drittschuldner.

205 Der Anspruch des Pfandgläubigers ist in gleicher Weise wie der Anspruch des Eigentümers dem Löschungsanspruch eines nachstehenden Rechtes ausgesetzt, wenn dieses Recht vor der Pfändung eingetragen war. Auf die Darstellung Rdn 131–144 kann daher verwiesen werden.

III. Hinterlegung und Pfändung

206 Wurde bereits vor Anordnung der Hinterlegung im Verteilungstermin dem Vollstreckungsgericht eine Pfändung der zu hinterlegenden Summe nachgewiesen, hat es bei der Hinterlegung auch den Pfandgläubiger als Mitberechtigten zu bezeichnen. Dazu auch § 7 Rdn 3 ff.

207 Soll nach Anordnung der Hinterlegung der zu hinterlegende Betrag gepfändet werden, ist die Hinterlegungsstelle[65] Drittschuldnerin. Gleiches gilt bei bereits durchgeführter Hinterlegung.

IV. Pfändung des Rückgewähranspruchs bei erloschener Sicherungsgrundschuld

1. Vornahme

208 Pfändungsgegenstand ist der schuldrechtliche Anspruch des Bestellers einer Sicherungsgrundschuld gegen den eingetragenen Berechtigten der Grundschuld, sich von dieser Grundschuld zu trennen (Rdn 147). Der Anspruch ist weder mit dem Eigentum noch mit der Grundschuld verbunden. Bei einer Übereignung des Grundstücks bleibt der Anspruch beim Besteller, falls er nicht ausdrücklich oder stillschweigend mit übertragen wird.[66]

209 Abtretung und Pfändung erfolgen nach den allgemeinen Regeln für die Übertragung/Pfändung von Forderungen. Drittschuldner ist der Berechtigte der Sicherungsgrundschuld. Durch Abtretung scheidet der Anspruch aus dem Vermögen des Bestellers aus. Eine spätere Pfändung geht ins Leere und wird auch nicht wieder wirksam, wenn nachträglich der abgetretene Rückgewähranspruch wieder an den Besteller zurück-

---

63 A.A. *Stöber* (Fpf), Rn 1958.
64 *Stöber* (Fpf), Rn 1986.
65 Genauer: der Justizfiskus des jeweiligen Bundeslandes. Wer diesen bei der Zustellung vertritt, ergibt sich aus dem Landesrecht. Verzeichnisse finden sich in der Kommentarliteratur.
66 Der Rückgewähranspruch geht auf den neuen Eigentümer über, wenn dieser in das Schuldverhältnis eintritt (BGH v. 25.3.1986 – IX ZR 104/85).

übertragen wird. Da so gut wie immer bei der Bestellung eines Grundpfandrechtes die Rückgewähransprüche gegen die rangbesseren oder gleichrangigen Rechte an den Gläubiger des „neuen" Grundpfandrechtes abgetreten werden, hat in diesem Fall die Pfändung keinen Sinn.

210 Auch die oft empfohlene Abtretung oder Pfändung des vorgenannten Anspruchs auf Rückzession des abgetretenen Rückgewähranspruchs („Rückgewähr des Rückgewähranspruchs") bringt die ursprüngliche Pfändung nicht zur Wirksamkeit. Es müsste neu gepfändet werden.

2. Wirkung der Pfändung

211 Wurde der Rückgewähranspruch wirksam gepfändet und zur Einziehung überwiesen, erlangt der Pfandgläubiger ein Pfandrecht am Recht (§§ 1279, 1281 BGB) und kann vom noch eingetragen, aber zur Rückgewähr verpflichteten Berechtigten der Grundschuld die Rückgewähr fordern. Meist wurde aber bereits bei der Bestellung der Grundschuld vereinbart (Rdn 149), wie die Rückgewähr zu erfolgen hat. An diese Vereinbarung ist der Pfandgläubiger gebunden, was häufig dazu führt, dass er aus der Pfändung keinen Nutzen ziehen kann. Allerdings könnte er mit dem Verpflichteten der Rückgewähr (Berechtigten der Grundschuld) eine für ihn günstigere Art der Rückgewähr vereinbaren, ohne dass die nachstehenden Berechtigten mit Löschungsanspruch dem widersprechen könnten.[67]

212 Meist ist **Verzicht** (Rdn 149) als Art der Rückgewähr vereinbart. Verzichtet demzufolge der Berechtigte auf die Grundschuld, fällt das Surrogat an den Eigentümer (Rdn 163). Der Pfandgläubiger erlangt kein Ersatzpfandrecht am so entstandenen Eigentümerrecht.[68]

213 War ganz ausnahmsweise **Aufhebung** (Rdn 163) als Form der Rückgewähr vereinbart, ist mit erfolgter Löschung der Rückgewähranspruch ersatzlos untergegangen. Auch hier war die Pfändung wertlos, wenn der Pfandgläubiger nicht ausnahmsweise ein nachstehendes Recht hatte, das jetzt aufrückt.

214 Besonders die **Abtretung** der Sicherungsgrundschuld ist für den Pfandgläubiger von wirtschaftlichem Interesse. Ist nichts vereinbart, kann er vom Berechtigten der Sicherungsgrundschuld diese Abtretung als Form der Rückgewähr verlangen.[69] Anderenfalls sollte versucht werden, entgegen der ursprünglichen Vereinbarung eine Abtretung zu erlangen.

215 Der Pfandgläubiger des Rückgewähranspruchs kann nach Überweisung allein die Erklärung der Abtretung wirksam entgegennehmen (§ 1181 BGB). Damit erlangt er ein Pfandrecht am Surrogat der Grundschuld, welches ja immer noch dem Eigentümer gebührt.[70] Um das „Verwertungsrecht" zu erlangen (also den Erlös in Empfang zu nehmen), bedarf es der Zustimmung des Eigentümers oder aber der Überweisung (§ 837 ZPO) „der Grundschuld" (hier also des Surrogates) durch Beschluss, die nach der hier vertretenen Auffassung auch jetzt noch erforderlich und zulässig ist. Diese Überweisung der Grundschuld (§ 837 ZPO) hätte bereits im Pfändungs- und Überweisungsbeschluss bezüglich des Rückgewähranspruchs erfolgen können[71] und wäre dann aufschiebend bedingt bis zum Entstehen der Eigentümergrundschuld.

> *Tipp*
> Bei einem Antrag auf Pfändung/Überweisung eines Rückgewähranspruchs immer zugleich auch die Überweisung der Grundschuld nach § 837 ZPO beantragen.

---

67 BGH v. 6.7.1989 – IX ZR 277/88.
68 BGH v. 6.7.1989 – IX ZR 277/88; str.!
69 BGH v. 6.7.1989 – IX ZR 277/88 für den Eigentümer. Dies muss auch für den Pfandgläubiger gelten!
70 Handelt es sich um ein nicht erloschenes Recht, so führt die Abtretung seitens des zur Rückgewähr verpflichteten Berechtigten zur Eintragung des bisherigen Eigentümers als neuem Berechtigten, zusammen mit dem Pfandrecht des Pfandgläubigers.
71 Stöber (Fpf), Rn 1901.

216 Erfolgt die Erfüllung des Rückgewähranspruchs durch Abtretung (Rdn 163), ist der Anspruch des Pfandgläubigers dem Löschungsanspruch eines nachstehenden Berechtigten **nicht** ausgesetzt.[72] Die Stellung des Pfandgläubigers wird gegenüber dem Löschungsberechtigten als ähnlich gefestigt angesehen wie die Stellung eines Dritten, dem die Grundschuld vom Rückgewährverpflichteten abgetreten worden wäre, da infolge der Surrogation das Pfandrecht bereits bestand, als das Recht Eigentümerrecht wurde.

217 Wenn man gegen die h.M. die Überweisung des gepfändeten Rückgewähranspruchs an Zahlungs Statt zulassen würde, wäre der Zugriff des Pfandgläubigers einfacher, da in diesem Fall die Grundschuld bei der Rückgewähr direkt Fremdrecht des Pfandgläubigers würde, der dann ohne Weiteres das Surrogat in Empfang nehmen könnte. Allerdings gilt damit die Forderung des Pfandgläubigers insoweit auch als erfüllt.

V. Pfändung des Erlösüberschusses

218 Bleibt nach Befriedigung aller im Teilungsplan genannten Berechtigten ein Überschuss, steht dieser dem früheren Eigentümer zu.

219 Allgemein[73] wird die Auffassung vertreten, auch die Pfändung dieses Überschusses sei nur durch Zustellung an den früheren Eigentümer (§ 857 Abs. 2 ZPO) zu bewirken (drittschuldnerloses Recht). Richtig ist nur, dass das Vollstreckungsgericht nicht Drittschuldner sein kann, da es über den Erlös kraft hoheitsrechtlicher Befugnis verfügt. Wegen der von Rdn 204 verschiedenen Anspruchsgrundlage könnte man aber auch an den Ersteher[74] als Drittschuldner denken.

---

72 Str., so aber BGH v. 28.2.1975 – V ZR 146/73.
73 So z.B. *Stöber* (Fpf.), Rn 130.
74 Hierzu ausführlich *Mayer*, RpflStud. 1998, 145, 148.

§ 7 Schlussabwicklung

A. Auszahlung des Erlöses

Ist der Zuschlagsbeschluss rechtskräftig und der Verteilungstermin gehalten, muss das Vollstreckungsgericht das Verfahren zum Abschluss bringen.

Durch eine Anweisung an die Gerichtskasse (§ 6 Rdn 76) hat das Vollstreckungsgericht die Auszahlung der dort als Verwahrgeld verbuchten Beträge an die Empfänger gem. Teilungsplan zu veranlassen.

Soweit im Verteilungstermin **Hinterlegung** angeordnet wurde, muss das Vollstreckungsgericht die Hinterlegungsstelle um Annahme der entsprechenden Beträge ersuchen. Dabei ist anzugeben,

- wer „Berechtigter" und wer „Widersprechender" ist, wenn ein Widerspruch Hinterlegungsgrund war (§ 6 Rdn 89);
- zu wessen Gunsten hinterlegt wird, wenn für einen unbekannten Beteiligten hinterlegt wurde oder der bekannte Beteiligte die Annahme verweigert (§ 6 Rdn 107 und 108);
- unter welcher Bedingung die Auszahlung erfolgen kann, wenn diese vom Eintritt einer solchen abhängt, und wer das Geld bekommt, wenn die Bedingung ausfällt (Hilfszuteilung). Dazu § 6 Rdn 115.

Die Hinterlegungsstelle hat die Hinterlegung anzuordnen und eine entsprechende Annahmeanordnung (= eine Verfügung auf Umbuchung des bisher nur verwahrten Geldes) an die Gerichtskasse zu erlassen.

Im Falle der Hinterlegung infolge eines Widerspruchs kann die Hinterlegungsstelle selbstständig auszahlen, wenn und soweit der Berechtigte und alle Widersprechenden dies übereinstimmend beantragen. Geschieht dies nicht, muss das Vollstreckungsgericht die Frist des § 878 ZPO (§ 6 Rdn 90) beachten und die Hinterlegungsstelle um Auszahlung an den Berechtigten ersuchen, falls nicht innerhalb der Frist die Klageerhebung durch den Widersprechenden nachgewiesen ist.

In allen anderen Fällen einer Hinterlegung ist das Verfahren für das Vollstreckungsgericht mit der Anordnung der Hinterlegung abgeschlossen. Durch das Vollstreckungsgericht erfolgt kein Auszahlungsersuchen mehr. Auszahlungsanträge sind an die Hinterlegungsstelle zu richten, welche gem. den Vorschriften der Hinterlegungsordnung[1] darüber zu entscheiden hat.

B. Grundbuchersuchen

I. Umfang des Ersuchens

Das Versteigerungsergebnis muss im Grundbuch eingetragen werden. Da die Rechtsänderung infolge des Zuschlagsbeschlusses außerhalb des Grundbuchs eingetreten ist, handelt es sich insoweit nur noch um eine Grundbuchberichtigung. Sie erfolgt auf Ersuchen des Vollstreckungsgerichts an das Grundbuchamt (§ 130 ZVG).

Insbesondere wird ersucht um:

- Eintragung des **Erstehers** als neuer Eigentümer im Grundbuch. Soweit mehrere Personen das Grundstück ersteigert haben, ist das Gemeinschaftsverhältnis (§ 47 GBO) anzugeben.
- die **Löschung** des **Zwangsversteigerungsvermerks**.
- die **Löschung** aller Einträge in der zweiten und dritten Abteilung, soweit die **Rechte** nicht gem. den Versteigerungsbedingungen bestehen geblieben sind (siehe auch Rdn 11). Ist am Versteigerungs-

---

[1] Die bundeseinheitliche Hinterlegungsordnung wurde durch Art. 17 Abs. 2 Nr. 1 Zweites Gesetz über die Bereinigung von Bundesrecht im Zuständigkeitsbereich des BMJ vom 23.11.2007 mit Wirkung vom 1.12.2010 aufgehoben. Seit diesem Zeitpunkt gelten entsprechende Ländervorschriften. Hierzu *Rückheim*, Rpfleger 2010, 1, 9–12.

§ 7 Schlussabwicklung

objekt ein Gesamtrecht erloschen, so darf das Grundbuchersuchen nicht auf die Löschung etwa des Mithaftvermerks an dem nicht versteigerten Grundstück „ausgedehnt" werden.[2]

9 Im Falle des § 130a ZVG (§ 6 Rdn 127) ist um Eintragung der entsprechenden Vormerkung zu ersuchen.

10 Auf den bisherigen **Eigentümer** (Schuldner) bezogene Verfügungsbeschränkungen, also z.B. Insolvenzvermerk, Testamentsvollstreckervermerk etc. müssen gelöscht werden. **Objektbezogene** öffentlich-rechtliche Vermerke (z.B. Flurbereinigungsvermerk) dürfen nicht gelöscht werden.

11 Besondere Sorgfalt ist geboten, wenn eine Vereinbarung nach § 91 Abs. 2 ZVG (§ 6 Rdn 93 ff.) getroffen worden ist. Das von der Vereinbarung umfasste Recht darf nicht gelöscht werden, **soweit** es nach der Vereinbarung bestehen bleiben soll. Ggf. hat Teillöschung zu erfolgen. Fast immer müssen (mangels ausdrücklicher anderer Vereinbarung) die Zinsen bis zum Zuschlag gelöscht werden, da diese aus dem Erlös zu bezahlen waren (§ 6 Rdn 98).

> *Beachte*
>
> **Regressgefahr!** Es hat sich bewährt, im Falle einer Vereinbarung nach § 91 Abs. 2 ZVG dies auf der Innenseite des hinteren Aktenumschlags zu vermerken, damit (auch bei Wechsel des Rechtspflegers oder im Vertretungsfall) keine versehentliche Löschung des liegen belassenen Rechts erfolgt.

12 Wurde bei Tilgungs- oder Amortisationshypotheken auf die Hauptsumme zugeteilt, ist der entsprechende Teilbetrag erloschen und daher um Löschung dieses Teilbetrages zu ersuchen.

13 Steht fest, dass ein Recht, welches nach § 52 ZVG als bestehen bleibend bezeichnet wurde, nicht entstanden oder vor dem Zuschlag bereits erloschen ist, ist auch um dessen Löschung zu ersuchen (§ 130 Abs. 2 ZVG).

14 Streitig ist die Frage, ob das Vollstreckungsgericht um Löschung einer Zwangshypothek ersuchen darf, welche nach dem Zuschlag noch mit einem Titel gegen den früheren Eigentümer eingetragen wurde. Nach der hier vertretenen Auffassung kann das Vollstreckungsgericht um deren Löschung ersuchen.[3] Gleiches muss für Rechte gelten, welche noch mit Bewilligung des bisherigen Eigentümers nach dem Zuschlag eingetragen wurden. Dieses Problem entsteht nicht, wenn das Vollstreckungsgericht das Grundbuchamt sofort von der Zuschlagserteilung verständigt. In Kenntnis des Eigentumswechsels darf das Grundbuchamt dann solche Eintragungen nicht mehr vornehmen.[4]

15 Wegen der Eintragung der Sicherungshypotheken im Falle der Nichtzahlung des Bargebots siehe § 8 Rdn 18 ff.

II. Form des Ersuchens

16 Das Vollstreckungsgericht hat im Ersuchen genau zu bezeichnen, was beim Grundbuchamt zu geschehen hat. Bezugnahme auf die Abschrift des Zuschlagsbeschlusses, die dem Ersuchen beigefügt wird,[5] dient nur zur Ergänzung, z.B. für die näheren Angaben zur Person des Erstehers, wenn diese im Zuschlagsbeschluss stehen (§ 5 Rdn 49).

17 Die erloschenen Rechte soll das Vollstreckungsgericht einzeln zumindest mit ihren Nummern im Grundbuch bezeichnen. Die Bezeichnung der bestehen gebliebenen Rechte ist nicht erforderlich, ein Hinweis auf den Zuschlagsbeschluss aber sachdienlich. Für den Inhalt der Vormerkung nach § 130a ZVG siehe

---

2 *Stöber* (ZVG), § 130 Rn 2.13e.
3 So z.B. Steiner/*Eickmann*, § 130 Rn 39 und (mit einer Einschränkung) *Eickmann/Böttcher* (ZVG), § 25 I 2 m.w.N. auch für die Gegenmeinung; insbesondere *Stöber* (ZVG), § 130 Rn 2.13c.
4 Thüringer OLG v. 27.3.2001 – 6W 168/01.
5 Die Beifügung des Zuschlagsbeschlusses ist nicht vorgeschrieben, aber sinnvoll.

Stöber (ZVG), § 130a Rn 3.7. Deren Eintragung erfolgt in der Veränderungsspalte beim bestehen gebliebenen angeblichen Eigentümerrecht, dessen Brief hierzu nicht vorliegen muss (§ 131 S. 2 ZVG).

Hat das Vollstreckungsgericht den Brief eines erloschenen Rechtes erlangt, ist dieser unbrauchbar zu machen (§ 127 Abs. 1 ZVG und § 6 Rdn 78) und dem Ersuchen beizufügen.[6] Soweit nur ein Teil des Grundpfandrechtes erloschen ist, wird dies auf dem Brief vermerkt, der dann nicht vernichtet, sondern dem Einreicher zurückgegeben wird. Dies gilt insbesondere bei Gesamtrechten, die auf dem mithaftenden Grundbesitz noch nicht erloschen sind.

Wurde dem Vollstreckungsgericht der Brief eines erloschenen Rechtes nicht vorgelegt und auch nicht auf die gerichtliche Einforderung (§ 127 Abs. 1 S. 3 ZVG) abgeliefert, kann das Recht dennoch gelöscht werden (§ 131 S. 1 ZVG). Dem Grundbuchamt ist mitzuteilen, dass der Brief nicht erlangt werden konnte.

Die erforderliche Unbedenklichkeitsbescheinigung (§ 5 Rdn 58) des Finanzamtes (§ 22 GrEStG) ist dem Ersuchen beizufügen, falls nicht das Vollstreckungsgericht positiv weiß, dass diese dem Grundbuchamt bereits vorliegt.

Das Ersuchen ist vom Rechtspfleger im Original (!) zu unterschreiben und mit dem Dienstsiegel zu versehen (§ 29 Abs. 3 GBO).

III. Prüfungspflicht des Grundbuchamts

Das Grundbuchamt hat das Ersuchen inhaltlich **nicht** nachzuprüfen. Allerdings darf es das Grundbuch nicht wissentlich unrichtig machen. Auf offenkundige Fehler ist daher das Vollstreckungsgericht hinzuweisen.[7] Ansonsten prüft es nur die äußere Form und die korrekte Bezeichnung der verlangten Berichtigungen.

Lehnt das Grundbuchamt ein Ersuchen des Gerichts ab, entscheidet das Landgericht, auf Beschwerde des Rechtspflegers[8] des Vollstreckungsgerichts. Es ist weder eine Vorlage an den Referatsrichter erforderlich noch die Einschaltung der Dienstaufsicht möglich. Diese kann nur im Falle einer ungebührlichen Verzögerung der Bearbeitung angerufen werden.

IV. Kosten

Obwohl die Eintragung des Erstehers auf Ersuchen des Gerichts erfolgt, trägt der Ersteher die Gebühr für seine Eintragung als Eigentümer (§ 23 Nr. 12 GNotKG). Dies ist eine volle Gebühr nach Nr. 14110 KVGNotKG; der Wert richtet sich nach § 46 GNotKG.

Das Bestehen bleiben eines Rechtes nach § 91 Abs. 2 ZVG löst keine besondere Gebühr aus, wenn nur auf eine Teillöschung oder auf Löschung der Zinsen für die Zeit vor dem Zuschlag ersucht wird.

Die Löschung der nicht bestehen gebliebenen Rechte und Vermerke ist gebührenfrei (Vorbemerkung 1.4 Abs. 2 Nr. 2 zu Nr. 14110 KVGNotKG). Dies gilt auch für die Eintragung bedingter Sicherungshypotheken (§ 6 Rdn 130) und der Vormerkung nach § 130a ZVG. Die Eintragung der Sicherungshypotheken wegen Nichtzahlung des Meistgebots (§ 8 Rdn 18 ff.) ist aber gebührenpflichtig.

---

[6] Es ist rechtlich ungeklärt, ob diese unbrauchbaren Briefe beim Grundbuchamt oder bei den Akten des Vollstreckungsgerichts verbleiben. Ersteres ist sinnvoll. Behält das Vollstreckungsgericht die Briefe, muss es dem Grundbuchamt im Ersuchen deren Vernichtung mitteilen.

[7] Je nach üblichem Umgangston entweder mündlich oder per Zwischenverfügung.

[8] Auch Rechtsbehelfe der Beteiligten sind möglich. Diesbezüglich wird auf die Kommentarliteratur zu § 130 ZVG verwiesen.

C. Sonstige Tätigkeiten

27 Ist eine Zuteilung auf einen unbekannt gebliebenen Beteiligten entfallen, hat das Vollstreckungsgericht nach §§ 135 bis 142 ZVG zu verfahren.[9] Dies gilt insbesondere bei einer Zuteilung auf ein Briefrecht, wenn der Brief nicht vorgelegt wurde. Nach der h.M. (§ 6 Rdn 107–109) ist ein solches Verfahren jedoch nur erforderlich, wenn auch eine Zuteilung auf das Kapital des Grundpfandrechtes entfallen ist, nicht aber, wenn die Zuteilung **nur** fällige, im Sinne des BGB also rückständige Nebenleistungen, insbesondere also bereits fällige, aber noch nicht geleistete Zinsen umfasste (arg. §§ 1159, 1160 BGB).

28 Noch vorhandene Titel sind zurückzugeben und zwar stets an den Einreicher oder dessen Order. Auch im Falle vollständiger Befriedigung erfolgt keine Aushändigung an den Schuldner, wie dies für den Gerichtsvollzieher (§ 757 ZPO) vorgesehen ist. Soweit auf sie eine Zuteilung entfallen ist, wird dies gem. der Feststellung im Verteilungstermin (Protokoll!) auf dem Titel vermerkt (§ 127 Abs. 2 ZVG).

Dies gilt auch für einen vorgelegten Titel, aus welchem das Verfahren nicht betrieben wurde, aber dennoch eine Zuteilung erfolgte.[10] Eine Zuteilung gem. der Grundbuchlage darf jedoch in diesem Fall von der Vorlage des evtl. vorhandenen Titels nicht abhängig gemacht werden.

29 Es sei noch einmal zusammengefasst: Der Vollstreckungstitel muss dem Vollstreckungsgericht vorliegen
- beim Versteigerungsantrag, § 1 Rdn 11, bzw. Beitrittsgesuch,
- beim Fortsetzungsantrag nach einstweiliger Einstellung, § 2 Rdn 20,
- im Versteigerungstermin, § 4 Rdn 7,
- bei Erteilung des Zuschlags, § 5 Rdn 35, und
- im Verteilungstermin, wenn auf eine Forderung, für welche die Versteigerung betrieben wurde (Anordnungs- oder Beitrittsbeschluss ergangen), eine Zuteilung erfolgt, § 6 Rdn 77.

30 Hatte der Ersteher mit einer Bankbürgschaft (§ 4 Rdn 83) Sicherheit geleistet, ist ihm die Urkunde sofort nach Bezahlung des Bargebots zurückzugeben.

---

9 Von der Darstellung des sehr seltenen Verfahrens nach §§ 135 bis 142 ZVG wird abgesehen.
10 *Stöber* (ZVG), § 127 Rn 3.2.

§ 8 Nichtzahlung des Bargebots

A. Allgemeines

Wie bereits dargelegt (§ 6 Rdn 73), hat der Ersteher das Bargebot und ggf. die Bargebotszinsen (§ 49 Abs. 2, 4 ZVG) rechtzeitig vor dem Verteilungstermin zu zahlen (§§ 49 Abs. 3, 107 Abs. 2 ZVG). Diese Forderung auf den Versteigerungserlös steht dem bisherigen Grundstückseigentümer (Schuldner) als Ersatz (Surrogat) für den durch Zuschlag verlorenen Grundbesitz zu. Das Vollstreckungsgericht nimmt bei regelmäßigem Verlauf (Zahlung des Meistgebots) das Geld lediglich entgegen und leitet es an die Zuteilungsberechtigten weiter.

B. Forderungsübertragung

I. Allgemeines

Kommt der Ersteher seiner Zahlungsverpflichtung nicht nach, ist der Teilungsplan durch Übertragung dieser Forderung (Rdn 1) aus dem Vermögen des bisherigen Grundstückseigentümers in das Vermögen der Zuteilungsberechtigten auszuführen (§ 118 Abs. 1 ZVG). Diese Forderungsübertragung durch staatlichen Hoheitsakt ähnelt der Überweisung im Verfahren der Forderungspfändung.

Unstreitig ist die zu übertragende Forderung verzinslich, d.h. der Ersteher muss an den jeweiligen Zuteilungsberechtigten ab dem Verteilungstermin auch Zinsen auf die übertragene Forderung bezahlen. Wegen der in diesem Zusammenhang sehr umstrittenen Fragen zum Zinseszinsverbot und zum Zinssatz siehe Rdn 5 und 6.

Handelt es sich bei den Zinsen, welche der säumige Ersteher für die Zeit ab dem Verteilungstermin auf die übertragene Forderung zu zahlen hat, um Verzugszinsen i.S.d. BGB oder beruht diese Verzinsung nur auf der Weitergeltung des § 49 ZVG auch für diesen Zeitraum? Solange der Zinssatz des § 49 ZVG (mit § 246 BGB) und jener des damaligen § 288 BGB a.F. einheitlich 4 % betrug, führten beide Auffassungen zum gleichen Ergebnis, so dass kein praktisches Bedürfnis bestand, die Natur dieser Zinsen endgültig zu klären. Seit der Änderung des Schuldrechts nach dem SchuMoG müssen sich Literatur und Rechtsprechung diesem Problem stellen.

II. Übertragungsgegenstand

Zur Übertragung kommt die Forderung auf Zahlung des Bargebots einschließlich der Bargebotszinsen nach § 49 Abs. 2 ZVG.

III. Begünstigter der Übertragung

Die Forderung wird an die Berechtigten laut Teilungsplan übertragen, für welche eine Zahlung aus der Teilungsmasse erfolgt wäre, wenn diese im Termin zur Verfügung gestanden hätte. Ist ein Teil des Bargebots vorhanden (z.B. die Sicherheitsleistung), wird dieser Teil planmäßig ausgezahlt (§ 7 Rdn 1 ff.) und nur der Rest übertragen.

Soweit mangels Zahlung eine Übertragung zu erfolgen hat, besteht ein Anspruch des Zuteilungsberechtigten gegen den Ersteher auf Verzinsung des offen gebliebenen Betrages. Obwohl der im Teilungsplan für den Zuteilungsberechtigten ausgewiesene Betrag unverzinslich sein kann oder sich aus Kosten, Zinsen und Hauptanspruch zusammensetzen (und damit auch Zinsen enthalten) kann, wird für die Gesamtsumme eine einheitliche Verzinsung angeordnet. Die alte Forderung des Beteiligten erlischt durch die Übertragung (§ 118 Abs. 2 S. 1 ZVG), wenn nicht nach § 118 Abs. 2 S. 2 ZVG verfahren wird.

§ 8 Nichtzahlung des Bargebots

Weite Teile der Literatur[1] gehen davon aus, dass der Zinsanteil in der übertragenen Forderung nicht zu verzinsen sei. Entgegen dieser h.M. ist nach hiesiger Auffassung die gesamte Teilungsmasse, die der Ersteher schuldig geblieben ist, zu verzinsen, auch der darin enthaltene Zinsanteil. Die Teilungsmasse ist eine einheitliche Forderung; der Zinsanteil ist darin aufgegangen und kann nicht mehr ausgeschieden werden, so dass § 248 BGB (Zinseszinsverbot) nicht anzuwenden ist.[2]

6 Umstritten ist, ob es sich bei den Zinsen, welche der säumige Ersteher für die Zeit ab dem Verteilungstermin auf die übertragene Forderung zu zahlen hat, um Verzugszinsen i.S.d. BGB handelt oder ob diese Verzinsung nur auf der Weitergeltung des § 49 ZVG auch für diesen Zeitraum beruht. Solange der Zinssatz des § 49 ZVG (mit § 246 BGB) und jener des damaligen § 288 BGB a.F. einheitlich 4 % betrug, führten beide Auffassungen zum gleichen Ergebnis, so dass kein praktisches Bedürfnis bestand, die Natur dieser Zinsen endgültig zu klären. Seit der Änderung des Schuldrechts nach dem SchuMoG müssen sich Literatur und Rechtsprechung diesem Problem stellen.

7 In der Literatur[3] wird die Auffassung vertreten, es handele sich bei der Nichtzahlung des Meistgebotes nicht um „Verzug" i.S.d. BGB, weshalb weiterhin (nur) die Zinsen des § 246 BGB zu zahlen seien. Diese Auffassung hat sich in der überwiegenden Rechtsprechung aber nicht durchgesetzt. Die Nichtzahlung des Meistgebotes ist grundsätzlich „Verzug", so dass Verzugszinsen (§ 288 BGB) zu zahlen sind.

8 Streitig ist allerdings, ob die Nichtzahlung im Verteilungstermin bereits den Verzug bewirkt oder ob eine „Rechnung" erforderlich ist. Warum die Anordnung des Vollstreckungsgerichts im Zuschlagsbeschluss, „der Ersteher hat das bare Meistgebot rechtzeitig vor dem Verteilungstermin zu bezahlen", zusammen mit der Bestimmung dieses Verteilungstermins einer „gesetzlichen Leistungsbestimmung nach dem Kalender" nicht gleichstehen soll,[4] ist nicht nachvollziehbar.

9 Ergebnis: Der Ersteher, der im Verteilungstermin nicht zahlt, befindet sich im Verzug und schuldet die Zinsen des § 288 BGB ab diesem Termin.[5] Bei der Übertragung der Forderung gegen den Ersteher auf die Beteiligten ist diese Verzinsung anzuordnen.

10 Die Möglichkeit, dass der Verzugsschaden tatsächlich höher liegt als die nach Rdn 7 oder 9 angeordnete Verzinsung, kann von dem Vollstreckungsgericht im jetzigen Verfahrensstadium nicht (mehr) berücksichtigt werden. Ein Beteiligter, welcher für den möglichen Fall der künftigen Nichtzahlung des Bargebots hinsichtlich der Höhe der Verzugszinsen „abgesichert"[6] sein will, müsste versuchen, diese Erhöhung über die Abänderung der Versteigerungsbedingungen zu erreichen (§ 59 ZVG; § 4 Rdn 21 ff.). Das wäre unbedenklich gewesen, wenn man der Auffassung Rdn 7 zuneigt, könnte aber fraglich sein, wenn es sich um Verzugszinsen (Rdn 9) handelt, da dann keine abänderliche Versteigerungsbedingung vorliegt. Allerdings wäre hier eine prozessuale Verfolgung des höheren Verzugsschadens außerhalb des Versteigerungsverfahrens möglich.

> **Tipp**
> Ein höherer Verzugsschaden kann prozessual geltend gemacht werden.[7]

---

1 *Steiner/Teufel*, § 118 ZVG Rn 16 sowie *Böttcher* (ZVG), § 118 Rn 4, beide unter Berufung auf § 289 BGB (jetzt § 248 Abs. 1 BGB), auch *Stöber* (ZVG), § 118 Rn 3.8 und *Streuer*, Rpfleger 2001, 401, die sich allerdings von ihrem Ansatz her nicht auf § 248 Abs. 1 BGB berufen können.
2 *Eickmann/Böttcher* (ZVG), § 22 I 1b.
3 *Stöber* (ZVG), § 118 Rn 5, *Böttcher* (ZVG), § 118 Rn 4 sowie *Streuer*, Rpfleger 2001, 401.
4 So aber *Böttcher* (ZVG), § 118 Rn 4, der zwar grundsätzlich von Verzugszinsen ausgeht, aber in der Bestimmung des Verteilungstermins keine die Mahnung ersetzende „Leistungsbestimmung nach dem Kalender" (§ 286 Abs. 2 Nr. 1 BGB) sieht.
5 LG Berlin v. 20.12.2000 – 81 T 912/00 und LG Kempten v. 21.8.2000 – 4 T 1648/00; LG Augsburg v. 18.2.2002 – 4 T 498/02; LG Cottbus v. 23.10.2002 – 7 T 417/02; LG Hannover v. 11.1.2005 – 1 T 84/04; LG Wuppertal v. 22.9.2008 – 6 T 610/08; wohl auch KG v. 10.12.2002 – 1 W 288/02, das zumindest die Eintragung dieser Zinsen nicht als unzulässig angesehen hat.
6 Der also für die höhere Verzinsung im Rahmen des Zwangsversteigerungsverfahrens einen Titel (Forderungsübertragung) und eine dingliche Sicherheit erlangen möchte.
7 AG Landshut v. 18.3.1985 – 1 C 711/84, jetzt auch § 288 Abs. 4 BGB.

IV. Besonderheiten

Bei der Forderungsübertragung ist weiter zu beachten: 11

- Ist der Anspruch des Zuteilungsberechtigten seinerseits mit einem Recht belastet (Nießbrauch, Pfändung etc.), so erfolgt die Forderungsübertragung mit der entsprechenden Einschränkung, da der Zuteilungsberechtigte durch die Forderungsübertragung keine Besserstellung erfahren darf.
- Ein am Zuteilungsanspruch bestehendes Gemeinschaftsverhältnis ist bei der Forderungsübertragung zu übernehmen.
- Ein evtl. Erlösüberschuss wird an den Schuldner nicht übertragen, weil sich dieser Anspruch ja bereits im Vermögen des Schuldners befindet (§ 6 Rdn 218). Bei der Ausführung des Teilungsplans genügt eine entsprechende Feststellung. Steht dem Schuldner jedoch ein Anspruch aus einem Eigentümergrundpfandrecht zu, ist, falls darauf ein Erlösanteil entfallen wäre, die Forderung nach den bisher dargelegten Grundsätzen zu übertragen.

V. Rechtsfolgen der Forderungsübertragung

Um das Rechtsverhältnis zwischen Schuldner, Ersteher und Zuteilungsberechtigtem endgültig zu bereinigen, wirkt die Übertragung der Forderung wie die **Befriedigung** aus dem Grundstück (§ 118 Abs. 2 S. 1 ZVG). Dies bedeutet, dass der Zuteilungsberechtigte nunmehr keine Forderung mehr gegen den „alten" persönlichen Schuldner hat. Evtl. vorhandene Forderungen des Zuteilungsberechtigten gegen einen Mithaftenden (Bürgen) geraten ebenfalls in Wegfall. 12

Diese Rechtsfolge muss aber der Zuteilungsberechtigte nicht hinnehmen. Er kann **wählen**, ob 13

- er jetzt den Ersteher als Schuldner haben oder
- er seinen bisherigen Schuldner behalten will.

Wegen der Einzelheiten siehe Rdn 14 und 17.

VI. Wegfall der Befriedigungswirkung

1. Verzicht

Will der Zuteilungsberechtigte seinen bisherigen Schuldner behalten, kann er innerhalb einer Frist von drei Monaten gegenüber dem Vollstreckungsgericht den Verzicht auf die Rechte aus der Zuteilung erklären. 14

Die Befriedigungswirkung ist damit während des Laufes der Drei-Monats-Frist, welche mit der Verkündung der Forderungsübertragung beginnt, bedingt. Erst nach fruchtlosem Fristablauf treten die Befriedigungswirkungen endgültig ein.

Erklärt der Gläubiger gegenüber dem Vollstreckungsgericht (§ 118 Abs. 2 S. 2 ZVG) den Verzicht auf die übertragene Forderung, so **verliert** er 15

- den übertragenen Anspruch,
- eine dafür eingetragene Sicherungshypothek (Rdn 18) und
- seine Befriedigungsberechtigung aus dem Versteigerungserlös.

Seine ursprüngliche Forderung gegen den Schuldner lebt wieder auf.

Mit dem Verzicht geht die übertragene Forderung und mit ihr die für sie eingetragene Sicherungshypothek (§ 1153 BGB) auf den oder die nächstausfallenden Berechtigten über. 16

2. Wiederversteigerung

Beantragt der Zuteilungsberechtigte innerhalb der Frist von drei Monaten (§ 118 Abs. 2 S. 2 ZVG) die Wiederversteigerung des Grundbesitzes (dazu Rdn 24), behält er ebenfalls seine persönliche Forderung 17 gegen den bisherigen Schuldner auch in Höhe des ihm zugeteilten Betrages. In diesem Umfang haftet ihm aber auch der Ersteher und zwar sowohl dinglich mit dem ersteigerten Grundstück als auch persönlich. Während der Verzicht (Rdn 14) keine praktische Bedeutung hat, ist der Antrag auf Wiederversteigerung die allgemein übliche Reaktion auf den Fall der Nichtzahlung.

C. Sicherungshypotheken

I. Allgemeines

18 Nach erfolgter Forderungsübertragung besteht die „letzte Amtshandlung" des Vollstreckungsgerichts darin, die Zuteilungsberechtigten hinsichtlich ihrer neu erworbenen Forderungen gegen den Ersteher dinglich abzusichern. § 128 ZVG sieht hierzu die Eintragung von Sicherungshypotheken für die übertragenen Forderungen vor.

Setzt sich der Anspruch eines Zuteilungsberechtigten aus Kosten (§ 10 Abs. 2 ZVG), wiederkehrenden Leistungen (§ 10 Nr. 4 ZVG) und der Hauptforderung zusammen, so sind wegen § 129 ZVG (hierzu auch Rdn 19) für die Kosten, für die Ansprüche auf wiederkehrende Leistungen und für die Hauptforderung jeweils eigene Sicherungshypotheken zur Eintragung zu bringen.[8]

II. Besonderheiten

19 Diese Sicherungshypotheken weisen die folgenden Besonderheiten auf:

- Vereinigt sich die Sicherungshypothek mit dem Eigentum in einer Person, etwa weil der Ersteher den gesicherten Gläubiger befriedigt und die Sicherungshypothek damit auf ihn übergeht (§§ 1163, 1177 BGB), so kann sie **nicht zum Nachteil** eines Rechtes, das bestehen geblieben ist, oder einer nach § 128 Abs. 1, 2 ZVG eingetragenen Sicherungshypothek geltend gemacht werden (§ 128 Abs. 3 S. 2 ZVG). Die Sicherungshypothek tritt im Falle der Vereinigung von Sicherungshypothek mit dem Eigentum in einer Person also grundsätzlich[9] im Rang hinter die anderen nach § 128 ZVG eingetragenen und die bestehen gebliebenen Rechte zurück.[10] Diese Rechtsfolge muss im Grundbuch eingetragen werden, weshalb sich das Ersuchen hierauf erstrecken muss. Bei einer Umschreibung der Sicherungshypothek auf den Eigentümer ist diese Rangverschiebung vom Grundbuchamt von Amts wegen zu vermerken.
- Die Sicherungshypothek nach § 128 ZVG ist **keine Zwangssicherungshypothek** nach §§ 866 ff. ZPO. Sie kann somit entgegen § 866 Abs. 3 ZPO auch für eine Forderung von weniger als 750,01 EUR und ungeachtet des Verteilungsgebotes des § 867 Abs. 2 ZPO auch als Gesamtsicherungshypothek eingetragen werden. Auch hindert die zwischenzeitliche Eröffnung des Insolvenzverfahrens gegen den Ersteher deren Eintragung nicht, da § 89 InsO insoweit nicht greift.[11]
- Bei einer erneuten Versteigerung des Grundstücks ist der mit der Sicherungshypothek gesicherte Betrag als Teil des baren Meistgebots zu entrichten (§ 128 Abs. 4 ZVG). Das Recht bleibt also nicht nach § 52 Abs. 1 ZVG bestehen, sondern erlischt unabhängig vom Rang des bestbetreibenden Gläubigers.
- Die für die in § 129 ZVG genannten Ansprüche eingetragenen Sicherungshypotheken erleiden **Rangverlust**, es sei denn, dass vor dem Ablauf von sechs Monaten nach der Eintragung derjenige, welchem die Hypothek zusteht, die Zwangsversteigerung des Grundstücks beantragt (§ 129 ZVG).[12]

---

8 Siehe hierzu Anm. *Alff* zu OLG Celle v. 17.12.2014 – 4 U 55/14, Rpfleger 2015, 579.
9 Wegen der Ausnahmen: *Böttcher* (ZVG), § 128 Rn 19.
10 Hierzu *Alff*, Rpfleger 2017, 106.
11 OLG Düsseldorf v. 28.3.1989 – 3 Wx 141/89; *Böttcher* (ZVG), § 128 Rn 6.
12 Für Berechtigte der RK 3 siehe *Glotzbach/Goldbach*, Rn 497, 498.

C. Sicherungshypotheken § 8

Die übertragene Forderung ist in jedem Fall „gesetzlich" zu verzinsen, unabhängig, von welcher Rechtsgrundlage (Rdn 7 oder 9) das Vollstreckungsgericht ausgeht.[13] Für „gesetzliche Zinsen" haftet aber das Grundstück ohne Eintragung (§ 1118 BGB), so dass eigentlich die Eintragung des Zinssatzes entbehrlich wäre. In diesem Fall ergeben sich die „gesetzlichen Zinsen" aus dem Übertragungsbeschluss, auf welchen bei der Eintragung Bezug genommen wird. Allerdings darf das Grundbuchamt eine vom Vollstreckungsgericht ersuchte Eintragung nicht unter Hinweis auf § 1118 BGB als „unnötig" ablehnen (denn sie ist nicht unzulässig und macht das Grundbuch auch nicht unrichtig)[14] und die sich aus dem SchuModG ergebende Besonderheit begründet wohl auch ausreichend eine solche Eintragung.[15] Die Angabe und Eintragung eines Höchstzinssatzes, welche in der Vergangenheit bei variablen Zinssätzen (hier § 288 BGB) verschiedentlich verlangt wurde, ist dabei nicht erforderlich, da sich der variable Zins aus der Bezugnahme auf eine gesetzlich bestimmte Bezugsgröße ergibt.[16]

III. Rangverhältnis

Nach § 128 ZVG ist die Sicherungshypothek **im Rang des Anspruchs** einzutragen, d.h. die Befriedigungsrangfolge des § 10 ZVG muss bei der Eintragung der Sicherungshypotheken umgesetzt werden. Die nach den Versteigerungsbedingungen bestehen gebliebenen Rechte am Grundstück müssen in dieser Rangfolge „eingeordnet" werden. Das Vollstreckungsgericht hat die Rangfolge im Ersuchen an das Grundbuchamt genau anzugeben.

> *Beispiel*
>
> An dem versteigerten Grundstück sind die in Abt. III unter Nr. 1 und Nr. 2 eingetragenen Grundschulden bestehen geblieben. Das Verfahren wurde von dem persönlichen Gläubiger G betrieben. Im Teilungsplan finden sich folgende Ansprüche:
> a) Gerichtskosten
> b) Grundsteuer
> c) Zinsen (bis zum Zuschlag) für das Recht III/1
> d) Zinsen (bis zum Zuschlag) für das Recht III/2
> e) Anspruch des G (Kosten, Zinsen und ein Teil der Hauptforderung, soweit die Teilungsmasse ausreicht)
>
> Im Falle der Nichtzahlung des Bargebots und Ausführung des Teilungsplans durch Forderungsübertragung müssten folgende Sicherungshypotheken zur Eintragung kommen:
> a) III/3 Sicherungshypothek für die Gerichtskosten im Rang vor den Rechten III/1 und III/2
> b) III/4 Sicherungshypothek für die Grundsteuer im Rang vor den Rechten III/1 und III/2
> c) III/5 Sicherungshypothek für die Zinsen (bis zum Zuschlag) aus dem Recht III/1 im Rang vor den Rechten III/1 und III/2
> d) III/6 Sicherungshypothek für die Zinsen (bis zum Zuschlag) aus dem Recht III/2 im Rang vor dem Recht III/2
> e) III/7 Sicherungshypothek für den Anspruch des G, soweit dieser aus Kosten nach § 10 Abs. 2 ZVG (§ 1 Rdn 22) entstanden ist (eigene Sicherungshypothek wegen § 129 ZVG)
> f) III/8 Sicherungshypothek für den Anspruch des G (andere Kosten, Zinsen und Hauptforderung, soweit die Teilungsmasse ausreicht)

---

13 Etwas anderes würde nur gelten, wenn im Wege abweichender Versteigerungsbedingungen (§ 59 ZVG) für den Fall der Nichtzahlung des Meistgebots ein anderer Zinssatz festgelegt worden war.
14 KG v. 10.12.2002 – 1 W 288/02. A.A. *Böttcher* (ZVG), § 128 Rn 7 m.w.N. Zum Höchstzinssatz siehe auch *Wagner*, Rpfleger 2005, 668, 671.
15 So auch *Eickmann/Böttcher* (ZVG), § 22 II 3.
16 BGH v. 26.1.2006 – V ZB 143/05; LG Kassel v. 13.2.2001 – 3 T 23/01.

D. Zwangsvollstreckung aus übertragener Forderung

I. Zwangsvollstreckung in das sonstige Vermögen

23 Nach der Ausführung des Teilungsplans durch Forderungsübertragung kann der jeweilige Gläubiger gegen den Ersteher, ggf. auch gegen den für mithaftend erklärten Bürgen (§ 69 Abs. 3 ZVG) und den für mithaftend erklärten Meistbietenden (§ 81 Abs. 4 ZVG) die Zwangsvollstreckung betreiben. Dieses „normale" Zwangsvollstreckungsverfahren eröffnet dem Gläubiger den Zugriff auf das **gesamte Vermögen des Erstehers** bzw. der genannten mithaftenden Personen. Das Verfahren weist nur insoweit eine Besonderheit auf, als die Zwangsvollstreckung aufgrund einer **vollstreckbaren Ausfertigung des Zuschlagsbeschlusses** erfolgt (§ 132 Abs. 2 ZVG). Diese ist mit einer Vollstreckungsklausel zu versehen, welche den Berechtigten sowie den Betrag der Forderung ausweisen muss (§ 132 Abs. 2 ZVG), da sich diese Angaben aus dem Zuschlagsbeschluss nicht entnehmen lassen. Der Zuschlagsbeschluss nebst Vollstreckungsklausel muss dem Schuldner vor Beginn der Zwangsvollstreckung oder gleichzeitig mit diesem zugestellt werden (§ 750 ZPO); einer Zustellung des Forderungsübertragungsbeschlusses bedarf es nicht.

> *Tipp*
> Zwangsvollstreckung auch gegen „Mithaftende" möglich.

II. Zwangsvollstreckung in das versteigerte Grundstück (Wiederversteigerung)

1. Allgemeines

24 Für die Zwangsvollstreckung gegen den Ersteher steht auch das versteigerte Grundstück als Vollstreckungsobjekt zur Verfügung. Wird der Antrag auf Versteigerung von einem Gläubiger gestellt, dem im ersten (vorhergegangenen) Zwangsversteigerungsverfahren eine Forderung übertragen wurde, so spricht man von einer „echten Wiederversteigerung". Ein solches Verfahren, für welches § 133 ZVG einige Besonderheiten vorsieht (Rdn 25 ff.), ist von einem möglichen Zwangsversteigerungsverfahren, welches ein „normaler" Gläubiger, z.B. ein solcher eines bestehen gebliebenen Rechtes, beantragt (sog. „unechte Wiederversteigerung"), zu unterscheiden. Für letztgenanntes Verfahren gelten die Erleichterungen des § 133 ZVG nicht.

2. Besonderheiten der Wiederversteigerung

25 Zwar handelt es sich bei dem Verfahren auf Wiederversteigerung des Grundstücks um ein völlig neues, gegen den Ersteher gerichtetes Verfahren, dennoch sieht § 133 ZVG einige Besonderheiten vor:
- Die Wiederversteigerung ist ohne vorherige Zustellung des Zuschlagsbeschlusses nebst Vollstreckungsklausel zulässig.
- Zur Anordnung des Verfahrens braucht der Ersteher noch nicht als Eigentümer in das Grundbuch eingetragen zu sein. Zu diesem Zeitpunkt sind folglich auch die Sicherungshypotheken (§ 128 ZVG) noch nicht eingetragen.
- Ein Zeugnis nach § 17 Abs. 2 ZVG ist nicht vorzulegen, solange das Grundbuchamt noch nicht um Eintragung ersucht wurde.
- Erfolgt die Anordnung der Zwangsversteigerung vor Berichtigung des Grundbuchs, ist zu beachten, dass wegen der Beteiligtenstellung nicht von § 9 Nr. 1 ZVG ausgegangen werden kann, da das Grundbuch noch die alte Rechtslage widerspiegelt.

26 Für die weitere Durchführung der Wiederversteigerung (insbesondere zur Bestimmung und Durchführung eines Versteigerungstermins) müssen jedoch der Ersteher (als Eigentümer) und die vorgenannten Sicherungshypotheken eingetragen sein.

D. Zwangsvollstreckung aus übertragener Forderung §8

Zur Eintragung des Erstehers als neuer Eigentümer ist die Vorlage der steuerlichen Unbedenklichkeitsbescheinigung (§ 5 Rdn 58) erforderlich. Da der Ersteher höchstwahrscheinlich die Grunderwerbsteuer nicht bezahlt hat, muss das Vollstreckungsgericht das Finanzamt ersuchen, diese Bescheinigung ohne Steuerzahlung zu erteilen. Dies sehen die Richtlinien des Finanzamtes so vor. Außerdem erlischt die Steuerschuld des Erstehers nach durchgeführter Wiederversteigerung! Da dies nur für die „echte Wiederversteigerung" (Rdn 24) gilt, muss im Ersuchen der Antragsteller des Versteigerungsverfahrens genannt werden. 27

Auch für eine „unechte" Wiederversteigerung, welche aus einem bestehen gebliebenem Recht betrieben wird, erteilt das Finanzamt ohne Steuerzahlung die Unbedenklichkeitsbescheinigung. Allerdings erlischt in diesem Fall die Steuerforderung gegen den Ersteher nicht, so dass sich das Finanzamt um deren Beitreibung (meist natürlich vergeblich) bemühen, sich also z.B. der Versteigerung anschließen muss. 28

Will ein neuer Gläubiger des Erstehers die Versteigerung betreiben, muss die Unbedenklichkeitsbescheinigung zur Eintragung vorgelegt werden.

> *Tipp*
> Berechtigte bestehen gebliebener Grundpfandrechte sollten die Wiederversteigerung nur aus der übertragenen Forderung für Zinsen und Kosten, nicht aber aus der Hauptforderung betreiben, da sie sonst die Umschreibung ihres ursprünglichen Titels gegen den Ersteher nebst Zustellung benötigen würden.

Für das gG gelten zunächst die allgemeinen Bestimmungen (§ 3 Rdn 119 ff.), jedoch ergeben sich für die im Rahmen der Ausführung des Teilungsplans des Vorverfahrens eingetragenen Sicherungshypotheken aus den §§ 128, 129 ZVG Besonderheiten: 29

- Sofern eine der genannten Sicherungshypotheken in das gG fällt, ist sie in vollem Umfang bar zu decken (§ 128 Abs. 4 ZVG). Diese Regelung gilt nicht nur für das „echte Wiederversteigerungsverfahren", sondern für alle künftigen Fälle der Versteigerung des Grundstücks.
- Wegen des Befriedigungsranges, welchen die Sicherungshypotheken bieten, ist für jeden **einzelnen** Gläubiger § 129 ZVG zu beachten. Der Gläubiger einer Sicherungshypothek für einen in dieser Norm genannten Anspruch kann den sechs Monate nach der Eintragung eintretenden **Rangverlust** nur durch seinen eigenen vorherigen Antrag auf Wiederversteigerung verhindern. Das Grundbuch wird bezüglich des Ranges der Sicherungshypotheken unrichtig, wenn die Berechtigten den Antrag auf Wiederversteigerung nicht rechtzeitig stellen oder nach Fristablauf zurücknehmen. Diese Rechtsfolge muss im Ersuchen bezeichnet sein. Es genügt dann im Grundbuch die Bezugnahme auf das Ersuchen (§ 874 BGB). Die Berichtigung erfolgt nach § 22 GBO, also nicht auf Ersuchen des Vollstreckungsgerichts.

§ 9 Erbbaurecht und Wohnungseigentum

A. Erbbaurecht

I. Allgemeines

Nach der verbindlichen Regel der §§ 93, 94 BGB ist der Grundstückseigentümer auch Eigentümer des darauf errichteten Gebäudes. Dies hat schon früh zu Problemen geführt, da Bauland nicht in genügender Menge vorhanden war und die Eigentümer es auch nicht verkaufen wollten. Deshalb schuf der Gesetzgeber das Erbbaurecht. Man stelle sich vor, über das Grundstück sei das Erbbaurecht als unsichtbarer **„Rechts-Teppich"** gebreitet, auf welchem das Gebäude errichtet ist. Es steht nun – rechtlich gesehen – nicht mehr auf dem Grundstück, sondern auf dem „Rechts-Teppich" und damit kann das Gebäude ohne Verletzung des § 93 BGB Eigentum des Erbbauberechtigten sein, da das Gebäude wesentlicher Bestandteil des Erbbaurechts und nicht des Grundstücks wird (§ 12 ErbbauRG[1]).

Regelmäßig wird für die Bestellung des Erbbaurechts ein von dem Erbbauberechtigten an den Grundstückseigentümer zu zahlendes Entgelt in wiederkehrenden Leistungen (Erbbauzins) vereinbart. Auf diesen Erbbauzins finden die Vorschriften des Bürgerlichen Gesetzbuchs über die Reallasten entsprechende Anwendung (§ 9 Abs. 1 ErbbauRG).

Die Entwicklung des Rechts führte zur Unterscheidung verschiedener Formen des Erbbaurechts:

- das „Uralt-Erbbaurecht", vor dem 22.1.1919 begründet; wird hier nicht mehr erörtert;
- das seit dem 22.1.1919 mögliche Erbbaurecht nach dem ErbbauRG;
- das neue Erbbaurecht in der Form des durch das Sachenrechtsänderungsgesetz vom 21.9.1994 geänderten ErbbauRG.

Die beiden letztgenannten Formen des Erbbaurechts unterscheiden sich wesentlich nur in der Einordnung des Erbbauzinses (§§ 9 und 9a ErbbauRG). Auch heute noch könnte ein Erbbaurecht nach der älteren Form begründet werden, ebenso wie eine Umwandlung eines älteren Rechtes in die neue Form möglich[2] wäre. Beides wird nur selten der Fall sein.

Die Zwangsversteigerung des mit dem Erbbaurecht belasteten Grundstücks ist rechtlich möglich, jedoch in der Praxis selten. Als Verfahrensbesonderheit bleibt das Erbbaurecht kraft Gesetzes (§ 25 ErbbauRG) auf jeden Fall bestehen.

II. Gemeinsame Regeln für die Zwangsversteigerung des Erbbaurechts

1. Anordnung der Zwangsversteigerung

Ein Erbbaurecht wird nach den gleichen Regeln zwangsversteigert wie ein Grundstück, soweit nachfolgend keine Abweichungen angegeben sind. Ersteigert wird das Recht (also der „Rechts-Teppich" der Rdn 1); das Eigentum am Gebäude folgt nach § 93 BGB. Der Ersteher wird „Erbbauberechtigter".

Bei der Bestellung des Erbbaurechts kann bestimmt werden, dass die Veräußerung des Erbbaurechts nur mit **Zustimmung** des Grundstückseigentümers[3] zulässig ist (§ 5 Abs. 1 ErbbauRG). Diese im Grundbuch einzutragende Beschränkung gilt dann auch für die „Veräußerung" im Wege der Zwangsversteigerung (§ 8 ErbbauRG).

---

[1] Gesetz über das Erbbaurecht, im *Schönfelder* abgedr. unter Nr. 41.
[2] Mit Zustimmung aller Berechtigten der dinglichen Rechte, die Vorrang vor oder Gleichrang mit der Erbbauzinsreallast haben (§ 9 Abs. 3 S. 2 ErbbauRG).
[3] Oft auch „Ausgeber" des Erbbaurechts genannt.

8 Der Gesetzgeber wollte dem Grundstückseigentümer gegen dessen sachlich begründetes Interesse keinen Erbbauberechtigten aufzwingen. Aus dieser „ratio" ergibt sich,

- dass diese Zustimmung (falls vorgesehen) noch nicht bei der Anordnung der Zwangsversteigerung bzw. der Zulassung des Beitritts, sondern **erst zum Zuschlag** erforderlich ist (Rdn 17) und
- dass die Zustimmung auch dann notwendig ist, wenn die Zwangsversteigerung aus einem Grundpfandrecht betrieben wird, das mit Zustimmung (§ 5 Abs. 2 ErbbauRG) des Grundstückseigentümers eingetragen wurde.

Die Zustimmungspflicht schützt also nicht vor der Veräußerung als solcher, sondern vor einem unerwünschten Erwerber.

2. Einzelfragen

9 Der Grundstückseigentümer ist Beteiligter i.S.d. § 9 ZVG (§ 24 ErbbauRG).

10 Bei der Ermittlung des Verkehrswertes nach § 74a Abs. 5 ZVG sind zu bewerten

- das Gebäude (nach den allgemeinen Regeln) und
- das Erbbaurecht (der „Rechts-Teppich").

11 Da aber der Ersteher nicht Eigentümer des Grundstücks wird, muss das Erbbaurecht, also die Befugnis auf fremdem Boden ein Bauwerk zu haben, bewertet werden. Wichtige Anhaltspunkte hierfür sind

- die restliche Laufzeit des Erbbaurechts und
- die Höhe des Erbbauzinses.

Je geringer der Erbbauzins und je länger die Laufzeit, desto höher ist (aus der Sicht des Erstehers) der Wert des Erbbaurechts. Für Einzelheiten der Berechnung wird auf die Kommentarliteratur verwiesen.

> *Tipp*
> Auf die Laufzeit des Erbbaurechts achten.

3. Grundsätze zum Erbbauzins

12 Die Erbbauzinsreallast sowie die Vormerkung zur Sicherung einer künftigen Erhöhung des Erbbauzinses (dazu Rdn 26) bleiben „im Normalfall" bestehen, weil

- sie einen besseren Rang als der bestbetreibende Gläubiger haben oder
- dies nach § 59 ZVG so vereinbart wird oder
- diese Rechte bereits „Bestandschutz" (dazu Rdn 34) haben.

13 Bleiben Erbbauzinsreallast und Vormerkung bestehen, muss für sie ein Zuzahlungsbetrag nach §§ 51, 50 ZVG bestimmt werden.

14 Für die Erbbauzinsreallast kann dafür zunächst auf die Berechnung Rdn 32 Bezug genommen werden. Der so ermittelte Betrag kommt aber allenfalls als Höchstbetrag in Betracht. Da sich der Zuzahlungsbetrag nach § 51 ZVG nach der Entlastung des Erstehers durch Wegfall eines übernommenen Rechtes richtet, muss beachtet werden, dass ein Ersteher durch Wegfall einer erst in vielen Jahren fälligen Rate angesichts der ständigen Geldentwertung weniger entlastet sein kann als durch sofortige Zahlung eines hohen Geldbetrages. Deshalb wird man den nach § 51 ZVG festzusetzenden Betrag wesentlich niedriger ansetzen müssen als einen nach § 92 Abs. 1 ZVG zahlbaren Ersatzbetrag. Die Verminderung ist unter Berücksichtigung des Einzelfalles zu schätzen.

15 Die Vormerkung (Rdn 26) hat nur einen real feststellbaren Wert, wenn das von ihr gesicherte Erhöhungsverlangen bereits schuldrechtlich besteht, aber dinglich durch Eintragung des höheren Erbbauzinses noch

nicht realisiert wurde. Eine künftige Erhöhung, die von Voraussetzungen abhängt, deren Eintritt ungewiss ist, entzieht sich einer Bewertung.[4]

Die fälligen Raten des Erbbauzinses werden wie Zinsen eines Grundpfandrechts behandelt (§ 1107 BGB). Also gilt für sie in der Zwangsversteigerung: 16

- Für die Unterscheidung „laufend" oder „rückständig" gelten die allgemeinen Regeln nach § 13 ZVG (§ 3 Rdn 62 ff.).
- Laufende Raten müssen nicht angemeldet werden (§ 45 Abs. 2 ZVG).
- Rückständige Raten müssen bei Meidung des Rangverlustes angemeldet werden und haben für zwei Jahre RK 4, ältere Raten nur noch RK 8.
- Aus dem Erlös erfolgt Befriedigung bis zum Tag vor dem Zuschlag, und zwar auch dann, wenn diese Rate noch nicht fällig ist (Beispiel Rdn 32). Ab dem Zuschlag schuldet der Ersteher den Erbbauzins, und zwar sowohl dinglich als auch persönlich (§ 1108 BGB). Erlischt ausnahmsweise (Rdn 28) der Erbbauzins, erhält der Grundstückseigentümer die lfd. Rate bis zum Verteilungstermin.

4. Zuschlag in der Zwangsversteigerung

Falls die Beschränkung des § 5 Abs. 1 ErbbauRG eingetragen ist, bedarf es zum Zuschlag der Zustimmung des Grundstückseigentümers (Rdn 7). Diese Zustimmung hat der **Meistbietende** zu beschaffen und dem Gericht nachzuweisen. Wird sie nicht erteilt und auch nicht ersetzt (Rdn 22), muss der Zuschlag versagt werden. 17

Dem Meistbietenden muss zur Beibringung der Zustimmung eine angemessene Frist gewährt und daher ein Verkündungstermin bestimmt werden. Die Frist des § 87 Abs. 2 ZVG reicht regelmäßig nicht aus, weshalb je nach Einzelfall die Verkündung auch später als eine Woche nach dem Versteigerungstermin erfolgen kann. 18

Die Zustimmung ist nicht formbedürftig. Sie kann daher schriftlich oder zu Protokoll der Geschäftsstelle oder des Gerichts (im Versteigerungstermin oder Verkündungstermin) erklärt werden. Erst nachdem sie dem Gericht nachgewiesen wurde, kann dem Meistbietenden der Zuschlag erteilt werden. 19

Der Grundstückseigentümer kann die Zustimmung nur aus den in § 7 ErbbauRG genannten Gründen **verweigern**, insbesondere also 20

- wenn der Meistbietende keine Gewähr für die Erfüllung der Pflichten aus dem Erbbaurecht bietet oder
- wenn durch den Zuschlag (Eigentumswechsel) der bei Bestellung des Erbbaurechts verfolgte Zweck wesentlich beeinträchtigt oder gefährdet würde (Bankdirektor ersteigert Erbbaurecht, das für Sozialhilfeempfänger gedacht war). Ein mit der Bestellung des Erbbaurechts verfolgter Zweck kann auch die Erzielung eines wertgesicherten Erbbauzinses sein.[5]

Nicht selten benutzen die Grundstückseigentümer den Versteigerungsfall bzw. das Zustimmungserfordernis, um den Meistbietenden zu Zugeständnissen bei der Vertragsgestaltung zu „bewegen", auf welche sie keinen Anspruch haben. Versucht wird dabei insbesondere 21

- die Korrektur eines Versteigerungsergebnisses nach Rdn 28 (Erbbauzinsreallast soll entgegen den Versteigerungsbedingungen bestehen bleiben!),
- eine Erhöhung des Erbbauzinses, auf welche weder ein gesetzlicher noch ein vertraglicher Anspruch besteht.

---

[4] Hierzu *Stöber* (ZVG), § 51 Rn 4.7 und *Streuer,* Rpfleger 1997, 141.
[5] BGH v. 13.7.2017 – V ZB 186/15 für den Fall eines „lediglich" schuldrechtlichen Anspruchs auf Anpassung des Erbbauzinses.

22 § 7 Abs. 3 ErbbauRG sieht vor, dass das Amtsgericht in einem Verfahren nach den Regeln des FamFG[6] (also nicht durch das Vollstreckungsgericht) eine ohne triftigen Grund verweigerte Zustimmung ersetzen kann. Antragsberechtigt ist aber nur der bisherige Erbbauberechtigte (Schuldner) sowie jeder Gläubiger[7] des Zwangsversteigerungsverfahrens, **nicht** aber der Meistbietende!

23 Leider wissen die Grundstückseigentümer, dass der Meistbietende die gerichtliche Ersetzung der Zustimmung nicht selbst beantragen kann. Will er den Zuschlag, kann er nur einen Gläubiger (z.B. das bestbetreibende Kreditinstitut) bitten, seinerseits den Antrag zu stellen. In der Regel wird dann die Zustimmung sofort erteilt. Anderenfalls bleibt nur, dem Ansinnen des Grundstückseigentümers nachzukommen oder die Versagung des Zuschlags hinzunehmen.

> *Tipp*
> Wird die Erteilung der Zustimmung von unberechtigten Bedingungen abhängig gemacht, sollte der Meistbietende den bestbetreibenden Gläubiger bitten, seinerseits die Ersetzung der Zustimmung zu beantragen. Schließlich ist dieser ja auch an der Erteilung des Zuschlags interessiert, damit er sein Geld bekommt.

5. Heimfall

24 Nach zeitlichem Ablauf des Erbbaurechts oder bei Eintritt bestimmter (vereinbarter) Bedingungen kann der Grundstückseigentümer die Rückübertragung des Erbbaurechts auf sich oder einen Dritten verlangen (§ 2 Nr. 4 ErbbauRG; Heimfall). Hierfür hat er grundsätzlich eine Entschädigung zu zahlen.

25 Wurde die Vereinbarung getroffen, dass die Anordnung einer Zwangsversteigerung den vorgenannten Heimfall auslöst, liegt darin für den Ersteher ein besonderes Risiko, da er nach Erteilung des Zuschlags dem Heimfallanspruch ausgesetzt ist. Das Gericht sollte daher sofort nach der Anordnung der Versteigerung dem Grundstückseigentümer einen Anordnungsbeschluss zuleiten und zugleich anfragen, ob er den Heimfallanspruch geltend machen will. Da die Versteigerungsverfahren meist länger als sechs Monate dauern, könnte bis zum Zuschlag Verjährung (§ 4 ErbbauRG) eingetreten sein.[8]

> *Tipp*
> Steht weder der Verzicht noch die Verjährung fest, sollten Bietinteressierte beim Grundstückseigentümer anfragen, ob der Heimfallanspruch geltend gemacht wird

III. Erbbauzins beim „alten" Erbbaurecht

26 Der Anspruch auf Erbbauzins ist nicht Bestandteil des Rechts, sondern muss vereinbart und durch eine Eintragung in der zweiten Abteilung des Grundbuchs (Erbbauzinsreallast § 9 Abs. 1 ErbbauRG) gesichert werden. Der Anspruch auf künftige Erhöhung des Erbbauzinses, der wirtschaftlichen Entwicklung entsprechend, kann durch eine Vormerkung dergestalt gesichert werden, dass der erhöhte Erbbauzins später den Rang der ursprünglichen Reallast erhält.

27 Da Erbbauzinsreallast und Vormerkung in der Zwangsversteigerung wie jedes andere Recht der zweiten Abteilung des Grundbuchs zu behandeln sind, können beide Rechte durch den Zuschlag erlöschen (§ 91 Abs. 1 ZVG) und der Ersteher erlangt ein erbbauzinsloses Erbbaurecht.

---

6 Gesetz über das Verfahren in Familiensachen und in den Angelegenheiten der freiwilligen Gerichtsbarkeit, im *Schönfelder* abgedr. unter Nr. 112.
7 BGH v. 26.2.1987 – V ZB 10/86; BGH v. 13.7.2017 – V ZB 186/15.
8 Einzelheiten bei *Stöber* (ZVG), § 15 Rn 13.17.

28 Sehr häufig haben die Grundstückseigentümer bei der Belastung des Erbbaurechts ihre Zustimmung erteilt, Belastungen mit Rang vor der Reallast einzutragen. Wird dann aus einem solchen Recht die Zwangsversteigerung betrieben, hätte dies das Erlöschen der rangschlechteren Rechte (Erbbauzinsreallast/Vormerkung) zur Folge, was für den Ersteher von Vorteil ist und somit zu höheren Geboten führen kann. Erbbauzinsreallast und Vormerkung erlöschen auch, wenn die Zwangsversteigerung aus einer Forderung der RK 3 (im Falle eines Wohnungserbbaurechts ist auch Betreiben aus RK 2 möglich) betrieben wird.

29 Die Grundstückseigentümer versuchen meist, diese unerwünschte Folge durch eine abweichende Versteigerungsbedingung (§ 59 ZVG; § 4 Rdn 21 ff.) zu verhindern, was aber oft an der Zustimmung der vorrangigen Beteiligten[9] scheitert und auch über ein Doppelausgebot nur selten zum erwünschten Erfolg führt. Auf das Gebot ohne Erbbauzins wird meist mehr geboten als auf das Gebot mit bestehen bleibendem Erbbauzins und dies erhöht die Zuteilung an die vorgehenden Rechte, die somit durch einen Zuschlag auf die Abweichung beeinträchtigt wären.

30 War die Erbbauzinsreallast und/oder die Vormerkung nach den Versteigerungsbedingungen durch den Zuschlag erloschen, wird der Ersteher (Rdn 21) gehörig unter Druck gesetzt, diesbezüglich eine sog. Liegenbelassungsvereinbarung (§ 91 Abs. 2 ZVG) zu schließen, selbst dann, wenn er hierfür keinen finanziellen Ausgleich durch Kürzung des Bargebots (§ 6 Rdn 97) vornehmen kann.

31 Der Grundstückseigentümer für die erloschene Erbbauzinsreallast einen Anspruch auf Geldersatz durch einmalige Zahlung (§ 6 Rdn 54 und 57), was jedoch ausreichenden Erlös an seiner Rangstelle voraussetzt. Die künftigen Erbbauzinsraten gelten als fällig (§ 111 ZVG). Da sie bis zur Fälligkeit unverzinslich sind, erhält der Grundstückseigentümer nur einen abgezinsten Betrag. Die Berechnung erfolgt mittels Tabellen oder Formeln (§ 6 Rdn 57).

32 Beispiel für einen jährlich nachträglich fälligen Erbbauzins auf der Basis von 4 % Zinsen:

Beispiel

$$\text{Ersatzbetrag} = \frac{\text{Jahresrate} \times (1{,}04n - 1)}{(1{,}04n \times 0{,}04)}$$

Hierbei steht „n" für die Restlaufzeit in Jahren.

Für die fehlende Zeit vom Verteilungstermin bis zur nächsten Fälligkeit ist der entsprechende Betrag zuzusetzen. Die lfd. Rate erhält der Grundstückseigentümer ohnehin anteilig bis zum Verteilungstermin (§ 6 Rdn 19 und 25), im folgenden Beispiel also 800,00 EUR.

Erloschener Erbbauzins jährlich 1.200,00 EUR, Verteilungstermin 1.3.2018; nächste Fälligkeit 1.7.2018 und ab dann noch Restlaufzeit von 35 Jahren.

Ersatzbetrag für 35 Jahre:

$$\text{Ersatzbetrag} = \frac{1.200{,}00\ \text{€} \times (3{,}946088 - 1)}{(3{,}946088 \times 0{,}04)}$$

$$\text{Ersatzbetrag} = \frac{1.200{,}00\ \text{€} \times 2{,}946088}{0{,}157844} = 22.397{,}47\ \text{€}$$

---

[9] Gem. § 59 Abs. 3 ZVG bedarf es nicht der Zustimmung der nachstehenden Beteiligten, nach der hier vertretenen Auffassung (streitig) auch nicht der Zustimmung des Erbbauberechtigten. Hierzu *Mayer*, Rpfleger 2003, 281.

Diese Berechnung geht vom 1.7.2018 als Zahltag aus. Sie muss daher wie folgt rechnerisch ergänzt werden:
- Es fehlt der Ersatzbetrag für vier Monate, also vom 1.3. bis zum 30.6.2018, da diese 400,00 EUR nicht als „laufend" im Verteilungstermin bezahlt werden. Der errechnete Ersatzbetrag muss also auf 22.797,47 EUR erhöht werden.
- Da die Bezahlung des Ersatzbetrages im Verteilungstermin, also vier Monate vor der eigentlichen Fälligkeit erfolgt, muss eine entsprechende Abzinsung stattfinden. Einen praxistauglichen Annäherungswert für diese Abzinsung erhält man, indem man den abzuzinsenden Betrag pro Jahr der Abzinsung mit 0,03951 multipliziert.
- Da hier nur für vier Monate abzuzinsen ist, erfolgt die Multiplikation mit 1/3 dieses Jahresbetrages, also mit 0,01317. Dies ergibt dann: 22.797,47 EUR x 0,01317 = 300,24 EUR, die vom Ersatzbetrag abzuziehen sind:
22.797,47 EUR abzüglich 300,24 EUR ergibt 22.497,23 EUR.[10]
- Diese 22.497,23 EUR erhält der Grundstückseigentümer im Verteilungstermin.
Zum Vergleich: 35 Jahresraten + 400,00 EUR wären 42.400,00 EUR.

33 Für eine erloschene Vormerkung (Rdn 27) kommt ein Ersatzbetrag nur in Betracht, wenn zwar die Vormerkung, nicht aber der Erbbauzins erloschen ist. Da sich ein erloschener Erbbauzins nicht mehr erhöhen kann, ist die darauf gerichtete Vormerkung wertlos.

IV. Erbbauzins beim „neuen" Erbbaurecht

34 Für Erbbaurechte, die nach dem 1.10.1994[11] begründet oder durch eine vertragliche Änderung (Rdn 4) dem neuen Rechtsstand angepasst wurden, können bezüglich des Erbbauzinses die nachfolgenden Änderungen gegenüber den Darlegungen im Abschnitt III vereinbart sein. Es handelt sich hauptsächlich um eine Verbesserung der Position des Grundstückseigentümers, weshalb seit dieser Zeit kaum noch Erbbaurechte nach „altem Rechtsstand" begründet werden. Die noch vorhandenen Erbbaurechte alten Rechtes werden aber noch viele Jahre die im Abschnitt III genannten Probleme bei der Zwangsversteigerung aufwerfen.

35 Folgende **Änderungen** können als Inhalt des Erbbauzinses vereinbart sein:
- ein **Rangvorbehalt** für Grundpfandrechte vor der Erbbauzinsreallast (§ 9 Abs. 3 S. 1 Nr. 2 ErbbauRG), dies wird hier nicht weiter erörtert;
- ein **„Bestandsschutz"** der Erbbauzinsreallast, dazu Rdn 36;
- eine **automatische Anpassung** des Erbbauzinses, dazu Rdn 39.

36 Es kann vereinbart sein (§ 9 Abs. 3 S. 1 Nr. 1 ErbbauRG), dass die Erbbauzinsreallast (Stammrecht) nach § 52 Abs. 2 S. 2a ZVG bestehen bleibt (Bestandsschutz), wenn die Versteigerung
- vom Eigentümer des Grundstücks aus einer fälligen Erbbauzinsrate,
- von einer Wohnungseigentümergemeinschaft nach Rdn 71 oder
- vom Gläubiger eines vorrangigen **Grundpfandrechts** betrieben wird.

37 Dieser Bestandsschutz gilt nur für das Stammrecht. Die Einordnung der fälligen Raten in das gG erfolgt nach den allgemeinen Regeln. Diese Raten stehen also nicht im gG, wenn die Zwangsversteigerung aus einem besserrangigen Recht betrieben wird.

---

10 Zur Kontrolle: 22.497,23 EUR ergeben mit 4 % verzinst in vier Monaten 22.797,19 EUR. Die Rechendifferenz beträgt nur 0,21 EUR.
11 Ergänzt durch die Rechtsänderung vom 16.6.1998 (BGBl I 1998, 1242).

38 Auch ein Erbbauzins (Stammrecht) mit Bestandsschutz erlischt, wenn die Versteigerung aus einem Anspruch der RK 3 betrieben wird.

39 Es kann vereinbart sein, dass sich der Erbbauzins ohne Eintragung im Grundbuch an bestimmte Veränderungen (§ 9 Abs. 1 ErbbauRG, § 1105 Abs. 1 BGB) in den Grenzen des § 9a ErbbauRG anpasst. Ist für den Erbbauzins Bestandsschutz vereinbart, gilt dieser auch für die Anpassungsklausel.

40 Wird ein solches Erbbaurecht versteigert, muss das Gericht von Amts wegen (§ 45 Abs. 2 ZVG) die „laufenden" Erbbauzinsraten anhand des Grundbucheintrages[12] berechnen. Rückstände bedürfen der Anmeldung.

41 Nach wie vor kann die künftige Erhöhung des Erbbauzinses auch durch eine Vormerkung gesichert werden (§ 9a Abs. 3 ErbbauRG).

42 Theoretisch kann auch eine solche Vereinbarung einmal nichtig sein, so dass der Ersteher von der Belastung nicht getroffen wird. Also muss sowohl für den Erbbauzins als auch für die Anpassungsklausel ein Zuzahlungsbetrag nach § 51 ZVG bestimmt werden. Dazu Rdn 13 ff.

B. Wohnungs- und Teileigentum

I. Allgemeines

43 Um möglichst vielen Bürgern Eigentum an Wohnraum zu ermöglichen, wurde durch das WEG die Möglichkeit geschaffen, innerhalb eines Gebäudes eine Wohnung, dazu evtl. Nebenräume und einen Garagenplatz einem Eigentümer als Sondereigentum zuzuweisen, während die gemeinschaftlichen Anlagen im Miteigentum aller verbleiben (§ 1 f. WEG). Häufig hat ein Wohnungseigentümer zusätzlich auch ein Sondernutzungsrecht, z.B. an einem Pkw-Stellplatz, der zwar im gemeinschaftlichen Eigentum verblieben ist, dann aber ausschließlich von dem Berechtigten benutzt werden darf (§ 15 WEG).

44 Der Grundsatz des § 93 BGB wird dadurch gewahrt, dass das Grundstück Bruchteilseigentum aller Wohnungseigentümer wird (§ 1 Abs. 2 WEG). Das Gebäude kann auch auf einem Erbbaurecht errichtet sein; dann sind alle Wohnungseigentümer Mitberechtigte des Erbbaurechts (§ 30 WEG).

45 Die Zwangsversteigerung zum Zwecke der Aufhebung einer Gemeinschaft (§§ 180 ff. ZVG) dieses Bruchteilseigentums ist grundsätzlich ausgeschlossen (§ 11 WEG; dort auch die Ausnahme). Sind aber mehrere Personen Eigentümer einer Wohnung (Sondereigentum) in Bruchteils- oder Gesamthandsgemeinschaft, kann hinsichtlich dieser Wohnung die Teilungsversteigerung stattfinden.

46 Nach Begründung des Wohnungseigentums ist die Zwangsvollstreckung in das Grundstück nicht mehr zulässig. Es kann nur noch **in das jeweilige Sondereigentum vollstreckt** werden, auch wenn alle Wohnungen noch im Eigentum des Grundstückseigentümers stehen.

47 Die Verwaltung des Wohnungseigentums erfolgt gemeinsam (§§ 20 ff. WEG), im Normalfall durch einen gemeinsam bestellten Verwalter.

48 Für Teileigentum, also Sondereigentum an nicht zu Wohnzwecken dienenden Räumen eines Gebäudes i.V.m. dem Miteigentumsanteil an dem gemeinschaftlichen Eigentum, zu dem es gehört (§ 1 Abs. 3 WEG), gelten die gleichen Regeln (§ 1 Abs. 6 WEG) und damit die Ausführungen zum Wohnungseigentum entsprechend.

---

12 Bezugnahme auf die Eintragungsbewilligung ist zulässig.

II. Wohnungseigentum als Objekt der Zwangsversteigerung

1. Zustimmung

49 Die Versteigerung von Wohnungs- und Teileigentum erfolgt nach den allgemeinen Regeln.

50 Ob neben dem Schuldner die übrigen **Miteigentümer** schon allein aufgrund Ihrer Miteigentümerposition **Beteiligte** nach § 9 ZVG sind, ist umstritten,[13] wohl aber zu verneinen.

Die Beteiligtenstellung ist jedoch zu bejahen, bei vorhandenen Rechten in der zweiten Abteilung des Grundstücks (z.B. Wegerechte, Leitungsrechte), die zugunsten aller Miteigentümer an jeder Wohnung eingetragen sind und die gemeinsame Benutzung sichern sollen. Wegen § 27 Abs. 2 S. 1 WEG kann die Zustellung von Beschlüssen, die an alle Beteiligten erfolgen muss, für die übrigen Miteigentümer an den Verwalter erfolgen (falls dieser nicht zufällig als Wohnungseigentümer der Schuldner ist!).

51 Beim Wohnungserbbaurecht ist auch der Grundstückseigentümer „Beteiligter" (§ 24 ErbbauRG). Ihm ist immer separat zuzustellen.

52 In geeigneten Fällen, insbesondere bei einer Wohnanlage mit vielen gleichartigen Wohnungen (z.B. Appartements), könnte die Bewertung im Vergleichswertverfahren erfolgen, wenn hierfür ausreichende Erkenntnisse vorliegen.[14]

53 Es kann vereinbart sein, dass die Zwangsversteigerung des Wohnungseigentums nur mit Zustimmung der anderen Wohnungseigentümer oder eines Dritten (meist des Verwalters) erfolgen darf (§ 12 Abs. 1, Abs. 3 S. 2 WEG). Dies gilt dann auch für eine Zwangsversteigerung auf Antrag des Berechtigten eines Grundpfandrechts, dessen Eintragung (anders als beim Erbbaurecht) keiner Genehmigung bedurfte. Beim Wohnungserbbaurecht (§ 30 WEG) ist neben der **Zustimmung** nach § 12 WEG auch jene nach § 5 ErbbauRG denkbar.

54 Die Wohnungseigentümer können mit einfacher Mehrheit beschließen, dass das Zustimmungserfordernis künftig entfallen soll (§ 12 Abs. 4 WEG).

55 Die Zustimmung § 12 WEG ist nicht erforderlich, wenn

- aus einem einheitlichen Titel alle Wohnungen versteigert werden sollen;[15]
- wegen einer Forderung der RK 3 vollstreckt wird, welche bereits vor der Aufteilung in Wohnungseigentum am Grundstück entstanden ist.

Die Zustimmung ist auch erforderlich, wenn die Wohnungseigentümergemeinschaft selbst (Rdn 71) die Zwangsversteigerung betreibt. Allerdings kann die Eigentümergemeinschaft nach der hier vertretenen Auffassung beschließen, dass das Zustimmungserfordernis auch für eine einzelne Wohneinheit entfallen soll.

56 Ebenso wie beim Erbbaurecht ist die Zustimmung erst zur Erteilung des Zuschlags erforderlich. Rdn 17–19 gelten entsprechend. Soweit die Zustimmung der anderen Wohnungseigentümer oder des Verwalters erforderlich ist und ohne wichtigen Grund (§ 12 Abs. 2 S. 1 WEG) verweigert wird, kann sie im Prozessweg (§ 43 WEG) ersetzt werden. Der die Zwangsversteigerung betreibende Gläubiger ist befugt, den Anspruch des Schuldners auf Zustimmung zur Veräußerung des Wohnungseigentums selbstständig auszuüben.[16]

---

13 Bejahend *Stöber* (ZVG), § 9 Rn 3.35.; verneinend LG Bielefeld v. 29.5.2012 – 23 T 186/12.
14 Hierzu BGH v. 2.7.2004 – V ZR 213/03.
15 BayObLG v. 14.10.1958 – 2 Z 119–127/58.
16 BGH v. 21.11.2013 – V ZR 269/12.

2. Geld der Wohnungseigentümer

Zur Bestreitung der gemeinsamen Ausgaben leisten die Wohnungseigentümer regelmäßig Zahlungen (meist Hausgeld genannt) in eine gemeinsame Kasse, aus welcher der Verwalter die gemeinsamen Ausgaben bestreitet. Es ist auch denkbar, dass in Gemeinschaft verbliebenes Eigentum vermietet ist und Erträge in diese Kasse erbringt. Aus diesen Zahlungen/Einnahmen wird meist auch eine Rücklage für evtl. größere Reparaturen (Instandsetzungsrücklage; § 21 Abs. 5 Nr. 4 WEG) gebildet.

Diese Gelder sind nicht dinglich mit dem Wohnungseigentum verbunden, insbesondere nicht Zubehör. Somit erlangt der Ersteher kein Miteigentum am Geld, das am Zuschlagstag vorhanden ist, insbesondere nicht an der Instandsetzungsrücklage.[17] Andererseits haben der Schuldner und seine Gläubiger keinen Anspruch gegen die Gemeinschaft auf Auszahlung des Anteils. Auch die Gemeinschaft hat keinen Anspruch gegen den Ersteher, den vom früheren Eigentümer erbrachten Betrag nochmals in die Rücklage einzuzahlen. In Betracht kommen Ersatzansprüche zwischen Ersteher und bisherigem Eigentümer aus ungerechtfertigter Bereicherung, die außerhalb des Versteigerungsverfahrens zu verfolgen sind.

> *Tipp*
> Für nicht aus der Teilungsmasse befriedigte Gläubiger bietet sich hier evtl. eine interessante Vollstreckungsmöglichkeit im Wege der Forderungspfändung. Zu pfänden ist der Anspruch des Schuldners gegen den Ersteher aus der Bereicherung durch vorhandene Rücklagen.

Der Ersteher schuldet der Gemeinschaft die Umlagen (Hausgeld und Sonderumlagen), die **nach** dem Zuschlag fällig werden (§ 56 ZVG). Er haftet nicht für Zahlungen laut Wirtschaftsplan oder Sonderumlagen, die bereits **vor** dem Zuschlag fällig geworden sind. Dies gilt auch dann, wenn die im Wirtschaftsplan (vor dem Zuschlag) festgelegte Umlage zusammen mit dem Beschluss über die sie einbeziehende Jahresabrechnung (nach dem Zuschlag) nochmals bestätigt wird. Eine nach dem Zuschlag beschlossene „Abrechnungsspitze"[18] zum Ausgleich eines Fehlbetrages muss er auch dann zahlen, wenn der zu deckende Fehlbetrag vor dem Zuschlag entstanden ist. Nach der Neufassung[19] des § 23 Abs. 4 WEG muss jedoch der Ersteher gegen die Eigentümergemeinschaft klagen, wenn sie ihm Beträge auflasten will, die er nicht schuldet.

Sind allerdings Umlagen erst nach dem Zuschlag durch einen Beschluss der Eigentümergemeinschaft neu begründet – also nicht bereits vorher im Wirtschaftsplan beschlossen – worden (§ 28 Abs. 5 WEG), muss der Ersteher auch dann seinen Anteil erbringen, wenn die Notwendigkeit für diese Umlage bereits vor dem Zuschlag entstanden ist.

Umgekehrt hat die Gemeinschaft einen Überschuss, der bereits vor dem Zuschlag zur Auszahlung fällig geworden ist, noch an den bisherigen Eigentümer zu leisten. Beträge, die nach dem Zuschlag fällig werden, gebühren dem Ersteher. Solche Zahlungen werden aber nur anfallen, wenn umfangreiches Gemeinschaftseigentum vorhanden und vermietet ist.

3. Vermietung vor Aufteilung

Für den Ersteher ergeben sich Probleme, wenn das Objekt bereits vermietet war, **bevor** die Aufteilung in Wohnungseigentum erfolgte und die damaligen Mieter immer noch in ihren früheren Wohnungen (somit in der Eigentumswohnung, die jetzt versteigert werden soll) wohnen. Der Gutachter soll mit der Feststellung beauftragt werden, ob diese Voraussetzung bei der zu versteigernden Wohnung vorliegt. Ist dies der Fall, soll das Vollstreckungsgericht die Beteiligten auf die nachgenannten Einschränkungen hinweisen.

---

17 BayObLG v. 25.4.1984 – BReg 2 Z 108/83.
18 OLG München v. 12.3.2007 – 34 Wx 114/06 (zum Zwangsverwalter).
19 Zum früheren Recht: BGH v. 23.9.1999 – V ZB 17/99.

63 Der Ersteher kann das Mietverhältnis drei Jahre lang nicht kündigen, wenn er diese Kündigung auf
- Eigenbedarf (§ 573 Abs. 2 S. 2 BGB) oder
- Verhinderung der angemessenen wirtschaftlichen Verwertung (§ 573 Abs. 2 S. 3 BGB)

stützen will.

Diese Frist kann sich auf zehn Jahre verlängern (§ 577a Abs. 2 BGB).[20]

64 Der Mieter hat ein gesetzliches Vorkaufsrecht (§ 577 BGB), das allerdings wegen § 471 BGB in der Vollstreckungsversteigerung nicht ausgeübt werden kann – wohl aber in der Teilungsversteigerung. Es besteht nur für den ersten Verkaufsfall und kann somit gegenüber dem Ersteher (wenn dieser verkaufen will) nicht mehr ausgeübt werden.[21]

III. Forderungen der Wohnungseigentümergemeinschaft in der Zwangsversteigerung

1. Vorbemerkung

65 Seit dem 1.7.2007[22] fallen Ansprüche der Wohnungseigentümer, die aus § 16 Abs. 2 i.V.m. § 28 Abs. 2 und 5 WEG resultieren, mit **den nachgenannten Einschränkungen** in die RK 2 (§ 10 Abs. 1 Nr. 2 ZVG). Eine dingliche Haftung des Grundstücks hat der BGH[23] entgegen der bis dahin weit überwiegenden Meinung abgelehnt. Vielmehr sieht er in § 10 Abs. 1 Nr. 2 ZVG lediglich eine Privilegierung schuldrechtlicher Ansprüche, die im Insolvenzverfahren nach § 49 InsO zur abgesonderten Befriedigung berechtigt.

66 Unter den gleichen Voraussetzungen und Beschränkungen haben Miteigentümer, welche für den säumigen Eigentümer in Vorlage treten mussten, wegen ihrer Ersatzansprüche (Rückgriffsansprüche) die RK 2.[24]

2. Vorrecht der Eigentümergemeinschaft

67 Das Vorrecht der Eigentümergemeinschaft umfasst
- die Vorschüsse, welche nach § 28 Abs. 2 WEG laut Wirtschaftsplan zu zahlen sind, und
- Schluss- und Sonderzahlungen, welche die Gemeinschaft gem. § 28 Abs. 5 WEG beschließt.[25]

Den Beträgen liegt stets ein Beschluss der Wohnungseigentümergemeinschaft zugrunde. Voraussetzung ist, dass die Beträge **vor dem Zuschlag** beschlossen und fällig wurden[26] und das zu versteigernde Objekt betreffen.[27]

Das genannte Vorrecht genießen auch die Nebenkosten. Hierunter fallen insbesondere die Kosten, für die das Grundstück nach § 10 Abs. 2 ZVG haftet. Die Kosten der Beschaffung des (stets persönlichen) Titels der Eigentümergemeinschaft können ebenfalls in RK 2 geltend gemacht werden. Sie werden einerseits als

---

20 Soweit ersichtlich, hat bisher nur Bayern von dieser Möglichkeit Gebrauch gemacht (WoGeV vom 24.7.2001 (GVBl 2001, 368), befristet bis 30.9.2011).
21 So mit ausführlicher Begründung (wenn auch zu früherem Recht) BGH v. 14.4.1999 – VIII ZR 384/97.
22 Gesetz zur Änderung des Wohnungseigentumsgesetzes und anderer Gesetze vom 26.3.2007, BGBl I 2007, 370.
23 BGH v. 13.9.2013 – V ZR 209/12.
24 Dazu *Böhringer/Hintzen*, Rpfleger 2007, 353, 358; *Alff/Hintzen*, Rpfleger 2008, 165.
25 Einzelheiten bei *Böhringer/Hintzen*, Rpfleger 2007, 353 (357), *Alff/Hintzen*, Rpfleger 2008, 165.
26 A.A. *Stöber* (ZVG), § 10 Rn 4.4.
27 Dies ist der Formulierung des § 10 Abs. 1 Nr. 2 ZVG „bei Vollstreckung in ein Wohnungseigentum die daraus fälligen Ansprüche..." zu entnehmen.

Kosten der dinglichen Rechtsverfolgung eingestuft,[28] andererseits sogar als Ausgaben der Verwaltung nach § 16 Abs. 2 WEG deklariert.[29]

Ähnlich wie bei RK 3, sind auch die Forderungen der RK 2 zeitlich beschränkt. **68**

In die RK 2 (§ 10 Abs. 1 Nr. 2 ZVG) fallen:

- laufende und rückständige Beträge aus dem Jahr der ersten Beschlagnahme (§ 13 Abs. 4 ZVG) und den beiden vorhergehenden Jahren (gemeint sind hier jeweils Kalenderjahre)[30] und
- entgegen dem Wortlaut des Gesetzes wohl auch jene, die nach dem Jahr der Beschlagnahme während der Dauer des Verfahrens fällig werden.

Für Hausgeldforderungen, die erst nach einer Insolvenzeröffnung fällig wurden, siehe § 2 Rdn 79.

Das Vorrecht einschließlich aller Nebenkosten ist beschränkt auf 5 % des nach § 74a Abs. 5 ZVG festgesetzten Verkehrswertes (§ 10 Abs. 1 Nr. 2 S. 3 ZVG).[31] **69**

Dieser Höchstbetrag gilt gemeinsam für die Ansprüche der Gemeinschaft und für die unter Rdn 66 genannten Ersatzansprüche der Miteigentümer. Bei nicht ausreichender Summe erfolgt die Befriedigung im Verhältnis der Forderungen. Der Höchstbetrag darf nur einmal ausgeschöpft werden.[32] Dies ist insbesondere zu beachten, wenn Beträge von dazu berechtigten Dritten (§ 268 BGB) abgelöst wurden.[33] Zahlungen des Schuldners führen jedoch nicht zu einer Verminderung des Höchstbetrags.[34]

3. Verfolgung des Vorrechts

Wird die Zwangsversteigerung von einem anderen Gläubiger betrieben, erfolgt, je nach Art der Forderung, die Anmeldung durch die Gemeinschaft der Wohnungseigentümer (ggfs. vertreten durch den Verwalter) bzw. durch die Inhaber der in Rdn 66 genannten Ersatzansprüche (§ 10 Abs. 1 Nr. 2 S. 4 ZVG). **70**

Die Anmeldung bedarf der Glaubhaftmachung. Nach § 45 Abs. 3 ZVG kann diese erfolgen

- durch Vorlage eines Vollstreckungstitels oder
- durch Vorlage der Niederschriften (samt Anlagen) der Beschlüsse der Eigentümergemeinschaft oder
- in sonst geeigneter Weise.
  Somit kann das Vollstreckungsgericht nach pflichtgemäßem Ermessen entscheiden, welche Form der Glaubhaftmachung ihm genügt. Erforderlich ist allerdings, dass die Art der Forderung,[35] der Bezugszeitraum und die Fälligkeit glaubhaft gemacht werden.

Will die Eigentümergemeinschaft selbst die Zwangsversteigerung betreiben, ist zunächst einmal ein vollstreckbarer Titel erforderlich, aus dem sich „Art der Forderung", „Bezugszeitraum" und „Fälligkeit" ergeben sollen. Ergibt sich dies nicht eindeutig aus dem Titel,[36] kann auch insoweit Glaubhaftmachung erfolgen. Nach Ansicht des LG Mönchengladbach[37] ist das Vollstreckungsgericht jedoch an eine Falschbezeichnung der Ansprüche im Titel gebunden und in diesem Fall keine ergänzende Glaubhaftmachung **71**

---

28 *Alff/Hintzen*, Rpfleger 2008, 165.
29 LG Bonn v. 17.8.2011 – 5 S 77/11.
30 Die Rückstände müssen sich auf die Kalenderjahre beziehen. Es reicht nicht aus, wenn Beträge, die sich auf weiter zurückliegende Zeiträume beziehen, in dem privilegierten Zeitraum beschlossen wurden. Siehe auch *Stöber* (ZVG), § 10 Rn 4.5.
31 Eine überholte Verkehrswertfestsetzung, die aber wegen des Wegfalls der Grenzen nach §§ 74a, 85a ZVG nicht mehr geändert wird, kann hier jedoch nicht maßgeblich sein. *Stöber* (ZVG), § 10 Rn 4.6.
32 Dies sieht die Gesetzesbegründung so vor, um die Gläubiger der weiteren Rangklassen des § 10 ZVG nicht unangemessen zu benachteiligen.
33 BGH v. 4.2.2010 – V ZB 129/09.
34 BGH v. 14.6.2012 – V ZB 194/11.
35 Also z.B. „Vorschüsse gem. Wirtschaftsplan", „Schlusszahlung gem. Wirtschaftsplan", „Sonderumlage".
36 Offenbar ein Zugeständnis des Gesetzgebers an die Schlampigkeit von Klageschriften und Urteilstenor.
37 LG Mönchengladbach v. 4.11.2008 – 5 T 239/08.

möglich. Auch der Bezug zum Objekt sollte sich nach Ansicht des LG Passau[38] zumindest aus der Begründung des Titels ergeben und ist keiner Glaubhaftmachung im Zwangsversteigerungsverfahren zugänglich.

Außerdem muss die Forderung höher sein als 3 % des Einheitswertes (§ 10 Abs. 1 Nr. 3 ZVG mit § 18 Abs. 2 Nr. 2 WEG).

Dies gilt auch für Miteigentümer, die wegen ihres Ersatzanspruches (Rdn 66) Versteigerungsantrag stellen wollen. Nach der hier vertretenen Auffassung können mehrere Ansprüche verschiedener Miteigentümer nicht zusammengerechnet werden um die Mindestsumme zu erreichen; auch nicht mit Ansprüchen der Gemeinschaft.

§ 30 AO (Steuergeheimnis) steht einer Mitteilung des Einheitswertes an die übrigen Miteigentümer nicht entgegen (§ 10 Abs. 3 ZVG, § 18 Abs. 2 Nr. 2 WEG).

72 Da dem Vollstreckungsgericht bei der Anordnung des Verfahrens der künftige Verkehrswert des Wohnungseigentums nicht bekannt ist, empfiehlt es sich, folgenden Vermerk in den Anordnungsbeschluss aufzunehmen:

> Der Betrag hat die RK 2 des § 10 Abs. 1 ZVG, soweit er 5 % des Verkehrswertes nicht übersteigt.

4. Bestehen bleibende Rechte

73 Häufig sind alle Miteigentumsanteile einheitlich mit Grunddienstbarkeiten und beschränkten persönlichen Dienstbarkeiten belastet, welche Rechte sichern, die für den Betrieb des Wohnungseigentums wichtig sind. Entgegen der allgemeinen Regel erlöschen diese nicht, wenn aus RK 2 die Zwangsversteigerung in einen Miteigentumsanteil betrieben wird (§ 52 Abs. 2 S. 2 ZVG).

Dieser Schutz tritt aber nicht ein, wenn ein Grundpfandrecht oder eine Reallast mit Vorrang vorhanden ist, so dass eine Zwangsversteigerung aus deren Rang ebenfalls zum Erlöschen der vorgenannten Rechte an einem Anteil führen würde. Wenn also die Gemeinschaft dieses Risiko des Erlöschens anderweitig eingegangen ist, kann sie sich nicht auf den o.g. Schutz berufen.

5. Übergangsrecht

74 Gem. § 62 Abs. 1 WEG finden die in Rdn 65–73 genannten Regelungen keine Anwendung auf Zwangsversteigerungsverfahren, welche vor dem 1.7.2007 anhängig geworden sind. Dabei kommt es auf das Datum des Anordnungsbeschlusses an,[39] auch wenn weitere Gläubiger nach dem 1.7.2007 beigetreten sind und der erste Gläubiger bereits aus dem Verfahren ausgeschieden ist.

---

[38] LG Passau v. 4.3.2008 – 2 T 22/08.
[39] BGH v. 21.2.2008 – V ZB 123/07.

2. Abschnitt Versteigerung mehrerer Grundstücke

§ 10 Grundsatz, Allgemeine Voraussetzungen und Auswirkungen

A. Grundsatz der Einzelversteigerung

Das Zwangsversteigerungsgesetz geht vom Grundsatz der Einzelversteigerung aus, d.h. in **einem** Versteigerungsverfahren kommt grundsätzlich nur **ein** Grundstück zur Versteigerung. 1

B. Voraussetzungen für die gemeinsame Versteigerung

Die Versteigerung **mehrerer** Grundstücke in **demselben Verfahren** ist die Ausnahme; ihre Voraussetzungen sind in **§ 18 ZVG** wie folgt geregelt: 2

I. Mehrheit von Grundstücken (Versteigerungsgegenständen)

§ 18 ZVG spricht zwar von der Versteigerung mehrerer Grundstücke, die Anwendung der Norm ist jedoch nicht auf Grundstücke im Rechtssinne beschränkt, weshalb in der Literatur[1] mitunter auch von Versteigerungsgegenständen oder Vollstreckungsobjekten gesprochen wird. 3

Die notwendige Mehrheit von Versteigerungsgegenständen liegt demnach vor, wenn zur Versteigerung kommen sollen 4

1. mehrere **Grundstücke** im Rechtssinne;
2. mehrere **Grundstücksbruchteile** (§ 1 Rdn 2), wenn die Bruchteile in den ideellen Anteilen von Miteigentümern bestehen (§ 864 Abs. 2 ZPO); hierunter fällt auch das **Wohnungs- und Teileigentum** (§ 9 Rdn 43–74);
3. mehrere **grundstücksgleiche Rechte** (z.B. Erbbaurecht, § 9 Rdn 1–42).

Denkbar ist auch eine gemeinsame Versteigerung von Versteigerungsgegenständen aus **verschiedenen** der genannten „Gruppen", etwa die Versteigerung eines Grundstücks im Rechtssinne und eines Grundstücksbruchteils in **demselben** Verfahren. 5

> *Hinweis*
> Wenngleich die nachfolgenden Ausführungen für alle genannten **Versteigerungsgegenstände** zutreffen, wird in der Folge aus Gründen leichterer Lesbarkeit grundsätzlich von der Versteigerung mehrerer **Grundstücke** gesprochen werden.

II. Zuständigkeit

Zur gemeinsamen Versteigerung mehrerer Grundstücke kann es nur kommen, wenn das Vollstreckungsgericht für **alle** betroffenen Grundstücke örtlich zuständig ist (§ 1 ZVG; § 1 Rdn 6). Liegen die Grundstücke in den Bezirken verschiedener Vollstreckungsgerichte, muss nach § 2 Abs. 2 ZVG zunächst die Zuständigkeit bestimmt werden (zum diesbezüglichen Verfahren § 1 Rdn 7). 6

---

1 So z.B. *Böttcher* (ZVG), § 18 Rn 2.

III. Identität

7 Der Begriff der Identität[2] steht für drei Voraussetzungen, an deren **alternatives** Vorliegen § 18 ZVG die Versteigerung mehrerer Grundstücke in demselben Verfahren knüpft:
1. Eine Forderung gegen denselben Schuldner;
beispielhaft sei hier der Gläubiger genannt, der wegen einer persönlichen Forderung gleichzeitig in mehrere Grundstücke desselben Schuldners vollstreckt.
2. Ein bestehendes Recht an jedem Grundstück;
der Gläubiger vollstreckt z.b. seinen dinglichen Anspruch aus einem Gesamtgrundpfandrecht.
3. Eine Forderung gegen gesamtschuldnerisch haftende Eigentümer;
als eine Möglichkeit sei hier die Geltendmachung einer persönlichen Forderung gegen zwei gesamtschuldnerisch haftende Ehegatten durch Zwangsversteigerung ihrer hälftigen Miteigentumsanteile genannt.

> *Beachte*
> Liegt nicht mindestens eine der drei Voraussetzungen vor, ist eine gemeinsame Versteigerung von Grundstücken nicht zulässig.

> *Tipp*
> Ein nur an einem Grundstück dinglich gesicherter Gläubiger kann durch die gleichzeitige Geltendmachung seiner persönlichen Forderung gegen den Schuldner auch weitere (ihm bislang nicht als Sicherheit dienende) Grundstücke des Schuldners in ein Zwangsversteigerungsverfahren einbeziehen.

C. Allgemeine Auswirkungen

I. Beschlagnahmezeitpunkt

8 Die Frage, wann die Beschlagnahme wirksam wird, ist auch bei der Versteigerung mehrerer Grundstücke allein nach § 22 ZVG zu beantworten (§ 1 Rdn 76–78). Jedes Grundstück hat seinen **eigenen Beschlagnahmezeitpunkt**. Innerhalb **eines** Versteigerungsverfahrens können demnach **mehrere** verschiedene Beschlagnahmezeitpunkte vorliegen. Beispielhaft sei die gemeinsame Versteigerung zweier Grundstücksbruchteile (ideelle Miteigentumsanteile) genannt. Denkbar sind hier verschiedene Beschlagnahmezeitpunkte z.B. bei zeitversetzter Zustellung des Anordnungsbeschlusses an den jeweiligen Eigentümer und späterem Eingang des Grundbuchersuchens beim Grundbuchamt.
Im Falle einer nachträglichen Verbindung wird es noch deutlicher sichtbar, dass jedes Grundstück seinen eigenen Beschlagnahmezeitpunkt hat.

> *Beispiel*
> Die Versteigerung des Grundstücks A wird betrieben von einem persönlichen Gläubiger. Der Anordnungsbeschluss wurde dem Schuldner am 13.2. zugestellt, das Ersuchen um Eintragung des Zwangsversteigerungsvermerks ging am 15.2. bei Grundbuchamt ein und wurde sofort vollzogen.
> Ein anderer persönlicher Gläubiger betreibt die Versteigerung des Grundstücks B. Der Anordnungsbeschluss wurde dem Schuldner am 20.3. zugestellt, das Ersuchen um Eintragung des Zwangsversteigerungsvermerks ging am 19.3. bei Grundbuchamt ein und wurde sofort vollzogen.

---

2 Zum Begriff der Identität siehe *Böttcher* (ZVG), § 18 Rn 4 f.

Ein weiterer persönlicher Gläubiger betreibt die Versteigerung des Grundstücks C. Der Anordnungsbeschluss wurde dem Schuldner am 4.4. zugestellt, das Ersuchen um Eintragung des Zwangsversteigerungsvermerks ging am 9.4. bei Grundbuchamt ein und wurde sofort vollzogen.

Am 12.5. beantragt die Bank D die Versteigerung der Grundstücke A, B und C aus ihrer an allen drei Grundstücken lastenden Gesamtgrundschuld. Der Beitrittsbeschluss wird zugestellt am 15.5. Mit dem Beitrittsbeschluss hat das Vollstreckungsgericht auch die Verfahren gem. § 18 ZVG verbunden.

Die erste Beschlagnahme des Grundstücks A war am 13.2., die des Grundstücks B am 19.3. und die des Grundstücks C am 4.4. Hieran ändert sich durch die (erstmals nach Beitritt der Bank D mögliche) Verbindung der Verfahren und die durch die Bank D zeitgleich am 15.5. bewirkte Beschlagnahme aller drei Grundstücke nichts.

Tipp
Verschiedene Beschlagnahmezeitpunkte beachten.

Klarstellend sei darauf hingewiesen, dass bei der Versteigerung mehrerer Grundstücke ein für alle Grundstücke einheitlicher Beschlagnahmezeitpunkt auch **nicht** über § 13 Abs. 4 ZVG bestimmt werden kann. Der allein für die Abgrenzung der laufenden von den rückständigen wiederkehrenden Leistungen wichtige Tag der ersten Beschlagnahme (§ 3 Rdn 63) gilt **„pro Grundstück"**, d.h., je Versteigerungsgegenstand ist ein solcher Tag der ersten Beschlagnahme zu ermitteln.

II. Grundstückswert (Verkehrswert)

Der Verkehrswert ist für jeden Versteigerungsgegenstand **getrennt** festzusetzen. Bei Grundstücksbruchteilen (ideellen Miteigentumsanteilen) gestaltet sich dies oft problematisch, da z.B. der Wert des hälftigen Miteigentumsanteils an einer Eigentumswohnung nicht automatisch 50 % des Verkehrswertes „der gesamten Wohnung" entspricht. Letztlich wird dem Gericht in der Praxis jedoch kaum anderes übrigbleiben, als den Verkehrswert des ideellen Miteigentumsanteils entsprechend dem Bruchteil am „Gesamtwert" festzusetzen. Jedoch sollte auch hier eine getrennte Festsetzung (Festsetzung pro Bruchteil) erfolgen.[3]

---

[3] A.A. *Stöber* (ZVG), § 74a Rn 7.10, der vorschlägt, für Bruchteile eines Grundstücks von gleichem Wert den Wert nur für das „Gesamtgrundstück" festzusetzen, da der Miteigentumsanteil zugleich den Wertanteil bestimme.

§ 11 Ausgebotsarten, Geringstes Gebot, Zuschlag

A. Ausgebotsarten und Verfahren

Bei der Versteigerung mehrerer Grundstücke in demselben Verfahren kann man **drei** Ausgebotsarten unterscheiden:
- Einzelausgebot,
- Gesamtausgebot,
- Gruppenausgebot.

I. Einzelausgebot

Das Einzelausgebot stellt die gesetzliche Regel dar (§ 63 Abs. 1 ZVG), d.h. stellen die Beteiligten keine anderslautenden „Anträge" (siehe Rdn 6 f.), kommt es (nur) zu Einzelausgeboten. Im Einzelausgebot wird jedes Grundstück (und somit etwa auch jeder einzelne MEA) **einzeln** ausgeboten. In diesem Fall gibt es damit in einem Verfahren über mehrere Grundstücke so viele Einzelausgebote wie Grundstücke.

II. Gesamtausgebot

Beim Gesamtausgebot kommt es zur gemeinsamen Versteigerung **aller** im Termin zur Versteigerung heranstehenden Grundstücke (Versteigerung „en bloc"). Wird der Zuschlag auf das Gesamtausgebot erteilt, erwirbt der Ersteher alle im Termin versteigerten Grundstücke.

III. Gruppenausgebot

Bei einem Gruppenausgebot werden **einige**, aber eben nicht alle Grundstücke eines Verfahrens zusammen versteigert. Innerhalb eines Verfahrens sind auch mehrere Gruppenausgebote denkbar. Dabei kann z.B. ein Grundstück auch in mehreren Gruppen auftauchen, was dann jedoch zu nicht unerheblichen Problemen bei der Berechnung der Erhöhung nach § 63 Abs. 3 S. 1 ZVG (Rdn 34 f.) und der Zuschlagsentscheidung (Rdn 44 f.) führt.
Das Gruppenausgebot stellt im Verhältnis zu den Einzelausgeboten ein Gesamtausgebot der im Gruppenausgebot befindlichen Grundstücke, im Verhältnis zum Gesamtausgebot ein Einzelausgebot dar.
Die Beachtung dieses Grundsatzes spielt bei der Zuschlagsentscheidung (Rdn 38 f.) eine wichtige Rolle.

> *Beispiel*
> Zur gemeinsamen Versteigerung stehen heran:
> - Grundstück A,
> - Grundstück B,
> - Grundstück C.
>
> Folgende Ausgebote sind z.B. (Auflistung nicht abschließend) möglich:
> - Alle drei Grundstücke werden einzeln ausgeboten (Einzelausgebote),
> - alle drei Grundstücke werden zusammen ausgeboten (Gesamtausgebot),
> - Grundstück A und Grundstück B werden zusammen ausgeboten (Gruppenausgebot), Grundstück C wird einzeln ausgeboten (Einzelausgebot),
> - Grundstück B und Grundstück C werden zusammen ausgeboten (Gruppenausgebot), Grundstück A wird einzeln ausgeboten (Einzelausgebot).

IV. Verfahren

6 Ob es in einem Versteigerungsverfahren zu einem Gesamtausgebot und/oder Gruppenausgebot(en) kommt, hängt, mit Ausnahme des in § 63 Abs. 1 S. 2 ZVG genannten Falles der Überbauung mehrerer Grundstücke mit einem einheitlichen Bauwerk (hierzu Rdn 13), von dem Verhalten der Beteiligten (§ 9 ZVG)[1] ab. Der Gesetzgeber unterscheidet in der für das Verfahren maßgeblichen Norm (§ 63 Abs. 2 ZVG) zwischen

- **Verlangen** auf Gesamt- bzw. Gruppenausgebot und
- **Antrag** auf Gruppenausgebot.

7 Diese Differenzierung hat praktische Bedeutung. Während das Vollstreckungsgericht einem **Verlangen** entsprechen **muss**, hat es bei einem **Antrag** einen **Ermessensspielraum**. Es gelten folgende Zusammenhänge:

Übersicht

Gesamtausgebot:	Jeder Beteiligte kann es **verlangen** (§ 63 Abs. 2 S. 1 ZVG).
Gruppenausgebot:	Liegt eine Gesamtbelastung einiger, aber eben nicht aller, Grundstücke vor, kann jeder Beteiligte ein Gruppenausgebot **dieser** Grundstücke **verlangen** (§ 63 Abs. 2 S. 2 ZVG). Soweit eine solche Gesamtbelastung nicht besteht, können ein oder mehrere Gruppenausgebot(e) von einem Beteiligten zwar nicht verlangt, aber **beantragt** werden (§ 63 Abs. 2 S. 3 ZVG).

8 Verlangen und Antrag sind formlos, somit mündlich im Termin oder vor Termin schriftlich möglich. Sie können nur bis zur Aufforderung zur Abgabe von Geboten gestellt werden (§ 63 Abs. 2 S. 1 ZVG) und gelten jeweils nur für den konkret anstehenden Versteigerungstermin. Die Möglichkeit der Rücknahme von Verlangen und Antrag wird überwiegend bejaht,[2] weshalb das Vollstreckungsgericht **alle** diesbezüglichen Begehren (auch wenn sie auf die gleiche Ausgebotsart gerichtet sind) zu Protokoll nehmen muss. Möglich ist die Rücknahme jedoch nur bis zur Aufforderung zur Abgabe von Geboten.[3]

9 Kommt es zu einem Abbruch der Versteigerung, etwa nach Wegfall des bisher bestbetreibenden Gläubigers und einer **Neufeststellung des gG** im **gleichen Termin**, so wirkt das Verlangen/der Antrag fort.[4] Auch kann für das neue gG ein Gesamtausgebot/Gruppenausgebot jetzt erstmals verlangt/beantragt werden.

Wird ein **neuer Versteigerungstermin** durchgeführt, müssen das Verlangen/der Antrag wiederholt werden (keine Fortwirkung).

10 Unterblieben Gesamtausgebot und/oder Gruppenausgebot, obwohl die gesetzlichen Voraussetzungen dafür vorlagen, stellt dies einen (heilbaren) Zuschlagsversagungsgrund dar (§§ 83 Nr. 2, 84 ZVG).[5]

11 Der Gläubiger, welcher eine der Identitäts-Voraussetzungen des § 18 ZVG (§ 10 Rdn 7) erfüllt und somit erst das Gesamtausgebot oder ein Gruppenausgebot ermöglicht, muss nicht gleichzeitig der bestbetreibende Gläubiger sein, nach welchem sich das gG richtet. Im nachfolgenden Beispiel ermöglicht in der 3. Alternative Z das Gesamtausgebot, obwohl er nur am Grundstück C bestbetreibender Gläubiger ist und dort das gG bestimmt.

---

1 Bei der gemeinsamen Versteigerung mehrerer Miteigentumsanteile ist ein Miteigentümer am Verfahren betreffend den „anderen" Miteigentumsanteil Beteiligter nach § 9 Nr. 1 ZVG.
2 So z.B. *Böttcher* (ZVG), § 63 Rn 9, *Stöber* (ZVG), § 63 Rn 4.4.
3 *Stöber* (ZVG), § 63 Rn 4.4.
4 *Stöber* (ZVG), § 63 Rn 4.5.
5 Zur sprachlichen Ungenauigkeit von § 83 Nr. 2 ZVG siehe *Stöber* (ZVG), § 83 Rn 3.2.

Beispiel 12

Sind z.B. drei Gläubiger X, Y, und Z vorhanden und sollen zwei Grundstücke (A, B) versteigert werden, sind folgende Kombinationen möglich:

1. Alternative:
X betreibt bestrangig in beide Grundstücke (Gesamtrecht). Er ermöglicht das Gesamtausgebot und bestimmt gleichzeitig das gG an beiden Grundstücken.

2. Alternative:
X betreibt bestrangig nur in Grundstück A. Y betreibt bestrangig in Grundstück B und zweitrangig (Gesamtrecht) in Grundstück A. Y ermöglicht das Gesamtausgebot und bestimmt an Grundstück B das gG. X bestimmt an Grundstück A das gG.

3. Alternative:
X betreibt bestrangig nur in Grundstück A. Y betreibt bestrangig nur in Grundstück B. Z betreibt zweitrangig in beide Grundstücke (Gesamtrecht). Z kann das gG nicht bestimmen, bildet aber die „Klammer", welche ein Gesamtausgebot ermöglicht. X an A und Y an B bestimmen das gG, auch für das Gesamtausgebot! Kommt es in diesem Fall jedoch etwa aufgrund einer Bewilligung des Z zur einstweiligen Einstellung „seines" Verfahrens, kann kein Gesamtausgebot mehr stattfinden.

Sind mehrere Grundstücke mit einem einheitlichen Bauwerk überbaut, so können sie auch gemeinsam ausgeboten werden (§ 63 Abs. 1 S. 2 ZVG). Es steht im Ermessen des Vollstreckungsgerichts, von Amts wegen (ohne Verlangen bzw. Antrag eines Beteiligten) ein Gesamtausgebot der überbauten Grundstücke durchzuführen. Am Grundsatz der Einzelversteigerung (Rdn 2) ändert die Möglichkeit eines amtswegigen Gesamtausgebots jedoch nichts, weshalb die Einzelausgebote nur unter den Voraussetzungen des § 63 Abs. 4 ZVG (dazu Rdn 14 f.) wegfallen.[6] 13

Einen sehr praxisrelevanten Fall des § 63 Abs. 1 S. 2 ZVG stellt die gemeinsame Versteigerung mehrerer Miteigentumsanteile an einem bebauten Grundstück dar.

V. Verhältnis der einzelnen Ausgebotsarten zueinander

1. Wegfall der Einzelausgebote

Da mehrere Grundstücke grundsätzlich einzeln auszubieten sind (Rdn 2), knüpft das Gesetz an ein Abweichen von diesem Grundsatz besondere Voraussetzungen. So dürfen die Einzelausgebote nur unterbleiben, wenn die **anwesenden Beteiligten**, deren Rechte bei der **Feststellung des gG nicht** zu berücksichtigen sind,[7] hierauf **verzichtet** haben (§ 63 Abs. 4 ZVG). Dies setzt immer ein positives Tun mit eindeutigem Erklärungsinhalt voraus.[8] 14

Zwar gilt die zivilprozessuale Hinweispflicht nach § 139 ZPO auch im Zwangsversteigerungsverfahren, sie erfordert aber nicht allgemeine Ausführungen über die Rechte der Beteiligten. In erster Linie kommt die Hinweispflicht zum Tragen, wenn das Gericht Anlass zu der Annahme hat, dass ein Beteiligter die Rechtslage falsch einschätzt und ihm deshalb ein Rechtsnachteil droht.[9] 15

Der Verzicht ist bis spätestens vor der Aufforderung zur Abgabe von Geboten zu erklären. Die Erklärungen sind stets zu protokollieren.[10] Ein diesbezügliches Vorlesen des Protokolls ist jedoch nicht erforderlich.[11] Im 16

---

6 *Stöber* (ZVG), § 63 Rn 3.1; Thüringer OLG v. 10.7.2000 – 6 W 433/00.
7 Zum Personenkreis *Böttcher* (ZVG), § 63 Rn 3. Mieter und Pächter müssen nicht verzichten, *Stöber* (ZVG), § 63 Rn 2.1.
8 BGH v. 30.10.2008 – V ZB 41/08.
9 BGH v. 10.10.2013 – V ZB 181/12.
10 BGH v. 30.10.2008 – V ZB 41/08.
11 BGH v. 1.7.2010 – V ZB 94/10.

Lichte der Entscheidung des BGH[12] sollte sich das Gericht **unmittelbar vor der Aufforderung zur Abgabe von Geboten** durch Nachfrage vergewissern, ob zwischenzeitlich weitere Beteiligte (insbesondere der Schuldner) erschienen sind und das Protokoll mindestens um diese Nachfrage ergänzen.

17 Der Verzicht auf ein Einzelausgebot kann nach der Aufforderung zur Abgabe von Geboten nicht mehr zurückgenommen werden.[13]

18 Die Beteiligten können auch auf **einzelne** Einzelausgebote verzichten[14] und mit einem solchen beschränkten Verzicht vorab dieselben Rechtsfolgen herbeiführen, welche eintreten, wenn auf einzelne Einzelausgebote keine Gebote abgegeben werden. Zur Zuschlagsentscheidung in diesem Fall Rdn 42.

19 Erscheint ein Beteiligter erst nach der Erstellung des gG, so ist seine Verzichtserklärung nicht mehr erforderlich.[15]

2. Reihenfolge der Ausgebotsarten

20 Obwohl im Gesetz nicht ausdrücklich geregelt, sollten die verschiedenen Ausgebotsarten gleichzeitig erfolgen. Die Versteigerung kann in jedem Fall für alle Ausgebotsarten nur **einheitlich** geschlossen werden.[16] Versteigert das Vollstreckungsgericht in demselben Verfahren mehrere Grundstücke z.B. im Gesamtausgebot und im Einzelausgebot, so verstößt es gegen § 73 Abs. 1 S. 2 ZVG, wenn es z.B. zunächst das höchste Gebot auf das Gesamtausgebot durch dreimaligen Aufruf verkündet, danach insoweit die Versteigerung schließt und hiernach mit dem dreimaligen Aufruf eines höchsten Gebots auf das Einzelausgebot fortfährt, dann dort die Versteigerung schließt usw.[17]

Richtig ist vielmehr folgende Verfahrensweise:

1. Nacheinander (Ausgebotsart für Ausgebotsart) werden alle letzten Gebote aller Ausgebotsarten dreimalig aufgerufen (§ 73 Abs. 2 ZVG).
2. Das Vollstreckungsgericht fragt sodann, ob auf irgendeine Ausgebotsart noch ein weiteres Gebot abgegeben wird (§ 73 Abs. 1 S. 2 ZVG). Ist dies der Fall, wird nach Gebotszulassung Schritt 1 wiederholt.
3. Werden keine weiteren Gebote abgegeben, verkündet das Vollstreckungsgericht den Schluss der Versteigerung einheitlich (zeitgleich) für alle Ausgebotsarten.

B. Das geringste Gebot (gG)

21 *Hinweis*

Eine ausführliche Darstellung und Berechnung eines geringsten Gebots anhand konkreter Daten findet sich im Fallbeispiel § 15 unter A. Geringstes Gebot (§ 15 Rdn 1).

I. Allgemeines

22 Für jede Ausgebotsart muss ein **gesondertes** gG aufgestellt werden. Dessen Aufstellung und Berechnung erfolgt grundsätzlich nach den allgemeinen Bestimmungen (§ 3 Rdn 110 ff.). Aus dem Umstand der Zwangsversteigerung mehrerer Grundstücke ergeben sich jedoch einige Besonderheiten.

---

12 BGH v. 2.2.2012 – V ZB 6/11.
13 *Stöber* (ZVG), § 63 Rn 2.3.
14 BGH v. 28.9.2006 – V ZB 55/06.
15 *Stöber* (ZVG), § 63 Rn 2.2.
16 Arg. § 63 Abs. 3 S. 1 ZVG; LG Kassel v. 3.8.2006 – 3 T 367/06.
17 BGH v. 9.5.2003 – IXa ZB 25/03.

II. Grundsätze

Zunächst sollen die Grundsätze wie folgt dargestellt werden: 23

Übersicht

Ausgebotsart	Im geringsten Gebot stehen:
Einzelausgebot	Alle Belastungen (bestehen bleibende Rechte) und alle Barbeträge (Mindestbargebot), die **dieses** Grundstück betreffen und dem bestbetreibenden Gläubiger **dieses** Grundstücks vorgehen (§ 44 ZVG). **Gesamtbelastungen** werden, sofern nicht eine Verteilung nach § 64 Abs. 1 ZVG erfolgt ist (§ 12 Rdn 1 ff.), bei jedem Grundstück **voll** angesetzt.
Gesamtausgebot	Alle Belastungen und Barbeträge, sofern sie **irgendeines** der zu versteigernden Grundstücke betreffen und dort in das gG fallen (würden), also dem dortigen bestbetreibenden Gläubiger vorgehen. **Gesamtbelastungen** werden **nur einmal** angesetzt. Das gG des Gesamtausgebots entspricht der Summe der geringsten Gebote der Einzelausgebote, nur dass Gesamtbelastungen nur einmal zu berücksichtigen sind.
Gruppenausgebot	Da das Gruppenausgebot im Verhältnis zu den Einzelausgeboten ein Gesamtausgebot darstellt, werden hier alle Belastungen und Barbeträge angesetzt, die irgendeines der zur Gruppe gehörenden Grundstücke belasten und dem dortigen bestbetreibenden Gläubiger vorgehen. Gesamtbelastungen finden sich entsprechend nur einmal.

III. Einzelausgebot

1. Verfahrenskosten

a) Gebühren

Die Gebühren werden einheitlich nach dem Gesamtwert (§ 54 Abs. 4 GKG) aller verfahrensgegenständ- 24
lichen Grundstücke berechnet und dann im Verhältnis der Verkehrswerte auf jedes Einzelausgebot aufgeteilt.

b) Auslagen

Auch hier entspricht die Aufteilung der für alle Grundstücke entstandenen Auslagen im Verhältnis der 25
Grundstücksverkehrswerte einer theoretisch korrekten Lösung. Sind jedoch Auslagen nur für ein Grundstück entstanden, werden sie auch nur bei diesem angesetzt. In der gerichtlichen Praxis werden alle Auslagen wegen der „Gefahr", dass letztlich nicht alle Grundstücke zugeschlagen werden könnten (siehe z.B. § 76 ZVG), oft bei jedem Grundstück in voller Höhe angesetzt. Wegen der Möglichkeit, für in einem Verfahren entstandene Kosten (und damit auch Auslagen) auch den Antragsteller in Anspruch zu nehmen (§ 26 Abs. 1 GKG), erscheint diese Verfahrensweise mindestens überflüssig.

2. Ansprüche der Rangklassen 1 bis 3

Ansprüche aus diesen RK sind im Einzelausgebot bei dem Grundstück anzusetzen, für welches sie an- 26
gefallen sind. Das Vollstreckungsgericht hat daher auf eine **getrennte Anmeldung** zu achten bzw. hinzuwirken.

27 Dies ist bei öffentlichen Lasten von besonderer praktischer Bedeutung. Da es bei diesen keine Gesamthaft[18] gibt, muss der Anspruchsberechtigte bei der Anmeldung bezeichnen, auf welchen Grundstücken die Forderung dinglich ruht (getrennte Anmeldung).[19]

3. Ansprüche der Rangklasse 4

28 Ansprüche aus Einzelrechten werden nur bei dem belasteten Grundstück angesetzt; Gesamtrechte werden, soweit keine Verteilung nach § 64 Abs. 1 ZVG erfolgt ist (§ 12 Rdn 1 ff.), bei jedem Grundstück in voller Höhe berücksichtigt.

4. Ansprüche der Rangklasse 5

29 Fällt ausnahmsweise ein persönlicher Gläubiger in das gG (§ 3 Rdn 131), so gilt für seine Berücksichtigung das zu RK 4 Gesagte entsprechend. Betreibt demnach der Gläubiger aus einem persönlichen Anspruch die Zwangsversteigerung mehrerer Grundstücke, so wird er mit seinem Anspruch bei jedem Grundstück in voller Höhe berücksichtigt. Zur Berechnung der wiederkehrenden Leistungen dieses Gläubigers siehe § 3 Rdn 132. Der Anspruch des persönlichen Gläubigers kann analog § 64 Abs. 1 ZVG aufgeteilt werden (dazu § 12 Rdn 4).

IV. Gesamtausgebot

30 Im gG stehen alle Gerichtskosten und alle Ansprüche der RK 1 bis 3. Weiter finden alle Ansprüche Berücksichtigung, welche irgendein zur Versteigerung heranstehendes Grundstück belasten; Gesamtbelastungen werden jedoch nur **einmal** angesetzt. Sofern kein Gesamtrecht zu berücksichtigen ist, entspricht die Summe der gG aus dem Einzelausgebot damit dem gG des Gesamtausgebots.

31 *Hinweis*
Das Gesamtausgebot ist unter strenger Wahrung des Deckungsgrundsatzes zu erstellen, d.h. alle Belastungen, welche dem **jeweilig** bestbetreibenden Gläubiger an diesem Grundstück vorgehen, sind in das gG des Gesamtausgebots aufzunehmen (Gesamtbelastungen nur einmal). Nochmals: Es gibt keinen einheitlichen bestbetreibenden Gläubiger.

32 *Beispiel*
In dem Zwangsversteigerungsverfahren betreffend die drei Grundstücke A, B, C muss auf Verlangen eines Beteiligten (§ 63 Abs. 2 S. 1 ZVG) ein Gesamtausgebot erfolgen. Auf Einzelausgebote wurde verzichtet (§ 63 Abs. 4 ZVG). Die Grundstücke sind in der zweiten Abteilung lastenfrei und in der dritten Abteilung jeweils mit Grundschulden in der angegebenen Höhe belastet. Bei dem an allen drei Grundstücken (zufällig) unter gleicher Nr. eingetragenen Recht Abt. III Nr. 2 handelt es sich um ein an allen drei Grundstücken lastendes Gesamtrecht.

---

18 Eine „Gesamtveranlagung" des Schuldners kann sich nur auf dessen persönliche Haftung beziehen.
19 So zutreffend *Glotzbach/Goldbach*, Rn 246–248 m. Hinweisen für die Praxis. Die u.a. von *Stöber* (ZVG), § 63 Rn 2.5. im Falle einer alle oder mehrere Grundstücke betreffenden gemeinsamen Anmeldung bei gleichzeitigem Fehlen von Anhaltspunkten für eine Einzelhaftung eines bzw. einiger Grundstücke vorgeschlagene Aufteilung der Ansprüche im Verhältnis der Werte der betroffenen Grundstücke ist vor dem Hintergrund einer nicht bestehenden Gesamthaft für öffentliche Lasten fragwürdig. Es ist hier sachgerechter, diese Aufteilung von dem diesbezüglich kompetenteren Anspruchsinhaber zu verlangen.

Grundstück A	Grundstück B	Grundstück C
Abt. III	Abt. III	Abt. III
1: 50.000,00 EUR	1: 70.000,00 EUR	1: 30.000,00 EUR
2: 40.000,00 EUR	2: 40.000,00 EUR	2: 40.000,00 EUR
3: 30.000,00 EUR	3: 20.000,00 EUR	3: 10.000,00 EUR
4: 20.000,00 EUR	4: 10.000,00 EUR	
5: 10.000,00 EUR		
6: 10.000,00 EUR		

Obwohl letztlich nur ein Gesamtausgebot aufgestellt werden soll, muss zunächst **für jedes einzelne Grundstück** der **dort** bestbetreibende Gläubiger ermittelt werden.

Im Beispiel soll von folgenden Angaben ausgegangen werden:

Bestbetreibender Gläubiger

Grundstück A	Grundstück B	Grundstück C
Gläubiger X	Gläubiger Y	Gläubiger Z
aus dem Recht III/5	aus dem Recht III/4	aus persönlichem Anspruch
(dinglicher Anspruch)	(dinglicher Anspruch)	(in alle drei Grundstücke)

Die **fett** gedruckten Rechte bleiben demnach bestehen:

Grundstück A	Grundstück B	Grundstück C
Abt. III	Abt. III	Abt. III
1: 50.000,00 EUR	**1: 70.000,00 EUR**	**1: 30.000,00 EUR**
2: 40.000,00 EUR	**2: 40.000,00 EUR**	**2: 40.000,00 EUR**
3: 30.000,00 EUR	**3: 20.000,00 EUR**	**3: 10.000,00 EUR**
4: 20.000,00 EUR	4: 10.000,00 EUR	
5: 10.000,00 EUR		
6: 10.000,00 EUR		

Zusammenfassung:

In das gG des Gesamtausgebots fallen demnach folgende bestehen bleibende Rechte:

Abt. III

1: 50.000,00 EUR	an Grundstück A
1: 70.000,00 EUR	an Grundstück B
1: 30.000,00 EUR	an Grundstück C
2: 40.000,00 EUR	an Grundstücken A, B, C (Gesamtrecht)
3: 30.000,00 EUR	an Grundstück A
3: 20.000,00 EUR	an Grundstück B
3: 10.000,00 EUR	an Grundstück C
4: 20.000,00 EUR	an Grundstück A

V. Gruppenausgebot

33 Da das Gruppenausgebot im Verhältnis zu den Einzelausgeboten ein Gesamtausgebot darstellt (Rdn 4), gilt für das gG des Gruppenausgebots das zum gG des Gesamtausgebots Gesagte entsprechend. So finden sich auch hier alle Belastungen, die dem **jeweilig bestbetreibenden** Gläubiger an einem Grundstück vorgehen, Gesamtbelastungen jedoch nur einmal.

VI. Erhöhung des geringsten Gebots

34 Wird bei einem Einzelausgebot auf eines der Grundstücke ein Meistgebot abgegeben, das mehr beträgt als das gG für dieses Grundstück, so erhöht sich bei dem Gesamtausgebot das gG um den Mehrbetrag (§ 63 Abs. 3 S. 1 ZVG). Die gesetzlich eingetretene Erhöhung verändert zwar den bar zu zahlenden Teil, dennoch ist das gG nicht insgesamt neu festzustellen; bereits abgegebene Gebote bleiben „bestehen". Deren Zuschlagsfähigkeit könnte jedoch weggefallen sein; hierzu Rdn 48 f.

35 Aus Gründen einer fairen Sitzungsleitung sollte die eingetretene Erhöhung **bekannt gemacht** werden. Ein Mitrechnen des Gerichts ist wegen der bei einer neuerlichen Gebotsabgabe erforderlichen Zulassungsentscheidung (§ 4 Rdn 62) ohnehin unerlässlich.

36 *Beispiel*

In einem Zwangsversteigerungsverfahren werden die beiden Grundstücke A und B versteigert und einzeln und im Gesamtausgebot ausgeboten.

Die geringsten Gebote lauten:

	Einzelausgebot Grundstück A	Einzelausgebot Grundstück B	Gesamtausgebot
BbR	80.000,00 EUR	100.000,00 EUR	80.000,00 EUR
			100.000,00 EUR
MBG	1.600,00 EUR	2.500,00 EUR	4.100,00 EUR

In der folgenden Übersicht wird die Erhöhung des gG beim Gesamtausgebot, jeweils in Abhängigkeit zu den im Einzelausgebot abgegebenen Geboten dargestellt:

	Einzelausgebot Grundstück A	Einzelausgebot Grundstück B	Erhöhung Gesamtausgebot um	auf
1. Gebot	2.000,00 EUR		400,00 EUR	4.500,00 EUR
2. Gebot		3.000,00 EUR	500,00 EUR	5.000,00 EUR
3. Gebot	2.100,00 EUR		100,00 EUR	5.100,00 EUR
4. Gebot	2.300,00 EUR		200,00 EUR	5.300,00 EUR
5. Gebot		3.300,00 EUR	300,00 EUR	5.600,00 EUR
6. Gebot	2.500,00 EUR		200,00 EUR	5.800,00 EUR

Ein Bieter, der nunmehr (7. Gebot) ein zulässiges Gebot auf das Gesamtausgebot abgeben wollte, müsste demnach mindestens 5.800,00 EUR bieten.

37 Da das Gruppenausgebot im Verhältnis zu den Einzelausgeboten wie ein Gesamtausgebot behandelt werden muss, findet die Erhöhungsbestimmung des § 63 Abs. 3 S. 1 ZVG auch auf das Gruppenausgebot Anwendung. Sehr problematisch gestaltet sich die Durchführung der Erhöhung, wenn ein Grundstück an mehreren Gruppen beteiligt ist. *Heidrich*[20] schlägt vor, in diesem Fall zu allen abgegebenen Geboten jeweils den anteiligen Erhöhungsbetrag für die Gruppenausgebote bzw. das Gesamtausgebot sichtbar zu machen indem zunächst bei jedem Gruppen- und dem Gesamtausgebot die Mindestbargebote nach dem Wertverhältnis des § 74a ZVG auf die darin zusammengefassten Einzelobjekte betragsmäßig verteilt werden. Danach muss jeder Übergebotsbetrag im Wertverhältnis des § 74a ZVG auf die innerhalb jeder Gebotsgruppierung befindlichen Objekte aufgeteilt werden, damit so das jeweilige anteilige Mehrgebot pro Einzelobjekt (auch für weitere Erhöhungsprüfungen) erkennbar wird.

C. Zuschlagsentscheidung

Lagen im Verfahren verschiedene Ausgebotsarten vor, stellt sich im Rahmen der Zuschlagsentscheidung die Frage, welches Ausgebot den „Vorzug" erhält.

Hinweis

Zum besseren Verständnis bleiben die Betrachtungen zunächst auf Einzelausgebot und Gesamtausgebot beschränkt.

Wurden demnach zwei Grundstücke sowohl im Einzelausgebot als auch im Gesamtausgebot versteigert, so lassen sich folgende Alternativen unterscheiden:

1. Wurden wirksame Gebote **nur auf eine der beiden Ausgebotsarten** abgegeben, erfolgt der Zuschlag auf diese, sofern dort Versagungsgründe (§ 5 Rdn 1 ff., § 13 Rdn 1–11) nicht gegeben sind.
2. Wurden wirksame Gebote **auf die Einzelausgebote und das Gesamtausgebot** abgegeben, ist zunächst § 63 Abs. 3 S. 2 ZVG zu beachten. Danach wird der Zuschlag aufgrund des Gesamtausgebots nur erteilt, wenn das dortige Meistgebot **höher** (d.h. bei gleichem Ergebnis sind nur die Einzelgebote zuschlagsfähig) ist als das Gesamtergebnis der Einzelausgebote. Es erfolgt also ein **Ergebnisvergleich** zwischen den Einzelausgeboten und Gesamtausgebot. „Ergebnis" bedeutet in diesem Zusammenhang die Summe aus dem abgegebenen Meistgebot zzgl. evtl. bestehen bleibender Rechte (bei solchen der zweiten Abteilung des Grundbuchs ist der festgesetzte Zuzahlungsbetrag (§ 4 Rdn 34 f.) nach § 51 Abs. 2 ZVG anzusetzen).

---

20 *Heidrich*, Rpfleger 1993, 11.

§ 11 Ausgebotsarten, Geringstes Gebot, Zuschlag

41 *Beispiel*

Die beiden Grundstücke A und B werden in demselben Verfahren versteigert. Es findet ein Einzelausgebot und ein Gesamtausgebot statt. Die gG gestalten sich wie folgt:

	Einzelausgebot A	Einzelausgebot B	Gesamtausgebot A B
BbR	II/1 Beschränkte persönliche Dienstbarkeit (Leitungsrecht); Zuzahlungsbetrag festgesetzt auf 500,00 EUR		An Grundstück A: II/1 Beschränkte persönliche Dienstbarkeit (Leitungsrecht); Zuzahlungsbetrag festgesetzt auf 500,00 EUR
	III/1 Grundschuld 100.000,00 EUR	III/1 Hypothek 200.000,00 EUR	An Grundstück A: III/1 Grundschuld 100.000,00 EUR
			An Grundstück B: III/1 Hypothek 200.000,00 EUR
			An Grundstück A und B: (Gesamtrecht)
	III/2 Grundschuld 80.000,00 EUR (Gesamtrecht mit III/2 an Grundstück B)	III/2 Grundschuld 80.000,00 EUR (Gesamtrecht mit III/2 an Grundstück A)	III/2 Grundschuld 80.000,00 EUR
MBG	10.000,00 EUR	20.000,00 EUR	30.000,00 EUR

Es wurden folgende Gebote abgegeben:

	Einzelausgebot A	Einzelausgebot B	Gesamtausgebot A B
Gebot 1			60.000,00 EUR
Gebot 2		30.000,00 EUR	
Gebot 3	20.000,00 EUR		

Ergebnisvergleich i.S.d. § 63 Abs. 3 S. 2 ZVG:

	Einzelausgebot A	Einzelausgebot B	Gesamtausgebot A B
BbR	180.500,00 EUR	280.000,00 EUR	380.500,00 EUR
Meistgebot	20.000,00 EUR	30.000,00 EUR	60.000,00 EUR
Ergebnis (Summe)	200.500,00 EUR	310.000,00 EUR	440.500,00 EUR
Vergleich	**510.500,00 EUR**		**440.500,00 EUR**

Das Ergebnis beim Einzelausgebot ist höher; das Gesamtausgebot kommt für die Zuschlagserteilung demnach nicht in Betracht.

C. Zuschlagsentscheidung § 11

Haben die Beteiligten nicht auf alle Einzelausgebote verzichtet (Rdn 18), so ist der Ergebnisvergleich des § 63 Abs. 3 S. 2 ZVG nur zwischen den Meistgeboten auf die tatsächlich durchgeführten Ausgebote vorzunehmen.[21] Für die nicht einzeln ausgebotenen Grundstücke ist im Rahmen des Ergebnisvergleichs ein „Ergebnis" von jeweils 0,00 EUR anzusetzen. 42

Die Erteilung des Zuschlags auf das Gesamtausgebot ist trotz eines für das Gesamtausgebot positiven Ergebnisvergleichs dann nicht möglich, wenn auf ein Grundstück oder einige Grundstücke so viel geboten wird, dass der Anspruch des Gläubigers **gedeckt** ist (§ 76 ZVG). Einzelheiten unter § 13 Rdn 16 ff. 43

Auch kann einer Erteilung des Zuschlags auf das Gesamtausgebot die „Nichterfüllung" der Erhöhungsnorm (§ 63 Abs. 3 S. 1 ZVG) entgegenstehen; hierzu Rdn 48 f.

Werden die Grundstücke auch im Gruppenausgebot versteigert, so gestaltet sich der Vergleich nach § 63 Abs. 3 S. 2 ZVG aufwändiger, jedoch (mit Ausnahme der unter Rdn 46 dargestellten Besonderheit) nicht wesentlich schwieriger, wenn man nach dem bereits erwähnten Grundsatz vorgeht: 44

Das Gruppenausgebot stellt im Verhältnis zu den Einzelausgeboten ein Gesamtausgebot, im Verhältnis zum Gesamtausgebot ein Einzelausgebot dar.

Beispiel 45

Die vier Grundstücke A, B, C und D werden in demselben Verfahren versteigert. Es finden folgende Ausgebotsarten statt:

Einzelausgebot	A	B	C	D
Gruppenausgebot	A B		C D	
Gesamtausgebot	A B C D			

Nach Schluss der Versteigerung werden zunächst die Ergebnisse beim Einzelausgebot mit den Ergebnissen beim Gruppenausgebot nach § 63 Abs. 3 S. 2 ZVG verglichen:

Ergebnis A + Ergebnis B zu vergleichen mit Ergebnis A B

Ergebnis C + Ergebnis D zu vergleichen mit Ergebnis C D

Annahme: Bei den Grundstücken A und B brachten die Einzelausgebote, bei den Grundstücken C und D das Gruppenausgebot das jeweils höhere und allgemein zuschlagsfähige Ergebnis:

Einzelausgebot	**A**	**B**	C	D
Gruppenausgebot	A B		**C D**	
Gesamtausgebot	A B C D			

Letzter Schritt:

Ergebnis A + Ergebnis B + Ergebnis C D zu vergleichen mit Ergebnis A B C D

Taucht ein Grundstück in verschiedenen Gruppen auf, kann selbstverständlich letztlich nur **eine** Gruppe für die Zuschlagsentscheidung heranstehen. Den Vorzug erhält die Gruppe, welche zusammen mit anderen Gruppen- oder Einzelausgeboten insgesamt das rechnerisch höchste Gesamtergebnis liefern.[22] Im Falle gleich hoher Zwischenergebnisse soll nach *Heidrich*[23] die Gruppierung den Vorzug erhalten, für die das entscheidende Gebot zuerst abgegeben worden ist. Besser wäre es wohl, entsprechend den Überlegungen zu § 76 ZVG (§ 13 Rdn 19) der Gruppierung den Vorzug zu geben, welche die für den Schuldner „entbehrlicheren" Grundstücke enthält. 46

---

21 BGH v. 28.9.2006 – V ZB 55/06.
22 *Heidrich*, Rpfleger 1993, 11.
23 Rpfleger 1993, 11 m.w.N.

47 Bringt der Vergleich nach § 63 Abs. 3 S. 2 ZVG das (vorläufige) Ergebnis, der Zuschlag sei auf das Gesamtausgebot zu erteilen, kann jetzt noch ein weiteres Problem auftauchen, welches anhand des folgenden Beispiels erläutert werden soll:

48 *Beispiel*

Die beiden Grundstücke A und B werden in demselben Verfahren versteigert. Es finden Einzelausgebote und ein Gesamtausgebot statt. Die gG gestalten sich wie folgt:

Ausgebot	Einzelausgebot A	Einzelausgebot B	Gesamtausgebot A B
Bestehen bleibende Rechte	keine	keine	keine
Mindestbargebot	10.000,00 EUR	20.000,00 EUR	30.000,00 EUR
Gebote	Einzelausgebot A	Einzelausgebot B	Gesamtausgebot A B
Gebot 1	16.000,00 EUR		
Gebot 2			40.000,00 EUR
Gebot 3	25.000,00 EUR		

Der Ergebnisvergleich nach § 63 Abs. 3 S. 2 ZVG zeigt, dass das Gesamtausgebot allgemein zuschlagsfähig wäre:

Ergebnis A	+	Ergebnis B	zu vergleichen	mit Ergebnis A B
25.000,00 EUR	+	0,00 EUR	<	40.000,00 EUR

Problematisch gestaltet sich die Lage wegen der nach § 63 Abs. 3 S. 1 ZVG eingetretenen Erhöhungen. Durch die Gebote auf das Einzelausgebot des Grundstücks A wurde das gG beim Gesamtausgebot zunächst um 6.000,00 EUR und sodann um weitere 9.000,00 EUR erhöht. Das gG (Mindestbargebot) des Gesamtausgebots steht nunmehr bei 45.000,00 EUR.

Würden auf das Gesamtausgebot erst jetzt 40.000,00 EUR geboten werden, wäre dieses Gebot als unzulässig zurückzuweisen.

49 Obwohl der Gebotsvergleich zugunsten des Gesamtausgebots ausfällt, kann in diesem Fall auf das Gesamtausgebot der Zuschlag nicht erteilt werden. Vielmehr ist der Zuschlag gem. § 83 Nr. 1 ZVG zu versagen.[24]

50 In diesem Fall können die auf die Einzelausgebote abgegebenen Gebote zur Zuschlagsentscheidung herangezogen werden.[25]

51 **Zusammenfassend** lässt sich damit festhalten:
1. Auch bei für das Gesamtausgebot positivem Ergebnisvergleich (§ 63 Abs. 3 S. 2 ZVG) kann der Zuschlag auf dieses Ausgebot nur erteilt werden, wenn das Gebot im Lichte der Erhöhungsnorm (§ 63 Abs. 3 S. 1 ZVG) nach wie vor „zulässig" ist.
2. Kommt das Gesamtausgebot wegen „Nichterfüllung" der Erhöhungsnorm zur Zuschlagserteilung nicht in Betracht, können die auf die Einzelausgebote abgegebenen Gebote für die Zuschlagsentscheidung herangezogen werden.

---

24 BGH v. 28.9.2006 – V ZB 55/06.
25 BGH v. 18.10.2012 – V ZB 13/12; OLG Frankfurt v. 19.5.1995 – 15 W 25/95.

§ 12 Verteilung von Gesamtgrundpfandrechten

A. Voraussetzungen

Sind mehrere Grundstücke mit einem Gesamtgrundpfandrecht belastet und werden diese Grundstücke auch einzeln versteigert, so erreichen dort die gG oft große Höhen, da das Gesamtgrundpfandrecht im Einzelausgebot **jedes Grundstücks voll** in Ansatz zu bringen ist (§ 11 Rdn 23). Hier soll § 64 Abs. 1 ZVG Abhilfe schaffen, der eine Verteilung des Gesamtgrundpfandrechts vorsieht.

I. Bestehen bleibendes Gesamtgrundpfandrecht

Nach § 64 Abs. 1 und 3 ZVG kann eine Verteilung nur bei Gesamthypotheken, Gesamtgrundschulden oder Gesamtrentenschulden, also **nur bei Gesamtgrundpfandrechten** erfolgen. Auf andere Gesamtrechte (z.B. Gesamtreallasten) findet die Norm keine Anwendung; diese sind bei jedem Grundstück in voller Höhe anzusetzen.[1]

Das Gesamtgrundpfandrecht kann nur zur Verteilung kommen, wenn es bestehen bleibt.

Eine Verteilung nach § 64 Abs. 1 ZVG ist nicht mehr möglich, wenn bereits eine BGB-Verteilung (§ 1132 BGB) oder ein Teilverzicht (§§ 1168, 1175 BGB) erfolgt ist und dies dem Vollstreckungsgericht spätestens bis zur Aufforderung zur Abgabe von Geboten nachgewiesen (Grundbuch) wird.

§ 64 ZVG ist auf den Anspruch des persönlich betreibenden Gläubigers, welcher die Versteigerung mehrerer Grundstücke betreibt und (ausnahmsweise) an mehreren Grundstücken in das gG fällt (§ 3 Rdn 131), entsprechend anzuwenden.[2]

II. Einzel- oder Gruppenausgebot

Es muss überhaupt ein Einzelausgebot oder Gruppenausgebot stattfinden. Kommen die Grundstücke ausschließlich im Gesamtausgebot zur Versteigerung, scheidet eine Verteilung des Gesamtgrundpfandrechts aus.

III. Antrag

Die Verteilung erfolgt nur auf Antrag. **Antragsberechtigt** sind der/die Gläubiger (zum Gläubigerbegriff § 3 Rdn 60), der Eigentümer und jeder dem Gesamtgrundpfandrechtsgläubiger gleich- oder nachstehende Beteiligte (§ 64 Abs. 1 S. 2, Abs. 3 ZVG).

Der Antrag ist **formlos**, somit im Termin mündlich oder vor Termin schriftlich möglich.

Anders als in § 63 Abs. 2 ZVG legt das Gesetz einen spätesten Antragszeitpunkt hier nicht ausdrücklich fest. Eine Antragstellung während laufender Bietezeit hätte aber letztlich das Erlöschen der bereits abgegebenen Gebote zur Folge und würde die Neuberechnung des gG erforderlich machen; ein solcher Vorgang ist dem Zwangsversteigerungsverfahren, mit Ausnahme der Situation beim Wechsel der Person des bestbetreibenden Gläubigers, jedoch fremd. Einzig sachgerecht ist es daher, auch den Verteilungsantrag bis spätestens zur Aufforderung zur Abgabe von Geboten zu verlangen.[3]

Der gestellte Verteilungsantrag gilt immer nur für den konkret anstehenden Versteigerungstermin. Falls in einem evtl. weiteren Termin die Verteilung erfolgen soll, muss dann ein neuer Antrag gestellt werden.

---

1 Abweichende Versteigerungsbedingungen (§ 59 ZVG) sind jedoch möglich.
2 So auch *Stöber* (ZVG), § 64 Rn 2.3 m.w.N.
3 So auch *Stöber* (ZVG), § 64 Rn 3.4.

B. Durchführung der Verteilung

10 Die Verteilung erfolgt in der Weise, dass das Gesamtgrundpfandrecht bei der Feststellung des geringsten Gebots für das einzelne Grundstück nur zu dem Teilbetrag berücksichtigt wird, der dem **Verhältnis des Wertes** des Grundstücks zu dem Wert der sämtlichen Grundstücke entspricht (§ 64 Abs. 1 ZVG).

11 Dabei wird der Wert bei den einzelnen Grundstücken unter Abzug der Belastungen berechnet, die dem Gesamtgrundpfandrecht im Range **vorgehen** und **bestehen bleiben** (Wertkorrektur). Als abzugsfähiger Betrag ist dabei anzusetzen:

bei Hypotheken und Grundschulden	der Kapitalbetrag ohne Kosten und Zinsen; vorgehende Gesamtgrundpfandrechte müssen hier bei jedem Grundstück voll abgezogen werden, es sei denn, sie werden ebenfalls nach § 64 Abs. 1 ZVG verteilt.
bei Rentenschulden	die Ablösesumme.
bei sonstigen Rechten	der Zuzahlungsbetrag nach § 51 Abs. 2 ZVG.

12 Zur Aufnahme in das Mindestbargebot werden die **Kosten und wiederkehrenden Leistungen** aus dem zu verteilenden Gesamtgrundpfandrecht im gleichen Verhältnis aufgeteilt.

13 Der Abzug der Vorbelastungen kann ergeben, dass diese den Wert eines Einzelgrundstücks erschöpfen. Das Gesamtgrundpfandrecht kommt dann an diesem Grundstück nicht zur Verteilung, sondern bleibt hier in voller Höhe bestehen.[4] Bleiben nicht mindestens zwei Grundstücke mit „positivem Verkehrswert" übrig, kommt eine Verteilung nach § 64 Abs. 1 ZVG nicht in Betracht.

14 Auch die **gleichzeitige Verteilung** mehrerer Gesamtgrundpfandrechte ist (auf Antrag) möglich. Es wird dabei mit dem rangbesten Recht begonnen; bei der Wertkorrektur (Rdn 11) kommt dann nur noch der nach Verteilung entstandene Betrag in Abzug.

15 *Beispiel*

Die drei Grundstücke A, B und C werden in demselben Verfahren versteigert. Das Verfahren wird nur von einem Gläubiger aus RK 5 betrieben. Es finden nur Einzelausgebote statt. Die Verkehrswerte und Belastungen gestalten sich wie folgt:

	Grundstück A	Grundstück B	Grundstück C
Verkehrswerte	120.000 EUR	60.000 EUR	35.000 EUR
Belastungen			
III/1	20.000 EUR		
III/2		10.000 EUR	
III/3			10.000 EUR
III/4 (Gesamtrecht)	70.000 EUR	70.000 EUR	70.000 EUR
III/5	15.000 EUR		
III/6 (Gesamtrecht)	30.000 EUR	30.000 EUR	30.000 EUR

Es wurde ein Antrag auf Verteilung der an allen drei Grundstücken lastenden Gesamtrechte III/4 und III/6 gestellt.

---

[4] Die gänzliche Nicht-Berücksichtigung des Rechtes würde einen zu großen Eingriff in die Rechte des Gesamtgrundpfandrechtsgläubigers darstellen. Dieser Argumentation könnte entgegengehalten werden, dass, wenn für das Einzelgrundstück ein geringer Restverkehrswert „übrig bleibt", das Gesamtgrundpfandrecht zweifelsohne entsprechend diesem Anteil verteilt werden kann.

Das gG (nur BbR) gestaltet sich wie folgt:

	Grundstück A	Grundstück B	Grundstück C
Verkehrswerte	120.000 EUR	60.000 EUR	35.000 EUR
Wertkorrektur			
III/1	– 20.000 EUR		
III/2		– 10.000 EUR	
III/3			– 10.000 EUR
Rest	100.000 EUR	50.000 EUR	25.000 EUR
Berechnung für III/4	70.000 x 100.000/ 175.000	70.000 x 50.000/ 175.000	70.000 x 25.000/ 175.000
Aufteilung III/4	40.000 EUR	20.000 EUR	10.000 EUR
Wertkorrektur			
III/4	– 40.000 EUR	– 20.000 EUR	– 10.000 EUR
Rest	60.000 EUR	30.000 EUR	15.000 EUR
III/5	– 15.000 EUR		
Rest	45.000 EUR	30.000 EUR	15.000 EUR
Berechnung für III/6	30.000 x 45.000/ 90.000	30.000 x 45.000/ 90.000	15.000 x 45.000/ 90.000
Aufteilung III/6	15.000 EUR	10.000 EUR	5.000 EUR
Summe BbR	90.000 EUR	40.000 EUR	25.000 EUR

Eine Verteilung nach § 64 Abs. 1 ZVG ist auch möglich, wenn nicht **alle** mit dem Gesamtgrundpfandrecht belasteten Grundstücke vom Versteigerungsverfahren erfasst sind oder einzeln ausgeboten werden. Dabei ist jedoch zu beachten, dass das nicht in die Versteigerung eingebundene Grundstück (bzw. die dortigen Belastungen) von der Versteigerung natürlich nicht tangiert wird.

Beispiel

Grundstücke	A	B	C
III/1 (Gesamtrecht)	300.000 EUR	300.000 EUR	300.000 EUR

Von der Versteigerung sind nur die Grundstücke A und C erfasst. Das bestehen bleibende Gesamtgrundpfandrecht III/1 soll nach § 64 Abs. 1 ZVG verteilt werden. Der Verkehrswert des Grundstücks A ist doppelt so hoch wie der Verkehrswert des Grundstücks C. Weitere Belastungen sind nicht vorhanden.

Grundstücke	A	C
III/1 (Gesamtrecht)	300.000 EUR	300.000 EUR
Verteilung	200.000 EUR	100.000 EUR

Sollte der Zuschlag rechtskräftig auf die Einzelausgebote nach § 64 Abs. 1 ZVG erteilt werden, würden die Mithaft unter den Einzelgrundstücken und das Gesamtgrundpfandrecht in Höhe des jeweils auf dieses Grundstück nicht verteilten Betrages erlöschen. In Höhe des bestehen bleibenden Betrages bestünde jedoch weiterhin die Mithaft mit dem nicht versteigerten Grundstück.

§ 12 Verteilung von Gesamtgrundpfandrechten

Darstellung der Mithaft:

Grundstücke	A	B	C
Belastung	200.000 EUR	300.000 EUR	100.000 EUR
Mithaft A-B	Mithaft in Höhe von 200.000 EUR		
Mithaft B-C		Mithaft in Höhe von 100.000 EUR	

18 Selbstverständlich tritt durch die Verteilung eines Gesamtgrundpfandrechts im gG des **Gesamtausgebots** keine Veränderung ein, da das Gesamtrecht dort ohnehin nur einmal berücksichtigt wird (§ 11 Rdn 30).

C. Gegenantrag

19 Der von der Verteilung betroffene Gesamtgrundpfandrechtsgläubiger kann verlangen, dass bei der Feststellung des gG für die Grundstücke nur die seinem Anspruch **vorgehenden** Rechte berücksichtigt werden (§ 64 Abs. 2 ZVG; sog. Gegenantrag).

20 Warum der betroffene Gesamtgrundpfandrechtsgläubiger einen solchen Antrag überhaupt stellen sollte, ist auf den ersten Blick kaum verständlich, verliert er doch im Falle des Zuschlags auf diese Ausgebotsform seine (wenngleich verteilte) dingliche Sicherung komplett. Erst die Betrachtung von § 83 Nr. 3 ZVG erschließt die volle Bedeutung des Gegenantrags. Nach dieser Norm muss der Zuschlag versagt werden, wenn in den Fällen des § 64 Abs. 2 S. 1, Abs. 3 ZVG die Hypothek, Grundschuld oder Rentenschuld oder das Recht eines gleich- oder nachstehenden Beteiligten, der dem Gläubiger vorgeht, durch das Gesamtergebnis der Einzelausgebote nicht gedeckt wird. Damit ist sichergestellt, dass bei einem Zuschlag auf die Ausgebotsform § 64 Abs. 2 ZVG der von der Verteilung betroffene Gesamtrechtsgläubiger wenigstens **in voller Höhe bar befriedigt** wird.

Tipp
Der Gesamtgrundpfandrechtsgläubiger kann sich gegen die Verteilung „wehren".

21 Voraussetzung für die Abweichung nach § 64 Abs. 2 ZVG ist ein formloser, rechtzeitig gestellter (Rdn 8) Antrag (eigentlich ein Verlangen) des von der Verteilung betroffenen Gesamtgrundpfandrechtsgläubigers.

22 Liegen die genannten Voraussetzungen vor, hat das Gericht dem Antrag (Verlangen) zu entsprechen (kein Ermessensspielraum, hierzu § 11 Rdn 7).

23 Nach dem Wortlaut des Gesetzes kann der Gesamtgrundpfandrechtsgläubiger die Abweichung nach § 64 Abs. 2 ZVG „bis zum Schlusse der Verhandlung im Versteigerungstermin" verlangen. Eine Antragstellung **während laufender Bietzeit** würde das Vollstreckungsgericht jedoch zwingen, die geringsten Gebote der Einzelausgebote nach § 64 Abs. 2 ZVG nach Anhörung der anwesenden Verfahrensbeteiligten festzustellen und zu verlesen (§ 66 Abs. 1 ZVG), was eine ungünstige Beeinträchtigung des Bietgeschehens bedeuten würde. Einzig sachgerecht ist es daher, auch diesen Antrag des Gesamtgrundpfandrechtsgläubigers nur **bis zur Aufforderung zur Abgabe von Geboten** zuzulassen.[5]

24 Als Folge des zulässigen Antrags kommt es zu einem **Doppelausgebot**. Auf den Antrag nach § 64 Abs. 2 ZVG wird das gG so berechnet, als sei der Gläubiger des verteilten Grundpfandrechts **bestbetreibender Gläubiger**.

---

[5] So im Ergebnis auch *Böttcher* (ZVG), § 64 Rn 5 und, jedoch mit nicht gänzlich überzeugender Begründung, auch *Stöber* (ZVG), § 64 Rn 5.1.

Die Grundstücke werden also wie folgt ausgeboten:
- Einzelausgebote mit verteiltem Gesamtgrundpfandrecht (§ 64 Abs. 1 ZVG) und
- Einzelausgebote mit „fiktivem" bestbetreibenden Gläubiger (§ 64 Abs. 2 ZVG).

Auch durch den Gegenantrag nach § 64 Abs. 2 ZVG kommt es **nicht** zu einer Veränderung des gG des Gesamtausgebots (§ 11 Rdn 30–32). Insbesondere wird kein verändertes Gesamtausgebot unter Zugrundelegung des Gegenantragstellers als fiktiv Bestbetreibender erstellt.

Dies folgt direkt aus dem Wortlaut des § 64 Abs. 2 ZVG, der sich auf § 64 Abs. 1 ZVG bezieht, wo ja lediglich die Aufteilung eines Gesamtrechts für das Einzelausgebot (… bei der Feststellung des geringsten Gebots für das **einzelne** Grundstück …) geregelt ist.

D. Erhöhung nach § 63 Abs. 3 S. 1 ZVG

Erfolgt die Versteigerung im Doppelausgebot nach § 64 Abs. 1 und 2 ZVG und zugleich im Gesamtausgebot nach § 63 Abs. 2 S. 1 ZVG, bereitet die Umsetzung der Erhöhung nach § 63 Abs. 3 S. 1 ZVG erhebliche Schwierigkeiten. Dies folgt aus dem Umstand, dass das Gesamtausgebot vor dem Hintergrund der hinsichtlich des bestbetreibenden Gläubigers „wahren" Rechtslage erstellt wurde.

Übersicht

Geringste Gebote (Mindestbargebote) bei				
Gesamtausgebot Grundstücke A + B	Einzelausgebot § 64 **Abs. 1** ZVG Grundstück A	Einzelausgebot § 64 **Abs. 1** ZVG Grundstück B	Einzelausgebot § 64 **Abs. 2** ZVG Grundstück A	Einzelausgebot § 64 **Abs. 2** ZVG Grundstück B
M B G	MBG	MBG	MBG	MBG

Der durch ein Gebot auf das Ausgebot nach § 64 Abs. 2 ZVG entstehende Mehrbetrag (i.S.d. das Mindestbargebot übersteigenden Betrages) kann rechnerisch im Gesamtausgebot bereits enthalten sein.

Übersicht

Geringste Gebote (Mindestbargebote) bei				
Gesamtausgebot Grundstücke A + B	Einzelausgebot § 64 **Abs. 1** ZVG Grundstück A	Einzelausgebot § 64 **Abs. 1** ZVG Grundstück B	Einzelausgebot § 64 **Abs. 2** ZVG Grundstück A	Einzelausgebot § 64 **Abs. 2** ZVG Grundstück B
M B G	MBG	MBG	Gebot MBG	MBG

Hier würde sich eine Erhöhung des gG beim Gesamtausgebot nicht ergeben.

30 Eine weitere Schwierigkeit besteht darin, dass, wie später (Rdn 31 f.) zu zeigen sein wird, „der bei einem Einzelausgebot erzielte Mehrbetrag unter dem **Vorbehalt der Gesamtgläubigerwahl**" steht. *Stöber*[6] schlägt daher für die Praxis folgende Verfahrensweise vor:
1. Gebote auf das Gesamtausgebot sind allein unter Zugrundelegung des **bei Beginn** der Bietezeit festgestellten geringsten Gebots zuzulassen. Eine Erhöhung wird nicht berücksichtigt.
2. Erst nach der Wahl des Gesamtgläubigers erfolgt im Rahmen der Zuschlagsentscheidung eine Prüfung des Meistgebots im Lichte der Erhöhungsnorm (§ 63 Abs. 3 S. 1 ZVG). Für das weitere Verfahren gelten die Ausführungen § 11 Rdn 38 ff.

E. Zuschlagsentscheidung

31 Der Antragsteller des Gegenantrags nach § 64 Abs. 2 ZVG kann nach Schluss der Bietezeit **wählen**, welche Ausgebotsart der Zuschlagsentscheidung zugrunde gelegt werden soll. Aus dem Versteigerungsprotokoll muss sich ergeben, in welcher Weise der Wahlberechtigte von seinem Recht Gebrauch gemacht hat.

32 Es gelten folgende **Zusammenhänge**:

Entscheidet sich der Gegenantragsteller für die Ausgebotsart nach § 64 **Abs. 1** ZVG oder gibt er **keine Erklärung** ab, dann

- **erlöschen** die Gebote auf die Ausgebotsart nach § 64 **Abs. 2** ZVG und können einer Zuschlagsentscheidung nicht mehr zugrunde gelegt werden;
- muss, falls neben den Einzelausgeboten noch Gesamt- oder Gruppenausgebote erfolgt sind, nunmehr die Prüfung nach § 63 Abs. 3 S. 2 ZVG (Ergebnisvergleich) erfolgen.

33 Sollte der Gegenantragsteller zu dem Zeitpunkt, zu welchem er eine Erklärung abgeben sollte, den Sitzungssaal bereits verlassen haben, ist einzig sachgerecht, dieses Verhalten so zu werten, als hätte er keine Erklärung abgegeben.

34 Entscheidet sich der Gegenantragsteller für die Ausgebotsart nach § 64 **Abs. 2** ZVG, dann

- **erlöschen** die Gebote auf die Ausgebotsart nach § 64 Abs. 1 ZVG und können einer Zuschlagsentscheidung nicht mehr zugrunde gelegt werden;
- muss, falls neben den Einzelausgeboten noch Gesamt- oder Gruppenausgebote erfolgt sind, nunmehr die Prüfung nach § 63 Abs. 3 S. 2 ZVG erfolgen;
- ist, falls der Zuschlag auf die Einzelausgebote erteilt werden soll, wegen der zu fordernden Wahrung des Deckungsgrundsatzes jetzt der Zuschlagsversagungsgrund nach § 83 Nr. 3 ZVG zu prüfen.

35 Die Prüfung dieses Zuschlagsversagungsgrundes erfolgt in **zwei Schritten**:

I. Gesamtsummenvergleich

36 Da durch die Ausgebote nach § 64 Abs. 2 ZVG weder der Gesamtgrundpfandrechtsgläubiger noch die ihm gleichstehenden oder nachstehenden Rechte, soweit sie dem tatsächlich bestrangig betreibenden Gläubiger vorgehen, beeinträchtigt werden dürfen, muss das bare Meistgebot **aller** Einzelausgebote mindestens die Befriedigung **aller** dieser genannten Beteiligten ermöglichen. Ist der Gesamterlös nicht ausreichend, muss der Zuschlag versagt werden (§ 83 Nr. 3 ZVG); dieser Zuschlagsversagungsgrund ist heilbar (§ 84 ZVG).

37 Bei der Durchführung des Gesamtsummenvergleichs gilt es zu beachten, dass die im Rahmen der fiktiven Erlösverteilung maßgeblichen Gerichtskosten in aller Regel mit dem Gerichtskostenbetrag aus dem gG nicht identisch sind, was insbesondere auf die mögliche Wertveränderung bei der Gebühr Nr. 2215

---

6 *Stöber* (ZVG), § 64 Rn 6.3.

KVGKG zurückzuführen ist. Droht ein „knappes Ergebnis", muss deshalb schon jetzt eine Gerichtskostenberechnung mit den korrekten Werten durchgeführt werden.

Weiter ist zu beachten, dass die laufenden wiederkehrenden Leistungen der von § 83 Nr. 3 ZVG betroffenen Rechte (sie gehen dem tatsächlich bestrangig betreibenden Gläubiger vor, würden bei Zuschlag auf die Ausgebotsart § 64 Abs. 2 ZVG aber erlöschen) für den Gesamtsummenvergleich und den nachfolgend erläuterten Einzelerlösvergleich) bis einen Tag vor dem (fiktiven) **Verteilungstermin** zu berechnen sind.

II. Einzelerlösvergleich

Ist ein dem tatsächlich bestrangig betreibenden Gläubiger vorgehendes Recht vorhanden, welches nur aus dem Erlös eines Grundstücks befriedigt werden darf, da es nur daran lastet, muss weiter geprüft werden, ob der auf dieses Grundstück entfallende Einzelerlös hierfür ausreichend ist. Entsprechendes gilt für zu befriedigende Rechte, welche an mehreren, jedoch nicht an allen verfahrensgegenständlichen Grundstücken lasten.

Da mit einem positiven Gesamtsummenvergleich sichergestellt wird, dass die an allen Grundstücken bestehenden Gesamtbelastungen befriedigt werden, werden diese im Einzelerlösvergleich nicht mehr berücksichtigt.

§ 13 Zuschlagsversagung und Einstellung

A. Zuschlagsversagung nach §§ 74a, 85a ZVG

Selbstverständlich finden auch bei der Versteigerung mehrerer Grundstücke die §§ 74a, 85a ZVG Anwendung. Bevor diesen Vorschriften jedoch Beachtung geschenkt wird, ist stets gem. § 11 Rdn 38 ff. bzw. § 12 Rdn 381 ff. zu prüfen, auf **welche Ausgebotsart** (Einzel-, Gruppen oder Gesamtausgebot) der Zuschlag allgemein erteilt werden soll.

I. Zuschlagsversagung nach § 74a ZVG

Ergibt sich eine allgemeine Zuschlagsfähigkeit der (Gebote auf die) **Einzelausgebote,** muss das Vorliegen der Voraussetzungen des § 74a ZVG (§ 5 Rdn 17 f.) **für jedes Grundstück gesondert** geprüft werden.

Ist das **Gruppen- oder Gesamtausgebot** allgemein zuschlagsfähig, müssen **zwei Fragen** beantwortet werden:
1. Bleibt das Meistgebot auf das Gruppen- bzw. Gesamtausgebot einschließlich der bestehen bleibenden Rechte hinter $7/10$ des zusammengerechneten Verkehrswerts aller betroffenen Grundstücke zurück?
2. Ist im Falle des Vorliegens der Voraussetzung zu 1. der Antragsteller antragsberechtigt i.S.d. § 74a Abs. 1 ZVG? Diese Prüfung setzt evtl. eine fiktive Erlösverteilung nach § 112 ZVG voraus.

Ist nach dem Ergebnis dieser Prüfung der Zuschlag auf das Gesamtausgebot bzw. Gruppenausgebot zu versagen, kann auf die Gebote in den Einzelausgeboten zurückgegriffen werden.[1] Jedoch muss dann auch dort § 74a ZVG geprüft werden.

Denkbar ist, dass das Meistgebot einschließlich der bestehen bleibenden Rechte zwar $7/10$ des Gesamtverkehrswertes erreicht, der Antragsteller jedoch bei der Erlösverteilung nach Einzelmassenbildung gem. § 112 ZVG einen Ausfall deshalb erleidet, weil das Ergebnis an einem Grundstück hinter $7/10$ des Verkehrswertes zurückbleibt. Hier wird das Interesse aller Beteiligten an dem Zuschlag über das Interesse des einzelnen Antragstellers gestellt und der Zuschlag erteilt.

Da nach § 74a Abs. 4 ZVG in dem neuen Versteigerungstermin der Zuschlag weder aus den Gründen des § 74a Abs. 1 ZVG noch aus denen des § 85a Abs. 1 ZVG versagt werden darf, stellt sich die Frage, wie zu verfahren ist, wenn die von einer möglichen Zuschlagsversagung betroffene Ausgebotsart im „ersten" Termin überhaupt noch nicht vorlag.

> *Beispiel*
> Im ersten Versteigerungstermin wurden die Grundstücke lediglich im Gesamtausgebot zur Versteigerung gebracht und der Zuschlag nach § 74a ZVG versagt. Im zweiten Versteigerungstermin finden lediglich Einzelausgebote statt.

Da sich der Grundsatz der Einmaligkeit in § 74a Abs. 4 ZVG (und § 85a Abs. 2 ZVG) nicht auf eine Ausgebotsart sondern auf das einzelne **Grundstück** bezieht, ist eine erneute Geltendmachung der $7/10$-Grenze (bzw. die erneute Beachtung der $5/10$-Grenze) grundsätzlich nicht möglich.

Unter ganz besonderen Umständen ist es jedoch denkbar, dass eine Zuschlagsversagung nach § 74a ZVG für dasselbe Grundstück tatsächlich zweimal erfolgt:

> *Beispiel*
> Im ersten Versteigerungstermin wurden die Grundstücke A und B nur einzeln zur Versteigerung gebracht und den jeweiligen Meistgeboten der Zuschlag nach § 74a ZVG versagt. Zwischenzeitlich wird

---
[1] BGH v. 18.10.2012 – V ZB 13/12.

das Versteigerungsverfahren auch in ein neu hinzugekommenes (Verfahrensverbindung) Grundstück C geführt. Im nächsten Versteigerungstermin werden alle drei Grundstücke nur im Gesamtausgebot ausgeboten. Meistgebot und BbR erreichen die $^7/_{10}$-Grenze nicht; zulässiger Zuschlagsversagungsantrag (§ 74a Abs. 1 ZVG) ist gestellt. Jetzt ist der Zuschlag (zum Schutz von Grundstück C) zu versagen; die Grundstücke A und B „erleben" diese Versagung somit zum zweiten Mal.

II. Zuschlagsversagung nach § 85a ZVG

11   Für die Zuschlagsversagung wegen Nichterreichung der $^5/_{10}$-Grenze (§ 85a ZVG) gelten die Ausführungen zu § 74a ZVG mit Ausnahme der sich auf Antrag und Antragsberechtigung beziehenden Darlegungen entsprechend.

B. Aufhebung und einstweilige Einstellung

12   Bei der Versteigerung mehrerer Grundstücke ist die Aufhebung des Verfahrens und dessen Einstellung auch **wegen einzelner** (also nicht notwendig aller) **Grundstücke möglich**. Wegen der einzelnen Aufhebungs- und Einstellungsgründe sowie wegen des zu beachtenden Verfahrens wird auf die Ausführungen unter § 2 Rdn 1 ff. Bezug genommen.

13   Als Besonderheit bei der Versteigerung mehrerer Grundstücke bleibt jedoch die Frage zu klären, welche Auswirkungen die Aufhebung oder Einstellung des Verfahrens über **ein** Grundstück auf die **anderen** Grundstücke hat.

14   *Beispiel*

Die vier Grundstücke A, B, C und D werden in demselben Verfahren versteigert. Es finden folgende Ausgebotsarten statt:

Einzelausgebot	A	B	C	D
Gruppenausgebot	A B		C D	
Gesamtausgebot	A B C D			

Nach dem Schluss der Bietezeit bewilligt der in Grundstück A bestrangig betreibende Gläubiger die einstweilige Einstellung des Verfahrens. Augenscheinlich kann ein Zuschlag auf jedes Ausgebot, an welchem das Grundstück A beteiligt ist, nicht erteilt werden. Das Einzelausgebot A, das Gruppenausgebot A B und das Gesamtausgebot A B C D sind demnach nicht zuschlagsfähig.

15   Ob auf die anderen Ausgebotsarten der Zuschlag grundsätzlich erteilt werden kann, ist umstritten,[2] im Ergebnis jedoch abzulehnen. Eine Zuschlagsversagung (§§ 83 Nr. 6, 33 ZVG) lässt sich mit folgenden Argumenten begründen:

- Durch den „Wegfall" des Grundstücks A ist der nach § 63 Abs. 3 S. 2 ZVG vorgeschriebene **Ergebnisvergleich** nicht mehr möglich.[3]
- *Stöber*:[4] „Geringstes Gebot, Meistgebot und Zuschlagsentscheidung bilden eine **Gesamtregelung**; auf Antrag muss Gesamtausgebot erfolgen; durch eine Teileinstellung oder Teilaufhebung ist das rückwirkend entgegen § 63 Abs. 2 ZVG nicht mehr geschehen; daher muss der Zuschlag nach § 83 Nr. 2 ZVG versagt werden, wobei § 84 ZVG eine Ausnahme nur mit Genehmigung aller Beeinträch-

---

[2] Zum Meinungsstand: *Stöber* (ZVG), § 63 Rn 7.8.
[3] *Böttcher* (ZVG), § 63 Rn 16.
[4] *Stöber* (ZVG), § 63 Rn 7.8.

tigten (auch des Schuldners) zulassen würde; es kommt hier nicht auf die fehlende Vergleichsmöglichkeit an, sondern auf die Beachtung der zwingenden Vorschriften des § 63 ZVG."

C. Einstellung nach § 76 ZVG

I. Allgemeines

Auch bei der Vollstreckungsversteigerung mehrerer Grundstücke steht die **Befriedigung der Forderung** des Gläubigers im Vordergrund. Folgerichtig darf nicht mehr versteigert werden, als für diese Forderungsbefriedigung notwendig ist. Diesem Umstand trägt § 76 ZVG Rechnung, den das Vollstreckungsgericht von Amts wegen zu beachten hat.

16

II. Voraussetzungen

Für die Anwendung von § 76 ZVG müssen folgende Voraussetzungen erfüllt sein:

17

- Versteigerung **mehrerer** Grundstücke in demselben Verfahren nicht ausschließlich im Gesamtausgebot.
- **Anspruch** des Gläubigers **gedeckt.**
  Das(Die) auf das Einzelausgebot/Gruppenausgebot abgegebene(n) Meistgebot(e) bei einem oder mehreren (aber eben nicht allen) Grundstück(en) muss/müssen ausreichen, um den betreibenden Gläubiger zu befriedigen. Da die Erlösverteilung unter Beachtung der hierfür geltenden Bestimmungen vorzunehmen ist (§ 6 Rdn 1 ff.), mithin insbesondere die Rangfolge der Ansprüche berücksichtigt werden muss, müssen die dem Gläubiger vorgehenden Ansprüche durch das Gebot/die Gebote ebenfalls gedeckt sein. Bei dieser Berechnung werden keine Bargebotszinsen berücksichtigt, da solche bei einer möglichen Hinterlegung des Bargebots nicht anfallen würden (§ 49 Abs. 4 ZVG). Die Forderung des Gläubigers sowie die ihm vorgehenden Ansprüche sind bis zum fiktiven Verteilungstermin zu decken.
  Wird das Verfahren von **mehreren Gläubigern** betrieben, so müssen grundsätzlich die Ansprüche aller[5] betreibenden Gläubiger bei der voraussichtlichen Erlösverteilung erfüllt werden. Hierbei finden lediglich solche Gläubiger **keine Berücksichtigung**, deren Verfahren eingestellt ist oder für die der Versteigerungstermin nicht gehalten wird (§ 3 Rdn 36), weil die Frist des § 43 Abs. 2 ZVG nicht gewahrt ist.
- Die Einstellung darf dem **berechtigten Interesse** des Gläubigers **nicht widersprechen** (§ 76 Abs. 1 ZVG). Dies wäre etwa anzunehmen, wenn zu erwarten ist, dass Zuschlagsbeschwerde erhoben oder das Bargebot nicht gezahlt werden wird.

III. Verfahren

Das Vollstreckungsgericht hat die Beteiligten vor der Einstellung anzuhören. Zwar könnte nach dem Wortlaut des § 76 ZVG über die Einstellung des Verfahrens unmittelbar nach Gebotsabgabe befunden werden, dies ist jedoch **nicht** zweckmäßig. Vielmehr sollte der **Schluss der Versteigerung** abgewartet und dann durch Zuschlagsversagung (§§ 33, 76, 83 Nr. 6 ZVG) hinsichtlich der nicht mehr „benötigten" Grundstücke entschieden werden. Diese Verfahrensweise hat gleich **zwei Vorteile**. Zum einen kann der Umstand einer alternativen Anspruchsdeckung (Rdn 19) berücksichtigt werden. Zum anderen könnte eine

18

---

5 Str.; zum Meinungsstand: *Stöber* (ZVG), § 76 Rn 2.5.

Fehlentscheidung des Vollstreckungsgerichts im Rahmen der Zuschlagsbeschwerde (§ 5 Rdn 76 ff.) durch (nachträgliche) Zuschlagserteilung korrigiert werden.[6]

In jedem Fall muss die Entscheidung des Vollstreckungsgerichts eine Rechtsbehelfsbelehrung (§ 232 ZPO) tragen.

19 Sind die Ansprüche des/der betreibenden Gläubiger(s) **alternativ** aus den Meistgeboten mehrerer Grundstücke zu decken, so entscheidet das Vollstreckungsgericht nach Anhörung der Beteiligten nach pflichtgemäßem Ermessen, für welche Grundstücke das Verfahren eingestellt bzw. der Zuschlag versagt wird.[7] Aus Gründen des Schuldnerschutzes sollte der Stellungnahme des Schuldners grundsätzlich gefolgt werden bzw. die Einstellung/Zuschlagsversagung für das für den Schuldner wertvollste Grundstück erfolgen.

20 § 76 ZVG gilt auch, wenn neben Einzelausgeboten Gruppenausgebote und ein Gesamtausgebot stattfinden. Eine Einstellung muss selbst dann erfolgen, wenn das Ergebnis beim Gruppen- bzw. Gesamtausgebot höher ist als die Summe der Einzelausgebote. Anders als bei der Einstellung aus sonstigem Grund (Rdn 15), stört z.B. die mangelnde Vergleichsmöglichkeit eine Zuschlagsentscheidung bei den „verbliebenen Grundstücken" hier nicht.

21 Hat ein Gläubiger ein berechtigtes Interesse an der Verfahrensfortsetzung, so kann er diese innerhalb einer Frist von **drei Monaten** nach dem **Verteilungstermin** verlangen (§ 76 Abs. 2 ZVG). Im Falle fruchtlosen Fristablaufes gilt der Versteigerungsantrag als zurückgenommen. Abweichend von anderen Einstellungsfällen mit Fortsetzungsmöglichkeit (z.B. § 2 Rdn 19) sieht das Gesetz eine diesbezügliche Belehrung des Gläubigers nicht vor.[8]

> *Tipp*
> Fortsetzung rechtzeitig beantragen, spätestens vor Ablauf von drei Monaten nach dem Verteilungstermin.

IV. Rechtsbehelfe

22 Die Zulässigkeit der Rechtsbehelfe hängt u.a. davon ab, ob das Vollstreckungsgericht durch Einstellung oder Zuschlagsversagung entschieden hat.

Es bestehen folgende Zusammenhänge:

- Gegen die **Einstellung des Verfahrens** kann der/können die betroffene(n) Gläubiger sofortige Beschwerde einlegen (§ 95 ZVG). Für den Meistbietenden ergibt sich kein Beschwerderecht. Die Beschwerde hätte jedoch keinen Sinn, da die Gebote erloschen sind (§ 72 Abs. 3 ZVG) und die Fortsetzung des Verfahrens ohnehin auf Gläubigerantrag zu beschließen wäre. Gegen die rechtzeitige Fortsetzung des Verfahrens bleibt dem Schuldner nur die Erhebung einer Vollstreckungsgegenklage.
- Die **Zuschlagsversagung** kann sowohl von dem/den betroffenen Gläubiger(n) als auch vom Meistbietenden mit sofortiger Beschwerde angefochten werden (§§ 96, 97 ZVG).

23 Hat das Vollstreckungsgericht eine Entscheidung nach § 76 ZVG unterlassen, so ist die ergangene Entscheidung über den **Zuschlag** anzufechten.

---

6 Hätte das Vollstreckungsgericht das Verfahren einstweilen eingestellt, wären die Gebote erloschen (§ 72 Abs. 3 ZVG), was eine nachträgliche Zuschlagserteilung unmöglich gemacht hätte.
7 OLG München v. 30.10.1992 – 24 W 216/92.
8 Ob sie dennoch erfolgen sollte, ist in der Literatur umstritten (bejahend *Böttcher* (ZVG), § 76 Rn 7).

§ 14 Erlösverteilung

A. Erlösverteilung nach § 112 ZVG

Hinweis
Eine ausführliche Darstellung und Berechnung eines Teilungsplans anhand konkreter Daten findet sich im Fallbeispiel § 15 unter C. Teilungsplan (§ 15 Rdn 4).

I. Allgemeines

Wie beim Verfahren über ein Grundstück schließt sich auch bei der Versteigerung mehrerer Grundstücke an die „erfolgreiche" Versteigerung die Erlösverteilung an.

Wurde der Zuschlag auf die **Einzelausgebote** erteilt, steht für jedes Grundstück automatisch eine Teilungsmasse zur Verfügung, welche nach den bisher dargelegten Grundsätzen (§ 6 Rdn 30 ff.) zur Verteilung kommt. Eine Besonderheit entsteht lediglich dann, wenn Gesamtrechte vorhanden sind, da diese selbstverständlich nicht aus dem Erlös jedes Grundstücks voll, sondern insgesamt nur einmal befriedigt werden. Dazu Rdn 18 ff.

Ungleich schwieriger gestaltet sich das Verfahren, wenn der Zuschlag auf das **Gruppen- oder Gesamtausgebot** erteilt wurde. Hier steht für **mehrere** Grundstücke (zunächst) nur **eine** Teilungsmasse zur Verfügung. Da die Rechte und Ansprüche an verschiedenen Grundstücken nicht untereinander in einem Rangverhältnis stehen, ist eine Zuteilung aus dem „Gesamterlös" grundsätzlich nicht möglich. Vielmehr müssen meist zunächst sog. Einzelmassen (auch Sondermassen genannt) gebildet werden.

II. Voraussetzungen

Die Einzelmassenbildung erfolgt nach § 112 ZVG, dessen Anwendung an folgende Voraussetzungen geknüpft ist:
- Versteigerung mehrerer Grundstücke in demselben Verfahren;
- Zuschlag auf Gesamt- oder Gruppenausgebot;
- Notwendigkeit der Verteilung des Erlöses auf einzelne Grundstücke.
  Nicht notwendig ist diese Verteilung, wenn (alternativ)
- als Meistgebot nur das gG geboten wurde;
- sich alle Beteiligten auf einen anderen Verteilungsmaßstab verständigen;
- aus einem das gG übersteigenden Betrag **nur** Gesamtrechte zu befriedigen sind, welche den Erlös ausschöpfen (unerheblich sind hierbei die ohnehin zu befriedigenden Beträge im MBG);
- aus einem das gG übersteigenden Betrag **nur** Gesamtrechte zu befriedigen sind, der Erlös alle Ansprüche deckt und die Grundstücke demselben Eigentümer (Schuldner) gehörten.

Zum letztgenannten Punkt bleibt anzumerken, dass bei **unterschiedlicher Belastung** der Grundstücke die Bildung der Einzelmassen selbst dann erfolgen muss, wenn das Meistgebot rechnerisch zur Deckung aller Ansprüche ausreichen würde. Da Ansprüche an einem Grundstück nur aus dem **dortigen** Erlös befriedigt werden können (zur Problematik der Gesamtrechte siehe Rdn 18 ff.), ist nämlich denkbar, dass Berechtigte an einem Grundstück bei der Erlösverteilung ganz oder teilweise ausfallen, während an einem anderen Grundstück ein Erlösüberschuss zugunsten des Schuldners entsteht.

Merke: Sobald das Gebot das MBG übersteigt und bei den Grundstücken eine unterschiedliche Belastung vorliegt, müssen Einzelmassen gebildet werden.

III. Verfahren

8 Der Ablauf der Einzelmassenbildung ist in § 112 ZVG beschrieben und vollzieht sich in **vier Schritten**:

9 **1. Schritt (§ 112 Abs. 1 ZVG)**

Aus dem **ungeteilten** Erlös werden vorweg entnommen
- die Kosten des Verfahrens;
- alle im gG berücksichtigten Ansprüche, für welche der **gesamte** Grundbesitz haftet (also insbesondere die Kosten und Zinsen der bestehen bleibenden an **allen** Grundstücken lastenden Gesamtrechte (RK 4)).

10 **2. Schritt (§ 112 Abs. 2 S. 2 ZVG)**

Nunmehr wird der Gesamtbetrag der nach § 91 Abs. 1 ZVG nicht erlöschenden Rechte hinzugezählt. Dazu gehören alle Rechte, die aufgrund gesetzlicher (§ 52 ZVG) oder abweichender (§ 59 ZVG) Versteigerungsbedingung im gG bestehen bleiben, aber nicht solche, die aufgrund einer Liegenbelassungsvereinbarung (§ 91 Abs. 2 ZVG) oder aufgrund besonderer Vorschriften (§ 9 EGZVG) bestehen bleiben. Rechnerische Größe ist bei Hypotheken und Grundschulden deren Kapitalbetrag, bei Rentenschulden der Ablösungsbetrag, bei anderen Rechten der nach § 51 Abs. 2 ZVG festgesetzte Zuzahlungsbetrag (§ 4 Rdn 34 f.). Gesamtrechte, die auf **allen** Grundstücken lasten, können unberücksichtigt bleiben, da sie später (4. Schritt) ohnehin wieder aufgeteilt und abgezogen werden müssten.

Die so ermittelte Summe wird auch als Aktivmasse bezeichnet.

11 **3. Schritt (§ 112 Abs. 2 S. 1 ZVG)**

Aufteilung der ermittelten Summe im Verhältnis der Grundstückswerte

Formel:

$$\text{Einzelmasse} = \frac{\text{Aktivmasse} \times \text{Einzelgrundstückswert}}{\text{Summe der Grundstückswerte}}$$

12 **4. Schritt (§ 112 Abs. 2 S. 3 ZVG)**

Abziehen der auf jedem Grundstück bestehen bleibenden Rechte von jeder Einzelmasse.

13 *Beachte*

§ 112 Abs. 2 S. 4 ZVG:

Besteht ein solches Recht an mehreren der versteigerten Grundstücke, so ist bei jedem von ihnen nur ein dem Verhältnis des Wertes der Grundstücke entsprechender Teilbetrag in Anrechnung zu bringen.

14 Im Falle einer Liegenbelassungsvereinbarung nach § 91 Abs. 2 ZVG (§ 6 Rdn 93 f.) wird jetzt vom Erlösanteil des betroffenen Grundstücks noch der liegenbelassene Betrag (Kapital und Zinsen) abgezogen, wenn und soweit sich die Zahlungspflicht des Erstehers durch die Liegenbelassung mindert.

IV. Fehlbetrag

15 Es kann vorkommen, dass sich nach Abzug der bestehen bleibenden Rechte (o.g. 4. Schritt)
- ein **negativer** Betrag ergibt oder
- nur noch ein Betrag bleibt, der **nicht** ausreichen würde, um bei diesem Grundstück alle Ansprüche zu befriedigen, die dort im gG (Mindestbargebot) standen, was eine Verletzung des Deckungsgrundsatzes bedeuten würde.

A. Erlösverteilung nach § 112 ZVG § 14

Dieser Fehlbetrag muss ausgeglichen werden. Dabei muss das Grundstück mindestens „auf Null gestellt" werden. Sind jedoch aus dem Erlös **nur dieses** Grundstücks noch Ansprüche zwingend zu befriedigen (weil sie im gG dieses Grundstücks standen), so ist auch der hierfür benötigte Betrag auszugleichen.

Grundsätzlich erfolgt die Ausgleichung dadurch, dass der für das sog. „Not leidende Grundstück" erforderliche Betrag anteilig den Einzelmassen der anderen Grundstücke entnommen wird. Über die rechnerische Durchführung dieser Ausgleichung besteht in der Literatur jedoch keine Einigkeit.[1] Nach überwiegender Ansicht erfolgt die Aufteilung des Fehlbetrages auf die anderen Grundstücke **im Verhältnis** ihrer **Grundstückswerte.** 16

Beispiel 17

Die drei Grundstücke A, B und C werden in demselben Verfahren versteigert. Bestbetreibender Gläubiger ist an allen drei Grundstücken der Berechtigte des Rechtes III/5 (RK 4).

Belastungsübersicht:

Grundstücke	A	B	C
Verkehrswerte	90.000,00 EUR	60.000,00 EUR	30.000,00 EUR
Belastungen[2]			
III/1			20.000,00 EUR
III/2 (Gesamtrecht)	10.000,00 EUR	10.000,00 EUR	10.000,00 EUR
III/3		5.000,00 EUR	
III/4	30.000,00 EUR		
III/5 (Gesamtrecht)	5.000,00 EUR	5.000,00 EUR	5.000,00 EUR
III/6			20.000,00 EUR

Auf das Gesamtausgebot in Höhe von 40.000,00 EUR wird der Zuschlag erteilt. Der Ersteher hinterlegt den Betrag am Tag des Zuschlags bei der Hinterlegungsstelle des Amtsgerichts und verzichtet auf das Recht der Rücknahme.

Die Schuldenmasse wurde im Teilungsplan wie folgt festgestellt:

Verfahrenskosten	2.000,00 EUR
Kosten und Zinsen III/1	5.000,00 EUR
Kosten und Zinsen III/2	3.000,00 EUR
Kosten und Zinsen III/3	3.000,00 EUR
Kosten und Zinsen III/4	3.000,00 EUR
Kosten und Zinsen III/5	2.000,00 EUR
Kapital III/5	5.000,00 EUR
Kosten und Zinsen III/6	2.000,00 EUR
Kapital III/6	20.000,00 EUR

Es muss eine Einzelmassenbildung erfolgen, da keine der unter Rdn 5 genannten Ausnahmen vorliegt.

---

1 Zum Meinungsstand: *Stöber* (ZVG), § 112 Rn 5.4.
2 Aus Gründen besserer Übersichtlichkeit sind die Belastungen grundstücksübergreifend fortlaufend nummeriert (III/1, III/2 usw.), auch wenn dies in der Praxis wohl kaum vorkommen wird. Dort findet sich im vorgegebenen Fall (drei Grundstücke) wohl dreimal je ein Einzelrecht III/1.

§ 14 Erlösverteilung

1. Schritt = Vorwegentnahme (Rdn 9)

Teilungsmasse	**40.000,00 EUR**
abzgl. Verfahrenskosten	– 2.000,00 EUR
abzgl. Gesamtbelastung, soweit im gG stehend (hier: Kosten und Zinsen III/2)	– 3.000,00 EUR
verbleibende Restteilungsmasse	35.000,00 EUR

2. Schritt = Addition der bestehen bleibenden Rechte (Rdn 10)

zzgl. nicht erloschene Rechte (III/1, III/3, III/4) ohne Gesamtrechte, die auf allen Grundstücken lasten	+ 55.000,00 EUR
Aktivmasse	**90.000,00 EUR**

3. Schritt = Aufteilung (Rdn 11)

Grundstück A	Grundstück B	Grundstück C
(Wert: 90.000,00 EUR)	(Wert: 60.000,00 EUR)	(Wert: 30.000,00 EUR)
45.000,00 EUR	30.000,00 EUR	15.000,00 EUR

4. Schritt = Abzug der bestehen bleibenden Rechte (Rdn 12)

– 30.000,00 EUR	– 5.000,00 EUR	– 20.000,00 EUR
15.000,00 EUR	25.000,00 EUR	– 5.000,00 EUR

Die Einzelmasse für das Grundstück C ist Not leidend. Der Fehlbetrag von 5.000,00 EUR erhöht sich noch um die 5.000,00 EUR Zinsen aus dem Recht III Nr. 1, die zu befriedigen sind, da sie im gG standen (Deckungsgrundsatz). Der Betrag von 10.000,00 EUR muss aus den Einzelmassen A und B im Verhältnis der dortigen Grundstückswerte entnommen werden, d.h. im Verhältnis 90.000,00 EUR zu 60.000,00 EUR (= 3:2).

Ausgleich § 112 Abs. 3 ZVG

Grundstück A	Grundstück B	Grundstück C
15.000,00 EUR	25.000,00 EUR	– 5.000,00 EUR
– 6.000,00 EUR	– 4.000,00 EUR	+ 10.000,00 EUR
9.000,00 EUR	21.000,00 EUR	5.000,00 EUR

Aus diesen Beträgen werden nunmehr alle im gG stehenden bar zu zahlenden Ansprüche, welche nicht bereits im 1. Schritt Berücksichtigung gefunden haben, befriedigt:

Grundstück A	Grundstück B	Grundstück C
9.000,00 EUR	21.000,00 EUR	5.000,00 EUR
III/4 – 3.000,00 EUR	III/3 – 3.000,00 EUR	III/1 – 5.000,00 EUR
6.000,00 EUR	18.000,00 EUR	0,00 EUR

Alle nach § 44 ZVG zu deckenden Ansprüche sind damit befriedigt. Aus den verbleibenden Erlösen der Grundstücke A und B erfolgt die Befriedigung des Berechtigten III Nr. 5. Die Übererlöse stehen dem Schuldner zu.

B. Erlösverteilung bei Gesamtrechten

I. Wesen des Gesamtrechts

Zum besseren Verständnis sei zunächst auf das Wesen des Gesamtrechts, konkret anhand der Gesamthypothek, hingewiesen:

§ 1132 Abs. 1 BGB: *Besteht für die Forderung eine Hypothek an mehreren Grundstücken (Gesamthypothek), so haftet jedes Grundstück für die ganze Forderung. Der Gläubiger kann die Befriedigung nach seinem Belieben aus jedem der Grundstücke ganz oder zu einem Teil suchen.*

II. Das Gesamtrecht in der Zwangsversteigerung

Der o.g. Grundsatz muss auch in der Zwangsversteigerung Berücksichtigung finden.

Sind bei der Versteigerung mehrerer Grundstücke alle oder einige mit einem Gesamtrecht belastet, wurde der Zuschlag auf das Gesamtausgebot erteilt und konnte die Bildung von Einzelmassen nach § 112 ZVG unterbleiben (Rdn 5), so stellt die Erlösverteilung hinsichtlich des Gesamtrechts kein Problem dar. Hier steht nur **eine** Teilungsmasse zur Verfügung; allein aus dieser kann der Inhaber des Gesamtrechts befriedigt werden.

Wurde der Zuschlag jedoch auf die Einzelausgebote erteilt oder war (bei Zuschlag auf Gesamt- oder Gruppenausgebot) die Bildung von Einzelmassen erforderlich (Rdn 5), so stellt sich die Frage, welche Teilungsmasse in welcher Höhe für die Befriedigung des Gesamtrechts herangezogen wird. Hier greift § 122 ZVG ein, der auf der Überlegung beruht, dass gesamtbelastete Grundstücke verhältnismäßig nach den erzielten Erlösen zur Befriedigung des Gesamtrechts beizutragen haben.

Übersicht

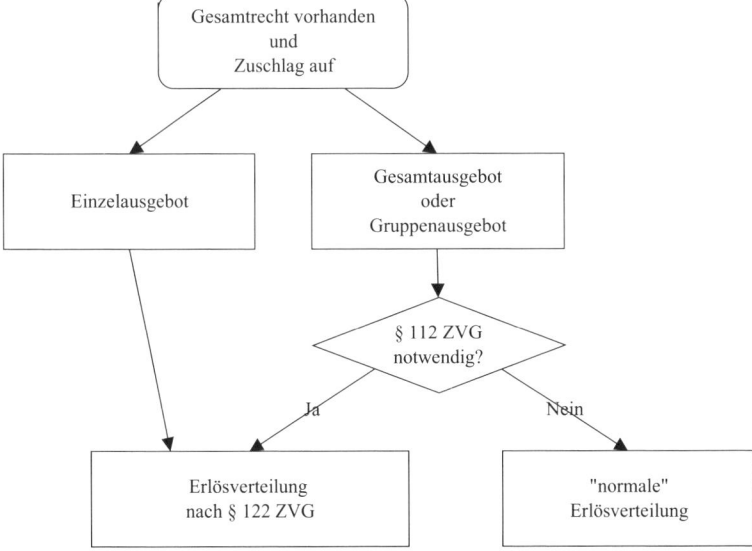

III. Voraussetzungen für die Verteilung

22 Die Erlösverteilung nach § 122 ZVG ist an **fünf Voraussetzungen** geknüpft.

1. Gesamtrecht (Gesamtanspruch)

23 Zu beachten ist, dass § 122 ZVG auf **alle Gesamtansprüche** Anwendung findet. Die Norm gilt demnach nicht nur für Gesamtrechte, also Gesamtgrundpfandrechte und die Gesamtreallast, sondern auch für die Gesamtansprüche aus RK 3[3] und solche der persönlichen Gläubiger (RK 5).

2. Anspruch auf Barzahlung

24 Die Erlösverteilung nach § 122 ZVG erfolgt daher
- bei erloschenen Gesamtrechten wegen aller Ansprüche;
- bei bestehen gebliebenen Gesamtrechten wegen der Kosten und der Zinsen bis zum Zuschlag (Gesamtansprüche);
- bei Gesamtansprüchen der RK 5 (ggf. RK 3) wegen aller Ansprüche.

3. Einzelmassen

25 Wie bereits dargelegt, findet eine Erlösverteilung nach § 122 ZVG nur statt, wenn Einzelmassen vorhanden sind. Diese können durch Zuschlag auf die Einzelausgebote oder durch Einzelmassenbildung nach § 112 ZVG entstanden sein.

26 Gesamtansprüche aus Gesamtrechten, die an allen Grundstücken bestehen geblieben sind, werden nur nach § 122 ZVG befriedigt, wenn der Zuschlag auf Einzelausgebote erteilt worden ist. Mussten nach Zuschlag auf das Gesamtausgebot Einzelmassen nach § 112 ZVG gebildet werden, waren diese Ansprüche als im gG stehend ja bereits vorweg (1. Schritt), also vor der Einzelmassenbildung, zu befriedigen (§ 112 Abs. 1 ZVG; Rdn 9).

4. Ein Versteigerungsverfahren

27 Wenigstens zwei der mit dem Gesamtrecht belasteten Grundstücke müssen **in demselben** Verfahren versteigert werden, damit es zu einer Erlösverteilung nach § 122 ZVG kommen kann. Lastet das Gesamtrecht nur auf einem der versteigerten Grundstücke, findet § 122 ZVG keine Anwendung; die „außerhalb" des Verfahrens liegenden Grundstücke werden im Rahmen der Erlösverteilung nicht berücksichtigt. Sollte der Berechtigte des Gesamtrechts jedoch aus dem Erlös des Versteigerungsverfahrens befriedigt werden, so werden (falls kein Fall des § 1182 BGB vorliegt) die übrigen („außerhalb" des Verfahrens liegenden) Grundstücke frei (§ 1181 Abs. 2 BGB).

5. Keine Verteilung nach § 1132 BGB

28 Liegt ein **Gesamtgrundpfandrecht** vor, so ist weiter zu beachten, dass § 122 Abs. 1 ZVG die Anwendung des § 1132 Abs. 1 S. 2 BGB ausdrücklich ermöglicht. Der Berechtigte des Gesamtgrundpfandrechts kann die Verteilung des Rechtes willkürlich vornehmen. Dies geschieht durch Erklärung gegenüber dem Vollstreckungsgericht, welche spätestens bis zur Feststellung des Teilungsplans im Verteilungstermin abge-

---

3 Soweit solche entgegen der hier vertretenen Ansicht im Verfahren zugelassen werden.

geben sein muss. Da das Gesamtgrundpfandrecht durch Zuschlag erloschen ist, bedarf die Erklärung keiner besonderen (grundbuchmäßigen) Form.

IV. Durchführung der Verteilung

Wegen der Durchführung der Verteilung ist aufgrund der Sonderregelung in § 122 Abs. 2 ZVG zwischen der Verfahrensweise bei Bezahlung des Bargebots und bei dessen Nichtzahlung zu unterscheiden.

1. Verteilung bei bezahltem Bargebot

Grundlage der Verteilung sind bei Zuschlag auf die Einzelausgebote die jeweiligen Teilungsmassen, bei Zuschlag auf das Gesamtausgebot bzw. Gruppenausgebot die durch Aufteilung nach § 112 ZVG gebildeten Einzelmassen.

Sodann ist in **zwei Schritten** vorzugehen:

1. Schritt:
Von jeder Teilungsmasse/Einzelmasse werden alle Beträge, die Rang vor dem Gesamtrecht (Gesamtanspruch) haben und bar zu zahlen sind, abgezogen.

2. Schritt:
Das Gesamtrecht (der Gesamtanspruch) wird im Verhältnis der Resterlöse, also nach folgender Formel, aufgeteilt:

$$\text{Einzelanteil} = \frac{\text{Resterlös des Einzelgrundstücks} \times \text{Gesamtrecht (Gesamtanspruch)}}{\text{Summe aller Resterlöse}}$$

2. Verteilung bei Nichtzahlung des Bargebots

Da sich das Gesamtrecht am Versteigerungserlös fortsetzt (Surrogationsgrundsatz), besteht auch das Wahlrecht des Gläubigers nach § 1132 Abs. 1 BGB bis zu seiner Befriedigung fort. Folgerichtig normiert § 122 Abs. 2 ZVG im Falle der Nichtzahlung des Meistgebots und der damit notwendigen Forderungsübertragung (§ 8 Rdn 2 ff.) die volle Berücksichtigung des Gläubigeranspruchs bei jedem Grundstück. Zugleich muss eine Hilfsübertragung nach § 123 ZVG erfolgen. Die Forderungsübertragung geschieht also mit der Maßgabe, dass sich der Gläubiger aus den mehreren ihm übertragenen Forderungen insgesamt nur einmal in Höhe seines Anspruchs befriedigen darf. Wegen der Einzelheiten und der Formulierung der einzutragenden Sicherungshypotheken (§ 8 Rdn 18 ff.) wird auf die Kommentarliteratur verwiesen.[4]

---

[4] Z.B. *Stöber* (ZVG), § 122 Rn 4.

§ 15 Fallbeispiel zum 1. Teil (Vollstreckungsversteigerung)

A. Geringstes Gebot

Fall 1

Bei dem Amtsgericht Mainz läuft ein Zwangsversteigerungsverfahren betreffend den aus **anliegendem Grundbuchblatt** ersichtlichen Grundbesitz.

Die Zwangsversteigerung wird von den nachfolgend genannten Gläubigern betrieben:

1. **Gläubiger X**, Mainz
   in alle drei Grundstücke
   wegen seiner **persönlichen** Forderung aus dem Vollstreckungsbescheid des Amtsgerichts Stuttgart vom 10.11.2016,
   a) Hauptforderung 10.000,00 EUR
   b) 12 % Zinsen hieraus seit dem 1.3.2016
   gem. Anordnungsbeschluss vom 9.1.2017, dem Schuldner zugestellt am 10.1.2017.
   Das Ersuchen des Vollstreckungsgerichts um Eintragung des Zwangsversteigerungsvermerks ging am 14.1.2017 bei dem Grundbuchamt ein.
2. **B-Bank AG**, Mainz
   nur in das Grundstück 2
   wegen ihres **dinglichen** Anspruchs aus dem Recht Abt. III Nr. 2 und zwar
   a) Kapital 60.000,00 EUR
   b) 12 % Zinsen hieraus seit dem 1.10.2014
   gem. Beitrittsbeschluss vom 10.3.2017, dem Schuldner zugestellt am 11.3.2017.
   Auf Bewilligung der Gläubigerin wurde das Verfahren durch Beschluss vom 17.4.2017 einstweilen eingestellt und auf entsprechenden Antrag der Gläubigerin durch Beschluss vom 23.9.2017 fortgesetzt. Der Fortsetzungsbeschluss wurde dem Schuldner am 25.9.2017 zugestellt.
3. **D-Bank AG,** Mainz
   nur in das Grundstück 2
   wegen ihres **dinglichen** Anspruchs aus dem Recht Abt. III Nr. 4 und zwar
   a) Kapital 10.000,00 EUR
   b) 15 % Zinsen hieraus seit dem 1.1.2017
   gem. Beitrittsbeschluss vom 12.5.2017, dem Schuldner zugestellt am 13.5.2017.

Die **Verkehrswerte** für die Versteigerungsobjekte wurden durch Beschluss vom 17.6.2017 wie folgt festgesetzt:

Grundstück 1	Grundstück 2	Grundstück 3
50.000,00 EUR	120.000,00 EUR	100.000,00 EUR

Versteigerungstermin bestimmt das Vollstreckungsgericht auf den 1.10.2017.

Zu diesem Termin liegen rechtzeitig folgende **Anmeldungen** vor:

1. Stadt – Stadtkasse – Mainz:
   Grundsteuer, vierteljährlich zur Quartalsmitte fällig, jeweils ab dem 1.7.2016

Grundstück 1	Grundstück 2	Grundstück 3
60,00 EUR	90,00 EUR	180,00 EUR
pro Quartal	pro Quartal	pro Quartal

2. A-Bank AG, Mainz:
   Zinsen aus dem Recht Abt. III Nr. 1
   12 % aus 10.000,00 EUR seit dem 1.6.2014

§ 15 Fallbeispiel zum 1. Teil (Vollstreckungsversteigerung)

Weitere Anmeldungen werden nicht abgegeben.

In dem Versteigerungstermin vom 1.10.2017 werden vor der Aufforderung zur Abgabe von Geboten folgende **Anträge** gestellt:

1. Gläubiger X beantragt, die Grundstücke auch zusammen auszubieten.
2. Ein Vertreter der D-Bank AG beantragt die Verteilung des Rechtes Abt. III Nr. 3 nach § 64 Abs. 1 ZVG.
3. Ein Vertreter der C-Bank AG verlangt, dass bei der Feststellung des geringsten Gebots für die Grundstücke nur die dem Anspruch der C-Bank AG vorgehenden Rechte berücksichtigt werden (§ 64 Abs. 2 ZVG).

Die anwesenden Beteiligten geben zu diesen Anträgen keine Erklärungen ab.

Die Auslagen des Vollstreckungsgerichts bis zum Termin einschließlich der geschätzten künftigen Auslagen betragen 1.435,50 EUR.

Aufgabe des Vollstreckungsgerichts:

Erstellung des erforderlichen geringsten Gebots/der erforderlichen geringsten Gebote.

Lösungshinweise

Allgemeiner Hinweis:

Die Berechnung der wiederkehrenden Leistungen erfolgt bankmäßig (das Jahr mit 360 Tagen, jeder Monat mit 30 Tagen).

Vorüberlegungen

Gläubiger X ist Beteiligter (§ 9 ZVG) und kann daher spätestens im Versteigerungstermin vor der Aufforderung zur Abgabe von Geboten verlangen, dass neben dem Einzelausgebot alle Grundstücke zusammen ausgeboten werden (Gesamtausgebot, § 63 Abs. 2 ZVG, § 11 Rdn 6 f.).

Das Vollstreckungsgericht hat diesem Verlangen zu entsprechen (kein Ermessensspielraum), weshalb alle Grundstücke (auch) im **Gesamtausgebot** auszubieten sind.

Das Einzelausgebot ist die gesetzliche Regel (§ 63 Abs. 1 ZVG). Es unterbleibt nur, wenn die anwesenden Beteiligten, deren Rechte bei der Feststellung des geringsten Gebots nicht zu berücksichtigen sind, hierauf verzichtet haben (§ 63 Abs. 4 ZVG), was vorliegend **nicht** geschehen ist (§ 11 Rdn 14).

Alle Grundstücke sind daher auch im **Einzelausgebot** auszubieten.

Bestbetreibende(r) Gläubiger:

Wer bestbetreibender Gläubiger ist, muss **für jedes Grundstück getrennt** ermittelt werden. Um bestbetreibend zu sein, muss ein Gläubiger verschiedene Voraussetzungen erfüllen (§ 3 Rdn 115):

Grundstück 1

- Nur Gläubiger X betreibt das Verfahren (Anordnungsbeschluss).
- Für ihn ist das Verfahren derzeit nicht einstweilen eingestellt.
- Die Vier-Wochen-Frist des § 44 Abs. 2 ZVG ist für Gläubiger X gewahrt.

Damit bestimmt Gläubiger X das gG beim Einzelausgebot des Grundstücks 1.

Grundstück 2

- Das Verfahren betreiben (Anordnungs- oder Beitrittsbeschluss):
  1. Gläubiger X
  2. B-Bank AG
  3. D-Bank AG
- Für keinen der drei Gläubiger ist das Verfahren derzeit einstweilen eingestellt.
- Der Fortsetzungsbeschluss für die B-Bank AG wurde dem Schuldner erst am 25.9.2017 und damit nicht wenigstens vier Wochen vor dem Termin zugestellt (§ 44 Abs. 2 ZVG). Die B-Bank AG kann das gG damit nicht bestimmen (§ 3 Rdn 115). Für die Gläubiger X und D-Bank AG ist die Vier-Wochen-Frist gewahrt.

Sind mehrere Gläubiger vorhanden, richtet sich das gG nach dem Gläubiger mit dem besten Rang (§ 44 Abs. 2 ZVG, § 3 Rdn 115). Gläubiger X betreibt aus RK 5 (§ 3 Rdn 99), die D-Bank AG aus RK 4 (§ 3 Rdn 87). Damit bestimmt die D-Bank AG das gG beim Einzelausgebot des Grundstücks 2.

Grundstück 3

Es gilt das zu Grundstück 1 Gesagte entsprechend.

Damit bestimmt der Gläubiger X das gG beim Einzelausgebot des Grundstücks 3.

Antrag der D-Bank AG auf Verteilung des Gesamtrechts Abt. III Nr. 3 (§ 12 Rdn 1 f.)

Die D-Bank hat vor der Aufforderung zur Abgabe von Geboten und damit rechtzeitig (§ 12 Rdn 8) die Verteilung des Gesamtrechts Abt. III Nr. 3 beantragt.

Voraussetzung für die Verteilung des Gesamtrechts ist u.a., dass es bestehen bleibt (§ 12 Rdn 2), was ebenfalls für jedes Grundstück getrennt zu ermitteln ist.

Da das Gesamtrecht sowohl dem Gläubiger X (welcher das gG bei den Grundstücken 1 und 3 bestimmt) als auch der Gläubigerin D-Bank AG (welche das gG bei Grundstück 2 bestimmt) im Range vorgeht, würde es an allen Grundstücken in voller Höhe bestehen bleiben (§ 52 ZVG).

Die D-Bank AG ist als (dem Gesamtrecht) nachstehende Beteiligte antragsberechtigt (§ 64 Abs. 1 S. 2 ZVG). Der Antrag wurde rechtzeitig gestellt.

Das Gesamtrecht ist bei der Feststellung des geringsten Gebots bei den Einzelausgeboten nur zu dem Teilbetrag zu berücksichtigen, der dem Verhältnis des Wertes des Grundstücks zu dem Wert der sämtlichen Grundstücke entspricht. Der Wert wird unter Abzug der Belastungen berechnet, die dem Gesamtrecht im Rang vorgehen und bestehen bleiben (§ 64 Abs. 1, 3 ZVG, § 12 Rdn 10 f.).

Gegenantrag der C-Bank AG gem. § 64 Abs. 2 ZVG (§ 12 Rdn 10)

Die C-Bank hat vor der Aufforderung zur Abgabe von Geboten und damit rechtzeitig (§ 12 Rdn 23) den sog. „Gegenantrag" nach § 64 Abs. 2 ZVG gestellt. Als Gläubigerin des zur Verteilung kommenden Gesamtrechts ist sie antragsberechtigt.

Die Grundstücke sind deshalb auch mit der in § 64 Abs. 2 ZVG genannten Abweichung auszubieten (Doppelausgebot). Bei den Ausgeboten nach § 64 Abs. 2 ZVG wird unterstellt, die C-Bank AG sei bestbetreibende Gläubigerin (§ 12 Rdn 24).

Es sind damit die folgenden geringsten Gebote zu erstellen:
- Einzelausgebote für alle drei Grundstücke mit verteiltem Gesamtrecht Abt. III Nr. 3 nach § 64 Abs. 1 ZVG
- Einzelausgebote für alle drei Grundstücke aufgrund Gegenantrags nach § 64 Abs. 2 ZVG
- Gesamtausgebot

Einzelausgebot (§ 64 Abs. 1 ZVG) Grundstück 1

Amtsgericht Mainz[1]
Vollstreckungsgericht
Aktenzeichen: 2 K 7/17

Geringstes Gebot
berechnet für den Versteigerungstermin am 1.10.2017

In dem Zwangsversteigerungsverfahren
zum Zwecke der Zwangsvollstreckung
betreffend das Grundstück der Gemarkung Mainz,
eingetragen im Grundbuch von Mainz Blatt 2000, lfd. Nr. 1 des Bestandsverzeichnisses
FlSt.Nr. 100 Gebäude- und Freifläche, Hauptstraße 1, 400 m^2

---

[1] Bei den nachfolgenden geringsten Geboten wird auf diesen einleitenden Teil einschließlich der Bezeichnung des Grundstücks aus Gründen der besseren Lesbarkeit verzichtet.

§ 15 Fallbeispiel zum 1. Teil (Vollstreckungsversteigerung)

I. Vorbericht
1. Die erste Beschlagnahme des Grundbesitzes erfolgte am 10.1.2017 durch Zustellung des Anordnungsbeschlusses an den Schuldner (§ 1 Rdn 76, § 3 Rdn 63).
2. Endzeitpunkt nach § 47 ZVG: 15.10.2017 (§ 3 Rdn 132).
3. Durch Beschluss vom 17.6.2017 wurde der
Verkehrswert des Grundbesitzes festgesetzt auf: 50.000,00 EUR
Der $5/10$ Wert gem. § 85a ZVG beträgt demnach: 25.000,00 EUR
Der $7/10$ Wert gem. § 74a ZVG beträgt demnach: 35.000,00 EUR
4. Der Versteigerungstermin wurde ordnungsgemäß bekannt gemacht durch Veröffentlichung gem. § 39 Abs. 1 ZVG am ... (§ 3 Rdn 38 und 45).
5. Bestbetreibender Gläubiger: Gläubiger X
Dieser Gläubiger betreibt das Verfahren aus der RK 5.
6. An Anmeldungen liegen dem Gericht vor:
Stadt – Stadtkasse – Mainz: Grundsteuer, vierteljährlich zur Quartalsmitte fällig, jeweils ab dem 1.7.2016, 60,00 EUR pro Quartal
A-Bank AG, Mainz: Zinsen aus dem Recht Abt. III Nr. 1, 12 % aus 10.000,00 EUR seit dem 1.6.2014

II. Bestehen bleibende Rechte
Abteilung II: Keine

Abteilung III:

Recht Nr. 1

Grundschuld ohne Brief zu zehntausend Euro nebst 12 % Jahreszinsen, kalenderjährlich nachträglich fällig, vollstreckbar nach § 800 ZPO, für A-Bank AG in Mainz. Gemäß Bewilligung vom 04.04.2014 (Notar Schreib, Mainz, UR 44/14) eingetragen am 14.04.2014.

Recht Nr. 3

Grundschuld ohne Brief zu einhunderttausend Euro nebst 15 % Jahreszinsen, kalenderjährlich im Voraus fällig, für die C-Bank AG in Mainz. Gemäß Bewilligung vom 03.11.2014 (Notar Schreib, Mainz, UR 1144/14) eingetragen am 11.11.2014.

Das Recht III/3 kommt wie folgt zur Verteilung:

	Grundstück 1	Grundstück 2	Grundstück 3
Verkehrswert	50.000,00 EUR	120.000,00 EUR	100.000,00 EUR
Vorbelastung	III/1 10.000,00 EUR	III/2 60.000,00 EUR	keine
Bereinigter Verkehrswert	40.000,00 EUR	60.000,00 EUR	100.000,00 EUR
Verhältnis	$2/10$	$3/10$	$5/10$
Aufteilung III/3	**20.000,00 EUR**	30.000,00 EUR	50.000,00 EUR

An dem Grundstück 1 bleibt das Recht Abt. III Nr. 3 somit nur mit einem Betrag von 20.000,00 EUR nebst Zinsen bestehen.

III. Mindestbargebot
1. **Kosten des Verfahrens** (§ 109 ZVG, § 3 Rdn 128 f., § 11 Rdn 24 f.):
Wert: 270.000,00 EUR (bei Nr. 2215 KVGKG Wertangabe vorläufig)

0,5 Gebühr Nr. 2211 KVGKG:	1.141,50 EUR
0,5 Gebühr Nr. 2213 KVGKG:	1.141,50 EUR
0,5 Gebühr Nr. 2215 KVGKG:	1.141,50 EUR
Auslagen (einschl. geschätzter künftiger Auslagen):	1.435,50 EUR
Gesamtkosten:	4.860,00 EUR

Aufteilung der Kosten im Verhältnis der Grundstücksverkehrswerte

	Grundstück 1	Grundstück 2	Grundstück 3
Verkehrswert	50.000,00 EUR	120.000,00 EUR	100.000,00 EUR
Kostenanteil	**900,00 EUR**	2.160,00 EUR	1.800,00 EUR

2. Ansprüche der **Rangklassen** des § 10 Abs. 1 ZVG:

Rangklasse 3 (§ 3 Rdn 79 f.):

Rechtzeitig angemeldet wurde regelfällige[2] Grundsteuer (= öffentliche Grundstückslast, wiederkehrende Leistung, § 3 Rdn 85 f.) mit 60,00 EUR pro Quartal, ab dem 1.7.2016.

Letzte Fälligkeit vor der Beschlagnahme:	15.11.2016
Laufende Leistungen: 1.10.2016 – 15.10.2017 (= 375 Tage) =	250,00 EUR
Rückständige Leistungen: 1.7.2016 – 30.9.2016 (= 90 Tage) =	60,00 EUR
Summe:	**310,00 EUR**

Rangklasse 4 (§ 3 Rdn 87 f.):

Recht Abt. III Nr. 1:

Angemeldet wurden Zinsen (= wiederkehrende Leistungen) mit 12 % aus 10.000,00 EUR seit dem 1.6.2014.

Die Zinsen des Rechts III/1 sind gem. Grundbucheintragung kalenderjährlich nachträglich fällig.

Letzte Fälligkeit vor der Beschlagnahme:	31.12.2016
Laufende Leistungen: 1.1.2016 – 15.10.2017 (= 645 Tage) =	2.150,00 EUR
Rückständige Leistungen: 1.6.2014 – 31.12.2015 (= 570 Tage) =	1.900,00 EUR

Die Rückstände liegen innerhalb der Zwei-Jahres-Frist des § 10 Abs. 1 Nr. 4 ZVG und sind daher in RK 4 zu berücksichtigen (§ 3 Rdn 93).

Summe:	**4.050,00 EUR**

Recht Abt. III Nr. 3:

Es liegt keine Anmeldung vor. Im gG werden jedoch die laufenden wiederkehrenden Leistungen, die nach dem Inhalt des Grundbuchs zu entrichten sind (hier 15 % Zinsen aus 100.000,00 EUR), von Amts wegen berücksichtigt (§ 45 Abs. 2 ZVG).

Die Zinsen des Rechts III/3 sind gem. Grundbucheintragung kalenderjährlich im Voraus fällig.

Letzte Fälligkeit vor der Beschlagnahme:	1.1.2017
Laufende Leistungen: 1.1.2017 – 15.10.2017 (= 285 Tage) =	**11.875,00 EUR**

Da das Recht III/3 nach § 64 Abs. 1, 3 ZVG verteilt wird, kommen auch nur anteilige Zinsen in das gG. Die Aufteilung der wiederkehrenden Leistungen erfolgt dabei im gleichen Verhältnis wie die Aufteilung des Kapitals (§ 12 Rdn 12).

---

[2] Vierteljährlich zur Quartalsmitte (15.2., 15.5., 15.8., 15.11.)

§ 15 Fallbeispiel zum 1. Teil (Vollstreckungsversteigerung)

	Grundstück 1	Grundstück 2	Grundstück 3
Verhältnis	²⁄₁₀	³⁄₁₀	⁵⁄₁₀
Zinsen 11.875,00 EUR	2.375,00 EUR	3.562,50 EUR	5.937,50 EUR

Zusammenfassung

Bestehen bleibende Rechte:	Abt. III Nr. 1		10.000,00 EUR
	Abt. III Nr. 3		20.000,00 EUR
Mindestbargebot:			7.635,00 EUR

Einzelausgebot (§ 64 Abs. 1 ZVG) Grundstück 2

I. Vorbericht

1. Die erste Beschlagnahme des Grundbesitzes erfolgte am 10.1.2017 durch Zustellung des Anordnungsbeschlusses an den Schuldner.
2. Endzeitpunkt nach § 47 ZVG: 15.10.2017.
3. Durch Beschluss vom 17.6.2017 wurde der
   Verkehrswert des Grundbesitzes festgesetzt auf: 120.000,00 EUR
   Der ⁵⁄₁₀-Wert gem. § 85a ZVG beträgt demnach: 60.000,00 EUR
   Der ⁷⁄₁₀-Wert gem. § 74a ZVG beträgt demnach: 84.000,00 EUR
4. Der Versteigerungstermin wurde ordnungsgemäß bekannt gemacht durch Veröffentlichung gem. § 39 Abs. 1 ZVG am ...
5. Bestbetreibende Gläubigerin: D-Bank AG.
   Diese Gläubigerin betreibt das Verfahren aus der RK 4.
6. An Anmeldungen liegen dem Gericht vor:
   Stadt – Stadtkasse – Mainz: Grundsteuer, vierteljährlich zur Quartalsmitte fällig, jeweils ab dem 1.7.2016, 90,00 EUR pro Quartal

II. Bestehen bleibende Rechte

Abteilung II: Keine

Abteilung III:

Recht Nr. 2

Grundschuld ohne Brief zu sechzigtausend Euro nebst 12 % Jahreszinsen kalenderhalbjährlich im Voraus fällig, vollstreckbar nach § 800 ZPO für die B-Bank AG in Mainz. Gemäß Bewilligung vom 24.07.2014 (Notar Schreib, Mainz, UR 678/14) eingetragen am 01.08.2014.

Recht Nr. 3

Grundschuld ohne Brief zu einhunderttausend Euro nebst 15 % Jahreszinsen, kalenderjährlich im Voraus fällig, für die C-Bank AG in Mainz. Gemäß Bewilligung vom 03.11.2014 (Notar Schreib, Mainz, UR 1144/14) eingetragen am 11.11.2014.

An dem Grundstück 2 bleibt das Recht Nr. 3 wegen der oben dargestellten Verteilung nur mit einem Betrag von 30.000,00 EUR nebst Zinsen bestehen.

III. Mindestbargebot

1. Kosten des Verfahrens (§ 109 ZVG) anteilig: **2.160,00 EUR**
2. Ansprüche der **Rangklassen** des § 10 Abs. 1 ZVG:
   Rangklasse 3:
   Rechtzeitig angemeldet wurde regelfällige Grundsteuer,
   mit 90,00 EUR pro Quartal, ab dem 1.7.2016.
   Letzte Fälligkeit vor der Beschlagnahme: 15.11.2016

Laufende Leistungen:
1.10.2016 – 15.10.2017 (= 375 Tage) =   375,00 EUR

Rückständige Leistungen:
1.7.2016 – 30.9.2016 (= 90 Tage) =   90,00 EUR

Summe: **465,00 EUR**

Rangklasse 4:
Recht Abt. III Nr. 2:
Eine ausdrückliche Anmeldung liegt nicht vor. Die Zinsen (12 % aus 60.000,00 EUR seit dem 1.10.2014) ergeben sich jedoch aus dem Versteigerungsantrag und gelten daher als angemeldet (§ 114 Abs. 1 S. 2 ZVG).
Die Zinsen des Rechts III/2 sind gem. Grundbucheintragung kalenderhalbjährlich im Voraus fällig.

Letzte Fälligkeit vor der Beschlagnahme: 1.1.2017

Laufende Leistungen:
1.1.2017 – 15.10.2017 (= 285 Tage) =   5.700,00 EUR

Rückständige Leistungen:
1.1.2015 – 31.12.2016 (= 720 Tage) =   14.400,00 EUR

Summe: **20.100,00 EUR**

Die weiter geltend gemachten Zinsrückstände (1.10.2014 – 31.12.2014) liegen nicht innerhalb der Zwei-Jahres-Frist des § 10 Abs. 1 Nr. 4 ZVG und können daher in RK 4 nicht berücksichtigt werden. Sie würden eigentlich in RK 8 fallen (§ 3 Rdn 105), da das Verfahren jedoch auch wegen dieser Beträge betrieben wird, gehören sie in RK 5 (§ 3 Rdn 106). Im gG finden sie keine Berücksichtigung.

Recht Abt. III Nr. 3:
Da das Recht nach § 64 Abs. 1 ZVG verteilt wird, kommen auch nur anteilige Zinsen in das gG.
Nach der im Einzelausgebot für Grundstück 1 dargestellten Berechnung entfallen auf Grundstück 2 Zinsen in Höhe von: **3.562,50 EUR**

Zusammenfassung

Bestehen bleibende Rechte: Abt. III Nr. 2   60.000,00 EUR
                                    Abt. III Nr. 3   30.000,00 EUR
Mindestbargebot: 26.287,50 EUR

Einzelausgebot (§ 64 Abs. 1 ZVG) Grundstück 3
I. Vorbericht
1. Die erste Beschlagnahme des Grundbesitzes erfolgte am 10.1.2017 durch Zustellung des Anordnungsbeschlusses an den Schuldner.
2. Endzeitpunkt nach § 47 ZVG: 15.10.2017
3. Durch Beschluss vom 17.6.2017 wurde der
   Verkehrswert des Grundbesitzes festgesetzt auf: 100.000,00 EUR
   Der 5/10-Wert gem. § 85a ZVG beträgt demnach: 50.000,00 EUR
   Der 7/10-Wert gem. § 74a ZVG beträgt demnach: 70.000,00 EUR
4. Der Versteigerungstermin wurde ordnungsgemäß bekannt gemacht durch Veröffentlichung gem. § 39 Abs. 1 ZVG am …
5. Bestbetreibender Gläubiger: Gläubiger X
   Dieser Gläubiger betreibt das Verfahren aus der RK 5.
6. An Anmeldungen liegen dem Gericht vor:
   Stadt – Stadtkasse – Mainz: Grundsteuer, vierteljährlich zur Quartalsmitte fällig, jeweils ab dem 1.7.2016, 180,00 EUR pro Quartal

II. Bestehen bleibende Rechte

Abteilung II: Keine

Abteilung III:

Recht Nr. 3

Grundschuld ohne Brief zu einhunderttausend Euro nebst 15 % Jahreszinsen, kalenderjährlich im Voraus fällig, für die C-Bank AG in Mainz. Gemäß Bewilligung vom 03.11.2014 (Notar Schreib, Mainz, UR 1144/14) eingetragen am 11.11.2014.

An dem Grundstück 3 bleibt das Recht Nr. 3, wegen der oben dargestellten Aufteilung, nur mit einem Betrag von 50.000,00 EUR nebst Zinsen bestehen.

III. Mindestbargebot

1.	**Kosten** des Verfahrens (§ 109 ZVG) anteilig:	**1.800,00 EUR**
2.	Ansprüche der **Rangklassen** des § 10 Abs. 1 ZVG:	

Rangklasse 3:

Rechtzeitig angemeldet wurde regelfällige Grundsteuer, mit 180,00 EUR pro Quartal, ab dem 1.7.2016

Letzte Fälligkeit vor der Beschlagnahme:	15.11.2016
Laufende Leistungen:	
1.10.2016 – 15.10.2017 (= 375 Tage) =	750,00 EUR
Rückständige Leistungen:	
1.7.2016 – 30.9.2016 (= 90 Tage) =	180,00 EUR
Summe:	**930,00 EUR**

Rangklasse 4:

Recht Abt. III Nr. 3:

Da das Recht nach § 64 Abs. 1 ZVG verteilt wird, kommen auch nur anteilige Zinsen in das gG.

Nach der im Einzelausgebot für Grundstück 1 dargestellten Berechnung entfallen auf Grundstück 3 Zinsen in Höhe von:	**5.937,50 EUR**

Zusammenfassung

Bestehen bleibende Rechte:	Abt. III Nr. 3	50.000,00 EUR
Mindestbargebot:		8.667,50 EUR

Einzelausgebot (§ 64 Abs. 2 ZVG) Grundstück 1

I. Vorbericht

– siehe Vorbericht Einzelausgebot (§ 64 Abs. 1 ZVG) Grundstück 1 –

Für die Berechnung des gG wird die C-Bank AG als bestbetreibende Gläubigerin unterstellt.

II. Bestehen bleibende Rechte

Abteilung II: Keine

Abteilung III:

Recht Nr. 1

Grundschuld ohne Brief zu zehntausend Euro nebst 12 % Jahreszinsen, kalenderjährlich nachträglich fällig, vollstreckbar nach § 800 ZPO, für A-Bank AG in Mainz. Gemäß Bewilligung vom 04.04.2014 (Notar Schreib, Mainz, UR 44/14) eingetragen am 14.04.2014.

III. Mindestbargebot

1.	**Kosten** des Verfahrens (§ 109 ZVG):	900,00 EUR
2.	Ansprüche der **Rangklassen** des § 10 Abs. 1 ZVG:	
	Rangklasse 3:	
	Grundsteuer Summe:	310,00 EUR
	Rangklasse 4:	
	Recht Abt. III Nr. 1:	
	Zinsen Summe:	4.050,00 EUR

Zusammenfassung

Bestehen bleibende Rechte: Abt. III Nr. 1:	10.000,00 EUR
Mindestbargebot:	5.260,00 EUR

Einzelausgebot (§ 64 Abs. 2 ZVG) Grundstück 2

I. Vorbericht

– siehe Vorbericht Einzelausgebot (§ 64 Abs. 1 ZVG) Grundstück 2 –

Für die Berechnung des gG wird die C-Bank AG als bestbetreibende Gläubigerin unterstellt.

II. Bestehen bleibende Rechte

Abteilung II: Keine

Abteilung III:

Recht Nr. 2

Grundschuld ohne Brief zu sechzigtausend Euro nebst 12 % Jahreszinsen kalenderhalbjährlich im Voraus fällig, vollstreckbar nach § 800 ZPO für die B-Bank AG in Mainz. Gemäß Bewilligung vom 24.07.2014 (Notar Schreib, Mainz, UR 678/14) eingetragen am 01.08.2014.

III. Mindestbargebot

1.	**Kosten** des Verfahrens (§ 109 ZVG):	2.160,00 EUR
2.	Ansprüche der **Rangklassen** des § 10 Abs. 1 ZVG:	
	Rangklasse 3:	
	Grundsteuer Summe:	465,00 EUR
	Rangklasse 4:	
	Recht Abt. III Nr. 2:	
	Zinsen Summe:	20.100,00 EUR

Zusammenfassung

Bestehen bleibende Rechte: Abt. III Nr. 2:	60.000,00 EUR
Mindestbargebot:	22.725,00 EUR

Einzelausgebot (§ 64 Abs. 2 ZVG) Grundstück 3

I. Vorbericht

– siehe Vorbericht Einzelausgebot (§ 64 Abs. 1 ZVG) Grundstück 3 –

Für die Berechnung des gG wird die C-Bank AG als bestbetreibende Gläubigerin unterstellt.

II. Bestehen bleibende Rechte
Abteilung II: Keine
Abteilung III: Keine

III. Mindestbargebot

1.	Kosten des Verfahrens (§ 109 ZVG):	1.800,00 EUR
2.	Ansprüche der **Rangklassen** des § 10 Abs. 1 ZVG:	
	Rangklasse 3:	
	Grundsteuer Summe:	930,00 EUR

Zusammenfassung

Bestehen bleibende Rechte:	Keine
Mindestbargebot:	2.730,00 EUR

Gesamtausgebot

I. Vorbericht

Für das Gesamtausgebot wird vorliegend kein eigener Vorbericht erstellt, da sich die maßgeblichen Daten aus den Vorberichten zum Einzelausgebot nach § 64 Abs. 1 ZVG ergeben. Zu beachten bleibt, dass jedes Grundstück seinen eigenen Tag der ersten Beschlagnahme (§ 10 Rdn 8 und 9) und seinen eigenen bestbetreibenden Gläubiger (§ 11 Rdn 31) hat. Es gibt weder einen einheitlichen Tag der ersten Beschlagnahme noch einen einheitlichen bestbetreibenden Gläubiger.

II. Bestehen bleibende Rechte

Abteilung II: Keine

Abteilung III:

Recht Nr. 1 an Grundstück Nr. 1

Grundschuld ohne Brief zu zehntausend Euro nebst 12 % Jahreszinsen, kalenderjährlich nachträglich fällig, vollstreckbar nach § 800 ZPO, für A-Bank AG in Mainz. Gemäß Bewilligung vom 04.04.2014 (Notar Schreib, Mainz, UR 44/14) eingetragen am 14.04.2014.

Recht Nr. 2 an Grundstück Nr. 2

Grundschuld ohne Brief zu sechzigtausend Euro nebst 12 % Jahreszinsen kalenderhalbjährlich im Voraus fällig, vollstreckbar nach § 800 ZPO für die B-Bank AG in Mainz. Gemäß Bewilligung vom 24.07.2014 (Notar Schreib, Mainz, UR 678/14) eingetragen am 01.08.2014.

Recht Nr. 3 an allen drei Grundstücken (Gesamtrecht)

Grundschuld ohne Brief zu einhunderttausend Euro nebst 15 % Jahreszinsen, kalenderjährlich im Voraus fällig, für die C-Bank AG in Mainz. Gemäß Bewilligung vom 03.11.2014 (Notar Schreib, Mainz, UR 1144/14) eingetragen am 11.11.2014.

III. Mindestbargebot

1.	Kosten des Verfahrens (§ 109 ZVG):	4.860,00 EUR
2.	Ansprüche der **Rangklassen** des § 10 Abs. 1 ZVG:	
	Rangklasse 3:	
	Gesamtsumme Grundsteuer:	1.705,00 EUR
	Rangklasse 4	
	Zinsen aus dem Recht Abt. III Nr. 1:	4.050,00 EUR
	Zinsen aus dem Recht Abt. III Nr. 2:	20.100,00 EUR
	Zinsen aus dem Recht Abt. III Nr. 3:	11.875,00 EUR
	Summe:	**42.590,00 EUR**

B. Zuschlagsentscheidung

Geringste Gebote aller Ausgebotsarten

	Einzelausgebot Grundstück 1 § 64 ZVG		Einzelausgebot Grundstück 2 § 64 ZVG		Einzelausgebot Grundstück 3 § 64 ZVG		Gesamtaus-gebot § 63 Abs. 2 ZVG
	Abs. 1	Abs. 2	Abs. 1	Abs. 2	Abs. 1	Abs. 2	
BbR	30.000,00 EUR	10.000,00 EUR	90.000,00 EUR	60.000,00 EUR	50.000,00 EUR	Keine	170.000,00 EUR
MBG	7.635,00 EUR	5.260,00 EUR	26.287,50 EUR	22.725,00 EUR	8.667,50 EUR	2.730,00 EUR	42.590,00 EUR

B. Zuschlagsentscheidung

Fall

Im Versteigerungstermin am 1.10.2017 werden folgende Gebote abgegeben:

Bieter	auf Ausgebotsart	Betrag
Walter Huber	Gesamtausgebot	43.000,00 EUR
Hans Schmitt	Einzelausgebot § 64 Abs. 1 ZVG Grundstück 1	8.000,00 EUR
Tina Mayer	Einzelausgebot § 64 Abs. 2 ZVG Grundstück 1	10.000,00 EUR
Ernst Deimer	Einzelausgebot § 64 Abs. 1 ZVG Grundstück 2	30.000,00 EUR
Siegfried Weng	Einzelausgebot § 64 Abs. 2 ZVG Grundstück 2	40.000,00 EUR
Sarah Schuster	Einzelausgebot § 64 Abs. 1 ZVG Grundstück 3	10.000,00 EUR
Andreas Noller	Einzelausgebot § 64 Abs. 2 ZVG Grundstück 3	30.000,00 EUR

Im Rahmen der Zuschlagsverhandlung erklärt der Vertreter der C-Bank AG, es mögen die auf das Einzelausgebot nach § 64 Abs. 1 ZVG abgegebenen Gebote der Zuschlagsentscheidung zugrunde gelegt werden (§ 12 Rdn 31).

Aufgabe des Vollstreckungsgerichts:

Entscheidung über den Zuschlag

Die auf das Einzelausgebot nach § 64 Abs. 2 ZVG abgegebenen Gebote sind mit der Erklärung des Vertreters der C-Bank AG erloschen (§ 12 Rdn 32). Das Vollstreckungsgericht hat nunmehr den Ergebnisvergleich nach § 63 Abs. 3 S. 2 ZVG durchzuführen (§ 12 Rdn 32, § 11 Rdn 40).

§ 15 Fallbeispiel zum 1. Teil (Vollstreckungsversteigerung)

Ergebnisvergleich (§ 63 Abs. 3 S. 2 ZVG)
(Summe der Ergebnisse beim Einzelausgebot verglichen mit dem Ergebnis beim Gesamtausgebot)

	Einzelausgebot § 64 Abs. 1 ZVG Grundstück 1	Einzelausgebot § 64 Abs. 1 ZVG Grundstück 2	Einzelausgebot § 64 Abs. 1 ZVG Grundstück 3	Gesamtausgebot
BbR	30.000,00 EUR	90.000,00 EUR	50.000,00 EUR	170.000,00 EUR
Meistgebot	8.000,00 EUR	30.000,00 EUR	10.000,00 EUR	43.000,00 EUR
Summe	38.000,00 EUR	120.000,00 EUR	60.000,00 EUR	212.000,00 EUR
Vergleich		**218.000,00 EUR**		**213.000,00 EUR**

Der Ergebnisvergleich zeigt, dass die auf das Einzelausgebot abgegebenen Gebote allgemein zuschlagsfähig sind.

Der für jedes Grundstück getrennt zu prüfende Zuschlagsversagungsgrund nach § 85a ZVG führt nicht zu einer Zuschlagsversagung (§ 5 Rdn 15 f., § 13 Rdn 11); Antrag nach § 74a ZVG (§ 5 Rdn 17, § 13 Rdn 2 ff.) ist nicht gestellt. Auch andere Zuschlagsversagungsgründe (§ 5 Rdn 5 ff.) sind nicht gegeben.

Den Meistbietenden Schmitt, Deimer und Schuster ist daher je der Zuschlag zu erteilen (§ 5 Rdn 44). Aus Gründen besserer Übersicht und wegen der denkbaren weiteren „Verwendungsmöglichkeiten" für den Zuschlagsbeschluss (z.B. als Vollstreckungstitel) sollte dies durch **drei getrennte** Beschlüsse erfolgen.

▼

3 **Muster: Zuschlagsbeschluss betreffend das Grundstück 1 (§ 5 Rdn 49 ff.)**

Amtsgericht Mainz Mainz, den 1.10.2017
Vollstreckungsgericht
Aktenzeichen: 2 K 7/17

In dem Zwangsversteigerungsverfahren

zum Zwecke der Zwangsvollstreckung

betreffend das im Grundbuch von Mainz Blatt 2000 unter laufender Nr. 1 eingetragene Grundstück der Gemarkung Mainz

FlSt.Nr. 100

Gebäude- und Freifläche, Hauptstraße 1 zu 200 m²

Eigentümer Tobias Mustermann, geb. am 1.3.1971, Mainz,

ergeht folgender

Beschluss

Vorgenannter Grundbesitz wird Hans Schmitt, ▬▬▬ *(Geburtsdatum und Anschrift)*

für den durch Zahlung zu berichtigenden Betrag von 8.000,00 EUR zugeschlagen zu folgenden Bedingungen:

1. Es bleiben folgende im Grundbuch eingetragenen Belastungen bestehen:

    Abt. III Nr. 1

    Grundschuld ohne Brief zu zehntausend Euro nebst 12 % Jahreszinsen, kalenderjährlich nachträglich fällig, vollstreckbar nach § 800 ZPO, für A-Bank AG in Mainz.

    Gemäß Bewilligung vom 04.04.2014 (Notar Schreib, Mainz, UR 44/14) eingetragen am 14.04.2014.

    Abt. III Nr. 3

Grundschuld ohne Brief zu zwanzigtausend Euro nebst 15 % Jahreszinsen, kalenderjährlich im Voraus fällig, für die C-Bank AG in Mainz. Gemäß Bewilligung vom 03.11.2014 (Notar Schreib, Mainz, UR 1144/14) eingetragen am 11.11.2014.

Die Grundschuld ist im Grundbuch über einen Betrag von 100.000,00 EUR eingetragen, kam im Zwangsversteigerungsverfahren jedoch zur Verteilung nach § 64 Abs. 1 ZVG.

2. Das Bargebot in Höhe von 8.000,00 EUR ist vom Zuschlag an mit 4 % zu verzinsen und mit den Zinsen vom Ersteher im Verteilungstermin zu zahlen.
3. Die Kosten des Zuschlagsbeschlusses trägt der Ersteher.
4. Im Übrigen gelten die gesetzlichen Versteigerungsbedingungen. Ein Anspruch auf Gewährleistung findet nicht statt (§ 56 ZVG)

Gründe:

Hans Schmitt ist im Versteigerungstermin vom 1.10.2017 mit einem Gebot in o.g. Höhe auf das Einzelausgebot für genanntes Grundstück Meistbietender geblieben.

Die C-Bank AG als Antragstellerin nach § 64 Abs. 2 ZVG hat nach Schluss der Versteigerung erklärt, der Zuschlagsentscheidung mögen nur die Gebote auf das Einzelausgebot nach § 64 Abs. 1 ZVG zugrunde gelegt werden; die auf die Anweisung (§ 64 Abs. 2 ZVG) abgegebenen Gebote sind damit erloschen.

Der nach § 63 Abs. 3 S. 2 ZVG durchzuführende Vergleich zwischen den Ergebnissen bei dem Einzelausgebot (§ 64 Abs. 1 ZVG) und dem Ergebnis des Gesamtausgebots erbrachte, dass der Zuschlag auf das Einzelausgebot zu erteilen war.

Alle Verfahrensvorschriften wurden beachtet; Zuschlagsversagungsgründe bestehen nicht.

Rechtsbehelfsbelehrung

Gegen diesen Beschluss ist das Rechtsmittel der sofortigen Beschwerde gegeben. Diese ist innerhalb einer Frist von zwei Wochen schriftlich oder mündlich zu Protokoll der Geschäftsstelle einzulegen entweder bei dem Amtsgericht Mainz oder dem Landgericht Mainz (Beschwerdegericht).

Die genannte Frist beginnt

a) für Beteiligte, welche im Versteigerungstermin oder im Verkündungstermin erschienen waren, mit der Verkündung des Zuschlagsbeschlusses,

b) für alle anderen Beteiligten und den Ersteher mit der Zustellung des Zuschlagsbeschlusses.

Rechtspfleger

▲

C. Teilungsplan

Weiterführung Fall 4

Termin zur Verteilung des Versteigerungserlöses wurde bestimmt auf den 1.12.2017. Der Gläubiger X hat einen Gebührenvorschuss (§ 15 Abs. 1 GKG; § 3 Rdn 47) von 1.906,00 EUR und einen Auslagenvorschuss (§ 17 Abs. 3 GKG; § 3 Rdn 11) von 1.000,00 EUR bezahlt.

Die gerichtlichen Auslagen belaufen sich auf 1.479,50 EUR.

Die Stadt – Stadtkasse – Mainz und die A-Bank AG haben Ihre bereits zum Versteigerungstermin eingereichten Anmeldungen wiederholt.

Dem Vollstreckungsgericht liegen zum Verteilungstermin Nachweise darüber vor, dass die erforderlichen Beträge (jeweilige Bargebote und Bargebotszinsen) der Gerichtskasse vor dem Verteilungstermin gutgeschrieben worden sind.

§ 15 Fallbeispiel zum 1. Teil (Vollstreckungsversteigerung)

Aufgabe des Vollstreckungsgerichts:
Erstellung des Teilungsplans

Allgemeiner Hinweis:
Die Berechnung der wiederkehrenden Leistungen erfolgt bankmäßig (das Jahr mit 360 Tagen, jeder Monat mit 30 Tagen). Die Bargebotszinsen (§ 49 Abs. 2 ZVG) sind exakt nach der Zahl der verstrichenen Tage zu berechnen.
Es ist folgender Teilungsplan zu erstellen (§ 6 Rdn 9 ff.):

Amtsgericht Mainz
Vollstreckungsgericht
Aktenzeichen: 2 K 7/17

Teilungsplan
für den Verteilungstermin am 1.12.2017

I. Vorbericht

1. Tag der ersten Beschlagnahme (für alle drei Grundstücke identisch): 10.1.2017
2. Tag des Zuschlags: 1.10.2017
3. Ersteher:

Grundstück 1	Grundstück 2	Grundstück 3
Hans Schmitt	Ernst Deimer	Sarah Schuster

4. An Anmeldungen zum Verteilungstermin liegen dem Vollstreckungsgericht vor:
Die Stadt – Stadtkasse – Mainz und die A-Bank AG haben Ihre bereits zum Versteigerungstermin eingereichten Anmeldungen wiederholt.

II. Bestehen bleibende Rechte (§ 6 Rdn 29):

Abteilung II:

Grundstück 1	Grundstück 2	Grundstück 3
keine	keine	keine

Abteilung III:

Grundstück 1	Grundstück 2	Grundstück 3
Recht Nr. 1 Grundschuld ohne Brief zu zehntausend Euro nebst 12 % Jahreszinsen, kalenderjährlich nachträglich fällig, vollstreckbar nach § 800 ZPO, für A-Bank AG in Mainz. Gemäß Bewilligung vom 4.4.2014 (Notar Schreib, Mainz, UR 44/14) eingetragen am 14.4.2014.	Recht Nr. 2 Grundschuld ohne Brief zu sechzigtausend Euro nebst 12 % Jahreszinsen kalenderhalbjährlich im Voraus fällig, vollstreckbar nach § 800 ZPO für die B-Bank AG in Mainz. Gemäß Bewilligung vom 24.7.2014 (Notar Schreib, Mainz, UR 678/14) eingetragen am 1.8.2014.	
Recht Nr. 3 Grundschuld ohne Brief zu zwanzigtausend Euro nebst 15 % Jahreszinsen, kalenderjährlich im Voraus fällig, für die C-Bank AG in Mainz. Gemäß Bewilligung vom 3.11.2014 (Notar Schreib, Mainz, UR 1144/14) eingetragen am 11.11.2014.	Recht Nr. 3 Grundschuld ohne Brief zu dreißigtausend Euro nebst 15 % Jahreszinsen, kalenderjährlich im Voraus fällig, für die C-Bank AG in Mainz. Gemäß Bewilligung vom 3.11.2014 (Notar Schreib, Mainz, UR 1144/14) eingetragen am 11.11.2014.	Recht Nr. 3 Grundschuld ohne Brief zu fünfzigtausend Euro nebst 15 % Jahreszinsen, kalenderjährlich im Voraus fällig, für die C-Bank AG in Mainz. Gemäß Bewilligung vom 3.11.2014 (Notar Schreib, Mainz, UR 1144/14) eingetragen am 11.11.2014.

III. Teilungsmassen

	Grundstück 1	Grundstück 2	Grundstück 3
Bargebot	8.000,00 EUR	30.000,00 EUR	10.000,00 EUR
Bargebotszinsen 4 % für die Zeit vom 1.10.2017 bis 30.11.2017	53,48 EUR	200,55 EUR	66,85 EUR
Teilungsmassen	8.053,48 EUR	30.200,55 EUR	10.066,85 EUR

IV. Schuldenmassen

1. Kosten des Verfahrens (§ 109 ZVG, § 6 Rdn 34 f.):

0,5 Gebühr Nr. 2211 KVGKG Wert 270.000,00 EUR	1.141,50 EUR
0,5 Gebühr Nr. 2213 KVGKG Wert 270.000,00 EUR	1.141,50 EUR
0,5 Gebühr Nr. 2215 KVGKG Wert 218.000,00 EUR	962,50 EUR
Auslagen (§ 6 Rdn 35):	1.479,50 EUR
Gesamtkosten:	4.725,00 EUR

Aufteilung der Kosten im Verhältnis der Grundstücksverkehrswerte

	Grundstück 1	Grundstück 2	Grundstück 3
Verkehrswert	50.000,00 EUR	120.000,00 EUR	100.000,00 EUR
Kostenanteil	875,00 EUR	2.100,00 EUR	1.750,00 EUR
Vorschussanteil	**538,15 EUR**	**1.291,55 EUR**	**1.076,30 EUR**
Rest	**336,85 EUR**	**808,45 EUR**	**673,70 EUR**

Da der Zuschlag auf die Einzelausgebote erteilt wurde, sind die Schuldenmassen getrennt für jedes Grundstück darzustellen:

Grundstück 1

Weitere Ansprüche (in Befriedigungsrangfolge):

Rangklasse 3:

Stadt – Stadtkasse – Mainz

Rechtzeitig angemeldet wurde regelfällige Grundsteuer (= wiederkehrende Leistungen), mit 60,00 EUR pro Quartal, ab dem 1.7.2016

Letzte Fälligkeit vor der Beschlagnahme: 15.11.2016

Laufende Leistungen: 1.10.2016 – 30.9.2017 (= 360 Tage) =	240,00 EUR
Rückständige Leistungen: 1.7.2016 – 30.9.2016 (= 90 Tage) =	60,00 EUR
Summe:	**300,00 EUR**

Rangklasse 4:

A-Bank AG aus dem Recht Abt. III Nr. 1:

Angemeldet wurden Zinsen (= wiederkehrende Leistungen) mit 12 % aus 10.000,00 EUR seit dem 1.6.2014

Die Zinsen des Rechts III/1 sind gem. Grundbucheintragung kalenderjährlich nachträglich fällig.

Letzte Fälligkeit vor der Beschlagnahme: 31.12.2016

Laufende Leistungen: 1.1.2016 – 30.9.2017 (= 630 Tage) =	2.100,00 EUR

Rückständige Leistungen:
1.6.2014 – 31.12.2015 (= 570 Tage) = 1.900,00 EUR

Die Rückstände liegen innerhalb der Zwei-Jahres-Frist des § 10 Abs. 1 Nr. 4 ZVG und sind daher in RK 4 zu berücksichtigen.

Summe: **4.000,00 EUR**

C-Bank AG aus dem Recht Abt. III Nr. 3 (nach Verteilung hier 20.000,00 EUR):
Es liegt keine Anmeldungen vor. Im Teilungsplan werden jedoch die laufenden wiederkehrenden Leistungen, die nach dem Inhalt des Grundbuchs zu entrichten sind (hier 15 % Zinsen aus 20.000,00 EUR), von Amts wegen berücksichtigt (§ 114 Abs. 2 ZVG, § 6 Rdn 13).
Die Zinsen des Rechts III/3 sind gem. Grundbucheintragung kalenderjährlich im Voraus fällig.
Letzte Fälligkeit vor der Beschlagnahme: 1.1.2017

Laufende Leistungen:
1.1.2017 – 30.9.2017 (= 270 Tage) = **2.250,00 EUR**

Rangklasse 5:
Gläubiger X
Der Gläubiger betreibt das Verfahren; die sich aus dem Versteigerungsantrag ergebenen Beträge gelten als angemeldet (§ 114 Abs. 1 S. 2 ZVG, § 6 Rdn 13).

a) 12 % Zinsen aus 10.000,00 EUR
für die Zeit: 1.3.2016 – 30.11.2017 (= 630 Tage) = 2.100,00 EUR
b) Hauptforderung 10.000,00 EUR

Summe: **12.100,00 EUR**

Da der Gläubiger X das Verfahren in alle drei versteigerten Grundstücke betreibt, ist bei der Erlösverteilung bei jedem einzelnen Grundstück nur ein nach dem Verhältnis der Erlöse zu bestimmender Betrag in den Teilungsplan aufzunehmen (§ 122 Abs. 1 ZVG, § 14 Rdn 18 f.). Sobald die Resterlöse bei den anderen Grundstücken rechnerisch feststehen, ist auf diese Norm zurückzukommen, falls der Erlös für eine Zuteilung an Gläubiger X ausreicht.

Grundstück 2
Weitere Ansprüche (in Befriedigungsrangfolge):
Rangklasse 3:
Stadt – Stadtkasse – Mainz
Rechtzeitig angemeldet wurde regelfällige Grundsteuer, mit 90,00 EUR pro Quartal, ab dem 1.7.2016.
Letzte Fälligkeit vor der Beschlagnahme: 15.11.2016

Laufende Leistungen:
1.10.2016 – 30.9.2017 (= 360 Tage) = 360,00 EUR
Rückständige Leistungen:
1.7.2016 – 30.9.2016 (= 90 Tage) = 90,00 EUR
Summe: **450,00 EUR**

Rangklasse 4:
B-Bank AG aus dem Recht Abt. III Nr. 2:
Eine ausdrückliche Anmeldung liegt nicht vor. Die Zinsen (12 % aus 60.000,00 EUR seit dem 1.10.2014) ergeben sich jedoch aus dem Versteigerungsantrag und gelten daher als angemeldet (§ 114 Abs. 1 S. 2 ZVG).

C. Teilungsplan § 15

Die Zinsen des Rechts III/2 sind gem. Grundbucheintragung kalenderhalbjährlich im Voraus fällig.
Letzte Fälligkeit vor der Beschlagnahme: 1.1.2017
Laufende Leistungen:
1.1.2017 – 30.9.2017 (= 270 Tage) = 5.400,00 EUR
Rückständige Leistungen:
1.1.2015 – 31.12.2016 (= 720 Tage) = 14.400,00 EUR
Summe: **19.800,00 EUR**
Die weiter geltend gemachten Zinsrückstände finden in RK 5 Berücksichtigung und werden daher unten dargestellt.

C-Bank AG aus dem Recht Abt. III Nr. 3 (nach Verteilung hier 30.000,00 EUR):

Es liegt keine Anmeldung vor. Im Teilungsplan werden jedoch die laufenden wiederkehrenden Leistungen, die nach dem Inhalt des Grundbuchs zu entrichten sind (hier 15 % Zinsen aus 30.000,00 EUR), von Amts wegen berücksichtigt (§ 114 Abs. 2 ZVG).

Die Zinsen des Rechts III/3 sind kalenderjährlich im Voraus fällig.

Letzte Fälligkeit vor der Beschlagnahme: 1.1.2017

Laufende Leistungen:
1.1.2017 – 30.9.2017 (= 270 Tage) = 3.375,00 EUR

D-Bank AG aus dem Recht Abt. III Nr. 4:

Eine ausdrückliche Anmeldung liegt nicht vor. Die Zinsen (15 % aus 10.000,00 EUR seit dem 1.1.2017) ergeben sich jedoch aus dem Versteigerungsantrag und gelten daher als angemeldet (§ 114 Abs. 1 S. 2 ZVG).

a) Die Zinsen des Rechts III/4 sind gem. Grundbucheintragung kalenderjährlich im Voraus fällig.
Letzte Fälligkeit vor der Beschlagnahme: 1.1.2017
Laufende Leistungen:
1.1.2017 – 30.11.2017 (= 330 Tage) = 1.375,00 EUR
b) Hauptforderung (§ 6 Rdn 13) 10.000,00 EUR
Summe: **11.375,00 EUR**

Rangklasse 5:

Gläubiger X

Der Gläubiger betreibt das Verfahren; die sich aus dem Versteigerungsantrag ergebenen Beträge gelten als angemeldet (§ 114 Abs. 1 S. 2 ZVG).

a) 12 % Zinsen aus 10.000,00 EUR
für die Zeit: 1.3.2016 – 30.11.2017 (= 630 Tage) = 2.100,00 EUR
b) Hauptforderung 10.000,00 EUR
Summe: **12.100,00 EUR**

Da der Gläubiger X das Verfahren in alle drei versteigerten Grundstücke betreibt, ist bei der Erlösverteilung bei jedem einzelnen Grundstück nur ein nach dem Verhältnis der Erlöse zu bestimmender Betrag in den Teilungsplan aufzunehmen (§ 122 Abs. 1 ZVG). Sobald die Resterlöse bei den anderen Grundstücken rechnerisch feststehen, ist auf diese Norm zurückzukommen, falls der Erlös für eine Zuteilung an Gläubiger X ausreicht.

B-Bank AG aus dem Recht Abt. III Nr. 2
Die weiter geltend gemachten Zinsrückstände
12 % aus 60.000,00 EUR
für die Zeit: 1.10.2014 – 31.12.2014 (= 90 Tage) = 1.800,00 EUR

§ 15 Fallbeispiel zum 1. Teil (Vollstreckungsversteigerung)

würden eigentlich in RK 8 fallen, da das Verfahren auch wegen dieser Beträge betrieben wird, gehören sie in RK 5. Gegenüber Gläubiger X haben sie Nachrang, da die B-Bank AG die Beschlagnahme zeitlich später bewirkt hat (§ 11 Abs. 2 ZVG).

Grundstück 3

Weitere Ansprüche (in Befriedigungsrangfolge):

Rangklasse 3:

Stadt – Stadtkasse – Mainz

Rechtzeitig angemeldet wurde regelfällige Grundsteuer, mit 180,00 EUR pro Quartal, ab dem 1.7.2016
Letzte Fälligkeit vor der Beschlagnahme: 15.11.2016

Laufende Leistungen:	
1.10.2016 – 30.9.2017 (= 360 Tage) =	720,00 EUR
Rückständige Leistungen:	
1.7.2016 – 30.9.2016 (= 90 Tage) =	180,00 EUR
Summe:	**900,00 EUR**

Rangklasse 4:

C-Bank AG aus dem Recht Abt. III Nr. 3 (nach Verteilung hier 50.000,00 EUR):

Es liegt keine Anmeldung vor. Im Teilungsplan werden jedoch die laufenden wiederkehrenden Leistungen, die nach dem Inhalt des Grundbuchs zu entrichten sind (hier 15 % Zinsen aus 50.000,00 EUR), von Amts wegen berücksichtigt (§ 114 Abs. 2 ZVG).

Die Zinsen des Rechts III/3 sind gem. Grundbucheintragung kalenderjährlich im Voraus fällig.
Letzte Fälligkeit vor der Beschlagnahme: 1.1.2017

Laufende Leistungen:	
1.1.2017 – 30.9.2017 (= 270 Tage) =	5.625,00 EUR

Rangklasse 5:

Gläubiger X

Der Gläubiger betreibt das Verfahren; die sich aus dem Versteigerungsantrag ergebenden Beträge gelten als angemeldet (§ 114 Abs. 1 S. 2 ZVG).

12 % Zinsen aus 10.000,00 EUR	
für die Zeit: 1.3.2016 – 30.11.2017 (= 630 Tage) =	2.100,00 EUR
Hauptforderung	10.000,00 EUR
Summe:	**12.100,00 EUR**

Da der Gläubiger X das Verfahren in alle drei versteigerten Grundstücke betreibt, ist bei der Erlösverteilung bei jedem einzelnen Grundstück nur ein nach dem Verhältnis der Erlöse zu bestimmender Betrag in den Teilungsplan aufzunehmen (§ 122 Abs. 1 ZVG). Sobald die Resterlöse bei den anderen Grundstücken rechnerisch feststehen, ist auf diese Norm zurückzukommen, falls der Erlös für eine Zuteilung an Gläubiger X ausreicht.

V. Zuteilung

Da der Zuschlag auf das Einzelausgebot erteilt wurde, ist auch die Zuteilung getrennt für jedes Grundstück darzustellen:

Grundstück 1

Teilungsmasse	**8.053,48 EUR**
Anteil Gerichtskosten	– 336,85 EUR

Gläubiger X Anteil Kostenvorschuss	– 538,15 EUR
Stadt – Stadtkasse – Mainz Grundsteuern	– 300,00 EUR
A-Bank AG Zinsen Recht Abt. III Nr. 1	– 4.000,00 EUR
C-Bank AG Zinsen Recht Abt. III Nr. 3	– 2.250,00 EUR
Zwischensumme (Rest Teilungsmasse)	628,48 EUR

Grundstück 2

Teilungsmasse	**30.200,55 EUR**
Anteil Gerichtskosten	– 808,45 EUR
Gläubiger X Anteil Kostenvorschuss	– 1.291,55 EUR
Stadt – Stadtkasse – Mainz Grundsteuern	– 450,00 EUR
B-Bank AG Zinsen Recht Abt. III Nr. 2 (RK 4)	– 19.800,00 EUR
C-Bank AG Zinsen Recht Abt. III Nr. 3	– 3.375,00 EUR
D-Bank AG Zinsen Recht Abt. III Nr. 4	– 1.375,00 EUR
D-Bank AG; für Zuteilung auf das Kapital des Rechts Abt. III Nr. 4 restlich vorhanden:	– 3.100,55 EUR

Damit ist die Teilungsmasse erschöpft.

Grundstück 3

Teilungsmasse	**10.066,85 EUR**
Anteil Gerichtskosten	– 673,70 EUR
Gläubiger X Anteil Kostenvorschuss	– 1.076,30 EUR
Stadt – Stadtkasse – Mainz Grundsteuern	– 900,00 EUR
C-Bank AG Zinsen Recht Abt. III Nr. 3	– 5.625,00 EUR
Zwischensumme (Rest Teilungsmasse)	1.791,85 EUR

Gläubiger X, der das Verfahren in alle drei Grundstücke betreibt, erhält aus den Resterlösen der Grundstücke 1 und 3 insgesamt 2.420,33 EUR wie folgt zugeteilt:

a) 2.100,00 EUR auf die Zinsen,

b) 320,33 EUR auf die Hauptforderung.

Mit dem Rest seiner Hauptforderung (9.679,67 EUR) fällt der Gläubiger aus.

Zusammenfassende Übersicht der Zuteilung

Zuteilungsempfänger	aus Grundstück			
	1	2	3	
Gerichtskasse	336,85 EUR	808,45 EUR	673,70 EUR	1.819,00 EUR
Gläubiger X Kostenvorschuss	538,15 EUR	1.291,55 EUR	1.076,30 EUR	2.906,00 EUR
Stadt – Stadtkasse – Mainz	300,00 EUR	450,00 EUR	900,00 EUR	1.650,00 EUR
A-Bank AG	4.000,00 EUR			4.000,00 EUR
B-Bank AG		19.800,00 EUR		19.800,00 EUR
C-Bank AG	2.250,00 EUR	3.375,00 EUR	5.625,00 EUR	11.250,00 EUR

§ 15 Fallbeispiel zum 1. Teil (Vollstreckungsversteigerung)

D-Bank AG		4.797,22 EUR		4.475,55 EUR
Gläubiger X	762,81 EUR		2.060,19 EUR	2.420,33 EUR
Summe:				**48.320,88 EUR**

Kontrollberechnung

Teilungsmasse Grundstück 1	8.053,48 EUR
Teilungsmasse Grundstück 2	30.200,55 EUR
Teilungsmasse Grundstück 3	10.066,85 EUR
Summe:	**48.320,88 EUR**

D. Grundbuch

5   Muster: Grundbuch von Mainz Blatt 2000

Amtsgericht	Grundbuch von	Blatt	Bestandsverzeichnis
Mainz	Mainz	2000	

					Bogen
					1
Laufende Nummer der Grundstücke	Bisherige laufende Nummer der Grundstücke	Bezeichnung der Grundstücke und der mit dem Eigentum verbundenen Rechte			Größe
		Gemarkung (Vermessungsbezirk)	Karte	Wirtschaftsart und Lage	
			Flur	Flurstück		
		a	b		c	m²
1	2	3			4
1		Mainz		100	Gebäude- und Freifläche Hauptstraße 1	200
2		Mainz		200	Gebäude- und Freifläche Hauptstraße 2	400
3		Mainz		300	Gebäude- und Freifläche Hauptstraße 3	600

D. Grundbuch § 15

Amtsgericht	Grundbuch von	Blatt	Bestandsverzeichnis
Mainz	Mainz	2000	

	Bogen
	1

Bestand und Zuschreibungen		Abschreibungen	
Zur lfd. Nr. der Grundstücke		Zur lfd. Nr. der Grundstücke	
5	6	7	8
1, 2, 3	Von Blatt 15 hierher übertragen am 25.02.2014. *Unterschrift*		

Amtsgericht	Grundbuch von	Blatt	Erste Abteilung
Mainz	Mainz	2000	

	Bogen
	1

Laufende Nummer der Eintragungen	Eigentümer	Laufende Nummer der Grundstücke im Bestandsverzeichnis	Grundlage der Eintragung
1	2	3	4
1	Tobias Mustermann, geb. am 01.03.1971, Mainz	1, 2, 3	Aufgelassen am 07.02.2014, eingetragen am 25.02.2014. *Unterschrift*

Amtsgericht	Grundbuch von	Blatt	Zweite Abteilung
Mainz	Mainz	2000	

	Bogen
	1

Laufende Nummer der Eintragungen	Laufende Nummer der betroffenen Grundstücke im Bestandsverzeichnis	Lasten und Beschränkungen
1	2	3
1	1, 2, 3	Die Zwangsversteigerung zum Zwecke der Zwangsvollstreckung ist angeordnet (Amtsgericht Mainz 2 K 7/17). Eingetragen am 16.01.2017 *Unterschrift*

§ 15 Fallbeispiel zum 1. Teil (Vollstreckungsversteigerung)

Amtsgericht	Grundbuch von	Blatt	Dritte Abteilung
Mainz	Mainz	2000	
			Bogen
			1

Laufende Nummer der Eintragungen	Laufende Nummer der belasteten Grundstücke im Bestandsverzeichnis	Betrag	Hypotheken, Grundschulden, Rentenschulden
1	2	3	4
1	1	10.000,00 EUR	Grundschuld ohne Brief zu zehntausend Euro nebst 12 % Jahreszinsen, kalenderjährlich nachträglich fällig, vollstreckbar nach § 800 ZPO, für A-Bank AG in Mainz. Gemäß Bewilligung vom 04.04.2014 (Notar Schreib, Mainz, UR 44/14) eingetragen am 14.04.2014. *Unterschrift*
2	1	60.000,00 EUR	Grundschuld ohne Brief zu sechzigtausend Euro nebst 12 % Jahreszinsen kalenderhalbjährlich im Voraus fällig, vollstreckbar nach § 800 ZPO für die B-Bank AG in Mainz. Gemäß Bewilligung vom 24.07.2014 (Notar Schreib, Mainz, UR 678/14) eingetragen am 01.08.2014. *Unterschrift*
3	1, 2, 3	100.000,00 EUR	Grundschuld ohne Brief zu einhunderttausend Euro nebst 15 % Jahreszinsen, kalenderjährlich im Voraus fällig, für die C-Bank AG in Mainz. Gemäß Bewilligung vom 03.11.2014 (Notar Schreib, Mainz, UR 1144/14) eingetragen am 11.11.2014. *Unterschrift*
4	2	10.000,00 EUR	Grundschuld ohne Brief zu zehntausend Euro nebst 15 % Jahreszinsen, kalenderjährlich im Voraus fällig, für die D-Bank AG in Mainz. Gemäß Bewilligung vom 03.12.2014 (Notar Schreib, Mainz, UR 1432/14) eingetragen am 11.12.2014 *Unterschrift*

▲

2. Teil Zwangsversteigerung zum Zwecke der Aufhebung einer Gemeinschaft (Teilungsversteigerung)

§ 16 Verfahrenszweck und systematische Einordnung

A. Verfahrenszweck

Das Zwangsversteigerungsgesetz regelt in seinem Ersten Abschnitt die „Zwangsversteigerung und Zwangsverwaltung von Grundstücken im Wege der Zwangsvollstreckung". Diese sog. Vollstreckungsversteigerung[1] stellt daher den gesetzlich normierten Regelfall der Zwangsversteigerung dar, deren Zweck in der zwangsweisen Realisierung einer Gläubigerforderung durch Substanzverwertung des betroffenen Grundbesitzes liegt.

Der Dritte Abschnitt des ZVG behandelt die „Zwangsversteigerung und Zwangsverwaltung in besonderen Fällen". Hierzu zählt insbesondere die in den §§ 180 bis 185 ZVG geregelte Zwangsversteigerung zur Aufhebung einer Gemeinschaft, deren Zweck es ist, eine **an dem Grundbesitz bestehende Eigentümergemeinschaft** *dort* **zu beenden**.

B. Der Begriff „Teilungsversteigerung"

Die vom Gesetzgeber gewählte Formulierung „Zwangsversteigerung zur Aufhebung einer Gemeinschaft" ist schon wegen ihrer Länge für den häufigen sprachlichen Gebrauch wenig geeignet. In der einschlägigen Literatur ist daher der Begriff der „Teilungsversteigerung" weit verbreitet. Wer ihn verwendet, sollte um die damit verbundene Ungenauigkeit wissen. So wird in der **Teilungsversteigerung tatsächlich nichts geteilt**, sondern „lediglich" der in aller Regel in natura unteilbare Versteigerungsgegenstand (Grundbesitz) in ein teilbares Surrogat (Geld) umgewandelt.[2]

Die Gemeinschaft setzt sich an dem Versteigerungserlös fort; zu einer **zwangsweisen Aufteilung** des Geldes (Erlösüberschusses) unter den Miteigentümern kommt es im Rahmen des Zwangsversteigerungsverfahrens gerade **nicht.**

Angesichts der Tatsache, dass der Begriff „Teilungsversteigerung" insbesondere in der einschlägigen Literatur eine weite Verbreitung gefunden hat und diese knappe Formulierung die Darstellung erleichtert, wird er auch in diesem Buch, trotz der dargestellten sprachlichen Unschärfe, Verwendung finden.

C. Gesetzessystematik

Die Teilungsversteigerung ist im Dritten Abschnitt des ZVG „Zwangsversteigerung und Zwangsverwaltung in besonderen Fällen", dort in den §§ 180 bis 185 ZVG geregelt. § 180 Abs. 1 ZVG erklärt die Bestimmungen des Ersten und Zweiten Abschnitts für entsprechend anwendbar, soweit die §§ 181 bis 185 ZVG keine Besonderheiten ausweisen. Aus Gründen leichterer Lesbarkeit wird, soweit nachfolgend die entsprechende Anwendung einer Norm aus dem Ersten und Zweiten Abschnitt erläutert wird, § 180 Abs. 1 ZVG in der Regel nicht hinzu zitiert.

---

1 Der Begriff der „Vollstreckungsversteigerung" findet in diesem Buch durchgängig Verwendung für die „Zwangsversteigerung von Grundstücken im Wege der Zwangsvollstreckung", wie sie im Ersten Abschnitt des ZVG geregelt ist.
2 Siehe hierzu auch BGH v. 16.7.2004 – IXa ZB 330/03 m.w.N.

D. Teilungsversteigerung als Zwangsvollstreckung?

7 Lange war in der Literatur die Frage umstritten, ob es sich bei der Teilungsversteigerung um eine Maßnahme der Zwangsvollstreckung handelt.

8 Bei der Teilungsversteigerung handelt es um ein **Verfahren der Zwangsvollstreckung**.[3] Für diese Einordnung spricht insbesondere, dass

- das ZVG, welches die Teilungsversteigerung regelt, über § 869 ZPO Bestandteil des 8. Buches der ZPO ist, in welchem sich die Regelungen über die Zwangsvollstreckung finden,
- in der Teilungsversteigerung der Antragsteller seinen materiellen Anspruch auf Aufhebung der Gemeinschaft gegen den Antragsgegner **zwangsweise** durchsetzt,
- der Gesetzgeber in § 181 Abs. 1 ZVG bestimmt, dass ein vollstreckbarer Titel für die Durchführung des Verfahrens nicht erforderlich ist. Eine solche Regelung wäre, handelte es sich bei der Teilungsversteigerung ohnehin nicht um Zwangsvollstreckung, schlicht unnötig.

9 Die gegenteilige Ansicht (Teilungsversteigerung ist nicht Zwangsvollstreckung) stützt sich im Wesentlichen auf eine Entscheidung des BGH[4] zum Vorkaufsrecht in der Teilungsversteigerung. Der BGH setzt dort den Erwerb im Rahmen der Teilungsversteigerung dem Erwerb durch freihändigen Kauf gleich. Zutreffend weist *Stöber*[5] darauf hin, dass hier nur eine Abgrenzung eines Vorkaufsfalls (§ 471 BGB) vorgenommen wurde, sich an der systematischen Einordnung des Teilungsversteigerungsverfahrens als Zwangsvollstreckung jedoch nichts ändert.

E. Verhältnis von Teilungsversteigerung zur Vollstreckungsversteigerung

10 Während die sog. Vollstreckungsversteigerung unter dem Eindruck der zwangsweisen Forderungsrealisierung, betrieben von mindestens einem Gläubiger, steht, fehlt es in der Teilungsversteigerung an dem Element der (direkten) Forderungsrealisierung. Dort steht das Begehren eines Mitglieds (oder mehrerer Mitglieder) der an dem Grundbesitz bestehenden **Eigentümergemeinschaft**, diese **dort zu beenden**, im Vordergrund. In zunehmendem Maße kommt es vor, dass ein Gläubiger eines Miteigentümers dessen Auseinandersetzungsanspruch pfändet (und sich zur Einziehung überweisen lässt) und aus dieser Position die Teilungsversteigerung betreibt (hierzu § 25). Obwohl es diesem Pfändungsgläubiger letztlich zwar um die Realisierung seiner Forderung (aus dem Anteil seines Schuldner-Miteigentümers) geht, wird die Teilungsversteigerung dadurch nicht zur Vollstreckungsversteigerung. Die letztendliche Befriedigung des Pfändungsgläubigers ist folgerichtig kein regelmäßiges Element der Teilungsversteigerung. Auch hier setzt sich die Gemeinschaft an dem Versteigerungserlös fort. Welche Auswirkungen auf die Erlösverteilung die Beteiligung des Pfändungsgläubigers an dieser Gemeinschaft hat, muss sich im Anschluss an die Teilungsversteigerung zeigen (hierzu ab § 25 Rdn 41).

11 Denkbar und in der gerichtlichen Praxis gelegentlich vorkommend ist jedoch, dass Teilungsversteigerung und Vollstreckungsversteigerung desselben Grundstücks in zwei **getrennten** Verfahren **zeitgleich** bei Gericht anhängig sind.

12 Obwohl nicht gesetzlich vorgeschrieben, empfiehlt sich für das Vollstreckungsgericht hier, wenn irgend möglich, bei der Durchführung der Verfahren, insbesondere im Rahmen der Terminierung und zeitlichen Abfolge der Versteigerungstermine folgende **prozessökonomische Reihenfolge** einzuhalten:
1. Vollstreckungsversteigerung
2. Teilungsversteigerung

---

3 So mittlerweile die ganz h.M. in der Literatur, z.B. *Stöber* (ZVG), § 172 Rn 1.3; *Böttcher* (ZVG), § 180 Rn 3.
4 BGH v. 23.4.1954 – V ZR 145/52.
5 *Stöber* (ZVG), § 172 Rn 1.3.

E. Verhältnis von Teilungsversteigerung zur Vollstreckungsversteigerung § 16

Führt man nämlich das Teilungsversteigerungsverfahren (bis zum Zuschlag) vor der Vollstreckungsversteigerung durch, so wird Letztgenannte durch den Eigentumswechsel in der Teilungsversteigerung nicht tangiert, sondern ist gegen den/die neuen Eigentümer (Ersteher) fortzusetzen.

Erteilt man dagegen zunächst in der Vollstreckungsversteigerung den Zuschlag, dann ist die Teilungsversteigerung (selbst wenn wieder an eine Gemeinschaft zugeschlagen wurde) wegen Wegfalls der von ihr betroffenen Eigentümergemeinschaft nach § 28 ZVG aufzuheben. Eine Ausnahme hiervon bildet der jedoch seltene Fall, dass die von einer Teilungs- und Vollstreckungsversteigerung erfassten Miteigentumsanteile einer Bruchteilsgemeinschaft in der Vollstreckungsversteigerung jeweils im Einzelausgebot zugeschlagen werden. Eine Aufhebung der Teilungsversteigerung nach § 28 ZVG könnte hier nicht erfolgen.[6]

Tipp
Für das Vollstreckungsgericht bietet sich bei gleichzeitiger Anhängigkeit von Vollstreckungs- und Teilungsversteigerung die Reihenfolge Vollstreckungsversteigerung vor Teilungsversteigerung an.

---

6 Wegen der Einzelheiten *Storz* (TLV), A. 3.1.

§ 17 Dem Verfahren zugängliche Gemeinschaften und der Versteigerung entgegenstehende Rechte

A. Einleitung

Die Durchführung der Teilungsversteigerung setzt das Bestehen einer Gemeinschaft an einem Grundstück voraus. In § 17 dieses Buches werden die der Teilungsversteigerung allgemein zugänglichen „Gemeinschaftstypen" dargestellt.

Für einige dieser Gemeinschaften bestehen besondere Voraussetzungen für die Zulässigkeit der Teilungsversteigerung. Auch kann die Auseinandersetzung einer Gemeinschaft kraft Gesetzes, aufgrund einer Vereinbarung oder durch letztwillige Verfügung ausgeschlossen sein. Um den Überblick zu erleichtern, werden bei der jeweiligen Gemeinschaft die hier bestehenden Voraussetzungen für die Teilungsversteigerung bzw. gesetzliche oder typische andere „Auseinandersetzungshindernisse" dargestellt.

Insgesamt ist jedoch anzumerken, dass sich sowohl die Voraussetzungen für die Zulässigkeit der Teilungsversteigerung als auch die potenziellen „Auseinandersetzungshindernisse" aus den für die jeweilige Gemeinschaft geltenden Vorschriften des materiellen Rechts ergeben.

Zwar wird durch den Antrag auf Anordnung der Teilungsversteigerung der materiell-rechtliche Aufhebungsanspruch eines Miteigentümers realisiert, anders als in der Vollstreckungsversteigerung bedarf es hier jedoch nicht der Vorlage eines Titels (§ 181 Abs. 1 ZVG). Damit ist eine vorherige Durchsetzung des Aufhebungsanspruchs vor dem Prozessgericht durch den Antragsteller entbehrlich.

Sofern der Antragsgegner allerdings die Unzulässigkeit der Teilungsversteigerung aufgrund vorliegender materiell-rechtlicher Hindernisse geltend machen will, muss er diese im Rahmen einer Drittwiderspruchsklage vor dem Prozessgericht verfolgen (§ 771 ZPO[1]). Dem Vollstreckungsgericht steht insoweit keine materiell-rechtliche Prüfungskompetenz zu.

Eine Ausnahme besteht nur dann, wenn dem Vollstreckungsgericht ein der Teilungsversteigerung entgegenstehendes Recht bekannt wird, welches sich aus dem Grundbuch ergibt (§ 28 Abs. 1 ZVG), oder eine Verfügungsbeschränkung bzw. ein Vollstreckungsmangel vorliegt (§ 28 Abs. 2 ZVG). In diesen Fällen muss das materiell-rechtliche Verfahrenshindernis von Amts wegen berücksichtigt werden. Regelmäßig erlangt das Vollstreckungsgericht von einem solchen entgegenstehenden Recht bereits vor der Anordnung der Teilungsversteigerung Kenntnis (z.B. wegen des vorgelegten amtlichen Grundbuchausdrucks, § 17 Abs. 2 ZVG), so dass die Behebung des Verfahrenshindernisses Voraussetzung für die Anordnung der Teilungsversteigerung ist. Ist die Anordnung des Verfahrens bereits erfolgt und erfährt das Vollstreckungsgericht erst nachträglich (z.B. wegen § 19 Abs. 2 ZVG) von einem der Teilungsversteigerung entgegenstehenden Recht, hat es den Antragsteller unter Fristsetzung aufzufordern, das Hindernis zu beseitigen. Gelingt dies dem Antragsteller nicht, erfolgt Verfahrensaufhebung durch Beschluss (§ 28 Abs. 1 S. 2 ZVG).

B. Bruchteilsgemeinschaft

I. Allgemeines zur Bruchteilsgemeinschaft

Bei der Bruchteilsgemeinschaft (§§ 741 ff. BGB) steht jedem Miteigentümer das Eigentum an seinem ideellen Bruchteil allein zu. Er kann über seinen **Miteigentumsanteil frei verfügen** (§ 747 S. 1 BGB).

---

[1] Die h.M. geht von Drittwiderspruchsklage aus, obwohl der „widersprechende" Miteigentümer nicht Dritter ist; hierzu *Storz* (TLV), B. 1.7.2 m.w.N.

Im Grundbuch (dort in der ersten Abteilung) erkennt man die Bruchteilsgemeinschaft (als eine Form des Miteigentums) daran, dass der Bruchteil in Form eines „gemeinen Bruches" (also z.B. „zur Hälfte" oder „zu einem Drittel") bezeichnet ist.

4 Vereinigen sich die Bruchteile eines Erbbaurechts in der Hand eines Inhabers, ist die Teilungsversteigerung (dennoch) zulässig, wenn ein Bruchteil dem Inhaber (nur) als Vorerben zusteht.[2] Dies folgt aus dem Umstand, dass die Verfügungsmacht der einzelnen Bruchteile unterschiedlich ausgestaltet ist und damit die Rechtszuständigkeit nach Bruchteilen erhalten bleibt.

5 Jeder Miteigentümer der Eigentümergemeinschaft kann grundsätzlich (Ausnahmen Rdn 15 f.) jederzeit die Aufhebung der Gemeinschaft verlangen (§ 749 Abs. 1 BGB); diese Aufhebung erfolgt bei Grundstücken nach dem Willen des Gesetzgebers regelmäßig durch **Teilung in Natur** (§ 752 BGB). Da sich dies unter Berücksichtigung der tatsächlichen Gegebenheiten meist nicht realisieren lässt, ist **subsidiär** die **Zwangsversteigerung** gesetzlich vorgesehen (§ 753 Abs. 1 BGB).

6 Selbstverständlich sind Zwangsmaßnahmen nur dort erforderlich, wo eine gütliche Einigung der Parteien (hier: einverständliche Aufhebung der Eigentümergemeinschaft, etwa durch Übertragung des Eigentums an einen der Miteigentümer oder an einen Dritten zu alleinigem Eigentum) nicht zustande kommt. Unter bestimmten Umständen ist ein Miteigentümer sogar gehalten, einer Teilung in Natur (sog. Naturalteilung, Rdn 7–10) unter dem Aspekt von Treu und Glauben (Rdn 11–13) zuzustimmen und auf die Teilungsversteigerung zu verzichten.[3]

II. Entgegenstehende Rechte

1. Naturalteilung (gesetzlicher Ausschluss)

7 Der Gesetzgeber nennt in § 752 BGB als **regelmäßige Form der Aufhebung** einer Gemeinschaft die Teilung (der gemeinschaftlichen Sache) in Natur.

Erst wo es nicht möglich ist, den gemeinschaftlichen Gegenstand (bzw. alle gemeinschaftlichen Gegenstände) in gleichartige, den Anteilen der Miteigentümer entsprechende Teile zu zerlegen, ohne dass bei den Gegenständen eine Wertminderung eintritt, kommt subsidiär die Teilungsversteigerung zum Zuge (§ 753 BGB).

Gerade bei Grundbesitz gestaltet sich eine den o.g. Maßstäben entsprechende Naturalteilung (auch „Realteilung" genannt) meist äußerst schwierig bzw. ist eine solche ausgeschlossen.

8 *Beispiel*

A und B sind je hälftige Miteigentümer eines Bauplatzes.

Die Teilungsversteigerung wäre durch die Möglichkeit der Naturalteilung nur ausgeschlossen, wenn durch diese Naturalteilung zwei nach Lage, Größe, Zuschnitt, Bodenbeschaffenheit, Zugangsmöglichkeiten, Verkehrsanschluss[4] etc. **vollkommen gleichwertige Grundstücksteile** entstehen würden.

9 Dort wo Naturalteilung möglich ist, schließt sie die Teilungsversteigerung gesetzlich aus (§ 753 Abs. 1 BGB).

10 Ein sich hierauf berufender Antragsgegner muss, da die tatsächliche Möglichkeit der Naturalteilung weder im Grundbuch ersichtlich ist noch eine Verfügungsbeschränkung oder einen Vollstreckungsmangel darstellt, diesen Ausschlussstatbestand im Wege der Drittwiderspruchsklage geltend machen.[5] Wegen der Auswirkungen eines solchen Klagverfahrens auf das Zwangsversteigerungsverfahren siehe § 2 Rdn 48 und 49.

---

2 BGH v. 16.7.2004 – IXa ZB 330/03.
3 BGH v. 31.1.1972 – ZR 86/69.
4 OLG Hamm v. 2.12.1991 – 8 U 99/91.
5 OLG Hamm v. 2.7.1963 – 15 W 245/63.

2. Treu und Glauben (gesetzlicher Ausschluss)

Ausnahmsweise kann der Teilungsversteigerung der Einwand **unzulässiger Rechtsausübung** (Verstoß gegen Treu und Glauben; § 242 BGB) entgegengesetzt werden,[6] etwa dann, wenn der Antragsteller durch die Teilungsversteigerung dem Antragsgegner **bewusst Nachteile** zufügen will, ohne dass der Antragsteller durch die Ausübung seines Rechtes auf Auseinandersetzung selbst einen rechtlichen oder wirtschaftlichen Vorteil erlangen könnte.

So kann in Einzelfällen aus § 242 BGB z.B. folgen, dass die Teilungsversteigerung eines Grundstücks zur Aufhebung der Bruchteilsgemeinschaft von Eheleuten nach Scheidung der Ehe unzulässig ist.[7]

Der Antragsgegner muss den nach seiner Ansicht vorliegenden Verstoß gegen Treu und Glauben im Weg der Drittwiderspruchsklage geltend machen.

3. Anderweitige Auseinandersetzung vereinbart

Haben die Gemeinschafter (rechtswirksam) eine andere Art der Auseinandersetzung vereinbart, so ist die Teilungsversteigerung ebenfalls ausgeschlossen.[8] Die Unzulässigkeit der Teilungsversteigerung wegen des Vorliegens einer solchen Vereinbarung ist vom Antragsgegner im Wege der Drittwiderspruchsklage geltend zu machen.

4. Ausschlussvereinbarung

Teilhaber einer Bruchteilsgemeinschaft können ihr Recht, die Aufhebung der jeweiligen Gemeinschaft zu verlangen, durch entsprechende Vereinbarung auf Zeit oder für immer **ausschließen** (§§ 749 Abs. 2, 751 BGB).

Eine solche Vereinbarung wirkt auch gegen einen Sonderrechtsnachfolger, sofern sie in das Grundbuch eingetragen ist (§§ 751 S. 1, 1010 BGB). Ein Gläubiger eines Miteigentümers wird jedoch durch die Vereinbarung des Auseinandersetzungsausschlusses nicht gehindert, die Teilungsversteigerung zu betreiben, sofern sein Schuldtitel nicht bloß vorläufig vollstreckbar ist (§ 751 S. 2 BGB). Mit *Storz*[9] sind die Verfasser der Auffassung, dass im Falle des Betreibens einer (eigentlich durch Vereinbarung ausgeschlossenen) Teilungsversteigerung durch einen Pfändungsgläubiger die einzelnen Gemeinschafter dem Verfahren (trotz Ausschlussvereinbarung) beitreten können.

Die Teilungsversteigerung kann **trotz** Vorliegens einer Ausschlussvereinbarung von einem Teilhaber betrieben werden, wenn ein **wichtiger Grund** vorliegt (§ 749 Abs. 2 BGB).

Der BGH[10] stellt für das Vorliegen eines wichtigen Grundes allgemein darauf ab, dass dem Teilhaber ein Verbleiben in der Gemeinschaft nicht zuzumuten ist. Ob konkret ein wichtiger Grund vorliegt, kann nur anhand des Einzelfalls entschieden werden.

Wer sich auf das Vorliegen eines wichtigen Grundes beruft, muss, falls der Aufhebungsausschluss in das Grundbuch eingetragen ist, bei Beantragung der Teilungsversteigerung durch einen prozessgerichtlichen Titel (nach Klage auf Duldung) die Durchsetzung seines Einwandes nachweisen. Der Titel muss rechtskräftig oder vorläufig vollstreckbar sein, in vollstreckbarer Ausfertigung vorgelegt werden und außerdem dem duldungspflichtigen Antragsgegner zugestellt sein.

---

6 OLG Karlsruhe v. 17.2.1992 – 3 U 60/91.
7 Hierzu BGH v. 27.4.1977 – IV ZR 143/76.
8 *Stöber* (ZVG), § 180 Rn 9.6.
9 *Storz* (TLV), B. 1.7.1.16 und B. 1.7.1.2.
10 BGH v. 29.1.1962 – II ZR 3/60.

> *Tipp*
> Liegt ein wichtiger Grund vor, ist eine Teilungsversteigerung trotz Ausschlussvereinbarung möglich.

18 Im Einzelfall kann das Begehren auf Aufhebung der Gemeinschaft aber (trotz Vorliegens eines wichtigen Grundes) eine unzulässige Rechtsausübung darstellen, wenn die Aufhebung der Gemeinschaft für den Antragsgegner eine besondere Härte bedeutet, etwa wenn das Miteigentum der gemeinschaftlichen Berufsausübung dienen sollte.[11] Dann kann der Antragsteller verpflichtet sein, seinen Anteil (am Grundbesitz) auf den Antragsgegner gegen Zahlung eines Ausgleichs zu übertragen.[12]

19 Der auf Zeit vereinbarte Auseinandersetzungsausschluss tritt im Zweifel mit dem Tode eines Teilhabers außer Kraft (§ 750 BGB).

20 Ergibt sich die Vereinbarung des Ausschlusses der Auseinandersetzung aus dem Grundbuch (§ 1010 BGB), hat das Vollstreckungsgericht diese als ein „der Zwangsversteigerung entgegenstehendes Recht" von Amts wegen zu beachten (§ 28 Abs. 1 ZVG).

21 Im Falle fehlender Grundbuchersichtlichkeit bleibt dem betroffenen Antragsgegner nur der Weg über die Drittwiderspruchsklage.

III. Sonderfall: Zugewinngemeinschaft

22 Leben Ehegatten im gesetzlichen Güterstand der Zugewinngemeinschaft, so werden das Vermögen der Ehefrau und das Vermögen des Ehemannes nicht gemeinschaftliches Vermögen der Eheleute (§ 1363 Abs. 2 BGB); jeder Ehegatte verwaltet sein Vermögen selbstständig (§ 1363 BGB). In dieser Verwaltung ist jeder der beiden Eheleute nach § 1365 BGB jedoch insoweit beschränkt, als er zur **Verfügung** über sein **ganzes Vermögen** der Zustimmung des anderen Ehegatten bedarf. Sind etwa die Eheleute je hälftige Miteigentümer eines Grundstücks und handelt es sich bei dem Miteigentumsanteil des Ehemannes um dessen ganzes Vermögen, so benötigt er auch für die Teilungsversteigerung die (formlose) **Zustimmung** seiner Ehefrau. Zwar handelt es sich bei einem Antrag auf Teilungsversteigerung weder um eine Verfügung über das Grundstück noch um eine rechtsgeschäftliche Verpflichtung hierzu. Jedoch ist § 1365 BGB auf den Teilungsversteigerungsantrag entsprechend anwendbar.[13] Verweigert die Ehefrau diese Zustimmung ohne ausreichenden Grund und entspricht die Teilungsversteigerung den Grundsätzen einer ordnungsgemäßen Vermögensverwaltung, kann das Familiengericht die Zustimmung auf Antrag ersetzen (§ 1365 Abs. 2 BGB).[14]

Im Einzelnen ist die Anwendung des § 1365 BGB in der Teilungsversteigerung in vielen Punkten stark umstritten.[15] Es werden hier daher nur die Grundzüge dargestellt; im Übrigen wird auf die einschlägige Literatur verwiesen.

1. Zeitpunkt der Anwendung von § 1365 BGB

23 § 1365 BGB dient dem Schutz der wirtschaftlichen Grundlage der Familie. Folgerichtig verlangt die h.M.[16] seine Beachtung nicht erst im Rahmen der Zuschlagsentscheidung, sondern bereits im Rahmen der **Verfahrensanordnung**, weil nur so ein frühzeitiger und umfassender Schutz gewährleistet werden

---

11 BGH v. 25.10.2004 – II ZR 171/02.
12 BGH v. 25.10.2004 – II ZR 171/02.
13 BGH v. 14.6.2007 – V ZB 102/06.
14 BGH v. 14.6.2007 – V ZB 102/06; BayObLG v. 9.8.1972 – 2 Z 43/72.
15 Zur Gesamtproblematik ausführlich *Böttcher*, Rpfleger 1986, 271.
16 *Stöber* (ZVG), § 180 Rn 3.13 m.w.N.

kann. Vor allem aber spricht der Gesichtspunkt der Verfahrenswirtschaftlichkeit für das Zustimmungserfordernis bereits bei Verfahrensanordnung.[17]

2. Berücksichtigung durch das Vollstreckungsgericht

Das Vollstreckungsgericht hat § 1365 BGB wegen § 28 Abs. 2 ZVG zwar in jeder Lage des Verfahrens von Amts wegen zu beachten,[18] dies jedoch nur, wenn es das Vorliegen der Voraussetzungen des § 1365 BGB positiv kennt oder diese Voraussetzungen „offen zu Tage treten."[19] Es besteht **keine Amtsermittlungspflicht**. Das Vollstreckungsgericht hat allerdings die Möglichkeit der Anhörung des Antragsgegners vor Anordnung der Teilungsversteigerung (§ 18 Rdn 24).[20]

3. Verfahren der Geltendmachung von § 1365 BGB

Zwar sind aus dem Grundbuch nicht ersichtliche materielle Rechte grundsätzlich im Wege der Drittwiderspruchsklage (§ 771 ZPO) gelten zu machen, jedoch hat das Vollstreckungsgericht nach § 28 Abs. 2 ZVG auch der Zwangsversteigerung entgegenstehende, nicht aus dem Grundbuch ersichtliche **Verfügungsbeschränkungen** von Amts wegen zu beachten, wenn sie ihm bekannt sind. Mit der Erinnerung nach § 766 ZPO kann daher gerügt werden, das Vollstreckungsgericht habe unter Verletzung der §§ 180 Abs. 1, 28 Abs. 2 ZVG eine ihm bekannte Verfügungsbeschränkung (hier: § 1365 BGB) unberücksichtigt gelassen.[21]

4. Geltungsdauer von § 1365 BGB

Das Zustimmungserfordernis **endet grundsätzlich mit der Rechtskraft der Scheidung** oder einer anderen den Güterstand beendeten Entscheidung. Da jeder Ehegatte nach Beendigung der Zugewinngemeinschaft (z.B. durch rechtskräftige Scheidung) seine uneingeschränkte Verfügungsbefugnis wiedererlangt, bedarf der Antrag auf Teilungsversteigerung ab diesem Zeitpunkt grundsätzlich[22] nicht der Zustimmung des anderen, früheren, Ehegatten.

IV. Sonderfall: Lebenspartnerschaft

Auch auf die Lebenspartnerschaft findet § 1365 BGB entsprechende Anwendung (§ 6 LPartG), weshalb auf die Ausführungen zur Zugewinngemeinschaft (Rdn 22–26) verwiesen wird. Die Lebenspartner können jedoch ihre güterrechtlichen Verhältnisse durch Vertrag (Lebenspartnerschaftsvertrag; § 7 LPartG) regeln und dort auch § 1365 BGB abbedingen.

V. Sonderfall: Wohnungseigentümergemeinschaft

Die Wohnungseigentümergemeinschaft ist eine Gemeinschaft nach Bruchteilen (§ 10 WEG), weshalb eigentlich eine Teilungsversteigerung mit dem Ziel der Auseinandersetzung der **gesamten** Gemeinschaft möglich sein müsste. Dies widerspräche jedoch dem Sinn und Zweck des Wohnungseigentums,[23] weil

---

17 BGH v. 14.6.2007 – V ZB 102/06.
18 BGH v. 14.6.2007 – V ZB 102/06.
19 OLG Bremen v. 12.12.1983 – 2 W 40/83.
20 Zu den Einzelheiten: *Stöber* (ZVG), § 180 Rn 3.13.
21 BGH v. 14.6.2007 – V ZB 102/06.
22 Zu den denkbaren Ausnahmen *Eickmann* (TLV), Rn 102.
23 Das Gesagte gilt für Teileigentum entsprechend.

hierdurch die angestrebte rechtliche Verselbstständigung der einzelnen „Wohneinheiten" konterkariert werden könnte. Der Gesetzgeber hat daher in **§ 11 Abs. 1 WEG** (dort auch zu den Ausnahmen) einen grundsätzlichen **Auseinandersetzungsausschluss** betr. der gesamten Eigentümergemeinschaft normiert, der auch für den Pfändungsgläubiger gilt (§ 11 Abs. 2 WEG).

Die Auflösung einer Eigentümergemeinschaft an einem **einzelnen Wohnungseigentumsanteil** (Miteigentumsanteil)[24] durch Teilungsversteigerung ist dagegen möglich.

C. Gesamthandsgemeinschaft

I. Allgemeines zur Gesamthandsgemeinschaft

29 Das Vermögen der Gesamthandsgemeinschaft steht den Mitgliedern dieser Gemeinschaft gesamthänderisch zu. Gehört etwa Grundbesitz zu diesem Vermögen, so kann ein einzelnes Mitglied der Gesamthandsgemeinschaft **nicht** über seinen Anteil an dem Grundbesitz verfügen.

30 Im Grundbuch erkennt man diese Form des Miteigentums daran, dass keine Bruchteile eingetragen sind, obwohl die Gesamthandsgemeinschaft als solche durchaus Bruchteile kennt. Vielmehr ist die Gemeinschaft als solche eingetragen.

31 Bei der Gesamthandsgemeinschaft ist zu beachten, dass diese jeweils **im Ganzen aufgehoben** werden muss, sich eine Auseinandersetzung demnach auf das gesamte gemeinschaftliche Vermögen erstrecken muss. Das Nichtvorliegen dieser vom Vollstreckungsgericht nicht überprüfbaren Voraussetzung ist vom Antragsgegner im Wege der Drittwiderspruchsklage geltend zu machen.

II. Erbengemeinschaft

1. Allgemeines zur Erbengemeinschaft

32 Jeder Miterbe hat grundsätzlich (Aufhebungsausschlüsse Rdn 33 ff.) das Recht, **jederzeit die Auseinandersetzung** der gesamten Erbengemeinschaft zu verlangen (§ 2042 Abs. 1 BGB). Hinsichtlich des im Eigentum der Erbengemeinschaft stehenden Grundbesitzes erfolgt diese Auseinandersetzung nach den für die Auseinandersetzung einer **Bruchteilsgemeinschaft** geltenden Bestimmungen (§ 2042 Abs. 2 BGB verweist auf § 753 BGB), letztlich damit auch durch Zwangsversteigerung.

2. Entgegenstehende Rechte

a) Naturalteilung/Treu und Glauben/Anderweitige Vereinbarung

33 Die Möglichkeit der Naturalteilung (Rdn 7–10) und der Einwand unzulässiger Rechtsausübung (Treu und Glauben; Rdn 11–13) können der Teilungsversteigerung bei einer Erbengemeinschaft entgegenstehen. Auch kann eine anderweitige Vereinbarung (Rdn 14) die Teilungsversteigerung verhindern.

b) Ausschlussvereinbarung

34 Die Erben können ihr Recht, die Aufhebung der Gemeinschaft zu verlangen, durch entsprechende Vereinbarung auf Zeit oder für immer ausschließen (§§ 2042 Abs. 2, 749 Abs. 2 BGB). Es gelten die Regelungen für die Bruchteilsgemeinschaft entsprechend (hierzu Rdn 15–21).

---

24 Wenn z.B. die Eheleute A und B als Miteigentümer je zur Hälfte einer „Eigentumswohnung" eingetragen sind.

c) Besondere Gegenrechte bei der Erbengemeinschaft

Die Auseinandersetzung einer Erbengemeinschaft ist in folgenden weiteren Fällen **kraft Gesetzes** ausgeschlossen:

1. Ungewissheit der Erbanteile wegen familienrechtlicher „Ereignisse" (§ 2043 BGB), z.B. wegen der zu erwartenden Geburt eines Miterben;
2. Aufgebotsverfahren zur Gläubigerermittlung läuft (§ 2045 BGB);
3. Ausschluss durch letztwillige Verfügung (§ 2044 BGB).

Der Erblasser kann durch **letztwillige Verfügung** anordnen, dass die Auseinandersetzung **ausgeschlossen** oder **beschränkt** ist (§ 2044 BGB). Eine solche Anordnung greift selbst dann, wenn gesetzliche Erbfolge eintritt.[25] Sie kann auf einzelne Nachlassgegenstände beschränkt sein oder den gesamten Nachlass betreffen. Die Verfügung wird grundsätzlich 30 Jahre nach Eintritt des Erbfalls unwirksam (§ 2044 Abs. 2 BGB).

Selbst wenn der Erblasser die Auseinandersetzung durch letztwillige Verfügung ausgeschlossen hat, ist eine solche aus wichtigem Grund dennoch möglich (§ 2044 i.V.m. § 749 Abs. 2 BGB).

Einen nicht aus dem Grundbuch ersichtlichen Aufhebungsausschluss muss der sich hierauf berufende Antragsgegner über die Drittwiderspruchsklage geltend machen.

Nach § 2044 BGB i.V.m. § 1010 Abs. 1 BGB kann ein Auseinandersetzungsverbot zwar in das Grundbuch eingetragen werden, dies gilt nach h.M. jedoch nur für den Fall, dass der Erblasser hinsichtlich eines Nachlassgrundstücks die Umwandlung der Erbengemeinschaft in eine Bruchteilsgemeinschaft zugelassen, die Teilung der Bruchteilsgemeinschaft aber ausgeschlossen hat. Ist der Ausschluss des Rechts, die Aufhebung der dann Bruchteilsgemeinschaft verlangen zu dürfen, als Belastung in das **Grundbuch** eingetragen, hat das Vollstreckungsgericht diesen von Amts wegen zu beachten (§ 28 ZVG).

Von dem Auseinandersetzungsausschluss nach Rdn 36 ist die ebenfalls durch letztwillige Verfügung mögliche Anordnung (§§ 2044 Abs. 1, 749, 753 BGB) des Erblassers, das Grundstück dürfe nicht an einen Dritten veräußert werden, zu unterscheiden. Hier könnte das Grundstück nur unter den Gemeinschaftern versteigert werden. Der Erblasser kann jedoch den Kreis der „Erwerbsberechtigten" weiter fassen, etwa anordnen, dass die Veräußerung (und damit auch die Teilungsversteigerung) nur unter den „Familienangehörigen" erfolgen darf. Zur Behandlung dieser **Begrenzung des Bieterkreises** im Versteigerungstermin siehe § 21 Rdn 6–8.

d) Nacherbenvermerk

Da die Teilungsversteigerung keine durch die §§ 2113, 2115 BGB verbotene Verfügung oder eine Zwangsvollstreckung wegen einer Geldforderung darstellt, hindert der Umstand, dass der Grundbesitz zum Nachlass mit angeordneter Nacherbschaft[26] gehört, die Anordnung der Teilungsversteigerung nicht.[27]

Wegen § 2115 S. 1 BGB, der den Nacherben davor schützen soll, dass Schulden des Vorerben, die den Nacherben nicht treffen, aus dem Nachlass beglichen werden, kann jedoch die Anordnung der Teilungsversteigerung auf Antrag eines Gläubigers des Vorerben mit Treu und Glauben unvereinbar sein.[28]

Schon jetzt sei darauf hingewiesen, dass der Nacherbenvermerk als Verfügungsbeschränkung des Vorerben nicht in das gG fällt und nach Zuschlag zu löschen ist.[29] Jedoch bleibt ein aus der Zwangsversteigerung entstehender und damit der Gemeinschaft zustehender Erlösüberschuss Nachlassgegenstand (als Surrogat für den versteigerten Grundbesitz) und ist daher von dem Nacherbenrecht erfasst.

---

25 BayObLG v. 14.12.1966 – 1bZ 75/66.
26 Zur Grundstücksversteigerung bei Vor- und Nacherbschaft ausführlich *Klawikowski*, Rpfleger 1998, 100.
27 BGH v. 16.7.2004 – IXa ZB 330/03.
28 OLG Celle v. 31.10.1967 – 4 W 108/67.
29 OLG Hamm v. 17.9.1968 – 15 W 360/68.

III. Gütergemeinschaft

1. Eheliche Gütergemeinschaft

43 Solange die Gütergemeinschaft besteht, ist ein Teilungsbegehren eines Ehegatten und damit auch die Teilungsversteigerung **ausgeschlossen** (§ 1419 BGB).

44 Mithin kann die Teilungsversteigerung hinsichtlich des zum **Gesamtgut** der ehelichen Gütergemeinschaft gehörenden Grundbesitzes **erst nach Beendigung dieses Güterstandes** beantragt werden (§ 1471 BGB), also (alternativ) nach
- rechtskräftiger Scheidung der Ehe (§ 1564 BGB),
- rechtskräftiger Aufhebung der Ehe (§ 1313 BGB),
- Aufhebung der Gütergemeinschaft durch notariellen Aufhebungsvertrag (Ehevertrag, § 1408 BGB) oder Eintritt der Rechtskraft eines den Güterstand aufhebenden Urteils (§§ 1449, 1470 BGB),
- dem Tod eines Ehegatten, ohne dass die Gütergemeinschaft fortgesetzt wird, also wenn die Fortsetzung nicht vereinbart war (§ 1483 BGB) oder der überlebende Ehegatte die Fortsetzung ablehnt (§ 1484 Abs. 2 BGB).

45 Ob es dann zur Teilungsversteigerung des Grundbesitzes oder zu dessen Übernahme durch einen der (früheren) Ehegatten kommt, hängt, falls sich nicht eine einverständliche Regelung findet, von dem Umstand ab, ob das vorhandene Barvermögen zur Begleichung der Gesamtverbindlichkeiten ausreicht (§ 1475 BGB).

Im Grundsatz gilt:

Können alle Gesamtverbindlichkeiten aus dem vorhandenen Barvermögen befriedigt werden oder übernimmt der die Übernahme verlangende Ehegatte mit Zustimmung aller Gläubiger die Gesamtverbindlichkeiten als Alleinschuldner, genießt das Übernahmeverlangen dieses Ehegatten Vorrang vor der Zwangsversteigerung.[30]

Reicht das vorhandene Barvermögen zur Berichtigung der Gesamtverbindlichkeiten nicht aus, ist das Gesamtgut in Geld umzusetzen (§ 1475 Abs. 3 BGB), was im Falle der Uneinigkeit der (früheren) Ehegatten durch Zwangsversteigerung erfolgt (§ 753 BGB).

46 Materiell-rechtliche Einwände gegen die Zulässigkeit der Teilungsversteigerung, etwa die mangelnde Beendigung der Gütergemeinschaft oder das Bestehen eines vorrangigen Übernahmerechts eines Ehegatten, sind allein im Wege der Drittwiderspruchsklage geltend zu machen.[31]

2. Fortgesetzte Gütergemeinschaft

47 Auch die Auseinandersetzung einer fortgesetzten Gütergemeinschaft (§§ 1483 f. BGB) kann erst nach deren **Beendigung** verlangt werden. Diese endet (alternativ) durch
- Aufhebung (§ 1492 BGB),
- Wiederverheiratung oder Tod des überlebenden Ehegatten (§§ 1493, 1494 BGB),
- Eintritt der Rechtskraft eines den Güterstand aufhebenden Urteils (§§ 1495, 1496 BGB).

---

30 BGH v. 5.6.1985 – IVb ZR 34/84; OLG Frankfurt v. 16.9.1983 – 1 UF 12/83.
31 *Storz* (TLV), B. 1.3.7.

IV. Gesellschaft bürgerlichen Rechts (GbR)

Die Zulässigkeit der Teilungsversteigerung eines Gesellschaftsgrundstücks ergibt sich nicht unmittelbar aus § 180 ZVG, da das Grundstück im Alleineigentum der GbR und nicht im gemeinschaftlichen Eigentum der Gesellschafter steht.[32] Dass die GbR nach § 47 Abs. 2 GBO unter Angabe ihrer Gesellschafter einzutragen ist, ändert daran nichts.[33] Die Zulässigkeit der Teilungsversteigerung eines Gesellschaftsgrundstücks ergibt sich aber daraus, dass für die Auseinandersetzung des Vermögens einer **aufgelösten** (gekündigten) GbR nach § 731 S. 2 BGB die Regeln der Gemeinschaft gelten und die Teilung eines Grundstücks danach nach § 753 Abs. 1 BGB durch Teilungsversteigerung zu erfolgen hat.[34]

48

Jeder Gesellschafter ist zur alleinigen Antragstellung befugt und zwar ohne zuvor seinen Anspruch auf Duldung der Versteigerung des Gesellschaftsgrundstücks gegen die übrigen Gesellschafter oder die GbR gerichtlich durchsetzen zu müssen.

Das Vollstreckungsgericht hat die Tatsache der **Auflösung** der GbR, die durch die Kündigung eines Gesellschafters erfolgt (§ 723 f. BGB), vor Anordnung des Verfahrens zu prüfen. Dieser Nachweis ist durch Vorlage der Kündigung nebst Zustellungsnachweisen in öffentlich beglaubigter Form zu führen. Dabei hat das Vollstreckungsgericht nur den Zugang der Kündigungserklärung zu prüfen, nicht deren Wirksamkeit.[35]

Über die Wirksamkeit der Kündigung ist, wie auch über andere Einwände gegen die Zulässigkeit der Teilungsversteigerung, etwa eine abweichende Regelung im Gesellschaftsvertrag oder dass die isolierte Versteigerung des Grundstücks zu einer unsachgemäßen Verwertung des Restvermögens der GbR führe, allein im Wege der Drittwiderspruchsklage zu entscheiden.

V. Handelsrechtliche Personengesellschaft (OHG, KG)

Voraussetzung der Auseinandersetzung ist auch bei der OHG und der KG die **Auflösung der Gesellschaft**. Diese erfolgt nach den handelsrechtlichen Bestimmungen der §§ 131 f., 161 Abs. 2 HGB. Das HGB sieht nach der Auflösung als Form der Auseinandersetzung grundsätzlich die Liquidation der Gesellschaft vor (§§ 145 f., 161 Abs. 2 HGB). Raum für die Teilungsversteigerung ist daher nur dort, wo sie als andere Art der Auseinandersetzung durch Gesellschaftervereinbarung vereinbart wurde (§§ 145, 158 HGB).

49

Antragsberechtigt ist jeder Gesellschafter und jeder Liquidator.

Materiell-rechtliche Einwände gegen die Zulässigkeit der Teilungsversteigerung, etwa die mangelnde Auflösung der Gesellschaft, sind im Wege der Drittwiderspruchsklage geltend zu machen.

VI. Partnerschaft und Europäische Wirtschaftliche Interessenvereinigung

Für die Liquidation einer Partnerschaft und einer Europäischen Wirtschaftlichen Interessenvereinigung gilt letztlich das Recht der OHG (§ 10 Abs. 1 PartGG; § 1 EWIV-AusfG). Es wird daher auf die Ausführungen Rdn 49 verwiesen.

50

---

32 BGH v. 4.12.2008 – V ZB 74/08.
33 BGH v. 2.12.2010 – V ZB 84/10.
34 BGH v. 16.5.2013 – V ZB 198/12.
35 BGH v. 16.5.2013 – V ZB 198/12.

§ 18 Verfahren über die Anordnung der Teilungsversteigerung

A. Versteigerungsobjekte

Der Teilungsversteigerung sind **grundsätzlich alle Versteigerungsobjekte** zugänglich, welche auch Gegenstand der Vollstreckungsversteigerung sein können, weshalb auf die diesbezüglichen Ausführungen (§ 1 Rdn 2) verwiesen wird.

Mehrere Grundstücke können in demselben Verfahren versteigert werden. Dabei ist in der Literatur jedoch umstritten, ob diese derselben Gemeinschaft gehören müssen[1] oder ob es ausreicht, dass die Grundstücke denselben Eigentümern (bei ansonsten verschiedenen Gemeinschaftsformen)[2] gehören.

B. Versteigerungsantrag

I. Zuständigkeit

Die sachliche, örtliche und funktionelle Zuständigkeit in der Teilungsversteigerung ist mit der Zuständigkeit in der Vollstreckungsversteigerung identisch; siehe deshalb § 1 Rdn 4–8.

II. Antragsrecht und Antragsteller

Im Sinne der über § 180 Abs. 1 ZVG entsprechend anzuwendenden Normen der Vollstreckungsversteigerung übernimmt der Antragsteller die Rolle des betreibenden Gläubigers ohne jedoch selbst Gläubiger zu sein.

Die Teilungsversteigerung findet **nur auf Antrag** statt.

Allgemein ist erforderlich, dass der Antragsteller als Eigentümer im Grundbuch eingetragen ist oder Erbe eines eingetragenen Eigentümers ist oder er das Recht des Eigentümers oder des Erben auf Aufhebung der Gemeinschaft ausübt (§ 181 Abs. 2 ZVG).

In der Folge wird dargestellt, wem bei den einzelnen **Gemeinschaftstypen** ein **Antragsrecht** zusteht bzw. welche **Beschränkungen** bestehen.

1. Antragsrecht der Teilhaber

a) Bruchteilsgemeinschaft

§ 749 Abs. 1 BGB normiert das grundsätzliche Recht jedes Miteigentümers auf Auseinandersetzung, mithin auch das Recht der Beantragung der Teilungsversteigerung.

Wegen evtl. bestehender Gegenrechte siehe § 17 Rdn 7 ff.

Wegen der für in Zugewinngemeinschaft lebende Ehegatten aus § 1365 BGB resultierenden Besonderheiten siehe § 17 Rdn 22 f.

Falls ein Bruchteil im Eigentum einer Erbengemeinschaft steht, gelten die unter Rdn 9 dargestellten Besonderheiten.

b) Erbengemeinschaft

Jeder Miterbe ist berechtigt, die Teilungsversteigerung zu beantragen (§ 2042 Abs. 1 BGB).

---

1 So *Böttcher* (ZVG), § 180 Rn 24 m.w.N.
2 So *Stöber* (ZVG), § 180 Rn 7.15.

§ 18 Verfahren über die Anordnung der Teilungsversteigerung

Wegen evtl. bestehender anderweitiger Vereinbarungen (§§ 2042 Abs. 2, 749 Abs. 2 BGB) siehe § 17 Rdn 34, wegen gesetzlicher Auseinandersetzungsausschlüsse § 17 Rdn 35, wegen Auseinandersetzungsausschlüssen aufgrund letztwilliger Verfügung § 17 Rdn 36.

8 Eine Besonderheit liegt vor, wenn sich die Erbengemeinschaft innerhalb einer Bruchteilsgemeinschaft befindet.

9 *Beispiel*

A, B und C sind Miteigentümer des Grundstücks zu je einem Drittel. C verstirbt und wird von E1, E2 und E3 beerbt. E1 ist an der Auseinandersetzung der Erbengemeinschaft interessiert.

Es bestehen folgende Möglichkeiten:

E1 kann die Teilungsversteigerung des Miteigentumsanteils des verstorbenen C beantragen (sog. **kleines Antragsrecht**).

E1 kann jedoch auch die – wirtschaftlich weitaus sinnvollere – Teilungsversteigerung des **ganzen** Grundstücks beantragen (sog. **großes Antragsrecht**).[3]

Tipp

Bei Erbengemeinschaft innerhalb einer Bruchteilsgemeinschaft als Miterbe Teilungsversteigerung nicht auf den geerbten Bruchteil beschränken, sondern vom großen Antragsrecht Gebrauch machen.

2. Sonderfälle beim Antragsrecht der Teilhaber

a) Testamentsvollstreckung

10 Ist Testamentsvollstreckung angeordnet, kann nur der Testamentsvollstrecker den Antrag auf Teilungsversteigerung stellen. Auch ein Gläubiger eines Miterben, der dessen Anteil am Nachlass gepfändet hat (§ 25 Rdn 22 f.), ist in diesem Fall gehindert den Antrag auf Teilungsversteigerung zu stellen.[4] Da der Testamentsvollstreckervermerk regelmäßig aus dem Grundbuch ersichtlich ist (§ 52 GBO), müsste das Vollstreckungsgericht den Antrag eines Erben zurückweisen (§ 28 ZVG). Betrifft die Testamentsvollstreckung nur einen Erbteil, so können sowohl der Testamentsvollstrecker für „seinen" Erben als auch jeder der nicht von der Testamentsvollstreckung betroffenen Erben den Antrag stellen.

b) Vor-/Nacherbschaft

11 Bei der Teilungsversteigerung handelt es sich **nicht** um eine nach § 2113 BGB verbotene **Verfügung** (§ 17 Rdn 40–42); auch eine analoge Anwendung dieser Norm auf den Antrag auf Anordnung der Teilungsversteigerung ist ausgeschlossen. Schließlich stellt die Teilungsversteigerung auch keine Verfügung über einen Erbschaftsgegenstand im Wege der Zwangsvollstreckung gegen den Vorerben dar, weshalb auch § 2115 BGB keine Anwendung findet.

Deshalb kann auch der (nicht befreite) Vorerbe die Teilungsversteigerung letztlich mit Wirkung für und gegen den Nacherben betreiben.

Zum Antragsrecht eines Gläubigers des Vorerben siehe § 17 Rdn 41.

c) Insolvenzeröffnung

12 Wegen der Zusammenhänge zwischen Teilungsversteigerung und Insolvenz siehe zunächst § 19 Rdn 7–9.

Wurde über das Vermögen eines Miteigentümers das Insolvenzverfahren eröffnet, so kann diesbezüglich nur der Insolvenzverwalter als Antragsteller (bzw. Antragsgegner) auftreten, da (und solange) ihm allein die Verwaltungs- und Verfügungsbefugnis zusteht (§ 80 InsO).

---

3 BGH v. 9.3.2006 – V ZB 178/05 und BGH v. 31.1.1985 – IX ARZ 11/84; *Eickmann* (TLV), Rn 57 m.w.N.
4 BGH v. 14.5.2009 – V ZB 176/08.

d) Vormund/Betreuer

Ein Vormund bzw. ein Betreuer kann für den von ihm Vertretenen den Antrag auf Teilungsversteigerung stellen, benötigt hierfür jedoch die Genehmigung des Familien- bzw. Betreuungsgerichts (§ 181 Abs. 2 S. 2 ZVG). 13

Um diese Genehmigung muss sich der Vertreter kümmern. Sie wird vom Familien- bzw. Betreuungsgericht gegenüber dem Vormund/Betreuer erklärt (§§ 1828, 1908i BGB) und ist dem Vollstreckungsgericht von diesem vorzulegen. Die Genehmigung muss einen Rechtskraftvermerk (§ 40 Abs. 2 FamFG) tragen.

e) Eltern

Für Eltern, welche als gesetzliche Vertreter für ihr Kind die Teilungsversteigerung beantragen wollen, gilt das o.g. Genehmigungserfordernis nicht. 14

Sind die Eltern an der gesetzlichen Vertretung ihres Kindes etwa aufgrund einer Interessenkollision[5] verhindert, so ist durch das Familiengericht ein Pfleger (Ergänzungspfleger, § 1909 BGB) zu bestellen. Dies hat das Vollstreckungsgericht von Amts wegen zu beachten. Für die Antragstellung benötigt der Pfleger die Genehmigung des Familiengerichts (§ 181 Abs. 2 S. 2 ZVG). Die Genehmigung muss einen Rechtskraftvermerk (§ 40 Abs. 2 FamFG) tragen.

f) Nachlasspfleger/Nachlassverwalter

Diese können ebenfalls die Teilungsversteigerung beantragen, benötigen hierfür jedoch die Genehmigung des Nachlassgerichts[6] (§§ 1961, 1975, 1915 BGB), das für die Nachlasspflegschaft (und insoweit auch für die Nachlassverwaltung) an die Stelle des Familien- bzw. Betreuungsgerichts tritt (§ 1962 BGB). Für das Verfahren gilt das unter Rdn 13 Gesagte entsprechend. 15

g) Nießbrauch

Unproblematisch ist ein am **ganzen Grundstück** bestehender Nießbrauch, da dieser nach § 182 ZVG in der Teilungsversteigerung bestehen bleibt (siehe § 20 Rdn 12 f.). Da der Nießbraucher somit keine Beeinträchtigung erfährt, bestehen für die Antragsberechtigung der Teilhaber keine Besonderheiten. 16

Besteht das Nießbrauchsrecht **nur an einem Miteigentumsanteil**, so erfährt das Antragsrecht der anderen, nicht mit dem Nießbrauch belasteten Miteigentümer, keine Einschränkung. Im Falle des Zuschlags in der Teilungsversteigerung würde das Nießbrauchsrecht erlöschen (§ 182 ZVG) und der Nießbraucher hätte einen Anspruch auf eine Rente (§ 92 ZVG; § 6 Rdn 49 f.) aus dem anteiligen (§ 112 ZVG) Erlös. 17

Schwierig gestaltet sich allerdings der Fall, dass der Miteigentümer, dessen Anteil mit dem Nießbrauch belastet ist, selbst den Antrag auf Teilungsversteigerung stellen will. 18

Soweit ersichtlich, werden zwei Meinungen vertreten.

1. Meinung:[7]

Da mit dem Zuschlag der belastete Miteigentumsanteil des Antragstellers seine Selbstständigkeit verliert, geht auch der daran bestehende Nießbrauch mit dem Zuschlag unter. Um den Nießbraucher in dieser Konstellation vor einem (überraschenden) Rechtsverlust zu schützen, hat der Gesetzgeber in **§ 1066 Abs. 2 BGB** bestimmt, dass der Miteigentümer des belasteten Anteils die Aufhebung der Gemeinschaft nur zusammen mit dem Nießbraucher verlangen kann.

---

[5] *Stöber* (ZVG), § 180 Rn 3.15 verneint eine Interessenkollision für den Fall, dass Eltern und Kinder Verfahrensbeteiligte sind und bei der Auseinandersetzung, ohne dass Ausgleichsansprüche bestehen, sich über die Teilung des Erlöses gem. einer gesetzlichen Erbfolge einig sind.
[6] *Stöber* (ZVG), § 181 Rn 6.5 und 6.6.
[7] *Stöber* (ZVG), § 180 Rn 7.17.

Dabei bejaht die Literatur[8] eine Verpflichtung des Nießbrauchers zur Mitwirkung bei diesem nur gemeinsam auszuübenden Antragsrecht für die Teilungsversteigerung, wenn die Aufhebung der Gemeinschaft einer ordnungsgemäßen Wirtschaft entspricht.

2. Meinung:[9]

Wenn der Miteigentümer, dessen Anteil mit dem Nießbrauch belastet ist, die Anordnung der Teilungsversteigerung beantragt, so bleibt der Nießbrauch nach § 182 Abs. 1 ZVG als den Anteil des Antragsstellers belastendes Recht bestehen. Das bedeutet, dass der Nießbrauch vom Ersteher als Belastung des dann ehemaligen Anteils zu übernehmen ist und der durch § 1066 Abs. 2 BGB geforderte Schutz des Nießbrauchers dadurch gewährleistet wird.

Der Miteigentümer, dessen Anteil mit dem Nießbrauch belastet ist, kann daher ohne Mitwirkung des Nießbrauchers die Anordnung der Teilungsversteigerung beantragen.

3. Antragsrecht eines Gläubigers

19 Zum Antragsrecht des Gläubigers, der sich die Position seines Schuldners in dessen Eigenschaft als Miteigentümer durch Pfändung und Überweisung verschafft, siehe § 25 Rdn 1 ff.

III. Antragsgegner

20 Antragsgegner im Teilungsversteigerungsverfahren sind alle[10] anderen (außer dem Antragsteller) Mitglieder der „aufzuhebenden" Gemeinschaft.

Im Sinne der über § 180 Abs. 1 ZVG entsprechend anzuwendenden Normen der Vollstreckungsversteigerung übernimmt der Antragsgegner die Rolle des Schuldners ohne jedoch Schuldner zu sein.

Ist der Anteil des Antragsgegners gepfändet, so wird der Pfändungsgläubiger neben dem pfändungsschuldnerischen Antragsgegner Beteiligter.

Eine Besonderheit des Verfahrens (im Unterschied zur Vollstreckungsversteigerung) besteht darin, dass ein Antragsgegner durch Verfahrensbeitritt (hierzu ab Rdn 34) selbst Antragsteller werden kann und dann beide Positionen in seiner Person vereint.

IV. Antragsinhalt und Nachweisungen

1. Antragsinhalt

21 Im Versteigerungsantrag sind folgende Angaben erforderlich (§§ 180, 16 Abs. 1 ZVG, §§ 253, 130 ZPO):
- Bezeichnung des angerufenen **Gerichts** (§ 1 Rdn 5 und 6);
- **Name** und (zustellungsfähige) **Anschrift** des Antragstellers und der (des) Antragsgegner(s);
- Bezeichnung des **Grundstücks (Versteigerungsobjektes)** (§ 1 Rdn 14 und 15);
- das aufzuhebende **Gemeinschaftsverhältnis**;
- die Beteiligung des Antragstellers, bzw. falls sich dessen Antragsberechtigung aus anderen Umständen herleitet, auch diese Umstände;
- ein **bestimmter Antrag** auf Anordnung der Zwangsversteigerung zur Aufhebung einer Gemeinschaft/Anordnung der Teilungsversteigerung.

Eine Begründung des Antrags ist regelmäßig nicht erforderlich.

---

8 *Eickmann* (TLV), Rn 89 m.w.N.
9 *Böttcher* (ZVG), § 180 Rn 44.
10 Wird in diesem Buch von „dem Antragsgegner" gesprochen, sind grundsätzlich alle Antragsgegner gemeint.

Tipp
Als Antragsteller unbedingt auf die Aktualität der Anschriften der Antragsgegner achten, da es sonst zu Verfahrensverzögerungen kommen kann.

2. Nachweisungen

Dem Antrag sind folgende **Unterlagen beizufügen** (§ 181 Abs. 2 ZVG): 22
- ein Grundbuchzeugnis (§ 17 Abs. 2 ZVG) oder ein beglaubigter Grundbuchauszug (§ 12 GBO) bzw. ein amtlicher Ausdruck (§ 131 GBO), alles möglichst aktuell, soweit eine Bezugnahme auf das Grundbuch nicht möglich ist; siehe § 1 Rdn 11;
- ggf. Erbnachweise (§§ 181 Abs. 3, 17 Abs. 3 ZVG), falls der Antragsteller Erbe eines eingetragenen „Gemeinschafters" ist;
- ggf. ein Nachweis darüber, dass der Antragsteller das Recht eines eingetragenen „Gemeinschafters" oder eines Erben eines eingetragenen Gemeinschafters, die Aufhebung dieser Gemeinschaft zu verlangen, ausüben darf (z.B. Ausfertigung eines ordnungsgemäß erlassenen und zugestellten Pfändungs- und Überweisungsbeschlusses).

Die Vorlage eines Vollstreckungstitels ist nicht erforderlich (§ 181 Abs. 1 ZVG). 23

C. Entscheidung über den Antrag

I. Gewährung rechtlichen Gehörs

Anders als in der Vollstreckungsversteigerung, wo sich eine Anhörung des Schuldners verbietet (§ 1 Rdn 45), ist in der Teilungsversteigerung die Anhörung des Antragsgegners vor der Anordnung des Verfahrens als Ausfluss aus Art. 103 GG zulässig. Die in § 1 Rdn 45 für die Vollstreckungsversteigerung beschriebene „Gefahr" geht von dieser Anhörung nicht aus, da die entsprechende Beschlagnahme in der Teilungsversteigerung ohnehin keine Verfügungsbeschränkung i.S.d. § 23 ZVG bewirkt (Rdn 43 f.). 24

II. Entgegenstehende Rechte

Die speziell für das Verfahren der Teilungsversteigerung denkbaren entgegenstehenden Rechte wurden u.a. bereits bei der Vorstellung der einzelnen Gemeinschaftstypen erörtert. Auf diese Ausführungen (§ 17 Rdn 1 ff.) wird verwiesen. 25

Auch für die Teilungsversteigerung gilt (über § 180 Abs. 1 ZVG) § 28 ZVG, weshalb insoweit auf die Ausführungen § 1 Rdn 43 und 44 Bezug genommen wird. 26

III. Beanstandung des Antrags

Liegt ein **innerhalb angemessener Frist behebbarer** Mangel vor, weist das Vollstreckungsgericht den Antragsteller auf diesen Mangel (bzw. alle Mängel) hin, zeigt alle Behebungsmöglichkeiten auf und setzt unter Hinweis auf die Folgen eines fruchtlosen Fristablaufes eine angemessene Frist zur Behebung. 27

Liegt ein nicht (innerhalb angemessener Frist) behebbarer Mangel vor oder ist die gesetzte Frist fruchtlos verstrichen, weist das Vollstreckungsgericht den Antrag auf Anordnung der Teilungsversteigerung durch begründeten Beschluss zurück. Diese Entscheidung muss eine Rechtsbehelfsbelehrung enthalten (§ 232 ZPO). 28

IV. Anordnungsbeschluss

29 Die Zwangsversteigerung zum Zwecke der Aufhebung einer Gemeinschaft wird durch Beschluss des Vollstreckungsgerichts angeordnet (Anordnungsbeschluss).

1. Inhalt des Anordnungsbeschlusses

30 Für den Inhalt des Anordnungsbeschlusses gilt zunächst das unter § 1 Rdn 50 Gesagte entsprechend.

Checkliste: Inhalt des Anordnungsbeschlusses in der Teilungsversteigerung
- Aktenzeichen
- Vollstreckungsgericht
- Rubrum (Antragsteller/Antragsgegner, evtl. Dritter, der Recht des Antragstellers ausübt)
- Grundstück
- Gemeinschaftsverhältnis
- Ausspruch: Anordnung der Zwangsversteigerung zum Zwecke der Aufhebung (vorgenannter) Gemeinschaft (konstitutiv)
- Ausspruch: „Beschlagnahme" (deklaratorisch)
- Rechtsbehelfsbelehrung, falls Antragsgegner angehört wurde
- Unterschrift und Amtsbezeichnung (Rechtspfleger)

2. Bekanntmachung der Anordnung und Grundbuchersuchen

31 Der Anordnungsbeschluss muss allen Antragsgegnern **förmlich zugestellt** werden. Die §§ 4 bis 7 ZVG finden wegen § 8 ZVG keine Anwendung, weshalb die Zustellung nach §§ 166 ff. ZPO erfolgen muss. Zusammen mit dem Anordnungsbeschluss ist eine **Belehrung** nach den §§ 180 Abs. 2 S. 2, Abs. 3 S. 2, 30b ZVG über die Möglichkeit einstweiliger Einstellung zuzustellen.

32 Der Antragssteller erhält den Beschluss formlos. Eine Zustellung erfolgt nur dann, wenn seinem Antrag nicht in vollem Umfang stattgegeben wurde. Diese Möglichkeit hat für die Teilungsversteigerung jedoch nur dort praktische Bedeutung, wo ein Gläubiger eines Miteigentümers dessen Recht auf Auseinandersetzung ausübt, weil nur dort eine Teilzurückweisung denkbar ist.

33 Hinsichtlich des Grundbuchersuchens (Eintragung des Zwangsversteigerungsvermerks) und des weiteren Verfahrens beim Grundbuchamt gilt das unter § 1 Rdn 54 und 55 Gesagte entsprechend.

D. Beitritt zum Verfahren

34 Nach § 27 ZVG, welcher über § 180 Abs. 1 ZVG Anwendung findet, ist auch ein Beitritt zum Verfahren möglich. Dies gilt natürlich nur für solche „Personen", welche ebenfalls ein Recht auf das angestrebte Verfahrensziel, nämlich die Aufhebung der Gemeinschaft haben. Damit kann nur ein anderer Teilhaber (oder dessen Pfändungsgläubiger, dazu § 25) der Gemeinschaft beitreten. Er vereinigt damit in seiner Person zwei verfahrensrechtliche Positionen; er war und **bleibt** Antragsgegner und **wird** auch Antragsteller.

Gleiches gilt „mit umgekehrten Vorzeichen" für den bisherigen alleinigen Antragsteller. Die einzelnen Verfahren behalten dabei ihre rechtliche Selbstständigkeit (Grundsatz der Selbstständigkeit der Einzelverfahren[11]).

---

11 *Eickmann* (TLV), Rn 122.

Ob ein Teilhaber dem Verfahren beitritt, hängt natürlich davon ab, welche verfahrensrechtliche Rolle (passiv oder aktiv) er künftig spielen möchte. Zu Recht bezeichnet *Storz*[12] den Beitritt als „eine der wichtigsten Schutzmaßnahmen gegen die bzw. in der Teilungsversteigerung."

Dass der Beitritt auch Gefahren birgt, wird von *Eickmann*[13] unter Hinweis auf § 183 S. 1 BGB zutreffend beschrieben und soll mit folgendem Beispiel verdeutlicht werden:

Beispiel

A betreibt die Teilungsversteigerung der Eigentümergemeinschaft A, B.

B ist gegen die Teilungsversteigerung und sieht für sich die Möglichkeit, materielle Einwendungen im Wege der Drittwiderspruchsklage (§ 771 ZPO) durchzusetzen. Dennoch tritt er der Teilungsversteigerung bei, um dort eine aktive Rolle einzunehmen.

Im Verfahren nach § 771 ZPO droht ihm nun, dass das Prozessgericht in seinem Beitritt eine unwiderrufliche (§ 183 S. 1 BGB) Zustimmung zur Teilungsversteigerung sieht.

Tipp

Dem Verfahren nicht unüberlegt beitreten.

Betreibt ein **Pfändungsgläubiger** zulässigerweise (§ 17 Rdn 16) die Teilungsversteigerung in eine Gemeinschaft, deren Auseinandersetzung durch Vereinbarung ausgeschlossen ist, stellt sich die Frage, ob ein Beitritt der anderen Miteigentümer trotz des Aufhebungsausschlusses möglich ist. Das Betreiben des Pfändungsgläubigers stellt hier wohl einen wichtigen Grund (i.S.d. § 749 Abs. 2 S. 1 BGB) dar; der Beitritt sollte deshalb zugelassen werden.[14]

Für die **Zustellung** des Beitrittsbeschlusses gelten die Ausführungen zum Anordnungsbeschluss (Rdn 31). Auch hier muss eine Belehrung gem. den §§ 180 Abs. 2 S. 3, 30b Abs. 1 ZVG zugestellt werden. Diese Zustellung der Belehrung muss an **alle** Antragsgegner erfolgen, selbst an den, der das Verfahren schon als Antragsteller betreibt.

Nach einem Beitritt wird kein weiterer Zwangsversteigerungsvermerk in das Grundbuch eingetragen.

Ein Gläubiger, der die **Vollstreckungsversteigerung** betreiben möchte, kann nicht zu diesem Zweck einer Teilungsversteigerung beitreten (Verschiedenheit der Verfahrensarten).[15]

E. Beteiligte

(Alle) Antragsteller und (alle) Antragsgegner sind Beteiligte des Verfahrens. Dies ergibt sich aus § 9 ZVG; im Sinne dieser Norm nehmen sie die Rolle von Gläubiger (Antragsteller) und Schuldner (Antragsgegner) ein. Ebenso verfahrensbeteiligt ist ein Pfändungsgläubiger, welcher die Rechte eines potenziellen Antragstellers ausübt.

§ 9 ZVG legt auch die weiteren Verfahrensbeteiligten (§ 3 Rdn 22) fest.

---

12 *Storz* (TLV), C. 3.4.1 m.w.N.
13 *Eickmann* (TLV), Rn 120 und 121.
14 *Storz* (TLV), B. 1.7.1.16 und B. 1.7.1.2.
15 *Stöber* (ZVG), § 180 Rn 8.6. und 14.

F. Beschlagnahme

42 Auch die Teilungsversteigerung kennt eine Beschlagnahme des Grundbesitzes. Für den Eintritt der Beschlagnahme gilt das unter § 1 Rdn 76–78 Gesagte mit der Maßgabe, dass an der Stelle des Gläubigers der Antragsteller und an der Stelle des Schuldners der (die) Antragsgegner tritt (treten).

Falls die Zustellung maßgeblich ist (§ 1 Rdn 77), tritt die Beschlagnahme erst mit der Zustellung des Anordnungsbeschlusses an den **letzten** antragsgegnerischen Miteigentümer ein.

43 Aus dem Umstand, dass die Beschlagnahme dazu dient, die Erreichung des Verfahrensziels sicherzustellen, dieses Verfahrensziel in der Teilungsversteigerung jedoch gerade nicht „Verwertung des Grundbesitzes für einen Gläubiger" lautet, folgt, dass die **Beschlagnahme** in der Teilungsversteigerung **nicht** die **Wirkungen des § 23 ZVG** (relatives Veräußerungsverbot) hat. Denn während in der Vollstreckungsversteigerung ein Gläubiger so vor weiteren Verfügungen über das Grundstück zu schützen ist, ist ein solcher Schutz des Antragstellers aus folgenden Gründen (scheinbar; siehe Rdn 44) nicht erforderlich:

- Steht der Grundbesitz im Eigentum einer **Gesamthandsgemeinschaft**, ist der Antragsteller durch den Umstand, dass alle Gemeinschafter verfügen müssten, hinreichend geschützt.
- Liegt eine **Bruchteilsgemeinschaft** vor, gilt für eine mögliche Verfügung über den **gesamten** Grundbesitz Entsprechendes über § 747 S. 2 BGB. Belastet ein Bruchteils-Miteigentümer und Antragsgegner der Teilungsversteigerung nach der Beschlagnahme seinen Anteil (was zulässig ist), erfährt der Antragsteller Schutz über § 182 ZVG (hierzu § 20 Rdn 15 f.). Im Falle einer (ebenfalls zulässigen) Veräußerung eines antragsgegnerischen Anteils tritt der Erwerber nach § 26 ZVG an die Stelle des insoweit ausgeschiedenen Antragsgegners, womit der Antragsteller erneut nicht beeinträchtigt ist.

44 **Problematisch** gestaltet sich das **Fehlen der Verfügungsbeschränkung** jedoch in folgenden Fällen:

Ausgangsfall:
Gläubiger G, der den Auseinandersetzungsanspruch des A hinsichtlich der Bruchteilsgemeinschaft A, B gepfändet hat, betreibt die Teilungsversteigerung in ein Grundstück (hierzu § 25). Nunmehr ereignet sich Folgendes:

- **Alternative 1**: A und B veräußern das Grundstück an einen Dritten.
  Da die Beschlagnahme in der Teilungsversteigerung (auch bei Betreiben eines Pfändungsgläubigers) nicht die Wirkungen des § 23 ZVG hat, ist die Veräußerung des Grundstücks vollumfänglich wirksam.[16] Ebenso führt das durch die Pfändung erwirkte Arrestatorium nicht zu einer Unwirksamkeit der Verfügung gegenüber dem Pfändungsgläubiger, da sich das Verbot aus § 829 ZPO nur auf den gepfändeten Auseinandersetzungsanspruch und nicht auf den Grundstücksbruchteil bezieht. Das Alleineigentum des Erwerbers stellt ein der Teilungsversteigerung entgegenstehendes Recht i.S.d. § 28 Abs. 1 ZVG dar, welches (mangels Behebbarkeit) zur amtswegigen Verfahrensaufhebung führt.
- **Alternative 2**: A belastet seinen Anteil mit einer den Verkehrswert des Anteils weit übersteigenden Grundschuld.
  Diese Belastung ist dem Pfändungsgläubiger gegenüber wirksam, da die Beschlagnahme in der Teilungsversteigerung nicht die Wirkungen des § 23 ZVG hat und sich das Arrestatorium aus dem Pfändungsverfahren (§ 829 ZPO) nur auf den Auseinandersetzungsanspruch und nicht auf den Grundstücksbruchteil bezieht.[17]
  Die Grundschuld bleibt bestehen (§ 182 Abs. 1 ZVG), was die Versteigerung des Grundstücks unwahrscheinlich macht.

---

16 BGH v. 25.2.2010 – V ZB 92/09.
17 So auch *Eickmann* (TLV), Rn 116, *Storz* (TLV), C. 3.3.

- **Alternative 3:** A und B sind sich in dem Bestreben, dem G „nichts zukommen zu lassen", einig und veräußern alle zu dem Grundstück gehörenden wertvollen Zubehörstücke.

Da die Beschlagnahme keine Verfügungsbeschränkung und damit auch keine Beschränkungen i.S.d. §§ 1121, 1122 BGB bewirkt,[18] ist die Veräußerung wirksam.

Eickmann[19] zeigt hier für den Gläubiger einen Schutz bringenden Weg auf: Der Gläubiger muss mit seinem Zahlungstitel zunächst auf dem Anteil seines Schuldners eine Zwangshypothek eintragen lassen.

Bei **Alternative 1** müsste der Gläubiger dann die Vollstreckungsversteigerung aus der Zwangshypothek in den ehemaligen Grundstücksbruchteil „seines" Schuldners betreiben; diese müsste der neue Eigentümer dulden.

Bei **Alternative 2** müsste der Gläubiger dann die Vollstreckungsversteigerung aus der Zwangshypothek in den Grundstücksbruchteil „seines" Schuldners betreiben; die später eingetragene (neue) Grundschuld, würde nach den allgemeinen Regeln (§§ 44, 52 ZVG) erlöschen.

Bei **Alternative 3** böte die Zwangshypothek Schutz über §§ 1134, 1135 BGB. Dieser müsste prozessual verfolgt werden.

Abwandlung:

Gläubiger G hat den Anteil des A an einer GbR einschließlich des Auseinandersetzungsanspruchs gepfändet und betreibt die Teilungsversteigerung. Die GbR veräußert das Grundstück an einen Dritten.

- Diese Veräußerung ist wirksam, da die Beschlagnahme auch hier nicht die Wirkung eines Veräußerungsverbots hat.[20]
- Die Pfändung des Gesellschaftsanteils führt auch nicht zu einem Einrücken des Pfändungsgläubigers in die Gesellschafterstellung. Sie lässt die Befugnis der Gesellschaft, über einzelne Gegenstände des Gesellschaftsvermögens zu verfügen, unberührt.[21]
- Demnach ist der Gesellschafter durch die Pfändung „nur" in der Verfügung über seinen Gesellschaftsanteil beschränkt, nicht aber die GbR als Eigentümerin in der Verfügung über das Grundstück. Auch die Gesellschafter sind durch die aus der Pfändung resultierenden Verfügungsbeschränkung hinsichtlich des Gesellschaftsanteils nicht gehindert, über das Grundstück der Gesellschaft zu verfügen.

Eine Besonderheit ergibt sich lediglich dann, wenn der Gläubiger den Anteil seines Schuldners an einer **Erbengemeinschaft** gepfändet hat und diese ohne seine Zustimmung über **einzelne Nachlassgegenstände** verfügt. In diesem Fall ist der Pfändungsgläubiger durch eine entsprechende Anwendung des § 1276 BGB geschützt.[22]

45

G. Rechtsbehelfe im Verfahren über Anordnung und Beitritt

I. Rechtsbehelf des Antragsgegners

Der Systematik des 8. Buches der ZPO folgend, welches, da das ZVG über § 869 ZPO Bestandteil der ZPO ist, Anwendung findet, hängt die Art des Rechtsbehelfs von der Frage ab, ob der Antragsgegner vor Erlass des Anordnungsbeschlusses (alles Gesagte gilt auch für den Beitrittsbeschluss) von dem Vollstreckungsgericht **angehört** wurde (Anhörung möglich, Rdn 24).

46

---

18 *Eickmann* (TLV), Rn 113.
19 *Eickmann* (TLV), Rn 117.
20 BGH v. 15.9.2016 – V ZB 183/14.
21 BGH v. 20.5.2016 – V ZB 142/15.
22 BGH v. 20.5.2016 – V ZB 142/15.

47 Wurde er **nicht angehört**, so stellt die Anordnung aus Sicht des Antragsgegners eine Vollstreckungsmaßnahme dar, welche von dem (jedem) Antragsgegner mit **Erinnerung** nach **§ 766 ZPO** anzufechten ist. Zum weiteren Verfahren siehe § 1 Rdn 62–64.

48 Lag eine **Anhörung** vor, ist das Rechtsmittel der **sofortigen Beschwerde (§ 793 ZPO)** gegeben, da die Anordnung eine **Entscheidung** darstellt. Zum weiteren Verfahren siehe § 1 Rdn 65.

49 Für beide Rechtsbehelfe ist jedoch zu beachten, dass damit nur ein **Verstoß gegen die formellen Bestimmungen** gerügt werden kann. Denkbar sind hier z.B.
- eine Verletzung von § 181 Abs. 2 ZVG (Rdn 22);
- die Nichtbeachtung von § 28 ZVG (grundbuchersichtliches Gegenrecht).

50 Die für die Teilungsversteigerung wesentlich bedeutsameren **materiellen Einwendungen** können von dem Antragsgegner nur im Wege einer **Drittwiderspruchsklage** vorgebracht werden.

Frühestens über die einstweilige Einstellung, welche grundsätzlich das Prozessgericht zu beschließen hätte (Ausnahme § 769 Abs. 2 ZPO), und den entsprechenden Ausführungsbeschluss des Vollstreckungsgerichts (§§ 775 Nr. 2, 776 ZPO) würde die Drittwiderspruchsklage Auswirkungen auf das Teilungsversteigerungsverfahren zeigen. Siehe hierzu § 2 Rdn 48 und 49.

> *Tipp*
> Bei materiellen Einwendungen ist Klagerhebung (Drittwiderspruchsklage) erforderlich.

II. Rechtsbehelf des Antragstellers

51 Wurde der Versteigerungsantrag des Antragstellers (teilweise) zurückgewiesen, steht dem Antragsteller gegen diese Entscheidung die sofortige Beschwerde zu (§ 1 Rdn 65 und 66).

H. Kosten im Verfahren über Anordnung und Beitritt

52 Für die Gerichts- und Rechtsanwaltskosten gelten gegenüber der Vollstreckungsversteigerung keine Besonderheiten, weshalb auf die Ausführungen § 1 Rdn 67 ff. verwiesen wird.

53 Ergänzend sei angemerkt, dass im Falle einer Antragsrücknahme § 269 Abs. 3 ZPO keine Anwendung findet, da es sich bei den Kosten der Teilungsversteigerung nicht um Prozesskosten handelt.[23] Die Kosten können mithin nicht dem Antragsgegner auferlegt werden. Eine evtl. Ausgleichung/Kostenerstattung müssen die Teilhaber außerhalb des Versteigerungsverfahrens untereinander regeln.

---

23 LG Düsseldorf v. 22.1.1981 – 19 T 497/80.

§ 19 Einstweilige Einstellung und Aufhebung des Verfahrens

A. Das System und seine Anwendung

Wie für die Vollstreckungsversteigerung ausführlich dargestellt (§ 2 Rdn 1 ff.), sind die Möglichkeiten der einstweiligen Einstellung oder Aufhebung eines bereits angeordneten Verfahrens vielfältig und kaum zu systematisieren.

Da § 180 ZVG für das Verfahren der Teilversteigerung die Vorschriften §§ 1 bis 171n ZVG (Erster und Zweiter Abschnitt des Zwangsversteigerungsgesetzes) für entsprechend anwendbar erklärt, soweit sich aus den §§ 181 bis 185 ZVG nicht ein anderes ergibt, wurde folgende Darstellung gewählt:

1. Einstellungs- und Aufhebungsnormen aus dem Bereich der Vollstreckungsversteigerung, welche (evtl. mit Besonderheiten) auch im Verfahren der Teilungsversteigerung anzuwenden sind
2. Speziell für die Teilungsversteigerung bestehende Einstellungsbestimmungen

Die Darstellung zu 1. folgt dabei dem in diesem Buch für die Vollstreckungsversteigerung gewählten Aufbau.

B. Gegenrechte (§ 28 ZVG)

§ 28 ZVG findet auch in der Teilungsversteigerung Anwendung. Allgemein wurde auf **entgegenstehende Rechte** bereits bei der Vorstellung der einzelnen verfahrenszugänglichen Gemeinschaften (ab § 17 Rdn 1) eingegangen.

Die Anwendung von § 28 **Abs. 1** ZVG erfordert die **Grundbuchersichtlichkeit** der entgegenstehenden Rechte. Gemessen an ihrer Praxisrelevanz, soll an dieser Stelle auf zwei Fallkonstellationen etwas näher eingegangen werden:

I. Ausschlussvereinbarung bei Bruchteilsgemeinschaften

Die **eingetragene** Ausschlussvereinbarung (§ 1010 BGB), hierzu ab § 17 Rdn 15, hindert die Anordnung der Teilungsversteigerung. Beruft sich der (künftige) Antragsteller materiell-rechtlich auf einen wichtigen Grund i.S.d. § 749 Abs. 2 S. 1 BGB, durch dessen Vorliegen die Teilungsversteigerung trotz Ausschlussvereinbarung zulässig werden würde, muss er dies zunächst zivilprozessual gegen den (künftigen) Antragsgegner durchsetzen (Duldungsklage) und den Titel in vollstreckbarer Ausfertigung vorlegen, sowie diesen dem duldungspflichtigen Antragsgegner zugestellt haben.[1]

II. Eigentumswechsel nach Verfahrensanordnung

Auf **Antragsgegnerseite** ist ein Eigentumswechsel wegen § 26 ZVG ohne Einfluss auf das Verfahren.

Auf **Antragstellerseite** ist der Eigentumswechsel ebenfalls ohne Auswirkung (Verfahren läuft weiter); jedoch kann der neue Eigentümer natürlich die Antragsrücknahme erklären (§ 29 ZVG) oder die einstweilige Einstellung bewilligen (§ 30 ZVG).

Mit *Eickmann*[2] erscheint es zweifelhaft, in dem Umstand, dass sich der neue Eigentümer nicht bei dem Vollstreckungsgericht meldet, die Bewilligung der einstweiligen Einstellung (§ 30 ZVG) zu sehen.[3]

---

1 *Stöber* (ZVG) § 180 Rn 9.10, § 181 Rn 2.3.
2 *Eickmann* (TLV), Rn 145.
3 So aber *Stöber* (ZVG), § 180 Rn 6.9.

Es empfiehlt sich schlicht eine klarstellende Nachfrage des Vollstreckungsgerichts beim neuen Eigentümer.

> *Tipp*
> Der nicht an einer Teilungsversteigerung interessierte neue Eigentümer des Antragstelleranteils sollte den Antrag auf Teilungsversteigerung zurücknehmen.

C. Teilungsversteigerung und Insolvenz

7   Zur Beurteilung der Frage, welche Auswirkungen die Eröffnung des Insolvenzverfahrens auf die bereits angeordnete oder künftig anzuordnende Teilungsversteigerung hat, muss zunächst danach differenziert werden, ob
- ein Grundstücksanteil oder
- das ganze Grundstück

in die Insolvenzmasse fällt.

8   Fällt ein **Grundstücksanteil** in die Insolvenzmasse, erfolgt die Auseinandersetzung wegen § 84 InsO außerhalb des Insolvenzverfahrens. Mithin tritt der Insolvenzverwalter an die Stelle des Schuldners (= Mitglied der auseinanderzusetzenden Gemeinschaft). In dieser Eigenschaft agiert er als Antragsteller oder Antragsgegner in der Teilungsversteigerung; er kann diese beantragen oder fortsetzen bzw. Rechtsbehelfe einlegen, Einstellungsanträge stellen usw.

9   Gehört (etwa in der Nachlassinsolvenz) das **ganze Grundstück** zur Insolvenzmasse, kann die Teilungsversteigerung wegen § 80 InsO nur angeordnet bzw. fortgesetzt werden, wenn der Insolvenzverwalter das Grundstück **freigibt**. Anderenfalls kann die Teilungsversteigerung nicht angeordnet bzw. muss aufgehoben werden (§ 28 ZVG).

D. Einstweilige Einstellung und Aufhebung aufgrund einer Verfahrenshandlung

I. Antragsrücknahme

10   § 29 ZVG findet uneingeschränkt Anwendung, weshalb die Ausführungen § 2 Rdn 5 f. entsprechend gelten.

II. Bewilligung der einstweiligen Einstellung durch den Antragsteller

11   Auch hier besteht „Parallelität" zur Vollstreckungsversteigerung; siehe deshalb § 2 Rdn 11 f.

III. Einstweilige Einstellung nach § 180 ZVG

12   § 30a ZVG, der die Aussicht auf ein Vermeiden der Zwangsversteigerung u.a. unter Berücksichtigung der wirtschaftlichen Verhältnisse des Schuldners voraussetzt, ist in der Teilungsversteigerung **nicht** anwendbar. An seine Stelle treten § 180 Abs. 2 ZVG (sog. allgemeiner Schutz[4]) und § 180 Abs. 3 ZVG (sog. Kinderschutz[5]).
Nachfolgend ausgeführt werden nur die Grundzüge dieser Schutznormen; im Übrigen wird auf die Kommentarliteratur verwiesen.

---

[4] Begriff aus *Eickmann* (TLV), vor Rn 166.
[5] Begriff aus *Eickmann* (TLV), vor Rn 189.

D. Einstweilige Einstellung und Aufhebung aufgrund einer Verfahrenshandlung § 19

1. Der allgemeine Schutz (§ 180 Abs. 2 ZVG)

a) Antragsberechtigung

Die einstweilige Einstellung setzt einen Antrag des Antragsgegners voraus. Bei mehreren Antragsgegnern ist jeder selbstständig zur Antragstellung berechtigt (Grundsatz der Selbstständigkeit der Einzelverfahren[6]). Dies gilt selbst für Antragsgegner des einzustellenden Einzelverfahrens, die in ihrer Person aufgrund früheren Anordnungs- oder Beitrittsbeschlusses auch Antragsteller sind.

13

Der Einstellungsantrag nach § 180 Abs. 2 ZVG eines selbst betreibenden Antragstellers ist jedoch nur Erfolg versprechend, wenn dieser Antragsteller hinsichtlich „seines" Verfahrens die einstweilige Einstellung bewilligt (§ 30 ZVG).[7]

14

> *Tipp*
> Wer als „jetziger" Antragsgegner und immer noch Antragsteller das Versteigerungsverfahren über § 180 Abs. 2 (oder Abs. 3) ZVG zum Stillstand bringen will, sollte zunächst (oder zeitlich mit dem Einstellungsantrag nach § 180 ZVG) die einstweilige Einstellung des von ihm betriebenen Verfahrens bewilligen.

Ob, wenn ein Pfändungsgläubiger die Teilungsversteigerung betreibt, auch der schuldnerische Miteigentümer die Einstellung beantragen darf, ist umstritten. Siehe hierzu § 25 Rdn 38.

15

b) Antragsfrist

Der Antrag kann nur innerhalb einer **Notfrist von zwei Wochen** nach Zustellung der in § 30b Abs. 1 ZVG vorgesehenen Belehrung an den Antragsgegner gestellt werden (§§ 180 Abs. 2, 30b ZVG). Die Notfrist gilt auch schon für den **ersten** Antrag nach § 180 Abs. 2 ZVG und nicht erst dann, wenn das Verfahren bereits einmal eingestellt war.[8]

16

c) Selbstständigkeit der Einzelverfahren

Wegen des Grundsatzes der Selbstständigkeit der Einzelverfahren muss der Antragsgegner im Falle des Beitritts eines weiteren Antragstellers erneut einen Einstellungsantrag stellen.

17

d) Materielle Voraussetzungen

Verglichen mit § 30a ZVG (§ 2 Rdn 24 und 26) sind die materiellen Voraussetzungen einer einstweiligen Einstellung nach § 180 Abs. 2 ZVG weniger konkret gefasst und damit für das Vollstreckungsgericht schwerer zu überprüfen.

18

Deutlich wird bei einem Vergleich der Normen jedoch, dass es bei § 30a ZVG um ein (endgültiges) **Vermeiden** der Zwangsversteigerung geht, während § 180 Abs. 2 ZVG lediglich einen **Aufschub** (Moratorium) gewähren soll.[9]

Dass die Zeit des Aufschubes dann aber auch dazu genutzt werden kann, die Zwangsversteigerung endgültig zu verhindern bzw. zu vermeiden, ist selbstverständlich.

Die Einstellung hat „bei Abwägung der widerstreitenden Interessen der mehreren Miteigentümer angemessen zu erscheinen" (§ 180 Abs. 2 S. 1 ZVG).

19

Der BGH hat in einer Entscheidung aus dem Jahre 1981[10] den Grundgedanken des § 180 Abs. 2 ZVG wie folgt beschrieben:

---

[6] *Eickmann* (TLV), Rn 146.
[7] *Stöber* (ZVG), § 180 Rn 12.6; BGH v. 23.1.1981 – V ZR 200/79.
[8] BGH v. 23.1.1981 – V ZR 200/79.
[9] *Eickmann* (TLV), Rn 174.
[10] BGH v. 23.1.1981 – V ZR 200/79; so auch BGH v. 22.3.2007 – V ZB 152/06.

§ 19 Einstweilige Einstellung und Aufhebung des Verfahrens

„Die einstweilige Einstellung des Teilungsversteigerungsverfahrens soll nach ihrem Grundgedanken durch Abwägung der widerstreitenden Interessen verhindern, dass ein wirtschaftlich Stärkerer unter Ausnutzung vorübergehender Umstände die Versteigerung „zur Unzeit" durchsetzt, um den wirtschaftlich Schwächeren zu ungünstigen Bedingungen aus dem Grundstück zu drängen."

20 Gute Auflistungen von berücksichtigungsfähigen und nicht berücksichtigungsfähigen Umständen aus Literatur und Rechtsprechung finden sich bei *Eickmann* (TLV), Rn 176 f., *Stöber* (ZVG), § 180 Rn 12.3 und Rn 12.4 und *Storz* (TLV), B. 3.2.2.1.

21 Es soll nochmals deutlich auf den **temporären Aspekt** des § 180 Abs. 2 ZVG (Rdn 18) hingewiesen werden. Deshalb sind **auf Dauer** angelegte Umstände, auch solch schwerwiegende wie eine gesundheitliche Beeinträchtigung, i.d.R. **nicht** geeignet, eine einstweilige Einstellung nach § 180 Abs. 2 ZVG zu rechtfertigen.[11]

22 Wegen der hohen Praxisbedeutung sei ebenfalls herausgestellt, dass der Sachvortrag des Antragsgegners, ihm stehe ein **materiell-rechtliches** Versteigerungshindernis zur Seite, ebenfalls **nicht** zur Einstellung führen kann; hier muss der Antragsgegner den Weg über §§ 771, 769 ZPO beschreiten.

Für das Verfahren bis zur Entscheidung, für Form und Bekanntmachung der Entscheidung selbst und die Fortsetzung eines ehemals eingestellten Verfahrens gilt das unter § 2 Rdn 33 f. Gesagte entsprechend.

Die einmalige Wiederholung der Einstellung ist zulässig (§ 180 Abs. 2 S. 2 ZVG); hierzu auch § 2 Rdn 39.

2. Der Kinderschutz (§ 180 Abs. 3 ZVG)

23 Mit dem im Jahre 1986[12] in das Gesetz eingefügten dritten Absatz des § 180 ZVG wollte der Gesetzgeber erreichen, dass bei einer zwischen Ehegatten (bzw. früheren Ehegatten) betriebenen Teilungsversteigerung die **Interessen eines gemeinschaftlichen Kindes** in besonderer Weise berücksichtigt werden.

a) Antragsberechtigung

24 Diese liegt nach dem Wortlaut des § 180 Abs. 3 ZVG bei dem antragsgegnerischen (früheren) Ehegatten. Die Literatur[13] erweitert die Antragsberechtigung auch auf das betroffene Kind, sofern es selbst Antragsgegner ist.

b) Antragsfrist

25 Da über § 180 Abs. 3 S. 3 ZVG auch hier § 30b ZVG entsprechend gilt, ist auch der Antrag nach § 180 Abs. 3 ZVG binnen einer Notfrist von zwei Wochen zu stellen; die Frist beginnt mit der Zustellung der entsprechenden Belehrung (§ 30b ZVG).

In diesem Zusammenhang empfiehlt *Storz*[14] zu Recht, dass das Vollstreckungsgericht in allen „einschlägigen", also zwischen Ehegatten bzw. früheren Ehegatten betriebenen Teilungsversteigerungsverfahren **immer**, also auch ohne konkrete Anhaltspunkte für das Vorhandensein gemeinschaftlicher Kinder, **nach § 180 Abs. 3 ZVG belehrt**, u.a. um so späteren Verfahrensverzögerungen vorzubeugen. *Eickmann*[15] gibt dem Antragsteller in diesem Zusammenhang einen guten

> *Tipp*
> Der Antragsteller sollte bereits im Versteigerungsantrag Angaben über im Haus (in der Wohnung) wohnende gemeinsame Kinder machen.

---

11 BGH v. 25.6.2004 – IXa ZB 267/03.
12 BGBl I 1986, 301.
13 *Eickmann* (TLV), Rn 197.
14 *Storz* (TLV), B. 3.3.3.
15 *Eickmann* (TLV), Rn 198.

D. Einstweilige Einstellung und Aufhebung aufgrund einer Verfahrenshandlung § 19

Antragsgegner, welche zulässigerweise sowohl einen Einstellungsantrag nach § 180 Abs. 2 ZVG als auch nach § 180 Abs. 3 ZVG stellen wollen, müssen dies zwar nicht gleichzeitig[16] tun, wegen des ab der Zustellung der jeweiligen Belehrung drohenden Fristablaufes beide Anträge aber **fristgerecht** einreichen. Es wäre falsch, anzunehmen, die Zwei-Wochen-Frist des § 30b ZVG laufe für den Antrag nach § 180 Abs. 3 ZVG erst nach Ablauf einer Einstellung nach § 180 Abs. 2 ZVG.[17]

26

Wo beide Einstellungsgründe in Frage kommen, sollte der Antragsgegner unbedingt beachten, dass ihm eine Einstellung nach § 180 Abs. 3 ZVG wegen der potenziell längeren Einstellungszeiträume und der im Unterschied zu 180 Abs. 2 ZVG[18] **mehrfachen** Wiederholbarkeit die „besseren" Möglichkeiten bietet.

27

Tipp
Antragsgegner, die Antrag nach § 180 Abs. 2 ZVG und § 180 Abs. 3 ZVG stellen können, sollten unbedingt beide Anträge (rechtzeitig) stellen.

c) Materielle Voraussetzungen

Nach dem Wortlaut des Gesetzes ist die Anwendung von § 180 Abs. 3 ZVG auf das Teilungsversteigerungsverfahren beschränkt, an welchem mit Antragsteller und Antragsgegner insgesamt nur zwei Personen („und keine mehr") beteiligt sind, die noch miteinander verheiratet sind oder früher miteinander verheiratet waren.

28

Die Literatur[19] hat hier **systemgerechte Erweiterungen** vorgenommen:

29

- Es ist unschädlich, wenn das zu schützende Kind selbst Miteigentümer ist.[20]
- Übt ein Dritter das Recht des einen Ehegatten auf Aufhebung der Gemeinschaft aus, so ist Einstellung nach § 180 Abs. 3 ZVG dennoch möglich.[21]
- Die Anwendung von § 180 Abs. 3 ZVG ist auch dann noch möglich, wenn die Erben des verstorbenen Ehegatten die Teilungsversteigerung gegen den anderen Ehegatten betreiben.[22]

Die vorgeschriebene Gemeinschaft muss zum Zeitpunkt des Erlasses des Anordnungsbeschlusses (Beitrittsbeschlusses) bestehen; es kann eine Bruchteils- oder Erbengemeinschaft sein.

30

Für das zu schützende Kind gilt nach dem Gesetzeswortlaut, dass es ein **gemeinschaftliches** Kind sein muss. Das Kind muss also in einem Kindschaftsverhältnis sowohl zu dem Antragsteller als auch zu dessen (früherem) Ehegatten stehen.[23] Gemeinschaftliches Kind (§ 180 Abs. 3 ZVG) ist nur, wer von dem Antragsteller und seinem (früheren) Ehegatten abstammt, wobei es allerdings nicht darauf ankommt, ob das Kindschaftsverhältnis durch Geburt oder durch Annahme als Kind entstanden ist.[24] Auf ein Pflegekind kann § 180 Abs. 3 ZVG damit nicht (auch nicht entsprechend) angewendet werden.[25] Die teilweise von der Literatur[26] für die Anwendung des § 180 Abs. 3 ZVG vorgenommene Gleichstellung von leiblichen und angenommenen Kindern des **Antragstellers** mit den **gemeinschaftlichen** Kindern ist im Lichte der Rechtsprechung des BGH[27] nicht (mehr) vertretbar. Die Belange nicht gemeinschaftlicher Kinder können (nur) über § 765a ZPO Berücksichtigung finden.[28]

31

---

16 Insoweit missverständliche Formulierung „zugleich" bei *Eickmann* (TLV), Rn 198.
17 *Eickmann* (TLV), Rn 198.
18 Das Gesetz ermöglicht dort nur eine einmalige Wiederholung.
19 *Stöber* (ZVG), § 180 Rn 13.2; *Eickmann* (TLV), Rn 191, 192.
20 *Storz* (TLV), B. 3.3.2.1 sieht auch kein Problem im Miteigentum weiterer gemeinschaftlicher nicht gefährdeter Kinder.
21 *Stöber* (ZVG), § 180 Rn 13.3.
22 *Stöber* (ZVG), § 180 Rn 13.2.
23 BGH v. 22.3.2007 – V ZB 152/06.
24 BGH v. 22.3.2007 – V ZB 152/06.
25 BGH v. 22.3.2007 – V ZB 152/06.
26 *Storz* (TLV), B. 3.3.2.1; *Eickmann* (TLV), Rn 193.
27 BGH v. 22.3.2007 – V ZB 152/06.
28 BGH v. 22.3.2007 – V ZB 152/06.

§ 19 Einstweilige Einstellung und Aufhebung des Verfahrens

32 Eine Altersbegrenzung bestimmt das Gesetz nicht, weshalb der Schutz grundsätzlich **auch für volljährige Kinder** gewährt werden kann.[29] Je älter das Kind ist, desto schwieriger wird es jedoch werden, in seiner Person die Erfüllung des Normzwecks anzunehmen.

33 Zweck der Norm ist der Schutz des körperlichen, geistigen und seelischen – nicht aber des materiellen – Wohls des Kindes.

34 Sehr schwierig zu beantworten und umstritten ist in diesem Zusammenhang die Frage, ob schon eine Verletzung des von § 180 Abs. 3 ZVG geschützten Kindeswohls vorliegt, wenn als Folge der Teilungsversteigerung „nur" Beeinträchtigungen auftreten, die mit jedem Wohnsitzwechsel verbunden sind.
Während die Landgerichte Berlin,[30] Frankenthal (Pfalz)[31] und Essen[32] „allgemeine Wohnsitzwechselfolgen" als nicht genügend ansehen, will *Eickmann*[33] auf die Persönlichkeit des betroffenen Kindes abstellen.

35 Wegen der im Einzelnen anerkannten und nicht anerkannten Gründe wird auf die einschlägige Kommentarliteratur verwiesen. Eine gute Gegenüberstellung findet sich auch bei *Storz*.[34]

36 Für das Verfahren bis zur Entscheidung gilt das unter § 2 Rdn 31 Gesagte entsprechend.

37 Die Entscheidung ergeht durch Beschluss. Im Falle einer Antragsstattgabe erfolgt einstweilige Einstellung des Verfahrens, solange dies zum Schutz des Kindeswohls erforderlich ist (also nicht auf sechs Monate begrenzt), höchstens jedoch für fünf Jahre (§ 180 Abs. 4 ZVG).

38 Beruft sich der Antragsgegner zur Begründung seines Erstantrags (seiner Anträge) sowohl auf § 180 Abs. 2 ZVG als auch auf § 180 Abs. 3 ZVG (hierzu Rdn 26) und erachtet das Vollstreckungsgericht beide Normen für begründet, so legt es in einer einheitlichen Entscheidung, gestützt auf beide Normen, eine **einheitliche Einstellungsdauer** fest,[35] die zwar die für § 180 Abs. 2 ZVG genannten sechs Monate, nicht aber die fünf Jahre des Absatzes 4 übersteigen darf.

39 Die einstellende Entscheidung ist dem Antragsteller (des Versteigerungsverfahrens) und allen Antragsgegnern zuzustellen (§ 32 ZVG).

40 Das eingestellte Verfahren wird, nach Ablauf der Einstellungsfrist **nur auf Antrag fortgesetzt** (§ 180 Abs. 1 ZVG i.V.m. § 31 ZVG). Hierzu und zur erforderlichen Belehrung § 2 Rdn 38.

41 Eine mehrfache Wiederholung der Einstellung ist zulässig (§ 180 Abs. 3 S. 2 ZVG), weshalb das Vollstreckungsgericht den Antragsgegner nach jeder Verfahrensfortsetzung entsprechend zu **belehren** hat (§§ 180 Abs. 3 S. 3, 30b ZVG).
Die **Einstellungshöchstdauer** aus § 180 Abs. 4 ZVG (**fünf Jahre**) darf jedoch insgesamt nicht überschritten werden; zu diesen fünf Jahren zählen aber nur die **reinen Einstellungszeiten**, demnach insbesondere nicht die Zeit, die der Antragsteller des Verfahrens nach Ablauf einer Einstellungsfrist bis zur Verfahrensfortsetzung (§ 31 ZVG) verstreichen lässt.

> *Tipp*
> Der (an der Verfahrensfortsetzung interessierte) Antragsteller sollte den Fortsetzungsantrag unmittelbar nach Ablauf der Einstellungsfrist stellen.

42 Der **Kinderschutz** des § 180 Abs. 3 ZVG weist noch eine verfahrensrechtliche Besonderheit auf: Das Vollstreckungsgericht kann seinen einstellenden Beschluss auf Antrag **aufheben oder ändern**, wenn dies mit Rücksicht auf eine Änderung der Sachlage geboten ist (§ 180 Abs. 3 S. 4 ZVG).

---

29 LG Berlin v. 6.7.1987 – 81 T 347/87.
30 LG Berlin v. 18.6.1987 – 81 T 175/87.
31 LG Frankenthal (Pfalz) v. 25.11.1987 – 1 T 368/86.
32 LG Essen v. 12.4.1988 – 7 T 162/88.
33 *Eickmann* (TLV), Rn 200.
34 *Storz* (TLV), B. 3.3.2.1.
35 *Eickmann* (TLV), Rn 206 m.w.N.

D. Einstweilige Einstellung und Aufhebung aufgrund einer Verfahrenshandlung § 19

Das Vollstreckungsgericht muss im Falle einer entsprechenden Antragstellung beachten, dass es eben um eine Änderung der Sachlage geht und nicht um die vom Antragsteller des Änderungsantrags gewünschte Neubewertung eines zum Zeitpunkt der Einstellungsentscheidung bereits bekannten und verbeschiedenen Umstandes.

Antragsteller des Änderungsantrags können sowohl der Antragsteller des Versteigerungsverfahrens als auch der dortige Antragsgegner sein. Ersterer begehrt die Aufhebung der Einstellungsentscheidung oder auch eine Verkürzung der Einstellungsdauer, Letzterer eine, ebenfalls von § 180 Abs. 3 S. 4 ZVG erfasste, Verlängerung der Einstellungsdauer. 43

Als zwei wichtige Umstände, die zu einer Änderung der Einstellungsentscheidung (hier sogar zu deren Aufhebung) führen können, seien genannt

- der Tod des geschützten Kindes,[36]
- dessen Auszug aus dem Versteigerungsobjekt.[37]

Im Übrigen wird auf die einschlägige Literatur verwiesen.

Obwohl § 180 Abs. 3 ZVG **nicht auf wirtschaftliche Aspekte** abstellt und anders als bei § 180 Abs. 2 ZVG auch eine Abwägung widerstreitender Interessen nicht stattfindet, stehen die Vollstreckungsgerichte im Rahmen einer Entscheidung nach § 180 Abs. 3 ZVG immer wieder vor einer Fallkonstellation, die gerade diese beiden Aspekte aufweist. 44

Wenn nämlich im Falle des Scheiterns einer jungen Ehe die Teilungsversteigerung eingestellt werden soll, weil der im „neuen" Haus verbliebene (Noch-)Ehegatte dort das ehegemeinschaftliche Kind erzieht, stellen sich oft massive wirtschaftliche Schwierigkeiten ein, da das Haus neben der zusätzlich erforderlich gewordenen Wohnung für den ausgezogenen (Noch-)Ehegatten finanziell nicht zu halten ist.

Gestaltet sich die wirtschaftliche Situation so, dass für das Haus „unhaltbare Zustände" bereits eingetreten sind oder eintreten werden, droht in letzter Konsequenz gar die Zwangsversteigerung im Wege der Zwangsvollstreckung. Lässt sich also letztlich der Verlust des Hauses ohnehin nicht vermeiden, darf nicht über eine Einstellung nach § 180 Abs. 3 ZVG die Verschuldung unnötig in die Höhe getrieben werden.[38]

IV. Einstweilige Einstellung nach § 765a ZPO

Obwohl § 765a ZPO nicht im verwiesenen (§ 180 Abs. 1 ZVG) Ersten und Zweiten Abschnitt des ZVG steht, muss der Antragsgegner auf diese allgemeine Schuldnerschutzbestimmung zugreifen können. Die Regelungen des (allgemeinen) Schuldnerschutzes und demnach auch § 765a ZPO bestimmen das Zwangsversteigerungsverfahren wesentlich und sind daher auch in der Teilungsversteigerung anwendbar.[39] 45

Dabei darf jedoch das in § 2 Rdn 43–46 Gesagte nicht vergessen werden; § 765 ZPO ist (und bleibt es auch für die Teilungsversteigerung) eine **Ausnahmevorschrift**, welche nur zur Verfahrenseinstellung führt, wenn die Teilungsversteigerung für den Antragsgegner zu einem untragbaren Ergebnis führen würde.[40] Dabei kann sich der Antragsgegner nur auf eigene und nicht auf Belange Dritter berufen, jedoch sind die persönlichen Belange von Angehörigen in die Betrachtungen einzubeziehen.[41] 46

---

36 *Storz* (TLV), B. 3.3.2.4.
37 *Eickmann* (TLV), Rn 210.
38 So auch *Storz* (TLV), B. 3.3.2.1; a.A. *Stöber* (ZVG), § 180 Rn 13.4.
39 BGH v. 22.3.2007 – V ZB 152/06; so auch schon *Eickmann* (TLV), Rn 152.
40 BGH v. 22.3.2007 – V ZB 152/06.
41 So für Pflegekinder: BGH v. 22.3.2007 – V ZB 152/06.

E. Einstellung durch das Prozessgericht

47 Die der Teilungsversteigerung entgegenstehenden materiell-rechtlichen Einwendungen sind im Wege der **Drittwiderspruchsklage** (§ 771 ZPO) geltend zu machen.

Deshalb kommt einer **prozessgerichtlichen** Einstellung eine nicht unerhebliche Bedeutung für die Teilungsversteigerung zu; auf die Ausführungen § 2 Rdn 48 und 49 wird verwiesen. Dies geschieht jedoch mit der Maßgabe, dass eine Einstellung nach § 775 Nr. 1 ZPO im Teilungsversteigerungsverfahren mangels eines Vollstreckungstitels nur ausnahmsweise Anwendung finden wird, etwa wenn für die Teilungsversteigerung ein Duldungstitel notwendig ist.[42]

> *Tipp*
> Die Einstellungsentscheidung des Prozessgerichts muss dem Vollstreckungsgericht (in Ausfertigung) vorgelegt werden; das Vollstreckungsgericht kann erst dann die Teilungsversteigerung einstellen.

F. Sonstige Einstellungsfälle

48 § 775 Nr. 3 und Nr. 4 ZPO bleiben in ihrer Anwendbarkeit auf **Ausnahmefälle** (analog Rdn 47; Duldungstitel notwendig) beschränkt. § 775 Nr. 5 ZPO scheidet aus, da diese Variante die Zwangsvollstreckung wegen eines Geldanspruchs betrifft.

49 § 75 ZVG, der von der **Befriedigung des Gläubigers** spricht, ist demgemäß in der Teilungsversteigerung nur dort (und damit ausnahmsweise) anwendbar, wo es einen „betreibenden" Gläubiger gibt, also bei von einem Pfändungsgläubiger betriebenen Verfahren. Zu beachten ist natürlich, dass dessen Befriedigung nur dann zu einer „kompletten" Verfahrenseinstellung bzw. Zuschlagsversagung führt, wenn nicht noch weitere Antragsteller das Verfahren betreiben (und ggf. der Versteigerungstermin auch für sie stattfindet).

50 **§ 76 ZVG** findet in der Teilungsversteigerung **keine** Anwendung.

51 Werden in einem Termin **keine Gebote** abgegeben, so führt dies auch in der Teilungsversteigerung zur Verfahrenseinstellung (§ 77 Abs. 1 ZVG), im Wiederholungsfall zur Verfahrensaufhebung. Die in § 77 Abs. 2 S. 2 ZVG genannte Möglichkeit der Anordnung einer Zwangsverwaltung besteht in der Teilungsversteigerung nicht.

52 Eine Verfahrenseinstellung nach § 30d ZVG (Einstweilige Einstellung während des **Insolvenzverfahrens**) scheidet in der Teilungsversteigerung aus (und damit auch die Anwendung der §§ 30e, 30f ZVG).

G. Rechtsbehelfe bei einstweiliger Einstellung und Aufhebung

53 Es gilt das unter § 2 Rdn 98 Gesagte entsprechend.

H. Kosten bei einstweiliger Einstellung und Aufhebung

54 Es gilt das unter § 2 Rdn 99–101 Gesagte entsprechend.

---

42 *Eickmann* (TLV), Rn 153.

§ 20 Verfahren bis zum Versteigerungstermin

A. Die nächsten Schritte (Überblick)

Für die von dem Vollstreckungsgericht nunmehr vorzunehmenden nächsten Schritte gilt das unter § 3 Rdn 1 und 2 Gesagte entsprechend (in § 3 Rdn 1 tritt an die Stelle des Antrags nach § 30a ZVG der nach § 180 Abs. 2 und 3 ZVG).

B. Wertfestsetzung

Auch in der Teilungsversteigerung muss das Vollstreckungsgericht den Verkehrswert des Grundstücks ermitteln und festsetzen. Die Vorgehensweise gleicht der für die Vollstreckungsversteigerung beschriebenen; siehe deshalb § 3 Rdn 5 ff.

Auf **zwei Aspekte** sei gesondert hingewiesen:

1. Privatgutachten

Im Vorfeld einer beabsichtigten Auseinandersetzung werden oft von einzelnen (selten allen) Teilhabern einer Gemeinschaft Gutachten zum Wert des betroffenen Grundbesitzes eingeholt.

Da das Zwangsversteigerungsgesetz dem Vollstreckungsgericht nicht vorschreibt, wie es zu den seine Wertfestsetzung stützenden Erkenntnissen kommt, ist die Verwertung solcher Gutachten nicht verboten.

Dass es sich oft dennoch **nicht empfiehlt**, hängt damit zusammen, dass

- diese Gutachten meist wenig „bieterfreundlich" gestaltet sind (dazu § 3 Rdn 15) und damit den Versteigerungserfolg nicht fördern,
- zwischen den Teilhabern oft ein großes Konfliktpotenzial besteht und Parteigutachten damit zu erheblichen Verfahrensverzögerungen im Rahmen der Anhörung zur Wertfestsetzung und zu einer Anfechtung des Wertfestsetzungsbeschlusses führen können.

2. „Mehrere" Grundstücke

Auch in der Teilungsversteigerung ist, falls mehrere Grundstücke (Versteigerungsobjekte, § 18 Rdn 1) betroffen sind, der Verkehrswert für jedes Grundstück getrennt festzusetzen.

Dies gilt jedoch, abweichend von der Vollstreckungsversteigerung (§ 10 Rdn 10), **nicht** für die einzelnen Miteigentumsanteile, da ja gerade „das ganze Grundstück" Gegenstand der Teilungsversteigerung ist und es nicht zu einer (auch) getrennten Versteigerung der einzelnen Miteigentumsanteile kommt.

C. Beurkundung eines Vergleichs zur Verfahrensbeendigung

Nach Anordnung der Teilungsversteigerung kann das Vollstreckungsgericht zur Beendigung des Verfahrens einen gerichtlichen Vergleich beurkunden und hierbei auch eine Auflassungserklärung entgegennehmen. Wenn also das Vollstreckungsgericht nach dem bisherigen Verhalten der Beteiligten die Möglichkeit sieht, dass sich diese unter dem „Druck" der bevorstehenden Bestimmung des Versteigerungstermins einigen könnten, sollte es einen (nichtöffentlichen) **Vortermin** (§ 62 ZVG analog) bestimmen und mit den Beteiligten über eine Abwicklung ohne Versteigerung verhandeln.

Zu beachten ist dabei, dass auch die Regelung der Schuldübernahme bzw. die Löschung „überflüssiger" Rechte erörtert werden sollte, wenn der Grundbesitz belastet ist.

5 Besteht Grund zu der Annahme, dass ein Grundpfandrecht nicht mehr valutiert[1] ist, sollte das Vollstreckungsgericht auf eine vorherige Löschung hinwirken und die Beteiligten auf die ärgerlichen Folgen hinweisen, welche anderenfalls bei der Auseinandersetzung entstehen könnten.

6 Weiter hat das Vollstreckungsgericht zu beachten, dass eine **Auflassung** nur **unbedingt** erklärt werden darf (§ 925 Abs. 2 BGB); wird die Auflassung im Vergleich erklärt, darf dieser daher nicht mit einer Widerrufsklausel versehen werden.

> *Tipp*
> Für einen solchen Vergleich entstehen keine zusätzlichen Gerichtskosten; auch sparen die Beteiligten die Kosten eines Notars.

7 Das Vollstreckungsgericht muss einen solchen Vergleich dem zuständigen Finanzamt zuleiten, damit dort die Frage der Grunderwerbsteuer geklärt werden kann. Gelangt die steuerliche Unbedenklichkeitsbescheinigung zu den Gerichtsakten, kann das Vollstreckungsgericht den Vergleich dem Grundbuchamt unmittelbar zur Eintragung zuleiten, wenn die Beteiligten im Vergleich die Eintragung der Rechtsänderungen bewilligt und beantragt haben und ggf. erforderliche Bewilligungen der Grundpfandrechtsgläubiger beigebracht wurden.

8 Ein **Muster** für einen gerichtlich protokollierten Vergleich zur Abwendung einer Teilungsversteigerung findet sich unter § 27 Rdn 1.

D. Bestimmung des Versteigerungstermins

9 Auch bei der Terminsbestimmung in der Teilungsversteigerung sind die unter § 3 Rdn 33 ff. dargestellten Voraussetzungen und Verfahrensweisen zu beachten.

Für den Terminsort gelten die Ausführungen § 3 Rdn 41 entsprechend.

10 Hinsichtlich des Inhaltes der Terminsbestimmung gelten § 3 Rdn 42–44; wegen § 37 Nr. 3 ZVG hat das Vollstreckungsgericht anzugeben, dass die Zwangsversteigerung zu dem **Zweck der Aufhebung einer Gemeinschaft** stattfindet.

Ein diesbezügliches „Versehen" des Vollstreckungsgerichts stellt einen **unheilbaren Zuschlagsversagungsgrund** dar (§§ 83 Nr. 7, 43 Abs. 1 ZVG).

Die Bekanntmachung der Terminsbestimmung bzw. des Versteigerungstermins erfolgt nach den Grundsätzen § 3 Rdn 45 f.

E. Das geringste Gebot

11 Zum Begriff des gG siehe § 3 Rdn 111.

I. Der Deckungsgrundsatz in der Teilungsversteigerung

12 Der Deckungsgrundsatz des § 44 ZVG (§ 3 Rdn 113) gilt auch in der Teilungsversteigerung. Seine Umsetzung und damit die Aufstellung des gG würde im Falle einer unveränderten Übernahme der Bestim-

---

[1] Korrekte Formulierung bei einer Grundschuld: „… dass der Rückgewähr-Fall eingetreten ist …".

mungen der Vollstreckungsversteigerung in das Verfahren der Teilungsversteigerung jedoch daran scheitern, dass es dort einen bestbetreibenden Gläubiger nicht gibt. In der Teilungsversteigerung setzt (grundsätzlich) ein Teilhaber seinen Auseinandersetzungsanspruch durch. Da dieser Anspruch zu den eingetragenen Rechten nicht in einem Rangverhältnis steht, lässt sich anhand der Position des Antragstellers auch kein Vor- bzw. Nachrang i.S.d. § 44 ZVG feststellen.

Eickmann[2] weist zu Recht darauf hin, dass in der Teilungsversteigerung eine mit der Vollstreckungsversteigerung vergleichbare Interessenlage der Beteiligten besteht. Auch hier stehen sich Rechtsdurchsetzungsinteresse (des Antragstellers) und Sicherungsinteresse (der eingetragenen Berechtigten) gegenüber. Dem Zweck des § 44 ZVG folgend hat der Gesetzgeber das Sicherungsinteresse vor das Rechtsdurchsetzungsinteresse gestellt. Da dies mangels Rangverhältnis nicht „teilweise" geschehen konnte, ist es grundsätzlich in vollem Umfang erfolgt.

Damit bleiben im **Grundsatz** (zu den Ausnahmen bei der Bruchteilsgemeinschaft ab Rdn 15) in der Teilungsversteigerung **alle eingetragenen Rechte bestehen** und sind von dem Ersteher zu übernehmen.

In das **Mindestbargebot** fallen nach Maßgabe der unter § 3 Rdn 127 ff. dargestellten Grundsätze, die Kosten und Zinsen dieser bestehen bleibenden Rechte sowie die diesen Ansprüchen vorgehenden bar zu zahlenden Beträge (siehe hierzu aber auch Rdn 31).

II. Sonderfall: Bruchteilsgemeinschaft

Der dargestellte Grundsatz (Rdn 14) des Bestehenbleibens aller eingetragenen Rechte findet seine uneingeschränkte Umsetzung, wenn das Grundstück im Eigentum einer Gesamthandsgemeinschaft steht.

Für die Bruchteilsgemeinschaft hat sich der Gesetzgeber (§ 182 ZVG) für eine Modifikation entschieden, da hier (im Unterschied zur Gesamthandsgemeinschaft) eine **unterschiedliche Belastung** der einzelnen Anteile **möglich** ist (§§ 747, 1114 BGB).

1. Bestehen bleibende Rechte

Das gG orientiert sich am **Antragsteller**. Nach § 182 Abs. 1 ZVG sind alle Rechte zu berücksichtigen, die den Anteil des Antragstellers

- belasten (Einzelrechte),
- mitbelasten (Gesamtrechte) oder
- einem dieser Rechte vorgehen oder gleichstehen.

Auf diese Weise kann z.B. eine Einzelbelastung an einem Anteil eines nicht betreibenden Teilhabers erlöschen (Gefahr für Grundpfandrechtsberechtigte).

Der Fall, dass mehrere Teilhaber die Teilungsversteigerung betreiben, mithin **mehrere Antragsteller** vorliegen, wird ab Rdn 26 dargestellt.

Vorbemerkungen:

Für alle nachfolgenden **Beispiele** (Rdn 17–20) gilt, dass die Teilungsversteigerung **allein von Miteigentümer A betrieben** wird. In der **zweiten Abteilung** finden sich (mit Ausnahme des Zwangsversteigerungsvermerks) **keine Eintragungen**.

---

2 *Eickmann* (TLV), Rn 225.

17 *Beispiel*

A und B sind je hälftige Miteigentümer eines Grundstücks, welches wie folgt belastet ist:

Dritte Abteilung			
Lfd. Nr. der Eintragungen	Lfd. Nr. der belasteten Grundstücke im Bestandsverzeichnis	Betrag	Hypotheken, Grundschulden, Rentenschulden
1	2	3	4
1	1	50.000,00 EUR	Auf dem Anteil des **B**: Grundschuld zu ...
2	1	30.000,00 EUR	Auf dem Anteil des **A**: Grundschuld zu ...

Lösung:

In das gG kommt nur das Recht III/2 als den Anteil des A belastend (§ 182 Abs. 1 ZVG). Die Grundschuld auf Anteil B hat hierzu kein Rangverhältnis, kann also nicht vorgehen oder gleichstehen. Die beiden Bruchteile sind wie gesonderte Grundstücke anzusehen.

18 *Beispiel*

A und B sind je hälftige Miteigentümer eines Grundstücks, welches wie folgt belastet ist:

Dritte Abteilung			
Lfd. Nr. der Eintragungen	Lfd. Nr. der belasteten Grundstücke im Bestandsverzeichnis	Betrag	Hypotheken, Grundschulden, Rentenschulden
1	2	3	4
1	1	50.000,00 EUR	Auf dem Anteil des **A**: Grundschuld zu ...
2	1	30.000,00 EUR	Auf dem Anteil des **B**: Grundschuld zu ...
3	1	20.000,00 EUR	Grundschuld zu ...

Lösung:

Bestehen bleiben das Recht III/1 als den Anteil des A belastend, das Recht III/3 als den Anteil des A mitbelastend und das Recht III/2 als einer Mitbelastung des Anteils A vorgehend (§ 182 Abs. 1 ZVG).

19 *Beispiel*

A und B sind je hälftige Miteigentümer eines Grundstücks, welches wie folgt belastet ist:

Dritte Abteilung			
Lfd. Nr. der Eintragungen	Lfd. Nr. der belasteten Grundstücke im Bestandsverzeichnis	Betrag	Hypotheken, Grundschulden, Rentenschulden
1	2	3	4
1	1	50.000,00 EUR	Auf dem Anteil des **A**: Grundschuld zu ...
2	1	30.000,00 EUR	Grundschuld zu ... Auf dem Anteil des **B**:
3	1	20.000,00 EUR	Grundschuld zu ...

Lösung:
Bestehen bleiben das Recht III/1 als den Anteil des A belastend und das Recht III/2 als den Anteil des A mitbelastend. Das Recht III/3 geht dem Recht III/2 im Range nach und wird daher im gG nicht berücksichtigt.

Beispiel

A, B und C sind je zu einem Drittel Miteigentümer eines Grundstücks, welches wie folgt belastet ist:

Dritte Abteilung			
Lfd. Nr. der Eintragungen	Lfd. Nr. der belasteten Grundstücke im Bestandsverzeichnis	Betrag	Hypotheken, Grundschulden, Rentenschulden
1	2	3	4
1	1	60.000,00 EUR	Auf dem Anteil des **A**: Grundschuld zu ...
2	1	40.000,00 EUR	Auf dem Anteil des **C**: Grundschuld zu ...
3	1	30.000,00 EUR	Auf den Anteilen des **B und C**: Grundschuld zu ...
4	1	20.000,00 EUR	Auf den Anteilen des **A und B**: Grundschuld zu ...

Lösung:
Bestehen bleiben das Recht III/1 als den Anteil des A belastend und das Recht III/4 als den Anteil des A mitbelastend. Das Recht III/3 geht dem Recht III/4 im Range vor und bleibt daher ebenfalls bestehen. Das Recht III/2 geht dem bestehen bleibenden Recht III/3 im Range vor, weshalb auch III/2 bestehen bleibt.

2. Ausgleichsbetrag

a) Begründung

Die Notwendigkeit der Festlegung eines Ausgleichsbetrags erschließt sich sofort bei Betrachtung folgenden Beispiels:

Beispiel

Das Grundstück steht im hälftigen Miteigentum von A und B. A hat seinen Anteil mit einer Hypothek von 80.000,00 EUR belastet. Die Hypothek ist noch voll valutiert. Der Miteigentumsanteil des B ist lastenfrei.
A betreibt die Teilungsversteigerung allein.
In das gG fällt die genannte Hypothek, da sie den Anteil des A belastet (§ 182 Abs. 1 ZVG).
E, der als Ersteher für ein Gebot von 30.000,00 EUR den Zuschlag erhält, übernimmt die Hypothek und nach § 53 Abs. 1 ZVG auch die persönliche Schuld.
Nimmt man jetzt aus Vereinfachungsgründen an, die vollen 30.000,00 EUR ständen als Erlösüberschuss der Eigentümergemeinschaft zu und unterstellt man weiter, A und B hätten im Innenverhältnis vereinbart, B solle alles erhalten, so hätte dennoch A den „höheren" Profit aus der Teilungsversteigerung geschlagen, da er seine Schuld in Höhe von 80.000,00 EUR losgeworden wäre.

22 Deshalb ist in allen Fällen der **Ungleichbelastung von Grundstücksbruchteilen** nach § 182 Abs. 2 ZVG dem geringsten Gebot, genauer dem bar zu zahlenden Teil (Mindestbargebot), ein sog. Ausgleichsbetrag zuzuschlagen.

23 Der Gesetzgeber schafft so die wirtschaftlichen Voraussetzungen dafür, dass der Miteigentümer, der seinen Anteil weniger stark belastet hat, einen finanziellen Ausgleich erhalten kann.

Ob und in welcher Höhe dies dann letztlich tatsächlich geschieht, müssen die Teilhaber jedoch untereinander regeln; dem Vollstreckungsgericht fällt hier keine Rolle als Entscheidungsträger zu. Bei Uneinigkeit der erlösüberschussberechtigten Teilhaber wird der evtl. Erlösüberschuss (§ 23 Rdn 4 ff.), der ja rechnerisch auch aus dem Ausgleichsbetrag resultiert, für alle Teilhaber hinterlegt.[3]

> *Tipp*
> Es wäre falsch, anzunehmen, der Ausgleichsbetrag werde dem Erlös vorweg entnommen und dem „Berechtigten" ausbezahlt.

b) Berechnung

24 Zunächst sei darauf hingewiesen, dass bei der Berechnung des Ausgleichsbetrags „Gesamtansprüche", welche **alle** Grundstücksbruchteile belasten, damit also die **Verfahrenskosten** sowie Kosten, Zinsen und Hauptanspruch von an allen Grundstücksbruchteilen lastenden **Gesamtrechten** aus Gründen der Vereinfachung **außer Betracht** bleiben können, da sie das Ergebnis nicht beeinflussen.

25 Dann ist wie folgt vorzugehen:

1. Feststellung der **absoluten** Belastung eines jeden Anteils.
   Gesamtrechte, welche nicht auf allen Anteilen lasten (sonst Rdn 24), werden dabei auf die einzelnen Anteile im Verhältnis der Bruchteile (Größe der Anteile) verteilt.
2. Feststellung der **relativen** Belastung eines jeden Anteils.
   Um festzustellen, welcher Miteigentümer seinen Anteil am höchsten belastet hat, müssen vergleichbare Verhältnisse geschaffen werden.[4]
3. Berechnung des **Ausgleichsbetrags**.
   Für dessen konkrete Berechnung stehen **alternativ zwei Wege** zur Verfügung:
   - Die Freund'sche Formel:[5]
     „**Der am stärksten belastete Anteil multipliziert mit dem gemeinsamen Nenner** und **nach Abzug der bestehen bleibenden Rechte und der bar zu zahlenden Beträge ergibt den Ausgleichsbetrag.**"
     Anders ausgedrückt:
     Multipliziert man den am stärksten belasteten Miteigentumsanteil mit dem gemeinsamen Nenner (der für alle Bruchteile gilt), dann erhält man als Resultat das geringste Gebot, bestehend aus: Summe der bestehen bleibenden Rechte, Mindestbargebot („normal berechnet"); Ausgleichsbetrag. Da die ersten beiden Punkte betragsmäßig bereits feststehen, kann auch der dritte Punkt (= Ausgleichsbetrag) ganz leicht ermittelt werden.
   - Bei **jedem** Anteil Berechnung nach folgender Formel:
     (HB − RB) x Z = AA

HB	= Am stärksten relativ belasteter Anteil
RB	= relative Belastung des konkreten Anteils
Z	= Zähler vom gemeinsamen Nenner des Anteils
AA	= Ausgleichsanspruch für jeden einzelnen Anteil

     Der Ausgleichsbetrag ergibt sich dann aus der **Addition** dieser Beträge von allen Anteilen.

---

3 *Eickmann* (TLV), Rn 274 m.w.N.
4 Eine absolute Belastung eines Viertel-Anteils mit 60.000,00 EUR ist relativ mehr als die Belastung des hälftigen Anteils mit 100.000,00 EUR.
5 *Freund*, Zwangsvollstreckung in Grundstücke, 1901, S. 226–228.

Die Berechnung eines Ausgleichsbetrags (mit alternativer Darstellung der beiden o.g. Möglichkeiten) findet sich im Fallbeispiel § 26 unter A. Geringstes Gebot (§ 26 Rdn 1).

3. Mehrere Antragsteller

Betreiben **mehrere** Antragsteller das Verfahren, bereitet die Aufstellung des gG gewisse Schwierigkeiten.

Diese resultieren aus dem Umstand, dass ein Ausrichten des gG an einem Antragsteller insbesondere einem Rangbesten (es existiert kein Rangverhältnis unter den Antragstellern!) nicht möglich und damit das System des § 182 ZVG nicht umsetzbar ist.

Dass es sich dabei nicht (mehr) um ein allein theoretisches Problem handelt, zeigt u.a. die jüngere gerichtliche Verfahrenspraxis auf. Immer häufiger wird versucht, die mit der Aufstellung des gG bei mehreren Antragstellern verbundenen Schwierigkeiten für „Verfahrensblockaden" zu missbrauchen. Dabei wird in der Regel nach folgendem Schema vorgegangen:

Der „versteigerungsunwillige" Antragsgegner der Teilungsversteigerung belastet seinen Grundstücksbruchteil weit über den Verkehrswert hinaus. Dann tritt der dem Verfahren bei. Dem Grundsatz (Rdn 16) folgend, müsste jetzt auch diese Belastung in das gG aufgenommen und vom Ersteher übernommen werden, was potenzielle Bietinteressierte abschreckt.

Die Literatur hat zur „Lösung" der Frage, wie das gG bei Mehrfach-Betreibern zu berechnen ist, unterschiedliche Theorien[6] entwickelt. Der BGH hat sich mit Beschluss vom 15.9.2016[7] für die sog. Niedrigstgebots-Lösung entschieden. Die Verfasser beschränken sich auf deren Darstellung und verweisen im Übrigen auf die einschlägige Literatur.[8]

Die sog. **Niedrigstgebots-Lösung** führt zu folgender Vorgehensweise:

1. Antragsteller ermitteln, für die der Versteigerungstermin gehalten wird,

Zunächst prüft das Vollstreckungsgericht, welche Antragsteller überhaupt der Berechnung des gG für den anstehenden Termin allgemein zugrunde gelegt werden können.

Entsprechend § 3 Rdn 115 bedeutet dies:

- der Teilhaber (bzw. Pfändungsgläubiger) muss einen Anordnungs- oder Beitrittsbeschluss erwirkt haben (nur das macht ihn zum Antragsteller),
- sein Verfahren darf nicht (mehr) einstweilen eingestellt sein,
- sein Anordnungs-, Beitritts- oder Fortsetzungsbeschluss muss allen jeweiligen Antragsgegnern mindestens vier Wochen vor Termin zugestellt sein (§ 44 Abs. 2 ZVG).

2. für jeden Antragsteller, für den der Termin gehalten wird, „sein" geringstes Gebot errechnen,

Nun wird für jeden so ermittelten Antragsteller getrennt und unter jeweiliger Beachtung von § 182 ZVG ein (sein) gG errechnet.

3. und dann das niedrigste nehmen.

Unter allen gem. Nr. 2 errechneten gG wird als das entscheidende gG jenes ausgewählt, welches am niedrigsten ist.

Sonderfall: Gleichbelastung der Anteile

Sind die Anteile der (betreibenden) Antragsteller gleich belastet, wobei hier die relative Belastung maßgeblich ist, wäre es nicht zu rechtfertigen, dass nur die an einem Anteil lastenden Rechte bestehen bleiben

---

6 Totalbelastungs-Theorie, Zustimmungswegfall-Theorie, Niedrigstgebots-Lösung, Korrealbelastungs-Theorie.
7 BGH v. 15.9.2016 – V ZB 136/14.
8 *Böttcher* (ZVG), § 182 Rn 12 f.; *Eickmann* (TLV), Rn 238; *Stöber* (ZVG), § 182 Rn 3.4; *Storz* (TLV), B. 5.4.2.

und für die anderen ein Ausgleichbetrag ins gG aufgenommen werden würde. Einzelbelastungen bleiben nach dem Grundgedanken des § 182 Abs. 1 ZVG nämlich nur dann unberücksichtigt, wenn sie das Recht des Antragstellers auf Aufhebung der Gemeinschaft beeinträchtigen. Dies ist bei der beschriebenen Gleichbelastung gerade nicht der Fall, da, wie dargestellt, ein Ausgleichbetrag in Höhe der bestehen bleibenden Rechte in das gG aufzunehmen wäre. Daher bleiben in diesem Fall die Einzelrechte an den Anteilen aller Antragsteller bestehen.[9]

Ein evtl. unterschiedlich hoher Zinsbetrag wird in diesem Fall durch den Ausgleichsbetrag nach § 182 Abs. 2 ZVG ausgeglichen.

Beispiel

A ist Miteigentümer zu ¾, B ist Miteigentümer zu ¼ eines Grundstücks. Beide betreiben die Teilungsversteigerung. Das Grundstück ist wie folgt belastet:

Dritte Abteilung			
Lfd. Nr. der Eintragungen	Lfd. Nr. der belasteten Grundstücke im Bestandsverzeichnis	Betrag	Hypotheken, Grundschulden, Rentenschulden
1	2	3	4
1	1	30.000,00 EUR	Auf dem Anteil des **A**: Grundschuld zu ...
2	1	10.000,00 EUR	Auf dem Anteil des **B**: Grundschuld zu ...

Lösung:

Die relative Belastung der Miteigentumsanteile ist gleich (¼-Anteil ist mit 10.000,00 EUR belastet). Würde nur das Recht III/1 bestehen bleiben, wäre ein Ausgleichbetrag von 10.000,00 EUR in das gG aufzunehmen. Im Falle des Bestehenbleibens nur des Rechts III/2, läge der Ausgleichbetrag bei 30.000,00 EUR. Rechnerisch betrüge das gG in jedem Fall 40.000,00 EUR. Keiner der Antragsteller ist deshalb in seinem Recht, die Aufhebung der Gemeinschaft zu erreichen, beeinträchtigt, wenn alle Rechte bestehen bleiben.

F. Grundsätze für das weitere Verfahren

30 Die Einführung einer Forderung in das Verfahren (§ 3 Rdn 57–60) und die Berechnung der wiederkehrenden Leistungen (§ 3 Rdn 61–73) erfolgt nach den für die Vollstreckungsversteigerung geltenden Regeln, auf welche verwiesen wird.

G. Rangklassen

31 Auch die Rangklassen des § 10 ZVG gelten grundsätzlich in der Teilungsversteigerung; dabei sind jedoch einige **Besonderheiten** zu beachten:

- RK 5 setzt das Betreiben eines **persönlichen Gläubigers** voraus, was in der Teilungsversteigerung nicht möglich ist.
- RK 6 setzt die **relative Unwirksamkeit** eines Rechts voraus, was aufgrund der mangelnden Beschlagnahmewirkung in der Teilungsversteigerung nicht denkbar ist.

---

9 BGH v. 15.9.2016 – V ZB 136/14.

- Öffentliche Lasten (dazu § 3 Rdn 79 f.), die aufgrund ihres Alters statt in RK 3 jetzt in RK 7 (§ 3 Rdn 85 und 105) fallen, gehen rangmäßig dem Auseinandersetzungsanspruch der Teilhaber vor und stehen daher im gG.
- Gleiches gilt für die Nebenleistungen der bestehen bleibenden Rechte, die aufgrund ihres Alters in die RK 8 fallen. Auch sie werden in das gG aufgenommen.

Tipp

In der Teilungsversteigerung auch „ältere" wiederkehrende Leistungen unbedingt anmelden.

§ 21 Der Versteigerungstermin

A. Vom Aufruf der Sache bis zur Aufforderung, Gebote abzugeben

I. Erste Schritte

Der Versteigerungstermin in der Teilungsversteigerung entspricht in seiner Gliederung (§ 4 Rdn 1), der Öffentlichkeit seiner Durchführung (§ 4 Rdn 2 und 3) und der Notwendigkeit der Protokollierung (§ 4 Rdn 4) dem Versteigerungstermin der Vollstreckungsversteigerung.

Auch die ersten Schritte, nämlich die Feststellung der Beteiligten (§ 4 Rdn 5) und die Bekanntmachungen (§ 4 Rdn 8 f.), sind identisch, wobei natürlich hier an die Stelle des Gläubigers der Antragsteller tritt.

II. Ausgebotsarten

Wie unter § 10 Rdn 4 dargestellt, handelt es sich, wenn von der Versteigerung mehrere Grundstücksbruchteile betroffen sind, eigentlich um die Versteigerung mehrerer Grundstücke, welche, der gesetzlichen Regel folgend, einzeln ausgeboten werden müssten (§ 11 Rdn 2).

Dies kann für die Teilungsversteigerung einer Bruchteilsgemeinschaft **nicht** gelten, weil ja hier die Auseinandersetzung der Gemeinschaft an dem „gesamten" Grundstück gerade Ziel des Verfahrens ist.[1]

Folgerichtig handelt es sich in diesem Fall (Bruchteilsgemeinschaft an einem Grundstück) von vornherein um **ein einheitliches** Verfahren;[2] eine Verbindung nach § 18 ZVG ist nicht erforderlich.

Auch finden hier, **ohne** dass ein Verzicht nach § 63 Abs. 2 ZVG (§ 11 Rdn 14) erforderlich wäre, **keine Einzelausgebote** statt; die Grundstücksbruchteile werden nur zusammen (Gesamtausgebot) ausgeboten und damit das „Grundstück" als Ganzes versteigert. Einzelausgebote der Miteigentumsanteile sind unzulässig.[3]

Dennoch kann es auch in der Teilungsversteigerung zur Versteigerung mehrerer Grundstücke kommen, wenn eben die aufzuhebende Gemeinschaft Eigentümerin mehrerer Grundstücke ist und diese zum Gegenstand des (einen) Verfahrens werden.

Für dieses Verfahren gelten die Ausführungen ab § 10 entsprechend.

III. Miet- und Pachtverhältnisse

Auch in der Teilungsversteigerung gilt der durch § 57 ZVG normierte Grundsatz „Zuschlag bricht nicht Miete". Diesbezüglich kann daher auf die Ausführungen § 4 Rdn 14 ff. verwiesen werden. Darüber hinaus bestimmt § 183 ZVG, dass in der Teilungsversteigerung die §§ 57a und 57b ZVG keine Anwendung finden. Damit besteht für den Ersteher in der Teilungsversteigerung gegen den Mieter (Pächter) **kein außerordentliches Kündigungsrecht**. Es bleibt bei den vertraglichen und den gesetzlichen Kündigungsmöglichkeiten.

Die gesetzliche Versteigerungsbedingung § 183 ZVG kann auf Antrag eines Verfahrensbeteiligten nach § 59 ZVG abgeändert werden; da hier jedoch die Beeinträchtigung der Rechte der Mieter (und Pächter) feststeht, ist deren Zustimmung erforderlich (siehe § 4 Rdn 21 f.).

---

1 *Storz* (TLV), B. 5.6.
2 *Storz* (TLV), B. 5.6. m.w.N.
3 BGH v. 7.5.2009 – V ZB 12/09.

IV. Begrenzung des Bieterkreises

6 Bei der Begrenzung des Bieterkreises (zum Begriff und Zustandekommen § 17 Rdn 39) handelt es sich um eine im Versteigerungstermin bekannt zu machende **gesetzliche Versteigerungsbedingung**.

Das Vollstreckungsgericht hat diese von Amts wegen zu beachten, wenn Sie von allen Miteigentümern einvernehmlich behauptet wird.

Anderenfalls muss ein die Existenz einer Begrenzung des Bieterkreises behauptender Miteigentümer im Wege der Drittwiderspruchsklage vorgehen.

7 Problematisch ist, ob eine Bieterkreisbeschränkung gegenüber einem die Teilungsversteigerung betreibenden Pfändungsgläubiger wirkt.

Getreu dem allgemeinen Grundsatz, der Pfändungsgläubiger darf nicht mehr als „sein" Vollstreckungsschuldner darf, würde eine wirksame Bieterkreisbeschränkung auch für und gegen den Pfändungsgläubiger gelten. Dass dies wohl aber dann nicht gelten kann, wenn die Bieterkreisbeschränkung erst nach der Pfändung (zwischen dem Vollstreckungsschuldner und den anderen Miteigentümern) vereinbart wird, legt *Eickmann*[4] zutreffend dar.

8 Ist eine Begrenzung des Bieterkreises zu beachten, so muss das Vollstreckungsgericht dies im Versteigerungstermin bekannt machen und Gebote „Außenstehender" (als unzulässig) zurückweisen (§ 71 ZVG).

V. Weiterer Ablauf und Aufforderung zur Abgabe von Geboten

9 Anträge auf abweichende Versteigerungsbedingungen (§ 4 Rdn 21–25) und Anträge wegen „schuldner"-fremden Zubehörs (§ 4 Rdn 26–33) sowie die Festsetzung eines Zuzahlungsbetrags (§ 4 Rdn 34–39) sind auch in der Teilungsversteigerung möglich bzw. erforderlich.

Wie in der Vollstreckungsversteigerung wird der Bekanntmachungsteil (§ 4 Rdn 40 f.) durch die Aufforderung des Vollstreckungsgerichts zur Abgabe von Geboten beendet (siehe § 4 Rdn 50 und 51).

B. Die Bietezeit

I. Abgabe von Geboten, Zulassung, Zurückweisung, Widerspruch

10 Für die Abgabe von Geboten (§ 4 Rdn 52–61) sowie deren Zulassung, Zurückweisung und die möglichen Widersprüche (§ 4 Rdn 62–67) gelten die Ausführungen zur Vollstreckungsversteigerung entsprechend.

11 Manchmal gehen bietinteressierte Miteigentümer davon aus, nur den „nicht auf sie selbst entfallenden Erlösanteil" im Verteilungstermin zahlen zu müssen. Erkennt das Vollstreckungsgericht diese Fehlannahme eines bietwilligen Miteigentümers bereits im Versteigerungstermin, sollte es möglichst vor Gebotsabgabe einen Hinweis (§ 139 ZPO) erteilen.

> *Tipp*
> Unbedingt beachten sollte ein bietender Miteigentümer, dass er im Falle des Zuschlags das volle Bargebot (ggf. nebst Bargebotszinsen) an das Vollstreckungsgericht zu zahlen hat. Das Bargebot wird nicht „um seinen Anteil am Versteigerungsobjekt" reduziert.

---

4 *Eickmann* (TLV), Rn 299 f.

II. Sicherheitsleistung

Die Bestimmungen über die Sicherheitsleistung (§§ 67 bis 70 ZVG) sind grundsätzlich auch in der Teilungsversteigerung anwendbar (§ 180 Abs. 1 ZVG); siehe deshalb § 4 Rdn 68–103.

Nach § 184 ZVG gilt jedoch für das Gebot eines Miteigentümers eine Besonderheit: Steht diesem Miteigentümer nämlich ein durch das Gebot ganz oder teilweise gedecktes Grundpfandrecht zu, so muss er für das Gebot keine Sicherheit leisten. Eine teilweise Deckung i.S.d. § 184 ZVG stellt auch schon die mögliche Zuteilung auf Zinsen eines bestehen bleibenden Rechts dar;[5] siehe auch § 4 Rdn 76.

Eine weitere Privilegierung für Miteigentümer besteht nicht. Insbesondere ist die in der Praxis häufige Berufung auf die Mitberechtigung am Grundstück bzw. an dem Erlösüberschuss nicht geeignet, die Verpflichtung zur Sicherheitsleistung entfallen zulassen.

Tipp
Auch für das Gebot eines Miteigentümers kann grundsätzlich Sicherheit verlangt werden.

§ 68 Abs. 3 ZVG findet in der Teilungsversteigerung keine Anwendung. Zwar tritt im Rahmen der grundsätzlichen Anwendung der Bestimmungen der Vollstreckungsversteigerung (§ 180 Abs. 1 ZVG) in der Teilungsversteigerung an die Stelle des Schuldners der Antragsgegner, da dem Antragsteller anders als dem Gläubiger in der Vollstreckungsversteigerung jedoch keine vollstreckbare Forderung zusteht, ist § 68 Abs. 3 ZVG nicht einschlägig.[6]

III. Vorzeitige Beendigung des Termins

1. Aufhebung oder einstweilige Einstellung

Auch in der Teilungsversteigerung kann der Versteigerungstermin durch die Bewilligung der einstweiligen Einstellung bzw. durch die Antragsrücknahme Veränderungen bis hin zum vorzeitigen (vor Zuschlagsentscheidung) Ende erfahren. Die Ausführungen § 4 Rdn 104–107 gelten mit der Maßgabe, dass an die Stelle des Gläubigers der Antragsteller tritt. Im Sinne von § 4 Rdn 106 bestimmt (bei mehreren Antragstellern) ein Antragsteller das gG, wenn er nach der hier vertretenen Niedrigstgebots-Lösung (§ 20 Rdn 28) dieses niedrigste gG ermögliche.

2. Zahlung

Eine Einstellung nach § 75 ZVG (hierzu § 4 Rdn 108 f.) setzt selbstverständlich voraus, dass die Zwangsversteigerung wegen einer Geldforderung betrieben wird. Dies ist bei der Teilungsversteigerung, in welcher „lediglich" der Auseinandersetzungsanspruch eines Miteigentümers durchgesetzt wird, regelmäßig nicht der Fall. Ausnahmsweise, nämlich dann, wenn ein Pfändungsgläubiger die Teilungsversteigerung betreibt (hierzu ab § 25 Rdn 1), ist jedoch die Vorlage eines Zahlungsnachweises (§ 4 Rdn 108 f.) im Termin mit der Folge der einstweiligen Einstellung (bzw. Zuschlagsversagung; § 33 ZVG) möglich.[7]

3. Ablösung

Für die Ablösung gilt das unter § 4 Rdn 111 f. Gesagte entsprechend.

---

5 Str., aber wohl h.M., z.B. *Eickmann* (TLV), Rn 291 m.w.N.
6 So auch *Eickmann* (TLV), Rn 293 m.w.N.
7 So auch (für § 75 ZVG a.F.) *Eickmann* (TLV), Rn 158 und *Storz* (TLV), B. 3.4.4.

C. Schlussverhandlung

18 Der Schluss der Versteigerung im Verfahren der Teilungsversteigerung entspricht dem Schluss der Versteigerung in der Vollstreckungsversteigerung (§ 4 Rdn 115 und 116).

Natürlich ist auch ein ergebnisloser Termin i.S.d. §§ 77 ZVG denkbar (§ 4 Rdn 117 und 118), nicht jedoch die in § 77 Abs. 2 S. 2 ZVG genannte Möglichkeit der Zwangsverwaltung.

19 Ist mindestens ein nicht erloschenes Gebot vorhanden, erfolgt jetzt, wie in der Vollstreckungsversteigerung (§ 4 Rdn 119–125), die Zuschlagsverhandlung. An diese schließt sich die Entscheidung über den Zuschlag an. Auch in der Teilungsversteigerung kann hierfür ein gesonderter Verkündungstermin (§ 87 ZVG) bestimmt werden.

§ 22 Zuschlag

A. Entscheidung über den Zuschlag

I. Versagung des Zuschlags

Auch in der Teilungsversteigerung muss das Vollstreckungsgericht das mögliche Vorliegen von Zuschlagsversagungsgründen prüfen. Die diesbezüglichen Ausführungen zur Vollstreckungsversteigerung (§ 5 Rdn 1 ff.) gelten entsprechend.

Wegen ihrer Bedeutung für die gerichtliche Praxis seien die aus einem **nicht ausreichenden Meistgebot** resultierenden Zuschlagsversagungsgründe kurz näher erläutert:

§ 85a ZVG – Nichterreichung der $5/_{10}$-Grenze – (§ 5 Rdn 15 und 16) findet in der Teilungsversteigerung Anwendung. § 85a **Abs. 3** ZVG spielt dabei jedoch nur eine sehr untergeordnete Rolle.

Bei **§ 74a ZVG** – Nichterreichung der $7/_{10}$-Grenze – (§ 5 Rdn 17 f.) ist ein besonderes Augenmerk auf das dortige (§ 74a Abs. 1 ZVG) Antragserfordernis (genauer die **Antragsberechtigung**) zu legen. Weder Antragsteller noch Antragsgegner sind in dieser Eigenschaft antragsberechtigt, weil es ihnen an einem Befriedigungsrecht aus dem Grundstück mangelt. Auch der Pfändungsgläubiger eines Miteigentümers ist nicht antragsberechtigt. Damit beschränkt sich das Antragsrecht des § 74a Abs. 1 ZVG auf Befriedigungsberechtigte (Grundpfandrechtsgläubiger), deren Rechte im Verfahren der Teilungsversteigerung durch Zuschlag erlöschen würden und welche von einem Gebot in Höhe der $7/_{10}$-Grenze „profitieren" würden.

II. Erteilung des Zuschlags

Für die Zuschlagserteilung gilt das unter § 5 Rdn 44–47 Gesagte entsprechend.

Auch in der Teilungsversteigerung sind Strohmanngebote (§ 81 Abs. 3 ZVG) und die Abtretung der Rechte aus dem Meistgebot (§ 81 Abs. 2 ZVG) zulässig.

B. Inhalt, Bekanntmachung, Wirkungen

Für Inhalt, Bekanntmachung und Wirkungen des Zuschlagsbeschlusses gilt das unter § 5 Rdn 48 ff. Gesagte entsprechend.

Mit dem Zuschlag ist die Gemeinschaft, welche an dem Versteigerungsobjekt bestanden hat, **dort, soweit die Teilungsversteigerung reicht**, beendet. Diese Gemeinschaft setzt sich an dem Erlös (Surrogat für das Versteigerungsobjekt) fort.

Im Hinblick auf die Ausführungen § 5 Rdn 68 (keine Zwangsräumung von besitzberechtigten Personen) sei nochmals darauf hingewiesen, dass der Ersteher bestehende Miet- und Pachtverhältnisse gegen sich gelten lassen muss, ohne dass ihm ein Sonderkündigungsrecht zusteht (§ 183 ZVG).

C. Rechtsbehelfe bei der Entscheidung über den Zuschlag

I. Allgemeines

Auch in der Teilungsversteigerung ist gegen den Zuschlag und die Versagung des Zuschlags das Rechtsmittel der **sofortigen Beschwerde** gegeben (§ 97 ZVG), weshalb zunächst auf die Ausführungen § 5 Rdn 76 ff. verwiesen werden kann. Es gelten allerdings die unter Rdn 9–11 beschriebenen **Besonderheiten**:

II. Gesamthandsgemeinschaften

9 Da es sich bei der Anfechtung der Zuschlagsentscheidung **nicht** um eine **Verfügung** handelt, ist **jeder** Beteiligte einer Gesamthandsgemeinschaft **einzeln** und ohne Zustimmung der anderen berechtigt, Rechtsmittel einzulegen.[1]

10 Ist bei einer Gesamthandsgemeinschaft der Anteil eines Miteigentümers **gepfändet** und dem Gläubiger zur Einziehung überwiesen, so kann dennoch dieser Miteigentümer ohne Zustimmung des Pfandgläubigers den Zuschlag anfechten. Auch dem Pfandgläubiger steht ein Rechtsmittel zu.[2]

III. Antragsgegner gegen Zuschlagsversagung

11 Wie unter § 5 Rdn 79 ausgeführt, ist nach h.M. der Schuldner in der Vollstreckungsversteigerung nicht berechtigt, allein aus dieser Pos. heraus die **Versagung** des Zuschlags anzufechten.

Übertragen auf die Teilungsversteigerung würde dies bedeuten, dass Gemeinschafter, welche das Verfahren nicht aktiv betreiben, also „**Nur-Antragsgegner**" sind, im Falle einer Zuschlagsversagung ebenfalls nicht rechtsmittelberechtigt wären. Diese könnte jedoch in bestimmten Fällen der Intention dieser Antragsgegner entgegenlaufen. Denn anders als der Schuldner in der Vollstreckungsversteigerung wird es sicher Antragsgegner eines Teilungsversteigerungsverfahrens geben, die ihrerseits ein Interesse an der Versteigerung des Grundbesitzes haben. Dass sie dem Verfahren nicht beigetreten sind, mag verschiedene Gründe (etwa die Sorge um die Kostenhaftung) gehabt haben, lässt ihr schützenswertes Interesse an der Versteigerung jedoch nicht entfallen. Die Antragsgegner können daher die zuschlagsversagende Entscheidung (mit sofortiger Beschwerde) anfechten.[3]

D. Kosten für den Versteigerungstermin und die Entscheidung über den Zuschlag

I. Allgemeines

12 Grundsätzlich gilt das zu den im Rahmen der Vollstreckungsversteigerung entstehenden Kosten Gesagte (§ 5 Rdn 89–98) entsprechend.

II. Reduzierung des Geschäftswerts bei Zuschlagsgebühr

13 Wird der Zuschlag einem Miteigentümer erteilt, so wird der Geschäftswert für die Berechnung der Zuschlagsgebühr Nr. 2214 KVGKG (§ 5 Rdn 90) um den Anteil ermäßigt, der bereits bisher dem Ersteher gehörte (§ 54 Abs. 2 S. 2 GKG). Dies gilt auch für einen Anteil an einer Gesamthandsgemeinschaft.

14 *Beispiel*
A, B und C sind Miterben zu je einem Drittel (Gesamthandsgemeinschaft). A erhält den Zuschlag für ein Gebot von 120.000,00 EUR. Es bleiben keine Rechte bestehen. Die Zuschlagsgebühr berechnet sich aus einem (nach § 54 Abs. 2 S. 2 GKG reduzierten) Wert von 80.000,00 EUR.

---

1 *Stöber* (ZVG), § 97 Rn 2.5.
2 *Stöber* (ZVG), § 97 Rn 2.5.
3 So im Ergebnis, jedoch ohne Begründung, auch *Storz* (TLV), C. 8.1.5.

§ 23 Verteilung des Erlöses und Schlussabwicklung

A. Allgemeines

Die Verteilung des Versteigerungserlöses in der Teilungsversteigerung richtet sich grundsätzlich nach den für die Vollstreckungsversteigerung geltenden Bestimmungen, weshalb zunächst auf die Ausführungen § 6 Rdn 1 ff. Bezug genommen wird.

Nachfolgend soll auf **Einzelheiten** näher eingegangen werden:

B. Teilungsmasse

Wie in der Vollstreckungsversteigerung hat der Ersteher das Bargebot nebst Bargebotszinsen[1] im Verteilungstermin zu zahlen. Diese Zahlungsverpflichtung betrifft, soweit nicht ausnahmsweise eine Ermäßigung der Zahlungspflicht aufgrund einer Liegenbelassungsvereinbarung (§ 6 Rdn 93–102) eintritt, das Bargebot in **voller** Höhe. Dies gilt selbst dann, wenn der Ersteher aus dem Kreis der (ehemaligen) **Miteigentümer** des Grundstücks stammt und zu den potenziell Erlösüberschussberechtigten gehört.

C. Einzelmassenbildung bei Bruchteilseigentum

Waren die einzelnen Bruchteile (Miteigentumsanteile) des Versteigerungsobjektes **unterschiedlich belastet**, muss vor der Erlösverteilung die Bildung von Einzelmassen nach **§ 112 ZVG** erfolgen (§ 14 Rdn 1 ff.). Wie in der Vollstreckungsversteigerung gilt auch in der Teilungsversteigerung, dass ein nur an einem Miteigentumsanteil bestehender Anspruch **nur** aus dem auf diesen Miteigentumsanteil entfallenen Erlös befriedigt werden darf. Die Rechte und Ansprüche an verschiedenen Miteigentumsanteilen stehen untereinander nicht in einem Rangverhältnis.

Eine Berechnung von Einzelmassen findet sich im Fallbeispiel § 26 unter B. Teilungsplan (§ 26 Rdn 2).

D. Erlösüberschuss

Wie in der Vollstreckungsversteigerung, so gebührt auch in der Teilungsversteigerung ein Erlösüberschuss den letzten Grundstückseigentümern.

Dass es in Teilungsversteigerungsverfahren weitaus häufiger zu einem Erlösüberschuss kommt als in der Vollstreckungsversteigerung, liegt einerseits an der gänzlich anderen Ausgangslage: Nicht eine gegen die Eigentümer (bzw. „deren Grundbesitz") gerichtete Geldforderung (und damit die „Verschuldung" der Eigentümer), sondern der Auseinandersetzungswille mindestens eines Miteigentümers ist regelmäßig Motivation für die Teilungsversteigerung.

Weiter ist zu beachten, dass in der Teilungsversteigerung grundsätzlich alle im Grundbuch eingetragenen Rechte bestehen bleiben (§ 20 Rdn 14; zu den Ausnahmen § 20 Rdn 15 f.). Für diese Rechte muss aus der Teilungsmasse weitaus weniger Geld aufgewendet werden, als im Falle ihres Erlöschens.

Der Erlösüberschuss tritt (als Teil der Teilungsmasse) als Surrogat an die Stelle des versteigerten Objekts (Surrogationsgrundsatz). So wie die Eigentümergemeinschaft an dem Versteigerungsobjekt bestand, setzt sie sich am Erlösüberschuss fort.[2] Damit bleibt der **Erlösüberschuss unverteilt**.

---

1 Soweit nicht ein Fall des § 49 Abs. 4 ZVG vorliegt.
2 BGH v. 22.2.2017 – XII ZB 137/16.

§ 23 Verteilung des Erlöses und Schlussabwicklung

Mit der Umwandlung des unteilbaren Versteigerungsobjekts in teilbares Surrogat (Geld) ist der Verfahrenszweck der Teilungsversteigerung (§ 16 Rdn 2 und 3) erreicht.

7 Das Vollstreckungsgericht hat zwar den Erlösüberschuss im Rahmen des Verteilungsverfahrens zu ermitteln; dessen **Verteilung** unter den Mitgliedern der Eigentümergemeinschaft ist jedoch **nicht** seine Aufgabe.[3]

8 Gerade Miteigentümer, welche die Teilungsversteigerung angestrengt haben, ohne sich vorab eingehend über deren Ziel zu informieren, werden von diesem „Ergebnis" oft überrascht; einige fühlen sich gar in der Weise „betrogen", als sie zwar den Grundbesitz verloren, ihr Ziel, die Vermögensauseinandersetzung, jedoch noch immer nicht erreicht haben. Schnell wird dann der Ruf nach dem Vollstreckungsgericht laut, welches nach Meinung dieser Miteigentümer in die Verteilung des Erlösüberschusses unter den Gemeinschaftern „eingreifen" soll.

9 Literatur und Rechtsprechung sehen es als Anstandspflicht des Vollstreckungsgerichts, den Beteiligten bei einer Einigung über die Verteilung behilflich zu sein; wenigstens sei das Vollstreckungsgericht berechtigt, bei der Überschussverteilung mitzuwirken.[4]

10 Das Vollstreckungsgericht kann überhaupt nur dahingehend tätig werden, eine Einigung der bisherigen Miteigentümer zu **beurkunden**, um dann entsprechend dieser Einigung den anteiligen Erlös auszuzahlen. Irgendwelche Entscheidungen kann es in diesem Zusammenhang nicht treffen.

11 Daraus ergeben sich folgende **Möglichkeiten**:

1. Nicht alle Miteigentümer sind im Teilungstermin anwesend oder ordnungsgemäß[5] vertreten und es liegt auch keine schriftliche Einigung in gehöriger Weise[6] vor – oder aber, die Miteigentümer sind zwar anwesend, einigen sich aber nicht.
Folge: Der Erlösüberschuss bleibt unverteilt und wird zugunsten aller bisherigen Miteigentümer hinterlegt. Ab jetzt kann das Vollstreckungsgericht nichts mehr veranlassen. Die Beteiligten müssen sich gegenüber der Hinterlegungsstelle einigen (übereinstimmender Auszahlungsantrag) oder aber ihren Streit prozessual austragen (§ 13 Abs. 2 HinterlO). In diesem Fall muss ein Miteigentümer als Ersteher das volle Meistgebot (ggf. nebst Bargebotszinsen) an das Vollstreckungsgericht zahlen.

2. Alle Miteigentümer sind im Termin anwesend oder ordnungsgemäß vertreten und sind sich über die Verteilung des Erlösüberschusses einig.
Folge: Das Vollstreckungsgericht beurkundet im Terminsprotokoll diese Einigung und zahlt gem. dieser Einigung die Teilbeträge an die jeweiligen Empfänger aus. War der Ersteher (vor dem Zuschlag) Miteigentümer am Versteigerungsobjekt, so kann er sich bezüglich seines Anteils am Erlösüberschuss für befriedigt erklären (beurkunden!) und nur den Rest bezahlen (§ 24 Rdn 3).

3. Alle Miteigentümer sind im Termin anwesend oder ordnungsgemäß vertreten. Es bleibt – nach Einigung im Übrigen – jedoch die Verteilung eines **Teilbetrages** des Erlösüberschusses streitig.
Folge: Das Vollstreckungsgericht beurkundet die Einigung, zahlt die unstreitigen Beträge aus und hinterlegt den streitigen Teilbetrag zugunsten aller Miteigentümer.
Ist ein Teilbetrag nur zwischen einigen, nicht aber zwischen allen Miteigentümern streitig, soll ihn das Vollstreckungsgericht dennoch zugunsten **aller** hinterlegen. Die Miteigentümer können dann ihre Zustimmung zur Auszahlung gegenüber der Hinterlegungsstelle erklären.

---

3 *Stöber* (ZVG), § 180 Rn 18.1 m.w.N.
4 *Stöber* (ZVG), § 180 Rn 18.3 m.w.N.
5 Für die Vollmacht gibt es keine Formvorschrift. Es entscheidet das Vollstreckungsgericht nach pflichtgemäßem Ermessen, ob ihm die vorliegende Vollmacht genügt. Dabei muss es § 181 BGB beachten.
6 Eine Formvorschrift besteht nicht. Es entscheidet das Vollstreckungsgericht nach pflichtgemäßem Ermessen, ob ihm z.B. die privatschriftlich vorliegende Zustimmung genügt.

Tipp
Falls zwischen den Miteigentümern nicht über den gesamten Erlösüberschuss Streit besteht, sollte wenigstens wegen des unstreitigen Teiles eine einverständliche Erklärung abgegeben werden, um die Hinterlegung auch dieses Teiles zu vermeiden.

E. Schlussabwicklung

Die Schlussabwicklung (Auszahlung des Erlöses, Grundbuchersuchen etc.) in der Teilungsversteigerung entspricht der in der Vollstreckungsversteigerung, weshalb auf die Ausführungen in § 7 verwiesen werden kann.

12

§ 24 Nichtzahlung des Bargebots

A. Allgemeines

Im Fall der Nichtzahlung des Bargebots in der Teilungsversteigerung erfolgt die Ausführung des Teilungsplans, wie in der Vollstreckungsversteigerung, durch **Forderungsübertragung** (§ 118 ZVG). Auch in der Teilungsversteigerung werden die übertragenen Forderungen durch die Eintragung von **Sicherungshypotheken** (§ 128 ZVG) abgesichert. Insgesamt (auch für die Geltendmachung der übertragenen Forderung) kann daher auf die Ausführungen in § 8 verwiesen werden.

Im Hinblick auf die **Besonderheiten der Teilungsversteigerung** gilt:

B. Ehemaliger Miteigentümer als Ersteher

Wurde einem der bisherigen Miteigentümer der Zuschlag erteilt, ist er, wie bereits dargelegt, verpflichtet, das Bargebot (ggf. nebst Bargebotszinsen) in voller Höhe zu bezahlen. Selbst wenn er nach späterer Auseinandersetzung mit den anderen Miteigentümern einen Teil dieses Geldes als Erlösüberschuss zugeteilt erhalten würde, ist er nicht berechtigt, diesen Anteil „vorweg" abzuziehen. Ein solcher Abzug würde eine teilweise Nichtzahlung des Bargebots darstellen und wäre von dem Vollstreckungsgericht nach hierfür geltenden allgemeinen Regeln (§ 8 Rdn 1 ff.) zu behandeln.

Haben sich jedoch alle früheren Miteigentümer über die konkrete Verteilung des Erlösüberschusses geeinigt und wurde dies dem Vollstreckungsgericht nachgewiesen, ist z.B. hinsichtlich des auf den Ersteher entfallenden Anteils eine Befriedigungserklärung möglich.[1] Diese hat zur Folge, dass der Ersteher den von ihr erfassten Betrag nicht mehr an das Vollstreckungsgericht zahlen muss. Dies gilt natürlich nur insoweit, als auf den Ersteher nach dem Teilungsplan auch ein Betrag in dieser Höhe entfiele.

C. Zuweisung des Erlösüberschusses

Der Erlösüberschuss gebührt den ehemaligen Miteigentümern. Da diesen ohnehin ein Anspruch gegen den Ersteher auf Zahlung des gesamten Bargebots[2] als „Ausgleich" für den Verlust des versteigerten Grundbesitzes zusteht, wird den Miteigentümern im Fall der Nichtzahlung des Bargebots der Erlösüberschussanspruch **nicht übertragen**. Es reicht die bloße Feststellung des Vollstreckungsgerichts aus, wonach den ehemaligen Miteigentümern gegen den Ersteher eine Forderung in Höhe von … (Erlösüberschuss) in dem Gemeinschaftsverhältnis … zusteht.

Die Eintragung einer Sicherungshypothek erfolgt in diesem Fall nach § 128 **Abs. 2** ZVG.

Liegt dem Vollstreckungsgericht eine Einigung der ehemaligen Miteigentümer über die Verteilung des Erlösüberschusses vor, wird die Forderung gegen den Ersteher auf die einzelnen Miteigentümer einzeln **übertragen**.

D. Wiederversteigerung

Auch aus der für die ehemaligen Miteigentümer (in dem bestehenden Gemeinschaftsverhältnis) nach § 128 Abs. 2 ZVG eingetragenen Sicherungshypothek kann die Wiederversteigerung (§ 8 Rdn 24 ff.) beantragt werden. Zu beachten ist hierbei, dass **jeder** einzelne der als Gläubiger eingetragenen früheren Miteigentümer die Wiederversteigerung auch ohne die Zustimmung der anderen früheren Miteigentümer beantragen kann.

---

1 BGH v. 17.5.1988 – IX ZR 5/87.
2 Ggf. mit Bargebotszinsen (§ 49 Abs. 2 ZVG).

§ 25 Teilungsversteigerung auf Antrag eines Gläubigers

A. Allgemeines

Ein Gläubiger eines Miteigentümers kann ebenfalls die Teilungsversteigerung beantragen. Erforderlich ist hierzu, dass er sich die Position seines Schuldners in dessen Eigenschaft als Miteigentümer durch Pfändung und Überweisung verschafft. Sowohl für die Pfändung als auch für die spätere Durchführung der Teilungsversteigerung ergeben sich erhebliche Unterschiede aus dem Beteiligungsverhältnis des Schuldners.

Da nur die Pfändung **und** Überweisung dem Gläubiger das alleinige Antragsrecht (ohne Mitwirkung des Schuldners) verschafft, kann er den Antrag auf Teilungsversteigerung nicht stellen, wenn die Pfändung nur im Wege der Sicherungsvollstreckung nach § 720a ZPO erfolgt war. Vielmehr muss dann die Überweisung nach Leistung der Sicherheit oder Rechtskraft des Urteils durch einen eigenen Beschluss des Vollstreckungsgerichts nachgeholt werden.

Auch dem Pfändungsgläubiger steht das „große Antragsrecht" (§ 18 Rdn 8 und 9) zu.

B. Schuldner ist Miteigentümer in Bruchteilsgemeinschaft

I. Pfändung

Im Grundbuch erkennt man die Bruchteilsgemeinschaft (als eine Form des Miteigentums) daran, dass der Bruchteil in Form eines „gemeinen Bruches" (also z.B. „zur Hälfte" oder „zu einem Drittel") bezeichnet ist.

Da es sich bei diesem Miteigentum um reales Eigentum handelt, könnte der Gläubiger auch eine Vollstreckungsversteigerung nach den allgemeinen Regeln in den Bruchteil seines Schuldners betreiben (§ 864 Abs. 2 ZPO), wozu er keiner besonderen Pfändung/Überweisung bedürfte. Versteigert würde dann aber nur der auf den Namen des Schuldners eingetragene Bruchteil des Grundstücks. Der wirtschaftliche Erfolg einer solchen Maßnahme ist äußerst zweifelhaft. Dies gilt zum einen aufgrund des Umstandes, dass der Kreis der Bietinteressierten für Grundstücksbruchteile naturgemäß äußerst gering ist. Weiter stellen sich Bruchteile in der Vollstreckungsversteigerung oft wirtschaftlich überbelastet dar, da alle am gesamten Grundstück lastenden und dem Gläubiger vorgehenden Gesamtrechte in voller Höhe am Grundstücksbruchteil bestehen bleiben.

Die Versteigerung des ganzen Grundstücks kann ein Gläubiger, der keinen Titel gegen alle Miteigentümer hat, nur im Wege der Teilungsversteigerung erreichen. Dem Miteigentümer (Schuldner) steht grundsätzlich der Anspruch zu, jederzeit die Aufhebung der Bruchteilsgemeinschaft zu verlangen. Der Anspruch auf Aufhebung der Gemeinschaft ist jedoch nicht selbstständig, also losgelöst von Eigentum an dem Bruchteil, übertragbar. Er ist somit der Pfändung nach §§ 857 Abs. 1, 851 ZPO nicht unterworfen. Jedoch ist der Anspruch auf den dem Miteigentumsanteil entsprechenden Teil des Versteigerungserlöses übertragbar und damit pfändbar. Wer diesen Anspruch gepfändet hat, dem kann die Ausübung des Anspruchs auf Aufhebung der Gemeinschaft überlassen werden, was die Pfändbarkeit auch dieses Aufhebungsanspruchs zur Folge hat (§ 857 Abs. 3 ZPO).[1]

Die genaue Bezeichnung der zu pfändenden Ansprüche im Antrag auf Erlass des Pfändungsbeschlusses lautet daher:[2]

---

1 BGH v. 20.12.2005 – VII ZB 50/05.
2 Formulierung aus *Stöber* (Fpf.), Rn 1542.

> *Gepfändet werden die angeblichen Ansprüche des Schuldners an … (Drittschuldner) auf*
> - *Aufhebung der Gemeinschaft nach Bruchteilen, die hinsichtlich des Eigentums an dem im Grundstück … (genaue Bezeichnung) besteht;*
> - *Zustimmung zu einer den Miteigentumsanteilen entsprechenden Teilung des Erlöses;*
> - *Auszahlung (Auskehrung) des außerhalb des Zwangsversteigerungsverfahrens zu verteilenden Erlöses.*

8   Die Eintragung der Pfändung im Grundbuch ist **nicht** möglich und somit auch für den Antrag auf Teilungsversteigerung nicht erforderlich.

9   Nach erfolgter Pfändung und Überweisung kann unter Vorlage des Pfändungs- und Überweisungsbeschlusses samt der erforderlichen Zustellungsnachweise an alle Miteigentümer (= Drittschuldner) und an den Schuldner die Teilungsversteigerung beantragt werden. Die erneute Vorlage des Titels ist daneben nicht erforderlich; auch für den Pfändungsgläubiger gilt § 181 Abs. 1 ZVG.

II. Das Problem mangelnder Erfolgsaussicht

10 Zunächst wäre jedoch zu prüfen, ob ein Antrag auf Teilungsversteigerung unter **wirtschaftlichen Gesichtspunkten** überhaupt gestellt werden sollte. Hierbei muss Folgendes erwogen werden:

11 Für das geringste Gebot und somit für die Frage, ob sich für das Grundstück unter wirtschaftlichen Gesichtspunkten überhaupt ein Bieter finden wird, gelten zunächst die allgemeinen Regeln (§ 20 Rdn 15 f.). Ist also der Bruchteil des Schuldners bereits erheblich belastet, bleiben diese Belastungen bestehen (§ 182 Abs. 1 ZVG). Weiter führen diese Belastungen regelmäßig noch dazu, dass sich das Mindestbargebot um den Ausgleichsbetrag des § 182 Abs. 2 ZVG (§ 20 Rdn 21–25) erhöht.

12 > *Beispiel*
    >
    > Eigentümer des Grundstücks sind Kain zu einem Drittel und sein Bruder Abel zu zwei Dritteln. Kain hat seinen Bruchteil mit einer Grundschuld über 10.000,00 EUR belastet.
    >
    > Würde ein Gläubiger des Kain die Teilungsversteigerung beantragen, so ergäbe sich, ohne Berücksichtigung der Gerichtskosten und evtl. Ansprüche nach § 10 Abs. 1 ZVG, folgendes geringstes Gebot:
    >
    > | | **1/3-Anteil Kain** | **2/3-Anteil Abel** |
    > | ------------------------ | ------------------------ | ------------------- |
    > | Bestehen bleibende Rechte | Grundschuld 10.000,00 EUR | Keine |
    >
    > In das Mindestbargebot wäre (ohne Berücksichtigung evtl. Zinsen aus dem Recht III/1) ein Ausgleichsbetrag nach § 182 Abs. 2 ZVG von 20.000,00 EUR aufzunehmen.
    >
    > Ein evtl. Ersteher müsste für das Grundstück daher wirtschaftlich[3] mindestens 30.000,00 EUR aufwenden.

Ist das Grundstück verkehrswertbedingt zu diesem Preis nicht „veräußerbar", hat der Antrag des Pfändungsgläubigers auf Durchführung der Teilungsversteigerung keinen wirtschaftlichen Sinn.

13 Weiter muss bedacht werden, dass die Pfändung des Anspruchs auf Aufhebung der Gemeinschaft kein relatives Veräußerungsverbot für den Grundstücksbruchteil des Schuldners zur Folge hat, so dass der Pfändungsgläubiger keinen Schutz gegen eine Veräußerung[4] oder Belastung des Grundstücksbruchteils auch nach dessen Beschlagnahme genießt. Hierzu § 18 Rdn 43 ff. Auch nach dem Versteigerungsvermerk eingetragene Rechte fallen ins geringste Gebot, sofern sie rechtzeitig angemeldet (§ 37 Nr. 4 ZVG) wer-

---

3 Bargebot zzgl. bestehen bleibende Rechte, da Letztgenannte ja „irgendwann" vom Ersteher auch bezahlt werden müssen.
4 BGH v. 25.2.2010 – V ZB 92/09.

B. Schuldner ist Miteigentümer in Bruchteilsgemeinschaft § 25

den. Der Schuldner kann also noch bis zum Versteigerungstermin an **seinem** Anteil Grundpfandrechte etc. eintragen lassen und damit die Versteigerung faktisch verhindern.

Weiterführung Beispiel

Kain lässt an seinem Anteil **nach** der Pfändung/Überweisung eine Grundschuld über 100.000,00 EUR eintragen. Nun ergibt sich:

	1/3-Anteil Kain	2/3-Anteil Abel
Bestehen bleibende Rechte	Grundschuld 10.000,00 EUR Grundschuld 100.000,00 EUR	keine

In das Mindestbargebot wäre (ohne Berücksichtigung evtl. Zinsen aus den bestehen bleibenden Rechten) ein Ausgleichsbetrag von 220.000,00 EUR aufzunehmen.

Ein evtl. Ersteher müsste für das Grundstück daher wirtschaftlich mindestens 330.000,00 EUR aufwenden.

Ist der Anteil des Schuldners nicht oder nur unwesentlich belastet und reicht die Forderung des Gläubigers aus, um eine Zwangssicherungshypothek eintragen zu lassen,[5] so wäre zu erwägen, eine solche Eintragung vornehmen zu lassen, bevor der Antrag auf Teilungsversteigerung gestellt wird.

Das weitere Verfahren könnte sich nun wie folgt entwickeln:

Das Grundstück wird versteigert; die Zwangssicherungshypothek bleibt bestehen und der Ersteher zahlt dem Gläubiger der Zwangssicherungshypothek später deren Valuta gegen Löschungsbewilligung.

Beispiel

	1/3-Anteil Kain	2/3-Anteil Abel
Bestehen bleibende Rechte	Grundschuld 10.000,00 EUR Zwangssicherungshypothek 8.000,00 EUR	keine

In das Mindestbargebot wäre (ohne Berücksichtigung evtl. Zinsen aus den bestehen bleibenden Rechten) ein Ausgleichsbetrag von 36.000,00 EUR aufzunehmen.

Ein evtl. Ersteher müsste für das Grundstück daher wirtschaftlich mindestens 54.000,00 EUR aufwenden.

Angenommen, das Grundstück wird für ein Meistgebot von 40.000,00 EUR zugeschlagen. Der Gläubiger der Zwangssicherungshypothek erhält aus dem Versteigerungserlös die dort eingetragenen Kosten und Zinsen (bis 1 Tag vor Zuschlag; § 6 Rdn 19). Sodann fordert er vom Ersteher das Kapital der Sicherungshypothek und die Zinsen ab Zuschlag Zug um Zug gegen Löschungsbewilligung.

Weiterführung Beispiel

Nach Eintragung der Zwangssicherungshypothek und Anordnung der Teilungsversteigerung belastet Kain seinen Anteil mit einer Grundschuld (im Rang nach der Zwangssicherungshypothek) über 100.000,00 EUR.

	1/3-Anteil Kain	2/3-Anteil Abel
Bestehen bleibende Rechte	Grundschuld 10.000,00 EUR Zwangssicherungshypothek 8.000,00 EUR Grundschuld 100.000,00 EUR	keine

---

5 Die Forderung (regelmäßig ohne Zinsen) muss mehr als 750,00 EUR betragen (§ 866 Abs. 3 ZPO).

Damit ergäbe sich für das geringste Gebot folgende Berechnung:
In das Mindestbargebot wäre (ohne Berücksichtigung evtl. Zinsen aus den bestehen bleibenden Rechten) ein Ausgleichsbetrag von 236.000,00 EUR aufzunehmen.
Ein evtl. Ersteher müsste für das Grundstück daher wirtschaftlich mindestens 354.000,00 EUR aufwenden.
Ist das Grundstück gemessen am Verkehrswert zu diesem Preis nicht zu versteigern, ist die Teilungsversteigerung gescheitert.

20 Falls der Gläubiger jetzt noch Nerven und Geld hat, käme dank der Zwangssicherungshypothek Folgendes in Betracht:
Der Gläubiger bewilligt die einstweilige Einstellung der aussichtslos gewordenen Teilungsversteigerung. Sodann beantragt er im Range der Zwangssicherungshypothek die Vollstreckungsversteigerung des 1/3-Anteils des Kain. Hierbei bleibt nur die erstrangige Grundschuld über 10.000,00 EUR bestehen. Der Gläubiger erwartet, dass kaum jemand auf einen 1/3-Anteil bietet. Sodann ersteigert er (billig) den Anteil und setzt die Teilungsversteigerung fort. Wenn er Glück hat, kann er so einen Gewinn erzielen, der weit über die Forderung hinausgeht.

Tipp
Der Gläubiger eines Miteigentümers sollte prüfen, ob er nicht zunächst eine Zwangshypothek am Miteigentumsanteil „seines" Schuldners eintragen lassen soll und erst dann die Teilungsversteigerung beantragt; so erhält sich der Gläubiger mehrere Optionen.

III. Hindernisse für die Teilungsversteigerung

21 Grundsätzlich stehen dem Antrag des Pfändungsgläubigers die gleichen Hindernisse entgegen, die auch dem Antrag des Miteigentümers entgegenstehen würden (§ 17 Rdn 7 f.). In zwei Fällen ist jedoch der **Pfändungsgläubiger besser gestellt**, als es der Schuldner (Miteigentümer) als Antragsteller wäre:
- Haben die Miteigentümer die Aufhebung der Gemeinschaft auf Dauer oder Zeit ausgeschlossen oder von einer Kündigung abhängig gemacht, kann der Pfändungsgläubiger dennoch ohne diese Beschränkung die Teilungsversteigerung beantragen, sofern sein Schuldtitel nicht bloß vorläufig vollstreckbar ist (§ 751 S. 2 BGB).[6]
- Ist der Schuldner ein in Zugewinngemeinschaft lebender Ehegatte und die Ehe noch nicht rechtskräftig geschieden, so steht dem Antrag des Pfändungsgläubigers des schuldnerischen Miteigentümers § 1365 BGB nicht entgegen.[7]

C. Schuldner ist Miteigentümer in Gesamthandsgemeinschaft

I. Pfändung

22 Im Grundbuch sind keine Bruchteile, sondern ist die Gesamthandsgemeinschaft als solche eingetragen. In Betracht kommen
- die Erbengemeinschaft (§§ 2032 ff. BGB),
- die Gütergemeinschaft (§§ 1415 ff. BGB) und
- die Gesellschaft bürgerlichen Rechts (§§ 705 ff. BGB).

---

6 A.A. LG Frankfurt am Main v. 21.12.2010 – 2-09 T 482/10.
7 BGH v. 20.12.2005 – VII ZB 50/05 und BGH v. 14.6.2007 – V ZB 102/06; OLG Karlsruhe v. 4.9.2003 – 16 WF 109/03.

C. Schuldner ist Miteigentümer in Gesamthandsgemeinschaft § 25

Gepfändet wird immer **der Anteil an der Gemeinschaft**. Diese Pfändung schließt den Auseinandersetzungsanspruch ein. Es ist jedoch nicht unzulässig, diesen und den Anspruch auf Teilung und Auszahlung des Erlöses mit zu pfänden, wie dies in der Praxis meist geschieht.

Der Antrag könnte im Falle einer **Erbengemeinschaft** also lauten:

> „Gepfändet und zur Einziehung überwiesen wird der Erbanteil des Schuldners an der Erbengemeinschaft nach dem am ... (Todestag) verstorbenen ... (Name des Erblassers), zusammen mit dem Anspruch auf Auseinandersetzung dieser Erbengemeinschaft und dem Anspruch auf Teilung des Erlöses und Auszahlung des auf den Schuldner entfallenden Erlösanteils."

Das Grundstück wird im Pfändungs- und Überweisungsbeschluss nicht erwähnt. Drittschuldner sind die (alle) Miteigentümer (hier die Miterben).

Nur der **Anteil** an der Gemeinschaft als solcher kann gepfändet werden (§ 859 Abs. 1 ZPO für die Gesellschaft bürgerlichen Rechts; § 859 Abs. 2 ZPO für die Erbengemeinschaft; § 860 Abs. 2 ZPO für die Gütergemeinschaft), somit nicht der Anteil des Schuldners an **einem** bestimmten **Gegenstand**. Somit wäre es **unzulässig**, „... den Erbanteil des Schuldners am Grundstück ..." zu pfänden.

Die Eintragung der **Erbteilspfändung** im Grundbuch ist möglich, aber für den Antrag auf Teilungsversteigerung nicht erforderlich.

Der Anteil an einer **Gütergemeinschaft** ist so lange der Pfändung nicht unterworfen, wie die Gütergemeinschaft besteht (§ 860 Abs. 1 ZPO). In dieser Zeit ist dem Gläubiger also der Weg der Teilungsversteigerung verwehrt. Es bleibt ihm nur die Vollstreckungsversteigerung. Hat er dort nur einen Titel gegen einen der Ehegatten, kann er nur unter besonderen Voraussetzungen (§ 740 f. ZPO) vollstrecken.

Dem Gläubiger, der den Anteil an einer **Gesellschaft bürgerlichen Rechts** gepfändet hat, steht ein Sonderkündigungsrecht zu (§ 725 Abs. 1 BGB), welches die Auflösung der Gesellschaft und damit die Auseinandersetzung des Gesellschaftsvermögens ermöglicht (§ 730 BGB). Das Vollstreckungsgericht hat auch bei einem Antrag des Pfändungsgläubigers die Tatsache der Auflösung der GbR bei Anordnung des Verfahrens zu prüfen (hierzu § 17 Rdn 48).

II. Das geringste Gebot

Da im Normalfall[8] das ganze Grundstück nur einheitlich belastet sein kann, bleiben alle eingetragenen Rechte bestehen. Das durch die **Pfändung** eingetretene relative Verfügungsverbot bewirkt, dass Rechte, die unter Verstoß gegen dieses Verfügungsverbot eingetragen wurden, dem Pfändungsgläubiger gegenüber unwirksam sind. Somit bleiben die Rechte, die nach der Wirksamkeit der Pfändung eingetragen wurden, nicht bestehen. Sind sie ausnahmsweise dem Pfändungsgläubiger gegenüber wirksam, muss dies prozessual durchgesetzt werden. Ist ein Recht nach dem Zwangsversteigerungsvermerk eingetragen, muss es natürlich angemeldet werden (§ 37 Nr. 4 ZVG). Im Grunde gelten die Regeln der Vollstreckungsversteigerung, wobei die Wirksamkeit der Pfändung an die Stelle der Beschlagnahme tritt.

III. Hindernisse für die Teilungsversteigerung

Grundsätzlich stehen dem Antrag des Pfändungsgläubigers die gleichen Hindernisse entgegen, die auch dem Antrag des Miteigentümers entgegenstehen würden. In zwei Fällen ist jedoch der **Pfändungsgläubiger besser gestellt**, als es der Schuldner (Miteigentümer) als Antragsteller wäre:

---

8 Ausnahmen siehe *Stöber* (ZVG), § 182 Rn 2.6.

- Hat der Erblasser durch letztwillige Verfügung die Auseinandersetzung ausgeschlossen oder beschränkt, kann sie der Pfändungsgläubiger trotzdem verlangen, wenn sein Titel nicht nur vorläufig vollstreckbar ist (§§ 2044, 751 S. 2 BGB).
- Unter der gleichen Voraussetzung kann ein Gläubiger nach Pfändung eines Anteils an der Gesellschaft bürgerlichen Rechts diese kündigen und die Auseinandersetzung verlangen (§ 751 S. 2 BGB), obwohl die Gesellschafter dies gesellschaftsvertraglich ausgeschlossen hatten.

D. Gemeinsame Verfahrensregeln

I. Anordnung und Beitritt

30   Auch auf Antrag eines Pfändungsgläubigers wird eine Teilungsversteigerung angeordnet und nicht etwa eine Vollstreckungsversteigerung, so dass die Regeln für die Teilungsversteigerung anwendbar sind, soweit sich aus der Tatsache der Pfändung/Überweisung keine Besonderheiten ergeben.

Wegen des Antragsinhalts und der beizufügenden Nachweisungen siehe § 18 Rdn 21 und 22.

31   Der Pfändungsgläubiger eines schuldnerischen Miteigentümers kann einer gegen diesen Schuldner angeordneten **Vollstreckungs**versteigerung allein aus seiner Rechtsstellung als Pfändungsgläubiger nicht beitreten. Umgekehrt ist auch ein Beitritt eines „normalen" Gläubigers zu einer Teilungsversteigerung allein aufgrund einer titulierten Forderung nicht möglich.

32   Ist die Teilungsversteigerung bereits angeordnet, gilt Folgendes:
- Wurde die Teilungsversteigerung auf Antrag eines anderen Miteigentümers (also nicht des Schuldners) angeordnet, tritt der Pfändungsgläubiger dem Verfahren bei.
- Wurde die Teilungsversteigerung auf Antrag des Schuldners angeordnet, ist kein Beitritt erforderlich, da der Pfändungsgläubiger ja aus der gleichen Rechtsposition betreiben würde. In diesem Fall genügt die Anmeldung der Pfändung/Überweisung unter Vorlage des Beschlusses mit Zustellungsnachweisen. Die Folge ist nun, dass keiner von beiden allein den Antrag wieder zurücknehmen kann. Die anderen Miteigentümer können beitreten.

33   Trotz erfolgter Pfändung und Überweisung ist der Schuldner berechtigt (auch **gegen den Willen** des Pfändungsgläubigers), **allein** die Teilungsversteigerung zu betreiben.[9] Das durch die Pfändung bewirkte Arrestatorium verbietet dem Schuldner nur die Vornahme von beeinträchtigenden Verfügungen über den gepfändeten Anspruch. Die Teilungsversteigerung dient dem Ziel, die Gemeinschaft auseinanderzusetzen. Der Pfändungsgläubiger verfolgt das gleiche Ziel, so dass der Antrag des Schuldners auf Anordnung der Teilungsversteigerung nicht gegen § 829 Abs. 1 S. 2 ZPO verstößt.

34   Der Anordnungsbeschluss/Beitrittsbeschluss (Muster siehe Rdn 36) soll klarstellen, dass das Verfahren zum Zwecke der Aufhebung einer Gemeinschaft erfolgt und dass der Pfändungsgläubiger in der Rechtsposition des Schuldners handelt. Unbeschadet der dem Schuldner verbliebenen Beteiligungsrechte, ist er nach der hier vertretenen Auffassung nicht „Antragsgegner"[10] im formellen Sinne. Der Antrag wird aus **seiner** Rechtsposition – also „**für ihn**" und nicht „gegen ihn" gestellt.

35   In der Praxis wird im Anordnungsbeschluss/Beitrittsbeschluss gelegentlich die Geldsumme angegeben, wegen welcher die Pfändung erfolgt ist und wegen der somit jetzt die Versteigerung betrieben wird. Obwohl die Antragsgegner und auch der Schuldner dies aus dem Pfändungsbeschluss bereits wissen, werden sie dadurch nochmals darauf hingewiesen, welche Summe zur Abwendung dieser Versteigerung auf-

---

9 BGH v. 29.6.2017 – IX ZB 98/16.
10 So aber *Stöber* (ZVG), § 180 Rn 11.10g.

D. Gemeinsame Verfahrensregeln § 25

zubringen ist. Auch die Antragsgegner können nach § 267 BGB an den Pfändungsgläubiger zahlen; in Sonderfällen[11] wird ihnen sogar ein Ablösungsrecht (§ 268 BGB) zugestanden.

Der Anordnungsbeschluss könnte daher etwa folgenden Wortlaut haben:

▼

Muster: Anordnungsbeschluss (Teilungsversteigerung) auf Antrag eines Pfändungsgläubigers 36

In der Zwangsversteigerungssache

▪▪▪▪ (Pfändungsgläubiger)

vertreten durch ▪▪▪▪

infolge Pfändungs- und Überweisungsbeschlusses des Amtsgerichts ▪▪▪▪ vom ▪▪▪▪ (Aktenzeichen) in der Rechtsposition des ▪▪▪▪ (Vollstreckungsschuldner)

wegen einer Forderung von ▪▪▪▪ EUR zzgl. (Zinsen und Kosten)

– Antragsteller –

gegen

▪▪▪▪ (Miteigentümer)

▪▪▪▪ (Miteigentümer)

– Antragsgegner –

wird die Zwangsversteigerung folgender Grundstücke ▪▪▪▪ zum Zwecke der Aufhebung einer Erbengemeinschaft angeordnet.

Dieser Beschluss gilt als Beschlagnahme des Grundbesitzes.

(Unterschrift)

Rechtspfleger/in

▲

Der Anordnungsbeschluss muss eine Rechtsbehelfsbelehrung tragen, falls die Antragsgegner angehört wurden (§ 18 Rdn 24).

Der Anordnungsbeschluss ist dem Vollstreckungsschuldner und den beiden Antragsgegnern zuzustellen. Der Gläubigervertreter erhält ihn formlos.

II. Einstweilige Einstellung des Verfahrens

Für die Antragsgegner ergibt sich keine Besonderheit. Sie können gegen den Antrag des Pfändungsgläubigers einen Antrag auf einstweilige Einstellung des Verfahrens nach § 180 Abs. 2 ZVG (§ 19 Rdn 13 ff.) und auch nach § 180 Abs. 3 ZVG (§ 19 Rdn 23 ff.) stellen. Hierbei sind ihre Interessen nur gegenüber jenen des Miteigentümers (Schuldners) abzuwägen. Für ihren Antrag ist es bedeutungslos, dass das Verfahren nicht vom Miteigentümer selbst sondern von seinem Pfändungsgläubiger betrieben wird. 37

Ob auch der Miteigentümer, aus dessen Rechtsposition die Zwangsversteigerung betrieben wird, einen solchen Einstellungsantrag stellen darf, ist umstritten.[12] Nach der hier vertretenen Auffassung kann er einen solchen Antrag stellen, da der Pfändungsgläubiger nicht an seine Stelle, sondern neben ihn getreten ist und die Rechtsordnung Anträge eines Schuldners auf Verzögerung der Verwertung kennt und somit nicht grundsätzlich missbilligt. 38

---

11 Hierzu *Stöber* (ZVG), § 180 Rn 11.10k-11.10m.
12 Zum Meinungsstand *Stöber* (ZVG), § 180 Rn 11.12a.

Weiter gilt es zu beachten, dass besonders im Bereich § 180 Abs. 3 ZVG (Gefährdung des Kindeswohls) für den Schuldner eine Möglichkeit gegeben sein muss, diese Gefährdung von seinem Kind abzuwenden.

Die Abwägung widerstreitender Interessen wird, wie in der Teilungsversteigerung ohne Pfändungsgläubigerbeteiligung, ohnehin nur in besonders gelagerten Fällen zur einstweiligen Einstellung führen, da der Auseinandersetzungsanspruch grundsätzlich durchgesetzt werden muss.

Wegen des Antragsrechts des Schuldners ist auch ihm eine Belehrung nach § 180 Abs. 2 S. 3 ZVG i.V.m. § 30b ZVG zuzustellen.

III. Verfahren bis zum Verteilungstermin

39 Zur beabsichtigten Wertfestsetzung sind neben den weiteren Beteiligten (hierzu § 18 Rdn 41) sowohl der Pfändungsgläubiger als auch der Schuldner zu hören; beide erhalten den Wertfestsetzungsbeschluss und die Terminsbestimmung zugestellt.

40 Für den Versteigerungstermin ergeben sich keine Besonderheiten. Neben dem Pfändungsgläubiger kann auch der Schuldner Sicherheit für das Gebot eines Dritten oder eines Miteigentümers (Ausnahme § 184 ZVG) verlangen. Bietet der Schuldner, kann der Pfändungsgläubiger Sicherheit verlangen, falls nicht ebenfalls ausnahmsweise § 184 ZVG greift. Bietet der Pfändungsgläubiger, können jedenfalls die übrigen Beteiligten Sicherheit verlangen, auch wenn wegen § 184 ZVG auf ein Gebot des schuldnerischen Miteigentümers keine Sicherheit zu leisten wäre. Da das Sicherheitsverlangen die Verwirklichung des Pfandrechtes des Pfändungsgläubigers nicht beeinträchtigt, kann aber auch der Schuldner für ein Gebot des Pfändungsgläubigers Sicherheit verlangen.

IV. Verteilungstermin

41 Wegen der Verteilung wird zunächst auf die Ausführungen § 23 Rdn 1–3 verwiesen.

War/Ist der Pfändungsgläubiger zugleich Berechtigter eines Grundpfandrechts am Versteigerungsobjekt, kann er den hierauf entfallenden Erlös ohne Weiteres entgegennehmen.

42 Da der Schuldner durch die Pfändung und Überweisung seiner aus der Bruchteilsgemeinschaft resultierenden Ansprüche (Rdn 7) bzw. seines Anteils an der Gemeinschaft (Rdn 23) aus dem Beteiligungsrecht nicht vollständig ausgeschieden ist, bedarf die Verteilung eines möglichen **Erlösüberschusses auch seiner Zustimmung**. Es können sich diesbezüglich im Verteilungstermin folgende Situationen ergeben:
1. Pfändungsgläubiger, Schuldner und die anderen Miteigentümer erscheinen im Termin und erklären ihre Zustimmung zur Teilung des Erlöses gem. der aufzulösenden Gemeinschaft. Sodann erklärt der Schuldner sein Einverständnis, den geschuldeten Betrag an den Pfändungsgläubiger auszukehren.
Folge: Jeder der Miteigentümer erhält seinen Anteil ausgezahlt, der Schuldner gekürzt um die Forderung des Gläubigers. Dieser wird wegen seiner Forderung aus dem Anteil des Schuldners befriedigt.
2. Der Schuldner oder auch nur einer der anderen Miteigentümer verweigert die Zustimmung zur Teilung des Erlöses. Oder aber, es fehlt eine dieser Zustimmungen im Verteilungstermin.
Folge: Der Erlös bleibt ungeteilt. Das Vollstreckungsgericht ordnet die Hinterlegung für sämtliche Miteigentümer (einschließlich Schuldner) und den Pfändungsgläubiger des Schuldners an. Für das Vollstreckungsgericht ist damit die Angelegenheit abgeschlossen. Weitere Erledigung erfolgt durch Einigung gegenüber der Hinterlegungsstelle oder auf dem Prozessweg.
3. Der Schuldner und die übrigen Miteigentümer einigen sich über die Erlösteilung. Der Pfändungsgläubiger stimmt zu. Dann verweigert der Schuldner die Entnahme der Gläubigerforderung aus seinem Anteil.
Folge: Zunächst einmal erhalten die anderen Miteigentümer ihren Anteil am Erlös ausgezahlt. Die Weigerung des Schuldners hat keine Rechtsfolgen. Die Auseinandersetzung als solche – bei welcher

der Schuldner trotz Pfändung mitwirken musste – ist ja vollzogen. Somit zahlt das Vollstreckungsgericht jetzt gem. dem Pfändungs- und Überweisungsbeschluss an den Pfändungsgläubiger; den Rest an den Schuldner. Die Situation ist vergleichbar mit der Pfändung einer Gläubigerforderung durch einen Dritten im Verteilungstermin einer Vollstreckungsversteigerung.

In gleicher Weise ist zu verfahren, wenn infolge der Nichtzahlung des Bargebots die Übertragung der Forderung gegen den Ersteher auf die bisherigen Miteigentümer erforderlich wird. Es wird also entweder die Gesamtforderung auf alle einschließlich Pfändungsgläubiger übertragen oder aber – der Auseinandersetzung entsprechend – die Anteile auf die einzelnen Beteiligten. Im unter obiger Nr. 3 genannten Fall erhält der Pfändungsgläubiger eine eigene Übertragung für seine Forderung, der Schuldner für den Rest.

Für die im Falle einer Forderungsübertragung einzutragenden Sicherungshypotheken gilt hinsichtlich ihrer Rangfolge:

Ist die Auseinandersetzung erfolgt und hat der Schuldner der Zuteilung des gepfändeten Betrages an den Pfändungsgläubiger zugestimmt (obige Nr. 1) oder hat der Schuldner (nach Auseinandersetzung) einer Zuteilung an den Pfändungsgläubiger widersprochen (obige Nr. 3), erhält die für den Pfändungsgläubiger einzutragende Sicherungshypothek Gleichrang mit jenen der anderen Miteigentümer, aber Vorrang gegenüber jener des Schuldners.

Kommt es nicht zu einer Auseinandersetzung (obige Nr. 2), so wird nur eine (einheitliche) Sicherungshypothek für sämtliche Miteigentümer und den Pfändungsgläubiger als Berechtigte eingetragen.

§ 26 Fallbeispiel zum 2. Teil (Teilungsversteigerung)

A. Geringstes Gebot

Fall 1

Bei dem Amtsgericht Kaiserslautern läuft ein Zwangsversteigerungsverfahren zum Zwecke der Aufhebung einer Gemeinschaft hinsichtlich des aus **anliegendem Grundbuchblatt** ersichtlichen Grundstücks.

Auf **Antrag der Annika Wald** vom 27.1.2017 wurde am 31.1.2017 die Teilungsversteigerung des Grundbesitzes **angeordnet**. Dem Versteigerungsantrag war die Ausfertigung eines Erbscheins des Amtsgerichts Kaiserslautern vom 21.12.2016 beigefügt, wonach der am 17.11.2016 in Kaiserslautern, seinem letzten Wohnsitz, verstorbene Carl Wald von seiner Ehefrau Bärbel Wald geb. Feld zu ½-Anteil und von seinen beiden Kindern Annika Wald und David Wald zu je ¼-Anteil aufgrund gesetzlicher Erbfolge beerbt worden ist.

Der Anordnungsbeschluss wurde allen Antragsgegnern am 3.2.2017 zugestellt. Das Ersuchen des Vollstreckungsgerichts um Eintragung des Zwangsversteigerungsvermerks ging am 5.2.2017 bei dem Grundbuchamt ein.

Der **Verkehrswert** des Grundstücks wurde durch Beschluss vom 2.5.2017 auf 500.000,00 EUR festgesetzt.

Versteigerungstermin bestimmt das Vollstreckungsgericht auf den 16.7.2017.

Vor diesem Termin **meldet** die A-Bank AG ihre Zinsen aus der Grundschuld Abt. III Nr. 1 (9 % aus 50.000,00 EUR) seit dem 1.4.2016 an.

Die Auslagen des Vollstreckungsgerichts bis zum Termin einschließlich der geschätzten künftigen Auslagen betragen 2.196,00 EUR.

Aufgabe des Vollstreckungsgerichts:

Erstellung des erforderlichen geringsten Gebots.

Lösungshinweise

Allgemeiner Hinweis:

Die Berechnung der wiederkehrenden Leistungen erfolgt bankmäßig (das Jahr mit 360 Tagen, jeder Monat mit 30 Tagen).

Vorüberlegungen

Die Antragstellerin ist als (Mit-)Erbin eines eingetragenen Miteigentümers antragsberechtigt (§ 181 Abs. 2 ZVG; § 18 Rdn 7). Die Erbfolge wurde ordnungsgemäß glaubhaft gemacht (§§ 181 Abs. 3, 17 Abs. 3 ZVG; § 18 Rdn 22).

Die Grundstücksbruchteile sind ungleich belastet; nach § 182 Abs. 2 ZVG ist dem geringsten Gebot (im Mindestbargebot), ein sog. Ausgleichsbetrag zuzuschlagen (§ 20 Rdn 21 f.).

Bei dessen Berechnung können „Gesamtansprüche", hier also die Verfahrenskosten sowie Kosten, Zinsen und Hauptanspruch des auf allen Grundstücksbruchteilen lastenden Gesamtrechts Abt. III Nr. 2 aus Gründen der Vereinfachung außer Betracht bleiben können, da sie das Ergebnis nicht beeinflussen (§ 20 Rdn 24).

Gesamtrechte, welche nicht auf allen Anteilen lasten, hier das Recht Abt. III Nr. 3, werden dabei auf die einzelnen Anteile nach Bruchteilen (Größe der Anteile) verteilt.

§ 26 Fallbeispiel zum 2. Teil (Teilungsversteigerung)

Geringstes Gebot
Amtsgericht Kaiserslautern
Vollstreckungsgericht
Aktenzeichen: K 3/17

Geringstes Gebot
berechnet für den Versteigerungstermin am 16.7.2017
In dem Zwangsversteigerungsverfahren
zum Zwecke der Aufhebung einer Gemeinschaft
betreffend das Grundstück der Gemarkung Kaiserslautern,
eingetragen im Grundbuch von Kaiserslautern Blatt 2000, lfd. Nr. 1 des Bestandsverzeichnisses
FlSt.Nr. 100/5 Gebäude- und Freifläche, Am hohen Berg 12 zu 1520 m²

I. Vorbericht

1. Die erste Beschlagnahme des Grundbesitzes erfolgte am   3.2.2017
   durch Zustellung des Anordnungsbeschlusses an alle Antragsgegner
   (§ 1 Rdn 76, § 3 Rdn 63).
2. Endzeitpunkt nach § 47 ZVG (§ 3 Rdn 132):   30.7.2017
3. Durch Beschluss vom 2.5.2017 wurde der
   Verkehrswert des Grundbesitzes festgesetzt auf: 500.000,00 EUR
   Der $5/10$ Wert gem. § 85a ZVG beträgt demnach: 250.000,00 EUR
   Der $7/10$ Wert gem. § 74a ZVG beträgt demnach: 350.000,00 EUR
4. Der Versteigerungstermin wurde ordnungsgemäß bekannt gemacht durch Veröffentlichung gem. § 39 Abs. 1 ZVG am ... (§ 3 Rdn 38 und 45).
5. Antragstellerin: Annika Wald aus ihrem von Carl Wald anteilig (Gesamthand) geerbten $3/8$-Anteil.
6. An Anmeldungen liegen dem Gericht vor:
   A-Bank AG, Zinsen aus der Grundschuld Abt. III Nr. 1 (9 % aus 50.000,00 EUR) seit dem 1.4.2016.

II. Bestehen bleibende Rechte (§ 20 Rdn 16 ff.)

Abteilung II: Keine

Abteilung III:

Recht Nr. 1

Auf $1/4$-Anteil des Anton Feld (Abt. I Nr. 1a):

Grundschuld ohne Brief in Höhe von fünfzigtausend Euro nebst 9 % Jahreszinsen, kalendervierteljährlich nachträglich fällig, für die A-Bank AG in Kaiserslautern. Vollstreckbar nach § 800 ZPO. Gemäß Bewilligung vom 11.03.2003 (Notar Dr. Schlau, Kaiserslautern, UR 44/03) eingetragen am 28.04.2003.
Das Recht lastet auf dem Anteil Abt. I Nr. 1a.
Es bleibt bestehen, weil es der Gesamtbelastung Abt. III Nr. 2 im Rang vorgeht (§ 182 Abs. 1 ZVG).

Recht Nr. 2

Grundschuld ohne Brief in Höhe von achtzigtausend Euro nebst 7,5 % Jahreszinsen, monatlich jeweils am Ersten im Voraus fällig, für die B-Bank AG in Kaiserslautern. Vollstreckbar nach § 800 ZPO. Gemäß Bewilligung vom 27.04.2003 (Notar Dr. Schlau, Kaiserslautern, UR 213/03) eingetragen am 01.06.2003.
Das Recht bleibt bestehen, weil es sich um eine Gesamtbelastung handelt.

Recht Nr. 3
Auf ³/₈-Anteilen Bärbel und Carl Wald (Abt. I Nr. 1b und c):
Hypothek (Darlehn) ohne Brief in Höhe von sechzigtausend Euro nebst 10 % Jahreszinsen für die C-Bank AG in Kaiserslautern. Vollstreckbar nach § 800 ZPO. Gemäß Bewilligung vom 27.12.2003 (Notar Dr. Schlau, Kaiserslautern, UR 600/03) eingetragen am 01.02.2004.
Das Recht lastet auf den Anteilen Abt. I Nr. 1b und c.
Es bleibt bestehen, weil es den Anteil der Antragstellerin (Abt. I Nr. 1c als Erbin des Carl Wald) mitbelastet.

III. Mindestbargebot
1. Kosten des Verfahrens (§ 109 ZVG, § 3 Rdn 128 f., § 11 Rdn 24 f.):
Wert: 500.000,00 EUR (bei Nr. 2215 KVGKG Wertangabe vorläufig)

0,5 Gebühr Nr. 2211 KVGKG:	1.768,00 EUR
0,5 Gebühr Nr. 2213 KVGKG:	1.768,00 EUR
0,5 Gebühr Nr. 2215 KVGKG:	1.768,00 EUR
Auslagen (einschl. geschätzter künftiger Auslagen):	2.196,00 EUR
Gesamtkosten:	**7.500,00 EUR**

2. Weitere Beträge (§ 10 Abs. 1 ZVG):
Rangklasse 3:
Keine Anmeldung
Rangklasse 4:
Recht Abt. III Nr. 1:
Angemeldet wurden Zinsen (= wiederkehrende Leistungen) mit 9 % aus 50.000,00 EUR seit dem 1.4.2016
Die Zinsen des Rechts III/1 sind gem. Grundbucheintragung kalendervierteljährlich nachträglich fällig.

Letzte Fälligkeit vor der Beschlagnahme:	31.12.2016
Laufende Leistungen:	
1.10.2016 – 30.7.2017 (= 300 Tage) =	3.750,00 EUR
Rückständige Leistungen:	
1.4.2016 – 30.9.2016 (= 180 Tage) =	2.250,00 EUR

Die Rückstände liegen innerhalb der Zwei-Jahres-Frist des § 10 Abs. 1 Nr. 4 ZVG und sind daher in RK 4 zu berücksichtigen (§ 3 Rdn 93).

Summe:	**6.000,00 EUR**

Recht Abt. III Nr. 2:
Es liegt keine Anmeldung vor. Im gG werden jedoch die laufenden wiederkehrenden Leistungen, die nach dem Inhalt des Grundbuchs zu entrichten sind (hier 7,5 % Zinsen aus 80.000,00 EUR), von Amts wegen berücksichtigt (§ 45 Abs. 2 ZVG).
Die Zinsen des Rechts III/2 sind gem. Grundbucheintragung monatlich jeweils am Ersten des Monats im Voraus fällig.

Letzte Fälligkeit vor der Beschlagnahme:	1.2.2017
Laufende Leistungen:	
1.2.2017 – 30.7.2017 (= 180 Tage) =	3.000,00 EUR
Summe:	**3.000,00 EUR**

§ 26 Fallbeispiel zum 2. Teil (Teilungsversteigerung)

Recht Abt. III Nr. 3:
Es liegt keine Anmeldung vor. Im gG werden jedoch die laufenden wiederkehrenden Leistungen, die nach dem Inhalt des Grundbuchs zu entrichten sind (hier 10 % Zinsen aus 60.000,00 EUR), von Amts wegen berücksichtigt (§ 45 Abs. 2 ZVG).

Zinsbeginn und Zinsfälligkeit sind nicht grundbuchersichtlich. Als Zinsbeginn wird das Datum der Eintragung des Rechts angenommen. Für die Zinsfälligkeit gilt § 488 Abs. 2 BGB analog (§ 3 Rdn 66). Die Zinsen des Rechts III/3 gelten also als jährlich nachträglich (immer zum 31.1.) fällig.

Letzte Fälligkeit vor der Beschlagnahme:	31.1.2017
Laufende Leistungen:	
1.2.2016 – 30.7.2017 (= 540 Tage) =	9.000,00 EUR
Summe:	**9.000,00 EUR**

Ausgleichsbetrag

Feststellung der *absoluten* Belastung eines jeden Anteils:

1/4-Anteil Anton Feld	3/8-Anteil Bärbel Wald	3/8-Anteil Carl Wald (jetzt Erbengemeinschaft Bärbel, Annika und David Wald)
Kapital III/1 50.000,00 EUR	Kapital III/3 (Anteil) 30.000,00 EUR	Kapital III/3 (Anteil) 30.000,00 EUR
Zinsen III/1 6.000,00 EUR	Zinsen III/3 (Anteil) 4.500,00 EUR	Zinsen III/3 (Anteil) 4.500,00 EUR
56.000,00 EUR	34.500,00 EUR	34.500,00 EUR

Feststellung der *relativen* Belastung eines jeden Anteils:
Um festzustellen, welcher Miteigentümer seinen Anteil am höchsten belastet hat, müssen vergleichbare Verhältnisse geschaffen werden.
Hier bedeutet dies ein Herunterrechnen auf 1/8-Anteil.

1/4-Anteil (= 2/8) Anton Feld	3/8-Anteil Bärbel Wald	3/8-Anteil Carl Wald (jetzt Erbengemeinschaft Bärbel, Annika und David Wald)
56.000,00 EUR	34.500,00 EUR	34.500,00 EUR
dies entspricht der Belastung eines **1/8-Anteils (= gemeinsamer Nenner)** in Höhe von:		
28.000,00 EUR	11.500,00 EUR	11.500,00 EUR

Als Zwischenergebnis lässt sich jetzt festhalten, dass Anton Feld seinen Anteil am höchsten belastet hat; für die beiden anderen Anteile muss ein **Ausgleichsbetrag** angesetzt werden.

Für die konkrete Berechnung des Ausgleichsbetrags stehen **alternativ zwei Wege** zur Verfügung:

1. Weg: Die Freund'sche Formel:
„Der am stärksten belastete Anteil multipliziert mit dem gemeinsamen Nenner und nach Abzug der bestehen bleibenden Rechte und der bar zu zahlenden Beträge ergibt den Ausgleichsbetrag."

Anders ausgedrückt:
Multipliziert man den am stärksten belasteten Miteigentumsanteil **(hier: 28.000,00 EUR)** mit dem gemeinsamen Nenner **(hier: 8)**, dann erhält man als Resultat das geringste Gebot, bestehend aus: Summe der bestehen bleibenden Rechte **(hier: 110.000,00 EUR**, da die Gesamtbelastung Abt. III Nr. 2 nicht be-

rücksichtigt wurde), Mindestbargebot (hier: Zinsen Abt. III Nr. 1 und Abt. III Nr. 3, **also 15.000,00 EUR**; auch hier wurden die Gesamtbelastungen (Gerichtskosten und Zinsen Abt. III Nr. 2 nicht berücksichtigt) und Ausgleichsbetrag.

28.000,00 EUR × 8 – 110.000,00 EUR – 15.000,00 EUR = **99.000,00 EUR (= Ausgleichsbetrag)**

2. Weg: Berechnung bei *jedem* Anteil nach folgender Formel:

$$(HB - RB) \times Z = AA$$

HB	=	Am stärksten relativ belasteter Anteil **(hier: 28.000,00 EUR)**
RB	=	relative Belastung des konkreten Anteils **(Anteil Bärbel Wald und Anteil Carl Wald: je 11.500,00 EUR)**
Z	=	Zähler vom gemeinsamen Nenner des Anteils **(Anteil Bärbel Wald und Anteil Carl Wald: je 3)**
AA	=	Ausgleichsanspruch für jeden einzelnen Anteil

Anteil Bärbel Wald
(28.000,00 EUR – 11.500,00 EUR) × 3 =   49.500,00 EUR

Anteil Carl Wald
(jetzt Erbengemeinschaft)
(28.000,00 EUR – 11.500,00 EUR) × 3 =   49.500,00 EUR

Summe: **99.000,00 EUR**

Zusammenfassung geringstes Gebot:

Summe bestehen bleibender Rechte: 190.000,00 EUR

Summe Mindestbargebot: 124.500,00 EUR

B. Teilungsplan

Weiterführung Fall

In dem Versteigerungstermin bleibt Bärbel Wald geb. Feld, geb. am 17.4.1957, mit einem Bargebot von 250.000,00 EUR Meistbietende. Für dieses Gebot wird ihr am 31.7.2017 der Zuschlag erteilt. Verteilungstermin wird auf den 31.10.2017 bestimmt.

Außer der Anmeldung der A-Bank zum Versteigerungstermin liegen keine weiteren Anmeldungen vor.

Die Antragstellerin Annika Wald hat einen Gebührenvorschuss (§ 15 Abs. 1 GKG) von 2.956,00 EUR und einen Auslagenvorschuss (§ 17 Abs. 3 GKG) von 1.000,00 EUR bezahlt.

Die gerichtlichen Auslagen belaufen sich auf 2.395,55 EUR.

Dem Vollstreckungsgericht liegt zum Verteilungstermin ein Nachweis darüber vor, dass der erforderliche Betrag (Bargebot und Bargebotszinsen) der Gerichtskasse vor dem Verteilungstermin gutgeschrieben worden ist.

Aufgabe des Vollstreckungsgerichts:
Erstellung des Teilungsplans.

Lösungshinweise

Allgemeiner Hinweis:
Die Berechnung der wiederkehrenden Leistungen erfolgt bankmäßig (das Jahr mit 360 Tagen, jeder Monat mit 30 Tagen). Die Bargebotszinsen (§ 49 Abs. 2 ZVG) sind exakt nach der Zahl der verstrichenen Tage zu berechnen.

§ 26 Fallbeispiel zum 2. Teil (Teilungsversteigerung)

Vorüberlegungen

Obwohl es sich bei der Ersteherin um eine „ehemalige" Miteigentümerin handelt, muss sie das Bargebot nebst Bargebotszinsen in voller Höhe an das Gericht zahlen.

Es ist folgender Teilungsplan zu erstellen:
Amtsgericht Kaiserslautern
Vollstreckungsgericht
Aktenzeichen: K 3/17

Teilungsplan
für den Verteilungstermin am 31.10.2017

I. Vorbericht

1.	Tag der ersten Beschlagnahme:	3.2.2017
2.	Tag des Zuschlags:	31.7.2017
3.	Ersteherin:	Bärbel Wald geb. Feld, Kaiserslautern

4. An Anmeldungen zum Verteilungstermin liegen dem Gericht vor:
A-Bank AG, Zinsen aus der Grundschuld Abt. III Nr. 1 (9 % aus 50.000,00 EUR) seit dem 1.4.2016.

II. Bestehen bleibende Rechte

Abteilung III:

Recht Nr. 1

Grundschuld ohne Brief in Höhe von fünfzigtausend Euro nebst 9 % Jahreszinsen, kalendervierteljährlich nachträglich fällig, für die A-Bank AG in Kaiserslautern. Vollstreckbar nach § 800 ZPO. Gemäß Bewilligung vom 11.03.2003 (Notar Dr. Schlau, Kaiserslautern, UR 44/03) eingetragen am 28.04.2003.
Das Recht lastet auf dem ehemaligen Anteil Abt. I Nr. 1a.

Recht Nr. 2

Grundschuld ohne Brief in Höhe von achtzigtausend Euro nebst 7,5 % Jahreszinsen, monatlich jeweils am Ersten im Voraus fällig, für die B-Bank AG in Kaiserslautern. Vollstreckbar nach § 800 ZPO. Gemäß Bewilligung vom 27.04.2003 (Notar Dr. Schlau, Kaiserslautern, UR 213/03) eingetragen am 01.06.2003.

Recht Nr. 3

Hypothek (Darlehn) ohne Brief in Höhe von sechzigtausend Euro nebst 10 % Jahreszinsen für die C-Bank AG in Kaiserslautern. Vollstreckbar nach § 800 ZPO. Gemäß Bewilligung vom 27.12.2003 (Notar Dr. Schlau, Kaiserslautern, UR 600/03) eingetragen am 01.02.2004.
Das Recht lastet auf den ehemaligen Anteilen Abt. I Nr. 1b und c.

III. Teilungsmasse

Bares Meistgebot	250.000,00 EUR
Bargebotszinsen	
4 % aus 250.000,00 EUR vom 31.7. bis 30.10.2017 (= 92 Tage)	2.520,55 EUR
Summe:	**252.520,55 EUR**

IV. Schuldenmasse
1. Kosten des Verfahrens (§ 109 ZVG, § 6 Rdn 34 f.):

0,5 Gebühr Nr. 2211 KVGKG Wert 500.000,00 EUR	1.768,00 EUR
0,5 Gebühr Nr. 2213 KVGKG Wert 500.000,00 EUR	1.768,00 EUR
0,5 Gebühr Nr. 2215 KVGKG Wert 440.000,00 EUR	1.589,00 EUR
Auslagen:	2.395,55 EUR
Gesamtkosten:	**7.520,55 EUR**

Damit gestaltet sich die Schuldenmasse hinsichtlich der Gerichtskosten wie folgt:

Landesjustizkasse (restliche Gerichtskosten)	3.564,55 EUR
Annika Wald (Rückerstattung Vorschüsse)	3.956,00 EUR

2. Weitere Ansprüche:

Rangklasse 4:

Recht Abt. III Nr. 1:

Angemeldet wurden Zinsen (= wiederkehrende Leistungen)
mit 9 % aus 50.000,00 EUR seit dem 1.6.2002.
Die Zinsen des Rechts III/1 sind gem. Grundbucheintragung kalendervierteljährlich nachträglich fällig.

Letzte Fälligkeit vor der Beschlagnahme:	31.12.2016
Laufende Leistungen:	
1.10.2016 – 30.7.2017 (= 300 Tage) =	3.750,00 EUR
Rückständige Leistungen:	
1.4.2016 – 30.9.2017 (= 180 Tage) =	2.250,00 EUR

Die Rückstände liegen innerhalb der Zwei-Jahres-Frist des § 10 Abs. 1 Nr. 4 ZVG und sind daher in RK 4 zu berücksichtigen.

Summe:	**6.000,00 EUR**

Recht Abt. III Nr. 2:
Es liegt keine Anmeldungen vor. Im Teilungsplan werden jedoch die laufenden wiederkehrenden Leistungen, die nach dem Inhalt des Grundbuchs zu entrichten sind (hier 7,5 % Zinsen aus 80.000,00 EUR), von Amts wegen berücksichtigt (§ 114 Abs. 2 ZVG; § 6 Rdn 13).
Die Zinsen des Rechts III/2 sind gem. Grundbucheintragung monatlich jeweils am Ersten des Monats im Voraus fällig.

Letzte Fälligkeit vor der Beschlagnahme:	1.2.2017
Laufende Leistungen:	
1.2.2017 – 30.7.2017 (= 180 Tage) =	3.000,00 EUR
Summe:	**3.000,00 EUR**

Recht Abt. III Nr. 3:
Es liegt keine Anmeldungen vor. Im Teilungsplan werden jedoch die laufenden wiederkehrenden Leistungen, die nach dem Inhalt des Grundbuchs zu entrichten sind (hier 10 % Zinsen aus 60.000,00 EUR), von Amts wegen berücksichtigt (§ 114 Abs. 2 ZVG).
Zinsbeginn und Zinsfälligkeit sind nicht grundbuchersichtlich. Als Zinsbeginn wird das Datum der Eintragung des Rechts angenommen. Für die Zinsfälligkeit gilt § 488 Abs. 2 BGB analog (§ 3 Rdn 66). Die Zinsen des Rechts III/3 gelten also als jährlich nachträglich (immer zum 31.1.) fällig.

§ 26 Fallbeispiel zum 2. Teil (Teilungsversteigerung)

Letzte Fälligkeit vor der Beschlagnahme: 31.1.2017
Laufende Leistungen:
1.2.2016 – 30.7.2017 (= 540 Tage) = 9.000,00 EUR
Summe: **9.000,00 EUR**

Recht Abt. III Nr. 4:
Mangels Anmeldung werden nur die laufenden Zinsen berücksichtigt.
15 % aus 10.000,00 EUR
Die Zinsen des Rechts III/4 sind gem. Grundbucheintragung kalenderhalbjährlich im Voraus fällig.

Letzte Fälligkeit vor der Beschlagnahme: 1.1.2017
Laufende Leistungen:
1.1.2017 – 30.10.2017 (= 300 Tage) = 1.250,00 EUR
Kapital 10.000,00 EUR
Summe: **11.250,00 EUR**

V. Zuteilung
Es ist muss Verteilung gem. § 112 ZVG erfolgen (§ 14 Rdn 5, § 23 Rdn 3).

1. Schritt:
Zunächst befriedigt werden die Ansprüche, für welche der gesamte Grundbesitz haftet:

Teilungsmasse	252.520,55 EUR
abzgl. Verfahrenskosten	– 7.520,55 EUR
abzgl. Zinsen des Rechts Abt. III Nr. 2 (Gesamtrecht)	– 3.000,00 EUR
Verbleibender Überschuss:	242.000,00 EUR

2. Schritt:

Dem Überschuss von	242.000,00 EUR
sind die bestehen bleibenden Rechte Abt. III Nr. 1 und 3 mit hinzuzurechnen (§ 112 Abs. 2 S. 2 ZVG).	110.000,00 EUR

Am gesamten Grundbesitz lastende Gesamtrechte (hier Abt. III Nr. 2) können außer Betracht bleiben.

3. Schritt:
Der Gesamtbetrag von 352.000,00 EUR
ist auf die Anteile entsprechend ihres Wertverhältnisses (= Anteilsgröße) zu verteilen (§ 112 Abs. 2 S. 1 ZVG)

Anteilsgröße	A (2/8)	B (3/8)	C (3/8)
Anteile	88.000,00 EUR	132.000,00 EUR	132.000,00 EUR
4. Schritt Abzug der bestehen bleibenden Rechte (§ 112 Abs. 2 S. 3, 4 ZVG)	– 50.000,00 EUR	– 30.000,00 EUR	– 30.000,00 EUR
Resterlös	**38.000,00 EUR**	**102.000,00 EUR**	**102.000,00 EUR**
Weitere Zuteilung:			
Zinsen III/1	– 6.000,00 EUR		

Zinsen III/3		– 4.500,00 EUR	– 4.500,00 EUR
Zinsen und Kapital III/4	– 11.250,00 EUR		
Resterlös	**20.750,00 EUR**	**97.500,00 EUR**	**97.500,00 EUR**

Der Resterlös von insgesamt 215.750,00 EUR bleibt unverteilt und steht den bisherigen Eigentümern in Bruchteils- bzw. Erbengemeinschaft zu. Bei Auseinandersetzung durch übereinstimmende Erklärung aller Miteigentümer kann Auszahlung, andernfalls nur Hinterlegung für die bisherigen Eigentümer als Gesamtberechtigte nach § 432 BGB erfolgen.

C. Grundbuch

▼

Muster: Grundbuch von Kaiserslautern Blatt 2000

Amtsgericht	Grundbuch von	Blatt	Bestandsverzeichnis	
Kaiserslautern	Kaiserslautern	2000		
				Bogen
				1

Laufende Nummer der Grundstücke	Bisherige laufende Nummer der Grundstücke	Bezeichnung der Grundstücke und der mit dem Eigentum verbundenen Rechte			Größe
		Gemarkung (Vermessungsbezirk)	Karte	Wirtschaftsart und Lage	
			Flur	Flurstück		
		a	b		c	m^2
1	2	3			4
1		Kaiserslautern	100/5		Gebäude- und Freifläche Am hohen Berg 12	1520

Amtsgericht	Grundbuch von	Blatt	Bestandsverzeichnis	
Kaiserslautern	Kaiserslautern	2000		
				Bogen
				1

Bestand und Zuschreibungen		Abschreibungen		
Zur lfd. Nr. der Grundstücke		Zur lfd. Nr. der Grundstücke		
5	6	7	8
1	Von Blatt 19 hierher übertragen am 15.07.2002. *Unterschrift*		

§ 26 Fallbeispiel zum 2. Teil (Teilungsversteigerung)

Amtsgericht	Grundbuch von	Blatt	Erste Abteilung
Kaiserslautern	Kaiserslautern	2000	

Bogen 1

Laufende Nummer der Eintragungen	Eigentümer	Laufende Nummer der Grundstücke im Bestandsverzeichnis	Grundlage der Eintragung
1	2	3	4
1 a) b) c)	Anton Feld, geb. am 01.03.1965 – Miteigentümer zu 1/4 – Bärbel Wald geb. Feld, geb. am 17.04.1957 – Miteigentümerin zu 3/8 – Carl Wald, geb. am 26.07.1955 – Miteigentümer zu 3/8 –	1	Aufgelassen am 15.03.2002, eingetragen am 15.07.2002. *Unterschrift*

Amtsgericht	Grundbuch von	Blatt	Zweite Abteilung
Kaiserslautern	Kaiserslautern	2000	

Bogen 1

Laufende Nummer der Eintragungen	Laufende Nummer der betroffenen Grundstücke im Bestandsverzeichnis	Lasten und Beschränkungen
1	2	3
1	1	Die Zwangsversteigerung zum Zwecke der Aufhebung der Gemeinschaft ist angeordnet (Amtsgericht Kaiserslautern K 3/17). Eingetragen am 05.02.2017 *Unterschrift*

C. Grundbuch § 26

Amtsgericht	Grundbuch von	Blatt	Dritte Abteilung
Kaiserslautern	Kaiserslautern	2000	
			Bogen
			1

Laufende Nummer der Eintragungen	Laufende Nummer der belasteten Grundstücke im Bestandsverzeichnis	Betrag	Hypotheken, Grundschulden, Rentenschulden
1	2	3	4
1	1	50.000,00 EUR	Auf 1/4-Anteil des Anton Feld (Abt. I Nr. 1a): Grundschuld ohne Brief in Höhe von fünfzigtausend Euro nebst 9 % Jahreszinsen, kalendervierteljährlich nachträglich fällig, für die A-Bank AG in Kaiserslautern. Vollstreckbar nach § 800 ZPO. Gemäß Bewilligung vom 11.03.2003 (Notar Dr. Schlau, Kaiserslautern, UR 44/03) eingetragen am 28.04.2003. *Unterschrift*
2	1	80.000,00 EUR	Grundschuld ohne Brief in Höhe von achtzigtausend Euro nebst 7,5 % Jahreszinsen, jeweils am Ersten des Monats im Voraus fällig, für die B-Bank AG in Kaiserslautern. Vollstreckbar nach § 800 ZPO. Gemäß Bewilligung vom 27.04.2003 (Notar Dr. Schlau, Kaiserslautern, UR 213/03) eingetragen am 01.06.2003. *Unterschrift*
3	1	60.000,00 EUR	Auf 3/8-Anteilen Bärbel und Carl Wald (Abt. I Nr. 1b und c): Hypothek (Darlehn) ohne Brief in Höhe von sechzigtausend Euro nebst 10 % Jahreszinsen für die C-Bank AG in Kaiserslautern. Vollstreckbar nach § 800 ZPO. Gemäß Bewilligung vom 27.12.2003 (Notar Dr. Schlau, Kaiserslautern, UR 600/03) eingetragen am 01.02.2004. *Unterschrift*
4	1	10.000,00 EUR	Auf 1/4-Anteil des Anton Feld (Abt. I Nr. 1a): Grundschuld ohne Brief in Höhe von zehntausend Euro nebst 15 % Jahreszinsen, kalenderhalbjährlich im Voraus fällig, für die D-Bank AG in Kaiserslautern. Vollstreckbar nach § 800 ZPO. Gemäß Bewilligung vom 03.02.2005 (Notar Dr. Schlau, Kaiserslautern, UR 57/05) eingetragen am 01.03.2005. *Unterschrift*

§ 27 Muster Gerichtlich protokollierter Vergleich zur Abwendung einer Teilungsversteigerung

Amtsgericht Musterstadt						Musterstadt, den 27.4.2018 **1**
– Vollstreckungsgericht –
K 5/18
Anwesend: Schmidt, Rechtspflegerin

Protokoll

in dem Zwangsversteigerungsverfahren

zum Zwecke der Aufhebung der Gemeinschaft

betreffend das Grundstück der Gemarkung Musterstadt, eingetragen im Grundbuch von Musterstadt Blatt 2000 lfd. Nr. 1 des Bestandsverzeichnisses, FlSt.Nr. 100, Gebäude- und Freifläche, Hauptstraße 1 zu 400 qm.

In dem nach § 62 ZVG[1] auf heute anberaumten Termin erschienen nach Aufruf der Sache folgende Beteiligte:

1. Frau Klara Mustermann, Hintergasse 3, 12345 Musterstadt

– Antragstellerin –

mit ihrem Verfahrensbevollmächtigten, Rechtsanwalt Dr. Müller, 12345 Musterstadt

2. Herr Tobias Mustermann, Hauptstraße 1, 12345 Musterstadt

– Antragsgegner –

mit seiner Verfahrensbevollmächtigten, Rechtsanwältin Dr. Huber, 12345 Musterstadt

Es wurde zunächst Folgendes festgestellt:

Frau Klara Mustermann und Herr Tobias Mustermann sind je zur Hälfte Eigentümer des Grundstücks der Gemarkung Musterstadt, eingetragen im Grundbuch von Musterstadt Blatt 2000 lfd. Nr. 1 des Bestandsverzeichnisses, FlSt.Nr. 100, Gebäude- und Freifläche, Hauptstraße 1 zu 400 qm.

Die Ehe der Parteien ist rechtskräftig geschieden.

Die Eigentümer beabsichtigen, die Bruchteilsgemeinschaft hinsichtlich des vorstehend bezeichneten Grundstücks auseinanderzusetzen.

Nach eingehender Erörterung der Sach- und Rechtslage schließen die Parteien folgenden

Vergleich:

Zur Aufhebung der Bruchteilsgemeinschaft verpflichtet sich die Antragstellerin, ihren Miteigentumsanteil auf den Antragsgegner zu übertragen.

Als Gegenleistung bezahlt der Antragsgegner an die Antragstellerin 50.000,00 EUR (in Worten: fünfzigtausend Euro). Dieser Betrag ist bereits treuhänderisch bei dem Verfahrensbevollmächtigten des Antragsgegners hinterlegt und wird an die Antragstellerin nach erfolgter Auflassung ausbezahlt werden.

Als weitere Gegenleistung übernimmt der Antragsgegner die auf dem Objekt lastenden Verbindlichkeiten, nämlich

---

1 Ein Vergleich mit dem Ziel der „gütlichen Beilegung" des Verfahrens kann auch in einem Termin im Rahmen des Verfahrens nach §§ 180 Abs. 2, 30a ZVG verhandelt und geschlossen werden. Auch im Versteigerungstermin selbst ist dies noch möglich, wenngleich wegen der dann vor den Bietinteressierten auszutragenden Verhandlungen zwischen den Parteien wenig zweckmäßig.

§ 27 Muster Gerichtlich protokollierter Vergleich zur Abwendung einer Teilungsversteigerung

1. 45.000,00 EUR, Grundschuld ohne Brief für die A-Bank AG, Musterstadt, eingetragen in vorgenanntem Grundbuch Abt. III lfd. Nr. 1,
2. 15.000,00 EUR, Grundschuld für die B-Bank AG, Musterstadt, eingetragen in vorgenanntem Grundbuch Abt. III lfd. Nr. 2.

Insoweit wird eine Schuldübernahme vereinbart.

Für den Fall der Nichtgenehmigung der Schuldübernahme gilt Erfüllungsübernahme als vereinbart.

Die vorgenannten Grundpfandrechte sind teilweise nicht mehr valutiert. Die Antragstellerin tritt sämtliche ihr in Bezug auf die Grundpfandrechte zustehenden Ansprüche, insbesondere diejenigen auf Rückübertragung der Grundschulden und Herausgabe der Grundschuldbriefe, sowie eine etwa entstehende Eigentümergrundschuld an den Antragsgegner ab, welcher die Abtretung annimmt.

Damit sind sämtliche Ansprüche der Parteien gegeneinander, insbesondere der Anspruch auf Zugewinnausgleich, erledigt.

Die Besitzübergabe des Vergleichsgegenstandes erfolgt sofort.

Im Übrigen gelten folgende weitere Bestimmungen:

1. Für Sachmängel und den Messgehalt wird keine Gewähr geleistet.
2. Die Rechtsmängelhaftung bestimmt sich nach dem Gesetz.
3. Von dem Tage der Besitzübergabe an gehen Nutzen, Lasten und die Gefahr des zufälligen Unterganges oder der zufälligen Verschlechterung auf den Antragsgegner über.
4. Die Grundsteuer übernimmt der Antragsgegner ab 1.1.2019.
5. Die gerichtlichen Kosten des Zwangsversteigerungsverfahrens K 5/18 tragen die Parteien je zur Hälfte; jede Partei trägt ihre eigenen außergerichtlichen Kosten.

Hierauf erklären die erschienenen Parteien bei gleichzeitiger Anwesenheit folgende unbedingte

Auflassung:

Die Parteien sind sich darüber einig, dass das Eigentum am Vergleichsgegenstand, dem hälftigen Miteigentumsanteil der Antragstellerin Klara Mustermann an dem Grundstück der Gemarkung Musterstadt, eingetragen im Grundbuch von Musterstadt Blatt 2000, lfd. Nr. 1 des Bestandsverzeichnisses, FlSt.Nr. 100, Gebäude- und Freifläche, Hauptstraße 1 zu 400 qm auf den Antragsgegner, Tobias Mustermann, übergehen soll.

Beide Parteien bewilligen, Herr Tobias Mustermann beantragt die Eintragung der Eigentumsänderung im Grundbuch.

vorgelesen und genehmigt

Hierauf erklärt der Verfahrensbevollmächtigte der Antragstellerin:

Namens der Antragstellerin nehme ich den Zwangsversteigerungsantrag vom 10.1.2018 zurück.

Sodann erging folgender

Beschluss

Das Zwangsversteigerungsverfahren zum Zwecke der Aufhebung der Gemeinschaft Mustermann (K 5/18) wird aufgehoben.

Gründe

Die Antragstellerin hat ihren Versteigerungsantrag vom 10.1.2018 am 27.4.2018 zurückgenommen (§ 29 ZVG).

Schmidt
Rechtspflegerin

3. Teil Zwangsverwaltung

§ 28 Systematische Einordnung und Allgemeines

A. Zwangsverwaltung als Maßnahme der Immobiliarvollstreckung

Neben der Zwangsversteigerung und der Eintragung einer Sicherungshypothek (Zwangshypothek) stellt die Zwangsverwaltung eine **weitere Art der Immobiliarvollstreckung** dar (§ 866 Abs. 1 ZPO). Sie steht **selbstständig** und **gleichwertig** neben den beiden anderen Maßregeln der Immobiliarvollstreckung (§ 866 Abs. 2 ZPO).

B. Verfahrenszweck

Während in der Zwangsversteigerung der Gläubiger die Befriedigung aus der Substanz des Grundstücks, d.h. aus dem Erlös des zwangsweise verwerteten Objekts, sucht, ist das Ziel der Zwangsverwaltung, den Gläubiger **aus den Erträgen des Grundbesitzes zu befriedigen** (arg. §§ 148 Abs. 1, 155 ZVG).

Daher werden dem Schuldner durch die Beschlagnahme in der Zwangsverwaltung die Rechte zur Verwaltung und Benutzung des Grundstücks entzogen (§ 148 Abs. 2 ZVG). Diese Befugnisse stehen nur noch dem durch das Vollstreckungsgericht bestellten Zwangsverwalter zu. Er hat das schuldnerische Grundstück in Besitz zu nehmen, dessen Nutzungen zu ziehen und diese letztlich an die Gläubiger zu verteilen (§§ 150 Abs. 1, 152, 155 ZVG). Regelmäßig bestehen die Nutzungen eines Grundstücks aus **Miet- oder Pachtforderungen**. Der Verwalter hat aber auch Nutzungen, die in Natur bestehen, zu ziehen (also zu ernten) und diese, soweit sie entbehrlich sind, in Geld umzusetzen. Zu denken ist an landwirtschaftliche oder gärtnerische Erzeugnisse, die der Verwalter erntet und veräußert und den Erlös zur Zwangsverwaltungsmasse zieht.

Die Substanz des Grundstücks wird in der Zwangsverwaltung nicht verwertet. Mithin steht dem Zwangsverwalter auch nicht das Recht zu, über das Grundstück zu verfügen.

Neben der Befriedigung des Gläubigers besteht der Zweck der Zwangsverwaltung in der **Sicherung und Instandhaltung des beschlagnahmten Objekts**. Nach Übergang der Verwaltungs- und Nutzungsbefugnis hat der Zwangsverwalter nicht nach starren Regeln, sondern vielmehr wie ein verantwortungsbewusster Eigentümer zu handeln.[1] Er hat alle erforderlichen Handlungen vorzunehmen, um das Grundstück in seinem wirtschaftlichen Bestand zu erhalten. Sofern sich das Grundstück bereits in einem guten Zustand befindet, hat er dafür Sorge zu tragen, dass potenzielle Gefahren abgewendet und notwendige Instandhaltungsmaßnahmen durchgeführt werden. Anderenfalls hat er den schlechten Zustand des Grundstücks zu beseitigen.

Damit wird zum einen der Gläubiger vor einem eventuell drohenden Verfall des Grundstücks geschützt und zum anderen wird der Erzielung eines guten Versteigerungsergebnisses in einem evtl. später oder parallel laufenden Zwangsversteigerungsverfahren beigetragen.

Letztlich kann die Durchführung einer Zwangsverwaltung für einen Gläubiger auch deshalb sinnvoll sein, weil er durch den Zwangsverwalterbericht über die Miet- und Pachtverhältnisse exakt informiert wird. So erfährt er z.B., ob Mietvorauszahlungen geleistet wurden. Außerdem kann der Zwangsverwalter die für die Zwangsversteigerung wichtige Frage (§ 4 Rdn 19) klären, ob die Mieter Mietsicherheiten (Kautionen) geleistet haben.

---

1 *Stöber* (ZVG), § 146 Rn 2.3.

C. Verhältnis der Zwangsverwaltung zur Zwangsversteigerung

6 Zwangsverwaltung und Zwangsversteigerung können **nebeneinander** betrieben werden (§ 866 Abs. 2 ZPO). Beide Verfahren sind jedoch voneinander **unabhängig** und daher verfahrensmäßig **getrennt** zu halten. Wird über dasselbe Grundstück bei gleichzeitigem Antrag sowohl die Zwangsverwaltung als auch die Zwangsversteigerung angeordnet, so muss dies in getrennten Beschlüssen erfolgen.

Es gibt dennoch **einige Berührungspunkte** der beiden Verfahren:

I. Bestimmte Zwangsverwaltungsvorschüsse

7 Ein Gläubiger im Zwangsversteigerungsverfahren kann gem. § 10 Abs. 1 Nr. 1 ZVG die **Aufwendungen**, die er im Zwangsverwaltungsverfahren für die **Erhaltung oder nötige Verbesserung** des Grundstücks gemacht hat (sog. bestimmte Zwangsverwaltungsvorschüsse), im Zwangsversteigerungsverfahren erstattet erhalten, wenn die Zwangsverwaltung bis zum Zuschlag fortdauert und die Ausgaben nicht aus den Nutzungen des Grundstücks erstattet werden konnten.

II. Tag der ersten Beschlagnahme i.S.d. § 13 ZVG

8 Hat bis zum Eintritt der Beschlagnahme in einer Zwangsversteigerung eine Zwangsverwaltung fortgedauert, so gilt für die Berechnung der wiederkehrenden Leistungen in der Zwangsversteigerung die zuvor in der Zwangsverwaltung eingetretene Beschlagnahme als die **erste Beschlagnahme** (§ 13 Abs. 4 S. 2 ZVG).

III. Zwangsverwaltung zur Sicherung

9 Ist eine Zwangsversteigerung angeordnet und ist während des Verfahrens zu besorgen, dass durch das Verhalten des Schuldners die ordnungsmäßige Wirtschaft gefährdet wird, so hat das Vollstreckungsgericht auf Antrag des Gläubigers die zur Abwendung der Gefährdung erforderlichen Maßregeln anzuordnen (§ 25 ZVG). Sofern keine mildere Maßnahme zur Abwendung der Gefährdung geeignet ist, kann das Vollstreckungsgericht dem Schuldner durch die Anordnung einer Verwaltung und die Bestellung eines Verwalters die Verwaltungsbefugnis über das Versteigerungsobjekt entziehen. Auf diese Verwaltung sind die Vorschriften der Zwangsverwaltung in gewissen Grenzen anwendbar.[2]

IV. Überleitung einer ergebnislosen Zwangsversteigerung

10 Bleibt die Zwangsversteigerung auch in einem zweiten Termin **ergebnislos**, so wird das Verfahren des betroffenen Gläubigers grundsätzlich aufgehoben (§ 77 Abs. 1 S. 1 ZVG; § 4 Rdn 117). Liegen jedoch die Voraussetzungen für die Anordnung einer Zwangsverwaltung vor, so kann gem. § 77 Abs. 2 S. 2 ZVG das Gericht auf Antrag des Gläubigers anordnen, dass das Verfahren als Zwangsverwaltung fortgeführt wird.

V. Zwangsverwaltung und Zuschlag

11 Wird in der Zwangsversteigerung der Zuschlag erteilt, endet eine über dasselbe Grundstück anhängige Zwangsverwaltung nicht automatisch, sondern ist durch Beschluss aufzuheben. Mit Erlass des Auf-

---

2 Dazu *Depré/Mayer*, ab Rn 1025.

C. Verhältnis der Zwangsverwaltung zur Zwangsversteigerung § 28

hebungsbeschlusses endet die auch noch nach dem Zuschlag weiter vorhandene Verwaltungsbefugnis des Zwangsverwalters bezüglich der vom Zuschlag umfassten Gegenstände.[3] Ausführlich zu dieser Problematik § 32 Rdn 58.

VI. Gerichtliche Verwaltung gem. § 94 ZVG

Mit dem Zuschlag wird der Ersteher Eigentümer des Grundstücks und der mitversteigerten Gegenstände, sofern der Zuschlag nicht im Beschwerdeweg rechtskräftig aufgehoben wird (§ 90 Abs. 1 ZVG). Auf die Zahlung des Bargebots kommt es hierfür nicht an. Als Eigentümer wird der Ersteher jedoch erst nach der Rechtskraft des Zuschlags und der Ausführung des Teilungsplans auf der Grundlage des vollstreckungsgerichtlichen Ersuchens in das Grundbuch eingetragen (§ 130 Abs. 1 S. 1 ZVG). Bis dahin ist es für den Ersteher nicht möglich, eine Verfügung über den ersteigerten Grundbesitz zum wirksamen Abschluss (Grundbucheintragung) zu bringen (§ 130 Abs. 3 ZVG). Ungeachtet dessen kann der Ersteher jedoch unmittelbar nach dem Zuschlag über die mitversteigerten beweglichen Gegenstände verfügen und die Grundstücksnutzungen (z.B. Miete, Früchte) ziehen. Zudem kann er beispielsweise gewinnbringende Mietverträge kündigen und ungünstige Mietverträge abschließen. Demzufolge kann der Ersteher bereits vor der Zahlung des Bargebots den Grundbesitz in einer Weise „beeinträchtigen", die dessen Verwertung im Rahmen der bei Nichtzahlung des Bargebots drohenden Wiederversteigerung erlöstechnisch erheblich erschweren würde. Vor einer derartigen Verschlechterung des Versteigerungsobjekts soll § 94 ZVG all jene schützen, welche aus dem Bargebot eine Zuteilung erwarten dürfen.

Diese Beteiligten und der Schuldner[4] können, solange der Ersteher das Bargebot (noch) nicht gezahlt (§ 49 Abs. 3 ZVG) oder befreiend hinterlegt (§ 49 Abs. 4 ZVG) hat, versuchen, ihren potenziellen Schaden dadurch abzuwenden, dass das Grundstück für Rechnung des Erstehers[5] in gerichtliche Verwaltung genommen wird. Den hierauf gerichteten Antrag können sie schon im Versteigerungstermin stellen (§ 94 Abs. 1 S. 2 ZVG). Auf das Verfahren finden einige Bestimmungen der Zwangsverwaltung entsprechende Anwendung, so etwa die für die Bestellung des Verwalters und dessen Rechte und Pflichten geltenden Regelungen (§ 94 Abs. 2 ZVG). Nach Anordnung der gerichtlichen Verwaltung steht ausschließlich dem Verwalter das Besitz- und Verwaltungsrecht zu; er hat das Grundstück in Besitz zu nehmen und dessen Nutzungen zu ziehen. Soweit Überschüsse entstehen (§ 155 Abs. 2 ZVG), erfolgt deren Verteilung nach den in der Zwangsverwaltung bestehenden Grundsätzen (vgl. auch § 33 Rdn 71). Mithin darf eine Verteilung der Überschüsse nur auf der Grundlage eines gerichtlichen Teilungsplans erfolgen (§ 156 Abs. 2 ZVG), in welchem jedoch lediglich die Berechtigten berücksichtigt werden können, deren Ansprüche nach dem Zuschlag durch den Ersteher zu decken sind (z.B. Zinsen aus einem bestehen bleibenden Recht oder wiederkehrende öffentliche Lasten ab dem Zuschlag).[6]

Berechtigte, deren Recht durch die Zwangsversteigerung erloschen ist, werden hieran ebenso wenig beteiligt wie persönliche Gläubiger des Zwangsversteigerungsverfahrens, da diese nur aus dem (bislang nicht gezahlten) Versteigerungserlös und gerade nicht aus den nach dem Zuschlag generierten Verwaltungsüberschüssen befriedigt werden dürfen.

Die gerichtliche Verwaltung nach § 94 ZVG dient aus den o.g. Gründen ausschließlich dem Schutz der Berechtigten vor einer tatsächlichen oder rechtlichen Verfügung des Erstehers über das Versteigerungsobjekt, nicht jedoch der Befriedigung der aus dem Bargebot zu deckenden Berechtigten.

---

3 Dazu *Eickmann*, ZfIR 2003, 1021.
4 Mit guten Argumenten bejahen *Depré/Mayer* (Rn 1047) das Antragsrecht des Schuldners entgegen der h.M.
5 BGH v. 26.2.2015 – IX ZR 172/14.
6 *Stöber* (ZVG), § 94 Rn 3.3.; a.A. *Böttcher* (ZVG), § 94 Rn 5 und *Drasdo*, NZI 2014, 846: Nach der Gegenansicht ist eine Verteilung der nach dem Zuschlag eingezogenen Nutzungen im Rahmen des § 156 Abs. 2 ZVG nicht zulässig, da die gerichtliche Verwaltung gem. § 94 ZVG lediglich deren Sicherung und nicht der Gläubigerbefriedigung dienen soll.

16 Abschließend sei angemerkt, dass der Schuldner mit dem Zuschlag sein Eigentum an dem Grundstück und damit sein Recht zum Besitz verliert. Daher kann ihm auch nicht während der gerichtlichen Verwaltung auf der Grundlage des § 149 ZVG ein Wohnrecht zugebilligt werden.

Der Ersteher ist zwar mit dem Zuschlag Eigentümer des Grundstücks geworden, allerdings ist er wegen des alleinigen Besitz- und Verwaltungsrechts des Verwalters nicht befugt, das Grundstück in Besitz zu nehmen. Sofern der Ersteher zum Zeitpunkt der Anordnung der gerichtlichen Verwaltung (§ 94 ZVG) jedoch das Versteigerungsobjekt bewohnte (z.B. als Mieter), kann er sich im Rahmen des § 149 ZVG auf ein Besitzrecht gegenüber dem Verwalter berufen, wenn dadurch nicht der Zweck der gerichtlichen Verwaltung gefährdet wird.[7]

---

7 *Stöber* (ZVG), § 94 Rn 3.2.

§ 29 Dingliche Mietpfändung – Alternative zur Zwangsverwaltung?

A. Miete als Vollstreckungsobjekt

Wie bereits dargelegt (§ 28 Rdn 2), kommt den Nutzungen des Grundbesitzes in der Zwangsverwaltung eine erhebliche Bedeutung zu. Demzufolge besteht gerade bei einem vermieteten Objekt für den Gläubiger eine vielversprechende Aussicht im Wege der Zwangsverwaltung zumindest eine teilweise Befriedigung seiner Forderung zu erlangen. 1

Da es sich bei dem Anspruch des Vermieters gegen den Mieter auf Zahlung der Miete[1] jedoch um eine „gewöhnliche" Geldforderung handelt, ist auch ein Vollstreckungszugriff durch **Pfändung und Überweisung** nach den §§ 828 ff. ZPO denkbar. Diese Forderungspfändung ist **schneller** und weitaus **kostengünstiger** durchführbar als die Zwangsverwaltung. Für eine solche Pfändung gilt das Prioritätsprinzip des § 804 Abs. 3 ZPO. Sofern also bereits ein Gläubiger wegen seiner persönlichen Forderung eine Pfändung der Miete erwirkt hat, besteht für einen weiteren persönlichen Gläubiger nur eine sehr geringe Erfolgsaussicht, durch eine zeitlich spätere Forderungspfändung Befriedigung zu erlangen. 2

B. Dingliche Beschlagnahme bricht „einfache Pfändung"

Weitaus bessere Befriedigungschancen bestehen für den Gläubiger, wenn ihm ein Grundpfandrecht an dem Grundstück des Schuldners zusteht. Durch die Eintragung des Grundpfandrechts werden die Mietforderungen dem Haftungsverband der Hypothek unterstellt (§ 1123 BGB).[2] Die dingliche Haftung zugunsten des Grundpfandrechtsgläubigers wirkt zunächst nur latent. Dies hat zur Folge, dass der Grundstückseigentümer (Vermieter) trotz der bestehenden Hypothekenhaftung noch über die Miete verfügen kann. Um diese nachteiligen Verfügungen zu verhindern und exklusiven Zugriff auf die Miete nehmen zu können, muss der Grundpfandrechtsgläubiger den Haftungsverband der Hypothek durch das Erwirken einer Beschlagnahme aktivieren. 3

Wird **vor** dieser Beschlagnahme die Miete eingezogen oder wird in anderer Weise über sie verfügt, so ist diese Verfügung dem Grundpfandrechtsgläubiger gegenüber wirksam (§ 1124 Abs. 1 BGB). Klarstellend sei angemerkt, dass zu einer Verfügung i.S.d. Norm auch eine solche im Wege der Zwangsvollstreckung (hier: Mobiliarpfändung) gehört.[3] 4

Nachdem der Grundpfandrechtsgläubiger die Beschlagnahme der Miete erwirkt hat, sind die vor Haftungsverwirklichung vorgenommenen Verfügungen über die Miete ihm gegenüber **unwirksam**, soweit sie sich auf die Miete für die spätere Zeit als den zur Zeit der Beschlagnahme laufenden Kalendermonat beziehen. Erfolgt die Beschlagnahme nach dem fünfzehnten Tage des Monats, so ist die Verfügung jedoch insoweit wirksam, als sie sich auf die Miete für den folgenden Kalendermonat bezieht (§ 1124 Abs. 2 BGB). 5

Durch diese Regelung wird wenigstens die i.S.d. § 1124 Abs. 2 BGB künftige Miete trotz vorgenommener Vorausverfügung wieder der Hypothekenhaftung unterstellt[4] und das Prioritätsprinzip der Mobiliarvollstreckung durchbrochen.

Die von § 1124 BGB geforderte **Beschlagnahme** der Miete kann der Grundpfandrechtsgläubiger durch die **Pfändung** der Miete auf der Grundlage eines **dinglichen Titels** (sog. Duldungstitel) erreichen.[5] 6

---

1 Soweit in diesem Kapitel von Miete gesprochen wird, gelten die Ausführungen entsprechend für die Pacht.
2 Wegen § 1192 Abs. 1 BGB gilt dies entsprechend für die Grundschuld und die Rentenschuld.
3 MüKo-BGB/*Lieder*, § 1124 Rn 14.
4 *Depré/Mayer*, Rn 199.
5 MüKo-BGB/*Lieder*, § 1123 Rn 23.

§ 29 Dingliche Mietpfändung – Alternative zur Zwangsverwaltung?

7 Diesen dinglichen Titel hält der Grundpfandrechtsgläubiger meist schon in Händen, weil sich der Eigentümer regelmäßig bei der Grundpfandrechtsbestellung in der notariellen Urkunde der sofortigen Zwangsvollstreckung aus dem einzutragenden Grundpfandrecht in das Grundstück unterwirft (§ 794 Abs. 1 Nr. 5 ZPO). Anderenfalls müsste der Gläubiger über eine Duldungsklage (§ 1147 BGB) diesen dinglichen Titel (§ 704 ZPO) gegen den Schuldner erwirken.

8 Nimmt der Grundpfandrechtsgläubiger eine Pfändung der Miete (durch Pfändungs- und Überweisungsbeschluss des Vollstreckungsgerichts) auf der Grundlage seines dinglichen Titels vor, aktiviert er damit den Haftungsverband des Grundpfandrechts. Dies hat die relative Unwirksamkeit der zuvor ausgebrachten „einfachen Mietpfändung" im Rahmen des § 1124 Abs. 2 BGB zur Folge. Mithin nimmt der Grundpfandrechtsgläubiger durch die dingliche Mietpfändung exklusiven Zugriff auf diese Forderung, d.h. er allein wird aus der Pfändung der künftigen Miete befriedigt.

9 Dies gilt selbst dann, wenn das Grundpfandrecht erst **nach** Wirksamwerden der „einfachen Mietpfändung" zur Entstehung gelangt ist. Durch eine vor der Begründung des Grundpfandrechts vorgenommene Verfügung über die künftige Miete wird diese Forderung nicht von dem Eigentum an dem Grundstück getrennt, so dass sie ungeachtet dessen noch dem Haftungsverband des zeitlich später bestellten Grundpfandrechts unterliegt.[6]

10 Neben der dinglichen Mietpfändung kann der Grundpfandrechtsgläubiger die **Beschlagnahme** der Miete i.S.d. § 1124 BGB auch durch die **Anordnung der Zwangsverwaltung** erreichen. Im Gegensatz zur Zwangsversteigerung unterliegen die Mietforderungen der Beschlagnahme eines Zwangsverwaltungsverfahrens (§§ 148 Abs. 1 S. 1, 21 Abs. 2 ZVG). Mit Wirksamwerden der Beschlagnahme in der Zwangsverwaltung tritt die relative Unwirksamkeit der Vorausverfügungen i.S.d. § 1124 Abs. 2 BGB zugunsten des Anordnungsgläubigers ein. Der Zwangsverwalter ist folglich berechtigt, die Miete für den auf die Beschlagnahme folgenden Kalendermonat bzw. den übernächsten Kalendermonat, sofern die Beschlagnahme nach dem fünfzehnten Tag des Monats erfolgte, einzuziehen. Die Befriedigung der Berechtigten aus den generierten Überschüssen (§ 33 Rdn 70 ff.) erfolgt nach den RK des § 10 ZVG (§ 155 Abs. 2 ZVG). Daher stellt die Zwangsverwaltung für den Grundpfandrechtsgläubiger einen weiteren Weg dar, trotz vorliegender „einfacher Mietpfändung" Befriedigung aus der Miete zu erfahren.

11 Sofern der Grundpfandrechtsgläubiger eine dingliche Mietpfändung erwirkt hat, kann er aus dieser starken Position nur **vertrieben** werden, wenn
1. ein weiterer Grundpfandrechtsgläubiger aus einem rangbesseren Grundpfandrecht ebenfalls die dingliche Mietpfändung bewirkt oder
2. die Beschlagnahme der Miete in einem später angeordneten Zwangsverwaltungsverfahren bewirkt wird.

Zu 1.:

In der Konkurrenz mehrerer Grundpfandrechtsgläubiger gilt nicht der Zeitpunkt der Beschlagnahme, sondern der **Grundbuchrang** der Rechte (§ 879 BGB), aus denen die Zwangsvollstreckung betrieben wird.

Zu 2.:

Durch die Beschlagnahme in der Zwangsverwaltung wird die Miete ausschließlich der Immobiliarvollstreckung und den Befriedigungsregeln des Zwangsverwaltungsverfahrens unterstellt (§ 865 Abs. 2 S. 2 ZPO). Daher geht das Recht des Zwangsverwalters, die Miete einzuziehen (§ 148 ZVG) und diese nach Maßgabe der §§ 155 ff. ZVG zu verwenden, in jedem Fall der dinglichen Mietpfändung vor.[7] Dies gilt selbst dann, wenn die Zwangsverwaltung „nur" von einem gegenüber dem pfändenden Grund-

---

[6] So für den Fall der Abtretung der Mietforderungen und nachträglicher Grundpfandrechtsbestellung, BGH v. 9.6.2005 – IX ZR 160/04.
[7] LG Braunschweig v. 6.10.1995 – 1 O 194/95.

pfandrechtsgläubiger nachrangigen Grundpfandrechtsgläubiger[8] oder von einem persönlichen Gläubiger betrieben wird. Die bisher ausgebrachten „einfachen" und dinglichen Mietpfändungen werden aber nicht gegenstandslos, sondern ruhen für die Zeit der Zwangsverwaltung und leben nach deren Aufhebung in der ursprünglichen Rangfolge wieder auf.

Somit lässt sich für die Mietpfändung abschließend folgende „Rangfolge" festhalten:

12

1. Rang	Beschlagnahme in der **Zwangsverwaltung**; liegen mehrere dieser Beschlagnahmen vor, gilt § 10 ZVG
2. Rang	Pfändung aus **dinglichem** Anspruch; liegen mehrere dieser Beschlagnahmen vor, gilt § 879 BGB
3. Rang	Pfändung aus **persönlichem** Anspruch; liegen mehrere Pfändungen vor, gilt § 804 Abs. 3 ZPO

Für den Fall, dass über das Vermögen des Schuldners das **Insolvenzverfahren** eröffnet wird, ist zu beachten, dass ein dinglicher Gläubiger in einem Insolvenzverfahren sein Absonderungsrecht nur durch Zwangsverwaltung, nicht aber durch dingliche Mietpfändung durchsetzen kann (§ 49 InsO).[9] Aufgrund der Pfändung mit dem dinglichen Titel ist der Gläubiger zwar absonderungsberechtigt, kann diese Absonderung aber im Insolvenzverfahren nicht durchsetzen. Hier bleibt also nur die Beantragung der Zwangsverwaltung.

13

C. Prozessökonomisches Gläubigerverhalten

Für welche Maßnahme sich ein Gläubiger letztlich entscheiden sollte, wird an einem Beispiel verdeutlicht:

14

> *Beispiel*
>
> Der Schuldner und Grundstückseigentümer (und Vermieter) E kann mtl. 1.500,00 EUR an Mieten einziehen. Diese Mieteinnahmen verwendet er, um die in gleicher Höhe mtl. anfallenden Zins- und Tilgungsleistungen gegenüber seiner Bank B, die über eine Grundschuld an erster Rangstelle im Grundbuch abgesichert ist, zu begleichen. B verfügt ebenfalls über einen persönlichen Titel gegen E in Höhe des Grundschuldbetrages.
>
> Dem persönlichen Gläubiger G steht gegen E ein vollstreckbarer Anspruch in Höhe von 50.000,00 EUR zu. Er erwirkt wegen dieses Anspruchs einen Pfändungs- und Überweisungsbeschluss, mit welchem er die genannten Mietforderungen des E pfändet und sich zur Einziehung überweisen lässt. E sieht sich jetzt nicht mehr in der Lage, seine laufenden Verbindlichkeiten gegenüber seiner Bank zu erbringen. B erwägt den Vollstreckungszugriff auf die Mietforderungen.

Theoretisch kommen hierfür **drei Möglichkeiten** in Betracht:

15

1. **Forderungspfändung aus dem persönlichen Titel**
   Das Pfandrecht von G würde B vorgehen (§ 804 Abs. 3 ZPO). Wegen der hohen Forderung des G kann B in absehbarer Zeit nicht mit einer Befriedigung rechnen.
2. **Forderungspfändung aus dem dinglichen Titel**
   Durch die Beschlagnahme aufgrund der dinglichen Mietpfändung würde die Hypothekenhaftung aktiviert; nach § 1124 Abs. 2 BGB wäre die „einfache Mietpfändung" des G der B gegenüber unwirksam, soweit sie die i.S. dieser Norm künftigen Ansprüche betrifft. Wählt B diesen Weg, würde sie den per-

---

[8] BGH v. 9.6.2005 – IX ZR 160/04.
[9] BGH v. 13.7.2006 – IX ZB 301/04.

sönlichen Gläubiger G alsbald vom ersten Pfändungsrang verdrängen und erhielte exklusiven Zugriff auf die Miete. Dies geschähe unabhängig von der Rangstelle seines Rechts im Grundbuch und wäre nur durch die unter § 29 Rdn 11 geschilderten Umstände zu beeinträchtigen. Zudem ist das Forderungspfändungsverfahren schnell und kostengünstig.[10]

Sofern sich B für eine dingliche Mietpfändung entscheidet, ist zu beachten, dass jeder im Wege dieser Pfändung eingenommene Euro von der Pfändungsgläubigerin auf die dingliche Forderung verrechnet werden muss. Über Grundschulden gesicherte Kreditinstitute versuchen solches soweit möglich zu vermeiden. Im Rahmen der Darlehensgewährung wird daher meist vereinbart, dass jede Zahlung des Schuldners auf das über die Sicherungsabrede mit der Grundschuld verbundene Darlehen (= persönliche Forderung der Bank) gezahlt wird. So wird erreicht, dass die Grundschuld bis zur Rückgewähr der Sicherheit für evtl. weitere Sicherungszwecke zur Verfügung stehen kann. Sobald jedoch der dingliche Anspruch im Wege der Zwangsvollstreckung realisiert wird, muss jeder aus dieser Zwangsvollstreckungsmaßnahme generierte Euro auch auf die dingliche Forderung verrechnet werden.

3. **Beantragung der Zwangsverwaltung**

Auch durch die Beschlagnahme in der Zwangsverwaltung würde die Hypothekenhaftung aktiviert und nach § 1124 Abs. 2 BGB die „einfache Mietpfändung" des G der B gegenüber unwirksam werden, soweit sie die im Sinne dieser Norm künftigen Ansprüche betrifft. In der Zwangsverwaltung würde eine Befriedigung aus den Überschüssen in der Rangfolge des § 10 ZVG erfolgen. Da B zu diesen Berechtigten gehört (RK 4) und eine gute Rangstelle im Grundbuch einnimmt, könnte auch sie mit einer Zuteilung rechnen. Nach den Regelungen der Zwangsverwaltung müsste sich der vom Vollstreckungsgericht bestellte Zwangsverwalter zunächst den Besitz des Objekts verschaffen und danach die Mieten einziehen. Aus diesem Erlös hätte er vorab die Beträge für die Ausgaben der Verwaltung und die Kosten des Verfahrens (§ 155 Abs. 1 ZVG) zu bestreiten sowie die laufenden Beträge der öffentlichen Grundstückslasten (§ 156 Abs. 1 ZVG) zu berichtigen. Ist danach noch genügend Masse vorhanden, bestimmt das Vollstreckungsgericht (nach Anzeige des Verwalters) einen Verteilungstermin zur Erstellung eines Teilungsplans (§ 156 Abs. 2 ZVG). Erst nach dessen Erstellung könnte Gläubigerin B mit einer Zuteilung rechnen (§ 33 Rdn 85 ff.).

Im Vergleich zur dinglichen Mietpfändung erhält die Gläubigerin B keinen exklusiven Zugriff auf die Miete, vielmehr muss sie zunächst die Befriedigung der vorrangigen Ansprüche (z.B. Ausgaben der Verwaltung, Kosten des Verfahrens usw.) dulden. Außerdem ist die Anordnung des Zwangsverwaltungsverfahrens im Vergleich zur Forderungspfändung teurer[11] und dessen Durchführung bis zur Befriedigung des Gläubigers langwieriger. Zudem ist auch bei dieser Zwangsvollstreckungsmaßnahme seitens der Gläubigerin zu beachten, dass jeder aus der Zwangsverwaltung eingenommene Euro auf die dingliche Forderung verrechnet werden muss.

---

10 Festgebühr von 20,00 EUR (KVGKG Nr. 2111) zzgl. Zustellungsauslagen.
11 Festgebühr von 100,00 EUR (KVGKG Nr. 2220) zzgl. Zustellungsauslagen.

§ 30 Verfahren über die Anordnung der Zwangsverwaltung

A. Objekte der Zwangsverwaltung

Objekte der Zwangsverwaltung können Grundstücke (§ 864 Abs. 1 ZPO), ideelle Grundstücksbruchteile (§ 864 Abs. 2 ZPO) und grundstücksgleiche Rechte (§ 870 ZPO) sein.

Wird die Zwangsverwaltung in den **ideellen Bruchteil eines Grundstücks** betrieben, so ist der Zwangsverwalter an die von den Eigentümern getroffenen Verwaltungs- und Benutzungsregelungen gebunden. Diese Regelungen wirken auch gegenüber dem Zwangsverwalter (§§ 745, 746, 1010 BGB). Der Verwalter kann daher nur die Rechte ausüben, die dem Schuldner auch zustehen.[1] Allerdings kann während eines angeordneten Zwangsverwaltungsverfahrens weder der Zwangsverwalter noch der Schuldner allein, sondern es können nur beide gemeinsam den Anspruch auf Aufhebung der Gemeinschaft gem. § 749 BGB, §§ 180 ff. ZVG durchsetzen. Das Recht der übrigen Miteigentümer, die Aufhebung der Gemeinschaft zu verlangen, bleibt unberührt.

Die Zwangsverwaltung kann auch über ein **Erbbaurecht** und in andere grundstücksgleiche Rechte[2] angeordnet werden. Die oft als Inhalt des Erbbaurechts vereinbarte Beschränkung nach § 5 Abs. 1 ErbbauRG hindert die Zwangsverwaltung nicht, da das Grundstück in deren Rahmen nicht veräußert wird.

Auch **Wohnungs- oder Teileigentum** kann Gegenstand der Zwangsverwaltung sein. Da die Zwangsverwaltung keine Veräußerung des Grundbesitzes bedeutet, stellt eine als Inhalt des Sondereigentums evtl. vereinbarte Veräußerungsbeschränkung nach § 12 WEG kein Hindernis dar. Zur Anordnung der Zwangsverwaltung ist die Zustimmung des Wohnungseigentumsverwalters oder der Wohnungseigentümer nicht erforderlich, auch dann nicht, wenn dies für den Fall der Zwangsversteigerung so vereinbart sein sollte.

Die Verfahren über **mehrere Vollstreckungsobjekte** können gem. § 146 Abs. 1 ZVG unter den Voraussetzungen des § 18 ZVG verbunden werden (siehe § 10 Rdn 3–7).

In der Zwangsverwaltung ist jedoch zu beachten, dass die Erträge der jeweiligen Vollstreckungsobjekte **getrennt** zu halten sind und auch die Verteilung gesondert durchzuführen ist. Daher darf grundsätzlich ein umfangreicher Ertrag eines Vollstreckungsobjekts nicht zur Befriedigung der gegen ein anderes (ertragsschwächeres) Vollstreckungsobjekt gerichteten Ansprüche verwendet werden. Dies ist jedoch zulässig, soweit eine Gesamtbelastung vorliegt.

Die Zwangsverwaltung ist **nicht zulässig** bei Luftfahrzeugen (§ 171a ZVG), Schiffen und Schiffsbauwerken (§ 870a Abs. 1 ZPO). Bei der Anordnung der Zwangsversteigerung der o.g. Objekte hat das Vollstreckungsgericht jedoch zugleich deren Bewachung und Verwahrung anzuordnen (§§ 165 Abs. 1, 171c Abs. 2 ZVG).

B. Antrag auf Zwangsverwaltung

Auf die Anordnung der Zwangsverwaltung finden die Vorschriften über die Anordnung der Zwangsversteigerung entsprechende Anwendung, soweit sich nicht aus den §§ 147 bis 151 ZVG etwas anderes ergibt (§ 146 Abs. 1 ZVG).

Die Zwangsverwaltung wird daher nur auf Antrag eines Gläubigers durch das Vollstreckungsgericht angeordnet (§§ 146 Abs. 1, 15 ZVG).

---

1 Dazu ausführlich *Depré/Mayer,* Rn 465 ff.
2 Eine Auflistung findet sich bei *Stöber* (ZVG), Einl. 13.2.

§ 30 Verfahren über die Anordnung der Zwangsverwaltung

I. Zuständigkeit

8 Die Zuständigkeit bestimmt sich nach den allgemeinen Bestimmungen (§§ 1, 2 ZVG). Für die Durchführung der Zwangsverwaltung ist damit grundsätzlich das Amtsgericht zuständig, in dessen Bezirk das Grundstück liegt. Wegen der Zentralisierung und Zuständigkeitsbestimmung wird auf § 1 Rdn 6 und 7 verwiesen.

Die funktionelle Zuständigkeit liegt beim Rechtspfleger (§ 3 Nr. 1i RPflG).

II. Antragsvoraussetzungen

1. Vollstreckungstitel

9 Wie bei der Zwangsversteigerung zum Zwecke der Zwangsvollstreckung erfolgt die Anordnung der Zwangsverwaltung ebenfalls nur auf Grundlage eines vollstreckbaren Titels. Auf die Ausführungen unter § 1 Rdn 23 ff. wird verwiesen.

2. Zwangsverwaltung gegen den Eigentümer

10 Auch zur Anordnung der Zwangsverwaltung muss der Schuldner als **Eigentümer** im Grundbuch eingetragen oder Erbe des eingetragenen Eigentümers sein (§§ 146 Abs. 1, 17 Abs. 1 ZVG). Zu den Ausnahmen und zur Nachweisfrage siehe § 1 Rdn 12.

11 Da die Zwangsverwaltung auf die Grundstücksnutzungen abzielt (siehe § 28 Rdn 2), muss sich der Eigentümer auch in einer Position befinden, aus der heraus er solche Nutzungen grundsätzlich ziehen kann. Die Durchführung der Zwangsverwaltung setzt daher den **Eigenbesitz** des Eigentümers am Zwangsverwaltungsobjekt voraus.[3] Das bedeutet, dass er das Grundstück **als ihm gehörend** besitzen muss (§ 872 BGB). Unerheblich ist dabei, ob der Eigentümer den unmittelbaren Besitz (er nutzt das Objekt selbst) oder den mittelbaren Besitz (Grundstück ist vermietet oder verpachtet) am Zwangsverwaltungsobjekt innehat.

Eine vorherige Erforschung dieses Umstands durch den Gläubiger ist nicht erforderlich, da der Eigenbesitz des Eigentümers bei der Antragstellung nicht darzulegen ist. Vielmehr hat das Vollstreckungsgericht das Zwangsverwaltungsverfahren ohne Weiteres anzuordnen, wenn der Gläubiger nachweist, dass der Vollstreckungsschuldner als Eigentümer im Grundbuch eingetragen ist, und das Vollstreckungsgericht keine sichere Kenntnis von dem hindernden Eigenbesitz eines Dritten hat.[4] Sofern sich der mangelnde Eigenbesitz des Eigentümers nach der Anordnung der Zwangsverwaltung herausstellt, siehe für die weitere Vorgehensweise § 32 Rdn 23.

12 Sollte dem Gläubiger jedoch vor der Antragstellung bereits die **vollständige Besitzaufgabe** durch den Eigentümer bekannt sein, kommt nur die Beantragung der Zwangsverwaltung gegen den (nicht als Eigentümer eingetragenen) Eigenbesitzer in Betracht (dazu Rdn 13 ff.).

3. Zwangsverwaltung gegen den Eigenbesitzer

a) Eigenbesitz

13 Normalerweise ist der Eigentümer auch der Eigenbesitzer des Grundstücks (entweder unmittelbarer oder mittelbarer Eigenbesitzer, siehe Rdn 11). Es sind allerdings wenige Sonderfälle denkbar, in denen der Eigentümer den Eigenbesitz an dem Grundstück aufgegeben hat.

---

3 BGH v. 26.9.1985 – IX ZR 88/84.
4 BGH v. 19.3.2004 – IXa ZB 190/03.

B. Antrag auf Zwangsverwaltung § 30

Beispiel 14
B kauft von A ein Grundstück. Eigentümer A hat sein Grundstück an B aufgelassen[5] und ihm bereits übergeben. Die Umschreibung des Eigentums im Grundbuch steht noch aus. Es fehlt somit zum Erwerb des Eigentums durch B noch dessen Eintragung im Grundbuch (§ 873 BGB). B ist aber bereits Besitzer des Grundstücks.

In diesen Fällen ist die Anordnung einer Zwangsverwaltung gegen den eingetragenen Eigentümer (hier A) ausgeschlossen, da er nicht mehr die tatsächliche Sachherrschaft über das Grundstück hat (Rdn 11). Unter bestimmten Voraussetzungen ist hier jedoch die Durchführung der Zwangsverwaltung gegen den (nicht als Eigentümer eingetragenen) Eigenbesitzer (hier B) möglich (§ 147 Abs. 1 ZVG). 15

b) Voraussetzungen

- Schuldner ist **Eigenbesitzer** 16
  Der Vollstreckungsschuldner muss das Grundstück i.S.d. § 872 BGB als ihm gehörend besitzen. Eigenbesitzer ist damit nicht, wer sein Recht zum Besitz von einem Dritten aufgrund eines dinglichen (z.B. Wohnungsrecht) oder persönlichen (z.B. Mietvertrag) Nutzungsrecht ableitet.
- Vollstreckung eines Anspruchs aus einem **eingetragenen Recht**
  Nur die Ansprüche aus einer Hypothek, Grundschuld, Rentenschuld oder Reallast können gegen einen Eigenbesitzer vollstreckt werden (§ 147 Abs. 1 ZVG). Auch aus einer Zwangshypothek ist diese Vollstreckung möglich.[6] Eine analoge Anwendung von § 147 ZVG zur Durchsetzung von Rechten, die nicht im Grundbuch eingetragen sind, scheidet aus.[7]
- **Vollstreckungstitel** gegen den Eigenbesitzer
  Die Zwangsvollstreckung (durch Zwangsverwaltung) gegen den Eigenbesitzer erfordert einen gegen diesen gerichteten Vollstreckungstitel. Ein Vollstreckungstitel nur gegen den eingetragenen Eigentümer reicht nicht aus.[8] Weiter muss es sich, weil aus einem eingetragenen Recht vorgegangen wird, dabei um einen Duldungstitel handeln. Meist wird der Grundpfandrechtsgläubiger einen solchen Titel (z.B. notarielle Urkunde nach § 794 Abs. 1 Nr. 5 ZPO) nur gegen den eingetragenen Eigentümer, welcher das Grundpfandrecht bestellt hat, nicht jedoch gegen den Eigenbesitzer in Händen halten.
  In diesem Fall ist die Umschreibung des Titels durch Erteilung einer (titelerweiternden) Rechtsnachfolgeklausel nach § 727 ZPO erforderlich. In diesem Verfahren muss der Eigenbesitz, sofern nicht offenkundig, von dem Gläubiger durch öffentliche oder öffentlich beglaubigte Urkunden nachgewiesen werden (§ 727 Abs. 1 ZPO).
  Verfügt der Gläubiger noch nicht über einen Titel, muss er diesen über eine Duldungsklage gegen den Eigenbesitzer erwirken.
  Vor Beginn der Zwangsvollstreckung ist weiter das Zustellungserfordernis nach § 750 Abs. 1 und 2 ZPO zu beachten.
- **Offenkundigkeit** oder **Glaubhaftmachung** des Eigenbesitzes
  Sofern der Eigenbesitz nicht bei dem Vollstreckungsgericht offenkundig ist, also entweder allgemein bekannt oder dem Vollstreckungsgericht aufgrund seiner jetzigen oder einer früheren amtlichen Tätigkeit bekannt ist, muss dieser glaubhaft gemacht werden. § 147 Abs. 2 ZVG beschränkt dabei die Möglichkeiten des Gläubigers nicht auf öffentliche oder öffentlich beglaubigte Urkunden. Neben behördlichen Bescheinigungen kommt insbesondere die notarielle Kaufurkunde, aus welcher sich der Besitzübergang an den Käufer ergibt, in Betracht. An diese kann der Gläubiger wegen § 792 ZPO gelangen.
  Das Vollstreckungsgericht entscheidet die Frage der Offenkundigkeit/Glaubhaftmachung des Eigenbesitzes nach pflichtgemäßem Ermessen.

---
5 Auflassung ist für die Bejahung von Eigenbesitz nicht erforderlich.
6 So zutreffend *Depré/Mayer*, Rn 35.
7 BGH v. 23.9.2009 – V ZB 19/09.
8 BGH v. 26.9.1985 – IX ZR 88/84.

17 Besitzt der Dritte nicht als **Eigenbesitzer** oder steht dem Gläubiger „nur" eine **persönliche Forderung** gegen den Eigentümer zu, so bleibt dem Gläubiger nur folgender (Um-)Weg:
Der Gläubiger muss einen etwaigen Herausgabeanspruch des Eigentümers gegen den Besitzer pfänden und sich zur Einziehung überweisen lassen, sodann einen Herausgabetitel gegen den Besitzer erwirken, um schließlich nach erfolgter Herausgabe die Zwangsverwaltung durchführen zu lassen.[9]

4. Sonderfälle

a) Nießbrauch

18 Während ein Nießbrauch die Anordnung der Zwangsversteigerung nicht hindert, steht ein solches Recht der Anordnung der Zwangsverwaltung sehr wohl entgegen. Der Grund hierfür liegt im Wesen des Nießbrauchs. Seit dessen Bestellung steht dem Nießbraucher die dingliche Berechtigung zu, die Nutzungen des belasteten Grundstücks zu ziehen (§ 1030 Abs. 1 BGB) und es zu besitzen (§ 1036 Abs. 1 BGB). Damit betrifft der Nießbrauch exakt die Ansprüche, auf welche der Gläubiger im Rahmen der Zwangsverwaltung zugreifen möchte (§ 28 Rdn 2 ff.).

Besteht an dem Zwangsverwaltungsobjekt ein Nießbrauch, ist fraglich, wer materiell-rechtlich vorrangig zur Befriedigung aus den Erträgen des Grundstücks berechtigt ist. Die Beantwortung dieser Frage hängt von dem Rangverhältnis der Rechte untereinander ab (§ 879 BGB).

19 Mit der Eintragung des Grundpfandrechts wird dessen Haftungsverband begründet, dem insbesondere die Miet- und Pachtforderungen unterliegen (§§ 1123, 1192 Abs. 1 BGB). Diese dingliche Haftung besteht jedoch nur latent (§ 29 Rdn 3 ff.), so dass die nachträgliche Bestellung eines Nießbrauchs durch den Eigentümer möglich ist und ab dessen Eintragung den Nießbraucher berechtigt, die Nutzungen des Grundstücks zu ziehen. Sobald der Grundpfandrechtsgläubiger allerdings seine dingliche Haftung im Wege der Beschlagnahme realisieren möchte, greift § 879 BGB ein und der Nießbraucher tritt mit seinem Recht zur Einziehung der Nutzungen des Grundstücks hinter den Grundpfandrechtsgläubiger zurück.[10] Der Nießbraucher ist zur Duldung der Zwangsvollstreckung durch den vorrangigen Grundpfandrechtsgläubiger gem. §§ 1147, 879 BGB verpflichtet.[11]

Diese materiell-rechtlichen Erwägungen sind die Grundlage für die sich anschließende Frage, in welchem **Umfang** der Gläubiger die Anordnung der **Zwangsverwaltung** erwirken kann.

aa) Vorrangiger Grundpfandrechtsgläubiger

20 Um im Wege einer **unbeschränkten Zwangsverwaltung** in die bestehenden Rechte des Nießbrauchers zwangsweise einzugreifen können, bedarf es neben der Vorlage eines Duldungstitels gegen den eingetragenen Eigentümer auch der Vorlage eines Duldungstitels gegen den nachrangigen Nießbraucher.[12] Diesen Duldungstitel erhält der vorrangige Grundpfandrechtsgläubiger meist im Wege der „Umschreibung" des bereits gegen den Eigentümer bestehenden Duldungstitels durch Erteilung einer (titelerweiternden) Rechtsnachfolgeklausel (§ 727 ZPO). Der Nießbraucher wird im Hinblick auf den Duldungsanspruch aus § 1147 BGB als Rechtsnachfolger des Eigentümers behandelt.[13] Sofern auf diesem Wege kein Duldungstitel gegen den Nießbraucher erlangt werden kann, besteht die Möglichkeit, den Nießbraucher auf Duldung der Zwangsvollstreckung zu verklagen oder dessen (freiwillige) Zustimmung zur Durchführung der Zwangsverwaltung einzuholen.

---

9 BGH v. 26.9.1985 – IX ZR 88/84.
10 MüKo-BGB/*Lieder*, § 1124 Rn 18.
11 BGH v. 14.3.2003 – IXa ZB 45/03.
12 BGH v. 14.3.2003 – IXa ZB 45/03.
13 BGH v. 26.3.2014 – V ZB 140/13.

Legt der Gläubiger demnach einen Duldungstitel gegen den **Eigentümer und den Nießbraucher** vor, ordnet das Vollstreckungsgericht die unbeschränkte Zwangsverwaltung an. Dies hat zur Folge, dass der Nießbraucher auf der Basis des Anordnungsbeschlusses mit Zustellungsvermerk und Ermächtigung nach § 150 Abs. 2 ZVG aus dem Besitz gesetzt werden kann.[14] Ein Anspruch des Nießbrauchers auf Belassung von Wohnräumen nach § 149 Abs. 1 ZVG besteht nicht. Zudem ist ausschließlich der Zwangsverwalter berechtigt, das Grundstück (insbesondere durch Vermietung bzw. Verpachtung) ordnungsgemäß zu nutzen und die im Zeitpunkt der Beschlagnahme noch nicht eingezogenen und künftig entstehenden Mietforderungen einzuziehen. Die Bestellung des Nießbrauchs stellt eine Verfügung über das Grundstück und nicht über die Mietforderungen dar, so dass die Einziehungsberechtigung des Verwalters bereits ab der Beschlagnahme und nicht ab dem in § 1124 Abs. 2 BGB benannten Zeitpunkt besteht.[15] Der Zwangsverwalter kann selbst jene Mieten einziehen, welche aufgrund eines Mietvertrages zu zahlen sind, den der Nießbraucher im Rahmen seines Rechts abgeschlossen hat.[16]

Legt der Gläubiger lediglich einen Duldungstitel gegen den **Eigentümer** vor, kann das Vollstreckungsgericht nur eine **beschränkte Zwangsverwaltung** anordnen. Dies hat zur Folge, dass die Rechte des Nießbrauchers durch die Zwangsverwaltung nicht berührt werden dürfen und der Zwangsverwalter an die Beschränkungen gebunden ist, die sich aus dem Nießbrauch ergeben.[17] Die Tatsache, dass es sich um eine derartig beschränkte Zwangsverwaltung handelt, hat das Vollstreckungsgericht bereits im Anordnungsbeschluss auszusprechen. Der Antrag auf Anordnung einer beschränkten Zwangsverwaltung ist nur ausnahmsweise sinnvoll, da der Zwangsverwalter keine Zugriffsmöglichkeiten auf die zu ziehenden Nutzungen des Grundstücks hat. Der Zwangsverwalter hat lediglich die Funktion, das Grundstück und den Nießbraucher zu überwachen und die Rechte auszuüben, die der Eigentümer gegen den Nießbraucher geltend machen könnte.

bb) Nachrangiger Grundpfandrechtsgläubiger/Persönlicher Gläubiger

Mit der Eintragung des Nießbrauchs scheiden die (künftigen) Miet- und Pachtforderungen aus dem Vermögen des Eigentümers aus, so dass diese Ansprüche nicht mehr dem Haftungsverband eines später eingetragenen Grundpfandrechts unterstellt werden können. Der Gläubiger erwirbt daher sein Grundpfandrecht bereits mit den sich aus dem vorgehenden Nießbrauch ergebenden Einschränkungen.[18] Entsprechendes gilt für den Gläubiger einer persönlichen Forderung, der erst durch das Wirksamwerden der Beschlagnahme ein Recht auf Befriedigung aus den Nutzungen des Grundstücks erlangen würde. Mithin müssen diese Gläubiger das bestehende Recht des Nießbrauchers zur Einziehung der Nutzungen in vollem Umfang gegen sich gelten lassen. Ein Anspruch auf Duldung der Zwangsvollstreckung gegen den Nießbraucher besteht nicht.

Daher verbleibt auch hier nur die Möglichkeit, unter Vorlage eines Titels gegen den Eigentümer die Anordnung einer **beschränkten Zwangsverwaltung** zu erwirken (Rdn 21).

Ein für den **Eigentümer** bestehender Nießbrauch hindert in keinem Fall die Anordnung der unbeschränkten Zwangsverwaltung.

b) Altenteil (Leibgeding) und Wohnungsrecht

Zwar gewähren ein Altenteil (Leibgeding) und ein Wohnungsrecht dem Berechtigten auch die dingliche Berechtigung zum Besitz des Grundstücks; dieses bezieht sich allerdings nur auf Teile des Grundstücks oder einzelne Räume des Gebäudes. Mithin stehen diese Rechte der Anordnung der Zwangsver-

---

14 *Stöber* (ZVG), § 146 Rn 11.3.
15 MüKo-BGB/*Lieder*, § 1124 Rn 17 und 18.
16 *Depré/Mayer*, Rn 66.
17 *Stöber* (ZVG), § 146 Rn 11.6.
18 MüKo-BGB/*Lieder*, § 1124 Rn 19.

waltung nicht entgegen. Erst im Rahmen der Inbesitznahme kann die Vorlage eines Duldungstitels gegen den Berechtigten erforderlich werden.[19]

c) Verfügungsbeschränkungen

aa) Eröffnung des Insolvenzverfahrens gegen den Eigentümer

25 Die Folgen dieser Verfügungsbeschränkung werden unter § 32 Rdn 27 ff. dargestellt.

bb) Testamentsvollstreckung

26 Für die Zwangsverwaltung im Fall bestehender Testamentsvollstreckung gelten die diesbezüglichen Ausführungen zur Zwangsversteigerung (§ 2 Rdn 63–65) entsprechend.

cc) Vor- und Nacherbschaft

27 Da sich § 2115 BGB nur auf die Zwangsversteigerung bezieht, hindert ein Nacherbenvermerk die Anordnung und Durchführung der Zwangsverwaltung gegen den Vorerben nicht. Da bis zum Eintritt des Nacherbfalls dem **Vorerben** die **Nutzungen** des Grundstücks zustehen (§ 2111 BGB) und sich die Zwangsverwaltung um diese Nutzungen dreht, erfolgt die Anordnung der Zwangsverwaltung (auch) mit einem Titel, der allein den Vorerben als Schuldner ausweist (Gläubiger ist sog. Eigengläubiger des Vorerben).

28 Weiter kann die Anordnung erfolgen wegen
- des dinglichen Anspruchs eines Grundpfandrechtsgläubigers,
- eines persönlichen Anspruchs, wenn der Gläubiger Nachlassgläubiger ist.

29 Mit **Eintritt des Nacherbfalls** fällt die Erbschaft dem Nacherben an. Er wird Erbe des Erblassers. Der Vorerbe ist daher nicht mehr Erbe, damit auch nicht mehr Grundstückseigentümer (§ 2139 BGB).

30 Die weitere Zwangsvollstreckung hat der Nacherbe nur zu dulden, wenn eine der folgenden Voraussetzungen vorliegt:
- Die Zwangsverwaltung erfolgt aus einem Grundpfandrecht (dinglicher Anspruch), welches auch dem Nacherben gegenüber wirksam ist. Dies gilt, wenn das Recht zum Zeitpunkt des Erbfalls bereits eingetragen war oder mit Einwilligung des Nacherben von dem Vorerben bestellt wurde (§ 2115 S. 2 BGB). Der Eintritt der Nacherbfolge hat in diesem Fall auf den Fortgang der aus dem dinglichen Anspruch betriebenen Zwangsverwaltung keinen Einfluss.
Die notwendige Bezeichnung des Nacherben als Schuldner im Vollstreckungstitel erfordert eine Titelumschreibung nach § 728 ZPO mit § 727 ZPO.
- Die Zwangsverwaltung erfolgt wegen des persönlichen Anspruchs eines Nachlassgläubigers. Auch hier ist Titelumschreibung (§§ 728, 727 ZPO) erforderlich.

31 Findet die Zwangsverwaltung jedoch für einen Eigengläubiger des Vorerben oder aus einem dinglichen Recht statt, welches gegenüber dem Nacherben nicht wirksam ist (§ 2113 BGB), muss diese gem. §§ 161 Abs. 4, 28 ZVG aufgehoben werden.

d) Auflassungsvormerkung

32 Eine eingetragene Auflassungsvormerkung hindert die Anordnung der Zwangsverwaltung nicht. Siehe auch § 32 Rdn 22.

III. Inhalt des Antrags und Anlagen

33 Der Antrag auf Anordnung der Zwangsverwaltung hat zu enthalten (§§ 146, 16 ZVG, §§ 253, 130 ZPO):
- Bezeichnung des angerufenen **Gerichts** (§ 1 Rdn 5 und 6);
- **Namen** und zustellungsfähige **Anschriften** des Gläubigers und des Schuldners (§ 1 Rdn 12 und 13);

---

[19] *Stöber* (ZVG), § 146 Rn 11.13.

- Bezeichnung des **Grundstücks** (§ 1 Rdn 14);
- Bezeichnung der zu vollstreckenden **Forderung** des Gläubigers (§ 1 Rdn 16–22);
- Bezeichnung des vollstreckbaren **Titels**;
- einen bestimmten **Antrag** (auf Anordnung der Zwangsverwaltung); an den Umfang des Antrags ist das Vollstreckungsgericht gebunden (§ 308 ZPO).

Soweit einschlägig, sollte der Antrag eine Aussage zur Ausübung des Vorschlagsrechts nach § 150a ZVG oder einen Verzicht auf dieses Vorschlagsrecht (§ 31 Rdn 38 ff.) enthalten.

Eine Begründung des Antrags ist nicht erforderlich.

Wegen der beizufügenden Unterlagen wird auf § 1 Rdn 11 verwiesen. **34**

▼

Muster: Antrag auf Anordnung der Zwangsverwaltung **35**

Stadtsparkasse Musterstadt   Musterstadt, 22.1.2017
Sparkassenplatz 1
66666 Musterstadt

An das
Amtsgericht
66666 Musterstadt

Antrag auf Anordnung der Zwangsverwaltung

In der Zwangsvollstreckungssache

Stadtsparkasse Musterstadt, vertreten durch den Vorstand
Sparkassenplatz 1
66666 Musterstadt

– Gläubigerin –

gegen

Tina Schuld
Hintergasse 1
66666 Musterstadt

– Schuldnerin –

Die Schuldnerin ist Eigentümerin des Grundstücks der Gemarkung Musterstadt, eingetragen im Grundbuch von Musterstadt Blatt 3000 unter lfd. Nr. 1 des Bestandsverzeichnisses FlSt.Nr. 555 Hof- und Gebäudefläche, Waldstraße 14 zu 600 m^2.

Aufgrund der beigefügten vollstreckbaren Urkunde des Notars Dr. Schlau in Musterstadt vom 22.3.2015 – Urk. Rolle Nr. 254/15 – steht der Gläubigerin gegen die Schuldnerin ein dinglicher Anspruch aus der im Grundbuch in Abt. III Nr. 1 eingetragenen Grundschuld zu, und zwar:

1. Hauptforderung in Höhe von 120.000,00 EUR

2. 15 % Zinsen hieraus seit 1.4.2015

3. Kosten der gegenwärtigen Rechtsverfolgung

Die Gläubigerin beantragt hiermit die Zwangsverwaltung des o.g. Grundstücks. Ein Zeugnis gem. § 17 Abs. 2 ZVG fügen wir zum Nachweis der Eigentumsverhältnisse bei. Die Auswahl des Zwangsverwalters stellen wir in das Ermessen des Gerichts. Auf unser Vorschlagsrecht gem. § 150a ZVG verzichten wir.

Stadtsparkasse Musterstadt

(Unterschrift)   (Unterschrift)

Anlagen:

- Urkunde des Notars Dr. Schlau vom 22.3.2015 mit Vollstreckungsklausel und Zustellungsnachweis
- Zeugnis gem. § 17 Abs. 2 ZVG vom 16.1.2017

▲

C. Entscheidung über den Antrag

I. Tätigkeit der Geschäftsstelle

36   Die Geschäftsstelle trägt den Antrag ins Vollstreckungsregister Abteilung I und dort unter L ein. Das Aktenzeichen wird durch das Registerzeichen (L) und die laufende Nummer der Registrierung unter Beifügung der Jahreszahl gebildet (z.B. L 12/17).

Soweit im Antrag für die Eintragung des Schuldners im Grundbuch auf das Grundbuch Bezug genommen ist (§§ 146 Abs. 1, 17 Abs. 2 S. 2 ZVG), werden die Grundakten beigezogen.

II. Prüfung durch das Vollstreckungsgericht

1. Zuständigkeit

37   Zunächst ist die Zuständigkeit nach Maßgabe der §§ 1, 2 ZVG zu prüfen (siehe Rdn 8).

2. Allgemeine Prozessvoraussetzungen

38   Auch vor Beginn einer Zwangsvollstreckung sind die allgemeinen Prozessvoraussetzungen zu prüfen, nämlich z.B.
- Parteifähigkeit (§ 50 ZPO);
- Prozessfähigkeit (§§ 51 bis 53 ZPO);
- Rechtsschutzbedürfnis.
  Wird ein Zwangsverwaltungsantrag erkennbar nur deshalb gestellt, um wegen eines laufenden oder geplanten Zwangsversteigerungsverfahrens einem (Verkehrswert-)Gutachter oder den Bietinteressierten den Zutritt zu dem Objekt zu verschaffen, so fehlt diesem Antrag das Rechtsschutzinteresse; er muss zurückgewiesen werden.[20]

---

20 *Depré/Mayer*, Rn 8; *Haarmeyer/Hintzen*, § 146 ZVG Rn 29; a.M. *Böttcher* (ZVG), § 146 Rn 6.

C. Entscheidung über den Antrag § 30

3. Allgemeine und besondere Vollstreckungsvoraussetzungen

Weiter hat das Vollstreckungsgericht das Vorliegen der allgemeinen und soweit einschlägig auch der besonderen Vollstreckungsvoraussetzungen zu beachten. 39

Auf die Ausführungen unter § 1 Rdn 23 ff. wird verwiesen.

4. Besondere Voraussetzungen der Zwangsverwaltung

a) Voreintragung nach § 17 ZVG

Die Zwangsverwaltung darf nur angeordnet werden, wenn der Schuldner als **Eigentümer** im Grundbuch eingetragen ist oder wenn er Erbe des eingetragenen Eigentümers ist (§§ 146 Abs. 1, 17 Abs. 1 ZVG). Zu den Ausnahmen und zur Nachweisfrage siehe § 1 Rdn 12 und 39. 40

Zur Anordnung der Zwangsverwaltung muss der Eigentümer zusätzlich Eigenbesitzer des Grundstücks sein. Zu dieser Besonderheit und dem dahingehenden Prüfungsumfang des Vollstreckungsgerichts siehe Rdn 11 ff. 41

Wurde die Anordnung der Zwangsverwaltung nicht gegen den Eigentümer, sondern gegen den Eigenbesitzer des Grundstücks beantragt, sind die besonderen Voraussetzungen des § 147 ZVG zu prüfen (Rdn 13 ff.).

b) Entgegenstehende Rechte und Verfügungsbeschränkungen (§ 28 ZVG)

Das Vollstreckungsgericht hat **von Amts wegen zu prüfen**, ob durch die Anordnung der Zwangsverwaltung dieses Grundstücks die Rechte Dritter verletzt würden, wenn das entgegenstehende Recht entweder 42

- **grundbuchersichtlich** (§ 28 **Abs. 1** ZVG) oder
- als Verfügungsbeschränkung (§ 28 **Abs. 2** ZVG) dem Vollstreckungsgericht **bekannt** ist.

Auf die Ausführungen unter § 1 Rdn 43 wird verwiesen.

Einzelheiten zu den entgegenstehenden Rechten siehe ab § 2 Rdn 53. 43

III. Entscheidung des Vollstreckungsgerichts

1. Keine Anhörung des Schuldners

Entgegen der sonst üblichen Grundsätze findet eine vorherige Anhörung des Schuldners auch in der Zwangsverwaltung nicht statt, damit dieser nicht noch rasch vor der Beschlagnahme das Grundstück veräußert oder belastet. 44

2. Beanstandung des Antrags

Kommt das Vollstreckungsgericht zur Auffassung, dass ein **Mangel** vorliegt, kann es keinen Anordnungsbeschluss erlassen. 45

Das konkrete Vorgehen des Vollstreckungsgerichts hängt in diesem Fall davon ab, ob der bestehende Mangel von dem Gläubiger **zeitnah** behoben werden kann. Bejahendenfalls erlässt das Vollstreckungsgericht eine Aufklärungsverfügung (§ 1 Rdn 47), sonst einen Zurückweisungsbeschluss (§ 1 Rdn 48). 46

Eine beispielhafte Aufzählung nicht zeitnah behebbarer Mängel findet sich unter § 1 Rdn 46. 47

Eine weitere Ausnahme von der Eintragung des im Vollstreckungstitel ausgewiesenen Schuldners als Eigentümer im Grundbuch (§ 17 Abs. 1 ZVG) besteht im Falle der Zwangsvollstreckung gegen den Eigenbesitzer (Rdn 13).

Christ

3. Anordnungsbeschluss

48 Die Zwangsverwaltung wird durch Beschluss des Gerichts angeordnet (§§ 146, 15 ZVG), falls die gerichtliche Prüfung des Antrags kein Hindernis ergeben hat.

49 Der **Mindestinhalt** des Anordnungsbeschlusses entspricht der Vorgabe des **§ 16 ZVG** für den Versteigerungsantrag. Daneben ist der Ausspruch, dass die Zwangsverwaltung angeordnet wird, konstitutiv.

50 Darüber hinaus sollte das Gericht, soweit möglich (§ 31 Rdn 11), den Zwangsverwalter bereits im Anordnungsbeschluss bestellen (§ 150 Abs. 1 ZVG) und zugleich anordnen, wie der Verwalter in den Besitz des Grundstücks kommen soll (§ 33 Rdn 1 ff.). Zur Auswahl des Zwangsverwalters siehe § 31 Rdn 3 ff.

51 Eine Begründung des die Zwangsverwaltung anordnenden Beschlusses ist regelmäßig nicht erforderlich.

Checkliste: Inhalt des Anordnungsbeschlusses in der Zwangsverwaltung
- Vollstreckungsgericht
- Rubrum
- Eigentümer
- Grundstück
- Titel
- Anspruch des Gläubigers
- Ausspruch: Anordnung der Zwangsverwaltung (konstitutiv)
- Bestellung Zwangsverwalter (soweit jetzt schon möglich)
- Regelung zur Besitzerlangung durch Zwangsverwalter (sofern Zwangsverwalter bestellt wurde)
- Unterschrift und Amtsbezeichnung (Rechtspfleger)

Tipp
Zusammen mit dem Anordnungsbeschluss sollte das Gericht den Gläubiger und den Schuldner auffordern, unverzüglich den Verwalter gem. § 9 Abs. 3 ZwVwV[21] zu informieren.

4. Bekanntmachung der Anordnung und Grundbuchersuchen

52 Der Anordnungsbeschluss ist dem Schuldner förmlich (wegen § 8 ZVG ohne „Erleichterung" nach den §§ 4 bis 7 ZVG) zuzustellen. Eine Belehrung (etwa entsprechend § 30b ZVG) ist mangels diesbezüglicher Einstellungsmöglichkeit (§ 32 Rdn 14) nicht vorgesehen.

Für die Bekanntmachung an den Gläubiger gilt § 1 Rdn 53 entsprechend.

An den Zwangsverwalter wird der Anordnungsbeschluss regelmäßig formlos übersandt.

Sind weitere Beteiligte (§ 9 ZVG) bereits bekannt, so werden diese schon jetzt von der Anordnung formlos benachrichtigt; andernfalls muss dies nach Eingang der Mitteilung des Grundbuchamts (§ 19 Abs. 2 ZVG) nachgeholt werden (§ 146 Abs. 2 ZVG).

53 Das Vollstreckungsgericht hat das zuständige Grundbuchamt um **Eintragung des Zwangsverwaltungsvermerks** zu ersuchen (§§ 146, 19 Abs. 1 ZVG); die Beifügung des Anordnungsbeschlusses ist dabei lediglich zweckmäßig, aber nicht vorgeschrieben.

Wegen der weiteren Veranlassung des Grundbuchamts (§ 19 Abs. 2 und 3 ZVG) vgl. auch § 1 Rdn 54 und 55.

---

21 Der Text der Zwangsverwalterverordnung (ZwVwV) findet sich im Anhang.

5. Beitritt weiterer Gläubiger zum Verfahren

Beantragen weitere Gläubiger die Anordnung der Zwangsverwaltung eines Grundstücks, für welches die Zwangsverwaltung bereits angeordnet ist, ergeht zu deren Gunsten ein Beitrittsbeschluss (§§ 146 Abs. 1, 27 ZVG). 54

Ein **Gläubiger** erlangt durch den auf seinen Antrag ergangenen Beitrittsbeschluss die **gleichen Rechte und Pflichten** wie jener, zu dessen Gunsten die Anordnung der Zwangsverwaltung erfolgte. Und es sind auch die gleichen Voraussetzungen für den Antrag erforderlich (Rdn 37 ff.). Einen Nachweis der Eigentümerstellung des Schuldners (§ 17 Abs. 2 ZVG) muss der Gläubiger jedoch nur vorlegen, wenn der Eigentümer seit der Anordnung gewechselt hat. Die unter Rdn 42 genannte besondere Prüfung muss erneut und für jeden Gläubiger gesondert erfolgen, da ein und dasselbe Hindernis für einen Gläubiger bestehen kann und für einen anderen nicht. Auch der Inhalt des Beitrittsbeschlusses bestimmt sich nach § 16 ZVG. Statt „wird die Zwangsverwaltung angeordnet" heißt es jetzt „… wird der Beitritt zugelassen".

Es wird kein neuer Zwangsverwalter ernannt. Auch wird kein neuer (weiterer) Zwangsverwaltungsvermerk in das Grundbuch eingetragen, somit ist kein weiteres Ersuchen erforderlich.

Der Beitrittsbeschluss wird dem Schuldner und dem Verwalter (wichtig wegen § 151 Abs. 2 ZVG) zugestellt. An den Beitrittsgläubiger erfolgt die Zustellung des Beitrittsbeschlusses nur, falls seinem Antrag nicht vollumfänglich entsprochen worden ist (§ 1 Rdn 53). 55

Tipp für die Gemeindekasse
Ist noch keine Zwangsversteigerung anhängig und droht Privilegverlust (§ 10 Abs. 1 Nr. 3 ZVG) durch Zeitablauf, sichert der Beitritt der Gemeindekasse zum anhängigen Zwangsverwaltungsverfahren wegen § 13 Abs. 4 S. 2 ZVG die RK 3 bis zur Beschlagnahme in der Zwangsversteigerung. Nach dem Beitritt ist eine vollständige Aufhebung der Zwangsverwaltung aufgrund einer Verfahrenshandlung der übrigen Gläubiger (§ 161 Abs. 4 i.V.m. § 29 ZVG) ohne Mitwirkung der Gemeindekasse nicht mehr möglich.

D. Beschlagnahme

I. Eintritt der Beschlagnahme

Die Anordnung der Zwangsverwaltung bewirkt, wie in der Zwangsversteigerung (§ 1 Rdn 75 ff.), zugunsten des Gläubigers die Beschlagnahme des Grundstücks. 56

Für den Eintritt der ersten Beschlagnahme in der Zwangsverwaltung gibt es **drei Möglichkeiten**. 57

Gem. § 146 Abs. 1 ZVG wird die Beschlagnahme nach den **allgemeinen Bestimmungen** (§ 1 Rdn 76) wirksam, also

- mit Zustellung des Anordnungsbeschlusses an den Schuldner (§ 22 Abs. 1 S. 1 ZVG),
- in dem Zeitpunkt, in welchem das Ersuchen um Eintragung des Zwangsverwaltungsvermerks beim Grundbuchamt zugeht, sofern auf das Ersuchen die Eintragung demnächst erfolgt (§ 22 Abs. 1 S. 2 ZVG).

Gem. § 151 Abs. 1 ZVG wird die Beschlagnahme **auch dadurch** wirksam, dass der Zwangsverwalter nach § 150 ZVG den Besitz des Grundstücks erlangt. 58

Gem. § 150 Abs. 2 ZVG hat das Vollstreckungsgericht dem Verwalter durch einen Gerichtsvollzieher oder durch einen sonstigen Beamten das Grundstück zu übergeben oder ihm die Ermächtigung zu erteilen, sich selbst den Besitz zu verschaffen (§ 33 Rdn 1 ff.). 59

Der insgesamt **früheste Zeitpunkt** ist maßgeblich. 60

61 Wird für einen weiteren Beteiligten der **Beitritt** zum Zwangsverwaltungsverfahren zugelassen, so wird die Beschlagnahme für ihn wie folgt wirksam:
- Mit Zustellung des Beitrittsbeschlusses an den Schuldner (§§ 146 Abs. 1, 22 Abs. 1 S. 2 ZVG) oder
- mit der Zustellung des Beitrittsbeschlusses an den Zwangsverwalter, sofern dieser bereits im Besitz des Grundstücks ist (§ 151 Abs. 2 ZVG).

Auch hier ist der **früheste** Zeitpunkt maßgeblich.

62 Der Vollstreckungsgläubiger, der die Anordnung der Zwangsverwaltung erwirkt hat, und die weiteren dem Verfahren beitretenden Gläubiger betreiben jeweils ihr „Einzelverfahren", das jedoch zu einem gemeinsamen Teilungsplan führt.

II. Wirkung der Beschlagnahme

1. Relatives Veräußerungsverbot

63 Die Beschlagnahme hat die Wirkung eines relativen Veräußerungsverbots (§§ 146 Abs. 1, 23 ZVG, §§ 135, 136 BGB). Wie bei der Zwangsversteigerung führt damit auch die Anordnung der Zwangsverwaltung nicht zu einer Grundbuchsperre; der Schuldner kann trotz der Beschlagnahme sein Grundstück weiterhin belasten und veräußern. Mithin ist nur der Schuldner (und nicht der Zwangsverwalter[22]) berechtigt, beim Grundbuchamt die Eintragung zu beantragen und zu bewilligen. Diese nach der Beschlagnahme vorgenommenen Verfügungen des Schuldners sind allerdings dem Beschlagnahmegläubiger gegenüber unwirksam.

2. Aktivierung des Haftungsverbandes/Befriedigungsrecht

64 Betreibt der Gläubiger die Zwangsverwaltung aus einem Grundpfandrecht, wird mit der Beschlagnahme die Hypothekenhaftung des Grundstücks (§ 1113 BGB) bzw. die Haftung der Gegenstände des Hypothekenhaftungsverbandes (§§ 1120 ff. BGB) aktiviert (§ 1 Rdn 87). Betreibt der Gläubiger aus einem persönlichen Anspruch, entsteht mit der Beschlagnahme (erstmals) ein Recht auf Befriedigung aus dem Grundstück (§ 1 Rdn 88). Anders als in der Zwangsversteigerung bezieht sich diese Befriedigung nicht auf die Substanz des Grundstücks, sondern nur auf dessen Erträge.

3. Grundstücksverwaltung und -benutzung

65 Mit dem Eintritt der Beschlagnahme wird dem Schuldner das Recht, das Grundstück zu verwalten und zu benutzen, entzogen (§ 148 Abs. 2 ZVG). Diese Befugnisse gehen nach Maßgabe des § 152 ZVG auf den Zwangsverwalter über (§ 33 Rdn 1 ff.). Der Schuldner verliert damit insbesondere das Recht, neue Miet- und Pachtverträge abzuschließen, Forderungen aus bestehenden Miet- und Pachtverträgen einzuziehen oder insoweit Klage zu erheben.

4. Wirkung gegenüber Drittschuldnern

66 Damit die Beschlagnahme gegenüber einem Drittschuldner wirkt, muss sie diesem bekannt sein oder ihm ein Zahlungsverbot zugestellt werden (§ 22 Abs. 2 S. 2 ZVG). Deswegen verpflichtet § 4 ZwVwV den Verwalter, u.a. alle betroffenen Mieter und Pächter (= Drittschuldner von Miet- und Pachtforderungen) unverzüglich über die Zwangsverwaltung zu informieren.

---

22 LG Bonn v. 8.3.1983 – 5 T 33/83.

Der Verwalter (§ 151 Abs. 3 ZVG) kann, wie jeder Gläubiger auch (§ 22 Abs. 2 ZVG), beim Vollstreckungsgericht beantragen, ein Zahlungsverbot gegen den Drittschuldner zu erlassen.

III. Umfang der Beschlagnahme

1. Grundsätzliches

Die Beschlagnahme in der Zwangsverwaltung umfasst zunächst alle Gegenstände, die auch eine **Zwangsversteigerungsbeschlagnahme** umfasst (§§ 146 Abs. 1, 20, 21 ZVG).

2. Erweiterter Umfang in der Zwangsverwaltung

Die Beschlagnahme in der Zwangsverwaltung erfasst **zusätzlich** folgende Gegenstände (§ 148 Abs. 1 S. 1 ZVG):

- **Land- und forstwirtschaftliche Erzeugnisse** (auch die Forderung aus einer Versicherung solcher Erzeugnisse), die nicht mehr mit dem Boden verbunden oder nicht Zubehör des Grundstücks sind, aber noch der Hypothekenhaftung unterliegen (§ 20 Abs. 2 ZVG, §§ 1120 bis 1122 BGB).
- **Miet- und Pachtforderungen** nach Maßgabe von § 1124 Abs. 2 BGB.
  Rechtsgeschäftliche (dazu zählen auch Pfändungen) Vorausverfügungen über diese Forderungen gelten gegenüber dem Zwangsverwalter nur noch für den laufenden Kalendermonat der Beschlagnahme; bei Beschlagnahme nach dem 15. Tag des Monats gelten diese Vorausverfügungen noch für den folgenden Monat.
  Auf rückständige Mietforderungen erstreckt sich die Beschlagnahme nach Maßgabe des § 1123 Abs. 2 BGB. Fällige Forderungen bleiben mit dem Ablauf eines Jahres ab ihrer Fälligkeit beschlagnahmefrei.
  Erfolgte die Vermietung oder Verpachtung durch einen dem Gläubiger der Zwangsverwaltung gegenüber rangbesseren Nießbraucher, so werden die Mieten oder Pachten durch die Beschlagnahme nicht erfasst.
- Ansprüche aus einem mit dem Eigentum am Grundstück **verbundenen Recht** auf wiederkehrende Leistungen gem. § 1126 BGB.
- das dem Eigentümer gehörende **Zubehör** des Grundstücks sowie das vor der Beschlagnahme veräußerte, aber nicht aus dem Hypothekenhaftungsverband ausgeschiedene Zubehör (§§ 1121, 1122 Abs. 2 BGB).[23]
  Zubehör, das im Eigentum eines Dritten steht, wird von der Zwangsverwaltung nicht erfasst; § 55 Abs. 2 ZVG ist in der Zwangsverwaltung nicht anzuwenden.

Für den Eintritt der Beschlagnahmewirkung ist es im Übrigen ohne Bedeutung, ob die Zwangsverwaltung aus dinglichen oder persönlichen Ansprüchen betrieben wird.

3. Exkurs: Räume des Schuldners

a) Privaträume

Während der Zwangsverwaltung hat der Schuldner für sich und seine Familienangehörigen einen Anspruch auf unentgeltliche Überlassung derjenigen Räume auf dem Grundstück, die für seinen Hausstand unentbehrlich sind (§ 149 Abs. 1 ZVG).

---

23 BGH v. 15.11.1984 – IX ZR 157/83.

Voraussetzung dafür ist, dass der Schuldner zum Zeitpunkt der Beschlagnahme das zwangsverwaltete Grundstück dauerhaft bewohnt, dort also seinen eigenen Hausstand unterhält.[24] Zudem ist erforderlich, dass der Schuldner die Räume in dem maßgeblichen Zeitpunkt kraft Eigentums und unmittelbaren Eigenbesitzes nutzt.[25]

Damit steht dem Schuldner das Recht zur unentgeltlichen Überlassung der unentbehrlichen Wohnräume nicht zu, wenn er dort nicht seinen Lebensmittelpunkt hat, sondern er die Räumlichkeiten nur gelegentlich zu Besuchszwecken aufsucht. Der Schuldner verliert auch dann den Schutz des § 149 Abs. 1 ZVG, wenn er das Grundstück vor der Beschlagnahme vollständig an einen Dritten zur alleinigen Nutzung vermietet und übergeben und sodann die Räumlichkeiten von dem Dritten wieder zurückgemietet hat. Entsprechendes gilt, wenn er den unmittelbaren Eigenbesitz erst nach Beschlagnahme zurückerhält, weil die Räume (etwa aufgrund der Kündigung des Mietverhältnisses durch den Zwangsverwalter) wieder frei geworden sind.

72 Den Familienangehörigen des Schuldners gewährt § 149 Abs. 1 ZVG kein eigenes Wohnrecht, vielmehr leitet sich deren Wohnrecht von dem des Schuldners ab. Gibt der Schuldner also den Hausstand in dem zwangsverwalteten Grundstück auf, verlieren auch seine Angehörigen das Recht auf unentgeltliche Überlassung der unentbehrlichen Wohnräume. Etwas anderes gilt in entsprechender Anwendung des § 563 BGB nur im Falle des Versterbens des Schuldners.[26]

73 Ob und in welchem Umfang ein Anspruch aus § 149 Abs. 1 ZVG besteht, hat der Zwangsverwalter ohne Weiteres zu prüfen und sodann dem Schuldner und seinen Familienangehörigen die entsprechenden Räumlichkeiten in dem Zwangsverwaltungsobjekt unentgeltlich zu überlassen.[27] Die für diese Räume anfallenden Betriebskosten (Strom, Wasser etc.) hat der Schuldner zu zahlen.[28]

b) Geschäftsräume

74 Für Geschäftsräume, die sich in dem zwangsverwalteten Objekt befinden, ist im ZVG keine Ausnahme von dem grundsätzlichen Benutzungsverbot des § 148 Abs. 2 ZVG vorgesehen. Daher darf der Schuldner in der Zwangsverwaltung diese nicht unentgeltlich benutzen. Der Verwalter kann dem Schuldner die Geschäftsräume gegen Mietzahlung überlassen. Dazu ist ein schriftlicher Mietvertrag abzuschließen (§ 6 Abs. 1 ZwVwV).

75 Wird kein Mietvertrag abgeschlossen und bezahlt der Schuldner auch die dann zu fordernde **Nutzungsentschädigung** nicht, ist der Schuldner im Auftrag des Verwalters von einem Gerichtsvollzieher außer Besitz zu setzen. Vollstreckungstitel ist der Beschluss über die Anordnung der Zwangsverwaltung zusammen mit der Ermächtigung zur Besitzverschaffung nach § 150 Abs. 2 ZVG.[29]

c) Zwangsräumung wegen Gefährdung

76 Gefährdet der Schuldner schuldhaft, nicht zwingend vorsätzlich, das Grundstück oder die Zwangsverwaltung, dann hat ihm das Vollstreckungsgericht auf Antrag die Räumung des Objekts aufzugeben (§ 149 Abs. 2 ZVG).

Als Gefährdung nennt *Stöber*[30] exemplarisch die Vernachlässigung der Wohnung, das widerrechtliche Beziehen von dem Schuldner nicht zur Benutzung zustehenden Räumen, das Bereiten von Schwierigkei-

---

24 BGH v. 16.5.2013 – IX ZR 224/12.
25 BGH v. 21.4.2016 – IX ZR 72/14; BGH v. 6.7.2017 – IX ZR 271/16.
26 BGH v. 16.5.2013 – IX ZR 224/12.
27 *Stöber* (ZVG), § 149 Rn 2.2.
28 *Stöber* (ZVG), § 149 Rn 2.9.
29 BGH v. 24.2.2011 – V ZB 280/10.
30 *Stöber* (ZVG), § 149 Rn 3.2.

ten für den Zwangsverwalter und das Abschrecken von Miet- und Pachtinteressenten. Wesentliches Beurteilungskriterium ist, ob das Verhalten des Schuldners den Ertrag des Grundstücks gefährdet.

Ob die Weigerung des Schuldners, geschuldete Betriebs- und Verbrauchskosten zu erstatten, eine Anordnung nach § 149 Abs. 2 ZVG rechtfertigt, ist in Rechtsprechung und Literatur umstritten. Wenigstens wenn von dieser Weigerung eine Gefährdung des Grundstücksertrags ausgeht, bejaht das Bundesverfassungsgericht die Aufgabe der Räumung.[31] Sind in der Zwangsverwaltung ohnehin keine Erträge zu erwarten (etwa, weil lediglich eine vom Schuldner selbst bewohnte Eigentumswohnung verwaltet wird), reicht allein die Nichtzahlung des Hausgeldes für eine Räumungsanordnung nicht aus.[32]

Dem Schuldner kann die Räumung nicht aufgegeben werden, wenn eine andere (mildere) Möglichkeit der Gefahrenabwehr (etwa § 25 S. 1 ZVG) besteht.[33]

Die Gefährdung kann durch den Vollstreckungsschuldner selbst oder durch ein Mitglied seines Hausstandes erfolgen. Der Schuldner hat für das Verhalten seines Angehörigen einzustehen. 77

Berechtigt, einen Antrag nach § 149 Abs. 2 ZVG zu stellen, sind 78
- der Zwangsverwalter,
- jeder Gläubiger,
- jeder sonstige Verfahrensbeteiligte, weil durch die Gefährdung des Grundstücks auch seine Interessen berührt sind.

Das Vollstreckungsgericht kann eine mündliche Verhandlung (mit allen Beteiligten) anordnen, was wegen der erheblichen Auswirkungen der gerichtlichen Entscheidung wenigstens dann erfolgen sollte, wenn eine anderweitige Lösung im Bereich des Möglichen liegt. 79

Das Vollstreckungsgericht entscheidet nach pflichtgemäßem Ermessen. In seiner dem Antrag stattgebenden Entscheidung kann es die sofortige Räumung beschließen oder dem Schuldner eine Räumungsfrist bewilligen. Der Schuldner genießt weder Mieterschutz noch kann er Räumungsschutz nach § 721 ZPO verlangen.[34] 80

Gegen die Entscheidung findet die **sofortige Beschwerde** statt. Diese kann, bei Erlass des Räumungsbeschlusses der Schuldner, im Falle der Ablehnung des Antrags nach § 149 Abs. 2 ZVG jeder Gläubiger und jeder sonstige Verfahrensbeteiligte einlegen. Dem Zwangsverwalter steht kein Rechtsmittel zu, denn er unterliegt den Anweisungen des Vollstreckungsgerichts. 81

Der Räumungsbeschluss stellt einen **Vollstreckungstitel** dar, da gegen ihn die sofortige Beschwerde zulässig ist (§§ 794 Abs. 1 Nr. 3, 793 ZPO). 82

Der Beschluss bedarf nach allgemeiner Meinung in der Literatur[35] weder einer Vollstreckungsklausel noch einer (erneuten) Zustellung an den Schuldner, obwohl dies für Titel nach § 794 ZPO wegen der Verweisung in § 795 S. 1 ZPO grundsätzlich[36] vorgesehen ist.

Die Vollstreckung aus dem Räumungstitel bedarf **keines richterlichen Durchsuchungsbeschlusses** (§ 758a Abs. 2 ZPO). 83

---

31 BVerfG v. 7.1.2009 – 1 BvR 312/08.
32 BGH v. 24.1.2008 – V ZB 99/07.
33 BVerfG v. 7.1.2009 – 1 BvR 312/08.
34 *Stöber* (ZVG), § 149 Rn 3.5.
35 *Dassler/Schiffhauer/Hintzen/Engels/Rellermeyer*, § 149 Rn 28; *Depré/Mayer*, Rn 589; *Haarmeyer/Hintzen*, § 149 ZVG Rn 11; *Stöber* (ZVG), § 149 Rn 3.8.; *Böttcher* (ZVG), § 149 Rn 8.
36 Zu den Ausnahmen siehe §§ 795a ff. ZPO.

E. Rechtsbehelfe im Verfahren über Anordnung und Beitritt

I. Rechtsbehelf des Schuldners

84 Gegen die Anordnung der Zwangsverwaltung und die Zulassung des Beitritts steht dem Schuldner der Rechtsbehelf der unbefristeten Vollstreckungserinnerung (§ 766 ZPO) zu. Es gilt das unter § 1 Rdn 62–64 Gesagte entsprechend; siehe dort auch zum weiteren Verfahren nach amtsrichterlicher Entscheidung.

II. Rechtsbehelfe des Gläubigers

85 Grundsätzlich steht dem Gläubiger die sofortige Beschwerde zu, welcher der Rechtspfleger abhelfen kann. Es gilt das unter § 1 Rdn 65 und 66 Gesagte entsprechend.

F. Kosten im Verfahren über Anordnung und Beitritt

I. Kosten des Gerichts

86 Für die Entscheidung über den Antrag auf Anordnung der Zwangsverwaltung fällt eine **Pauschalgebühr** von 100,00 EUR (Nr. 2220 KVGKG) an, ohne dass es auf den Wert des Grundstücks oder die Höhe der Forderung ankäme. Die Gebühr **entsteht und wird fällig mit der Entscheidung**, mithin sowohl für die Anordnung als auch für die Zurückweisung des Antrags (§ 7 GKG). Wird der Antrag vor Entscheidung zurückgenommen, fällt keine Gebühr an.

87 Hierzu kommen die Auslagen für die Zustellung des Beschlusses (Nr. 9002 KVGKG).

88 Für die Entscheidung über jedes Beitrittsgesuch fällt die vorgenannte Gebühr erneut an.

II. Rechtsanwaltskosten

89 Der Rechtsanwalt erhält für die **Vertretung eines Gläubigers** im Verfahren über die Anordnung oder den Beitritt eine Verfahrensgebühr in Höhe von 4/10 der vollen Gebühr (Nr. 3311 Ziff. 3 VVRVG).

90 Gegenstandswert ist die gesamte Forderung des Gläubigers, einschließlich Nebenforderungen (§ 27 S. 1 RVG). Bei Ansprüchen auf wiederkehrende Leistungen ist der Wert der Leistungen eines Jahres maßgebend.

91 **Besonders** zu vergüten sind
- die Vertretung eines Gläubigers im weiteren Verfahren einschließlich des Verteilungsverfahrens (Nr. 3311 Ziff. 4 VVRVG);
- die Mitwirkung bei Anträgen auf einstweilige Einstellung des Verfahrens oder bei Verhandlungen zwischen Gläubiger und Schuldner mit dem Ziel der Aufhebung des Verfahrens (Nr. 3311 Ziff. 6 VVRVG).

92 Für die **Vertretung des Schuldners** erhält der Rechtsanwalt im ganzen Verfahren einschließlich des Verteilungsverfahrens eine Verfahrensgebühr in Höhe von 4/10 der vollen Gebühr (Nr. 3311 Ziff. 5 VVRVG). Eine zusätzliche Gebühr für die Vertretung des Schuldners im Verfahren über die Anordnung oder den Beitritt entsteht nicht, wohl aber die Gebühr Nr. 3311 Ziff. 6 VVRVG. Der Gegenstandswert bestimmt sich nach dem zusammengerechneten Wert aller Ansprüche, wegen derer das Verfahren beantragt ist (§ 27 S. 2 RVG).

§ 31 Der Zwangsverwalter

A. Bedeutung für das Verfahren

Ähnlich dem Insolvenzverwalter, wenngleich in weniger weitgehendem Umfang, nimmt der Zwangsverwalter eine zentrale Stellung im Verfahren ein. Mit seiner Person und der Qualität seiner Amtsführung stehen und fallen Verlauf und Ergebnis des Verfahrens. Dies gilt sowohl aus Sicht der Gläubiger und sonstigen Zuteilungsberechtigten als auch für das Vollstreckungsgericht hinsichtlich der Art und des Umfangs seiner Aufsichtsführung.

B. Theorien der Amtsführung

Ohne dass dies wesentliche Bedeutung für die Praxis der Zwangsverwaltung hätte, herrscht seit Jahren besonders in der Literatur Streit darüber, nach welcher Theorie das Amt des Zwangsverwalters zu beurteilen ist. Vertreten werden die „**Amtstheorie**" (= Verwalter verwaltet das beschlagnahme Vermögen des Schuldners aus eigenem Recht; er ist Partei kraft Amtes), die „**Organtheorie**" (= Verwalter als Organ einer als Rechtsträger zu behandelnden selbstständigen Vermögensmasse), die „**Vertretertheorie**" (= Verwalter als gesetzlicher Vertreter des Schuldners hinsichtlich des beschlagnahmten Vermögens) und die „**Neutralitätstheorie**" (= Zwangsverwalter handelt neutral bezogen auf das beschlagnahmte Grundstück). Die „**Amtstheorie**" ist als herrschend anzusehen.[1]

C. Bestellung

I. Bestellung durch das Vollstreckungsgericht

Der Verwalter wird von dem Vollstreckungsgericht bestellt (§ 150 Abs. 1 ZVG). In seiner Auswahl ist das Vollstreckungsgericht, abgesehen von den Ausnahmen § 150a ZVG (Rdn 38 ff.) und § 150b ZVG (Rdn 47 ff.), frei. Es ist also **nicht** an Vorschläge der Beteiligten gebunden.

Allerdings kann die Auswahl des Verwalters nicht nach freiem Belieben erfolgen, sondern das Vollstreckungsgericht hat unter Beachtung des § 1 Abs. 2 ZwVwV sein Ermessen pflichtgemäß auszuüben.[2]

Das Vollstreckungsgericht hat nach Umfang und Schwierigkeitsgrad des konkret anstehenden Zwangsverwaltungsverfahrens den im jeweiligen Einzelfall geeigneten Verwalter zu bestellen.[3]

II. Person und Qualifikation

Bestellt werden kann nur eine **natürliche** Person (§ 1 Abs. 2 ZwVwV). Diese muss **geschäftskundig** sein und nach Qualifikation und Büroausstattung die Gewähr für die ordnungsgemäße Gestaltung und Durchführung der Zwangsverwaltung bieten (§ 1 Abs. 2 ZwVwV).

Wegen des Erfordernisses der Geschäftskunde muss der Zwangsverwalter die wirtschaftlichen Verhältnisse der Gegenwart richtig beurteilen können und sollte zumindest über Grundkenntnisse im Miet-, Steuer-, Zwangsvollstreckungs- und Immobiliarsachenrecht verfügen.

Eine besondere berufliche Qualifikation wird nicht verlangt. Aufgrund des Anforderungsprofils kommen aber zumeist Rechtsanwälte, Wirtschaftsprüfer, Steuerberater, gewerbliche Hausverwalter u.a. in Betracht.

---

1 *Stöber* (ZVG), § 152 Rn 2.2; *Böttcher* (ZVG), § 152 Rn 5.
2 BVerfG v. 15.2.2010 – 1 BvR 285/10.
3 OLG Frankfurt v. 29.1.2008 – 20 VA 9/07.

8 Obwohl weder im ZVG noch in der ZwVwV ausdrücklich genannt, muss der Zwangsverwalter (ebenfalls wie der Insolvenzverwalter – § 56 Abs. 1 InsO) von den Verfahrensbeteiligten **unabhängig** sein.[4]

9 Da eine Verpflichtung zur Amtsübernahme nicht besteht, ist es grundsätzlich erforderlich, den Ausgewählten vor der Bestellung zu seiner **Bereitschaft zur Amtsübernahme** zu befragen. Häufig kommt es jedoch vor, dass die auf Zwangsverwaltungsverfahren spezialisierten Personen im Voraus ihre Zustimmung zur Auswahl generell erteilt haben, was eine Nachfrage im Einzelfall entbehrlich macht.

10 Wer sich als Verwalter bestellen lässt, muss das Amt ordnungsgemäß ausführen. Er kann es auch nicht jederzeit niederlegen, sondern muss seine Entlassung beantragen.

III. Zeitpunkt der Bestellung

11 Die Bestellung des Zwangsverwalters erfolgt regelmäßig und zweckmäßigerweise bereits im Anordnungsbeschluss, denn eine Zwangsverwaltung ohne einen eingesetzten Zwangsverwalter ist nicht durchführbar.

12 Sollte die sofortige Bestellung des Zwangsverwalters nicht möglich sein, etwa weil eine geeignete und bereite Person nicht gleich gefunden werden kann, ist zunächst die Zwangsverwaltung anzuordnen und die Bestellung des Zwangsverwalters dann schnellstmöglich durch einen weiteren Beschluss nachzuholen.

IV. Ausweis

13 Der Zwangsverwalter erhält eine **Bestallungsurkunde** (§ 2 ZwVwV; dort auch zu deren Inhalt). Die Übersendung einer Ausfertigung des Beschlusses, durch den die Zwangsverwaltung angeordnet und seine Bestellung erfolgt ist, sollte zusätzlich erfolgen.

V. Rechtsbehelf gegen die Auswahl

14 Die Beteiligten (§ 9 ZVG) können die Auswahl des Verwalters anfechten, nicht jedoch die Bestellung eines Zwangsverwalters als solche.

Statthafter Rechtsbehelf ist regelmäßig die unbefristete Vollstreckungserinnerung gem. § 766 ZPO, da die Beteiligten meist nicht vorher angehört wurden. Fand ausnahmsweise eine Anhörung statt, ist die sofortige Beschwerde (§ 793 ZPO) gegeben.

Im Rechtsbehelfsverfahren beschränkt sich die gerichtliche Nachprüfung auf die pflichtgemäße Ermessensausübung des Vollstreckungsgerichts bei der Beurteilung der Geeignetheit des Verwalters.[5]

D. Aufgaben

I. Allgemeines

15 Der Verwalter ist allen am Verfahren beteiligten Personen gleichermaßen gegenüber verantwortlich und verpflichtet, seine Aufgabe objektiv gem. dem Verfahrenszweck der Zwangsverwaltung auszuüben.

Er hat aus den Erträgen des Grundstücks die bestmögliche Befriedigung der Gläubiger und sonstigen Zuteilungsberechtigten zu ermöglichen und zugleich das dem Schuldner nach wie vor gehörende Grundstück in seinem wirtschaftlichen Bestand zu erhalten.[6]

---

4 *Stöber* (ZVG), § 150 Rn 2.5.
5 BGH v. 18.7.2013 – V ZB 29/12.
6 *Haarmeyer/Hintzen*, § 152 ZVG Rn 2.

D. Aufgaben

Die Aufgaben des Zwangsverwalters sind allgemein in § 152 ZVG festgelegt. Danach hat er 16
- das Recht und die Pflicht, alle Handlungen vorzunehmen, die erforderlich sind, um das Grundstück in seinem wirtschaftlichen Bestand zu erhalten und ordnungsgemäß zu benutzen (§ 33 Rdn 12–18),
- die beschlagnahmten Ansprüche geltend zu machen (§ 33 Rdn 19–62) und
- entbehrliche Nutzungen in Geld umzusetzen.

In den §§ 3 bis 16 ZwVwV werden einige Aufgaben des Zwangsverwalters, etwa die Besitzergreifung, Auskunftserteilung etc., genauer geregelt. Wegen weiterer Einzelheiten zu den Aufgaben des Zwangsverwalters wird auf die Ausführungen in § 33 Rdn 1 ff. verwiesen. 17

Klarstellend sei angemerkt, dass dem Zwangsverwalter keine Antrags- und Verfügungsrechte (z.B. Antrags- und Bewilligungsrecht gegenüber dem Grundbuchamt) zustehen.[7] 18

II. Rechnungslegung

1. Pflicht zur Rechnungslegung

Nach § 154 S. 2 ZVG hat der Zwangsverwalter gegenüber dem Gläubiger und dem Schuldner[8] die Pflicht zur Rechnungslegung. Da der Verwalter der Aufsicht des Vollstreckungsgerichts untersteht, ist diese Rechnungslegung bei dem Vollstreckungsgericht einzureichen (§ 154 S. 3 ZVG), damit dieses seine Kontrollpflichten nach § 153 ZVG wahrnehmen kann. Dem Vollstreckungsgericht obliegt es, darüber zu wachen, dass der Verwalter die Rechnungslegung fristgerecht einreicht. 19

Kommt der Verwalter seinen Pflichten nicht nach, kann das Vollstreckungsgericht ihm gegenüber ein Zwangsgeld festsetzen und ihn sogar entlassen (§ 153 Abs. 2 ZVG).

Da gegenüber dem Gläubiger und dem Schuldner eine **Rechnungslegungspflicht** des Verwalters besteht, haben diese auch einen **einklagbaren Anspruch** auf Rechnungslegung; § 154 S. 3 ZVG schließt die Geltendmachung dieses Anspruchs im Klageweg nicht aus.[9]

Der Verwalter hat jährlich (sog. **Jahresbericht**) sowie nach Beendigung der Verwaltung (sog. **Schlussbericht**) Rechnung zu legen (§ 154 S. 2 ZVG). Das Rechnungsjahr ist das **Kalenderjahr** (§ 14 Abs. 2 ZwVwV), soweit nicht auf Wunsch eines Beteiligten oder des Verwalters mit Zustimmung des Vollstreckungsgerichts ein anderer Zeitabschnitt vereinbart wird. 20

Das Vollstreckungsgericht kann unabhängig von der regelmäßigen Rechnungslegung während des gesamten Zwangsverwaltungsverfahrens im Rahmen der Aufsichtspflicht von dem Verwalter jederzeit eine Rechnungslegung verlangen (§ 153 Abs. 2 ZVG). Diese Überwachung der Amtsführung des Zwangsverwalters ist für das Vollstreckungsgericht Amtspflicht i.S.d. § 839 BGB. 21

2. Inhalt der Rechnungslegung

Die Rechnungslegung und das ihr zugrunde liegende Belegwesen ist in den §§ 14, 15 ZwVwV geregelt. 22

In die Rechnungslegung sind die Einnahmen und Ausgaben aufzunehmen, welche im Laufe des Rechnungsabschnitts angefallen sind. Die Einnahmen und Ausgaben sind gem. § 15 ZwVwV zu gliedern. Die Belege über Einnahmen und Ausgaben sind beizufügen (§ 13 Abs. 3 S. 4 ZwVwV). 23

Wegen der Schlussrechnung siehe § 14 Abs. 3 und 4 ZwVwV. 24

---

[7] LG Bonn v. 8.3.1983 – 5 T 33/83.
[8] Nicht jedoch gegenüber dem Vollstreckungsgericht.
[9] OLG Celle v. 2.7.1996 – 16 U 251/95; a.A. *Stöber* (ZVG), § 154 Rn 4.4.

3. Prüfung und Einwendungen

25 Dem Vollstreckungsgericht obliegt im Rahmen seiner Aufsichtspflicht die Prüfung der rechnerischen und sachlichen Richtigkeit. Auch in diesem Zusammenhang gibt § 16 ZwVwV dem Vollstreckungsgericht die Möglichkeit, zur Beseitigung von Unklarheiten von dem Verwalter zusätzliche Auskünfte und Unterlagen zu verlangen.

26 Unter den Voraussetzungen des § 259 Abs. 2 BGB hat der Zwangsverwalter auf Antrag des Gläubigers oder des Schuldners[10] die Richtigkeit seiner Angaben an Eides Statt zu versichern. Jeder dieser auskunftsberechtigten Beteiligten kann im Falle der Verweigerung dieser eidesstattlichen Versicherung Klage erheben.

27 Stellt das Vollstreckungsgericht fest, dass die Rechnungslegung rechnerisch richtig und vollständig ist, spricht man auch von der „Abnahme" der Rechnungslegung durch das Vollstreckungsgericht. Damit geht jedoch nicht automatisch eine „Entlastung" des Zwangsverwalters einher. Vielmehr können (alle) Gläubiger und der Schuldner auch jetzt noch Einwendungen erheben. Das Vollstreckungsgericht wird den Verwalter hierzu anhören, eine Klärung versuchen und dann entscheiden,

- ob es zur weiteren Klärung gegen den Verwalter im Aufsichtsweg vorgeht oder
- hierzu keine Veranlassung sieht und den Beteiligten, der die Einwendung erhoben hat, auf den Prozessweg (Klage gegen den Verwalter) verweist.

28 In der Literatur umstritten ist die Frage, wie die **Nichtäußerung** (Schweigen) der Beteiligten zur übersandten Rechnungslegung zu werten ist. Von einem Anerkenntnis ist dann nicht auszugehen.[11] Unter besonderen Umständen, nämlich der Erhebung von Einwendungen lange nach Ablauf der den Beteiligten von dem Vollstreckungsgericht gesetzten Äußerungsfrist, wird sich der Verwalter wohl auf die Verwirkung der Einwendungen berufen können.[12]

E. Haftung

I. Allgemeines

29 Die Haftung des Zwangsverwalters kann resultieren aus
1. § 154 S. 1 ZVG und/oder
2. den allgemeinen Vorschriften des BGB.

Weiter wird zu unterscheiden sein, ob

- der Verwalter persönlich oder
- „nur" die zwangsverwaltete Masse haftet.

II. Haftung nach § 154 ZVG

30 Gem. § 154 S. 1 ZVG ist der Verwalter für die Erfüllung der ihm obliegenden Verpflichtungen allen Beteiligten gegenüber verantwortlich. Diese Verantwortlichkeit trifft auch den Schuldner als Zwangsverwalter (Rdn 47 ff.) und die ihm zur Seite gestellte Aufsichtsperson (Rdn 53 ff.). Bei der Institutsverwaltung haftet anstelle des Verwalters das Institut, bei welchem er fest angestellt ist (§ 150a Abs. 2 S. 2 ZVG).

31 Die Haftung des Zwangsverwalters besteht **nicht nur gegenüber den Beteiligten** i.S.d. § 9 ZVG, sondern bezüglich aller Personen, denen gegenüber ihm das Zwangsversteigerungsgesetz besondere Pflichten auf-

---

10 Das Vollstreckungsgericht kann die eidesstattliche Versicherung nicht erzwingen.
11 *Depré/Mayer*, Rn 805.
12 *Depré/Mayer*, Rn 805.

erlegt. Denkbar sind hier z.B. auch die Wohnungseigentümergemeinschaft[13] und das Versorgungsunternehmen, das für das verwaltete Grundstück Energie und Wasser liefert.[14] Bei Beteiligten, die ihre Beteiligtenposition erst durch Anmeldung oder Glaubhaftmachung erlangen (§ 9 Nr. 2 ZVG) kommt die Haftung schon dann zum Tragen, wenn sie die Anmeldung oder die Glaubhaftmachung noch nicht vorgenommen haben.[15]

Der Zwangsverwalter haftet auch gegenüber dem **Ersteher**, obwohl dieser nicht Beteiligter i.S.d. § 9 ZVG ist, wenn die Zwangsverwaltung nach dem Zuschlag im Zwangsversteigerungsverfahren noch fortgeführt wird.[16] Haftungsgrundlage ist ein gesetzliches Schuldverhältnis, welches eine Geschäftsbesorgung zum Gegenstand hat. 32

Der Zwangsverwalter haftet für Vorsatz und Fahrlässigkeit (§ 276 BGB). Soweit Mitarbeiter für den Verwalter gehandelt haben, beruht seine Haftung auf § 278 BGB. 33

Der Zwangsverwalter muss die Gefahr für das seiner Obhut anvertraute Eigentum durch Feststellungen vor Ort aufklären, wenn er nach erhaltenen Hinweisen mit der Möglichkeit zu rechnen hat, dass ein Mieter durch seinen vertragswidrigen Gebrauch der Wohnung den Schuldner nicht unwesentlich schädigt. Versäumt der Zwangsverwalter die für ein wirksames Eingreifen gegen eine Wohnungsverwahrlosung erforderlichen Feststellungen, trifft ihn die Beweislast, dass der bei Aufhebung der Zwangsverwaltung bestehende Verwahrlosungsschaden an der Mietwohnung nicht auf seinem Unterlassen beruht.[17] 34

III. Haftung nach dem BGB

Neben der Haftung nach § 154 S. 1 ZVG kann auch eine Haftung nach den Vorschriften des BGB in Betracht kommen. Personen, welche nicht am Verfahren beteiligt sind, haftet der Zwangsverwalter nach allgemeinen Grundsätzen vertraglich und aus unerlaubter Handlung. 35

IV. Geltendmachung der Ansprüche und Verjährung

Die Ansprüche auf Schadensersatz gegen den Verwalter können die Beteiligten bereits während des laufenden Zwangsverwaltungsverfahrens auf dem Prozessweg (nicht beim Vollstreckungsgericht) geltend machen. 36

Die Ansprüche gegen den Verwalter verjähren in drei Jahren (regelmäßige Verjährungsfrist; § 195 BGB).[18] 37

F. Besondere Verwalter

I. Institutsverwalter

1. Vorschlagsrecht und Bestellung

Die in § 150a ZVG näher bezeichneten Institute, insbesondere also Banken, Sparkassen, Versicherungsgesellschaften und Bausparkassen, können von dem Vollstreckungsgericht die Bestellung eines sog. „Institutsverwalters" verlangen, wenn sie Beteiligte (§ 9 ZVG) des Verfahrens sind. 38

---

13 BGH v. 5.2.2009 – IX ZR 21/07.
14 BGH v. 5.3.2009 – IX ZR 15/08.
15 Steiner/*Hagemann*, § 154 Rn 8.
16 *Stöber* (ZVG), § 154 Rn 2.3 d); *Depré/Mayer*, Rn 816.
17 BGH v. 23.6.2005 – IX ZR 419/00.
18 OLG Hamm v. 19.10.1989 – 27 W 13/89.

39 Schlägt der hierzu berechtigte Beteiligte einen Institutsverwalter vor, muss das Vollstreckungsgericht ihn bestellen (§ 150a Abs. 2 ZVG), wenn folgende Voraussetzungen vorliegen:

- Der Vorgeschlagene muss bei dem Institut **fest angestellt** sein. In den Diensten eines Beteiligten steht i.S.v. § 150a ZVG nur eine Person, die sich in einem Beamten- oder festen Arbeitsverhältnis zu diesem befindet.[19] Daher können freie Mitarbeiter nicht bestellt werden.
- Gegen den Vorgeschlagenen dürfen, auch mit Rücksicht auf seine Person oder die Art der Verwaltung, keine Bedenken bestehen. Er muss also persönlich und fachlich geeignet sein, das Amt des Zwangsverwalters auszuüben. Es handelt sich bei § 150a ZVG um ein Vorschlagsrecht, nicht um ein Benennungsrecht.
- Das vorschlagende Institut muss die Haftung nach § 154 S. 1 ZVG übernehmen.

40 Schlagen mehrere hierzu berechtigte Institute **verschiedene Verwalter** vor, trifft das Vollstreckungsgericht die Wahl, wobei die Reihenfolge des § 10 Abs. 1 Nr. 4 ZVG nicht entscheidet. Es wird dem Vorschlag jenes Institutes folgen, das an der Verwaltung das größte Interesse hat.

41 Das Recht des Gläubigers, einen Verwalter vorzuschlagen, ist grundsätzlich nicht befristet.[20] Macht der gem. § 150a Abs. 1 ZVG vorschlagsberechtigte Gläubiger in seinem Antrag keinerlei Angabe zur Ausübung des Vorschlagsrechts und ordnet daraufhin das Vollstreckungsgericht die Zwangsverwaltung an, besteht das Vorschlagsrecht des Gläubigers fort. Sobald er im weiteren Verfahren einen geeigneten Verwalter vorschlägt, kann er damit die Ablösung des bestellten Verwalters herbeiführen.

Um dies zu verhindern, sollte das Vollstreckungsgericht gem. § 150a Abs. 1 ZVG dem Gläubiger unverzüglich eine Frist zur Ausübung des Vorschlagsrechts setzen, welches, im Falle des fruchtlosen Fristablaufs, dessen Erlöschen zur Folge hat. Wann diese Fristsetzung erfolgen soll, ist ungeklärt.[21] So ist es denkbar, die Anordnung der Zwangsverwaltung bis zum Eingang des Gläubigervorschlags bzw. fruchtlosen Fristablaufs zurückzustellen oder die Zwangsverwaltung (wegen des Eintritts der Beschlagnahmewirkungen) sogleich anzuordnen. Im Falle der sofortigen Anordnung ist zudem unklar, ob zunächst die (vorläufige) Bestellung eines von dem Vollstreckungsgericht ausgewählten Zwangsverwalters zu erfolgen hat oder ob die Bestellung des Zwangsverwalters bis zur etwaigen Ausübung des Vorschlagsrechts aufzuschieben ist.[22]

Sofern der gem. § 150a Abs. 1 ZVG vorschlagsberechtigte Gläubiger von seinem Vorschlagsrecht keinen Gebrauch machen will, sollte er bereits in seinem Antrag hierauf verzichten, um Verfahrensverzögerungen zu vermeiden.

2. Rechtsstellung

42 Hinsichtlich seiner Stellung unterscheidet sich der Institutsverwalter nicht von einem nach § 150 ZVG bestellten Zwangsverwalter.

Das Vollstreckungsgericht hat ihn ebenfalls nach Anhörung des Gläubigers und des Schuldners mit der erforderlichen Anweisung für die Verwaltung zu versehen (§ 153 ZVG).

Der Institutsverwalter unterliegt der Aufsicht und den Weisungen des Vollstreckungsgerichts. Auch er muss dem Vollstreckungsgericht Bericht erstatten und ist an den gerichtlichen Teilungsplan gebunden.

43 Seine Entlassung ist ebenfalls nur aus wichtigem Grund zulässig. Verliert das Institut seine Beteiligtenstellung in der Zwangsverwaltung, endet das Amt des Institutsverwalters damit nicht automatisch. Jedoch dürfte regelmäßig damit ein wichtiger Grund für seine Entlassung gegeben sein.

---

19 BGH v. 14.4.2005 – V ZB 10/05.
20 BGH v. 14.4.2005 – V ZB 10/05.
21 *Stöber* (ZVG), § 150a Rn 2.4 a).
22 *Stöber* (ZVG), § 150a Rn 2.4 a).

Der Institutsverwalter darf keine Vergütung aus der Masse oder von dem Vollstreckungsschuldner beanspruchen.[23] Ersetzt werden können ihm nur die baren Auslagen (§ 155 Abs. 1 ZVG).

44

Die Literatur[24] bezeichnet die Institutsverwaltung zu Recht als missbrauchsanfällig und überholt. Gegen die Institutsverwaltung spricht insbesondere, dass diese Art der Verwaltung nicht auf neutrale Regelungen hin konzipiert ist und daher den Grundsätzen eines Zwangsvollstreckungsverfahrens zuwiderläuft.

45

Durch die Einsetzung eines Institutsverwalters soll das Verfahren zwar wirtschaftlicher gestaltet werden, da der Institutsverwalter für seine Tätigkeit keine Vergütung erhält (§ 150a Abs. 2 S. 2 ZVG), allerdings bietet sich so für den vorschlagenden Beteiligten i.S.d. § 150a Abs. 1 ZVG die Möglichkeit, wesentlichen Einfluss auf das Verfahren zu nehmen.

46

II. Schuldner als Verwalter

1. Zweck der Regelung

Bei landwirtschaftlich, forstwirtschaftlich oder gärtnerisch genutzten Grundstücken ist grundsätzlich der Schuldner zum Verwalter zu bestellen (§ 150b Abs. 1 S. 1 ZVG).

47

Die Verwaltung derartiger Grundstücke erfordert besondere Kenntnisse und Erfahrungen, die bei der Bewirtschaftung genutzt werden sollen. Eine ordnungsgemäße Führung der Verwaltung wird, eben wegen des Erfordernisses dieser Spezialkenntnisse, nur durch den Schuldner zu erwarten sein. Steht daher von vornherein fest, dass der Schuldner nicht bereit ist, das Amt des Verwalters zu übernehmen, sollten die Gläubiger von einem Zwangsverwaltungsantrag eher Abstand nehmen, da andere Verwalter regelmäßig mit der „Bewirtschaftung" des speziellen Grundbesitzes überfordert sein werden.

Ist das Grundstück verpachtet, so findet § 150b ZVG keine Anwendung, da die Bewirtschaftung des Grundstücks dann nicht der Zwangsverwaltung unterliegt.[25]

48

Die Bestellung darf nur dann nicht erfolgen, wenn der Schuldner **ungeeignet oder nicht bereit** ist, das Amt zu übernehmen (§ 150b Abs. 1 S. 2 ZVG). An einer ordnungsgemäßen Durchführung der Zwangsverwaltung wird der Schuldner schon allein deshalb interessiert sein, weil er seinen notwendigen Unterhalt nur aus den erwirtschafteten Erträgen erhält (§ 149 Abs. 3 ZVG).

49

Steht nicht von Anfang an fest, dass der Schuldner die Verwaltung übernehmen kann und wird, kann bei der Anordnung der Zwangsverwaltung zunächst nur ein vorläufiger Verwalter bestellt werden. Falls möglich, sollte dies die spätere Aufsichtsperson (Rdn 53 ff.) sein.

50

Liegen die Voraussetzungen für die Bestellung des Schuldners zum Verwalter vor, hat das Vollstreckungsgericht nach § 150b Abs. 2 ZVG hierzu vor der Bestellung anzuhören

51

- den (betreibenden) Gläubiger,
- etwaige Beteiligte der in § 150a ZVG bezeichneten Art (Rdn 38),
- die untere Verwaltungsbehörde, das ist regelmäßig das Landratsamt.[26]

Die Anhörung dieser Beteiligten dient vornehmlich der Überprüfung der Frage, ob der Schuldner Eignung zu diesem Amt besitzt.

Ist der Schuldner zur Amtsführung nicht geeignet, so kann unter den Voraussetzungen des § 150a ZVG Institutsverwaltung (Rdn 39) angeordnet werden. Wird kein entsprechender Verwalter vorgeschlagen, ist der vorläufig eingesetzte Verwalter (Rdn 50) zum endgültigen Verwalter zu bestellen.

52

---

23 Besoldet wird der Verwalter von dem Institut, bei dem er fest angestellt ist.
24 *Mayer,* ZfIR 2005, 809. Für die Gegenmeinung: *Selke,* ZfIR 2005, 457.
25 *Stöber* (ZVG), § 150b Rn 2.4.
26 Die Behörde bestimmt sich nach Landesrecht.

2. Aufsichtsperson

53 Zugleich mit der Bestellung des Schuldners als Verwalter muss das Vollstreckungsgericht eine Aufsichtsperson bestellen (§ 150c Abs. 1 ZVG). Dabei kann es sich um eine **natürliche oder juristische** Person oder sogar eine Behörde handeln (§ 150c Abs. 1 S. 2 ZVG).

54 Der Schuldner darf zwar als Verwalter über die Nutzungen des Grundstücks und deren Erlös verfügen, bedarf aber hierzu der **Zustimmung** der Aufsichtsperson (§ 150d S. 1 ZVG). Nicht zwingend vorgeschrieben, aber zweckmäßig ist es, die Beteiligten vor Bestellung der Aufsichtsperson zu hören. An Vorschläge zur Person ist das Vollstreckungsgericht jedoch nicht gebunden. Auch die Aufsichtsperson muss für das Amt in persönlicher und fachlicher Hinsicht geeignet und von den Beteiligten unabhängig sein. Die Bestellung ist erst wirksam, wenn die ausgewählte Person sich ausdrücklich zur Übernahme bereit erklärt hat, da niemand verpflichtet ist, ein solches Amt zu übernehmen.

55 Ladungen, Verfügungen und Beschlüsse über Anordnung, Beitritt, Einstellung und Aufhebung des Verfahrens, die an den Schuldner zugestellt oder übersandt werden müssen, sind auch der Aufsichtsperson zuzustellen bzw. zu übersenden (§ 150c Abs. 2 S. 2 ZVG).

56 Beide, Schuldner und Aufsichtsperson, stehen unter der Aufsicht des Vollstreckungsgerichts und sind dessen Weisungen unterworfen.

57 Im Interesse der Gläubiger hat die Aufsichtsperson den Schuldnerverwalter zu beaufsichtigen. Die Aufsichtsperson ist für die Erfüllung der ihm obliegenden Verpflichtungen allen Beteiligten gegenüber verantwortlich (§§ 150c Abs. 2 S. 1, 154 ZVG). Zur Vergütung der Aufsichtsperson siehe Rdn 63.

58 Der Schuldner, der die Verwaltung unter dieser Aufsicht führt, ist verpflichtet, der Aufsichtsperson jederzeit über das Grundstück, den Betrieb und die mit der Bewirtschaftung zusammenhängenden Rechtsverhältnisse Auskunft zu geben und Einsicht in vorhandene Aufzeichnungen zu gewähren (§ 150c Abs. 4 ZVG). Verletzt der Schuldner seine Pflichten als Verwalter, muss die Aufsichtsperson dies dem Vollstreckungsgericht unverzüglich anzeigen (§ 150c Abs. 3 ZVG).

59 Verfügungen des Schuldners als Verwalter über die Nutzungen des Grundstücks und deren Erlös bedürfen der Zustimmung der Aufsichtsperson. Die Entschließung der Aufsichtsperson hat der Schuldner dann rechtzeitig einzuholen, wenn es sich um Geschäfte handelt, die über den Rahmen der laufenden Wirtschaftsführung hinausgehen (§ 150c Abs. 4 ZVG).

60 Die Begleichung der Verwaltungsausgaben, die Zahlung der Verfahrenskosten und die Begleichung der laufenden Beträge öffentlicher Lasten, wie z.B. Grundsteuerbeträge, fallen nicht hierunter, da sie vorweg aus dem Erlös zu entnehmen sind.

G. Vergütung

I. Allgemeines

61 Der Zwangsverwalter hat für seine Verwaltertätigkeit Anspruch auf eine **angemessene Vergütung** für seine **gesamte Geschäftsführung**, also nicht nur für Vermietung und Verpachtung. Dabei ist die Höhe der Vergütung an der Art und dem Umfang der Aufgabe sowie an der Leistung des Zwangsverwalters auszurichten, wobei Mindest- und Höchstsätze vorgesehen sind (§ 152a ZVG).

Für Tätigkeiten, welche der Zwangsverwalter nach Zustellung des Aufhebungsbeschlusses vornimmt, erhält er nur unter engen Voraussetzungen eine Vergütung.[27]

---

27 Hierzu BGH v. 10.1.2008 – V ZB 31/07.

Verletzt der Zwangsverwalter seine Treuepflicht gegenüber den Verfahrensbeteiligten vorsätzlich, mindestens aber in grob leichtfertiger Weise, etwa durch unbefugtes Führen eines Doktor- oder Diplomtitels[28] oder bei Nichtvorlage einer erforderlichen Nebentätigkeitsgenehmigung,[29] verwirkt er seinen Vergütungsanspruch. 62

Obwohl das ZVG dies nicht erwähnt, wird überwiegend angenommen,[30] dass das Vollstreckungsgericht der Aufsichtsperson (Rdn 53 ff.) eine Vergütung in entsprechender Anwendung der Normen zur Vergütung des Verwalters festzusetzen hat. 63

Die ZwVwV unterscheidet zwischen der Regelvergütung auf Basis der Mieteinnahmen (§ 18 ZwVwV) und der Vergütung nach Zeitaufwand in besonderen Fällen (§ 19 ZwVwV). Dem Zwangsverwalter steht entweder die Regelvergütung oder die Zeitaufwandsvergütung zu; eine Festsetzung beider Vergütungen für denselben Abrechnungszeitraum ist ausgeschlossen.[31] 64

II. Regelvergütung

Für die Regelvergütung ist die eingezogene **Miete** oder Pacht maßgeblich. Alle im Rahmen der Darstellung der Vergütung zur Miete gemachten Aussagen gelten für die **Pacht entsprechend**. 65

Die **Regelvergütung** beträgt im **Normalfall 10 % des Bruttobetrages** (Einnahmen **zzgl.** Nebenkosten) der für den Zeitraum der Verwaltung eingezogenen Miete (§ 18 Abs. 1 S. 1 ZwVwV). Bei der Berechnung sind ausschließlich die Mieten zu berücksichtigen, die tatsächlich in dem Abrechnungszeitraum an den Zwangsverwalter gezahlt wurden.[32] 66

Für vertraglich geschuldete, aber nicht eingezogene Mieten[33] erhält der Zwangsverwalter gem. § 18 Abs. 1 S. 2 ZwVwV 20 % der **Vergütung**, die er erhalten hätte, wenn diese Mieten eingezogen worden wären (das entspricht 2 % der Regelvergütung). Werden zunächst nicht eingezogene Mietrückstände später gezahlt, ist eine nach dieser Vorschrift erhaltene Vergütung auf die nach den nunmehr eingezogenen Mieten zu berechnende Vergütung anzurechnen. Für den Verwalter soll durch diese Regelung ein Anreiz geschaffen werden, sich um den Einzug geschuldeter Mieten zu kümmern. 67

Diese Regelvergütung deckt in den Fällen der vollständigen oder teilweisen Vermietung die eigentliche Zwangsverwaltertätigkeit sowie die Tätigkeit der nicht gesondert vergüteten Mitarbeiter ab. Außerdem werden mit der Vergütung auch die allgemeinen Geschäftskosten des Verwalters abgegolten (§ 21 Abs. 1 ZwVwV). Zu den allgemeinen Geschäftskosten gehört der Büroaufwand des Verwalters einschließlich der Gehälter seiner Angestellten, also jene Aufwendungen, die bei dem Verwalter auch dann angefallen wären, wenn er diese Zwangsverwaltung nicht übernommen hätte. 68

III. Verminderung/Erhöhung der Regelvergütung

Im Einzelfall kann sich zwischen der Tätigkeit des Verwalters und der Regelvergütung ein **Missverhältnis** ergeben. Daher bestimmt § 18 Abs. 2 ZwVwV, dass der Regelsatz von 10 % bis auf 5 % **vermindert** oder bis auf 15 % **angehoben** werden kann. Ein solches Missverhältnis liegt vor, wenn der im Einzelfall entstehende Aufwand des Zwangsverwalters auch unter Berücksichtigung der bei einer pauschalierenden Vergütungsregelung notwendigerweise entstehenden Härten zu einer unangemessen hohen oder zu einer 69

---

28 BGH v. 23.9.2009 – V ZB 90/09.
29 BGH v. 22.10.2009 – V ZB 77/09.
30 *Depré/Mayer,* Rn 130.
31 BGH v. 4.6.2009 – V ZB 2/09.
32 BGH v. 26.4.2012 – V ZB 155/11.
33 Bei dieser Berechnung finden also geschuldete, aber nicht vereinnahmte Mieten oder der Mietwert leerstehender Räume keine Berücksichtigung.

unangemessen niedrigen Vergütung führt.[34] Ob das der Fall ist, ist anhand aller Umstände des Einzelfalls zu ermitteln. Hierbei ist insbesondere zu bewerten, ob Arbeitsleistung, Arbeitsaufwand und Maß der Verantwortung des Zwangsverwalters wesentlich von den durchschnittlichen Anforderungen abweichen und ob besondere Erschwernisse vorliegen.[35]

Sofern von der Verminderungs- oder Erhöhungsmöglichkeit Gebrauch gemacht wird, bewirkt dies auch eine Veränderung der Vergütung für vertraglich geschuldete, aber nicht eingezogene Miete. Kann der Verwalter eine Regelvergütung von 15 % beanspruchen, so bemisst sich die Vergütung für diese nicht eingezogene Miete 20 % hiervon, mithin also 3 %.

Durch das Abweichen von der Regelvergütung wird der Tatsache Rechnung getragen, dass dies zur Herstellung eines leistungsadäquaten Vergütungsniveaus im konkreten Einzelfall zulässig sein muss.

70 Eine Erhöhung der Regelvergütung um 3 % auf insgesamt 13 % rechtfertigt z.B. die Zwangsverwaltung eines fünfgeschossigen als Senioren- und Pflegeheim genutzten Gebäudekomplexes mit einer Gesamtnutzfläche von ca. 8.000 qm, bei der diverse Mietrückstände geltend zu machen und Kündigungen auszusprechen waren sowie eine umfangreiche Korrespondenz mit dem städtischen Kassen- und Steueramt zu führen war.[36]

IV. Vergütung nach Zeitaufwand

1. Voraussetzungen

71 § 19 ZwVwV regelt die Zeitvergütung, die in **zwei Fällen** gilt:
1. In allen Fällen, in denen der Verwalter nicht nach § 18 ZwVwV abrechnen kann, weil **keine Vermietung** vorliegt.
2. Bei nur **teilweiser Vermietung** erfolgt die Vergütung nach Zeitaufwand, wenn über § 18 ZwVwV (auch nach entsprechender Erhöhung gem. Rdn 69) keine angemessene Vergütung des Verwalters erreicht werden kann (§ 19 Abs. 2 ZwVwV).

72 Es ist nicht (mehr) zulässig, einen Teil des Objekts nach Ertrag und den Rest nach Zeitaufwand abzurechnen. Wenn überhaupt Erträge vorhanden sind, muss immer zunächst eine Berechnung nach § 18 ZwVwV stattfinden. Erst wenn deren Ergebnis „offensichtlich unangemessen" wäre, erfolgt die Abrechnung nach § 19 ZwVwV. Die Regelvergütung (§ 18 Abs. 1 und 2 ZwVwV) ist offensichtlich unangemessen i.S.v. § 19 Abs. 2 ZwVwV, wenn sie trotz Ausschöpfung des Höchstrahmens (§ 18 Abs. 2 ZwVwV) um mehr als 25 % hinter der Vergütung nach Zeitaufwand zurückbleibt.[37]

2. Berechnung

73 Wird die Vergütung nach Zeitaufwand abgerechnet, so erhält der Verwalter für jede Stunde der für die Verwaltung erforderlichen Zeit, die er oder einer seiner qualifizierten Mitarbeiter[38] aufgewendet hat, eine Vergütung von mindestens 35,00 EUR und höchstens 95,00 EUR, wobei der Stundensatz für den jeweiligen Abrechnungszeitraum einheitlich zu bemessen ist (§ 19 Abs. 1 ZwVwV).

---

34 BGH v. 15.11.2007 – V ZB 12/07.
35 BGH v. 12.9.2002 – IX ZB 39/02.
36 LG Frankfurt v. 12.4.2011 – 2–9 T 184/10.
37 BGH v. 11.10.2007 – V ZB 1/07.
38 „Qualifizierte Mitarbeiter" meint jene Personen, welche nicht nur „unterstützend" tätig werden (also z.B. Schreibkräfte), sondern selbstständig unter Aufsicht des Verwalters Handlungen vornehmen, welche ansonsten der Verwalter selbst vornehmen müsste (§ 1 Abs. 3 S. 3 und 4 ZwVwV).

Die Stundenvergütung bemisst sich für den Verwalter und seine qualifizierten Mitarbeiter nach der **Schwierigkeit** des jeweiligen Verfahrens. Der Mindestsatz kommt dann in Betracht, wenn die Verwaltungstätigkeit ganz überwiegend aus einfachsten Aufgaben besteht, die hauptsächlich von gering qualifizierten Mitarbeitern und Hilfskräften erledigt werden können. Abgedeckt werden dabei die Tätigkeit des Verwalters, seiner qualifizierten Hilfskräfte sowie die entstandenen Geschäftskosten. Handelt es sich nach der Verfahrensstruktur um ein sog. Normal- oder Regelverfahren, liegt der rechnerische Mittelwert bei 65,00 EUR. Nach teilweiser vertretener Ansicht[39] soll jedoch der angemessene Stundensatz für ein solches Verfahren zwischen 70,00 EUR und 75,00 EUR liegen. Eine „Über-Qualifikation" des Verwalters hat grundsätzlich keinen Einfluss auf die Vergütung.[40]

V. Mindestvergütung

1. Bei erlangtem Besitz

Auch wenn der Verwalter das Grundstück in Besitz genommen hat, berechnet sich seine Vergütung im Jahr der Besitzergreifung grundsätzlich nach §§ 18 und 19 ZwVwV. Diese Vergütung darf jedoch nicht geringer sein als 600,00 EUR (Mindestvergütung). Die Mindestvergütung ist somit keine Pauschale für die Besitzergreifung. Im Laufe eines Verfahrens kann sie nur einmal anfallen (Mindest-Gesamtvergütung).[41]

Es ist umstritten, wie zu verfahren ist, wenn der Verwalter im (ersten) Jahr der Besitzergreifung nach § 18 oder § 19 ZwVwV weniger als 600,00 EUR zu erhalten hat. Es wird Folgendes vertreten:

- Er erhält in diesem Jahr nur die nach §§ 18 und 19 ZwVwV verdiente Vergütung und die Mindestvergütung erst, wenn feststeht, dass seine Gesamtvergütung anderenfalls geringer als 600,00 EUR wäre.[42]
- Er erhält sofort die Mindestvergütung, also 600,00 EUR, da ja seine Gesamtvergütung nicht mehr geringer werden kann. Das Vollstreckungsgericht berechnet (endgültig) die tatsächlich in diesem Jahr verdiente Vergütung; die Differenz zu 600,00 EUR ist Vorschuss für das nächste Jahr.[43]

Sind mehrere Grundstücke oder grundstücksgleiche Rechte Gegenstand eines Zwangsverwaltungsverfahrens, so fällt die Mindestvergütung für jedes in Besitz genommene Objekt gesondert an, sofern die Grundstücke keine wirtschaftliche Einheit bilden.[44] Hierfür ist unbeachtlich, ob die Zwangsverwaltung in einem einheitlichen Verfahren oder für jedes Objekt einzeln angeordnet wird.[45]

Ob eine Zwangsverwaltung unverhältnismäßig hohe Kosten verursacht hat, ist nicht bei der Festsetzung der Vergütung, sondern bei der Vollstreckung dieser Kosten oder im Rechtsstreit des Schuldners gegen den Gläubiger auf Erstattung der aus Verwaltereinnahmen berichtigten Kosten zu prüfen.[46]

Tipp
Ist der erste Berichtszeitraum (Rumpfjahr) sehr kurz, die Mindestvergütung fordern, wenn die §§ 18, 19 ZwVwV weniger als 600,00 EUR ergeben.

---

39 *Dassler/Schiffhauer/Hintzen/Engels/Rellermeyer*, § 152a Rn 73 f.; *Haarmeyer/Hintzen*, § 19 ZwVwV Rn 3; *Böttcher* (ZVG), § 152a Rn 19; *Depré/Mayer*, Rn 873.
40 BGH v. 15.3.2007 – V ZB 117/06.
41 BGH v. 1.6.2006 – V ZB 29/06.
42 LG Essen v. 22.12.2004 – 7 T 570/04.
43 LG Potsdam v. 24.5.2005 – 7 T 72/05.
44 BGH v. 24.11.2005 – V ZB 133/05.
45 BGH v. 18.1.2007 – V ZB 63/06.
46 BGH v. 18.1.2007 – V ZB 63/06.

2. Ohne Besitzerlangung

77 Wird die Zwangsverwaltung beendet, bevor der Verwalter das Objekt in Besitz genommen hat, so erhält er eine Vergütung von 200,00 EUR. Voraussetzung ist aber, dass er bereits tätig geworden ist. Der Verwalter muss also bereits Handlungen vorgenommen haben, welche die Inbesitznahme vorbereiten. Ob bereits eine lediglich interne Tätigkeit nach Bekanntgabe der Bestellung genügt, also z.B. Anlage der Akten, Kontoeröffnung, Entwurf eines Briefes an die Mieter etc.,[47] muss noch entschieden werden. Verzögert sich, insbesondere durch das Verhalten des Schuldners, die Inbesitznahme und nimmt der Gläubiger dann den Antrag alsbald zurück, kann infolge des Zeitaufwandes (§ 19 ZwVwV) durchaus bereits eine höhere Vergütung als 200,00 EUR verdient sein.

VI. Auslagen

78 Mit der Vergütung werden zwar die **allgemeinen Geschäftskosten** abgegolten, jedoch können dem Verwalter **besondere Kosten**, die ihm im Einzelfall entstanden sind, erstattet werden, soweit sie angemessen sind (§ 21 ZwVwV). Zu diesen besonderen Kosten zählen insbesondere

- Fahrt- und Reisekosten,
- Kosten von Hilfskräften für bestimmte Aufgaben im Rahmen der Zwangsverwaltung,
- Kosten für Post- und Telekommunikationsentgelte,
- Kosten der Vermögensschadenhaftpflicht i.S.d. § 1 Abs. 4 S. 2 ZwVwV,
- Honorar eines beauftragten Rechtsanwalts.[48]

Diese Auslagen können entweder im Einzelfall nachgewiesen (§ 21 Abs. 2 S. 1 ZwVwV) oder pauschal erstattet werden (§ 21 Abs. 2 S. 2 ZwVwV). Insoweit hat der Verwalter eine Wahlmöglichkeit. Die Pauschale beträgt 10 % der Vergütung, ist jedoch begrenzt auf höchstens 40,00 EUR für jeden angefangenen Monat seiner Tätigkeit, also 480,00 EUR pro Verwaltungsjahr. Macht der Verwalter die Auslagenpauschale geltend, scheidet daneben eine Abrechnung einzelner Auslagen grundsätzlich aus.[49] Dies gilt jedoch nicht für die zusätzlichen Kosten einer im Einzelfall gerichtlich angeordneten Vermögenshaftpflichtversicherung von mehr als 500.000,00 EUR (§ 1 Abs. 4 S. 2 ZwVwV) und das Honorar eines von dem Zwangsverwalter beauftragten Rechtsanwalts.[50]

79 Zusätzlich zur Vergütung und den Auslagen kann der Verwalter die Festsetzung seiner zu zahlenden Umsatzsteuer verlangen (§ 17 Abs. 2 ZwVwV).

VII. Besonderheiten

1. Fertigstellung von Bauvorhaben

80 Gesondert geregelt ist die Vergütung für die mögliche Bautätigkeit (Fertigstellung von Bauvorhaben) unter Aufsicht des Zwangsverwalters (§ 18 Abs. 3 ZwVwV). Sie beträgt 6 % der verwalteten Bausumme und ist vom Zeitaufwand unabhängig, kann also seitens des Vollstreckungsgerichts weder erhöht noch ermäßigt werden. § 19 ZwVwV findet keine Anwendung.

---

47 So *Depré/Mayer*, Rn 880.
48 BGH v. 2.7.2009 – V ZB 122/08.
49 *Depré/Mayer*, Rn 906.
50 BGH v. 2.7.2009 – V ZB 122/08.

2. Besondere Sachkunde

Bringt der Verwalter im Einzelfall seine besondere Sachkunde als Rechtsanwalt, als Steuerberater oder eine sonstige besondere Qualifikation in die Zwangsverwaltung ein, so kann er diese Leistung im Einzelfall entsprechend seiner Vergütungsordnung abrechnen. Die Zwangsverwaltungsmasse wäre nämlich mit denselben Beträgen belastet worden, wenn sich ein nicht sachkundiger Zwangsverwalter hierfür eines sachkundigen Dritten bedient hätte. Wichtigster Einzelfall: Ein Anwalt als Zwangsverwalter führt einen Rechtsstreit.[51]

81

VIII. Vorschuss

Vor einer jeweiligen Festsetzung kann der Verwalter aus den Einnahmen einen Vorschuss auf die Vergütung und Auslagen mit Einwilligung des Vollstreckungsgerichts entnehmen (§ 22 Abs. 2 ZwVwV).

82

IX. Festsetzung durch das Gericht

Die Festsetzung der dem Verwalter zu erstattenden Vergütung und Auslagen erfolgt für den jeweils festgelegten Rechnungszeitraum, also kalenderjährlich oder aber jährlich, wenn das Vollstreckungsgericht zu dieser Abweichung die Zustimmung erteilt hat. Bei Aufhebung des Verfahrens erfolgt sie im Anschluss an die Schlussrechnung (§ 22 Abs. 1 ZwVwV).

83

Der Beschluss, durch welchen die Vergütung festgesetzt wird, ist, auch bei Zuerkennung der Regelvergütung, zu begründen. Setzt das Vollstreckungsgericht weniger fest als beantragt, muss der Beschluss eingehend begründet werden.

84

Der Beschluss ist dem Schuldner und dem Gläubiger zuzustellen, dem Verwalter nur, wenn von seinem Antrag abgewichen wurde.

85

Die Entscheidung ist grundsätzlich mit **sofortiger Beschwerde** anfechtbar, auf welche nach h.M.[52] § 567 Abs. 2 ZPO anzuwenden ist. Somit findet **sofortige Erinnerung** nach § 11 Abs. 2 RPflG statt, wenn die Beschwer 200,00 EUR oder weniger beträgt. Die dann zu treffende Entscheidung des Referatsrichters ist gebührenfrei und unanfechtbar.

86

X. Durchsetzung des Anspruchs

Nach der Festsetzung (Rdn 83) kann der Verwalter den zuerkannten Betrag der Verwaltungsmasse entnehmen (§ 155 Abs. 1 ZVG).

87

Reicht diese nicht aus, kann der Verwalter den betreibenden Gläubiger in Anspruch nehmen, was sich aus den §§ 155 Abs. 1 und 3, 161 Abs. 3 ZVG ergibt. Diese Inanspruchnahme kann selbst dann erfolgen, wenn der Verwalter keine Vorschüsse verlangt hat.[53]

88

---

51 Hierzu ausführlich *Depré/Mayer*, Rn 913 ff.
52 *Haarmeyer/Hintzen*, § 22 ZwVwV Rn 11.
53 BGH v. 17.6.2004 – IX ZR 218/03.

§ 32 Einstweilige Einstellung und Aufhebung

A. Das System und seine Anwendung

Für die Zwangsverwaltung gelten die unter § 2 Rdn 1–4 gemachten Ausführungen über das System der einstweiligen Einstellung und Verfahrensaufhebung entsprechend.

B. Aufhebung und einstweilige Einstellung aufgrund einer Verfahrenshandlung

I. Antragsrücknahme (§ 29 ZVG)

§ 29 ZVG findet (über § 161 Abs. 4 ZVG) Anwendung; für den Gläubiger, welcher seinen Antrag zurückgenommen hat, ist das Verfahren durch Beschluss aufzuheben.

> *Tipp*
> Vor der Antragsrücknahme sollte der Gläubiger vom Gericht klären lassen, ob die Aufwendungen (§ 155 Abs. 1 ZVG) gedeckt sind, da der Gläubiger für einen evtl. Fehlbetrag haftet.

Die Beschlagnahme endet nicht schon mit dem Eingang der Rücknahmeerklärung bei dem Vollstreckungsgericht,[1] sondern erst mit dem Erlass des Aufhebungsbeschlusses (§ 2 Rdn 8).

Der Gläubiger kann bestimmte Gegenstände von seiner Antragsrücknahme ausnehmen. Hierauf ergeht ein „eingeschränkter" Aufhebungsbeschluss des Gerichts; die Beschlagnahme der „ausgenommenen" Gegenstände sowie die dahingehende Verwaltungs- und Nutzungsbefugnis des Zwangsverwalters bleiben bestehen.[2]

Nach Eingang der „uneingeschränkten" Antragsrücknahme hat das Gericht für diesen Gläubiger einen Aufhebungsbeschluss zu erlassen und dem Gläubiger und dem Schuldner zuzustellen (§§ 161 Abs. 4, 32 ZVG). Der Zwangsverwalter erhält den Beschluss formlos übersandt.

Welche Fortsetzung das Verfahren nimmt, hängt davon ab, ob die Zwangsverwaltung noch von mindestens einem weiteren Gläubiger betrieben wird. Ist dies der Fall, muss in der Regel eine Änderung des Teilungsplans nebst Auszahlungsanordnung nach § 157 ZVG erfolgen (§ 34 Rdn 35).

Betreibt kein weiterer Gläubiger das Verfahren, entfällt mit der uneingeschränkten Aufhebung der Zwangsverwaltung die Beschlagnahme und damit enden die Rechte und Pflichten des Zwangsverwalters. Die Rechte der Grundpfandrechtsberechtigten und des Beschlagnahmegläubigers an dem Erlösüberschuss, der sich noch in der Hand des Zwangsverwalters befindet, erlöschen.[3] Mithin darf der Zwangsverwalter ab diesem Zeitpunkt keine Zahlungen mehr entsprechend dem gerichtlichen Teilungsplan leisten oder (ehemals beschlagnahmte) Ansprüche mehr geltend machen (§ 33 Rdn 49–52), vielmehr hat er die Zwangsverwaltung nur noch ordnungsgemäß abzuwickeln.

Die Abwicklung des Verfahrens erfolgt in folgenden Schritten:

Das Vollstreckungsgericht

- ersucht das Grundbuchamt um Löschung des Zwangsverwaltungsvermerks (§§ 161 Abs. 4, 34 ZVG);
- teilt dem Zwangsverwalter die Aufhebung mit.

---

1 BGH v. 10.7.2008 – V ZB 130/07.
2 BGH v. 8.3.2003 – IX ZR 385/00.
3 BGH v. 10.10.2013 – IX ZB 197/11.

§ 32 Einstweilige Einstellung und Aufhebung

9 Der Zwangsverwalter
- stellt alle Verwaltungshandlungen ein; allenfalls unaufschiebbare Handlungen darf er, soweit mit deren Unterlassung Gefahr verbunden ist und der Schuldner sie nicht selbst unverzüglich einleiten kann, noch vornehmen. Insoweit gilt § 672 BGB;[4]
- unterrichtet die Mieter/Pächter von der Verfahrensaufhebung;
- begleicht die von ihm begründeten Verbindlichkeiten aus den noch vorhandenen Einnahmen und bildet für noch nicht fällige Verbindlichkeiten Rücklagen (§ 12 Abs. 3 ZwVwV);
- überträgt dem Schuldner den Besitz zurück;
- legt dem Gericht eine Schlussrechnung vor (§ 14 Abs. 3 ZwVwV);
- fügt der Schlussrechnung seinen Antrag auf Festsetzung der Vergütung bei;
- kehrt den (nach Begleichung der Gerichtskosten und der Zwangsverwaltervergütung) verbleibenden Erlösüberschuss an den Schuldner aus;
- weist dem Gericht die „Nullstellung" des Zwangsverwalterkontos nach (§ 14 Abs. 4 ZwVwV).

II. Bewilligung der einstweiligen Einstellung (§ 30 ZVG)

10 Ob die einstweilige Einstellung des Verfahrens auf Bewilligung des Gläubigers (§ 30 ZVG) möglich ist, ist in der Literatur stark umstritten.[5] Zu Recht wird die Möglichkeit der Verfahrenseinstellung nach § 30 ZVG von der neueren Literatur abgelehnt.

11 Dies lässt sich zum einen dadurch begründen, dass nach § 146 Abs. 1 ZVG auf die Zwangsverwaltung lediglich die Vorschriften über die **Anordnung** der Zwangsversteigerung entsprechende Anwendung finden, soweit sich nicht aus den §§ 147 bis 161 ZVG ein anderes ergibt. Damit ergibt sich aus § 146 Abs. 1 ZVG kein Verweis auf die Vorschriften über die Aufhebung und Einstellung des Verfahrens nach §§ 28 bis 34 ZVG. Vielmehr hat der Gesetzgeber es für erforderlich erachtet, in § 161 Abs. 4 ZVG ausdrücklich eine Verweisung auf die §§ 28, 29, 32, 34 ZVG für den Fall der Aufhebung des Verfahrens vorzunehmen. Mithin ergibt sich bereits aus der gesetzlichen Systematik, dass § 30 ZVG in der Zwangsverwaltung keine Anwendung findet.

Darüber hinaus ist das Zwangsverwaltungsverfahren seiner Art nach „auf Dauer angelegt". Selbst die Einstellungsbefürworter verkennen nicht, dass besonders in der Person des Zwangsverwalters, genauer in seiner Verwaltungs- und Benutzungsbefugnis (§ 148 Abs. 2 ZVG), eine gewisse Kontinuität bestehen muss. So wollen auch die Einstellungsbefürworter durch die einstweilige Einstellung die Beschlagnahme nicht berührt sehen.[6] Aber auch die Verwaltungs- und Benutzungsbefugnis des Zwangsverwalters sowie dessen Berechtigung bzw. Verpflichtung zur Begleichung der öffentlichen Lasten (§ 156 Abs. 1 ZVG) sollen fortbestehen. Letztlich verbleibt als (einzige) Wirkung der einstweiligen Einstellung der Umstand, dass der Zwangsverwalter die eingezogenen Nutzungen nicht mehr an den Gläubiger, welcher die einstweilige Einstellung bewilligt hat, auszahlen darf, sondern diese hinterlegen bzw. zinsbringend anlegen muss. Zu Recht stellen *Depré/Mayer*[7] die Frage, ob eine solche einstweilige Einstellung einen von der Rechtsordnung gebilligten Zweck erfüllen kann. Bedenkt man weiter, dass die auf die Nichtannahme von Nutzungen durch den Gläubiger reduzierte einstweilige Einstellung den Schuldner sogar ausdrücklich schädigen[8] kann, ist die Möglichkeit der Bewilligung der einstweiligen Einstellung (§ 30 ZVG) abzulehnen.

---

4 *Depré/Mayer*, Rn 389 f.
5 Zum Meinungsstand: *Stöber* (ZVG), § 146 Rn 6.5.
6 Hier liegt eine folgerichtige Übereinstimmung zur einstweiligen Einstellung in der Zwangsversteigerung vor.
7 *Depré/Mayer*, Rn 219 ff.
8 Angenommen, die Forderung des Gläubigers wäre ohne einstweilige Einstellung längst bezahlt. Da der Gläubiger während der einstweiligen Einstellung aber gerade keine Zahlungen beziehen darf, hält er die Zwangsverwaltung so künstlich „am Leben".

Vorgesehen ist eine einstweilige Einstellung nur auf Antrag des Insolvenzverwalters nach § 153b ZVG (§ 32 Rdn 33 ff.). Dies ist kein Widerspruch zur Versagung der einstweiligen Einstellung nach § 30 ZVG, da infolge des Insolvenzverfahrens eine andere Nutzung möglich und sinnvoll geworden ist, welche das Zwangsverwaltungsverfahren als Maßnahme einer Einzelvollstreckung nicht ermöglicht[9] und welche auch nicht verhindert werden soll.

Rechtspflegerinnen und Rechtspflegern der Vollstreckungsgerichte, welche die Anwendbarkeit von § 30 ZVG im Zwangsverwaltungsverfahren entgegen der hier geäußerten Ansicht bejahen, sei an dieser Stelle vorgeschlagen, sich dann, entgegen einiger Ansätze in der Literatur, nicht „allzu weit" von der diesbezüglichen **Systematik** des ZVG zu entfernen. So sollte die **Zahl** der einem Gläubiger zustehenden Einstellungsbewilligungen auf zwei beschränkt bleiben (§ 30 Abs. 1 ZVG), im Sinne einer zügigen Verfahrensdurchführung die **Sechs-Monats-Frist** des § 31 Abs. 1 ZVG Anwendung finden und die **Verfahrensfortsetzung** einen diesbezüglichen Antrag des Gläubigers (§ 31 Abs. 1 ZVG) voraussetzen.

III. Antrag des Schuldners nach § 30a ZVG

Eine einstweilige Einstellung des Zwangsverwaltungsverfahrens auf Antrag des Schuldners nach § 30a ZVG kann nicht erfolgen. Diese auf die Zwangsversteigerung zugeschnittene Norm findet in der Zwangsverwaltung keine Anwendung.

IV. Antrag des Schuldners nach § 765a ZPO

In besonderen Ausnahmesituationen kann auf Schuldnerantrag die einstweilige Einstellung und sogar die Aufhebung des Verfahrens nach der für alle ZPO-Vollstreckungsverfahren geltenden „Notbremse" § 765a ZPO erfolgen.

Wird ausnahmsweise ein Verfahren einstweilen eingestellt, bleibt die Beschlagnahme unberührt; auch bleibt der Zwangsverwalter im Amt und zieht weiterhin die Nutzungen ein. An den von der Zwangsverwaltungseinstellung betroffenen Gläubiger darf aber nichts mehr ausbezahlt werden. Das Geld ist für ihn zu hinterlegen, wobei die Notwendigkeit der Zustimmung des Verwalters zur Auszahlung zu vermerken ist. Auf Antrag oder aber auch von Amts wegen kann der Einstellungsbeschluss geändert werden, wenn dies mit Rücksicht auf eine Änderung der Sachlage geboten ist (§ 765a Abs. 4 ZPO).

V. Entscheidung des Prozessgerichts und sonstige Einstellungsfälle

Auch in der Zwangsverwaltung kann es durch Entscheidung des zuständigen Prozessgerichts z.B. nach § 767 ZPO (Vollstreckungsabwehrklage) oder § 771 ZPO (Drittwiderspruchsklage) i.V.m. einer ausführenden Entscheidung des Vollstreckungsgerichts (nach den §§ 775 Nr. 1 und 2, 776 ZPO) zu einer Einstellung oder gar einer Aufhebung des Verfahrens kommen (§ 2 Rdn 48).

Denkbar, wenngleich im Zwangsverwaltungsverfahren mangels „dringlicher Situationen" weitaus weniger häufig, ist auch eine Eilentscheidung des Vollstreckungsgerichts nach § 769 Abs. 2 ZPO. Diesbezüglich wird auf die Ausführungen unter § 2 Rdn 49 mit der Maßgabe verwiesen, dass das fristgerechte Beibringen einer Einstellungsbewilligung (§ 30 ZVG) wegen der obigen Rdn 10 und 11 ausscheidet.

---

[9] *Depré/Mayer*, Rn 223.

C. Gegenrechte und Verfügungsbeschränkungen (§ 28 ZVG)

I. Vorbemerkung

19 Wegen des Umstandes, dass Gegenrechte und Verfügungsbeschränkungen systematisch sowohl im Rahmen der Prüfung des Antrags als auch noch nach der Anordnung zu thematisieren sind, siehe § 1 Rdn 43.

II. Neues Eigentum

20 Ob die Zwangsverwaltung durch den Umstand, dass das Eigentum an dem Vollstreckungsobjekt wechselt, tangiert wird, hängt davon ab, ob der Eigentumswechsel im Lichte der Beschlagnahme dem Gläubiger gegenüber wirksam erfolgt ist.

21 Im Grundsatz gilt:
Im Falle einer wirksamen Eigentumsübertragung muss das Verfahren aufgehoben werden (§ 28 Abs. 1 ZVG), während die nicht wirksame Eigentumsübertragung allenfalls, wegen einer erforderlichen Titelumschreibung, zu einer kurzzeitigen einstweiligen Einstellung führt. Siehe hierzu die entsprechend geltenden Ausführungen zur Zwangsversteigerung unter § 2 Rdn 55–60.

III. Auflassungsvormerkung

22 Eine eingetragene Auflassungsvormerkung hindert nicht die Anordnung der Zwangsverwaltung. Wird jedoch nach der Beschlagnahme der neue Eigentümer aufgrund einer vorher eingetragenen Auflassungsvormerkung eingetragen, kann dies wegen § 28 Abs. 1 ZVG mit § 883 BGB das Zwangsverwaltungsverfahren tangieren. Wegen der Einzelheiten siehe § 2 Rdn 61 und 62.

IV. Eigenbesitz

23 Der mangelnde Eigenbesitz des Schuldners und Eigentümers hindert die Durchführung der Zwangsverwaltung (§ 30 Rdn 11). Stellt sich dieser Umstand erst nach der Anordnung der Zwangsverwaltung (z.B. durch das Scheitern der Inbesitznahme) heraus, stellt dies einen Vollstreckungsmangel i.S.d. § 28 Abs. 2 ZVG dar, der der Fortsetzung des Zwangsverwaltungsverfahrens entgegensteht.[10] Ob das Vollstreckungsgericht das Verfahren gem. § 28 Abs. 1 ZVG sofort aufzuheben oder unter Fristsetzung einstweilen einzustellen hat, hängt davon ab, ob der Gläubiger das der Zwangsverwaltung entgegenstehende Recht beheben kann. Wurde die Zwangsverwaltung wegen eines Anspruchs aus einem eingetragenen Recht angeordnet, ermöglicht § 147 ZVG dem Gläubiger die Durchführung der Zwangsverwaltung gegen den Eigenbesitzer. Daher ist in diesem Fall das Verfahren einstweilen einzustellen und dem Gläubiger unter Fristsetzung aufzugeben, das Vorliegen der Voraussetzungen des § 147 ZVG nachzuweisen (§ 30 Rdn 16). Wurde die Zwangsverwaltung wegen eines anderen Anspruchs angeordnet, scheidet die Durchführung der Zwangsverwaltung gegen den Eigenbesitzer aus, so dass das Verfahren sofort aufzuheben ist.

V. Testamentsvollstreckung

24 Es gelten die zur Zwangsversteigerung gemachten Ausführungen (§ 2 Rdn 63–65) entsprechend.

---

10 *Stöber* (ZVG), § 146 Rn 10.4.

VI. Vor- und Nacherbschaft

Ob und inwieweit eine angeordnete Nacherbschaft das Zwangsverwaltungsverfahren tangiert, wird unter § 30 Rdn 27–31 dargelegt.

25

VII. Nachlassverwaltung

Es gelten die zur Zwangsversteigerung gemachten Ausführungen (§ 2 Rdn 67 und 68) entsprechend.

26

D. Zwangsverwaltung und Insolvenz

I. Insolvenzeröffnung als Vollstreckungshindernis

Auch für das Zwangsverwaltungsverfahren kann die Insolvenzeröffnung ein Vollstreckungshindernis darstellen. Wie in der Zwangsversteigerung (§ 2 Rdn 69 ff.) sind dabei verschiedene „Grade" der Beeinträchtigung denkbar. So kann die Insolvenzeröffnung die Zwangsverwaltung völlig „unbeeindruckt lassen", d.h. trotz Eröffnung des Insolvenzverfahrens ist die Anordnung der Zwangsverwaltung möglich bzw. wird ein bereits laufendes Verfahren unverändert fortgesetzt. Andererseits kann die Insolvenzeröffnung auch die Anordnung einer Zwangsverwaltung verbieten bzw. muss ein bereits laufendes Verfahren aufgehoben werden.

27

Zu welcher Folge die Insolvenzeröffnung auf Seiten der Zwangsverwaltung letztlich führt, hängt ab

28

1. von der „Person" des vollstreckenden Gläubigers (§ 2 Rdn 69 ff.) und
2. vom Zeitpunkt der Beschlagnahme in der Zwangsverwaltung im Verhältnis zur Insolvenzeröffnung (§ 2 Rdn 74 ff.).

Auf die praxisrelevantesten Fälle beschränkt, lässt sich zusammenfassend festhalten:

29

- Dem absonderungsberechtigten Gläubiger (§ 2 Rdn 71) ist die Zwangsverwaltung möglich, während
- der Insolvenzgläubiger (§ 2 Rdn 70) am Vollstreckungsverbot des § 89 InsO scheitert.

Wegen der Einzelheiten – auch zu den Problemen der Titelumschreibung, Rückschlagsperre (§ 88 InsO) und dem Vorgehen aus einer Zwangshypothek – wird auf die Ausführungen unter § 2 Rdn 69–85 verwiesen.

30

Beispiel

31

Zusammenwirken von Beschlagnahme in der Zwangsverwaltung, Insolvenzeröffnung, Absonderungsrechten und der Rückschlagsperre

Durch Beschluss des Vollstreckungsgerichts vom 6.2. wurde die Zwangsverwaltung des schuldnerischen Grundbesitzes angeordnet und zwar wegen eines persönlichen Anspruchs des Gläubigers G. Dieser Anordnungsbeschluss wurde dem Schuldner S am 7.2. zugestellt. Das Ersuchen um Eintragung des Zwangsverwaltungsvermerks ging am 8.2. beim Grundbuchamt ein und wurde noch am selben Tag vollzogen.

Die Inbesitznahme des Grundstücks durch den Zwangsverwalter erfolgte am 9.2.

S stellte am 10.2. den Antrag auf Eröffnung des Insolvenzverfahrens, welches dann durch Beschluss des Amtsgerichts vom 13.2. eröffnet wurde.

§ 89 InsO verbietet die Zwangsvollstreckung für Insolvenzgläubiger während des Insolvenzverfahrens. G hatte schon zur Zeit der Insolvenzeröffnung eine persönliche Forderung gegen S; er ist damit Insolvenzgläubiger (§ 38 InsO; § 2 Rdn 70) und eigentlich von § 89 InsO tangiert.

Jedoch hat G im Rahmen der Zwangsverwaltung die Beschlagnahme des Grundstücks erwirkt. Die Beschlagnahme wurde wirksam am 7.2. durch Zustellung des Anordnungsbeschlusses an den Schuldner

§ 32 Einstweilige Einstellung und Aufhebung

(§ 30 Rdn 57–66). Damit hat G ein Recht auf Befriedigung aus dem Grundstück erworben (§ 10 Abs. 1 Nr. 5 ZVG). Wer an einem Grundstück ein Befriedigungsrecht hat, ist im Insolvenzverfahren absonderungsberechtigt (§ 49 InsO) und insoweit gerade nicht Insolvenzgläubiger. G wird daher von dem Vollstreckungsverbot des § 89 InsO nicht erfasst. Auf den ersten Blick scheint G daher die Zwangsverwaltung fortsetzen zu können. Er hat jedoch sein Absonderungsrecht innerhalb der Frist des § 88 InsO erworben (Fristberechnung erfolgt nach § 139 InsO). Mit der Eröffnung des Insolvenzverfahrens ist diese Sicherung (hier das Recht auf abgesonderte Befriedigung) daher unwirksam geworden.

G kann – als im Ergebnis „nur" persönlicher Gläubiger (Insolvenzgläubiger) – die Zwangsverwaltung wegen § 89 InsO nicht fortsetzen; das Zwangsverwaltungsverfahren ist vom Vollstreckungsgericht gem. § 28 Abs. 2 ZVG (nach Anhörung des G) aufzuheben.

Unterbleibt die Aufhebung, kann der Insolvenzverwalter Erinnerung (§ 766 ZPO) einlegen, über die das Insolvenzgericht (§ 89 Abs. 3 InsO) entscheidet.

32 Gem. § 91 InsO dürfen auch Neugläubiger, also Gläubiger, die ihre Forderungen erst nach der Insolvenzeröffnung erworben haben, nicht in die Insolvenzmasse vollstrecken. Daher muss ein Zwangsverwaltungsantrag, der während des Insolvenzverfahrens von einem derartigen Gläubiger gestellt wird, als unzulässig zurückgewiesen werden.

II. Einstweilige Einstellung auf Antrag des Insolvenzverwalters

33 Ist über das Vermögen des Schuldners das Insolvenzverfahren eröffnet, so kann auf Antrag des Insolvenzverwalters die vollständige oder teilweise einstweilige Einstellung eines gegen den Schuldner anhängigen Zwangsverwaltungsverfahrens erfolgen (§ 153b ZVG).

34 Voraussetzung für die einstweilige Einstellung ist, dass der Insolvenzverwalter glaubhaft macht, dass durch die Fortsetzung der Zwangsverwaltung eine wirtschaftlich sinnvolle Nutzung der Insolvenzmasse wesentlich erschwert wird. Einige Aspekte dieser Einstellungsmöglichkeit sollen nachfolgend näher erläutert werden.

1. Materielle Voraussetzungen

35 Grundvoraussetzung einer einstweiligen Einstellung nach § 153b ZVG ist ein Nebeneinander von Zwangsverwaltung und Insolvenzverfahren. Welches der beiden Verfahren zuerst angeordnet wurde, ist dabei unerheblich; damit kommt eine Einstellung auch des Zwangsverwaltungsverfahrens in Betracht, welches erst nach der Insolvenzeröffnung angeordnet wurde.[11]

36 Das von § 153b Abs. 1 ZVG geforderte wesentliche Erschweren einer wirtschaftlich sinnvollen Nutzung der Insolvenzmasse liegt nicht schon allein dadurch vor, dass dem Insolvenzverwalter die Verwaltung und Benutzung des zwangsverwalteten Grundbesitzes wegen § 148 Abs. 2 ZVG entzogen ist. Der für die Praxis bedeutendste Fall einer Erschwerung wird wohl meist dann gegeben sein, wenn der Insolvenzverwalter das Grundstück zur Fortführung des schuldnerischen Unternehmens unbedingt benötigt und er über diese Art der Nutzung mit dem Zwangsverwalter nicht zu einer vernünftigen Absprache kommt.

2. Verfahren

37 Der Antrag des Insolvenzverwalters ist nicht an eine Frist gebunden und kann wiederholt gestellt werden. Der Insolvenzverwalter muss die antragsbegründenden Umstände glaubhaft machen (§ 294 ZPO). Das

---

[11] *Haarmeyer/Hintzen*, § 153b ZVG Rn 3; *Depré/Mayer*, Rn 1006.

Gesetz (§ 153b Abs. 3 ZVG) verlangt eine vorherige Anhörung des Zwangsverwalters und der betreibenden[12] Gläubiger. Mündliche Verhandlung ist möglich, aber nicht vorgeschrieben.

3. Entscheidung

Zu Recht weisen *Depré/Mayer*[13] darauf hin, dass, obwohl so im Gesetz nicht ausdrücklich bezeichnet, in § 153b ZVG allenfalls eine **einstweilige** Einstellung gemeint sein kann. Die (einstweilige) Einstellung kann vollständig oder teilweise erfolgen. Teilweise bedeutet in diesem Zusammenhang die Beschränkung der (einstweiligen) Einstellung auf einzelne beschlagnahmte Gegenstände; denkbar sind hier auch reale Grundstücksbruchteile.[14]

Die (einstweilige) Einstellung ist (ohne gesonderten Antrag) mit der Auflage zu verbinden, dass die Nachteile, die dem (betreibenden) Gläubiger aus der Einstellung erwachsen, durch laufende Zahlungen aus der Insolvenzmasse ausgeglichen werden (§ 153b Abs. 2 ZVG).

Den Gläubigern, also allen (und nur diesen), welche die Zwangsverwaltung betreiben, darf durch die (einstweilige) Einstellung kein wirtschaftlicher Nachteil entstehen. Ein solcher Nachteil würde aber nur auftreten, wenn der Gläubiger im Falle der Fortführung der Zwangsverwaltung aus den dort eingezogenen überschüssigen (§ 156 Abs. 2 ZVG) Nutzungen überhaupt eine Zuteilung zu erwarten hätte. Die für die Anordnung des Nachteilsausgleichs (§ 153b Abs. 2 ZVG) somit erforderliche Prognose[15] des Vollstreckungsgerichts gestaltet sich (wie jeder ernst gemeinte Blick in die Zukunft) „schwierig".

Zu beachten ist jedoch unbedingt, dass das Gesetz nur einen Nachteilsausgleich für (betreibende) Gläubiger vorsieht; ein Berechtigter, der nach dem Teilungsplan im Zwangsverwaltungsverfahren zwar vor diesem Gläubiger mit einer Zahlung rechnen könnte, ist dennoch nicht in die Entscheidung nach § 153b Abs. 2 ZVG einzubeziehen, wenn er das Verfahren nicht betreibt.

Demgegenüber sind, weil es um alle Gläubiger geht, im Rahmen von § 153b Abs. 2 ZVG auch solche zu berücksichtigen, die dem Zwangsverwaltungsverfahren später beitreten. In diesem Fall wird von Amts wegen eine Änderung der gerichtlichen Entscheidung notwendig.

> *Tipp*
> Durch ihren Beitritt zur Zwangsverwaltung können insbesondere „Nur-Berechtigte" i.S.d. § 10 Abs. 1 Nr. 4 ZVG erreichen, über die Auflage nach § 153b Abs. 2 ZVG vom Insolvenzverwalter Zahlungen zu erhalten.

4. Folgen der (einstweiligen) Einstellung

Wie bereits dargelegt, bedeutet die (einstweilige) Einstellung des Verfahrens nicht die Aufhebung der Zwangsverwaltung und/oder die „Entlassung" des Zwangsverwalters. Vielmehr bleibt die Beschlagnahme bestehen, jedoch wird ein Verfahrensfortgang aufgehalten. Konkret bedeutet dies, dass der Zwangsverwalter seine Verwalterrechte nicht wahrnehmen kann, sondern die Verwaltung und Benutzung des Grundbesitzes von dem Insolvenzverwalter (§ 80 InsO) vorgenommen wird.

Die bis zur Einstellung erwirtschafteten Nutzungen sind nach § 155 Abs. 1 ZVG zu verwenden, Überschüsse (§ 156 Abs. 2 ZVG) sind nach Teilungsplan auszuzahlen.[16]

Dem Zwangsverwalter steht für die Dauer der (einstweiligen) Einstellung keine Vergütung zu.

---

12 Wenn das ZVG von Gläubigern spricht, meint es **betreibende** Gläubiger. In § 153b Abs. 3 ZVG ausdrücklich von „betreibenden" Gläubigern zu sprechen, war daher nicht nötig.
13 *Depré/Mayer,* Rn 1005.
14 *Stöber* (ZVG), § 153b Rn 2.4.
15 *Stöber* (ZVG), § 153b Rn 5.2.; *Depré/Mayer,* Rn 1012.
16 *Stöber* (ZVG), § 153b Rn 7.2.

§ 32 Einstweilige Einstellung und Aufhebung

5. Rechtsbehelfe

46 Nach derzeitiger Rechtslage[17] ist gegen die Entscheidung das Rechtsmittel der sofortigen Beschwerde gegeben (§ 793 ZPO). Diese steht im Falle der stattgebenden (einstellenden) Entscheidung dem Gläubiger, bei zurückweisender Entscheidung dem Insolvenzverwalter zu. Dem Zwangsverwalter, dem Schuldner und den übrigen Verfahrensbeteiligten steht kein Rechtsbehelf zu.

III. Fortsetzung der Zwangsverwaltung

1. Materielle Voraussetzungen

47 Unter welchen Voraussetzungen das (einstweilen) eingestellte Zwangsverwaltungsverfahren seine Fortsetzung findet, bestimmt § 153c ZVG, welcher vier Konstellationen unterscheidet:
1. **Wegfall** der Einstellungsvoraussetzungen; d.h., durch die Fortsetzung der Zwangsverwaltung wird die wirtschaftliche Nutzung der Insolvenzmasse nicht mehr wesentlich erschwert. Beispiel: Der Insolvenzverwalter hat den schuldnerischen Geschäftsbetrieb, für welchen das Grundstück „erforderlich" war, mittlerweile eingestellt.
2. **Nichterfüllung** der Auflagen nach § 153b Abs. 2 ZVG;
3. **Zustimmung** des Insolvenzverwalters;
4. **Beendigung** des Insolvenzverfahrens durch Aufhebung (§§ 200 Abs. 1, 258 InsO), Einstellung (§§ 207 Abs. 1, 212, 213 InsO) oder Freigabe des Grundstücks durch den Insolvenzverwalter.

2. Verfahren

48 Während die Verfahrensfortsetzung aufgrund eines Umstandes nach o.g. Nr. 1 bis 3 den Antrag eines (betreibenden) Gläubigers erfordern, erfolgt diese im Fall Nr. 4 „automatisch" d.h. die Wirkungen der einstellenden Anordnung fallen kraft Gesetzes weg.[18]

49 Zum Antrag des Gläubigers, die (einstweilige) Einstellung des Verfahrens aufzuheben (das Verfahren fortzusetzen), ist der Insolvenzverwalter zu hören. Bestreitet dieser das Vorliegen der Voraussetzungen für die Aufhebung, muss der die Fortsetzung beantragende Gläubiger diese glaubhaft machen. Das Vollstreckungsgericht entscheidet durch zu begründenden Beschluss.

E. Aufhebung der Zwangsverwaltung nach § 161 ZVG

I. Befriedigung des Gläubigers (§ 161 Abs. 2 ZVG)

50 Das Verfahren ist aufzuheben, wenn der Gläubiger befriedigt ist (§ 161 Abs. 2 ZVG). Die Befriedigung des Gläubigers kann auf verschiedene Arten erfolgen.

1. Befriedigung durch Zahlung des Zwangsverwalters

51 Hat der Zwangsverwalter die Beschlagnahmeforderung des Gläubigers befriedigt, muss die Zwangsverwaltung für diesen Gläubiger aufgehoben werden. Sollten noch weitere Gläubiger vorhanden sein, wird für diese das Verfahren fortgesetzt.

---

[17] Zum eigentlichen gesetzgeberischen Willen, die Entscheidung unanfechtbar auszugestalten, siehe *Depré/Mayer*, Rn 1014.

[18] Hier ist entgegen der sonstigen Systematik des ZVG (siehe § 31) kein Fortsetzungsantrag erforderlich (*Depré/Mayer*, Rn 1017).

Der Verwalter darf die Verwaltung nicht von sich aus beenden. Vielmehr zeigt er die erfolgte Befriedigung unverzüglich dem Gericht an (§ 12 Abs. 4 S. 1 ZwVwV), welches nach Anhörung des Gläubigers durch konstitutiven Beschluss das Verfahren aufhebt, falls der Gläubiger nicht von sich aus den Antrag zurücknimmt. Es soll stets angeordnet werden, dass die Wirkungen der Aufhebung erst mit Rechtskraft eintreten. 52

Der Verwalter führt die Verwaltung weiter, bis ihm die Aufhebung mitgeteilt wird. Das Gericht kann aus gegebenem Anlass eine Ermächtigung nach § 12 Abs. 2 ZwVwV erteilen. 53

2. Befriedigung durch Zahlung außerhalb des Verfahrens

Erfährt der Zwangsverwalter vom Gläubiger, dass dieser außerhalb des Zwangsverwaltungsverfahrens befriedigt wurde, teilt er dies unverzüglich dem Gericht mit (§ 12 Abs. 4 S. 2 ZwVwV). Dies ist kein Fall des § 161 ZVG. Somit erfolgt eine Aufhebung erst nach Antragsrücknahme durch den Gläubiger (§ 32 Rdn 2 f.) oder aber nachdem der Schuldner seinen Anspruch auf Beendigung des Verfahrens prozessual (Vollstreckungsgegenklage) durchgesetzt hat (§ 32 Rdn 17 und 18). 54

3. Befriedigung aus dem Erlös der Zwangsversteigerung

Dieser Fall ist gesetzlich nicht geregelt. Nach der hier vertretenen Auffassung ist § 161 Abs. 2 ZVG entsprechend anzuwenden, da die Befriedigung in einem ZVG-Verfahren erfolgt und im Protokoll des Verteilungstermins dokumentiert ist. 55

II. Aufhebung mangels Vorschusszahlung (§ 161 Abs. 3 ZVG)

Hat der Verwalter mangels Einziehung von Nutzungen keine ausreichenden finanziellen Mittel zur Verfügung, um die erforderlichen Aufwendungen nach § 155 Abs. 1 ZVG zu begleichen, muss der Gläubiger einen Vorschuss leisten. Üblich ist, dass der Verwalter die Notwendigkeit dem Gericht anzeigt und dieses die Zahlung anordnet. Hierbei bestimmt es dem Gläubiger eine Zahlungsfrist und weist ihn darauf hin, dass mangels fristgemäßer Zahlung die Aufhebung des Verfahrens (§ 161 Abs. 3 ZVG) erfolgt. Der Aufhebungsbeschluss ist konstitutiv. Es sollte stets angeordnet werden, dass die Wirkungen der Aufhebung erst mit Rechtskraft eintreten. Dies schützt nicht nur das Gericht, sondern ermöglicht dem Gläubiger eine Zahlung bis zur Rechtskraft, worauf nach sofortiger Beschwerde des Gläubigers der Rechtspfleger im Wege der Abhilfe seinen Aufhebungsbeschluss wieder aufzuheben hätte. 56

Im Übrigen haftet der Gläubiger dem Verwalter für angefallene Aufwendungen nach § 155 Abs. 1 ZVG auch dann, wenn kein Vorschuss angefordert oder geleistet worden ist.[19] 57

F. Zuschlag in der Zwangsversteigerung

I. Allgemeines

Wird das Grundstück in einem gleichzeitigen Zwangsversteigerungsverfahren (möglich gem. § 866 Abs. 2 ZPO) zugeschlagen, muss dies Auswirkungen auf die anhängige Zwangsverwaltung haben. Mangels gesetzlicher Regelung sind diese Auswirkungen umstritten.[20] Im Wesentlichen streitet man über folgende Punkte: 58

---

19 BGH v. 17.6.2004 – IX ZR 218/03.
20 Zur Problematik: *Eickmann*, ZfIR 2003, 1021.

- Welche Rechtsstellung hat der Verwalter in der Zeit zwischen Zuschlag und Aufhebung des Zwangsverwaltungsverfahrens?
- Welche Wirkung hat der Aufhebungsbeschluss auf die nicht versteigerten Gegenstände (Guthaben beim Verwalter, Mietrückstände aus der Zeit vor dem Zuschlag, haftende, aber z.B. infolge Freigabe nicht mitversteigerte bewegliche Sachen)?

II. Wirkung des Zuschlagsbeschlusses

59 Der Ersteher wird mit dem Zuschlag Eigentümer des Grundstücks und der mitversteigerten Gegenstände (§ 90 ZVG), daher hat der Gläubiger ab dem diesem Zeitpunkt kein Recht mehr auf Befriedigung aus diesen Gegenständen. Wegen § 56 S. 2 ZVG verliert er auch das durch die Beschlagnahme bewirkte Recht zur Befriedigung aus den Erträgen, welche für die Zeit nach dem Zuschlag anfallen. Insoweit erlischt auch das zum Schutz dieser Erträge bewirkte Veräußerungsverbot. Hierzu bedarf es keiner zusätzlichen Entscheidung mit konstitutiver Wirkung. Die in der Literatur häufig erwähnte „Rückwirkung des Aufhebungsbeschlusses auf den Zeitpunkt des Zuschlags" wurde inzwischen als Leerformel entlarvt.[21]

III. Verwaltungsbefugnis zwischen Zuschlag und Aufhebung

60 Durch den Zuschlag in der Zwangsversteigerung ist jedoch die durch den Anordnungsbeschluss in der Zwangsverwaltung begründete **Verwaltungsbefugnis** des Zwangsverwalters nicht beendet. Sie muss durch hoheitlichen Akt (in Form eines konstitutiven Beschlusses) aufgehoben werden. Es ist allgemein anerkannt, dass dieser Aufhebungsbeschluss erst ergehen darf, wenn der Zuschlagsbeschluss rechtskräftig ist. Dies mag mit Rücksicht auf § 90 ZVG unsystematisch sein, ist jedoch vom Ersteher hinzunehmen, zumal er mit dem Zuschlag zwar Eigentum, aber eben Eigentum temporär in der Schwebe, erworben hat. Würde nämlich der Zuschlag vom Beschwerdegericht aufgehoben werden, könnten die Folgen einer vorzeitigen Beendigung der Zwangsverwaltung kaum noch rückgängig gemacht werden. Unter Abwägung der Interessen der Gläubiger und des Schuldners einerseits und des Erstehers (der ja weiß, dass er ein unter Zwangsverwaltung stehendes Grundstück erworben hat) andererseits, mutet die allgemeine Meinung dem Ersteher eine solche Verzögerung zu. Die Aufhebung hat jedoch unverzüglich nach Rechtskraft des Zuschlagsbeschlusses zu erfolgen. Wegen der weiteren Verwaltungsbefugnis des Verwalters und des Verhältnisses von Verwalter und Ersteher siehe *Depré/Mayer*.[22]

61 Der Zwangsverwalter schuldet dem Ersteher Auskunft über seine Verwaltung in der Zeit zwischen Zuschlag und Aufhebung und die Auskehr der für diese Zeit eingenommenen Beträge nach Abzug der Aufwendungen des § 155 Abs. 1 ZVG.[23]

IV. Nicht versteigerte Gegenstände

62 Der Aufhebungsbeschluss ergeht nur im Verhältnis Ersteher und Gläubiger und beendet die Verwaltungsbefugnis des Verwalters nur für die versteigerten Gegenstände. Der Schuldner ist daran nicht beteiligt. Der Ersteher hat aufgrund seines Eigentums einen Anspruch auf Beendigung der Verwaltung, den er eigentlich nach § 771 ZPO durchsetzen müsste. Da jedoch § 28 ZVG die Erledigung solcher Ansprüche im

---

21 *Depré/Mayer*, Rn 429.
22 *Depré/Mayer*, ab Rn 434.
23 Es ist streitig, ob der Ersteher dem Verwalter für diese Zeit eine Vergütung schuldet. Richtig dürfte sein, dass ein materieller Anspruch aus einem „gesetzlichen Schuldverhältnis" besteht, der aber mangels Beteiligung des Erstehers am Verfahren nicht gegen diesen festgesetzt werden kann. Der Verwalter kann also allenfalls mit Beträgen aufrechnen oder den Prozessweg beschreiten. Im Übrigen schuldet ihm die Masse, notfalls der Gläubiger, auch für diesen Zeitraum die übliche Vergütung.

ZVG-Verfahren dekretiert, erfolgt die „Freigabe" der versteigerten Gegenstände aus der fortwirkenden Verwaltung durch Beschluss im Zwangsverwaltungsverfahren.

Daraus ergibt sich, dass die nicht versteigerten Gegenstände weiterhin beschlagnahmt sind. Insoweit geht die Zwangsverwaltung weiter, bis sie nach § 29 ZVG oder § 161 ZVG durch konstitutiven Beschluss aufgehoben wird. Sich noch ergebende Beträge hat der Zwangsverwalter gem. dem Teilungsplan auszukehren (wobei er die Befriedigung in der Zwangsversteigerung zu beachten hat), soweit er sie nicht nach § 155 Abs. 1 ZVG benötigt. Einer „Ermächtigung" nach § 12 Abs. 2 ZwVwV bedarf es nicht.

Tipp
Beteiligte, deren dingliche Zinsen im Teilungsplan der Zwangsverwaltung stehen, sollten sich vor dem Verteilungstermin der Zwangsversteigerung beim Zwangsverwalter erkundigen, ob aus der Zwangsverwaltung noch eine Zuteilung zu erwarten ist. Ggf. wäre an eine „Minderanmeldung" bezüglich der laufenden Zinsen zu denken, falls der Versteigerungserlös keine volle Befriedigung gewährt. Damit hält sich der Beteiligte die Möglichkeit offen, aus der Teilungsmasse der Zwangsverwaltung die laufenden Zinsen zu kassieren.

§ 33 Verfahren bis zum Verteilungstermin

A. Inbesitznahme des Grundstücks

I. Allgemeines

Dem Schuldner wird in der Zwangsverwaltung durch die Beschlagnahme das Recht zur Verwaltung und Benutzung des Grundstücks entzogen (§ 148 Abs. 2 ZVG). Diese Befugnisse werden durch den Zwangsverwalter ausgeübt, der das Grundstück zunächst in Besitz zu nehmen hat. Voraussetzung für die Ergreifung des Besitzes durch den Zwangsverwalter ist daher, dass der Schuldner das Grundstück im (unmittelbaren oder mittelbaren) Besitz hat (§ 30 Rdn 11). Ist ein nicht herausgabeverpflichteter Dritter Besitzer des Grundstücks, ist eine Inbesitznahme durch den Zwangsverwalter nicht möglich.[1] 1

Das Vollstreckungsgericht muss dafür Sorge tragen, dass der Zwangsverwalter unverzüglich die tatsächliche Gewalt über das Grundstück erhält. 2

Die Besitzergreifung durch den Zwangsverwalter kann auf verschiedene Arten erfolgen. § 150 Abs. 2 ZVG sieht vor, dass der Zwangsverwalter entweder in den Besitz des Grundstücks durch einen Gerichtsvollzieher oder sonstigen Beamten eingewiesen werden kann oder ihm die Ermächtigung erteilt werden kann, sich selbst den Besitz zu verschaffen, wobei die vom Vollstreckungsgericht erteilte Ermächtigung, sich selbst den Besitz zu verschaffen, in der Praxis allgemein üblich ist.[2] 3

Für die Ergreifung des Besitzes ist zunächst maßgebend, ob der Schuldner unmittelbarer oder nur mittelbarer Besitzer ist. 4

II. Schuldner ist unmittelbarer Besitzer

Ob der Zwangsverwalter bei der Ergreifung des unmittelbaren Besitzes persönlich handeln muss oder eine Vertretung durch einen qualifizierten Mitarbeiter zulässig ist, ist umstritten.[3] 5

1. Freiwillige Besitzübergabe

Verschafft der Schuldner dem Zwangsverwalter den (unmittelbaren) Besitz freiwillig, gibt es keine Schwierigkeiten. Wegen der Möglichkeit, dem Schuldner die für seinen Hausstand unentbehrlichen Räume zu belassen, vgl. auch § 30 Rdn 71. 6

2. Zwangsweise Besitzeinweisung

Hat das Gericht die Besitzeinweisung durch einen Gerichtsvollzieher oder sonstigen Beamten angeordnet, übergibt dieser dem Zwangsverwalter den Besitz. 7

Wenn das Vollstreckungsgericht im Anordnungsbeschluss den Zwangsverwalter ermächtigt hat, sich den Besitz an dem Grundstück selbst zu verschaffen, kann dieser einen Widerstand des Schuldners mit Hilfe des Gerichtsvollziehers nach § 892 ZPO beseitigen. Vollstreckungstitel ist der Anordnungsbeschluss mit der darin enthaltenen gerichtlichen Ermächtigung zur Besitzergreifung,[4] der hierfür weder einer Vollstre- 8

---

1 *Stöber* (ZVG), § 150 Rn 5.1.
2 *Depré/Mayer,* Rn 555.
3 Dazu *Depré/Mayer,* Rn 556.
4 BGH v. 24.2.2011 – V ZB 280/10.

ckungsklausel noch einer erneuten Zustellung bedarf.[5] Eine (besondere) richterliche Anordnung nach § 758a Abs. 2 ZPO ist nicht erforderlich, auch wenn die Besitzverschaffung die Wohnung des Schuldners betrifft.[6]

III. Schuldner ist mittelbarer Besitzer

9   Ist der Schuldner nur mittelbarer Besitzer (Grundstück ist vermietet), kann sich der Zwangsverwalter auch nur den mittelbaren Besitz verschaffen. Die Besitzergreifung erfolgt durch Verständigung der Mieter. Diese werden vom Verwalter gleichzeitig aufgefordert, die Miete ab sofort auf das Konto des Zwangsverwalters zu zahlen. Hierbei kann sich der Zwangsverwalter vertreten lassen.

IV. Bericht über die Besitzerlangung

10 Der Zwangsverwalter hat über die Inbesitznahme und die Umstände der Beschlagnahme einen Bericht zu fertigen und dem Vollstreckungsgericht vorzulegen. Einzelheiten, auch zum Inhalt des Berichts, ergeben sich aus § 3 ZwVwV.

B. Erhaltung und Verbesserung des Grundstücks

11 Der Zwangsverwalter hat im Rahmen seiner Aufgaben nach § 152 Abs. 1 ZVG alle Handlungen vorzunehmen, die erforderlich sind, um das Grundstück in seinem wirtschaftlichen Bestand zu erhalten. Diese Pflicht bezieht sich nicht allein auf das beschlagnahmte Grundstück, sondern auch auf die von der Beschlagnahme erfassten wesentlichen Bestandteile und das Zubehör des Grundstücks.[7]

12 Findet der Zwangsverwalter das Grundstück in einem guten Zustand vor, hat er eine im Laufe des Verfahrens drohende Verschlechterung des Beschlagnahmeobjekts abzuwenden. Dies bedeutet, dass er dafür Sorge zu tragen hat, dass auftretende bauliche Mängel (z.B. undichte Stelle im Dach, Risse in den Wänden, Feuchtigkeit in den Kellerräumen usw.) rechtzeitig ausgebessert und auftauchende Gefahrenquellen (z.B. abgesenkte Treppe, lockere Dachziegel, technische Probleme am Aufzug usw.) unverzüglich beseitigt werden. Daneben treffen den Zwangsverwalter nach §§ 152, 148 Abs. 2 ZVG die Verkehrssicherungspflichten eines Hauseigentümers, z.B. die Pflicht zur Winterwartung des Grundstücks.[8]

Damit wird insbesondere eine Aufrechterhaltung des vertragsgemäßen Zustands von vermieteten Räumlichkeiten gewährleistet.

13 Handelt es sich bei dem Beschlagnahmeobjekt um ein verwahrlostes Grundstück, muss der Zwangsverwalter durch Veranlassung von Aufräumarbeiten das Grundstück wieder in eine Lage versetzen, die eine sinnvolle, mit Einnahmen verbundene Nutzung ermöglicht. In nicht vermietbarem Zustand vorgefundenen Wohnraum hat der Zwangsverwalter durch Ergreifung der erforderlichen Umbau- und Sanierungsmaßnahmen wieder nutzbar zu machen.[9]

14 Insgesamt hat der Zwangsverwalter sein Handeln an dem Verhalten eines sparsamen, ordnungsgemäß wirtschaftenden Eigentümers unter Beachtung der Besonderheiten des Zwangsverwaltungsverfahrens auszurichten. Mithin hat er nur die **notwendigen** Maßnahmen unter Berücksichtigung der beschränkten

---

5 LG Hamburg v. 10.12.2003 – 319 T 45/03.
6 BGH v. 24.2.2011 – V ZB 280/10.
7 *Böttcher* (ZVG), § 152 Rn 10.
8 *Böttcher* (ZVG), § 152 Rn 12.
9 *Böttcher* (ZVG), § 152 Rn 13.

finanziellen Mittel zu veranlassen; lediglich wünschenswerte oder gar unwirtschaftliche Maßnahmen müssen unterbleiben.[10]

Sofern es sich bei den erforderlichen Ausbesserungen und Erneuerungen am Zwangsverwaltungsobjekt um Maßnahmen handelt, die nicht zur gewöhnlichen Instandhaltung gehören, hat der Zwangsverwalter die vorherige Zustimmung des Vollstreckungsgerichts einzuholen (§ 10 Abs. 1 Nr. 5 ZwVwV). Dies ist insbesondere dann der Fall, wenn der Aufwand der einzelnen Maßnahme 15 % des vom Zwangsverwalter nach pflichtgemäßem Ermessen geschätzten Verkehrswerts des Zwangsverwaltungsobjekts überschreitet.

Ist im Einzelfall die Fertigstellung eines bereits durch den Schuldner begonnenen Bauvorhabens notwendig und im Hinblick auf die aufzuwendenden Mittel verhältnismäßig, bedarf es zu dessen Vornahme ebenfalls der vorherigen Zustimmung des Vollstreckungsgerichts (§§ 5 Abs. 3, 10 Abs. 1 Nr. 1 ZwVwV).

C. Ordnungsgemäße Nutzung des Grundstücks

Der Zwangsverwalter hat nach § 152 Abs. 1 ZVG alle Handlungen vorzunehmen, die erforderlich sind, um das Grundstück ordnungsgemäß zu benutzen.

Hierbei hat er die Art der Nutzung des Grundstücks, die bis zur Anordnung der Zwangsverwaltung bestand, beizubehalten (§ 5 Abs. 1 ZwVwV). Seine Stellung ist insoweit der eines Nießbrauchers vergleichbar, der nach § 1037 Abs. 1 BGB ebenfalls nicht berechtigt ist, die Sache umzugestalten oder wesentlich zu verändern. Folglich darf er ein bisher landwirtschaftlich genutztes Grundstück nicht durch Aufforstung in ein Waldgrundstück umwandeln oder ein bislang gewerblich genutztes Grundstück zu Wohnzwecken umwidmen.[11]

Ist im Einzelfall zur adäquaten Nutzung des Grundstücks eine Abweichung von der einstigen Nutzungsart erforderlich, so muss der Zwangsverwalter die vorherige Zustimmung des Vollstreckungsgerichts einholen (§ 10 Abs. 1 Nr. 1ZwVwV). Das Vorhaben des Zwangsverwalters, das beschlagnahmte Gebäude durch Umbau nachhaltig zu verändern oder in die vom Schuldner dem Objekt zugedachte Nutzung in einer Weise einzugreifen, die die wirtschaftliche Beschaffenheit des Grundstücks in ihrem Gesamtcharakter berührt, ist durch das Vollstreckungsgericht nicht genehmigungsfähig.[12]

D. Geltendmachung beschlagnahmter Ansprüche

I. Miete und Pacht

Die Nutzung des Zwangsverwaltungsobjekts erfolgt grundsätzlich durch Vermietung oder Verpachtung (§ 5 Abs. 2 ZwVwV).

Ist das Grundstück vor der Beschlagnahme bereits einem Mieter oder Pächter überlassen, dann ist der Miet- oder Pachtvertrag dem Zwangsverwalter gegenüber wirksam (§ 152 Abs. 2 ZVG). Ein „Überlassen" wird dann angenommen, wenn der Mieter oder Pächter im Besitz der Schlüssel ist, nicht jedoch schon dann, wenn der Schuldner lediglich einen Miet- oder Pachtvertrag abgeschlossen hat. Der Zwangsverwalter muss dann den Vertrag nicht erfüllen. Erfüllung wird er nur wählen, wenn dies wirtschaftlich sinnvoll ist.

---

10 *Böttcher* (ZVG), § 152 Rn 8.
11 *Böttcher* (ZVG), § 152 Rn 20.
12 BGH v. 10.12.2004 – IXa ZB 231/03.

21 Nach § 20 Abs. 2 ZVG erfasst eine Grundstücksbeschlagnahme auch diejenigen Gegenstände, auf die sich bei einem Grundstück die Hypothek erstreckt, mithin nach § 1123 BGB auch die Miet- und Pachtforderungen.

In der **Zwangsversteigerung** sind diese Forderungen jedoch von der Beschlagnahme ausgenommen (§ 21 Abs. 2 ZVG).

Dagegen bestimmt § 148 Abs. 1 ZVG, dass in der **Zwangsverwaltung** gerade Miet- und Pachtforderungen von der Beschlagnahme erfasst werden. Dabei ist es gleichgültig, ob die Beschlagnahme zugunsten eines dinglichen oder eines persönlichen Gläubigers erfolgte. Nachdem sich die Beschlagnahme auf diese Ansprüche erstreckt, hat der Zwangsverwalter die Miet- und Pachtforderungen geltend zu machen (§ 152 Abs. 1 ZVG).

22 Miet- und Pachtforderungen können jedoch von der Hypothekenhaftung frei werden. Ist dies schon vor Beschlagnahme geschehen, können sie auch nicht mehr beschlagnahmt werden.

Miet- und Pachtforderungen werden von der **Hypothekenhaftung frei**,

1. wenn die noch nicht eingezogenen Miet- und Pachtforderungen im Nachhinein zu entrichten sind und innerhalb eines Jahres nach deren Fälligkeit keine Beschlagnahme erwirkt wird (§ 1123 Abs. 2 S. 1 BGB);[13]
2. wenn die noch nicht eingezogenen Miet- und Pachtforderungen im Voraus zu entrichten sind und die Beschlagnahme vor dem 15. des Monats wirksam wurde, nur für den zur Zeit der Beschlagnahme laufenden Kalendermonat; sofern die Beschlagnahme nach dem 15. wirksam wurde, werden die für den laufenden und den folgenden Monat geschuldeten Miet- und Pachtforderungen frei (§ 1123 Abs. 2 S. 2 BGB);[14]
3. wenn der Eigentümer die fälligen Miet- und Pachtforderungen vor der Beschlagnahme einzieht (§ 1124 Abs. 1 S. 1 BGB); der Einziehung steht jedes Erfüllungssurrogat gleich, also auch Aufrechnung durch den Mieter/Pächter, Hingabe an Erfüllungs Statt sowie Hinterlegung unter Rücknahmeverzicht usw.;[15]
4. wenn der Eigentümer in anderer Weise vor der Beschlagnahme über die Miet- und Pachtforderungen verfügt (§ 1124 Abs. 1 S. 1 BGB), sei es z.B. durch Abtretung (§ 1124 Abs. 1 S. 2 BGB) oder Verpfändung; eine Verfügung im Wege der Zwangsvollstreckung (Pfändung und Überweisung der Miet- oder Pachtforderung) steht einer rechtsgeschäftlichen Verfügung gleich.[16]

23 Im Falle einer Vorausverfügung über die Miet- und Pachtforderungen (§ 1124 Abs. 1 S. 1 BGB) besteht jedoch die Einschränkung, dass diese ab einem bestimmten Zeitpunkt nach der Beschlagnahme dem Beschlagnahmegläubiger gegenüber unwirksam werden (§ 1124 Abs. 2 BGB): Erfolgte die Beschlagnahme nach dem 15. eines Monats (also am 16. und später), so ist die Vorausverfügung auch noch für den Folgemonat wirksam, ansonsten nur noch für den Monat der Beschlagnahme.

Die Miet- und Pachtforderungen sind ab dem Eintritt der Unwirksamkeit der Vorausverfügung durch den Zwangsverwalter einzuziehen.

24 *Beispiel*

Angenommen, die Miete wird mtl. im Voraus fällig.

Die Beschlagnahme in der Zwangsverwaltung erfolgte am 16. Januar. Der Eigentümer hat die Mietforderung vor der Beschlagnahme in der Zwangsverwaltung abgetreten (= Vorausverfügung).

---

13 MüKo-BGB/*Lieder*, § 1123 Rn 18.
14 MüKo-BGB/*Lieder*, § 1123 Rn 17.
15 MüKo-BGB/*Lieder*, § 1124 Rn 3.
16 MüKo-BGB/*Lieder*, § 1124 Rn 14.

D. Geltendmachung beschlagnahmter Ansprüche § 33

Die Vorausverfügung ist noch wirksam für den Monat Februar, ab März hat der Verwalter diese Miete einzuziehen. Erfolgte die Beschlagnahme dagegen schon am 15. Januar, muss der Verwalter bereits die Februarmiete einziehen.

Auch eine in einem Mietvertrag mit fester Laufzeit als Einmalzahlung vereinbarte und vor der Beschlagnahme vollständig vorgenommene Mietzahlung ist dem Hypothekengläubiger gegenüber nach § 1124 Abs. 2 BGB insoweit unwirksam, als sie sich auf die (fiktive) anteilige Miete für eine spätere Zeit als den zur Zeit der Beschlagnahme laufenden Kalendermonat (bzw. bei Beschlagnahme nach dem 15. Tag des Monats für eine spätere Zeit als den ersten Monat nach der Beschlagnahme) bezieht.[17] Sofern der Mietvertrag jedoch für die Lebenszeit des Mieters abgeschlossen wurde, kann nicht bestimmt werden, welcher Teil der Einmalzahlung auf die Zeit nach der Beschlagnahme entfällt. Mithin fehlt es an einer nach periodischen Zeitabschnitten bemessenen Miete, so dass in diesem Fall die Vorauszahlung nicht als unwirksam angesehen wird.[18]   25

Die Beschlagnahme hat nach § 23 Abs. 1 ZVG die Wirkung eines relativen Veräußerungsverbots i.S.d. §§ 136, 135 BGB, weshalb Verfügungen nach Beschlagnahme dem Beschlagnahmegläubiger gegenüber unwirksam sind.   26

Eine Zahlung des Mieters (Pächters) an den Schuldner nach Beschlagnahme ist grundsätzlich unwirksam. Hat ein Mieter oder Pächter die Miet- oder Pachtforderung trotz Beschlagnahme dennoch an den Schuldner bezahlt, so wird er wegen § 22 Abs. 2 S. 2 ZVG von der nochmaligen Zahlung nur dann **befreit**, wenn   27

- ihm die Beschlagnahme nicht bekannt war (auch wenn dies auf fahrlässiger Unkenntnis beruhte) und
- ihm kein Zahlungsverbot gem. § 22 Abs. 2 S. 1 ZVG zugestellt wurde.

Der Zwangsverwalter hat daher dafür Sorge zu tragen, dass die Mieter/Pächter umgehend von der Anordnung der Zwangsverwaltung benachrichtigt werden (§ 4 ZwVwV), denn durch diese Benachrichtigung gilt die Beschlagnahme als bekannt. Sie gilt wegen § 23 Abs. 2 S. 1 ZVG auch als bekannt, wenn der Mieter/Pächter den **Antrag** auf Zwangsverwaltung kennt. Dagegen bewirkt die Eintragung des Zwangsverwaltungsvermerks in das Grundbuch keine „Bösgläubigkeit" des Mieters.[19]   28

Dem Mieter (Drittschuldner) wird eine Beschlagnahme auch dann bekannt, wenn ihm ein gerichtliches Zahlungsverbot (§ 22 Abs. 2 S. 1 ZVG) zugestellt wird (dazu auch § 30 Rdn 67).

Hat der Mieter/Pächter befreiend geleistet, so hat der Zwangsverwalter nur noch unter den Voraussetzungen der §§ 812 ff. BGB einen Bereicherungsanspruch gegen den Schuldner oder gegen den Dritten, welcher die Leistung erhalten hat.   29

Hat der Mieter/Pächter nicht befreiend geleistet, so hat der Zwangsverwalter die gezahlten Beträge nochmals einzuziehen. Diese Verpflichtung ergibt sich aus § 152 Abs. 1 ZVG; sie wird in § 8 ZwVwV nochmals hervorgehoben und dort gleichzeitig klargestellt, dass der Gläubiger auf die Einziehung (Rechtsverfolgung) verzichten kann, obwohl die Beträge aufgrund der Rangfolge des § 10 Abs. 1 ZVG im Rahmen der späteren Verteilung der Nutzungen möglicherweise nicht ihm, sondern anderen zugutegekommen wären. Das ZVG geht von der Dispositionsbefugnis des Gläubigers aus, da es sich um eine Einzelzwangsvollstreckung und nicht Gesamtzwangsvollstreckung handelt.[20]   30

Der Mieter/Pächter darf mit einer beschlagnahmten Forderung gegenüber dem Hypothekengläubiger nicht aufrechnen (§ 1125 BGB).   31

Bei einer von dem Mieter an den Schuldner gezahlten Mietsicherheit (§ 551 BGB), auch **Mietkaution** genannt, muss der Zwangsverwalter versuchen, in den Besitz dieser Mietsicherheit zu gelangen. Wenn   32

---

17 BGH v. 30.4.2014 – VIII ZR 103/13.
18 *Stöber* (ZVG), § 148 Rn 2.3. c).
19 *Stöber* (ZVG), § 22 Rn 3.2.
20 *Depré/Mayer*, Rn 196.

der Schuldner korrekt gehandelt und diese Mietsicherheit getrennt von seinem Vermögen angelegt hat (§ 551 Abs. 3 BGB), dürfte dies für den Verwalter problemlos möglich sein. Gibt der Schuldner die getrennt angelegte Mietsicherheit nicht freiwillig an den Verwalter heraus, kann der Verwalter die Wegnahmevollstreckung (§ 883 ZPO) betreiben. Vollstreckungstitel hierfür ist der Beschluss über die Anordnung der Zwangsverwaltung zusammen mit der Ermächtigung des Zwangsverwalters zur Besitzergreifung nach § 150 Abs. 2 ZVG.[21]

Hat der Schuldner die Mietsicherheit jedoch nicht getrennt von seinem Vermögen angelegt, bleibt dem Verwalter nur die Erhebung einer Zahlungsklage gegen den Schuldner.

33 Selbst wenn der Zwangsverwalter die Mietsicherheit von dem Schuldner nicht erlangt hat, trifft den Zwangsverwalter die Pflicht (des Vermieters) zur Anlage einer vom Mieter als Sicherheit geleisteten Geldsumme bei einem Kreditinstitut.[22] Bis zum Nachweis der Anlage der Mietsicherheit steht dem Mieter ein Zurückbehaltungsrecht nach § 273 BGB hinsichtlich der laufenden Miete in Höhe der anzulegenden Mietsicherheit einschließlich der bei ordnungsgemäßer Anlage durch den Schuldner entstandenen Zinsen zu.[23]

34 Der Zwangsverwalter einer Mietwohnung ist dem Mieter gegenüber, wenn die sonstigen Voraussetzungen gegeben sind, zur Herausgabe einer von diesem an den Vermieter geleisteten Mietsicherheit verpflichtet, selbst wenn der Vermieter (Schuldner) dem Zwangsverwalter die Mietsicherheit nicht ausgefolgt hat.[24] Sofern der Zwangsverwalter nicht ausreichende Einnahmen zur Anlage einer Mietsicherheit hat, muss der Verwalter hierfür sogar einen Vorschuss nach § 161 ZVG vom Gläubiger verlangen, denn der Rückzahlungsanspruch ist „Aufwand" i.S.d. § 155 Abs. 1 ZVG.[25]

35 Die Einfügung von § 566a in das BGB, auf welchen § 57 ZVG verweist, hat dazu geführt, dass ein Ersteher in der Zwangsversteigerung dem Mieter die Rückgabe der Mietsicherheit schuldet, auch wenn er diese nicht vom damaligen Eigentümer (also dem Schuldner) erlangt hat (§ 4 Rdn 49).

Damit übernimmt der Ersteher außerhalb des Zuschlagsbeschlusses eine Verbindlichkeit, deren Höhe ihm oftmals nicht bekannt sein wird. Deshalb kommt es vor, dass besonders Kreditinstitute den Zwangsverwalter veranlassen und ihm entsprechende Vorschüsse zahlen, den Schuldner auf Zahlung der Mietsicherheit an den Zwangsverwalter zu verklagen, damit diese später dem Ersteher übergeben werden kann. Auch der Mieter kann klageweise vom Schuldner verlangen, dass dieser die Mietsicherheit dem Verwalter aushändigt.[26]

II. Mietverträge des Zwangsverwalters

36 Bereits bestehende Mietverhältnisse hat der Zwangsverwalter unter den Voraussetzungen von § 152 Abs. 2 ZVG (Rdn 20) zu übernehmen. Stellt der Verwalter fest, dass Räume des beschlagnahmten Objekts unvermietet sind oder Mieter gekündigt haben, so hat er diese (wieder) zu vermieten. Nicht genutzte land- oder forstwirtschaftliche Grundstücke hat er zu verpachten (§ 152 Abs. 1 ZVG i.V.m. § 5 ZwVwV).

37 Mietverträge mit dem Schuldner sind grundsätzlich zulässig.[27] Sie werden insbesondere in Betracht kommen, wenn der Schuldner eng mit der Wohnung verbundene gewerbliche Räume oder Wohnräume nutzen will, die ihm nicht nach § 149 ZVG mietfrei überlassen werden müssen.

---

21 BGH v. 9.3.2005 – VIII ZR 330/03.
22 BGH v. 11.3.2009 – VIII ZR 184/08.
23 BGH v. 23.9.2009 – VIII ZR 336/08.
24 BGH v. 9.3.2005 – VIII ZR 330/03.
25 Zur Gesamtproblematik *Mayer*, Rpfleger 2006, 175.
26 AG Düsseldorf v. 21.11.1991 – 42 C 5082/91.
27 Str., aber h.M., dazu *Depré/Mayer*, Rn 667; *Stöber* (ZVG), § 152 Rn 12.4.

Der Zwangsverwalter hat die Miet- oder Pachtverträge sowie Änderungen solcher Verträge **schriftlich** abzuschließen (§ 6 Abs. 1 ZwVwV). Inhaltlich hat er sich dabei an der ortsüblichen Miete/Pacht zu orientieren und die in § 6 Abs. 2 ZwVwV genannten Punkte vertraglich zu vereinbaren.

Der an Stelle des Vermieters (Schuldners) tretende Zwangsverwalter ist auch verpflichtet, die Nebenkosten wie Strom, Wasser, Straßenreinigung und Müllabfuhr etc. auf die Mieter/Pächter umzulegen.[28]

Bei Abschluss von Miet- oder Pachtverträgen mit Dritten hat der Verwalter einerseits zu beachten, dass die abgeschlossenen Verträge auch nach Aufhebung der Zwangsverwaltung den Schuldner binden,[29] andererseits hat er auch die Interessen der Gläubiger bei gleichzeitiger Zwangsversteigerung zu berücksichtigen. Bietinteressierte könnten durch vorhandene Miet- bzw. Pachtverträge abgeschreckt werden. Wegen der besonderen Vereinbarung zur Begründung eines Haftungsausschlusses siehe § 6 Abs. 2 ZwVwV.[30]

Bei Abschluss eines neuen Miet- oder Pachtvertrages ist der Zwangsverwalter berechtigt und im Interesse der Gläubiger sogar verpflichtet, das Risiko eines Mietausfalls durch die Forderung einer Mietsicherheit zu verringern. Diese ist getrennt vom Vermögen des Verwalters anzulegen.[31] Bei Wohnraummietverhältnissen gilt für die Form der Anlegung § 551 Abs. 3 BGB.

III. Zubehör

§ 865 ZPO bestimmt, dass sich die Zwangsvollstreckung in das unbewegliche Vermögen auch auf die Gegenstände bezieht, die der Hypothekenhaftung unterliegen. Nach § 865 Abs. 2 ZPO können Zubehörstücke nicht gepfändet werden. Sie sollen „den Weg des Hauptgrundstücks gehen."

Nach § 1120 BGB haften der Hypothek auch die Zubehörstücke mit Ausnahme des Zubehörs, welches bei Begründung der Hypothekenhaftung nicht im Eigentum des Schuldners stand und auch später nicht dieser Haftung unterstellt wurde.

Daher ist nach § 20 Abs. 2 ZVG **schuldnereigenes Zubehör** von der Beschlagnahme erfasst. In der Zwangsverwaltung gilt jedoch, dass die Substanz nicht verwertet werden darf, somit scheidet auch eine Verwertung des Zubehörs grundsätzlich aus. Ob und unter welchen Voraussetzungen der Zwangsverwalter Zubehörstücke ausnahmsweise veräußern darf und was mit dem Erlös zu geschehen hat, ist umstritten.[32]

Dagegen kann der Verwalter das Grundstück zusammen mit dem Zubehör verpachten. Er kann auch ein Zubehörstück, das für den Betrieb des Grundstücks nicht benötigt wird, separat verpachten.

IV. Weitere beschlagnahmte Gegenstände

Die Schlüssel des Gebäudes sind Zubehör und daher ebenfalls beschlagnahmt. Falls der Schuldner diese dem Zwangsverwalter nicht freiwillig aushändigt, kann er mit einer Ausfertigung des Anordnungsbeschlusses den Gerichtsvollzieher mit der Wegnahme dieser Gegenstände beauftragen.

Beweisurkunden (wie z.B. Mietverträge, Versicherungsverträge, Gebühren- und Steuerbescheide) sind zwar kein beschlagnahmtes Zubehör, allerdings zur ordnungsgemäßen Verwaltung und Benutzung des Grundstücks i.S.d. § 152 Abs. 1 ZVG unverzichtbar. Daher ist der Zwangsverwalter berechtigt, vom Schuldner die Überlassung dieser Urkunden zu verlangen. Nötigenfalls kann er auch dahingehend unter

---

28 Wegen der Verpflichtung zur Abrechnung für die Vergangenheit siehe BGH v. 26.3.2003 – VIII ZR 333/02.
29 BGH v. 20.5.1992 – XII ZR 77/91; *Stöber* (ZVG), § 152 Rn 12.4.
30 Formulierungsvorschlag bei *Depré/Mayer*, Rn 671.
31 *Stöber* (ZVG), § 152 Rn 12.13.
32 *Depré/Mayer*, Rn 159 ff.; *Stöber* (ZVG), § 152 Rn 4.3.

Vorlage der Ausfertigung des Anordnungsbeschlusses die Herausgabe im Wege der Zwangsvollstreckung durch den Gerichtsvollzieher erwirken.[33]

V. Prozessführung

1. Übergang der Prozessführungsbefugnis

46 Soweit dem Schuldner durch die Beschlagnahme die Verwaltung entzogen ist, verliert er auch die Prozessführungsbefugnis; diese erlangt der Zwangsverwalter (§§ 148 Abs. 2, 152 Abs. 1 ZVG). Der Schuldner bleibt zwar auch nach Anordnung der Zwangsverwaltung partei- und prozessfähig, das aktive und passive Prozessführungsrecht geht jedoch hinsichtlich aller der Zwangsverwaltung unterliegenden Rechte, Verpflichtungen und Ansprüche auf den Zwangsverwalter über.[34]

47 Liegt über eine nunmehr vom Zwangsverwalter geltend zu machende Forderung bereits ein Vollstreckungstitel zugunsten des Schuldners vor, so muss der Verwalter diese im Wege der Zwangsvollstreckung durchsetzen. Dabei hat er den Vollstreckungstitel analog § 727 ZPO auf sich umschreiben zu lassen.[35] Weiter ist insbesondere § 750 Abs. 2 ZPO zu beachten.

2. Neue Prozesse

48 Der Zwangsverwalter ist befugt, sämtliche Ansprüche prozessual zu verfolgen, welche sich auf die beschlagnahmten Gegenstände beziehen. Er kann auch wegen der seiner Verwaltung unterliegenden Gegenstände als Verwalter gerichtlich in Anspruch genommen werden.

49 Eine von ihm erhobene Klage muss erkennen lassen, dass er als Zwangsverwalter die Klage erhoben hat.

50 *Beispiel für das Rubrum*
Klage
des ...
als Zwangsverwalter *des im Grundbuch von ...*
auf den Namen des ... (Schuldner)
eingetragenen Grundstücks ...
— Kläger —
gegen ...

51 Der Zwangsverwalter hat Forderungen und Gestaltungsrechte aus Miet- und Pachtverträgen und Entschädigung für entgangene Nutzung[36] einzuklagen, Vermieterpfandrechte geltend zu machen und Forderungen gegen Versicherungen (für beschlagnahmte Gegenstände) durchzusetzen. Er hat auch die gesetzlich zulässigen Mieterhöhungen fristgerecht zu veranlassen und ggf. gerichtlich durchzusetzen.[37] Im Falle des Unterlassens ist er u.U. schadensersatzpflichtig.[38]

52 Der Zwangsverwalter hat alle seiner Prozessführungsbefugnis unterliegenden Ansprüche, insbesondere also die Miet- und Pachtforderungen, im Rahmen seines pflichtgemäßen Ermessens zeitnah geltend zu machen (§ 7 ZwVwV). Er muss daher darauf achten, dass keine Verjährung eintritt und er bei Vollstreckungsmaßnahmen für seine etwaigen Pfändungspfandrechte einen günstigen Rang erhält.

---

33 *Stöber* (ZVG), § 150 Rn 7.1.
34 BGH v. 14.5.1992 – IX ZR 241/91.
35 BGH v. 12.3.1986 – VIII ZR 64/85.
36 OLG Stuttgart v. 24.9.1993 – 2 U 65/93.
37 BGH v. 9.3.2005 – VIII ZR 330/03; KG v. 12.1.1978 – 12 U 2661/77.
38 KG v. 12.1.1978 – 12 U 2661/77.

Fällige Mietforderungen sollte der Verwalter sich nach schriftlicher Mahnung und kurzer Frist z.B. im gerichtlichen Mahnverfahren titulieren lassen. Bei rückständiger Miete oder Pacht wird er regelmäßig von dem gesetzlich oder vertraglich begründeten Kündigungsrecht Gebrauch machen.

3. Laufende Prozesse

Ist bezüglich eines der Verwaltung unterliegenden Anspruchs bereits eine Klage anhängig, so wird das Verfahren nach h.M. in analoger Anwendung von § 265 Abs. 2 S. 1 ZPO nicht unterbrochen.[39] Der Zwangsverwalter kann jedoch nur in den Rechtsstreit eintreten, wenn der Gegner einverstanden ist (§ 265 Abs. 2 S. 1 ZPO) oder das Gericht dies für sachdienlich erachtet (§ 263 ZPO).[40]

4. Ende der Prozessführungsbefugnis

Die Prozessführungsbefugnis endet grundsätzlich mit dem Wegfall der Beschlagnahme, die die Grundlage des Verwaltungsrechts des Zwangsverwalters bildet (§ 152 Abs. 1 ZVG). Für die Frage, in welchem Zeitpunkt die Beschlagnahme entfällt, sind die verschiedenen Aufhebungsgründe genauer zu betrachten.

a) Aufhebung nach Antragsrücknahme

Nach einer uneingeschränkten Antragsrücknahme endet die Beschlagnahme mit **Erlass** des konstitutiven Aufhebungsbeschlusses (§ 161 Abs. 1 ZVG i.V.m. § 12 Abs. 1 ZwVwV). Damit erlischt die Prozessführungsbefugnis des Zwangsverwalters. Er kann die ehemals beschlagnahmten Ansprüche weder neu gerichtlich geltend machen noch bereits anhängige Prozesse fortführen.[41]

Um dem Zwangsverwalter die Geltendmachung beschlagnahmter Ansprüche weiterhin zu ermöglichen, kann der Gläubiger seine Antragsrücknahme mit der Einschränkung versehen, dass einzelne genau zu bezeichnende Vermögensrechte weiterhin beschlagnahmt bleiben sollen.[42] Das Vollstreckungsgericht hat dann den Aufhebungsbeschluss in diesem Umfange einzuschränken und den Zwangsverwalter zu ermächtigen, seine Tätigkeit in diesen Teilbereichen fortzusetzen (§ 12 Abs. 2 ZwVwV). In diesem Fall bleiben die Prozessführungsbefugnis des Verwalters und das Befriedigungsrecht des Gläubigers dahingehend bestehen.

Sofern das Verfahren uneingeschränkt aufgehoben wird, kann die Beschlagnahme durch eine Anordnung nach § 12 Abs. 2 ZwVwV nicht aufrechterhalten werden. Zwar ist der Zwangsverwalter auch in diesem Fall zur gerichtlichen Geltendmachung der in der Ermächtigung bezeichneten Ansprüche befugt, allerdings wäre der erstrittene Betrag dem Schuldner auszuhändigen und nicht entsprechend dem Teilungsplan zu verteilen, da das Befriedigungsrecht des Gläubigers mit Wegfall der Beschlagnahme erloschen ist.[43]

b) Aufhebung nach Befriedigung des Gläubigers oder mangelnder Vorschussleistung

In den Fällen des § 161 Abs. 2 und 3 ZVG endet die Beschlagnahme mit Erlass des Aufhebungsbeschlusses. Das Vollstreckungsgericht kann jedoch bestimmen, dass diese Wirkungen erst mit dessen Rechtskraft eintreten sollen.

---

39 BGH v. 12.3.1986 – VIII ZR 64/85; dazu ausführlich: *Stöber* (ZVG), § 152 Rn 14.4; *Böttcher* (ZVG), § 152 Rn 57; *Dassler/Schiffhauer/Hintzen/Engels/Rellermeyer*, § 152 Rn 232 ff.; *Haarmeyer/Hintzen*, § 7 ZwVwV Rn 6 ff.
40 BGH v. 12.3.1986 – VIII ZR 64/85; dazu ausführlich: *Stöber* (ZVG), § 152 Rn 14.4; *Böttcher* (ZVG), § 152 Rn 57; *Dassler/Schiffhauer/Hintzen/Engels/Rellermeyer*, § 152 Rn 232 ff.; *Haarmeyer/Hintzen*, § 7 ZwVwV Rn 6 ff.
41 BGH v. 8.5.2003 – IX ZR 385/00.
42 BGH v. 8.5.2003 – IX ZR 385/00.
43 *Depré/Mayer*, Rn 726.

c) Aufhebung nach Zuschlag in der Zwangsversteigerung

60 Bei Aufhebung des Zwangsverwaltungsverfahrens nach Zuschlag in der Zwangsversteigerung sind der Wegfall der Beschlagnahme und die weitere Abwicklung sehr streitig. Mit *Eickmann*[44] kann folgende Auffassung vertreten werden:

- Mit dem Zuschlag endet die Beschlagnahme des Grundstücks und der mitversteigerten Gegenstände. Die dahingehende Verwaltungsbefugnis endet jedoch erst mit der konstitutiven Beschluss über die Aufhebung der Zwangsverwaltung, die nicht zurückwirkt.
- Bezüglich der nicht mitversteigerten Gegenstände (z.B. Mietrückstände aus der Zeit vor Zuschlag), endet die Beschlagnahme erst mit konstitutivem Aufhebungsbeschluss, welcher nach Antragsrücknahme („Freigabe") durch den Gläubiger vom Gericht erlassen wird. Es handelt sich hinsichtlich der nicht mitversteigerten Gegenstände also nicht um eine „nachwirkende", sondern eine aufgrund des Fortbestandes der Beschlagnahme weiterbestehende Prozessführungsbefugnis, die keiner Anordnung nach § 12 Abs. 2 ZwVwV bedarf, sich über Jahre hinaus erstrecken kann und auch den Beginn neuer Rechtsstreite einschließt.[45]

61 Somit ist der Verwalter, der auf Rückgabe einer Mietsicherheit klageweise in Anspruch genommen wird, zur Führung des Prozesses dann nicht mehr befugt, wenn die Zwangsverwaltung vor Rechtshängigkeit der Streitsache aufgehoben worden ist. In diesem Fall ist die Klage mangels Prozessführungsbefugnis des als Zwangsverwalter in Anspruch genommenen Beklagten als unzulässig abzuweisen.[46]

62 Zwar endet die Prozessführungsbefugnis des Zwangsverwalters mit Erlass des konstitutiven Aufhebungsbeschlusses, der Zwangsverwalter hat seine Tätigkeit gegenüber den Gläubigern und dem Schuldner aber erst einzustellen, wenn ihm der Beschluss zugegangen ist.[47]

E. Verwaltung des beschlagnahmten Objekts

I. Einzelheiten zur Verwaltung

63 Der Zwangsverwalter hat die von ihm vereinnahmte Masse als **Treuhänder** im Rahmen seines gerichtlichen Auftrages zu verwalten. Daraus folgt u.a., dass die Masse weder mit den eigenen Beständen des Verwalters (§ 13 Abs. 1 ZwVwV) noch mit anderen Massen vermischt werden darf.

64 Zu Beginn der Zwangsverwaltung hat der Zwangsverwalter daher ein Zwangsverwalterkonto als Treuhandkonto, das auch ein Rechtsanwaltsanderkonto sein kann, zu eröffnen (§ 13 Abs. 2 ZwVwV).

65 Für das Objekt muss er die im Einzelfall notwendigen (siehe § 9 Abs. 2 ZwVwV) Versicherungen abschließen, soweit er nicht auf vorhandene Versicherungen zurückgreifen kann.

Er selbst muss für seine eigene Haftung auf eigene Kosten eine Haftpflichtversicherung für Vermögensschäden mit einer Deckungssumme von mindestens 500.000,00 EUR vorhalten (§ 1 Abs. 4 ZwVwV), falls das Vollstreckungsgericht (auf Massekosten) keine höhere Versicherung im Einzelfall fordert.

66 Der Zwangsverwalter hat die laufenden wiederkehrenden öffentlichen Lasten (Grundsteuer etc.) ab der Beschlagnahme als Ausgaben der Verwaltung i.S.d. § 155 Abs. 1 ZVG vorweg zu begleichen (Rdn 84). Die Steuerkasse der zuständigen Gemeinde ist daher von der Anordnung der Zwangsverwaltung durch den Zwangsverwalter zu unterrichten. Diese hat er zu ersuchen, künftige Bescheide über die laufenden wiederkehrenden öffentlichen Lasten an ihn zu übersenden und ihm die Höhe und Fälligkeit der o.g. Ansprüche mitzuteilen.

---

[44] *Eickmann*, ZfIR 2003, 1021.
[45] *Depré/Mayer*, Rn 726, 734.
[46] BGH v. 25.5.2005 – VIII ZR 301/03.
[47] LG Rostock v. 3.8.2000 – 2 T 224/00.

Aus demselben Grund hat der Zwangsverwalter auch die Versorgungsträger für Energie und Wasser sowie den Müllentsorger von der Beschlagnahme zu unterrichten und um Mitteilung der künftig anfallenden Beitragszahlungen zu bitten. Bei Wohnungseigentum hat er den WEG-Verwalter zu ermitteln und ebenfalls zu informieren.

67

Zudem sind die steuerlichen Pflichten des Vollstreckungsschuldners in Bezug auf das beschlagnahmte Grundstück durch den Zwangsverwalter zu erfüllen, soweit seine Verwaltungsbefugnis reicht (§ 34 Abs. 3 AO i.V.m. § 34 Abs. 1 AO).

68

Der Zwangsverwalter ist zur Abgabe der Umsatzsteuererklärung und zur Entrichtung der **Umsatzsteuer** verpflichtet, sofern im Rahmen der Zwangsverwaltung umsatzsteuerpflichtige Umsätze erzielt werden.[48] Kommt Umsatzsteuer in Betracht, sollte der Zwangsverwalter das Finanzamt von der Anordnung der Zwangsverwaltung unterrichten und um Vergabe einer eigenen Steuernummer bitten.

Unterliegt ein Fahrzeug als Zubehör des Grundstücks dem Verwaltungs- und Nutzungsrecht des Zwangsverwalters, hat er die hierfür anfallende **Kfz-Steuer** zu zahlen.[49]

Nach neuer Auffassung des BFH[50] hat der Zwangsverwalter auch die **Einkommensteuer** des Vollstreckungsschuldners zu entrichten, soweit sie aus der Vermietung der im Zwangsverwaltungsverfahren beschlagnahmten Grundstücke herrührt. Einzelheiten zu der praktischen Anwendung des vorgenannten Urteils des BFH ergeben sich aus dem Schreiben des Bundesministeriums für Finanzen vom 3.5.2017.[51]

II. Fortführung eines Gewerbebetriebs

Grundsätzlich hat der Zwangsverwalter das beschlagnahmte Grundstück und alle übrigen Gegenstände, die von der Beschlagnahme erfasst sind, zu verwalten und ordnungsgemäß zu nutzen. Problematisch gestaltet sich das Verfahren, wenn der Schuldner auf dem Grundstück einen Gewerbebetrieb ausübt.

69

In der Vergangenheit haben Literatur und Rechtsprechung die Befugnisse des Zwangsverwalters weit ausgedehnt. Insbesondere wurde dem Zwangsverwalter z.B. gestattet, das Grundstück, auf dem der Schuldner eine Tankstelle betrieben hat, durch Verpachtung dieses Betriebes zu nutzen.[52]

70

Entgegen dieser Ansicht geht die neuere Literatur[53] davon aus, dass der Zwangsverwalter in der Regel nicht befugt ist, dem Schuldner den Gewerbebetrieb im Ganzen zu entziehen und selbst zu betreiben oder zu verpachten. Dies ergibt sich nicht zuletzt daraus, dass die Beschlagnahme in der Zwangsverwaltung (anders als im Insolvenzverfahren) immer nur einen begrenzten, grundstücksbezogenen Teil des schuldnerischen Vermögens umfasst. Der Zwangsverwalter ist daher nur befugt, das Grundstück und die beschlagnahmten Gegenstände zu verwalten und zu nutzen. Die Gegenstände, die nicht von der Beschlagnahme erfasst sind, darf er zur Fortführung des Gewerbebetriebs nicht verwenden. Mithin zerfällt der schuldnerische Gewerbebetrieb durch die Anordnung der Zwangsverwaltung in einen beschlagnahmten und einen beschlagnahmefreien Teil.

71

Das bedeutet letztlich nicht, dass eine gewerbliche Tätigkeit des Zwangsverwalters völlig ausscheidet. Vielmehr ist sie auf die Beschlagnahmegegenstände begrenzt. Besteht ein Gewerbebetrieb fast ausschließlich darin, das Grundstück als solches zu nutzen (z.B. Betreiben eines Parkplatzes) oder Bodenbestandteile mittels beschlagnahmten Zubehörs auszubeuten (z.B. eine Sandgrube, die mittels eines beschlagnahmten Baggers ausgebeutet wird), darf der Zwangsverwalter dies in eigener Regie tun oder von

72

---

48 BFH v. 18.10.2001 – V R 44/00.
49 BFH v. 1.8.2012 – II R 28/11.
50 BFH v. 10.2.2015 – IX R 23/14.
51 BMF IV A 3 – S 0550/15/10028, BStBl I 2017, 718.
52 OLG Dresden v. 3.6.1998 – 13 W 599/98.
53 Dazu ausführlich *Haarmeyer/Hintzen*, § 5 ZwVwV Rn 10 ff.

einem Pächter vornehmen lassen. In der Regel wird der Verwalter dem Schuldner das so genutzte Betriebsgrundstück gegen entsprechendes Entgelt belassen oder den Betrieb anderweitig verpachten.

73 Weitergehend hat der BGH[54] (jedoch für einen richtig zu würdigenden Einzelfall[55]) unter Zurückstellung der Bedenken der neueren Literatur (Rdn 71) entschieden, dass eine Weiterführung des Gewerbebetriebs nicht grundsätzlich rechtswidrig sei. Diese Frage sei vielmehr im Einzelfall unter Beachtung aller Umstände zu prüfen. Rechtswidrigkeit scheide aus, wenn sich die Weiterführung angesichts der Alternative (Schließung des Betriebes) als für den Schuldner günstiger erweist.[56]

F. Zahlungen aus dem Erlös

I. Allgemeines

74 Der Zwangsverwalter hat auch Zahlungen z.B. aus den gezogenen Nutzungen zu bewirken. Dabei sind solche Zahlungen, für welche er keiner gerichtlichen Anordnung, also keines Teilungsplans, bedarf (Rdn 76 ff.), von jenen zu unterscheiden, die er nur nach Aufstellung eines Teilungsplans (Rdn 87 ff.) bewirken darf.

75 Im Einzelnen darf er folgende **Zahlungen** leisten:
1. Aufwendungen nach § 155 Abs. 1 ZVG ohne gerichtliche Anordnung (ohne Teilungsplan) aus den Einnahmen oder einem Gläubigervorschuss (§ 161 ZVG);
2. Zahlungen nach § 156 Abs. 1 ZVG ohne gerichtliche Anordnung (ohne Teilungsplan) aus den Einnahmen (§ 11 Abs. 1 ZwVwV);
3. Zahlungen an Beteiligte erst, wenn ein Teilungsplan aufgestellt und eine Auszahlungsanordnung des Gerichts ergangen ist (§§ 156 Abs. 2, 157 ZVG, § 11 Abs. 2 ZwVwV).

II. Allgemeines zu § 155 Abs. 1 ZVG

76 Aus den vom Zwangsverwalter gezogenen Nutzungen des Grundstücks sind zunächst die Ausgaben der Verwaltung einschließlich der dem Zwangsverwalter zustehenden Vergütung sowie die Kosten des Verfahrens vorweg zu bestreiten (§ 155 Abs. 1 ZVG).

Der Verwalter hat daher von den Einnahmen die Beträge (Liquidität) zurückzubehalten, die für die Begleichung dieser **Aufwendungen**[57] vorgehalten werden müssen (§ 9 Abs. 1 ZwVwV).

Verpflichtungen soll der Zwangsverwalter nur eingehen, wenn diese durch Einnahmen oder Vorschüsse (oder eine praxisübliche Zusage des Gläubigers zur Kostenübernahme) gedeckt sind (§ 9 Abs. 2 ZwVwV).

77 Oft ergibt sich nach Anordnung der Zwangsverwaltung, dass keine[58] oder kaum nennenswerte Einkünfte zu erzielen sind, die Liquidität also nicht ausreicht, um die gesamten Aufwendungen (Rdn 76) zu decken. Damit sich der Zwangsverwalter nicht persönlichen Haftungsgefahren aussetzt, hat er über das Vollstreckungsgericht rechtzeitig einen **Vorschuss** vom betreibenden Gläubiger anzufordern, wenn die Fortsetzung des Verfahrens Aufwendungen erfordert, für die in der Masse keine Mittel vorhanden sind. Eine solche Vorschusszahlung (§ 161 Abs. 3 ZVG) kann auch von Amts wegen angeordnet werden. Der Gläubiger soll dabei durch Beschluss unter kurzer Fristsetzung und Androhung der möglichen Aufhebung des Verfahrens im Falle der Nichtzahlung des Vorschusses (§ 161 Abs. 3 ZVG) aufgefordert werden, den entspre-

---

54 BGH v. 14.4.2005 – V ZB 16/05.
55 *Schmidt-Räntsch*, ZInsO 2006, 303.
56 Dazu ausführlich *Depré/Mayer*, Rn 689 ff.
57 Für die in § 155 Abs. 1 ZVG genannten Beträge hat sich der zusammenfassende Begriff „Aufwendungen" durchgesetzt.
58 Die Zwangsverwaltung kann auch zum Zwecke der Sicherung des Grundstücks angeordnet werden, ohne dass Einnahmen zu erwarten sind; hierzu *Depré/Mayer*, Rn 4 ff.

chenden, betragsmäßig bezifferten Vorschuss zu zahlen. Der Beschluss ist dem Gläubiger zuzustellen; dem Zwangsverwalter und dem Schuldner ist er nur formlos mitzuteilen, da beiden kein Rechtsbehelf zusteht.

Ist der Gläubiger zur Vorschusszahlung nicht bereit, wird das Vollstreckungsgericht das Verfahren regelmäßig aufheben müssen (§ 161 Abs. 3 ZVG), auch wenn es sich dabei formal um eine Ermessensentscheidung handelt. Vor der Aufhebung müssen der Gläubiger und der Zwangsverwalter gehört werden. 78

Beispiel für eine Aufforderung zur Vorschusszahlung (Beschlusstenor) 79
Dem Gläubiger ... wird auf Antrag des Zwangsverwalters aufgegeben, diesem bis spätestens ... (Fristsetzung) einen Vorschuss für die Aufwendungen § 155 Abs. 1 ZVG in Höhe von ... EUR zur Verfügung zu stellen. Im Falle fruchtlosen Fristablaufes wird das Verfahren aufgehoben (§ 161 Abs. 3 ZVG).

III. Einzelheiten zu § 155 Abs. 1 ZVG

1. Die Kosten des Verfahrens

Kosten des Verfahrens sind die Gerichtskosten, welche für die Durchführung des Verfahrens anfallen, mit Ausnahme[59] der Kosten, welche durch die Anordnung oder den Beitritt eines Gläubigers entstanden sind (§ 155 Abs. 1 ZVG). 80

Für jedes Kalenderjahr wird eine Jahresgebühr in Höhe der Hälfte einer vollen Gebühr erhoben (Nr. 2221 KVGKG). Dies gilt auch für das jeweilige „Tel-Jahr" der Beschlagnahme und der Aufhebung. Die Gebühr bestimmt sich nach dem Gesamtwert der Einkünfte (§ 55 GKG). Die Mindestgebühr beträgt 120,00 EUR für ein volles Jahr, für das „Teil-Jahr" der Beschlagnahme und der Aufhebung jeweils 60,00 EUR (Nr. 2221 KVGKG). 81

Hinzu kommen die Auslagen wie Zustellungskosten etc.

2. Ausgaben der Verwaltung

Unter die Ausgaben der Verwaltung fallen: 82

1. Beträge, welche der Zwangsverwalter bezahlen muss, um seiner Aufgabe, das Grundstück in seinem wirtschaftlichen Bestand zu erhalten und ordnungsgemäß zu benutzen, zu entsprechen (§ 152 Abs. 1 ZVG). Darunter fallen z.B. die Versicherungen für das Objekt (§ 9 Abs. 3 ZwVwV), Kosten für Strom, Wasser und Gas aus den vom Zwangsverwalter abgeschlossenen oder fortgesetzten Lieferungsverträgen,[60] Kosten für von dem Verwalter in Auftrag gegebene Reparaturarbeiten usw.[61]
2. Vergütung und Auslagen des Zwangsverwalters (§ 31 Rdn 61 ff.).
3. Ansprüche Dritter, welche aus einem gegen den Zwangsverwalter ergangenen oder umgeschriebenen Vollstreckungstitel in die Zwangsverwaltungsmasse vollstrecken dürfen.
4. Mietsicherheiten, die der Zwangsverwalter bei Beendigung eines Mietverhältnisses herausgeben muss[62] (Rdn 34), und die Rückvergütung auf Nebenkostenabschläge aus einer von ihm für die Vergangenheit vorzunehmenden Abrechnung.[63]

---

[59] Vgl. auch § 109 ZVG für das Zwangsversteigerungsverfahren.
[60] BGH v. 5.3.2009 – IX ZR 15/08.
[61] Dazu ausführlich *Depré/Mayer*, Rn 243 ff.
[62] BGH v. 16.7.2003 – VIII ZR 11/03; BGII v. 9.3.2005 – VIII ZR 330/03.
[63] BGH v. 26.3.2003 – VIII ZR 333/02; BGH v. 3.5.2006 – VIII ZR 168/05.

§ 33 Verfahren bis zum Verteilungstermin

83 Die Ausgaben der Verwaltung sind mit den Kosten des Verfahrens (Rdn 78 und 79) gleichrangig.[64] Vom Schuldner-Zwangsverwalter sind die Ausgaben der Verwaltung ohne Genehmigung der Aufsichtsperson des § 150c ZVG zu leisten.

IV. Öffentliche Lasten

84 Die Auffassung, dass die auf dem Grundstück ruhenden laufenden wiederkehrenden öffentlichen Lasten der RK 3 (§ 155 Abs. 2 S. 2 ZVG) ohne weitere Anordnung des Gerichts durch den Zwangsverwalter aus den überschüssigen Einnahmen zu zahlen sind, soweit er hierdurch nicht die RK 1 und 2 des § 10 Abs. 1 ZVG beeinträchtigt (§ 156 Abs. 1 ZVG),[65] wurde durch die Entscheidung des BGH[66] zumindest in Frage gestellt. Dort bezeichnet der BGH die Forderungen auf die laufenden öffentlichen Lasten und das laufende Hausgeld[67] als **Ausgaben der Verwaltung** i.S.d. § 155 Abs. 1 ZVG. Zwar nehme § 156 Abs. 1 ZVG die genannten Ansprüche von der Überschussverteilung nach § 155 Abs. 2 S. 1 ZVG aus, hieraus folge jedoch nicht, dass es sich nicht um Aufwendungen nach § 155 Abs. 1 ZVG handele.

Eine konsequente Umsetzung dieser Entscheidung führt dazu, dass der Zwangsverwalter berechtigt ist, die Forderungen auf laufende öffentliche Lasten und das laufende Hausgeld aus den Einnahmen des Grundstücks vorweg zu bestreiten (§ 155 Abs. 1 ZVG) und nötigenfalls hierfür die Zahlung eines Gläubigervorschusses zu verlangen (§ 161 Abs. 3 ZVG).[68] Dies gilt allerdings nur für Beitragsleistungen, die **nach der Beschlagnahme** fällig werden und damit auf den Tätigkeitszeitraum des Zwangsverwalters entfallen. Der letzte vor der Beschlagnahme fällig gewordene Betrag ist zwar „laufend" i.S.d. § 13 ZVG, allerdings handelt es sich dabei nicht um eine Ausgabe der Verwaltung nach § 155 Abs. 1 ZVG. Dieser Betrag fällt in RK 3 (Hausgeld in RK 2) und ist (wie oben dargestellt) im Rahmen des § 156 Abs. 1 ZVG zu befriedigen; ein Gläubigervorschuss kann dafür nicht erhoben werden.

85 Die **rückständigen wiederkehrenden** öffentlichen Lasten i.S.d. § 13 ZVG und die **einmaligen** öffentlichen Lasten fallen in der Zwangsverwaltung nach § 155 Abs. 2 S. 2 ZVG nicht in RK 3. Diese Ansprüche können daher nur in RK 5 Befriedigung finden, wenn aus ihnen betrieben wird, überschüssige Einnahmen vorhanden sind und ein Teilungsplan aufgestellt wurde (§§ 155 Abs. 2, 156 Abs. 2 ZVG; siehe Rdn 87).

86 Wegen der Zahlung der Forderungen der Wohnungseigentümergemeinschaft in der Zwangsverwaltung von Wohnungs- bzw. Teileigentum siehe auch § 36 Rdn 6 ff.

V. Überschüsse

87 „Überschüsse" sind die aus den Bruttoeinnahmen nach der Entnahme der Ausgaben der Verwaltung und der Kosten des Verfahrens noch verbleibenden Beträge.[69]

Aus diesen Überschüssen kann der Zwangsverwalter nur Zahlungen gem. einem gerichtlichen Teilungsplan leisten. Dieser wird im Verteilungstermin aufgestellt.

---

64 *Stöber* (ZVG), § 155 Rn 4.6; a.A. *Drischler*, Rpfleger 1957, 212 und RpflJahrbuch 1969, 369: Wenn die Mittel nicht für beide voll ausreichen, sind die Ausgaben vor den Kosten zu zahlen.
65 *Stöber* (ZVG), § 156 Rn 2.1 und 2.2.
66 BGH v. 15.10.2009 – V ZB 43/09. Hierzu auch *Mayer*, KKZ 2010, 15.
67 Vorschüsse, welche nach § 28 Abs. 2 WEG laut Wirtschaftsplan zu zahlen sind.
68 Dazu ausführlich *Depré/Mayer*, Rn 252 ff.
69 Anders als in der Zwangsversteigerung steht der Begriff „Überschuss" in der Zwangsverwaltung also nicht für einen Betrag, der nach Aufhebung des Verfahrens noch an den Schuldner oder an den Ersteher (bei Aufhebung des Verfahrens wegen Zuschlag) auszuzahlen ist.

G. Bestimmung des Verteilungstermins

Sobald die Erträge aus dem Grundstück ausreichen, um hieraus auch Zahlungen auf Ansprüche der Rangklassen 1, 4 und 5 zu leisten, muss der Zwangsverwalter dies dem Gericht unter Angabe des voraussichtlichen Betrages dieser Überschüsse und der Zeit ihres Eingangs anzeigen (§ 11 Abs. 2 S. 2 ZwVwV). 88

Unter der Voraussetzung, dass die Mitteilung des Grundbuchamts nach § 19 Abs. 2 ZVG schon eingegangen ist, bestimmt das Vollstreckungsgericht nunmehr unverzüglich einen Termin zur Aufstellung des Teilungsplans für die ganze Dauer des Zwangsverwaltungsverfahrens (§ 156 Abs. 2 S. 1 ZVG). 89

Der Inhalt der Terminsbestimmung ist nicht ausdrücklich gesetzlich geregelt. Damit sie ihren Zweck erfüllen kann, sollte die Terminsbestimmung enthalten:[70] 90
- Bezeichnung des Gerichts,
- Aktenzeichen,
- Benennung der Angelegenheit,
- Bezeichnung als Verteilungstermin zur Aufstellung eines Teilungsplans,
- Terminszeit (Datum und Uhrzeit),
- Terminsort (Lage des Gerichtsgebäudes; Zimmer- bzw. Saalnummer).

Sinnvoll ist es, in der Terminsbestimmung weiter darauf hinzuweisen, dass im Teilungsplan in den Rangklassen § 10 Abs. 1 Nr. 2 bis Nr. 4 nur Ansprüche auf laufende wiederkehrende Leistungen berücksichtigt werden können (§ 155 Abs. 2 ZVG), sowie die Beteiligten darum zu bitten, ihre Ansprüche an die Teilungsmasse bei Gericht anzumelden. Es ergeht jedoch keine diesbezügliche Aufforderung, da die Beteiligten nicht anmelden müssen und die grundbuchersichtlichen Ansprüche von Amts wegen berücksichtigt werden.

Die Terminsbestimmung wird den Beteiligten und dem Zwangsverwalter zugestellt (§ 156 Abs. 2 S. 3 ZVG), wobei die Zustellung nach den §§ 3 bis 7 ZVG zu erfolgen hat. Als (zu ladende) Beteiligte gelten auch diejenigen, die ihr Recht erst glaubhaft zu machen haben (§ 156 Abs. 2 S. 4 i.V.m. § 105 Abs. 2 S. 2 ZVG). 91

Der Verteilungstermin ist nicht öffentlich. 92

Über die Vorgänge im Verteilungstermin wird ein Protokoll gefertigt. 93

H. Anmeldungen zum Verteilungstermin

I. Allgemeines

Nach §§ 156 Abs. 2 S. 4, 114 Abs. 1 S. 1 ZVG sind in den Teilungsplan von Amts wegen alle Ansprüche aufzunehmen, deren Betrag zur Zeit der Eintragung des Zwangsverwaltungsvermerks aus dem Grundbuch ersichtlich ist, und zwar nach dem Inhalt des Grundbuchs. 94

Alle anderen Ansprüche werden nur dann im Teilungsplan berücksichtigt, wenn sie spätestens im Verteilungstermin angemeldet werden.

Die Ansprüche der Gläubiger gelten als angemeldet, soweit sie sich aus dem Zwangsverwaltungsantrag bzw. einem Beitrittsgesuch ergeben (§§ 156 Abs. 2 S. 4, 114 Abs. 1 S. 2 ZVG).

Laufende Beträge der grundbuchersichtlichen wiederkehrenden Leistungen brauchen nicht angemeldet zu werden (§§ 156 Abs. 2 S. 4, 114 Abs. 2 ZVG). 95

---

70 Nach *Böttcher* (ZVG), § 156 Rn 6.

II. Anzumeldende Ansprüche

96
- Ansprüche der RK 1
  In die RK 1 gehören die Ansprüche der die Zwangsverwaltung betreibenden Gläubiger auf Ersatz ihrer Auslagen zur Erhaltung oder nötigen Verbesserung des Grundstücks. Diese Auslagen sind nicht aus dem Grundbuch ersichtlich und daher nur aufgrund der Anmeldung des Gläubigers (nicht des Verwalters) im Teilungsplan zu berücksichtigen (§ 34 Rdn 3–7).
- Ansprüche der RK 2 und RK 3
  Da die dort genannten laufenden Ansprüche („WEG-Ansprüche" und öffentliche Lasten) nach § 155 Abs. 1 ZVG bzw. § 156 Abs. 1 ZVG von dem Zwangsverwalter ohne weiteres Verfahren (mithin bereits ohne Teilungsplan) zu zahlen sind, erfolgt keine Anmeldung (bei dem Gericht) dieser Forderungen zum Teilungsplan (§ 34 Rdn 8–9).
- Ansprüche der RK 4
  Kosten der dinglichen Rechtsverfolgung (§ 10 Abs. 2 ZVG), die bei dem geltend gemachten Anspruch (§ 34 Rdn 10 und 11) berücksichtigt werden sollen, ergeben sich nicht aus dem Grundbuch und sind daher nur auf Anmeldung in den Teilungsplan aufzunehmen (§§ 156 Abs. 2 S. 4, 114 Abs. 1 S. 1 ZVG). Eine Anmeldung ist nur dann nicht erforderlich, wenn diese Kosten bereits im Zwangsverwaltungsantrag enthalten sind (§§ 156 Abs. 2 S. 4, 114 Abs. 1 S. 2 ZVG). Soweit der Berechtigte wiederkehrende Sachleistungen aus einem Recht der RK 4 zu erhalten hat (z.B. Reallast) ist die laufende Sachleistung, falls grundbuchersichtlich, ohne Anmeldung an der entsprechenden Rangstelle einzustellen, andernfalls werden diese Leistungen nur auf Anmeldung berücksichtigt.[71]
- Ansprüche der RK 5
  In diese RK fallen die Ansprüche der (betreibenden) Gläubiger, soweit sie nicht in einer der vorhergehenden Rangklassen zu befriedigen sind (§ 34 Rdn 12 und 13). Die Ansprüche gelten als angemeldet, da sie sich aus dem Zwangsverwaltungsantrag ergeben (§§ 156 Abs. 2 S. 4, 114 Abs. 1 S. 2 ZVG). Die Kosten der dinglichen Rechtsverfolgung, die bei dem geltend gemachten Anspruch berücksichtigt werden sollen, müssen angemeldet werden, sofern sie sich nicht bereits aus dem Zwangsverwaltungsantrag ergeben (§§ 156 Abs. 2 S. 4, 114 Abs. 1 S. 1, 10 Abs. 2 ZVG).

97 Da es bei der Aufstellung des Teilungsplans nicht um die Auszahlung, sondern um die **Feststellung des Empfangsberechtigten** für künftig fällig werdende Zinsen geht, muss bei **Briefrechten** der Brief im Verteilungstermin vorgelegt werden.[72] Der Zwangsverwalter kann danach ohne erneute Briefvorlage laut Teilungsplan zahlen. Ein nachträglicher Gläubigerwechsel bedürfte einer Planänderung.

III. Rechtsanwaltskosten für die Anmeldung

98 Für die Anmeldung der Forderung erhält der Rechtsanwalt eine $4/10$ Gebühr (Nr. 3311 Ziff. 4 VVRVG) aus dem angemeldeten Betrag, Nebenkosten eingeschlossen (§ 27 RVG). Umfasst die Anmeldung Forderungen der RK 4 und RK 5, muss die Gebühr aufgeteilt werden.[73] Es handelt sich um notwendige Kosten der Zwangsvollstreckung, obwohl die laufenden Beträge eines Grundpfandrechts auch von Amts wegen berücksichtigt worden wären.

99 Hatte der Rechtsanwalt einen Antrag auf Anordnung des Verfahrens bzw. ein Beitrittsgesuch gestellt, wurde hierdurch bereits eine $4/10$ Gebühr verdient (Nr. 3311 Ziff. 3 VVRVG), die jetzt angemeldet werden kann.

---

71 *Depré/Mayer*, Rn 348.
72 *Depré/Mayer*, Rn 351.
73 Dazu *Depré/Mayer*, Rn 328.

§ 34 Verteilung der Überschüsse

A. Die Rangklassen in der Zwangsverwaltung

§ 155 ZVG regelt zunächst, in welcher Rangfolge die im Verfahren zu berücksichtigenden Ansprüche zu befriedigen sind, wobei § 156 Abs. 1 ZVG ergänzend dazu festlegt, dass bestimmte Ansprüche, wie etwa Hausgelder (§ 36 Rdn 6 ff.) und öffentliche Lasten (§ 33 Rdn 84) vom Verwalter ohne weiteres Verfahren zu berichtigen sind. Für die Ansprüche der RK 2, 3 und 4 gilt, dass hier nur Ansprüche auf **laufende wiederkehrende Leistungen**, einschließlich der Rentenleistungen, sowie auf diejenigen Beträge, die zur allmählichen Tilgung einer Schuld als Zuschlag zu den Zinsen zu entrichten sind, Berücksichtigung finden.

Im Range des jeweiligen Anspruchs können auch die Kosten der dinglichen Rechtsverfolgung berücksichtigt werden (§ 10 Abs. 2 ZVG). Dies sind z.B. die Kosten eines mit der Vertretung im Zwangsverwaltungsverfahren beauftragten Rechtsanwalts.

I. Rangklassen 1 und 1a

In der RK 1 stehen die Zwangsverwaltungsvorschüsse eines die Zwangsverwaltung betreibenden Gläubigers. Es handelt sich hierbei um die **Vorschüsse**, welche ein Gläubiger zur Erhaltung und Verbesserung des Grundstücks geleistet hat und die auch für diesen Zweck verwendet worden sind.[1] Es ist daher erforderlich, das durch den verauslagten Betrag im Einzelfall eine objekterhaltende oder objektverbessernde Wirkung ausgegangen ist. Die Darlegungs- und Beweislast liegt beim Gläubiger. Vorschüsse, welche für die übrigen Aufwendungen des § 155 Abs. 1 ZVG geleistet worden sind, fallen folglich nicht in RK 1.

Hat der Zwangsverwalter Düngemittel, Saatgut oder Futtermittel angeschafft, dann sind die Ansprüche aus diesen Lieferungen im Rahmen des § 155 Abs. 4 ZVG solche der RK 1. Dies gilt auch für den zum Verwalter bestimmten Schuldner, der derartige Mittel mit Zustimmung der Aufsichtsperson angeschafft hat. Auch Kredite, die zur Bezahlung dieser Lieferungen in der für derartige Geschäfte üblichen Weise aufgenommen worden sind, fallen in RK 1.

Einen Anspruch nach RK 1 hat nur ein Gläubiger (Anordnungs- bzw. Beitrittsgläubiger), nicht der Antragsteller der Sicherungsmaßnahmen nach § 25 ZVG oder der Beteiligte, der die gerichtliche Verwaltung nach § 94 ZVG veranlasst hat.

Mehrere Ansprüche in der RK 1 haben untereinander Gleichrang.

Das Vorrecht der RK 1a hat für das Zwangsverwaltungsverfahren keine Bedeutung.

II. Rangklasse 2

In dieser RK werden die laufenden Ansprüche auf Zahlung der Beiträge zu den Lasten und Kosten des gemeinschaftlichen Eigentums oder des Sondereigentums, die nach § 16 Abs. 2, § 28 Abs. 2 und 5 WEG geschuldet werden, einschließlich der Vorschüsse und Rückstellungen sowie der Rückgriffsansprüche einzelner Wohnungseigentümer berücksichtigt (§ 36 Rdn 6 ff.).

III. Rangklasse 3

Die laufenden wiederkehrenden öffentlichen Lasten sind für die Zeit nach der Beschlagnahme durch den Zwangsverwalter als Ausgaben der Verwaltung i.S.d. § 155 Abs. 1 ZVG aus den Nutzungen bzw. aus einem Gläubigervorschuss vorweg zu berichtigen. Der letzte vor der Beschlagnahme fällig gewordene Betrag ist

---

1 BGH v. 10.4.2003 – IX ZR 106/02.

„laufend" i.S.d. § 13 ZVG und fällt damit in RK 3 (§ 155 Abs. 2 ZVG); er ist vom Zwangsverwalter ohne weiteres Verfahren aus den überschüssigen Nutzungen gem. § 156 Abs. 1 ZVG zu berichtigen (§ 33 Rdn 84). Zu diesen laufenden wiederkehrenden öffentlichen Lasten gehören insbesondere die laufenden Grundsteuern.

IV. Rangklasse 4

10 In die RK 4 des § 10 ZVG gehören die laufenden wiederkehrenden Leistungen der im Grundbuch in Abt. II und III eingetragenen Rechte, soweit sie nicht infolge der Beschlagnahme dem Gläubiger gegenüber unwirksam sind. Die Rangfolge mehrerer dieser Rechte bestimmt sich nach § 11 Abs. 1 ZVG, § 879 BGB.

11 Zu berücksichtigen sind insbesondere

- **laufende Zinsen** der Grundpfandrechte (§ 152 Abs. 2 S. 2 ZVG);
  Gem. § 1197 Abs. 2 BGB gebühren bei einem **Eigentümerrecht** dem Eigentümer Zinsen für die Dauer der Zwangsverwaltung, wenn das Grundstück auf Antrag eines anderen zum Zwecke der Zwangsverwaltung in Beschlag genommen worden ist. Daher werden in RK 4 auch die laufenden Zinsen einer Eigentümergrundschuld berücksichtigt. Betreibt ein Pfändungsgläubiger aus einem Eigentümerrecht, so erhält er in der RK 4 die laufenden wiederkehrenden Leistungen.
- **laufende wiederkehrende Leistungen** aus **Reallasten**, insbesondere der Erbbauzins, aber auch Rentenleistungen (§ 155 Abs. 2 S. 2 ZVG);
- **Tilgungsbeträge**, die als Zuschlag zu den Zinsen zu zahlen sind und der allmählichen Tilgung dienen[2] (§ 155 Abs. 2 S. 2 ZVG). Diese Zahlungen sind nicht als Kapitalbeträge zu behandeln, so dass es keines besonderen Kapitalzahlungstermins i.S.d. § 158 Abs. 1 ZVG bedarf. In Höhe der einzelnen Tilgungsbeträge erlischt jedoch das Recht, so dass das Grundbuchamt in entsprechender Anwendung des § 158 Abs. 2 ZVG um Löschung zu ersuchen;[3]
- **Abzahlungsbeträge** auf eine unverzinsliche Schuld bis zu 5 % der Schuldsumme (§ 155 Abs. 2 S. 3 ZVG).

Nochmals sei darauf hingewiesen, dass der Berechtigte eines Grundpfandrechts rückständige Zinsen, einmalige Nebenleistungen und – im Rahmen des § 158 ZVG – das Kapital nur in RK 5 und damit nur unter der Voraussetzung erhalten kann, dass er das Verfahren wegen dieser Ansprüche betreibt.

V. Rangklasse 5

12 In die RK 5 fallen alle Ansprüche der Gläubiger, soweit sie nicht in eine der vorhergehenden RK zu befriedigen sind. Hier können **nur Ansprüche berücksichtigt** werden, wegen derer das Zwangsverwaltungsverfahren **betrieben** wird. Die Rangfolge mehrerer Gläubiger in RK 5 richtet sich ausschließlich nach dem Zeitpunkt der früheren Beschlagnahme (§ 11 Abs. 2 ZVG); dies gilt selbst dann, wenn ein dinglicher und ein persönlicher Gläubiger in RK 5 konkurrieren.[4]

13 Mithin fallen in RK 5, sofern wegen dieser Ansprüche ein Anordnungs- bzw. Beitrittsbeschluss erwirkt wurde:

- „Rückständige" Grundsteuern i.S.d. § 13 Abs. 1 S. 2 ZVG und einmalige öffentliche Lasten;
- „Rückständige" Zinsen i.S.d. § 13 Abs. 1 S. 2 ZVG, einmalige Nebenleistungen und Kapital der Grundpfandrechte;
- „Rückständige" Leistungen i.S.d. § 13 Abs. 1 S. 2 ZVG aus Reallasten;
- Titulierte persönliche Forderungen.

---

2 Bei gleichbleibender Leistung werden die Zinsen immer geringer, die Tilgungsbeträge immer höher.
3 *Stöber* (ZVG), § 155 Rn 6.7 d).
4 *Stöber* (ZVG), § 155 Rn 7.2.; *Böttcher* (ZVG), § 155 Rn 27; *Dassler/Schiffhauer/Hintzen/Engels/Rellermeyer*, § 155 Rn 74; *Haarmeyer/Hintzen*, § 155 ZVG Rn 24.

VI. Weitere Rangklassen

Die RK 6 kann in der Zwangsverwaltung grundsätzlich nicht vorkommen (§ 155 Abs. 2 S. 1 ZVG). Hat der Zwangsverwalter die Forderung des (betreibenden) Gläubigers aus RK 5 befriedigt, ist das Verfahren nämlich aufzuheben (§ 32 Rdn 51 ff.), so dass es nicht zu einer Zahlung der Ansprüche in RK 6 kommen kann.

> *Beispiel*
> Ein persönlicher Gläubiger erwirkt die Zwangsverwaltungsbeschlagnahme am 10.5.2017.
> Am 15.5.2017 belastet der Schuldner das Grundstück, an welchem zum Zeitpunkt der Beschlagnahme die Grundschulden Abt. III Nr. 1 und 2 bestanden haben mit einer Hypothek, welche unter Abt. III Nr. 3 eingetragen wird.
> In einem aufzustellenden Teilungsplan genießen die dinglichen Rechte grundsätzlich das Vorrecht der Rangklasse 4 des § 10 ZVG.
> Die Hypothek wurde jedoch nach der Beschlagnahme zugunsten des persönlichen Gläubigers eingetragen, daher ist sie diesem Gläubiger gegenüber unwirksam. Der persönliche Gläubiger ist in der RK 5 zu befriedigen. Da die Hypothek dem Beschlagnahmegläubiger gegenüber unwirksam ist, würde sie eigentlich in RK 6 fallen. Diese kann es begrifflich in der Zwangsverwaltung jedoch nicht geben.[5]

Nur im Zusammenhang mit einem „relativen Rang" ist die RK 6 in der Zwangsverwaltung denkbar.[6]

Die RK 7 und 8 können in der Zwangsverwaltung ebenfalls nicht vorkommen (§ 155 Abs. 2 S. 1 ZVG). Eine Befriedigung dieser Ansprüche setzt ein Betreiben hieraus voraus, welche dann in RK 5 erfolgen würde.[7]

B. Aufstellung des Teilungsplans

I. Allgemeines

Der Teilungsplan wird im Verteilungstermin nach Anhörung der anwesenden Beteiligten vom Vollstreckungsgericht für die ganze Dauer des Zwangsverwaltungsverfahrens aufgestellt (§§ 156 Abs. 2 S. 4, 113 Abs. 1 ZVG). Im Gegensatz zu dem in der Zwangsversteigerung aufzustellenden Teilungsplan wirkt dieser Plan also auch für die Zukunft. Er bestimmt daher, wie die Überschüsse zukünftig (bis zur vollständigen Befriedigung des Gläubigers) zu verteilen sind.

Für die Form des Teilungsplans gibt es keine gesetzlichen Vorgaben, jedoch hat sich auch hier (wie in der Zwangsversteigerung) ein bestimmtes Schema bewährt. So findet sich in den meisten Teilungsplänen auch ein **Vorbericht**, in welchem die für die Planaufstellung wesentlichen Angaben zusammengefasst werden. Hier steht z.B. der Tag der ersten Beschlagnahme, da dieses Datum für die Frage, welche Ansprüche „laufend" sind, von Bedeutung ist. Außerdem werden die betreibenden Gläubiger und die bereits erfolgten Anmeldungen in den Vorbericht aufgenommen.

Gegenstand der Verteilung sind nicht bloß die bereits vorhandenen, sondern auch die bis zur vollen Befriedigung des vollstreckenden Gläubigers zu erwartenden zukünftigen Erträge. Deshalb wird im Teilungsplan (im Gegensatz zum Teilungsplan in der Zwangsversteigerung) **keine Teilungsmasse** aufgeführt, sondern nur die Schuldenmasse festgestellt.

---

[5] Hierzu und zum „Zwischenrecht" siehe *Depré/Mayer*, Rn 337 und 375 ff.
[6] Dazu *Depré/Mayer*, Rn 375 ff.
[7] *Depré/Mayer*, Rn 337.

§ 34 Verteilung der Überschüsse

In der Praxis kommt es, aufgrund eines nur geringfügigen Überschusses, meist nur zur Zahlung der laufenden Zinsen des erstrangigen Grundpfandrechts. Daher werden von den Gerichten die Ansprüche der nachrangigen Berechtigten oft nicht mehr errechnet und in den Teilungsplan aufgenommen. Dies ist jedoch nicht korrekt. Der Teilungsplan muss alle zum Zeitpunkt der Erstellung feststehenden Ansprüche enthalten und betragsmäßig ausweisen.

21 **Laufende** Beträge **öffentlicher** Lasten (§ 10 Abs. 1 Nr. 3 ZVG) sind **nicht** in den Teilungsplan aufzunehmen.[8] Jedoch ist in der Praxis ein Hinweis auf diese Ansprüche zulässig und üblich, damit sie der Verwalter nicht übergeht und damit auch die Beteiligten des Verfahrens über die Befriedigungsfolge im Bilde sind.

22 Für die jeweiligen Anspruchsberechtigten werden die Beträge ausgewiesen, die ab dem besonderen Fälligkeitstermin nach § 13 ZVG bis zur nächsten Fälligkeit nach dem Verteilungstermin angefallen sind. Im Übrigen wird nur unter Angabe des weiteren Fälligkeitstermins der jeweilige Betrag bestimmt.

23 Am Schluss angefügt wird meist der Satz, dass der Verwalter auf nachrangige Beträge nur Zahlung leisten darf, wenn er damit rechnen kann, vorrangige Beträge am Fälligkeitstag zu befriedigen.[9]

24 Für die Auszahlung selbst ist dann der Zwangsverwalter verantwortlich, für welchen der Teilungsplan verbindlich ist.

▼

25 **Muster: Teilungsplan in der Zwangsverwaltung**

(Hinweis: Die Daten zum Verfahren und zum betreibenden Gläubiger basieren auf dem Antragsmuster, § 30 Rdn 35.)

Amtsgericht Musterstadt
66666 Musterstadt

Musterstadt, 28.3.2017

Aktenzeichen: 1 L 4/17

Teilungsplan

in dem Zwangsverwaltungsverfahren gegen

Tina Schuld, Hintergasse 1, 66666 Musterstadt

– Schuldnerin –

betreffend

das Grundstück der Gemarkung Musterstadt, eingetragen im Grundbuch von Musterstadt Blatt 3000 unter lfd. Nr. 1 des Bestandsverzeichnisses FlSt.Nr. 555, Hof- und Gebäudefläche, Waldstraße 14 zu 600 m²

I. Vorbericht

1. Das Zwangsverwaltungsverfahren wurde auf Antrag der Stadtsparkasse Musterstadt vom 22.1.2017 angeordnet durch Beschluss vom 24.1.2017.

2. Tag der ersten Beschlagnahme: 26.1.2017

   durch Zustellung des Anordnungsbeschlusses an die Schuldnerin.

3. An Anmeldungen liegen dem Gericht vor:

---

[8] So auch *Stöber* (ZVG), § 156 Rn 5.4 m.w.N., auch für die Gegenansicht.
[9] *Depré/Mayer*, Rn 345.

II. Notwendigkeit eines Teilungsplans

Der Zwangsverwalter ▬ hat mit Schreiben vom 22.2.2017 mitgeteilt, dass er über die Ausgaben der Verwaltung und die Kosten des Verfahrens hinausgehende Erträge zu erwarten hat (§ 156 Abs. 2 ZVG, § 11 Abs. 2 ZwVwV).

III. Vorwegnahmen

Aus den Nutzungen des Grundstücks sind die Ausgaben der Verwaltung sowie die Kosten des Verfahrens, mit Ausnahme derjenigen, welche durch die Anordnung oder den Beitritt eines Gläubigers entstanden sind oder noch entstehen, vorweg zu bestreiten (§ 155 Abs. 1 ZVG).

IV. Schuldenmasse

Ansprüche in **Rangklasse 1 und 2** des § 10 Abs. 1 ZVG sind gegenwärtig nicht vorhanden.

In **Rangklasse 3** des § 10 Abs. 1 ZVG (unter sich mit gleichem Rang) zu befriedigende laufende wiederkehrende Leistungen der öffentlichen Lasten des Grundstücks (§ 155 Abs. 2 ZVG) hat der Verwalter ohne weiteres Verfahren zu berichtigen (§ 156 Abs. 1 ZVG). In Zweifelfällen hat er die Weisung des Gerichts einzuholen (§ 153 Abs. 1 ZVG).

In **Rangklasse 4** des § 10 Abs. 1 ZVG sind Ansprüche auf laufende wiederkehrende Leistungen (§ 155 Abs. 2 ZVG) aus den Rechten am Grundstück in nachstehender Reihenfolge, welche der Rangfolge des § 879 BGB entspricht, zu befriedigen. Die Rangfolge mehrerer Ansprüche innerhalb eines Rechts richtet sich nach § 12 ZVG.

1. Stadtsparkasse Musterstadt

aus der Grundschuld, eingetragen in Abt. III Nr. 1, nämlich

sofort Gerichtskosten für die Anordnung des Verfahrens[10]	103,50 EUR
sofort 15 % Zinsen aus 120.000,00 EUR, fällig am 31.12.2016 für die Zeit vom 1.1.2016 bis 31.12.2016	18.000,00 EUR
und jeweils am 31.12. eines jeden Jahres 15 % Zinsen aus 120.000,00 EUR, mithin	18.000,00 EUR

für das entsprechende abgelaufene Kalenderjahr, erstmals am 31.12.2017.

2. Volksbank Musterstadt e.G.

aus der Grundschuld, eingetragen in Abt. III Nr. 2, nämlich

sofort 16 % Zinsen aus 100.000,00 EUR, fällig am 31.12.2016 für die Zeit vom 1.1.2016 bis 31.12.2016	16.000,00 EUR

---

[10] Die Kosten werden in RK 4 berücksichtigt, da die Gläubigerin das Verfahren auch wegen der Zinsen betreibt.

§ 34 Verteilung der Überschüsse

und jeweils am 31.12. eines jeden Jahres
16 % Zinsen aus 100.000,00 EUR, mithin 16.000,00 EUR
für das entsprechende abgelaufene Kalenderjahr, erstmals am 31.12.2017.

In **Rangklasse 5** des § 10 Abs. 1 ZVG sind Ansprüche des betreibenden Gläubigers in folgender Reihenfolge zu befriedigen:

Stadtsparkasse Musterstadt

aus der Grundschuld, eingetragen in Abt. III Nr. 1, nämlich

15 % Zinsen aus 120.000,00 EUR
für die Zeit vom 1.4.2015 bis 31.12.2015, mithin 13.500,00 EUR
Kapital 120.000,00 EUR

Zahlungen auf das Kapital der Grundschuld dürfen nur in einem von dem Gericht gesondert zu bestimmenden Termin erfolgen; die Terminsbestimmung ist von dem Verwalter zu beantragen, sobald Kapitalzahlungen in Betracht kommen (§ 158 Abs. 1 ZVG).

Die Überschüsse sind auf die o.g. Ansprüche zu verteilen (§ 155 Abs. 2 ZVG), nach Maßgabe ihrer Rangordnung, bei Gleichrang nach dem Verhältnis der Beträge. Auf nachrangige Forderungen darf der Verwalter nur Zahlungen leisten, wenn er am Fälligkeitstag Mittel zur Verfügung hat, die vorrangigen Forderungen zu befriedigen.

▲

II. Verhandlung über den Teilungsplan

26 Das Vollstreckungsgericht wird in Vorbereitung des Verteilungstermins einen vorläufigen Teilungsplan entwerfen. Über diesen vorläufigen Teilungsplan wird im Verteilungstermin verhandelt (§§ 156 Abs. 2 S. 4, 115 Abs. 1 S. 1 ZVG). Ergeben sich in dieser Verhandlung keine Änderungen und wird auch kein Widerspruch erhoben, beschließt das Vollstreckungsgericht, dass der bisherige Entwurf (vorläufiger Teilungsplan) zum endgültigen Plan erklärt wird und dass der Verwalter dem Plan entsprechend Zahlungen zu leisten hat.

27 Der Plan wird verkündet und ist den Beteiligten zuzustellen.[11]

▼

28 **Muster: Protokoll Verteilungstermin**

Amtsgericht Musterstadt   Musterstadt, 28.3.2017
66666 Musterstadt

Aktenzeichen: 1 L 4/17

Anwesend: Name, Rechtspflegerin

Protokoll

in dem Zwangsverwaltungsverfahren gegen

Tina Schuld, Hintergasse 1, 66666 Musterstadt

– Schuldnerin –

---

11 Für den Teilungsplan in der Zwangsversteigerung: BGH v. 19.2.2009 – V ZB 54/08.

betreffend

das Grundstück der Gemarkung Musterstadt,

eingetragen im Grundbuch von Musterstadt Blatt 3000

unter lfd. Nr. 1 des Bestandsverzeichnisses

FlSt.Nr. 555, Hof- und Gebäudefläche, Waldstraße 14 zu 600 m2

Im heutigen nichtöffentlichen Termin zur Verteilung des Erlöses erschienen nach Aufruf der Sache

Die Rechtspflegerin machte den Grundbuchinhalt und den Inhalt des Anordnungsbeschlusses bekannt.

Weiter gab sie folgende Anmeldungen bekannt:

Weitere Anmeldungen wurden nicht abgegeben.

Nach Anhörung der erschienenen Beteiligten wurde der aus der Anlage ersichtliche Teilungsplan aufgestellt und sofort darüber verhandelt.

Widersprüche wurden nicht erhoben. Es wurde festgestellt, dass keine der vorliegenden Anmeldungen zugleich als Widerspruch gegen den Teilungsplan gilt (§ 115 Abs. 2 ZVG).

Es erging sodann folgender

Beschluss

Es wird gem. § 157 Abs. 1 ZVG die planmäßige Zahlung der Beträge an die Berechtigten nach Maßgabe des Teilungsplans angeordnet.

Unterschrift

Rechtspflegerin

III. Rechtsbehelfe

Auch der Teilungsplan in der Zwangsverwaltung ist mit sofortiger Beschwerde oder Widerspruch anfechtbar. Wie in der Zwangsversteigerung (§ 6 Rdn 81) gilt folgende Zuordnung: 29

- Wer einen **Verfahrensfehler** des Gerichts bei der Aufstellung des Plans rügen will, legt **sofortige Beschwerde** ein.
- Wer der Auffassung ist, er habe ein besseres **materielles Recht** als für ihn derzeit berücksichtigt, wehrt sich mit **Widerspruch**.

1. Sofortige Beschwerde

Mit sofortiger Beschwerde (§ 793 ZPO) gegen den Teilungsplan werden formelle Mängel gerügt, z.B. die falsche Berechnung der Zinsen eines Rechts oder die Aufnahme einer Forderung in den Plan, welche in diesem Verfahren nicht berücksichtigt werden kann. Die zweiwöchige Beschwerdefrist beginnt mit der Zustellung des Teilungsplans.[12] 30

---

12 BGH v. 19.2.2009 – V ZB 54/08.

§ 34 Verteilung der Überschüsse

31 Die Einlegung der sofortigen Beschwerde hat keine aufschiebende Wirkung (§§ 793, 570 Abs. 1 ZPO), so dass der Verwalter trotzdem zur planmäßigen Auszahlung der Überschüsse berechtigt ist. Sobald eine entsprechende Auszahlung erfolgt ist, wird die Beschwerde insoweit unzulässig. Um dies zu vermeiden, sollte das Vollstreckungsgericht die Aussetzung der Vollziehung des Teilungsplans gem. §§ 793, 570 Abs. 2 ZPO anordnen und den Verwalter anweisen, den von der sofortigen Beschwerde betroffenen Betrag bis zur endgültigen Entscheidung zurückzuhalten.[13]

2. Widerspruch

32 Ein Widerspruch zielt darauf ab, die aus der Sicht des Widersprechenden geltende materielle Rechtslage im Rahmen des Teilungsplans umzusetzen. So könnte der Widersprechende z.B. vortragen, er habe einen besseren Rang als bisher im Plan angenommen oder einem dort Aufgenommenen stehe überhaupt kein Recht zu.

33 Ist ein vor dem Verteilungstermin angemeldeter Anspruch nicht antragsgemäß in den Plan aufgenommen worden, so gilt die Anmeldung als Widerspruch (§§ 156 Abs. 2 S. 4, 115 Abs. 2 ZVG).

34 Für die Abwicklung des Widerspruchs gelten die Ausführungen unter § 6 Rdn 80 ff. entsprechend.

3. Klage auf Änderung des Teilungsplans

35 Da ein Widerspruch spätestens im Verteilungstermin zu erheben sind, ist es nach diesem Zeitpunkt nicht mehr möglich, materielle Einwendungen auf diesem Wege geltend zu machen. Da der Teilungsplan in der Zwangsverwaltung aber auf die Dauer des gesamten Verfahrens angelegt und nicht, wie in der Zwangsversteigerung, durch einmalige Ausführung erledigt ist, muss es für die Beteiligten auch nach dem Verteilungstermin noch möglich sein, materielle Einwendungen geltend zu machen. Dies geschieht dann mittels Klage auf Änderung des Teilungsplans nach § 159 ZVG.

Hierfür besteht jedoch nur dann ein Rechtsschutzbedürfnis, wenn eine „Ergänzung", also Änderung des Teilungsplans durch das Gericht nach § 157 ZVG nicht in Frage kommt oder das Gericht die Änderung des Teilungsplans ablehnt.[14] Dabei ist zu beachten, dass § 157 ZVG zwar nur den Beitritt eines weiteren Gläubigers als Grund für eine Ergänzung nennt, aber noch zahlreiche weitere Fälle denkbar sind, in denen das Gericht den Plan nach § 157 ZVG (ggf. nach entsprechender Anmeldung) ändern müsste (Abtretung/Ablösung eines Grundpfandrechts, Löschung eines Rechts, Pfändung und Überweisung einer im Plan ausgewiesenen Forderung usw.).[15]

C. Zahlungen auf das Kapital

36 Betreibt ein Grundpfandrechtsgläubiger das Verfahren auch aus dem Kapital des Grundpfandrechts (zu berücksichtigen in RK 5) darf der Verwalter von sich aus hierauf keine Zahlungen leisten.

37 Damit auf den Kapitalzahlungsanspruch des dinglichen Gläubigers in RK 5 überhaupt eine Zahlung erfolgen kann, müssen alle diesem Recht im Range vorgehenden Ansprüche der RK 4 gedeckt sein. Im Einzelnen sind dies insbesondere alle zurzeit fälligen wiederkehrenden Leistungen der im Grundbuch eingetragenen Rechte, die ihm gegenüber wirksam sind. Zudem müssen ausreichende Überschüsse zur Deckung der künftig fälligen wiederkehrenden Leistungen dieser Rechte entweder bereits vorhanden oder zumindest sicher zu erwarten sein.

---

13 Depré/Mayer, Rn 357.
14 BGH v. 1.2.2007 – V ZB 80/06.
15 Wegen Einzelheiten hierzu siehe Depré/Mayer, Rn 371 ff.

C. Zahlungen auf das Kapital §34

Sodann muss der Verwalter dem Gericht anzeigen, welchen Betrag er auf welches Kapital eines Grundpfandrechts zahlen will (§ 158 Abs. 1 S. 2 ZVG, § 11 Abs. 3 ZwVwV).

38

Die Zahlung auf das Kapital eines Grundpfandrechts darf nur in einem hierfür durch das Gericht bestimmten **besonderen Termin** erfolgen (§ 158 Abs. 1 S. 1 ZVG). Der Grund liegt darin, dass der Hauptsachebetrag des Grundpfandrechts in Höhe der Bezahlung erlischt, da „aus dem Grundstück" bezahlt wird. Demzufolge wird das Grundbuch mit der Befriedigung des Gläubigers unrichtig (§§ 1181, 1192 BGB).

39

Zum Kapitalzahlungstermin werden Gläubiger, Schuldner und Zwangsverwalter geladen. Eine öffentliche Bekanntmachung erfolgt nicht.

40

Der Termin dient der Abwicklung der Zahlung auf das Kapital des Grundpfandrechts. Damit dies möglich ist, hat der Zwangsverwalter in entsprechender Anwendung des § 49 Abs. 3 ZVG den auf das Kapital zu leistenden Betrag so rechtzeitig auf das Konto der Gerichtskasse zu überweisen bzw. einzuzahlen, dass der Betrag der Gerichtskasse vor dem Termin gutgeschrieben ist und ein Nachweis hierüber im Termin vorliegt.[16] Das Gericht hat im Termin den auf das Kapital zu leistenden Betrag festzustellen und den Teilungsplan durch unbare Zahlung an den Berechtigten auszuführen (§§ 158 Abs. 3, 117 Abs. 1 ZVG). Kann die Auszahlung nicht erfolgen (z.B. weil der Gläubiger eines Briefrechts mangels Briefvorlage unbekannt ist, § 126 ZVG), ist der Betrag für den Berechtigten zu hinterlegen (§§ 158 Abs. 3, 117 Abs. 2 S. 3 ZVG).[17] Mit der unbaren Zahlung bzw. Hinterlegung tritt die Befriedigung aus dem Grundstück gem. §§ 1181, 1192 BGB ein, die das Recht in dem entsprechenden Umfang zum Erlöschen bringt.

Das Grundbuchamt ist insoweit um Löschung zu ersuchen (§ 158 Abs. 2 S. 1 ZVG). Dem Ersuchen ist als Nachweis für den Eintritt der Zahlungsfolgen eine Ausfertigung des Terminprotokolls beizufügen; die Vorlegung des Briefs ist zur Löschung nicht erforderlich (§ 158 Abs. 2 S. 2 ZVG).

41

Für die Briefbehandlung und die Titelvermerke gem. §§ 158 Abs. 3, 127 ZVG gelten die Ausführungen unter § 7 Rdn 18 und 28 entsprechend.

42

---

16 *Stöber* (ZVG), § 158 Rn 2.5 a).
17 *Stöber* (ZVG), § 158 Rn 2.5 a).

§ 35 Bericht/Rechnungslegung

A. Bericht/Rechnungslegung

Gem. § 154 ZVG hat der Zwangsverwalter jährlich (= Jahresrechnung) und nach Beendigung der Verwaltung (= Schlussrechnung) Rechnung zu legen, und zwar gegenüber dem Gläubiger und dem Schuldner.

Die Jahresrechnungslegung erfolgt grundsätzlich nach Kalenderjahren (§ 14 Abs. 2 S. 1 ZwVwV i.V.m. § 154 ZVG). Dies hat zur Folge, dass der Zwangsverwalter am Ende des Kalenderjahres, in dem die Anordnung der Zwangsverwaltung erfolgte, eine Jahresrechnung für dieses Rumpfjahr zu erstellen hat und alle weiteren Jahresrechnungen sodann nach vollen Kalenderjahren erfolgen.

Mit der Zustimmung des Gerichts kann aber auch ein abweichender Abrechnungszeitraum festgelegt werden (§ 14 Abs. 2 S. 2 ZwVwV i.V.m. § 154 ZVG). Hiervon macht die gerichtliche Praxis regelmäßig Gebrauch. Dann hat der Zwangsverwalter die Jahresrechnung am Ende dieses festgelegten Verwaltungsjahres vorzulegen.

Die Festlegung eines längeren Abrechnungszeitraums kann nicht erfolgen, da § 154 ZVG ausdrücklich eine jährliche Rechnungslegung vorschreibt.[1]

Bei Aufhebung der Zwangsverwaltung hat der Zwangsverwalter die Schlussrechnung in Form einer abgebrochenen Jahresrechnung (§ 14 Abs. 3 ZwVwV) zu legen.

Wird der Zwangsverwalter entlassen und ein anderer Zwangsverwalter bestellt, hat der bisherige Zwangsverwalter eine Schlussrechnung einzureichen.

Die sich aus § 153 ZVG ergebende Befugnis des Gerichts, jederzeit Zwischenberichte und Auskünfte zu verlangen, bleibt unberührt (§ 16 ZwVwV), wird aber nur aus besonderem Anlass in Betracht kommen.

Der Zwangsverwalter kann durch Androhung von Zwangsgeld zur Berichterstattung gezwungen werden (§ 153 Abs. 2 ZVG). Notfalls kann sich auch die Frage seiner Entlassung stellen.

Der für die Vergütungsfestsetzung maßgebende Abrechnungszeitraum ist das Kalenderjahr (§ 22 ZwVwV), falls kein anderer Abrechnungszeitraum festgelegt wurde.

Dagegen rechnet sich die gerichtliche Verfahrensgebühr (Nr. 2221 KVGKG) pro Kalenderjahr (§§ 7 Abs. 2, 55 GKG).

Der Zwangsverwalter hat daher in seiner Abrechnung dem Gericht die Möglichkeit zu geben, die Einnahmen dem jeweils maßgeblichen Zeitraum zuzuordnen.

Grundlage der Rechnungslegung ist die ordnungsgemäße **Masseverwaltung**. Für diese stellt § 13 ZwVwV einige Regeln auf. Danach hat der Zwangsverwalter etwa den Massebestand von eigenen Beständen getrennt zu halten und für jede Zwangsverwaltung ein gesondertes Treuhandkonto einzurichten.

Die Rechnung (der Bericht) des Zwangsverwalters gliedert sich in zwei Teile, nämlich
1. den sog. darstellenden Teil (Rdn 8) und
2. die eigentliche Rechnungslegung, aufgeschlüsselt nach Einnahmen und Ausgaben (§§ 13 bis 15 ZwVwV), wobei die Kontoauszüge und Belege beizufügen sind.

In dem sog. darstellenden Teil der Rechnung wird der Zwangsverwalter darlegen, was er im Abrechnungszeitraum unternommen hat, welche Mietverträge z.B. neu abgeschlossen und welche Mietverhältnisse beendet wurden. Die Rechnung gibt auch Auskunft darüber, ob die Mieten pünktlich bezahlt wurden oder ob Mietaußenstände bestehen und was insoweit unternommen wurde. Auch wird er über den Zustand des zwangsverwalteten Objekts und evtl. Reparaturmaßnahmen berichten. Die Gründe für einen fortlaufenden Leerstand und seine Bemühungen zur Beseitigung dieses Zustandes sind ebenfalls darzulegen.

---

1 *Depré/Mayer*, Rn 786.

§ 35 Bericht/Rechnungslegung

9 Für die Aufstellung der Einnahmen und Ausgaben gibt § 15 ZwVwV eine Gliederung vor. Für die **Einnahmen** lautet diese:

1. Mieten und Pachten nach Verwaltungseinheiten;
2. andere Einnahmen.

Insbesondere hat der Zwangsverwalter Folgendes zu beachten:
- Es muss ersichtlich sein, welche Beträge der Einnahmen auf **Mieten** und welche auf Abschläge für **Nebenkosten** entfallen (§ 15 Abs. 1 ZwVwV).
- Eine bereits eingegangene Mietvorauszahlung, die für den folgenden Abrechnungszeitraum bestimmt ist, muss als solche kenntlich gemacht werden.
- Eingetriebene oder nachgezahlte Mieten aus dem vorherigen Abrechnungszeitraum sind gesondert darzustellen.

10 Die **Ausgaben** sind gem. § 15 Abs. 3 ZwVwV wie folgt zu gliedern:

1. Aufwendungen zur Unterhaltung des Objektes;
2. öffentliche Lasten;
3. Zahlungen an die Gläubiger;
4. Gerichtskosten der Verwaltung;
5. Vergütung des Verwalters;
6. andere Ausgaben.

Bei den öffentlichen Lasten ist der Erhebungszeitraum anzugeben. Zahlungen an die Gläubiger sind den Positionen des Teilungsplans zuzuordnen.

B. Prüfung durch das Gericht

11 Aus § 153 ZVG resultiert für das Vollstreckungsgericht die **Pflicht**, die Rechnung (Rdn 7) des Zwangsverwalters sachlich und rechnerisch zu prüfen. Es kann für die Prüfung einen Sachverständigen heranziehen, was jedoch nur in besonderen Fällen vorkommen sollte.

12 Sind seitens des Vollstreckungsgerichts keine Beanstandungen zu erheben, so leitet es Abschriften der Rechnung (ohne Belege) dem Gläubiger (allen) und dem Schuldner zu. Werden innerhalb einer vom Vollstreckungsgericht gesetzten Frist keine Einwendungen erhoben, wird das Vollstreckungsgericht durch einen Vermerk feststellen, dass die Rechnung formell ordnungsgemäß, vollständig sowie sachlich und rechnerisch richtig ist und dies den Beteiligten mitteilen. Die Belege gehen an den Zwangsverwalter zurück, der sie – zu seiner eigenen Sicherheit – verwahrt.

13 Werden Einwendungen erhoben, prüft das Vollstreckungsgericht, ob diese gerechtfertigt sind. Ist nach der Auffassung des Gerichts die Einwendung unbegründet, so wird dem Beteiligten, der die Einwendung erhoben hat, mitgeteilt, dass kein Anlass für ein Einschreiten des Vollstreckungsgerichts bestehe. Will der Beteiligte seine Einwendungen weiter verfolgen, muss er den Prozessweg beschreiten. Sind die vorgebrachten Einwendungen nach Auffassung des Gerichts berechtigt, wird der Zwangsverwalter dazu gehört. Werden die Einwendungen nicht ausgeräumt, hat das Gericht im Rahmen seiner Aufsichtspflicht eine ordnungsgemäße Rechnungslegung zu erzwingen.

14 Die Ablehnung des Vollstreckungsgerichts, eine vom Gläubiger oder Schuldner verlangte Aufsichtsmaßnahme zu ergreifen, ergeht durch Beschluss und ist, falls sie nach Anhörung der Beteiligten erfolgt, eine Entscheidung des Vollstreckungsgerichts, sonst eine Maßnahme. Gegen den Beschluss haben die angehörten Beteiligten die Möglichkeit der sofortigen Beschwerde (§ 793 ZPO); bei Nichtanhörung ist Erinnerung nach § 766 ZPO gegeben.[2]

---

2 *Depré/Mayer*, Rn 803.

§ 36 Wohnungseigentum

A. Allgemeines

Bei der Zwangsverwaltung von Wohnungseigentum (zum Begriff siehe § 9 Rdn 43) und Teileigentum (zum Begriff siehe § 9 Rdn 48) ergeben sich eine Reihe spezifischer Probleme, deren genaue Darstellung den Rahmen dieses Buches übersteigen würde. Daher werden nur die wichtigsten Fragen kurz dargestellt. Im Übrigen wird auf die einschlägigen Kommentare verwiesen.

B. Verfahren

I. Zustimmung

Für die Anordnung des Verfahrens gelten keine Besonderheiten. Insbesondere ist eine nach § 12 WEG vereinbarte Veräußerungszustimmung unbeachtlich, da die Zwangsverwaltung nicht zu einer Veräußerung der Eigentumswohnung führt.[1]

II. Verfahrensverbindung

Wird die Anordnung der Zwangsverwaltung für mehrere Eigentumswohnungen beantragt, sollte grundsätzlich eine getrennte Anordnung erfolgen. Die Einnahmen und Ausgaben jeder Eigentumswohnung sind getrennt zu verwalten und zu verteilen. Die Erträge eines Zwangsverwaltungsobjekts dürfen nicht zur Erfüllung von Verpflichtungen verwendet werden, die nur zu Lasten eines anderen Zwangsverwaltungsobjekts bestehen.[2]

Eine gemeinsame Anordnung könnte allenfalls ausnahmsweise geschehen, wenn jede der Eigentumswohnungen die Betriebskosten (§ 155 Abs. 1 ZVG) und die Grundsteuer erwirtschaften könnte und der Überschuss nur auf die Zinsen von Gesamtrechten zuzuteilen wäre.

C. Beschlagnahme

Die Beschlagnahme umfasst das Sondereigentum, vorhandene Sondernutzungsrechte sowie den Anteil am Gemeinschaftseigentum. Der Zwangsverwalter übt im Rahmen seiner Aufgaben nach § 152 ZVG die Rechte und Pflichten des Schuldners bei der Verwaltung des Gemeinschaftseigentums i.S.d. §§ 20 bis 25 WEG aus. Mithin obliegt ihm auch die Ausübung des schuldnerischen Stimmrechts, sofern der Beschlussgegenstand die Zwangsverwaltung betrifft. Dies gilt insbesondere für die Beschlussfassung der Wohnungseigentümer über den Wirtschaftsplan, die Abrechnung sowie die Rechnungslegung und die Bestellung bzw. Abberufung eines WEG-Verwalters. Die Abwesenheit des Zwangsverwalters in der Eigentümerversammlung kann daher im Einzelfall eine Pflichtwidrigkeit darstellen und Schadensersatzforderungen gegen den Zwangsverwalter begründen.[3]

Die „Kasse der Eigentümergemeinschaft" ist nicht beschlagnahmt, jedoch sind Auszahlungen (z.B. Überschüsse des Verwaltungsetats) an den Zwangsverwalter zu leisten, wenn der entsprechende Beschluss nach der Beschlagnahme gefasst wurde.[4]

---

1 *Haarmeyer/Hintzen*, § 146 ZVG Rn 14.
2 BGH v. 20.11.2008 – V ZB 81/08; OLG Stuttgart v. 7.5.1976 – 8 W 47/76.
3 *Stöber* (ZVG), § 152 Rn 19.1.
4 *Depré/Mayer*, Rn 484.

D. Forderungen der Wohnungseigentümergemeinschaft in der Zwangsverwaltung

6 Seit der Änderung des Wohnungseigentumsgesetzes vom 26.3.2007[5] fallen bei der Zwangsvollstreckung in Wohnungs- bzw. Teileigentum die daraus fälligen Ansprüche auf Zahlung der Beiträge zu den Lasten und Kosten des gemeinschaftlichen Eigentums oder des Sondereigentums, die nach den §§ 16 Abs. 2, 28 Abs. 2 und 5 WEG geschuldet werden, in die RK 2 des § 10 Abs. 1 ZVG.

7 Dieses Vorrecht der Wohnungseigentümergemeinschaft umfasst
- die Vorschüsse, welche nach § 28 Abs. 2 WEG laut Wirtschaftsplan zu zahlen sind, und
- Schluss- und Sonderzahlungen, welche die Gemeinschaft gem. § 28 Abs. 5 WEG beschließt.[6]

8 Die durch die Gesetzesänderung bewirkte Einordnung der vorgenannten Ansprüche als Forderungen der RK 2 führte in der Zwangsverwaltung im Hinblick auf die Fragen, an welcher Rangstelle und aus welchen finanziellen Mitteln diese Ansprüche durch den Zwangsverwalter beglichen werden dürfen, zu erheblichen Problemen. Eine Lösung dieser Problematik streng nach der aktuellen Gesetzeslage (Rdn 9) lehnen die Literatur[7] und der BGH[8] jedoch unter Beachtung des gesetzgeberischen Ziels zu Recht ab (Rdn 10–13).

9 Streng nach dem Wortlaut des § 155 Abs. 2 S. 2 ZVG hätte die Einordnung dieser Ansprüche in RK 2 zur Folge, dass in der Zwangsverwaltung lediglich Ansprüche auf laufende wiederkehrende Leistungen berücksichtigt werden könnten. Demnach wäre der Zwangsverwalter ausschließlich berechtigt, laufende Vorschusszahlungen laut Wirtschaftsplan (§ 28 Abs. 2 WEG) ohne weiteres Verfahren zu berichtigen (§ 156 Abs. 1 S. 2 ZVG), allerdings nur, sofern überschüssige Einnahmen vorhanden und die Aufwendung nach § 155 Abs. 1 ZVG sowie die Ansprüche der RK 1 vollständig gedeckt wären. Die Anforderung eines Gläubigervorschusses gem. § 161 Abs. 3 ZVG zur Deckung dieser laufenden Vorschusszahlungen (§ 28 Abs. 2 WEG) wäre nicht möglich. Ferner dürften Schluss- und Sonderumlagen, welche die Wohnungseigentümergemeinschaft gem. § 28 Abs. 5 WEG während des Zwangsverwaltungsverfahrens beschließt, wegen § 155 Abs. 2 S. 2 ZVG nicht durch den Zwangsverwalter beglichen werden.

10 Im Vergleich zur früheren Rechtslage führt die o.g. Gesetzesänderung zu einer erheblichen Schlechterstellung der Wohnungseigentümergemeinschaft im Zwangsverwaltungsverfahren. Mittlerweile dürfte aber allgemein anerkannt sein, dass der Gesetzgeber die Rechte der Wohnungseigentümergemeinschaft gerade nicht verändern wollte.[9] Dieser Auffassung hat sich der BGH[10] angeschlossen und die **laufenden Vorschusszahlungen laut Wirtschaftsplan (§ 28 Abs. 2 WEG)** – ungeachtet ihrer Zuordnung zur RK 2 des § 10 ZVG und der in § 156 Abs. 1 ZVG bestimmten Erlösverteilung – als **Ausgaben der Verwaltung nach § 155 Abs. 1 ZVG** deklariert. Laufende Vorschusszahlungen in diesem Sinne sind die Beitragsleistungen, die nach der Beschlagnahme fällig werden und damit auf den Tätigkeitszeitraum des Zwangsverwalters entfallen. Diese Ansprüche sind durch den Zwangsverwalter im Rahmen des § 155 Abs. 1 ZVG vorweg zu bezahlen und vorschussfähig i.S.d. § 161 Abs. 3 ZVG.

11 Die letzte **vor** der Beschlagnahme fällig gewordene Vorschusszahlung ist mithin keine Ausgabe der Verwaltung nach § 155 Abs. 1 ZVG, allerdings ist sie „laufend" i.S.d. § 13 Abs. 1 S. 1 ZVG. Damit fällt diese Forderung gem. § 155 Abs. 2 ZVG in RK 2 und ist durch den Zwangsverwalter gem. § 156 Abs. 1 ZVG

---

5 Gesetz zur Änderung des Wohnungseigentumsgesetzes und anderer Gesetze vom 26.3.2007 (BGBl I 2007, 370), in Kraft getreten am 1.7.2007.
6 Einzelheiten bei *Böhringer/Hintzen*, Rpfleger 2007, 353, 357; *Alff/Hintzen*, Rpfleger 2008, 165.
7 *Haarmeyer/Hintzen*, § 155 ZVG Rn 18 f.
8 BGH v. 15.10.2009 – V ZB 43/09.
9 *Haarmeyer/Hintzen*, § 155 ZVG Rn 18 f.
10 BGH v. 15.10.2009 – V ZB 43/09.

ohne weiteres Verfahren zu berichtigen.[11] Die Zahlung darf jedoch nur aus den Überschüssen nach Begleichung der Aufwendungen nach § 155 Abs. 1 ZVG sowie etwaiger Ansprüche der RK 1 erfolgen. Eine Begrenzung der Ansprüche der RK 2 auf 5 % des festgesetzten Wertes nach § 10 Abs. 1 Nr. 2 S. 3 ZVG findet nicht statt (§ 156 Abs. 1 S. 3 ZVG).

Die **während** des Zwangsverwaltungsverfahrens beschlossenen **Schluss-**[12] und **Sonderzahlungen**, die dazu dienen, das Grundstück in seinem wirtschaftlichen Bestand zu erhalten,[13] sind ebenfalls (wie schon vor der Gesetzesänderung) als Ausgaben der Verwaltung i.S.d. § 155 Abs. 1 ZVG anzusehen (mit den unter Rdn 10 dargestellten Konsequenzen).

Rückständige Vorschusszahlungen i.S.d. § 13 Abs. 1 S. 2 ZVG sowie Schluss- und Sonderumlagen, die **vor** der Beschlagnahme beschlossen und nicht durch den Schuldner bezahlt wurden, dürfen nicht durch den Zwangsverwalter im Rahmen des § 155 Abs. 1 ZVG beglichen werden.[14] Diese Ansprüche fallen wegen § 155 Abs. 2 S. 2 ZVG auch nicht in RK 2. Sie können in der Zwangsverwaltung nur in RK 5 berücksichtigt werden, wenn wegen ihnen das Verfahren betrieben wird (§ 155 Abs. 1 S. 1 ZVG). Die Begleichung der Forderungen in RK 5 erfordert die Aufstellung eines Teilungsplans und das Vereinnahmen von Nutzungen, die die Aufwendungen nach § 155 Abs. 1 ZVG sowie die Ansprüche der vorherigen RK übersteigen (§§ 155 Abs. 2, 156 ZVG).

E. Grundsteuer und Nebenkosten

Die Grundsteuer wird normalerweise pro Einheit (Eigentumswohnung) direkt vom jeweiligen Eigentümer erhoben.

Für den Zwangsverwalter gilt:
- Ist die Eigentumswohnung vermietet, dann ist die ab der Beschlagnahme anfallende Grundsteuer üblicherweise per Mietvertrag auf den Mieter umgelegt und somit von dem Zwangsverwalter aus den Nebenkostenzahlungen des Mieters abzuführen.
- Ist die Eigentumswohnung vermietet, ohne dass die Grundsteuer umgelegt wäre, muss der Zwangsverwalter die ab der Beschlagnahme anfallende Grundsteuer vorweg aus der Miete zahlen, da die Grundsteuer unter § 155 Abs. 1 ZVG fällt.
- Ist die Eigentumswohnung nicht vermietet, darf der Zwangsverwalter die ab der Beschlagnahme anfallende Grundsteuer vorweg aus dem Gläubigervorschuss zahlen, da die Grundsteuer unter § 155 Abs. 1 ZVG fällt.

Darüber hinaus gelten für die Nebenkostenabrechnung mit den Mietern, die vom Zwangsverwalter vorzunehmen ist, keine Besonderheiten. Er muss lediglich unterscheiden, welche Beträge er aus den Abschlägen der Mieter auf die Nebenkosten (Sondermasse) entnimmt und welche er aus Miete bzw. Vorschuss erbringen muss.

Hat der Schuldner ein unentgeltliches Wohnrecht in der beschlagnahmten Eigentumswohnung (§ 149 Abs. 1 ZVG), muss er dennoch zur Begleichung der Nebenkosten die Abschläge an den Zwangsverwalter zahlen, welche gegenüber einem Mieter umlagefähig wären.

---

11 *Stöber* (ZVG), § 155 Rn 4.3 b).
12 LG Köln v. 16.10.2008 – 6 T 437/08.
13 BGH v. 5.2.2009 – IX ZR 21/07.
14 BGH v. 9.12.2011 – V ZR 131/11.

F. Vergütung des Zwangsverwalters

16 Für die Vergütung des Zwangsverwalters ergeben sich keine Besonderheiten (§ 31 Rdn 61 ff.). Bei der Zwangsverwaltung mehrerer Wohnungs- bzw. Teileigentumseinheiten fällt die Mindestvergütung gem. § 20 Abs. 1 ZwVwV für jedes in Besitz genommene Objekt nur dann gesondert an, wenn diese keine wirtschaftliche Einheit bilden.[15] Eine Eigentumswohnung und Tiefgaragenstellplätze sind, jedenfalls soweit es sich um eine übliche Zahl von ein bis zwei Stellplätzen handelt, als wirtschaftliche Einheit anzusehen. Die dem Zwangsverwalter gem. § 20 Abs. 1 ZwVwV zustehende Mindestvergütung ist deshalb nur einmal festzusetzen, und zwar unabhängig davon, ob der Stellplatz im Teileigentum des Schuldners steht oder ob diesem insoweit nur ein Sondernutzungsrecht eingeräumt ist.[16]

---

15 BGH v. 24.11.2005 – V ZB 133/05.
16 BGH v. 26.6.2014 – V ZB 7/14.

4. Teil Zwangsversteigerung auf Antrag des Insolvenzverwalters

§ 37 Einordnung, Gesetzessystematik, Zweck

A. Einordnung des Verfahrens

Bei der Zwangsversteigerung auf Antrag des Insolvenzverwalters (kurz: Insolvenzverwalterversteigerung) handelt es sich um eines von drei Verfahren, welche im dritten und letzten Abschnitt des Zwangsversteigerungsgesetzes (§§ 172 bis 185 ZVG) geregelt sind.

Im Einzelnen finden sich in dort:

- die Zwangsversteigerung (und Zwangsverwaltung) auf Antrag des Insolvenzverwalters (§§ 172 bis 174a ZVG);
- die Zwangsversteigerung auf Antrag des Erben (§§ 175 bis 179 ZVG);
- die Zwangsversteigerung zum Zwecke der Aufhebung einer Gemeinschaft (§§ 180 bis 185 ZVG).

Gemeinsam haben alle diese Verfahren, welche der Gesetzgeber insgesamt mit „Zwangsversteigerung und Zwangsverwaltung **in besonderen Fällen**" überschrieben, dass es dort zwar um die Ausübung rechtlichen Zwangs geht, es sich dabei aber nicht um Zwangsvollstreckung wegen einer Geldforderung handelt.[1]

B. Gesetzliche Systematik

Nach § 172 ZVG finden auf das Zwangsversteigerungsverfahren auf Antrag des Insolvenzverwalters die Bestimmungen des ersten und zweiten Abschnitts des Zwangsversteigerungsgesetzes entsprechend Anwendung, soweit sich nicht aus den §§ 173, 174 und 174a ZVG etwas anderes ergibt.

Dieser Vorgabe folgend, werden hier in der Regel nur die Verfahrensbesonderheiten dargestellt und wegen der sonstigen Abläufe auf die Ausführungen zur Vollstreckungsversteigerung verwiesen.

C. Zweck des Verfahrens – Insolvenzrechtliches

I. Aufgaben eines Insolvenzverwalters

Nach der Eröffnung des Insolvenzverfahrens hat der Insolvenzverwalter das gesamte zur Insolvenzmasse gehörende Vermögen sofort in Besitz und Verwaltung zu nehmen (§ 148 InsO). Zur **Insolvenzmasse** zählt das gesamte Vermögen des Schuldners, das zur Zeit der Eröffnung des Verfahrens in dessen Eigentum steht oder von ihm während des Insolvenzverfahrens erlangt wird (§ 35 InsO). Dass nach § 36 InsO bestimmte unpfändbare Gegenstände nicht in die Insolvenzmasse fallen, ist für das hier darzustellende Verfahren ohne Bedeutung.

Um die gemeinschaftliche Befriedigung der Gläubiger (= Ziel des Insolvenzverfahren; siehe § 1 InsO) zu gewährleisten, ist es grundsätzlich erforderlich, dass die Insolvenzmasse verwertet, also in Geld „umgewandelt" wird. Sofern die Gläubigerversammlung im Berichtstermin nicht einen anderen Fortgang des Verfahrens beschließt (§ 157 InsO), hat der Insolvenzverwalter unverzüglich nach dem Berichtstermin mit der Verwertung der Insolvenzmasse zu beginnen (§ 159 InsO).

---

1 *Stöber* (ZVG), § 172 Rn 1.1.

8 Für die Verwertung unbeweglicher Gegenstände sieht § 165 InsO vor, dass der Insolvenzverwalter u.a. die Zwangsversteigerung betreiben kann. Dies gilt selbst dann, wenn an dem unbeweglichen Gegenstand ein Absonderungsrecht besteht (§ 165 InsO). Ein solches Absonderungsrecht haben nach § 49 InsO diejenigen Gläubiger, welchen ein Recht auf Befriedigung aus dem Grundstück zusteht (siehe hierzu § 2 Rdn 71).

9 Neben der Zwangsversteigerung steht dem Insolvenzverwalter als Verwertungsmöglichkeit auch der freihändige Verkauf zur Verfügung. Nach § 160 InsO hat der Insolvenzverwalter für einen solchen Verkauf „aus freier Hand" die Zustimmung des Gläubigerausschusses bzw. der Gläubigerversammlung einzuholen. Tätigt der Insolvenzverwalter das Rechtsgeschäft ohne diese Zustimmung, so ist es dennoch wirksam.

II. Verwertung nach Wahl des Insolvenzverwalters

10 Der Insolvenzverwalter wählt zwischen den ihm zustehenden Möglichkeiten für die Verwertung von Grundbesitz, nämlich

- dem **freihändigen Verkauf** und
- der **Zwangsversteigerung** (§ 165 InsO, §§ 172 f. ZVG),

nach **pflichtgemäßem Ermessen**.

11 Gegenüber dem freihändigen Verkauf hat die **Zwangsversteigerung** folgende **Vorteile**:

- Gewährleistungsansprüche sind gesetzlich ausgeschlossen (§ 56 ZVG).
- Evtl. bestehende Vorkaufsrechte können nicht ausgeübt werden.
- Über § 174a ZVG, also der abweichenden Feststellung des geringsten Gebots (hierzu § 40 Rdn 26 ff.), kann auch ein hoch belastetes Grundstück verwertet werden.
- Schadensersatzansprüche gegen den Insolvenzverwalter wegen zu geringen Erlöses können aus der Zwangsversteigerung nicht resultieren.
- Eine Zustimmung des Gläubigerausschusses bzw. der Gläubigerversammlung (§ 160 InsO) ist nicht erforderlich.

D. Verhältnis zu anderen Versteigerungsverfahren

12 Ein Zwangsversteigerungsverfahren auf Antrag des Insolvenzverwalters und eine Vollstreckungsversteigerung können **nebeneinander** laufen. Möglich sind auch eine gleichzeitige Zwangsversteigerung zum Zwecke der Aufhebung einer Gemeinschaft oder eine Zwangsversteigerung auf Antrag des Erben.

13 Ähnlich wie bei einem Nebeneinander von Vollstreckungsversteigerung und Teilungsversteigerung (hierzu § 16 Rdn 10–12), gibt es auch hier eine „sinnvolle" Reihenfolge bei der Durchführung der Verfahren. Im Falle einer erfolgreichen Vollstreckungsversteigerung erübrigt sich nämlich ein weiteres Durchführen der Insolvenzverwalterversteigerung.

§ 38 Verfahren über die Anordnung der Insolvenzverwalterversteigerung

A. Versteigerungsobjekte

Gegenstände der Zwangsversteigerung auf Antrag des Insolvenzverwalters können u.a. sein: 1
- Grundstücke,
- ideelle Miteigentumsanteile (§ 864 Abs. 2 ZPO),
- grundstücksgleiche Rechte,
- Wohnungs- und Teileigentum.

Auch im Schiffsregister eingetragene Schiffe, Schiffsbauwerke, die im Schiffsbauregister eingetragen sind oder in dieses Register eingetragen werden können, sowie Luftfahrzeuge, welche in der Luftfahrzeugrolle eingetragen sind, können Gegenstand der Insolvenzverwalterversteigerung sein. 2

B. Versteigerungsantrag

I. Zuständigkeit

Für die Zuständigkeit gelten die allgemeinen Bestimmungen, also die §§ 1, 2 ZVG (§ 1 Rdn 5–8). 3

II. Antragsberechtigung

Auch die Anordnung der Zwangsversteigerung nach §§ 172 f. ZVG erfolgt nur auf Antrag. Antragsberechtigt ist der **Insolvenzverwalter**. 4

Bei angeordneter **Eigenverwaltung** (§§ 270 bis 285 InsO) ist der **Schuldner** antragsberechtigt. Eine Mitwirkung des Sachwalters (§§ 270 Abs. 3, 274 InsO) ist dabei im Außenverhältnis und damit auch gegenüber dem Vollstreckungsgericht nicht gesetzlich vorgeschrieben. 5

III. Voraussetzungen und Inhalt des Antrags

Wie in der Vollstreckungsversteigerung, ist die Anordnung des Verfahrens an bestimmte Voraussetzungen und die Vorlage bestimmter Unterlagen (Nachweise) geknüpft. Der gesetzlichen Systematik (§ 37 Rdn 4) folgend, werden nachfolgend nur die von der Vollstreckungsversteigerung abweichenden „Besonderheiten" dargestellt. 6

- Das Insolvenzverfahren gegen den Schuldner muss noch bestehen. 7
- Der Antragsteller muss Insolvenzverwalter in diesem Verfahren sein (Ausnahme Rdn 5). Nachweis: Vorlage der Bestallung (§ 56 Abs. 2 InsO).
- Das Versteigerungsobjekt (Rdn 1 und 2), nachfolgend kurz „Grundstück" genannt, muss der Insolvenzmasse (§ 35 InsO) zugehören. Nachweis: Insolvenzvermerk im Grundbuch (§ 32 InsO).
- Der Schuldner des Insolvenzverfahrens muss als **Eigentümer** des Grundstücks im Grundbuch eingetragen oder dessen Erbe sein.[1] Nachweis: § 17 ZVG (§ 1 Rdn 11).

Einen Vollstreckungstitel benötigt der Insolvenzverwalter nicht.[2] 8

---

[1] Wegen der hier bestehenden Ausnahme im Falle erfolgreicher Anfechtung einer Eigentumsübertragung durch den Insolvenzverwalter (§§ 129 ff. InsO) siehe *Stöber* (ZVG), § 172 Rn 5.1.

[2] Ausnahme: Zwangsvollstreckung gegen Dritten aufgrund Duldungstitels nach erfolgreicher Anfechtung durch den Insolvenzverwalter; hierzu *Stöber* (ZVG), § 172 Rn 5.1.

§ 38 Verfahren über die Anordnung der Insolvenzverwalterversteigerung

9   Besteht für den Schuldner an seinem Grundstück ein Eigentümergrundpfandrecht, so ist es auch möglich, dass der Insolvenzverwalter die Zwangsversteigerung daraus betreibt. § 1197 Abs. 1 BGB, der dem Schuldner (Eigentümer) verbietet, die Zwangsversteigerung aus einem Eigentümergrundpfandrecht zu betreiben, findet nach richtiger Ansicht in der Literatur keine Anwendung. Der Schutz, welchen § 1197 Abs. 1 BGB den Grundpfandrechtsgläubigern bietet, tritt bei eröffneter Insolvenz zugunsten des einen optimalen Erlös erstrebenden Verwertungsrechts des Insolvenzverwalters zurück.

10 Bei dieser Versteigerung aus dem Eigentümergrundpfandrecht handelt es sich aber **nicht** um eine Insolvenzverwalterversteigerung i.S.d. §§ 172 ff. ZVG, sondern um eine „normale" Vollstreckungsversteigerung.

C. Entscheidung über den Antrag

I. Anordnungsbeschluss

11 Die Anordnung erfolgt durch Beschluss.

12 Für den Inhalt des Beschlusses ergeben sich abweichend von den Ausführungen in § 1 Rdn 50 einige Besonderheiten, welche aus dem Fehlen der typischen Gläubiger-Schuldner-Konstellation und aus dem Umstand folgen, dass der Beschluss nicht als Beschlagnahme des Grundstücks gilt (§ 173 ZVG; Rdn 19).

13 **Muster: Anordnungsbeschluss im Verfahren der Insolvenzverwalterversteigerung**

Amtsgericht Musterstadt   Musterstadt, 23.1.2018

Aktenzeichen: 3 K 23/18

Auf Antrag des Insolvenzverwalters

Rechtsanwalt Maximilian Beispiel, Marktplatz 4, 66666 Musterstadt

wird gemäß § 172 ZVG die Zwangsversteigerung

des Grundstücks der Gemarkung Musterstadt,

eingetragen im Grundbuch von Musterstadt Blatt 1000 unter lfd. Nr. 1 des Bestandsverzeichnisses FlSt.Nr. 444 Gebäude- und Freifläche, Bebelstraße 1, 500 m²

angeordnet.

Das Grundstück ist eingetragen auf den Namen des Schuldners

Matthias Müller, Bebelstraße 1, 66666 Musterstadt.

Im Sinne der §§ 13, 55 ZVG ist die Zustellung des Beschlusses an den Insolvenzverwalter als Beschlagnahme des Grundbesitzes anzusehen.

Rechtspfleger(in)

II. Bekanntmachung der Anordnung und Grundbuchersuchen

Der Anordnungsbeschluss wird dem Insolvenzverwalter zugestellt. Die Zustellung an den Schuldner ist nicht gesetzlich vorgeschrieben. Der Schuldner ist noch nicht einmal Beteiligter (§ 9 ZVG) des Verfahrens. Dies folgt aus der Tatsache, dass die Verwaltungs- und Verfügungsbefugnis hinsichtlich der Insolvenzmasse mit der Eröffnung des Insolvenzverfahrens auf den Insolvenzverwalter übergegangen ist (§ 80 Abs. 1 InsO). Der Insolvenzverwalter nimmt damit, verfahrensrechtlich argumentiert, sowohl die Pos. des (betreibenden) Gläubigers als auch, mit gewissen Ausnahmen, die des antragsgegnerischen Schuldners ein.

Aus dem unter Rdn 25 dargestellten Grund empfiehlt sich jedoch eine formlose Übersendung des Anordnungsbeschlusses an den Schuldner.

Für die Praxis sei darauf hingewiesen, dass die Sendung an den Schuldner wegen einer evtl. angeordneten Postsperre (§ 99 InsO) den Zusatz tragen sollte: „Gerichtspost – trotz evtl. Postsperre zustellen."

Der in das Grundbuch auf Ersuchen des Vollstreckungsgerichts einzutragende Zwangsversteigerungsvermerk (§ 19 Abs. 1 ZVG) sollte erkennen lassen, dass es sich um ein Versteigerungsverfahren auf Antrag des Insolvenzverwalters handelt. Kommen parallel weitere Zwangsversteigerungsverfahren zur Anordnung (§ 37 Rdn 12), so sind in den dortigen Verfahren auch Vermerke in das Grundbuch einzutragen.

III. Beitritt zum Verfahren

Ob der Beitritt eines Vollstreckungsgläubigers[3] zu der angeordneten Insolvenzverwalterversteigerung möglich ist, wird in der Literatur zwar vereinzelt bejaht,[4] ist jedoch mit der h.M.[5] wegen der grundsätzlichen Verschiedenartigkeit der Verfahren abzulehnen. Gleiches gilt für den umgekehrten Fall eines (damit ebenfalls nicht möglichen) Beitritts des Insolvenzverwalters nach §§ 172 f. ZVG zu einem bereits über ein schuldnerisches Grundstück laufenden Zwangsversteigerungsverfahren.

D. Beschlagnahme

I. Kein Veräußerungsverbot

Nach § 173 ZVG hat die Anordnung des Verfahrens in dieser Verfahrensart nur eine beschränkte Beschlagnahmewirkung. Der Eigentümer des Versteigerungsobjektes und Schuldner des Insolvenzverfahrens ist nämlich schon in letztgenannter Eigenschaft nicht (mehr) in der Lage, wirksam über das zur Insolvenzmasse gehörende Grundstück zu verfügen (§§ 80, 81 InsO). Die Verfügungsbefugnis über die zur Insolvenzmasse gehörenden Gegenstände steht dem Insolvenzverwalter zu. An beiden Umständen darf die Anordnung der Zwangsversteigerung auf Antrag des Insolvenzverwalters nichts ändern, weshalb die Anordnung das für die „normale" Beschlagnahme ansonsten typische relative Veräußerungsverbot (§ 23 Abs. 1 ZVG, §§ 136, 135 BGB) nicht bewirkt.

---

[3] Vorausgesetzt, dieser könnte trotz § 89 InsO die Zwangsversteigerung betreiben. Er müsste also absonderungsberechtigt sein.
[4] *Dassler/Schiffhauer/Hintzen/Engels/Rellermeyer*, § 172 Rn 15.
[5] *Stöber* (ZVG), § 172 Rn 7.1. m.w.N. auch für die Gegenmeinung.

II. Wirkungen

20 Nach § 173 S. 2 ZVG gilt jedoch die Zustellung des Anordnungsbeschlusses an den Insolvenzverwalter[6] in zweifacher Hinsicht als Beschlagnahme, nämlich

- für die rechnerische Abgrenzung der laufenden von den rückständigen wiederkehrenden Leistungen (§ 13 ZVG; hierzu § 3 Rdn 62 f.);
- für die Bestimmung der von der Versteigerung erfassten Gegenstände (§ 55 ZVG).

21 Da der Insolvenzverwalter jedoch, mangels „normaler" Beschlagnahmewirkung (Rdn 19), nicht in seiner Verfügungsbefugnis beschränkt ist, kann er über Zubehör und die sonstigen mithaftenden Gegenstände frei verfügen. Nach § 90 Abs. 2 ZVG erwirbt der Ersteher damit alle Gegenstände, „auf die sich die Zwangsversteigerung erstreckt haben würde, wenn das Verfahren auf Antrag eines Gläubigers angeordnet worden wäre, mit Ausnahme diejenigen, welche der Insolvenzverwalter in der Zwischenzeit bis zum Versteigerungstermin kraft seiner gesetzlichen Befugnisse anderweitig veräußert hat".[7]

22 Auch § 55 Abs. 2 ZVG findet Anwendung, jedoch ist in der Literatur umstritten, ob es dabei allein auf den Besitz des Insolvenzverwalters ankommt oder ob auch der Besitz des Schuldners genügt.

E. Rechtsbehelfe im Verfahren über die Anordnung

23 Gegen die **Zurückweisung** seines Antrags auf Anordnung der Insolvenzverwalterversteigerung steht dem Insolvenzverwalter das Rechtsmittel der sofortigen Beschwerde zu. Der Zurückweisungsbeschluss muss daher eine Rechtsbehelfsbelehrung tragen.

24 Im Falle der Anordnung des Verfahrens ist ein Rechtsmittel, mit Ausnahme des unter Rdn 25 dargestellten Falls bereits erfolgter Freigabe, nicht „denkbar". Ein Rechtsmittel des Insolvenzverwalters wäre mangels Beschwer unzulässig. Der Schuldner kann ein solches mangels Verfügungsbefugnis nicht einlegen.

25 Möglich, jedoch kaum praxisrelevant, ist, dass das Grundstück von dem Insolvenzverwalter bereits freigegeben wurde, der Insolvenzvermerk zum Zeitpunkt der Verfahrensanordnung jedoch noch immer im Grundbuch stand und daher das Verfahren zu Unrecht angeordnet wurde. Hier müsste sich der Schuldner durch die Einlegung der Vollstreckungserinnerung nach § 766 ZPO zur Wehr setzen.

---

6 Der Zeitpunkt des Eingangs des Ersuchens um Eintragung des Versteigerungsvermerks beim Grundbuchamt ist für den Eintritt der Beschlagnahme ohne jede Bedeutung.
7 *Stöber* (ZVG), § 173 Rn 2.5.

§ 39 Einstweilige Einstellung und Aufhebung

A. Aufhebung und einstweilige Einstellung aufgrund einer Verfahrenshandlung

I. Antragsrücknahme

Nimmt der Insolvenzverwalter seinen Antrag zurück, ist das Verfahren aufzuheben (§ 29 ZVG). 1

II. Bewilligung der einstweiligen Einstellung

Der Insolvenzverwalter kann die einstweilige Einstellung des Verfahrens gem. § 30 ZVG bewilligen. Hinsichtlich der im Rahmen der Einstellungsentscheidung erforderlichen Belehrung (§ 31 Abs. 3 ZVG) und der Verfahrensfortsetzung (§ 31 Abs. 1 ZVG) sowie der Möglichkeit und der Folgen einer erneuten Einstellungsbewilligung (§ 31 Abs. 1 S. 2 und 3 ZVG) gelten die Bestimmungen der Vollstreckungsversteigerung (§ 2 Rdn 19 f.) entsprechend. 2

III. Einstweilige Einstellung auf Antrag nach § 30a ZVG

Dem Schuldner steht (aus den Gründen mangelnder Verfügungsbefugnis) weder ein Antragsrecht nach § 30a ZVG noch ein solches nach § 765a ZPO zu. 3

Ein Einstellungsantrag nach § 30a ZVG ist nicht zulässig, da der Insolvenzverwalter (da er insoweit auch die Position des Schuldners einnimmt) diesen gegen sich selbst stellen müsste. 4

B. Besondere Beendigungsgründe

I. Freigabe des Grundbesitzes

Hat der Insolvenzverwalter das Grundstück (durch einseitige, empfangsbedürftige Willenserklärung gegenüber dem Schuldner) aus der Insolvenzmasse freigegeben, endet damit die Insolvenzverwalterversteigerung nicht automatisch. In der Regel wird der Insolvenzverwalter seinen Antrag jedoch zurücknehmen und danach das Verfahren aufgehoben werden (§ 29 ZVG). 5

Erklärt der Insolvenzverwalter keine Antragsrücknahme, so ist das Verfahren nach Löschung des Insolvenzvermerks im Grundbuch nach § 28 Abs. 1 ZVG von dem Vollstreckungsgericht von Amts wegen aufzuheben. Das „Gegenrecht" i.S.d. § 28 Abs. 1 ZVG, nämlich der Umstand, dass es sich nunmehr um insolvenzfreies Eigentum des Schuldners handelt, ergibt sich, nach Löschung des Insolvenzvermerks, direkt aus dem Grundbuch. 6

Der Insolvenzverwalter kann dieses Gegenrecht auch nicht „überwinden", fehlt ihm doch nach der Freigabe die Verfügungsbefugnis (Verwertungsbefugnis) hinsichtlich des Grundstücks. Deshalb ist eine Antragsrücknahme des Insolvenzverwalters für die Aufhebung nicht erforderlich.[1] 7

II. Aufhebung des Insolvenzverfahrens

Im Fall der Aufhebung des **Insolvenzverfahrens**, hat das Vollstreckungsgericht das Verfahren nach Löschung des Insolvenzvermerks im Grundbuch von Amts wegen aufzuheben (§ 28 Abs. 1 ZVG). Auch hier 8

---

1 A.A. *Stöber* (ZVG), § 172 Rn 5.2.

ergibt sich das „Gegenrecht" i.S.d. § 28 Abs. 1 ZVG, nämlich der Umstand, dass es sich nunmehr um insolvenzfreies Eigentum des Schuldners handelt, nach Löschung des Insolvenzvermerks, direkt aus dem Grundbuch.

§ 40 Weiteres Verfahren

A. Wertfestsetzung

Auch in der Insolvenzverwalterversteigerung muss der Verkehrswert des Grundstücks festgesetzt werden. Erforderlich ist dies insbesondere für die Anwendung von § 85a ZVG (Zuschlagsversagung wegen Nichterreichung der ⁵/₁₀; dazu § 5 Rdn 15 f.). Ausnahmsweise, wenn nämlich für den Schuldner am Versteigerungsobjekt ein Eigentümergrundpfandrecht besteht (§ 5 Rdn 20), ist auch denkbar, dass der Insolvenzverwalter einen Antrag auf Zuschlagsversagung nach § 74a ZVG (Nichterreichung der ⁷/₁₀-Grenze) stellt, dessen Verbescheidung ebenfalls eine Verkehrswertfestsetzung voraussetzt.

1

B. Bestimmung des Versteigerungstermins

Der Mussinhalt der Terminsbestimmung nach § 37 ZVG ist **anzupassen**. Nach § 37 Nr. 3 ZVG ist in der Terminsbestimmung anzugeben, dass „die Versteigerung auf Antrag des Insolvenzverwalters erfolgt". Weiter muss der Wortlaut der Aufforderung nach § 37 Nr. 4 ZVG dahingehend verändert werden, dass an die Stelle des potenziell widersprechenden Gläubigers der Insolvenzverwalter tritt.

2

C. Das geringste Gebot

I. Umsetzung des Deckungsgrundsatzes

Auch in der Insolvenzverwalterversteigerung ist ein gG aufzustellen, welches sich aus den bestehen bleibenden Rechten und dem Mindestbargebot zusammensetzt. Der für alle Versteigerungsverfahren geltende Deckungsgrundsatz (§ 44 ZVG; § 3 Rdn 113) erfordert, dass Berechtigte an dem Grundstück, die dem bestbetreibenden Gläubiger vorgehen, im Zwangsversteigerungsverfahren keine Beeinträchtigung erfahren dürfen. Da es in der Insolvenzverwalterversteigerung keinen bestbetreibenden Gläubiger gibt, stellt sich die Frage, wie hier der **Deckungsgrundsatz** umgesetzt wird. In der Literatur werden **zwei Auffassungen** vertreten:

3

1. Nach einer Ansicht soll für die Aufstellung des gG der Insolvenzverwalter so behandelt werden, als betreibe er das Zwangsversteigerungsverfahren als persönlicher Gläubiger aus der RK 5.
2. Nach der heute wohl als h.M.[1] zu bezeichnenden Gegenansicht sind über die nach der unter 1. geschilderten Auffassung zu berücksichtigenden Ansprüche **hinaus** auch solche im gG aufzunehmen, welche in die RK 7 oder RK 8 fallen.

4

Der zweitgenannten Ansicht ist zu folgen. Die Insolvenzverwalterversteigerung dient der Verwertung des Grundbesitzes. Rechte, welche Dritte an dem Grundbesitz wirksam erlangt haben, kann der Insolvenzverwalter im Rahmen dieser Verwertung nicht übergehen (wegen der Möglichkeit der abweichenden Feststellung des gG nach § 174a ZVG siehe Rdn 26 f.). Mithin steht der Insolvenzmasse aus der Verwertung des Grundbesitzes nur der Betrag zu, welcher für die Befriedigung der aus dem Grundstück Befriedigungsberechtigten nicht benötigt wird. Da auch die Ansprüche der RK 7 und RK 8 ein Recht auf Befriedigung aus dem Grundstück gewähren (§ 10 Abs. 1 ZVG), sind auch diese „vorab" zu begleichen. Mithin müssen auch solche Ansprüche, soweit die übrigen Voraussetzungen für ihre dortige Berücksichtigung erfüllt sind, in das gG aufgenommen werden.

5

---

1 Z.B. *Stöber* (ZVG), § 174 Rn 2.2.; *Muth*, ZIP 1999, 945, 948.

6   Als **bestehen bleibend** werden alle Rechte im gG aufgenommen, die **vor dem Zwangsversteigerungsvermerk** in das Grundbuch eingetragen wurden. Diese formelle und praxisgerechte Vorgehensweise steht nicht zwingend mit der materiellen Rechtslage in Einklang.

7   Aus materiell-rechtlicher Sicht entscheidend ist nämlich die Frage, ob das eingetragene Recht trotz des mit der Insolvenzeröffnung einhergehenden absoluten Verfügungsverbots (§ 81 Abs. 1 S. 1 InsO) und des Ausschlusses des sonstigen Rechtserwerbs (§ 91 Abs. 1 InsO) wirksam ist. Ein Recht, das zwar **vor** dem **Zwangsversteigerungsvermerk**, aber **nach Insolvenzeröffnung** in das Grundbuch eingetragen wurde, wird in der Regel unwirksam sein. Dass es trotz Insolvenzeröffnung im Grundbuch überhaupt zur Eintragung kommen konnte, setzt voraus, dass das Grundbuchamt noch keine Kenntnis von der Insolvenzeröffnung hatte oder der Insolvenzverwalter im Rahmen der Bewilligung mitgewirkt hatte.

8   Da § 91 Abs. 2 InsO durch Verweisung auf die §§ 878, 892 BGB jedoch Möglichkeiten eröffnet, wie trotz Insolvenzeröffnung wirksam Rechte am Grundstück erworben werden können und ebenso denkbar ist, dass der Insolvenzverwalter im Rahmen der Bewilligung des Rechts mitgewirkt hat, stellt weder die Eröffnung des Insolvenzverfahrens noch die Eintragung des Insolvenzvermerks im Grundbuch ein geeignetes Kriterium für das nach formellem Recht arbeitende Vollstreckungsgericht dar, um für die Aufstellung des gG wirksame von unwirksamen Rechten zu trennen.

9   Es bleibt, obwohl in der Insolvenzverwalterversteigerung die sonst eintretende Beschlagnahmewirkung des relativen Veräußerungsverbots (§ 23 Abs. 1 ZVG) gerade nicht eintritt (§ 173 S. 1 ZVG), nur der Zwangsversteigerungsvermerk als formell entscheidendes Kriterium (§ 37 Nr. 4 ZVG) für die Frage der Aufnahme von Rechten in das gG.

10 Möchte der Insolvenzverwalter erreichen, dass ein Recht, welches, weil es vor dem Zwangsversteigerungsvermerk eingetragen ist, Einzug in das gG findet, dort nicht berücksichtigt wird, da er dessen Wirksamkeit im Lichte der Insolvenzeröffnung bestreitet,[2] muss er dies außerhalb des Zwangsversteigerungsverfahrens verfolgen.

II. Abweichende Feststellung auf Antrag eines Gläubigers (§ 174 ZVG)

11 Nach § 174 ZVG kann ein „bestimmter" (Rdn 15) Gläubiger verlangen, dass bei der Feststellung des gG nur die seinem Anspruch vorgehenden Rechte berücksichtigt werden.

1. Zweck der Regelung

12 Für das Verständnis von § 174 ZVG ist ein Blick in die Insolvenzordnung hilfreich:

Nach § 52 InsO sind Gläubiger, die abgesonderte Befriedigung beanspruchen können, auch Insolvenzgläubiger, soweit ihnen der Schuldner auch persönlich haftet. Zur anteilsmäßigen Befriedigung aus der Insolvenzmasse sind sie jedoch nur berechtigt, soweit sie auf eine abgesonderte Befriedigung verzichten oder bei ihr ausgefallen sind.

Folglich und wegen § 190 InsO ist ein Insolvenzgläubiger, welchem auch ein Absonderungsrecht zusteht, interessiert, baldmöglichst zu erfahren, ob und inwieweit er dieses Absonderungsrecht realisieren konnte, um so letztlich wegen der verbliebenen Restforderung als Insolvenzgläubiger anteilige Befriedigung zu erlangen.

13 Die Aufstellung des gG nach dem Deckungsgrundsatz führt, wie oben (Rdn 3 f.) dargestellt, zum Bestehenbleiben des für den Absonderungsberechtigten am Grundstück eingetragenen Rechts. Auf diese Weise kann er also einen Ausfall nicht nachweisen. Lässt man aber (über die abweichende Feststellung des gG)

---

2 Denkbar ist auch eine nach § 88 InsO (Rückschlagsperre) eingetretene Unwirksamkeit.

zu, dass das Recht des Absonderungsberechtigten keine Aufnahme im gG findet, zeigt sich als Ergebnis der Zwangsversteigerung sofort, ob und inwieweit der Absonderungsberechtigte aus dieser Rechtsposition befriedigt wurde bzw. ausgefallen ist.

Die nach § 174 ZVG vorzunehmende abweichende Feststellung des gG hat darüber hinaus den keinesfalls zu unterschätzenden „Nebeneffekt", dass das Grundstück, wegen des bei „konventioneller" Aufstellung in der Insolvenzverwalterversteigerung (nachfolgend als „Ausgebot nach § 172 ZVG" bezeichnet) meist viel zu hohen gG, erst nach dieser abweichenden Feststellung wirtschaftlich sinnvoll versteigerbar wird.

2. Voraussetzungen und Verfahren

a) Antrag und Antragsberechtigung

Die abweichende Feststellung des gG nach § 174 ZVG erfolgt nur auf Antrag. Um antragsberechtigt zu sein, muss der Gläubiger Inhaber einer persönlichen Forderung, die Insolvenzforderung ist, gegen den Schuldner sein (Arg. § 174 ZVG ... für seine Forderung gegen den Schuldner des Insolvenzverfahrens ...). Daneben muss diesem Gläubiger für die Forderung zugleich ein Recht auf Befriedigung aus dem Grundstück zustehen (§ 49 InsO), welches vom Insolvenzverwalter anerkannt wurde.

Nur für einen Gläubiger, der diese beiden Voraussetzungen (persönliche Forderung und Absonderungsrecht) erfüllt, stellt sich nämlich die unter Rdn 12 und 13 thematisierte Frage der Ungewissheit über den Forderungsausfall.

Sind diese beiden Voraussetzungen aufgrund insoweit eindeutiger Gesetzeslage noch unstrittig, herrscht hinsichtlich nahezu aller weiteren Punkte zu § 174 ZVG in der Literatur Uneinigkeit. Im Einzelnen geht ist dabei um

1. den spätesten Zeitpunkt der Antragstellung (Rdn 17),
2. die Möglichkeit der Antragsrücknahme (Rdn 18 und 19),
3. die Verfahrensweise bei Antragstellung durch mehrere Gläubiger (Rdn 21 und 22),
4. die Zuschlagsentscheidung (Rdn 23 f.).

Um den Umfang des Buches nicht zu überziehen, zeigt dieses Buch jeweils einen nach Einschätzung der Verfasser gesetzeskonformen, in der Literatur vertretenen und praktikablen Weg auf, ohne alle anderen Ansichten darzustellen. Wegen dieser wird auf die weitere Literatur verwiesen.

b) Zeitpunkt der Antragstellung

Der Antrag kann schriftlich vor dem Versteigerungstermin, mündlich zu Protokoll in einem Vortermin (§ 62 ZVG) oder mündlich zu Protokoll im Versteigerungstermin gestellt werden. Nach dem Wortlaut des § 174 ZVG kann der Gläubiger dies „bis zum Schlusse der Verhandlung im Versteigerungstermine" tun.

Eine Antragstellung während laufender Bietezeit würde eine ungünstige Beeinträchtigung des Bietgeschehens bedeuten, da das Vollstreckungsgericht gezwungen wäre, während der Bietezeit das (weitere) gG nach § 174 ZVG nach Anhörung der anwesenden Verfahrensbeteiligten festzustellen und zu verlesen (§ 66 Abs. 1 ZVG). Würde man die Antragstellung gar bis zum Schluss der Verhandlung über den Zuschlag zulassen, müsste dies zu einer Wiedereröffnung der Bietezeit führen, was dem ZVG fremd und aus systematischen Gründen abzulehnen ist.

Einzig sachgerecht ist es daher, entsprechend der Verfahrensweise bei § 64 Abs. 2 ZVG (§ 12 Rdn 23), die Antragstellung nur bis zur Aufforderung zur Abgabe von Geboten zuzulassen.[3]

---

[3] So auch *Stöber* (ZVG), § 174 Rn 3.7.; *Böttcher* (ZVG), § 174 Rn 9.

c) Antragsrücknahme

18 Nimmt man – vertretbar – als spätesten Zeitpunkt für eine Antragsrücknahme auch die Aufforderung zur Abgabe von Geboten an,[4] vermeidet man Probleme rund um die Antragsrücknahme bei mehreren Antragstellern (Rdn 21 und 22).

19 Da mit der Antragsrücknahme „lediglich" das abweichende Ausgebot nach § 174 ZVG in Wegfall gerät, wäre es auch vertretbar, die Antragsrücknahme bis zum Schluss der Versteigerung zuzulassen.[5] Käme es zu einer Antragsrücknahme, könnte ein Bieter, der bislang nur auf das abweichende Ausgebot geboten hat, sich noch darauf einstellen und auf das andere Ausgebot bieten.

d) Rechtsfolge der Antragstellung

20 Der zulässige Antrag nach § 174 ZVG führt dazu, dass **neben** dem „normalen" gG[6] ein solches aufgestellt wird, für das der antragstellende Gläubiger als bestbetreibend unterstellt wird (Doppelausgebot). Sein Recht und alle nachrangigen Ansprüche finden damit im gG keine Berücksichtigung.

e) Antragstellung durch mehrere Gläubiger

21 Sind mehrere Berechtigte antragsberechtigt nach § 174 ZVG, kann jeder den Antrag stellen. Die h.M.[7] in der Literatur erstellt in diesem Fall nur ein einziges abgeändertes Ausgebot unter Zugrundelegung des antragstellenden Gläubigers, welcher das niedrigste gG ermöglicht.

22 Lässt man die Antragsrücknahme bis zum Schluss der Versteigerung zu (Rdn 19), liegt hierin eine gewisse Gefahr. Würde nämlich gerade der das gG bestimmende Gläubiger seinen Antrag nach § 174 ZVG vor dem Schluss der Versteigerung zurücknehmen, stünde nur noch das normale Ausgebot (Rdn 3 ff.) zur Verfügung. Auf diese Weise wäre es den anderen antragstellenden Gläubigern entgegen der Intention des § 174 ZVG nicht möglich, ihren Ausfall zu ermitteln. *Böttcher* (ZVG)[8] verlangt hier eine Änderung des gG unter Zugrundelegung des rangmäßig Nächstberechtigten. Es müsste insoweit ein neues gG nach Anhörung der anwesenden Verfahrensbeteiligten festgestellt und verlesen (§ 66 Abs. 1 ZVG) werden. Auch für dieses müsste die Bietezeit (§ 73 Abs. 1 ZVG) eingehalten werden.

Und dies alles zu vermeiden, schlägt *Muth*[9] vor, von vornherein pro Antragsteller ein eigenes gG aufzustellen.

Mit der unter Rdn 18 dargestellten Verfahrensweise vermeidet man dieses Problem.

f) Zuschlagsentscheidung

23 Unproblematisch sind die Verfahren, in denen **kein wirksames Gebot** abgegeben wurde (dann Entscheidung nach § 77 ZVG; § 4 Rdn 117 f.), solche, in denen eine **Zuschlagversagung** nach § 85a ZVG oder § 74a ZVG erfolgen muss und jene, in denen nur auf **ein** Ausgebot geboten wurde, ohne dass dort ein Zuschlagsversagungsgrund besteht; dann erfolgt Zuschlagserteilung hierauf.

24 Wurden jedoch auf mehrere nebeneinander stattgefundene Ausgebote zulässige Gebote abgegeben, gestaltet sich die Entscheidung ungleich schwieriger, da es an einer ausdrücklichen **gesetzlichen Regelung**, welchem Ausgebot in diesem Fall der Vorzug zu geben ist, **fehlt**. Kommt es an anderer Stelle im ZVG zu einem Doppelausgebot (etwa § 64 Abs. 2 S. 1 ZVG), hat der Gesetzgeber dort auch geregelt, nach welchen Kriterien die Konkurrenz der beiden Ausgebote zu entscheiden ist.[10]

---

4 So z.B. *Stöber* (ZVG), § 174 Rn 3.6.
5 *Böttcher* (ZVG), § 174 Rn 11.
6 Geringstes Gebot unter Wahrung des Deckungsgrundsatzes.
7 *Stöber* (ZVG), § 174 Rn 3.10. m.w.N.; *Böttcher* (ZVG), § 174 Rn 11.
8 *Böttcher* (ZVG), § 174 Rn 11.
9 *Muth*, ZIP 1999, 945, 948.
10 Im Falle des § 64 Abs. 2 S. 1 ZVG über das Wahlrecht des Gegenantragstellers nach § 64 Abs. 2 S. 2 ZVG.

C. Das geringste Gebot § 40

Nach h.M.[11] ist der Zuschlag im Verhältnis von Ausgebot nach § 172 ZVG zu Ausgebot nach § 174 ZVG immer auf das abweichende Ausgebot (§ 174 ZVG) zu erteilen, da nur so der gesetzlichen Intention der Feststellung des Forderungsausfalls des Absonderungsberechtigten Rechnung getragen werden kann. 25

III. Abweichende Feststellung auf Antrag des Insolvenzverwalters (§ 174a ZVG)

§ 174a ZVG wurde mit Inkrafttreten der Insolvenzordnung am 1.1.1999 in das ZVG eingefügt und führt auch zu einem abweichenden Ausgebot. 26

1. Zweck der Regelung und Kritik

Vordergründig geht es bei § 174a ZVG um Ansprüche aus der RK 1a des § 10 ZVG (siehe § 3 Rdn 77). Der Insolvenzverwalter soll so die Möglichkeit erhalten, den Anspruch auf Ersatz der Feststellungskosten (RK 1a) zugunsten der Insolvenzmasse zu realisieren. 27

Um dies zu erreichen, nimmt der Gesetzgeber in Kauf, dass bei der Versteigerung des Grundstücks in der nach § 174a ZVG abweichenden Ausgebotsform noch nicht einmal mehr der Bestand erstrangiger Grundstücksrechte gesichert ist. Dies trifft nicht nur Kreditinstitute hinsichtlich ihrer Grundpfandrechte, sondern, worauf *Stöber*[12] zu Recht hinweist, z.B. auch den Berechtigten einer (erstrangigen) Auflassungsvormerkung oder den Berechtigten einer „versteigerungsfesten" (§ 9 Rdn 36) Erbbauzinsreallast. 28

Die Feststellungskosten nach RK 1a in dieser Weise zu „schützen" war auch nicht veranlasst. Der Anspruch nach § 10 Abs. 1 Nr. 1a ZVG findet, rechtzeitige Anmeldung vorausgesetzt, schon bei konventioneller Versteigerung, also unter strenger Wahrung des Deckungsgrundsatzes in jedem gG (Mindestbargebot) Berücksichtigung. 29

Damit besteht der „wahre" Anwendungsbereich der Norm in der Möglichkeit, über eine Abweichung nach § 174a ZVG die Verwertung (Versteigerung) selbst eines hoch belasteten Grundstücks zu erreichen. Berücksichtigt man den Umstand, dass, wie *Muth*[13] darlegt, selbst bei einem besonders hohen Zubehöranteil von z.B. 60 %[14] der Feststellungskostenanspruch[15] gerade mal 2,4 % des Grundstückswerts ausmacht, erscheint die mit § 174a ZVG verbundene Gefährdung der im Grundbuch eingetragenen Rechte ein zu hoher Preis. 30

2. Voraussetzungen und Verfahren

a) Antrag und Antragsberechtigung

Die abweichende Feststellung des gG erfolgt nur auf Antrag. Nur der Insolvenzverwalter ist antragsberechtigt. Andere Beteiligte können den Antrag nach § 174a ZVG selbst dann nicht stellen, wenn auf sie ein Anspruch gem. § 10 Abs. 1 Nr. 1a ZVG aufgrund Ablösung kraft Gesetzes übergegangen ist. 31

b) Zeitpunkt der Antragstellung

Wie bei § 174 ZVG (Rdn 17) ist einzig sachgerecht, die Antragstellung nur bis zur Aufforderung zur Abgabe von Geboten zuzulassen.[16] 32

---

11 *Stöber* (ZVG), § 174 Rn 3.11. m.w.N.
12 *Stöber*, NJW 2000, 3600.
13 *Muth*, ZIP 1999, 945, 953.
14 Denkbar etwa bei Fabrik- oder Hotelgrundstücken mit hohem Zubehöranteil.
15 Pauschal 4 % von dem nach § 74a Abs. 5 S. 2 ZVG für die Zubehörstücke festgesetzten Wert (§ 10 Abs. 1 Nr. 1a ZVG).
16 So auch *Stöber* (ZVG), § 174a Rn 2.3.; *Böttcher* (ZVG), § 174a Rn 3.

c) Anspruch nach § 10 Abs. 1 Nr. 1a ZVG

33 Es muss ein Kostenerstattungsanspruch nach § 10 Abs. 1 Nr. 1a ZVG bestehen und dieser muss vom Insolvenzverwalter rechtzeitig (§ 37 Nr. 4 ZVG) angemeldet worden sein. Auf die Höhe des Anspruchs kommt es nicht an.

d) Antragsrücknahme

34 Der Antrag kann (nur) bis Aufforderung zur Abgabe von Geboten zurückgenommen werden (Arg. wie Rdn 18).

e) Rechtsfolge

35 Der zulässige Antrag nach § 174a ZVG führt dazu, dass **neben** dem Ausgebot nach § 172 ZVG ein solches aufgestellt wird, für das der Insolvenzverwalter als aus RK 1a betreibend unterstellt wird (Doppelausgebot). Das gesamte gG besteht in der Abweichung daher ausschließlich aus einem Mindestbargebot, in welchem sich nur die Gerichtskosten (§ 109 ZVG) und, sofern angemeldet, Ansprüche nach RK 1 finden.

f) Antrag nach § 174a ZVG neben Antrag nach § 174 ZVG

36 *Stöber* (ZVG)[17] vertritt, dass sich das Verfahren, wenn Antrag nach § 174a ZVG und nach § 174 ZVG gestellt wurde, nach dem Insolvenzverwalterantrag (§ 174a ZVG) richtet, da dieser als weitestgehend das niedrigste gG ermöglicht.

Richtig erscheint es indes, in diesem Fall ein „Dreifachausgebot" (§ 172 ZVG, § 174 ZVG und § 174a ZVG) vorzunehmen.[18]

g) Zuschlagsentscheidung

37 Auch hier sind die unter Rdn 23 aufgezeigten unproblematischen Konstellationen denkbar und wie dort angegeben zu lösen.

38 Für den Fall, dass auf mehrere nebeneinander stattgefundene Ausgebote zulässige Gebote abgegeben wurden, fehlt ebenfalls (Rdn 24) eine ausdrückliche gesetzliche Regelung zur Lösung der Konkurrenz. Bedenkt man jedoch den Zweck des § 174 ZVG und den des § 174a ZVG, kommt man zu folgendem Ergebnis:[19]

- Bei Geboten auf alle drei Ausgebote ist der Zuschlag auf das **Ausgebot nach § 174 ZVG** zu erteilen.
- Bei Geboten auf das Ausgebot nach § 172 ZVG und auf nur eines der beiden abweichenden Ausgebote (egal ob § 174 ZVG oder § 174a ZVG) ist der Zuschlag auf das **abweichende Ausgebot** zu erteilen.
- Bei Geboten nur auf die beiden abweichenden Ausgebote ist der Zuschlag auf das **Ausgebot nach § 174 ZVG** zu erteilen.[20]

39 Bei alledem darf jedoch nicht übersehen werden, dass, sobald den Bietinteressierten ein Ausgebot nach § 174a ZVG angeboten wird, Gebote auf ein anderes Ausgebot wenig wahrscheinlich sind.

---

17 *Stöber* (ZVG), § 174a Rn 2.5.
18 So *Muth*, ZIP 1999, 945, 951; *Böttcher* (ZVG), § 174a Rn 3; *Stöber* (ZVG), § 174a Rn 5.
19 *Böttcher* (ZVG), § 174a Rn 10.
20 Zum von dieser Regel abweichenden Sonderfall *Böttcher* (ZVG), § 174a Rn 10.

5. Teil Zwangshypothek
§ 41 Rechtsnatur, Zweck

A. Rechtsnatur

Die Zwangshypothek ist eine Sicherungshypothek, für die die Vorschriften der §§ 1184 bis 1186 BGB anwendbar sind. Die rechtsgeschäftlich bestellte Sicherungshypothek und die Zwangshypothek unterscheiden sich lediglich in ihrem Entstehungstatbestand grundlegend[1] und in der weiteren Möglichkeit des Übergangs auf den Eigentümer (§ 868 ZPO). Der Gläubiger erlangt damit die Rechtsstellung des Inhabers einer Sicherungshypothek nach den Vorschriften des Bürgerlichen Gesetzbuches.

B. Zweck

Die Eintragung einer Zwangshypothek führt im Gegensatz zur Zwangsversteigerung und Zwangsverwaltung noch nicht zur Befriedigung des Gläubigers. Sie dient vielmehr der Sicherung der titulierten Forderung. Im Einzelnen gewährt sie dem Gläubiger folgende Vorteile:

Sie verschafft dem Gläubiger im Falle der Zwangsversteigerung und Zwangsverwaltung entsprechend ihrem Rang im Grundbuch (§ 879 BGB) eine Erlöszuteilung vor nachrangig eingetragenen Rechten.

Sie gewährt dem Gläubiger einen gesetzlichen Löschungsanspruch nach § 1179a BGB gegenüber vor- oder gleichrangigen Eigentümergrundschulden.

Der Gläubiger kann nach § 771 ZPO der Pfändung von Gegenständen, auf die sich nach §§ 1120 ff. BGB die Hypothekenhaftung erstreckt (Zubehör, Miet- und Pachtforderungen, Versicherungsforderungen usw.) widersprechen, soweit der Anspruch des pfändenden Gläubigers der Zwangshypothek im Range nachgeht.

In einem von einem anderen (dinglichen oder persönlichen) Gläubiger betriebenen Versteigerungs- oder Zwangsverwaltungsverfahren ist der Zwangshypothekengläubiger Beteiligter gem. § 9 ZVG.

Der Gläubiger der Zwangshypothek kann selbst aus seinem dinglichen Recht die Zwangsversteigerung betreiben und zwar aus der RK des § 10 Abs. 1 Nr. 4 ZVG (dinglicher Gläubiger). Hierzu § 1 Rdn 27.

Die Zwangshypothek gibt dem Gläubiger das Recht, auch gegen einen rechtsgeschäftlichen Erwerber des Grundstücks (der nicht Forderungsschuldner ist), die Zwangsversteigerung oder die Zwangsverwaltung zu betreiben (§ 1147 BGB).

Nach überwiegender Auffassung ist der rechtsgeschäftliche Erwerber bzw. ein Ersteher nicht Rechtsnachfolger des im Zahlungstitel bezeichneten Schuldners; der Titel kann mithin nicht auf den neuen Grundstückseigentümer nach § 727 ZPO umgeschrieben werden.[2]

Eine Gegenmeinung[3] hält dagegen mit beachtlichen Gründen eine Umschreibung des Zahlungstitels auf einen rechtsgeschäftlichen Erwerber oder Ersteher für zulässig, nachdem dieser durch die Übernahme der eingetragenen Zwangshypothek Rechtsnachfolger in die dingliche Schuld geworden ist. Damit steht der Erteilung einer dinglichen Rechtsnachfolgeklausel gegen den neuen Eigentümer nichts im Wege.

Die Verjährung der dinglichen Haftung des Grundstücks nach § 1147 BGB wird ausgeschlossen (§ 902 BGB).

Als Inhaber der Zwangshypothek ist der Gläubiger i.S.d. § 1150 BGB zur Ablösung berechtigt.

---

1 BGH v. 13.9.2001 – V ZB 15/01.
2 Zöller/*Seibel*, 867 Rn 20; MüKo-ZPO/*Dörndorfer*, § 867 Rn 57; *Schuschke/Walker*, § 867 Rn 25; Musielak/*Becker*, § 867 Rn 11; offengelassen: BGH v. 26.4.2007 – IX ZR 139/06.
3 *Alff*, Rpfleger 2001, 385, 394.

§ 42 Eintragungsvoraussetzungen

A. Allgemeines

Die Eintragung der Zwangshypothek hat **Doppelcharakter**: 1
Sie ist einerseits ein **Akt der Zwangsvollstreckung**, zugleich aber auch **verfahrensrechtlich Grundbuchgeschäft**.[1] Das Grundbuchamt wird somit zugleich als Vollstreckungsorgan und als Organ der freiwilligen Gerichtsbarkeit (Grundbuchführung) tätig. Es hat mithin sowohl die vollstreckungsrechtlichen Voraussetzungen der ZPO als auch die grundbuchrechtlichen Eintragungsvoraussetzungen nach der GBO selbstständig zu prüfen.

B. Vollstreckungsantrag

Wie bei jeder Vollstreckungsmaßnahme setzt auch die Eintragung einer Zwangshypothek einen Vollstreckungsantrag des **Gläubigers** voraus (§ 867 Abs. 1 S. 1 ZPO). Die Antragstellung durch den Schuldner kommt nicht in Frage. Der Antrag ist an das zuständige Grundbuchamt zu richten. 2

I. Zuständigkeit

1. Sachliche Zuständigkeit

Die sachliche Zuständigkeit für die Entscheidung über den Antrag auf Eintragung einer Zwangshypothek obliegt dem Amtsgericht (Grundbuchamt) bei dem die Grundbücher geführt werden (§ 1 Abs. 1 S. 1 GBO). 3

Eine Ausnahme bestand bis Ende 2017 für Baden-Württemberg. Dort ist mittlerweile die Führung der Grundbücher von den früheren staatlichen Notariaten komplett auf die Grundbuchämter umgestellt. 4

2. Örtliche Zuständigkeit

Örtlich ist das Grundbuchamt zuständig, in dessen Bezirk das zu belastende Grundstück gelegen ist (§ 1 Abs. 1 S. 2 GBO). 5

3. Funktionelle Zuständigkeit

Funktionell zuständig ist im Rahmen der Vollübertragung der Rechtspfleger (§ 3 Nr. 1h RPflG). Zu diesen dem Rechtspfleger des Grundbuchamts übertragenen Geschäften gehört auch die Entscheidung über Anträge auf Eintragung einer Zwangshypothek.[2] Die Tätigkeit des Rechtspflegers beim Grundbuchamt ist Gerichtsbarkeit und keine Verwaltung. Seine Entscheidungen können somit nur mit den in der GBO vorgesehenen Rechtsbehelfen, nicht jedoch mit der Dienstaufsichtsbeschwerde angefochten werden. 6

---

1 BGH v. 13.9.2001 – V ZB 15/01; Zöller/*Seibel*, § 867 Rn 1; *Meikel*, § 18 Rn 43i; *Schuschke/Walker*, § 867 Rn 1; *Leesmeister/Ramm*, S. 257.
2 *Demharter*, § 1 Rn 16.

II. Form und Inhalt des Antrags

1. Form

7 Einfache Schriftform für den Antrag genügt, ist im Hinblick auf das Präsentat nach § 13 Abs. 2 S. 1 GBO aber auch erforderlich. Der Antrag kann auch zur Niederschrift des Grundbuchamts erklärt werden (§ 13 Abs. 2 S. 3 GBO). Anwaltszwang besteht nicht (§ 78 ZPO). Eine Unterschriftsbeglaubigung ist entbehrlich (§ 30 GBO).

2. Inhalt

8 Im Antrag sind zu benennen:
- Bezeichnung des zuständigen Grundbuchamts;
- Bezeichnung von Gläubiger (§ 15 GBV) und Schuldner/Eigentümer;
- die verlangte Vollstreckungsmaßnahme (Eintragung der Zwangshypothek, Höhe des Kapitalbetrages, Nebenleistungen, Kosten, ggf. Angaben zur Verteilung der Forderung auf mehrere Grundstücke);
- Angabe des Vollstreckungstitels;
- das zu belastende Grundstück gem. § 28 S. 1 GBO.

9 Soll nur ein Miteigentumsanteil (Bruchteil) belastet werden ist dies ausdrücklich anzugeben.

▼

10 **Muster: Antrag auf Eintragung einer Zwangssicherungshypothek**

Dr. Peter Recht   Schwetzingen, den 2.1.2018
Rechtsanwalt
Anschrift

An das
Amtsgericht - Grundbuchamt -
68199 Mannheim

Betr.: Thomas Geld ./. Max Schuld

Eintragung einer Zwangssicherungshypothek

Grundstück: FlSt.Nr. 123/4, Gemarkung Schwetzingen, Ulmenweg 4, Grundbuch Nr. 20141 Eigentümer: Max Schuld

Namens und in Vollmacht des Gläubigers Thomas Geld überreiche ich die vollstreckbare Ausfertigung des vorläufig vollstreckbaren Versäumnisurteils des Amtsgerichts Schwetzingen vom 18.12.2017 (AZ.: 1 C 400/17) sowie Kostenfestsetzungsbeschluss vom 19.12.2017 nebst Zustellungsnachweis und beantrage die Eintragung einer einheitlichen Zwangssicherungshypothek über titulierte 4.200,00 EUR nebst 5 % Zinsen seit dem 10.1.2017 aus dem Urteil sowie 740,00 EUR nebst 5 Prozentpunkte über dem Basiszinssatz nach § 247 BGB ab dem 18.12.2017 festgesetzte Kosten zu Lasten des dem Schuldner gehörenden genannten Grundstücks zugunsten des Gläubigers Thomas Geld, geb. 14.2.1973, Schwetzingen.

Die vollstreckbare Ausfertigung des Urteils mit Kostenfestsetzungsbeschluss erbitte ich nach erfolgter Eintragung mit dem entsprechenden Eintragungsvermerk zurück.

(Unterschrift)

Dr. Peter Recht

Rechtsanwalt

(ohne Unterschriftsbeglaubigung)

3. Antragstellung bei mehreren Gläubigern

Die Norm des § 867 Abs. 1 S. 1 ZPO schreibt vor, dass die Sicherungshypothek auf Antrag „des" Gläubigers eingetragen wird. Weist der Titel mehrere Personen als Gläubiger aus, ist fraglich, ob der Antrag eines Gläubigers genügt oder ob der Antrag von allen Gläubigern zu stellen ist. Soweit ersichtlich, wurde diese Problematik im Schrifttum und in der Rechtsprechung noch nicht thematisiert. Lediglich *Dörndorfer*[3] führt bei den **grundbuchrechtlichen** Voraussetzungen unter Hinweis auf die Kommentierung zu § 13 GBO aus, dass bei mehreren Gläubigern grundsätzlich jeder selbstständig das Antragsrecht ausüben kann. Das dürfte aber nicht für den **„vollstreckungsrechtlichen" Antrag** gelten. Unstreitig ist der Gläubigerantrag eine Vollstreckungsvoraussetzung,[4] so dass auf diesen Antrag die Normen des § 13 GBO nur eingeschränkt anwendbar sind. Also müssen alle Gläubiger wie bei jeder Zwangsvollstreckungsmaßnahme mitwirken oder vertreten werden.

Eine Ausnahme besteht für den das **Gesamtgut der Gütergemeinschaft (§ 1416 BGB)** allein verwaltenden Ehegatten. Dieser kann nach § 1422 BGB für das Gesamtgut allein handeln, somit auch allein Rechte geltend machen. Seine alleinige Antragstellung genügt mithin.

> *Tipp*
> Mehrere Gläubiger sollten immer **ausreichende Vollmachten ausstellen**, damit sie nicht alle beim Antrag mitwirken müssen.

III. Vollmacht

Eine Bevollmächtigung für die Antragstellung ist möglich (§ 79 ZPO). Die Bevollmächtigung ist nach Vollstreckungsrecht nachzuweisen; somit ist grundsätzlich eine schriftliche Vollmacht (Original) zu den Grundakten zu geben (§ 80 Abs. 1 ZPO). Ein besonderer Nachweis ist entbehrlich, wenn sich die Bevollmächtigung aus dem Titel (vgl. § 313 Abs. 1 S. 1 ZPO) ergibt. Da die Prozessvollmacht auch zu den zur Zwangsvollstreckung erforderlichen Prozess- und Verfahrenshandlungen ermächtigt (§ 81 ZPO), ist durch die Aufnahme des Bevollmächtigten im Titel sowohl das Vorliegen als auch der Umfang ausreichend nachgewiesen. Geprüft wird die sich nicht aus dem Titel ergebende Vollmacht nur dann von Amts wegen, wenn nicht ein Rechtsanwalt oder ein in die Rechtsanwaltskammer aufgenommener Rechtsbeistand als Bevollmächtigter auftritt (§ 88 Abs. 2 ZPO, § 25 EGZPO). Die Bezeichnung eines Nichtanwalts als Vertreter in einem Vollstreckungsbescheid genügt jedoch nicht, weil dieser Bescheid ohne Vollmachtsnachweis beim Mahngericht erwirkt sein kann (§ 703 ZPO).[5]

Der Gläubiger kann sich bei der Antragstellung durch einen Rechtsanwalt als Bevollmächtigten vertreten lassen (§ 79 Abs. 2 S. 1 ZPO). Darüber hinaus sind als Bevollmächtigte nur die in § 79 Abs. 2 ZPO Ge-

---

[3] MüKo-ZPO/*Dörndorfer*, § 867 Rn 18.
[4] Zöller/*Seibel*, § 867 Rn 2.
[5] Zöller/*Seibel*, § 867 Rn 2; Schuschke/Walker, § 867 Rn 2; Schöner/Stöber, Rn 2166; *Löscher*, JurBüro 1982, 1618, 1622.

nannten, insbesondere damit volljährige Familienangehörige und Personen mit Befähigung zum Richteramt sowie Beschäftigte einer Partei vertretungsbefugt.

Rechtsbeistände dürfen nur dann als Vertreter handeln, wenn sie nach § 3 RDGEG als sogenannte Kammerrechtsbeistände einem Rechtsanwalt gleichgestellt sind.

Zu beachten ist, dass die nach § 10 Abs. 1 S. 1 Nr. 1 RDG registrierten Inkassodienstleister nur bei der Zwangsvollstreckung in das bewegliche Vermögen vertreten dürfen. Beim Antrag auf Eintragung einer Zwangshypothek (und Zwangsversteigerungen von Grundbesitz) sind sie somit von der Vertretung ausgeschlossen (§ 79 Abs. 2 S. 2 Nr. 4 ZPO).

Einen nicht vertretungsbefugten Bevollmächtigten weist das Grundbuchamt zurück (§ 79 Abs. 3 S. 1 ZPO). Der eigentlich unanfechtbare Beschluss ist mit der sofortigen Rechtspflegererinnerung anfechtbar (§ 79 Abs. 3 S. 1 ZPO, § 11 Abs. 2 RPflG). Daher ist eine Zustellung erforderlich. Der vor der Zurückweisung gestellte Antrag ist als Prozesshandlung wirksam (§ 79 Abs. 3 S. 2 ZPO). Bis zur Zurückweisung des Bevollmächtigten wahrt er auch den Vollzugsrang nach § 17 GBO; danach entfällt die Rangwirkung wegen des vollstreckungsrechtlichen Mangels.

Die Bevollmächtigungsbeschränkung des § 79 ZPO gilt nicht bei einer rein grundbuchmäßigen Erklärung ohne vollstreckungsrechtliche Bedeutung. Hierzu zählen etwa die von mehreren Gläubigern nachzureichende Erklärung über deren Beteiligungsverhältnis nach § 47 GBO oder der Berichtigungsantrag des Gläubigers nach § 14 GBO bei fehlender aber notwendiger Voreintragung des Schuldners als Eigentümer. Sind diese Erklärungen in öffentlicher oder öffentlich beglaubigter Form abgegeben, bestehen keine Vollmachtsbeschränkungen. Werden diese – soweit zulässig (§ 30 GBO) – nur in einfacher Schriftform vorgelegt, greift die Bevollmächtigtenbeschränkung des § 10 Abs. 2 FamFG (str.).[6] Für diese schriftlichen Erklärungen sind neben Rechtsanwälten und Notaren im Wesentlichen Familienangehörige oder Beschäftigte des beteiligten Unternehmens oder der Behörde unproblematisch vertretungsbefugt.

> **Tipp**
> Achten Sie bei der Einreichung des Antrags immer auf einen ausreichenden Vertretungsnachweis, damit die Rangwahrung nicht gefährdet wird.

C. Allgemeine Prozessvoraussetzungen

15 Wie bei jeder Zwangsvollstreckung sind auch vor Eintragung einer Zwangshypothek die allgemeinen Prozessvoraussetzungen zu prüfen, nämlich z.B.
- Parteifähigkeit (§ 50 ZPO);
- Prozessfähigkeit (§§ 51 bis 53 ZPO);
- Rechtsschutzbedürfnis.

D. Allgemeine Vollstreckungsvoraussetzungen

16 Die Eintragung der Zwangshypothek ist insbesondere Akt der Zwangsvollstreckung, so dass das Grundbuchamt als Vollstreckungsorgan hierbei die allgemeinen und besonderen Vollstreckungsvoraussetzungen zu prüfen hat. Diesbezüglich wird zunächst auf die einschlägige Fachliteratur verwiesen. Besondere Erwähnung finden die einzelnen Vollstreckungsmaßnahmen nachstehend nur, soweit für die Eintragung einer Zwangshypothek insoweit Besonderheiten zu beachten sind.

---

6 *Demharter*, § 15 Rn 2; a.M. OLG München v. 15.6.2012 – 34 Wx 199/12.

D. Allgemeine Vollstreckungsvoraussetzungen § 42

I. Vollstreckungstitel

1. Zustand und Inhalt

Dem Antrag ist stets der Vollstreckungstitel beizufügen, wobei der darin (oder in einer Rechtsnachfolgeklausel) bezeichnete Schuldner mit dem Grundstückseigentümer, zu dessen Lasten die Zwangshypothek eingetragen werden soll, identisch sein muss. Der Vollstreckungstitel muss in einem **vollstreckungsreifen Zustand** sein und hat auf **Zahlung einer bestimmten Geldsumme** zu lauten.

Der Rechtsgrund der Forderung braucht im Vollstreckungstitel nicht angegeben zu sein; eine insoweitige Nachprüfung des Titels (auch einer notariellen Urkunde) durch das Grundbuchamt ist unzulässig.[7]

Der Gläubiger ist berechtigt, die Zwangshypothek zu einem **geringeren Betrag** als im Titel angegeben eintragen zu lassen (Teil- oder Restbetrag). Nach überwiegender Ansicht braucht der Antrag keine Gesamtabrechnung der Forderung einschließlich aller einmal entstandenen Nebenkosten zu enthalten.[8]

> *Beispiel*
> Hauptforderung: 7.000 EUR + 10 % Zinsen seit 1.1.2017 + Vollstreckungskosten von 500 EUR
> Möglicher Eintragungsantrag ohne Spezifizierung:
> - Teilforderung von 2.000 EUR (ohne Zinsen)
>   oder
> - Teilhauptforderung von 3.000 EUR nebst 10 % Zinsen seit 1.1.2018.

Um eine solche durch Zwangshypothek sicherbare **Geldforderung** handelt es sich auch dann, wenn der Anspruch auf Hinterlegung von Geld an einen Dritten gerichtet ist oder wenn nach der vollstreckbaren Urkunde (§ 794 Abs. 1 Nr. 5 ZPO) der Anspruch eines Grundstücksverkäufers gegen den Käufer auf Zahlung des Kaufpreises auf Anderkonto des Notars zu leisten ist.[9]

Soll nach einer erfolgreichen **Anfechtung** gegen einen früheren Eigentümer eine Zwangshypothek eingetragen werden, bedarf es eines Zahlungstitels gegen den früheren und eines rechtskräftigen Duldungstitels (§ 11 Abs. 1 AnfG) gegen den derzeitigen Eigentümer.

2. Vollstreckungskosten

a) Bisherige Vollstreckungskosten

Sollen Kosten **bisheriger Vollstreckungsmaßnahmen** (z.B. Gerichtsvollzieherkosten, Kosten für erlassene Pfändungs- und Überweisungsbeschlüsse) durch die Zwangshypothek mit abgesichert werden, bedarf es dafür keines besonderen Titels (§ 788 Abs. 1 S. 1 ZPO).[10] Dem Grundbuchamt sind jedoch Entstehen, Höhe und Notwendigkeit entsprechend § 104 Abs. 2 S. 1 ZPO glaubhaft zu machen (z.B. durch entsprechende Belege), soweit diese nicht offenkundig (§ 291 ZPO) sind. Im Einzelfall kann anwaltliche Versicherung ausreichen.[11] Nachweis in der Form des § 29 Abs. 1 S. 2 GBO kann nach zutreffender h.M. nicht verlangt werden.

Soweit nach dem Titel mehrere Schuldner **gesamtschuldnerisch** (§§ 421 ff. BGB) haften, greift diese Gesamthaftung auch für die Kosten der Zwangsvollstreckung (§ 788 Abs. 1 S. 3 ZPO). Somit können auch

---

[7] *Schöner/Stöber*, Rn 2170.
[8] *Schöner/Stöber*, Rn 2164; *Zöller/Seibel*, § 753 Rn 7 m.w.N. auch zur abweichenden Ansicht. Zur notwendigen Angabe des Gläubigers im Rahmen der Teil- bzw. Restvollstreckung wegen welcher (Teil-)Forderungen vollstreckt wird, wenn wegen mehrerer Titel und wegen Kosten nach § 788 ZPO vorgegangen wird, siehe OLG Köln v. 5.8.2003 – 25 UF 5/03 a.E.
[9] OLG Karlsruhe v. 11.11.1992 – 11 Wx 89/97; OLG München v. 28.7.2011 – 34 Wx 295/11; *Schuschke/Walker*, § 867 Rn 2; *Zöller/Seibel*, § 794 Rn 30 und § 867 Rn 8.
[10] Auch ohne Titulierung verjähren diese Kosten erst nach 30 Jahren (§ 197 Abs. 1 Nr. 6 BGB).
[11] *Zöller/Greger*, § 294 Rn 5.

nur in der Person eines Gesamtschuldners entstandene bisherige Vollstreckungskosten in voller Höhe durch eine Zwangshypothek am Grundstück des anderen Gesamtschuldners gesichert werden.[12]

Tipp
Bei der Geltendmachung von nicht titulierten bisherigen Vollstreckungskosten sollten Sie diese einzeln aufstellen und nachvollziehbar belegen.

b) Kosten der Eintragung

24 Für die notwendigen **Kosten der Eintragung** der Zwangshypothek haftet das Grundstück kraft Gesetzes im Range der Zwangshypothek (§ 867 Abs. 1 S. 3 ZPO). Als solche Kosten kommen insbesondere vom Gläubiger verauslagte Eintragungskosten des Grundbuchamts, eine etwaige Rechtsanwaltsvergütung sowie eventuell auch Parteiauslagen in Betracht.

25 Wegen der gesetzlichen Haftung sind diese Kosten **nicht eintragungsfähig**. Wird deren Eintragung dennoch mit beantragt, ist die Zwangshypothek ohne diese Kosten einzutragen. Der insoweit teilbare Antrag ist vom Grundbuchamt nach § 18 Abs. 1 GBO zurückzuweisen.[13]

26 In einer späteren Zwangsversteigerung oder Zwangsverwaltung sind Eintragungskosten anzumelden und ggf. glaubhaft zu machen (§§ 37 Nr. 4, 45 Abs. 1, 156 Abs. 2 mit 114 ZVG).

II. Vollstreckungsklausel

1. Allgemeines

27 Die Vollstreckungsklausel (vollstreckbare Ausfertigung) ist eine weitere zwingende Voraussetzung, um die Zwangsvollstreckung beginnen zu können (§§ 724, 795 ZPO), soweit keine Ausnahme greift (z.B. §§ 795a, 796, 1082 ZPO).

Das Gericht hat eine erteilte einfache Klausel nicht daraufhin zu überprüfen, ob stattdessen eine qualifizierte Klausel nach § 726 ZPO hätte erteilt werden müssen.[14]

2. Parteienidentität

a) Allgemeines

28 Nach § 750 Abs. 1 S. 1 Var. 1 ZPO darf die Zwangsvollstreckung nur beginnen bzw. fortgesetzt werden, wenn die Personen für (Gläubiger) und gegen (Schuldner) die sie stattfinden soll, im Vollstreckungstitel oder in einer Rechtsnachfolgeklausel (§ 727 ZPO) namentlich bezeichnet sind (Parteienidentität).[15] Bezeichnung der gesetzlichen Vertreter einer Partei ist dabei entbehrlich.[16]

b) Einzelkaufmann

29 Ist ein Einzelkaufmann, der unter seiner Firma klagen und verklagt werden kann (§ 17 Abs. 2 HGB), im Titel zulässigerweise nur mit seiner Firma bezeichnet, hat das Grundbuchamt eine Identitätsprüfung vorzunehmen. Ist eine Firma ohne Bezeichnung eines Inhabers im Titel angegeben, ist damit nicht der jeweilige Inhaber, sondern derjenige benannt, der geklagt hat oder auf Beklagtenseite derjenige, der bei Eintritt der Rechtshängigkeit (§ 261 Abs. 1 ZPO) Firmeninhaber war.

---

12 Zöller/*Geimer*, § 788 Rn 10.
13 *Schöner/Stöber*, Rn 2192; unzutreffend ist der Hinweis, dass sich insoweit eine Teilzurückweisung erübrigt. Über jeden Antrag ist umfassend zu entscheiden, KG DNotZ 1934, 777; *Haegele*, BWNotZ 1972, 107.
14 Allg. Meinung: BGH v. 25.10.2012 – VII ZB 57/11; OLG München v. 23.6.2016 – 34 Wx 189/16.
15 BGH v. 25.1.2007 – V ZB 47/06.
16 Zöller/*Seibel*, § 750 Rn 13, 14.

D. Allgemeine Vollstreckungsvoraussetzungen § 42

Ist als Titelschuldner eine Firma angegeben und ein Inhaber namentlich (aber unzutreffend) genannt, ist der Schuldner im Zweifel diese bezeichnete Person und nicht der andere (wirkliche) Inhaber.[17]

Eine Identitätsprüfung ist deshalb stets geboten, weil ein Einzelkaufmann im Grundbuch nicht als Eigentümer mit seiner Firma, sondern nur unter seinem **bürgerlichen Namen** eingetragen werden darf (§ 15 Abs. 1 GBV). Diese Prüfung und die entsprechende Feststellung hat das Grundbuchamt in seiner Eigenschaft als Vollstreckungsorgan mit den ihm zur Verfügung stehenden Mitteln selbstständig und eigenverantwortlich vorzunehmen.

Hierzu kann das Grundbuchamt dem Gläubiger im Rahmen einer Aufklärungsverfügung entsprechend § 139 ZPO aufgeben, **durch beglaubigten Registerauszug bzw. amtlichen Registerausdruck** (§ 9 Abs. 4 HGB, § 30a HRV) oder **Notarbescheinigung nach § 21 BNotO** nachzuweisen, wer zum entsprechenden Zeitpunkt Firmeninhaber war. Der Titel braucht jedoch nicht auf den bürgerlichen Namen des Schuldners umgetragen zu werden.[18]

Tipp
Zur Beschleunigung sollte der Gläubiger bereits bei der Antragstellung dem Grundbuchamt entsprechende Nachweise vorlegen. Noch sinnvoller ist, wenn der Titel sowohl die Firma als auch den Inhaber ausweist.

c) Gesellschaft bürgerlichen Rechts (GbR)

Die als rechtsfähig anerkannte Gesellschaft bürgerlichen Rechts (GbR) kann als solche auch Eigentum an einem Grundstück erwerben oder Berechtigte eines sonstigen dinglichen Rechts sein.[19] § 47 Abs. 2 GBO n.F. schreibt dabei zwingend vor, dass **bei der Eintragung der GbR alle Gesellschafter namentlich mit aufzuführen sind**. Zusätzlich kann die von der GbR geführte Bezeichnung (Name der GbR) verlautbart werden, etwa „Oststadt Einkaufszentrum GbR".

Die frühere Eintragung der Gesellschafter zur gesamten Hand „A, B und C als Gesellschafter bürgerlichen Rechts" – mit oder ohne Namenszusatz der GbR – verlautbart nunmehr, ohne dass es einer entsprechenden Eintragungsergänzung bedarf, dass die GbR selbst die Eigentümerin oder die Berechtigte ist.[20]

Zur Zwangsvollstreckung in ein der GbR gehörendes Grundstück bedarf es eines gegen alle Gesellschafter (§ 736 ZPO) oder **gegen die rechts- und parteifähige GbR gerichteten Titels**.[21]

Richtet sich der Titel gegen die GbR, bedarf es **zusätzlich** dazu der **Angabe der Gesellschafter im Titel**. Enthält der Titel hingegen **nur die Bezeichnung der GbR** ohne weitere Angaben zu den Gesellschaftern, ist er nicht zur Vollstreckung in Form der Eintragung einer Zwangshypothek geeignet.[22]

Gem. dem Wortlaut des § 736 ZPO reicht aber auch ein Titel gegen alle Gesellschafter zur Vollstreckung in das Vermögen der GbR. Problematisch ist diese Formulierung seit der Verselbstständigung des Vermögens der GbR. Die Anwendung des § 736 ZPO wird durch die rechtliche Verselbstständigung der GbR nicht ausgehebelt.[23] Der BGH verlangt aber einen Bezug der Verbindlichkeit zur GbR.[24] Dies wird jedoch aus dem beachtlichen Argument der Formalisierung des Zwangsvollstreckungsverfahrens teilweise angezweifelt.[25]

---

17 LG Koblenz v. 29.8.1972 – 4 T 349/72; Zöller/*Seibel*, § 750 Rn 11.
18 Zöller/*Seibel*, § 750 Rn 10; Schöner/Stöber, Rn 2162a; BayObLG v. 23.12.1980 – BReg 2 Z 67/80.
19 BGH v. 28.4.2011 – V ZB 194/10.
20 BGH v. 25.9.2006 – II ZR 218/05; *Böhringer*, Rpfleger 2009, 537, 543.
21 Zöller/*Seibel*, § 736 Rn 2, 3.
22 OLG München v. 30.9.2011 – 34 Wx 418/11.
23 BGH v. 16.7.2004 – IXa ZB 288/03.
24 BGH v. 25.1.2008 – V ZR 63/07.
25 Zöller/*Seibel*, § 736 Rn 3.

§ 42 Eintragungsvoraussetzungen

Folgt man der obigen Meinung des BGH zum Gesellschaftsbezug, hat das Grundbuchamt, egal ob ein Titel gegen die Gesellschafter oder gegen die GbR zugrunde liegt, die Identität zwischen der Titel-GbR und der Eigentümer-GbR zweifelsfrei festzustellen.[26]

Auch wenn die auf Beklagtenseite aufgeführten Gesellschafter mit den im Grundbuch (mit)eingetragenen Gesellschaftern übereinstimmen, ist daraus nicht zwingend diese Identität herzuleiten. Zwar wird nach § 899a BGB auch für das Grundbuchamt vermutet, dass die eingetragenen Personen – auch bei „Alt"-Eintragungen – die alleinigen Gesellschafter der GbR sind.[27] Dabei kann aber nicht mit absoluter Sicherheit ausgeschlossen werden, dass dieselben Gesellschafter mehrere eigenständige personenidentische und namensgleiche Gesellschaften bürgerlichen Rechts halten. Diese grundbuchrechtlich zu unterscheiden würde dazu führen, dass noch weitere eindeutige Merkmale in dem Titel enthalten sein müssten. Aber selbst wenn die Adresse der GbR angegeben wird, schließt dies nicht aus, dass unter derselben Adresse eine weitere namensidentische GbR existieren könnte. Hilfreich ist hier sicherlich der Vorschlag, aus dem Titel solle sich auch noch der Grundbesitz ergeben, in den vollstreckt werden soll (§ 28 GBO).[28]

Im Hinblick auf die Rechtsprechung des BGH zur GbR im Übrigen und auch im Hinblick auf die Vermutung des § 899 BGB sollte das Fehlen derartiger Identifikationsmerkmale aber nicht als Hindernis für eine Vollstreckung angesehen werden. Wer die Namensgleichheit von verschiedenen GbR wählt, muss damit leben, dass diese grundbuchtechnisch derzeit nicht mehr auseinandergehalten werden können. Es kann nicht sein, dass dadurch eine Art Grundbuchsperre entsteht. Wer der Meinung ist, die falsche von mehreren namens- und gesellschaftergleichen GbR sei von der Eintragung der Zwangshypothek betroffen, der mag dies entsprechend nachweisen im Rahmen eines Drittwiderspruchs.[29]

34 Ergeben sich zwischen dem im Titel aufgeführten Gesellschafterbestand und den im Grundbuch eingetragenen Gesellschaftern **Abweichungen**, weil etwa eine erfolgte Anteilsübertragung, ein Eintritt oder ein Ausscheiden von Gesellschaftern grundbuchmäßig noch nicht verlautbart ist, besteht zwar Parteienidentität i.S.d. § 750 Abs. 1 ZPO. Aber wegen der Identitätsbedeutung der Gesellschafterangabe muss auch der angegebene Gesellschafterbestand übereinstimmen. Falls es Abweichungen zwischen dem Gesellschafterbestand im Grundbuch und im Titel gibt, muss diese in Form der Titelumschreibung gem. § 727 ZPO analog beseitigt werden.[30] Daneben erfordert der Voreintragungsgrundsatz nach § 39 GBO i.V.m. § 47 Abs. 2 GBO bei der Eintragung der Zwangshypothek die Voreintragung des aktuellen übereinstimmenden Gesellschafterbestandes der betroffenen GbR.[31]

Das Antragsrecht des Gläubigers hierzu ergibt sich aus § 14 GBO analog.[32]

Wurde erst **nach** der Titulierung der Gesellschafterbestand der GbR im Grundbuch verändert, und ergibt sich aus der früheren (geröteten) Grundbucheintragung, dass diese mit den im Titel aufgeführten Gesellschaftern übereinstimmen, ist die notwendige Identität nach § 750 Abs. 1 ZPO offensichtlich.

Ein Wechsel im Mitgliederbestand hat auf die Vollstreckbarkeit eines gegen die GbR gerichteten Titels in das Gesellschaftsvermögen keinen Einfluss.[33]

Auch hier liegt kein Fall der fehlenden Voreintragung vor.

---

26 Zöller/*Seibel*, § 736 Rn 2 und § 750 Rn 5; *Bestelmeyer*, Rpfleger 2011, 421.
27 OLG München v. 26.8.2009 – 34 Wx 54/09; OLG Zweibrücken v. 20.10.2009 – 3 W 116/09.
28 OLG München v. 26.8.2009 – 34 Wx 54/09; *Bestelmeyer*, Rpfleger 2011, 421 und Rpfleger 2010, 169.
29 So auch vom Sinn her für den Eigentumserwerb namenloser personengleicher GbR OLG München v. 27.11.2012 – 34 Wx 303/12; a.M. *Bestelmeyer*, Rpfleger 2011, 420.
30 BGH v. 2.12.2010 – V ZB 84/10.
31 Bauer/von Oefele/*Bauer*, § 39 Rn 48.
32 OLG Schleswig v. 6.4.2011 – 2 W 60/10 für den damals aktuellen Fall, dass überhaupt keine Gesellschafter einer namensführenden GbR im Grundbuch eingetragen waren. Die Entscheidung ist aber auf den Fall der Grundbuchunrichtigkeit nach Gesellschafterwechsel übertragbar.
33 Zöller/*Seibel*, § 736 Rn 5.

D. Allgemeine Vollstreckungsvoraussetzungen § 42

Richtet sich der Titel nur gegen die **Gesellschafter** (§ 736 ZPO) und nicht (auch) gegen die GbR selbst, hat dieser für eine Vollstreckung in ein GbR-Grundstück diejenigen Gesellschafter zu bezeichnen, die der GbR bei Beginn der jeweiligen Zwangsvollstreckung angehören, und den Gesellschaftsbezug der Forderung darzulegen.[34] In der Zwischenzeit neu eingetretene und im Titel nicht namentlich aufgeführte Gesellschafter sind Rechtsnachfolger i.S.d. § 727 ZPO. Der Titel ist somit vor Eintragung der Hypothek gegen die neuen Gesellschafter umzuschreiben.[35]

35

Tipp

Soweit eine Zwangsvollstreckung in den Grundbesitz der GbR in Betracht kommt, muss der Gläubiger bei der Titulierung darauf hinwirken, dass neben der Bezeichnung der beklagten GbR auch alle deren Gesellschafter und möglichst auch der mit einer Zwangshypothek zu belastende Grundbesitz im Titel aufgeführt werden.

Falls die Titulierung gegen die Gesellschafter erfolgen soll, muss im Titel auf die Darlegung des Bezugs der Forderung zur GbR geachtet werden.

d) Wohnungseigentümergemeinschaft

Ist als Eigentümerin von Grundbesitz die (teil)rechtsfähige Gemeinschaft der Wohnungseigentümer (§ 10 Abs. 6 S. 1 WEG) eingetragen, bedarf es zur Zwangsvollstreckung in diesen Grundbesitz eines Titels gegen diese Wohnungseigentümergemeinschaft.[36] Ein Titel gegen einige oder alle Wohnungseigentümer reicht hierfür nicht aus, eine dem § 736 ZPO (Vollstreckung in das Vermögen einer GbR) entsprechende Vorschrift fehlt.

36

Eine Titelberichtigung entsprechend § 319 ZPO dahingehend, dass sich der gegen alle Wohnungseigentümer erstrittene Titel gegen die Wohnungseigentümergemeinschaft richtet, kommt nicht in Betracht.[37]

e) Änderung der Parteienbezeichnung

Parteienidentität (und keine Rechtsnachfolge) liegt vor, wenn sich lediglich die Bezeichnung der Partei ändert, der Rechtsträger aber derselbe bleibt, so z.B. bei:

37

- **Namensänderung** einer natürlichen Person (auch nach Geschlechtsumwandlung);
- **Firmenänderung**;
- **Änderung der Haftungsform** einer Personenhandelsgesellschaft (OHG in KG bzw. umgekehrt, denkbar auch GbR in OHG und umgekehrt[38]);
- **formwechselnder Umwandlung** nach §§ 190 ff. UmwG;
- **Änderung der Vermögenszuordnung** von einer Zweigniederlassung auf die Hauptniederlassung.[39]

In diesen Fällen genügt es, wenn dem Grundbuchamt gegenüber die entsprechende Änderung durch Urkunden nachgewiesen wird. Eine Berichtigung des Titels oder der Klausel ist entbehrlich. Eine Kenntlichmachung der Namens- oder Firmenänderung auf dem Vollstreckungstitel kann vom Gläubiger jedoch verlangt werden. Diese erfolgt, da sie zur Fassung der Klausel gehört, durch den Urkundsbeamten. Es handelt sich dabei nicht um eine Rechtsnachfolgeklausel i.S.v. § 727 ZPO. Zustellung dieses Vermerks sowie etwaiger Nachweisurkunden nach § 750 Abs. 2 ZPO ist folglich entbehrlich.[40]

38

---

34 BGH v. 25.1.2008 – V ZR 63/07.
35 Zöller/*Seibel*, § 736 Rn 5.
36 Wegen der Eintragung der Wohnungseigentümergemeinschaft als Eigentümerin siehe Schöner/Stöber, Rn 2838c; OLG Hamm v. 20.10.2009 – I-15 Wx 81/09.
37 *Drasdo*, JurBüro 2008, 119.
38 LG Stuttgart v. 2.6.2016 – 2 T 185/16.
39 Zöller/*Seibel*, § 727 Rn 34a.
40 Zöller/*Seibel*, § 727 Rn 31 ff.; *Thomas/Putzo*, § 727 Rn 4.

39 Wird die Zwangshypothek in Unkenntnis der Änderung der Gläubigerbezeichnung für diesen unter seiner bisherigen Bezeichnung eingetragen, berührt dies die Wirksamkeit nicht. Das Grundbuchamt hat bei entsprechendem Nachweis die Richtigstellung von Amts wegen vorzunehmen.[41]

f) Rechtsnachfolgeklausel

40 Soll die Zwangsvollstreckung für oder gegen eine Person stattfinden, die im Titel nicht namentlich bezeichnet ist, bedarf es hierzu einer Rechtsnachfolgeklausel (§§ 750 Abs. 1 S. 1, 727 ff. ZPO).

III. Zustellung

41 Die Zustellung des Titels an den Schuldner vor Beginn der Zwangsvollstreckung ist in § 750 Abs. 1 ZPO als weitere allgemeine Vollstreckungsvoraussetzung vorgeschrieben. Entbehrlich ist die vorherige Zustellung bei der Vollziehung eines Arrests und einer einstweiligen Verfügung (§§ 929 Abs. 3, 936 ZPO).

42 Ggf. sind außer dem Titel noch weitere Urkunden im **Parteibetrieb** zuzustellen (z.B. §§ 750 Abs. 2, 3, 751 Abs. 2, 765 ZPO).

E. Besondere Vollstreckungsvoraussetzungen

I. Eintritt eines Kalendertages

43 Ist die Geltendmachung des Anspruchs nach dem Titel von dem Eintritt eines Kalendertages abhängig, so darf eine Zwangshypothek nur eingetragen werden, wenn der Kalendertag abgelaufen und die Fälligkeit damit eingetreten ist (§ 751 Abs. 1 ZPO). Dies gilt auch bei laufenden wiederkehrenden Leistungen, z.B. Unterhaltsrenten, Mieten oder vereinbarten Ratenzahlungen. Für erst künftig fällig werdende Leistungen kann eine Zwangshypothek nicht eingetragen werden. Eine „Vorratsvollstreckung" ist hier ausgeschlossen. Eine dem § 850d Abs. 3 ZPO (Vorratspfändung) vergleichbare Möglichkeit der Zwangsvollstreckung durch Eintragung einer Sicherungshypothek im Rahmen des § 867 ZPO auch für erst künftig fällig werdende Ansprüche gibt es (im Gegensatz zur rechtsgeschäftlichen Hypothek, § 1113 Abs. 2 BGB) nicht.

44 **Künftige** (über den Eintragungstag hinaus fortlaufende) Zinsen können jedoch als Nebenforderung mit dem (fälligen) Hauptanspruch vollstreckt werden; § 751 Abs. 1 ZPO steht der Eintragung auch wegen solcher Zinsen nicht entgegen.

45 Die Norm des § 751 ZPO ist auch bei notariellen Urkunden zu beachten, in denen die Fälligkeit der einzelnen Teilbeträge zu ganz bestimmten Kalendertagen eintritt, auch wenn der Schuldner den Notar ermächtigt hat, ohne Nachweis der Fälligkeit die Vollstreckungsklausel zu erteilen. Die Zwangshypothek kann somit erst nach Eintritt der jeweiligen allein kalendermäßig feststellbaren Fälligkeit eingetragen werden.[42]

46 Etwas anderes gilt, wenn im Rahmen des § 726 ZPO der Notar ermächtigt wird, ohne Nachweis des Eintritts der Bedingung für die Fälligkeit der titulierten Forderung eine vollstreckbare Ausfertigung zu erteilen. Der Schuldner (der wegen § 767 ZPO nicht schutzlos ist) hat den Notar und damit konkludent auch das Vollstreckungsorgan von der Fälligkeitsprüfung entbunden. Das Grundbuchamt hat in diesem Fall die Zwangshypothek ohne weitere Fälligkeitsprüfung durch das Grundbuchamt einzutragen, da eine erteilte Klausel vorliegt.[43] Selbst wenn der Urkundsbeamte (oder Notar) fälschlich eine einfache Klausel erteilt

---

41 *Demharter*, § 22 Rn 22, 23.
42 *Münzberg*, Rpfleger 1987, 207; unzutreffend LG Wiesbaden v. 3.11.1986 – 4 T 640/86, dazu Anm. *Meyer-Stolte*, Rpfleger 1987, 118, die die Eintragung einer Zwangshypothek auch vor Fälligkeit der einzelnen Teilbeträge zulassen.
43 So auch Zöller/*Seibel*, § 726 Rn 16 (entgegen der früher dort vertretenen a.A.).

hat, obwohl eine qualifizierte Klausel durch den Rechtspfleger erforderlich gewesen wäre, kann das Grundbuchamt die Zwangshypothek eintragen.[44]

Unstreitig kann auch bei der **kassatorischen Vereinbarung** (Verfallklausel), falls bei Nichtzahlung einer fälligen Rate der gesamte Betrag fällig wird, eine Zwangshypothek in voller Höhe eingetragen werden, nachdem der erste Fälligkeitstermin verstrichen ist.

II. Wartefrist

Auch bei der Eintragung einer Zwangshypothek sind die Wartefristen (§ 798 ZPO bzw. § 750 Abs. 3 ZPO) zu beachten.

III. Sicherheitsleistung/Sicherungsvollstreckung

Aus einem gegen Sicherheitsleistung vorläufig vollstreckbaren Urteil und einem darauf basierenden Kostenfestsetzungsbeschluss darf vor Rechtskraft die Zwangsvollstreckung nur beginnen, wenn der Gläubiger die angeordnete Sicherheit geleistet hat, dies durch öffentliche oder öffentlich beglaubigte Urkunden nachgewiesen ist und eine Abschrift diese Nachweisurkunden dem Schuldner bereits zugestellt ist (§ 751 Abs. 2 ZPO). Die Art der Sicherheitsleistung bestimmt § 108 ZPO.

Bei **Teilvollstreckung** bemisst sich die Höhe der Sicherheitsleistung nach dem Verhältnis des Teilbetrages zum Gesamtbetrag (§ 752 ZPO).

Im Wege der **Sicherungsvollstreckung** nach § 720a ZPO kann eine Zwangshypothek auch ohne den Nachweis der Sicherheitsleistung eingetragen werden. Die Norm bezweckt den Rechtsschutz der im ersten Rechtszug siegreichen Partei durch eine Sicherung (nicht Verwertung) ihres nur vorläufig vollstreckbar titulierten Anspruchs.

Voraussetzungen hierzu:

- Ein Urteil, das auf eine Geldforderung lautet. Eine Sicherungsvollstreckung nach § 720a ZPO ist auch dann zulässig, wenn neben dem Zahlungstitel wegen § 11 AnfG noch ein Duldungstitel notwendig ist.
- Das Urteil ist nur gegen Sicherheitsleistung des Gläubigers vorläufig vollstreckbar (§ 709 ZPO) oder dessen Vollstreckung ist auf Schutzantrag des Schuldners nach § 712 Abs. 1 S. 2 ZPO im Urteil auf die Maßregeln des § 720a Abs. 1 und 2 ZPO beschränkt.
- Der Schuldner darf die Sicherungsvollstreckung nicht durch eigene Sicherheitsleistung in Höhe des Hauptanspruchs abgewendet haben (§ 720a Abs. 3 ZPO).
- Das Urteil und nur im Falle des § 750 Abs. 2 ZPO auch die „qualifizierte" Klausel (§§ 726, 727 ZPO)[45] müssen dem Schuldner zwei Wochen vorher zugestellt sein (§ 750 Abs. 3 ZPO). Diese Wartefrist soll dem Schuldner die Möglichkeit geben, die Sicherungsvollstreckung nach § 720a Abs. 3 ZPO abzuwenden.

Eine Verwertung und Gläubigerbefriedigung ist erst dann möglich, wenn der Gläubiger nachträglich Sicherheit leistet (§§ 720a Abs. 1 S. 2, 751 Abs. 2 ZPO) oder das Urteil Rechtskraft erlangt hat. Solange die Verwertungsbefugnis nicht eingetreten ist, darf aus der Zwangshypothek eine Zwangsversteigerung oder Zwangsverwaltung nicht betrieben werden. Erlischt die Zwangshypothek vor der Befriedigungsberechtigung des Gläubigers durch Zwangsversteigerung auf Antrag eines **anderen** Gläubigers (§ 91 Abs. 1 ZVG), ist ein auf sie entfallender Erlösanteil für den Schuldner und den Gläubiger gemeinsam zu hinterlegen.[46]

---

44 BGH v. 12.1.2012 – VII ZB 71/09.
45 BGH v. 5.7.2005 – VII ZB 14/05, der die Zustellung der einfachen Klausel für entbehrlich hält.
46 Zöller/*Seibel*, § 720a Rn 8.

54 Aus einem **Kostenfestsetzungsbeschluss** findet Sicherungsvollstreckung nach § 720a ZPO statt, wenn er auf einem nur gegen Sicherheitsleistung vorläufig vollstreckbaren Urteil beruht (§ 795 S. 2 ZPO).

IV. Zug um Zug zu bewirkende Leistungen

55 Hängt die Vollstreckung von einer Zug um Zug zu bewirkenden Leistung des Gläubigers an den Schuldner ab, so darf die Zwangsvollstreckung erst beginnen, wenn der Gläubiger durch öffentliche oder öffentlich beglaubigte Urkunden nachgewiesen hat, dass der Schuldner mit der Gegenleistung befriedigt oder in Verzug der Annahme ist (§ 765 ZPO). Die Nachweisurkunde ist dem Schuldner grundsätzlich zuzustellen.

56 Die Norm des § 765 ZPO ist auch vom Grundbuchamt als Vollstreckungsorgan zu beachten. Eine unter Verstoß gegen § 765 ZPO ohne Gegenleistung eingetragene Zwangshypothek ist nicht nichtig. Mit der Nachholung der Zug-um-Zug-Leistung oder mit dem späteren Annahmeverzug entsteht die Zwangshypothek nachträglich wirksam.[47]

F. Keine Vollstreckungshindernisse

I. Allgemeines

57 Es dürfen keine Vollstreckungshindernisse der Eintragung der Zwangshypothek entgegenstehen. Werden dem Grundbuchamt solche vor der Eintragung bekannt, hat es diese abzulehnen. Eigene Ermittlungen hierzu hat das Grundbuchamt jedoch nicht anzustellen.[48]

II. Einzelne Vollstreckungshindernisse

1. Insolvenzeröffnung

58 Für einen **Insolvenzgläubiger** (§ 38 InsO) darf wegen einer Insolvenzforderung die Zwangsvollstreckung weder in die Insolvenzmasse (§§ 35, 36 InsO) noch in das sonstige Vermögen des Schuldners erfolgen (§ 89 Abs. 1 InsO). Dies gilt auch, wenn der Insolvenzverwalter einen Gegenstand aus der Insolvenzmasse freigegeben hat.[49]

59 Auch ein **ausländisches** Insolvenzverfahren verbietet entsprechend § 89 InsO grundsätzlich eine Einzelzwangsvollstreckung in Inlandsvermögen des Schuldners, wenn das ausländische Recht ein dem § 89 InsO vergleichbares Vollstreckungsverbot enthält.[50] Dies ist bei den meisten Staaten der Fall.

60 Auch **Neugläubiger** dürfen in die Insolvenzmasse nicht vollstrecken (arg. aus § 91 Abs. 1 InsO). Für Letztere ist die Zwangsvollstreckung jedoch durch Eintragung einer Zwangshypothek in **insolvenzfreies Vermögen** zulässig. Dies ist z.B. der Fall, wenn der Insolvenzverwalter ein überbelastetes Grundstück dem Schuldner freigegeben hat.

61 Im **Restschuldbefreiungsverfahren** (§§ 286 ff. InsO) sind Zwangsvollstreckungen für Insolvenzgläubiger in Vermögensgegenstände des Schuldners während der Laufzeit der Abtretungserklärung (Wohlverhaltenszeit von 6 Jahren) verboten (§ 294 Abs. 1 InsO).

62 Bestimmte **Massegläubiger** (§§ 53 ff. InsO) dürfen, ggf. unter Beachtung der zeitlichen Vollstreckungsbeschränkung des § 90 InsO, eine Einzelzwangsvollstreckung weiterhin betreiben. Damit ist auch die Eintragung einer Zwangshypothek mit einem Titel gegen den Insolvenzverwalter zulässig.

---

47 OLG München v. 15.4.2016 – 34 Wx 34/16.
48 OLG Hamm v. 21.2.2005 – 15 W 34/05.
49 BGH v. 12.2.2009 – IX ZB 112/06.
50 Wegen Einzelheiten hierzu vgl. §§ 343 ff. InsO und Art. 102 EGInsO nebst den entsprechenden Kommentierungen.

F. Keine Vollstreckungshindernisse § 42

Die Möglichkeit der Zwangsvollstreckung im Rahmen der **abgesonderten Befriedigung** in Grundbesitz (§ 49 InsO) ist für die Eintragung einer Zwangshypothek nicht relevant. 63

Zu beachten ist, dass der Gläubiger die Zwangshypothek weder über einen nach § 91 Abs. 2 InsO möglichen **gutgläubigen Erwerb** nach § 892 BGB noch über die Norm des § 878 BGB (Erwerb der Hypothek vom „gerade noch Berechtigten") erwerben kann. Die Vorschriften der §§ 878 und 892 BGB gelten nicht für einen Erwerb im Rahmen einer Zwangsvollstreckung.[51] 64

Ist als Eigentümer eines Grundstücks eine **Gesellschaft bürgerlichen Rechts (GbR)** im Grundbuch, eingetragen, hindert die Insolvenz **eines Gesellschafters** nicht die Vollstreckung des Titels in das Gesellschaftsvermögen. Unerheblich ist es, ob zur Zwangsvollstreckung in das Gesellschaftsvermögen ein Titel gegen alle Gesellschafter (§ 736 ZPO) oder gegen die rechts- und parteifähige Gesellschaft selbst vorliegt.[52] Das Vollstreckungsverbot des § 89 Abs. 1 InsO steht dem nicht entgegen. Dies gilt auch dann, wenn im Grundbuch bezüglich des Gesellschaftsanteils des Schuldners der Insolvenzvermerk eingetragen sein sollte.[53] 65

Zur Insolvenzmasse gehört zwar der Anspruch des Gesellschafters auf das Auseinandersetzungsguthaben, nicht jedoch dessen Anteil an den einzelnen Vermögensgegenständen (hier Grundstück).[54] Mithin unterliegt der Anteil des Gesellschafters am Grundstück der Gesellschaft und damit das Gesellschaftsvermögen selbst nicht dem Vollstreckungsverbot des § 89 Abs. 1 InsO. Eine Zwangshypothek ist somit noch eintragbar. Das Vollstreckungsverbot greift nur bei der Insolvenz der **GbR** selbst (§ 11 Abs. 2 Nr. 1 InsO) oder **aller Gesellschafter** (arg. aus § 736 ZPO).

Ist ein Gesellschafter der GbR Eigentümer eines Grundstücks, kann zu dessen Lasten trotz Insolvenz der GbR (§ 11 Abs. 2 S. 1 InsO) eine Zwangshypothek eingetragen werden, da hier das Vollstreckungsverbot des § 89 InsO nur das Gesellschaftsvermögen, nicht aber das Privatvermögen des (nicht in Insolvenz befindlichen) Gesellschafters ergreift.[55]

Das Gleiche gilt bei der Insolvenz eines von **mehreren Miterben**. Eine solche hindert nicht die Eintragung einer Zwangshypothek zu Lasten eines Nachlassgrundstücks, wenn ein Titel gegen alle Miterben vorliegt (§ 747 ZPO). Auch hier greift das Vollstreckungsverbot des § 89 Abs. 1 InsO nur bei Insolvenz aller **Miterben** (arg. aus § 747 ZPO) oder bei Eröffnung des **Nachlassinsolvenzverfahrens** (§§ 315 ff. InsO).[56] 66

Für die als Eigentümerin von Grundbesitz eingetragene rechtsfähige **Wohnungseigentümergemeinschaft** (§ 10 Abs. 6 S. 1 WEG) gibt es keine insolvenzrechtlichen Vollstreckungsbeschränkungen. Die Gemeinschaft als solche ist nicht insolvenzfähig (§ 11 Abs. 3 WEG). Auch eine Insolvenz gegen alle Wohnungseigentümer lässt eine Zwangsvollstreckung gegen die Gemeinschaft weiterhin zu; § 89 InsO greift hier nicht. 67

Soweit eine Zwangshypothek nicht mehr eingetragen werden darf, ist der Antrag sofort zurückzuweisen. Dies gilt auch für einen Antrag, der bereits vor Insolvenzeröffnung beim Grundbuchamt eingegangen ist. 68

Das im Insolvenzantragsverfahren verhängte **allgemeine Verfügungsverbot** oder die Anordnung, dass Verfügungen des Schuldners nur mit Zustimmung des vorläufigen Insolvenzverwalters zulässig sind (§ 21 Abs. 2 Nr. 2 InsO), bewirken als solche keine Vollstreckungssperre. Eine nach § 21 Abs. 2 Nr. 3 InsO vom Gericht angeordnete **Untersagung** oder **einstweilige Einstellung der Zwangsvollstreckung** 69

---

51 Palandt/*Herrler*, § 892 Rn 2, § 878 Rn 4 (h.M.).
52 BGH v. 29.1.2001 – II ZR 331/00, Schleswig-Holsteinisches OLG v. 20.12.2005 – 2 W 205/05.
53 Umstritten ist, ob ein Insolvenzvermerk insoweit eintragbar ist (vgl. *Schöner/Stöber*, Rn 1635a; Palandt/*Sprau*, § 728 Rn 2); *Bestelmeyer*, Rpfleger 2010, 169, 188; zuletzt dafür: LG Berlin v. 24.3.2016 – 20 T 27/16.
54 Palandt/*Sprau*, § 728 Rn 2; *Keller*, Rpfleger 2000, 201.
55 Saarländisches OLG v. 29 07 2009 – 1 Ws 118/09.
56 Zöller/*Seibel*, § 747 Rn 9.

kann sich nur auf bewegliches Vermögen beziehen, so dass vor Insolvenzeröffnung die Eintragung einer Zwangshypothek stets zulässig ist.

70 Erlässt das Insolvenzgericht als vorläufige Sicherungsmaßnahme ein **allgemeines Verfügungsverbot** gegen den Schuldner (§ 21 Abs. 2 Nr. 2 Alt. 1 InsO), so geht die Verwaltungs- und Verfügungsbefugnis über das Vermögen des Schuldners auf den vorläufigen Insolvenzverwalter über (§ 22 Abs. 1 InsO). Man spricht hier von einem **„starken" vorläufigen Insolvenzverwalter**. In diesem Falle bedarf es zur Eintragung der Zwangshypothek einer Rechtsnachfolgeklausel gegen den vorläufigen Insolvenzverwalter.

71 Ordnet das Insolvenzgericht an, dass Verfügungen des Schuldners nur mit **Zustimmung** des vorläufigen Insolvenzverwalters wirksam sind (§ 21 Abs. 2 Nr. 2 Alt. 2 InsO), bleibt die Verfügungsbefugnis als solche beim Schuldner. In diesem Falle bedarf es keiner Rechtsnachfolgeklausel gegen den sog. **„schwachen" vorläufigen Insolvenzverwalter**.

72 Eine solche Zwangshypothek wird jedoch bei der **Eröffnung** des Insolvenzverfahrens nach § 88 InsO dem Gläubiger entzogen.

73 Wird dagegen die Eröffnung des Insolvenzverfahrens abgelehnt, bleibt die jetzt endgültig wirksame Zwangshypothek bestehen.

Tipp

Vor Antragstellung sollte der Gläubiger vor allem bei hoher Titelforderung (Eintragungskosten!) die Risiken des Wegfalls der Zwangshypothek nach § 88 InsO in seine Überlegungen für eine effektive Zwangsvollstreckung mit einbeziehen.

2. Nachlassverwaltung

74 Nach der Anordnung und Eintragung der Nachlassverwaltung im Grundbuch darf eine Zwangshypothek für alle **Nicht-Nachlassgläubiger** (Eigengläubiger des Schuldners) zu Lasten eines Nachlassgrundstücks nicht mehr eingetragen werden (§ 1984 Abs. 2 BGB, §§ 784, 785 ZPO). Auch vor der Eintragung der Nachlassverwaltung im Grundbuch verbietet sich für Eigengläubiger die Sicherung durch Eintragung einer Zwangshypothek, wenn die Anordnung der Nachlassverwaltung dem Grundbuchamt bekannt ist.

75 Haben Eigengläubiger bereits in den Nachlass vollstreckt, kann der Nachlassverwalter durch eine Vollstreckungsabwehrklage diese Maßnahmen angreifen, auch wenn der Erbe schon unbeschränkt haftet (§§ 784 Abs. 2, 785, 767 ZPO).

76 Ausgehend von der Erwägung, dass bei der Nachlassverwaltung der Nachlass zur Befriedigung aller **Nachlassgläubiger** ausreicht, lässt § 1984 Abs. 2 BGB Zwangsvollstreckungen und Arrestvollziehungen zugunsten von Nachlassgläubigern zu. Somit kann zu Lasten eines Nachlassgrundstücks für einen Nachlassgläubiger eine Zwangshypothek eingetragen werden. Bereits erfolgte Vollstreckungsmaßnahmen von Nachlassgläubigern bleiben wirksam.

77 Ein Nachlassgläubiger, der nach Anordnung der Nachlassverwaltung aufgrund eines gegen den Erblasser oder den Erben ergangenen Urteils eine Zwangshypothek erwirken will, bedarf dazu einer vollstreckbaren Ausfertigung gegen den Nachlassverwalter als Partei kraft Amtes entsprechend §§ 727, 749 ZPO.[57]

78 Die vollstreckbare Ausfertigung hierfür setzt den § 727 ZPO genügenden Nachweis voraus, dass der Vollstreckungstitel sich auf eine Nachlassverbindlichkeit bezieht. Damit ist das Vollstreckungsorgan der Prüfung enthoben, ob dem Titel eine für die Zwangsvollstreckung in den Nachlass notwendige Nachlassverbindlichkeit zugrunde liegt.

79 Hatte die Zwangsvollstreckung zu Lebzeiten bereits gegen den Erblasser aufgrund eines gegen ihn gerichteten Titels begonnen, erübrigt sich für die Eintragung der Zwangshypothek die Erteilung einer Rechts-

---

[57] A.M. Palandt/*Weidlich*, § 1984 Rn 4.

nachfolgeklausel gegen den Nachlassverwalter für das gegen den Erblasser lautende Urteil (§ 779 ZPO). In diesem Falle ist für das Grundbuchamt als Vollstreckungsorgan offenkundig, dass sich der Titel auf eine Nachlassverbindlichkeit bezieht, weitere Nachweise erübrigen sich (§ 29 Abs. 1 S. 2 GBO).

Eine Zwangsvollstreckung in das Eigenvermögen der Erben ist weiterhin zulässig, ggf. kommt eine Aufhebung nach §§ 781 ff., 767 ZPO in Betracht.[58]

3. Vollstreckungsverbote nach § 775 ZPO

Weitere Vollstreckungshindernisse ergeben sich aus der Norm des § 775 ZPO wie folgt:

- Aufhebung des Vollstreckungstitels oder seiner vorläufigen Vollstreckbarkeit, Unzulässigkeitserklärung oder (endgültige) Einstellung der Zwangsvollstreckung (Nr. 1);
- einstweilige Einstellung der Zwangsvollstreckung (Nr. 2), etwa aufgrund der §§ 570 Abs. 3, 707, 719, 732 Abs. 2, 765a, 769, 770 ZPO;
- Leistung der Abwendungssicherheit durch den Schuldner in den Fällen der §§ 711, 712 und 720a Abs. 3 ZPO (Nr. 3);
- Vorlage einer Urkunde des Gläubigers, dass dieser befriedigt ist oder Stundung bewilligt hat (Nr. 4);
- Vorlage eines Einzahlungs- oder Überweisungsnachweises einer Bank oder Sparkasse, dass der Betrag zur Auszahlung an den Gläubiger oder auf dessen Konto eingezahlt oder überwiesen wurde (Nr. 5).

In den Fällen des § 775 Nr. 4 und 5 ZPO ist das Vollstreckungsverfahren jedoch auf Antrag des Gläubigers fortzusetzen, wenn er die Befriedigung oder Stundung bestreitet. Die Zwangshypothek ist mithin dann einzutragen.

Eine im Urteil dem Vollstreckungsschuldner vorbehaltene **Beschränkung der Erbenhaftung** (§§ 780, 786 ZPO) braucht das Grundbuchamt nicht zu berücksichtigen, solange nicht das Prozessgericht die Zwangsvollstreckung in das Eigenvermögen des Erben für unzulässig erklärt hat (§ 775 Nr. 1 ZPO) oder eine Anordnung nach § 769 ZPO mit der Folge des § 775 Nr. 2 ZPO getroffen hat (§§ 781, 785 ZPO).[59]

G. Besondere Voraussetzungen für Zwangshypothek

I. Mindestbetrag

Eine Zwangshypothek darf nur für einen **750,00 EUR** übersteigenden Betrag eingetragen werden (§ 866 Abs. 3 ZPO). Für vor dem 1.1.1999 beantragte Zwangshypotheken war der Mindestbetrag mehr als 500,00 DM, ab diesem Zeitpunkt wurde der Betrag auf mehr als 1.500,00 DM bzw. 766,94 EUR angehoben.

Eine unter dem Mindestbetrag eingetragene Zwangshypothek ist, falls keine Ausnahme greift, als inhaltlich unzulässig von Amts wegen zu löschen (§ 53 Abs. 1 S. 2 GBO). Eine Eigentümergrundschuld entsteht nicht.

Die Wertgrenze gilt nicht für einen zunächst zurückgewiesenen, aber aufgrund Beschwerdeentscheidung nachträglich einzutragenden Teilbetrag. Insoweit kann, ggf. im Rang nach etwaigen Zwischenrechten, eine eigene Zwangshypothek für die Teilforderung eingetragen werden, auch wenn dieser Teilbetrag die Mindestgrenze von 750,01 EUR nicht erreicht. Durch die erfolgreiche Beschwerde ist der frühere einheitliche Antrag wiederhergestellt, auch wenn er jetzt nicht mehr einheitlich erledigt werden kann. Eine

---

[58] *Jaspersen*, Rpfleger 1995, 243.
[59] OLG Frankfurt v. 23.5.1997 – 20 W 166/97; *Demharter*, Anh. zu § 44 Rn 68.

"Erhöhung" des Kapitalbetrages der bereits für eine Teilforderung eingetragenen Zwangshypothek in der Veränderungsspalte scheidet aus. Somit ist es in diesem Ausnahmefall gerechtfertigt, für den zweiten Teilbetrag eine rechtlich eigenständige Zwangshypothek einzutragen, auch wenn der Mindestbetrag nicht erreicht wird.[60]

87 Das Gleiche wird zu gelten haben, wenn einem einheitlichen Antrag des Gläubigers auf Eintragung der Zwangshypothek zunächst nur teilweise entsprochen werden kann, etwa weil Nachweise für bisherige notwendige Kosten der Zwangsvollstreckung nach § 788 ZPO fehlen. Hier kann später für diesen Restbetrag eine eigene Zwangshypothek, an rangbereiter Stelle, auch unter dem Mindestbetrag eingetragen werden. Dabei handelt es sich um die Fortbesetzung der einheitlich beantragten Zwangsvollstreckungsmaßnahme.[61]

88 Die zulässigerweise den Mindestbetrag unterschreitende Eintragung sollte erkennen lassen, dass diese Zwangshypothek auch unter dem Mindestbetrag von mehr als 750,00 EUR gerechtfertigt ist. Die entsprechende **Formulierung** könnte etwa lauten:

... als Ergänzung zur Zwangshypothek Abt. III Nr. 3 zulässigerweise auch unter dem Mindestbetrag des § 866 Abs. 3 ZPO eingetragen am ...

89 Eine Zwangshypothek bleibt auch dann als zulässig wirksam, wenn sie **nachträglich** den geforderten Mindestbetrag unterschreitet. Dies ist der Fall, wenn

- eine Teillöschung der Hypothek vorgenommen wird (§ 875 BGB);
- der Gläubiger auf einen Teilbetrag verzichtet (§ 1168 BGB);
- der Eigentümer/Schuldner einen Teil der titulierten Forderung zurückzahlt (§§ 362 Abs. 1, 1163 Abs. 1 S. 2, 1177 Abs. 1 BGB);
- die Voraussetzungen des § 868 ZPO nur zum Teil vorliegen.

90 In den drei zuletzt genannten Fällen entsteht insoweit eine der verbleibenden Zwangshypothek gegenüber nachrangige (§ 1176 BGB) Teileigentümergrundschuld.

91 Dass die ggf. unter dem Mindestbetrag liegende verbleibende Zwangshypothek wirksam bleibt, ergibt sich aus der entsprechenden ursprünglichen Eintragung. Ein weiterer Eintragungshinweis erübrigt sich somit.

92 **Mehrere** titulierte **Forderungen** desselben Gläubigers gegen denselben Schuldner, auch wenn sie einzeln den Betrag von mehr als 750,00 EUR nicht übersteigen, können zusammengerechnet werden (§ 866 Abs. 3 S. 2 ZPO). Unzulässig ist jedoch die Zusammenfassung von Forderungen verschiedener Gläubiger, auch wenn sie gegen denselben Schuldner tituliert sind.

93 Notwendige Kosten der bisherigen Zwangsvollstreckung können zur Titelforderung hinzugerechnet werden, auch wenn sie nicht tituliert sind (§ 788 ZPO). Hierzu zählen jedoch nicht die Kosten der Eintragung der Zwangshypothek.[62] Auch kann allein wegen bisheriger den Betrag von 750,00 EUR übersteigender Kosten der Zwangsvollstreckung eine eigene Zwangshypothek eingetragen werden.[63]

94 Als **andere Nebenleistungen** (§ 1115 Abs. 1 BGB) können titulierte einmalige oder fortlaufende Strafzinsen, Säumniszuschläge, Verwaltungskosten, Bürgschaftsgebühren usw. eingetragen werden.[64]

---

[60] Für die Nichtanwendung der Mindestgrenze bei aufgrund Beschwerdeentscheidung nachträglich einzutragendem Teilbetrag LG Ellwangen v. 22.12.1981 – I T 37/81, BWNotZ 1982, 67 m. zust. Anm. *Böhringer*; MüKo-ZPO/*Dörndorfer*, § 866 Rn 12.
[61] *Hintzen*, ZIP 1991, 474, 479; Teilvollzug ist wegen des dem Gläubiger gebührenden Rangs geboten; OLG München v. 20.5.2010 – 34 Wx 055/10.
[62] *Demharter*, Anh. zu § 44 Rn 65; OLG Hamm v. 8.1.2009 – I – 15 Wx 291/08.
[63] OLG München v. 13.8.2013 – 34 Wx 322/13.
[64] *Schöner/Stöber*, Rn 2191.

Titulierte Zinsen, auch gesetzliche Verzugszinsen (etwa nach § 288 BGB), sind miteinzutragen.[65] Sind rückständige Zinsen im Titel betragsmäßig als „Hauptsacheforderung" ausgewiesen, sind sie, um den Mindestbetrag von mehr als 750,00 EUR zu erreichen, einrechnungsfähig (§ 866 Abs. 3 S. 1 ZPO). 95

Umstritten ist jedoch, ob **rückständige** titulierte **Zinsen** auch dann bei Errechnung des Mindestbetrags berücksichtigt werden können, wenn diese nur als Nebenforderung *(... nebst 7 % Zinsen ab ...)* tituliert sind. 96

Eine ältere Meinung[66] hält es für zulässig, dass diese vom Gläubiger im Rahmen der Antragstellung bis zu diesem Zeitpunkt kapitalisiert werden und damit für den Mindestbetrag im Vollstreckungsverfahren eine einrechnungsfähige selbstständige „Hauptforderung" darstellen. 97

Demgegenüber hat das OLG Hamm[67] mit beachtlichen Gründen eine Meinungsänderung eingeleitet, dass für die Zusammenrechnung Zinsen nur dann berücksichtigt werden können, wenn diese auch bereits in **kapitalisierter** betragsmäßiger Form **tituliert** sind. Eine nachträgliche Kapitalisierung dieser im Titel als Nebenforderung ausgewiesenen Zinsen durch den Gläubiger verbietet sich.[68] 98
Im Hinblick auf die unterschiedlichen Wirkungen in einem Zwangsversteigerungsverfahren (vgl. § 10 Abs. 1 Nr. 4, 5 und 8, § 9 Nr. 1 mit § 45 Abs. 1 ZVG) gilt dies auch bei einem Hauptsachebetrag von über 750,00 EUR.

Ist die Zwangshypothek zunächst nur wegen des Hauptsachebetrages eingetragen, die Zinsen als Nebenforderung erst danach zur Eintragung beantragt worden, ist deren nachträgliche rangwahrende Eintragung in der Veränderungsspalte nicht mehr möglich. 99
Dies gilt auch bei einem Zinssatz bis zu 5 %, da § 1119 BGB insoweit auf die Zwangshypothek keine Anwendung findet (str.).[69]

Umstritten ist, ob allein für rückständige Zinsen eine eigene Zwangshypothek eintragbar ist.[70] Es ist wohl zu differenzieren: Sind die rückständigen Zinsen betragsmäßig (über 750,00 EUR) als „Hauptsachebetrag" tituliert, dürfte hierfür eine eigene Zwangshypothek in Betracht kommen. Sind die Zinsen dagegen im Titel als Nebenforderung ausgewiesen, verbietet sich eine solche Eintragung. 100

II. Belastungsgegenstand

Mit einer Zwangshypothek können belastet werden: 101

- Grundstück im Rechtssinne;
- Bruchteil eines Grundstücks (ideeller Miteigentumsanteil, §§ 741 ff., 1008 BGB), wenn er im Anteil eines Miteigentümers steht (§ 864 Abs. 2 ZPO). Ein Bruchteil eines Alleineigentümers kann ausnahmsweise dann belastet werden, wenn dieser nach § 3 Abs. 6 GBO selbstständig gebucht ist (entsprechend § 1114 BGB).[71] Er ist ebenso belastbar, wenn eine nach § 11 AnfG anfechtbar erworbene

---

65 Zöller/*Seibel,* § 867 Rn 10; *Schöner/Stöber,* Rn 2189.
66 So MüKo-ZPO/*Dörndorfer,* § 866 Rn 10; *Schöner/Stöber,* Rn 2190; *Schuschke/Walker,* § 866 Rn 6; Musielak/*Becker,* § 866 Rn 4.
67 OLG Hamm v. 8.1.2009 – I–15 Wx 291/08; auch bisher schon Stein/Jonas/*Münzberg,* § 866 Rn 6; nunmehr auch Zöller/*Seibel,* § 866 Rn 5; *Hintzen,* ZIP 1991, 474, 478; *Wagner,* Rpfleger 2004, 668, 671; *Demharter,* Anh. zu § 44 Rn 65.
68 So auch OLG München v. 30.9.2011 – 34 Wx 356/11 und v. 15.4.2016 – 34 Wx 37/16; OLG Nürnberg v. 10.4.2014 – 15 W 665/14.
69 OLG Celle v. 30.11.2012 – 4 W 202/12.
70 Für Zulässigkeit einer Zwangshypothek nur für rückständige Zinsen: MüKo-ZPO/*Dörndorfer,* § 866 Rn 4; Musielak/*Becker,* § 866 Rn 4; *Schöner/Stöber,* Rn 2190; LG Bonn v. 22.4.1981 – 4 T 490/81; dagegen sprechen sich aus: Schleswig-Holsteinisches OLG v. 17.3.1982 – 2 W 1/82, OLG München v. 30.9.2011 – 34 Wx 356/11; OLG Nürnberg v. 10.4.2014 – 15 W 665/14; Zöller/*Seibel,* § 866 Rn 5.
71 Zöller/*Seibel,* § 864 Rn 7.

§ 42 Eintragungsvoraussetzungen

Grundstückshälfte belastet werden soll, auch nachdem dieser Miteigentumsanteil nach Eintragung des Erwerbers als Alleineigentümer nicht mehr besteht.[72]
- Wohnungs- und Teileigentum als besonders ausgestaltetes Miteigentum nach dem WEG;
- Erbbaurecht als grundstücksgleiches Recht (§ 11 ErbbauRG);
- Wohnungs- und Teilerbbaurecht (§ 30 WEG);
- Miteigentums-/Mitberechtigungsanteile eines Dritten an Wohnungs-/Teileigentum und Erbbaurecht.

102 **Unzulässig** ist die Eintragung einer Zwangshypothek am
- Anteil eines Gesellschafters einer Gesellschaft bürgerlichen Rechts (§ 719 BGB);
- Erbanteil (§ 2033 BGB);
- Gesamtgutsanteil ehelicher oder fortgesetzter Gütergemeinschaft (§§ 1416, 1419, 1485, 1487 BGB).

103 Der Anteil des Gesellschafters an dem Gesellschaftsvermögen einer Gesellschaft bürgerlichen Rechts, der Erbanteil sowie der Gesamtgutsanteil an der beendeten ehelichen oder fortgesetzten Gütergemeinschaft unterliegt der **Pfändung** nach den Vorschriften der §§ 828 ff. ZPO (§§ 857, 859, 860 Abs. 2 ZPO). Während des Bestehens der ehelichen oder fortgesetzten Gütergemeinschaft ist der Anteil unpfändbar (§ 860 Abs. 1 ZPO).

III. Belastung mehrerer Grundstücke

1. Verteilungsgebot

104 Soll eine Zwangshypothek auf mehreren Grundstücken desselben Schuldners eingetragen werden, hat der Gläubiger die titulierte Forderung auf die einzelnen Grundstücke zu **verteilen** (§ 867 Abs. 2 ZPO). Dasselbe gilt für Grundstücksbruchteile (§ 864 Abs. 2 ZPO). Die Größe der Teile bestimmt der Gläubiger, wobei zu beachten ist, dass jede Einzelhypothek den Betrag von 750,00 EUR übersteigen muss (§§ 867 Abs. 2 Hs. 2, 866 Abs. 3 S. 1 ZPO). Für nach altem Recht (vor 1999) beantragte Zwangshypotheken gab es keine solche Grenze bei der Verteilung.

105 Sollen für mehrere Forderungen, für die mehrere Titel bestehen, an mehreren Grundstücken Zwangshypotheken eingetragen werden, muss im Eintragungsantrag und in der Eintragung selbst genau angegeben werden, welcher Teil welcher Forderung an welchem Grundstück gesichert sein soll.[73]

106 *Beispiel*

Der Gläubiger betreibt die Zwangsvollstreckung aufgrund der vollstreckbaren Ausfertigung zweier Urkunden des Notars Dr. Martin Schreiber und zwar aus der Urkunde UR Nr. 104/17 über 60.000,00 EUR und aus der Urkunde UR Nr. 234/17 über 40.000,00 EUR. Im Hinblick auf die Regelung des § 867 Abs. 2 ZPO verteilt der Gläubiger die zusammengerechneten Forderungen von 100.000,00 EUR in der Weise, dass auf den vier Grundstücken des Schuldners je ein Betrag von 25.000,00 EUR gesichert werden soll. Dies genügt jedoch nicht. Vielmehr muss die Verteilungserklärung des Gläubigers genau erkennen lassen, welcher Betrag aus welchem Titel dem einzelnen Grundstück zugeordnet werden soll.

Die Verteilung müsste somit etwa wie folgt formuliert werden:

Der einzutragende Betrag wird **wie folgt verteilt**:

Zu Lasten des Grundstücks A ein Teilbetrag von 25.000,00 EUR aus Urkunde UR Nr. 104/17,

zu Lasten des Grundstücks B ein Teilbetrag von 25.000,00 EUR aus Urkunde UR Nr. 104/17,

---

[72] BGH v. 23.2.1984 – IX ZR 26/83 zum früheren § 7 AnfG, der dem jetzigen § 11 AnfG entspricht. Neben dem Zahlungstitel gegen den früheren Miteigentümer bedarf es noch eines Duldungstitels gegen den jetzigen Alleineigentümer; Einzelheiten hierzu: *Alff*, Rpfleger 2003, 284 ff. Wegen weiterer Ausnahmen siehe *Demharter*, Anh. zu § 44 Rn 66; OLG Frankfurt v. 14.1.1987 – 20W 4/87.

[73] BGH v. 14.3.1991 – IX ZR 300/90; OLG Zweibrücken v. 13.7.2001 – 3W 62/01.

G. Besondere Voraussetzungen für Zwangshypothek §42

zu Lasten des Grundstücks C ein Teilbetrag von 25.000,00 EUR und zwar 10.000,00 EUR aus Urkunde UR Nr. 104/17 und 15.000,00 EUR aus Urkunde UR Nr. 234/17 und zu Lasten des Grundstücks D ein Teilbetrag von 25.000,00 EUR aus Urkunde UR Nr. 234/17.

Soweit nach dieser Norm eine Verteilung geboten ist, ist eine Gesamtzwangshypothek, im Gegensatz zur rechtsgeschäftlichen Hypothek (§ 1132 BGB), unzulässig. Grund dafür ist, dass der Schuldner vor übermäßiger Belastung seiner Grundstücke geschützt werden soll. Außerdem sollen die mit einer Gesamthypothek verbundenen Schwierigkeiten in der Zwangsversteigerung/Zwangsverwaltung ausgeschaltet werden. 107

Die Verteilung hat der Gläubiger in seinem schriftlichen Antrag vorzunehmen; einer Unterschriftsbeglaubigung bedarf es nicht. 108

▼

Muster: Antrag auf Verteilung der Forderung auf verschiedene Grundstücke 109

Ich beantrage den titulierten Betrag wie folgt auf die genannten Grundstücke/Wohnungseigentumseinheiten zu verteilen:

- 4.000,00 EUR nebst 8 % Zinsen seit dem 1.4.2018 zu Lasten des Grundstücks FlSt.Nr. 123/5 (Grundbuch Nr. 10841)

- 6.000,00 EUR nebst 8 % Zinsen seit dem 1.4.2018 zu Lasten des 11/1000 Miteigentumsanteils an dem Grundstück FlSt.Nr. 4444 verbunden mit dem Sondereigentum an der Wohnung Nr. 11 (Grundbuch Nr. 14.711)

▲

Falls die Verteilung als Vollstreckungsvoraussetzung fehlt, ist eine rangwahrende (grundbuchrechtliche) Zwischenverfügung nach § 18 Abs. 1 GBO unzulässig. Das Grundbuchamt hat dem Gläubiger mit einer Aufklärungsverfügung nach § 139 ZPO jedoch Gelegenheit zu geben, den Vollstreckungsmangel zu beseitigen. Der Rang des Antrags bestimmt sich im Fall der nachträglichen Verteilung nach dem Eingangszeitpunkt des Verteilungsschriftsatzes.[74] 110

Die notwendige nachträgliche Verteilungserklärung kann als Ergänzung einer Vollstreckungsvoraussetzung ebenfalls in einfacher Schriftform nachgereicht werden und stellt keine teilweise Antragsrücknahme zum ursprünglichen Antrag dar.[75] 111

> *Tipp*
> Um einen Rangverlust zu vermeiden, sollte der Gläubiger bei der Belastung mehrerer Grundstücke des Schuldners gleich die Verteilung der Titelforderung in seinen Antrag aufnehmen. Dabei ist zu beachten, dass jede Teilhypothek den Betrag von 750,00 EUR übersteigt.

Unzulässig ist auch die Eintragung einer zweiten bedingten Zwangshypothek für den Fall, dass eine auf einem anderen Grundstück zuvor eingetragene Zwangshypothek für dieselbe Forderung in der Zwangsversteigerung ganz oder teilweise ausfällt (Ausfallhypothek).[76] 112

Das Verbot der Gesamtzwangshypothek bzw. der weiteren „Einzel"-Zwangsvollstreckung gilt auch dann, wenn mehrere Grundstücke des Schuldners nacheinander belastet werden sollen. Eine weitere Zwangshypothek für dieselbe Forderung (auch Teilforderung) ist nur dann möglich, wenn die erste Hypothek gelöscht ist oder der Gläubiger wirksam auf sie verzichtet hat (§ 1168 BGB). Die Aushändigung der Löschungsbewilligung bzw. der Verzichtserklärung an den Schuldner genügt nicht. 113

---

74 BGH v. 23.5.1958 – V ZB 12/58.
75 *Schöner/Stöber*, Rn 2194, 2195; *Zöller/Seibel*, § 867 Rn 15; MüKo-ZPO/*Dörndorfer*, § 867 Rn 62.
76 *Schöner/Stöber*, Rn 2196; LG Hechingen v. 15.9.1992 – 4T 86/92.

114 Soll nachträglich ein anderes Grundstück des Schuldners belastet werden, kann dies der Gläubiger dadurch ermöglichen, dass er in notariell beglaubigter Form (§ 29 Abs. 1 GBO) auf die eingetragene Zwangshypothek verzichtet und den Verzicht im Grundbuch eintragen lässt (§ 1168 BGB). Dies kann – im Gegensatz zur Löschung der Hypothek (§ 27 GBO) – ohne Mitwirkung des schuldenden Eigentümers erfolgen. Für die Neueintragung zu Lasten eines weiteren Schuldnergrundstücks ist – wenn ein anderes Grundbuchamt zuständig ist – der wirksame Verzicht durch die entsprechende Eintragungsnachricht (§ 55 GBO) oder einen beglaubigten Grundbuchauszug (§ 12 GBO) bzw. einen amtlichen Ausdruck (§ 131 GBO) nachzuweisen.

> **Tipp**
> Erfährt der Gläubiger, dass der Schuldner ein „wertvolleres" oder „weniger belastetes" Grundstück besitzt, kann er erst nach einem eingetragenen Verzicht auf die Zwangshypothek auf dem „neuen" Schuldnergrundstück seine Titelforderung dinglich absichern lassen.

115 Eine unter Verletzung von § 867 Abs. 2 ZPO für die gleiche Titelforderung auf einem anderen Schuldnergrundstück eingetragene weitere Zwangshypothek ist nicht entstanden. Die zuerst zulässig eingetragene Einzelzwangshypothek wird davon nicht berührt. Die später eingetragene zweite Zwangshypothek ist dann von Amts wegen zu löschen (§ 53 Abs. 1 S. 2 GBO), wenn sich die inhaltliche Unzulässigkeit aus der Eintragung selbst (oder den dort zulässigerweise in Bezug genommenen Unterlagen) ergibt, etwa bei Eintragung eines Mithaftvermerks nach § 48 GBO.[77] Andernfalls kommt nur die Eintragung eines Amtswiderspruchs nach § 53 Abs. 1 S. 1 GBO bei der zweiten Zwangshypothek in Betracht.[78]

2. Belastung von Gebäudeeigentum im Beitrittsgebiet

116 Ist der Schuldner sowohl Eigentümer des **Grundstücks** als auch Eigentümer des **Gebäudeeigentums** auf dem Grundstück, so ist aufgrund des absoluten Verfügungsverbots nach § 78 Abs. 1 S. 1 SachenRBerG die Eintragung einer Zwangshypothek allein zu Lasten des Gebäudes oder des Grundstücks ohne das Gebäude nicht mehr möglich. Es ist jedoch abweichend von § 867 Abs. 2 ZPO nach Sinn und Zweck des § 78 Abs. 1 S. 1 SachenRBerG die Belastung des Grundstücks und des Gebäudeeigentums für zulässig zu erachten.[79]

3. Nachträgliche Grundstücksteilung

117 Wird das mit einer Einzelzwangshypothek belastete Grundstück nachträglich (etwa wegen § 7 GBO) real geteilt oder wird das Grundstück nach § 8 WEG in Wohnungs-/Teileigentum aufgeteilt,[80] so bildet die Zwangshypothek nunmehr kraft Gesetzes ein Gesamtrecht an den neu gebildeten Grundstücken bzw. Wohnungs-/Teileigentumseinheiten. Hier richtet sich die Gesamtbelastung zwar nur gegen einen Schuldner, so dass sie vom Wortlaut des § 867 Abs. 2 ZPO erfasst wäre. Eine solche vom Schuldner einseitig herbeigeführte Gesamtzwangshypothek bleibt jedoch weiterhin wirksam. Es kann nicht angehen, dass der Schuldner durch bloße Grundstücksteilung die wirksam eingetragene (Einzel-)Zwangshypothek in eine inhaltlich unzulässige Gesamtzwangshypothek verwandeln und damit zum Erlöschen bringen kann.[81]

---

77 *Schöner/Stöber*, Rn 2200 a.E.
78 *Schöner/Stöber*, Rn 2196.
79 *Schöner/Stöber*, Rn 2197a.
80 Beides geschieht ohne Mitwirkung des Gläubigers der Zwangshypothek.
81 MüKo-ZPO/*Dörndorfer*, § 867 Rn 67, 68.

4. Gesamtschuldner/Gesamtzwangshypothek

Richtet sich die Vollstreckungsforderung gegen mehrere Gesamtschuldner (§§ 421 ff. BGB), kann auf **je einem** Grundstück (Miteigentumsanteil) der mehreren **Schuldner** eine Zwangshypothek über den gesamten Betrag eingetragen werden. Diese Zwangshypothek ist dann **Gesamtrecht** i.S.v. § 1132 BGB. Die Norm des § 867 Abs. 2 ZPO steht dem nicht entgegen, da sie nur eine Gesamtzwangshypothek zu Lasten **eines** Schuldners verbietet. Eine so zulässige Gesamtzwangshypothek kann auch nachträglich durch Pfanderstreckung herbeigeführt werden.

In der Praxis hat dies vor allem bei gesamtschuldnerisch haftenden Eheleuten Bedeutung, die etwa zu je ½ Anteil Bruchteilseigentümer eines Grundstücks sind. Eine Gesamtzwangshypothek liegt nämlich auch dann vor, wenn einzelne ideelle Bruchteile (Miteigentumsanteile) eines Grundstücks belastet werden.

Zu beachten ist hierbei, dass bei mehreren zu belastenden Grundstücken eines der Gesamtschuldner die Forderung insoweit wieder zu verteilen ist.[82]

Beispiel

A und B sind laut Urteil als Gesamtschuldner zur Zahlung von 10.000,00 EUR verurteilt. A ist Eigentümer des Grundstücks FlSt.Nr. 100, B Eigentümerin der Grundstücke Nr. 200 und 300.

Es können somit beispielsweise folgende Zwangshypotheken eingetragen werden:

FlSt.Nr. 100 (A):	10.000,00 EUR	(Mithaft besteht über 4.000,00 EUR bei FlSt.Nr. 200 und über 6.000,00 EUR bei FlSt.Nr. 300)
FlSt.Nr. 200 (B):	4.000,00 EUR	(Mithaft besteht bei FlSt.Nr. 100)
FlSt.Nr. 300 (B):	6.000,00 EUR	(Mithaft besteht bei FlSt.Nr. 100)

Die Zwangshypotheken über 4.000,00 EUR und 6.000,00 EUR sind untereinander bezüglich der Mitschuldnerin B Einzelhypotheken, bezüglich der Hypothek über 10.000,00 EUR (Schuldner A) sind die Hypotheken über 4.000,00 EUR und 6.000,00 EUR Gesamthypotheken. Es ist zulässig, dass bei einer Gesamthypothek die Forderung nicht auf allen belasteten Grundstücken in gleicher Höhe gesichert sein muss. Der Mithaftvermerk nach § 48 GBO ist von Amts wegen bei den entsprechenden Zwangshypotheken anzubringen.[83]

Eine **Gesamtzwangshypothek** ist auch in folgenden Fällen zulässig:

- Zu Lasten eines **Nachlassgrundstücks** und eines Grundstücks, das im Eigentum eines der Miterben (**Eigenvermögen**) steht, wenn alle Miterben gesamtschuldnerisch verurteilt sind (§ 2058 BGB).
- Bei entsprechender Titulierung (§§ 740, 741 ZPO) auf einem Gesamtgutsgrundstück (§ 1416 BGB) und einem **Vorbehaltsgrundstück** (§ 1418 BGB) eines oder beider Ehegatten. Dasselbe gilt bei einer Gesamthandsgemeinschaft nach ausländischem Ehegüterrecht.
- Auf dem Grundstück einer GbR und eines bzw. mehrerer oder aller Gesellschafter, falls eine entsprechende gesamtschuldnerische Titulierung (§ 736 ZPO) vorliegt.

5. Erstreckung auf Miteigentumsanteil

Umstritten ist, ob eine auf einem Miteigentumsanteil eingetragene Zwangshypothek dann durch den Gläubiger auf einfachen schriftlichen Antrag auf das **ganze** Grundstück **erstreckt** werden kann, wenn

---

[82] *Schöner/Stöber*, Rn 2197; Zöller/*Seibel*, § 867 Rn 19; MüKo-ZPO/*Dörndorfer*, § 867 Rn 69; wegen Bruchteilsbelastung mit Gesamtzwangshypothek siehe OLG Düsseldorf v. 25.7.2003 – 3 Wx 167/03.
[83] *Schöner/Stöber*, Rn 2239.

der Schuldner durch Erbfolge oder rechtsgeschäftlich die übrigen Miteigentumsanteile erwirbt, somit Alleineigentümer des ganzen Grundstücks ist.[84]

124 Der bejahenden Auffassung in der Literatur ist entgegen OLG Oldenburg zu folgen. Es ist anerkannt, dass ein nur an einem Miteigentumsanteil bestelltes Grundpfandrecht bei Vereinigung in Alleineigentum nachträglich durch Rechtsgeschäft auf das ganze Grundstück erstreckt werden kann. Dabei entsteht kein Gesamtrecht, vielmehr lastet das Grundpfandrecht weiter als Einzelrecht nunmehr am ganzen Grundstück. Das Verbot des § 867 Abs. 2 ZPO, zu Lasten mehrerer Grundtücke desselben Schuldners eine Gesamtzwangshypothek einzutragen, steht dem nicht entgegen, da die Zwangshypothek ja Einzelrecht bleibt.

Die Eintragung könnte in der Veränderungsspalte der dritten Abteilung bei der Hypothek etwa lauten:

Der bisher unbelastete hälftige Miteigentumsanteil haftet mit, so dass jetzt das ganze Grundstück belastet ist. Im Wege der Zwangsvollstreckung aufgrund des Urteils ... eingetragen am ...

Der in Spalte 4 eingetragene Vermerk: *„Lastet nur auf dem 1/2 Anteil des ... "* ist als jetzt gegenstandslos zu röten (§ 17 Abs. 2 GBV).

6. Besonderes Rechtsschutzinteresse

125 Eine Zwangshypothek darf – ebenso wie bei einer sonstigen Vollstreckungsmaßnahme – nicht eingetragen werden, wenn ein Rechtsschutzinteresse fehlt. Ein solches Rechtsschutzbedürfnis ist z.B. dann nicht gegeben, wenn an einem Grundstück eine Zwangshypothek eingetragen werden soll, obwohl für die titulierte Forderung bereits eine rechtsgeschäftlich bestellte Hypothek an **diesem** Grundstück eingetragen ist.[85]

126 Besteht für die durch Zwangshypothek zu sichernde Forderung bereits eine rechtsgeschäftlich bestellte Hypothek an einem Grundstück, hindert dies nicht die Eintragung einer Zwangshypothek an einem **anderen** Grundstück des Schuldners.[86]

127 Die Sicherung der Gläubigerforderung durch eine Grundschuld steht der Eintragung einer Zwangshypothek an einem anderen und grundsätzlich auch an demselben Grundstück nicht entgegen.[87] Eine Ausnahme davon macht die Rechtsprechung[88] und lässt die Eintragung einer Zwangshypothek an demselben Grundstück, zu dessen Lasten bereits eine Grundschuld eingetragen ist, nicht zu, wenn die Zwangshypothek wegen des Schuldversprechens mit persönlicher Zwangsvollstreckungsunterwerfung bei Übernahme der persönlichen Haftung für die Zahlung des Grundschuldbetrages erfolgen soll. Eintragbar ist eine solche Zwangshypothek jedoch an einem anderen Grundstück des Schuldners.

128 Die Eintragung einer Zwangssicherungshypothek ist auch dann möglich, wenn der Titelgläubiger bereits die Anordnung der Zwangsversteigerung und/oder der Zwangsverwaltung erwirkt hat (§ 866 Abs. 2 ZPO).

129 Die Eintragung einer Zwangshypothek kann auch wegen Geringwertigkeit des Grundstücks oder weil wegen übermäßiger Vorbelastung derzeit eine Befriedigung des Gläubigers in einer Zwangsversteigerung nicht zu erwarten wäre, nicht abgelehnt werden.

---

84 Für die Zulässigkeit spricht sich aus: *Schöner/Stöber,* Rn 2196a; dagegen: OLG Oldenburg v. 1.11.1995 – 2 W 120/95; Musielak/*Becker,* § 867 Rn 10.
85 *Schuschke/Walker,* § 867 Rn 6.
86 So h.M., BeckOK ZPO/*Riedel,* § 867 Rn 30.2; *Schöner/Stöber,* Rn 2208; BayObLG v. 20.9.1990 – BReg 2 Z 96/90; a.A. Mü-Ko-ZPO/*Dörndorfer,* § 867 Rn 71; offen Meikel/*Böhringer,* § 48 Rn 39.
87 Zöller/*Seibel,* § 867 Rn 17; OLG Hamm v. 21.1.1985 – 15 W 18/85.
88 OLG Köln v. 23.10.1995 – 2 Wx 30/95; ihm folgend: *Schöner/Stöber,* Rn 2208.

G. Besondere Voraussetzungen für Zwangshypothek § 42

Das Verbot des § 54 GBO, wonach die auf einem Grundstück ruhenden öffentlichen Lasten als solche von der Eintragung grundsätzlich ausgeschlossen sind, steht einer **aufschiebend bedingten Hypothek**, deren Wirksamkeit erst mit Wegfall des Vorrechts nach § 10 Abs. 1 Nr. 3 ZVG eintritt, nicht entgegen. Eine solche Eintragung könnte etwa lauten:

130

Beispiel

Dritte Abteilung			1
Lfd. Nr. der Eintragungen	Lfd. Nr. der belasteten Grundstücke im Bestandsverzeichnis	Betrag	Hypotheken, Grundschulden, Rentenschulden
1	2	3	4
1	1	1.000,00 EUR	Eintausend Euro Sicherungshypothek für rückständige Grundsteuer für die Zeit vom ... bis ... für die Stadt Schwetzingen. Auf Ersuchen ... und unter der Bedingung, dass das Vorrecht gemäß § 10 Abs. 1 Nr. 3 ZVG vor Erlöschen des Steueranspruchs wegfällt, eingetragen am ... *Unterschrift*

Eine unbedingte Hypothek kann für öffentliche Lasten jedoch auf einem **anderen** Grundstück des Schuldners eingetragen werden.[89]

131

IV. Minderjähriger Schuldner

Die Eintragung einer Zwangshypothek zu Lasten eines minderjährigen Eigentümers/Schuldners bedarf keiner familiengerichtlichen Genehmigung. Die Normen der §§ 1643 Abs. 1, 1821 Abs. 1 Nr. 1 Alt. 1 BGB greifen hier nicht.[90]

132

V. Vormundschaft/Betreuung/Pflegschaft

Steht der Eigentümer/Schuldner unter **Betreuung** mit Einwilligungsvorbehalt (§§ 1896, 1903 BGB), unter **Vormundschaft** (§§ 1773 ff. BGB) oder unter **Pflegschaft** (§§ 1909 ff. BGB), ist eine familien- bzw. betreuungsgerichtliche Genehmigung ebenfalls nicht erforderlich.

133

Die Eintragung der Hypothek im Wege der Zwangsvollstreckung ist keine genehmigungspflichtige rechtsgeschäftliche Verfügung i.S.d. § 1821 Abs. 1 Nr. 1 Alt. 1 BGB.

134

---

[89] *Demharter,* § 54 Rn 12, 13.
[90] *Klüsener,* Rpfleger 1981, 469; Palandt/*Götz,* § 1821 Rn 5.

VI. Erbbaurecht

135 Ein Erbbaurecht kann, wie ein Grundstück, mit einer Zwangshypothek belastet werden (§ 11 ErbbauRG). Ist als Inhalt des Erbbaurechts vereinbart, dass zur Belastung mit Grundpfandrechten die Zustimmung des Grundstückseigentümers erforderlich ist (§ 5 ErbbauRG) – zu ersehen aus der entsprechenden Eintragung im Bestandsverzeichnis des Erbbaugrundbuches (§ 56 Abs. 2 GBV) – gilt das Zustimmungserfordernis auch bei der Eintragung einer Zwangshypothek, auch bei einem Eigentümererbbaurecht (§ 8 ErbbauRG). Eine notwendige Eigentümerzustimmung ist dem Grundbuchamt in öffentlicher oder öffentlich beglaubigter Form (§ 29 GBO) vor Eintragung der Zwangshypothek nachzuweisen (§ 15 ErbbauRG).

136 Bei grundloser Verweigerung der Eigentümerzustimmung kann diese durch das Amtsgericht ersetzt werden (§ 7 Abs. 3 ErbbauRG). Umstritten ist, ob der Gläubiger das Antragsrecht auf Ersetzung erst nach Pfändung und Überweisung des Zustimmungsanspruchs des Schuldners (Erbbauberechtigten) ausüben kann oder ob dies entbehrlich ist. Eine Ersetzung ist auch für eine titulierte Privatschuld möglich, falls keine Überbelastung des Erbbaurechts eintritt.[91]

137 Das Fehlen der Genehmigung bzw. der gerichtlichen Ersetzung kann mit rangwahrender Zwischenverfügung nach § 18 Abs. 1 GBO beanstandet werden.

138 Wenn für Belastungen bestimmter Gläubiger Ausnahmen von der Zustimmungsbedürftigkeit festgelegt sind (z.B. keine Zustimmung für Grundpfandrechte von Körperschaften und Anstalten des öffentlichen Rechts), gelten sie auch für die Eintragung von Zwangshypotheken solcher Gläubiger.[92]

VII. Wohnungs-/Teileigentum

139 Bei der Belastung eines Wohnungs-/Teileigentums ist ein Zustimmungserfordernis nicht vereinbar (§ 12 WEG Umkehrschluss, § 137 BGB). Eine Zwangshypothek kann somit hier stets ohne Mitwirkung des Verwalters bzw. der anderen Miteigentümer eingetragen werden.

VIII. Umlegung, Sanierung, Entwicklungsbereich

140 Während der Dauer eines **Umlegungsverfahrens**, in **Sanierungsgebieten** und **Entwicklungsbereichen** bedarf die Eintragung keiner Genehmigung der entsprechenden Behörde. Die für rechtsgeschäftliche Verfügungen geltenden Genehmigungstatbestände der §§ 51, 144, 169 BauGB greifen hier nicht. Eintragung einer Zwangshypothek kann jedoch **nicht** erfolgen, wenn zur Umgehung der für die Eintragung eines rechtsgeschäftlichen Grundpfandrechts erforderlichen Genehmigung die Zwangsvollstreckung des in der Grundschuldbestellungsurkunde enthaltenen Schuldanerkenntnisses mit Zwangsvollstreckungsunterwerfung nach § 794 Abs. 1 Nr. 5 ZPO betrieben wird.[93]

IX. Weitere Sonderfälle

141 Genehmigungsfrei ist auch die Eintragung einer Zwangshypothek bei einem **land-** oder **forstwirtschaftlichen** Grundstück (§§ 2, 27 GrstVG).

---

91 Eine vorherige Pfändung und Überweisung halten für notwendig: OLG Hamm v. 20.11.1992 – 15 W 309/91; Palandt/*Wicke*, § 8 ErbbauRG Rn 4; *Hintzen*, ZIP 1991, 474, 482. Für entbehrlich: *Stöber* (ZVG), Einl. Rn 64.5; *Streuer*, Rpfleger 1994, 59; *Schiffhauer*, Rpfleger 1995, 478. Wegen der Voraussetzung einer Ersetzung siehe Palandt/*Wicke*, § 7 ErbbauRG Rn 4, 5.
92 OLG Celle v. 26.7.1984 – 4 W 118/84.
93 So h.M. *Schöner/Stöber*, Rn 2206; OLG Oldenburg v. 19.2.1998 – 5 W 7/98. Für Eintragung sprechen sich aus: LG Regensburg v. 7.4.1977 – 5 T 79/77; MüKo-ZPO/*Dörndorfer*, § 867 Rn 16. Die dadurch beeinträchtigten öffentlichen Interessen sind von den Verwaltungsbehörden zu verfolgen.

G. Besondere Voraussetzungen für Zwangshypothek § 42

Ein im Grundbuch eingetragener **Rechtshängigkeitsvermerk** (§ 325 Abs. 1 ZPO) oder eine **Vermögensbeschlagnahme** (§§ 290, 443 StPO) stellen ebenfalls kein Eintragungshindernis dar. 142

Die Zwangsvollstreckung, und damit Eintragung einer Zwangshypothek in das Grundstück eines **fremden Staates**, das von diesem zu diplomatischen Zwecken und damit hoheitlich genutzt wird, ist ohne Zustimmung des fremden Staates unzulässig.[94] 143

Ist im Grundbuch ein befristeter Sperrvermerk nach dem **Bundesversorgungsgesetz** (§§ 72, 75 BVG) eingetragen, bedürfen spätere Veräußerungen und Belastungen der Zustimmung der zuständigen Behörde. Dies gilt auch im Rahmen von Zwangsverfügungen, weshalb vor Eintragung einer Zwangshypothek die entsprechende Zustimmung nachzuweisen ist.[95] 144

Das Zustimmungserfordernis gilt auch für den vergleichbaren Sperrvermerk nach dem **Soldatenversorgungsgesetz** (§ 31 SVG). Bei einer Beschränkung nach dem **Versicherungsaufsichtsgesetz** bedarf es der Zustimmung des bestellten Treuhänders (§§ 72, 77 VAG), während bei einer – nur relativen – Verfügungsbeschränkung nach dem **Investmentgesetz**[96] die beauftragte Depotbank der Eintragung einer Zwangshypothek **nicht** zuzustimmen hat (§§ 26, 31 InvG).[97] 145

Das Veräußerungsverbot nach dem **Ausgleichsleistungsgesetz** (§ 3 Abs. 10 AusglLeistG) bezüglich ehemaliger volkseigener Grundstücke steht der Eintragung einer Zwangshypothek nicht entgegen.[98] 146

X. Relative Verfügungsbeschränkungen

Relative Verfügungsbeschränkungen, hier gegenüber dem Grundstückseigentümer, bezwecken nur den Schutz bestimmter Personen und machen nur ihnen gegenüber eine entgegenstehende Verfügung unwirksam (§ 135 Abs. 1 S. 1 BGB). 147

In Betracht kommen beispielsweise folgende **relative Verfügungsbeschränkungen**, die außerhalb des Grundbuchs wirksam werden: 148

- Relatives Verfügungsverbot gem. §§ 135, 136 BGB, angeordnet durch einstweilige Verfügung (§§ 935, 938 ZPO);
- Zwangsversteigerungs- und Zwangsverwaltungsvermerk (§§ 20, 23, 146 ZVG, §§ 135, 136 BGB);
- Pfändung (§ 859 ZPO), rechtsgeschäftliche Verpfändung (§§ 2033, 1273 BGB) und Nießbrauchsbestellung (§§ 2033, 1068 BGB) an einem Miterbenanteil.

Der rechtsgeschäftlichen Verfügung steht eine Verfügung im Wege der Zwangsvollstreckung, somit Eintragung einer Zwangshypothek, gleich (§ 135 Abs. 1 S. 2 BGB). Im Grundstücksrecht wird die Beschränkung nach § 888 BGB geltend gemacht. Um einen möglichen gutgläubigen Erwerb (§§ 135 Abs. 2, 892 Abs. 1 S. 2 BGB) auszuschließen, können die Beschränkungen berichtigend im Grundbuch vermerkt werden. Im Rahmen der Eintragung einer Zwangshypothek kommt ein gutgläubiger Erwerb nach h.M. zwar nicht bei der Ersteintragung in Betracht, da diese keine rechtsgeschäftliche Verfügung des Eigentümers i.S.v. § 892 BGB darstellt. Bei einer späteren Abtretung der titulierten, durch eine unwirksame Zwangshypothek gesicherten Forderung (§ 1154 Abs. 3 BGB), könnte jedoch die unwirksame Zwangshypothek in der Hand eines redlichen Erwerbers gutgläubig entstehen (§ 892 BGB). 149

---

94 BGH v. 28.5.2003 – IX ZB 19/03; KG v. 14.6.2010 – 1 W 276/09; wegen ausnahmsweiser Vollstreckung siehe BGH v. 6.11.2008 – IX ZR 64/08.
95 *Hintzen* in Hintzen/Wolf, Rn 9.153 und 10.106; *Wolber*, Rpfleger 1978, 433 und Rpfleger 1982, 210; *Stöber* (ZVG), § 15 Rn 7.
96 Das Investmentgesetz ist an die Stelle des bis zum 31.12.2003 gültigen Gesetzes über Kapitalanlagengesellschaften (KAGG) getreten.
97 KEHE/*Munzig*, § 20 Rn 177; OLG Karlsruhe v. 12.1.2010 – 11 Wx 60/09; a.A. Bauer/von Oefele/*Kössinger*, § 19 Rn 213.
98 BGH v. 11.1.2008 – V ZR 85/07.

§ 42 Eintragungsvoraussetzungen

150 Nach ihrer **Grundbucheintragung** bewirken die relativen Verfügungsbeschränkungen **keine Grundbuchsperre**, da dann ein gutgläubiger Erwerb ausgeschlossen ist (§ 892 Abs. 1 S. 2 BGB).

151 Nach Eintragung der Verfügungsbeschränkung eingegangene Anträge sind damit bei sonstiger Vollzugsreife stets zu vollziehen. Der Schutz der aus der Verfügungsbeschränkung berechtigten Personen ist durch deren Eintragung ausreichend gewährleistet. Auch eine Zwangshypothek kann danach stets eingetragen werden, da das Verbot Maßnahmen der Zwangsvollstreckung nicht hindert. Der Geschützte kann jedoch im Wege der Drittwiderspruchsklage nach §§ 771, 772 ZPO die Veräußerung des Grundstücks im Wege der Zwangsversteigerung (§ 35 ZVG) abwenden. Im Übrigen kann der Geschützte vom Dritterwerber (Gläubiger der Zwangshypothek) die Zustimmung zur Löschung der Zwangshypothek im Rahmen des § 888 Abs. 1 und 2 BGB verlangen.[99]

152 Umstritten ist die grundbuchmäßige Behandlung dem Grundbuchamt bekannter, aber noch **nicht im Grundbuch vermerkter** Verfügungsbeschränkungen. Nach überwiegender Auffassung hat das Grundbuchamt die Eintragung der Rechtsänderung (hier Zwangshypothek) davon abhängig zu machen, dass das Verfügungsverbot vorher oder mindestens gleichzeitig eingetragen wird, der Verbotsgeschützte in der Form des § 29 GBO der Eintragung der Zwangshypothek zustimmt („volenti non fit iniuria") oder die Verfügungsbeschränkung aufgehoben wird.[100]

153 Teilweise[101] wird die Auffassung vertreten, dass unter Beachtung des § 17 GBO das Grundbuchamt die Zwangshypothek auch ohne vorherige Eintragung der Verfügungsbeschränkung und ohne Zustimmung des Verbotsgeschützten einzutragen habe. Durch die Eintragung werde das Grundbuch auch nicht unrichtig, da die Zwangshypothek zunächst in „schwebende Wirksamkeit" erwächst.

154 Keine Verfügungsbeschränkung bezüglich des Grundstücks stellt dagegen die Pfändung eines GbR-Gesellschaftsanteils (§ 859 Abs. 1 ZPO) dar; diese bewirkt nur ein Kündigungsrecht des Pfändungsgläubigers nach § 725 BGB.

XI. Auflassungsvormerkung

155 Eine eingetragene Auflassungsvormerkung (Eigentumsvormerkung) bewirkt die relative Unwirksamkeit von den Anspruch nachträglich beeinträchtigenden Verfügungen, wobei hierzu auch die Eintragung der Zwangshypothek zu rechnen ist (§ 883 Abs. 2 S. 1 und 2 BGB). Sie bewirkt keine Grundbuchsperre bezüglich späterer Eintragungen. Es obliegt dem Vormerkungsberechtigten, ob er im Rahmen des § 888 Abs. 1 BGB seine Rechte gegen den Hypothekengläubiger (Zustimmung zur Löschung der Zwangshypothek) geltend machen will. Die eingetragene Auflassungsvormerkung bietet ausreichenden Schutz gegen einen etwaigen Rechtsverlust. Eine Zwangshypothek kann somit noch eingetragen werden.

> *Tipp*
> Die Eintragung der Zwangshypothek könnte einerseits den Erwerber veranlassen, auf den Veräußerer/Schuldner „Druck auszuüben", die titulierte gesicherte Forderung vor dem Eigentumswechsel zu bezahlen, um ein insoweit lastenfreies (§ 435 BGB) Grundstück zu erwerben. Andererseits hat der Gläubiger auch ohne Befriedigung beim Eigentumswechsel auf Verlangen des Erwerbers auf eigene Kosten die Zwangshypothek löschen zu lassen (§ 888 BGB ggf. über § 894 ZPO). Dies ist vom Gläubiger vor Antragstellung in seine Überlegungen mit einzubeziehen.

---

99 LG Frankenthal v. 24.8.1981 – 1 T 201/81; *Böttcher*, Rpfleger 1985, 386.
100 OLG Stuttgart v. 22.11.1984 – 8 W 240/84; BayObLG v. 30.5.2003 – 2 Z BR 129/02; Palandt/*Herrler*, § 888 Rn 10; *Demharter*, § 19 Rn 59.
101 *Böttcher*, Rpfleger 1985, 386.

XII. Vor- und Nacherbschaft

Steht das zu belastende Grundstück im Eigentum eines **Vorerben** (§§ 2100 ff. BGB), ist die Eintragung einer Zwangshypothek aufgrund eines Titels gegen den Vorerben stets möglich, wenn der Nacherbenvermerk im Grundbuch eingetragen ist (§ 51 GBO). Die Frage, ob die Zwangshypothek bei Eintritt des Nacherbfalls dem Nacherben gegenüber wirksam bleibt (§ 2115 BGB, § 773 ZPO), hat das Grundbuchamt hierbei nicht zu prüfen. Obwohl eine das Nacherbenrecht beeinträchtigende (Zwangs-)Verfügung zu einer absoluten, (erst) beim Nacherbfall eintretenden Unwirksamkeit führt, stellt der Nacherbenvermerk keine Grundbuchsperre dar. Der Nacherbe ist durch den eingetragenen Nacherbenvermerk ausreichend gegen etwaige Rechtsverluste geschützt, die ggf. kraft guten Glaubens bei rechtsgeschäftlicher Abtretung der hypothekarisch gesicherten Titelforderung eintreten könnten (§§ 892 Abs. 1 S. 2, 2113 Abs. 3 BGB). 156

Wegen der dem Nacherben gegenüber meist eintretenden Unwirksamkeit der Hypothek bringt diese dem Gläubiger oft keine verwertbare Sicherung. 157

Ergibt sich jedoch aus dem Titel (Urteilsgründe), dass es sich um eine Nachlassverbindlichkeit handelt (§ 2115 S. 1 Alt. 1 BGB), ist die Zwangshypothek dem Nacherben gegenüber endgültig wirksam und von ihm zu dulden. Diese Wirksamkeit kann auf schriftlichen Antrag des Gläubigers „klarstellend" bei der einzutragenden Hypothek und dem Nacherbenvermerk (gebührenfrei) berichtigend eingetragen werden („Wirksamkeitsvermerk"). Die sich aus dem Titel ergebende Wirksamkeit ist für das Grundbuchamt offenkundig (§ 29 Abs. 1 S. 2 GBO).[102] 158

> *Tipp*
> Ergibt sich aus dem Titel, dass eine Nachlassverbindlichkeit gesichert werden soll, sollte der Gläubiger in seinem Antrag auf Eintragung der Zwangshypothek gleichzeitig beantragen, den „Wirksamkeitsvermerk" mit zu verlautbaren.

Ist als Eigentümer im Grundbuch noch der schuldende **Erblasser** eingetragen, kann eine Zwangshypothek mit einem gegen ihn lautenden Titel zu Lasten des Nachlassgrundstücks eingetragen werden. Diese Hypothek ist dem Nacherben gegenüber uneingeschränkt wirksam, nachdem durch sie eine Nachlassverbindlichkeit gesichert wird (§ 2115 S. 2 BGB). Eine vorherige Eintragung des Vorerben als Eigentümer nebst Nacherbenvermerk (§ 51 GBO) erübrigt sich hierbei (§ 40 Abs. 1 GBO). Eintragung eines Wirksamkeitsvermerks ist somit stets möglich. 159

XIII. Vollstreckung gegen Ehegatten

1. Zugewinngemeinschaft und Gütertrennung

Beim gesetzlichen Güterstand der Zugewinngemeinschaft und bei Gütertrennung bedarf es zur Eintragung der Hypothek in das Grundstück eines Ehegatten nur eines Titels gegen den schuldnerischen Ehegatten. Dies gilt beim gesetzlichen Güterstand auch dann, wenn das zu belastende Grundstück das nahezu einzige Vermögen i.S.d. § 1365 BGB darstellt. 160

2. Gütergemeinschaft

Wegen der Eintragung einer Zwangshypothek zu Lasten eines Grundstücks, das zum **Gesamtgut** einer Gütergemeinschaft gehört, findet § 740 ZPO Beachtung. Wenn einer der Ehegatten die Alleinverwaltung innehat, muss der Titel gegen ihn lauten. Verwalten die Ehegatten gemeinschaftlich, so bedarf es eines Titels gegen beide. 161

---

102 *Schöner/Stöber*, Rn 2212, 3489, 3490, 296.

Bei der Zwangsvollstreckung in das **Vorbehaltsgut** (§ 1418 BGB) bei Gütergemeinschaft bedarf es zur Eintragung der Hypothek in das Grundstück eines Ehegatten nur eines Titels gegen den schuldnerischen Ehegatten.

XIV. Zwangsvollstreckung in den Nachlass/das Eigenvermögen der Erben

162 Für die Eintragung einer Zwangshypothek zu Lasten eines Nachlassgrundstücks oder in Eigenvermögen des Erben gelten die diesbezüglichen Ausführungen zur Zwangsversteigerung entsprechend.

163 Bedarf es bei einem gegen den Erblasser lautenden Titel keiner Rechtsnachfolgeklausel gegen den Erben (§ 779 ZPO) ist diesem ein besonderer Vertreter auf Antrag des Gläubigers vom Vollstreckungsgericht (nicht vom Grundbuchamt) zu bestellen, wenn der Erbe unbekannt ist und kein Nachlassverwalter oder Testamentsvollstrecker ernannt ist, und die Zuziehung des Schuldners für die Vollstreckungshandlung nötig ist. Dies trifft **nicht** zu, wenn an ihn nur eine Benachrichtigung wie etwa die Eintragungsbekanntmachung nach § 55 GBO zu richten ist.[103]

XV. Testamentsvollstreckung

164 Insoweit wird auf die Ausführungen in § 2 Rdn 63 ff. verwiesen.

H. Grundbuchrechtliche Voraussetzungen

I. Antrag

165 Der auch nach § 13 Abs. 1 S. 1 GBO notwendige das Grundbuchverfahren einleitende Antrag ist konkludent im Vollstreckungsantrag nach § 867 Abs. 1 ZPO enthalten. Antragsberechtigt ist nur der Gläubiger. Der Antrag ist schriftlich möglich (§ 30 GBO).

166 Der Antrag kann stets und ohne Angabe von Gründen bis zum Vollzug der Eintragung (§§ 44 Abs. 1, 129 Abs. 1 GBO) **zurückgenommen** werden.

167 Die Unterschrift des bzw. bei mehreren Gläubigern aller Gläubiger oder eines bevollmächtigten Vertreters bedarf bei der Antragsrücknahme der öffentlichen Beglaubigung (§§ 31 S. 1, 29 GBO). Die Form des § 29 GBO gilt auch für eine entsprechende Bevollmächtigung (§ 31 S. 3 GBO).

168 Die Einhaltung der Formvorschrift ist vom Grundbuchamt stets zu prüfen, auch wenn als Bevollmächtigter ein Rechtsanwalt auftritt. Die Vorschrift des § 88 Abs. 2 ZPO findet hier keine Anwendung (str.).[104]

II. Bewilligung

169 Die sonst üblicherweise erforderliche **Bewilligung** des Betroffenen (hier des Eigentümers) nach **§ 19 GBO** ist hier entbehrlich. An die Stelle der Bewilligung treten hier die Voraussetzungen der Zwangsvollstreckung (Titel usw.).[105]

---

103 Zöller/*Geimer*, § 779 Rn 6.
104 So die überwiegende Meinung *Schuschke/Walker,* § 867 Rn 16; *Schöner/Stöber,* Rn 2203; OLG Hamm v. 30.1.1985 – 15 W 41/85 und OLG Düsseldorf v. 18.8.1999 – 3 Wx 286/99; *Mensch,* RpflStud 2010, 41, 43; a.A. (Rücknahme in einfacher Schriftform): *Hintzen,* ZIP 1991, 474; *Hintzen,* Rpfleger 1991, 286 je unter Hinweis, dass die Eintragung einer Zwangshypothek nur einen Vollstreckungsantrag nach § 867 Abs. 1 ZPO, aber keinen (gesonderten) Antrag nach § 13 GBO voraussetzt.
105 MüKo-ZPO/*Dörndorfer,* § 867 Rn 20; BGH v. 19.1.2006 – IX ZR 232/04.

III. Grundstücksbezeichnung

In seinem Antrag hat der Gläubiger das zu belastende Grundstück gem. § 28 S. 1 GBO zu bezeichnen. Hierfür kann entweder die Bezeichnung gem. § 2 Abs. 2 GBO (Gemarkung, ggf. Flur- und Flurstücksnummer) gewählt werden, oder es sind Grundbuchbezirk, Band- und Blattnummer sowie die lfd. Nr. des Bestandsverzeichnisses anzugeben.

170

IV. Voreintragung des Schuldners/Eigentümers

Nach § 39 GBO muss der im Titel bzw. der Klausel genannte **Schuldner** als (Mit-)Eigentümer bzw. Erbbauberechtigter in der ersten Abteilung des Grundbuchs eingetragen sein.

171

Eine Voreintragung des Schuldners ist jedoch dann entbehrlich, wenn die Zwangshypothek aufgrund eines Zahlungstitels gegen den Schuldner und früheren Eigentümer und eines Duldungstitels nach dem Anfechtungsgesetz gegen den derzeitigen Eigentümer begehrt wird.

172

Gem. § 40 GBO bedarf es dieser **Voreintragung nicht**, wenn die Vollstreckung sich materiell gegen den **Erben** des eingetragenen Eigentümers richtet und der Titel gegen den Erblasser, einen Nachlasspfleger, Nachlassverwalter oder – in den Grenzen des § 327 ZPO – gegen den Testamentsvollstrecker erging. Dies gilt bei einem Titel gegen den Erblasser unabhängig davon, ob es einer Rechtsnachfolgeklausel gegen die Erben bedarf oder diese – wegen § 779 ZPO – entbehrlich ist.

173

Bei einem Titel gegen den Testamentsvollstrecker ist jedoch § 748 ZPO zu beachten; die Voreintragung des Erben ist nur im Falle des Abs. 1 (Testamentsvollstrecker verwaltet den gesamtem Nachlass) entbehrlich; in den Fällen der Abs. 2 (Teilverwaltung) und 3 (Vollstreckung wegen eines Pflichtteilsanspruchs) hingegen muss der Erbe – zusammen mit dem Testamentsvollstreckervermerk (§ 52 GBO) – zuvor eingetragen sein. Dies deshalb, weil im Falle des Abs. 1 ein Titel gegen den Testamentsvollstrecker genügt, bei den Tatbeständen der Abs. 2 und 3 es zur Zwangsvollstreckung in den Nachlass jedoch auch eines Titel gegen den Erben bedarf.[106]

174

Greift die Ausnahme des § 40 GBO nicht, so hat der Gläubiger zunächst die **Berichtigung des Grundbuchs** durch (Vor-)Eintragung der Erben zu betreiben. Sein eigenes Antragsrecht hierzu ergibt sich aus § 14 GBO. Gem. § 22 Abs. 1 GBO hat er dabei das Erbrecht seines Schuldnererben nachzuweisen. Dies geschieht gem. § 35 Abs. 1 GBO durch einen Erbschein, zum Nachweis des Fortbestandes in Ausfertigung (§ 2361 BGB), oder ggf. durch ein notarielles Testament mit Eröffnungsniederschrift (§ 2260 Abs. 3 BGB). Die entsprechenden Erbnachweise kann sich der Gläubiger selbst beschaffen (§ 792 ZPO, § 357 FamFG).

175

Das Grundbuchamt hat hier durch eine rangwahrende Zwischenverfügung gem. § 18 GBO auf die Beibringung des Antrags und ggf. des Erbnachweises hinzuwirken.[107]

176

Ist auch der Erblasser, der das Grundstück aufgrund Erbfolge erworben hat, selbst im Grundbuch noch nicht eingetragen, so kann er im Falle des § 779 ZPO auch als Verstorbener noch als Eigentümer eingetragen werden.[108]

177

Ist der Schuldner noch **nicht Eigentümer** (z.B. nur Auflassungsvormerkungsberechtigter), kann eine Zwangshypothek gegen ihn **nicht** eingetragen werden. Auch wenn die Auflassung bereits beim Grundbuchamt vorliegen würde, hat der Titelgläubiger kein Antragsrecht für den Eigentumswechsel (§§ 13 Abs. 1, 14 GBO).

178

Ist ein **Ersteher** durch Zuschlag in der Zwangsversteigerung (§ 90 ZVG) Eigentümer geworden, das Grundbuch mangels Ersuchen des Versteigerungsgerichts nach § 130 ZVG jedoch noch nicht berichtigt,

179

---

106 *Demharter*, § 40 Rn 22; MüKo-ZPO/*Dörndorfer*, § 867 Rn 25.
107 *Schöner/Stöber*, Rn 2183, 2184, 2185.
108 MüKo-ZPO/*Dörndorfer*, § 867 Rn 27; *Schöner/Stöber*, Rn 2183; *Hagena*, Rpfleger 1975, 390.

darf ein Antrag auf Eintragung einer Zwangshypothek aufgrund eines Titels gegen den Ersteher nicht mit der Begründung zurückgewiesen werden, das Ersuchen liege noch nicht vor. Vielmehr hat das Grundbuchamt den Antrag bei den Grundakten zu verwahren, das Eintragungsverfahren auszusetzen und im Anschluss an die Erledigung des Ersuchens zu vollziehen. Die Zwangshypothek erhält den Rang nach evtl. Sicherungshypotheken nach § 128 ZVG.[109]

V. Berechtigter und Bezeichnung des Gläubigers

1. Allgemeines

180 Als Gläubiger der Zwangshypothek kann nur die Person im Grundbuch eingetragen werden, die im Vollstreckungstitel oder der Rechtsnachfolgeklausel namentlich bezeichnet ist.

Als solche kommen in Betracht natürliche und juristische Personen des privaten und öffentlichen Rechts, Personenhandelsgesellschaften wie OHG und KG, Partnerschaft, die Europäische Wirtschaftliche Interessenvereinigung (EWIV), die GbR sowie die rechtsfähige Wohnungseigentümergemeinschaft. Auch eine GmbH in Gründung (Vor-GmbH) ist als Gläubigerin eintragbar.[110] Der Gläubiger ist entsprechend § 15 GBV zu bezeichnen. Bei natürlichen Personen sind somit Name, Vorname und Geburtsdatum, wenn angegeben, oder ersatzweise der Wohnort, bei juristischen Personen Name oder Firma und Sitz (falls angegeben auch Registergericht und das Registerblatt) einzutragen.

181 Für **ausländische Gläubiger** (natürliche oder juristische Personen) gibt es derzeit keine Erwerbsbeschränkungen.[111] Für sie kann somit im Rahmen der nach dem Internationalen Privatrecht geltenden Regelungen über deren Rechts- und Erwerbsfähigkeit eine Zwangshypothek eingetragen werden.

182 Keine dinglichen Rechte können natürliche oder juristische Personen erwerben, die nach Art. 2 Abs. 3 Verordnung (EG) Nr. 881/2002 des Europäischen Rates vom 27.5.2002 (Restriktive Maßnahmen gegen Al-Qaida-Netzwerk u.a.) im Anhang I der Verordnung namentlich aufgeführt sind. Dieses Erwerbsverbot ist ggf. vom Grundbuchamt von Amts wegen zu beachten. Die Eintragung einer Zwangshypothek für solche Personen verbietet sich somit.[112]

183 Auch unter der Firma einer (als Unternehmensteil **selbstständig nicht rechtsfähigen**) **Zweigniederlassung** kann eine Handelsgesellschaft als Hypothekengläubigerin in das Grundbuch eingetragen werden, wenn der Titel oder eine Rechtsnachfolgeklausel (zulässigerweise) die Vollstreckungsgläubigerin unter ihrer Zweigniederlassung bezeichnet.[113]

184 Lautet der Titel auf eine bei einer Anstalt des öffentlichen Rechts (z.B. Landesbank) errichtete **nicht rechtsfähige Anstalt** (Landesbausparkasse), kann bei entsprechender Antragstellung Letztere selbst als Gläubiger der Zwangshypothek im Grundbuch eingetragen werden. Begründet wird dies damit, dass Rechtsinhaber die rechtsfähige Anstalt selbst ist, die als solche zulässigerweise mit dem Namen der nicht rechtsfähigen Anstalt im Rechtsverkehr auftritt.[114]

2. Einzelkaufmann

185 Der Einzelkaufmann, der unter seiner Firma im Antrag und als Gläubiger im Titel zulässigerweise (§ 17 Abs. 2 HGB) bezeichnet ist, kann als Gläubiger nur mit seinem bürgerlichen Namen eingetragen werden. Die Bezeichnung des Berechtigten hat das Grundbuchamt bei Fassung des Eintragungsvermerks zu be-

---

109 MüKo-ZPO/*Dörndorfer*, § 867 Rn 35; *Stöber* (ZVG), § 130 Rn 6.
110 Wegen Einzelheiten hierzu siehe *Schöner/Stöber*, Rn 229, 242, 990 ff.; *Demharter*, § 19 Rn 102 ff.
111 *Schöner/Stöber*, Rn 4093.
112 LG Berlin v. 27.9.2005 – 86 T 219/05.
113 *Demharter*, § 44 Rn 53; *Schöner/Stöber*, Rn 243 m.w.H.
114 BayObLG v. 6.12.1972 – BReg 2 Z 70/72; LG Itzehoe v. 12.6.1991 – 1 T 148/91; *Schöner/Stöber*, Rn 249.

stimmen. An die Formulierung im Vollstreckungsantrag und im Titel des dort mit seiner Firma genannten Gläubigers ist das Grundbuchamt nicht gebunden.[115]

3. Gesellschaft bürgerlichen Rechts (GbR)

Die (teil)rechtsfähige GbR ist bei entsprechender Titulierung auf Gläubigerseite einzutragende Berechtigte. § 47 Abs. 2 S. 1 GBO schreibt vor, dass bei Eintragung einer GbR als Eigentümerin oder Berechtigte (somit auch bei einer Zwangshypothek) stets **alle** Gesellschafter namentlich im Grundbuch einzutragen sind.

Diese sind nach § 15 GBV zu bezeichnen. Die Eintragung eines organschaftlichen Vertreters der GbR ist nicht zulässig.

Der Titel hat somit neben der etwaigen Bezeichnung der GbR (ggf. nach entsprechender Ergänzung nach § 319 ZPO) alle Gesellschafter namentlich auszuweisen. Ein Titel ohne diese Gesellschafterbenennung kann somit nicht zur Eintragung einer Zwangshypothek führen. Möglich bleiben aus einem solchen Titel nur die Anordnung der Zwangsversteigerung und Zwangsverwaltung.[116]

186

Für die Antragstellung durch die GbR bedarf es keines Vertretungsnachweises, wenn sich die Vertretungsbefugnis des handelnden Gesellschafters aus dem Rubrum des (auch älteren) Titels ergibt.[117]

187

Erfolgt **nach** Titulierung, aber **vor** Eintragung der Hypothek ein Gesellschafterwechsel, ändert dies nichts an der bestehen bleibenden Parteienidentität. Hat das Grundbuchamt Kenntnis von der Gesellschafteränderung, sind die **neuen** Gesellschafter mit zu verlautbaren. Notwendige Nachweisurkunden hierzu sind von der GbR als Gläubigerin im Rahmen einer Zwischenverfügung anzufordern.

188

Erfolgt in Unkenntnis der Anteilsübertragung die Eintragung der Hypothek noch mit den bisherigen Gesellschaftern, berührt dies die Wirksamkeit der Zwangshypothek nicht.

Für eine frühere zulässigerweise nur unter ihrer Bezeichnung, ggf. mit Anfügung des organschaftlichen Vertreters, für eine GbR eingetragene Zwangshypothek ergeben sich keine Besonderheiten. Über die so eingetragene Hypothek können die im Rubrum des Titels bzw. im Grundbuch eingetragenen Verfügungsbefugten verfügen, ohne dass es dazu weiterer Nachweise bedarf. Eine vorherige Ergänzung der Eintragung durch Anfügen der Gesellschafter bedarf es nicht.[118]

Tipp
Um Verzögerungen bei der Eintragung zu vermeiden, sollte die klagende GbR dann, wenn die Eintragung einer Zwangshypothek für sie in Betracht kommt, darauf hinwirken, dass neben der Bezeichnung der Gesellschaft auch alle Gesellschafter im Rubrum des Titels aufgeführt werden.

4. Wohnungseigentümergemeinschaft

Macht eine Wohnungseigentümergemeinschaft Beitragsforderungen gegen säumige Wohnungs-/Teileigentümer geltend, ist sie insoweit als solche rechtsfähig (§ 10 Abs. 6 WEG). Sie kann mithin unter der Bezeichnung „Wohnungseigentümergemeinschaft Mannheim, Karlsruher Straße 12, vertreten durch

189

---

115 *Schöner/Stöber,* Rn 2162; *Zöller/Seibel,* § 867 Rn 8, andere unzutreffende Ansicht: BayObLG v. 23.12.1987 – BReg 2 Z 138/87, das ausführt, dass das Grundbuchamt den Antrag wegen Unzulässigkeit der Firmeneintragung zurückweisen muss, falls nach entsprechender Zwischenverfügung der Gläubiger den Antrag nicht umgestellt hat.
116 *Zöller/Seibel,* § 867 Rn 8; *Böhringer,* Rpfleger 2009, 537, 540; *Lautner,* DNotZ 2009, 650, 662, 663; *Böttcher,* ZfIR 2009, 613, 618; *Bestelmeyer,* Rpfleger 2010, 169, 187,188.
117 BGH v. 4.12.2008 – V ZB 74/08; a.A. *Bestelmeyer,* Rpfleger 2010, 169, 188, der für die Antragstellung wegen des sonst nicht zu erbringenden aktuellen Vertretungsnachweises die Vertretung durch einen Notar oder einen Rechtsanwalt für notwendig erachtet (§ 11 FamFG, § 88 Abs. 2 ZPO).
118 BGH v. 4.12.2008 – V ZB 74/08; *Böhringer,* Rpfleger 2009, 537, 543.

den Verwalter XY" gegen einen Wohnungseigentümer gerichtlich vorgehen. Auf Grund eines so erwirkten Vollstreckungstitels kann der teilrechtsfähige Verband der Wohnungseigentümergemeinschaft als Gläubiger einer Zwangshypothek im Grundbuch eingetragen werden.[119] Der **WE-Verwalter** wird (als Organ) nicht mit eingetragen.

Eines **Vertretungsnachweises** für den antragstellenden Verwalter bedarf es **nicht**, wenn sich dessen Befugnis aus dem Rubrum des Titels ergibt.

190 Auch für die Eintragung einer Zwangshypothek für Forderungen, die in einem Zwangsversteigerungsverfahren in das entsprechende Wohnungs-/Teileigentum ein Vorrecht nach der RK 2 des § 10 ZVG genießen, besteht ein Rechtsschutzbedürfnis. Diese ist somit ohne Bedingung, dass dieses Vorrecht wegfällt, eintragbar. Eine analoge Anwendung des § 54 GBO mit den entsprechenden Ausnahmen scheidet aus.[120] Dennoch besteht auf Antrag die Möglichkeit, die Zwangshypothek unter der Bedingung einzutragen, dass das Vorrecht der RK 2 des § 10 ZVG entfällt.[121]

191 Entgegen von § 47 GBO sind nicht die einzelnen Wohnungseigentümer, sondern die Wohnungseigentümergemeinschaft identifizierbar einzutragen.

Beispiel für eine eintragbare Gläubigerbezeichnung[122] (§ 10 Abs. 6 S. 4 WEG):

... für Wohnungseigentümergemeinschaft „Mannheim, Karlsruher Str. 12", eingetragen in den Wohnungsgrundbüchern von Mannheim Nr. 1000 bis 1122 ...

Möglich wären auch folgende Gläubigerbezeichnungen:

Wohnungseigentümergemeinschaft Mannheim, FlSt.Nr. 876/1

oder

Wohnungseigentümergemeinschaft Beethovenstraße 11 in Schwetzingen

Die Beifügung eines Fantasienamens, etwa *„Wohnungseigentümergemeinschaft Haus Abendrot"*, ist zulässig.[123]

192 Bei Alttiteln, die noch die Wohnungseigentümer einzeln auflisten, geht der BGH davon aus, dass die im Titel genannten Wohnungseigentümer und der teilrechtsfähige Verband der Wohnungseigentümergemeinschaft nicht identisch sind.[124] Es handelt sich hier um unterschiedliche Rechtsobjekte, so dass insoweit eine Zwangsvollstreckung durch die nicht als Titelgläubiger ausgewiesene Wohnungseigentümergemeinschaft ausscheidet. Dies gilt auch dann, wenn der titulierte Anspruch nach materiellem Recht zweifelsfrei dem Verband der Gemeinschaft als vollstreckendem Gläubiger zusteht. Damit kann bei einer Zwangshypothek, unabhängig davon, wem die titulierte Forderung materiell zusteht, nur die Person gem. § 1115 Abs. 1 BGB als Gläubigerin im Grundbuch eingetragen werden, die durch den Titel oder eine Vollstreckungsklausel als Vollstreckungsgläubigerin bestimmt ist.[125] Daraus folgt, dass aufgrund eines solchen „Alt"-Titels als Gläubiger nur die im Rahmen des Titels namentlich aufgeführten Wohnungseigentümer mit einem entsprechenden Zusatz im Grundbuch einzutragen sind.

---

119 BGH v. 2.6.2005 – V ZB 32/05; Palandt/*Wicke*, § 1 WEG Rn 5, § 27 WEG Rn 20; Zöller/*Seibel*, § 867 Rn 8; *Dümig*, Rpfleger 2005, 529; *Hügel*, DNotZ 2005, 753, 768.
120 LG Düsseldorf v. 16.7.2008 – 19 T 113/08; *Schneider*, ZfIR 2008, 169; *Demharter*, § 54 Rn 12; a.A. *Zeiser*, Rpfleger 2008, 58.
121 BGH v. 20.7.2011 – V ZB 300/10.
122 Vorschlag gem. *Schneider*, Rpfleger 2008, 291.
123 LG Bremen v. 2.3.2007 – 3 T 137/07; *Hügel*, DNotZ 2007, 326, 337; *Böhringer/Hintzen*, Rpfleger 2007, 353, 354; Meikel/*Böttcher*, Einl. F Rn 60.
124 BGH v. 15.3.2007 – V ZB 77/06; *Demharter*, Rpfleger 2007, 480 und Rpfleger 2006, 120; Musielak/*Becker*, § 867 Rn 6; *Demharter*, § 19 Rn 106.
125 BGH v. 15.3.2007 – V ZB 77/06.

Sind als Gläubiger in der Vergangenheit alle Wohnungseigentümer eingetragen, hat es dabei sein Bewenden; das Grundbuch ist nicht unrichtig. Die rechtsfähige Wohnungseigentümergemeinschaft kann an ihrer Stelle nicht im Wege der Richtigstellung eingetragen werden, auch wenn der Titel nachträglich insoweit geändert werden sollte.[126]

193

Etwas anderes gilt, wenn dem Grundbuchamt vor der Eintragung ein Titel vorgelegt wird, aus dem sich ergibt, dass das Rubrum gem. § 319 Abs. 1 ZPO vom Prozessgericht bzw. dem nach § 43 WEG zuständigen Gericht dahin berichtigt ist, dass auf der Gläubigerseite die Wohnungseigentümergemeinschaft als Verband an die Stelle der einzelnen Wohnungseigentümer getreten ist. Eine eigene Entscheidung, ob der Titel entsprechend berichtigt werden kann, ist dem Vollstreckungsgericht, hier dem Grundbuchamt, versagt.[127]

194

> *Tipp*
> Um die Eintragung der Wohnungseigentümergemeinschaft als Hypothekengläubigerin im Grundbuch zu ermöglichen, sollte eine Änderung des Rubrums eines noch vorhandenen „Alt"-Titels auf den Verband der Wohnungseigentümergemeinschaft im Wege der – gebührenfreien – Berichtigung erwirkt werden.

Weist der Titel den **Verwalter** selbst als **Gläubiger** aus, ist er als Berechtigter der Zwangshypothek einzutragen. Dabei ist es unerheblich, ob der Verwalter materiellrechtlich selbst Inhaber der zu vollstreckenden Forderung ist, oder ob der Titel von ihm als gewillkürten Verfahrens-(Prozess)standschafter erstritten wurde.[128]

195

5. Partei kraft Amtes

Hat eine Partei kraft Amtes (Insolvenzverwalter, Testamentsvollstrecker) in **gesetzlicher Verfahrens- bzw. Prozessstandschaft** einen Titel erwirkt, der den Prozessstandschafter selbst als Gläubiger ausweist, ist nur dieser als Gläubiger einer Zwangshypothek einzutragen und nicht der Insolvenzschuldner bzw. Erbe.[129]

196

Hierbei ist es unerheblich, dass der materiellrechtliche Forderungsinhaber (Schuldner bzw. Erbe) mit dem Gläubiger der Zwangshypothek nicht identisch ist. Das Gleichlaufgebot des § 1113 BGB, wonach der materiellrechtliche Forderungsinhaber mit dem Hypothekengläubiger identisch sein muss, gilt nur für eine rechtsgeschäftlich bestellte Sicherungshypothek, greift jedoch nicht bei einer Zwangshypothek.

197

Für deren Löschung oder Abtretung bedarf es damit auch stets der Bewilligung des als Gläubiger eingetragenen Prozessstandschafters, auch wenn dieser nicht mehr „im Amt" ist.

198

Ebenso ist bei einem gem. § 1629 Abs. 3 BGB erwirkten Unterhaltstitel der Elternteil und nicht das Kind als Gläubiger einzutragen.

199

Ist als Titelgläubiger der das Gesamtgut allein verwaltende prozessführungsbefugte Ehegatte als Prozessstandschafter für die Gesamthand allein aufgeführt (§ 1422 BGB), ist nur dieser Ehegatte als Hypothekengläubiger zu verlautbaren.

200

6. Vorerbe/Nacherbe

Hat ein Vorerbe ein Urteil erstritten, das dem Nacherben nach § 326 ZPO gegenüber wirksam ist, hat das Grundbuchamt bei der Zwangshypothek zugunsten des Vorerben von Amts wegen den Nacherbenvermerk miteinzutragen (§ 51 GBO).

201

---

126 *Demharter*, § 19 Rn 106; *Böhringer*, Rpfleger 2006, 53.
127 BGH v. 15.3.2007 – V ZB 77/06, der hier offenlässt, ob und unter welchen Voraussetzungen eine Berichtigung des Rubrums möglich ist; OLG München v. 13.7.2005 – 34 Wx 61/05.
128 BGH v. 13.9.2001 – V ZB 15/01; *Zeiser*, Rpfleger 2003, 550, 551.
129 *Demharter*, § 44 Rn 50; *Thomas/Putzo*, § 867 Rn 8b; *Böhringer*, Rpfleger 2009,132; *Stöber* (ZVG), Einl. Anm. 67.2; OLG München v. 23.4.2010 – 34 Wx 19/10; LG Darmstadt v. 7.9.2007 – 26 T 135/07.

§ 42 Eintragungsvoraussetzungen

7. Nicht eingetragener Verein

202 Mangels Rechtsfähigkeit kann ein solcher Verein nicht als Gläubiger einer Hypothek in das Grundbuch eingetragen werden, auch wenn er im Zivilprozess als aktiv parteifähig angesehen wird. Dies gilt auch für **Gewerkschaften**.[130]

8. Politische Parteien

203 Diese sind durchweg als nicht rechtsfähige Vereine strukturiert. Trotzdem kommt ihnen unter ihrem Namen Rechts-/Erwerbs- und Parteifähigkeit zu (§ 3 ParteienG). Dies gilt jedoch nur für die Gesamtpartei (Bundespartei) und grundsätzlich auch für die Landesverbände, nicht jedoch für die Orts-/Kreis- und Bezirksverbände.[131] Bei entsprechender Titulierung kann somit für eine Bundes- oder Landespartei eine Zwangshypothek eingetragen werden.

9. Zahlung an Dritten

204 Für die Forderung auf Zahlung an einen **Dritten** ohne eigenes Forderungsrecht (§§ 328 Abs. 2, 329 BGB) ist der Titelgläubiger als Berechtigter der Hypothek einzutragen unter Bezeichnung des Dritten als Zahlungsempfänger. Das Gleiche gilt bei einem Gläubiger, wenn der Geldbetrag für einen Dritten zu hinterlegen oder auf Anderkonto eines Notars zu leisten ist.[132]

205 Für **Zwangsgeld** nach § 888 ZPO ist als Gläubiger der Kläger einzutragen und gleichzeitig als Zahlungsempfänger die Gerichtskasse zu vermerken.

206 Erwirkt ein **Miterbe** in eigenem Namen ein Urteil, wonach eine Nachlassforderung an alle Miterben zu zahlen ist (§ 2039 BGB), ist die Zwangshypothek nur für den klagenden Miterben als Titelgläubiger einzutragen, jedoch mit dem Hinweis, dass Zahlungsempfänger alle (namentlich aufzuführenden) Miterben sind.

10. Gläubigerwechsel vor Eintragung

207 Tritt **vor Eintragung** der Hypothek auf Gläubigerseite eine Rechtsnachfolge (etwa aufgrund Erbfolge, Verschmelzung nach dem UmwG, Abtretung des titulierten Anspruchs, gesetzlicher Forderungsübergang) ein, ist wie folgt zu differenzieren:

208 Hat das Grundbuchamt **Kenntnis** von dieser **Rechtsnachfolge**, darf es, auch wenn der Eintragungsantrag bereits gestellt ist, weder den ursprünglichen (Titel-)Gläubiger noch dessen Rechtsnachfolger als Berechtigten der Zwangshypothek eintragen. Dies folgt aus der Tatsache, dass das Vollstreckungsgericht bei einer Rechtsnachfolge auf Gläubigerseite die Zwangsvollstreckung nur beginnen bzw. fortsetzen darf, wenn dem Schuldner eine Rechtsnachfolgeklausel zugestellt ist (§§ 727, 750 Abs. 2 ZPO). Dies gilt nach Auffassung des **BGH**[133] nicht nur dann, wenn der Rechtsnachfolger des Gläubigers „aktiv" durch seinen Antrag auf das Vollstreckungsverfahren einwirkt. Vielmehr hat das Vollstreckungsgericht ihm bekannte Vollstreckungsmängel (hier fehlende Rechtsnachfolgeklausel) in jeder Lage des Vollstreckungsverfahrens von Amts wegen zu berücksichtigen.

209 Für das Grundbuchamt bedeutet dies:

Bei der Eintragung einer Zwangshypothek wird die Vollstreckungsmaßnahme durch deren Grundbucheintragung bewirkt (§ 866 Abs. 1 ZPO), so dass zu diesem Zeitpunkt die Rechtsnachfolgeklausel nebst

---

130 *Demharter,* § 19 Rn 101; *Schöner/Stöber,* Rn 246a.
131 *Demharter,* § 19 Rn 101; OLG Zweibrücken v. 17.9.1999 – 3 W 138/99.
132 BayObLG v. 17.1.2005 – 2 Z BR 216/04; OLG Karlsruhe v. 11.11.1997 – 11 Wx 89/97; Zöller/*Seibel,* § 867 Rn 8; *Schöner/Stöber,* Rn 2162. Wegen der Höhe der Zwangshypothek, wenn Teilbeträge an Dritte zu zahlen sind, siehe OLG Köln v. 2.4.1990 – 2 Wx 4/90.
133 BGH v. 25.1.2007 – V ZB 47/06.

Zustellung als zwingende Vollstreckungsvoraussetzung dem Grundbuchamt nachzuweisen ist. Vorher kann die Hypothek mithin nicht eingetragen werden. Hierbei ist zu beachten, dass nicht mehr der Titelgläubiger, sondern der durch die Rechtsnachfolgeklausel ausgewiesene neue Gläubiger als Berechtigter der Hypothek im Grundbuch anzugeben ist.[134] Hierzu ist ggf. ein bereits vorliegender Antrag durch den Rechtsnachfolger entsprechend umzustellen, wobei hierfür die einfache Schriftform genügt (§ 30 GBO).

Hat das Grundbuchamt in **Unkenntnis** der **Rechtsnachfolge** den bisherigen Gläubiger als Berechtigten der Hypothek eingetragen, entsteht diese wegen Fehlens von zwingenden Vollstreckungsvoraussetzungen nicht. Das Grundbuch wird insoweit unrichtig. Die Eintragung eines Amtswiderspruchs nach § 53 Abs. 1 S. 1 GBO scheidet mangels Vorliegens einer Gesetzesverletzung durch das Grundbuchamt aus. Der Rechtsnachfolger des Gläubigers erwirbt jedoch die auf den Namen des ursprünglichen Gläubigers eingetragene Hypothek dann, wenn die fehlende Rechtsnachfolgeklausel nebst Zustellung nachfolgt, da nunmehr der Mangel geheilt ist. Dies folgt aus der Tatsache, dass die für den Titelgläubiger eingetragene Hypothek – nach Mängelbeseitigung – unmittelbar für den Rechtsnachfolger wirksam wird. Dieser erwirbt das Recht unter einer unrichtigen Gläubigerbezeichnung.[135] Auf Antrag des Rechtsnachfolgers ist bei entsprechendem Nachweis der Rechtsnachfolge und Zustellung der Klausel an den Schuldner/Eigentümer die unzutreffende Gläubigerbezeichnung zu berichtigen.[136]

210

Eine **kraft Gesetzes eingetretene Rechtsnachfolge nach** erfolgter **Hypothekeneintragung** erfordert dagegen für die Gläubigerberichtigung keine Rechtsnachfolgeklausel. Hierbei handelt es sich um keine Vollstreckungsmaßnahme, sondern um eine reine Grundbuchberichtigung nach §§ 894 BGB, 22 GBO. Die Vollstreckung durch das Grundbuchamt ist mit der Hypothekeneintragung beendet. Eine Titelumschreibung auf den Rechtsnachfolger des Gläubigers wird erst bei der Einleitung des Zwangsversteigerungs- bzw. Zwangsverwaltungsverfahrens benötigt.

211

Die **rechtsgeschäftliche** Übertragung der durch Zwangshypothek gesicherten Forderung setzt die Eintragung der Abtretung im Grundbuch voraus (§§ 1154 Abs. 3, 873 Abs. 1 BGB, § 866 Abs. 1 ZPO). Eine etwa vorher schon (unzulässig) dem Zessionar erteilte Rechtsnachfolgeklausel kann die notwendige Grundbucheintragung nicht ersetzen.[137] Andere Zwangsvollstreckungsmaßnahmen können dagegen von dem durch die Klausel ausgewiesenen „Rechtsnachfolger" vorgenommen werden.

212

VI. Mehrheit von Gläubigern

Bei einer **Mehrheit** von einzutragenden Titelgläubigern ist im Grundbuch zwingend das Anteils- oder Gemeinschaftsverhältnis einzutragen (§ 47 GBO).

213

In Betracht kommen hier:

214

- Bruchteilsgemeinschaft (§§ 741 ff. BGB);
- Gesamtgläubigerschaft (§ 428 BGB);
  Von einer Gesamtgläubigerschaft nach § 428 BGB wird ausgegangen, wenn Streitgenossen, die in einem Rechtsstreit obsiegen und denselben Anwalt hatten, gemeinsam ohne Angabe eines Beteiligungsverhältnisses einen Kostenfestsetzungsbeschluss oder sonstigen Titel über einen einheitlichen Betrag erwirkt haben.[138]

---

134 *Demharter*, § 19 Rn 98.
135 *Demharter*, § 19 Rn 99; bei Abtretung des Titelanspruchs siehe auch *Deimann*, Rpfleger 2001, 583 für den vergleichbaren Fall der Vormerkung.
136 Wegen der Rechtslage bei unbekannten Erben des Gläubigers siehe Zöller/*Seibel*, § 727 Rn 18, *Demharter*, § 44 Rn 51 und *Böhringer*, Rpfleger 2003, 157, 169.
137 OLG Köln v. 24.11.2008 – 2 Wx 41/08.
138 BGH v. 20.5.1985 – VII ZR 209/84; ihm folgend *Schöner/Stöber*, Rn 2181; Zöller/*Seibel*, § 704 Rn 11; *Böhringer*, Rpfleger 2005, 225, 237.

§ 42 Eintragungsvoraussetzungen

■ Gesamthandsgemeinschaften
Da bei den Gesamthandsgemeinschaften die Gesamthandsverhältnisse verschieden geregelt sind, muss im Grundbuch die konkrete Gemeinschaft angegeben werden. Dabei darf die quotenmäßige Beteiligung der einzelnen Gesamthänder der Eintragung **nicht** hinzugefügt werden.[139]
Als Gesamthandsgemeinschaften kommen vor allem in Betracht:
- Gesellschaft nach bürgerlichem Recht (§§ 705 ff. BGB);
- Erbengemeinschaft (§§ 2032 ff. BGB);
- Gesamtgut der ehelichen Gütergemeinschaft (§§ 1416 ff. BGB), wenn der Titel beide Ehegatten als Gläubiger ausweist;
- Fortgesetzte Gütergemeinschaft (§§ 1485 ff. BGB);
- ggf. eine Gesamthandsgemeinschaft nach ausländischem Güterrecht.[140]

215 Grundlage für die Eintragung des Anteils- oder Gemeinschaftsverhältnisses bildet regelmäßig der Vollstreckungstitel als Bewilligungsersatz. Ist das Beteiligungsverhältnis nicht ausdrücklich im Tenor festgelegt, kann es u.U. aus dem Titel (Rubrum) einschließlich seiner Gründe im Wege der Auslegung ermittelt werden.[141]

216 Die Honorarforderung einer Rechtsanwaltssozietät (ebenso bei Ärzten, Steuerberatern, Architekten) steht regelmäßig einer aus diesen bestehenden GbR zu. Ein entsprechender Titel (Urteil, Vergleich bzw. Vergütungsfestsetzungsbeschluss nach § 11 RVG) ist, wenn darauf kein anderes Beteiligungsverhältnis bezeichnet ist, so auszulegen.[142] Eine solche Auslegung kommt jedoch nur dann in Betracht, wenn die Gesellschafter namentlich aufgeführt sind. Unzureichend ist eine Formulierung im Rubrum des Titels (bei Vergütungsfestsetzungsbeschluss nach § 11 RVG öfter vorkommend!) „Rechtsanwalt XY und Partner". In diesem Fall scheidet eine Auslegung aus, der Titel ist mangels Bestimmtheit der Gläubiger nicht vollstreckungsfähig. Ggf. kommt eine Titelberichtigung bezüglich des Rubrums nach § 319 ZPO in Betracht. Diese Vorschrift ist für Beschlüsse entsprechend anwendbar.[143] Die Rechtsanwaltsgesellschaft dagegen ist GmbH (§ 59c Abs. 1 BRAO), mithin mit ihrer Firma (§ 59k Abs. 1 BRAO) im Grundbuch einzutragen (§ 15 Abs. 1b GBV).

Tipp
Bei einem Vergütungsfestsetzungsbeschluss nach § 11 RVG, den eine Rechtsanwaltssozietät erwirkt hat, ist darauf zu achten, dass alle Gläubigeranwälte im Rubrum namentlich aufgeführt sind.

217 Umstritten ist der Fall, wenn der Titel ein **Beteiligungsverhältnis nicht enthält** und ein solches auch nicht durch Auslegung ermittelt werden kann.

218 Eine Auffassung[144] geht davon aus, dass ein solcher Titel für die Zwangsvollstreckung und damit zur Eintragung einer Zwangshypothek mangels entsprechender Bestimmtheit ungeeignet sei. Eine Eintragung sei nur aufgrund einer Titelergänzung durch das Prozessgericht möglich. Da es sich hier um einen vollstreckungsrechtlichen Mangel handelt, kommt der Erlass einer rangwahrenden Zwischenverfügung nicht in Betracht.

219 Die überwiegende Meinung[145] geht von einem wirksamen Titel aus und hält es in einem solchen Fall für zulässig, dass alle Gläubiger (ggf. vertreten durch einen gemeinsamen Bevollmächtigten) ihr Gemein-

---

139 *Demharter*, § 47 Rn 21, 22.
140 *Schöner/Stöber*, Rn 3422.
141 OLG München v. 8.10.2015 – 34 Wx 297/15; *Zöller/Seibel*, § 704 Rn 11.
142 BGH v. 20.6.1996 – IX ZR 248/95; *Zöller/Seibel*, § 704 Rn 11; a.A., dass Gesamtgläubigerschaft nach § 428 BGB vorliegt: OLG Saarbrücken v. 12.4.1978 – 5 W 42/78.
143 LG Bonn v. 29.9.1983 – 5 T 187/83, *Schöner/Stöber*, Rn 2181; *Zöller/Vollkommer*, § 329 Rn 39 und § 319 Rn 14.
144 MüKo-ZPO/*Dörndorfer*, § 867 Rn 23; *Demharter*, § 47 Rn 14; *Zeiser*, Rpfleger 2003, 550.
145 OLG Köln v. 28.10.1985 – 2 Wx 37/85; *Zöller/Seibel*, § 867 Rn 3; *Schöner/Stöber*, Rn 2181; *Schuschke/Walker*, § 867 Rn 7; Musielak/*Becker*, § 867 Rn 6; *Schneider*, MDR 1986, 817.

schaftsverhältnis einseitig im Antrag oder auf Zwischenverfügung in einer Nachtragserklärung ergänzen können. Für diesen Antrag und ggf. eine Antragsergänzung hält die h.M. hierfür einfache Schriftform für ausreichend. Teilweise wird hierfür die Form des § 29 GBO verlangt.[146]

Der überwiegenden Auffassung ist zu folgen. Dies kommt der Praxis entgegen und benachteiligt auch nicht den Schuldner. Es ist den Gläubigern unbenommen, auch ein im Titel angegebenes Beteiligungsverhältnis ohne Mitwirkung des Schuldners durch entsprechende Vereinbarung zu verändern (vergleichbar einer Forderungsabtretung). 220

Fehlt die Angabe des Gemeinschaftsverhältnisses bei der Eintragung im Grundbuch, so ist die Eintragung als solche wirksam, da § 47 GBO nur eine Ordnungsvorschrift ist. Das Grundbuch ist jedoch unvollständig und daher insoweit unrichtig. Ein gutgläubiger Erwerb nach § 892 BGB ist jedoch ausgeschlossen, da die Unvollständigkeit für jedermann erkennbar ist. Damit scheidet auch die Eintragung eines Amtswiderspruchs nach § 53 Abs. 1 S. 1 GBO aus. 221

Auch eine Amtslöschung nach § 53 Abs. 1 S. 2 GBO kommt hiergegen nicht in Betracht. 222

Eine berichtigende Ergänzung ist bei entsprechendem Nachweis auf Antrag oder auch von Amts wegen möglich.[147] 223

Bei einem Titel für **Gesamtgläubiger** nach § 428 BGB ist es zulässig, auf entsprechenden Antrag **eines** Gläubigers nur für diesen **allein** die Zwangshypothek einzutragen. Bei einer Gesamtgläubigerschaft ist jeder der Gläubiger für die gesamte Leistung selbstständig forderungsberechtigt.[148] 224

VII. Materiell-rechtliche Einwendungen

Materiell-rechtliche **Einwendungen** gegen die Forderung, die dem Grundbuchamt vor der Eintragung gegenüber vom Schuldner erhoben werden, sind vom Grundbuchamt nicht zu beachten. Diese muss der Schuldner mit Klage nach §§ 767, 796 Abs. 2 ZPO geltend machen. Solange kein entsprechendes Urteil die Zwangsvollstreckung für unzulässig erklärt oder eine einstweilige Einstellung der Zwangsvollstreckung nach § 769 ZPO erwirkt wird (Vollstreckungshindernisse nach § 775 Nr. 1 bzw. Nr. 2 ZPO), hat das Grundbuchamt die Eintragung vorzunehmen.[149] 225

I. Verfahren bei Eintragungshindernissen

I. Grundbuchrechtliche Hindernisse

1. Erlass einer Zwischenverfügung

Steht der beantragten Eintragung der Zwangshypothek ein **ausschließlich grundbuchrechtlicher** Mangel entgegen, hat das Grundbuchamt nach § 18 Abs. 1 GBO eine rangwahrende (§ 17 GBO) **Zwischenverfügung** zu erlassen.[150] 226

Die Zwischenverfügung hat unter angemessener Fristsetzung die Hindernisse und deren Beseitigungsmöglichkeiten zu bezeichnen. Sie soll die Angabe enthalten, dass der Antrag nach ergebnislosem 227

---

146 Für einfache Schriftform sprechen sich aus: OLG Köln v. 28.10.1985 – 2 Wx 37/85; *Schuschke/Walker*, § 867 Rn 7; Musielak/ *Becker*, § 867 Rn 6; *Schneider*, MDR 1986, 817 und (nunmehr auch) Zöller/*Seibel*, § 867 Rn 3. Die Form des § 29 GBO verlangen für die Antragstellung bzw. Ergänzung: *Schöner/Stöber*, Rn 2181.
147 *Schöner/Stöber*, Rn 257.
148 BGH v. 4.3.1959 – V ZR 181/57.
149 OLG Köln v. 15.10.1990 – 2 Wx 46/90; Zöller/*Seibel*, § 867 Rn 22; *Mensch*, Rpfleger 2009, 609.
150 MüKo-ZPO/*Dörndorfer*, § 867 Rn 28; Zöller/*Seibel*, § 867 Rn 5; *Schöner/Stöber*, Rn 2185.

Fristablauf zurückzuweisen ist. Außerdem ist sie dem antragstellenden Gläubiger mit Rechtsmittelbelehrung (§ 39 FamFG) bekannt zu machen. Der Schuldner ist von ihrem Erlass nicht zu benachrichtigen.

228 Der Erlass einer Zwischenverfügung kommt insbesondere bei folgenden behebbaren Grundbuchmängeln in Betracht:
- zur Klarstellung des Antrags, des Grundstücksbeschriebs (§ 28 GBO) oder der Gläubigerbezeichnung (§ 15 GBV);
- bei fehlender, aber notwendiger Voreintragung des Schuldners;
- bei fehlendem Beteiligungsverhältnis (§ 47 GBO), falls man mit der überwiegenden Auffassung der Ansicht ist, die Gläubiger können dies einseitig nacherklären;
- bei fehlender Zustimmung des Grundstückseigentümers bei Belastung eines Erbbaurechts (§§ 5, 8, 15 ErbbauRG);[151]
- bei fehlender Vollmacht.

2. Vormerkung nach § 18 Abs. 2 GBO

229 Geht jetzt ein vollzugsreifer Folgeantrag ein, der dasselbe Recht betrifft, so ist zur Sicherung des früheren noch nicht eintragungsreifen Antrags auf Eintragung der Zwangshypothek von Amts wegen eine **Vormerkung nach § 18 Abs. 2 GBO** einzutragen. Danach ist der spätere mängelfreie Antrag zu vollziehen.

230 *Beispiel*
Erster Antrag:
Zwangshypothek über 4.000,00 EUR, es fehlt die Angabe des Beteiligungsverhältnisses nach § 47 GBO. Es ergeht Zwischenverfügung an die Antragsteller.
Zweiter Antrag:
Grundschuld über 20.000,00 EUR für die Volksbank Bezirk Schwetzingen eG. Der Antrag ist vollzugsreif.
Die beiden Eintragungen betreffen dasselbe Recht i.S.d. § 17 GBO, da sie in einem Rangverhältnis zueinander stehen (§ 879 BGB).

231 Daraus folgt, dass der erste Antrag (Zwangshypothek) zwingend **vor** dem späteren Antrag (Grundschuld) zu erledigen ist. Als Erledigung i.S.d. § 17 GBO gilt hier auch die von Amts wegen vorzunehmende Eintragung der Vormerkung nach § 18 Abs. 2 GBO zur Sicherung des öffentlich-rechtlichen Anspruchs der Gläubiger auf ranggerechte Eintragung ihrer Zwangshypothek. Diese Vormerkung hat somit Rang vor der einzutragenden Grundschuld zu erhalten.

232 Die für die endgültige Eintragung der Hypothek notwendige Bezeichnung des Beteiligungsverhältnisses nach § 47 GBO braucht bei der Vormerkung nach § 18 Abs. 2 GBO noch nicht verlautbart werden.

233 Die Eintragung der Vormerkung erfolgt in Abt. III Spalten 1 bis 4 (Spalte 4 linke Halbspalte, §§ 12, 19 GBV) und könnte etwa lauten:

---

151 OLG Celle v. 12.11.1984 – 4 W 206/84; Zöller/*Seibel*, § 867 Rn 6.

I. Verfahren bei Eintragungshindernissen § 42

Beispiel

Dritte Abteilung				1
Lfd. Nr. der Eintragungen	Lfd. Nr. der belasteten Grundstücke im Bestandsverzeichnis	Betrag	Hypotheken, Grundschulden, Rentenschulden	
1	2	3	4	
1	1	4.000,00 EUR	Vormerkung zur Sicherung des Antrags auf Eintragung einer Zwangssicherungshypothek zu viertausend Euro für a) Max ... b) Sonja ... Auf Grund des Urteils des Amtsgerichts Mannheim vom ... (AZ ...) gemäß § 18 Abs. 2 GBO eingetragen am ... *Unterschrift*	

Im Anschluss ist dann rangmäßig danach (§ 879 Abs. 1 S. 1 BGB) die Grundschuld für die Volksbank Bezirk Schwetzingen eG. einzutragen. **234**

Wird das Hindernis von den beiden Titelgläubigern fristgerecht beseitigt, wird die Vormerkung in die Zwangshypothek umgeschrieben. **235**

Die Umschreibung erfolgt in der rechten freien Halbspalte der Spalte 4 wie folgt: **236**

Beispiel

Dritte Abteilung				1
Lfd. Nr. der Eintragungen	Lfd. Nr. der belasteten Grundstücke im Bestandsverzeichnis	Betrag	Hypotheken, Grundschulden, Rentenschulden	
1	2	3	4	
1	1	4.000,00 EUR	Vormerkung zur Sicherung des Antrags auf Eintragung einer Zwangssicherungshypothek zu viertausend Euro für a) Max ... b) Sonja ... Auf Grund des Urteils des Amtsgerichts Mannheim vom ... (AZ ...) gemäß § 18 Abs. 2 GBO eingetragen am ... *Unterschrift*	Umgeschrieben in eine Zwangssicherungshypothek zu viertausend Euro für a) Max ... b) Sonja ... als Gesamtgläubiger nach § 428 BGB. Auf Grund des Urteils des Amtsgerichts Mannheim vom ... (AZ ...) eingetragen am ... *Unterschrift*

§ 42 Eintragungsvoraussetzungen

237 Die Vormerkung in der linken Halbspalte ist als jetzt gegenstandslos zu röten. Die Zwangshypothek hat – obwohl zeitlich nach der Grundschuld eingetragen – entsprechend der Erledigungsfolge des § 17 GBO Rang vor der Grundschuld (§ 879 Abs. 1 S. 1 BGB).

238 Zu beachten ist, dass die Vormerkung nach § 18 Abs. 2 GBO jedoch keinen Schutz gegen solche Eintragungshindernisse gewährt, die von der später beantragten Eintragung (Grundschuld) unabhängig sind. Dies ist etwa der Fall, wenn nach Eintragung der Schutzvormerkung über das Vermögen des Eigentümers das Insolvenzverfahren eröffnet wird. Dies bedeutet, dass für Insolvenzgläubiger (§ 38 InsO) eine Einzelzwangsvollstreckung in das Grundstück des Schuldners nach § 89 InsO nicht mehr erfolgen darf. Über den früheren Antrag ist mithin so zu entscheiden, als ob die Vormerkung nicht eingetragen wäre.[152]
Der Antrag ist somit zurückzuweisen und die Vormerkung von Amts wegen zu löschen.

239 Ebenso erfolgt die Zurückweisung, wenn die Titelgläubiger die aufgezeigten Hindernisse nicht fristgerecht beseitigen.

240 Gehen **gleichzeitig** Anträge auf Umschreibung des Eigentums und Eintragung einer Zwangshypothek aufgrund Titels gegen den **derzeitigen Eigentümer** als Schuldner ein, sind beide Anträge als nicht miteinander zu vereinbaren (gleichzeitig!) zurückzuweisen.[153]

241 Ist bei **gleichzeitiger** Antragstellung von Eigentumswechsel und Zwangshypothek der Titel jedoch gegen den **Erwerber** gerichtet, ist zunächst das Eigentum auf den Titelschuldner umzuschreiben und sodann die Zwangshypothek einzutragen.

242 Das Gleiche gilt, wenn ein Antrag auf Zwangshypothek (Titel gegen Erwerber) vor dem Antrag auf Eigentumswechsel vorgelegt wird. Hier ist in Abweichung des § 17 GBO die später beantragte Eigentumsumschreibung zuerst vorzunehmen, da diese die früher beantragte Eintragung der Zwangshypothek erst zulässig macht. Auf Fälle dieser Art trifft der Zweckgedanke des § 17 GBO nicht zu.
Steht der Eigentumswechsel mit einem anderen Antrag (Bewilligung) unter einem Vorbehalt des § 16 Abs. 2 GBO (einheitliche Erledigung), etwa mit einer Restkaufpreishypothek, ist auch diese Hypothek mit Rang vor der (früher beantragten) Zwangshypothek einzutragen.[154]

243 Umstritten ist, wie zu verfahren ist, wenn der Gläubiger **schlüssig behauptet,** eine noch **nicht nachgewiesene Vollstreckungsvoraussetzung sei erfüllt**. Eine Meinung lässt auch hier den Erlass einer echten rangwahrenden Zwischenverfügung zu,[155] während eine andere Auffassung eine solche ablehnt.[156] Der ablehnenden Auffassung ist zu folgen. Sind bei Antragstellung nicht alle Vollstreckungsvoraussetzungen nachgewiesen, kann der antragstellende Gläubiger keine Rangwahrung beanspruchen. Somit kommt hier nur der Erlass einer nicht rangwahrenden Aufklärungsverfügung nach § 139 ZPO in Betracht.

II. Vollstreckungsrechtliche Hindernisse

1. Nicht behebbare Mängel

244 Handelt es sich um **nicht behebbare** Vollstreckungsmängel, erfolgt die sofortige **Zurückweisung** des Antrags durch begründeten Beschluss mit Rechtsmittelbelehrung (§ 18 Abs. 1 GBO). Der Beschluss ist dem antragstellenden Gläubiger bekannt zu machen. Der Schuldner wird davon nicht benachrichtigt.

---

152 Siehe hierzu *Deimann*, RpflStud 2008, 79.
153 *Demharter*, § 17 Rn 3.
154 *Schöner/Stöber*, Rn 91; *Demharter*, § 17 Rn 16.
155 Für den Erlass einer Zwischenverfügung: *Demharter*, § 18 Rn 8; MüKo-ZPO/*Dörndorfer*, § 867 Rn 31; Musielak/*Becker*, § 867 Rn 5.
156 Gegen den Erlass: *Schuschke/Walker*, § 867 Rn 8; *Hoche*, DNotZ 1957, 6; BayObLG v. 29.12.2004 – 2Z BR 228/04; Meikel/*Böttcher*, § 18 Rn 45.

Als nicht behebbare Hindernisse kommen beispielsweise in Betracht:
- Fehlen eines Vollstreckungstitels;
- Nichterreichen des Mindestbetrages von mehr als 750,00 EUR;
- Verbot der Zwangsvollstreckung nach § 89 InsO (Insolvenzeröffnung) oder nach § 775 ZPO;
- Antrag auf unzulässige Belastung eines Gesamthandanteils, Bruchteils bei einem Alleineigentümer oder Unterbruchteil eines Miteigentümers (§ 864 Abs. 2 ZPO).

2. Behebbare Mängel

Bei **behebbaren** Vollstreckungsmängeln ergeht nach mittlerweile einhelliger Auffassung vor der Zurückweisung an den Gläubiger eine nicht rangwahrende **Aufklärungsverfügung** nach § 139 Abs. 1 und 2 ZPO mit der Aufforderung an den antragstellenden Gläubiger den Mangel innerhalb einer bestimmten Frist zu beheben. Diese Verfügung ist keine anfechtbare Entscheidung, eine Rechtsmittelbelehrung erübrigt sich. Der Schuldner wird davon nicht benachrichtigt.[157]

245

Solche behebbaren Vollstreckungsmängel liegen beispielsweise vor:

246

- eine notwendige Rechtsnachfolgeklausel fehlt;
- die Zustellung des Titels bzw. sonstiger Urkunden ist nicht nachgewiesen;
- es fehlt der Nachweis, dass im Falle des § 779 ZPO die Zwangsvollstreckung zu Lebzeiten des Schuldners begonnen hat;
- eine Sicherheitsleistung ist nicht nachgewiesen bzw. bei der Sicherungsvollstreckung nach § 720a ZPO fehlt die Zustellung der „qualifizierten" Klausel (§ 750 Abs. 3 ZPO);
- es fehlen notwendige Nachweise, dass bei Eintragung der Hypothek auf einem Gesamtgutsgrundstück der schuldende Ehegatte das Gesamtgut allein verwaltet (§ 740 ZPO) oder die Voraussetzungen des § 741 ZPO (Erwerbsgeschäft) vorliegen;[158]
- es fehlen Nachweise zur notwendigen Identitätsfeststellung des Firmeninhabers;
- es fehlen Nachweise, dass eine Schuldner-GbR mit der Eigentümer-GbR identisch ist;[159]
- es fehlt eine Titelergänzung bei einer Gläubiger-GbR dahingehend, dass alle Gesellschafter im Gläubigerrubrum namentlich aufgeführt werden;
- es fehlt im Falle des § 867 Abs. 2 ZPO die notwendige Verteilungserklärung des Gläubigers bezüglich der Forderung auf die mehreren Grundstücke des Schuldners;
- der Titel lässt ein Beteiligungsverhältnis der Gläubiger i.S.v. § 47 GBO nicht erkennen, falls man gegen die h.M. der Auffassung ist, ein solcher Titel ist ohne entsprechende Ergänzung durch das Prozessgericht nicht vollstreckbar.

Ist eine **Wartefrist** (z.B. §§ 750 Abs. 3, 798 ZPO) noch nicht abgelaufen oder ein **Kalendertag** (§ 751 Abs. 1 ZPO) noch nicht eingetreten (wird dies aber in absehbarer Zeit sein), soll das Grundbuchamt den Eintritt der Vollstreckungsreife, ohne eine Aufklärungsverfügung zu erlassen, abwarten.[160] Die rangwahrende Wirkung nach §§ 17, 45 GBO tritt jedoch erst ein, wenn die Frist bzw. der Kalendertag abgelaufen ist und damit Vollstreckungsreife vorliegt.

247

---

[157] *Schöner/Stöber*, Rn 2179; OLG München v. 20.5.2010 – 34 Wx 55/10; Thüringer OLG v. 28.2.2002 – 6 W 787/01.
[158] BayObLG v. 27.7.1995 – 2Z BR 64/95. Streitig ist, ob dieser Nachweis der Form des § 29 GBO bedarf, so BayObLG v. 27.7.1995 – 2Z BR 64/95, oder formfrei vorgelegt werden kann, so *Stöber* (ZVG), Einl. 64c.
[159] BayObLG v. 3.8.1982 – BReg 2Z 54/82; *Stöber* (ZVG), Einl. 64.2 und 65.1.
[160] MüKo-ZPO/*Dörndorfer*, § 867 Rn 34.

§ 42 Eintragungsvoraussetzungen

248 **Muster: Aufklärungsverfügung des Grundbuchamts**

Grundbuchamt Mannheim   Mannheim, den 19.1.2018

Grundbuch von Mannheim Nr. 4444 und 8888 FlSt.Nr. 1234/5 und 4321/6

hier: Eintragung einer Zwangshypothek gem. Antrag vom 17.1.2018 über 12.000,00 EUR nebst 8 % Zinsen

Aufklärungsverfügung

Dem Vollzug des Antrags des Gläubigers auf Eintragung einer Zwangshypothek zu Lasten der genannten Grundstücke steht folgendes Vollstreckungshindernis entgegen:

Die Belastung mehrerer Grundstücke eines Schuldners mit einer Gesamtzwangshypothek ist unzulässig (§ 867 Abs. 2 ZPO). Notwendig ist eine Verteilung der titulierten Forderung auf die beiden Grundstücke. Die Verteilung der Forderung hat der Gläubiger vorzunehmen. Es bedarf somit noch einer entsprechenden schriftlichen Verteilungserklärung. Zu beachten ist, dass jeder Teil mehr als 750,00 EUR beträgt (§§ 867 Abs. 2 S. 2, 866 Abs. 3 ZPO).

Zur Vorlage der Verteilungserklärung wird eine Frist bis zum 10.2.2018 bestimmt, nach deren ergebnislosen Ablauf der Antrag zurückzuweisen ist.

Es wird darauf hingewiesen, dass diese Aufklärungsverfügung (§ 139 ZPO) für den Antrag keine rangwahrende Wirkung hat. Die Rangwirkung des § 17 GBO tritt erst mit Eingang der Verteilungserklärung ein.

(Unterschrift)

Rechtspfleger(in)

249 Betrifft der mit Aufklärungsverfügung zu beanstandende Mangel nur einen ausscheidbaren **Teil** des Antrags (z.B. nur einen von mehreren Titeln, bisherige Vollstreckungskosten), so ist im Übrigen – bei sonstiger Teilvollzugsreife – die Rangfolge der §§ 17, 45 GBO gewahrt.[161] Die Zwangshypothek für den Rest ist – bei Erreichen des Mindestbetrages – eintragbar.

250 Die rangwahrende Wirkung der §§ 17, 45 GBO tritt bei Vollstreckungsmängeln nicht bereits mit Stellung des Antrags beim Grundbuchamt ein, sondern erst mit Beseitigung des letzten vollstreckungsrechtlichen Hindernisses.

251 Als Eingangszeit des Antrags i.S.d. Grundbuchverfahrens gilt erst der Eingang der die Aufklärungsverfügung erfüllenden Nachweise.[162] Demzufolge ist bei Eingang von nachzureichenden Vollstreckungsunterlagen der genaue Zeitpunkt (Tag mit Uhrzeit) entsprechend § 13 Abs. 2 S. 1 GBO zu vermerken.

III. Grundbuchrechtliche und vollstreckungsrechtliche Mängel

252 Treffen mit **Grundbuchmängeln** auch **vollstreckungsrechtliche Hindernisse** zusammen, ergeht einheitlich eine nicht rangwahrende Aufklärungsverfügung. Stehen der Eintragung nach Beseitigung aller Vollstreckungsmängel nur noch grundbuchrechtliche Hindernisse entgegen, ist – da nunmehr die rang-

---

161 MüKo-ZPO/*Dörndorfer*, § 867 Rn 33; Musielak/*Becker*, § 867 Rn 5; Zöller/*Seibel*, § 867 Rn 4.
162 MüKo-ZPO/*Dörndorfer*, § 867 Rn 32; *Stöber* (ZVG), Einl. Rn 65.

wahrende Wirkung des Antrags beginnt – der Erlass einer Zwischenverfügung und die Eintragung einer Vormerkung nach § 18 Abs. 2 GBO möglich.

Gehen **vor Beseitigung** der Vollstreckungsmängel **vollzugsreife Anträge** ein, die dasselbe Recht betreffen, ist zu differenzieren: 253

- Der spätere mängelfreie Antrag betrifft die Eintragung eines **dinglichen Rechts** oder einer Vormerkung (auch Auflassungsvormerkung). Dieser Antrag wird sofort vollzogen und das Recht (Vormerkung) geht damit automatisch der später einzutragenden Zwangshypothek im Range vor (§§ 17, 45 GBO, § 879 BGB). Eine Zurückweisung des Antrags auf Eintragung der Zwangshypothek ist nicht geboten.[163]
- Wird jedoch die **Umschreibung des Eigentums** beantragt und ist dieser Antrag vollzugsreif, ist zugleich mit der Eigentumsumschreibung der früher gestellte Antrag auf Eintragung der Zwangshypothek, dem insoweit ja keine rangwahrende Eingangswirkung zukommt, als jetzt nicht mehr vollziehbar, zurückzuweisen. Es fehlt nunmehr an der notwendigen Identität zwischen Vollstreckungsschuldner und Grundstückseigentümer.

Liegt bereits ein mit Zwischenverfügung beanstandeter Antrag auf Eintragung einer **Rechtsänderung** vor, und geht danach ein mängelfreier Antrag auf Eintragung einer **Zwangshypothek** ein, ist zu differenzieren: 254

Beispiel (zur Rangkonkurrenz) 255

Erster Antrag:

Eintragung eines dinglichen Rechts (Auflassungsvormerkung), Antrag ist noch nicht vollzugsreif.

Zweiter Antrag:

Eintragung einer Zwangshypothek, Antrag ist vollzugsreif.

Die beiden Eintragungen betreffen dasselbe Recht i.S.d. § 17 GBO, da sie in einem Rangverhältnis zueinander stehen.

In diesem Falle hat das Grundbuchamt von Amts wegen den früheren Antrag auf Eintragung des dinglichen Rechts (AV) durch Eintragung einer halbspaltigen Vormerkung nach § 18 Abs. 2 GBO zu schützen. Im Range danach ist dann die Zwangshypothek zu vollziehen.

Werden die aufgezeigten Hindernisse für den ersten Antrag beseitigt, wird das Recht (AV) nunmehr unter Umschreibung der Schutzvormerkung im Range dieser Vormerkung, somit rangmäßig vor der Zwangshypothek, eingetragen.

Wird dagegen der frühere Antrag zurückgewiesen, erhält die eingetragene Zwangshypothek nunmehr den besseren Rang; die Schutzvormerkung nach § 18 Abs. 2 GBO ist nach wirksamer Antragszurückweisung von Amts wegen zu löschen.

Beispiel (zur „existenziellen" Konkurrenz) 256

Erster Antrag:

Eigentumswechsel, dem mit Zwischenverfügung beanstandete behebbare Mängel anhaften.

Zweiter Antrag:

Eintragung einer Zwangshypothek aufgrund eines Titels gegen den derzeitigen Eigentümer (Veräußerer), Antrag ist vollzugsreif.

In diesem Falle hat das Grundbuchamt von Amts wegen den früheren Antrag auf Eigentumswechsel durch Eintragung einer Vormerkung nach § 18 Abs. 2 GBO zu schützen. Im Range danach ist dann unter Vorbehalt der Erledigung des früheren Antrags die später beantragte Zwangshypothek einzutragen.

---

163 MüKo-ZPO/*Dörndorfer*, § 867 Rn 32.

Eine Zurückstellung des Antrags auf Eintragung der Zwangshypothek bis über den früheren Antrag auf Eigentumsumschreibung endgültig entschieden ist, verbietet sich, da insoweit die Schutznormen der §§ 878 und 892 BGB gegen eine nachträgliche Vollstreckungseinstellung, etwa durch Insolvenzeröffnung, dem Titelgläubiger nicht zur Verfügung stehen.

Werden jetzt die Hindernisse für die Eigentumsumschreibung beseitigt, ist diese unter Löschung der Schutzvormerkung zu vollziehen. Danach ist die unter Vorbehalt eingetragene Zwangshypothek von Amts wegen (ohne Bewilligung des Gläubigers) zu löschen. Die später eingetragene Zwangshypothek widerspricht dem geschützten Eigentumserwerb und hätte – mangels Voreintragung des Schuldners – nicht mehr bewirkt werden können, wenn der früher beantragte Eigentumswechsel im Zeitpunkt der Eintragung des Schutzvermerks (§ 18 Abs. 2 GBO) vorgenommen worden wäre. Ihre Löschung ist deshalb geboten.[164]

Wird dagegen der frühere Antrag auf Eigentumswechsel mangels Beseitigung der Hindernisse zurückgewiesen, wird die unter dem entsprechenden Vorbehalt eingetragene Zwangshypothek nunmehr vorbehaltlos wirksam.

Die Schutzvormerkung nach § 18 Abs. 2 GBO ist sodann von Amts wegen als jetzt gegenstandslos zu löschen. Ebenso ist der Rangvermerk bei der Zwangshypothek zu röten.

---

[164] OLG Frankfurt v. 30.4.1998 – 20 W 145/98; *Demharter*, § 18 Rn 51.

§ 43 Eintragung, Rechtsbehelfe, Umschreibung, Löschung

A. Eintragung im Grundbuch

I. Keine Anhörung des Schuldners

Entgegen den sonst geltenden Grundsätzen bei der Eintragung ohne Bewilligung des Betroffenen[1] ist der Schuldner/Eigentümer vor der Eintragung der Zwangshypothek nicht zu hören.[2]

II. Inhalt

Die Zwangshypothek, die mit ihrer Eintragung im Grundbuch entsteht (§ 867 Abs. 1 S. 2 ZPO), ist Sicherungshypothek und als solche ausdrücklich im Grundbuch zu bezeichnen (§ 1184 Abs. 2 BGB). Wegen der für diese Sicherungshypothek geltenden Besonderheiten (§ 868 ZPO) ist anzugeben, dass die Eintragung im Wege der Zwangsvollstreckung erfolgt. Das Fehlen dieser Hinweise ist jedoch kein Unwirksamkeitsgrund. Eine Brieferteilung ist kraft Gesetzes ausgeschlossen (§ 1185 Abs. 1 ZPO).[3] Daher unterbleibt ein entsprechender Vermerk.

Eine Sicherung durch Eintragung einer **Vormerkung** nach § 883 BGB verbietet sich trotz eines vorhandenen Vollstreckungstitels. Sicherbar sind nur hier nicht vorhandene privatrechtliche Ansprüche.[4]

Die Eintragung im Wege der **Sicherungsvollstreckung (§ 720a ZPO)** ist als Eintragungsgrund nicht zu bezeichnen.[5] Ob aufgrund der Zwangshypothek Verwertung bzw. eine Erlöszuteilung nach Sicherheitsleistung oder Rechtskraft erlangt werden kann, hat das Vollstreckungsgericht selbstständig festzustellen. Ein solcher Hinweis sollte auch deshalb unterbleiben, da nach Sicherheitsleistung oder ab Rechtskraft dieser Vermerk unzutreffend werden würde.

Eine Zwangshypothek kann im Rahmen ihrer Eintragung **nicht gutgläubig** erworben werden. Die Vorschrift des § 892 BGB (und die Norm des § 878 BGB) gelten nicht für einen (Erst-)Erwerb im Rahmen einer Zwangsvollstreckungsmaßnahme. Wird somit aufgrund eines gegen einen eingetragenen „Scheineigentümer" vorliegenden Titels eine Zwangshypothek im Grundbuch eingetragen, entsteht diese nicht. Das Grundbuch wird in diesem Falle unrichtig (§ 894 BGB).

Die Eintragung hat nach § 1115 Abs. 1 BGB den **Gläubiger**, den **Geldbetrag** der Forderung und, wenn die Forderung verzinslich ist, den **Zinssatz** und ggf. andere **Nebenleistungen** ausdrücklich zu bezeichnen. Insoweit ist eine Bezugnahme nach § 874 BGB ausgeschlossen.

Hinsichtlich des Zinsbeginns kann entsprechend § 874 BGB auf den Titel als Bewilligungsersatz Bezug genommen werden.[6]

Bei **mehreren** Gläubigern ist das sich aus dem Titel oder den Erklärungen der Gläubiger ergebende **Beteiligungsverhältnis** nach § 47 GBO ausdrücklich im Grundbuch einzutragen.

Der **Geldbetrag der Forderung**, der in Spalte 3 der dritten Abteilung in Ziffern als Betrag des Rechts zu bezeichnen ist (§ 11 Abs. 4 GBV) und in Spalte 4 in Buchstaben zu schreiben ist (§ 17 Abs. 1 S. 1 mit § 11 Abs. 5 GBV), ist die Vollstreckungsforderung, die mit ihrer Eintragung im Wege der Zwangsvollstre-

---

1 *Demharter*, § 1 Rn 69.
2 OLG Frankfurt v. 20.1.2007 – 20 W 366/06.
3 *Schöner/Stöber*, Rn 2186; Zöller/*Seibel*, § 867 Rn 7.
4 *Schöner/Stöber*, Rn 1483.
5 So zutreffend: *Schöner/Stöber*, Rn 2186; a.A., dass der Hinweis auf § 720a ZPO notwendig ist: MüKo-ZPO/*Dörndorfer*, § 867 Rn 37. Zweckmäßig und zulässig erscheint es, bei nachgewiesener Rechtskraft oder Sicherheitsleistung diese im Eintragungsvermerk zum Ausdruck zu bringen.
6 *Demharter*, Anh. zu § 44 Rn 46; *Schöner/Stöber*, Rn 1957, Rn 2188; Zöller/*Seibel*, § 867 Rn 10.

ckung „als bestimmte Geldsumme" (§ 1113 Abs. 1 BGB) Grundstücksbelastung wird. Dieser Betrag kann sich aus mehreren Titeln und bisherigen Vollstreckungskosten (§ 788 ZPO) zusammensetzen (§ 866 Abs. 3 S. 2 ZPO).[7]

10 Einzutragen ist der Geldbetrag der Zwangshypothek grundsätzlich in **Euro** (§ 28 S. 1 Hs. 1 GBO). Möglich ist jedoch auch die Eintragung einer Zwangshypothek in der Währung eines der Mitgliedstaaten der Europäischen Union, die nicht an der Währungsunion teilnehmen, sowie in der Währung der **Schweizerischen Eidgenossenschaft** und der **Vereinigten Staaten von Amerika** (§ 28 S. 2 GBO, VO vom 30.10.1997[8] und VO vom 23.12.1998[9]), sofern der Titel auf eine dieser Währungen lautet.

11 Vorausgesetzt ist bei ausländischer Währung ein Betrag von mehr als 750,00 EUR (§ 866 Abs. 3 ZPO) nach dem Umrechnungskurs am Eintragungstag. Im Übrigen ist eine Sicherungshypothek in ausländischer Währung nicht eintragbar.[10]

12 Sind die titulierten Beträge in einer nicht im Grundbuch eintragbaren **ausländischen Währung** angegeben, erfolgt die Eintragung in **Euro** als Höchstbetragssicherungshypothek (§ 1190 BGB), da die Umrechnung endgültig erst zum Befriedigungszeitpunkt geschieht (unechte Valutaschuld i.S.d. § 244 Abs. 2 BGB). Höchstbetrag ist der Umrechnungsbetrag am Antragstag.[11]

13 Ist der Anspruch nach dem Titel verzinslich, so verbietet § 1190 Abs. 2 BGB die gesonderte (Mit-)Eintragung dieser Zinsen. Da die Dauer des Zinslaufes bei der Eintragung zwangsläufig nicht feststeht, kann der Gläubiger (neben den kapitalisierten rückständigen Zinsen) einen angemessenen Betrag im Antrag festlegen, der bei der Eintragung der Zwangshypothek dem Höchstbetrag für die Hauptforderung und die rückständigen Zinsen hinzuzurechnen ist.

14 Die entsprechende Antragstellung könnte etwa so formuliert werden:

... beantrage ich die Eintragung einer Sicherungshypothek für eine Forderung von ... norwegischen Kronen, die nach dem Kurse am Tage der Zahlung in Euro zu zahlen ist. Ferner bitte ich, für künftige Zinsen einen Betrag von ... EUR hinzuzurechnen.

15 Bei der Bezugnahme auf einen gleitenden Zinssatz ist die Eintragung eines **Höchstzinssatzes entbehrlich**, sofern sich der variable Zins aus der Bezugnahme auf eine gesetzlich bestimmte Bezugsgröße ergibt.[12] Die hinreichende Bestimmbarkeit ist hier gewahrt, nachdem sich die Berechnungsfaktoren aufgrund objektiver Umstände jeweils genau ermitteln lassen. Die übliche Vereinbarung bzw. Titulierung sind 5 oder 9 Prozentpunkte über dem Basiszinssatz (§§ 288, 247 BGB).
In diesem Fall ist als Zinssatz i.S.d. § 1115 BGB diese Bezugsgröße ausdrücklich im Grundbuch einzutragen. Eine Bezugnahme auf den Titel reicht nicht aus.[13] Ob auch bei „Alt"-Titeln, bei denen der variable Zins an den früheren Bundesbankdiskontsatz gekoppelt ist, eine Grundbucheintragung ohne Höchstzinsangabe zulässig ist, war vom BGH in o.g. Entscheidung nicht zu entscheiden, dürfte jedoch zu bejahen sein.
Ein Höchstzinssatz ist jedoch einzutragen, wenn dies vom Gläubiger ausdrücklich beantragt wird.[14]

---

7 *Stöber* (ZVG), Einl. Rn 66; *Schöner/Stöber,* Rn 2187; *Zöller/Seibel,* § 867 Rn 9.
8 BGBl I 1997, 2683.
9 BGBl I 1998, 4023.
10 *Zöller/Seibel,* § 867 Rn 9; MüKo-ZPO/*Dörndorfer,* § 866 Rn 13 und § 867 Rn 42.
11 RGZ 106, 74; MüKo-ZPO/*Dörndorfer,* § 867 Rn 22, 42; *Schöner/Stöber,* Rn 2163; LG Osnabrück v. 10.8.1967 – 7 T 120/67.
12 BGH v. 26.1.2006 – V ZB 143/05, dazu Anm. *Wagner,* Rpfleger 2006, 313. Zur Eintragung von Zinsen siehe auch *Klawikowski,* Rpfleger 2007, 388.
13 *Wagner,* Rpfleger 2004, 668; *Böhringer,* Rpfleger 2005, 225.
14 *Klawikowski,* Rpfleger 2007, 388.

Bei einem, nach aktueller Rechtsprechung nicht mehr notwendigen, bereits eingetragenen Höchstzinssatz ist grundbuchmäßig nichts zu veranlassen. Dieser begrenzt lediglich die dingliche Haftung des Grundstücks, hat jedoch keine Auswirkungen auf die tatsächliche Zinsbelastung des Grundstücks. Diese Angabe kann somit weder als gegenstandslos nach §§ 84 ff. GBO noch als inhaltlich unzulässig nach § 53 Abs. 1 S. 2 GBO gelöscht werden.

Eine Löschung wäre nur auf Bewilligung des Eigentümers und etwaiger gleich- oder nachstehender Berechtigter möglich, da bei wegfallender Begrenzung der Zinsbelastung die dingliche Haftung des Grundstücks denkbarer Weise verschärft wird. Soweit im Grundbuch zulässigerweise der Wertmesser selbst nicht eingetragen ist, wäre dies vor der Löschung als Zinssatz i.S.d. § 1115 BGB noch ausdrücklich einzutragen.

Die **Formulierung** der Zwangshypothek könnte etwa lauten:

Beispiel

Dritte Abteilung			1
Lfd. Nr. der Eintragungen	Lfd. Nr. der belasteten Grundstücke im Bestandsverzeichnis	Betrag	Hypotheken, Grundschulden, Rentenschulden
1	2	3	4
1	1	3.000,00 EUR	Dreitausend Euro Zwangssicherungshypothek nebst 8 % Zinsen aus zweitausendvierhundert Euro und Zinsen von 5 Prozentpunkten über dem Basiszinssatz aus sechshundert Euro für Erwin Schreiber, geb. 14.03.1974. Aufgrund des rechtskräftigen Urteils vom 04.04.2018 und des Kostenfestsetzungsbeschlusses vom 24.04.2018; je Amtsgericht Schwetzingen (1 C 328/17) eingetragen am ... *Unterschrift*

Sind Gläubiger und Zahlungsempfänger verschiedene Personen, lautet die Gläubigerformulierung:

... für Toni Mayer ... mit der Maßgabe, dass Zahlungsempfänger die Gerichtskasse Hamburg ist

oder

... für Toni Mayer ... mit der Maßgabe, dass der Forderungsbetrag für Wolfgang Daum ... zu hinterlegen bzw. auf das Anderkonto Nr. ... des Notars ... zu leisten ist.

III. Vermerk auf dem Vollstreckungstitel

Die erfolgte **Eintragung** der Zwangshypothek ist auf dem vollstreckbaren Titel **zu vermerken** (§ 867 Abs. 1 S. 1 Hs. 2 ZPO). Dies geschieht regelmäßig durch Ansiegelung einer Eintragungsnachricht. Die vollstreckbare Ausfertigung des Titels ist dem Gläubiger nach Fertigung entsprechend beglaubigter Kopien für die Grundakten zurückzugeben (§ 10 Abs. 1 GBO).

IV. Eintragung eines unrichtigen Geldbetrages

19 Trägt das Grundbuchamt versehentlich einen **höheren** Geldbetrag in das Grundbuch ein als vom Gläubiger beantragt und gegen den schuldenden Eigentümer tituliert, entsteht die Zwangshypothek nur im Umfang des Antrags (Titels). Hinsichtlich des zu viel eingetragenen Betrages ist die Hypothek unwirksam, eine Eigentümergrundschuld ist nicht entstanden.

20 Die wegen Fehlens eines entsprechenden Vollstreckungstitels (nebst Forderung) endgültig unwirksame Zwangshypothek über den **höheren** als beantragten/titulierten Geldbetrag ist auf entsprechende einfache unbeschränkte Beschwerde (§ 11 Abs. 1 RPflG, § 71 GBO) des Eigentümers im Wege der Abhilfe (§ 75 GBO) zu löschen. Ein gutgläubiger Erwerb dieser unwirksamen (Teil-)Sicherungshypothek scheidet mangels bestehender (Titel-)Forderung aus (§§ 1184, 1185 Abs. 2 BGB, § 866 Abs. 1 ZPO). Somit kommt auch die Eintragung eines Amtswiderspruchs nach § 53 Abs. 1 S. 1 GBO nicht in Betracht.[15]

21 Eine Löschung könnte auch auf Berichtigungsantrag des Eigentümers oder eines nachrangig eingetragenen Berechtigten[16] oder von Amts wegen nach §§ 84 ff. GBO[17] erfolgen. Einer Berichtigungsbewilligung des eingetragenen Hypothekengläubigers bedarf es nicht. Ebenso wenig muss der Eigentümer dieser berichtigenden Löschung zustimmen, da die Unrichtigkeit für das Grundbuchamt offenkundig ist (§§ 27 S. 2, 29 Abs. 1 S. 2 GBO).

22 Vor der Löschung hat das Grundbuchamt dem eingetragenen Gläubiger sowie, wenn nicht von ihm die Löschung beantragt wurde, auch dem Eigentümer rechtliches Gehör zu gewähren.[18]

23 Wird umgekehrt ein **geringerer** Geldbetrag im Grundbuch verlautbart als Gläubigerantrag/Vollstreckungstitel ausweisen, erwirbt der Gläubiger die Zwangshypothek nur in Höhe des (zu gering) eingetragenen Geldbetrages.

24 Soweit das Grundbuchamt einen **geringeren** als beantragten Geldbetrag eingetragen hat, kann es jederzeit für den Restbetrag aufgrund des insoweit noch nicht erledigten Antrags an nächst offener Rangstelle („Hauptspalte") eine weitere Zwangshypothek eintragen,[19] auch wenn hierbei die Mindestgrenze von mehr als 750,00 EUR nicht erreicht wird.

V. Kosten im Eintragungsverfahren

1. Kosten des Grundbuchamts

a) Eintragung

25 Die Eintragung der Zwangshypothek löst gem. KV 14121 GNotKG die volle Gerichtsgebühr nach Tabelle B zu § 34 GNotKG aus. Bei einer Verteilung auf mehrere Grundstücke des Schuldners (§ 867 Abs. 2 ZPO) fällt die Gebühr für jede einzelne Zwangshypothek getrennt an.

26 Der Wert richtet sich hier nach dem Forderungsbetrag, wie er sich aus den Spalten 3 und 4 der dritten Abteilung ergibt (§ 53 Abs. 1 GNotKG).

27 Als Nebenforderung geltend gemachte Zinsen sowie Kosten und andere Nebenleistungen bleiben unberücksichtigt. Die Gebühr wird mit Eintragung fällig (§ 9 GNotKG), eine Sicherstellung der Kosten durch Vorwegleistung kann regelmäßig nicht gefordert werden (§ 13 GNotKG).

---

15 BGH v. 16.4.1975 – V ZB 22/74; *Demharter*, § 71 Rn 45.
16 *Demharter*, § 13 Rn 47.
17 *Hintzen*, ZIP 1991, 474, 483.
18 BGH v. 12.11.2004 – V ZR 322/03; *Demharter*, § 1 Rn 69, 70.
19 *Demharter*, § 53 Rn 12.

Kostenschuldner sind der antragstellende Gläubiger (§ 22 Abs. 1 GNotKG) sowie der Eigentümer als Vollstreckungsschuldner (§ 27 Nr. 4 GNotKG); beide haften als Gesamtschuldner (§ 32 Abs. 1 GNotKG). Die Reihenfolge, wie die mehreren Kostenschuldner in Anspruch zu nehmen sind, regelt § 8 KostVfg.

Dem Gläubiger ist für das Eintragungsverfahren bei Vorliegen der Voraussetzungen der §§ 76 ff. FamFG, §§ 114 ff. ZPO **Verfahrenskostenhilfe** zu gewähren. Diese hat das Grundbuchamt (nicht das Vollstreckungsgericht) zu bewilligen (§ 119 Abs. 2 ZPO). Die im Prozessverfahren bewilligte Prozesskostenhilfe erstreckt sich nicht auf die Zwangsvollstreckung aus dem erwirkten Titel. Auch eine mögliche eingeschränkte pauschale Bewilligung der Prozesskostenhilfe für die Zwangsvollstreckung durch das Vollstreckungsgericht reicht für das Grundbuchverfahren nicht. Ggf. kommt die Beiordnung eines Rechtsanwalts in Betracht (§ 121 Abs. 2 ZPO).[20]

b) Zurückweisung des Antrags

Für die Zurückweisung des Antrags auf Eintragung einer Zwangshypothek wird die Hälfte der vollen Gebühr erhoben, jedoch mindestens 15,00 EUR und höchstens 400,00 EUR (KV 14400 GNotKG). Kostenschuldner ist nur der Gläubiger als Antragsteller (§ 22 Abs. 1 GNotKG).

c) Antragsrücknahme

Die Rücknahme des Antrags löst ein Viertel der vollen Gebühr aus, mindestens 15,00 EUR höchstens 250,00 EUR (KV 14401 GNotKG). Für die Rücknahmekosten haftet nur der Gläubiger als Antragsteller (§ 22 Abs. 1 GNotKG).

2. Rechtsanwaltskosten

Für den **Rechtsanwalt**, der den Gläubiger im Eintragungsverfahren vertritt, entsteht eine 0,3 Verfahrensgebühr nach §§ 2, 13 RVG, Nr. 3309 VVRVG. Hierbei handelt es sich um eine besondere Vollstreckungsgebühr, die durch die allgemeine Vollstreckungsgebühr nicht abgegolten wird (§ 18 Nr. 13 RVG). Bei mehreren Gläubigern, die von einem Anwalt vertreten werden, erhöht sich die Gebühr entsprechend § 7 RVG, Nr. 1008 VVRVG. Der Wert bestimmt sich nach der Vollstreckungsforderung einschließlich Kosten und Zinsen bis zur Eintragung. Ist ausnahmsweise der Wert des zu belastenden Grundstücks geringer als die zu vollstreckende Forderung, ist der Grundstückswert maßgebend (§ 25 Abs. 1 Nr. 1 RVG). Die Gebühr gilt auch die Verteilung nach § 867 Abs. 2 ZPO ab. Eine besondere Vergütung kann der Rechtsanwalt für die Erwirkung eines Erbscheins (§ 792 ZPO) oder für die Beantragung der Grundbuchberichtigung (§ 14 GBO) berechnen; diese Kosten sind keine Kosten der Eintragung, sie können somit im Rahmen des § 788 ZPO eingetragen werden.[21]

3. Keine Grundbucheintragung

Für die notwendigen Eintragungskosten (Gerichts- und Anwaltskosten) haftet das Grundstück kraft Gesetzes; eine (Mit-)Eintragung im Grundbuch scheidet somit aus (§ 867 Abs. 1 S. 3 ZPO).

Tipp
Um eine Teilzurückweisung zu vermeiden, sollte der Gläubiger die Kosten für die Eintragung der Zwangshypothek selbst nicht zur Eintragung mitbeantragen.

---

20 Zöller/*Geimer*, § 119 Rn 34; *Demharter*, § 1 Rn 64; Schleswig-Holsteinisches OLG v. 14.4.2010 – 2 W 52/10; Thüringer OLG v. 23.7.2014 – 3 W 328/14.
21 *Hartmann*, § 18 RVG Rn 26; Zöller/*Seibel*, § 867 Rn 13.

B. Rechtsbehelfe

I. Rechtsbehelf des Gläubigers

35 Dem **Gläubiger** steht gegen die **Zurückweisung seines Antrags** – gleichgültig ob aus vollstreckungs- oder grundbuchrechtlichen Gründen – die **einfache unbefristete Beschwerde** zu (§ 11 Abs. 1 RPflG, §§ 71 ff. GBO). Gleiches gilt, wenn eine Zwischenverfügung nach § 18 GBO gerügt werden soll.[22] Der Rechtspfleger kann der Beschwerde abhelfen (§ 75 GBO).[23] Die Beschwerde kann auf neue Tatsachen und Beweismittel gestützt werden (§ 74 GBO).

36 Hilft das Grundbuchamt der Beschwerde nicht ab, hat es diese unter Benachrichtigung der Beteiligten hiervon dem übergeordneten Oberlandesgericht als Beschwerdegericht (§ 72 GBO) vorzulegen.

37 Gegen die Entscheidung des Beschwerdegerichts ist ggf. die Rechtsbeschwerde zum BGH zulässig (§ 78 GBO).

38 Wird auf Beschwerde des Gläubigers im Rechtsmittelverfahren durch den abhilfebefugten Rechtspfleger des Grundbuchamts oder das Beschwerdegericht die Zurückweisung des Antrags aufgehoben (ohne dass neue Beweise die Aufhebung rechtfertigen, § 74 GBO), ist er unerledigt mit der Folge, dass dessen (Rang-)Wirkungen (§§ 13, 17, 45 GBO) „ex tunc" wieder aufleben.

39 Jedoch behalten zwischenzeitlich bereits erfolgte Eintragungen Gültigkeit gegenüber der jetzt einzutragenden Zwangshypothek.[24] Falls zwischenzeitlich ein anderer Eigentümer eingetragen wurde, kann die Eintragung nicht mehr erfolgen.

40 Hat die Beschwerde jedoch nur deshalb Erfolg, weil der Gläubiger im Beschwerdeverfahren neue Beweise vorlegt (z.B. wird dort die fehlende Verteilung nachgereicht), tritt die Rangwirkung des zurückgewiesenen Antrags erst mit Eingang der neuen Tatsachen/Beweise beim Grundbuchamt ein.

41 Die Aufklärungsverfügung nach § 139 ZPO ist selbstständig nicht anfechtbar.[25]

II. Rechtsbehelf des Schuldners

42 Gegen die **Eintragung der Zwangshypothek** kann der **Schuldner** die **beschränkte Beschwerde** einlegen mit dem Ziel einen Amtswiderspruch nach § 53 Abs. 1 S. 1 GBO einzutragen oder wegen inhaltlicher Unzulässigkeit der Zwangshypothek ihre Löschung nach § 53 Abs. 1 S. 2 GBO vorzunehmen (§ 11 Abs. 1 RPflG, § 71 Abs. 2 GBO).

43 Die Vollstreckungserinnerung nach § 766 ZPO sowie die sofortige Beschwerde nach § 793 ZPO sind hier ausgeschlossen. Dies ergibt sich aus den besonderen Sicherheitserfordernissen des Grundbuchwesens im Hinblick auf einen möglichen gutgläubigen Erwerb der Zwangshypothek nach § 892 BGB.[26]

44 **Unbeschränkte Beschwerde** gegen Eintragung einer inhaltlich zulässigen Zwangshypothek mit dem Ziel ihrer Löschung ist dann gegeben, wenn die Möglichkeit gutgläubigen Erwerbs für die Vergangenheit wegen Fehlens einer entsprechenden Eintragung und für die Zukunft infolge Eintragung eines Amtswiderspruchs nach § 53 Abs. 1 S. 1 GBO rechtlich ausgeschlossen ist.[27]

---

22 Eine Aufklärungsverfügung (§ 139 ZPO) des als Vollstreckungsorgan tätigen Grundbuchamts ist i.d.R. nicht anfechtbar, OLG München v. 20.5.2010 – 34 Wx 55/10.
23 MüKo-ZPO/*Dörndorfer*, § 867 Rn 72; BayObLG v. 2.9.1999 – 2Z BR 116/99; Thüringer OLG v. 17.1.2000 – 6 W 705/99; *Budde*, Rpfleger 1999, 513; *Rellermeyer*, ZflR 1999, 801.
24 BayObLG v. 10.11.1982 – 2 Z 91/82.
25 *Demharter*, § 71 Rn 19, 20; OLG München v. 20.5.2015 – 34 Wx 55/10.
26 Zöller/*Seibel*, § 867 Rn 24; OLG Zweibrücken v. 16.11.2000 – 3 W 191/00; OLG Köln v. 11.8.2008 – 2 Wx 26/08; *Mensch*, Rpfleger 2009, 609.
27 BGH v. 16.4.1975 – V ZB 22/74; OLG Frankfurt v. 16.3.1998 – 20 W 101/98; *Demharter*, § 71 Rn 45; Zöller/*Seibel*, § 867 Rn 24.

Einwendungen des **Schuldners** gegen die titulierten Forderungen sind auch nach Eintragung der Zwangshypothek ausschließlich mit Klage nach **§ 767 ZPO** geltend zu machen. Ein obsiegendes Urteil lässt aus der Zwangshypothek eine Eigentümergrundschuld entstehen (§ 868 Abs. 1 ZPO, § 1177 Abs. 1 BGB).

III. Rechtsbehelf eines Dritten

Ein **Dritter**, dessen Grundstück zu Unrecht mit einer Zwangshypothek belastet wurde, kann mit **beschränkter Beschwerde** die Eintragung eines Amtswiderspruchs erreichen (§ 11 Abs. 1 RPflG, § 71 Abs. 2 GBO). Auch die **Drittwiderspruchsklage** nach § 771 ZPO ist trotz Eintragung nicht ausgeschlossen, weil die Zwangsvollstreckung als solche hierbei noch nicht beendet ist.[28]

C. Mängel bei Grundbucheintragung

I. Verletzung grundbuchrechtlicher Vorschriften

Wurden bei Eintragung der Zwangshypothek ausschließlich grundbuchrechtliche Voraussetzungen verletzt (z.B. fehlende notwendige Voreintragung), berührt dies die Wirksamkeit der Zwangshypothek nicht. Die Verletzung grundbuchrechtlicher Verfahrensnormen als Ordnungsvorschriften allein führt nicht zu einer unwirksamen Eintragung.[29]

Das Fehlen einer nach § 5 ErbbauRG notwendigen Belastungsgenehmigung des Grundstückseigentümers bei Eintragung der Zwangshypothek auf einem Erbbaurecht führt dagegen zur (schwebenden) Unwirksamkeit der Hypothek und macht das Grundbuch unrichtig (§ 8 ErbbauRG).

II. Verletzung vollstreckungsrechtlicher Vorschriften

Es sind zwei Möglichkeiten zu unterscheiden:

1. Löschung wegen inhaltlicher Unzulässigkeit

In folgenden Fällen ist eine Zwangshypothek als **inhaltlich unzulässig** nach § 53 Abs. 1 S. 2 GBO von Amts wegen zu löschen:

- Eintragung einer Zwangshypothek unter dem Mindestbetrag von mehr als 750,00 EUR, falls keine Ausnahme greift;
- Eintragung einer unzulässigen Gesamtzwangshypothek (§ 867 Abs. 2 ZPO), wenn sich die inhaltliche Unzulässigkeit aus dem Eintragungsvermerk oder den in Bezug genommenen (§ 874 BGB) Eintragungsunterlagen ergibt;
- Eintragung ohne Angabe eines Berechtigten (§ 1115 BGB);
- Eintragung zu Lasten eines Miterbenanteils, eines Anteils eines Gesellschafters einer GbR oder eines Gesamtgutanteils einer ehelichen Gütergemeinschaft.

Eine solche inhaltlich unzulässige Eintragung ist offensichtlich unwirksam. Sie bringt ein Recht nicht zum Entstehen, wahrt keinen Rang und steht nicht unter dem öffentlichen Glauben. Der ursprüngliche Antrag ist durch die inhaltlich unzulässige Eintragung nicht wirklich erledigt und somit nach der Löschung des Rechts erneut zu verbescheiden.[30]

---

[28] MüKo-ZPO/*Dörndorfer*, § 867 Rn 75.
[29] *Dümig*, Rpfleger 2004, 1 ff.
[30] *Demharter*, § 53 Rn 45, 47, 52, 53.

52 Eine solche unwirksame Zwangshypothek wäre auch ohne deren Löschung im Grundbuch bei einer etwaigen Zwangsversteigerung vom Vollstreckungsgericht als nicht existent weder in das geringste Gebot aufzunehmen, noch dürfte darauf eine Erlöszuteilung erfolgen.

53 Keine inhaltlich unzulässige Eintragung i.S.d. § 53 Abs. 1 S. 2 GBO liegt dagegen vor, wenn aufgrund einer GbR-Gläubigertitulierung – ordnungswidrig gegen § 47 Abs. 2 GBO – eine Zwangshypothek für eine rechtsfähige GbR allein unter ihrem Namen im Grundbuch eingetragen wird. Eine solche GbR ist materiell-rechtlich als solche Gläubigerin der Hypothek geworden. Eine Amtslöschung kommt folglich nicht in Betracht.[31]

54 Da auch das Grundbuch durch diese Eintragung i.S.d. § 894 BGB nicht unrichtig geworden ist, kann auch kein Amtswiderspruch nach § 53 Abs. 1 S. 1 GBO hiergegen eingetragen werden.

2. Eintragung eines Amtswiderspruchs

55 Ist eine **inhaltlich zulässige** Zwangshypothek unter Verletzung von zwingenden vollstreckungsrechtlichen Voraussetzungen eingetragen, ist sie nach h.M. (vorläufig) unwirksam. Das Grundbuch ist insoweit **unrichtig**. Wird dann nachträglich der (vollstreckungsrechtliche) Mangel geheilt, entsteht die Zwangshypothek mit dem sich aus der Eintragung ergebenden Rang. Dies folgt aus § 879 Abs. 2 BGB, der bei einer der Eintragung nachfolgenden Einigung für den Rang auf die Eintragung abstellt. Da bei der Zwangseintragung die Vollstreckungsvoraussetzungen an die Stelle der Einigung treten, ist eine entsprechende Anwendung dieser Norm geboten.[32] Der Gegenmeinung,[33] die die Hypothek als auflösend bedingt ansieht, kann nicht gefolgt werden, denn mangels direkter Anfechtbarkeit der Eintragung (die Rechtsbehelfe der §§ 766, 793 ZPO sind hier nicht gegeben) wäre die Bedingung nicht durchsetzbar.

56 Solange Heilung nicht eingetreten ist – was das Grundbuchamt nach § 26 FamFG von Amts wegen zu ermitteln hat –, das Grundbuch somit noch unrichtig ist, ist von Amts wegen ein Amtswiderspruch einzutragen.

57 Auch durch zwischenzeitlich erfolgten gutgläubigen Erwerb der „Zwangshypothek" könnte das Grundbuch richtig geworden sein, was das Grundbuchamt ebenfalls beachten müsste.[34]

58 Der **Amtswiderspruch** gegen die Hypothek (§ 53 Abs. 1 S. 1 GBO) setzt neben der noch bestehenden Unrichtigkeit des Grundbuchs voraus, dass das Grundbuchamt bei Eintragung gesetzliche Vorschriften i.S.d. § 53 Abs. 1 GBO verletzt hat.[35] Die weitere Voraussetzung, dass sich an die Eintragung ein gutgläubiger Erwerb anschließen kann,[36] ist auch bei einer unwirksamen Zwangshypothek gegeben. Durch Abtretung des bestehenden (sogar titulierten) Anspruchs durch den Titelgläubiger an einen redlichen Dritten erwirbt der Zessionar gem. §§ 892, 1154 Abs. 3 BGB wegen des Mitlaufgebots des § 1153 BGB neben der Forderung auch kraft guten Glaubens die Zwangshypothek (Kapital und künftige Zinsen, nicht jedoch die rückständigen Zinsen, § 1159 Abs. 1, 2 BGB). Auf die für Sicherungshypotheken wegen § 1185 Abs. 2 BGB nicht anwendbare Norm des § 1138 BGB braucht bei bestehender Forderung nicht zurückgegriffen

---

31 BGH v. 25.9.2006 – II ZR 218/05; *Lautner*, MittBayNot 2005, 93.
32 BayObLG v. 31.7.2003 – 2Z BR 13/03; OLG Hamm v. 21.2.2005 – 15 W 34/05; *Demharter*, Anh. zu § 44 Rn 68 und Anh. zu § 13 Rn 11; MüKo-ZPO/*Dörndorfer*, § 867 Rn 51; *Schuschke/Walker*, § 867 Rn 17, Musielak/*Becker*, § 867 Rn 7 je m.w.H.
33 Zöller/*Seibel*, § 867 Rn 25.
34 *Demharter*, § 53 Rn 28.
35 OLG Hamm v. 21.2.2005 – 15 W 34/05; Schleswig-Holsteinisches OLG v. 18.1.2007 – 2 W 249/05; *Demharter*, § 53 Rn 23; *Münzberg*, Rpfleger 1990, 252; der Auffassung, dass die Eintragung eines Amtswiderspruchs auch dann in Betracht kommt, wenn das Grundbuchamt keine gesetzliche Vorschrift i.S.d. § 53 GBO verletzt hat, kann nicht gefolgt werden. Hier bleibt es dem Schuldner überlassen, im Wege der einstweiligen Verfügung einen Widerspruch nach § 899 BGB zu erwirken.
36 *Demharter*, § 53 Rn 8, 10.

zu werden. Ebenso ist ein gutgläubiger Erwerb bei einer rechtsgeschäftlichen Verpfändung der Forderung (§§ 1273 ff. BGB) sowie bei Bestellung eines Rechtsnießbrauchs an der Forderung (§§ 1068 ff. BGB) denkbar.

Als **Berechtigte** eines gebotenen Amtswiderspruchs sind alle die einzutragen, denen nach § 894 BGB ein eigener dinglicher Berichtigungsanspruch auf Löschung der unwirksamen Hypothek zusteht. Neben dem Eigentümer kommen hier auch etwaige gleich- und nachrangige Berechtigte in Betracht. Die Eintragung erfolgt in den Spalten 5, 6 und 7 der dritten Abteilung unter der lfd. Nr. der Zwangshypothek (§ 12 GBV), und zwar ganzspaltig.

Der **Widerspruch** könnte etwa **formuliert** sein:

Beispiel

Veränderungen		
Lfd. Nr. der Spalte 1	Betrag	
5	6	7
1	4.000,00 EUR	Widerspruch gegen die für Marianne Mayer eingetragene Zwangshypothek zugunsten von a) Elke Storzer ... (Eigentümerin) b) Volksbank Mannheim e.G. ... (nachrangige Gläubigerin) Gemäß § 53 Abs. 1 S. 1 GBO eingetragen am ... *Unterschrift*

Zu bemerken ist, dass bei den mehreren Berechtigten kein Beteiligungsverhältnis nach § 47 GBO einzutragen ist, da es sich hierbei um jeweils rechtlich selbstständige Widersprüche handelt, die in einem Sammelvermerk eingetragen werden.

Ist dem Grundbuchamt bekannt, dass der Vollstreckungsmangel durch Nachholung der damals fehlenden Vollstreckungsvoraussetzungen geheilt ist, scheidet die Eintragung eines Amtswiderspruchs aus.[37]

D. Erwerb der Zwangshypothek durch den Eigentümer

I. Nicht entstandene Forderung

Ist die Zwangssicherungshypothek wirksam entstanden, so gelten für sie alle **Vorschriften des BGB** über die **Eigentümergrundschuld**. Stellt sich heraus, dass die vollstreckte **Forderung nicht bestanden hat**, so steht die Zwangshypothek als Grundschuld a priori dem Eigentümer zur Zeit ihrer Eintragung zu (§§ 1163 Abs. 1 S. 1, 1177 Abs. 1 BGB) zu. Sie verbleibt ihm auch – dann als Fremdgrundschuld – wenn er nachträglich das Grundstück rechtsgeschäftlich veräußert.

II. Erloschene Forderung

Erlischt die Forderung nach Eintragung der Hypothek (z.B. durch freiwillige Befriedigung des Gläubigers), erwirbt der Eigentümer im Zeitpunkt der Befriedigung das Recht als Eigentümergrundschuld (§§ 362 Abs. 1, 1163 Abs. 1 S. 2, 1177 Abs. 1 BGB). Dessen Eintragung als neuer Gläubiger wäre berich-

---

37 OLG Hamm v. 23.1.1997 – 15 W 514/96.

tigend (§ 894 BGB) möglich. Hierzu bedarf es eines Nachweises durch eine „löschungsfähige Quittung" (§§ 22, 29 GBO).

65 Die Eintragung erfolgt in Abt. III Spalten 5 bis 7 und könnte in Spalte 7 lauten:

Beispiel

Lfd. Nr. der Spalte 1	Betrag	Veränderungen
5	6	7
3	6.000,00 EUR	Die Hypothek ist infolge Zahlung als Grundschuld (ohne Brief) übergegangen auf Volker Mayer, geb. 13.10.1981. Berichtigend eingetragen am ... *Unterschrift*

III. Verzicht des Gläubigers

66 Eine Eigentümergrundschuld entsteht ferner, wenn der Gläubiger auf die Zwangshypothek verzichtet (§§ 1168, 1177 Abs. 1 BGB). Der Verzicht bedarf der Eintragung im Grundbuch (§ 1168 Abs. 2 BGB).[38]

IV. Umwandlung nach § 868 ZPO

1. Voraussetzungen

67 Die Norm des § 868 ZPO bewirkt darüber hinaus die Entstehung einer Eigentümergrundschuld dann, wenn durch eine vollstreckbare (Rechtskraft ist nicht erforderlich) Entscheidung (Prozessvergleich genügt nicht[39]):
- der der Zwangshypothek zugrunde liegende Titel aufgehoben wird, etwa durch Endurteil nach Einspruch gegen ein Versäumnisurteil oder durch Entscheidung des Berufungs- oder Revisionsgerichts;
- die Zwangsvollstreckung aus dem zugrunde liegenden Titel endgültig eingestellt oder für unzulässig erklärt wird (§§ 732 Abs. 1, 766, 767, 771 ZPO);
- die Zwangsvollstreckung aus dem zugrunde liegenden Titel vorläufig eingestellt wird, jedoch nur, wenn zugleich die Aufhebung der erfolgten Vollstreckungsmaßregeln angeordnet wurde, z.B. nach den §§ 707, 719, 769, 771 Abs. 3 ZPO.

68 Ist in den o.g. Fällen die Entscheidung nur gegen Sicherheitsleistung vorläufig vollstreckbar, tritt der Übergang des Rechts auf den Eigentümer erst mit ordnungsgemäßer Sicherheitsleistung (§ 108 ZPO) durch den Schuldner ein.[40] Als Voraussetzung für die Berichtigung des Grundbuchs wäre dies formgerecht (§ 29 GBO) nachzuweisen.[41]

---

38 MüKo-ZPO/*Dörndorfer*, § 868 Rn 12, 11; Zöller/*Seibel*, § 868 Rn 1.
39 BayObLG v. 29.5.1998 – 2Z BR 91/98; *Demharter*, Anh. zu § 44 Rn 65.
40 BayObLG v. 22.5.2001 – 2Z BR 74/01; MüKo-ZPO/*Schmidt*, § 775 Rn 11; Stein/Jonas/*Münzberg*, § 775 Rn 11, der ausführt, dass die Sicherheit zwar nicht für die einstweilige Einstellung der Zwangsvollstreckung, aber für die Aufhebung der Vollstreckungsmaßnahmen nach § 776 ZPO notwendig ist. Nachdem die Rechtsfolge des § 868 ZPO, der als „lex specialis" die §§ 775 und 776 ZPO verdrängt, die Aufhebung der Gläubigersicherheit regelt, tritt mithin die Rechtsfolge des § 868 ZPO bei einer vorläufig vollstreckbaren Entscheidung erst mit Leistung der angeordneten Sicherheit ein. Bei Unzulässigkeitserklärung der Zwangsvollstreckung verlangt auch das LG Bonn v. 13.6.1983 – 4 T 277/83 eine etwa angeordnete Sicherheit für die Anwendbarkeit der §§ 775, 776 und somit auch für § 868 ZPO.
41 LG Frankfurt v. 26.5.1988 – 2/9 T 554/88.

D. Erwerb der Zwangshypothek durch den Eigentümer § 43

Die Rechtsfolge des § 868 ZPO tritt bei einem vorläufig vollstreckbaren Aufhebungsurteil auch dann mit Verkündung ein, wenn dem eingetragenen Gläubiger nach §§ 711, 712 Abs. 1 S. 1 ZPO nachgelassen ist, die Zwangsvollstreckung durch Sicherheitsleistung (§ 108 ZPO) abzuwenden.[42]

69

Das Gleiche gilt, wenn das Urteil für vorläufig vollstreckbar erklärt wurde und der Gläubiger nur wegen der Kosten Sicherheit leisten muss (§ 709).[43]

70

Weitere Fälle des Rechtsübergangs nach § 868 ZPO sind:

71

- Leistung der Abwendungssicherheit des Schuldners in den Fällen der §§ 711, 720a Abs. 3 ZPO, bevor seinerseits der Gläubiger Sicherheit geleistet hat (relative Abwendungsbefugnis). Im Falle des § 712 ZPO (absolute Abwendungsbefugnis) tritt diese Wirkung ein, ohne dass der Gläubiger durch eigene Sicherheit dies verhindern könnte.
- Gesetzliche Aufhebung oder Hinderung der Zwangsvollstreckung. Dazu gehören die Fälle, in denen die Vollstreckung kraft Gesetzes aufgehoben, nachträglich unzulässig oder materiell unwirksam wird. Hierunter fällt auch der Tatbestand, dass der Kostenfestsetzungsbeschluss, aus dem vollstreckt wurde, infolge Wegfall der Kostengrundentscheidung von selbst wirkungslos wird.[44]

Bis zur damals viel kritisierten Entscheidung des **BGH**[45] ging die überwiegende Meinung davon aus, dass eine Zwangshypothek, die innerhalb der Sperrfrist des § 88 InsO eingetragen wurde **(Rückschlagsperre)**, mit Eröffnung des Insolvenzverfahrens entsprechend der Norm des § 868 ZPO zur Eigentümergrundschuld (Insolvenzmasse, § 35 InsO) wurde.[46] Für die Berechnung der Monatsfrist des § 88 InsO bzw. der Dreimonatsfrist des § 312 Abs. 1 S. 3 InsO im vereinfachten Verbraucherinsolvenzverfahren auf Schuldnerantrag gilt § 139 InsO. Maßgeblicher Zeitpunkt der „Erlangung" der Sicherung ist die Eintragung der Zwangshypothek, nicht die hierauf gerichtete Antragstellung.[47]

72

In der erwähnten Entscheidung stellte der BGH fest, dass eine infolge der insolvenzrechtlichen Rückschlagsperre dem Gläubiger entzogene Zwangshypothek gegenüber jedermann (schwebend) unwirksam wird und erlischt.

73

Eine solchermaßen erloschene Zwangshypothek kann aufgrund Unrichtigkeitsnachweises (§ 22 Abs. 1 GBO) auf schriftlichen Antrag (§§ 13, 30 GBO) des Insolvenzverwalters gelöscht werden. Als Nachweis bedarf es gem. BGH[48] der Löschungsbewilligung des eingetragenen Gläubigers nach § 19 GBO nebst der Eigentümerzustimmung gem. § 27 GBO durch den Insolvenzverwalter, beides in der Form des § 29 GBO. Ersatzweise kann auch eine Grundbuchberichtigung mit entsprechendem Unrichtigkeitsnachweis gem. § 22 GBO erfolgen. Ausgeschlossen ist aber der Nachweis des Eingangs des Insolvenzantrags beim Insolvenzgericht durch eine Bescheinigung des Insolvenzgerichts. Es handelt sich dabei **nicht** um einen urkundlichen Nachweis i.S.v. §§ 415 ff. ZPO, da das Insolvenzgericht für solche Bescheinigungen nicht zuständig ist.

Ein Offenkundigkeitsnachweis zum Erlöschen i.S.v. §§ 22, 29 GBO ist aber gegeben, wenn die Eintragung der Zwangshypothek innerhalb eines Monats vor dem vorgelegten Eröffnungsbeschluss erfolgt ist.[49]

---

[42] *Demharter*, § 25 Rn 10; Meikel/*Böttcher*, § 25 Rn 52; LG Dortmund v. 15.4.1982 – 8 O 357/81. Die Norm des § 25 GBO, auf die sich die Hinweise beziehen, ist insoweit mit der Regelung des § 868 ZPO vergleichbar.
[43] BayObLG v. 22.5.2001 – 2Z BR 74/01.
[44] MüKo-ZPO/*Dörndorfer*, § 868 Rn 8.
[45] BGH v. 19.1.2006 – IX ZR 232/09, dazu abl. Anm. *Demharter*, Rpfleger 2006, 253.
[46] Für die Anwendung des § 868 ZPO sprechen sich aus: MüKo-ZPO/*Dörndorfer*, § 868 Rn 8; *Deimann*, Rpfleger 2000, 193, 194; *Demharter*, Anh. zu § 44 Rn 66; Stein/Jonas/*Münzberg*, § 868 Rn 5c; *Hintzen*, Rpfleger 1999, 256, 258; *Keller*, ZIP 2000, 1324, 1329. Für ein Erlöschen der Zwangshypothek: Zöller/*Seibel*, § 868 Rn 2; *Schuschke/Walker*, § 867 Rn 21.
[47] OLG Köln v. 14.7.2010 – 2 Wx 86/10 m.w.N.
[48] BGH v. 12.7.2012 – V ZB 219/11.
[49] BGH v. 12.7.2012 – V ZB 219/11.

Ebenfalls offenkundig ist das Erlöschen aufgrund der Rückschlagsperre, wenn sich die Eintragung innerhalb der Frist aus dem Grundbuch selbst ergibt. Das hat das OLG Köln[50] für folgenden Fall festgestellt:
- Eintragung Zwangshypothek: 1.9.2010
- Eintragung Zustimmungsvorbehalt für vorläufigen Insolvenzverwalter, § 21 Abs. 2 Nr. 2 InsO: 20.9.2010
- Eintragung InsO-Vermerk aufgrund Eröffnungsbeschluss vom 1.12.2010: 21.12.2010

Die Offenkundigkeit des Erlöschens der Zwangshypothek ergibt sich in diesem Fall aus der Tatsache, dass der Zustimmungsvorbehalt schon am 20.9.2010 eingetragen wurde. Damit ist offenkundig, dass der Antrag auf Insolvenzeröffnung zumindest an diesem Tag spätestens vorgelegen haben muss und die Eintragung der Zwangshypothek innerhalb eines Monats davor erfolgte.

74 Wird die (schwebend) unwirksame Zwangshypothek im Grundbuch gelöscht und gibt der Insolvenzverwalter das bisher belastete Grundstück aus der Insolvenzmasse später frei, steht das Vollstreckungsverbot des § 89 Abs. 1 InsO nach Auffassung des BGH[51] einer Neueintragung der erloschenen Zwangshypothek nicht im Wege. Ist bei Freigabe des Grundstücks dagegen die unwirksame Zwangshypothek als Buchposition noch erhalten, bedarf es nach dem BGH keiner Löschung dieser Hypothek mit anschließender Neueintragung. Die gem. § 88 InsO unwirksam gewordene Zwangshypothek lebt vielmehr innerhalb der vorhandenen Buchposition bei Wegfall der Verfügungsbeschränkung durch Freigabe des Grundstücks entsprechend § 185 Abs. 2 S. 1 Alt. 2 BGB wieder auf. Der Rang der materiell wieder entstandenen Zwangshypothek richtet sich dabei nicht nach der ursprünglichen Eintragung, sondern nach dem Zeitpunkt des Wirksamwerdens der Freigabe. Gleiches gilt bei der Aufhebung des Insolvenzverfahrens.[52]

Weitere noch eingetragene Vormerkungen, die in Vollzug einer einstweiligen Verfügung (§ 885 Abs. 1 Alt. 1 BGB) bewirkt sind und noch grundbuchlich verlautbarte Zwangshypotheken, die beide im Rahmen des § 88 InsO erloschen sind und aufgrund Grundstücksfreigabe gleichzeitig neu entstehen, haben untereinander gleichen Rang (§ 879 Abs. 1 S. 2 Hs. 2 BGB) mit dem Tag ihrer Neuentstehung. Dieser Gleichrang ist beim Nachweis der Freigabe und ggf. Löschung des Insolvenzvermerks im Interesse der Grundbuchklarheit von Amts wegen durch entsprechende Rangvermerke in den jeweiligen Veränderungsspalten zum Ausdruck zu bringen.

Werden dagegen bereits gelöschte Zwangshypotheken nach erfolgter Grundstücksfreigabe erneut im Grundbuch eingetragen, richtet sich deren Rang nach ihrer Wiedereintragung (§ 867 Abs. 1 S. 2 ZPO, § 879 BGB).

75 Die Rechtsfolge des **§ 868 ZPO** tritt weiter ein, wenn der (Titel-)Gläubiger der Zwangshypothek die durch sie gesicherte Forderung nach § 1154 Abs. 3, § 873 BGB abtritt. Der Abtretungsempfänger erwirbt infolge des Mitlaufgebots des § 1153 Abs. 2 BGB das Recht „belastet" mit der für ihn nachteiligen Möglichkeit, dass er die Hypothek im Rahmen des § 868 ZPO an den Eigentümer verliert. Insoweit ist „lastenfreier" Erwerb ausgeschlossen. Aus der Eintragung im Grundbuch ergibt sich, dass die Hypothek im Wege der Zwangsvollstreckung eingetragen wurde.

76 Die Norm des § 868 ZPO greift auch dann, wenn Grundlage der Zwangshypothek ein anderer Vollstreckungstitel als eine gerichtliche Entscheidung (Urteil, Beschluss) ist. In Betracht kommen hier der gerichtliche Vergleich (§ 794 Abs. 1 Nr. 1 ZPO) und die gerichtliche oder notarielle Urkunde nach § 794 Abs. 1 Nr. 5 ZPO.[53]

---

50 OLG Köln v. 25.2.2015 – I-2 Wx 29/15.
51 BGH v. 12.7.2012 – V ZB 219/11.
52 Die Auffassung des BGH zum Wiederaufleben der Zwangshypothek ohne Neueintragung wird kritisch gesehen. Vgl. *Hintzen* in Hintzen/Wolf, Rn 10.102; *Alff/Hintzen*, ZInsO 2006, 481; *Demharter*, Rpfleger 2006, 253; *Bestelmeyer*, Rpfleger 2006, 387; *Keller*, ZIP 2006, 1174.
53 BayObLG v. 29.5.1998 – 2Z BR 91/98.

D. Erwerb der Zwangshypothek durch den Eigentümer § 43

Die Regelung des § 868 ZPO setzt jedoch stets die Aufhebung des Vollstreckungstitels, seiner Vollstreckbarkeit oder die Unzulässigerklärung der Zwangsvollstreckung durch eine gerichtliche Entscheidung voraus. Ein gerichtlicher Aufhebungsvergleich ist einer gerichtlichen Entscheidung hier **nicht gleichgestellt**.[54] Ein Bedürfnis für eine insoweit erweiternde Auslegung der Norm auch auf „freiwillige" Aufhebungen besteht nicht. Den Beteiligten steht es frei, innerhalb des gerichtlichen Vergleichs – auch bei einem Beschlussvergleich nach § 278 Abs. 6 ZPO – in grundbuchmäßiger Form (§ 29 Abs. 1 S. 1 GBO, § 127a BGB) ohne besondere Kosten eine Löschungsbewilligung nebst Zustimmung bzw. einen Verzicht des Gläubigers nach § 1168 BGB für die in Frage stehende Zwangshypothek zu erklären.

2. Folgen des Rechtserwerbs

In all diesen Fällen tritt der Rechtsübergang mit Verkündung der Entscheidung bzw. bei angeordneter Sicherheit mit deren Leistung oder mit Rechtskraft kraft Gesetzes ein. Das Grundbuch wird insoweit unrichtig (§ 894 BGB). Ein besonderer Aufhebungsakt durch das Grundbuchamt als Vollstreckungsorgan, wie er in den Fällen der §§ 775, 776 ZPO zu erfolgen hat, ist hier aufgrund der Vorschrift des § 868 ZPO als „lex specialis" entbehrlich.

Das Recht verbleibt auch dann beim Eigentümer, wenn die den Übergang auslösende gerichtliche Entscheidung später aufgehoben wird. Ein Rückerwerb des Gläubigers ist ausgeschlossen.[55]

Allerdings kann der Gläubiger aufgrund seines „wiedererlangten" Vollstreckungstitels die Eigentümergrundschuld pfänden und sich überweisen lassen (§§ 857 Abs. 6, 830 Abs. 1, 837 Abs. 1 ZPO). Diese Pfändung bringt ihm jedoch dann keine verwertbare Sicherheit, wenn ein nach- oder gleichrangiger Grundpfandgläubiger aufgrund seines gesetzlichen Löschungsanspruchs nach § 1179a Abs. 1 BGB die Aufhebung der gepfändeten Eigentümergrundschuld verlangt. Wegen der Vormerkungswirkung des § 1179a Abs. 1 S. 3 BGB ist die Pfändung und Überweisung ihm gegenüber relativ unwirksam (§ 883 Abs. 2 S. 1 und 2 BGB). Neben dem Eigentümer als Inhaber der Grundschuld ist auch der Pfändungsgläubiger zur Abgabe einer formgerechten Löschungsbewilligung verpflichtet (§§ 888 Abs. 1, 876 S. 1 BGB, §§ 19, 29 Abs. 1 S. 1 GBO).

Zusätzlich zur Pfändung der Eigentümergrundschuld kann der Gläubiger stets auch die Eintragung einer (erneuten) Zwangshypothek erwirken, allerdings nur an rangbereiter Stelle.

3. Grundbuchberichtigung

Zur Berichtigung des Grundbuchs durch Umschreibung der Zwangshypothek in die Eigentümergrundschuld benötigt der Eigentümer keine Berichtigungsbewilligung des eingetragenen Hypothekengläubigers. Vielmehr erfolgt diese aufgrund eines schriftlichen Antrags durch den Eigentümer (§§ 13 Abs. 1, 30 GBO) auf Vorlage einer Ausfertigung des Aufhebungsurteils, der sonstigen gerichtlichen Entscheidung bzw. des Hinterlegungsnachweises als Unrichtigkeitsnachweis (§§ 22 Abs. 1, 29 Abs. 1 S. 2 GBO). Rechtskraftbescheinigung, Vollstreckungsklausel und Zustellungsnachweis der Aufhebungsentscheidung sind nicht vorzulegen.

---

54 BayObLG v. 29.5.1998 – 2Z BR 91/98.
55 Zöller/*Seibel*, § 868 Rn 3; *Deimann*, Rpfleger 2000, 193.

83 Die Eintragung erfolgt in Abt. III Spalten 5 bis 7 und könnte etwa lauten:

Beispiel

Lfd. Nr. der Spalte 1	Veränderungen	
	Betrag	
5	6	7
1	11.000,00 EUR	Die Hypothek ist infolge Aufhebung des Urteils als Grundschuld (ohne Brief) übergegangen auf Nicole Storzer, geb. 01.01.1981. Berichtigend eingetragen am ... *Unterschrift*

84 In allen Fällen der Umwandlung der Zwangshypothek in eine Eigentümergrundschuld bleibt diese Buchrecht. Eine Eintragung des Briefausschlusses ist zweckmäßig, aber nicht notwendig.[56]

85 Entsteht eine Eigentümergrundschuld – auch im Rahmen des § 868 ZPO – nur zum Teil, so hat die dem Gläubiger verbleibende restliche Zwangshypothek kraft Gesetzes Rang vor der Teileigentümergrundschuld (§ 1176 BGB). Dieses Rangverhältnis ist bei einer Grundbuchberichtigung von Amts wegen einzutragen.[57]

86 Die Eintragung könnte wie folgt formuliert werden:

Beispiel

Lfd. Nr. der Spalte 1	Veränderungen	
	Betrag	
5	6	7
3a	8.000,00 EUR	Die Hypothek ist infolge Zahlung zu einem Teilbetrag von achttausend Euro als Grundschuld (ohne Brief) mit Rang nach der Resthypothek des Gläubigers übergegangen auf Hans Muster, geb. 10.10.1983. Berichtigend eingetragen am ... *Unterschrift*

4. Gesamtzwangshypothek und § 868 ZPO

87 Bei einem zulässigen Gesamtrecht entsteht eine Gesamteigentümergrundschuld, wenn ein Erwerbstatbestand des § 868 ZPO in der Person **aller** (Mit-)Eigentümer eintritt; bei Gläubigerbefriedigung durch **einen** Eigentümer gilt § 1173 BGB. Bei Vorliegen eines Tatbestandes nach § 868 ZPO nur in der Person **eines** Miteigentümers und gleichzeitiger Weiterhaftung der anderen ist § 1175 Abs. 1 S. 2 BGB entsprechend anzuwenden. Die Zwangshypothek erlischt insoweit, eine Eigentümergrundschuld entsteht nicht. Die Zwangshypothek an den übrigen Grundstücken bzw. Miteigentumsanteilen besteht unverändert für den Titelgläubiger fort.

---

56 Palandt/*Herrler*, § 1186 Rn 2.
57 Palandt/*Herrler*, § 1176 Rn 3.

E. Aufhebung/Löschung der Zwangshypothek

Gleiches gilt bei einer Gesamthypothek zu Lasten einzelner Bruchteile (Miteigentumsanteile) eines Grundstücks. 88

Liegt bei einer Zwangshypothek zu Lasten eines Grundstücks, das im Eigentum einer **Erbengemeinschaft** steht, ein Tatbestand des § 868 ZPO nur bezüglich eines Miterben vor, kann eine Eigentümergrundschuld ebenfalls nicht entstehen. Entsprechend § 1175 Abs. 1 S. 2 BGB erlischt insoweit die Hypothek. Da jedoch ein Miterbenanteil nicht mit einer (Zwangs-)Hypothek belastet werden (bleiben) kann (§ 864 Abs. 2 ZPO, §§ 1114, 2033 Abs. 2 BGB), erlischt die Zwangshypothek mithin zwangsläufig auch an den anderen Miterbenanteilen. Die Löschung der Zwangshypothek insgesamt erfolgt somit teilweise aufgrund eines Unrichtigkeitsnachweises, teilweise als inhaltlich unzulässig von Amts wegen nach § 53 Abs. 1 S. 2 GBO.[58] 89

E. Aufhebung/Löschung der Zwangshypothek

I. Materielle Aufhebungsvoraussetzungen

Materiell erfordert die **Aufhebung** einer Hypothek die Erklärung des Berechtigten, dass er sein Recht aufgebe (§ 875 BGB) und die Zustimmung des Grundstückseigentümers (§ 1183 BGB). Ist das Grundpfandrecht mit dem Recht eines Dritten belastet (Pfandrecht, Nießbrauch), ist auch dessen Zustimmung notwendig (§ 876 BGB). Diese Erklärungen bedürfen keiner Form. Außerdem ist die Aufhebung im Grundbuch einzutragen (§ 875 BGB). 90

II. Formelle Löschungsvoraussetzungen

Zur Eintragung der **Löschung** der Zwangshypothek im Grundbuch (§ 46 GBO) sind neben dem **Löschungsantrag** (§ 13 GBO) eine der Form des § 29 GBO entsprechende abstrakte **Löschungsbewilligung** des Hypothekengläubigers und eine formgerechte **Löschungszustimmung** des Grundstückseigentümers (§ 27 GBO) vorzulegen. Für eine eingetragene Gläubiger-GbR kann hinsichtlich des Nachweises der Vertretungsmacht des die Löschungsbewilligung Abgebenden ohne weiteren Vertretungsnachweis auf den der Eintragung zugrunde liegenden Titel Bezug genommen werden.[59] Für die Abgabe der Löschungsbewilligung durch den durch den Titel ausgewiesenen Gläubigeranwalt gilt dies jedoch nicht.[60] 91

III. Löschungsfähige Quittung

Möglich wäre auch, dass der Hypothekengläubiger nach Befriedigung – in der Regel durch den Schuldner und Eigentümer – eine sog. **löschungsfähige Quittung** in öffentlicher oder öffentlich beglaubigter Form (§ 29 Abs. 1 S. 1 GBO) ausstellt. Diese hat zwingend anzugeben, wer den Gläubiger befriedigt hat. 92

Im Hinblick auf die unterschiedlichen rechtlichen Folgen der Gläubigerbefriedigung (Übergang der Hypothek auf einen Dritten), falls im Einzelfall nicht der Schuldner/Eigentümer, sondern ein Dritter den Gläubiger befriedigt hat, ist diese Angabe notwendig. Ergibt sich aus der Quittung, dass infolge Zahlung durch den schuldenden Eigentümer (§§ 362 Abs. 1, 1163 Abs. 1 S. 2, 1177 Abs. 1 BGB) die Hypothek als Eigentümergrundschuld auf den Zahlenden übergegangen ist, bedarf es zur Löschung der Hypothek aus- 93

---

[58] *Deimann*, Rpfleger 2000, 193, 194; MüKo-ZPO/*Dörndorfer*, § 868 Rn 14. Wegen Löschung der Zwangshypothek (insgesamt) zu Lasten eines Grundstücks, das im Eigentum mehrerer Miterben steht, als inhaltlich unzulässig vgl. *Demharter*, § 53 Rn 47, 51 für den vergleichbaren Fall der Löschung einer Dienstbarkeit.
[59] BGH v. 13.10.2011 – V ZB 90/11.
[60] KG v. 14.11.2013 – 1 W 245/13.

schließlich seiner Bewilligung als Betroffener hinsichtlich der Eigentümergrundschuld. Eine Löschungsbewilligung des noch eingetragenen Hypothekengläubigers scheidet aus, da ihm das Recht nachgewiesenermaßen nicht mehr zusteht.[61]

94 Einer besonderen berichtigenden Voreintragung des Eigentümers als Gläubiger des Rechts (§ 39 Abs. 1 GBO), bedarf es nicht, da der Eigentümer bereits als evtl. Gläubiger aller aus einer Fremdhypothek entstehenden Eigentümerrechte gilt. Dementsprechend wird durch seine Eintragung als Eigentümer in der ersten Abteilung auch seine notwendige Voreintragung als Gläubiger der entstandenen Eigentümergrundschuld fingiert.[62]

95 Bei nachgewiesener Befriedigung durch einen Dritten bedarf es zur Löschung dessen Löschungsbewilligung (§ 19 GBO) nebst Eigentümerzustimmung (§ 27 GBO).

IV. Löschung bei Gesamtgläubigerschaft

96 Zur Löschung (Umschreibung) einer für **Gesamtgläubiger** nach § 428 BGB eingetragenen Zwangshypothek genügt die löschungsfähige Quittung eines der Gesamtgläubiger.[63] Ob dies auch für die Abgabe der abstrakten Löschungsbewilligung gilt, ist umstritten.[64]

97 Der Auffassung, dass alle Gesamtgläubiger bei Abgabe der Löschungsbewilligung mitwirken müssen, ist zu folgen. Die Bewilligung nach § 19 GBO ist von allen (auch nur denkbarer Weise) Betroffenen zu erklären. Da bei der abstrakten Löschungsbewilligung aufgrund der Vermutung des § 891 BGB – im Gegensatz zur löschungsfähigen Quittung – davon auszugehen ist, dass die Hypothek allen Gesamtgläubigern zusteht, bedarf es hier stets der Mitwirkung aller Gläubiger.

V. Löschung bei Hypothek für Wohnungseigentümergemeinschaft

1. Löschungsfähige Quittung

98 Soll eine für die **rechtsfähige Gemeinschaft** der Wohnungseigentümer oder für alle **Wohnungseigentümer** in entsprechender Gemeinschaft eingetragene Zwangshypothek gelöscht werden, genügt hierzu eine formgerechte **löschungsfähige Quittung** des Verwalters (§ 27 Abs. 2 Nr. 2 WEG).[65] Hierbei hat sich der Verwalter durch ein Protokoll über seine Bestellung (§ 26 Abs. 1, 4 WEG) zu legitimieren, wobei die Unterschriften des Versammlungsleiters, eines Wohnungseigentümers und ggf. des Vorsitzenden des Verwaltungsbeirats öffentlich beglaubigt sein müssen (§§ 26 Abs. 3, 24 Abs. 6 WEG). Ein Nachweis dieser Eigenschaften ist nicht erforderlich, wohl aber die Angabe bei der Unterschrift, in welcher Eigenschaft der Unterzeichnende tätig ist. Das Grundbuchamt hat mangels anderweitiger Anhaltspunkte vom Fortbestand der Verwalterbestellung auszugehen.

---

61 *Schöner/Stöber*, Rn 2728; *Demharter*, § 27 Rn 21, 24.
62 *Demharter*, § 39 Rn 19.
63 KG v. 26.4.1965 – 1 W 1027/65; *Schöner/Stöber*, Rn 2734; *Demharter*, § 27 Rn 21.
64 Die Löschungsbewilligung nur eines Gesamtgläubigers lassen genügen: OLG Zweibrücken v. 4.9.2013 – 3 W 52/13; *Demharter*, § 19 Rn 57; Meikel/*Böttcher*, § 19 Rn 58; für die Mitwirkung aller Gesamtgläubiger bei Abgabe der Löschungsbewilligung: Palandt/*Herrler*, § 875 Rn 5; *Schöner/Stöber*, Rn 2734.
65 BayObLG v 23.2.1995 – 2Z BR 113/94 und v. 24.1.2001 – 2Z BR 140/00; Palandt/*Wicke*, § 27 WEG Rn 9; *Zeiser*, Rpfleger 2003, 550, 553; *Hügel*, DNotZ 2005, 753, 768.

2. Löschungsbewilligung

Soll die Hypothek aufgrund abstrakter **Löschungsbewilligung** gelöscht werden, genügt für eine für die rechtsfähige **Wohnungseigentümergemeinschaft** bzw. für den Verwalter als Prozessstandschafter eingetragene Zwangshypothek die Bewilligung des Verwalters. Der Verwalter bedarf aber in dem Fall einer besonderen Vollmacht oder Ermächtigung durch die Wohnungseigentümergemeinschaft nach § 27 Abs. 3 Nr. 7 WEG.[66]

99

Zur Löschung einer Hypothek, die aufgrund eines „Alt"-Titels für die einzelnen Wohnungseigentümer eingetragen ist, dürfte im Hinblick auf die Entscheidung des *BGH*[67] wie bisher eine formgerechte Löschungsbewilligung aller als Gläubiger eingetragener Wohnungseigentümer notwendig sein.[68] Nach anderer Ansicht[69] soll auch hier eine Löschungsbewilligung des Verwalters genügen.

100

---

66 OLG München v. 16.2.2011 – 34 Wx 156/10; Palandt/*Wicke,* § 27 WEG Rn 28; Bauer/von Oefele/*von Oefele,* AT V Rn 313b; *Demharter,* § 19 Rn 107; a.A. *Böttcher,* Rpfleger 2009, 181.
67 *Demharter,* Rpfleger 2007, 480 und Rpfleger 2006, 120.
68 *Demharter,* Rpfleger 2006, 120; *Hügel,* DNotZ 2007, 326, 327.
69 *Böttcher,* Rpfleger 2009, 182.

§ 44 Verwaltungsvollstreckung (Verwaltungszwangsverfahren) durch Finanzamt

A. Ersuchen

I. Allgemeines

Auf Grund der Abgabenordnung (AO) können **Finanzämter** und **Hauptzollämter** zur Sicherung ihrer öffentlich-rechtlichen Ansprüche (Steuerforderung usw.) Anträge auf Eintragung von Zwangshypotheken beim Grundbuchamt stellen (§ 322 Abs. 1 AO). Dabei handelt es sich um **Ersuchen** nach § 38 GBO (vgl. § 322 Abs. 3 S. 4 AO).

II. Form

Das Ersuchen der Behörde ist vom zuständigen Beamten zu **unterschreiben** und mit dem **Dienstsiegel** zu versehen (§ 29 Abs. 3 GBO). Ein wie heute häufig üblich lediglich im automatisierten Verfahren aufgedrucktes Siegel genügt diesen Anforderungen nicht.[1] Die Vertretungsbefugnis des Unterzeichners hat das Grundbuchamt nicht zu überprüfen, auch dann nicht wenn das Ersuchen „i.V." oder „i.A." unterzeichnet ist.[2]

III. Inhalt

Da das Ersuchen den Eintragungsantrag (§ 13 GBO) und die Bewilligung (§ 19 GBO) ersetzt, hat es den allgemeinen Vorschriften zu entsprechen. Das Ersuchen kann daher gem. § 16 GBO grundsätzlich nicht unter einen Vorbehalt gestellt werden. Es muss das Grundstück gem. § 28 S. 1 GBO bezeichnen.

Im Ersuchen hat die Vollstreckungsbehörde (Finanzamt) zu **bestätigen**, dass die gesetzlichen Voraussetzungen für die Vollstreckung vorliegen (§ 322 Abs. 3 S. 2 AO). Diese Fragen unterliegen nicht der Beurteilung durch das Grundbuchamt (§ 322 Abs. 3 S. 3 AO). Es bedarf weder der Vorlage eines Vollstreckungstitels noch der Klausel noch des Zustellungsnachweises. Das Grundbuchamt hat lediglich zu prüfen, ob die Forderung, die im Ersuchen zweifelsfrei zu bezeichnen ist, ihrer Art nach dem Verwaltungszwangsverfahren (AO) unterliegt und ob der Steuerschuldner als Eigentümer im Grundbuch eingetragen ist.[3]

Muster: Ersuchen auf Eintragung einer Zwangshypothek

Finanzamt Mannheim-Stadt   Mannheim, den 2.2.2018

An das
Grundbuchamt
68161 Mannheim

Vollstreckungsersuchen

Eintragung einer Zwangssicherungshypothek zu Lasten des Grundstücks FlSt.Nr. 4870/1,

---

[1] OLG München v. 24.5.2016 – 34 Wx 16/16.
[2] OLG Zweibrücken v. 30.10.2000 – 3 W 227/00.
[3] Einzelheiten hierzu siehe OLG München v. 8.8.2008 – 34 Wx 59/08; *Mensch*, RpflStud 2010, 41, 44, 45.

| § 44 | Verwaltungsvollstreckung (Verwaltungszwangsverfahren) durch Finanzamt |

Gemarkung Mannheim, Roonstr. 4, Grundbuch Nr. 80140

Eigentümer: Franziska Ehrlich

Die Vollstreckungsschuldnerin Franziska Ehrlich, geb. 11.11.1972; Mannheim, Roonstr. 4 schuldet dem Land Baden-Württemberg (§ 252 AO) folgende Steuern und steuerliche Nebenleistungen:

Umsatzsteuer 2016	47.183,00 EUR
Umsatzsteuer 2017	49.481,00 EUR
Verspätungszuschläge	2.418,00 EUR
Säumniszuschläge bis Ende Januar 2018	1.841,00 EUR
Summe	100.923,00 EUR

Die gesetzlichen Voraussetzungen für die Vollstreckung liegen vor (§ 322 Abs. 3 AO).

Es wird gem. § 322 AO ersucht für das Land Baden-Württemberg, vertreten durch das Finanzamt Mannheim-Stadt, wegen der genannten Forderungen eine Zwangssicherungshypothek auf dem genannten Grundstück der Vollstreckungsschuldnerin einzutragen.

Nach Eintragung der Zwangshypothek bitte ich die Zweitschrift des Ersuchens mit Eintragungsvermerk an mich zurückzusenden.

Ferner bitte ich um Erteilung eines einfachen Grundbuchausdrucks.

Im Auftrag

(Unterschrift) (Siegel)

Schumann

Oberregierungsrat

6   Bei einem nach dem **Anfechtungsgesetz** anfechtbaren Eigentumserwerb bedarf es ferner eines Duldungsbescheides nach § 191 Abs. 1 AO, § 11 AnfG gegen den derzeitigen Eigentümer, der nicht Steuerschuldner ist, aber die Zwangsvollstreckung in sein Grundstück dulden muss. Diese Voraussetzungen hat das Finanzamt dem Grundbuchamt gegenüber entsprechend § 322 Abs. 2 S. 2 AO zu bestätigen. Der Duldungsbescheid selbst ist dem Grundbuchamt nicht vorzulegen.

B. Anwendbare Vorschriften

7   Die Vorschriften bezüglich des **Mindestbetrages** von mehr als **750,00 EUR** (§ 866 Abs. 3 ZPO) sowie der notwendigen **Verteilung** (§ 867 Abs. 3 ZPO) bei Belastung mehrerer Grundstücke des Schuldners gelten auch in der Verwaltungsvollstreckung.

8   Ebenso bedarf es der **Voreintragung** des Schuldners als Eigentümer nach § 39 Abs. 1 GBO, falls nicht ein Ausnahmetatbestand des § 40 GBO vorliegt. Ggf. hat die Verwaltungsbehörde notwendige Erbnachweise vorzulegen (§ 792 ZPO, § 357 FamFG) und den Berichtigungsantrag zu stellen (§ 14 GBO).

9   Falls eine Zwangsvollstreckung nach § 779 ZPO zu Lebzeiten des Schuldners bereits begonnen hat, bedarf es keines Erbnachweises und keiner Voreintragung des Erben im Grundbuch. Insoweit genügt auch die entsprechende Bestätigung der Behörde (§ 322 Abs. 3 S. 2 AO).

C. Erbgangsähnliche Gesamtrechtsnachfolge

Bei einer **sonstigen Gesamtrechtsnachfolge**, z.B. Verschmelzung, Aufspaltung oder Ausgliederung von Gesellschaften nach dem Umwandlungsgesetz, Anwachsung des Anteils am Gesellschaftsvermögen bei Ausscheiden eines Gesellschafters bei einer Gesellschaft bürgerlichen Rechts, OHG oder KG oder Übernahme aller Anteile durch einen Gesellschafter einer OHG, KG oder Gesellschaft bürgerlichen Rechts usw., geht die Steuerschuld des Rechtsvorgängers auf den Rechtsnachfolger über (§ 45 Abs. 1 AO). Auch diese Tatsache hat die Behörde in ihrem Ersuchen zu bestätigen. Ist der Rechtsnachfolger im Grundbuch noch nicht als Eigentümer eingetragen, wäre dies vom Finanzamt gem. § 14 GBO beim Grundbuchamt zu beantragen. Die erforderlichen Nachweisurkunden (beglaubigter Registerauszug bzw. amtlicher Registerausdruck, § 9 Abs. 4 HGB oder Notarbescheinigung, § 21 BNotO) kann sich das Finanzamt nach § 792 ZPO beschaffen.

D. Eintragung im Grundbuch

Im Verwaltungsvollstreckungsverfahren nach der AO gilt die **Körperschaft als Gläubigerin** der zu vollstreckenden Ansprüche, der die Vollstreckungsbehörde angehört (§§ 249, 252 AO). Das Land, dessen Finanzamt als Vollstreckungsbehörde das Ersuchen stellt (bei Vollstreckung durch ein Hauptzollamt die Bundesrepublik Deutschland) ist somit als Gläubiger der Zwangshypothek einzutragen, unabhängig ob etwa das Finanzamt Landes-, Bundes- oder Kirchensteuer vollstreckt.

Auf entsprechendes Ersuchen kann der Teil des Vermögens, zu dem das Recht gehört, in Klammern bezeichnet werden; ebenso kann auf Antrag auch angegeben werden, durch welche Behörde der Fiskus vertreten wird (§ 15 Abs. 2 GBV).

Im Eintragungstext ist anzugeben, dass die Zwangshypothek im Wege des **Verwaltungszwangsverfahrens** eingetragen wird.

Die Eintragung könnte in Abt. III wie folgt formuliert werden:

Beispiel

Dritte Abteilung			1
Lfd. Nr. der Eintragungen	Lfd. Nr. der belasteten Grundstücke im Bestandsverzeichnis	Betrag	Hypotheken, Grundschulden, Rentenschulden
1	2	3	4
1	1	40.000,00 EUR	Vierzigtausend Euro Zwangssicherungshypothek für rückständige Steuern und steuerliche Nebenleistungen für das Land Baden-Württemberg vertreten durch das Finanzamt Schwetzingen. Auf Grund des Ersuchens des Finanzamts Schwetzingen vom 14.10.2017 (38125/00100–8/3) im Wege des Verwaltungszwangsverfahrens eingetragen am … *Unterschrift*

E. Kosten der Eintragung

15 Die **Kosten für die Eintragung** der Zwangshypothek können unmittelbar vom Schuldner/Grundstückseigentümer angefordert werden (§ 27 Nr. 4 GNotKG). Die Gebührenfreiheit des Fiskus (§ 2 GNotKG) befreit den Eigentümer als Vollstreckungsschuldner nicht von der Zahlung der Eintragungskosten.

F. Mängel des Ersuchens

16 Für **Beanstandungen des Ersuchens durch das Grundbuchamt** gelten die allgemeinen Vorschriften, d.h. bei **behebbaren Vollstreckungsmängeln** (z.B. es fehlt die Versicherung, dass die Ansprüche vollstreckbar sind, es fehlt die notwendige Verteilungserklärung nach § 867 Abs. 2 ZPO) erlässt das Grundbuchamt eine **nicht rangwahrende Aufklärungsverfügung nach § 139 ZPO**.

17 Liegen dagegen ausschließlich **Grundbuchmängel** vor, beanstandet dies das Grundbuchamt mit einer **rangwahrenden Zwischenverfügung nach § 18 Abs. 1 GBO**.

18 Ggf. ist zugunsten des Ersuchens des Finanzamts eine Schutzvormerkung nach § 18 Abs. 2 GBO einzutragen.

G. Rechtsbehelfe

I. Rechtsbehelf des Finanzamts

19 Hat der Rechtspfleger des Grundbuchamts eine **Zwischenverfügung** erlassen bzw. das Ersuchen **zurückgewiesen**, steht dem Finanzamt gegen die Entscheidung des Rechtspflegers das Rechtsmittel der **einfachen unbefristeten Beschwerde** zu (§ 11 Abs. 1 RPflG, §§ 71 ff. GBO).

II. Rechtsbehelf des Eigentümers (Schuldners)

20 Gegen die **Eintragung** der Zwangshypothek kann der **Eigentümer** mit **beschränkter Beschwerde** die Eintragung eines **Amtswiderspruchs** erwirken (§ 11 Abs. 1 RPflG, §§ 71 Abs. 2, 53 Abs. 1 S. 2 GBO). Eine Löschung kommt – außer im Falle der inhaltlichen Unzulässigkeit nach § 53 Abs. 1 S. 2 GBO – regelmäßig nicht in Betracht.

21 Im Verwaltungszwangsverfahren kann mit der beschränkten Beschwerde vom Eigentümer nur die Verletzung der vom Grundbuchamt zu prüfenden Eintragungsvoraussetzungen (z.B. Form des Ersuchens, Zuständigkeit der Behörde, Voreintragung des Schuldners als Eigentümer, notwendige Bestätigung nach § 322 Abs. 3 S. 2 AO, Verteilung der Forderung auf mehrere Grundstücke des Schuldners, Einhaltung des Mindestbetrages usw.) geprüft werden. Einwendungen gegen die vom Finanzamt zu bescheinigenden Voraussetzungen der Vollstreckung, die nicht der Beurteilung durch das Grundbuchamt unterliegen (§ 322 Abs. 3 S. 2 AO), insbesondere gegen den festgestellten Steueranspruch, sind mit den Rechtsbehelfen nach den Vorschriften der AO geltend zu machen.[4]

H. Wechsel der örtlichen Zuständigkeit (anderes Bundesland)

22 Geht nach Eintragung der Zwangshypothek die örtliche Zuständigkeit auf ein Finanzamt eines anderen Bundeslandes über (§ 26 S. 1 AO), so geht kraft Gesetzes die gesicherte Forderung und die Hypothek auf das neue Bundesland über (§§ 412, 401 BGB). Dieses Bundesland ist i.S.d. § 252 AO neuer Gläubiger

---

[4] *Schöner/Stöber*, Rn 2221; OLG Köln v. 11.8.2008 – 2 Wx 26/08; OLG München v. 8.8.2008 – 34 Wx 59/08.

der Zwangshypothek. Das Grundbuch ist in Bezug auf die Gläubigerbezeichnung unrichtig geworden (§ 894 BGB). Die Berichtigung kann aufgrund eines Ersuchens eines der beteiligten Finanzämter durchgeführt werden. Notwendig ist jedoch stets eine Erklärung des vertretungsbefugten Finanzamts des als Gläubiger eingetragenen Bundeslandes, dass aufgrund der Voraussetzungen des § 26 S. 2 AO ein Gläubigerwechsel stattgefunden hat.

Die Eintragung erfolgt in Abt. III Spalten 5 bis 7 und könnte etwa lauten:

Beispiel

	Veränderungen	
Lfd. Nr. der Spalte 1	Betrag	
5	6	7
1	12.000,00 EUR	Infolge Übergangs der Forderung gemäß § 26 S. 1 AO steht die Sicherungshypothek nunmehr dem Land Rheinland-Pfalz, vertreten durch das Finanzamt Kaiserslautern zu. Berichtigend eingetragen am ... *Unterschrift*

Sollte die bisher zuständige Finanzbehörde nach § 26 S. 2 AO das Verwaltungsverfahren fortführen, bleibt die Gläubigerstellung des eingetragenen Bundeslandes erhalten.

I. Beitreibung anderer öffentlicher Zahlungsansprüche

Bei der Vollstreckung anderer öffentlicher rückständiger Zahlungsansprüche wie Gerichtskosten, Grund- und Gewerbesteuern, Zölle usw. gelten die Vorschriften der Justizbeitreibungsordnung (für Gerichtskosten) sowie die Verwaltungsvollstreckungsgesetze des Bundes und der Länder. Diese haben im Wesentlichen die Vollstreckungsregelungen der AO übernommen.[5]

---

5 Bauer/von Oefele/*Bauer*, § 38 Rn 86; *Schöner/Stöber*, Rn 2220.

6. Teil Arresthypothek
§ 45 Allgemeines, Rechtsnatur

A. Allgemeines

Der Arrest ist ein vorläufiger, in einem gerichtlichen Eilverfahren erwirkter Schuldtitel, der auf die Sicherung des Gläubigers und nicht auf dessen Befriedigung gerichtet ist. Er dient somit der Sicherstellung einer als gefährdet angesehenen Zwangsvollstreckung wegen einer Geldforderung oder eines Anspruchs, der in eine solche übergehen kann (§§ 916, 917 ZPO).

Das Arrestverfahren gliedert sich in zwei Teile, in seine **Anordnung** und in seine **Vollziehung**. Letztere folgt grundsätzlich den Regeln der Zwangsvollstreckung (§ 928 ZPO), die wegen ihrer Eilbedürftigkeit und ihres Sicherungscharakters durch die Sondervorschriften der §§ 929 und 932 ZPO abgewandelt werden.

B. Rechtsnatur

Die Vollziehung des Arrestes in ein Grundstück oder grundstücksgleiches Recht erfolgt durch Eintragung einer Höchstbetragssicherungshypothek für die Forderung, die sog. Arresthypothek (§ 932 Abs. 1 ZPO).

Nach allgemeiner Meinung ist die Arresthypothek als Höchstbetragshypothek i.S.d. § 1190 BGB – im Falle einer zulässigen Umwandlung – nicht nur die Vorstufe einer Zwangssicherungshypothek nach §§ 866 ff. ZPO, sondern bereits ein vollwertiges Sicherungsgrundpfandrecht. Als solches kommt der Arresthypothek bereits eine latente Verwertungsfunktion zu. Der Gläubiger kann aus ihr bereits mit Erfolg auf Duldung der Zwangsvollstreckung klagen; § 1147 BGB ist auch auf die Arresthypothek anzuwenden.

Dies widerspricht auch nicht dem Sicherungszweck der Arresthypothek, da im Duldungsprozess die im Arrestverfahren nur glaubhaft gemachte (§ 920 Abs. 2 ZPO) gesicherte Forderung bewiesen werden muss. Insoweit besteht keine Gefahr für den Schuldner, dass sich der Gläubiger vorzeitig aus der Arresthypothek befriedigt.[1]

Der Gläubiger einer Arresthypothek hat – im Gegensatz zur rechtsgeschäftlichen Höchstbetragshypothek und zur Zwangshypothek – gem. § 932 Abs. 1 S. 2 ZPO keinen gesetzlichen Löschungsanspruch bezüglich vor- oder gleichrangiger Grundpfandrechte.

---

[1] Zöller/*Vollkommer*, § 932 Rn 1.

§ 46 Eintragungsvoraussetzungen

A. Allgemeines

Für die Eintragung der Arresthypothek verweist § 932 Abs. 2 ZPO auf die Vorschriften über die Eintragung der Zwangshypothek in den §§ 866 Abs. 3, 867 Abs. 1 und 2 und 868 ZPO. Mithin hat diese Eintragung den Doppelcharakter des Vollstreckungsaktes (§ 928 ZPO) und des Aktes der freiwilligen Gerichtsbarkeit (Grundbuchgeschäft). Sie untersteht deshalb sowohl den Verfahrensvorschriften der ZPO als auch den grundbuchrechtlichen Vorschriften über die Eintragungsvoraussetzungen und das Eintragungsverfahren. Das Grundbuchamt hat somit stets die Voraussetzungen der Arrestvollziehung nach der ZPO als auch die Erfordernisse nach den Verfahrensvorschriften der GBO zu prüfen.

B. Verweisung auf Zwangshypothek

Aufgrund der Verweisungen auf die §§ 866 Abs. 3 S. 1, 867 Abs. 1 und 2 und 868 ZPO gelten weitgehend die Regelungen über die Eintragung einer Zwangssicherungshypothek, soweit nicht die Besonderheiten der Arrestvollziehung Ausnahmen erforderlich machen.

Somit wird bezüglich der

- Antragstellung durch den Gläubiger (§ 867 Abs. 1 ZPO),[1]
- Verteilungserklärung der Lösungssumme bei mehreren Grundstücken desselben Schuldners (§ 867 Abs. 2 ZPO),
- Mindestsumme von 750,01 EUR,
- Voreintragung des Schuldners nach § 39 GBO,
- Bezeichnung des Gläubigers, ggf. mit Beteiligungsverhältnis nach § 47 GBO,
- Vollziehung in den Nachlass, gegen einen Ehegatten, gegen die GbR,
- bei Vorhandensein von Verfügungsbeschränkungen (Auflassungsvormerkung),
- Behandlung bei vollstreckungsrechtlichen bzw. grundbuchrechtlichen Mängeln,
- Belastungszustimmung nach §§ 5, 8, 15 ErbbauRG,
- zu beachtenden Vollstreckungshindernisse nach § 89 InsO und § 775 ZPO,
- Rechtsbehelfe

auf die zur Zwangshypothek gemachten Ausführungen verwiesen.

Abweichend hiervon sind bei der Arresthypothek folgende **Besonderheiten** zu beachten:

C. Besonderheiten

I. Vollstreckungstitel (Arrestbefehl)

Der Arrestvollzug setzt weiter einen formgerechten und inhaltlich ausreichenden Arrestbefehl voraus. Vergleiche und vollstreckbare Urkunden i.S.d. § 794 Abs. 1 Nr. 1 und 5 ZPO können einen solchen nicht ersetzen. Der Tenor des Arrestbefehls **hat zwingend** zu enthalten:

- die Angabe des zu sichernden Anspruchs nach Grund und Betrag;
- die Angabe, dass ein dinglicher Arrest erlassen wird (§ 917 ZPO);
- die Hinterlegungssumme (Ablösungsbetrag) gem. § 923 ZPO.

---

[1] Ein Ersuchen durch das Arrestgericht scheidet hier aus. Die Norm des § 941 ZPO gilt nur für Eintragungen im Rahmen einer einstweiligen Verfügung.

§ 46 Eintragungsvoraussetzungen

Fehlen diese Angaben im Arrestbefehl, ist er als Eintragungsgrundlage nicht verwertbar; der Antrag auf Eintragung ist zwingend zurückzuweisen (§ 18 Abs. 1 GBO).

Die Angabe, dass der Arrest in bestimmte Gegenstände zu vollziehen ist, ist ohne Bedeutung. Jeder dingliche Arrest kann (wie ein Zahlungstitel) in das ganze Vermögen des Schuldners vollstreckt werden. Der Arrestbefehl ist in diesem Sinne als erlassen zu behandeln, die Beschränkung ist wirkungslos.[2]

6 Der Arrestbefehl **kann** enthalten:
- die Anordnung einer Sicherheitsleistung (§ 921 Abs. 2 ZPO);
- die Festsetzung des Streitwertes.

7 Die Anordnung einer vorläufigen Vollstreckbarkeit ist nicht vorgesehen; Arrestbefehle sind wegen ihrer Funktion als Eil- und Sicherungsmaßnahmen ohne besonderen Ausspruch sofort vollstreckbar (§ 929 ZPO).[3] Der Arrestbefehl ergeht nach freigestellter mündlicher Verhandlung (§ 921 ZPO) durch Endurteil, ohne mündliche Verhandlung durch Beschluss (§ 922 Abs. 1 ZPO).

8 Ist der Arrest gegen Sicherheitsleistung angeordnet (§ 921 Abs. 2 ZPO), so muss diese vor der Vollziehung geleistet sein und dem Grundbuchamt die Sicherheitsleistung nachgewiesen werden (§ 751 Abs. 2 ZPO).

9 Eine „Sicherungsvollstreckung" i.S.d. § 720a ZPO, die die Vollziehung trotz angeordneter Sicherheitsleistung ohne den Nachweis ihrer Erbringung ermöglicht, scheidet beim Arrestvollzug aus.

10 Die gem. § 751 Abs. 2 ZPO notwendige Zustellung der Urkunden über die Sicherheitsleistung ist vor Eintragung der Hypothek wegen der Vorschrift des § 929 Abs. 3 S. 1 ZPO nicht notwendig.

11 Der Arrestbefehl ist dem Grundbuchamt in Ausfertigung vorzulegen; eine beglaubigte Abschrift genügt nicht. Nach Eintragung der Arresthypothek ist diese von Amts wegen auf der Ausfertigung zu vermerken (§ 867 Abs. 1 S. 1 ZPO).

II. Vollziehungsfrist

12 Das Arrestverfahren geht als Eilverfahren davon aus, dass der einstweilige Rechtsschutz nur zeitlich begrenzt zu gewähren ist. Damit soll verhindert werden, dass der Arrest unter wesentlich veränderten Umständen vollzogen wird. Ferner könnte mittlerweile das Rechtsschutzbedürfnis für den Eilcharakter fehlen. Dies folgt aus den Bestimmungen der §§ 916 bis 918 ZPO und findet seinen Niederschlag in der in § 929 Abs. 2 ZPO bestimmten Monatsfrist für die Vollziehung des Arrestes. Der Arrestbefehl ist somit nur befristet ein zur Zwangsvollstreckung geeigneter Titel. Das bedeutet, dass der Arrestbefehl stets nur innerhalb eines Monats vollzogen werden darf; das Grundbuchamt hat von Amts wegen die Wahrung dieser Frist zu prüfen. Nach Ablauf dieser Frist ist der Arrestbefehl zu einer Vollziehung nicht mehr geeignet.

Für den **Fristbeginn** gilt es zu unterscheiden:

13 Ergeht der Arrestbefehl nach mündlicher Verhandlung durch **Endurteil**, beginnt die Frist mit seiner Verkündung (§§ 310, 929 Abs. 2 ZPO), die aus dem Verkündungsvermerk des Urkundsbeamten zu ersehen ist (§ 315 Abs. 3 ZPO).

14 Wurde der Arrestbefehl dagegen ohne mündliche Verhandlung durch **Beschluss** erlassen, beginnt die Vollziehungsfrist mit der von Amts wegen vorzunehmenden Zustellung des Arrestbefehls an den Gläubiger (§§ 166 Abs. 2, 329 Abs. 3, 929 Abs. 2 ZPO), möglicherweise bereits mit einer früheren formlosen Aushändigung des Beschlusses an den Gläubiger. Ergibt sich bereits aus dem Datum des Beschlusses, dass die einmonatige Vollziehungsfrist noch nicht abgelaufen ist, erübrigt sich die Prüfung des Zustellungszeitpunkts durch das Grundbuchamt.[4] Andernfalls wäre der genaue Zeitpunkt der Amtszustellung durch eine Bescheinigung der Geschäftsstelle des Gerichts nachzuweisen (§ 169 Abs. 1 ZPO). Falls

---

2 Zöller/*Vollkommer*, § 922 Rn 2.
3 Zöller/*Vollkommer*, § 922 Rn 9, 16.
4 *Schöner/Stöber*, Rn 2229; Zöller/*Vollkommer*, § 929 Rn 4–6.

der Arrest auf Widerspruch hin durch Urteil bestätigt wurde, ist umstritten, ob mit der Verkündung des Urteils eine neue Frist zu laufen beginnt.[5]

Für die Fristberechnung gelten die Vorschriften des § 222 ZPO, wobei insoweit auf die Bestimmungen der §§ 187 und 188 BGB verwiesen wird.

Was ist nun „**Vollziehung**" des Arrestes?

Gem. § 932 Abs. 1 S. 1 ZPO erfolgt die Vollziehung des Arrestes in ein Grundstück durch **Eintragung einer Arresthypothek**. Diese entsteht mit ihrer Eintragung im Grundbuch. Dieser Eintragungszeitpunkt ist auch maßgebend für die Berechnung der Anfechtungs- bzw. Sperrfrist nach §§ 88, 129 ff., 141 InsO.[6]

Für die **Fristberechnung** des § 929 Abs. 2 ZPO (Vollziehungsfrist) gilt jedoch etwas anderes:

Bereits der **Eingang des Antrags** des Gläubigers auf Eintragung der Arresthypothek beim Grundbuchamt (Amtsgericht) wahrt die Vollziehungsfrist, vorausgesetzt, dass dieser Antrag zur Eintragung führt. Die Frist zur Arrestvollziehung ist auch dann gewahrt, wenn der Antrag fristgemäß bei dem Amtsgericht eingeht, zu dem das Grundbuchamt gehört. Dabei reicht auch die Übersendung eines Faxes an die übliche Faxnummer des Gerichts aus.[7] Nicht erforderlich ist es, dass der Antrag innerhalb der Monatsfrist einer nach § 13 Abs. 3 GBO zur Antragsentgegennahme zuständigen Person des Grundbuchamts vorgelegt wird.[8]

Für die formellrechtliche Erledigungsreihenfolge der §§ 17, 45 GBO gilt dagegen der Eingang des Antrags beim Grundbuchamt (§ 13 Abs. 2, 3 GBO).

Die Eintragung selbst kann dann auch nach Fristablauf erfolgen. Ist der Antrag mit einem Mangel behaftet, ist für die fristwahrende Wirkung seines Eingangs zwischen vollstreckungsrechtlichen und rein grundbuchrechtlichen Eintragungshindernissen zu unterscheiden. Bei Vorliegen von **Vollstreckungshindernissen** kommt dem Antrag keine rangwahrende Wirkung i.S.d. § 17 GBO zu. Ein solcher Antrag gilt folglich erst dann als Vollziehung, wenn und sobald der Mangel innerhalb der Monatsfrist des § 929 Abs. 2 ZPO beseitigt ist. Geschieht dies nicht vor Ablauf der Vollziehungsfrist, ist der Antrag gem. § 18 Abs. 1 GBO zurückzuweisen.[9]

Umstritten ist, ob bei ausschließlich (!) **grundbuchrechtlichen** Mängeln diese auch nach Ablauf der Monatsfrist beseitigt werden können. Eine Ansicht[10] verlangt auch hier die Mängelbeseitigung innerhalb der Vollziehungsfrist. Eine andere Auffassung[11] lässt jedoch die Beseitigung eines ausschließlich grundbuchrechtlichen Mangels auch nach Fristablauf noch zu. Die letztere Auffassung verdient den Vorzug, und zwar aus folgenden Gründen: Der Eingang eines Antrags beim Grundbuchamt hat neben der rangwahrenden Wirkung der §§ 17 und 45 GBO materiell-rechtliche Wirkungen im Rahmen der §§ 878 und 892 BGB sowie die der Vollziehungsfiktion des § 932 Abs. 3 ZPO. Alle diese Antragswirkungen bleiben in vollem Umfang erhalten, wenn wegen grundbuchrechtlicher Mängel gem. § 18 Abs. 1 GBO eine Zwischenverfügung erlassen wird. Dabei ist es unerheblich, wann die Hindernisse letztlich beseitigt werden.

Die Heilung des Mangels wirkt stets auf den Zeitpunkt der Antragstellung zurück.[12] Daraus folgt, dass auch im Rahmen des § 932 Abs. 3 ZPO für die Frage der Rechtzeitigkeit des Antrags als Vollziehung al-

---

5 Bei Bestätigung eines Arrestes durch ein Urteil beginnt stets eine neue Vollziehungsfrist. So zutreffend OLG Zweibrücken v. 27.8.2002 – 5 WF 60/02 m.w.H. auch zu abweichenden Meinungen.
6 *Demharter*, § 13 Rn 13; *Zöller/Vollkommer*, § 932 Rn 6; a.A. *Kayser* in HK-InsO, § 88 Rn 32 (unzutreffend).
7 Thüringer OLG v. 6.3.2013 – 9 W 94/13.
8 BGH v. 1.2.2001 – V ZB 49/00.
9 *Zöller/Vollkommer*, § 932 Rn 7, 8.
10 *Thomas/Putzo*, § 932 Rn 3.
11 *Zöller/Vollkommer*, § 932 Rn 8; *Schöner/Stöber*, Rn 2229; OLG Düsseldorf v. 8.3.1978 – 3 W 53/78.
12 *Demharter*, § 13 Rn 9, § 18 Rn 36. Bei Anwendung der §§ 878, 892 BGB, bei denen wie beim § 932 Abs. 3 ZPO der Gedanke zugrunde liegt, dass die Beteiligten den Zeitpunkt der Eintragung nicht selbst bestimmen können und deshalb der Eintragungszeitpunkt bezüglich bestimmter Tatbestände auf den Antragszeitpunkt vorverlegt wird, ist unstreitig, dass Mängel im rein grundbuchrechtlichen Bereich die Antragswirkungen nicht beeinträchtigen. So Palandt/*Herrler*, § 878 Rn 1, 14 und § 892 Rn 24.

III. Vollstreckungsklausel

21 Eine Vollstreckungsklausel ist beim Arrestbefehl grundsätzlich nicht erforderlich; sie ist als Rechtsnachfolgeklausel (§ 727 ZPO) nur dann notwendig, wenn die Vollziehung für oder gegen andere als die im Arrestbefehl bezeichneten Personen erfolgen soll (§ 929 Abs. 1 ZPO).

IV. Zustellung

22 Die Zustellung des Arrestbefehls an den Schuldner (= Eigentümer), die vom Gläubiger im Parteibetrieb (§ 922 Abs. 2 ZPO) vorzunehmen ist, ist **nicht** Voraussetzung für seine Vollziehung. Die Vollziehung ist vielmehr bereits vor der Zustellung möglich (§ 929 Abs. 3 S. 1 ZPO). Das bedeutet, dass das Grundbuchamt vor der Eintragung der Hypothek einen Zustellungsnachweis nicht verlangen kann. Die Zustellung kann zeitlich begrenzt nachträglich erfolgen. Zu Lasten des antragstellenden Gläubigers setzt die fristwahrende Wirkung des Antrags zugleich die Wochenfrist des § 929 Abs. 3 ZPO für die nachträgliche Zustellung des Arrestbefehls an den Schuldner in Lauf. Die Wochenfrist für die Zustellung des Arrestbefehls an den Schuldner/Eigentümer nach § 929 Abs. 3 S. 2 ZPO beginnt nach § 932 Abs. 3 ZPO mit Eingang des vollstreckungsmängelfreien Antrags beim Grundbuchamt (Amtsgericht).[13]

23 Das heißt, dass die eingetragene bzw. noch einzutragende Arresthypothek nur wirksam bleibt bzw. wird, wenn die Zustellung an den Schuldner innerhalb der monatlichen Vollziehungsfrist und gleichzeitig innerhalb einer Woche nach Antragseingang – als Vollziehungsfiktion – erfolgt (§§ 929 Abs. 3, 932 Abs. 3 ZPO). Andernfalls wird die eingetragene Arresthypothek unwirksam, das Grundbuch damit unrichtig. Eine Eigentümergrundschuld entsteht dabei nicht. Ein Verzicht auf die Einhaltung dieser beiden Fristen ist nicht zulässig.[14]

24 Muss die Zustellung im **Ausland** oder **öffentlich** erfolgen, genügt zur Wahrung der Fristen der Eingang des Zustellungsersuchens beim zuständigen Gericht, wenn die Zustellung demnächst erfolgt (§ 167 ZPO).[15]

25 Die Wirksamkeit des Arrestbefehls selbst wird durch die verspätete Zustellung (§ 929 Abs. 3 S. 2 ZPO) und die dadurch bewirkte Unwirksamkeit der Arresthypothek nicht berührt. Der Arrest kann vielmehr innerhalb der Frist des § 929 Abs. 2 ZPO erneut vollzogen werden, falls die Monatsfrist noch nicht abgelaufen ist.

26 Die infolge verspäteter Zustellung unwirksame Arresthypothek ist auf schriftlichen Antrag des Eigentümers (§§ 13 Abs. 2, 30 GBO) zu löschen. Einer Berichtigungsbewilligung des Gläubigers bedarf es nicht, wenn sich die verspätete Zustellung aus dem vorgelegten Zustellungsnachweis ergibt.[16] Vor der berichtigenden

---

13 MüKo-ZPO/*Drescher,* § 932 Rn 7; Zöller/*Vollkommer,* § 932 Rn 7; *Thomas/Putzo,* § 929 Rn 7; a.A. *Schöner/Stöber,* Rn 2229, der unter Hinweis auf OLG Frankfurt v. 6.10.1998 – 26 W 121/98 ausführt, dass die Wochenfrist erst mit Eintragung der Arresthypothek im Grundbuch beginnt. Diese Auffassung ist abzulehnen. Die Entscheidung des OLG Frankfurt bezieht sich auf die Arrestvollziehung durch Erlass eines Pfändungsbeschlusses nach § 829 ZPO. Bei der Forderungspfändung kann der Schuldner bei vorzeitiger Kenntnis vom Erlass des Arrestbefehls das Wirksamwerden der Pfändung etwa durch Abtretung der Forderung vor Zustellung an den Drittschuldner (§ 829 Abs. 3 ZPO) verhindern. Die Eintragung einer Arresthypothek dagegen kann der Schuldner nach Antragstellung auch bei Kenntniserlangung vor deren Eintragung wegen der Norm des § 17 GBO nicht mehr vereiteln. Aufgrund dieser unterschiedlichen Situation und der klaren Regelung des § 932 Abs. 3 ZPO lässt sich die Entscheidung des OLG Frankfurt zur Vollziehung eines Arrestes durch Eintragung einer Arresthypothek nicht übertragen.

14 *Schöner/Stöber,* Rn 2232; Zöller/*Vollkommer,* § 932 Rn 7.

15 Zöller/*Vollkommer,* § 929 Rn 24.

16 *Schöner/Stöber,* Rn 2232; Zöller/*Vollkommer,* § 932 Rn 7; OLG Köln v. 16.2.1987 – 2 Wx 67/86, das ausführt, dass die Nichtwahrung der beiden Fristen bei der Zustellung ohne den Formzwang des § 29 GBO in freier Beweiswürdigung vom Grundbuchamt festgestellt werden kann; *Wittmann,* MDR 79, 549; a.A. BayObLG v. 7.4.1993 – 2Z BR 25/93, das ausführt, dass verspätete Zustellung in der Form des § 29 GBO zuzuweisen ist.

C. Besonderheiten § 46

Löschung ist dem eingetragenen Gläubiger rechtliches Gehör zu gewähren. Auch eine notariell beglaubigte Zustimmung des Eigentümers zu dieser berichtigenden Löschung ist hierbei entbehrlich (§ 27 S. 2 GBO).

Da der Arrestbefehl so lange besteht, als die für die Vollziehungsfähigkeit bestimmte Monatsfrist noch nicht abgelaufen ist, kann – nach Löschung der ersten Arresthypothek – innerhalb der Frist erneut die Arresthypothek zur Eintragung beantragt werden. Deren Wirksamkeit hängt wiederum von der Zustellung innerhalb der erneuten Wochenfrist des § 929 Abs. 3 S. 2 ZPO ab. 27

Ist bei Nachweis einer verspäteten Zustellung die Eintragung der Arresthypothek noch nicht erfolgt, darf das Grundbuchamt den Antrag nicht mehr vollziehen, da es nicht wissentlich durch seine Eintragung an einer dauernden Unrichtigkeit des Grundbuchs mitwirken darf.[17] 28

Muster: Antrag auf Eintragung einer Arresthypothek 29

Dr. Peter Zuber   Schwetzingen, den 2.10.2017
Rechtsanwalt
Anschrift

An das
Amtsgericht - Grundbuchamt -
68199 Mannheim

Betr.: Marcus Gabel ./. Max Heiß
wegen dinglichen Arrests

Eintragung einer Arresthypothek

Grundstück: FlSt.Nr. 1234/4, Gemarkung Schwetzingen, Ulmenweg 4,

Grundbuch Nr. 20141

Eigentümer: Max Heiß

Namens und in Vollmacht des Antragstellers (Gläubigers) Marcus Gabel überreiche ich Ausfertigung des Arrestbefehls des Landgerichts Mannheim vom heutigen Tage (3 O 486/17) und beantrage die Eintragung einer Sicherungshypothek zum Höchstbetrag von 42.000,00 EUR zu Lasten des genannten Grundstücks zugunsten des Antragstellers Marcus Gabel, geb. 14.2.1973, im Wege der Arrestvollziehung.

(Unterschrift)

Dr. Peter Zuber

Rechtsanwalt

(ohne Unterschriftsbeglaubigung)

---

17 *Demharter*, Anh. zu § 13 Rn 41.

§ 47 Eintragung, Umwandlung, Löschung

A. Eintragung im Grundbuch

Die Arresthypothek ist als Höchstbetragssicherungshypothek einzutragen; Höchstbetrag ist der im Arrestbefehl nach § 923 ZPO festgestellte Betrag (sog. Lösungssumme) oder ein etwa vom Gläubiger beantragter geringerer oder ein bei mehreren Grundstücken verteilter Betrag (§ 932 Abs. 1 ZPO). Zinsen und Kosten können nicht gesondert eingetragen werden; sie sind im Höchstbetrag enthalten. Dass die Eintragung im Wege der Arrestvollziehung erfolgt, ist wegen der für die Arresthypothek geltenden Besonderheiten (§ 868 ZPO) anzugeben. Im Übrigen gelten für die Eintragung die Vorschriften der §§ 1115 Abs. 1 BGB und 11, 15 und 17 GBV. Wegen der zu sichernden Forderung kann zulässigerweise auf den Arrestbefehl als „Bewilligungsersatz" Bezug genommen werden (§§ 874, 1115 Abs. 1 BGB). Als Sicherungshypothek ist die Arresthypothek zwingend Buchhypothek (§§ 1190 Abs. 3, 1185 Abs. 1 BGB). Die Eintragung der Arresthypothek ist auf der Ausfertigung des Arrestbefehls etwa durch Ansiegelung einer Eintragungsnachricht zu vermerken (§ 867 Abs. 1 S. 1 ZPO). Nach Fertigung von beglaubigten Abschriften des Arrestbefehls für die Grundakte (§ 10 Abs. 1 GBO) ist die Ausfertigung dem Gläubiger zurückzugeben.

Die Formulierung in der dritten Abteilung könnte etwa lauten:

Beispiel

Dritte Abteilung			1
Lfd. Nr. der Eintragungen	Lfd. Nr. der belasteten Grundstücke im Bestandsverzeichnis	Betrag	Hypotheken, Grundschulden, Rentenschulden
1	2	3	4
1	1	42.000,00 EUR	Sicherungshypothek bis zum Höchstbetrag von zweiundvierzigtausend Euro für Marcus Gabel, geb. 14.02.1973; aufgrund des Arrestbefehls des Landgerichts Mannheim vom 02.10.2016 (3 O 486/16) eingetragen am ... *Unterschrift*

B. Aufhebung des Arrestbefehls

Eine wirksame Arresthypothek wird – außer in den Fällen des Nichtbestehens oder Erlöschens der Forderung (§§ 1163 Abs. 1, 1117 BGB) oder durch Verzicht gem. § 1168 BGB – auch dann zur Eigentümergrundschuld, wenn der Arrestbefehl aufgehoben oder seine Vollziehung endgültig eingestellt wird (§ 868 ZPO, § 1177 BGB). Mit Erlass einer entsprechenden vollstreckbaren Entscheidung (vorläufige Vollstreckbarkeit genügt) tritt diese Rechtsfolge ein. Die entstandene Eigentümergrundschuld bleibt dabei – ohne besondere Eintragung – Buchrecht. Das Grundbuch wird insoweit unrichtig, als es noch eine Arresthypothek und nicht die entstandene Eigentümerbuchgrundschuld ausweist.

Zur berichtigenden Umschreibung der Arresthypothek in eine Eigentümergrundschuld reicht die Vorlage einer Ausfertigung der den Arrestbefehl aufhebenden vollstreckbaren Entscheidung (§§ 22 Abs. 1, 29 Abs. 1 S. 2 GBO) aus. Eine Bewilligung des eingetragenen Arrestgläubigers ist nicht notwendig.[1]

---

1 Zöller/*Seibel*, § 868 Rn 3.

5 Wird nachträglich der aufgehobene Arrestbefehl wieder hergestellt, so lebt die zur Eigentümergrundschuld gewordene Arresthypothek – auch wenn sie im Grundbuch noch nicht umgeschrieben bzw. gelöscht sein sollte – nicht wieder auf. Der Arrestgläubiger hat jetzt die Möglichkeit, diese Eigentümergrundschuld zu pfänden (§§ 930 Abs. 1, 857 Abs. 6 ZPO) und/oder die Eintragung einer neuen Arresthypothek zu erwirken.

6 Die Eintragung erfolgt in den Spalten 5 bis 7 der Abt. III (§ 11 Abs. 6 GBV).

7 Bei Teilaufhebung gilt § 1176 BGB entsprechend.

8 Möglich wäre auch die sofortige Löschung der Eigentümergrundschuld unter Vorlage der Aufhebungsentscheidung und einer formgerechten Löschungsbewilligung (§§ 19, 29 GBO) des Eigentümers in seiner Eigenschaft als Gläubiger dieses Rechts. Eine vorherige Umschreibung der Arresthypothek auf den Eigentümer als neuen Gläubiger gem. § 39 Abs. 1 GBO ist dabei entbehrlich, da der Eigentümer bereits als evtl. Gläubiger aller aus einem Fremdgrundpfandrecht entstehenden Eigentümerrechte gilt. Dementsprechend wird durch seine Eigentümereintragung in Abt. I auch seine notwendige Voreintragung als Gläubiger der entstandenen Eigentümergrundschulden fingiert.[2]

C. Umwandlung der Arresthypothek in eine Zwangshypothek

I. Allgemeines

9 Hat der Arrestgläubiger im Hauptprozess für seine gesicherte Forderung einen vollstreckbaren Zahlungstitel erlangt, kann er eine Umschreibung der Arresthypothek in eine Zwangshypothek bewirken. Die Arresthypothek verwandelt sich nicht etwa kraft Gesetzes in eine gewöhnliche Zwangshypothek.[3] Es reicht für die Umschreibung bereits ein vorläufig vollstreckbarer Titel aus, da mit diesem auch eine Zwangshypothek erlangt werden kann. Rechtskraft des Titels ist somit auch hier entbehrlich,[4] zumal sich die Umschreibung als Neueintragung einer Zwangshypothek mit dem Range der Arresthypothek darstellt.[5]

II. Vorteile

10 Die Vorteile einer Umschreibung sind vor allem:
- Die Verbindung von Hypothek und Forderung wird unlöslich (§ 1190 Abs. 4 BGB). Die Abtretung der Forderung kann somit nur zusammen mit der Hypothek erfolgen.
- Dem Gläubiger steht jetzt ein gesetzlicher Löschungsanspruch bezüglich vor- und gleichrangiger Grundpfandrechte zu, die sich mit dem Eigentum in einer Person vereinigt haben (§§ 1179a und 1179b BGB), was vorher nicht der Fall war (§ 932 Abs. 1 S. 2 ZPO).
- Der Gläubiger kann jetzt ohne einen besonderen dinglichen Duldungstitel die Zwangsversteigerung betreiben; hierfür genügt der vollstreckbare (Zahlungs-)Titel, auf dem die Eintragung der Zwangshypothek vermerkt ist (§ 867 Abs. 3 ZPO).
- Im Falle der Zwangsversteigerung und Zwangsverwaltung wird dem eingetragenen Gläubiger einer Zwangshypothek nach § 114 ZVG ohne weitere Nachprüfung des Bestehens der Forderung ein etwaiger Erlös ausgezahlt.[6]
- Die Hypothekenforderung kann nach der Umwandlung rangwahrend mit bis zu 5 % verzinst werden, falls der Titel dies erlaubt (§ 1119 BGB).

---

2 *Demharter*, § 39 Rn 19.
3 BGH v. 15.4.1997 – IX ZR 112/96.
4 Zöller/*Vollkommer*, § 932 Rn 5; MüKo-ZPO/*Drescher*, § 932 Rn 13.
5 OLG Frankfurt v. 31.10.1974 – 20 W 766/74.
6 *Stöber* (ZVG), § 114 Rn 5.31.

C. Umwandlung der Arresthypothek in eine Zwangshypothek § 47

III. Voraussetzungen

Die Umwandlung ist vom Gläubiger schriftlich zu beantragen (§§ 13, 30 GBO); eine Bewilligung von ihm ist nicht erforderlich, da hierbei die Rechtsstellung des Gläubigers nur verbessert wird. Die sonst notwendige formgerechte Bewilligung (§§ 19, 29 GBO) des Eigentümers wird durch den vollstreckbaren Titel, der den Eigentümer zur Zahlung verurteilt, ersetzt. Auch Gläubiger etwa im Range gleich- oder nachstehender Rechte brauchen nicht zustimmen (§ 1186 S. 2 BGB in analoger Anwendung).

Außerdem sollen zum Nachweis der Berechtigung des eingetragenen Gläubigers der Arresthypothek mit Rücksicht auf die Vollziehungsfrist des § 929 Abs. 2 ZPO der Arrestbefehl und der Nachweis seiner Zustellung an den Gläubiger vorzulegen sein.[7]

Dieser Auffassung kann nicht gefolgt werden. Die Einhaltung der monatlichen Vollziehungsfrist des § 929 Abs. 2 ZPO hat das Grundbuchamt stets von Amts wegen vor Eintragung der Arresthypothek zu prüfen. Eine nochmalige diesbezügliche Prüfung durch das Grundbuchamt ist somit nicht mehr geboten. Die Einreichung des Arrestbefehls mit Zustellungsnachweis an den Gläubiger kann mithin nicht mehr verlangt werden.

11

Muster: Antrag auf Umwandlung der Arresthypothek in eine Zwangshypothek

12

Dr. Peter Zuber Schwetzingen, den 8.3.2018
Rechtsanwalt
Anschrift

An das
Amtsgericht - Grundbuchamt -
68199 Mannheim

Betr.: Marcus Gabel ./. Max Heiß

Umwandlung der Arresthypothek Gemarkung Schwetzingen Grundbuch Nr. 20141 Abt. III Nr. 4 in eine Zwangshypothek.

Namens und in Vollmacht des Gläubigers Marcus Gabel überreiche ich die vollstreckbare Ausfertigung des rechtskräftigen Urteils des Landgerichts Mannheim vom 12.1.2018 (3 O 486/17) nebst Zustellungsnachweis nach § 169 Abs. 1 ZPO und Rechtskraftzeugnis (§ 706 ZPO).

Ich beantrage die Umwandlung der im genannten Grundbuch in Abt. III Nr. 4 eingetragenen Arresthypothek über 42.000,00 EUR in eine Zwangssicherungshypothek zu 42.000,00 EUR nebst 4 % Zinsen hieraus ab dem Tag der Eintragung der Umwandlung im Grundbuch.

Die vollstreckbare Ausfertigung des Urteils bitte ich mir mit dem Vermerk der Eintragung zurückzugeben.

(Unterschrift)

Dr. Peter Zuber

Rechtsanwalt

(ohne Unterschriftsbeglaubigung)

---

7 Zöller/*Vollkommer*, § 932 Rn 5.

§ 47 Eintragung, Umwandlung, Löschung

13 Zu beachten ist, dass der Umwandlung einer Arresthypothek in eine Zwangshypothek die Insolvenzeröffnung auch dann entgegensteht, wenn der Gläubiger seinen Vollstreckungstitel bereits vor Insolvenzeröffnung erlangt hat. Denn auch die Umschreibung ist eine eigenständige neue Vollstreckungsmaßnahme, die unter das Verbot des § 89 InsO fällt. Dies gilt auch dann, wenn die Arresthypothek nicht unter die Rückschlagsperre des § 88 InsO fällt.[8]

14 Auch ohne Umschreibung in eine Zwangshypothek kann der Gläubiger aufgrund der Arresthypothek im Rahmen der abgesonderten Befriedigung die Zwangsversteigerung erwirken (§ 1147 BGB, § 49 InsO), falls er gegen den Insolvenzverwalter einen dinglichen Duldungstitel bzw. eine Rechtsnachfolgeklausel erwirkt. Mangels Umschreibung kommen dem Gläubiger lediglich die eingangs beschriebenen Vorteile der Zwangshypothek nicht zugute.

15 Auch für die Umschreibung gilt die Mindestgrenze von mehr als 750,00 EUR (§ 866 Abs. 3 S. 1 ZPO). Lautet zwar die Lösungssumme (§ 923 ZPO), nicht aber die spätere Urteilssumme auf über 750,00 EUR, kann eine Umschreibung in eine Zwangshypothek nicht erfolgen.[9] Wenn mehrere Grundstücke zu belasten sind, darf der Gläubiger die notwendige Verteilung (§ 867 Abs. 2 ZPO) unter Beachtung der Mindestgrenze (§§ 867 Abs. 2 S. 2, 866 Abs. 3 ZPO) jetzt anders als bei der Arresthypothek vornehmen. Gleich- und nachstehende Berechtigte dürfen durch eine etwaige Erhöhung des Verteilungsbetrages jedoch nicht beeinträchtigt werden.

16 Ist nicht der ganze Höchstbetrag valutiert (Forderung wird im Hauptprozess teilweise abgewiesen), so entsteht in Höhe des nicht mit einer Gläubigerforderung ausgefüllten Teilbetrages eine Eigentümergrundschuld (§§ 1163 Abs. 1, 1177 BGB), die insoweit Rang nach der (Rest-)Zwangshypothek hat (§ 1176 BGB). Die Umwandlung des nicht valutierten Teils der Arresthypothek in eine entsprechende Eigentümergrundschuld setzt eine notariell beglaubigte (§ 29 GBO) Nichtvalutierungserklärung (§ 22 GBO) bzw. eine Berichtigungsbewilligung (§§ 19, 22 Abs. 1 GBO) des Arrestgläubigers voraus. Entbehrlich ist diese Gläubigererklärung nur dann, wenn mit der teilweisen Abweisung der Forderung im Hauptprozess der Arrestbefehl gleichzeitig aufgehoben wird (§ 868 ZPO), da diese vollstreckbare Aufhebungsentscheidung urkundlicher Unrichtigkeitsnachweis i.S.d. §§ 22 Abs. 1, 29 Abs. 1 S. 2 GBO ist.

17 Die **Veräußerung** des Grundstücks steht der Umschreibung nicht entgegen; ein Titel gegen den nunmehrigen Eigentümer ist entbehrlich.[10] Nicht erforderlich ist der Nachweis der rechtzeitigen Zustellung des Arrestbefehls an den Schuldner.[11]

18 Titulierte Zinsen können im Rahmen der Umwandlung neben dem bisherigen Höchstbetrag miteingetragen werden. Bei Umwandlung in voller Höhe aber nur beginnend ab dem Tag der Eintragung der Umwandlung (nicht rückwirkend seit Zuerkennung im Titel!); dann bis 5 % jährlich im Range des Rechts auch ohne Zustimmung der gleich- und nachstehenden Berechtigten (§ 1119 Abs. 1 BGB), anderenfalls im Range nach etwaigen Zwischenrechten.[12]

---

8 OLG Frankfurt v. 31.10.1974 – 20 W 466/74; Zöller/*Vollkommer*, § 932 Rn 4.
9 Zöller/*Vollkommer*, § 932 Rn 4.
10 BGH v. 15.4.1997 – IX ZR 112/96; LG Zweibrücken v. 22.4.1993 – 1 T 10/93; Zöller/*Vollkommer*, § 932 Rn 4.
11 Zöller/*Vollkommer*, § 932 Rn 5; *Stöber* (ZVG), Einl. Rn 74.2; a.A. *Alff*, RpflStud. 1994, 1 ff., der vor Umschreibung einen formgerechten Nachweis verlangt, dass die Zustellung an den Schuldner innerhalb der Fristen des § 929 Abs. 3 ZPO erfolgt ist.
12 Palandt/*Herrler*, § 1190 Rn 19.

C. Umwandlung der Arresthypothek in eine Zwangshypothek § 47

Die Eintragung der Umwandlung geschieht in den Spalten 5 bis 7 der dritten Abteilung (§ 11 Abs. 6 GBV): **19**

Beispiel

Veränderungen		
Lfd. Nr. der Spalte 1	Betrag	
5	6	7
1	42.000,00 EUR	Umgewandelt in eine Zwangssicherungshypothek von zweiundvierzigtausend Euro nebst 4 % Jahreszinsen ab heute für Marcus Gabel … Aufgrund des Urteils des Landgerichts Mannheim vom 12.01.2018 (3 O 486/17) eingetragen am … *Unterschrift*

In Spalte 4 sind die Worte „bis zum Höchstbetrag" als gegenstandslos zu röten (§ 17 Abs. 3 GBV). **20**

Ist die Arresthypothek etwa wegen verspäteter Zustellung (§ 929 Abs. 3 ZPO) unwirksam, kann die Zwangshypothek nicht durch Umschreibung an ihrer Rangstelle eingetragen werden. Die Umschreibung ist vielmehr in einen Antrag auf Neueintragung einer Zwangshypothek an bereiter Rangstelle umzudeuten. Gleiches gilt, falls der Arrestbefehl zwischenzeitlich aufgehoben ist und sich die Arresthypothek in eine Eigentümergrundschuld umgewandelt hat. **21**

Wird in Unkenntnis des Wegfalls der Arresthypothek diese aufgrund ordnungsgemäßer Vollstreckungsunterlagen in eine Zwangshypothek umgeschrieben, entsteht letztere. Diese Zwangshypothek teilt jedoch nicht den Rang der Arresthypothek; dieser richtet sich vielmehr nach dem Zeitpunkt der Umschreibung. Bei entsprechendem Nachweis ist dies von Amts wegen im Grundbuch kenntlich zu machen.[13]

Zur abstrakten **Löschung** einer Arresthypothek bedarf es einer notariellen Löschungsbewilligung des Hypothekengläubigers (§§ 19, 29 GBO) und der notariellen Löschungszustimmung des derzeitigen Grundstückseigentümers (§§ 27, 29 GBO). Bei einer zwischenzeitlich erfolgten rechtsgeschäftlichen Veräußerung des Grundstücks hat auch der frühere Eigentümer die Löschung zu bewilligen, da dieser in Höhe des nicht durch die Forderung ausgefüllten Teils des Höchstbetrages eine Eigentümergrundschuld erlangt hat, die ihm bei der Veräußerung als Fremdgrundschuld verbleibt.[14] **22**

---

13 So für den vergleichbaren Fall der Umschreibung einer Vormerkung nach § 883 BGB in eine Zwangshypothek BayObLG v. 15.6.2000 – 2Z BR 25/93.
14 *Demharter*, Anh. zu § 26 Rn 44, § 27 Rn 15.

§ 48 Eintragung der Arresthypothek im Verwaltungszwangsverfahren

A. Ersuchen des Finanzamts

Zur Sicherung der Vollstreckung von Geldforderungen kann das Finanzamt eine Arrestanordnung erlassen, wenn zu befürchten ist, dass sonst die Beitreibung vereitelt oder wesentlich erschwert wird. Die Arrestanordnung ist ferner möglich, wenn die Steuerforderung noch nicht betragsmäßig feststeht (§ 324 AO).[1]

Bei der Eintragung einer Arresthypothek wegen rückständiger Steuern tritt an die Stelle des Eintragungsantrags des Gläubigers das Eintragungsersuchen (§ 38 GBO) des zuständigen Finanzamts (§§ 322, 324 AO). Dieses ist von dem hierzu befugten Beamten zu unterschreiben und mit dem Siegel oder Stempel zu versehen (§ 29 Abs. 3 GBO). In dem Ersuchen hat die Finanzbehörde dabei zu bescheinigen, dass die gesetzlichen Voraussetzungen für die Vollziehung des Arrestes vorliegen (§ 322 Abs. 3 AO). Der Vorlage des Arrestbefehls, den das Finanzamt selbst anordnen kann, bedarf es dabei nicht. Inhaltlich ist auch hier ein Ablösebetrag zu bestimmen, bei dessen Hinterlegung die Vollziehung des Arrestes gehemmt bzw. ein bereits vollzogener Arrest aufzuheben ist (§ 324 Abs. 1 AO). Dieser Ablösebetrag ist als Höchstbetrag der Arresthypothek einzutragen. Auch hier ist die Vollziehung unzulässig, wenn seit dem Tag, an dem die Arrestanordnung unterschrieben ist, ein Monat verstrichen ist, wobei die Vollziehung bereits vor der Zustellung an den Steuerschuldner möglich ist (§ 324 Abs. 3 AO). Im Übrigen finden die Vorschriften der §§ 932, 866 Abs. 3 S. 1, 867 und 868 ZPO entsprechend Anwendung. Als Gläubiger der Arresthypothek ist gem. § 252 AO das Bundesland einzutragen, dem das ersuchende Finanzamt angehört, unbeschadet der Tatsache, dass die zu sichernden Steueransprüche nicht nur dem Land, sondern auch dem Bund bzw. einer Kirche zustehen können.

Das Grundbuchamt hat im Rahmen des Ersuchens nicht zu prüfen, ob die materiellen Voraussetzungen für die Anordnung des Arrestes vorliegen. Diese Frage unterliegt allein der Beurteilung durch die ersuchende Behörde. Das Grundbuchamt hat hierbei lediglich darauf zu achten, dass das Ersuchen nach Inhalt und Form den gesetzlichen Vorschriften entspricht und ob die betreffende Behörde zu diesem Ersuchen (abstrakt) befugt ist.[2] Die Eintragung ist entsprechend § 867 Abs. 1 ZPO auf der eingereichten Zweitschrift des Ersuchens zu vermerken und an die Behörde zurückzugeben. Bei der Arresthypothek ist zu vermerken, dass sie im Wege des Verwaltungszwangsverfahrens eingetragen ist.

---

[1] Wegen Einzelheiten siehe auch *Deimann,* RpflStud 2006, 1.
[2] OLG München v. 8.8.2008 – 34 Wx 59/08.

§ 48 Eintragung der Arresthypothek im Verwaltungszwangsverfahren

4 Die Eintragung könnte wie folgt lauten:

Beispiel

Dritte Abteilung			1
Lfd. Nr. der Eintragungen	Lfd. Nr. der belasteten Grundstücke im Bestandsverzeichnis	Betrag	Hypotheken, Grundschulden, Rentenschulden
1	2	3	4
1	1	20.000,00 EUR	Sicherungshypothek bis zum Höchstbetrag von zwanzigtausend Euro für das Land Baden-Württemberg, vertreten durch das Finanzamt Schwetzingen. Auf Grund des Ersuchens des Finanzamts Schwetzingen vom 14.05.2017 (AZ.: 38125/00100–8/3) im Wege des Verwaltungszwangsverfahrens (Arrestvollziehung) eingetragen am ... *Unterschrift*

B. Andere öffentliche Zahlungsansprüche

5 Für die Eintragung einer Arresthypothek wegen anderer öffentlicher rückständiger Zahlungsansprüche wie **Grund- und Gewerbesteuern, Zölle** usw. gelten die Vorschriften der Verwaltungsvollstreckungsgesetze des Bundes und der Länder. Diese haben im Wesentlichen die Vollstreckungsregelungen der AO übernommen.[3]

C. Vermögensabschöpfung nach der StPO

6 Auch im Rahmen der **Vermögensabschöpfung**[4] kann wegen des Verfalls oder der Einziehung von Wertersatz, wegen einer Geldstrafe oder der voraussichtlich entstehenden Kosten des Strafverfahrens der dingliche Arrest angeordnet werden (§ 111d StPO). Die erforderliche Eintragung der entsprechenden Arresthypothek wird auf Ersuchen der Staatsanwaltschaft oder des Gerichts bewirkt (§ 38 GBO, § 111f Abs. 2 StPO).

7 Die Anordnung des dinglichen Arrestes durch den **Richter** oder bei Gefahr im Verzuge durch die **Staatsanwaltschaft** (§ 111e StPO) braucht dem Ersuchen nicht beigefügt werden, wenngleich dies in der Praxis üblich ist. Ebenso wenig ist dem Grundbuchamt eine Zustellung der Arrestanordnung an den Beschuldigten/Eigentümer nachzuweisen.

8 Nachdem § 111d StPO auf § 929 ZPO ausdrücklich nicht verweist, ist die Vollziehung dieses Arrestes nicht von der Einhaltung der monatlichen Vollziehungsfrist des § 929 Abs. 2 ZPO abhängig.

9 Im Übrigen gelten für die Vollziehung des Arrestes die Vorschriften der §§ 928, 930 bis 932 und 934 ZPO.

10 Für das Ersuchen um Eintragung der Arresthypothek an das Grundbuchamt ist entweder das Gericht oder die Staatsanwaltschaft, funktionell jeweils der Rechtspfleger zuständig (§ 111f Abs. 2 StPO und §§ 22 Nr. 2, 31 Abs. 1 RpflG).

---

3 *Schöner/Stöber*, Rn 2220.
4 Allgemein hierzu *Huber*, Rpfleger 2002, 285; *Deimann*, RpflStud 2008, 65.

C. Vermögensabschöpfung nach der StPO § 48

▼
Muster: Ersuchen auf Eintragung einer Arresthypothek 11

Staatsanwaltschaft Mannheim   Mannheim, den 4.2.2018
AZ.: 807 JS 4113/17

An das
Amtsgericht - Grundbuchamt -
68199 Mannheim

Vollziehung des dinglichen Arrests des Amtsgerichts Mannheim vom 1.2.2018 (42 GS 870/18)

Eintragung einer Arresthypothek zum Höchstbetrag von 38.400,00 EUR im Grundbuch von Mannheim Nr. 29.478, FlSt.Nr. 1234/5, Heidelberger Str. 4

Eigentümer: Max Fröhlich, geb. 1.4.1968

Anlagen

- Ausfertigung des Beschlusses über die Anordnung des dinglichen Arrestes des Amtsgerichts Mannheim vom 1.2.2018 (42 GS 870/18)
- Zweitschrift des Ersuchens

In Vollziehung des beigefügten dinglichen Arrestes des Amtsgerichts Mannheim wird gem. § 111f Abs. 2 StPO i.V.m. § 932 ZPO ersucht zu Lasten des genannten Grundstücks des Beschuldigten eine Sicherungshypothek zum Höchstbetrag von 38.400,00 EUR für das Land Baden-Württemberg (Justizfiskus) vertreten durch die Staatsanwaltschaft Mannheim einzutragen.

Nach Eintragung der Arresthypothek wird gebeten, die Zweitschrift des Ersuchens mit Eintragungsvermerk zurückzusenden.

(Unterschrift)   (Siegel)
Schwarz
Rechtspflegerin
▲

Betreibt der Verletzte wegen eines aus der Straftat erwachsenen Anspruchs die Zwangsvollstreckung 12
durch Eintragung einer Zwangshypothek oder lässt er eine Arresthypothek in das Grundstück eintragen, in welches nach § 111d StPO bereits eine Arresthypothek für das Land eingetragen ist, kann er verlangen, dass die für das Land eingetragene Arresthypothek hinter sein einzutragendes bzw. eingetragenes Recht im Range zurücktritt (§ 880 BGB). Mit einem entsprechenden Zulassungsbeschluss durch das Gericht (§ 111h Abs. 2 StPO) hat das Grundbuchamt auf schriftlichen Antrag (§§ 13, 30 GBO) des geschädigten Gläubigers die Rangänderung im Grundbuch einzutragen. Rechtskraft des Zulassungsbeschlusses ist nicht erforderlich (§§ 307, 311 StPO). Die sonst notwendige Eigentümerzustimmung (§ 880 Abs. 2 S. 2 BGB) ist hierbei entbehrlich (§ 111h Abs. 1 S. 3 StPO). Der Vorrang geht auch nicht dadurch verloren, dass der Arrest aufgehoben wird und sich die Arresthypothek nach §§ 932 Abs. 2, 868 ZPO in eine Eigentümergrundschuld verwandelt (§ 111h Abs. 1 StPO).

Wird nach §§ 73 Abs. 1, 73a StGB kein Verfall, sondern die **Aufhebung** des dinglichen Arrestes angeordnet, wandelt sich die für das Land eingetragene Arresthypothek in eine Eigentümergrundschuld (§§ 932 Abs. 2, 868 ZPO, § 1177 Abs. 1 BGB). Das Grundbuch wird damit hinsichtlich der Art des Rechts und der Person des Berechtigten unrichtig (§ 894 BGB). Der Eigentümer kann nunmehr als Gläubiger des Grundpfandrechts aufgrund formgerechter Löschungsbewilligung (§§ 19, 29 GBO) nebst Antragstellung die Löschung der noch für das Land eingetragenen Hypothek erwirken. Als Unrichtigkeitsnachweis für 13

§ 48 Eintragung der Arresthypothek im Verwaltungszwangsverfahren

den Rechtsübergang und Widerlegung der Vermutung des § 891 BGB genügt der Beschluss des Strafgerichts über die Aufhebung des Arrestes (§§ 22 Abs. 1, 29 GBO). Ein Löschungsersuchen durch das Gericht oder die Staatsanwaltschaft scheidet hier aus, da das Recht auf den Eigentümer übergegangen ist.

14 Anstelle der Löschung des Grundpfandrechts könnte sich der Eigentümer auch als neuer Gläubiger der Eigentümergrundschuld eintragen lassen. Diese Berichtigung erfolgt auf schriftlichen Antrag des Eigentümers oder auf Ersuchen der Staatsanwaltschaft. Funktionell ist hierfür der Rechtspfleger zuständig (§ 31 Abs. 1 RPflG).

▼

15 Muster: Ersuchen auf Umschreibung der Arresthypothek in eine Eigentümergrundschuld

... unter Vorlage des Beschlusses des Amtsgerichts Mannheims vom ▓▓▓ (AZ.: ▓▓▓), mit dem der Arrest aufgehoben wurde, wird das Grundbuchamt Mannheim ersucht, die im Grundbuch von Mannheim Nr. 1111 Abt. III Nr. 6 für das Land Baden-Württemberg eingetragene Arresthypothek als Grundschuld auf den Eigentümer ▓▓▓ umzuschreiben.

(Unterschrift)   (Siegel)

Rechtspfleger

▲

§ 49 Die Arresthypothek in der Zwangsversteigerung

Will sich der Gläubiger einer Arresthypothek im Range dieser Hypothek (RK § 10 Abs. 1 Nr. 4 ZVG) aus dem belasteten Grundstück befriedigen, erfolgt dies im Rahmen der Zwangsversteigerung oder Zwangsverwaltung (§ 1147 BGB). Dazu bedarf es eines dinglichen rechtskräftigen oder vorläufig vollstreckbaren Duldungstitels. Eine vorherige Umschreibung der Arresthypothek in eine „normale" Zwangshypothek ist hierfür nicht erforderlich.

Wird nach Insolvenzeröffnung die Zwangsversteigerung beantragt, benötigt der Gläubiger einen Duldungstitel gegen den Insolvenzverwalter als Partei kraft Amtes, dem der Titel auch zugestellt werden muss. Dies gilt auch dann, wenn der Gläubiger bereits vor der Insolvenzeröffnung gegen den Schuldner den dinglichen Titel erwirkt hat; in diesem Falle ist die Klausel gegen den Insolvenzverwalter als „Rechtsnachfolger" (entsprechend § 727 ZPO) umzuschreiben und nach § 750 Abs. 2 ZPO zuzustellen. Die Insolvenzeröffnung stellt beim Betreiben wegen eines dinglichen Anspruchs (§ 10 Abs. 1 Nr. 4 ZVG) kein der Zwangsversteigerung entgegenstehendes Recht i.S.d. § 28 ZVG dar. Der Arresthypothekengläubiger ist absonderungsberechtigt (§ 49 InsO) und betreibt das Verfahren damit zu „Recht". Erfolgte die Verfahrensanordnung aus einem Titel gegen den späteren Schuldner, so ist das Verfahren nach § 28 ZVG einstweilen einzustellen und dem Gläubiger aufzugeben, den Titel gegen den Insolvenzverwalter umschreiben zu lassen. Bei Insolvenzeröffnung nach erfolgter Beschlagnahme (§ 22 ZVG) ist keine neue Klausel gegen den Insolvenzverwalter notwendig. Das Verfahren wird so fortgesetzt.

Die Arresthypothek wird im Rahmen des Versteigerungsverfahrens mit dem vollen eingetragenen Betrag in das geringste Gebot (§§ 44, 45 ZVG) aufgenommen. Sie ist kein bedingtes Recht i.S.d. § 48 ZVG; unbestimmt ist lediglich der aus ihr Berechtigte (Eigentümer/Gläubiger); dies findet jedoch erst im Verteilungsverfahren Berücksichtigung. Zinsen sind bereits im Höchstbetrag enthalten; sie werden folglich in den bar zu zahlenden Teil nicht aufgenommen. Kosten der dinglichen Rechtsverfolgung sind auf Anmeldung zu berücksichtigen.[1]

Für den Erlösanteil, der auf eine durch den Zuschlag erlöschende (§ 91 Abs. 1 ZVG) Arresthypothek entfällt, gelten die gleichen Berechtigungsverhältnisse wie bei der Arresthypothek selbst. Das bedeutet: Die Berechtigung des (früheren) Eigentümers/Schuldners ist auflösend bedingt durch das Bestehen der gesicherten Forderung und zugleich aufschiebend bedingt durch deren Erlöschen. Entsprechendes gilt für die Forderung des Gläubigers. Auszahlung an den Arrestgläubiger ist daher nur zulässig, wenn und soweit er das Bestehen seiner Forderung dem Versteigerungsgericht nachweist. Dieser Nachweis geschieht durch Vorlage des Feststellungsvertrages zwischen Gläubiger und Schuldner oder eines entsprechenden rechtskräftigen Feststellungsurteils. Die Feststellung der Forderung durch Einigung kann auch im Verteilungstermin erklärt werden. Bei einem Eigentumswechsel nach Eintragung der Arresthypothek erfolgt Erlöszuteilung an den Gläubiger und den früheren Eigentümer gegen den sich die Arrestforderung richtet. Der spätere Eigentümer, gegen den die Zwangsversteigerung angeordnet wurde, ist außer Betracht zu lassen, seine Berechtigung muss er notfalls mittels Widerspruch (§ 115 ZVG) geltend machen.

Wird die Forderung nicht nachgewiesen, ist der Erlösanteil für den Arrestgläubiger und den Arrestschuldner vom Versteigerungsgericht zu hinterlegen. Die Hinterlegung geschieht dabei unter der Bedingung, dass der Erlösanteil bei einem Forderungsnachweis dem Gläubiger, ansonsten dem Arrestschuldner zustehe.[2]

---

[1] *Böttcher* (ZVG), §§ 44, 45 Rn 65.
[2] *Böttcher* (ZVG), § 117 Rn 12.

Anhang

Zwangsverwalterverordnung (ZwVwV)

vom 19.12.2003 (BGBl. I 2003 S. 2804)

Auf Grund des § 152a des Gesetzes über die Zwangsversteigerung und die Zwangsverwaltung in der im Bundesgesetzblatt Teil III, Gliederungsnummer 310–14, veröffentlichten bereinigten Fassung, der durch Artikel 7 Abs. 23 des Gesetzes vom 17. Dezember 1990 (BGBl. I S. 2847) eingefügt worden ist, in Verbindung mit Artikel 35 des Gesetzes vom 13. Dezember 2001 (BGBl. I S. 3574), verordnet das Bundesministerium der Justiz:

§ 1
Stellung

(1) ¹Zwangsverwalter und Zwangsverwalterinnen führen die Verwaltung selbständig und wirtschaftlich nach pflichtgemäßem Ermessen aus. ²Sie sind jedoch an die vom Gericht erteilten Weisungen gebunden.

(2) Als Verwalter ist eine geschäftskundige natürliche Person zu bestellen, die nach Qualifikation und vorhandener Büroausstattung die Gewähr für die ordnungsgemäße Gestaltung und Durchführung der Zwangsverwaltung bietet.

(3) ¹Der Verwalter darf die Verwaltung nicht einem anderen übertragen. ²Ist er verhindert, die Verwaltung zu führen, so hat er dies dem Gericht unverzüglich anzuzeigen. ³Zur Besorgung einzelner Geschäfte, die keinen Aufschub dulden, kann sich jedoch der Verwalter im Fall seiner Verhinderung anderer Personen bedienen. ⁴Ihm ist auch gestattet, Hilfskräfte zu unselbständigen Tätigkeiten unter seiner Verantwortung heranzuziehen.

(4) ¹Der Verwalter ist zum Abschluss einer Vermögensschadenshaftpflichtversicherung für seine Tätigkeit mit einer Deckung von mindestens 500 000 Euro verpflichtet. ²Durch Anordnung des Gerichts kann, soweit der Einzelfall dies erfordert, eine höhere Versicherungssumme bestimmt werden. ³Auf Verlangen der Verfahrensbeteiligten oder des Gerichts hat der Verwalter das Bestehen der erforderlichen Haftpflichtversicherung nachzuweisen.

§ 2
Ausweis

Der Verwalter erhält als Ausweis eine Bestallungsurkunde, aus der sich das Objekt der Zwangsverwaltung, der Name des Schuldners, das Datum der Anordnung sowie die Person des Verwalters ergeben.

§ 3
Besitzerlangung über das Zwangsverwaltungsobjekt, Bericht

(1) ¹Der Verwalter hat das Zwangsverwaltungsobjekt in Besitz zu nehmen und darüber einen Bericht zu fertigen. ²Im Bericht sind festzuhalten:

1. Zeitpunkt und Umstände der Besitzerlangung;
2. eine Objektbeschreibung einschließlich der Nutzungsart und der bekannten Drittrechte;
3. alle der Beschlagnahme unterfallenden Mobilien, insbesondere das Zubehör;
4. alle der Beschlagnahme unterfallenden Forderungen und Rechte, insbesondere Miet- und Pachtforderungen, mit dem Eigentum verbundene Rechte auf wiederkehrende Leistungen sowie Forderungen gegen Versicherungen unter Beachtung von Beitragsrückständen;
5. die öffentlichen Lasten des Grundstücks unter Angabe der laufenden Beträge;
6. die Räume, die dem Schuldner für seinen Hausstand belassen werden;
7. die voraussichtlichen Ausgaben der Verwaltung, insbesondere aus Dienst- oder Arbeitsverhältnissen;
8. die voraussichtlichen Einnahmen und die Höhe des für die Verwaltung erforderlichen Kostenvorschusses;
9. alle sonstigen für die Verwaltung wesentlichen Verhältnisse.

Anhang

(2) ¹Den Bericht über die Besitzerlangung hat der Verwalter bei Gericht einzureichen. ²Soweit die in Absatz 1 bezeichneten Verhältnisse nicht schon bei Besitzübergang festgestellt werden können, hat der Verwalter dies unverzüglich nachzuholen und dem Gericht anzuzeigen.

§ 4
Mitteilungspflicht

¹Der Verwalter hat alle betroffen Mieter und Pächter sowie alle von der Verwaltung betroffenen Dritten unverzüglich über die Zwangsverwaltung zu informieren. ²Außerdem kann der Verwalter den Erlass von Zahlungsverboten an die Drittschuldner bei dem Gericht beantragen.

§ 5
Nutzungen des Zwangsverwaltungsobjektes

(1) Der Verwalter soll die Art der Nutzung, die bis zur Anordnung der Zwangsverwaltung bestand, beibehalten.

(2) ¹Die Nutzung erfolgt grundsätzlich durch Vermietung oder Verpachtung. ²Hiervon ausgenommen sind:
1. landwirtschaftlich oder forstwirtschaftlich genutzte Objekte in Eigenverwaltung des Schuldners gemäß § 150b des Gesetzes über die Zwangsversteigerung und die Zwangsverwaltung;
2. die Wohnräume des Schuldners, die ihm gemäß § 149 des Gesetzes über die Zwangsversteigerung und die Zwangsverwaltung unentgeltlich zu belassen sind.

(3) Der Verwalter ist berechtigt, begonnene Bauvorhaben fertig zu stellen.

§ 6
Miet-und Pachtverträge

(1) Miet- oder Pachtverträge sowie Änderungen solcher Verträge sind vom Verwalter schriftlich abzuschließen.

(2) Der Verwalter hat in Miet- oder Pachtverträgen zu vereinbaren,
1. dass der Mieter oder Pächter nicht berechtigt sein soll, Ansprüche aus dem Vertrag zu erheben, wenn das Zwangsverwaltungsobjekt vor der Überlassung an den Mieter oder Pächter im Wege der Zwangsversteigerung veräußert wird;
2. dass die gesetzliche Haftung des Vermieters oder Verpächters für den vom Ersteher zu ersetzenden Schaden ausgeschlossen sein soll, wenn das Grundstück nach der Überlassung an den Mieter oder Pächter im Wege der Zwangsversteigerung veräußert wird und der an die Stelle des Vermieters oder Verpächters tretende Ersteher die sich aus dem Miet- oder Pachtverhältnis ergebenden Verpflichtungen nicht erfüllt;
3. dass der Vermieter oder Verpächter auch von einem sich im Fall einer Kündigung (§ 57a Satz 1 des Gesetzes über die Zwangsversteigerung und die Zwangsverwaltung, § 111 der Insolvenzordnung) möglicherweise ergebenden Schadensersatzanspruch freigestellt sein soll.

§ 7
Rechtsverfolgung

Der Verwalter hat die Rechtsverfolgung seiner Ansprüche im Rahmen des pflichtgemäßen Ermessens zeitnah einzuleiten.

§ 8
Rückstände, Vorausverfügungen

Die Rechtsverfolgung durch den Verwalter erstreckt sich auch auf Rückstände nach § 1123 Abs. 1 und 2 des Bürgerlichen Gesetzbuchs und unterbrochene Vorausverfügungen nach § 1123 Abs. 1, §§ 1124 und 1126 des Bürgerlichen Gesetzbuchs, sofern nicht der Gläubiger auf die Rechtsverfolgung verzichtet.

§ 9
Ausgaben der Zwangsverwaltung

(1) Der Verwalter hat von den Einnahmen die Liquidität zurückzubehalten, die für Ausgaben der Verwaltung einschließlich der Verwaltervergütung und der Kosten des Verfahrens vorgehalten werden muss.

(2) Der Verwalter soll nur Verpflichtungen eingehen, die aus bereits vorhandenen Mitteln erfüllt werden können.

(3) ¹Der Verwalter ist verpflichtet, das Zwangsverwaltungsobjekt insbesondere gegen Feuer-, Sturm-, Leitungswasserschäden und Haftpflichtgefahren, die vom Grundstück und Gebäude ausgehen, zu versichern, soweit dies durch eine ordnungsgemäße Verwaltung geboten erscheint. ²Er hat diese Versicherung unverzüglich abzuschließen, sofern

1. Schuldner oder Gläubiger einen bestehenden Versicherungsschutz nicht innerhalb von 14 Tagen nach Zugang des Anordnungsbeschlusses schriftlich nachweisen und
2. der Gläubiger die unbedingte Kostendeckung schriftlich mitteilt.

§ 10
Zustimmungsvorbehalte

(1) Der Verwalter hat zu folgenden Maßnahmen die vorherige Zustimmung des Gerichts einzuholen:

1. wesentliche Änderungen zu der nach § 5 gebotenen Nutzung; dies gilt auch für die Fertigstellung begonnener Bauvorhaben;
2. vertragliche Abweichungen von dem Klauselkatalog des § 6 Abs. 2;
3. Ausgaben, die entgegen dem Gebot des § 9 Abs. 2 aus bereits vorhandenen Mitteln nicht gedeckt sind;
4. Zahlung von Vorschüssen an Auftragnehmer im Zusammenhang insbesondere mit der Erbringung handwerklicher Leistungen;
5. Ausbesserungen und Erneuerungen am Zwangsverwaltungsobjekt, die nicht zu der gewöhnlichen Instandhaltung gehören, insbesondere wenn der Aufwand der jeweiligen Maßnahme 15 Prozent des vom Verwalter nach pflichtgemäßem Ermessen geschätzten Verkehrswertes des Zwangsverwaltungsobjektes überschreitet;
6. Durchsetzung von Gewährleistungsansprüchen im Zusammenhang mit Baumaßnahmen nach § 5 Abs. 3.

(2) Das Gericht hat den Gläubiger und den Schuldner vor seiner Entscheidung anzuhören.

§ 11
Auszahlungen

(1) Aus den nach Bestreiten der Ausgaben der Verwaltung sowie der Kosten des Verfahrens (§ 155 Abs. 1 des Gesetzes über die Zwangsversteigerung und die Zwangsverwaltung) verbleibenden Überschüssen der Einnahmen darf der Verwalter ohne weiteres Verfahren nur Vorschüsse sowie die laufenden Beträge der öffentlichen Lasten nach der gesetzlichen Rangfolge berichtigen.

(2) ¹Sonstige Zahlungen an die Berechtigten darf der Verwalter nur aufgrund der von dem Gericht nach Feststellung des Teilungsplans getroffenen Anordnung leisten. ²Ist zu erwarten, dass solche Zahlungen geleistet werden können, so hat dies der Verwalter dem Gericht unter Angabe des voraussichtlichen Betrages der Überschüsse und der Zeit ihres Einganges anzuzeigen.

(3) Sollen Auszahlungen auf das Kapital einer Hypothek oder Grundschuld oder auf die Ablösesumme einer Rentenschuld geleistet werden, so hat der Verwalter zu diesem Zweck die Anberaumung eines Termins bei dem Gericht zu beantragen.

§ 12
Beendigung der Zwangsverwaltung

(1) ¹Die Beendigung der Zwangsverwaltung erfolgt mit dem gerichtlichen Aufhebungsbeschluss. ²Dies gilt auch für den Fall der Erteilung des Zuschlags in der Zwangsversteigerung.

(2) ¹Das Gericht kann den Verwalter nach dessen Anhörung im Aufhebungsbeschluss oder auf Antrag durch gesonderten Beschluss ermächtigen, seine Tätigkeit in Teilbereichen fortzusetzen, soweit dies für den ordnungsgemäßen Abschluss der Zwangsverwaltung erforderlich ist. ²Hat der Verwalter weiterführende Arbeiten nicht zu erledigen, sind der Anordnungsbeschluss und die Bestallungsurkunde mit der Schlussrechnung zurückzugeben, ansonsten mit der Beendigung seiner Tätigkeit.

(3) ¹Unabhängig von der Aufhebung der Zwangsverwaltung bleibt der Verwalter berechtigt, von ihm begründete Verbindlichkeiten aus der vorhandenen Liquidität zu begleichen und bis zum Eintritt der Fälligkeit Rücklagen zu bilden. ²Ein weitergehender Rückgriff gegen den Gläubiger bleibt unberührt. ³Dies gilt auch für den Fall der Antragsrücknahme.

(4) ¹Hat der Verwalter die Forderung des Gläubigers einschließlich der Kosten der Zwangsvollstreckung bezahlt, so hat er dies dem Gericht unverzüglich anzuzeigen. ²Dasselbe gilt, wenn der Gläubiger ihm mitteilt, dass er befriedigt ist.

§ 13
Masseverwaltung

(1) Der Massebestand ist von eigenen Beständen des Verwalters getrennt zu halten.

(2) ¹Der Verwalter hat für jede Zwangsverwaltung ein gesondertes Treuhandkonto einzurichten, über das er den Zahlungsverkehr führt. ²Das Treuhandkonto kann auch als Rechtsanwaltsanderkonto geführt werden.

(3) ¹Der Verwalter hat die allgemeinen Grundsätze einer ordnungsgemäßen Buchführung zu beachten. ²Die Rechnungslegung muss den Abgleich der Solleinnahmen mit den tatsächlichen Einnahmen ermöglichen. ³Die Einzelbuchungen sind auszuweisen. ⁴Mit der Rechnungslegung sind die Kontoauszüge und Belege bei Gericht einzureichen.

(4) Auf Antrag von Gläubiger oder Schuldner hat der Verwalter Auskunft über den Sachstand zu erteilen.

§ 14
Buchführung der Zwangsverwaltung

(1) Die Buchführung der Zwangsverwaltung ist eine um die Solleinnahmen ergänzte Einnahmenüberschussrechnung.

(2) ¹Die Rechnungslegung erfolgt jährlich (Jahresrechnung) nach Kalenderjahren. ²Mit Zustimmung des Gerichts kann hiervon abgewichen werden.

(3) Bei Aufhebung der Zwangsverwaltung legt der Verwalter Schlussrechnung in Form einer abgebrochenen Jahresrechnung.

(4) Nach vollständiger Beendigung seiner Amtstätigkeit reicht der Verwalter eine Endabrechnung ein, nachdem alle Zahlungsvorgänge beendet sind und das Konto auf Null gebracht worden ist.

§ 15
Gliederung der Einnahmen und Ausgaben

(1) Die Soll- und Isteinnahmen sind nach folgenden Konten zu gliedern:
1. Mieten und Pachten nach Verwaltungseinheiten,
2. andere Einnahmen.

(2) Der Saldo der vorigen Rechnung ist als jeweiliger Anfangsbestand vorzutragen.

(3) Die Gliederung der Ausgaben erfolgt nach folgenden Konten:
1. Aufwendungen zur Unterhaltung des Objektes;
2. öffentliche Lasten;
3. Zahlungen an die Gläubiger;
4. Gerichtskosten der Verwaltung;
5. Vergütung des Verwalters;
6. andere Ausgaben.

(4) Ist zur Umsatzsteuer optiert worden, so sind Umsatzsteueranteile und Vorsteuerbeträge gesondert darzustellen.

§ 16
Auskunftspflicht

Der Verwalter hat jederzeit dem Gericht oder einem mit der Prüfung beauftragten Sachverständigen Buchführungsunterlagen, die Akten und sonstige Schriftstücke vorzulegen und alle weiteren Auskünfte im Zusammenhang mit seiner Verwaltung zu erteilen.

§ 17
Vergütung und Auslagenersatz

(1) ¹Der Verwalter hat Anspruch auf eine angemessene Vergütung für seine Geschäftsführung sowie auf Erstattung seiner Auslagen nach Maßgabe des § 21. ²Die Höhe der Vergütung ist an der Art und dem Umfang der Aufgabe sowie an der Leistung des Zwangsverwalters auszurichten.

(2) Zusätzlich zur Vergütung und zur Erstattung der Auslagen wird ein Betrag in Höhe der vom Verwalter zu zahlenden Umsatzsteuer festgesetzt.

(3) ¹Ist der Verwalter als Rechtsanwalt zugelassen, so kann er für Tätigkeiten, die ein nicht als Rechtsanwalt zugelassener Verwalter einem Rechtsanwalt übertragen hätte, die gesetzliche Vergütung eines Rechtsanwalts abrechnen. ²Ist der Verwalter Steuerberater oder besitzt er eine andere besondere Qualifikation, gilt Satz 1 sinngemäß.

§ 18
Regelvergütung

(1) ¹Bei der Zwangsverwaltung von Grundstücken, die durch Vermieten oder Verpachten genutzt werden, erhält der Verwalter als Vergütung in der Regel 10 Prozent des für den Zeitraum der Verwaltung an Mieten oder Pachten eingezogenen Bruttobetrags. ²Für vertraglich geschuldete, nicht eingezogene Mieten oder Pachten erhält er 20 Prozent der Vergütung, die er erhalten hätte, wenn diese Mieten eingezogen worden wären. ³Soweit Mietrückstände eingezogen werden, für die der Verwalter bereits eine Vergütung nach Satz 2 erhalten hat, ist diese anzurechnen.

(2) Ergibt sich im Einzelfall ein Missverhältnis zwischen der Tätigkeit des Verwalters und der Vergütung nach Absatz 1, so kann der in Absatz 1 Satz 1 genannte Prozentsatz bis auf 5 vermindert oder bis auf 15 angehoben werden.

(3) ¹Für die Fertigstellung von Bauvorhaben erhält der Verwalter 6 Prozent der von ihm verwalteten Bausumme. ²Planungs-, Ausführungs- und Abnahmekosten sind Bestandteil der Bausumme und finden keine Anrechnung auf die Vergütung des Verwalters.

§ 19
Abweichende Berechnung der Vergütung

(1) ¹Wenn dem Verwalter eine Vergütung nach § 18 nicht zusteht, bemisst sich die Vergütung nach Zeitaufwand. ²In diesem Fall erhält er für jede Stunde der für die Verwaltung erforderlichen Zeit, die er oder einer seiner Mitarbeiter aufgewendet hat, eine Vergütung von mindestens 35 Euro und höchstens 95 Euro. ³Der Stundensatz ist für den jeweiligen Abrechnungszeitraum einheitlich zu bemessen.

(2) Der Verwalter kann für den Abrechnungszeitraum einheitlich nach Absatz 1 abrechnen, wenn die Vergütung nach § 18 Abs. 1 und 2 offensichtlich unangemessen ist.

§ 20
Mindestvergütung

(1) Ist das Zwangsverwaltungsobjekt von dem Verwalter in Besitz genommen, so beträgt die Vergütung des Verwalters mindestens 600 Euro.

(2) Ist das Verfahren der Zwangsverwaltung aufgehoben worden, bevor der Verwalter das Grundstück in Besitz genommen hat, so erhält er eine Vergütung von 200 Euro, sofern er bereits tätig geworden ist.

§ 21
Auslagen

(1) ¹Mit der Vergütung sind die allgemeinen Geschäftskosten abgegolten. ²Zu den allgemeinen Geschäftskosten gehört der Büroaufwand des Verwalters einschließlich der Gehälter seiner Angestellten.

(2) ¹Besondere Kosten, die dem Verwalter im Einzelfall, zum Beispiel durch Reisen oder die Einstellung von Hilfskräften für bestimmte Aufgaben im Rahmen der Zwangsverwaltung, tatsächlich entstehen, sind als Auslagen zu erstatten, soweit sie angemessen sind. ²Anstelle der tatsächlich entstandenen Auslagen kann der Verwalter nach seiner Wahl für den jeweiligen Abrechnungszeitraum eine Pauschale von 10 Prozent seiner Vergütung, höchstens jedoch 40 Euro für jeden angefangenen Monat seiner Tätigkeit, fordern.

(3) ¹Mit der Vergütung sind auch die Kosten einer Haftpflichtversicherung abgegolten. ²Ist die Verwaltung jedoch mit einem besonderen Haftungsrisiko verbunden, so sind die durch eine Höherversicherung nach § 1 Abs. 4 begründeten zusätzlichen Kosten als Auslagen zu erstatten.

§ 22
Festsetzung

¹Die Vergütung und die dem Verwalter zu erstattenden Auslagen werden im Anschluss an die Rechnungslegung nach § 14 Abs. 2 oder die Schlussrechnung nach § 14 Abs. 3 für den entsprechenden Zeitraum auf seinen Antrag vom Gericht festgesetzt. ²Vor der Festsetzung kann der Verwalter mit Einwilligung des Gerichts aus den Einnahmen einen Vorschuss auf die Vergütung und die Auslagen entnehmen.

§ 23
Grundstücksgleiche Rechte

Die vorstehenden Bestimmungen sind auf die Zwangsverwaltung von Berechtigungen, für welche die Vorschriften über die Zwangsverwaltung von Grundstücken gelten, entsprechend anzuwenden.

§ 24
Nichtanwendbarkeit der Verordnung

(1) Die Vorschriften dieser Verordnung gelten nicht, falls der Schuldner zum Verwalter bestellt ist (§§ 150b bis 150e des Gesetzes über die Zwangsversteigerung und die Zwangsverwaltung).

(2) Die Vorschriften dieser Verordnung gelten ferner nicht, falls die durch die §§ 150, 153, 154 des Gesetzes über die Zwangsversteigerung und die Zwangsverwaltung dem Gericht zugewiesene Tätigkeit nach landesgesetzlichen Vorschriften von einer landschaftlichen oder ritterschaftlichen Kreditanstalt übernommen worden ist.

§ 25
Übergangsvorschrift

In Zwangsverwaltungen, die bis einschließlich zum 31. Dezember 2003 angeordnet worden sind, findet die Verordnung über die Geschäftsführung und die Vergütung des Zwangsverwalters vom 16. Februar 1970 (BGBl. I S. 185), zuletzt geändert durch Artikel 9 des Gesetzes vom 13. Dezember 2001 (BGBl. I S. 3574), weiter Anwendung; jedoch richten sich die Vergütung des Verwalters und der Auslagenersatz ab dem ersten auf den 31. Dezember 2003 folgenden Abrechnungszeitraum nach den §§ 17 bis 22 dieser Verordnung.

§ 26
Inkrafttreten, Außerkrafttreten

¹Diese Verordnung tritt am 1. Januar 2004 in Kraft. ²Gleichzeitig tritt die Verordnung über die Geschäftsführung und die Vergütung des Zwangsverwalters vom 16. Februar 1970 (BGBl. I S. 185), zuletzt geändert durch Artikel 9 des Gesetzes vom 13. Dezember 2001 (BGBl. I S. 3574), außer Kraft.

Stichwortverzeichnis

Fette Zahlen bezeichnen den Paragraphen, magere Zahlen die Randnummer innerhalb des Paragraphen. Der Zusatz „M" vor einer solchen Zahl kennzeichnet, dass unter dieser Randnummer ein Muster zu finden ist; „C" weist eine Checkliste aus.

Ablösung § **4** 11 ff., 114, § **21** 17, § **25** 35, § **40** 31, § **41** 11
Abtretung § **6** 17, 214 ff., § **33** 22 ff.
Abzahlungshypothek § **3** 95, § **34** 10 ff.
Altenteil/Leibgeding § **3** 88 ff., § **4** 24 f., 36, § **6** 64, § **30** 24, § **34** 10 ff.
Anfechtung § **6** 80 ff., § **44** 6
Anhörung *siehe Gehör, rechtliches/Anhörung*
Anordnungsbeschluss § **1** 49 f.
– Bekanntmachung § **18** 31 ff., § **30** 52, § **38** 14 ff.
– Belehrung § **1** 52
– Grundbuch § **30** 52 f., § **38** 17
– Inhalt § **18** C 30, § **30** 49 f., C 51
– Insolvenzverwalterversteigerung § **38** 11 ff., M 13
– Kosten/Gebühren § **30** 86 ff.
– Rechtsbehelfe § **1** 61 ff., § **18** 46 ff., § **30** 84 f., § **38** 23 ff.
– Teilungsversteigerung § **18** 29 ff., C 30, § **25** 30 ff., M 36
– Zustellung § **1** 51 f., § **18** 31 ff., § **30** 52, § **38** 14 ff.
– Zwangsversteigerung § **9** 6 ff., § **38** 11 ff., M 13
– Zwangsverwaltung § **30** 48 ff., C 51, 84 ff.
Antrag
– Arresthypothek § **46** 1 ff.
– Aufhebung Versteigerungstermin § **2** 12
– Aussetzung Verteilung § **6** 104
– Einstellung, einstweilige *siehe dort*
– Fortsetzungsantrag § **2** 38, 51 f., § **32** 13, 47 ff.
– Gebot, geringstes (gG) nach § 174 ZVG § **40** 15 f.
– Gebot, geringstes (gG) nach § 174a ZVG § **40** 26 ff.
– Gegenantrag nach § 64 Abs. 2 ZVG § **12** 19 ff.
– Insolvenzverwalter § **2** 48 f., 86 ff.
– Verteilung Gesamtgrundpfandrecht § **12** 6 ff.
– Zuschlagsversagung (§ 74a ZVG) § **5** 17 ff.
– Zwangshypothek *siehe dort*
– Zwangsräumung § **30** 76 ff.
– Zwangsverwaltung *siehe Zwangsverwaltungsantrag*
Antragsrücknahme § **2** 5 ff., § **43** 31
– Antrag nach § 174 ZVG § **40** 18 f.
– Antrag nach § 174a ZVG § **40** 34
– Aufhebung/Einstellung nach - § **2** 7 f., § **19** 10, § **32** 2 ff.
– Teilrücknahme § **2** 6
– Zwangsversteigerungsantrag § **19** 10
Arresthypothek § **45** 1 ff., § **46** M 29
– Arrestbefehl § **46** 5 ff.
– Aufhebung Arrestbefehl § **47** 3 ff.
– Eintragungsvoraussetzungen § **46** 1 ff., M 29, § **47** 1 f.
– Mängel, grundbuchrechtliche § **46** 19 f.
– Rechtsnatur § **45** 3 f.
– Übergang § **47** 3 ff.
– Umschreibung § **48** M 15
– Umwandlung § **47** 3 ff., M 12, 19
– Verwaltungsvollstreckung/-zwangsverfahren § **48** 1 ff., M 11
– Verweisung auf Zwangshypothek § **46** 2 ff.
– Vollstreckungshindernisse § **46** 18
– Vollstreckungsklausel § **46** 21
– Vollstreckungstitel § **46** 5 ff., § **49** 1 ff.
– Vollziehungsfrist § **46** 12 ff.
– Zustellung § **46** 22 ff.
– Zwangsversteigerung § **49** 1 ff.

Aufhebung *siehe auch Einstellung, einstweilige*
– Antragsrücknahme § **2** 7 f., § **19** 10, § **32** 2 ff.
– Aufhebungsbeschluss § **2** 7 f.
– im Versteigerungstermin § **4** 30 ff., 104 ff.
– Insolvenzverwalterversteigerung § **39** 1 ff.
– Kosten/Gebühren § **2** 99 ff.
– mangels Vorschusszahlung § **32** 56
– nach § 30d ZVG (Insolvenz) § **2** 94 ff.
– nach Einstellung, einstweiliger § **2** 23
– Prozessführungsbefugnis Zwangsverwalter § **33** 56 ff.
– Rechtsbehelfe § **2** 98, § **19** 53
– Teilungsversteigerung § **19** 1 ff., § **21** 15
– Verfahrenshandlung § **19** 10 ff., § **32** 2 ff.
– Versteigerungstermin § **21** 15
– Vollstreckungshindernisse *siehe dort*
– wegen Insolvenzverfahrens § **2** 78
– Zubehör § **4** 30 ff.
– Zwangsversteigerung § **2** 1 ff., § **13** 12 ff., § **39** 1 ff.
– Zwangsverwaltung § **32** 1 ff., 50 ff.
Aufklärungsverfügung § **1** 47, § **18** 27 f., § **42** 245 ff., M 248, § **43** 41
Auflagen § **2** 32, 91 ff.
Auflassungsvormerkung
– als ZV-Gegenrecht § **2** 61 ff.
– Beschlagnahme § **2** 61
– Teilungsversteigerung § **20** 4 ff.
– Zwangshypothek § **42** 155, 178
– Zwangsverwaltung § **30** 32, § **32** 22
Aufsichtsperson § **31** 53 ff.
Auseinandersetzungsvereinbarung § **17** 14, 33
Ausfallhypothek § **42** 112
Ausgebotsarten § **21** 2 f.
– Bargebot *siehe dort*
– Doppelausgebot § **4** 23, § **12** 24, 26 ff., § **40** 21 f., 35 f.
– Eigengebot Vertreter § **5** 24 ff.
– Einzelausgebot § **11** 2, 24 ff., § **12** 5, § **14** 3, § **15** 1 ff.
– Gebot, geringstes (gG) *siehe dort*
– Gruppen-/Gesamtausgebot § **11** 3 ff., 30 ff., 42 ff., § **12** 5, § **14** 4
– Strohmanngebot § **5** 45 ff., 52, § **22** 4
Ausgleichsbetrag § **20** 21 ff., § **26** 1
Ausgleichsleistungsgesetz § **42** 146
Auslagen § **3** 11, 23, 47, 55, § **31** 78 f.
Ausländer § **4** 60
Ausschlussvereinbarung § **19** 4
Aussetzung § **6** 103 ff.

Bahneinheiten § **1** 2
Bargebot
– als Gebührenmessbetrag § **6** 34
– Forderungsübertragung § **8** 2 ff., § **14** 32, § **24** 1 f.
– Liegenbelassungsvereinbarung § **6** 96 ff., § **7** 11
– Nichtzahlung § **8** 1 ff., § **14** 32, § **24** 1 ff.
– Teilungsversteigerung § **24** 2 f.
– Versteigerungsbedingungen § **4** 41 ff.
– Verteilungstermin § **6** 73
– Zinsen § **8** 5 ff.

Stichwortverzeichnis

- Zuschlagsbeschluss § 5 49
- Zwangsversteigerung, gemeinsame § 14 30 ff.

Baulast § 3 2, § 5 63
Befriedigung/Zahlung § 4 108 ff., § 6 173 ff., § 21 16, § 30 64, § 32 50 ff., § 33 74 ff., § 34 36 ff.; *siehe auch Ablösung*
Begrenzung Bieterkreis § 21 6 ff.
Beitritt *siehe Verfahrensbeitritt*
Beitrittsgebiet (DDR) § 1 2
Bekanntmachung
- Anordnungsbeschluss § 18 31 ff., § 30 52, § 38 14 ff.
- Arten § 3 45
- Auslagen § 3 47
- Insolvenzverwalterversteigerung § 38 14 ff.
- Kostenvorschuss § 3 47
- Mitteilungspflichten § 3 46
- Teilungsversteigerung § 18 31 ff.
- Versteigerungstermin § 3 38 ff., 45 ff., § 4 8
- Verteilungstermin § 6 5 ff.
- Zuschlag § 5 55 ff., § 22 5
- Zustellung *siehe dort*
- Zwangsversteigerungsantrag § 38 14 ff.
- Zwangsverwaltung § 30 52

Belehrung § 2 28, 41, 55, 97, § 19 40
Berechtigter, unbekannter § 6 108, § 7 27
Bergwerkseigentum § 1 2
Beschlagnahme § 1 75 ff.
- Aktivierung Haftungsverband § 30 64
- Auflassungsvormerkung § 2 61
- Befriedigungsrecht § 30 64
- Einstellung, einstweilige § 2 17, § 32 16
- Eintritt § 1 76 ff., § 30 56 ff.
- Erwerb, gutgläubiger § 1 79 ff.
- Erzeugnisse, land-/forstwirtschaftliche § 30 69
- Geltendmachung Ansprüche, beschlagnahmte § 33 19 ff.
- Geschäftsräume Schuldner § 30 74 f.
- Gläubiger mit Grundpfandrecht § 1 87
- Gläubiger ohne Grundpfandrecht § 1 88
- Gläubiger, mehrere § 1 102 ff.
- Grundstücksverwaltung/-benutzung § 30 65
- Haftungsverband § 1 87, 89 ff.
- in der ZV § 1 92 f.
- Insolvenzverwalterversteigerung § 38 19 ff.
- Leistungen, wiederkehrende § 30 69
- Miet-/Pachtforderungen § 30 69
- nach Eröffnung Insolvenzverfahren § 2 77 ff.
- Privaträume Schuldner § 30 71 ff.
- Teilungsversteigerung § 18 42 ff.
- Umfang § 30 68 ff.
- Veräußerungsverbot § 1 79 ff., § 30 63, § 38 19
- Verfahrensbeitritt § 1 78, § 30 61
- Vermögensbeschlagnahme § 42 142
- vor Eröffnung Insolvenzverfahren § 2 74 f.
- Wirkung § 1 79 ff., § 30 63 ff., § 38 20 ff.
- Zubehör § 1 89 ff., § 30 39, § 38 22
- Zwangsräumung § 30 76 ff.
- Zwangsversteigerung § 10 8, § 28 8, § 38 19 ff.
- Zwangsverwaltung § 28 8, § 30 56 ff., § 36 4 f.
- zwischen Sicherung und Eröffnung § 2 76

Beschwerde (sofortige)
- Anordnung/Beitritt ZV § 1 63, 65, § 38 23
- Aussetzung Verteilung § 6 104
- Gehör, rechtliches/Anhörung § 18 48
- Insolvenzverwalterversteigerung § 38 23

- Teilungsplan § 6 80 ff., 184 ff., § 34 30 f.
- Teilungsversteigerung § 18 48, 51
- Vergütungsfestsetzung Zwangsverwalter § 31 86
- Wertfestsetzung § 3 29 ff.
- Zuschlagsbeschluss § 5 76 ff.
- Zuschlagsversagung § 5 79 ff.
- Zwangshypothek § 43 35 ff.
- Zwangsräumung § 30 81
- Zwangsversteigerung § 38 23

Bestandteil, wesentlicher § 1 89 ff.
Betriebsfortführung § 33 69 ff.
Bewilligung
- Einstellung, einstweilige § 2 11 ff., § 19 11, § 32 10 ff., § 39 2
- Zwangshypothek § 42 169

Bietergemeinschaft § 4 59
Bietzeit § 4 52 ff.
- Gebot *siehe dort*
- Gegenantrag nach § 64 Abs. 2 ZVG § 12 23 f.
- Handlungen nach Versteigerungsschluss § 5 9 f.
- Rechte, bestehen bleibende § 4 52 f.
- Schluss § 4 115 f.
- Sicherheitsleistung § 4 68 ff.
- Teilungsversteigerung § 21 10 ff.

Bruchteilseigentum § 1 2, § 9 45, § 23 3
Bruchteilsgemeinschaft § 17 3 ff.
- Antragsrecht Teilungsversteigerung § 18 6
- Aufhebungsausschluss § 17 7 ff.
- Auseinandersetzungsvereinbarung § 17 14
- Ausschlussvereinbarung § 17 15 ff., § 19 4
- Deckungsgrundsatz § 20 15 ff.
- Erbbaurecht § 17 4
- Gebot, geringstes (gG) § 20 15 ff.
- Grund, wichtiger § 17 17 ff.
- Lebenspartnerschaft § 17 27
- Schuldner ist Miteigentümer § 25 4 ff.
- Teilung in Natur § 17 5 f., § 19 4
- Teilungsversteigerung § 17 3, § 18 43, § 20 15 ff., § 25 4 ff.
- Treu und Glauben § 17 6, 11 ff.
- Vollstreckungsantrag Zwangshypothek § 42 213 ff.
- Wohnungseigentümergemeinschaft § 17 28
- Zugewinngemeinschaft § 17 22 ff.

Deckungsgrundsatz § 3 113, § 20 15 ff., 42 ff., § 40 3 ff.
Dienstaufsichtsbeschwerde § 1 8
Dienstbarkeit, beschränkt persönliche § 6 51
Doppelausgebot § 4 23, § 12 24, 26 ff., § 40 21 f., 35 f.

Eigenbesitz § 32 23
Eigengebot Vertreter § 5 24 ff.
Eigentum
- Bergwerkseigentum § 1 2
- Bruchteilseigentum § 1 2, § 9 45, § 23 3
- Eigentumswechsel § 19 5 f., § 32 20 f.
- Miteigentümer § 1 13
- neues § 2 55 ff.
- Stockwerkseigentum § 1 2
- Teileigentum *siehe dort*
- Zwangsversteigerungsantrag § 1 12
- Zwangsverwaltung § 32 20 f.

Eigenverwaltung § 38 5
Einigung
- Teilungsversteigerung § 20 4 ff., § 27 M 1

Stichwortverzeichnis

– Verteilungsverfahren § 6 168 ff.
Einstellung
– einstweilige *siehe dort*
– Ergebnislosigkeit § 19 51, § 21 18
– nach § 76 ZVG § 13 16 ff.
– Teilungsversteigerung § 19 47 ff.
Einstellung nach § 76 ZVG § 13 16 ff.
– Anhörung § 13 19
– Ausgebotsarten § 13 20
– Rechtsbehelfe § 13 22 f.
– Verfahren § 13 18 ff.
– Voraussetzungen § 13 17
– Zuschlagsversagung § 13 18 ff.
Einstellung, einstweilige § 2 1 ff.
– Änderung Sachlage § 19 42 f.
– Antrag Aufhebung Termin § 2 12
– Antrag Insolvenzverwalter § 2 48 f., 69 ff., 86 ff., § 32 33 ff.
– Antrag Schuldner § 2 24 ff., § 32 14 ff.
– Antragsberechtigung § 19 13 f.
– Antragsfrist § 19 16, 25 f.
– Antragsrücknahme § 2 5 ff., § 19 10, § 32 2 ff.
– aufgrund Verfahrenshandlung § 2 5 ff.
– Aufhebung nach § 30d ZVG § 2 94 ff.
– Auflagen § 2 32, 91 ff.
– Auflassungsvormerkung § 2 61 ff.
– Belehrung § 2 41, 97, § 19 40
– Beschlagnahme § 32 16
– Bewilligung § 2 11 ff., § 19 11, § 32 10 ff., § 39 2
– Eigentum, neues § 2 55 ff.
– Einstellungsbeschluss § 2 15, 33 ff.
– erneute § 2 21, 39 f.
– Fälle, sonstige § 2 50 ff.
– Forderung gezahlt/gestundet § 2 50
– Fortsetzungsantrag § 2 38, 51 f., § 19 40, § 32 13, 47 ff.
– Fortsetzungsbeschluss § 2 19 ff., 57 ff., 97
– Frist § 2 29 f.
– Gegenrechte/Verfügungsbeschränkungen § 2 53 ff.
– Gehör, rechtliches § 2 96
– Gläubiger, mehrere § 2 3, 10, 30, § 3 4
– Gläubigervortrag § 2 27
– Gründe, schwerwiegende § 2 44
– im Versteigerungstermin § 4 30 ff., 104 ff.
– Insolvenzverwalterantrag § 32 33 ff.
– Insolvenzverwalterversteigerung § 39 1 ff.
– Kinderschutz/Kindeswohl § 19 23 ff.
– Kosten/Gebühren § 2 99 ff.
– Lebens-/Suizidgefahr § 2 44 ff.
– nach § 180 ZVG § 19 12 ff.
– nach § 30a ZVG § 2 24 ff., § 39 3 f.
– nach § 765a ZPO § 19 45 f.
– Nachlassverwaltung § 2 67
– Prozessgericht § 32 17 f.
– Rechtsbehelfe § 2 98, § 13 22 f., § 19 53, § 32 46
– Rechtsnachfolgeklausel § 2 57, 60, 68
– Schuldnervortrag § 2 26
– Sechs-Monats-Frist § 2 19 ff., 33 f.
– Selbstständigkeit Einzelverfahren § 19 17
– Sicherheitsleistung § 2 50
– Teilungsversteigerung § 19 1 ff., § 21 15, § 25 37 f.
– teilweise § 2 14
– Testamentsvollstreckung § 2 63 ff.
– Überweisungsbeleg § 2 50
– Verfahren § 2 28, § 3 3 f.

– Verfahrenshandlung § 19 10 ff., § 32 2 ff.
– Versteigerungstermin § 21 15
– Vollstreckungshindernisse *siehe dort*
– Vollstreckungsschutz § 19 45 f.
– Vor-/Nacherbschaft § 2 66
– Voraussetzungen § 2 24, § 19 18 ff., 28 ff.
– wiederholte § 19 41
– Wirkung § 2 16 f.
– Zubehör § 4 30 ff.
– Zustellung § 2 35
– Zwangsversteigerung § 13 12 ff., § 39 1 ff.
– Zwangsverwaltung § 32 1 ff.
Eintragungshindernisse Zwangshypothek § 42 226 ff.
Einzelausgebot § 11 2, 24 ff., § 12 5, § 14 3, § 15 1 ff.
Einzelkaufmann § 42 29 ff., 185
Eltern § 18 14
Entwicklungsbereich § 42 140
Erbbaurecht § 9 1 ff.
– altes/neues § 9 3 f.
– Anordnung ZV § 9 6 ff.
– Bruchteilsgemeinschaft § 17 4
– Erbbauzins *siehe dort*
– Heimfall § 9 24 f.
– Recht, bestehen bleibendes § 9 5
– Versteigerungsbedingungen, abweichende § 9 12
– Vormerkung § 9 13
– Wertfestsetzung § 9 10 f.
– Wohnungs-/Teileigentum § 9 51 ff.
– Zuschlag § 9 17 ff.
– Zustimmung Grundstückseigentümer § 9 7 ff., 17, 19 ff., 53 ff.
– Zwangshypothek § 42 135 ff.
– Zwangsversteigerung § 1 2
– Zwangsverwaltung § 30 3
Erbbauzins § 9 12 ff., 26 ff.
– alt § 9 26 ff.
– Anpassungsklausel § 9 39
– Erbbauzinsreallast § 9 13 f., 26 ff.
– Leistungen, wiederkehrende § 9 16, 18
– neu § 9 34 ff.
– Rangklassen § 3 88 ff., § 34 10 ff.
– Rechte, bestehen bleibende § 9 35 ff.
– Rechte, nicht auf Kapital gerichtete § 6 54
– Versteigerungsbedingungen, abweichende § 9 29 f.
– Vormerkung § 9 15, 26 ff., 41
Erbe
– als ZV-Gegenrecht § 2 63 ff.
– Erbeneigenvermögen § 42 162
– Erbengemeinschaft § 17 32 ff., § 25 23 ff., § 43 89
– Erbnachweis § 1 11, § 18 22
– Zwangsversteigerungsantrag § 1 12
Ergebnislosigkeit § 4 117 f., § 19 51, § 21 18, § 28 10
Erinnerung § 1 66, § 17 25, § 18 47 f., § 31 14, 86
Erlösauszahlung § 7 1 ff.
Erlösverteilung *siehe Verteilungsverfahren/Erlösverteilung*
Ernennungsbeschluss Sachverständiger § 3 12
Ersatzbetrag nach § 92 ZVG *siehe Wertersatz*
Erwerb, gutgläubiger § 1 79 ff.
Erzeugnisse § 1 109, § 30 69
Europäische Wirtschaftliche Interessenvereinigung (EWIV) § 17 50

Stichwortverzeichnis

Forderungsübertragung Bargebot § 8 2 ff., § 14 32, § 24 1 ff.
Form
– Antrag Verteilung Gesamtgrundpfandrecht § 12 7
– Grundbuchersuchen § 7 16 ff., § 44 2, § 48 1 ff., M 11
– Teilungsplan § 6 26
– Vollstreckungsantrag Zwangshypothek § 42 7
Fortsetzungsantrag § 2 38, 51 f., § 32 13, 47 ff.
– Einstellung, einstweilige § 19 40
Fortsetzungsbeschluss § 2 19 ff., 57 ff., 97
Freud'sche Formel § 20 25, § 26 1
Frist
– Antrag Einstellung nach § 180 ZVG § 19 16, 25 ff.
– Arresthypothek § 46 12 ff.
– Beschwerde Zuschlagsbeschluss § 5 77
– Beschwerde Zuschlagsversagung § 5 81 f.
– Einstellung, einstweilige Zwangsversteigerung § 2 29 f.
– Sechs-Monats-Frist § 2 19 ff., 33 f.
– Versteigerungstermin § 3 35 ff., 39 f.
– Vollziehungsfrist § 46 12 ff.

Gebot § 11 1 ff.
– Abgabe § 4 51, 52 ff., § 21 10 f.
– Abtretung Rechte aus Meistgebot § 22 4
– Arten siehe Ausgebotsarten
– Ausländer § 4 60
– Bietergemeinschaft § 4 59
– Bietzeit siehe dort
– Eigengebot Vertreter § 5 24 ff.
– Einstellung nach § 76 ZVG § 13 20
– Erlöschen § 4 63 f.
– Erlösverteilung § 14 3 f.
– Gebotssprünge § 4 61
– Gesamtgrundpfandrecht § 12 5
– Kosten/Gebühren § 11 24 ff.
– Meistgebot, nicht ausreichendes § 5 15 ff.
– mündliches § 4 55
– Rechte, bestehen bleibende § 4 52 f.
– rechtsmissbräuchliche § 5 24 ff.
– Rechtsnatur § 4 54
– Reihenfolge § 11 20
– Sicherheitsleistung § 4 68 ff.
– Teilungsversteigerung § 21 2 f., 10 ff.
– unzulässiges § 5 5 ff.
– Verhältnis zueinander § 11 14 ff.
– Vollmacht/Bevollmächtigung § 4 56 ff.
– Voraussetzungen Wirksamkeit § 4 55
– Widerspruch gegen Zurückweisung § 4 63, 65 ff., § 21 10 f.
– Zurückweisung § 4 62, 90, § 21 10 f.
– Zuschlagsversagung § 13 1 ff.
Gebot, geringstes (gG) § 3 110 ff., § 11 21 ff.
– Absonderungsrecht § 40 12 ff.
– Antragsteller, mehrere § 20 26 ff.
– Aufbau § 3 119 f., M 120
– Begriff § 3 111 ff.
– Bruchteilsgemeinschaft § 20 15 ff.
– Deckungsgrundsatz § 3 113, § 20 42 ff.
– Doppelausgebot § 12 26 ff.
– Einzelausgebot § 11 24 ff.
– Erhöhung § 11 34 ff., 48, § 12 26 ff.
– Feststellung § 4 9 f., § 40 11 ff.
– Gesamt-/Gruppenausgebot § 11 30 ff.
– Gläubiger, bestbetreibender § 3 115 ff.
– Insolvenzverwalterversteigerung § 40 3 ff.

– Mindestbargebot § 3 127 ff.
– nach § 174 ZVG § 40 11 ff.
– nach § 174a ZVG § 40 26 ff.
– Rechte, bestehen bleibende siehe dort
– Rechtsbehelf Feststellung § 4 10
– Teilungsversteigerung § 20 11 ff., § 25 10 ff., 28, § 26 1
– Übernahmegrundsatz § 3 121 ff.
– Versteigerungstermin § 20 11 ff.
– vorläufiges § 3 112, M 120
– Wiederversteigerung § 8 29
– Zwangsversteigerung, gemeinsame § 11 9, 21 ff.
Gefahrübergang § 4 46 f.
Gehör, rechtliches/Anhörung § 1 45, 62, § 2 96, § 13 19, § 18 47 f., § 30 44, 79
Geldforderung, zu vollstreckende § 1 16 ff.
Geldleistung aus Reallast § 3 88 ff., § 34 10 ff.
Gemeinschaftsverhältnis § 8 11
Gesamt-/Gruppenausgebot § 11 3 ff., 30 ff., 42 ff., § 12 5, § 14 4
Gesamtgläubigerschaft § 43 96 f.
Gesamtgrundpfandrecht § 12 1 ff., § 14 23, 28, § 15 1 ff., § 42 107, 113, 122, § 43 87 ff.
Gesamthandsgemeinschaft § 17 29 ff.
– Erbengemeinschaft § 17 32 f.
– Europäische Wirtschaftliche Interessenvereinigung (EWIV) § 17 50
– Gesellschaft bürgerlichen Rechts (GbR) § 17 48
– Gütergemeinschaft § 17 43 ff.
– Partnerschaft § 17 50
– Personengesellschaft (OHG, KG) § 17 49
– Schuldner ist Miteigentümer § 25 22 ff.
– Teilungsversteigerung § 18 43
– Zwangshypothek § 42 213 ff., § 43 8
Gesamtrechte § 15 1 ff.
– Anspruch auf Barzahlung § 14 24
– Durchführung Erlösverteilung § 14 29 ff.
– Einzelmassen § 14 25 f.
– Erlösverteilung ZV § 14 18 ff.
– Gesamtgrundpfandrecht siehe dort
– Gesamthandsgemeinschaft siehe dort
– Verfahren, dasselbe § 14 27
– Verteilung nach § 1132 BGB § 14 28
– Wesen § 14 18
– Zwangsversteigerung § 14 19 f.
Gesamtschuldner § 42 118 ff.
Gesamtzwangshypothek § 42 107, 113, 122, § 43 87 ff.
Geschäftsräume Schuldner § 30 74 f.
Gesellschaft bürgerlichen Rechts (GbR) § 17 48, § 25 27, § 42 32 f., 65, 186
Gewährleistung § 4 45
Gewerbebetrieb § 33 69 ff.
Gewerkschaft § 42 202
Gläubiger
– Ablehnungsrecht Sachverständiger § 3 10
– Absonderungsrecht § 2 71, 81
– Anhörung zum Wertgutachten § 3 22
– Antrag auf Teilungsversteigerung § 25 1 ff.
– Antrag Aufhebung Termin § 2 12
– Antragsrecht Teilungsversteigerung § 18 19
– Befriedigung in Zwangsverwaltung § 32 50 ff.
– bestbetreibender § 3 100 ff., 115 ff., C 117, 131 ff., § 4 108, § 6 42, § 11 31 f., § 12 24
– Bezeichnung § 42 180 ff.

504

Stichwortverzeichnis

- Einstellung, einstweilige § 2 11 ff., 27
- Fortsetzungsantrag § 2 38, 51 f.
- Gläubigerverhalten, prozessökonomisches § 29 14 f.
- Insolvenzgläubiger § 2 70, 77 f.
- Insolvenzverfahren § 2 69 ff.
- Kostenvorschuss § 6 37
- Massegläubiger § 2 72, 82, § 42 62
- mehrere § 1 102 ff., § 2 3, 10, 30, § 3 4, § 40 21 f., § 42 11 f., 213 ff., § 43 8
- Neugläubiger § 2 80
- Rechtsbehelfe Anordnung/Beitritt ZV § 1 65 f.
- Rechtsnachfolge § 2 68
- Terminsbestimmung § 3 45
- Verfahrensbeitritt § 1 57 ff., § 2 18
- Widerspruch *siehe dort*
- Zustellung Aufhebungsbeschluss ZV § 2 7
- Zustellung Einstellungsbeschluss § 2 35
- Zwangshypothek § 2 73, 83, § 42 207 ff.

Grundbuch
- Arresthypothek § 46 19 f., § 47 1 f.
- Bezeichnung Grundstück § 1 14 f.
- Finanzamt im - § 44 11 ff.
- Form Ersuchen § 7 16 ff., § 44 2, § 48 1 ff., M 11
- Grundstück, herrenloses § 1 42
- Insolvenzverwalterversteigerung § 38 17
- Kosten/Gebühren § 7 24 ff., § 44 15
- Liegenbelassungsvereinbarung § 7 11
- Löschung § 6 118 ff., 134 ff., 142 ff., § 7 8 ff.
- Mängel § 43 47 ff., § 46 19 f.
- Prüfungspflichten Grundbuchamt § 7 22 f.
- Rangklasse Rechte mit Eintrag im - § 3 87 ff., § 34 10 ff.
- Schlussabwicklung § 7 7 ff., § 23 12
- Tätigkeit nach Anordnung ZV § 1 55
- Teilungsplan, vorläufiger § 6 11
- Teilungsversteigerung § 26 3
- Umwandlung nach § 868 ZPO § 43 82 ff.
- Verletzung Vorschriften § 43 47 f.
- Versteigerungsergebnis § 7 7
- Verwaltungsvollstreckung/-zwangsverfahren § 44 11 ff.
- Vormerkung § 7 9
- Zuschlagsbeschluss § 5 60
- Zwangshypothek § 42 165 ff., 226 ff., § 43 1 ff.
- Zwangsversteigerung § 1 54, § 15 M 5, § 30 52 f., § 38 17
- Zwangsverwaltung § 30 52 f., § 31 18
- Zwischenverfügung § 42 226 ff., § 44 17

Grunddienstbarkeit § 6 53
Grunderwerbsteuer § 5 47
Grundpfandrechte
- Briefrechte § 6 106 f., 109
- Gesamtgrundpfandrechte § 12 1 ff.
- Grundschuld *siehe dort*
- Hypothek *siehe dort*
- Versteigerungstermin § 4 12 f.
- Verteilungstermin § 6 106 f., 109

Grundschuld § 6 193 ff.
- Eigentümergrundschuld § 6 118 ff., 202 ff., § 38 9 f.
- Sicherungsgrundschuld § 6 145 ff., 208 ff.
- Verteilungstermin § 6 118 ff.

Grundsteuer
- Leistungen, wiederkehrende § 3 85 f.
- Teilungsplan, vorläufiger § 6 21
- Verfahren bis zum Versteigerungstermin § 3 66
- Wohnungs-/Teileigentum § 36 13 ff.

- Zwangsversteigerung § 3 66, 85 f.
- Zwangsverwaltung § 33 66, 85 f., § 36 13 ff.

Grundstück
- Bezeichnung § 1 14 f.
- Bruchteil § 1 2, 15
- Grundstücke, mehrere § 20 3, § 42 104 ff., M 109, 118 ff.
- Grundstücksteilung, nachträgliche § 42 117
- herrenloses § 1 42
- Inbesitznahme § 33 1 ff.
- Teilungsversteigerung § 20 3
- Wertfestsetzung § 20 3
- Zwangshypothek § 42 104 ff., M 109, 118 ff.
- Zwangsversteigerung § 1 2

Gruppen-/Gesamtausgebot § 11 3 ff., 30 ff., 42 ff., § 12 5, § 14 4
Gütergemeinschaft § 17 43 ff., § 25 26, § 42 161
Gütertrennung § 42 160

Haftung
- Haftungsverband *siehe dort*
- Wertfestsetzung § 3 19
- Zwangsverwalter § 31 29 ff.

Haftungsverband § 1 87, 89 ff.
- Befreiung aus - § 1 99
- Beschlagnahme § 1 87, § 30 64
- Hypothek § 1 90 f.
- in der ZV § 1 92 f.
- Mobiliarvollstreckung in - § 1 107
- Surrogation, dingliche § 1 100 f.
- Wertfestsetzung § 3 13, 27

Hausgeld § 3 78, § 9 57 ff., § 34 8, § 36 6 ff.
Heimfall § 9 24 f.
Hilfszuteilung
- Betrag, unbestimmter § 6 115 f.
Hinterlegung § 6 89 f., 115 f., 206 f., § 7 3 ff., § 23 11
Hinweise, gerichtliche § 4 3, 40 ff.
Hypothek
- Arresthypothek § 45 1 ff., § 46 1 ff., M 29
- Ausfallhypothek § 42 112
- Schlussabwicklung Zwangsversteigerung § 7 12 ff.
- Tilgungshypothek § 3 95, § 34 10 ff.
- Zwangshypothek *siehe dort*

Inhalt
- Anordnungsbeschluss § 18 C 30, § 30 49 ff., C 51
- Bekanntmachung Versteigerungstermin § 3 43 ff.
- Vollstreckungstitel § 42 17
- Zuschlag § 5 49 f., § 22 5
- Zwangshypothek § 43 2 f.
- Zwangshypothek Antrag § 42 8 ff., M 9
- Zwangshypothek Grundbuchersuchen § 44 3 ff., M 5, § 48 1 ff., M 11
- Zwangsversteigerungsantrag § 1 10 ff., C 11, § 18 21
- Zwangsverwaltungsantrag § 30 33

Insolvenzverfahren
- Absonderungsrecht § 2 71, 75, 81
- Antrag Einstellung, einstweilige Zwangsverwaltung § 32 33 ff.
- Antragsrecht Teilungsversteigerung § 18 12
- Aufhebung § 39 8
- ausländisches § 42 59
- Beschlagnahme *siehe dort*
- Eigenverwaltung § 38 5

505

Stichwortverzeichnis

- Fortsetzungsbeschluss § 2 97
- Gesellschaft bürgerlichen Rechts (GbR) § 42 65
- Insolvenzgläubiger § 2 70, 77 f.
- Löschung Vermerk im Grundbuch § 7 10
- Massegläubiger § 2 72, 82, § 42 62
- Mietpfändung, dingliche § 29 13
- Nachlassinsolvenz § 42 66
- Neugläubiger § 2 80
- Rangklasse 1a § 3 77
- Restschuldbefreiungsverfahren § 42 61
- Rückschlagsperre § 2 85, § 43 72 ff.
- Unterscheidung Gläubiger § 2 69 ff.
- Vollstreckungshindernis § 2 69 ff., § 32 27 ff., § 42 58 ff.
- Wohnungseigentümergemeinschaft § 42 67
- Zwangshypothek § 2 73, 83
- Zwangsverwaltung § 29 13, § 32 27 ff.

Insolvenzverwalter
- Anhörung § 2 96
- Antrag Zwangsversteigerung *siehe Insolvenzverwalterversteigerung*
- Aufgaben § 37 6 ff.
- Einstellung, einstweilige § 2 48 f., 86 ff.
- Gebot, geringstes (gG) nach § 174a ZVG § 40 26 ff.
- Verkauf, freihändiger § 37 9
- Verwertung nach Wahl § 37 10
- vorläufiger § 2 76, 90

Insolvenzverwalterversteigerung § 37 1 ff.
- Ablösung § 40 31
- Absonderungsrecht § 40 12 ff.
- Anordnungsbeschluss § 38 11 ff., M 13
- Antragsberechtigung § 38 4 f.
- Aufhebung § 39 1 ff.
- Aufhebung Insolvenzverfahren § 39 8
- Beendigungsgründe, besondere § 39 5 ff.
- Bekanntmachung § 38 14 ff.
- Beschlagnahme § 38 19 ff.
- Deckungsgrundsatz § 40 3 ff.
- Doppelausgebot § 40 21 f., 35 f.
- Eigentümergrundschuld § 38 9 f.
- Einordnung § 37 1 ff.
- Einstellung, einstweilige § 39 1 ff.
- Freigabe Grundbesitz § 39 5 ff.
- Gebot, geringstes (gG) § 40 3 ff.
- Grundbuch § 38 17
- Objekte § 38 1 f.
- Rechte, bestehen bleibende § 40 6 ff.
- Rechtsbehelfe § 38 23 ff.
- Rücknahme Antrag § 39 1
- Systematik § 37 4 f.
- Veräußerungsverbot § 38 19
- Verfahren, weiteres § 40 1 ff.
- Verfahrensbeitritt § 38 18
- Verhältnis zu anderen Vollstreckungsarten § 37 12 f.
- Versteigerungstermin § 40 2 ff.
- Vollstreckungstitel § 38 8
- Voraussetzungen § 38 6 ff.
- Vorteile § 37 11
- Wertfestsetzung § 40 1
- Zuschlag § 40 23 ff., 37 f.
- Zuständigkeit § 38 3
- Zustellung § 38 14 ff.
- Zwangsversteigerungsantrag § 38 3 ff.
- Zweck § 37 6 ff.

Instandsetzungsrücklage § 9 58
Institutsverwalter § 31 38 ff.

Kinderschutz/Kindeswohl § 19 23 ff.
Klausel *siehe Vollstreckungsklausel*
Kommanditgesellschaft (KG) § 17 49
Kontrollteilungsplan § 6 180 ff.
Kosten/Gebühren
- Anmeldung Verteilungstermin § 33 98 f.
- Anordnungs-/Beitrittsverfahren ZV § 1 67 f.
- Anordnungsbeschluss § 30 86 ff.
- Aufhebung § 2 99 ff., § 19 54
- Ausgebotsarten § 11 24 ff.
- Auslagen § 3 11, 23, 47, 55, § 31 78 f.
- Bekanntmachung § 3 47
- Einstellung, einstweilige § 2 99 ff., § 19 54
- Gerichtskosten § 1 67 ff.
- Grundbuch § 7 24 ff., § 44 15
- Kostenfestsetzungsbeschluss § 42 54
- Kostenvorschuss § 3 47
- Mindestbargebot § 3 128 ff.
- Rechtsanwaltskosten § 1 71 ff.
- Rechtsverfolgungskosten § 1 21 ff., § 3 94
- Schlussabwicklung Zwangsversteigerung § 7 24 ff.
- Teilungsplan § 6 33 ff.
- Teilungsversteigerung § 18 52 f., § 19 54, § 22 12 f.
- Verfahrensbeitritt § 30 86 ff.
- Verfahrenskosten § 33 80 f.
- Versteigerungstermin § 5 89 ff.
- Verteilungstermin § 33 98 f.
- Verteilungsverfahren § 6 189 ff.
- Verwaltungsvollstreckung/-zwangsverfahren § 44 15
- Vollstreckungskosten § 42 22 ff.
- Vormerkung § 7 26
- Wertfestsetzung § 3 18
- Zurückweisung Antrag § 43 30
- Zuschlag § 4 44, § 5 89 ff.
- Zuschlagsversagung § 22 12 f.
- Zwangshypothek § 43 25 ff.
- Zwangsversteigerung § 11 24 ff., § 18 52 f.
- Zwangsverwalter § 31 61 ff.
- Zwangsverwaltung § 30 86 ff., § 33 80 f., 98 f.

Lasten, wiederkehrende § 33 66, 85 f.
Lebens-/Suizidgefahr § 2 44 ff.
Lebenspartnerschaft § 17 27
Leistungen, einmalige § 3 83 f., § 6 23, § 34 9
Leistungen, wiederkehrende
- Abgrenzung zu laufenden Leistungen § 3 67 ff.
- Beschlagnahme § 30 69
- Erbbauzins § 9 16, 18
- Geldleistung aus Reallast § 3 89, 92 f., § 34 10 ff.
- Gesamtgrundpfandrecht § 12 12 f.
- Grundsteuer § 3 85 f.
- laufende § 6 19 f., § 9 16, 18
- Rangklasse 3 § 3 79 ff., 85 f., § 34 9
- Rangklasse 4 § 34 10 ff.
- rückständige § 3 63 ff., § 6 16, § 9 16, 18, § 42 95 ff.
- Teilungsplan, vorläufiger § 6 16, 19 f.
- Teilungsversteigerung § 20 30
- Zwangshypothek § 42 95 ff.
- Zwangsversteigerung § 3 61 ff.
- Zwangsverwaltung § 30 39

Stichwortverzeichnis

Liegenbelassungsvereinbarung § 6 93 ff., § 7 11
Löschung *siehe Grundbuch*
Luftfahrzeuge § 1 2

Miet-/Pachtverhältnisse
– Abtretung § 33 22 ff.
– Beschlagnahme § 30 69
– Eintritt Ersteher § 4 15
– Geltendmachung Ansprüche, beschlagnahme § 33 19 ff.
– Mietpfändung, dingliche § 29 1 ff.
– Mietsicherheit/Mietkaution § 3 53, § 4 19 f., § 28 5, § 33 32 ff., 82
– Mietvorauszahlung § 4 18
– Nebenkostenabrechnung § 4 20
– Sonderkündigungsrecht § 4 16 ff.
– Teilungsversteigerung § 21 5
– Versteigerungstermin § 21 5
– vor WEG-Teilung § 9 62 ff.
– Zahlung an Schuldner § 33 26 ff.
– Zuschlagsbeschluss § 5 68 ff.
– Zwangsversteigerung § 4 14 ff.
– Zwangsverwaltung § 28 3 ff., § 33 36 ff., 82
Minderjähriger § 42 132
Mindestbargebot § 3 127 ff.
Miteigentumsanteil § 9 48, § 42 123 f.
Mitteilung nach § 41 Abs. 2 ZVG § 3 54
Mitteilungspflichten § 3 46
Mobiliarvollstreckung § 1 108 ff.

Nachlassinsolvenz § 42 66
Nachlassverwaltung § 2 67, § 18 15, § 32 26, § 42 74 ff.
Naturalleistungen § 3 88 ff., 134, § 34 10 ff.
Nebenleistungen § 6 43, § 42 94, § 43 6 ff., 15 f.
Nichtzahlung Bargebot § 8 1 ff., § 14 32, § 24 1 ff.
Nießbrauch § 6 51, § 8 11, § 18 16 ff., § 30 18 ff.
Notsicherheit § 4 88
Nutzungen § 4 47, § 28 3

Offene Handelsgesellschaft (OHG) § 17 49

Partei, politische § 42 203
Partnerschaft § 17 50
Pfändung
– Auseinandersetzungsanspruch § 25 1 ff.
– Bruchteilsgemeinschaft § 25 4 ff.
– contra Beschlagnahme § 29 3 ff.
– Erbengemeinschaft § 25 23 ff.
– Erlösüberschuss § 6 218 ff.
– Forderungsübertragung Bargebot § 8 11
– Gesamthandsgemeinschaft § 25 22 ff.
– Gesellschaft bürgerlichen Rechts (GbR) § 25 27
– Gütergemeinschaft § 25 26
– im Verteilungsverfahren § 6 193 ff., 218 ff.
– in Hinterlegungsbetrag § 6 206 f.
– Instandsetzungsrücklage § 9 58
– Mietpfändung, dingliche § 29 1 ff.
– Sicherungsgrundschuld § 6 208 ff.
Pflegschaft § 42 133 f.
Privaträume Schuldner § 30 71 ff.
Protokoll
– Sicherheitsleistung § 4 91, 99
– Verhandlung über Teilungsplan § 34 M 28
– Versteigerungstermin § 4 4 ff.

– Verteilungstermin § 33 93
– Zuschlagsversagung § 5 3
Prozessvoraussetzungen, allgemeine § 1 37 f.

Rangklassen
– Abzahlungshypothek § 3 95, § 34 10 ff.
– Altenteil § 3 88 ff., § 34 10 ff.
– Anmeldung, nicht rechtzeitige § 3 108 f.
– Einzelausgebot § 11 26 ff.
– Erbbauzins § 3 88 ff., § 34 10 ff.
– Forderungen Verfahren § 3 99, § 34 12 f.
– Forderungen WEG-Gemeinschaft § 3 78, § 9 65, § 34 8
– Forderungsübertragung Bargebot § 8 21 f.
– Gebühren/Kosten § 3 94
– Geldleistung aus Reallast § 3 88 ff., § 34 10 ff.
– Gläubiger, bestbetreibender § 3 100 ff.
– Insolvenzverfahren § 3 77
– Klasse 1 § 3 76 ff., § 34 3 ff.
– Klasse 1a § 3 77, § 34 3 ff.
– Klasse 2 § 3 78, § 34 8
– Klasse 3 § 3 79, § 34 9
– Klasse 4 § 3 87 ff., § 34 10 ff.
– Klasse 5 § 3 99, § 34 12 f.
– Klasse 6 § 3 100 ff.
– Klasse 9 (inoffiziell) § 3 108 f.
– Klassen 7/8 § 3 105 ff.
– Lasten, öffentliche § 3 79 ff., § 34 9
– Naturalleistungen § 3 88 ff., § 34 10 ff.
– Rang, relativer § 3 103 f.
– Rechte mit Grundbucheintrag § 3 87 ff., § 34 10 ff.
– Rechte, nachträglich eingetragene § 3 100 ff.
– Sicherungshypothek § 8 21 f.
– Teilungsplan § 6 38 ff.
– Teilungsversteigerung § 20 31
– Tilgungshypothek § 3 95, § 34 10 ff.
– Verlust durch Zeitablauf § 3 105 ff.
– Vorschüsse Verfahren § 3 76, § 34 3 ff.
– weitere Zwangsverwaltung § 34 14 ff.
– Zwangsversteigerung § 3 74 ff., § 11 26 ff.
– Zwangsverwaltung § 34 1 ff.
Räumungsbeschluss § 30 82
Reallast § 6 51
– Erbbauzinsreallast § 9 13 f., 26 ff.
– Ersatzbetrag nach § 92 ZVG § 9 31 ff.
– Rechte, nicht auf Kapital gerichtete § 6 54
Rechnungslegung § 31 19 ff., § 35 1 ff.
Rechte, bestehen bleibende § 3 121 ff., § 4 24 f.
– Ausgleichsbetrag § 20 21 ff.
– Deckungsgrundsatz § 20 16 ff.
– Erbbaurecht *siehe dort*
– Erbbauzins § 9 12 ff., 35 ff.
– Gebot § 4 52 f., § 20 16 ff.
– Gebot, geringstes (gG) § 3 121 ff., § 20 16 ff., § 40 6 ff.
– Gesamtgrundpfandrecht § 12 2 ff.
– Insolvenzverwalterversteigerung § 40 6 ff.
– Liegenbelassungsvereinbarung § 6 93 ff., § 7 11
– Mindestbargebot § 3 131 ff.
– Naturalleistungen § 3 134
– Teilungsplan § 6 29
– Teilungsversteigerung § 20 16 ff.
– Tilgung, vorzeitige § 4 53
– Vereinbarung Rechte, erloschene § 6 93 ff.
– Wohnungs-/Teileigentum § 9 73

507

Stichwortverzeichnis

- Zuschlagsbeschluss § 5 64
- Zwangsversteigerung, gemeinsame § 11 12, § 15 1 ff.

Rechte, entgegenstehende *siehe Vollstreckungshindernisse*
Rechte, grundstücksgleiche § 1 2, § 30 1
Rechte, nachträglich eingetragene § 3 100 ff.
Rechte, nicht auf Kapital gerichtete § 6 49 ff., 61 ff., 116 f.
Rechtsbehelfe
- Anordnungsbeschluss § 1 61 ff., § 18 46 ff., § 30 84 f.
- Aufhebung § 2 98, § 19 53
- Aufklärungsverfügung § 43 41
- Beitritt ZV § 1 61 ff.
- Beitrittsbeschluss § 30 84 f.
- Beschwerde (sofortige) *siehe dort*
- Bestellung Zwangsverwalter § 31 14
- Dienstaufsichtsbeschwerde § 1 8
- Einstellung nach § 76 ZVG § 13 22 f.
- Einstellung, einstweilige § 2 98, § 13 22 f., § 19 53, § 32 46
- Feststellung geringstes Gebot (gG) § 4 10
- Gesamthandsgemeinschaft § 22 9 f.
- Rechtsbeschwerde § 1 64
- Rechtspfleger § 1 8
- Teilungsplan § 6 80 ff., 184 ff., § 34 29 ff.
- Teilungsversteigerung § 17 37, § 18 46 ff., § 19 53
- Verfügungsbeschränkung § 1365 BGB § 17 25
- Vergütungsfestsetzung Zwangsverwalter § 31 86
- Verteilungsverfahren § 6 184 ff.
- Verwaltungsvollstreckung/-zwangsverfahren § 44 19 ff.
- Vollstreckungsantrag Zwangshypothek § 43 35 ff.
- Wertfestsetzung § 3 29 ff.
- Widerspruch *siehe dort*
- Zurückweisung Gebot § 4 63, 65 ff.
- Zuschlag § 4 10, § 5 76 ff., § 22 8 ff.
- Zuschlagsversagung § 5 79 ff., § 13 22 f., § 22 8 ff.
- Zwangshypothek § 43 35 ff., § 44 19 ff.
- Zwangsräumung § 30 81
- Zwangsversteigerung § 13 22 f., § 18 46 ff.
- Zwangsverwaltung § 30 84 f., § 31 86, § 32 46

Rechtshängigkeitsvermerk § 42 142
Rechtsnachfolge
- Gesamtrechtsnachfolge § 44 10
- Gläubiger § 2 68
- Rechtsnachfolgeklausel § 2 57, 60, 68, § 41 9, § 42 28, 37, 40
- Verwaltungsvollstreckung/-zwangsverfahren § 44 10
- Zwangshypothek § 41 9

Regelsicherheit § 4 89, 93
Rückgewähranspruch § 6 145 ff., 208 ff.
Rücknahme *siehe Antragsrücknahme*
Rückschlagsperre § 2 85, § 43 72 ff., § 47 13

Sachverständiger § 3 5 ff.
Sanierungsgebiet § 42 140
Schiffe/Schiffsbauwerke § 1 2
Schlussabwicklung
- Berechtigter, unbekannter § 7 27
- Erlösauszahlung § 7 1 ff.
- Grundbuchersuchen § 7 7 ff.
- Hilfszuteilung/Hinterlegung § 7 3 ff.
- Hypothek § 7 12 ff.
- Kosten/Gebühren § 7 24 ff.
- Prüfungspflichten Grundbuchamt § 7 22 f.
- Sicherheitsleistung § 7 30
- Teilungsversteigerung § 23 12

- Vermerk auf Titel § 7 28 ff.
- Zwangsversteigerung § 7 1 ff.

Schlussrechnung § 35 1, 3
Schuldenmasse § 6 32 ff.
Schuldner
- Ablehnungsrecht Sachverständiger § 3 10
- als Zwangsverwalter § 31 47 ff.
- Anhörung zum Wertgutachten § 3 22
- Antrag nach § 30a ZVG § 2 24 ff.
- Antrag nach § 765a ZPO § 2 43 ff.
- Aufsichtsperson § 31 53 ff.
- Belehrung § 2 28, 41, 55, 97, § 19 40
- Besitzer, mittelbarer § 33 9
- Besitzer, unmittelbarer § 33 5 ff.
- Einstellung, einstweilige § 2 39 f.
- Einzelkaufmann § 42 29 ff.
- Minderjähriger § 42 132
- Miteigentümer § 1 13
- Rechtsbehelfe Anordnung/Beitritt ZV § 1 61 ff.
- Terminsbestimmung § 3 45
- Vollstreckungsschutz § 2 24 ff., 43 ff., § 32 15 ff.
- Zahlung im Versteigerungstermin § 4 108 ff.
- Zahlungen aus Miet-/Pachtverhältnissen § 33 26 ff.
- Zustellung Beschlüsse § 1 51 f., 60, § 2 7, 35
- Zwangsversteigerungsantrag § 1 12 f.

Sicherheitsleistung § 2 50
- Behandlung § 4 98 ff.
- Grundsätze § 4 68 f.
- Hinterlegung § 4 103
- Höhe § 4 78 ff.
- Nachreichen § 4 89 ff., 122
- Notsicherheit § 4 88
- Privilegierungen Bieter § 4 72 ff.
- Protokoll § 4 91, 99
- Prüfschema § 4 69
- Prüfung Verlangen § 4 70 f.
- Regelsicherheit § 4 89, 93
- Rückgabe § 4 98 ff.
- Schlussabwicklung Zwangsversteigerung § 7 30
- Sicherungsmittel, taugliches § 4 81 ff.
- Teilungsversteigerung § 21 12 ff.
- Verlangen/Verfahren § 4 84 ff.
- Verteilungstermin § 6 74
- Vollstreckungsvoraussetzung § 1 31, § 42 49 ff.
- Zuschlagsbeschluss § 5 53
- Zwangsversteigerung § 4 68 ff.

Sicherungshypothek § 8 18 ff., § 24 1
Sicherungsvollstreckung § 42 49 ff., § 43 4
Sonderkündigungsrecht § 4 16 ff.
Sonderumlagen § 9 59 f.
Sperrvermerke § 42 144 f.
Stockwerkseigentum § 1 2
Strohmanngebot § 5 45 ff., 52, § 22 4
Surrogation, dingliche § 1 100 f., § 5 65, § 6 41, 131, § 14 32

Teileigentum § 1 2
- Bruchteilseigentum § 1 2, § 9 45, § 23 3
- Vollstreckungsantrag Zwangshypothek § 42 139
- Wohnungs-/Teileigentum *siehe dort*

Teilung in Natur § 17 5 ff., 11 ff., 33
Teilungsmasse § 6 30 f.
Teilungsplan § 6 24 ff., M 27
- Anfechtung § 6 80 ff.

Stichwortverzeichnis

- Aufstellung § 34 18 ff.
- Beschwerde, sofortige § 6 184 ff.
- Dienstbarkeit, beschränkt persönliche § 6 51
- Erlösüberschuss § 6 48
- Ersatzbetrag nach § 92 ZVG § 6 49 f.
- Form § 6 26
- Gläubiger, bestbetreibender § 6 42
- Kontrollteilungsplan § 6 180 ff.
- Kosten Verfahren § 6 33 ff.
- Kostenvorschuss Gläubiger § 6 37
- Nebenleistungen § 6 43
- Nießbrauch § 6 51
- Protokoll § 34 M 28
- Rangklassen § 6 38 ff.
- Reallast § 6 51
- Rechte, bestehen bleibende § 6 29
- Rechte, nicht auf Kapital gerichtete § 6 49 ff.
- Rechtsbehelfe § 6 80 ff., 184 ff., § 34 29 ff.
- Schuldenmasse § 6 32 ff.
- Surrogation, dingliche § 6 41
- Teile § 6 28 ff.
- Teilungsmasse § 6 30 f.
- Teilungsversteigerung § 26 2
- Verhandlung über - § 34 26 ff., M 28
- Vorbericht § 6 28, § 34 19 f.
- vorläufiger § 6 9 f.
- Widerspruch § 6 80 ff., 134 ff., 167
- Zuteilung § 6 46 ff.
- Zwangsversteigerung, gemeinsame § 15 4
- Zwangsverwaltung § 30 62, § 34 18 ff., M 25, M 28
- Zweck § 6 24 ff.

Teilungsversteigerung § 16 1 ff., § 27 M 1
- Ablauf, weiterer § 21 9
- Ablösung § 21 17, § 25 35
- als Zwangsvollstreckung? § 16 7 ff.
- Anordnungsbeschluss § 18 29 ff., C 30, § 25 30 ff., M 36
- Anordnungsverfahren § 18 1 ff.
- Antragsrücknahme § 19 10
- Antragsteller, mehrere § 20 26 ff.
- auf Gläubigerantrag § 25 1 ff.
- Aufhebung § 19 1 ff., § 21 15
- Aufhebungsausschluss § 17 7 ff.
- Auflassung § 20 4 ff.
- Ausgebotsarten § 21 2 f.
- Ausgleichsbetrag § 20 21 ff.
- Ausschlussvereinbarung § 19 4
- Begrenzung Bieterkreis § 17 39, § 21 6 ff.
- Begriff § 16 3 ff.
- Beschlagnahme § 18 42 ff.
- Beteiligte § 18 41
- Beurkundung Vergleich § 20 4 ff., § 27 1
- Bietzeit § 21 10 ff.
- Bruchteilseigentum § 23 3
- Bruchteilsgemeinschaft § 17 3 ff., § 18 43, § 20 15 ff., § 25 4 ff.
- Deckungsgrundsatz § 20 42 ff.
- Eigentumswechsel nach Anordnung Verfahren § 19 5 f.
- Einführung Forderung § 20 30
- Einstellung durch Prozessgericht § 19 47
- Einstellung, einstweilige § 19 1 ff., § 21 15, § 25 37 f.
- Einstellung, sonstige § 19 48 ff.
- Erbengemeinschaft § 17 32 ff., § 18 45
- ergebnislose § 19 51, § 21 18
- Erlösüberschuss § 23 4 ff.
- Erlösverteilung § 23 1 ff., § 24 4 ff., § 25 41 ff.
- Europäische Wirtschaftliche Interessenvereinigung (EWIV) § 17 50
- Fallbeispiel § 26 1 ff.
- Gebot, geringstes (gG) § 20 11 ff., § 25 10 ff., 28, § 26 1
- Gesamthandsgemeinschaft § 17 29 ff., § 18 43, § 25 22 ff.
- Gesellschaft bürgerlichen Rechts (GbR) § 17 48
- Gesetzessystematik § 16 6
- Grundbuch § 23 12, § 26 3
- Grundstücke, mehrere § 20 3
- Gütergemeinschaft § 17 43 ff.
- Insolvenz § 19 7 ff.
- Kosten/Gebühren § 18 52 f., § 19 54, § 22 12 f.
- Lebenspartnerschaft § 17 27
- Leistungen, wiederkehrende § 20 30
- Miet-/Pachtverhältnisse § 21 5
- Miteigentümer, ehemaliger als Ersteher § 24 2 f.
- Nichtzahlung Bargebot § 24 1 f.
- Partnerschaft § 17 50
- Personengesellschaft (OHG, KG) § 17 49
- Rangklassen § 20 31
- Rechte, bestehen bleibende § 20 16 ff.
- Rechtsbehelfe § 18 46 ff., § 19 53
- Schlussabwicklung § 23 12
- Schlussverhandlung § 21 18 f.
- Sicherheitsleistung § 21 12 ff.
- Teilungsmasse § 23 2
- Teilungsplan § 26 2
- Terminsbestimmung § 20 9 ff.
- Veräußerungsverbot § 18 43
- Verfahren bis zum Versteigerungstermin § 20 1 ff.
- Verfahrensbeitritt § 18 34 ff., § 25 30 ff.
- Verfahrenszweck § 16 1 f.
- Verhältnis zur Vollstreckungsversteigerung § 16 10 ff.
- Vermerk auf Titel § 23 12
- Versteigerungsbedingungen § 21 6
- Versteigerungsobjekte § 18 1
- Versteigerungstermin § 21 1 ff., § 25 40
- Vollstreckungshindernisse § 17 7 ff., § 18 25 f., § 19 3 ff., § 25 21, 29
- Voraussetzungen § 17 1 ff.
- Wertfestsetzung § 20 2 f., § 25 39 f.
- Wiederversteigerung § 24 7
- Wohnungseigentümergemeinschaft § 17 28
- Zahlung § 21 16
- Zuschlag § 22 1 ff.
- Zuschlagsversagung § 22 1 ff.
- Zwangsversteigerungsantrag § 18 2 ff.

Termin *siehe Versteigerungstermin*
Terminsbestimmung
- Teilungsversteigerungstermin § 20 9 ff.
- Versteigerungstermin § 3 33 ff., 42 ff., § 20 9 ff., § 40 2
- Verteilungstermin § 6 1 ff., § 33 88 ff.

Testamentsvollstreckung § 2 63 ff., § 7 10, § 18 10, § 30 26, § 32 24, § 42 164
Tilgungshypothek § 3 95, § 34 10 ff.
Titel *siehe Vollstreckungstitel*
Treu und Glauben § 17 6, 11 ff., 33

Überbauung § 11 13
Überweisungsbeleg § 2 50
Umlegungsverfahren § 42 140

Stichwortverzeichnis

Umsatzsteuer § 33 68
Umwandlung nach § 868 ZPO § 43 67 ff.
Unbedenklichkeitsbescheinigung § 8 27 f.

Veräußerungsverbot
- Beschlagnahme § 1 79 ff., § 30 63
- Insolvenzverwalterversteigerung § 38 19
- relatives § 30 63
- Teilungsversteigerung § 18 43

Verein, nicht eingetragener § 42 202
Vereinbarung, kassatorische § 42 47
Verfahren bis zum Versteigerungstermin § 3 1 ff.
- Abgrenzung laufende/rückständige wiederkehrende Leistungen § 3 67 ff.
- Anmeldung, nachträgliche § 3 52 ff.
- Auszug aus Baulastenverzeichnis § 3 2
- Einführung Forderung in Verfahren § 3 57 ff.
- Einstellung, einstweilige Zwangsversteigerung § 3 3 f.
- Grundschuldzinsen § 3 66
- Grundsteuer § 3 66
- Interessenten § 3 55 f.
- Kopierauslagen § 3 55
- Leistungen, einmalige § 3 83 f., § 34 9
- Leistungen, wiederkehrende § 3 61 ff., 85 f., § 34 10 ff.
- Mietsicherheiten § 3 53
- Mitteilung nach § 41 Abs. 2 ZVG § 3 54
- Rangklassen § 3 74 ff.
- Rückstände § 3 63 ff.
- Terminsbestimmung § 3 33 ff.
- Wertfestsetzung § 3 5 ff.
- Zinsen Zwangshypothek § 3 66

Verfahrensbeitritt § 1 57 ff.
- Beitrittsbeschluss § 1 57 ff., 61 ff., 78, § 30 54, 84 f.
- Beschlagnahme § 30 61
- Einstellung, einstweilige Zwangsversteigerung § 2 18
- Eintritt Beschlagnahme § 1 78
- Insolvenzverwalterversteigerung § 38 18
- Kosten/Gebühren § 30 86 ff.
- Rechtsbehelfe § 1 61 ff., § 30 84 f.
- Teilungsversteigerung § 18 34 ff., § 25 30 ff.
- Zuständigkeit § 1 5 ff.
- Zwangsversteigerung § 1 4 ff., 57 ff., § 38 18
- Zwangsverwaltung § 30 54, 84 ff.

Verfallklausel § 42 47
Verfügungsbeschränkungen § 2 53 ff., § 30 25 ff., 42, § 32 19 ff., § 42 147 ff.
Versicherung an Eides Statt § 31 26
Versteigerungs-/Vollstreckungsobjekte
- Insolvenzverwalterversteigerung § 38 1 f.
- Teilungsversteigerung § 18 1
- Zwangshypothek § 42 101 ff.
- Zwangsversteigerung § 1 2, § 18 1, § 38 1 ff.
- Zwangsverwaltung § 30 1 ff.

Versteigerungsbedingungen
- abweichende § 9 12, 29 f.
- Abweichung § 4 21 ff.
- Bargebot § 4 41 ff.
- Erbbauzins § 9 12, 29 f.
- Feststellung § 4 40 ff.
- geänderte § 8 10
- Gefahrübergang § 4 46 f.
- gesetzliche § 4 40 ff., § 5 50, § 21 6
- Gewährleistung § 4 45
- Kosten Zuschlag § 4 44
- Nutzungen/Lasten § 4 47
- Verlesung § 4 40
- Zuschlagsbeschluss § 5 50

Versteigerungstermin § 4 1 ff.
- Ablauf § 4 1 ff., § 20 1 ff., § 21 1 ff.
- Ablösung § 4 111 ff., § 21 17
- Abschnitte/Gliederung § 4 1 ff.
- Altenteil § 4 24 f., 36
- Angaben/Inhalt § 3 43 ff.
- Aufforderung zur Abgabe von Geboten § 4 51, § 21 1 ff.
- Aufhebung/Einstellung, einstweilige § 2 12, § 4 104 ff., § 21 15
- Ausgebotsarten siehe dort
- Ausschluss von Anmeldungen § 4 50
- Beendigung, vorzeitige § 4 104 ff., § 21 15 ff.
- Begrenzung Bieterkreis § 21 6 ff.
- Bekanntmachung § 3 38 ff., 45 ff.
- Bekanntmachungen § 4 8
- Bestimmung § 40 2
- Bietvollmacht § 4 6
- Bietzeit siehe dort
- Doppelausgebot § 4 23, § 12 24, 26 ff., § 40 21 f., 35 f.
- Einführung Forderung in Verfahren § 4 11 ff.
- ergebnisloser § 4 117 f.
- Feststellung Beteiligte § 4 5 ff.
- Frist § 3 35 ff., 39 f.
- Gebot siehe dort
- Gläubiger, bestbetreibender siehe Gläubiger
- Hinweise § 4 3, 40 ff.
- Insolvenzverwalterversteigerung § 40 2
- Kosten § 5 89 ff.
- Kündigung Grundpfandrecht § 4 13
- Leitung § 4 3
- Miet-/Pachtverhältnisse § 4 14 ff., § 21 5
- Öffentlichkeit § 4 2
- Protokoll § 4 4 ff.
- Prüfung nach § 83 ZVG § 5 28 ff.
- Rechte, bestehen bleibende § 4 24 f.
- Schlussverhandlung § 4 115 ff., § 21 18 f.
- Schuldner § 4 108 ff.
- Schuldübernahme § 4 12
- Sicherheitsleistung § 21 12 ff.
- Teilungsversteigerung § 20 9 ff., § 21 1 ff., § 25 40
- Terminsbestimmung § 3 33 ff., 42 ff., § 20 9 ff., § 40 2
- Terminsort § 3 41
- Terminstag § 3 27 ff.
- Veränderung, wesentliche Objekt § 5 8
- Verhandlung über Zuschlag § 4 119 ff.
- Verkündungstermin § 4 120 f.
- Versteigerungsbedingungen siehe dort
- Verwechslung Objekt § 5 8
- Voraussetzungen § 3 27 ff.
- Vorlage Titel § 4 7
- Zahlung § 4 108 ff., § 21 16
- Zubehör, schuldnerfremdes § 4 26 ff.
- Zuschlag § 5 1 ff.
- Zuzahlungsbetrag § 4 34 ff.

Verteilungstermin § 6 72 ff.
- Anfechtung Teilungsplan § 6 80 ff.
- Anmeldung § 6 79
- Anmeldungen § 33 94 ff.
- Anordnung Auszahlung § 6 75 ff.

510

Stichwortverzeichnis

- Aussetzung Verteilung § 6 103 ff.
- Bargebot § 6 73
- Bekanntmachung § 6 5 ff.
- Berechtigter, unbekannter § 6 108
- Bestimmung § 33 88 ff.
- Betrag, unbestimmter § 6 110 ff.
- Beträge, nicht auszahlbare § 6 106 ff.
- Briefrechte § 6 106 f., 109
- Eigentümergrundschuld § 6 118 ff., 202 ff.
- Hilfszuteilung § 6 115 f.
- Hilfszuweisung § 6 89
- Hinterlegung § 6 89, 115 f.
- Kosten/Gebühren § 33 98 f.
- Liegenbelassungsvereinbarung § 6 93 ff., § 7 11
- ohne Planänderung § 6 72 ff.
- Planänderung § 6 79 ff.
- Protokoll § 33 93
- Sicherheitsleistung § 6 74
- Sicherungsgrundschuld § 6 145 ff., 208 ff.
- Teilungsplan § 6 9 ff., 24 ff., § 34 18 ff., 26 ff., M 28
- Terminsbestimmung § 6 1 ff.
- Vereinbarung Rechte, bestehen bleibende § 6 93 ff.
- Verfahren im Termin § 6 72 ff.
- Vollstreckungstitel § 6 77 f.
- Zustellung § 6 5 ff., § 33 91
- Zwangsverwaltung § 33 88 ff.
- Zwischenrecht § 6 138 ff.

Verteilungsverfahren/Erlösverteilung § 6 1 ff.
- Aussetzung § 6 103 ff.
- Bargebot § 14 30 ff.
- Befriedigung, außergerichtliche § 6 173 ff.
- Bruchteilseigentum § 23 3
- Durchführung § 14 29 ff.
- Eigentümergrundschuld § 6 118 ff., 202 ff.
- Einigung, außergerichtliche § 6 168 ff.
- Einzelausgebot § 14 3
- Einzelmassenbildung § 14 8 ff., 25 f.
- Erlösüberschuss § 8 11, § 23 4 ff., § 24 4 ff., § 25 42
- Fehlbetrag § 14 15 ff.
- Forderungsübertragung Bargebot § 8 11
- Gesamtgrundpfandrecht § 14 23
- Gesamtrechte § 14 18 ff.
- Gruppen-/Gesamtausgebot § 14 4
- Hinterlegung § 6 206 f., § 23 11
- Kontrollteilungsplan § 6 180 ff.
- Kosten/Gebühren § 6 189 ff.
- Nichtzahlung Bargebot § 24 4 ff.
- Pfändung in - § 6 193 ff., 218 ff.
- Rechtsbehelfe § 6 184 ff.
- Rentenschuld § 14 10
- Sicherungsgrundschuld § 6 145 ff., 208 ff.
- Teilungsmasse § 23 2
- Teilungsplan § 6 24 ff.
- Teilungsplan, vorläufiger § 6 9 ff.
- Teilungsversteigerung § 23 1 ff., § 24 4 ff., § 25 41 ff.
- Verteilung nach § 1132 BGB § 14 28
- Vollstreckungsgericht § 23 9 f.
- Vorbereitung Verteilungstermin § 6 1 f.
- Zwangsversteigerung, gemeinsame § 14 1 ff.

Verwaltungsvollstreckung/-zwangsverfahren § 1 33 ff., M 34, § 44 1 ff.
- Arresthypothek § 48 1 ff.
- Gesamtrechtsnachfolge § 44 10

- Grundbuchersuchen § 44 1 ff., M 5, 11 ff., § 48 1 ff., M 11
- Kosten/Gebühren § 44 15
- Mängel im Ersuchen § 44 16 ff.
- Rechtsbehelfe § 44 19 ff.
- Umschreibung Arresthypothek § 48 M 15
- Vermögensabschöpfung nach StPO § 48 6 ff.
- Vorschriften, anwendbare § 44 7 ff.
- Zahlungsansprüche, andere öffentliche § 44 25, § 48 5
- Zuständigkeitswechsel § 44 22 ff.
- Zwischenverfügung § 44 17

Verzicht § 11 14 ff.

Vollmacht/Bevollmächtigung
- Bietvollmacht § 4 6, 56 ff.
- Eigengebot Vertreter § 5 24 ff.
- Grunderwerbsteuer § 5 47
- Nachreichung Unterlagen § 4 58
- Vollstreckungsantrag Zwangshypothek § 42 13 f.
- Zuschlag an Dritte § 5 45 ff., 52

Vollstreckung in Nachlass § 42 162 f.

Vollstreckungsgericht
- Anhörung Schuldner § 1 45
- Anordnungsbeschluss siehe dort
- Aufhebungsbeschluss § 2 7 f.
- Aufklärungsverfügung § 1 47, § 18 27 f., § 42 245 ff., M 248, § 43 41
- Auslagenvorschuss § 3 11
- Beanstandung Antrag § 1 46 ff.
- Beitrittsbeschluss § 1 57 ff.
- Bekanntmachung Anordnung § 1 51
- Berücksichtigung Zugewinngemeinschaft § 17 24
- Bestellung Zwangsverwalter § 31 3 f.
- Einstellungsbeschluss § 2 15, 33
- Eintragungsersuchen ZV-Vermerk § 1 54
- Entscheidung Zwangsversteigerungsantrag § 1 45 ff.
- Erlösverteilung Teilungsversteigerung § 23 9 f.
- Ernennungsbeschluss Sachverständiger § 3 12
- Fortsetzungsbeschluss § 2 19 ff., 57 ff., 97
- Prüfung Bericht/Rechnungslegung § 35 11 ff.
- Prüfung nach § 83 ZVG § 5 28 ff.
- Prüfung Zwangsversteigerungsantrag § 1 37 ff.
- Räumungsbeschluss § 30 82
- Rechtsbehelfe gegen Maßnahmen siehe Rechtsbehelfe
- Rücknahme Zwangsverwaltungsantrag § 32 8
- Teilungsversteigerung § 18 27 f.
- Vergütungsfestsetzung § 31 83 ff.
- Verkündung Zuschlagsentscheidung § 4 125
- Wertfestsetzungsbeschluss § 3 25 ff.
- Zurückweisung siehe dort
- Zwangsverwaltung § 30 36 ff.

Vollstreckungshindernisse § 2 53 ff.
- Arresthypothek § 46 18
- Ausschlussvereinbarung § 19 4
- Eigentumswechsel nach Anordnung Verfahren § 19 5 f.
- Erbgang § 2 63 ff.
- Insolvenzverfahren § 2 69 ff., § 32 27 ff., § 42 58 ff.
- Nachlassverwaltung § 42 74 ff.
- Teilungsversteigerung § 17 7 ff., § 18 25 ff., § 19 3 ff., § 25 21, 29
- Vollstreckungsverbote nach § 775 ZPO § 42 81 ff.
- Zwangshypothek § 42 57 ff., 226 ff.
- Zwangsverwaltung § 30 42 f., § 32 19

511

Stichwortverzeichnis

Vollstreckungsklausel § 1 28
– Änderung Parteibezeichnung § 42 37
– Arresthypothek § 46 21
– Einzelkaufmann § 42 29 ff.
– Gesellschaft bürgerlichen Rechts (GbR) § 42 32 f.
– Rechtsnachfolgeklausel § 2 57, 60, 68, § 41 9, § 42 28, 37, 40
– Wohnungseigentümergemeinschaft § 42 36
– Zahlung im Versteigerungstermin § 4 114
– Zwangshypothek § 42 27 ff.
Vollstreckungskosten § 1 21
Vollstreckungsschutz § 2 24 ff., 43 ff., § 32 15 ff.
Vollstreckungstitel § 42 17 ff.
– Arrestbefehl § 46 5 ff.
– Arresthypothek § 49 1 ff.
– Duldungstitel § 1 24 ff., § 42 21, § 47 14, § 49 1 ff.
– Inhalt § 42 17
– Insolvenzverwalterversteigerung § 38 8
– Vermerk auf - § 43 18
– Verteilungstermin § 6 77 f.
– Vollstreckungsantrag (Zwangshypothek) § 42 17 ff.
– Vollstreckungskosten § 42 22 ff.
– Zahlungsvermerk § 6 77 f.
– Zuschlagsbeschluss als Räumungstitel § 5 67 ff.
– Zustand § 42 17
– Zwangshypothek § 43 18
– Zwangsräumung § 30 82
– Zwangsverwaltungsantrag § 30 9, 16
Vollstreckungsverbote nach § 775 ZPO § 42 81 ff.
Vollstreckungsvoraussetzungen § 1 23 ff., 39 ff., § 42 16 ff., 43 ff.
– allgemeine § 1 24 ff., § 42 16 ff.
– Befristung, kalendermäßige § 1 30
– besondere § 1 30 ff., § 42 43 ff.
– Eintritt Kalendertag § 42 43 ff.
– Grundstück, herrenloses § 1 42
– Sicherheitsleistung § 1 31, § 42 49 ff.
– Titel siehe Vollstreckungstitel
– Verfallklausel/Vereinbarung, kassatorische § 42 47
– Vollstreckungsklausel § 1 28, § 42 27 ff.
– Wartefrist § 1 32, § 42 48
– Zug-um-Zug-Leistungen § 42 55 f.
– Zustellung § 1 29, § 42 41 f.
– Zwangshypothek § 42 84 ff.
Vor-/Nacherbschaft § 2 66, § 18 11, § 30 27 ff., § 32 25, § 42 156 ff., 201
Vorbericht § 6 28
Vorkaufsrechte § 6 53
Vormerkung § 7 9
– Erbbauzins § 9 13, 15, 26 ff., 41
– Kosten/Gebühren § 7 26
– nach § 18 Abs. 2 GBO § 42 229 ff., 255 f.
– Zwangsverwaltung § 32 19, 22
Vormund/Betreuer § 18 13, § 42 133 f.
Vorschuss § 6 37, § 28 7, § 31 82, § 32 56, § 33 77 ff., § 34 3 ff.

Wartefrist § 1 32, § 42 48
Wertersatz § 6 61 ff., 116 f.
– Ersatzbetrag nach § 92 ZVG § 6 49 f., § 9 31 ff.
Wertfestsetzung § 3 5 ff.
– Ablehnungsrecht Sachverständiger § 3 10
– Altlasten § 3 21
– Anhörung § 3 22

– Auslagen § 3 23
– Auslagenvorschuss § 3 11
– Einwendungen § 3 24
– Entscheidung § 3 20 ff.
– Erbbaurecht § 9 10 f.
– Ernennungsbeschluss Sachverständiger § 3 12
– Grundstücke, mehrere § 20 3
– Haftung § 3 19
– Haftungsverband § 3 13, 27
– Insolvenzverwalterversteigerung § 40 1
– Kosten/Gebühren § 3 18
– Methode § 3 17
– Ortsbesichtigung § 3 16
– Privatgutachten § 20 3
– Rechte, abzugsfähige § 3 26
– Rechtsbehelfe § 3 29 f.
– Rechtsschutzinteresse § 3 32
– Sachverständiger § 3 5 ff.
– Teilungsversteigerung § 20 2 f., § 25 39 f.
– Unterlagen, notwendige für Sachverständigen § 3 14 f.
– Verfahren bis zum Gutachten § 3 8 ff.
– Wertfestsetzungsbeschluss § 3 25 ff.
– Wohnungs-/Teileigentum § 9 52
– Zwangsversteigerung § 10 10, § 40 1
Widerspruch
– Amtswiderspruch § 43 55 ff.
– Gebot § 21 10 f.
– Hinterlegung wegen - § 6 89 f.
– Teilungsplan § 6 80 ff., 134 ff., 167, § 34 32 ff.
– Widerspruchsklage § 6 90
– Zwangshypothek § 41 5, § 43 55 ff.
Wiederversteigerung § 8 17, 24 ff., § 24 7
Wohnungs-/Teileigentum § 9 48
– Bruchteilseigentum § 9 45
– Bruchteilsgemeinschaft § 17 28
– Erbbaurecht § 9 51 ff.
– Forderungen Gemeinschaft § 9 65 ff., § 36 6 ff.
– Grundsteuer § 36 13 ff.
– Hausgeld § 3 78, § 9 57 ff., § 34 8, § 36 6 ff.
– Insolvenzverfahren § 42 67
– Instandsetzungsrücklage § 9 58
– Miteigentümer als Beteiligte § 9 50
– Miteigentumsanteil § 9 48
– Nebenkosten § 36 13 ff.
– Rangklasse § 9 65
– Rechte, bestehen bleibende § 9 73
– Schluss-/Sonderzahlungen § 36 11
– Sonderumlagen § 9 59 f.
– Teileigentum § 9 48
– Übergangsrecht § 9 74
– Überschussgelder § 9 61
– Verwalter § 9 47
– Vollstreckungsklausel § 42 36
– vor Aufteilung § 9 62 ff.
– Vorrecht WEG-Gemeinschaft § 9 67 ff.
– Zwangshypothek § 42 139, 189 ff., § 43 98 ff.
– Zwangsversteigerung § 1 2, § 9 43 ff.
– Zwangsverwaltung § 30 4, § 36 1 ff.
Wohnungsrecht § 30 24

Zinsen
– Bargebot § 8 5 ff.
– Erbbauzins siehe dort

Stichwortverzeichnis

- Grundschuldzinsen § 3 66
- Leistungen, wiederkehrende § 9 16, 18
- Zwangshypothek § 3 66, § 42 100
- Zwangsversteigerung § 1 20, § 3 66

Zubehör
- Aufhebung Zubehörseigenschaft § 1 94, 105 f.
- Beschlagnahme § 1 89 ff., § 30 39, § 38 22
- Insolvenzverwalterversteigerung § 38 22
- Mobiliarvollstreckung in - § 1 108
- neues § 1 95
- schuldnerfremdes § 1 96 f., § 4 26 ff.
- Veräußerung/Entfernung § 1 94
- Versteigerungstermin § 4 26 ff.
- Wertfestsetzung § 3 13
- Zwangsverwaltung § 30 39, § 33 42 f.

Zugewinngemeinschaft § 17 22 ff., § 42 160

Zurückweisung
- Gebot § 4 62 f., 65 ff., 90, § 21 10 f.
- Kosten/Gebühren § 43 30
- Rechtsbehelfe § 4 63, 65 ff.
- Teilungsversteigerungsantrag § 18 27 f.
- Vollstreckungsantrag Zwangshypothek § 42 244, 253, § 43 30, 35 ff.
- Zwangsversteigerungsantrag § 1 48, § 18 27 f.

Zuschlag
- Abtretung Rechte aus Meistgebot § 22 4
- an Dritte § 5 45 ff., 52
- Bargebot § 5 49
- Bekanntmachung § 5 55 ff., § 22 5
- Eigentumserwerb § 5 60 ff.
- Entscheidung über - § 5 1 ff.
- Erbbaurecht § 9 17 ff.
- Ergebnisvergleich § 11 40 f.
- Erlöschen Rechte § 5 63
- Erteilung § 5 44 ff., § 22 4
- Gebot, geringstes (gG) nach § 174 ZVG § 40 23 ff.
- Gebot, geringstes (gG) nach § 174a ZVG § 40 37 f.
- Gegenantrag nach § 64 Abs. 2 ZVG § 12 31 ff.
- Gesamtausgebot § 11 42 ff.
- Gesamthandsgemeinschaften § 22 9 f.
- Gesamtschuldnerschaft § 5 51
- im Termin § 5 4
- Inhalt § 5 49 f., § 22 5
- Insolvenzverwalterversteigerung § 40 37 f.
- Kosten/Gebühren § 4 44, § 5 89 ff., § 22 12 f.
- Meistbietender § 5 44 ff.
- Miet-/Pachtverhältnisse § 5 68 ff.
- nach Erhöhung gG § 11 48
- Prozessführungsbefugnis Zwangsverwalter § 33 60 f.
- Rechte, bestehen bleibende § 5 64
- Rechtsbehelfe § 5 76 ff., § 22 8 ff.
- Sicherheitsleistung § 5 53
- Surrogation, dingliche § 5 65
- Teilungsversteigerung § 22 1 ff.
- Verhandlung über - § 4 119 ff., § 5 21
- Verkündung Entscheidung § 4 125
- Versagung § 5 1 ff.
- Versteigerungsbedingungen § 4 44, § 5 50
- Vollstreckungstitel § 5 67 f.
- Wirksamwerden § 5 55
- Wirkung § 5 60 ff., § 22 5 ff., § 32 59
- Zuschlagsbeschluss § 5 48 ff.
- Zuschlagsversagung siehe dort

- Zustellung § 5 56 ff.
- Zwangsversteigerung § 5 1 ff., § 11 38 ff., § 13 1 ff., § 15 2 f., M 3
- Zwangsverwaltung § 28 11, § 32 58 ff.

Zuschlagsversagung § 5 1 ff.
- Antrag § 5 17 ff.
- Einstellung nach § 76 ZVG § 13 18 ff.
- Einzelerlösvergleich § 12 38
- Entscheidung über - § 5 41 ff.
- Erbbaurecht § 9 23
- Fortsetzungsantrag § 5 41 ff.
- Gebot, unzulässiges § 5 5 ff.
- Gebote, rechtsmissbräuchliche § 5 24 ff.
- Gegenantrag nach § 64 Abs. 2 ZVG § 12 35 ff.
- Gesamtsummenvergleich § 12 36 f.
- Gründe § 5 5 ff., 28 ff.
- Grundlagen § 5 1 ff.
- Handlungen nach Versteigerungsschluss § 5 9 ff.
- Identität, fehlende Versteigerungs-/Zuschlagsobjekt § 5 8
- Kosten/Gebühren § 5 92, § 22 12 f.
- Meistgebot, nicht ausreichendes § 5 15 ff.
- nach §§ 74a, 85a ZVG § 13 1 ff.
- Protokoll § 5 3
- Rechtsbehelfe § 5 79 ff., § 13 22 f., § 22 8 ff.
- Rechtskraft § 5 10 f.
- Teilungsversteigerung § 22 1 ff.
- Verhandlung über Zuschlag § 5 21
- Versagung nach § 83 ZVG § 5 28 ff.
- Wirkung § 5 14
- Zwangsversteigerung, gemeinsame § 11 40

Zuständigkeit
- Ablehnungsantrag § 1 8
- ausschließliche § 1 7
- funktionale § 1 8
- Insolvenzverwalterversteigerung § 38 3
- örtliche § 1 6 f.
- Rechtspfleger § 1 8
- sachliche § 1 5
- Vollstreckungsantrag (Zwangshypothek) § 42 3 ff.
- Zuständigkeitswechsel § 44 22 ff.
- Zwangsversteigerung § 10 6
- Zwangsversteigerungsantrag § 1 5 ff., § 18 2, § 38 3
- Zwangsverwaltung § 30 37
- Zwangsverwaltungsantrag § 30 8

Zustellung § 1 29
- Anmeldung, nachträgliche § 3 52
- Anordnungsbeschluss § 1 51 f., § 18 31 ff., § 30 52, § 38 14 ff.
- Arresthypothek § 46 22 ff.
- Aufhebungsbeschluss ZV § 2 7 f.
- Ausland § 46 24
- Beitrittsbeschluss § 1 60
- Bestimmung Verteilungstermin § 33 91
- Einstellungsbeschluss § 2 35
- Erleichterung § 3 49 ff.
- Formen § 3 48 ff.
- Insolvenzverwalterversteigerung § 38 14 ff.
- Sonderformen ZVG § 3 48
- Teilungsversteigerung § 18 31 ff.
- Terminsbestimmung § 3 45, 48 ff.
- Vergütungsfestsetzung Zwangsverwalter § 31 85
- verspätete § 46 26 ff.
- Verteilungstermin § 6 5 ff., § 33 91

513

Stichwortverzeichnis

- Vollstreckungsantrag Zwangshypothek § 42 41 f.
- Zuschlagsbeschluss § 5 56 ff.
- Zustellungsvertreter § 3 50 f.
- Zwangsversteigerungsantrag § 38 14 ff.
- Zwangsverwaltungsantrag § 30 52

Zuteilung § 6 46 ff., § 7 3 ff.
Zuweisung § 6 89
Zuzahlungsbetrag § 4 34 ff.
Zwangshypothek § 41 1 ff.
- Ablösung § 41 11
- Amtswiderspruch § 43 55 ff.
- Aufhebung § 43 90 ff.
- Aufklärungsverfügung § 42 245 ff., M 248
- Auflassungsvormerkung § 42 155, 178
- Ausfallhypothek § 42 112
- Ausgleichsleistungsgesetz § 42 146
- bei Zwangsversteigerung/-verwaltung § 41 6
- Beitrittsgebiet § 42 116
- Bruchteilsgemeinschaft § 42 213 ff.
- Doppelsicherung § 42 125 ff.
- Duldungstitel § 47 14
- Ehegattenantrag § 42 160 ff.
- Eintragungshindernisse § 42 226 ff.
- Eintragungsvoraussetzungen § 42 1 ff.
- Einwendungen, materiell-rechtliche § 42 225
- Einzelkaufmann § 42 185
- Entwicklungsbereich § 42 140
- Erbbaurecht § 42 135 ff.
- Erbeneigenvermögen § 42 162
- Erwerb durch Eigentümer § 43 63 ff.
- Forderung, erloschene § 43 64 f.
- Forderung, nicht entstandene § 43 63
- Forderungen/Titel, mehrere § 42 92
- Form § 42 7
- Fremdwährung § 43 10 ff.
- Gehör, rechtliches/Anhörung § 43 1
- Geldbetrag, unrichtiger § 43 19 ff.
- Gesamtgläubiger § 43 8
- Gesamtgläubigerschaft § 43 96 f.
- Gesamthandsgemeinschaft § 42 213 ff., § 43 8
- Gesamtschuldner § 42 118 ff.
- Gesamtzwangshypothek § 42 107, 113, 122, § 43 87 ff.
- Gesellschaft bürgerlichen Rechts (GbR) § 42 186
- Gewerkschaft § 42 202
- Gläubiger § 2 73, 83
- Gläubiger, mehrere § 42 11 f., 213 ff., § 43 8
- Gläubigerbezeichnung § 42 180 ff.
- Gläubigerverzicht § 43 66
- Gläubigerwechsel vor Eintragung § 42 207 ff.
- Grundbucheintragung § 43 1 ff.
- Grundbuchersuchen § 44 1 ff., M 5, § 48 1 ff., M 11
- Grundstück, land-/forstwirtschaftliches § 42 141
- Grundstücke, mehrere § 42 104 ff., M 109, 118 ff.
- Grundstücksteilung, nachträgliche § 42 117
- Heilung unzulässige - § 43 62
- Inhalt § 42 8 ff., M 9, § 43 2 ff.
- Insolvenzverfahren § 2 73, 83
- Kosten/Gebühren § 43 25 ff.
- Leistungen, wiederkehrende § 42 95 ff.
- Löschung § 41 4, § 43 91 ff.
- Mängel bei Eintragung § 43 47 ff.
- Minderjähriger § 42 132
- Mindestbetrag § 42 84 ff.
- Miteigentumsanteil § 42 123 f.
- nach Anfechtung § 42 21
- Nebenleistungen § 42 94, § 43 6 ff., 15 f.
- nur für Zinsen § 42 100
- Nutzung, diplomatische § 42 143
- Objekte/Belastungsgegenstand § 42 101 ff.
- Partei kraft Amtes § 42 196 ff.
- Partei, politische § 42 203
- Prozessvoraussetzungen, allgemeine § 42 15
- Quittung, löschungsfähige § 43 92 ff.
- Rechtsbehelfe § 43 35 ff., § 44 19 ff.
- Rechtshängigkeitsvermerk § 42 142
- Rechtsnachfolgeklausel § 41 9
- Rechtsnatur § 41 1
- Rechtsschutzinteresse, besonderes § 42 125 ff.
- Rückschlagsperre § 47 13
- Sanierungsgebiet § 42 140
- Sicherungsvollstreckung § 43 4
- Sperrvermerke § 42 144 f.
- Teileigentum § 42 139
- Teilforderung § 42 18 f., 86
- Testamentsvollstreckung § 42 164
- Umfang § 41 5
- Umlegungsverfahren § 42 140
- Umwandlung aus Arresthypothek § 47 9 ff., M 12, 19
- Umwandlung nach § 868 ZPO § 43 67 ff.
- Unzulässigkeit, inhaltliche § 43 50 ff.
- Verein, nicht eingetragener § 42 202
- Verfügungsbeschränkungen, relative § 42 147 ff.
- Vermerk auf Vollstreckungstitel § 43 18
- Vermögensbeschlagnahme § 42 142
- Verteilungsgebot § 42 104 ff., M 109
- Verwaltungsvollstreckung/-zwangsverfahren § 44 1 ff., M 5, § 48 1 ff., M 11
- Vollmacht § 42 13 f.
- Vollstreckung in Nachlass § 42 162 f.
- Vollstreckungsantrag § 42 2 ff., M 9
- Vollstreckungshindernisse § 42 57 ff.
- Vollstreckungstitel § 43 18
- Vollstreckungsverbote nach § 775 ZPO § 42 81 ff.
- Vollstreckungsvoraussetzungen, allgemeine § 42 16 ff.
- Vollstreckungsvoraussetzungen, besondere § 42 43 ff., 84 ff.
- Vor-/Nacherbschaft § 42 156 ff., 201
- Voraussetzungen, grundbuchrechtliche § 42 165 ff.
- Voreintragung Eigentümer/Schuldner § 42 171 ff.
- Vormerkung nach § 18 Abs. 2 GBO § 42 229 ff., 255 f.
- Vormundschaft/Betreuung/Pflegschaft § 42 133 f.
- Widerspruch § 41 5
- Wohnungs-/Teileigentum § 42 139
- Wohnungseigentümergemeinschaft § 42 189 ff., § 43 98 ff.
- Zahlung an Dritten § 42 204 ff.
- Zinsen § 3 66
- Zurückweisung Antrag § 42 244, 253, § 43 30, 35 ff.
- Zuständigkeit § 42 3 ff.
- Zustimmung Grundstückeigentümer § 42 135 ff.
- Zwangsversteigerung aus - § 41 7 f.
- Zweck § 41 2 ff.
- Zwischenverfügung § 42 226 ff.

Zwangsräumung § 30 76 ff.
Zwangsversteigerung
- Abgrenzung laufende/rückständige wiederkehrende Leistungen § 3 67 ff.

Stichwortverzeichnis

- Anordnung § 9 6 ff.
- Anordnungsbeschluss *siehe dort*
- Anordnungsverfahren § 1 1 ff.
- Antrag *siehe Zwangsversteigerungsantrag*
- Arresthypothek § 49 1 ff.
- Aufhebung § 13 12 ff., § 39 1 ff.
- aus Zwangshypothek § 41 7 f.
- Bahneinheiten § 1 2
- Beitrittsgebiet (DDR) § 1 2
- Bergwerkseigentum § 1 2
- Beschlagnahme § 1 75 ff., § 10 8, § 28 8, § 38 19 ff.
- Bruchteilseigentum § 9 45
- Einführung Forderung in Verfahren § 3 57 ff., § 4 11 ff.
- Einstellung nach § 76 ZVG § 13 16 ff.
- Einstellung, einstweilige § 2 1 ff., § 13 12 ff., § 39 1 ff.
- Einzelversteigerungsgrundsatz § 10 1
- Entscheidung über Antrag § 1 36 ff.
- Entscheidung Vollstreckungsgericht § 1 45 ff.
- Erbbaurecht § 1 2, § 9 1 ff.
- ergebnislose § 19 51, § 21 18, § 28 10
- Erlösauszahlung § 7 1 ff.
- Erlösverteilung § 14 1 ff.
- Forderungen WEG-Gemeinschaft § 9 65 ff.
- Gebot, geringstes (gG) § 3 110 ff.
- gemeinsame *siehe Zwangsversteigerung, gemeinsame*
- Gesamtrechte § 14 19 f.
- Geschäftsstelle § 1 36
- Grundschuldzinsen § 3 66
- Grundsteuer § 3 66, 85 f.
- Grundstück § 1 2
- Grundstücke, mehrere § 10 1 ff., § 15 1 ff.
- Grundstücksbruchteil § 1 2
- Insolvenzverwalterantrag *siehe Insolvenzverwalterversteigerung*
- Kosten Anordnungs-/Beitrittsverfahren § 1 67 ff.
- Leistungen, einmalige § 3 83 f., § 34 9
- Leistungen, wiederkehrende § 3 61 ff., 85 f., § 34 10 ff.
- Luftfahrzeuge § 1 2
- Objekte § 1 2, § 38 1 f.
- Prozessvoraussetzungen, allgemeine § 1 37 f.
- Prüfung Vollstreckungsgericht § 1 37 ff.
- Rangklassen § 3 74 ff.
- Rechte, bestehen bleibende § 3 121 ff.
- Rechte, grundstücksgleiche § 1 2
- Rechtsbehelfe § 13 22 f., § 38 23 ff.
- Rückstände § 3 63 ff.
- Schiffe/Schiffsbauwerke § 1 2
- Schlussabwicklung § 7 1 ff.
- Stockwerkseigentum § 1 2
- Teileigentum § 1 2
- Teilungsversteigerung § 16 1 ff.
- Terminsbestimmung § 3 33 ff.
- Veränderung, wesentliche Objekt § 5 8
- Verfahren § 3 1 ff., § 11 6 ff.
- Verfahrensbeitritt § 1 4 ff., 57 ff., § 38 18
- Verfügungsbeschränkungen § 1 43 f.
- Verhältnis Vollstreckungs-/Zwangsversteigerung § 16 10 ff.
- Verhältnis zur Insolvenzverwalterversteigerung § 37 12 f.
- Verhältnis zur Zwangsverwaltung § 28 6 ff.
- Verhandlung über Zuschlag § 5 21
- Versteigerungsobjekte § 1 2, § 18 1
- Versteigerungstermin § 4 1 ff.
- Verwechslung Objekt § 5 8
- Vollstreckungshindernisse § 1 43 f.
- Vollstreckungsvoraussetzungen § 1 39 ff.
- Vorschuss § 28 7
- Wertfestsetzung § 3 5 ff., § 10 10, § 40 1
- Wiederversteigerung § 8 17, 24 ff., § 24 7
- Wohnungs-/Teileigentum § 1 2, § 9 43 ff.
- Zinsen Zwangshypothek § 3 66
- Zuschlag § 5 1 ff., § 32 58 ff.
- Zuständigkeit § 10 6
- Zwangsversteigerungsantrag *siehe dort*
Zwangsversteigerung, gemeinsame § 10 1 ff., § 15 1 ff.
- Aufhebung § 13 12 ff.
- Ausgebotsarten § 11 1 ff.
- Auswirkungen § 10 8 ff.
- Beschlagnahme § 10 8
- Einstellung nach § 76 ZVG § 13 16 ff.
- Einstellung, einstweilige § 13 12 ff.
- Einzelausgebot § 11 2, 14 ff., 24 ff.
- Einzelmassenbildung § 14 8 ff., 25 f.
- Ergebnisvergleich § 11 40 f.
- Erlösverteilung § 14 1 ff.
- Gebot, geringstes (gG) § 11 9, 21 ff.
- Gesamtausgebot § 11 3, 30 ff.
- Gesamtgrundpfandrecht § 12 1 ff.
- Grundbuch § 15 M 5
- Gruppenausgebot § 11 4 ff., 33
- Identität (Voraussetzungen) § 10 7
- Kosten/Gebühren § 11 24 ff.
- Rechte, bestehen bleibende § 11 12, § 15 1 ff.
- Rentenschuld § 14 10
- Teilungsplan § 15 4
- Überbauung § 11 13
- Verfahren § 11 6 ff.
- Voraussetzungen § 10 1 ff.
- Wertfestsetzung § 10 10
- Zuschlag § 11 38 ff., § 13 1 ff., § 15 2 f., M 3
- Zuständigkeit § 10 6
Zwangsversteigerungsantrag § 1 4 ff., § 18 2 ff., § 38 3 ff.
- Angabe zu Forderung, zu vollstreckender § 1 16 ff.
- Anhörung Schuldner § 1 45
- Anordnungsbeschluss § 1 49 f., § 18 29 ff., § 38 11 ff., M 13
- Antragsberechtigung § 38 4 f.
- Antragsrecht § 18 3 ff.
- Antragsrücknahme § 2 5 ff., § 19 10, § 39 1
- Antragsteller, mehrere § 20 26 ff.
- Beanstandung § 1 46 ff., § 18 27 f.
- Bekanntmachung § 1 51, § 38 14 ff.
- Bezeichnung Grundstück § 1 14 f.
- Bruchteil § 1 15
- Bruchteilsgemeinschaft § 18 6
- Eigentümergrundschuld § 38 9 f.
- Eltern § 18 14
- Entscheidung über - § 1 45 ff., § 18 24 ff.
- Erbengemeinschaft § 18 7 ff.
- Erbnachweis § 1 11
- Gehör, rechtliches/Anhörung § 18 24
- Gläubiger § 18 19
- Grundbuch § 38 17
- Inhalt § 1 10 ff., C 11, § 18 21
- Insolvenzeröffnung § 18 12
- Insolvenzverwalter § 37 1 ff.
- Insolvenzverwalterversteigerung § 38 3 ff.

Stichwortverzeichnis

- Kosten/Gebühren § 1 67 ff., § 18 52 f.
- Nachlasspfleger/Nachlassverwalter § 18 15
- Nachweise § 18 22
- Nießbrauch § 18 16 ff.
- Prüfung § 1 37 ff.
- Rechte, entgegenstehende § 18 25 f.
- Rechtsbehelfe § 18 46 ff.
- Schuldner § 1 12 f.
- Teilungsversteigerung § 18 2 ff.
- Testamentsvollstreckung § 18 10
- Unterlagen § 1 11
- Verwaltungszwangsverfahren § 1 33 ff., M 34
- Vollstreckungstitel *siehe dort*
- Vor-/Nacherbschaft § 18 11
- Voraussetzungen § 1 9, 23 ff., § 38 6 ff.
- Vormund/Betreuer § 18 13
- Zurückweisung § 1 48, § 18 27 f.
- Zuständigkeit § 18 2, § 38 3
- Zustellung § 38 14 ff.

Zwangsverwalter § 31 1 ff.
- Aufgaben § 31 15 ff.
- Aufsichtsperson § 31 53 ff.
- Auslagen § 31 78 f.
- Ausweis § 31 13
- Bedeutung § 31 1
- Befugnis zwischen Zuschlag und Aufhebung § 32 60
- Bereitschaft zur Amtsübernahme § 31 9
- Bericht über Besitzerlangung § 33 10
- Besitzerlangung § 31 75 ff.
- besondere § 31 38 ff.
- Bestellung § 31 3 ff., 38 ff.
- Eingehung Miet-/Pachtverhältnisse § 33 36 ff.
- Fertigstellung Bauvorhaben § 31 80
- Fortführung Gewerbebetrieb § 33 69 ff.
- Grundbuchamt § 31 18
- Grundsteuer § 33 66
- Haftung § 31 29 ff.
- Inbesitznahme Grundstück § 33 1 ff.
- Institutsverwalter § 31 38 ff.
- Jahresrechnung § 35 1 ff.
- Lasten, wiederkehrende § 33 66
- Maßnahmen, notwendige § 33 14
- Mindestvergütung § 31 75 ff.
- Person/Qualifikation § 31 5 ff.
- Prozessführungsbefugnis § 33 46 ff.
- Rechnungslegung § 31 19 ff., § 35 1 ff.
- Rechtsbehelfe § 31 14, 86
- Regelvergütung § 31 65 ff.
- Sachkunde, besondere § 31 81
- Schlussrechnung § 31 24, § 35 1, 3
- Schuldner als - § 31 47 ff.
- Theorien der Amtsführung § 31 2
- Umsatzsteuer § 33 68
- Unabhängigkeit § 31 8
- Vergütung § 31 61 ff., § 36 16
- Vergütung nach Zeitaufwand § 31 71 ff.
- Vergütungsfestsetzung § 31 83 ff.
- Verhalten bei Antragsrücknahme § 32 9
- Verwaltung Objekt, beschlagnahmtes § 33 63 ff.
- Vorschuss § 31 82
- Zeitpunkt Bestellung § 31 11 f.

Zwangsverwaltung § 28 1 ff.
- Altenteil/Leibgeding/Wohnungsrecht § 30 24
- Alternative Mietpfändung, dingliche § 29 1 ff.
- Anordnung § 30 1 ff., 84 ff., § 36 2
- Anordnungsbeschluss § 30 48 ff., C 51, 84 ff.
- Antrag § 30 7 ff.
- Aufhebung § 32 1 ff., 50 ff.
- Auflassungsvormerkung § 30 32, § 32 22
- Aufwendungen § 33 76 ff.
- Befriedigung Gläubiger § 32 50 ff.
- Beschlagnahme § 28 8, § 30 56 ff., § 36 4 f.
- beschränkte § 30 21 f.
- Eigenbesitz § 32 23
- Eigentumswechsel § 32 20 f.
- Einordnung, systematische § 28 1 ff.
- Einstellung, einstweilige § 32 1 ff., 33 ff.
- Entscheidung über Antrag § 30 36 ff.
- Erbbaurecht § 30 3
- Erhaltung/Verbesserung Grundstück § 33 11 ff.
- Forderungen der WE-Gemeinschaft § 36 6 ff.
- gegen Ersteher § 28 12 ff.
- Gegenrechte § 32 19 ff.
- Gegenstände, nicht versteigerte § 32 62 f.
- Gegenstände, weitere beschlagnahmte § 33 44 ff.
- Gehör, rechtliches/Anhörung § 30 44
- Geltendmachung Ansprüche, beschlagnahmte § 33 19 ff.
- Geschäftsräume Schuldner § 30 74 f.
- Gläubigerverhalten, prozessökonomisches § 29 14 f.
- Grundsteuer § 33 85 f., § 36 13 ff.
- Grundstücksbruchteile, ideelle § 30 1 f.
- Insolvenzverfahren § 29 13, § 32 27 ff.
- Kosten/Gebühren § 30 86 ff., § 33 80 f., 98 f.
- Lasten, öffentliche § 33 84 ff.
- Lasten, wiederkehrende § 33 85 f.
- Miet-/Pachtverhältnisse § 28 3 ff., § 33 19 ff., 82
- Nachlassverwaltung § 32 26
- Nebenkosten § 36 13 ff.
- Nießbrauch § 30 18 ff.
- Nutzung, ordnungsgemäße § 33 17 f.
- Nutzungen § 28 3
- Objekte § 30 1 ff.
- Objekte, mehrere § 30 5
- Privaträume Schuldner § 30 71 ff.
- Protokoll § 34 M 28
- Prozessführung § 33 46 ff.
- Prozessvoraussetzungen, allgemeine § 30 38
- Rangklassen § 34 1 ff.
- Rechte, grundstücksgleiche § 30 1
- Rechtsbehelfe § 30 84 f., § 32 46
- Sicherung/Instandhaltung Objekt § 28 4
- Teilungsplan § 30 62, § 34 18 ff., M 25, M 28
- Testamentsvollstreckung § 30 26, § 32 24
- Überschüsse § 33 87
- Verfahren bis Verteilungstermin § 33 1 ff.
- Verfahrensbeitritt § 30 54, 84 f., 86 ff.
- Verfahrenskosten § 33 80 f.
- Verfahrensverbindung § 36 3
- Verfügungsbeschränkungen § 30 25 ff., 42, § 32 19 ff.
- Verhältnis zur Zwangsversteigerung § 28 6 ff.
- Verteilungstermin § 33 88 ff.
- Verwaltung Objekt, beschlagnahmtes § 33 63 ff.
- Verwaltung, gerichtliche nach § 94 ZVG § 28 12 ff.
- Verwaltungsausgaben § 33 82 ff.
- Vollstreckungshindernisse § 30 42 f.
- Vollstreckungsvoraussetzungen § 30 39

– Vor-/Nacherbschaft § **30** 27 ff., § **32** 25
– Voraussetzungen § **30** 40 ff.
– Voreintragung nach § 17 ZVG § **30** 40 f.
– Vormerkung § **32** 19, 22
– Vorschuss § **28** 7, § **32** 56, § **33** 77 ff.
– Wohnungs-/Teileigentum § **30** 4, § **36** 1 ff.
– Zahlungen § **33** 74 ff., § **34** 36 ff.
– Zubehör § **33** 42 f.
– zur Sicherung § **28** 9
– Zuschlag § **28** 11, § **32** 58 ff.
– Zuständigkeit § **30** 37
– Zwangsräumung § **30** 76 ff.
– Zwangsverwalter § **31** 1 ff.
– Zwangsverwaltungsantrag *siehe dort*
– Zweck § **28** 2 ff.
Zwangsverwaltungsantrag § **30** 7 ff., M 35
– Altenteil/Leibgeding/Wohnungsrecht § **30** 24
– Anlagen § **30** 34
– Anordnungsbeschluss § **30** 48 ff., C 51
– Auflassungsvormerkung § **30** 32
– Beanstandung § **30** 45 ff.
– Bekanntmachung § **30** 52
– gegen Eigenbesitzer § **30** 13 ff.
– gegen Eigentümer § **30** 10 ff.
– Grundbuch § **30** 52 f.
– Inhalt § **30** 33
– Nießbrauch § **30** 18 ff.
– Recht, eingetragenes § **30** 16
– Rücknahme § **32** 2 ff.
– Testamentsvollstreckung § **30** 26
– Verfahrensbeitritt § **30** 54
– Verfügungsbeschränkungen § **30** 25 ff., 42
– Vollstreckungstitel § **30** 9, 16
– Vor-/Nacherbschaft § **30** 27 ff.
– Voraussetzungen § **30** 9 ff.
– Zuständigkeit § **30** 8
– Zustellung § **30** 52
Zwischenverfügung § **42** 226 ff., § **44** 17

www.anwaltverlag.de

perfekt beraten

Beim Deutschen Anwaltverlag sprechen wir die Sprache unserer Zielgruppe. Hier arbeiten Anwälte für ihre Anwaltskollegen. So sind wir in der Lage, schnell und flexibel mit intelligenter Praxisliteratur auf aktuelle Veränderungen in allen Rechtsgebieten zu reagieren.

Zwanzig Jahre Zusammenarbeit mit Anwälten, Richtern und Professoren als Autoren garantieren Ihnen die **optimale Verbindung** von **hohem praktischen Nutzen** und **wissenschaftlicher Solidität.**

In **über 300 lieferbaren Titeln, elf Zeitschriften** sowie **attraktiven Online-Angeboten** findet jeder Anwalt das **richtige Werkzeug** für seine Arbeit und kann seiner Mandantschaft als **kompetenter Partner** zur Seite stehen.

Das meinen wir, wenn wir sagen: **perfekt beraten.**

perfekt beraten

Diese digitale Fachbibliothek kann mehr.

Das Deutsche Anwalt Office Premium bietet Fachwissen, Formulare und Seminare.

Ausführliche Informationen finden Sie
unter: www.haufe.de/daop

Oder rufen Sie uns einfach an:
0800 72 34 252 (kostenlos)

AnwaltFormulare

56 juristische Tätigkeitsgebiete – 56 Chancen auf ein lukratives Mandat!

AnwaltFormulare
Herausgegeben von RA und FA für Steuerrecht, FA für Handels- und Gesellschaftsrecht Dr. Thomas Heidel, RA und FA für Arbeitsrecht Dr. Stephan Pauly und RAin und FAin für Insolvenzrecht Angelika Wimmer-Amend
9. Auflage 2018, 3.060 Seiten, gebunden, mit CD-ROM,
179,00 €
ISBN 978-3-8240-1530-6

Wenn Sie als **Allgemeinanwalt** tätig sind oder erst vor kurzem Ihre anwaltliche Zulassung erhalten haben und sich daher **noch nicht auf ein Fachgebiet festgelegt** haben, dann haben Sie einen entscheidenden Vorteil: Ihnen stehen alle Rechtsgebiete für Ihre anwaltliche Tätigkeit offen. Das bedeutet aber auch: Sie müssen über ausreichendes **Fachwissen in jedem dieser Rechtsgebiete** verfügen. Unmöglich? Nein – mit der Unterstützung durch die **„AnwaltFormulare"** verschaffen Sie sich **schnell und sicher das Wissen,** das Sie benötigen!

Das bereits **in 9. Auflage erscheinende Standardwerk von Heidel/Pauly/Amend** bietet Ihnen nicht nur einen schnellen Einstieg und Überblick zu allen gängigen Rechts- bzw. Sachgebieten, die Ihnen im Laufe Ihrer Anwaltstätigkeit begegnen können. Zusätzlich ersparen Ihnen die **über 1.000 Muster, Checklisten und Formulare** (sowohl im Buch als auch auf beiliegender CD-ROM) sehr viel Zeit und Aufwand bei Ihrer anwaltlichen Tätigkeit.

„AnwaltFomulare" ist ein **echter Alleskönner:** Das Formularbuch bietet Ihnen in 56 Kapiteln **einen Einstieg in die wichtigsten Tätigkeitsgebiete,** und zwar nicht nur für die klassischen forensischen Gebiete, sondern auch für die wachsende Anzahl von Bereichen, in denen Sie beratend oder rechtsgestaltend tätig sind.

Bestellen Sie im Buchhandel oder beim Verlag:
Telefon 02 28 9 19 11 -0 · Fax 02 28 9 19 11 -23
www.anwaltverlag.de · info@anwaltverlag.de

perfekt beraten

Kanzleimanagement

Mehr Sicherheit, mehr Service:
So klären Sie Ihre Mandanten optimal auf!

AnwaltFormulare Mandanteninformationen
Herausgegeben von RA und FA für Bau- und Architektenrecht, FA für Miet- und Wohnungseigentumsrecht und FA für Verwaltungsrecht Dr. Michael Sattler
2. Auflage 2018, 368 Seiten, gebunden, mit CD-ROM, 54,00 €
ISBN 978-3-8240-1492-7

Welche Fristen erwarten Ihren Mandanten im Rahmen einer Kündigungsschutzklage? Wurde er auf die Verjährung seiner Zugewinnausgleichsansprüche hingewiesen? Kennt er alle verjährungshemmenden Maßnahmen gegenüber Dritten?

Mandantenaufklärung ist zeitaufwändig. Kosten, Fristen, Termine, rechtliche und taktische Möglichkeiten – die mühsame Einzelfallanfertigung birgt für Sie die Gefahr, wichtige Details zu übersehen und Ihr Haftungsrisiko zu erhöhen.

Damit ist jetzt Schluss. Als **einziges Werk** bieten Ihnen die „AnwaltFormulare Mandanteninformationen" **rund 120 sofort einsetzbare Formulare** zur Mandantenaufklärung. Viele Formulare sind auf CD-ROM in zwei Versionen verfügbar: Als persönliches Anschreiben oder in Form eines Merkblattes – ganz nach Ihrem jeweiligen Bedarf.

Mit einem Griff steht Ihnen **für nahezu jede Mandatskonstellation** eine **schriftliche Mandanteninfo** zur Verfügung, die sowohl Ihnen als auch Ihren Mandanten viele Vorteile bietet:
- Formulare für die **elf häufigsten Rechtsgebiete:** vom Verkehrs- und Familienrecht über Sozial- und Strafrecht bis zur Zwangsvollstreckung
- deutliche **Zeit- und Kostenersparnis**
- **perfekter Service für Ihre Mandanten,** die bestens beraten die richtigen Entscheidungen treffen können.

Alle Muster, die Sie Ihren Mandanten aushändigen, sind **gut verständlich für juristische Laien** formuliert.

Bestellen Sie im Buchhandel oder beim Verlag:
Telefon 02 28 9 19 11 -0 · Fax 02 28 9 19 11 -23
www.anwaltverlag.de · info@anwaltverlag.de

perfekt beraten